国学备览精编

上编

图书在版编目（CIP）数据

国学备览精编：全2册 ／ 尹小林著 . — 北京：国家图书馆出版社，2024.1

ISBN 978-7-5013-7574-5

Ⅰ . ①国… Ⅱ . ①尹… Ⅲ . ①古籍－汇编－中国 Ⅳ . ① Z126

中国版本图书馆 CIP 数据核字 （2022） 第 158231 号

国家图书馆出版社官方微信

书 名	国学备览精编（全二册）
著 者	尹小林
策 划	汪晓京
责任编辑	于春媚
责任校对	刘鑫伟
装帧设计	胡萍丽

出版发行 国家图书馆出版社 （北京市西城区文津街7号100034）

010-66114536 63802249 nlcpress@nlc.cn （邮购）

网 址 http：//www.necpress.com、www.guoxue.com

印 装 北京七彩京通数码快印有限公司

版次印次 2024年1月第1版第1次印刷

开 本	710×1000 1/16
印 张	69
字 数	1060 千字
书 号	ISBN 978-7-5013-7574-5
定 价	288.00元

前言

　　《国学备览》自问世以来，得到了广大读者的喜爱和肯定。作为有志于学习中国传统文化的读者浏览的常备书，《国学备览》选录了 81 种国学经典，横向包容经史子集，纵向跨越从先秦到晚清两千多年，内容涉及文学、历史、哲学、政治、经济、天文、地理、科技、艺术等领域，浓缩了中华文化典籍的精华，既是广大文史爱好者的必读书，也是每个中国人都应该了解的国学最低限度书目。

　　《国学备览精编》的目的在于把书变薄，力求少而精、质而文、约而博，以满足广大读者阅读学习所需，充分体现其实用价值。在篇目选取上，此书：

　　一、收录中小学课本中古诗文 200 余篇，可满足 1–12 年级学习所需。

　　二、收录流传范围较广、影响力较大的文学名篇、名选，满足广大读者日常学习所需。

　　三、对于篇幅较小的书目，保留全本，不做删减。

　　此书编撰过程中，得到了众多专家学者的关心和帮助，在此，谨向他们致以衷心的感谢。由于学术水平的限制，舛误疏漏在所难免，欢迎读者提出宝贵意见。

尹小林

2023 年 9 月

《国学备览精编》目录

上编

下编

80 · *增广贤文

81 · 声律启蒙

附录

注：书名前带*者，表示此书全文收录，未作删减。

审定者：中国社会科学院　庞　朴

全书总字数：1753

用字量：393

大学

01

《大学》是《礼记》的篇目之一，在南宋前从未单独刊印，相传为孔子弟子曾参（前505—前434）所作。唐代韩愈、李翱等把《大学》《中庸》看作与《孟子》《易经》同等重要的"经书"；宋代"二程"、朱熹祖述这种观点，竭力推崇其在经书中的地位，旨在弘扬理学。朱熹将《大学》《中庸》《论语》《孟子》并称"四书"，于南宋绍熙元年（1190）刊刻成《四书章句集注》，因《论语》记载孔子言行，《大学》为曾子所作，《中庸》为子思所作，《孟子》记载孟子言行，故又称"四子书"。元延祐年间，以《四书章句集注》试士子，悬为令甲，从此，"四书"成为芸芸士子干禄之必读经典。

高频字

其	之	而	不	者	有	所	人	以	也	子

大学之道，在明明德，在亲民，在止于至善。

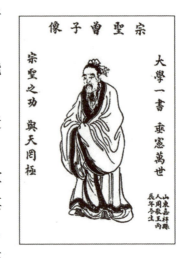

知止而后有定，定而后能静，静而后能安，安而后能虑，虑而后能得。

物有本末，事有终始。知所先后，则近道矣。

古之欲明明德于天下者，先治其国。欲治其国者，先齐其家。欲齐其家者，先修其身。欲修其身者，先正其心。欲正其心者，先诚其意。欲诚其意者，先致其知。致知在格物。

物格而后知至，知至而后意诚，意诚而后心正，心正而后身修，身修而后家齐，家齐而后国治，国治而后天下平。

自天子以至于庶人，壹是皆以修身为本。

其本乱而末治者，否矣。其所厚者薄，而其所薄者厚，未之有也。

此谓知本，此谓知之至也。

所谓诚其意者，毋自欺也。如恶恶臭，如好好色，此之谓自谦。故君子必慎其独也。小人闲居为不善，无所不至，见君子而后厌然，掩其不善，而著其善。人之视己，如见其肺肝然，则何益矣。此谓诚于中，形于外，故君子必慎其独也。曾子曰："十目所视，十手所指，其严乎！"富润屋，德润身，心广体胖，故君子必诚其意。

《诗》云："瞻彼淇澳，菉竹猗猗。有斐君子，如切如磋，如琢如磨。瑟兮僩兮，赫兮喧兮。有斐君子，终不可諠兮！""如切如磋"者，道学也。"如琢如磨"者，自修也。"瑟兮僩兮"者，恂慄也。"赫兮喧兮"者，威仪也。"有斐君子，终不可諠兮"者，道盛德至善，民之不能忘也。

十目所视 十手所指图

《诗》云："於戏！前王不忘。"君子贤其贤而亲其亲，小人乐其乐而利其利，此以没世不忘也。

《康诰》曰："克明德。"《太甲》曰："顾諟天之明命。"《帝典》曰："克明峻德。"皆自明也。

汤之《盘铭》曰："苟日新，日日新，又日新。"《康诰》曰："作新民。"《诗》曰："周虽旧邦，其命维新。"是故君子无所不用其极。

《诗》云："邦畿千里，维民所止。"《诗》云："缗蛮黄鸟，止于丘隅。"子曰："于止，知其所止，可以人而不如鸟乎？"《诗》云："穆穆文王，於缉熙敬止！"为人君，止于仁；为人臣，止于敬；为人子，止于孝；为人父，止于慈；与国人交，止于信。

子曰："听讼，吾犹人也。必也使无讼乎！"无情者不得尽其辞，大畏民志。此谓知本。

所谓修身在正其心者，身有所忿懥①，则不得其正；有所恐惧，则不得其正；有所好乐，则不得其正；有所忧患，则不得其正。心不在焉，视而不见，听而不闻，食而不知其味。此谓修身在正其心。

所谓齐其家在修其身者，人之其所亲爱而辟焉，之其所贱恶而辟焉，之其所畏敬而辟焉，之其所哀矜而辟焉，之其所敖惰②而辟焉。故好而知

---

① 懥（zhì）：怒貌。
② 敖惰（ào duò）：傲慢而怠惰。敖，通"傲"。

其恶，恶而知其美者，天下鲜矣。故谚有之曰："人莫知其子之恶，莫知其苗之硕。"此谓身不修不可以齐其家。

所谓治国必先齐其家者，其家不可教而能教人者，无之。故君子不出家而成教于国：孝者，所以事君也；弟者，所以事长也；慈者，所以使众也。《康诰》曰："如保赤子。"心诚求之，虽不中，不远矣。未有学养子而后嫁者也。一家仁，一国兴仁；一家让，一国兴让；一人贪戾，一国作乱：其机如此。此谓一言偾事，一人定国。尧、舜率天下以仁，而民从之。桀、纣率天下以暴，而民从之。其所令反其所好，而民不从。是故君子有诸己而后求诸人，无诸己而后非诸人。所藏乎身不恕，而能喻诸人者，未之有也。故治国在齐其家。《诗》云："桃之夭夭，其叶蓁蓁。之子于归，宜其家人。"宜其家人，而后可以教国人。《诗》云："宜兄宜弟。"宜兄宜弟，而后可以教国人。《诗》云："其仪不忒，正是四国。"其为父子兄弟足法，而后民法之也。此谓治国在齐其家。

所谓平天下在治其国者，上老老而民兴孝，上长长而民兴弟，上恤孤而民不倍，是以君子有絜矩①之道也。

所恶于上，毋以使下；所恶于下，毋以事上；所恶于前，毋以先后；所恶于后，毋以从前；所恶于右，毋以交于左；所恶于左，毋以交于右：此之谓絜矩之道。

《诗》云："乐只君子，民之父母。"民之所好好之，民之所恶恶之，此之谓民之父母。《诗》云："节彼南山，维石岩岩。赫赫师尹，民具尔瞻。"有国者不可以不慎，辟则为天下僇矣。《诗》云："殷之未丧师，克配上帝。仪监于殷，峻命不易。"道得众则得国，失众则失国。

是故君子先慎乎德。有德此有人，有人此有土，有土此有财，有财此有用。德者本也，财者末也。外本内末，争民施夺。是故财聚则民散，财散则民聚。是故言悖而出者，亦悖而入；货悖而入者，亦悖而出。

---

① 絜矩（xié jǔ）：法度。絜：度量；矩：绘制直角或方形的曲尺，引申为法度，准则。

《康诰》曰："惟命不于常。"道善则得之，不善则失之矣。

《楚书》曰："楚国无以为宝，惟善以为宝。"舅犯曰："亡人无以为宝，仁亲以为宝。"

《秦誓》曰："若有一个臣，断断兮无他技，其心休休焉，其如有容焉。人之有技，若己有之；人之彦圣，其心好之，不啻若自其口出。实能容之，以能保我子孙黎民，尚亦有利哉！人之有技，媢①疾以恶之；人之彦圣，而违之俾不通。实不能容，以不能保我子孙黎民，亦曰殆哉！"唯仁人放流之，迸诸四夷，不与同中国。此谓唯仁人为能爱人，能恶人。见贤而不能举，举而不能先，命也；见不善而不能退，退而不能远，过也。好人之所恶，恶人之所好，是谓拂人之性，灾必逮夫身。是故君子有大道，必忠信以得之，骄泰以失之。

生财有大道，生之者众，食之者寡，为之者疾，用之者舒，则财恒足矣。仁者以财发身，不仁者以身发财。未有上好仁而下不好义者也，未有好义其事不终者也，未有府库财非其财者也。孟献子曰："畜马乘不察于鸡豚，伐冰之家不畜牛羊，百乘之家不畜聚敛之臣。与其有聚敛之臣，宁有盗臣。"此谓国不以利为利，以义为利也。长国家而务财用者，必自小人矣。彼为善之，小人之使为国家，灾害并至。虽有善者，亦无如之何矣！此谓国不以利为利，以义为利也。

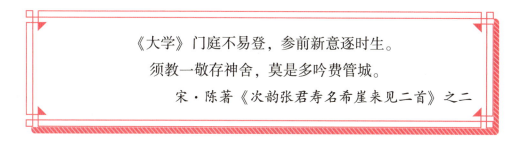

《大学》门庭不易登，参前新意逐时生。
须教一敬存神舍，莫是多吟费管城。
　　　　　宋·陈著《次韵张君寿名希崖来见二首》之二

---

① 媢（mào）：男子嫉妒妻妾。泛指嫉妒。

审定者：北京大学 曹先擢

全书总字数：3568

用字量：640

中庸

02

《中庸》是《礼记》的篇目之一，在南宋前从未单独刊印，相传为战国时孔子之孙子思所作。宋代朱熹将其与《大学》《论语》《孟子》并称"四书"。"中庸"主张处理事情不偏不倚，认为过犹不及，是儒家核心观念之一。全书集中讲述性情与封建道德修养，肯定"中庸"是道德行为的最高准则，"至诚无息"，将"诚"看作是世界的本体，并提出"博学之，审问之，慎思之，明辨之，笃行之"的学习过程和认知方法。

高频字

之	不	也	而	以	其	子	天	乎	道	所	人

天命之谓性，率性之谓道，修道之谓
教。道也者，不可须臾离也；可离非道也。
是故君子戒慎乎其所不睹，恐惧乎其所不
闻。莫见乎隐，莫显乎微，故君子慎其独
也。喜怒哀乐之未发，谓之中；发而皆中
节，谓之和。中也者，天下之大本也；和
也者，天下之达道也。致中和，天地位焉，
万物育焉。

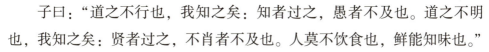

　　仲尼曰："君子中庸，小人反中庸。君
子之中庸也，君子而时中；小人之中庸也，
小人而无忌惮也。"

　　子曰："中庸其至矣乎！民鲜能久矣！"

　　子曰："道之不行也，我知之矣：知者过之，愚者不及也。道之不明
也，我知之矣：贤者过之，不肖者不及也。人莫不饮食也，鲜能知味也。"

　　子曰："道其不行矣夫！"

　　子曰："舜其大知也与！舜好问而好察迩言，隐恶而扬善，执其两端，
用其中于民，其斯以为舜乎！"

　　子曰："人皆曰予知，驱而纳诸罟擭①陷阱之中，而莫之知辟也。人

---

　　① 擭（huò）：装有机关的捕兽木笼。

皆曰予知，择乎中庸，而不能期月守也。"

子曰："回之为人也，择乎中庸，得一善，则拳拳服膺而弗失之矣。"

子曰："天下国家可均也，爵禄可辞也，白刃可蹈也，中庸不可能也。"

子路问强。子曰："南方之强与？北方之强与？抑而强与？宽柔以教，不报无道，南方之强也，君子居之。衽①金革，死而不厌，北方之强也，而强者居之。故君子和而不流，强哉矫②！中立而不倚，强哉矫！国有道，不变塞焉，强哉矫！国无道，至死不变，强哉矫！"

子曰："素隐行怪，后世有述焉，吾弗为之矣。君子遵道而行，半途而废，吾弗能已矣。君子依乎中庸，遁世不见知而不悔，唯圣者能之。"

君子之道费而隐。夫妇之愚，可以与知焉；及其至也，虽圣人亦有所不知焉。夫妇之不肖，可以能行焉；及其至也，虽圣人亦有所不能焉。天地之大也，人犹有所憾。故君子语大，天下莫能载焉；语小，天下莫能破焉。《诗》云："鸢飞戾天，鱼跃于渊。"言其上下察也。君子之道，造端乎夫妇，及其至也，察乎天地。

子曰："道不远人，人之为道而远人，不可以为道。《诗》云：'伐柯伐柯，其则不远。'执柯以伐柯，睨而视之，犹以为远。故君子以人治人，改而止。忠恕违道不远，施诸己而不愿，亦勿施于人。君子之道四，丘未能一焉：所求乎子，以事父，未能也；所求乎臣，以事君，未能也；所求乎弟，以事兄，未能也；所求乎朋友先施之，未能也。庸德之行，庸言之谨；有所不足，不敢不勉，有馀，不敢尽；言顾行，行顾言，君子胡不慥慥③尔！"

君子素其位而行，不愿乎其外。素富贵，行乎富贵；素贫贱，行乎贫贱；素夷狄，行乎夷狄；素患难，行乎患难，君子无入而不自得焉。在上

---

① 衽（rèn）：卧席。又指睡卧。
② 矫（jiǎo）：强貌，矫健。
③ 慥（zào）：守实，言行相应之貌。

位不陵下，在下位不援上，正己而不求于人，则无怨。上不怨天，下不尤人。故君子居易以俟命。小人行险以徼幸。子曰："射有似乎君子，失诸正鹄，反求诸其身。"

君子之道，辟如行远必自迩，辟如登高必自卑。《诗》曰："妻子好合，如鼓瑟琴。兄弟既翕，和乐且耽。宜尔室家，乐尔妻帑。"子曰："父母其顺矣乎！"

子曰："鬼神之为德，其盛矣乎！视之而弗见，听之而弗闻，体物而不可遗，使天下之人齐明盛服，以承祭祀。洋洋乎如在其上，如在其左右。《诗》曰：'神之格思，不可度思！矧可射思！'夫微之显，诚之不可揜如此夫。"

子曰："舜其大孝也与！德为圣人，尊为天子，富有四海之内。宗庙飨之，子孙保之。故大德必得其位，必得其禄，必得其名，必得其寿。故天之生物，必因其材而笃焉。故栽者培之，倾者覆之。《诗》曰：'嘉乐君子，宪宪令德。宜民宜人，受禄于天，保佑命之，自天申之。'故大德者必受命。"

子曰："无忧者，其惟文王乎！以王季为父，以武王为子，父作之，子述之。武王缵大王、王季、文王之绪，壹戎衣而有天下。身不失天下之显名，尊为天子，富有四海之内。宗庙飨之，子孙保之。武王末受命，周公成文、武之德，追王大王、王季，上祀先公以天子之礼。斯礼也，达乎诸侯大夫及士庶人。父为大夫，子为士，葬以大夫，祭以士。父为士，子为大夫，葬以士，祭以大夫。期之丧，达乎大夫。三年之丧，达乎天子。父母之丧，无贵贱，一也。"

子曰："武王、周公，其达孝矣乎！夫孝者，善继人之志、善述人之事者也。春秋修其祖庙，陈其宗器，设其裳衣，荐其时食。宗庙之礼，所以序昭穆也。序爵，所以辨贵贱也。序事，所以辨贤也。旅酬下为上，所以逮贱也。燕毛，所以序齿也。践其位，行其礼，奏其乐，敬其所尊，爱其所亲，事死如事生，事亡如事存，孝之至也。郊社之礼，所以事上帝也。宗庙之礼，所以祀乎其先也。明乎郊社之礼、禘尝之义，治国其如示诸掌乎！"

哀公问政。子曰："文武之政，布在方策。其人存，则其政举；其人亡，则其政息。人道敏政，地道敏树。夫政也者，蒲卢也。故为政在人，取人以身，修身以道，修道以仁。仁者人也，亲亲为大；义者宜也，尊贤为大。亲亲之杀，尊贤之等，礼所生也。在下位不获乎上，民不可得而治矣！故君子不可以不修身；思修身，不可以不事亲；思事亲，不可以不知人，思知人，不可以不知天。"

"天下之达道五，所以行之者三。曰：君臣也，父子也，夫妇也，昆弟也，朋友之交也，五者天下之达道也。知、仁、勇，三者天下之达德也，所以行之者一也。或生而知之，或学而知之，或困而知之，及其知之，一也。或安而行之，或利而行之，或勉强而行之，及其成功，一也。子曰：好学近乎知，力行近乎仁，知耻近乎勇。知斯三者，则知所以修身；知所以修身，则知所以治人；知所以治人，则知所以治天下国家矣。"

"凡为天下国家有九经，曰：修身也，尊贤也，亲亲也，敬大臣也，体群臣也，子庶民也，来百工也，柔远人也，怀诸侯也。修身则道立，尊贤则不惑，亲亲则诸父昆弟不怨，敬大臣则不眩，体群臣则士之报礼重，子庶民则百姓劝，来百工则财用足，柔远人则四方归之，怀诸侯则天下畏之。齐明盛服，非礼不动，所以修身也；去谗远色，贱货而贵德，所以劝贤也；尊其位，重其禄，同其好恶，所以劝亲亲也；官盛任使，所以劝大臣也；忠信重禄，所以劝士也；时使薄敛，所以劝百姓也；日省月试，既廪称事，所以劝百工也；送往迎来，嘉善而矜不能，所以柔远人也；继绝世，举废国，治乱持危。朝聘以时，厚往而薄来，所以怀诸侯也。凡为天下国家有九经，所以行之者一也。"

"凡事豫则立，不豫则废。言前定则不跲，事前定则不困，行前定则不疚，道前定则不穷。在下位不获乎上，民不可得而治矣。获乎上有道，不信乎朋友，不获乎上矣；信乎朋友有道，不顺乎亲，不信乎朋友矣；顺乎亲有道，反诸身不诚，不顺乎亲矣；诚身有道，不明乎善，不诚乎身矣。诚者，天之道也；诚之者，人之道也。诚者，不勉而中，不思而得，从容中道，圣人也。诚之者，择善而固执之者也。"

"博学之，审问之，慎思之，明辨之，笃行之。有弗学，学之弗能，弗措也；有弗问，问之弗知，弗措也；有弗思，思之弗得，弗措也；有弗辨，辨之弗明，弗措也；有弗行，行之弗笃，弗措也。人一能之己百之，人十能之己千之。果能此道矣，虽愚必明，虽柔必强。"

自诚明，谓之性。自明诚，谓之教。诚则明矣，明则诚矣。

唯天下至诚，为能尽其性；能尽其性，则能尽人之性；能尽人之性，则能尽物之性；能尽物之性，则可以赞天地之化育；可以赞天地之化育，则可以与天地参矣。

其次致曲。曲能有诚，诚则形，形则著，著则明，明则动，动则变，变则化。唯天下至诚为能化。

至诚之道，可以前知。国家将兴，必有祯祥；国家将亡，必有妖孽。见乎蓍龟①，动乎四体。祸福将至：善，必先知之；不善，必先知之。故至诚如神。

诚者自成也，而道自道也。诚者物之终始，不诚无物。是故君子诚之为贵。诚者非自成己而已也，所以成物也。成己，仁也；成物，知也。性之德也，合外内之道也，故时措之宜也。

故至诚无息。不息则久，久则徵；徵则悠远，悠远则博厚，博厚则高明。博厚，所以载物也；高明，所以覆物也；悠久，所以成物也。博厚配地，高明配天，悠久无疆。如此者，不见而章，不动而变，无为而成。天地之道，可壹言而尽也。其为物不贰，则其生物不测。天地之道：博也，厚也，高也，明也，悠也，久也。今夫天，斯昭昭之多，及其无穷也，日月星辰系焉，万物覆焉。今夫地，一撮土之多，及其广厚，载华岳而不

---

① 蓍（shī）：蓍草的茎，用以占卜。龟：龟甲，用以占卜。

重，振河海而不泄，万物载焉。今夫山，一卷石之多，及其广大，草木生之，禽兽居之，宝藏兴焉。今夫水，一勺之多，及其不测，鼋鼍、蛟龙、鱼鳖生焉，货财殖焉。《诗》曰："惟天之命，於穆不已！"盖曰天之所以为天也。"於乎不显，文王之德之纯！"盖曰文王之所以为文也，纯亦不已。

大哉！圣人之道！洋洋乎发育万物，峻极于天。优优大哉！礼仪三百，威仪三千，待其人然后行。故曰：苟不至德，至道不凝焉。故君子尊德性而道问学；致广大而尽精微；极高明而道中庸；温故而知新，敦厚以崇礼。是故居上不骄，为下不倍；国有道，其言足以兴；国无道，其默足以容。《诗》曰："既明且哲，以保其身。"其此之谓与！

子曰："愚而好自用，贱而好自专，生乎今之世，反古之道：如此者，灾及其身者也。"非天子，不议礼，不制度，不考文。今天下车同轨，书同文，行同伦。虽有其位，苟无其德，不敢作礼乐焉；虽有其德，苟无其位，亦不敢作礼乐焉。子曰："吾说夏礼，杞不足徵也。吾学殷礼，有宋存焉。吾学周礼，今用之，吾从周。"

王天下有三重焉，其寡过矣乎！上焉者虽善无徵，无徵不信，不信民弗从；下焉者虽善不尊，不尊不信，不信民弗从。故君子之道：本诸身，徵诸庶民，考诸三王而不缪，建诸天地而不悖，质诸鬼神而无疑，百世以俟圣人而不惑。质诸鬼神而无疑，知天也；百世以俟圣人而不惑，知人也。是故君子动而世为天下道，行而世为天下法，言而世为天下则。远之则有望，近之则不厌。《诗》曰："在彼无恶，在此无射。庶几夙夜，以永终

述圣子思墓

誉！"君子未有不如此而蚤有誉于天下者也。

仲尼祖述尧舜，宪章文武：上律天时，下袭水土。辟如天地之无不持载，无不覆帱，辟如四时之错行，如日月之代明。万物并育而不相害，道并行而不相悖，小德川流，大德敦化，此天地之所以为大也。

唯天下至圣为能聪明睿知，足以有临也；宽裕温柔，足以有容也；发强刚毅，足以有执也；齐庄中正，足以有敬也；文理密察，足以有别也。溥博渊泉，而时出之。溥博如天，渊泉如渊。见而民莫不敬，言而民莫不信，行而民莫不说。是以声名洋溢乎中国，施及蛮貊。舟车所至，人力所通，天之所覆，地之所载，日月所照，霜露所队①，凡有血气者，莫不尊亲，故曰配天。

唯天下至诚，为能经纶天下之大经，立天下之大本，知天地之化育。夫焉有所倚？肫②肫其仁！渊渊其渊！浩浩其天！苟不固聪明圣知达天德者，其孰能知之？

《诗》曰："衣锦尚絅。"恶其文之著也。故君子之道，暗然而日章；小人之道，的然而日亡。君子之道：淡而不厌，简而文，温而理，知远之近，知风之自，知微之显，可与入德矣。《诗》云："潜虽伏矣，亦孔之昭！"故君子内省不疚，无恶于志。君子所不可及者，其唯人之所不见乎！《诗》云："相在尔室，尚不愧于屋漏。"故君子不动而敬，不言而信。《诗》曰："奏假无言，时靡有争。"是故君子不赏而民劝，不怒而民威于鈇钺。《诗》曰："不显惟德！百辟其刑之。"是故君子笃恭而天下平。《诗》云："予怀明德，不大声以色。"子曰："声色之于以化民。末也。"《诗》曰："德輶如毛。"毛犹有伦，"上天之载，无声无臭"，至矣！

---

① 队（zhuì）：通"坠"，坠落。
② 肫（zhūn）：恳切，真挚。

中庸章句序

中庸何為而作也子思子憂道學之失其
傳而作也蓋自上古聖神繼天立極而道
統之傳有自來矣其見於經則允執厥中
者堯之所以授舜也人心惟危道心惟微
惟精惟一允執厥中者舜之所以授禹也
堯之一言至矣盡矣而舜復益之以三言
者則所以明夫堯之一言必如是而後可
庶幾也蓋嘗論之心之虛靈知覺一而已

审定者：北京大学 白化文

全书总字数：15919

用字量：1342

论语 03

《论语》是孔子弟子及再传弟子追记孔子言行思想的著作，凡二十篇，约成书于战国初期。今本《论语》系东汉郑玄综合多种版本而成，全文采用语录体，章节简短，每事一段，语句多警句形式，篇名取自每篇首章中的前二三字，并无实际意义。

《论语》一书，对后世的思想和学术影响至深，在汉代已被视为辅翼《五经》的传或记，汉文帝时列于学官，东汉时被尊为经，从此，《论语》受到历代统治者的推崇，成为言行是非的标准，甚至有"半部《论语》治天下"的赞誉。

高频字

子	曰	之	不	也	而	其	者	人	以	有

△ 学而时习之

子曰："学而时习之，不亦说乎？有朋自远方来，不亦乐乎？人不知而不愠，不亦君子乎？"

△ 敏于事而慎于言

子曰："君子食无求饱，居无求安，敏于事而慎于言，就有道而正焉，可谓好学也已。"

△ 患不知人

子曰："不患人之不己知，患不知人也。"

——以上《学而第一》

△ 思无邪

子曰："《诗》三百，一言以蔽之，曰：'思无邪。'"

△ 三十而立

子曰："吾十有五而志于学，三十而立，四十而不惑，五十而知天命，六十而耳顺，七十而从心所欲，不逾矩。"

——以上《为政第二》

△ 是可忍孰不可忍

孔子谓季氏："八佾舞于庭，是可忍也，孰不可忍也？"

——以上《八佾第三》

△ 朝闻夕死

子曰："朝闻道，夕死可矣。"

△ 见贤思齐

子曰："见贤思齐焉，见不贤而内自省也。"

——以上《里仁第四》

△ 朽木不可雕

宰予昼寝。子曰："朽木不可雕也，粪土之墙不可杇也；于予与何诛?"

△ 听其言观其行

子曰:"始吾于人也,听其言而信其行;今吾于人也,听其言而观其行。于予与改是。"

△ 敏而好学

子贡问曰:"孔文子何以谓之'文'也?"子曰:"敏而好学,不耻下问,是以谓之'文'也。"

——以上《公冶长第五》

△ 箪食陋巷

子曰:"贤哉,回也!一箪食,一瓢饮,在陋巷,人不堪其忧,回也不改其乐。贤哉,回也!"

△ 好之者不如乐之者

子曰:"知之者不如好之者,好之者不如乐之者。"

△ 仁者乐山

子曰:"知者乐水,仁者乐山。知者动,仁者静。知者乐,仁者寿。"

——以上《雍也第六》

△ 述而不作

子曰："述而不作，信而好古，窃比于我老彭。"

△ 孔子闻韶

子在齐，闻《韶》，三月不知肉味，曰："不图为乐之至于斯也！"

△ 五十学易

子曰："加我数年，五十以学《易》，可以无大过矣。"

△ 怪力乱神

子不语怪、力、乱、神。

△ 三人行则有师

子曰："三人行，必有我师焉：择其善者而从之，其不善者而改之。"

△ 君子坦荡荡

子曰："君子坦荡荡，小人长戚戚。"

——以上《述而第七》

△ 任重道远

曾子曰："士不可以不弘毅，任重而道远。仁以为己任，不亦重乎？死而后已，不亦远乎？"

△ 无道则隐

子曰："笃信好学，守死善道。危邦不入，乱邦不居。天下有道则见，无道则隐。邦有道，贫且贱焉，耻也；邦无道，富且贵焉，耻也。"

△ 在其位谋其政

子曰："不在其位，不谋其政。"

——以上《泰伯第八》

△ 仰之弥高

颜渊喟然叹曰："仰之弥高，钻之弥坚。瞻之在前，忽焉在后。夫子循循然善诱人，博我以文，约我以礼，欲罢不能。既竭吾才，如有所立卓尔。虽欲从之，末由也已。"

△ 待价而沽

子贡曰："有美玉于斯，韫椟而藏诸？求善贾而沽诸？"子曰："沽之哉！沽之哉！我待贾者也。"

子在川上曰

子在川上，曰："逝者如斯夫！不舍昼夜。"

匹夫不可夺志

子曰："三军可夺帅也，匹夫不可夺志也。"

——以上《子罕第九》

食不厌精

食不厌精，脍不厌细。

食饐而餲，鱼馁而肉败，不食。色恶，不食。臭恶，不食。失饪，不食。不时，不食。割不正，不食。不得其酱，不食。

——以上《乡党第十》

未知生焉知死

季路问事鬼神。子曰："未能事人，焉能事鬼？"

曰："敢问死？"曰："未知生，焉知死？"

——以上《先进第十一》

⚠ 克己复礼

颜渊问仁。子曰："克己复礼为仁。一日克己复礼，天下归仁焉。为仁由己，而由人乎哉？"

⚠ 己所不欲

仲弓问仁。子曰："出门如见大宾，使民如承大祭。己所不欲，勿施于人。在邦无怨，在家无怨。"

⚠ 四海之内皆兄弟

司马牛忧曰："人皆有兄弟，我独亡。"子夏曰："商闻之矣：死生有命，富贵在天。君子敬而无失，与人恭而有礼。四海之内皆兄弟也，君子何患乎无兄弟也？"

⚠ 民无信不立

子贡问政。子曰："足食，足兵，民信之矣。"

子贡曰："必不得已而去，于斯三者何先？"曰："去兵。"

子贡曰："必不得已而去，于斯二者何先？"曰："去食。自古皆有死，民无信不立。"

⚠ 以文会友

曾子曰："君子以文会友，以友辅仁。"

——以上《颜渊第十二》

△ 身正令行

子曰："其身正，不令而行；其身不正，虽令不从。"

△ 一言兴邦

定公问："一言而可以兴邦，有诸？"

孔子对曰："言不可以若是其几也。人之言曰：'为君难，为臣不易。'如知为君之难也，不几乎一言而兴邦乎？"曰："一言而丧邦，有诸？"

孔子对曰："言不可以若是其几也。人之言曰：'予无乐乎为君，唯其言而莫予违也。'如其善而莫之违也，不亦善乎？如不善而莫之违也，不几乎一言而丧邦乎？"

△ 和而不同

子曰："君子和而不同，小人同而不和。"

△ 泰而不骄

子曰："君子泰而不骄，小人骄而不泰。"

——以上《子路第十三》

△ 贫而无怨

子曰："贫而无怨难，富而无骄易。"

△ 被发左衽

子贡曰："管仲非仁者与？桓公杀公子纠，不能死，又相之。"子曰："管仲相桓公，霸诸侯，一匡天下，民到于今受其赐。微管仲，吾其被发左衽矣。岂若匹夫匹妇之为谅也，自经于沟渎而莫之知也。"

△ 为己为人

子曰："古之学者为己，今之学者为人。"

△ 知者不惑

子曰："君子道者三，我无能焉：仁者不忧，知者不惑，勇者不惧。"子贡曰："夫子自道也。"

△ 以德报德

或曰："以德报怨，何如？"子曰："何以报德？以直报怨，以德报德。"

——以上《宪问第十四》

△ 有道如矢

子曰："直哉史鱼！邦有道，如矢；邦无道，如矢。君子哉蘧伯玉！邦有道，则仕；邦无道，则可卷而怀之。"

△ 杀身成仁

子曰："志士仁人，无求生以害仁，有杀身以成仁。"

△ 好德如好色

子曰："已矣乎！吾未见好德如好色者也。"

△ 没世不名

子曰："君子疾没世而名不称焉。"

△ 当仁不让

子曰："当仁不让于师。"

△ 道不同不相谋

子曰："道不同，不相为谋。"

——以上《卫灵公第十五》

不患寡而患不均

孔子曰："求，君子疾夫舍曰欲之而必为之辞。丘也闻有国有家者，不患寡而患不均，不患贫而患不安。盖均无贫，和无寡，安无倾。夫如是，故远人不服，则修文德以来之。既来之，则安之。今由与求也，相夫子，远人不服，而不能来也；邦分崩离析，而不能守也；而谋动干戈于邦内。吾恐季孙之忧，不在颛臾，而在萧墙之内也。"

益者三友

孔子曰："益者三友，损者三友。友直，友谅，友多闻，益矣。友便辟，友善柔，友便佞，损矣。"

益者三乐

孔子曰："益者三乐，损者三乐。乐节礼乐，乐道人之善，乐多贤友，益矣。乐骄乐，乐佚游，乐宴乐，损矣。"

君子三畏

孔子曰："君子有三畏：畏天命，畏大人，畏圣人之言。小人不知天命而不畏也，狎大人，侮圣人之言。"

问一得三

陈亢问于伯鱼曰："子亦有异闻乎？"对曰："未也。尝独立，鲤趋而过庭。曰：'学《诗》乎?'对曰：'未也。''不学《诗》，无以言。'鲤退而学《诗》。他日，又独立，鲤趋而过庭，曰：'学《礼》乎?'对曰：'未也。''不学《礼》，无以立。'鲤退而学《礼》。闻斯二者。"陈亢退而喜曰："问一得三，闻《诗》，闻《礼》，又闻君子之远其子也。"

——以上《季氏第十六》

△ 性近习远

子曰："性相近也，习相远也。"

△ 上知下愚

子曰："唯上知与下愚不移。"

△ 子张问仁

子张问仁于孔子。孔子曰："能行五者于天下为仁矣。"

"请问之?"曰："恭、宽、信、敏、惠。恭则不侮，宽则得众，信则人任焉，敏则有功，惠则足以使人。"

△ 诗可以兴

子曰："小子何莫学夫《诗》?《诗》，可以兴，可以观，可以群，可以怨。迩之事父，远之事君。多识于鸟兽草木之名。"

色厉内荏

子曰："色厉而内荏，譬诸小人，其犹穿窬之盗也与！"

巧言令色

子曰："巧言令色，鲜矣仁。"

小人难养

子曰："唯女子与小人为难养也，近之则不孙，远之则怨。"

——以上《阳货第十七》

四体不勤五谷不分

子路从而后，遇丈人，以杖荷蓧。子路问曰："子见夫子乎？"

丈人曰："四体不勤，五谷不分，孰为夫子？"植其杖而芸。子路拱而立。

止子路宿，杀鸡为黍而食之，见其二子焉。明日，子路行以告。

子曰："隐者也。"使子路反见之。至，则行矣。

——以上《微子第十八》

博学笃志

子夏曰："博学而笃志，切问而近思，仁在其中矣。"

△ 君子三变

子夏曰："君子有三变：望之俨然，即之也温，听其言也厉。"

——以上《子张第十九》

△ 五美四恶

子张问于孔子曰："何如斯可以从政矣？"

子曰："尊五美，屏四恶，斯可以从政矣。"

子张曰："何谓五美？"

子曰："君子惠而不费，劳而不怨，欲而不贪，泰而不骄，威而不猛。"

子张曰："何谓惠而不费？"

子曰："因民之所利而利之，斯不亦惠而不费乎？择可劳而劳之，又谁怨？欲仁而得仁，又焉贪？君子无众寡，无小大，无敢慢，斯不亦泰而不骄乎？君子正其衣冠，尊其瞻视，俨然人望而畏之，斯不亦威而不猛乎？"

子张曰："何谓四恶？"

子曰："不教而杀谓之虐。不戒视成谓之暴。慢令致期谓之贼。犹之与人也，出纳之吝，谓之有司。"

——以上《尧曰第二十》

学专复性习为功，千五百年初发蒙。

悦乐已深加不愠，此身与道始流通。

宋·陈普《论语·时习章》

孟 子

04

用字量：1885

全书总字数：35491

审定者：四川外国语大学 周文德

　　《孟子》系语录体著作，十四卷，孟子与其弟子万章等编著，约成书于战国中后期。孟子名轲，战国中期邹国（今山东邹城）人，受业于孔子之孙子思的门人，以孔门传人自任，后世尊称为"亚圣"。孟子主张实行"仁政"而成"王道"，认为人性本善，强调个人人格完善的作用，其学说与孔子学说一起，称为"孔孟之道"。《孟子》一书，《史记》本传中称有七篇，东汉学者赵岐作《孟子章句》，将每一篇分为上下，成七篇十四卷，各篇名均系采撷每篇首若干字词而成。至宋代，《孟子》入"十三经"。

高频字

之	也	不	曰	子	而	者	以	人	其	於	为

五十步笑百步

梁惠王曰："寡人之于国也，尽心焉耳矣。河内凶，则移其民于河东，移其粟于河内。河东凶亦然。察邻国之政，无如寡人之用心者。邻国之民不加少，寡人之民不加多，何也？"孟子对曰："王好战，请以战喻。填然鼓之，兵刃既接，弃甲曳兵而走。或百步而后止，或五十步而后止。以五十步笑百步，则何如？"曰："不可，直不百步耳，是亦走也。"

见其生不忍见其死

孟子曰："臣闻之胡龁曰：王坐于堂上，有牵牛而过堂下者，王见之，曰：'牛何之？'对曰：'将以衅钟。'王曰：'舍之！吾不忍其觳觫，若无罪而就死地。'对曰：'然则废衅钟与？'曰：'何可废也？以羊易之！'——不识有诸？"曰："有之。"曰："是心足以王矣。百姓皆以王为爱也，臣固知王之不忍也。"王曰："然。诚有百姓者。齐国虽褊小，吾何爱一牛？即不忍其觳觫，若无罪而就死地，故以羊易之也。"曰："王无异于百姓之以王为爱也。以小易大，彼恶知之？王若隐其无罪而就死地，则牛羊何择焉？"王笑曰："是诚何心哉？我非爱其财而易之以羊也。宜乎百姓之谓我爱也。"曰："无伤也，是乃仁术也，见牛未见羊也。君子之于禽兽也，见其生，不忍见其死；闻其声，不忍食其肉。是以君子远庖厨也。"

老吾老以及人之老

孟子曰："有复于王者曰：'吾力足以举百钧，而不足以举一羽；明足以察秋毫之末，而不见舆薪。'则王许之乎？"曰："否。""今恩足以及禽兽，而功不至于百姓者，独何与？然则一羽之不举，为不用力焉；舆薪之不见，为不用明焉；百姓之不见保，为不用恩焉。故王之不王，不为也，非不能也。"曰："不为者与不能者之形何以异？"曰："挟太山以超北海，语人曰：'我不能。'是诚不能也。为长者折枝，语人曰：'我不能。'是不为也，非不能也。故王之不王，非挟太山以超北海之类也；王之不王，是折枝之类也。老吾老，以及人之老；幼吾幼，以及人之幼。天下可运于掌。"

缘木求鱼

孟子曰："王之所大欲，可得闻与？"王笑而不言。曰："为肥甘不足于口与？轻暖不足于体与？抑为采色不足视于目与？声音不足听于耳与？便嬖不足使令于前与？王之诸臣皆足以供之，而王岂为是哉？"曰："否。吾不为是也。"曰："然则王之所大欲可知已。欲辟土地，朝秦、楚，莅中国而抚四夷也。以若所为求若所欲，犹缘木而求鱼也。"王曰："若是其甚与？"曰："殆有甚焉。缘木求鱼，虽不得鱼，无后灾。以若所为，求若所欲，尽心力而为之，后必有灾。"

——以上《梁惠王上》

王顾左右而言他

孟子谓齐宣王曰："王之臣，有托其妻子于其友，而之楚游者，比其反也，则冻馁其妻子，则如之何？"王曰："弃之。"曰："士师不能治士，则如之何？"王曰："已之。"曰："四境之内不治，则如之何？"王顾左右而言他。

——以上《梁惠王下》

养吾浩然之气

公孙丑问曰："敢问夫子恶乎长？"曰："我知言，我善养吾浩然之气。""敢问何谓浩然之气？"曰："难言也。其为气也，至大至刚，以直养而无害，则塞于天地之间。其为气也，配义与道。无是，馁也。是集义所生者，非义袭而取之也。行有不慊于心，则馁矣。"

揠苗助长

孟子曰："无若宋人然：宋人有闵其苗之不长而揠之者，芒芒然归，谓其人曰：'今日病矣！予助苗长矣！'其子趋而往视之，苗则槁矣。天下之不助苗长者寡矣。以为无益而舍之者，不耘苗者也；助之长者，揠苗者也，非徒无益，而又害之。"

以德服人

孟子曰："以力假仁者霸，霸必有大国；以德行仁者王，王不待大。

汤以七十里，文王以百里。以力服人者，非心服也，力不赡也；以德服人者，中心悦而诚服也，如七十子之服孔子也。《诗》云：'自西自东，自南自北，无思不服。'此之谓也。"

——以上《公孙丑上》

天时不如地利

孟子曰："天时不如地利，地利不如人和。三里之城，七里之郭，环而攻之而不胜。夫环而攻之，必有得天时者矣；然而不胜者，是天时不如地利也。城非不高也，池非不深也，兵革非不坚利也，米粟非不多也；委而去之，是地利不如人和也。故曰：域民不以封疆之界，固国不以山谿之险，威天下不以兵革之利。得道者多助，失道者寡助。寡助之至，亲戚畔之；多助之至，天下顺之。以天下之所顺，攻亲戚之所畔；故君子有不战，战必胜矣。"

——以上《公孙丑下》

自暴自弃

孟子曰："自暴者不可与有言也，自弃者不可与有为也。言非礼义，谓之自暴也。吾身不能居仁由义，谓之自弃也。仁，人之安宅也；义，人之正路也。旷安宅而弗居，舍正路而不由，哀哉！"

嫂溺援之以手

淳于髡曰："男女授受不亲，礼与？"孟子曰："礼也。"曰："嫂溺，则援之以手乎？"曰："嫂溺不援，是豺狼也。男女授受不亲，礼也。嫂溺，援之以手者，权也。"曰："今天下溺矣，夫子之不援，何也？"曰："天下溺，援之以道。嫂溺，援之以手。子欲手援天下乎？"

——以上《离娄上》

舍生取义

孟子曰："鱼我所欲也，熊掌亦我所欲也；二者不可得兼，舍鱼而取熊掌者也。生亦我所欲也，义亦我所欲也；二者不可得兼，舍生而取义者也。生亦我所欲，所欲有甚于生者，故不为苟得也；死亦我所恶，所恶有甚于死者，故患有所不辟也。"

杯水车薪

孟子曰："仁之胜不仁也，犹水胜火。今之为仁者，犹以一杯水救一车薪之火也，不熄，则谓之水不胜火。此又与于不仁之甚者也，亦终必亡而已矣。"

——以上《告子上》

穷则独善其身

孟子谓宋句践曰："子好游乎？吾语子游。人知之亦嚣嚣；人不知亦嚣嚣。"曰："何如斯可以嚣嚣矣？"曰："尊德乐义，则可以嚣嚣矣。故士穷不失义，达不离道。穷不失义，故士得己焉；达不离道，故民不失望焉。古之人，得志，泽加于民；不得志，修身见于世。穷则独善其身，达则兼善天下。"

观于海者难为水

孟子曰："孔子登东山而小鲁，登太山而小天下，故观于海者难为水，游于圣人之门者难为言。观水有术，必观其澜。日月有明，容光必照焉。流水之为物也，不盈科不行；君子之志于道也，不成章不达。"

——以上《尽心上》

尽信书不如无书

孟子曰："尽信《书》，则不如无《书》。吾于《武成》，取二三策而已矣。仁人无敌于天下，以至仁伐至不仁，而何其血之流杵也？"

——以上《尽心下》

仲尼切戒取人恶，孟子真能不动心。
嗟我痴顽何所得，但能于此惜分阴。
　　　　　　　　宋·陈文蔚《夜坐有感年四十》

用字量：2805

全书总字数：30520

审定者：辽宁大学　许志刚

诗经

05

　　《诗经》是商周时代的诗歌选集，收入春秋中叶以前的作品三百零五篇。《诗经》中的作品是在歌唱中创作的，并在歌唱中流传，与音乐相伴生。因此，古人在搜集、整理时，还保留它的音乐性特点，将这三百零五篇作品按着不同的音乐划分为"风""雅""颂"三类。"风"为十五个不同地域的歌诗；"雅"为朝廷的乐歌，又分为《大雅》《小雅》；"颂"为祭祀祖先和自然神的乐歌，分为《周颂》《鲁颂》《商颂》。

　　《诗经》在先秦时称为《诗》或《诗三百》，孔子曾对其进行整理，用以教授弟子，儒家后学尊之为"经"，成为儒家经典之一。汉代传授《诗经》分为不同的学派，只有毛诗学派的解说流传至今。

高频字

之	不	我	有	其	子	于	兮	以	彼	无	人

国风·周南

关 雎

关关雎鸠，在河之洲。窈窕淑女，君子好逑。

参差荇菜，左右流之。窈窕淑女，寤寐求之。

求之不得，寤寐思服。悠哉悠哉，辗转反侧。

参差荇菜，左右采之。窈窕淑女，琴瑟友之。

参差荇菜，左右芼之。窈窕淑女，钟鼓乐之。

葛 覃

葛之覃兮，施于中谷，维叶萋萋。

黄鸟于飞，集于灌木，其鸣喈喈。

葛之覃兮，施于中谷，维叶莫莫。

是刈是濩，为絺为绤，服之无斁。

言告师氏，言告言归。薄汙我私，薄浣我衣。

害浣害否，归宁父母。

卷 耳

采采卷耳，不盈顷筐。嗟我怀人，置彼周行。

陟彼崔嵬，我马虺隤。我姑酌彼金罍，维以不永怀。

陟彼高冈，我马玄黄。我姑酌彼兕觥，维以不永伤。

陟彼砠矣，我马瘏矣，我仆痡矣，云何吁矣。

樛　木

南有樛木，葛藟累之。乐只君子，福履绥之。

南有樛木，葛藟荒之。乐只君子，福履将之。

南有樛木，葛藟萦之。乐只君子，福履成之。

螽　斯

螽斯羽，诜诜兮。宜尔子孙，振振兮。

螽斯羽，薨薨兮。宜尔子孙，绳绳兮。

螽斯羽，揖揖兮。宜尔子孙，蛰蛰兮。

桃　夭

桃之夭夭，灼灼其华。之子于归，宜其室家。

桃之夭夭，有蕡其实。之子于归，宜其家室。

桃之夭夭，其叶蓁蓁。之子于归，宜其家人。

兔　罝

肃肃兔罝，椓之丁丁。赳赳武夫，公侯干城。

肃肃兔罝，施于中逵。赳赳武夫，公侯好仇。

肃肃兔罝，施于中林。赳赳武夫，公侯腹心。

芣　苢

采采芣苢，薄言采之。采采芣苢，薄言有之。

采采芣苢，薄言掇之。采采芣苢，薄言捋之。

采采芣苢，薄言袺之。采采芣苢，薄言襭之。

汉　广

南有乔木，不可休息。汉有游女，不可求思。汉之广矣，不可泳思。江之永矣，不可方思。

翘翘错薪，言刈其楚。之子于归，言秣其马。汉之广矣，不可泳思。江之永矣，不可方思。

翘翘错薪，言刈其蒌。之子于归，言秣其驹。汉之广矣，不可泳思。江之永矣，不可方思。

汝　坟

遵彼汝坟，伐其条枚。未见君子，惄如调饥。

遵彼汝坟，伐其条肄。既见君子，不我遐弃。

鲂鱼赪尾，王室如燬。虽则如燬，父母孔迩。

麟之趾

麟之趾，振振公子，于嗟麟兮！

麟之定，振振公姓，于嗟麟兮！

麟之角，振振公族，于嗟麟兮！

国风·召南

鹊　巢

维鹊有巢，维鸠居之。之子于归，百两御之。

维鹊有巢，维鸠方之。之子于归，百两将之。

维鹊有巢，维鸠盈之。之子于归，百两成之。

甘　棠

蔽芾甘棠，勿翦勿伐，召伯所茇。

蔽芾甘棠，勿翦勿败，召伯所憩。

蔽芾甘棠，勿翦勿拜，召伯所说。

摽有梅

摽有梅，其实七兮。求我庶士，迨其吉兮。

摽有梅，其实三兮。求我庶士，迨其今兮。

摽有梅，顷筐塈之。求我庶士，迨其谓之。

驺　虞

彼茁者葭，壹发五豝，于嗟乎驺虞！

彼茁者蓬，壹发五豵，于嗟乎驺虞！

△ 国风·邶风

柏　舟

泛彼柏舟，亦泛其流。耿耿不寐，如有隐忧。微我无酒，以敖以游。

我心匪鉴，不可以茹。亦有兄弟，不可以据。薄言往愬，逢彼之怒。

我心匪石，不可转也。我心匪席，不可卷也。威仪棣棣，不可选也。

忧心悄悄，愠于群小。觏闵既多，受侮不少。静言思之，寤辟有摽。

日居月诸，胡迭而微？心之忧矣，如匪浣衣。静言思之，不能奋飞。

击　鼓

击鼓其镗，踊跃用兵。土国城漕，我独南行。

从孙子仲，平陈与宋。不我以归，忧心有忡。

爰居爰处？爰丧其马？于以求之？于林之下。

死生契阔，与子成说。执子之手，与子偕老。

于嗟阔兮，不我活兮。于嗟洵兮，不我信兮。

凯　风

凯风自南，吹彼棘心。棘心夭夭，母氏劬劳。

凯风自南，吹彼棘薪。母氏圣善，我无令人。

爰有寒泉，在浚之下。有子七人，母氏劳苦。

睍睆黄鸟，载好其音。有子七人，莫慰母心。

匏有苦叶

匏有苦叶，济有深涉。深则厉，浅则揭。

有弥济盈，有鷕雉鸣。济盈不濡轨，雉鸣求其牡。

雍雍鸣雁，旭日始旦。士如归妻，迨冰未泮。

招招舟子，人涉卬否。人涉卬否，卬须我友。

谷　风

习习谷风，以阴以雨。黾勉同心，不宜有怒。采葑采菲，无以下体？
德音莫违，及尔同死。

行道迟迟，中心有违。不远伊迩，薄送我畿。谁谓荼苦，其甘如荠。
宴尔新昏，如兄如弟。

泾以渭浊，湜湜其沚。宴尔新昏，不我屑以。毋逝我梁，毋发我笱。
我躬不阅，遑恤我后！

就其深矣，方之舟之。就其浅矣，泳之游之。何有何亡，黾勉求之。
凡民有丧，匍匐救之。

不我能慉，反以我为雠。既阻我德，贾用不售。昔育恐育鞫，及尔颠覆。既生既育，比予于毒。

我有旨蓄，亦以御冬。宴尔新昏，以我御穷。有洸有溃，既诒我肄。不念昔者，伊余来墍。

式　微

式微，式微，胡不归？微君之故，胡为乎中露！
式微，式微，胡不归？微君之躬，胡为乎泥中！

静　女

静女其姝，俟我于城隅。爱而不见，搔首踟蹰。
静女其娈，贻我彤管。彤管有炜，说怿女美。
自牧归荑，洵美且异。匪女之为美，美人之贻。

△ 国风·鄘风

定之方中

定之方中，作于楚宫。揆之以日，作于楚室。树之榛栗，椅桐梓漆，爰伐琴瑟。

升彼虚矣，以望楚矣。望楚与堂，景山与京。降观于桑，卜云其吉，终然允臧。

灵雨既零，命彼倌人，星言夙驾，说于桑田。匪直也人，秉心塞渊，騋牝三千。

相　鼠

相鼠有皮，人而无仪！人而无仪，不死何为？
相鼠有齿，人而无止！人而无止，不死何俟？

相鼠有体，人而无礼！人而无礼，胡不遄死？

🔺 国风·卫风

淇 奥

瞻彼淇奥，绿竹猗猗。有匪君子，如切如磋，如琢如磨。瑟兮僩兮，赫兮咺兮，有匪君子，终不可谖兮。

瞻彼淇奥，绿竹青青。有匪君子，充耳琇莹，会弁如星。瑟兮僩兮，赫兮咺兮，有匪君子，终不可谖兮。

瞻彼淇奥，绿竹如篑。有匪君子，如金如锡，如圭如璧。宽兮绰兮，猗重较兮，善戏谑兮，不为虐兮。

考 槃

考槃在涧，硕人之宽。独寐寤言，永矢弗谖。

考槃在阿，硕人之薖。独寐寤歌，永矢弗过。

考槃在陆，硕人之轴。独寐寤宿，永矢弗告。

硕 人

硕人其颀，衣锦褧衣。齐侯之子，卫侯之妻。东宫之妹，邢侯之姨，谭公维私。

手如柔荑，肤如凝脂，领如蝤蛴，齿如瓠犀，螓首蛾眉，巧笑倩兮，美目盼兮。

硕人敖敖，说于农郊。四牡有骄，朱幩镳镳。翟茀以朝。大夫夙退，无使君劳。

河水洋洋，北流活活。施罛濊濊，鳣鲔发发，葭菼揭揭。庶姜孽孽，庶士有朅。

氓

氓之蚩蚩，抱布贸丝。匪来贸丝，来即我谋。送子涉淇，至于顿丘。匪我愆期，子无良媒。将子无怒，秋以为期。

乘彼垝垣，以望复关。不见复关，泣涕涟涟。既见复关，载笑载言。尔卜尔筮，体无咎言。以尔车来，以我贿迁。

桑之未落，其叶沃若。于嗟鸠兮！无食桑葚。于嗟女兮！无与士耽。士之耽兮，犹可说也。女之耽兮，不可说也。

桑之落矣，其黄而陨。自我徂尔，三岁食贫。淇水汤汤，渐车帷裳。女也不爽，士贰其行。士也罔极，二三其德。

三岁为妇，靡室劳矣。夙兴夜寐，靡有朝矣。言既遂矣，至于暴矣。兄弟不知，咥其笑矣。静言思之，躬自悼矣。

及尔偕老，老使我怨。淇则有岸，隰则有泮。总角之宴，言笑晏晏，信誓旦旦，不思其反。反是不思，亦已焉哉！

河 广

谁谓河广？一苇杭之。谁谓宋远？跂予望之。
谁谓河广？曾不容刀。谁谓宋远？曾不崇朝。

木 瓜

投我以木瓜，报之以琼琚。匪报也，永以为好也！
投我以木桃，报之以琼瑶。匪报也，永以为好也！
投我以木李，报之以琼玖。匪报也，永以为好也！

国风·王风

黍 离

彼黍离离，彼稷之苗。行迈靡靡，中心摇摇。知我者，谓我心忧；不知我者，谓我何求。悠悠苍天，此何人哉！

彼黍离离，彼稷之穗。行迈靡靡，中心如醉。知我者，谓我心忧；不知我者，谓我何求。悠悠苍天，此何人哉！

彼黍离离，彼稷之实。行迈靡靡，中心如噎。知我者，谓我心忧；不知我者，谓我何求。悠悠苍天，此何人哉！

君子于役

君子于役，不知其期。曷至哉？鸡栖于埘。日之夕矣，羊牛下来。君子于役，如之何勿思！

君子于役，不日不月。曷其有佸？鸡栖于桀。日之夕矣，羊牛下括。君子于役，苟无饥渴。

国风·郑风

子 衿

青青子衿，悠悠我心。纵我不往，子宁不嗣音？
青青子佩，悠悠我思。纵我不往，子宁不来？
挑兮达兮，在城阙兮。一日不见，如三月兮。

野有蔓草

野有蔓草，零露漙兮。有美一人，清扬婉兮。邂逅相遇，适我愿兮。

野有蔓草，零露瀼瀼。有美一人，婉如清扬。邂逅相遇，与子偕臧。

溱洧

溱与洧，方涣涣兮。士与女，方秉蕳兮。女曰"观乎？"士曰"既且"。"且往观乎？"洧之外，洵訏且乐。维士与女，伊其相谑，赠之以勺药。

溱与洧，浏其清矣。士与女，殷其盈矣。女曰"观乎？"士曰"既且"。"且往观乎？"洧之外，洵訏且乐。维士与女，伊其将谑，赠之以勺药。

国风·齐风

鸡鸣

鸡既鸣矣，朝既盈矣。匪鸡则鸣，苍蝇之声。

东方明矣，朝既昌矣。匪东方则明，月出之光。

虫飞薨薨，甘与子同梦。会且归矣，无庶予子憎。

猗嗟

猗嗟昌兮，颀而长兮，抑若扬兮，美目扬兮，巧趋跄兮，射则臧兮。

猗嗟名兮，美目清兮，仪既成兮，终日射侯，不出正兮，展我甥兮。

猗嗟娈兮，清扬婉兮，舞则选兮，射则贯兮，四矢反兮，以御乱兮。

国风·魏风

十亩之间

十亩之间兮，桑者闲闲兮，行与子还兮。

十亩之外兮，桑者泄泄兮，行与子逝兮。

伐 檀

坎坎伐檀兮，置之河之干兮。河水清且涟猗。不稼不穑，胡取禾三百廛兮？不狩不猎，胡瞻尔庭有县貆兮？彼君子兮，不素餐兮！

坎坎伐辐兮，置之河之侧兮。河水清且直猗。不稼不穑，胡取禾三百亿兮？不狩不猎，胡瞻尔庭有县特兮？彼君子兮，不素食兮！

坎坎伐轮兮，置之河之漘兮。河水清且沦猗。不稼不穑，胡取禾三百囷兮？不狩不猎，胡瞻尔庭有县鹑兮？彼君子兮，不素飧兮！

硕 鼠

硕鼠硕鼠，无食我黍！三岁贯女，莫我肯顾。逝将去女，适彼乐土。乐土乐土，爰得我所。

硕鼠硕鼠，无食我麦！三岁贯女，莫我肯德。逝将去女，适彼乐国。乐国乐国，爰得我直。

硕鼠硕鼠，无食我苗！三岁贯女，莫我肯劳。逝将去女，适彼乐郊。乐郊乐郊，谁之永号？

◁ 国风·唐风

蟋 蟀

蟋蟀在堂，岁聿其莫。今我不乐，日月其除。无已大康，职思其居。好乐无荒，良士瞿瞿。

蟋蟀在堂，岁聿其逝。今我不乐，日月其迈。无已大康，职思其外。好乐无荒，良士蹶蹶。

蟋蟀在堂，役车其休。今我不乐，日月其慆。无已大康，职思其忧。好乐无荒，良士休休。

扬之水

扬之水，白石凿凿。素衣朱襮，从子于沃。既见君子，云何不乐？

扬之水，白石皓皓。素衣朱绣，从子于鹄。既见君子，云何其忧？

扬之水，白石粼粼。我闻有命，不敢以告人。

△ 国风·秦风

蒹 葭

蒹葭苍苍，白露为霜。所谓伊人，在水一方。溯洄从之，道阻且长。溯游从之，宛在水中央。

蒹葭萋萋，白露未晞。所谓伊人，在水之湄。溯洄从之，道阻且跻。溯游从之，宛在水中坻。

蒹葭采采，白露未已。所谓伊人，在水之涘。溯洄从之，道阻且右。溯游从之，宛在水中沚。

无 衣

岂曰无衣？与子同袍。王于兴师，修我戈矛。与子同仇！

岂曰无衣？与子同泽。王于兴师，修我矛戟。与子偕作！

岂曰无衣？与子同裳。王于兴师，修我甲兵。与子偕行！

△ 国风·陈风

衡 门

衡门之下，可以栖迟。泌之洋洋，可以乐饥。

岂其食鱼，必河之鲂？岂其取妻，必齐之姜？

岂其食鱼，必河之鲤？岂其取妻，必宋之子？

国风·桧风

羔 裘

羔裘逍遥，狐裘以朝。岂不尔思？劳心忉忉。

羔裘翱翔，狐裘在堂。岂不尔思？我心忧伤。

羔裘如膏，日出有曜。岂不尔思？中心是悼。

国风·豳风

七 月

七月流火，九月授衣。一之日觱发，二之日栗烈。无衣无褐，何以卒岁？三之日于耜，四之日举趾。同我妇子，馌彼南亩。田畯至喜。

七月流火，九月授衣。春日载阳，有鸣仓庚。女执懿筐，遵彼微行，爰求柔桑。春日迟迟，采蘩祁祁。女心伤悲，殆及公子同归。

七月流火，八月萑苇。蚕月条桑，取彼斧斨。以伐远扬，猗彼女桑。七月鸣鵙，八月载绩。载玄载黄，我朱孔阳，为公子裳。

四月秀葽，五月鸣蜩。八月其获，十月陨萚。一之日于貉，取彼狐狸，为公子裘。二之日其同，载缵武功。言私其豵，献豜于公。

五月斯螽动股，六月莎鸡振羽。七月在野，八月在宇，九月在户，十月蟋蟀入我床下。穹窒熏鼠，塞向墐户。嗟我妇子，曰为改岁，入此室处。

六月食郁及薁，七月亨葵及菽。八月剥枣，十月获稻。为此春酒，以介眉寿。七月食瓜，八月断壶，九月叔苴，采荼薪樗，食我农夫。

九月筑场圃，十月纳禾稼。黍稷重穋，禾麻菽麦。嗟我农夫，我稼既同，上入执宫功。昼尔于茅，宵尔索綯，亟其乘屋，其始播百谷。

二之日凿冰冲冲，三之日纳于凌阴。四之日其蚤，献羔祭韭。九月肃霜，十月涤场。朋酒斯飨，曰杀羔羊。跻彼公堂，称彼兕觥：万寿无疆！

东　山

我徂东山，慆慆不归。我来自东，零雨其濛。我东曰归，我心西悲。制彼裳衣，勿士行枚。蜎蜎者蠋，烝在桑野。敦彼独宿，亦在车下。

我徂东山，慆慆不归。我来自东，零雨其濛。果臝之实，亦施于宇。伊威在室，蟏蛸在户。町畽鹿场，熠耀宵行。不可畏也，伊可怀也。

我徂东山，慆慆不归。我来自东，零雨其濛。鹳鸣于垤，妇叹于室。洒扫穹窒，我征聿至。有敦瓜苦，烝在栗薪。自我不见，于今三年。

我徂东山，慆慆不归。我来自东，零雨其濛。仓庚于飞，熠耀其羽。之子于归，皇驳其马。亲结其缡，九十其仪。其新孔嘉，其旧如之何？

伐　柯

伐柯如何？匪斧不克。取妻如何？匪媒不得。

伐柯伐柯，其则不远。我觏之子，笾豆有践。

狼　跋

狼跋其胡，载疐其尾。公孙硕肤，赤舄几几。

狼疐其尾，载跋其胡。公孙硕肤，德音不瑕？

小雅·鹿鸣之什

鹿　鸣

呦呦鹿鸣，食野之苹。我有嘉宾，鼓瑟吹笙。吹笙鼓簧，承筐是将。人之好我，示我周行。

呦呦鹿鸣，食野之蒿。我有嘉宾，德音孔昭。视民不恌，君子是则是效。我有旨酒，嘉宾式燕以敖。

呦呦鹿鸣，食野之芩。我有嘉宾，鼓瑟鼓琴。鼓瑟鼓琴，和乐且湛。我有旨酒，以燕乐嘉宾之心。

小雅·南有嘉鱼之什

菁菁者莪

菁菁者莪，在彼中阿。既见君子，乐且有仪。
菁菁者莪，在彼中沚。既见君子，我心则喜。
菁菁者莪，在彼中陵。既见君子，锡我百朋。
泛泛杨舟，载沉载浮。既见君子，我心则休。

小雅·鸿雁之什

庭　燎

夜如何其？夜未央，庭燎之光。君子至止，鸾声将将。
夜如何其？夜未艾，庭燎晣晣。君子至止，鸾声哕哕。

夜如何其？夜乡晨，庭燎有辉。君子至止，言观其旂。

鹤　鸣

鹤鸣于九皋，声闻于野。鱼潜在渊，或在于渚。乐彼之园，爰有树檀，其下维萚。它山之石，可以为错。

鹤鸣于九皋，声闻于天。鱼在于渚，或潜在渊。乐彼之园，爰有树檀，其下维榖。它山之石，可以攻玉。

白　驹

皎皎白驹，食我场苗。絷之维之，以永今朝。所谓伊人，于焉逍遥。

皎皎白驹，食我场藿。絷之维之，以永今夕。所谓伊人，于焉嘉客。

皎皎白驹，贲然来思。尔公尔侯，逸豫无期。慎尔优游，勉尔遁思。

皎皎白驹，在彼空谷。生刍一束，其人如玉。毋金玉尔音，而有遐心。

斯　干

秩秩斯干，幽幽南山。如竹苞矣，如松茂矣。兄及弟矣，式相好矣，无相犹矣。

似续妣祖，筑室百堵，西南其户。爰居爰处，爰笑爰语。

约之阁阁，椓之橐橐。风雨攸除，鸟鼠攸去，君子攸芋。

如跂斯翼，如矢斯棘，如鸟斯革，如翚斯飞，君子攸跻。

殖殖其庭，有觉其楹。哙哙其正，哕哕其冥。君子攸宁。

下莞上簟，乃安斯寝。乃寝乃兴，乃占我梦。吉梦维何？维熊维罴，维虺维蛇。

大人占之：维熊维罴，男子之祥；维虺维蛇，女子之祥。

乃生男子，载寝之床，载衣之裳，载弄之璋。其泣喤喤，朱芾斯皇，室家君王。

乃生女子，载寝之地，载衣之裼，载弄之瓦。无非无仪，唯酒食是议，无父母诒罹。

◇ 小雅·谷风之什

蓼 莪

蓼蓼者莪，匪莪伊蒿。哀哀父母，生我劬劳。

蓼蓼者莪，匪莪伊蔚。哀哀父母，生我劳瘁。

瓶之罄矣，维罍之耻。鲜民之生，不如死之久矣。无父何怙？无母何恃？出则衔恤，入则靡至。

父兮生我，母兮鞠我。拊我畜我，长我育我，顾我复我，出入腹我。欲报之德，昊天罔极。

南山烈烈，飘风发发。民莫不穀，我独何害！

南山律律，飘风弗弗。民莫不穀，我独不卒！

大 东

有饛簋飧，有捄棘匕。周道如砥，其直如矢。君子所履，小人所视。睠言顾之，潸焉出涕。

小东大东，杼柚其空。纠纠葛屦，可以履霜。佻佻公子，行彼周行。既往既来，使我心疚。

有冽氿泉，无浸获薪。契契寤叹，哀我惮人。薪是获薪，尚可载也。哀我惮人，亦可息也。

东人之子，职劳不来。西人之子，粲粲衣服。舟人之子，熊罴是裘。私人之子，百僚是试。

或以其酒，不以其浆。鞙鞙佩璲，不以其长。维天有汉，监亦有光。跂彼织女，终日七襄。

虽则七襄，不成报章。睆彼牵牛，不以服箱。东有启明，西有长庚。有捄天毕，载施之行。

维南有箕，不可以簸扬。维北有斗，不可以挹酒浆。维南有箕，载翕其舌。维北有斗，西柄之揭。

大雅·文王之什

文 王

文王在上，於昭于天。周虽旧邦，其命维新。有周不显，帝命不时。文王陟降，在帝左右。

亹亹文王，令闻不已。陈锡哉周，侯文王孙子。文王孙子，本支百世，凡周之士，不显亦世。

世之不显，厥犹翼翼。思皇多士，生此王国。王国克生，维周之桢。济济多士，文王以宁。

穆穆文王，於缉熙敬止。假哉天命，有商孙子。商之孙子，其丽不亿。上帝既命，侯于周服。

侯服于周，天命靡常。殷士肤敏，祼将于京。厥作祼将，常服黼冔。王之荩臣，无念尔祖。

无念尔祖，聿修厥德。永言配命，自求多福。殷之未丧师，克配上帝。宜鉴于殷，骏命不易。

命之不易，无遏尔躬。宣昭义问，有虞殷自天。上天之载，无声无臭。仪刑文王，万邦作孚。

灵 台

经始灵台，经之营之。庶民攻之，不日成之。经始勿亟，庶民子来。

王在灵囿，麀鹿攸伏。麀鹿濯濯，白鸟翯翯。王在灵沼，於牣鱼跃。

虡业维枞，贲鼓维镛。於论鼓钟，於乐辟廱。

於论鼓钟，於乐辟廱。鼍鼓逢逢，矇瞍奏公。

大雅·生民之什

生 民

厥初生民，时维姜嫄。生民如何？克禋克祀，以弗无子。履帝武敏
歆，攸介攸止，载震载夙。载生载育，时维后稷。

诞弥厥月，先生如达。不坼不副，无菑无害。以赫厥灵，上帝不宁。
不康禋祀，居然生子。

诞寘之隘巷，牛羊腓字之。诞寘之平林，会伐平林。诞寘之寒冰，鸟
覆翼之。鸟乃去矣，后稷呱矣。

实覃实訏，厥声载路。诞实匍匐，克岐克嶷，以就口食。蓺之荏菽，
荏菽旆旆。禾役穟穟，麻麦幪幪，瓜瓞唪唪。

诞后稷之穑，有相之道。茀厥丰草，种之黄茂。实方实苞，实种实
褒，实发实秀，实坚实好，实颖实栗，即有邰家室。

诞降嘉种，维秬维秠，维穈维芑。恒之秬秠，是获是亩。恒之穈芑，
是任是负，以归肇祀。

诞我祀如何？或舂或揄，或簸或蹂。释之叟叟，烝之浮浮。载谋载
惟，取萧祭脂，取羝以軷，载燔载烈，以兴嗣岁。

卬盛于豆，于豆于登。其香始升，上帝居歆。胡臭亶时。后稷肇祀。
庶无罪悔，以迄于今。

卷 阿

有卷者阿，飘风自南。岂弟君子，来游来歌，以矢其音。

伴奂尔游矣，优游尔休矣。岂弟君子，俾尔弥尔性，似先公酋矣。

尔土宇畈章，亦孔之厚矣。岂弟君子，俾尔弥尔性，百神尔主矣。

尔受命长矣，茀禄尔康矣。岂弟君子，俾尔弥尔性，纯嘏尔常矣。

有冯有翼，有孝有德，以引以翼。岂弟君子，四方为则。

颙颙卬卬，如圭如璋，令闻令望。岂弟君子，四方为纲。

凤凰于飞，翙翙其羽，亦集爰止。蔼蔼王多吉士，维君子使，媚于天子。

凤凰于飞，翙翙其羽，亦傅于天。蔼蔼王多吉人，维君子命，媚于庶人。

凤凰鸣矣，于彼高冈。梧桐生矣，于彼朝阳。菶菶萋萋，雍雍喈喈。

君子之车，既庶且多。君子之马，既闲且驰。矢诗不多，维以遂歌。

△ 大雅·荡之什

烝　民

天生烝民，有物有则。民之秉彝，好是懿德。天监有周，昭假于下。保兹天子，生仲山甫。

仲山甫之德，柔嘉维则。令仪令色，小心翼翼。古训是式，威仪是力。天子是若，明命使赋。

王命仲山甫，式是百辟，缵戎祖考，王躬是保。出纳王命，王之喉舌。赋政于外，四方爰发。

肃肃王命，仲山甫将之。邦国若否，仲山甫明之。既明且哲，以保其身。夙夜匪解，以事一人。

人亦有言："柔则茹之，刚则吐之。"维仲山甫，柔亦不茹，刚亦不吐。不侮矜寡，不畏强御。

人亦有言："德輶如毛，民鲜克举之。"我仪图之，维仲山甫举之。爱莫助之。衮职有阙，维仲山甫补之。

仲山甫出祖，四牡业业，征夫捷捷，每怀靡及。四牡彭彭，八鸾锵锵。王命仲山甫，城彼东方。

四牡骙骙，八鸾喈喈。仲山甫徂齐，式遄其归。吉甫作诵，穆如清风。仲山甫永怀，以慰其心。

◬ 周颂·清庙之什

清 庙

於穆清庙，肃雍显相。济济多士，秉文之德。对越在天，骏奔走在庙。不显不承，无射于人斯。

维天之命

维天之命，於穆不已。於乎不显，文王之德之纯。假以溢我，我其收之。骏惠我文王，曾孙笃之。

维 清

维清缉熙，文王之典。肇禋，迄用有成，维周之祯。

昊天有成命

昊天有成命，二后受之。成王不敢康，夙夜基命宥密。於缉熙，单厥心，肆其靖之。

◬ 鲁颂·駉之什

泮 水

思乐泮水，薄采其芹。鲁侯戾止，言观其旂。其旂茷茷，鸾声哕哕。

无小无大，从公于迈。

思乐泮水，薄采其藻。鲁侯戾止，其马蹻蹻。其马蹻蹻，其音昭昭。载色载笑，匪怒伊教。

思乐泮水，薄采其茆。鲁侯戾止，在泮饮酒。既饮旨酒，永锡难老。顺彼长道，屈此群丑。

穆穆鲁侯，敬明其德，敬慎威仪，维民之则。允文允武，昭假烈祖。靡有不孝，自求伊祜。

明明鲁侯，克明其德。既作泮宫，淮夷攸服。矫矫虎臣，在泮献馘。淑问如皋陶，在泮献囚。

济济多士，克广德心。桓桓于征，狄彼东南。烝烝皇皇，不吴不扬。不告于訩，在泮献功。

角弓其觓，束矢其搜。戎车孔博。徒御无斁。既克淮夷，孔淑不逆。式固尔犹，淮夷卒获。

翩彼飞鸮，集于泮林。食我桑黮，怀我好音。憬彼淮夷，来献其琛：元龟象齿，大赂南金。

△ 商颂

玄　鸟

天命玄鸟，降而生商，宅殷土芒芒。古帝命武汤，正域彼四方。方命厥后，奄有九有。商之先后，受命不殆，在武丁孙子。武丁孙子，武王靡不胜。龙旂十乘，大糦是承。邦畿千里，维民所止，肇域彼四海。四海来假，来假祁祁。景员维河。殷受命咸宜，百禄是何。

殷　武

挞彼殷武，奋伐荆楚。罙入其阻，裒荆之旅。有截其所，汤孙之绪。

维女荆楚，居国南乡。昔有成汤，自彼氐羌，莫敢不来享，莫敢不来王，曰商是常。

天命多辟，设都于禹之绩。岁事来辟，勿予祸适，稼穑匪解。

天命降监，下民有严。不僭不滥，不敢怠遑。命于下国，封建厥福。

商邑翼翼，四方之极。赫赫厥声，濯濯厥灵。寿考且宁，以保我后生。

陟彼景山，松伯丸丸。是断是迁，方斫是虔。松桷有梴，旅楹有闲，寝成孔安。

《诗》缘大雅成歌颂，器自良工得范模。

珍重星郎为寿意，更从兰省辍薰炉。

宋·文彦博《谢运使陈金部生日惠绣寿仙香炉合依韵和二绝句》之二

06 尚书

审定者：清华大学　廖名春

全书总字数：26012

用字量：1917

《尚书》是我国现存最早的记言体史书，是关于上古时代的政事史料汇编。《尚书》按朝代分为《虞书》《夏书》《商书》《周书》，按文体分为诰、训、谟、誓、命、典六种。主要记载了上古帝王有关政事和治国的言论，也保存了古代经济、地理及社会性质等方面的珍贵史料。

《尚书》原称《书》，系上古各朝史官记录，非成于一人之手，后由孔子编订，战国时已有很高的地位，在《荀子》一书中已把它称之为"经"，汉代改称《尚书》。尚者，上也。"尚书"意即上古之书，是汉人对它的尊称，也可见古人对它的重视。

《尚书》有珍贵的文献价值，也有非常深刻的思想，堪称儒家思想的渊薮。

高频字

| 惟 | 于 | 日 | 王 | 不 | 有 | 乃 | 之 | 厥 | 其 | 天 | 民 |

⚠ 尧典第一

　　昔在帝尧，聪明文思，光宅天下。将逊于位，让于虞舜，作《尧典》。

　　曰若稽古帝尧，曰放勋，钦、明、文、思、安安，允恭克让，光被四表，格于上下。克明俊德，以亲九族。九族既睦，平章百姓。百姓昭明，协和万邦。黎民于变时雍。

　　乃命羲和，钦若昊天，历象日月星辰，敬授人时。分命羲仲，宅嵎夷，曰旸谷。寅宾出日，平秩东作。日中，星鸟，以殷仲春。厥民析，鸟兽孳尾。申命羲叔，宅南交。平秩南讹，敬致。日永，星火，以正仲夏。厥民因，鸟兽希革。分命和仲，宅西，曰昧谷。寅饯纳日，平秩西成。宵中，星虚，以殷仲秋。厥民夷，鸟兽毛毨。申命和叔，宅朔方，曰幽都。平在朔易。日短，星昴，以正仲冬。厥民隩，鸟兽氄毛。帝曰："咨！汝羲暨和。期三百有六旬有六日，以闰月定四时，成

岁。允厘百工，庶绩咸熙。"

帝曰："畴咨若时登庸？"放齐曰："胤子朱启明。"帝曰："吁！嚚讼可乎？"

帝曰："畴咨若予采？"驩兜曰："都！共工方鸠僝①功。"帝曰："吁！静言庸违，象恭滔天。"

帝曰："咨！四岳，汤汤洪水方割，荡荡怀山襄陵，浩浩滔天。下民其咨，有能俾乂？"佥曰："於！鲧哉。"帝曰："吁！咈哉，方命圮族。"岳曰："异哉！试可乃已。"

帝曰，"往，钦哉！"九载，绩用弗成。

帝曰："咨！四岳。朕在位七十载，汝能庸命，巽②朕位？"岳曰："否德忝帝位。"曰："明明扬侧陋。"师锡帝曰："有鳏在下，曰虞舜。"帝曰："俞？予闻，如何？"岳曰："瞽子，父顽，母嚚，象傲；克谐以孝，烝烝乂，不格奸。"帝曰："我其试哉！女于时，观厥刑于二女。"厘降二女于妫汭，嫔于虞。帝曰："钦哉！"

舜典第二

虞舜侧微，尧闻之聪明，将使嗣位，历试诸难，作《舜典》。

曰若稽古帝舜，曰重华协于帝。濬哲文明，温恭允塞，玄德升闻，乃命以位。慎徽五典，五典克从；纳于百揆，百揆时叙；宾于四门，四门穆穆；纳于大麓，烈风雷雨弗迷。帝曰："格！汝舜。询事考言，乃言厎③可绩，三载。汝陟帝位。"

舜让于德，弗嗣。正月上日，受终于文祖。在璿玑玉衡，以齐七政。肆类于上帝，禋于六宗，望于山川，遍于群神。辑五瑞。既月，乃日觐四

---

① 僝（zhuàn）：显现。
② 巽：同"逊"，谦让。
③ 厎（dǐ）：致也，定也。

岳群牧，班瑞于群后。

岁二月，东巡守，至于岱宗，柴。望秩于山川，肆觐东后。协时月正日，同律度量衡。修五礼、五玉、三帛、二生、一死贽。如五器，卒乃复。五月南巡守，至于南岳，如岱礼。八月西巡守，至于西岳，如初。十有一月朔巡守，至于北岳，如西礼。归，格于艺祖，用特①。五载一巡守，群后四朝。敷奏以言，明试以功，车服以庸。

肇十有二州，封十有二山，濬川。

象以典刑，流宥五刑，鞭作官刑，扑作教刑，金作赎刑。眚灾肆赦，怙终贼刑。钦哉，钦哉，惟刑之恤哉！

流共工于幽州，放驩兜于崇山，窜三苗于三危，殛鲧于羽山，四罪而天下咸服。

二十有八载，帝乃殂落。百姓如丧考妣，三载，四海遏密八音。

月正元日，舜格于文祖，询于四岳，辟四门，明四目，达四聪。"咨，十有二牧！"曰，"食哉惟时！柔远能迩，惇德允元，而难任人，蛮夷率服。"

舜曰："咨，四岳！有能奋庸熙帝之载，使宅百揆亮采，惠畴？"佥曰："伯禹作司空。"帝曰："俞，咨！禹，汝平水土，惟时懋哉！"禹拜稽首，让于稷、契，暨皋陶。帝曰："俞，汝往哉！"

帝曰："弃，黎民阻饥，汝后稷，播时百谷。"

帝曰："契，百姓不亲，五品不逊。汝作司徒，敬敷五教，在宽。"

帝曰："皋陶，蛮夷猾夏，寇贼奸宄。汝作士，五刑有服，五服三就。五流有宅，五宅三居。惟明克允！"

帝曰："畴若予工？"佥曰："垂哉！"帝曰："俞，咨！垂，汝共工。"垂拜稽首，让于殳斨暨伯与。帝曰："俞，往哉！汝谐。"

帝曰："畴若予上下草木鸟兽？"佥曰："益哉！"帝曰："俞，咨！

---

① 特：公牛；专指一头牲畜。

益，汝作朕虞。"益拜稽首，让于朱虎、熊罴。帝曰："俞，往哉！汝谐。"

帝曰："咨！四岳，有能典朕三礼①？"佥曰："伯夷！"帝曰："俞，咨！伯，汝作秩宗。夙夜惟寅，直哉惟清。"伯拜稽首，让于夔、龙。帝曰："俞，往，钦哉！"

帝曰："夔！命汝典乐，教胄子，直而温，宽而栗，刚而无虐，简而无傲。诗言志，歌永言，声依永，律和声。八音克谐，无相夺伦，神人以和。"夔曰："於！予击石拊石，百兽率舞。"

帝曰："龙，朕堲谗说殄行，震惊朕师。命汝作纳言，夙夜出纳朕命，惟允！"

帝曰："咨！汝二十有二人，钦哉！惟时亮天功。"三载考绩，三考，黜陟幽明，庶绩咸熙。分北三苗。

舜生三十征，庸三十，在位五十载，陟方乃死。

帝厘下土，方设居方，别生分类。作《汩作》、《九共》九篇、《槁饫》。

⚠ 益稷第五

帝曰："来，禹！汝亦昌言。"禹拜曰："都！帝，予何言？予思日孜孜。"皋陶曰："吁！如何？"禹曰："洪水滔天，浩浩怀山襄陵，下民昏垫。予乘四载，随山刊木，暨益奏庶鲜食。予决九川，距四海，浚畎浍距川；暨稷播，奏庶艰食鲜食。懋迁有无，化居。烝民乃粒，万邦作乂。"皋陶曰："俞！师汝昌言。"

禹曰："都！帝，慎乃在位。"帝曰："俞！"禹曰："安汝止，惟几惟康。其弼直，惟动丕应。徯志以昭受上帝，天其申命用休。"

---

① 三礼：天、地、人之礼。

帝曰："吁！臣哉邻哉！邻哉臣哉！"禹曰："俞！"

帝曰："臣作朕股肱耳目。予欲左右有民，汝翼。予欲宣力四方，汝为。予欲观古人之象，日、月、星辰、山、龙、华虫，作会；宗彝、藻、火、粉米、黼、黻，絺绣，以五采彰施于五色，作服，汝明。予欲闻六律、五声、八音，在治忽，以出纳五言，汝听。予违，汝弼，汝无面从，退有后言。钦四邻！庶顽谗说，若不在时，侯以明之，挞以记之，书用识哉，欲并生哉！工以纳言，时而飏之，格则承之庸之，否则威之。"

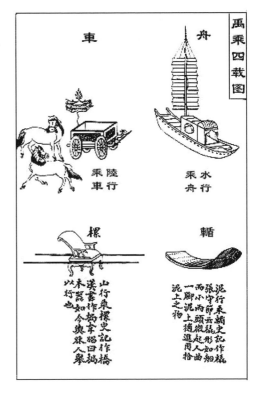

禹曰："俞哉！帝光天之下，至于海隅苍生，万邦黎献，共惟帝臣，惟帝时举。敷纳以言，明庶以功，车服以庸。谁敢不让，敢不敬应？帝不时，敷同日奏罔功。无若丹朱傲，惟慢游是好，傲虐是作。罔昼夜頟頟，罔水行舟。朋淫于家，用殄厥世。予创若时，娶于涂山，辛壬癸甲。启呱呱而泣，予弗子，惟荒度土功。弼成五服，至于五千。州十有二师，外薄四海，咸建五长，各迪有功，苗顽弗即工，帝其念哉！"帝曰："迪朕德，时乃功，惟叙。"

皋陶方祗厥叙，方施象刑，惟明。

夔曰："戛击鸣球，搏拊琴瑟以咏。"祖考来格，虞宾在位，群后德让。下管鼗鼓，合止柷敔，笙镛以间。鸟兽跄跄；箫韶九成，凤皇来仪。夔曰："於！予击石拊石，百兽率舞。"

庶尹允谐，帝庸作歌。曰："敕天之命，惟时惟几。"乃歌曰："股肱喜哉！元首起哉！百工熙哉！"皋陶拜手稽首飏言曰："念哉！率作兴事，慎乃宪，钦哉！屡省乃成，钦哉！"乃赓载歌曰："元首明哉，股肱良哉，庶事康哉！"又歌曰："元首丛脞哉，股肱惰哉，万事堕哉！"帝拜曰："俞，往钦哉！"

——以上《虞书》

禹贡第一

禹别九州，随山浚川，任土作贡。

禹敷土，随山刊木，奠高山大川。

冀州既载，壶口治梁及岐。既修太原，至于岳阳；覃怀底绩，至于衡漳。厥土惟白壤，厥赋惟上上错，厥田惟中中。恒、卫既从，大陆既作。岛夷皮服，夹右碣石入于河。

济河惟兖州。九河既道，雷夏既泽，灉、沮会同。桑土既蚕，是降丘宅土。厥土黑坟，厥草惟繇，厥木惟条。厥田惟中下，厥赋贞作，十有三载乃同。厥贡漆丝，厥篚织文。浮于济、漯，达于河。

海岱惟青州。嵎夷既略，潍、淄其道。厥土白坟，海滨广斥。厥田惟上下，厥赋中上。厥贡盐絺，海物惟错。岱畎丝、枲、铅、松、怪石。莱夷作牧。厥篚檿丝。浮于汶，达于济。

海、岱及淮惟徐州。淮、沂其乂，蒙、羽其艺，大野既猪，东原底平。厥土赤埴坟，草木渐包。厥田惟上中，厥赋中中。厥贡惟土五色，羽畎夏翟，峄阳孤桐，泗滨浮磬，淮夷蠙珠暨鱼。厥篚玄纤、缟。浮于淮、泗，达于河。

淮海惟扬州。彭蠡既猪，阳鸟攸居。三江既入，震泽底定。篠荡既敷，厥草惟夭，厥木惟乔。厥土惟涂泥。厥田唯下下，厥赋下上错，厥贡惟金三品，瑶、琨、篠荡、齿、革、羽、毛，惟木，岛夷卉服。厥篚织贝，厥包橘柚，锡贡。沿于江、海，达于淮、泗。

荆及衡阳惟荆州。江、汉朝宗于海，九江孔殷，沱、潜既道，云土、梦作乂。厥土惟涂泥，厥田惟下中，厥赋上下。厥贡羽、毛、齿、革，惟金三品，杶、榦、栝、柏，砺、砥、砮、丹，惟箘、簵、楛，三邦厎贡厥名。包匦菁茅，厥篚玄纁玑组，九江纳锡大龟。浮于江、沱、潜、汉，逾于洛，至于南河。

荆河惟豫州。伊、洛、瀍、涧，既入于河，荥波既猪。导菏泽，被孟猪。厥土惟壤，下土坟垆。厥田惟中上，厥赋错上中。厥贡漆、枲、絺、纻，厥篚纤、纩，锡贡磬错。浮于洛，达于河。

华阳、黑水惟梁州。岷、嶓既艺，沱、潜既道。蔡、蒙旅平，和夷厎绩。厥土青黎，厥田惟下上，厥赋下中，三错。厥贡璆、铁、银、镂、砮、磬、熊、罴、狐、狸、织皮，西倾因桓是来，浮于潜，逾于沔，入于渭，乱于河。

黑水、西河惟雍州。弱水既西，泾属渭汭，漆沮既从，沣水攸同。荆、岐既旅，终南、惇物，至于鸟鼠。原隰厎绩，至于猪野。三危既宅，三苗丕叙。厥土惟黄壤，厥田惟上上，厥赋中下。厥贡惟球、琳、琅玕。浮于积石，至于龙门、西河，会于渭汭。织皮昆仑、析支、渠搜，西戎即叙。

导岍及岐，至于荆山，逾于河；壶口、雷首至于太岳；厎柱、析城至于王屋；太行、恒山至于碣石，入于海。

西倾、朱圉、鸟鼠至于太华；熊耳、外方、桐柏至于陪尾。

导嶓冢，至于荆山；内方，至于大别。

岷山之阳，至于衡山，过九江，至于敷浅原。

导弱水，至于合黎，馀波入于流沙。

导黑水，至于三危，入于南海。

导河、积石，至于龙门；南至于华阴，东至于厎柱，又东至于孟津，东过洛汭，至于大伾；北过降水，至于大陆；又北，播为九河，同为逆河，入于海。

嶓冢导漾，东流为汉，又东，为沧浪之水，过三澨，至于大别，南入于江。东汇泽为彭蠡，东为北江，入于海。

岷山导江，东别为沱，又东至于澧；过九江，至于东陵，东迆北，会于汇；东为中江，入于海。

导沇水，东流为济，入于河，溢为荥；东出于陶丘北，又东至于菏，又东北，会于汶，又北，东入于海。

导淮自桐柏，东会于泗、沂，东入于海。

导渭自鸟鼠同穴，东会于沣，又东会于泾，又东过漆沮，入于河。

导洛自熊耳，东北，会于涧、瀍；又东，会于伊，又东北，入于河。

九州攸同，四隩既宅，九山刊旅，九川涤源，九泽既陂，四海会同。六府孔修，庶土交正，厎慎财赋，咸则三壤，成赋中邦。锡土姓，祗台德先，不距朕行。

五百里甸服：百里赋纳總①，二百里纳铚，三百里纳秸服，四百里粟，五百里米。

五百里侯服：百里采，二百里男邦，三百里诸侯。

五百里绥服：三百里揆文教，二百里奋武卫。

五百里要服：三百里夷，二百里蔡。

五百里荒服：三百里蛮，二百里流。

东渐于海，西被于流沙，朔南暨声教，讫于四海。禹锡玄圭，告厥成功。

——以上《夏书》

---

① 總：同"總"，包括后文的铚、秸、粟、米等皆纳之。

⚠ 汤誓第一

伊尹相汤伐桀，升自陑，遂与桀战于鸣条之野，作《汤誓》。

王曰："格尔众庶，悉听朕言，非台小子，敢行称乱！有夏多罪，天命殛之。今尔有众，汝曰：'我后不恤我众，舍我穑事，而割正夏？'予惟闻汝众言，夏氏有罪，予畏上帝，不敢不正。今汝其曰：'夏罪其如台？'夏王率遏众力，率割夏邑。有众率怠弗协，曰：'时日曷丧？予及汝皆亡。'夏德若兹，今朕必往。"

"尔尚辅予一人，致天之罚，予其大赉汝！尔无不信，朕不食言。尔不从誓言，予则孥①戮汝，罔有攸赦。"

汤既胜夏，欲迁其社，不可。作《夏社》《疑至》《臣扈》。

夏师败绩，汤遂从之，遂伐三朡，俘厥宝玉。谊伯、仲伯作《典宝》。

——以上《商书》

⚠ 洪范第六

武王胜殷，杀受，立武庚，以箕子归。作《洪范》。

惟十有三祀，王访于箕子。王乃言曰："呜呼！箕子。惟天阴骘下民，相协厥居，我不知其彝②伦攸叙。"

箕子乃言曰："我闻在昔，鲧堙洪水，汩陈其五行。帝乃震怒，不畀'洪范'九畴，彝伦攸斁。鲧则殛死，禹乃嗣兴，天乃锡禹'洪范'九畴，彝伦攸叙。

---

① 孥（nú）：子女。
② 彝（yí）：常道，常性。

初一曰五行，次二曰敬用五事，次三曰农用八政，次四曰协用五纪，次五曰建用皇极，次六曰乂用三德，次七曰明用稽疑，次八曰念用庶征，次九曰向用五福，威用六极。

一、五行：一曰水，二曰火，三曰木，四曰金，五曰土。水曰润下，火曰炎上，木曰曲直，金曰从革，土爰稼穑。润下作咸，炎上作苦，曲直作酸，从革作辛，稼穑作甘。

二、五事：一曰貌，二曰言，三曰视，四曰听，五曰思。貌曰恭，言曰从，视曰明，听曰聪，思曰睿。恭作肃，从作乂，明作晢，聪作谋，睿作圣。

三、八政：一曰食，二曰货，三曰祀，四曰司空，五曰司徒，六曰司寇，七曰宾，八曰师。

四、五纪：一曰岁，二曰月，三曰日，四曰星辰，五曰历数。

五、皇极：皇建其有极。敛时五福，用敷锡厥庶民。惟时厥庶民于汝极。锡汝保极：凡厥庶民，无有淫朋，人无有比德，惟皇作极。凡厥庶民，有猷有为有守，汝则念之。不协于极，不罹于咎，皇则受之。而康而色，曰：'予攸好德。'汝则锡之福。时人斯其惟皇之极。无虐茕独而畏高明，人之有能有为，使羞其行，而邦其昌。凡厥正人，既富方谷，汝弗能使有好于而家，时人斯其辜。于其无好德，汝虽锡之福，其作汝用咎。无偏无陂，遵王之义；无有作好，遵王之道；无有作恶，尊王之路。无偏无党，王道荡荡；无党无偏，王道平平；无反无侧，王道正直。会其有极，归其有极。曰：皇极之敷言，是彝是训，于帝其训，凡厥庶民，极之敷言，是训是行，以近天子之光。曰：天子作民父母，以为天下王。

六、三德：一曰正直，二曰刚克，三曰柔克。平康，正直；强弗友，刚克；燮友，柔克。沉潜，刚克；高明，柔克。惟辟作福，惟辟作威，惟辟玉食。臣无有作福、作威、玉食。臣之有作福、作威、玉食，其害于而家，凶于而国。人用侧颇僻，民用僭忒。

七、稽疑：择建立卜筮人，乃命卜筮。曰雨，曰霁，曰蒙，曰驿，曰克，曰贞，曰悔，凡七。卜五，占用二，衍忒①。立时人作卜筮，三人占，则从二人之言。汝则有大疑，谋及乃心，谋及卿士，谋及庶人，谋及卜筮。汝则从，龟从，筮从，卿士从，庶民从，是之谓大同。身其康强，子孙其逢吉，汝则从，龟从，筮从，卿士逆，庶民逆吉。卿士从，龟从，筮从，汝则逆，庶民逆，吉。庶民从，龟从，筮从，汝则逆，卿士逆，吉。汝则从，龟从，筮逆，卿士逆，庶民逆，作内吉，作外凶。龟筮共违于人，用静吉，用作凶。

八、庶征：曰雨，曰旸，曰燠，曰寒，曰风，曰时。五者来备，各以其叙，庶草蕃庑。一极备凶，一极无凶，曰休征；曰肃，时雨若；曰乂，时旸若；曰晢，时燠若；曰谋，时寒若；曰圣，时风若。曰咎征：曰狂，恒雨若；曰僭，恒旸若；曰豫，恒燠若；曰急，恒寒若；曰蒙，恒风若。曰王省惟岁，卿士惟月，师尹惟日。岁月日时无易，百谷用成，乂用明，俊民用章，家用平康。日月岁时既易，百谷用不成，乂用昏不明，俊民用微，家用不宁。庶民惟星，星有好风，星有好雨。日月之行，则有冬有夏。月之从星，则以风雨。

九、五福：一曰寿，二曰富，三曰康宁，四曰攸好德，五曰考终命。六极：一曰凶、短、折，二曰疾，三曰忧，四曰贫，五曰恶，六曰弱。

武王既胜殷，邦诸侯，班宗彝，作《分器》。

△ 酒诰第十二

王若曰："明大命于妹邦。乃穆考文王肇国在西土。厥诰毖庶邦庶士，越少正御事，朝夕曰：'祀兹酒。惟天降命，肇我民，惟元祀。天降威，我民用大乱丧德，亦罔非酒惟行；越小大邦用丧，亦罔非酒惟辜。'

文王诰教小子。有正有事：无彝酒。越庶国：饮惟祀，德将无醉。惟

---

① 衍忒（tè）：推衍其爻义，以极其意。忒，变化。

曰：我民迪小子惟土物爱，厥心臧。聪听祖考之彝训，越小大德。

小子惟一，妹土嗣尔股肱纯，其艺黍稷，奔走事厥考厥长。肇牵车牛，远服贾用。孝养厥父母，厥父母庆，自洗腆，致用酒。

庶士有正，越庶伯君子，其尔典听朕教！尔大克羞耇惟君，尔乃饮食醉饱。丕惟曰尔克永观省，作稽中德，尔尚克羞馈祀。尔乃自介用逸，兹乃允惟王正事之臣。兹亦惟天若元德，永不忘在王家。”

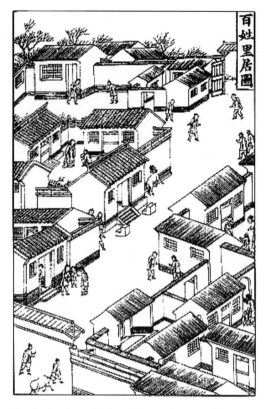

王曰："封，我西土棐徂邦君，御事小子，尚克用文王教，不腆于酒，故我至于今，克受殷之命。"

王曰："封，我闻惟曰：'在昔殷先哲王，迪畏天显小民，经德秉哲。自成汤咸至于帝乙，成王畏相，惟御事厥棐有恭，不敢自暇自逸，矧曰其敢崇饮？越在外服，侯甸男卫邦伯，越在内服，百僚庶尹，惟亚惟服宗工，越百姓里居，罔敢湎于酒。不惟不敢，亦不暇，惟助成王德显，越尹人祗辟。'

我闻亦惟曰：'在今后嗣王酗身，厥命罔显于民祗，保越怨不易。诞惟厥纵淫泆于非彝，用燕丧威仪，民罔不盡伤心。惟荒腆于酒，不惟自息乃逸，厥心疾很，不克畏死。辜在商邑，越殷国灭，无罹。弗惟德馨香祀，登闻于天；诞惟民怨，庶群自酒，腥闻在上。故天降丧于殷，罔爱于殷，惟逸。天非虐，惟民自速辜。'"

王曰："封，予不惟若兹多诰。古人有言曰：'人无于水监，当于民监。'今惟殷坠厥命，我其可不大监抚于时！

予惟曰："汝劼毖殷献臣，侯、甸、男、卫，矧太史友、内史友、越献臣百宗工，矧惟尔事，服休服采，矧惟若畴圻父，薄违农父，若保宏父，定辟，矧汝刚制于酒。'

厥或诰曰：'群饮。'汝勿佚。尽执拘以归于周，予其杀。又惟殷之迪诸臣，惟工乃湎于酒，勿庸杀之，姑惟教之。有斯明享，乃不用我教辞，惟我一人弗恤，弗蠲乃事，时同于杀。"

王曰："封，汝典听朕毖，勿辩乃司民湎于酒。"

🔺 吕刑第二十九

吕命穆王训夏赎刑，作《吕刑》。

惟吕命，王享国百年，耄荒，度作刑以诘四方。王曰："若古有训，蚩尤惟始作乱，延及于平民，罔不寇贼鸱义，奸宄夺攘，矫虔。苗民弗用灵，制以刑，惟作五虐之刑曰法。杀戮无辜，爰始淫为劓、刵、椓、黥。越兹丽刑并制，罔差有辞。民兴胥渐，泯泯棼棼，罔中于信，以覆诅盟。虐威庶戮，方告无辜于上。上帝监民，罔有馨香，德刑发闻惟腥。皇帝哀矜庶戮之不辜，报虐以威，遏绝苗民，无世在下。乃命重黎，绝地天通，罔有降格。群后之逮在下，明明棐常，鳏寡无盖。

皇帝清问下民鳏寡有辞于苗。德威惟畏，德明惟明。乃命三后，恤功于民。伯夷降典，折民惟刑；禹平水土，主名山川；稷降播种，农殖嘉谷。三后成功，惟殷于民。士制百姓于刑之中，以教祗德。穆穆在上，明明在下，灼于四方，罔不惟德之勤，故乃明于刑之中，率乂于民棐彝。典狱非讫于威，惟讫于富。敬忌，罔有择言在身。惟克天德，自作元命，配享在下。"

王曰："嗟！四方司政典狱，非尔惟作天牧？今尔何监？非时伯夷播刑之迪？其今尔何惩？惟时苗民，匪察于狱之丽，罔择吉人，观于五刑之中；惟时庶威夺货，断制五刑，以乱无辜，上帝不蠲，降咎于苗，苗民无辞于罚，乃绝厥世。"

王曰："呜呼！念之哉。伯父、伯兄、仲叔、季弟、幼子、童孙，皆听朕言，庶有格命。今尔罔不由慰日勤，尔罔或戒不勤。天齐于民，俾我，一日非终惟终，在人。尔尚敬逆天命，以奉我一人！虽畏勿畏，虽休勿休。惟敬五刑，以成三德。一人有庆，兆民赖之，其宁惟永。"

王曰："吁！来，有邦有土，告尔祥刑。在今尔安百姓，何择非人？何敬非刑？何度非及？两造具备，师听五辞。五辞简孚，正于五刑。五刑不简，正于五罚；五罚不服，正于五过。五过之疵：惟官，惟反，惟内，惟货，惟来。其罪惟均，其审克之！

五刑之疑有赦，五罚之疑有赦，其审克之！简孚有众，惟貌有稽。无简不听，具严天威。墨辟疑赦，其罚百锾，阅实其罪。劓辟疑赦，其罪惟倍，阅实其罪。剕辟疑赦，其罚倍差，阅实其罪。宫辟疑赦，其罚六百锾，阅实其罪。大辟疑赦，其罚千锾，阅实其罪。墨罚之属千。劓罚之属千，剕罚之属五百，宫罚之属三百，大辟之罚其属二百。五刑之属三千。

上下比罪，无僭乱辞，勿用不行，惟察惟法，其审克之！上刑适轻，下服；下刑适重，上服。轻重诸罚有权。刑罚世轻世重，惟齐非齐，有伦有要。罚惩非死，人极于病。非佞折狱，惟良折狱，罔非在中。察辞于差，非从惟从。哀敬折狱，明启刑书胥占，咸庶中正。其刑其罚，其审克之。狱成而孚，输而孚。其刑上备，有并两刑。"

王曰："呜呼！敬之哉！官伯族姓，朕言多惧。朕敬于刑，有德惟刑。今天相民，作配在下。明清于单辞，民之乱，罔不中听狱之两辞，无或私家于狱之两辞！狱货非宝，惟府辜功，报以庶尤。永畏惟罚，非天不中，惟人在命。天罚不极，庶民罔有令政在于天下。"

王曰："呜呼！嗣孙，今往何监，非德于民之中，尚明听之哉！哲人惟刑，无疆之辞，属于五极，咸中有庆。受王嘉师，监于兹祥刑。"

——以上《周书》

解到周公谓鲁公，《尚书》深见古人风。

流传顿广谁之力，千古须知魏与洪。

宋·胡寅《魏漕彦成昔宰弋阳政绩上闻召对改秩予适当词命后自台郎出守滁垦荒田千二百顷柄国者挟妻家私憾以为罔功将漕襄阳修筑大堤御水患又以为妄作与洪兴祖为程伯禹刊论语解至周公谓鲁公有太息流涕之言彦成遂被窜于钦州柄国者死例逢赦宥归道南岳以大篇侑酒十尊见遗因成七绝以谢之》之四

审定者：中国社会科学院 王志远

全书总字数：53955

用字量：1500

仪礼

07

　　《仪礼》原名《礼》，系记载古代礼制的著作，今本通行十七篇。汉人以其所讲为士所必习的礼节，称为《士礼》；相对《礼记》而言，又叫《礼经》；晋人认为其所讲的并非礼的意义，而是具体的礼节形式，故称之为《仪礼》，与《礼记》《周礼》合称"三礼"。历朝礼典的制定，大多以《仪礼》为重要依据，对后世社会生活影响至深。

高频字

于	人	拜	主	宾	之	西	面	爵	者	上	以	东	北

⚠ 士冠礼第一

士冠礼。筮于庙门。主人玄冠，朝服，缁带，素韠，即位于门东，西面。有司如主人服，即位于西方，东面，北上。筮与席、所卦者，具馔于西塾。布席于门中，闑西阈外，西面。筮人执筴，抽上韇①，兼执之，进受命于主人。宰自右，少退赞命。筮人许诺，右还，即席坐，西面。卦者在左。卒筮，书卦，执以示主人。主人受眡，反之。筮人还，东面，旅占卒，进告吉。若不吉，则筮远日，如初仪。彻筮席。宗人告事毕。

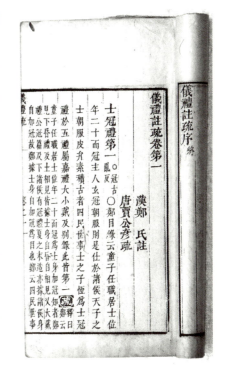

主人戒宾。宾礼辞许。主人再拜，宾答拜。主人退，宾拜送。

前期三日，筮宾，如求日之仪。

乃宿宾。宾如主人服，出门左，西面再拜。主人东面答拜，乃宿宾。宾许，主人再拜，宾答拜。主人退，宾拜送。宿赞冠者一人，亦如之。

---

① 韇（dú）：卜筮用的蓍草筒。

厥明夕，为期于庙门之外。主人立于门东，兄弟在其南，少退，西面，北上。有司皆如宿服，立于西方，东面，北上。摈者请期，宰告曰："质明行事。"告兄弟及有司。告事毕。摈者告期于宾之家。

夙兴，设洗，直于东荣，南北以堂深，水在洗东。陈服于房中西墉下，东领，北上。爵弁，服纁裳，纯衣，缁带，韎韐。皮弁，服：素积，缁带，素韠。玄端，玄裳，黄裳，杂裳，可也，缁带，爵韠。缁布冠缺项青组，缨属于缺，缁纚广终幅，长六尺，皮弁笄，爵弁笄，缁组纮纁边，同箧。栉实于箪。蒲筵二，在南。侧尊一甒醴，在服北。有篚实，勺觯、角柶。脯醢，南上。爵弁、皮弁、缁布冠各一匴[1]，执以待于西坫南，南面，东上。宾升则东面。

主人玄端爵韠，立于阼阶下，直东序，西面。兄弟毕袗玄，立于洗东，西面，北上。摈者玄端，负东塾。将冠者采衣，紒，在房中，南面。宾如主人服，赞者玄端从之，立于外门之外。

摈者告。主人迎出门左，西面，再拜。宾答拜。主人揖赞者，与宾揖，先入。每曲揖。至于庙门，揖入。三揖，至于阶，三让。主人升，立于序端，西面。宾西序，东面。赞者盥于洗西，升，立于房中，西面，南上。

主人之赞者筵于东序，少北，西面。将冠者出房，南面。赞者奠纚、笄、栉于筵南端。宾揖将冠者，将冠者即筵坐。赞者坐栉设纚。宾降，主人降。宾辞，主人对。宾盥卒，壹揖，壹让，升。主人升，复初位。宾筵前坐，正纚，兴，降西阶一等。执冠者升一等，东面授宾。宾右手执项，左手执前，进容，乃祝，坐如初，乃冠，兴，复位，赞者卒。冠者兴，宾揖之。适房，服玄端爵韠，出房，南面。

宾揖之，即筵坐栉，设笄。宾盥，正纚如初，降二等，受皮弁，右执项，左执前，进祝，加之如初，复位。赞者卒纮。兴，宾揖之。适房，服

---

① 匴（suǎn）：行冠礼时装帽子的竹器。

素积素韠，容，出房，南面。

宾降三等，受爵弁，加之，服纁裳韎韐，其他如加皮弁之仪。

徹皮弁、冠、栉、筵，入于房。筵于户西，南面。赞者洗于房中，侧酌醴；加柶，覆之，面叶。宾揖，冠者就筵，筵西，南面。宾授醴于户东，加柶，面枋，筵前北面。冠者筵西拜受觯，宾东面答拜。荐脯醢。冠者即筵坐，左执觯，右祭脯醢，以柶祭醴三，兴；筵末坐，啐醴，建柶，兴；降，筵坐，奠觯拜；执觯兴。宾答拜。

冠者奠觯于荐东，降；筵北面坐，取脯；降自西阶，适东壁，北面见于母。母拜受，子拜送，母又拜。

宾降，直西序，东面。主人降，复初位。冠者立于西阶东，南面。宾字之，冠者对。

宾出，主人送于庙门外。请醴宾，宾礼辞，许。宾就次。冠者见于兄弟，兄弟再拜，冠者答拜。见赞者，西面拜，亦如之。入见姑、姊，如见母。

乃易服，服玄冠、玄端、爵韠，奠挚见于君。遂以挚见于乡大夫、乡先生。

乃醴宾，以壹献之礼。主人酬宾，束帛、俪皮。赞者皆与。赞冠者为介。

宾出，主人送于外门外，再拜；归宾俎。

若不醴，则醮用酒。尊于房户之间，两甒，有禁，玄酒在西，加勺，南枋。洗，有篚在西，南顺。始加，醮用脯醢；宾降，取爵于篚，辞降如初；卒洗，升酌。冠者拜受，宾答拜如初。冠者升筵坐；左执爵，右祭脯醢，祭酒，兴；筵末坐，啐酒；降筵，拜。宾答拜。冠者奠爵于荐东，立于筵西。徹荐、爵，筵尊不徹。加皮弁，如初仪；再醮，摄酒，其他皆如初。加爵弁，如初仪；三醮，有干肉，折俎，哜①之，其他如初。北面取

---

① 哜（jì）：稍微尝一点。

脯，见于母。若杀，则特豚，载合升，离肺实于鼎，设扃鼏。始醮，如初。再醮，两豆：葵菹、蠃醢；两笾：栗、脯。三醮，摄酒如再醮，加俎，哜之，皆如初，哜肺。卒醮，取笾脯以降，如初。

若孤子，则父兄戒宿。冠之日，主人紒而迎宾，拜，揖，让，立于序端，皆如冠主；礼于阼。凡拜，北面于阼阶上，宾亦北面于西阶上答拜。若杀，则举鼎陈于门外，直东塾，北面。

若庶子，则冠于房外，南面，遂醮焉。

冠者母不在，则使人受脯于西阶下。

戒宾，曰："某有子某。将加布于其首，愿吾子之教之也。"宾对曰："某不敏，恐不能共事，以病吾子，敢辞。"主人曰："某犹愿吾子之终教之也！"宾对曰："吾子重有命，某敢不从！"宿曰："某将加布于某之首，吾子将莅之，敢宿。"宾对曰："某敢不夙兴？"

始加，祝曰："令月吉日，始加元服。弃尔幼志，顺尔成德。寿考惟祺，介尔景福。"再加，曰："吉月令辰，乃申尔服。敬尔威仪，淑慎尔德。眉寿万年，永受胡福。"三加，曰："以岁之正，以月之令，咸加尔服。兄弟具在，以成厥德。黄耇无疆，受天之庆。"

醴辞曰："甘醴惟厚，嘉荐令芳。拜受祭之，以定尔祥。承天之休，寿考不忘。"

醮辞曰："旨酒既清，嘉荐亶时。始加元服，兄弟具来。孝友时格，永乃保之。"再醮，曰："旨酒既湑，嘉荐伊脯。乃申尔服，礼仪有序。祭此嘉爵，承天之祐。"三醮，曰："旨酒令芳，笾豆有楚。咸加尔服，肴升折俎。承天之庆，受福无疆。"

字辞曰："礼仪既备，令月吉日，昭告尔字。爰字孔嘉，髦士攸宜。宜之于假，永受保之，曰伯某甫。"仲、叔、季唯其所当。

屦，夏用葛。玄端黑屦，青绚繶纯，纯博寸。素积白屦，以魁柎之，缁绚繶纯，纯博寸。爵弁纁屦，黑绚繶纯，纯博寸。冬，皮屦可也。不屦繐屦。

记冠义：始冠，缁布之冠也。大古冠布，齐则缁之。其緌也，孔子曰："吾未之闻也，冠而敝之可也。"适子冠于阼，以著代也。醮于客位，加有成也。三加弥尊，谕其志也。冠而字之，敬其名也。委貌，周道也。章甫，殷道也。毋追，夏后氏之道也。周弁，殷冔[1]，夏收。三王共皮弁素积。无大夫冠礼，而有其昏礼。古者五十而后爵，何大夫冠礼之有？公侯之有冠礼也，夏之末造也。天子之元子犹士也，天下无生而贵者也。继世以立诸侯，象贤也。以官爵人，德之杀也。死而谥，今也。古者生无爵，死无谥。

△ 丧服第十一

丧服，斩衰裳[2]，苴绖杖，绞带，冠绳缨，菅屦者。父，诸侯为天子，君，父为长子，为人后者。妻为夫，妾为君，女子子在室为父，布总，箭笄，髽，衰，三年。子嫁，反在父之室，为父三年。公士、大夫之众臣，为其君布带、绳屦。

疏衰裳齐，牡麻绖，冠布缨，削杖，布带，疏屦三年者，父卒则为母，继母如母，慈母如母，母为长子。

疏衰裳齐，牡麻绖，冠布缨，削杖，布带，疏屦，期者，父在为母，妻，出妻之子为母。出妻之子为父后者则为出母无服。父卒，继母嫁，从，为之服，报。

不杖，麻屦者。祖父母，世父母，叔父母；大夫之适子为妻，昆弟；为众子，昆弟之子；大夫之庶子为适昆弟适孙。为人后者，为其父母，报。女子子适人者为其父母、昆弟之为父后者，继父同居者，为夫之君。姑、姊妹、女子子适人无主者，姑、姊妹报。为君之父、母、妻、长子、

---

① 冔（xǔ）：殷代冠名。
② 衰裳（cuī cháng）：郑玄注：凡服，上曰衰，下曰裳。麻在首、在要（腰）皆曰绖。绖之言实也，明孝子有忠实之心。

祖父母。妾为女君。妇为舅姑，夫之昆弟之子。公妾、大夫之妾为其子。女子子为祖父母。大夫之子为世父母、叔父母、子、昆弟、昆弟之子，姑、姊妹、女子子无主者，为大夫命妇者，唯子不报。大夫为祖父母、适孙为士者。公妾以及士妾为其父母。

疏衰裳齐，牡麻绖，无受者。寄公为所寓，丈夫、妇人为宗子、宗子之母、妻，为旧君、君之母、妻，庶人为国君；大夫在外，其妻、长子为旧国君；继父不同居者，曾祖父母，大夫为宗子，旧君。曾祖父母为士者如众人，女子子嫁者、未嫁者为曾祖父母。

大功①布衰裳，牡麻绖，无受者：子、女子子之长殇、中殇，叔父之长殇、中殇，姑、姊妹之长殇、中殇，昆弟之长殇、中殇，夫之昆弟之子、女子子之长殇、中殇，适孙之长殇、中殇，大夫之庶子为适昆弟子之长殇、中殇，公为适子之长殇、中殇，大夫为适子之长殇、中殇。其长殇皆九月，缨绖；其中殇，七月，不缨绖。

大功布衰裳，牡麻绖缨，布带，三月。受以小功衰，即葛，九月者：姑姊妹女子子适人者，从父昆弟；为人后者为其昆弟，庶孙②；适妇，女子子适人者为众昆弟；侄丈夫妇人，报。夫之祖父母、世父母、叔父母，大夫为世父母、叔父母、子、昆弟、昆弟之子为士者；公之庶昆弟、大夫之庶子为母、妻、昆弟，皆为其从父昆弟之为大夫者；为夫之昆弟之妇人子适人者；大夫之妾为君之庶子；女子子嫁者、未嫁者，为世父母、叔父母、姑、姊妹，大夫、大夫之妻、大夫之子、公之昆弟为姑、姊妹、女子子嫁于大夫者，君为姑、姊妹、女子子嫁于国君者。

繐衰裳③，牡麻绖，既葬除之者。诸侯之大夫为天子。

小功布衰裳，澡麻带绖，五月者。叔父之下殇，适孙之下殇，昆弟之下殇，大夫庶子为适昆弟之下殇，为姑、姊妹、女子子之下殇，为人后者

---

① 大功：丧服的一种，用熟麻布做成，较齐衰稍细，较小功稍粗。
② 原为"子"，误。
③ 繐：细而疏的麻布，多用作丧服。繐衰：是诸侯之臣为天子在大功下、小功上者。

为其昆弟、从父昆弟之长殇，为夫之叔父之长殇；昆弟之子、女子子、夫之昆弟之子、女子子之下殇；为侄、庶孙丈夫妇人之长殇；大夫、公之昆弟、大夫之子，为其昆弟、庶子、姑、姊妹、女子子之长殇；大夫之妾为庶子之长殇。

小功布衰裳，牡麻绖，即葛，五月者。从祖祖父母，从祖父母，报；从祖昆弟，从父姊妹、孙适人者，为人后者为其姊妹适人者，为外祖父母；从母，丈夫妇人报；夫之姑、姊妹、娣、姒妇，报；大夫、大夫之子、公之昆弟为从父昆弟，庶孙，姑、姊妹、女子子适士者；大夫之妾为庶子适人者；庶妇；君母之父母、从母；君子子为庶母慈己者。

缌麻，三月者。族曾祖父母，族祖父母，族父母，族昆弟；庶孙之妇，庶孙之中殇；从祖姑、姊妹适人者，报；从祖父、从祖昆弟之长殇；外孙，从父昆弟侄之下殇，夫之叔父之中殇、下殇；从母之长殇，报；庶子为父后者，为其母；士为庶母；贵臣、贵妾；乳母，从祖昆弟之子，曾孙，父之姑，从母昆弟，甥，婿，妻之父母，姑之子，舅，舅之子；夫之姑姊妹之长殇；夫之诸祖父母，报；君母之昆弟；从父昆弟之子长殇，昆弟之孙之长殇，为夫之从父昆弟之妻。

记。公子为其母，练冠，麻，麻衣縓缘；为其妻，縓冠，葛绖，带，麻衣縓缘。皆既葬除之。大夫、公之昆弟，大夫之子，于兄弟降一等。为人后者，于兄弟降一等，报；于所为后之兄弟之子、若子。兄弟皆在他邦，加一等。不及知父母，与兄弟居，加一等。朋友皆在他邦，袒免，归则已。朋友，麻。君之所为兄弟服，室老降一等。夫之所为兄弟服，妻降一等。庶子为后者，为其外祖父母、从母、舅，无服。不为后，如邦人。宗子孤为殇，大功衰，小功衰，皆三月。亲，则月筭如邦人。改葬，缌。童子，唯当室缌。凡妾为私兄弟，如邦人。大夫吊于命妇，锡衰。命妇吊于大夫，亦锡衰。女子子适人者为其父母，妇为舅姑，恶笄有首以髽。卒哭，子折笄首以笄，布緫。

妾为女君、君之长子，恶笄有首，布緫。凡衰，外削幅；裳，内削幅，幅三祔。若齐，裳内，衰外。负，广出于适寸。适，博四寸，出于衰。衰，长六寸，博四寸。衣带，下尺。衽，二尺有五寸。袂，属幅。衣，二尺有二寸。袪，尺二寸。衰三升，三升有半。其冠六升。以其冠为受，受冠七升。齐衰四升，其冠七升。以其冠为受，受冠八升。繐衰四升有半，其冠八升。大功八升，若九升。小功十升，若十一升。

风化之原出泮芹，饮循《仪礼》豆笾陈。

国中推择爵齿德，堂上献酬介僎宾。

主一敬存容自肃，歌三乐备意相亲。

粲然应接非观美，所望今人样古人。

宋·李昴英《赣学乡饮礼成二首》之一

审定者：北京师范大学　张　涛

全书总字数：21705

用字量：1353

周易

08

周者，周代也；易者，变易，简易，不易也。《周易》原为古代占筮之书及其解说，后被列入儒家经典，并尊为群经之首。《周易》包括经、传两部分。经有时称为《易经》或《古经》，是在专门从事卜筮的巫史们长期经验和记录的基础上逐渐形成的；传是战国时人对经的解释说明，又称《易传》。《易经》分为六十四卦，《易传》分为七种十篇，汉代学者称之为"十翼"，"翼"即辅翼经文之意。

《周易》是中国哲学思想的渊薮，奠定了中国哲学的一些基本范畴和基本观念，如"阴阳"，对立统一的思想等，对中国文化的影响极为深远。至今，上至鸿儒硕学，皓首穷经，下至街头卜者，研读谋生，无不奉为圭臬，浅人浅解，深人深究，可谓是十三经中最深奥、最神秘的一部书了。"闲坐小窗读《周易》，不知春去几多时。"要深入了解中国文化，此书不可不读！

高频字

也	之	曰	象	以	不	其	而	有	无	吉	六	大	九

01. 乾 〔卦一〕 ䷀〔乾下乾上〕

《乾》：元亨，利贞。

初九：潜龙，勿用。

九二：见龙在田，利见大人。

九三：君子终日乾乾，夕惕若厉，无咎。

九四：或跃在渊，无咎。

九五：飞龙在天，利见大人。

上九：亢龙，有悔。

用九：见群龙无首，吉。

《彖》曰：大哉乾元，万物资始，乃统天。云行雨施，品物流形。大明终始，六位时成。时乘六龙以御天。乾道变化，各正性命。保合大和，乃利贞。首出庶物，万国咸宁。

《象》曰：天行健，君子以自强不息。"潜龙勿用"，阳在下也。"见龙在田"，德施普也。"终日乾乾"，反复道也。"或跃在渊"，进无咎也。"飞龙在天"，大人造也。"亢龙有悔"，盈不可久也。"用九"，天德不可为首也。

《文言》曰："元"者，善之长也；"亨"者，嘉之会也；"利"者，义之和也；"贞"者，事之干也。君子体仁，足以长人；嘉会，足以合礼；利物，足以和义；贞固，足以干事。君子行此四德者，故曰"乾：元、亨、利、贞"。

初九曰"潜龙勿用"，何谓也？子曰："龙，德而隐者也。不易乎世，不成乎名，遯世无闷，不见是而无闷。乐则行之，忧则违之，确乎其不可拔，潜龙也。"

九二曰"见龙在田，利见大人"，何谓也？子曰："龙，德而正中者也。庸言之信，庸行之谨，闲邪存其诚，善世而不伐，德博而化。《易》曰：'见龙在田，利见大人'，君德也。"

九三曰"君子终日乾乾，夕惕若厉，无咎"，何谓也？子曰："君子进德修业。忠信所以进德也。修辞立其诚，所以居业也。知至至之，可与几①也。知终终之，可与存义也。是故居上位而不骄，在下位而不忧，故乾乾因其时而惕，虽危无咎矣。"

九四曰"或跃在渊，无咎"，何谓也？子曰："上下无常，非为邪也。进退无恒，非离群也。君子进德修业，欲及时也，故无咎。"

九五曰"飞龙在天，利见大人"，何谓也？子曰："同声相应，同气相求。水流湿，火就燥，云从龙，风从虎，圣人作而万物睹。本乎天者亲上，本乎地者亲下，则各从其类也。"

上九曰"亢龙有悔"，何谓也？子曰："贵而无位，高而无民，贤人在下位而无辅，是以动而有悔也。"

"潜龙勿用"，下也。"见龙在田"，时舍也。"终日乾乾"，行事也。"或跃在渊"，自试也。"飞龙在天"，上治也。"亢龙有悔"，穷之灾也。乾元"用九"，天下治也。

"潜龙勿用"，阳气潜藏。"见龙在田"，天下文明。"终日乾乾"，与时偕行。"或跃在渊"，乾道乃革。"飞龙在天"，乃位乎天德。"亢龙有

---

① 可与几（jī）：可以与之商讨事务。几：事务，政事。

悔"，与时偕极。乾元"用九"，乃见天则。

《乾》"元"者，始而亨者也。"利贞"者，性情也。乾始能以美利利天下，不言所利，大矣哉！大哉乾乎！刚健中正，纯粹精也。六爻发挥，旁通情也。"时乘六龙"，以"御天"也。"云行雨施"，天下平也。君子以成德为行，日可见之行也。"潜"之为言也，隐而未见，行而未成，是以君子"弗用"也。

君子学以聚之，问以辩之，宽以居之，仁以行之。《易》曰："见龙在田，利见大人"，君德也。

九三重刚而不中，上不在天，下不在田，故乾乾因其时而惕，虽危无咎矣。

九四重刚而不中，上不在天，下不在田，中不在人，故"或"之。"或"之者，疑之也，故"无咎"。

夫"大人"者，与天地合其德，与日月合其明，与四时合其序，与鬼神合其吉凶，先天而天弗违，后天而奉天时。天且弗违，而况于人乎？况于鬼神乎？

"亢"之为言也，知进而不知退，知存而不知亡，知得而不知丧。其唯圣人乎！知进退存亡而不失其正者，其唯圣人乎！

02. 坤〔卦二〕 　　〔坤下坤上〕

《坤》：元亨。利牝马之贞。君子有攸往，先迷，后得主，利。西南得朋，东北丧朋。安贞吉。

《彖》曰：至哉坤元，万物资生，乃顺承天。坤厚载物，德合无疆。含弘光大，品物咸亨。牝马地类，行地无疆，柔顺利贞。君子攸行，先迷失道，后顺得常。西南得朋，乃与类行。东北丧朋，乃终有庆。安贞之吉，应地无疆。

《象》曰：地势坤。君子以厚德载物。

初六，履霜，坚冰至。

《象》曰："履霜坚冰"，阴始凝也，驯致其道，至坚冰也。

六二，直、方、大，不习，无不利。

《象》曰：六二之动，直以方也。"不习无不利"，地道光也。

六三，含章，可贞，或从王事，无成有终。

《象》曰："含章①可贞"，以时发也。"或从王事"，知光大也。

六四，括囊，无咎无誉。

《象》曰："括囊无咎"，慎不害也。

六五，黄裳，元吉。

《象》曰："黄裳元吉"，文在中也。

上六，龙战于野，其血玄黄。

《象》曰："龙战于野"，其道穷也。

用六，利永贞。

《象》曰：用六"永贞"，以大终也。

《文言》曰：坤至柔而动也刚，至静而德方，后得主而有常，含万物而化光。坤道其顺乎，承天而时行。积善之家必有馀庆，积不善之家必有馀殃。臣弑其君，子弑其父，非一朝一夕之故，其所由来者渐矣，由辩之不早辩也。《易》曰："履霜，坚冰至"，盖言顺也。

"直"其正也，"方"其义也。君子敬以直内，义以方外，敬义立而德不孤。"直、方、大，不习无不利"，则不疑其所行也。

阴虽有美，"含"之以从王事，弗敢成也。地道也，妻道也，臣道也，地道无成而代有终也。

天地变化，草木蕃。天地闭，贤人隐。《易》曰："括囊，无咎无誉"，盖言谨也。

君子黄中通理，正位居体，美在其中而畅于四支，发于事业，美之至也。

---

① 章：美也。

阴疑于阳必战，为其嫌于无阳也，故称"龙"焉。犹未离其类也，故称"血"焉。夫玄黄者，天地之杂也，天玄而地黄。

03. 屯〔卦三〕 ䷂〔震下坎上〕

《屯》：元亨，利贞。勿用有攸往。利建侯。

《彖》曰：屯，刚柔始交而难生。动乎险中，大亨贞。雷雨之动满盈，天造草昧。宜建侯而不宁。

《象》曰：云雷，屯。君子以经纶。

初九，磐桓，利居贞。利建侯。

《象》曰：虽磐桓，志行正也。以贵下贱，大得民也。

六二，屯如邅如，乘马班如。匪寇，婚媾。女子贞不字①，十年乃字。

《象》曰：六二之难，乘刚也。十年乃字，反常也。

六三，即鹿无虞，惟入于林中，君子几不如舍，往吝。

《象》曰："即鹿无虞"，以从禽也。君子舍之，往吝穷也。

六四，乘马班如②，求婚媾。往吉，无不利。

《象》曰：求而往，明也。

九五，屯其膏，小，贞吉；大，贞凶。

《象》曰："屯其膏"，施未光也。

上六，乘马班如，泣血涟如。

《象》曰："泣血涟如"，何可长也。

04. 蒙〔卦四〕 ䷃〔坎下艮上〕

《蒙》：亨。匪我求童蒙，童蒙求我。初筮告，再三渎，渎则不告。利贞。

---

① 字：怀孕。
② 乘马班如：子夏云：相牵不进貌。如：语末助词，相当于"然"。

《彖》曰：蒙，山下有险，险而止，蒙。"蒙亨"，以亨行，时中也。"匪我求童蒙，童蒙求我"，志应也。"初筮告"，以刚中也。"再三渎，渎则不告"，渎蒙也。蒙以养正，圣功也。

《象》曰：山下出泉，蒙。君子以果行育德。

初六，发蒙，利用刑人，用说桎梏，以往吝。

《象》曰："利用刑人"，以正法也。

九二，包蒙，吉。纳妇，吉。子克家。

《象》曰："子克家"，刚柔节也。

六三，勿用取女，见金夫，不有躬。无攸利。

《象》曰："勿用取女"，行不顺也。

六四，困蒙，吝。

《象》曰："困蒙之吝"，独远实也。

六五，童蒙，吉。

《象》曰："童蒙"之"吉"，顺以巽也。

上九，击蒙，不利为寇，利御寇。

《象》曰："利"用"御寇"，上下顺也。

05. 需［卦五］　　䷄［乾下坎上］

《需》：有孚，光亨。贞吉，利涉大川。

《彖》曰：需，须也。险在前也，刚健而不陷，其义不困穷矣。"需，有孚，光亨，贞吉"，位乎天位，以正中也。"利涉大川"，往有功也。

《象》曰：云上于天，需。君子以饮食宴乐。

初九，需于郊，利用恒，无咎。

《象》曰："需于郊"，不犯难行也。"利用恒无咎"，未失常也。

九二，需于沙，小有言，终吉。

《象》曰："需于沙"，衍在中也。虽小有言，以终吉也。

九三，需于泥，致寇至。

《象》曰："需于泥"，灾在外也。自我致寇，敬慎不败也。

六四，需于血，出自穴。

《象》曰："需于血"，顺以听也。

九五，需于酒食，贞吉。

《象》曰："酒食贞吉"，以中正也。

上六，入于穴，有不速之客三人来，敬之终吉。

《象》曰："不速之客来，敬之终吉"，虽不当位，未大失也。

06. 讼 ［卦六］ ䷅［坎下乾上］

《讼》：有孚窒惕，中吉，终凶。利见大人。不利涉大川。

《彖》曰：讼，上刚下险，险而健，讼。"讼有孚窒惕，中吉"，刚来而得中也。"终凶"，讼不可成也。"利见大人"，尚中正也。"不利涉大川"，入于渊也。

《象》曰：天与水违行，讼。君子以作事谋始。

初六，不永所事，小有言，终吉。

《象》曰："不永所事"，讼不可长也。虽"小有言"，其辩明也。

九二，不克讼，归而逋。其邑人三百户，无眚。

《象》曰："不克讼"，归逋窜也。自下讼上，患至掇也。

六三，食旧德，贞厉，终吉。或从王事，无成。

《象》曰：食旧德，从上吉也。

九四，不克讼，复既命渝。安贞吉。

《象》曰：复即命渝，安贞不失也。

九五，讼，元吉。

《象》曰："讼，元吉"，以中正也。

上九，或锡之鞶带，终朝三褫①之。

---

① 终朝三褫（chǐ）：明黜陟之速，所以示惩劝也。褫：剥去衣服。

《象》曰：以讼受服，亦不足敬也。

07. 师 〔卦七〕　〔坎下坤上〕

《师》：贞丈人吉，无咎。

《彖》曰：师，众也。贞，正也。能以众正，可以王矣。刚中而应，行险而顺，以此毒天下，而民从之，吉又何咎矣。

《象》曰：地中有水，师。君子以容民畜众。

初六，师出以律，否臧凶。

《象》曰："师出以律"，失律凶也。

九二，在师中吉，无咎，王三锡命。

《象》曰："在师中吉"，承天宠也。"王三锡命"，怀万邦也。

六三，师或舆尸，凶。

《象》曰："师或舆尸"，大无功也。

六四，师左次，无咎。

《象》曰："左次无咎"，未失常也。

六五，田有禽。利执言，无咎。长子帅师，弟子舆尸，贞凶。

《象》曰："长子帅师"，以中行也。"弟子舆尸"，使不当也。

上六，大君有命，开国承家，小人勿用。

《象》曰："大君有命"，以正功也。"小人勿用"，必乱邦也。

08. 比 〔卦八〕　〔坤下坎上〕

《比》：吉。原筮，元，永贞，无咎。不宁方来，后夫凶。

《彖》曰：比，吉也；比，辅也，下顺从也。"原筮，元永贞，无咎"，以刚中也。"不宁方来"，上下应也。"后夫凶"，其道穷也。

《象》曰：地上有水，比。先王以建万国，亲诸侯。

初六，有孚比之，无咎。有孚盈缶，终来有它，吉。

《象》曰：比之初六，有它吉也。

六二，比之自内，贞吉。

《象》曰："比之自内"，不自失也。

六三，比之匪人。

《象》曰："比之匪人"，不亦伤乎？

六四，外比之，贞吉。

《象》曰：外比于贤，以从上也。

九五，显比，王用三驱，失前禽，邑人不诫，吉。

《象》曰："显比"之吉，位正中也。舍逆取顺，失前禽也。邑人不诫，上使中也。

上六，比之无首，凶。

《象》曰："比之无首"，无所终也。

09. 小畜〔卦九〕　　　〔乾下巽上〕

《小畜》：亨。密云不雨。自我西郊。

《彖》曰：小畜，柔得位而上下应之，曰小畜。健而巽，刚中而志行，乃亨。"密云不雨"，尚往也。"自我西郊"，施未行也。

《象》曰：风行天上，小畜。君子以懿文德①。

初九，复自道，何其咎？吉。

《象》曰："复自道"，其义"吉"也。

九二，牵复，吉。

《象》曰：牵复在中，亦不自失也。

九三，舆说②辐。夫妻反目。

《象》曰："夫妻反目"，不能正室也。

六四，有孚，血去、惕出，无咎。

---

① 以懿（yì）文德：意谓未能行其诡，但修美文德，待时而发。懿：美也。
② 说（tuō）：脱。

《象》曰："有孚惕出"，上合志也。

九五，有孚挛如，富以其邻。

《象》曰："有孚挛如"，不独富也。

上九，既雨既处，尚德载。妇贞厉。月几望，君子征凶。

《象》曰："既雨既处"，德积载也。"君子征凶"，有所疑也。

10. 履〔卦十〕　　☰〔兑下乾上〕

《履》：履虎尾，不咥人。亨。

《象》曰：履，柔履刚也。说而应乎乾，是以"履虎尾，不咥人"。亨，刚中正，履帝位而不疚，光明也。

《象》曰：上天下泽，履。君子以辨上下，定民志。

初九，素履往，无咎。

《象》曰："素履之往"，独行愿也。

九二，履道坦坦，幽人贞吉。

《象》曰："幽人贞吉"，中不自乱也。

六三，眇能视，跛能履，履虎尾，咥人，凶。武人为于大君。

《象》曰："眇能视"，不足以有明也。"跛能履"，不足以与行也。"咥人之凶"，位不当也。"武人为于大君"，志刚也。

九四，履虎尾，愬愬①，终吉。

《象》曰："愬愬终吉"，志行也。

九五，夬履，贞厉。

《象》曰："夬履贞厉"，位正当也。

上九，视履考祥，其旋元吉。

《象》曰：元吉在上，大有庆也。

---

① 愬愬（sù sù）：恐惧貌。

11. 泰〔卦十一〕 ䷊〔乾下坤上〕

《泰》：小往大来，吉，亨。

《彖》曰："泰，小往大来。吉，亨。"则是天地交而万物通也，上下交而其志同也。内阳而外阴，内健而外顺，内君子而外小人，君子道长，小人道消也。

《象》曰：天地交，泰。后以财成天地之道，辅相天地之宜，以左右民。

初九，拔茅茹，以其汇。征吉。

《象》曰："拔茅征吉"，志在外也。

九二，包荒①，用冯河②，不遐遗。朋亡，得尚于中行。

《象》曰："包荒，得尚于中行"，以光大也。

九三，无平不陂，无往不复。艰贞无咎。勿恤其孚，于食有福。

《象》曰："无往不复"，天地际也。

六四，翩翩，不富以其邻，不戒以孚。

《象》曰："翩翩，不富"，皆失实也。"不戒以孚"，中心愿也。

六五，帝乙归妹，以祉元吉。

《象》曰："以祉元吉"，中以行愿也。

上六，城复于隍，勿用师，自邑告命。贞吝。

《象》曰："城复于隍"，其命乱也。

12. 否〔卦十二〕 ䷋〔坤下乾上〕

《否》：否之匪人，不利君子贞，大往小来。

《彖》曰："否之匪人，不利君子贞，大往小来。"则是天地不交而万

---

① 包荒：包含荒秽。
② 冯河：无舟而渡水，顽愚鲁莽之举。

物不通也，上下不交而天下无邦也；内阴而外阳，内柔而外刚，内小人而外君子，小人道长，君子道消也。

《象》曰：天地不交，否。君子以俭德辟难，不可荣以禄。

初六，拔茅茹以其汇。贞吉，亨。

《象》曰："拔茅贞吉"，志在君也。

六二，包承，小人吉，大人否。亨。

《象》曰："大人否亨"，不乱群也。

六三，包羞。

《象》曰："包羞"，位不当也。

九四，有命，无咎，畴离祉①。

《象》曰："有命无咎"，志行也。

九五，休否，大人吉。其亡其亡，系于苞桑。

《象》曰：大人之吉，位正当也。

上九，倾否，先否后喜。

《象》曰：否终则倾，何可长也。

13. 同人 [卦十三]　　　[离下乾上]

《同人》：同人于野，亨。利涉大川。利君子贞。

《彖》曰：同人，柔得位得中，而应乎乾，曰同人。同人曰："同人于野，亨。利涉大川"，乾行也。文明以健，中正而应，君子正也。唯君子为能通天下之志。

《象》曰：天与火，同人。君子以类族辨物。

初九，同人于门，无咎。

《象》曰："出门同人"，又谁咎也。

六二，同人于宗，吝。

---

① 畴离祉：得福也。畴：畴匹，同类。离：丽也，谓附著也。祉：福也。

《象》曰："同人于宗"，吝道也。

九三，伏戎于莽，升其高陵，三岁不兴。

《象》曰："伏戎于莽"，敌刚也。"三岁不兴"，安行也。

九四，乘其墉，弗克攻，吉。

《象》曰："乘其墉"，义弗克也。其"吉"，则困而反则也。

九五，同人先号咷而后笑，大师克，相遇。

《象》曰：同人之先，以中直也。大师相遇，言相克也。

上九，同人于郊，无悔。

《象》曰："同人于郊"，志未得也。

14. 大有〔卦十四〕 〔乾下离上〕

《大有》：元亨。

《彖》曰：大有，柔得尊位大中，而上下应之，曰"大有"。其德刚健而文明，应乎天而时行，是以元亨。

《象》曰：火在天上，大有。君子以遏恶扬善，顺天休命。

初九，无交害匪咎。艰则无咎。

《象》曰：大有初九，无交害也。

九二，大车以载，有攸往，无咎。

《象》曰："大车以载"，积中不败也。

九三，公用亨于天子，小人弗克。

《象》曰：公用亨于天子，小人害也。

九四，匪其彭，无咎。

《象》曰："匪其彭，无咎。"明辨晢也。

六五，厥孚交如威如，吉。

《象》曰："厥孚交如"，信以发志也。"威如之吉"，易而无备也。

上九，自天祐之，吉，无不利。

《象》曰：大有上吉，自天祐也。

15. 谦 [卦十五]　䷎ [艮下坤上]

《谦》：亨。君子有终。

《彖》曰：谦，亨。天道下济而光明，地道卑而上行。天道亏盈而益谦，地道变盈而流谦，鬼神害盈而福谦，人道恶盈而好谦。谦，尊而光，卑而不可逾，君子之终也。

《象》曰：地中有山，谦。君子以裒多益寡，称物平施。

初六，谦谦君子，用涉大川，吉。

《象》曰："谦谦君子"，卑以自牧也。

六二，鸣谦，贞吉。

《象》曰："鸣谦贞吉"，中心得也。

九三，劳谦君子，有终，吉。

《象》曰："劳谦君子"，万民服也。

六四，无不利，撝①谦。

《象》曰："无不利，撝谦"，不违则也。

六五，不富以其邻，利用侵伐，无不利。

《象》曰："利用侵伐"，征不服也。

上六，鸣谦，利用行师征邑国。

《象》曰："鸣谦"，志未得也。"可用行师"，征邑国也。

16. 豫 [卦十六]　䷏ [坤下震上]

《豫》：利建侯行师。

《彖》曰：豫，刚应而志行，顺以动，豫。豫顺以动，故天地如之，而况建侯行师乎？天地以顺动，故日月不过，而四时不忒。圣人以顺动，则刑罚清而民服，豫之时义大矣哉！

---

① 撝（huī）：义与"麾"同。

《象》曰：雷出地奋，豫。先王以作乐崇德，殷荐之上帝，以配祖考。

初六，鸣豫，凶。

《象》曰："初六鸣豫"，志穷凶也。

六二，介于石，不终日，贞吉。

《象》曰："不终日贞吉"，以中正也。

六三，盱豫，悔，迟有悔。

《象》曰："盱豫有悔"，位不当也。

九四，由豫，大有得，勿疑。朋盍簪。

《象》曰："由豫大有得"，志大行也。

六五，贞疾，恒不死。

《象》曰："六五贞疾"，乘刚也。"恒不死"，中未亡也。

上六，冥豫，成有渝。无咎。

《象》曰："冥豫"在上，何可长也？

17. 随〔卦十七〕 〔震下兑上〕

《随》：元亨，利贞，无咎。

《彖》曰：随，刚来而下柔，动而说，随。大亨贞无咎，而天下随时，随时之义大矣哉！

《象》曰：泽中有雷，随。君子以向晦入宴息。

初九，官有渝，贞吉，出门交有功。

《象》曰："官有渝"，从正吉也。"出门交有功"，不失也。

六二，系小子，失丈夫。

《象》曰："系小子"，弗兼与也。

六三，系丈夫，失小子，随有求，得。利居贞。

《象》曰："系丈夫"，志舍下也。

九四，随有获，贞凶。有孚在道，以明，何咎？

《象》曰："随有获"，其义凶也。"有孚在道"，明功也。

九五，孚于嘉，吉。

《象》曰："孚于嘉吉"，位正中也。

上六，拘系之，乃从维之，王用亨于西山。

《象》曰："拘系之"，上穷也。

18. 蛊〔卦十八〕 ䷑〔巽下艮上〕

《蛊》：元亨。利涉大川，先甲三日，后甲三日。

《彖》曰：蛊，刚上而柔下，巽而止，蛊。蛊，元亨而天下治也。"利涉大川"，往有事也。"先甲三日，后甲三日"，终则有始，天行也。

《象》曰：山下有风，蛊。君子以振民育德。

初六，干父①之蛊，有子，考无咎。厉，终吉。

《象》曰："干父之蛊"，意承考也。

九二，干母之蛊，不可贞。

《象》曰："干母之蛊"，得中道也。

九三，干父之蛊，小有悔，无大咎。

《象》曰："干父之蛊"，终无咎也。

六四，裕父之蛊，往见吝。

《象》曰："裕父之蛊"，往未得也。

六五，干父之蛊，用誉。

《象》曰："干父用誉"，承以德也。

上九，不事王侯，高尚其事。

《象》曰："不事王侯"，志可则也。

19. 临〔卦十九〕 ䷒〔兑下坤上〕

《临》：元亨，利贞。至于八月有凶。

---

① 干父：干父事，堪其任。

《彖》曰：临，刚浸而长，说而顺，刚中而应。大亨以正，天之道也。"至于八月有凶"，消不久也。

《象》曰：泽上有地，临。君子以教思无穷，容保民无疆。

初九，咸临，贞吉。

《象》曰："咸临贞吉"，志行正也。

九二，咸临，吉，无不利。

《象》曰："咸临吉无不利"，未顺命也。

六三，甘临，无攸利；既忧之，无咎。

《象》曰："甘临"，位不当也。"既忧之"，咎不长也。

六四，至临，无咎。

《象》曰："至临无咎"，位当也。

六五，知临，大君之宜，吉。

《象》曰："大君之宜"，行中之谓也。

上六，敦临，吉，无咎。

《象》曰："敦临之吉"，志在内也。

20. 观 [卦二十]　　　　[坤下巽上]

《观》：盥而不荐。有孚颙①若。

《彖》曰：大观在上，顺而巽，中正以观天下，观。"盥而不荐，有孚颙若"，下观而化也。观天之神道，而四时不忒，圣人以神道设教，而天下服矣。

《象》曰：风行地上，观。先王以省方观民设教。

初六，童观，小人无咎，君子吝。

《象》曰："初六童观"，"小人"道也。

六二，窥观，利女贞。

---

① 颙（yóng）：严肃端正貌。

《象》曰："窥观女贞"，亦可丑也。

六三，观我生，进退。

《象》曰："观我生进退"，未失道也。

六四，观国之光，利用宾于王。

《象》曰："观国之光"，尚宾也。

九五，观我生，君子无咎。

《象》曰："观我生"，观民也。

上九，观其生，君子无咎。

《象》曰："观其生"，志未平也。

21. 噬嗑〔卦二十一〕　　〔震下离上〕

《噬嗑》：亨。利用狱。

《彖》曰：颐中有物曰噬嗑。噬嗑而亨，刚柔分，动而明，雷电合而章。柔得中而上行，虽不当位，利用狱也。

《象》曰：雷电，噬嗑。先王以明罚敕法。

初九，屦校灭趾，无咎。

《象》曰："屦校灭趾"，不行也。

六二，噬肤灭鼻，无咎。

《象》曰："噬肤灭鼻"，乘刚也。

六三，噬腊肉遇毒，小吝，无咎。

《象》曰："遇毒"，位不当也。

九四，噬干胏，得金矢①。利艰贞，吉。

《象》曰："利艰贞吉"，未光也。

六五，噬干肉得黄金。贞厉，无咎。

---

① 噬干胏（zǐ），得金矢：胏，带骨的干肉。金，刚也。矢，直也。意谓九四虽体阳爻，为阴之主，履不获中，而居非其位，以斯噬物，物亦不服，故四噬干胏，而得刚直，可以利于艰贞之吉。

《象》曰："贞厉无咎"，得当也。

上九，何校灭耳①，凶。

《象》曰："何校灭耳"，聪不明也。

《贲》：亨。小利有攸往。

《彖》曰：贲亨，柔来而文刚，故亨。分，刚上而文柔，故小利有攸往。刚柔交错，天文也。文明以止，人文也。观乎天文，以察时变；观乎人文，以化成天下。

《象》曰：山下有火，贲。君子以明庶政，无敢折狱。

初九，贲其趾，舍车而徒。

《象》曰："舍车而徒"，义弗乘也。

六二，贲其须。

《象》曰："贲其须"，与上兴也。

九三，贲如，濡如，永贞吉。

《象》曰："永贞之吉"，终莫之陵也。

六四，贲如皤如，白马翰如。匪寇，婚媾。

《象》曰：六四，当位疑也。"匪寇婚媾"，终无尤也。

六五，贲于丘园，束帛戋戋，吝，终吉。

《象》曰："六五之吉"，有喜也。

上九，白贲，无咎。

《象》曰："白贲无咎"，上得志也。

《剥》：不利有攸往。

---

① 何校（jiào）灭耳：此句意即惩处极恶不改者。何：亦作"荷"，担。校：刑具，桎、梏的总称。

《彖》曰：剥，剥也。柔变刚也。"不利有攸往"，小人长也。顺而止之，观象也。君子尚消息盈虚，天行也。

《象》曰：山附于地，剥。上以厚下安宅。

初六，剥床以足，蔑贞凶。

《象》曰："剥床以足"，以灭下也。

六二，剥床以辨，蔑贞凶。

《象》曰："剥床以辨"，未有与也。

六三，剥之，无咎。

《象》曰："剥之无咎"，失上下也。

六四，剥床以肤，凶。

《象》曰："剥床以肤"，切近灾也。

六五，贯鱼以宫人宠，无不利。

《象》曰："以宫人宠"，终无尤也。

上九，硕果不食，君子得舆，小人剥庐。

《象》曰："君子得舆"，民所载也。"小人剥庐"，终不可用也。

24. 复〔卦二十四〕　䷗〔震下坤上〕

《复》：亨。出入无疾。朋来无咎。反复其道，七日来复，利有攸往。

《彖》曰："复，亨"。刚反，动而以顺行。是以"出入无疾，朋来无咎"。"反复其道，七日来复"，天行也。"利有攸往"，刚长也。复，其见天地之心乎。

《象》曰：雷在地中，复。先王以至日闭关，商旅不行，后不省方。

初九，不远复，无祗悔，元吉。

《象》曰："不远之复"，以修身也。

六二，休复，吉。

《象》曰："休复之吉"，以下仁也。

六三，频复，厉，无咎。

《象》曰："频复之厉"，义无咎也。

六四，中行独复。

《象》曰："中行独复"，以从道也。

六五，敦复，无悔。

《象》曰："敦复无悔"，中以自考也。

上六，迷复，凶，有灾眚。用行师，终有大败，以其国君凶，至于十年不克征。

《象》曰："迷复之凶"，反君道也。

25. 无妄〔卦二十五〕 ䷘〔震下乾上〕

《无妄》：元亨，利贞。其匪正有眚，不利有攸往。

《彖》曰：无妄，刚自外来而为主于内，动而健，刚中而应。大亨以正，天之命也。"其匪正有眚，不利有攸往"，无妄之往何之矣？天命不祐，行矣哉！

《象》曰：天下雷行，物与无妄。先王以茂对时育万物。

初九，无妄往，吉。

《象》曰："无妄之往"，得志也。

六二，不耕获，不菑畬①，则利有攸往。

《象》曰："不耕获"，未富也。

六三，无妄之灾，或系之牛，行人之得，邑人之灾。

《象》曰：行人得牛，邑人灾也。

九四，可贞。无咎。

《象》曰："可贞无咎"，固有之也。

九五，无妄之疾，勿药有喜。

《象》曰："无妄之药"，不可试也。

---

① 菑（zī）：开垦一年的田。畬（yú）：耕了三年的熟田。

上九，无妄行，有眚，无攸利。

《象》曰："无妄之行"，穷之灾也。

26. 大畜〔卦二十六〕　　〔乾下艮上〕

《大畜》：利贞。不家食吉。利涉大川。

《彖》曰：大畜，刚健笃实，辉光日新。其德刚上而尚贤，能止健，大正也。"不家食吉"，养贤也。"利涉大川"，应乎天也。

《象》曰：天在山中，大畜。君子以多识前言往行，以畜其德。

初九，有厉，利已。

《象》曰："有厉利已"，不犯灾也。

九二，舆说輹。

《象》曰："舆说輹"，中无尤也。

九三，良马逐，利艰贞，曰闲舆卫，利有攸往。

《象》曰："利有攸往"，上合志也。

六四，童牛之牿①，元吉。

《象》曰："六四元吉"，有喜也。

六五，豮豕之牙，吉。

《象》曰："六五之吉"，有庆也。

上九，何天之衢，亨。

《象》曰："何天之衢"，道大行也。

27. 颐〔卦二十七〕　　〔震下艮上〕

《颐》：贞吉。观颐，自求口实。

《彖》曰：颐，贞吉，养正则吉也。观颐，观其所养也。自求口实，观其自养也。天地养万物，圣人养贤以及万民，颐之时大矣哉！

---

① 牿（gù）：缚于牛角上以防牛触人的横木。

《象》曰：山下有雷，颐。君子以慎言语，节饮食。

初九，舍尔灵龟，观我朵颐，凶。

《象》曰："观我朵颐"，亦不足贵也。

六二，颠颐拂经于丘颐，征凶。

《象》曰："六二征凶"，行失类也。

六三，拂颐，贞凶，十年勿用，无攸利。

《象》曰："十年勿用"，道大悖也。

六四，颠颐，吉。虎视眈眈，其欲逐逐，无咎。

《象》曰："颠颐之吉"，上施光也。

六五，拂经，居贞吉，不可涉大川。

《象》曰："居贞之吉"，顺以从上也。

上九，由颐，厉，吉。利涉大川。

《象》曰："由颐厉吉"，大有庆也。

28. 大过〔卦二十八〕　　〔巽下兑上〕

《大过》：栋挠，利有攸往，亨。

《彖》曰："大过"，大者过也。"栋挠"，本末弱也。刚过而中，巽而说，行。利有攸往，乃亨。"大过"之时大矣哉！

《象》曰：泽灭木，大过。君子以独立不惧，遁世无闷。

初六，藉用白茅，无咎。

《象》曰："藉用白茅"，柔在下也。

九二，枯杨生稊，老夫得其女妻，无不利。

《象》曰："老夫女妻"，过以相与也。

九三，栋桡①，凶。

《象》曰："栋桡"之"凶"，不可以有辅也。

---

① 桡（náo）：弯曲。

九四，栋隆，吉。有它，吝。

《象》曰："栋隆之吉"，不桡乎下也。

九五，枯杨生华，老妇得其士夫，无咎无誉。

《象》曰："枯杨生华"，何可久也。"老妇士夫"，亦可丑也。

上六，过涉灭顶，凶。无咎。

《象》曰："过涉之凶"，不可咎也。

29. 坎〔卦二十九〕　☵☵〔坎下坎上〕

《习坎》：有孚维心，亨。行有尚。

《彖》曰："习坎"，重险也。水流而不盈。行险而不失其信。维心亨，乃以刚中也。"行有尚"，往有功也。天险，不可升也。地险，山川丘陵也。王公设险以守其国。险之时用大矣哉！

《象》曰：水洊至，习坎。君子以常德行，习教事。

初六，习坎，入于坎，窞，凶。

《象》曰："习坎入坎"，失道，凶也。

九二，坎有险，求小得。

《象》曰："求小得"，未出中也。

六三，来之坎，坎险且枕，入于坎，窞，勿用。

《象》曰："来之坎坎"，终无功也。

六四，樽酒簋贰用缶，纳约自牖，终无咎。

《象》曰："樽酒簋贰"，刚柔际也。

九五，坎不盈，祗既平，无咎。

《象》曰："坎不盈"，中未大也。

上六，系用徽纆①，寘于丛棘，三岁不得，凶。

《象》曰：上六失道，凶三岁也。

---

① 徽纆：绳索，三股曰徽，二股曰纆。

《离》：利贞。亨。畜牝牛吉。

《彖》曰：离，丽也。日月丽乎天，百谷草木丽乎土。重明以丽乎正，乃化成天下。柔丽乎中正，故亨，是以"畜牝牛吉"也。

《象》曰：明两作，离。大人以继明照于四方。

初九，履错然，敬之无咎。

《象》曰："履错之敬"，以辟咎也。

六二，黄离，元吉。

《象》曰："黄离元吉"，得中道也。

九三，日昃之离，不鼓缶而歌，则大耋之嗟，凶。

《象》曰："日昃之离"，何可久也？

九四，突如，其来如，焚如，死如，弃如。

《象》曰："突如其来如"，无所容也。

六五，出涕沱若，戚嗟若，吉。

《象》曰：六五之吉，离王公也。

上九，王用出征，有嘉折首，获匪其丑，无咎。

《象》曰："王用出征"，以正邦也。

△下 经

31. 咸〔卦三十一〕 　 ䷞〔艮下兑上〕

咸：亨。利贞。取女吉。

《彖》曰：咸，感也。柔上而刚下，二气感应以相与。止而说，男下女，是以"亨利贞，取女吉"也。天地感而万物化生，圣人感人心而天下和平。观其所感，而天地万物之情可见矣。

《象》曰：山上有泽，咸。君子以虚受人。

初六，咸其拇。

《象》曰："咸其拇"，志在外也。

六二，咸其腓，凶。居吉。

《象》曰：虽"凶居吉"，顺不害也。

九三，咸其股，执其随，往吝。

《象》曰："咸其股"，亦不处也。志在随人，所执下也。

九四，贞吉。悔亡。憧憧往来，朋从尔思。

《象》曰："贞吉悔亡"，未感害也。"憧憧往来"，未光大也。

九五，咸其脢①，无悔。

《象》曰："咸其脢"，志末也。

上六，咸其辅颊舌。

《象》曰："咸其辅颊舌"，滕口说也。

32. 恒〔卦三十二〕 ䷟〔巽下震上〕

恒：亨。无咎。利贞。利有攸往。

《彖》曰：恒，久也。刚上而柔下。雷风相与，巽而动，刚柔皆应，恒。"恒亨无咎利贞"，久于其道也。天地之道恒久而不已也。"利有攸往"，终则有始也。日月得天而能久照，四时变化而能久成。圣人久于其道而天下化成。观其所恒，而天地万物之情可见矣。

《象》曰：雷风，恒。君子以立不易方。

初六，浚恒，贞凶，无攸利。

《象》曰："浚恒"之"凶"，始求深也。

九二，悔亡。

《象》曰：九二"悔亡"，能久中也。

---

① 脢（méi）：背脊肉；背。

九三，不恒其德，或承之羞，贞吝。

《象》曰："不恒其德"，无所容也。

九四，田无禽。

《象》曰：久非其位，安得禽也。

六五，恒其德，贞，妇人吉，夫子凶。

《象》曰：妇人贞吉，从一而终也。夫子制义，从妇凶也。

上六，振恒，凶。

《象》曰：振恒在上，大无功也。

33. 遯〔卦三十三〕　䷠〔艮下乾上〕

《遯》：亨。小利贞。

《彖》曰："遯亨"，遯而亨也。刚当位而应，与时行也。"小利贞"，浸而长也。遯之时义大矣哉！

《象》曰：天下有山，遯。君子以远小人，不恶而严。

初六，遯尾，厉，勿用有攸往。

《象》曰："遯尾"之"厉"，不往何灾也？

六二，执之用黄牛之革，莫之胜说。

《象》曰："执用黄牛"，固志也。

九三，系遯，有疾厉，畜臣妾吉。

《象》曰："系遯"之"厉"，有疾惫也。"畜臣妾吉"，不可大事也。

九四，好遯，君子吉，小人否。

《象》曰："君子好遯，小人否"也。

九五，嘉遯，贞吉。

《象》曰："嘉遯贞吉"，以正志也。

上九，肥遯，无不利。

《象》曰："肥遯无不利"，无所疑也。

34. 大壮〔卦三十四〕　　〔乾下震上〕

《大壮》：利贞。

《彖》曰：大壮，大者壮也。刚以动，故壮。"大壮利贞"，大者正也。正大，而天地之情可见矣。

《象》曰：雷在天上，大壮。君子以非礼弗履。

初九，壮于趾，征凶，有孚。

《象》曰："壮于趾"，其孚穷也。

九二，贞吉。

《象》曰：九二"贞吉"，以中也。

九三，小人用壮，君子用罔①，贞厉。羝羊触藩，羸其角。

《象》曰："小人用壮"，君子以罔也。

九四，贞吉，悔亡。藩决不羸，壮于大舆之輹。

《象》曰："藩决不羸"，尚往也。

六五，丧羊于易，无悔。

《象》曰："丧羊于易"，位不当也。

上六，羝羊触藩，不能退，不能遂，无攸利，艰则吉。

《象》曰："不能退，不能遂"，不详也。"艰则吉"，咎不长也。

35. 晋〔卦三十五〕　　〔坤下离上〕

《晋》：康侯用锡马蕃庶，昼日三接。

《彖》曰：晋，进也，明出地上。顺而丽乎大明，柔进而上行，是以"康侯用锡马蕃庶，昼日三接"也。

《象》曰：明出地上，《晋》。君子以自昭明德。

---

①　小人用壮，君子用罔：以阳处阳，健之极也。小人用之，不知恐惧，用以为壮盛。君子当此，即虑危难，用以为罗网于己。

初六，晋如摧如，贞吉。罔孚，裕无咎。

《象》曰："晋如摧如"，独行正也。"裕无咎"，未受命也。

六二，晋如，愁如，贞吉。受兹介福于其王母。

《象》曰："受兹介福"，以中正也。

六三，众允，悔亡。

《象》曰："众允"之志，上行也。

九四，晋如鼫鼠，贞厉。

《象》曰："鼫鼠贞厉"，位不当也。

六五，悔亡，失得，勿恤。往吉，无不利。

《象》曰："失得勿恤"，往有庆也。

上九，晋其角，维用伐邑，厉吉，无咎，贞吝。

《象》曰："维用伐邑"，道未光也。

36. 明夷〔卦三十六〕 ䷗〔离下坤上〕

《明夷》：利艰贞。

《彖》曰：明入地中，明夷。内文明而外柔顺，以蒙大难，文王以之。"利艰贞"，晦其明也，内难而能正其志，箕子以之。

《象》曰：明入地中，明夷。君子以莅众用晦而明。

初九，明夷，于飞垂其翼。君子于行，三日不食。有攸往，主人有言。

《象》曰："君子于行"，义不食也。

六二，明夷夷于左股，用拯马壮，吉。

《象》曰：六二之吉，顺以则也。

九三，明夷于南狩，得其大首，不可疾贞。

《象》曰："南狩"之志，乃得大也。

六四，入于左腹，获明夷之心，于出门庭。

《象》曰："入于左腹"，获心意也。

六五，箕子之明夷，利贞。

《象》曰：箕子之贞，明不可息也。

上六，不明，晦，初登于天，后入于地。

《象》曰："初登于天"，照四国也。"后入天地"，失则也。

37. 家人〔卦三十七〕 　　〔离下巽上〕

《家人》：利女贞。

《彖》曰：家人，女正位乎内，男正位乎外。男女正，天地之大义也。家人有严君焉，父母之谓也。父父，子子，兄兄，弟弟，夫夫，妇妇，而家道正。正家而天下定矣。

《象》曰：风自火出，家人。君子以言有物而行有恒。

初九，闲有家，悔亡。

《象》曰："闲有家"，志未变也。

六二，无攸遂，在中馈，贞吉。

《象》曰：六二之吉，顺以巽也。

九三，家人嗃嗃①，悔厉吉；妇子嘻嘻，终吝。

《象》曰："家人嗃嗃"，未失也。"妇子嘻嘻"，失家节也。

六四，富家，大吉。

《象》曰："富家大吉"，顺在位也。

九五，王假有家，勿恤，吉。

《象》曰："王假有家"，交相爱也。

上九，有孚威如，终吉。

《象》曰：威如之吉，反身之谓也。

---

① 嗃嗃（hè hè）：也作"熇熇"，严酷貌。

38. 睽〔卦三十八〕　　　　　〔兑下离上〕

《睽》：小事吉。

《彖》曰：睽，火动而上，泽动而下。二女同居，其志不同行。说而丽乎明，柔进而上行，得中而应乎刚，是以小事吉。天地睽而其事同也。男女睽而其志通也。万物睽而其事类也，睽之时用大矣哉！

《象》曰：上火下泽，睽。君子以同而异。

初九，悔亡。丧马勿逐自复。见恶人无咎。

《象》曰："见恶人"，以辟咎也。

九二，遇主于巷，无咎。

《象》曰："遇主于巷"，未失道也。

六三，见舆曳，其牛掣，其人天且劓，无初有终。

《象》曰："见舆曳"，位不当也。"无初有终"，遇刚也。

九四，睽孤遇元夫，交孚，厉，无咎。

《象》曰："交孚无咎"，志行也。

六五，悔亡。厥宗噬肤，往何咎？

《象》曰："厥宗噬肤"，往有庆也。

上九，睽孤见豕负涂，载鬼一车，先张之弧，后说之弧①，匪寇，婚媾。往遇雨则吉。

《象》曰："遇雨之吉"，群疑亡也。

39. 蹇〔卦三十九〕　　　　　〔艮下坎上〕

《蹇》：利西南，不利东北。利见大人。贞吉。

《彖》曰：蹇，难也，险在前也。见险而能止，知矣哉！蹇，"利西

---

① 睽孤见豕负涂，载鬼一车，先张之弧，后说之弧：处睽之极，道未通，故曰睽孤。豕负涂，至秽之物。离为文明处上；泽为卑秽，处下，以文明之极而观至秽之物，秽莫斯甚矣；鬼魅盈车，怪弄之甚也。弧：弛。先张之弧：将攻害也。后说之弧，不复攻也。

南"，往得中也。"不利东北"，其道穷也。"利见大人"，往有功也。当位"贞吉"，以正邦也。蹇之时用大矣哉！

《象》曰：山上有水，蹇。君子以反身修德。

初六，往蹇来誉。

《象》曰："往蹇来誉"，宜待也。

六二，王臣蹇蹇，匪躬之故。

《象》曰："王臣蹇蹇"，终无尤也。

九三，往蹇来反。

《象》曰："往蹇来反"，内喜之也。

六四，往蹇来连。

《象》曰："往蹇来连"，当位实也。

九五，大蹇朋来。

《象》曰："大蹇朋来"，以中节也。

上六，往蹇来硕，吉，利见大人。

《象》曰："往蹇来硕"，志在内也。"利见大人"，以从贵也。

40. 解〔卦四十〕 　〔坎下震上〕

《解》：利西南。无所往，其来复吉。有攸往，夙吉。

《彖》曰：解，险以动，动而免乎险，解。"解，利西南"，往得众也。"其来复吉"，乃得中也。"有攸往夙吉"，往有功也。天地解而雷雨作，雷雨作而百果草木皆甲坼。解之时大矣哉！

《象》曰：雷雨作，解。君子以赦过宥罪。

初六，无咎。

《象》曰：刚柔之际，义无咎也。

九二，田获三狐，得黄矢，贞吉。

《象》曰：九二贞吉，得中道也。

六三，负且乘，致寇至，贞吝。

《象》曰："负且乘"，亦可丑也。自我致戎，又谁咎也？

九四，解而拇，朋至斯孚。

《象》曰："解而拇"，未当位也。

六五，君子维有解，吉，有孚于小人。

《象》曰：君子有解，小人退也。

上六，公用射隼于高墉之上，获之，无不利。

《象》曰："公用射隼"，以解悖也。

41. 损〔卦四十一〕 ䷨〔兑下艮上〕

《损》：有孚，元吉，无咎。可贞，利有攸往。曷之用？二簋可用享。

《彖》曰：损，损下益上，其道上行。损而有孚，元吉，无咎，可贞，利有攸往，曷之用？二簋可用享。二簋应有时。损刚益柔有时，损益盈虚，与时偕行。

《象》曰：山下有泽，损。君子以惩忿窒欲。

初九，已事遄往，无咎。酌损之。

《象》曰："已事遄往"，尚合志也。

九二，利贞。征凶，弗损，益之。

《象》曰："九二利贞"，中以为志也。

六三，三人行则损一人，一人行则得其友。

《象》曰："一人行"，"三"则疑也。

六四，损其疾，使遄有喜，无咎。

《象》曰："损其疾"，亦可喜也。

六五，或益之十朋之龟，弗克违，元吉。

《象》曰：六五元吉，自上祐也。

上九，弗损，益之，无咎，贞吉，利有攸往，得臣无家。

《象》曰："弗损，益之"，大得志也。

42. 益 〔卦四十二〕 ䷩ 〔震下巽上〕

《益》：利有攸往。利涉大川。

《彖》曰："益"，损上益下，民说无疆。自上下下，其道大光。"利有攸往"，中正有庆。"利涉大川"，木道乃行。益动而巽，日进无疆。天施地生，其益无方。凡益之道，与时偕行。

《象》曰：风雷，益。君子以见善则迁，有过则改。

初九，利用为大作，元吉，无咎。

《象》曰："元吉无咎"，下不厚事也。

六二，或益之十朋之龟，弗克违。永贞吉。王用享于帝，吉。

《象》曰："或益之"，自外来也。

六三，益之用凶事，无咎。有孚。中行告公用圭。

《象》曰："益用凶事"，固有之也。

六四，中行告公，从，利用为依迁国。

《象》曰："告公从"，以益志也。

九五，有孚惠心，勿问，元吉。有孚，惠我德。

《象》曰："有孚惠心"，勿问之矣。"惠我德"，大得志也。

上九，莫益之，或击之，立心勿恒，凶。

《象》曰："莫益之"，偏辞也。"或击之"，自外来也。

43. 夬 〔卦四十三〕 ䷪ 〔乾下兑上〕

《夬》：扬于王庭，孚号。有厉，告自邑。不利即戎，利有攸往。

《彖》曰：夬，决也，刚决柔也。健而说，决而和。"扬于王庭"，柔乘五刚也。"孚号有厉"，其危乃光也。"告自邑，不利即戎"，所尚乃穷也。"利有攸往"，刚长乃终也。

《象》曰：泽上于天，夬。君子以施禄及下，居德则忌。

初九，壮于前趾，往不胜，为咎。

《象》曰：不胜而往，咎也。

九二，惕号，莫夜有戎，勿恤。

《象》曰："有戎勿恤"，得中道也。

九三，壮于頄①，有凶。君子夬夬独行，遇雨若濡，有愠无咎。

《象》曰："君子夬夬"，终无咎也。

九四，臀无肤，其行次且。牵羊悔亡，闻言不信。

《象》曰："其行次且"，位不当也。"闻言不信"，聪不明也。

九五，苋陆②夬夬③中行，无咎。

《象》曰："中行无咎"，中未光也。

上六，无号，终有凶。

《象》曰："无号之凶"，终不可长也。

44. 姤〔卦四十四〕 　〔巽下乾上〕

《姤》：女壮，勿用取女。

《彖》曰：姤，遇也，柔遇刚也。"勿用取女"，不可与长也。天地相遇，品物咸章也。刚遇中正，天下大行也。姤之时义大矣哉！

《象》曰：天下有风，姤。后以施命诰四方。

初六，系于金柅，贞吉。有攸往，见凶，羸豕孚蹢躅。

《象》曰："系于金柅"，柔道牵也。

九二，包有鱼，无咎，不利宾。

《象》曰："包有鱼"，义不及宾也。

九三，臀无肤，其行次且，厉，无大咎。

《象》曰："其行次且"，行未牵也。

九四，包无鱼，起凶。

---

① 頄（kuí）：同"頯"。颧骨。
② 苋陆（xiàn lù）：草之柔脆者也。
③ 夬夬（guài）：以刚决柔，以君子除小人。

《象》曰："无鱼之凶"，远民也。

九五，以杞包瓜，含章，有陨自天。

《象》曰：九五含章，中正也。有陨自天，志不舍命也。

上九，姤其角，吝，无咎。

《象》曰："姤其角"，上穷吝也。

45. 萃 [卦四十五]　　　[坤下兑上]

《萃》：亨，王假有庙。利见大人。亨，利贞，用大牲吉。利有攸往。

《象》曰：萃，聚也。顺以说，刚中而应，故聚也。"王假有庙"，致孝享也。"利见大人亨"，聚以正也。"用大牲吉，利有攸往"，顺天命也。观其所聚，而天地万物之情可见矣。

《象》曰：泽上于地，萃。君子以除戎器，戒不虞。

初六，有孚不终，乃乱乃萃，若号，一握为笑，勿恤，往无咎。

《象》曰："乃乱乃萃"，其志乱也。

六二，引吉，无咎，孚乃利用禴。

《象》曰："引吉无咎"，中未变也。

六三，萃如嗟如，无攸利，往无咎，小吝。

《象》曰："往无咎"，上巽也。

九四，大吉无咎。

《象》曰："大吉无咎"，位不当也。

九五，萃有位，无咎。匪孚，元永贞，悔亡。

《象》曰："萃有位"，志未光也。

上六，赍咨涕洟①，无咎。

《象》曰："赍咨涕洟"，未安上也。

---

① 赍咨（jī zī）涕洟（yí）：赍咨：嗟叹之辞。涕：眼泪。洟：鼻涕。意谓处上而元应，独立无援，危惧之甚，以致涕洟。

46. 升 〔卦四十六〕 〔巽下坤上〕

《升》：元亨。用见大人，勿恤。南征吉。

《彖》曰：柔以时升，巽而顺，刚中而应，是以大亨，"用见大人勿恤"，有庆也。"南征吉"，志行也。

《象》曰：地中生木，升。君子以顺德，积小以高大。

初六，允升，大吉。

《象》曰："允升大吉"，上合志也。

九二，孚乃利用禴，无咎。

《象》曰：九二之孚，有喜也。

九三，升虚邑。

《象》曰："升虚邑"，无所疑也。

六四，王用亨于岐山，吉，无咎。

《象》曰："王用亨于岐山"，顺事也。

六五，贞吉，升阶。

《象》曰："贞吉升阶"，大得志也。

上六，冥升，利于不息之贞。

《象》曰：冥升在上，消不富也。

47. 困 〔卦四十七〕 〔坎下兑上〕

《困》：亨。贞大人吉，无咎。有言不信。

《彖》曰：困，刚掩也。险以说，困而不失其所，亨，其唯君子乎。"贞大人吉"，以刚中也。"有言不信"，尚口乃穷也。

《象》曰：泽无水，困。君子以致命遂志。

初六，臀困于株木，入于幽谷，三岁不觌。

《象》曰："入于幽谷"，幽不明也。

九二，困于酒食，朱绂方来。利用享祀。征凶，无咎。

《象》曰："困于酒食"，中有庆也。

六三，困于石，据于蒺藜，入于其宫，不见其妻，凶。

《象》曰："据于蒺藜"，乘刚也。"入于其宫，不见其妻"，不祥也。

九四，来徐徐，困于金车，吝，有终。

《象》曰："来徐徐"，志在下也。虽不当位，有与也。

九五，劓刖，困于赤绂，乃徐有说，利用祭祀。

《象》曰："劓刖"，志未得也。"乃徐有说"，以中直也。"利用祭祀"，受福也。

上六，困于葛藟，于臲卼，曰动悔有悔，征吉。

《象》曰："困于葛藟"，未当也。"动悔有悔"，吉行也。

48. 井〔卦四十八〕 ䷯〔巽下坎上〕

《井》：改邑不改井，无丧无得。往来井井。汔至，亦未繘①井，羸其瓶，凶。

《彖》曰：巽乎水而上水，井。井养而不穷也。"改邑不改井"，乃以刚中也。"汔至，亦未繘井"，未有功也。"羸其瓶"，是以凶也。

《象》曰：木上有水，井。君子以劳民劝相。

初六，井泥不食。旧井无禽。

《象》曰："井泥不食"，下也。"旧井无禽"，时舍也。

九二，井谷射鲋，瓮敝漏。

《象》曰："井谷射鲋"，无与也。

九三，井渫②不食，为我心恻。可用汲，王明并受其福。

《象》曰："井渫不食"，行恻也。求"王明"，受福也。

六四，井甃，无咎。

---

① 繘（yù）：汲井水的绳索；汲水。
② 渫（xiè）：污浊。

《象》曰："井甃①无咎"，修井也。

九五，井洌，寒泉食。

《象》曰："寒泉之食"，中正也。

上六，井收勿幕，有孚元吉。

《象》曰："元吉"在"上"，大成也。

49. 革〔卦四十九〕　　〔离下兑上〕

《革》：巳日乃孚。元亨。利贞，悔亡。

《彖》曰：革，水火相息，二女同居，其志不相得曰革。"巳日乃孚"，革而信之。文明以说，大亨以正。革而当，其悔乃亡。天地革而四时成，汤武革命，顺乎天而应乎人。革之时大矣哉！

《象》曰：泽中有火，革。君子以治历明时。

初九，巩用黄牛之革。

《象》曰："巩用黄牛"，不可以有为也。

六二，巳日乃革之，征吉，无咎。

《象》曰："巳日革之"，行有嘉也。

九三，征凶。贞厉。革言三就，有孚。

《象》曰："革言三就"，又何之矣。

九四，悔亡。有孚改命，吉。

《象》曰："改命之吉"，信志也。

九五，大人虎变，未占有孚。

《象》曰："大人虎变"，其文炳也。

上六，君子豹变，小人革面，征凶，居贞吉。

《象》曰："君子豹变"，其文蔚也。"小人革面"，顺以从君也。

---

① 甃（zhòu）：用砖砌。

《鼎》：元吉，亨。

《彖》曰：鼎，象也。以木巽火，亨饪也。圣人亨以享上帝，而大亨以养圣贤。巽而耳目聪明，柔进而上行，得中而应乎刚，是以元亨。

《象》曰：木上有火，鼎。君子以正位凝命。

初六，鼎颠趾，利出否。得妾以其子，无咎。

《象》曰："鼎颠趾"，未悖也。"利出否"，以从贵也。

九二，鼎有实，我仇有疾，不我能即，吉。

《象》曰："鼎有实"，慎所之也。"我仇有疾"，终无尤也。

九三，鼎耳革，其行塞，雉膏不食，方雨，亏悔，终吉。

《象》曰："鼎耳革"，失其义也。

九四，鼎折足，覆公𫗧，其形渥，凶。

《象》曰："覆公𫗧"，信如何也。

六五，鼎黄耳金铉，利贞。

《象》曰："鼎黄耳"，中以为实也。

上九，鼎玉铉，大吉，无不利。

《象》曰：玉铉在上，刚柔节也。

51. 震〔卦五十一〕 ䷲〔震下震上〕

《震》：亨。震来虩虩①，笑言哑哑，震惊百里，不丧匕鬯②。

《彖》曰：震，亨。"震来虩虩"，恐致福也。"笑言哑哑"，后有则也。"震惊百里"，惊远而惧迩也。"不丧匕鬯"，出可以守宗庙社稷，以为祭主也。

---

① 虩虩（xì xì）：恐惧。

② 不丧匕鬯（bǐ chàng）：虽震雷恐惧，犹不失匕鬯，奉宗庙之盛者也。匕：所以载鼎实，食具，形似汤勺。鬯：番酒也。

《象》曰：洊雷，震。君子以恐惧修省。

初九，震来虩虩，后笑言哑哑，吉。

《象》曰："震来虩虩"，恐致福也。"笑言哑哑"，后有则也。

六二，震来厉，亿丧贝，跻于九陵，勿逐，七日得。

《象》曰："震来厉"，乘刚也。

六三，震苏苏，震行无眚。

《象》曰："震苏苏"，位不当也。

九四，震遂泥。

《象》曰："震遂泥"，未光也。

六五，震往来，厉，意无丧，有事。

《象》曰："震往来厉"，危行也。其事在中，大无丧也。

上六，震索索，视矍矍，征凶。震不于其躬，于其邻，无咎。婚媾有言。

《象》曰："震索索"，中未得也。虽凶无咎，畏邻戒也。

52. 艮〔卦五十二〕　　〔艮下艮上〕

《艮》：艮其背，不获其身，行其庭，不见其人，无咎。

《彖》曰：艮，止也。时止则止，时行则行，动静不失其时，其道光明。"艮其止"，止其所也。上下敌应，不相与也。是以"不获其身，行其庭，不见其人，无咎"也。

《象》曰：兼山，艮。君子以思不出其位。

初六，艮其趾，无咎。利永贞。

《象》曰："艮其趾"，未失正也。

六二，艮其腓，不拯其随，其心不快。

《象》曰："不拯其随"，未退听也。

九三，艮其限，列其夤，厉，熏心。

《象》曰："艮其限"，危熏心也。

六四，艮其身，无咎。

《象》曰："艮其身"，止诸躬也。

六五，艮其辅，言有序，悔亡。

《象》曰："艮其辅"，以中正也。

上九，敦艮，吉。

《象》曰："敦艮之吉"，以厚终也。

53. 渐〔卦五十三〕　　〔艮下巽上〕

《渐》：女归吉，利贞。

《彖》曰：渐之进也，女归吉也。进得位，往有功也。进以正，可以正邦也。其位刚得中也。止而巽，动不穷也。

《象》曰：山上有木，渐。君子以居贤德善俗。

初六，鸿渐于干。小子厉，有言，无咎。

《象》曰："小子之厉"，义无咎也。

六二，鸿渐于磐，饮食衎衎①，吉。

《象》曰："饮食衎衎"，不素饱也。

九三，鸿渐于陆。夫征不复，妇孕不育，凶。利御寇。

《象》曰："夫征不复"，离群丑也。"妇孕不育"，失其道也。"利用御寇"，顺相保也。

六四，鸿渐于木，或得其桷，无咎。

《象》曰："或得其桷"，顺以巽也。

九五，鸿渐于陵，妇三岁不孕，终莫之胜，吉。

《象》曰："终莫之胜吉"，得所愿也。

上九，鸿渐于陆，其羽可用为仪，吉。

《象》曰："其羽可用为仪，吉"，不可乱也。

---

① 衎（kàn）：和乐，愉悦。

54. 归妹〔卦五十四〕 〔兑下震上〕

《归妹》：征凶，无攸利。

《彖》曰：归妹，天地之大义也。天地不交而万物不兴。归妹，人之终始也。说以动，所归妹也。"征凶"，位不当也。"无攸利"，柔乘刚也。

《象》曰：泽上有雷，归妹。君子以永终知敝。

初九，归妹以娣。跛能履，征吉。

《象》曰："归妹以娣"，以恒也。"跛能履吉"，相承也。

九二，眇能视，利幽人之贞。

《象》曰："利幽人之贞"，未变常也。

六三，归妹以须，反归以娣。

《象》曰："归妹以须"，未当也。

九四，归妹愆期，迟归有时。

象曰："愆期"之志，有待而行也。

六五，帝乙归妹，其君之袂不如其娣之袂良。月几望，吉。

《象》曰："帝乙归妹，不如其娣之袂良"也。其位在中，以贵行也。

上六，女承筐无实，士刲羊无血，无攸利。

《象》曰：上六无实，承虚筐也。

55. 丰〔卦五十五〕 〔离下震上〕

《丰》：亨，王假之。勿忧，宜日中。

《彖》曰：丰，大也。明以动，故丰。"王假之"，尚大也。"勿忧宜日中"，宜照天下也。日中则昃，月盈则食，天地盈虚，与时消息，而况于人乎，况于鬼神乎？

《象》曰：雷电皆至，丰。君子以折狱致刑。

初九，遇其配主，虽旬无咎，往有尚。

《象》曰："虽旬无咎"，过旬灾也。

六二，丰其蔀，日中见斗。往得疑疾，有孚发若，吉。

《象》曰："有孚发若"，信以发志也。

九三，丰其沛，日中见沫①，折其右肱，无咎。

《象》曰："丰其沛"，不可大事也。"折其右肱"，终不可用也。

九四，丰其蔀②，日中见斗，遇其夷主，吉。

《象》曰："丰其蔀"，位不当也。"日中见斗"，幽不明也。"遇其夷主"，吉行也。

六五，来章有庆誉，吉。

《象》曰：六五之吉，有庆也。

上六，丰其屋，蔀其家，窥其户，阒其无人，三岁不觌，凶。

《象》曰："丰其屋"，天际翔也。"窥其户，阒其无人"，自藏也。

56. 旅〔卦五十六〕 ䷷〔艮下离上〕

《旅》：小亨。旅贞吉。

《彖》曰："旅小亨"，柔得中乎外，而顺乎刚，止而丽乎明，是以"小亨旅贞吉"也。旅之时义大矣哉！

《象》曰：山上有火，旅。君子以明慎用刑而不留狱。

初六，旅琐琐，斯其所取灾。

《象》曰："旅琐琐"，志穷灾也。

六二，旅即次，怀其资，得童仆，贞。

《象》曰："得童仆贞"，终无尤也。

九三，旅焚其次，丧其童仆，贞厉。

《象》曰："旅焚其次"，亦以伤矣。以旅与下，其义丧也。

九四，旅于处，得其资斧，我心不快。

---

① 沫：通"昧"，小星；微暗不明之物。
② 蔀（bù）：覆盖在蓬架子上的席子。

《象》曰："旅于处"，未得位也。"得其资斧"，心未快也。

六五，射雉，一矢亡，终以誉命。

《象》曰："终以誉命"，上逮也。

上九，鸟焚其巢，旅人先笑后号咷。丧牛于易，凶。

《象》曰：以旅在上，其义焚也。"丧牛于易"，终莫之闻也。

57. 巽〔卦五十七〕 〔巽下巽上〕

《巽》：小亨。利有攸往。利见大人。

《彖》曰：重巽以申命。刚巽乎中正而志行。柔皆顺乎刚，是以"小亨，利有攸往，利见大人"。

《象》曰：随风，巽。君子以申命行事。

初六，进退，利武人之贞。

《象》曰："进退"，志疑也。"利武人之贞"，志治也。

九二，巽在床下，用史巫纷若，吉，无咎。

《象》曰："纷若之吉"，得中也。

九三，频巽，吝。

《象》曰："频巽之吝"，志穷也。

六四，悔亡，田获三品。

《象》曰："田获三品"，有功也。

九五，贞吉，悔亡，无不利，无初有终。先庚三日，后庚三日，吉。

《象》曰：九五之吉，位正中也。

上九，巽在床下，丧其资斧，贞凶。

《象》曰："巽在床下"，上穷也。"丧其资斧"，正乎凶也。

58. 兑〔卦五十八〕 〔兑下兑上〕

《兑》：亨。利贞。

《彖》曰：兑，说也。刚中而柔外，说以利贞，是以顺乎天而应乎人。说以先民，民忘其劳。说以犯难，民忘其死。说之大，民劝矣哉！

《象》曰：丽泽，兑。君子以朋友讲习。

初九，和兑，吉。

《象》曰："和兑之吉"，行未疑也。

九二，孚兑，吉，悔亡。

《象》曰："孚兑之吉"，信志也。

六三，来兑，凶。

《象》曰："来兑之凶"，位不当也。

九四，商兑未宁，介疾有喜。

《象》曰："九四之喜"，有庆也。

九五，孚于剥，有厉。

《象》曰："孚于剥"，位正当也。

上六，引兑。

《象》曰：上六"引兑"，未光也。

<h2>59. 涣 [卦五十九]　　[坎下巽上]</h2>

《涣》：亨。王假有庙。利涉大川，利贞。

《彖》曰："涣，亨"，刚来而不穷，柔得位乎外而上同。"王假有庙"，王乃在中也。"利涉大川"，乘木有功也。

《象》曰：风行水上，涣。先王以享于帝，立庙。

初六，用拯马壮，吉。

《象》曰：初六之吉顺也。

九二，涣奔其机①，悔亡。

《象》曰："涣奔其机"，得愿也。

六三，涣其躬，无悔。

---

① 机：通"几"，小桌子。承物者也。

《象》曰："涣其躬"，志在外也。

六四，涣其群，元吉。涣有丘，匪夷所思。

《象》曰："涣其群元吉"，光大也。

九五，涣汗其大号，涣王居，无咎。

《象》曰："王居无咎"，正位也。

上九，涣其血，去逖出，无咎。

《象》曰："涣其血"，远害也。

60. 节 〔卦六十〕　　　〔兑下坎上〕

《节》：亨。苦节，不可贞。

《彖》曰："节亨"。刚柔分而刚得中。"苦节不可贞"，其道穷也。说以行险，当位以节，中正以通。天地节而四时成。节以制度，不伤财，不害民。

《象》曰：泽上有水，节。君子以制数度，议德行。

初九，不出户庭，无咎。

《象》曰："不出户庭"，知通塞也。

九二，不出门庭，凶。

《象》曰："不出门庭凶"，失时极也。

六三，不节若，则嗟若，无咎。

《象》曰："不节之嗟"，又谁咎也。

六四，安节。亨。

《象》曰："安节之亨"，承上道也。

九五，甘节，吉，往有尚。

《象》曰："甘节之吉"，居位中也。

上六，苦节，贞凶，悔亡。

《象》曰："苦节贞凶"，其道穷也。

61. 中孚〔卦六十一〕 〔兑下巽上〕

《中孚》：豚鱼，吉。利涉大川，利贞。

《彖》曰：中孚，柔在内而刚得中，说而巽，孚乃化邦也。"豚鱼吉"，信及豚鱼也。"利涉大川"，乘木舟虚也。中孚以利贞，乃应乎天也。

《象》曰：泽上有风，中孚。君子以议狱缓死。

初九，虞吉，有它不燕①。

《象》曰：初九"虞吉"，志未变也。

九二，鸣鹤在阴，其子和之。我有好爵，吾与尔靡之。

《象》曰："其子和之"，中心愿也。

六三，得敌，或鼓或罢，或泣或歌。

《象》曰："或鼓或罢"，位不当也。

六四，月几望，马匹亡，无咎。

《象》曰："马匹亡"，绝类上也。

九五，有孚挛如，无咎。

《象》曰："有孚挛如"，位正当也。

上九，翰音登于天，贞凶。

《象》曰："翰音登于天"，何可长也？

62. 小过〔卦六十二〕 〔艮下震上〕

《小过》：亨。利贞。可小事，不可大事。飞鸟遗之音，不宜上，宜下，大吉。

《彖》曰：小过，小者过而亨也。过以利贞，与时行也。柔得中，是以小事吉也。刚失位而不中，是以不可大事也。有飞鸟之象焉，"飞鸟遗

---

① 燕（yàn）：安也。

之音，不宜上，宜下，大吉"，上逆而下顺也。

《象》曰：山上有雷，小过。君子以行过乎恭，丧过乎哀，用过乎俭。

初六，飞鸟以凶。

《象》曰："飞鸟以凶"，不可如何也。

六二，过其祖，遇其妣。不及其君，遇其臣。无咎。

《象》曰："不及其君"，臣不可过也。

九三，弗过防之，从或戕之，凶。

《象》曰："从或戕之"，凶如何也？

九四，无咎。弗过遇之，往厉必戒，勿用永贞。

《象》曰："弗过遇之"，位不当也。"往厉必戒"，终不可长也。

六五，密云不雨，自我西郊。公弋取彼在穴。

《象》曰："密云不雨"，已上也。

上六，弗遇过之，飞鸟离之，凶，是谓灾眚。

《象》曰："弗遇过之"，已亢也。

63. 既济〔卦六十三〕　〔离下坎上〕

《既济》：亨小，利贞。初吉终乱。

《彖》曰："既济，亨"，小者亨也。"利贞"。刚柔正而位当也。"初吉"，柔得中也。"终止则乱"，其道穷也。

《象》曰：水在火上，既济。君子以思患而豫防之。

初九，曳其轮，濡其尾，无咎。

《象》曰："曳其轮"，义无咎也。

六二，妇丧其茀①，勿逐，七日得。

《象》曰："七日得"，以中道也。

九三，高宗伐鬼方，三年克之，小人勿用。

---

① 茀（fú）：首饰。

《象》曰：“三年克之”，惫也。

六四，繻有衣袽，终日戒。

《象》曰：“终日戒”，有所疑也。

九五，东邻杀牛，不如西邻之禴祭，实受其福。

《象》曰：“东邻杀牛”，不如西邻之时也。“实受其福”，吉大来也。

上六，濡其首，厉。

《象》曰：“濡其首厉”，何可久也？

64. 未济 〔卦六十四〕　　 ䷿ 〔坎下离上〕

《未济》：亨。小狐汔济，濡其尾，无攸利。

《彖》曰：“未济，亨”，柔得中也。“小狐汔济”，未出中也。“濡其尾，无攸利”，不续终也。虽不当位，刚柔应也。

《象》曰：火在水上，未济。君子以慎辨物居方。

初六，濡其尾，吝。

《象》曰：“濡其尾”，亦不知极也。

九二，曳①其轮，贞吉。

《象》曰：九二贞吉，中以行正也。

六三，未济，征凶。利涉大川。

《象》曰：“未济征凶”，位不当也。

九四，贞吉，悔亡，震用伐鬼方，三年，有赏于大国。

《象》曰：“贞吉悔亡”，志行也。

六五，贞吉，无悔。君子之光，有孚吉。

《象》曰：“君子之光”，其晖吉也。

上九，有孚于饮酒，无咎。濡其首，有孚失是。

《象》曰：“饮酒濡首”，亦不知节也。

---

① 曳（yè）：牵引，拖拽。曳其轮，言其劳也。靖难在正，然后得吉。

系辞上

天尊地卑，乾坤定矣。卑高以陈，贵贱位矣。动静有常，刚柔断矣。方以类聚，物以群分，吉凶生矣。在天成象，在地成形，变化见矣。是故刚柔相摩，八卦相荡，鼓之以雷霆，润之以风雨；日月运行，一寒一暑。乾道成男，坤道成女。乾知大始，坤作成物。乾以易知，坤以简能；易则易知，简则易从；易知则有亲，易从则有功；有亲则可久，有功则可大；可久则贤人之德，可大则贤人之业。易简而天下之理得矣。天下之理得，而成位乎其中矣。

圣人设卦观象，系辞焉而明吉凶，刚柔相推而生变化。是故吉凶者，失得之象也；悔吝者，忧虞之象也；变化者，进退之象也；刚柔者，昼夜之象也。六爻之动，三极之道也。是故君子所居而安者，《易》之序也；所乐而玩者，爻之辞也。是故君子居则观其象而玩其辞，动则观其变而玩其占，是以"自天祐之，吉无不利"。

彖者，言乎象者也；爻者，言乎变者也。吉凶者，言乎其失得也；悔吝者，言乎其小疵也。无咎者，善补过者也。是故列贵贱者存乎位，齐小大者存乎卦，辩吉凶者存乎辞，忧悔吝者存乎介，震无咎者存乎悔。是故卦有小大，辞有险易；辞也者，各指其所之。

《易》与天地准，故能弥纶天地之道。仰以观于天文，俯以察于地理，是故知幽明之故；原始反终，故知死生之说；精气为物，游魂为变，是故知鬼神之情状。与天地相似，故不违；知周乎万物，而道济天下，故不过；旁行而不流，乐天知命，故不忧；安土敦乎仁，故能爱。范围天地之化而不过，曲成万物而不遗，通乎昼夜之道而知，故神无方而《易》无体。

一阴一阳之谓道，继之者善也，成之者性也。仁者见之谓之仁，知者见之谓之知，百姓日用而不知，故君子之道鲜矣。显诸仁，藏诸用，鼓万物而不与圣人同忧，盛德大业至矣哉！富有之谓大业，日新之谓盛德。生生之谓易，成象之谓乾，效法之谓坤，极数知来之谓占，通变之谓事，阴阳不测之谓神。

夫《易》广矣大矣，以言乎远则不御，以言乎迩则静而正，以言乎天地之间则备矣。夫乾，其静也专，其动也直，是以大生焉。夫坤，其静也翕，其动也辟，是以广生焉。广大配天地，变通配四时，阴阳之义配日月，易简之善配至德。

子曰："《易》，其至矣乎！夫《易》，圣人所以崇德而广业也。知崇礼卑，崇效天，卑法地。天地设位，而《易》行乎其中矣。成性存存，道义之门。"

圣人有以见天下之赜，而拟诸其形容，象其物宜，是故谓之象。圣人有以见天下之动，而观其会通，以行其典礼，系辞焉以断其吉凶，是故谓之爻，言天下之至赜而不可恶也。言天下之至动而不可乱也。拟之而后言，议之而后动，拟议以成其变化。

"鸣鹤在阴，其子和之。我有好爵，吾与尔靡之。"子曰："君子居其室，出其言善，则千里之外应之，况其迩者乎？居其室，出其言不善，则千里之外违之，况其迩者乎？言出乎身，加乎民；行发乎迩，见乎远。言行，君子之枢机。枢机之发，荣辱之主也。言行，君子之所以动天地也，可不慎乎！"

"同人先号咷而后笑。"子曰："君子之道，或出或处，或默或语。二人同心，其利断金。同心之言，其臭如兰。"

"初六，藉用白茅，无咎。"子曰："苟错诸地而可矣，藉之用茅，何咎之有？慎之至也。夫茅之为物薄，而用可重也。慎斯术也以往，其无所失矣。"

"劳谦，君子有终，吉。"子曰："劳而不伐，有功而不德，厚之至也。语以其功下人者也。德言盛，礼言恭；谦也者，致恭以存其位者也。"

"亢龙有悔。"子曰："贵而无位，高而无民，贤人在下位而无辅，是以动而有悔也。"

"不出户庭，无咎。"子曰："乱之所生也，则言语以为阶。君不密则失臣，臣不密则失身，几事不密则害成。是以君子慎密而不出也。"

子曰："作《易》者，其知盗乎？《易》曰：'负且乘，致寇至。'负也者，小人之事也。乘也者，君子之器也。小人而乘君子之器，盗思夺之矣。上慢下暴，盗思伐之矣。慢藏诲盗，冶容诲淫。《易》曰：'负且乘，致寇至。'盗之招也。"

大衍之数五十，其用四十有九。分而为二以象两，挂一以象三，揲之以四以象四时，归奇于扐以象闰；五岁再闰，故再扐而后挂。天数五，地数五。五位相得而各有合，天数二十有五，地数三十，凡天地之数五十有五，此所以成变化而行鬼神也。《乾》之策二百一十有六，《坤》之策百四十有四，凡三百六十，当期之日。二篇之策，万有一千五百二十，当万物之数也。是故四营而成《易》，十有八变而成卦，八卦而小成。引而伸之，触类而长之，天下之能事毕矣。显道神德行，是故可与酬酢，可与祐神矣。子曰："知变化之道者，其知神之所为乎。"

《易》有圣人之道四焉：以言者尚其辞，以动者尚其变，以制器者尚其象，以卜筮者尚其占。是以君子将有为也，将有行也，问焉而以言，其受命也如响。无有远近幽深，遂知来物。非天下之至精，其孰能与于此。参伍以变，错综其数。通其变，遂成天下之文；极其数，遂定天下之象。非天下之至变，其孰能与于此。《易》无思也，无为也，寂然不动，感而遂通天下之故。非天下之至神，其孰能与于此。夫《易》，圣人之所以极深而研几也。唯深也，故能通天下之志；唯几也，故能成天下之务；唯神也，故不疾而速，不行而至。子曰"《易》有圣人之道四焉"者，此之谓也。

天一，地二；天三，地四；天五，地六；天七，地八；天九，地十。子曰："夫《易》何为者也？夫《易》开物成务，冒天下之道，如斯而已者也。"是故圣人以通天下之志，以定天下之业，以断天下之疑。是故蓍之德圆而神，卦之德方以知，六爻之义易以贡。圣人以此洗心，退藏于密，吉凶与民同患。神以知来，知以藏往，其孰能与此哉！古之聪明睿知，神武而不杀者夫。是以明于天之道，而察于民之故，是兴神物以前民用。圣人以此斋戒，以神明其德夫。是故阖户谓之坤，辟户谓之乾，一阖一辟谓之变，往来不穷谓之通，见乃谓之象，形乃谓之器，制而用之谓之法，利用出入，民咸用之谓之神。

是故《易》有大极，是生两仪。两仪生四象。四象生八卦。八卦定吉凶，吉凶生大业。是故法象莫大乎天地；变通莫大乎四时；县象著明莫大乎日月；崇高莫大乎富贵；备物致用，立成器以为天下利，莫大乎圣人。探赜索隐，钩深致远，以定天下之吉凶，成天下之亹亹者，莫大乎著龟。是故天生神物，圣人则之；天地变化，圣人效之；天垂象，见吉凶，圣人象之；河出图，洛出书，圣人则之。《易》有四象，所以示也。系辞焉，所以告也；定之以吉凶，所以断也。

《易》曰："自天祐之，吉无不利。"子曰："祐者，助也。天之所助者，顺也；人之所助者，信也。履信思乎顺，又以尚贤也。是以'自天祐之，吉无不利'也。"子曰："书不尽言，言不尽意。"然则圣人之意，其不可见乎？子曰："圣人立象以尽意，设卦以尽情伪，系辞焉以尽其言。变而通之以尽利，鼓之舞之以尽神。"乾坤，其《易》之缊邪？乾坤成列，而《易》立乎其中矣。乾坤毁，则无以见《易》。《易》不可见，则乾坤或几乎息矣。是故形而上者谓之道，形而下者谓之器。化而裁之谓之变，推而行之谓之通，举而错之天下之民谓之事业。是故夫象，圣人有以见天下之赜，而拟诸其形容，象其物宜，是故谓之象。圣人有以见天下之动，而观其会通，以行其典礼，系辞焉以断其吉凶，是故谓之爻。极天下之赜者存乎卦，鼓天下之动者存乎辞；化而裁之存乎变；推而行之存乎通；神而明之存乎其人；默而成之，不言而信，存乎德行。

△ 序 卦

　　有天地，然后万物生焉。盈天地之间者唯万物，故受之以《屯》。屯者，盈也。屯者，物之始生也。物生必蒙，故受之以《蒙》。蒙者，蒙也，物之稚也。物稚不可不养也，故受之以《需》。需者，饮食之道也。饮食必有讼，故受之以《讼》。讼必有众起，故受之以《师》。师者，众也。众必有所比，故受之以《比》。比者，比也。比必有所畜，故受之以《小畜》。物畜然后有礼，故受之以《履》。履而泰，然后安，故受之以《泰》。泰者，通也。物不可以终通，故受之以《否》。物不可以终否，故受之以《同人》。与人同者，物必归焉，故受之以《大有》。有大者，不可以盈，故受之以《谦》。有大而能谦必豫，故受之以《豫》。豫必有随，故受之以《随》。以喜随人者必有事，故受之以《蛊》。蛊者，事也。有事而后可大，故受之以《临》。临者，大也。物大然后可观，故受之以《观》。可观而后有所合，故受之以《噬嗑》。嗑者，合也。物不可以苟合而已，故受之以《贲》。贲者，饰也。致饰然后亨则尽矣，故受之以《剥》。剥者，剥也。物不可以终尽剥，穷上反下，故受之以《复》。复则不妄矣，故受之以《无妄》。有无妄，物然后可畜，故受之以《大畜》。物畜然后可养，故受之以《颐》。颐者，养也。不养则不可动，故受之以《大过》。物不可以终过，故受之以《坎》。坎者，陷也。陷必有所丽，故受之以《离》。离者，丽也。

　　有天地然后有万物，有万物然后有男女，有男女然后有夫妇，有夫妇然后有父子，有父子然后有君臣，有君臣然后有上下，有上下然后礼义有所错。夫妇之道不可以不久也，故受之以《恒》。恒者，久也。物不可以久居其所，故受之以《遯》。遯者，退也。物不可以终遯，故受之以《大壮》。物不可以终壮，故受之以《晋》。晋者，进也。进必有所伤，故受之以《明夷》。夷者，伤也。伤于外者必反于家，故受之以《家人》。家道穷必乖，故受之以《睽》。睽者，乖也。乖必有难，故受之以《蹇》。蹇者，难也。物不可以终难，故受之以《解》。解者，缓也。缓必有所失，故受之以《损》。损而不已必益，故受之以《益》。益而不已必决，故受之以《夬》。夬者，决也。决必有遇，故受之以《姤》。姤者，遇也。物相遇而后聚，故受之以《萃》。萃者，聚也。聚而上者谓之升，故受之以《升》。升而不已必困，故受之以《困》。困乎上者必反下，故受之以《井》。井道不可不革，故受之以《革》。革物者莫若鼎，故受之以《鼎》。主器者莫若长子，故受之以《震》。震者，动也。物不可以终动，止之，故受之以《艮》。艮者，止也。物不可以终止，故受之以《渐》。渐者，进也。进必有所归，故受之以《归妹》。得其所归者必大，故受之以《丰》。丰者，大也。穷大者必失其居，故受之以《旅》。旅而无所容，故受之以《巽》。巽者，入也。入而后说之，故受之以《兑》。兑者，说也。说而后散之，故受之以《涣》。涣者，离也。物不可以终离，故受之以《节》。节而信之，故受之以《中孚》。有其信者必行之，故受之以《小过》。有过物者必济，故受之以《既济》。物不可穷也，故受之以《未济》，终焉。

束发论交一世豪，暮年颠顿困蓬蒿。
文辞博士书驴券，职事参军判马曹。
病里犹须看《周易》，醉中亦复读《离骚》。
若为可奈功名念，试觅并州快剪刀。

宋·陆游《读书》

春秋左传

09

审定者：辽宁大学 曲德来

全书总字数：195303

用字量：3205

　　《左传》原名《左氏春秋》，到东汉班固时才改称《春秋左氏传》。相传为鲁国史官左丘明所著，大约成书于战国初期。全书六十卷，以《春秋》为纲，并仿照春秋体例，按照鲁国君主的次序，记载了自鲁隐公元年至鲁悼公十四年间春秋霸主递嬗的历史，保存了许多当时社会文化、自然科学等方面的珍贵史料，在史学上占有极其重要的地位，梁启超称《左传》的出现是"商周以来史界之革命"。

　　阐述《春秋》经最著名的有《左传》《公羊传》《穀梁传》，合称"春秋三传"。至隋代，盛行《左传》，其馀二传渐衰。

　　《左传》艺术成就也很高，是我国古代文学与史学完美结合的典范，对后世史书、小说、戏剧的写作都产生了深远的影响。

高频字

之	子	曰	于	不	也	以	公	而	其	人	晋

△ 郑伯克段于鄢

　　初，郑武公娶于申，曰武姜，生庄公及共叔段。庄公寤生，惊姜氏，故名曰"寤生"，遂恶之。爱共叔段，欲立之。亟请于武公，公弗许。及庄公即位，为之请制。公曰："制，岩邑也，虢叔死焉。佗邑唯命。"请京，使居之，谓之京城大叔。祭仲曰："都城过百雉，国之害也。先王之制：大都，不过参国之一；中，五之一；小，九之一。今京不度，非制也。君将不堪。"公曰："姜氏欲之，焉辟害？"对曰："姜氏何厌之有？不如早为之所，无使滋蔓！蔓，难图也。蔓草犹不可除，况君之宠弟乎？"公曰："多行不义，必自毙，子姑待之。"

　　既而大叔命西鄙、北鄙贰于己。公子吕曰："国不堪贰，君将若之何？欲与大叔，臣请事之；若弗与，则请除之，无生民心。"公曰："无庸，将自及。"大叔又收贰以为己邑，至于廪延。子封曰："可矣，厚将得众。"公曰："不义不暱，厚将崩。"

　　大叔完聚，缮甲兵，具卒乘，将袭郑，夫人将启之。公闻其期，曰："可矣！"命子封帅车二百乘以伐京。京叛大叔段，段入于鄢，公伐诸鄢。五月辛丑，大叔出奔共。

　　书曰："郑伯克段于鄢。"段不弟，故不言弟；如二君，故曰克；称郑伯，讥失教也：谓之郑志。不言出奔，难之也。

　　遂寘姜氏于城颍，而誓之曰："不及黄泉，无相见也。"既而悔之。

颖考叔为颖谷封人，闻之，有献于公，公赐之食，食舍肉。公问之，对曰："小人有母，皆尝小人之食矣，未尝君之羹，请以遗之。"公曰："尔有母遗，繄我独无！"颖考叔曰："敢问何谓也？"公语之故，且告之悔。对曰："君何患焉？若阙地及泉，隧而相见，其谁曰不然？"公从之。公入而赋："大隧之中，其乐也融融！"姜出而赋："大隧之外，其乐也泄泄！"遂为母子如初。

君子曰："颖考叔，纯孝也，爱其母，施及庄公。《诗》曰：'孝子不匮，永锡尔类。'其是之谓乎！"

——以上《隐公元年》

⚠ 公孙无知之乱

僖公之母弟曰夷仲年，生公孙无知，有宠于僖公，衣服礼秩如適。襄公绌之。二人因之以作乱。连称有从妹在公宫，无宠，使间公，曰："捷，吾以女为夫人。"

冬十二月，齐侯游于姑棼，遂田于贝丘。见大豕，从者曰："公子彭生也。"公怒曰："彭生敢见！"射之，豕人立而啼。公惧，坠于车，伤足丧屦。反，诛屦于徒人费。弗得，鞭之，见血。走出，遇贼于门，劫而束之。费曰："我奚御哉！"袒而示之背，信之。费请先入，伏公而出，斗，死于门中。石之纷如死于阶下。遂入，杀孟阳于床。曰："非君也，不类。"见公之足于户下，遂弑之，而立无知。

初襄公立，无常。鲍叔牙曰："君使民慢，乱将作矣。"奉公子小白出奔莒。乱作，管夷吾、召忽奉公子纠来奔。

——以上《庄公八年》

△ 齐鲁长勺之战

十年春，齐师伐我。公将战，曹刿请见。其乡人曰："肉食者谋之，又何间焉？"刿曰："肉食者鄙，未能远谋。"乃入见。问何以战。公曰："衣食所安，弗敢专也，必以分人。"对曰："小惠未遍，民弗从也。"公曰："牺牲玉帛，弗敢加也，必以信。"对曰："小信未孚，神弗福也。"公曰："小大之狱，虽不能察，必以情。"对曰："忠之属也，可以一战，战则请从。"

公与之乘。战于长勺。公将鼓之。刿曰："未可。"齐人三鼓，刿曰："可矣。"齐师败绩。公将驰之。刿曰："未可。"下视其辙，登轼而望之，曰："可矣。"遂逐齐师。

既克，公问其故。对曰："夫战，勇气也，一鼓作气，再而衰，三而竭。彼竭我盈，故克之。夫大国难测也，惧有伏焉。吾视其辙乱，望其旗靡，故逐之。"

——以上《庄公十年》

△ 屈完对齐侯

四年春，齐侯以诸侯之师侵蔡。蔡溃。遂伐楚。楚子使与师言曰："君处北海，寡人处南海，唯是风马牛不相及也。不虞君之涉吾地也，何故？"管仲对曰："昔召康公命我先君大公曰：'五侯九伯，女实征之，以夹辅周室。'赐我先君履，东至于海，西至于河，南至于穆陵，北至于无棣。尔贡包茅不入，王祭不共，无以缩酒，寡人是征。昭王南征而不复，寡人是问。"对曰："贡之不入，寡君之罪也，敢不共给。昭王之不复，君其问诸水滨。"师进，次于陉。

夏，楚子使屈完如师。师退，次于召陵。

齐侯陈诸侯之师，与屈完乘而观之。齐侯曰："岂不榖是为？先君之好是继。与不榖同好，如何？"对曰："君惠徼福于敝邑之社稷，辱收寡君，寡君之愿也。"齐侯曰："以此众战，谁能御之？以此攻城，何城不克？"对曰："君若以德绥诸侯，谁敢不服？君若以力，楚国方城以为城，汉水以为池，虽众，无所用之。"

屈完及诸侯盟。

——以上《僖公四年》

△ 假虞伐虢

初，晋侯使士蒍为二公子筑蒲与屈，不慎，置薪焉。夷吾诉之。公使让之。士蒍稽首而对曰："臣闻之，无丧而戚，忧必雠焉。无戎而城，雠必保焉。寇仇之保，又何慎焉！守官废命不敬，固雠之保不忠，失忠与敬，何以事君？《诗》云：'怀德惟宁，宗子惟城。'君其修德而固宗子，何城如之？三年将寻师焉，焉用慎？"退而赋曰："狐裘尨茸，一国三公，吾谁适从？"及难，公使寺人披伐蒲。重耳曰："君父之命不校。"乃徇曰："校者吾仇也。"逾垣而走。披斩其袪①，遂出奔翟。

晋侯复假道于虞以伐虢。宫之奇谏曰："虢，虞之表也。虢亡，虞必从之。晋不可启，寇不可玩，一之谓甚，其可再乎？谚所谓'辅车相依，唇亡齿寒'者，其虞、虢之谓也。"公曰："晋，吾宗也，岂害我哉？"对曰：大伯、虞仲，大王之昭也。大伯不从，是以不嗣。虢仲、虢叔，王季之穆也，为文王卿士，勋在王室，藏于盟府。将虢是灭，何爱于虞？且虞能亲于桓、庄乎，其爱之也？桓、庄之族何罪，而以为戮，不唯逼乎？亲

---

① 袪（qū）：衣袖，袖口。

以宠逼，犹尚害之，况以国乎？"公曰："吾享祀丰洁，神必据我。"对曰："臣闻之，鬼神非人实亲，惟德是依。故《周书》曰：'皇天无亲，惟德是辅。'又曰：'黍稷非馨，明德惟馨。'又曰：'民不易物，惟德繄物。'如是，则非德，民不和，神不享矣。神所冯依，将在德矣。若晋取虞而明德以荐馨香，神其吐之乎？"弗听，许晋使。宫之奇以其族行，曰："虞不腊矣，在此行也，晋不更举矣。"

八月甲午，晋侯围上阳。问于卜偃曰："吾其济乎"？对曰："克之。"公曰："何时？"对曰："童谣云：'丙之晨，龙尾伏辰，均服振振，取虢之旂。鹑之贲贲，天策焞焞，火中成军，虢公其奔。'其九月、十月之交乎。丙子旦，日在尾，月在策，鹑火中，必是时也。"

冬十二月丙子朔，晋灭虢，虢公丑奔京师。师还，馆于虞，遂袭虞，灭之，执虞公及其大夫井伯，以媵秦穆姬。而修虞祀，且归其职贡于王。

——以上《僖公五年》

△ 城濮之战

二十八年春，晋侯将伐曹，假道于卫，卫人弗许。还，自南河济。侵曹伐卫。正月戊申，取五鹿。二月，晋郤縠卒。原轸将中军，胥臣佐下军，上德也。晋侯、齐侯盟于敛盂。卫侯请盟，晋人弗许。卫侯欲与楚，国人不欲，故出其君以说于晋。卫侯出居于襄牛。

公子买戍卫，楚人救卫，不克。公惧于晋，杀子丛以说焉。谓楚人曰："不卒戍也。"

晋侯围曹，门焉，多死，曹人尸诸城上，晋侯患之，听舆人之谋曰："称舍于墓。"师迁焉，曹人凶惧，为其所得者棺而出之，因其凶也而攻之。三月丙午，入曹。数之，以其不用僖负羁而乘轩者三百人也。且曰："献状。"令无入僖负羁之宫而免其族，报施也。魏犨、颠颉怒曰："劳之不图，报于何有！"藜僖负羁氏。魏犨伤于胸，公欲杀之而爱其材，使问，且视之。病，将杀之。魏犨束胸见使者曰："以君之灵，不有宁也。"距跃三百，曲踊三百。乃舍之。杀颠颉以徇于师，立舟之侨以为戎右。

宋人使门尹般如晋师告急。公曰："宋人告急，舍之则绝，告楚不许。我欲战矣，齐、秦未可，若之何？"先轸曰："使宋舍我而赂齐、秦，藉之告楚。我执曹君而分曹、卫之田以赐宋人。楚爱曹、卫，必不许也。喜赂怒顽，能无战乎？"公说，执曹伯，分曹、卫之田以畀宋人。

楚子入居于申，使申叔去榖，使子玉去宋，曰："无从晋师。晋侯在外十九年矣，而果得晋国。险阻艰难，备尝之矣；民之情伪，尽知之矣。天假之年，而除其害。天之所置，其可废乎？《军志》曰：'允当则归。'又曰：'知难而退。'又曰：'有德不可敌。'此三志者，晋之谓矣。"子玉使伯棼请战，曰："非敢必有功也，愿以间执谗慝之口。"王怒，少与之师，唯西广、东宫与若敖之六卒实从之。

子玉使宛春告于晋师曰："请复卫侯而封曹，臣亦释宋之围。"子犯曰："子玉无礼哉！君取一，臣取二，不可失矣。"先轸曰："子与之。定人之谓礼，楚一言而定三国，我一言而亡之。我则无礼，何以战乎？不许楚言，是弃宋也。救而弃之，谓诸侯何？楚有三施，我有三怨，怨仇已多，将何以战？不如私许复曹、卫以携之，执宛春以怒楚，既战而后图之。"公说，乃拘宛春于卫，且私许复曹、卫。曹、卫告绝于楚。

子玉怒，从晋师。晋师退。军吏曰："以君辟臣，辱也。且楚师老矣，何故退？"子犯曰："师直为壮，曲为老。岂在久乎？微楚之惠不及此，退三舍辟之，所以报也。背惠食言，以亢其仇，我曲楚直。其众素饱，不可谓老。我退而楚还，我将何求？若其不还，君退臣犯，曲在彼矣。"退三舍。楚众欲止，子玉不可。

夏四月戊辰，晋侯、宋公、齐国归父、崔夭、秦小子憖次于城濮。楚师背酅而舍，晋侯患之，听舆人之诵，曰："原田每每，舍其旧而新是谋。"公疑焉。子犯曰："战也。战而捷，必得诸侯。若其不捷，表里山河，必无害也。"公曰："若楚惠何？"栾贞子曰："汉阳诸姬，楚实尽之，思小惠而忘大耻，不如战也。"晋侯梦与楚子搏，楚子伏己而盬其脑，是以惧。子犯曰："吉。我得天，楚伏其罪，吾且柔之矣。"

子玉使斗勃请战，曰："请与君之士戏，君冯轼而观之，得臣与寓目焉。"晋侯使栾枝对曰："寡君闻命矣。楚君之惠未之敢忘，是以在此。为大夫退，其敢当君乎？既不获命矣，敢烦大夫谓二三子，戒尔车乘，敬尔君事，诘朝将见。"

晋车七百乘，韅、靷、鞅、靽。晋侯登有莘之虚以观师，曰："少长有礼，其可用也。"遂伐其木以益其兵。己巳，晋师陈于莘北，胥臣以下军之佐当陈、蔡。子玉以若敖六卒将中军，曰："今日必无晋矣。"子西将左，子上将右。胥臣蒙马以虎皮，先犯陈、蔡。陈、蔡奔，楚右师溃。狐毛设二旆而退之。栾枝使舆曳柴而伪遁，楚师驰之。原轸、郤溱以中军公族横击之。狐毛、狐偃以上军夹攻子西，楚左师溃。楚师败绩。子玉收其卒而止，故不败。

——以上《僖公二十八年》

⚠ 烛之武退秦师

九月甲午，晋侯、秦伯围郑，以其无礼于晋，且贰于楚也。晋军函陵，秦军氾①南。佚之狐言于郑伯曰："国危矣，若使烛之武见秦君，师必退。"公从之。辞曰："臣之壮也，犹不如人，今老矣，无能为也已。"公曰："吾不能早用子，今急而求子，是寡人之过也。然郑亡，子亦有不利焉。"许之，夜缒而出，见秦伯，曰："秦、晋围郑，郑既知亡矣。若亡郑而有益于君，敢以烦执事。越国以鄙远，君知其难也，焉用亡郑以陪

---

① 氾（fán）：古地名。春秋郑地，即今河南襄城。

邻。邻之厚，君之薄也。若舍郑以为东道主，行李之往来，共其乏困，君亦无所害。且君尝为晋君赐矣，许君焦、瑕，朝济而夕设版焉，君之所知也。夫晋何厌之有？既东封郑，又欲肆其西封，不阙秦，将焉取之？阙秦以利晋，唯君图之。”秦伯说，与郑人盟，使杞子、逢孙、扬孙戍之，乃还。

子犯请击之，公曰：“不可。微夫人力不及此。因人之力而敝之，不仁。失其所与，不知。以乱易整，不武。吾其还也。”亦去之。

——以上《僖公三十年》

⚠ 殽之战

（三十二年）冬，晋文公卒。庚辰，将殡于曲沃，出绛，柩有声如牛。卜偃使大夫拜。曰：“君命大事。将有西师过轶我，击之，必大捷焉。”杞子自郑使告于秦，曰：“郑人使我掌其北门之管，若潜师以来，国可得也。”穆公访诸蹇叔，蹇叔曰：“劳师以袭远，非所闻也。师劳力竭，远主备之，无乃不可乎！师之所为，郑必知之。勤而无所，必有悖心。且行千里，其谁不知？”公辞焉。召孟明、西乞、白乙，使出师于东门之外。蹇叔哭之，曰：“孟子，吾见师之出而不见其入也。”公使谓之曰：“尔何知？中寿，尔墓之木拱矣。”蹇叔之子与师，哭而送之，曰：“晋人御师必于殽。殽有二陵焉。其南陵，夏后皋之墓也；其北陵，文王之所辟风雨也。必死是间，余收尔骨焉。”秦师遂东。

三十三年春，秦师过周北门，左右免胄而下。超乘者三百乘。王孙满尚幼，观之，言于王曰：“秦师轻而无礼，必败。轻则寡谋，无礼则脱。入险而脱。又不能谋，能无败乎？”及滑，郑商人弦高将市于周，遇之。以乘韦先，牛十二犒师，曰：“寡君闻吾子将步师出于敝邑，敢犒从者，不腆敝邑，为从者之淹，居则具一日之积，行则备一夕之卫。”且使遽告于郑。郑穆公使视客馆，则束载、厉兵、秣马矣。使皇武子辞焉，曰："吾子淹久于敝邑，唯是脯资饩牵竭矣。为吾子之将行也，郑之有原圃，犹秦之有具囿也。吾子取其麋鹿以闲敝邑，若何？"杞子奔齐，逢孙、扬孙奔宋。孟明曰："郑有备矣，不可冀也。攻之不克，围之不继，吾其还也。"灭滑而还。

齐国庄子来聘，自郊劳至于赠贿，礼成而加之以敏。臧文仲言于公曰："国子为政，齐犹有礼，君其朝焉。臣闻之，服于有礼，社稷之卫也。"

晋原轸曰："秦违蹇叔，而以贪勤民，天奉我也。奉不可失，敌不可纵。纵敌患生，违天不祥。必伐秦师。"栾枝曰："未报秦施而伐其师，其为死君乎？"先轸曰："秦不哀吾丧而伐吾同姓，秦则无礼，何施之为？吾闻之，一日纵敌，数世之患也。谋及子孙，可谓死君乎？"遂发命，遽兴姜戎。子墨衰绖，梁弘御戎，莱驹为右。

夏四月辛巳，败秦师于殽，获百里孟明视、西乞术、白乙丙以归，遂墨以葬文公。晋于是始墨。

文嬴请三帅，曰："彼实构吾二君，寡君若得而食之，不厌，君何辱讨焉！使归就戮于秦，以逞寡君之志，若何？"公许之，先轸朝。问秦囚。公曰："夫人请之，吾舍之矣。"先轸怒曰："武夫力而拘诸原，妇人暂而免诸国。堕军实而长寇仇，亡无日矣。"不顾而唾。公使阳处父追之，及诸河，则在舟中矣。释左骖，以公命赠孟明。孟明稽首曰："君之惠，不以累臣衅鼓，使归就戮于秦，寡君之以为戮，死且不朽。若从君惠而免之，三年将拜君赐。"

秦伯素服郊次，乡师而哭曰："孤违蹇叔以辱二三子，孤之罪也。不替孟明，孤之过也。大夫何罪？且吾不以一眚掩大德。"

——以上《僖公三十二年、三十三年》

⚠ 晋灵公谋杀赵盾

晋灵公不君：厚敛以雕墙；从台上弹人，而观其辟丸也；宰夫胹熊蹯不熟，杀之，置诸畚，使妇人载以过朝。赵盾、士季见其手，问其故，而患之。将谏，士季曰："谏而不入，则莫之继也。会请先，不入则子继之。"三进，及溜，而后视之。曰："吾知所过矣，将改之。"稽首而对曰："人谁无过？过而能改，善莫大焉。《诗》曰：'靡不有初，鲜克有终。'夫如是，则能补过者鲜矣。君能有终，则社稷之固也，岂惟群臣赖之。又曰：'衮职有阙，惟仲山甫补之。'能补过也。君能补过，衮不废矣。"犹不改。宣子骤谏，公患之，使钮麑贼之。晨往，寝门辟矣，盛服将朝，尚早，坐而假寐。麑退，叹而言曰："不忘恭敬，民之主也。贼民之主，不忠。弃君之命，不信。有一于此，不如死也。"触槐而死。

秋九月，晋侯饮赵盾酒，伏甲将攻之。其右提弥明知之，趋登曰："臣侍君宴，过三爵，非礼也。"遂扶以下，公嗾夫獒焉。明搏而杀之。盾曰："弃人用犬，虽猛何为。"斗且出，提弥明死之。

初，宣子田于首山，舍于翳桑，见灵辄饿，问其病。曰："不食三日矣。"食之，舍其半。问之，曰："宦三年矣，未知母之存否，今近焉，请以遗之。"使尽之，而为之箪食与肉，置诸橐以与之。既而与为公介，倒戟以御公徒，而免之。问何故。对曰："翳桑之饿人也。"问其名居，不告而退，遂自亡也。

乙丑，赵穿攻灵公于桃园。宣子未出山而复。大史书曰："赵盾弑其君。"以示于朝。宣子曰："不然。"对曰："子为正卿，亡不越竟，反不讨贼，非子而谁？"宣子曰："乌呼，'我之怀矣，自诒伊戚'，其我之谓矣！"孔子曰："董狐，古之良史也，书法不隐。赵宣子，古之良大夫也，为法受恶。惜也，越竟乃免。"

——以上《宣公二年》

△ 鞌之战

癸酉，师陈于鞌。邴夏御齐侯，逢丑父为右。晋解张御郤克，郑丘缓为右。齐侯曰："余姑翦灭此而朝食。"不介马而驰之。郤克伤于矢，流血及屦，未绝鼓音，曰："余病矣！"张侯曰："自始合，而矢贯余手及肘，余折以御，左轮朱殷，岂敢言病。吾子忍之！"缓曰："自始合，苟有险，余必下推车，子岂识之？然子病矣！"张侯曰："师之耳目，在吾旗鼓，进退从之。此车一人殿之，可以集事，若之何其以病败君之大事也？擐甲执兵，固即死也。病未及死，吾子勉之！"左并辔，右援枹而鼓，马逸不能止，师从之。齐师败绩。逐之，三周华不注。

韩厥梦子舆谓己曰："且辟左右。"故中御而从齐侯。邴夏曰："射其御者，君子也。"公曰："谓之君子而射之，非礼也。"射其左，越于车下。射其右，毙于车中，綦毋张丧车，从韩厥，曰："请寓乘。"从左右，皆肘之，使立于后。韩厥俯，定其右。逢丑父与公易位。将及华泉，骖絓于木而止。丑父寝于辀中，蛇出于其下，以肱击之，伤而匿之，故不能推车而及。韩厥执絷马前，再拜稽首，奉觞加璧以进，曰："寡君使群臣为鲁、卫请，曰：'无令舆师陷入君地。'下臣不幸，属当戎行，无所逃隐。且惧奔辟而忝两君，臣辱戎士，敢告不敏，摄官承乏。"丑父使公下，如华泉取饮。郑周父御佐车，宛伐为右，载齐侯以免。韩厥献丑父，郤献子将戮之。呼曰："自今无有代其君任患者，有一于此，将为戮乎！"郤子曰："人不难以死免其君。我戮之不祥，赦之以劝事君者。"乃免之。

——以上《成公二年》

⚠ 崔杼之乱

二十五年春，齐崔杼帅师伐我北鄙，以报孝伯之师也。公患之，使告于晋。孟公绰曰："崔子将有大志，不在病我，必速归，何患焉！其来也不寇，使民不严，异于他日。"齐师徒归。

齐棠公之妻，东郭偃之姊也。东郭偃臣崔武子。棠公死，偃御武子以吊焉。见棠姜而美之，使偃取之。偃曰："男女辨姓，今君出自丁，臣出自桓，不可。"武子筮之，遇《困》☰☷之《大过》☰☴。史皆曰："吉。"示陈文子，文子曰："夫从风，风陨，妻不可娶也。且其《繇》曰：'困于石，据于蒺藜，入于其宫，不见其妻，凶。'困于石，往不济也。据于蒺藜，所恃伤也。入于其宫，不见其妻，凶，无所归也。"崔子曰："嫠也何害？先夫当之矣。"遂取之。庄公通焉，骤如崔氏。以崔子之冠赐人，侍者曰："不可。"公曰："不为崔子，其无冠乎？"崔子因是，又以其间伐晋也，曰："晋必将报。"欲弑公以说于晋，而不获间。公鞭侍人贾举而又近之，乃为崔子间公。

夏五月，莒为且于之役故，莒子朝于齐。甲戌，飨诸北郭。崔子称疾，不视事。乙亥，公问崔子，遂从姜氏。姜入于室，与崔子自侧户出。公拊楹而歌。侍人贾举止众从者，而入闭门。甲兴，公登台而请，弗许；请盟，弗许；请自刃于庙，勿许。皆曰："君之臣杼疾病，不能听命。近于公宫，陪臣干掫有淫者，不知二命。"公逾墙。又射之，中股，反队，遂弑之。贾举，州绰、邴师、公孙敖、封具、铎父、襄伊、偻堙皆死。祝佗父祭于高唐，至，复命。不说弁而死于崔氏。申蒯侍渔者，退，谓其宰曰："尔以帑免，我将死。"其宰曰："免，是反子之义也。"与之皆死。崔氏杀鬷蔑于平阴。

晏子立于崔氏之门外，其人曰："死乎？"曰："独吾君也乎哉？吾死也。"曰："行乎？"曰："吾罪也乎哉？吾亡也。""归乎？"曰："君死，安归？君民者，岂以陵民？社稷是主。臣君者，岂为其口实，社稷是养。故君为社稷死，则死之；为社稷亡，则亡之。若为己死而为己亡，非其私暱，谁敢任之？且人有君而弑之，吾焉得死之，而焉得亡之？将庸何归？"门启而入，枕尸股而哭。兴，三踊而出。人谓崔子："必杀之！"崔子曰："民之望也！舍之，得民。"卢蒲癸奔晋，王何奔莒。

叔孙宣伯之在齐也，叔孙还纳其女于灵公。嬖，生景公。丁丑，崔杼立而相之。庆封为左相。盟国人于大宫，曰："所不与崔、庆者。"晏子仰天叹曰："婴所不唯忠于君利社稷者是与，有如上帝。"乃歃。辛巳，公与大夫及莒子盟。

——以上《襄公二十五年》

⚠ 吴公子光刺王僚

二十七年春，吴子欲因楚丧而伐之，使公子掩馀、公子烛庸帅师围潜。使延州来季子聘于上国，遂聘于晋，以观诸侯。楚莠尹然，工尹麇帅师救潜。左司马沈尹戌帅都君子与王马之属以济师，与吴师遇于穷。令尹子常以舟师及沙汭而还。左尹郤宛、工尹寿帅师至于潜，吴师不能退。

吴公子光曰："此时也，弗可失也。"告鱄设诸曰："上国有言曰：'不索何获？'我，王嗣也，吾欲求之。事若克，季子虽至，不吾废也。"鱄设诸曰："王可弑也。母老子弱，是无若我何。"光曰："我，尔身也。"

夏四月，光伏甲于堀室而享王。王使甲坐于道，及其门。门阶户席，皆王亲也，夹之以铍。羞者献体改服于门外，执羞者坐行而入，执铍者夹承之，及体以相授也。光伪足疾，入于堀室。鱄设诸置剑于鱼中以进，抽剑刺王，铍交于胸，遂弑王。阖庐以其子为卿。

季子至，曰："苟先君无废祀，民人无废主，社稷有奉，国家无倾，乃吾君也。吾谁敢怨？哀死事生，以待天命。非我生乱，立者从之，先人之道也。"复命哭墓，复位而待。吴公子掩馀奔徐，公子烛庸奔钟吾。楚师闻吴乱而还。

——以上《昭公二十七年》

《左传》一篇长在手，
正欲运筹帷幄中。

元·凌云翰《柘轩集》卷三

尔雅 10

用字量：：3354

全书总字数：：10413

审定者：：中国社会科学院 郑张尚芳

　　尔，近也；雅，正也。《尔雅》即指解释词义近于雅正，合于规范，是我国最早的训解词义专著，也是最早的名物百科辞典。国学大师章太炎称其为"厘正故训，纲维群籍之书"。

　　《尔雅》由汉初学者缀辑旧文故注，递增而成，原为训解经书所作，故经书以外之字，不作训解。《汉书·艺文志》列入"孝经类"，著录为三卷二十篇；唐代以后列入"十三经"；后列入"小学类"，存十九篇。前三篇解释一般词语，类似后世的语文词典；后十六篇根据事物的类别解释其名称，类似今天的百科辞典。

高频字

| 也 | 之 | 谓 | 为 | 曰 | 者 | 大 | 有 | 其 | 子 | 父 | 白 |

◬ 释诂第一

初、哉、首、基、肇、祖、元、胎、俶、落、权舆，始也。

林、烝、天、帝、皇、王、后、辟、公、侯，君也。

弘、廓、宏、溥、介、纯、夏、幠、厖、坟、嘏、丕、弈、洪、诞、戎、骏、假、京、硕、濯、訏、宇、穹、壬、路、淫、甫、景、废、壮、冢、简、箌、昄、晊、将、业、蓆，大也。

幠、厖，有也。

迄、臻、极、到、赴、来、吊、艐[1]、格、戾、怀、摧、詹，至也。

如、适、之、嫁、徂、逝，往也。

贲、贡、锡、畀、予、贶，赐也。

仪、若、祥、淑、鲜、省、臧、嘉、令、类、綝、彀、攻、穀、介、徽，善也。

舒、业、顺，叙也。

舒、业、顺、叙，绪也。

清张敦仁校注书影

---

① 艐（jiè）：通"届"，至，到。

怡、怿、悦、欣、衎、喜、愉、豫、恺、康、妉、般，乐也。

悦、怿、愉、释、宾、协，服也。

遹、遵、率、循、由、从，自也。

遹、遵、率，循也。

靖、惟、漠、图、询、度、咨、诹、究、如、虑、谟、猷、肇、基、访，谋也。

典、彝、法、则、刑、范、矩、庸、恒、律、戛、职、秩，常也。

柯、宪、刑、范、辟、律、矩、则，法也。

辜、辟、戾，辠也。

黄发、齯[1]齿、鲐背、耇、老，寿也。

允、孚、亶、展、谌、诚、亮、询，信也。

展、谌、允、慎、亶，诚也。

谑浪笑敖，戏谑也。

粤、于、爰，曰也。

爰、粤，于也。

爰、粤、于、那、都、繇，於也。

㚟、郃、盍、翕、仇、偶、妃、匹、会，合也。

仇、雠、敌、妃、知、仪，匹也。

妃、合、会，对也。

妃，媲也。

绍、胤、嗣、续、纂、緌、绩、武、系，继也。

忥、谧、溢、蛰、慎、貉、谧、顗、頠、密、宁，静也。

陨、磒、湮、下、降、坠、摽、蘦，落也。

命、令、禧、畛、祈、请、谒、讯、诰，告也。

永、悠、迥、违、遐、逷、阔，远也。

---

① 齯（ní）：老人齿落再生。

永、悠、迥、远，遐也。

亏、不、圮、堁，毁也。

矢、雉、引、延、顺、荐、刘、绎、尸、旅，陈也。

△ 释草第十三

萑，山韭。　　荞，山葱。　　莂，山薤。　　蒿，山蒜。

薛，山蕲。　　椵，木槿。　　榇，木槿。　　芁，山蓟。

杨，枹蓟。　　葥，王蔧。　　菉，王刍。　　拜，蒻菜。

繁，皤蒿。　　蒿，菣。　　蔚，牡菣。　　蘜，彫蓬；薦，黍蓬。

蓲，鼠莞。　　葝，鼠尾。　　菥蓂，大荠。　　蒤，虎杖。

孟，狼尾。　　瓟棲，瓝。　　茹藘，茅蒐。　　果蓏之实，栝楼。

    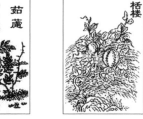

荼，苦菜。　　萑，藿。　　藬，绥。　　粢，稷。

众，秫。　戎叔谓之荏菽。　卉，草。　蒡，雀弁。
蕍，雀麦。璗，乌蓲。菋，荎蕏。繁，荒蔓。

黂，枲实。菊蕧，豕首。芛，马帚。蓶，怀羊。茭，牛蕲。

蕣，芦菔。渞灌，茵芝。筍，竹萌。　荡，竹。

莪，萝。苊，蒤苊。荏，履。莕，接余；其叶，苻。白华，野菅。

薜，白蕲。　　　菲，芴。　　　蕍，蕮。　　　荧，委萎。

蒛，芐荧。　竹，萹蓄。　蒇，寒浆。　薢茩，芺芜。

莪菵，茶蘴。　毖，咆；其绍，毖。芍，凫茈。　蘱，萧葽。

菥，芺。　　　钩，芺。　　　蕹，鸿荟。　　苏，桂荏。

 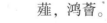  

蔷，虞蓼。茶，蒤。蘼，赤苗。　　芑，白苗。　　秬，黑黍。

秠，一稃二米。稌，稻。　　蘦，薽茅。　　臺，夫须。

蒤，蓄。　　莔，贝母。　莜，虮虾。　艾，冰臺。
葶，亭历。　苻，鬼目。　薜，庾草。

蒛，葽蒌。　離南，活莌。茏，天蕍。须，葑苁。蒡，隐荵。

茜，蔓于。　菡，蘆。　　柱夫，摇车。　出隧，蘧蔬。

蕲茞，蘪芜。　茨，蒺藜。　　蘮挐，窃衣。　　髦，颠蕀。

蘿，芃兰。　葟，芜藩。　蓄，莤。　薗，鹿藿，其实狃。

蕑，侯莎，其实媞。莞，苻蓠，其上蒚。

荷，芙渠，其茎茄，其叶蕸，其本蔤，其华菡萏，其实莲，其根藕，其中的①，的中薏②。

———————————

① 的（dì）：通“菂”，莲实。

② 薏（yì）：莲心。

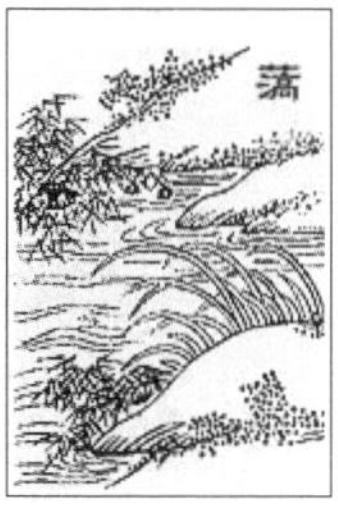

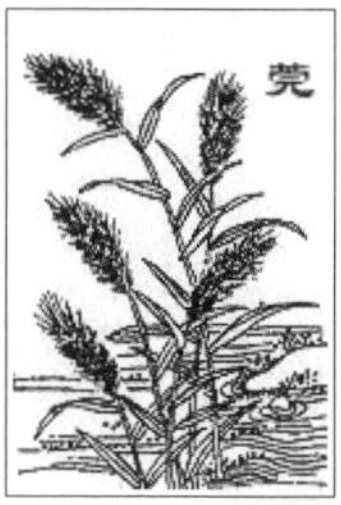

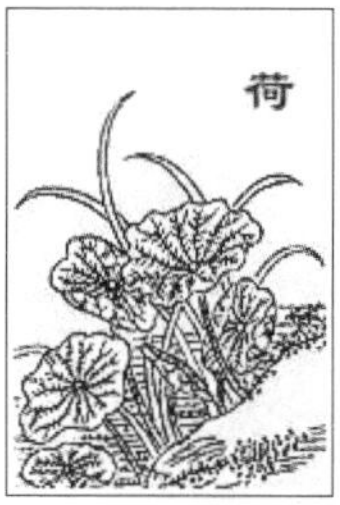

红，茏古，其大者蘬。蒫，荠实。黂，枲实。枲，麻。须，薞芜。

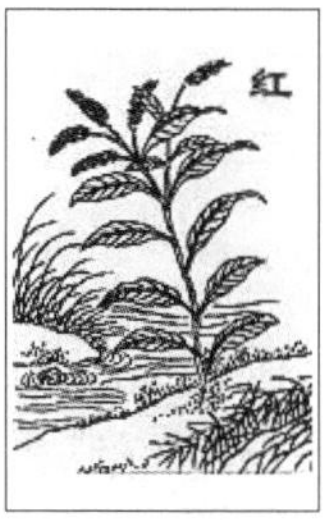

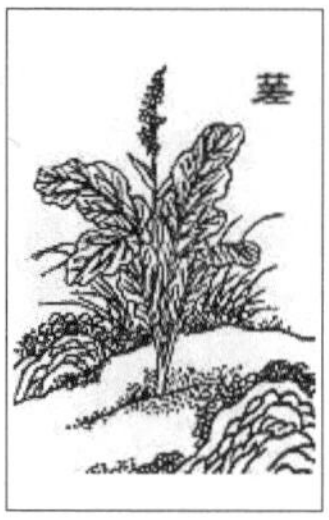

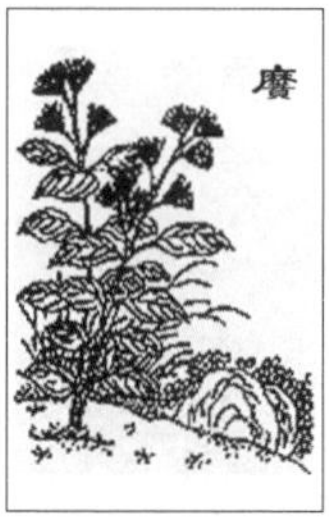

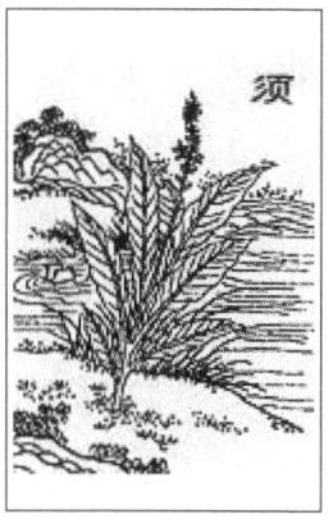

菲，蒠菜。 蒉，赤苋。 蘠蘼，虋冬。萹苻、止泺，贯众。

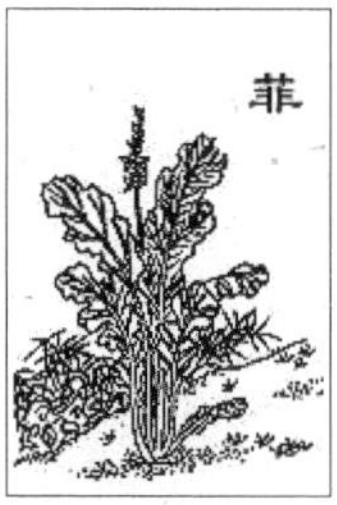

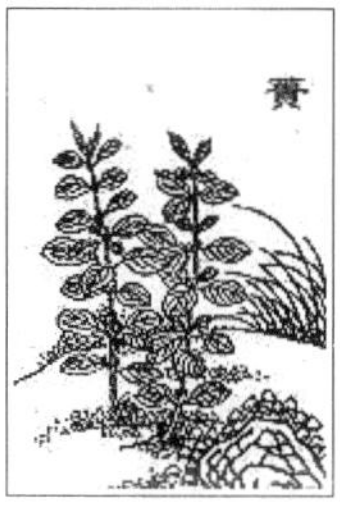

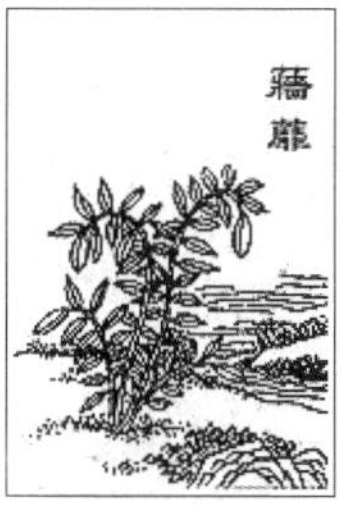

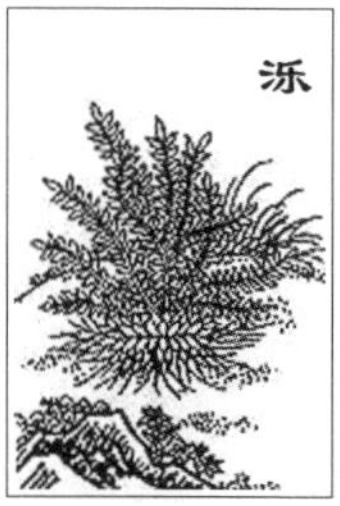

莙，牛藻。 蓫薚，马尾。 萍，蓱；其大者蘋。

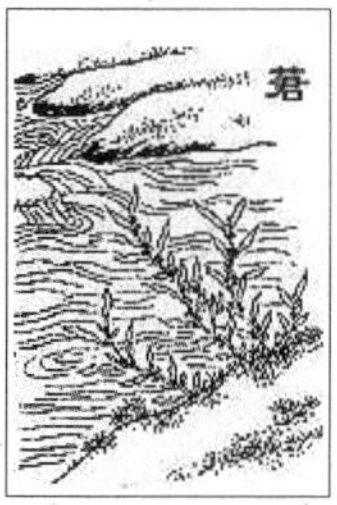

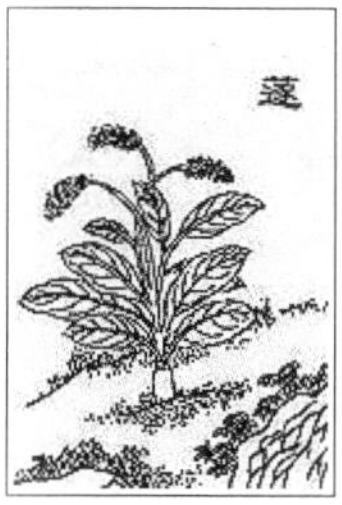

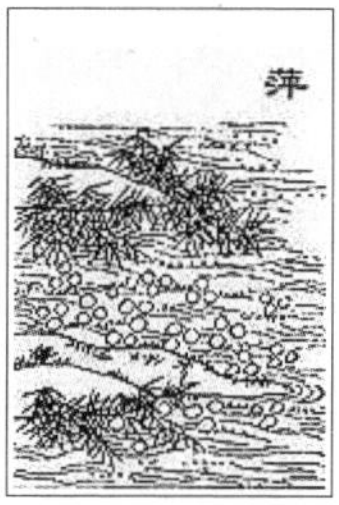

蓩，莬葵。　芹，楚葵。　蘜，牛蘈。　蕡，牛唇。

苹，藾萧。　连，异翘。　泽，乌蓨。　傅，横目。

鳌，蔓华。　蔆，蕨攗。　大菊，蘧麦。
薜，牡赞。　莔，山莓。　蕄，苦堇。　薄，石衣。

蘜，治蘠。　唐蒙，女萝。女萝，莬丝。　苗，蓚。
莄，蕛苵。　茇，堇草。　藗，百足。

菺，戎葵。　蘱，狗毒。垂，比叶。覆，盗庚。莃，麻母。

释鸟第十七

隹其，鴙鴲。　鷑鸠，鵧鷋。　鳲鸠，鴶鵴。　鶌鸠，鶝鶔。

鷣鸠，王鴡。　鶭，泽虞。　鷏，蟁母。鴢，天狗。　鷑，天鸙。

鵁，鶄鵝。　鴿，麇鸹。　　鸹，乌鶪。　　舒雁，鹅。

舒凫，鹜。鴈，鸡鶋。舆鹥，鶂。鹈，鴮鸅。鶤，天鸡。

鸎，山鹊。　　鷑，负雀。　鼁齿，艾。　鶬，鹌老。

鳸，鴳。　桑鳸，窃脂。　鸤鸠，鴶鵴。　桃虫，鷦；其雌鴱。

鷗，凤；其雌皇。 鸱鸮，雍渠。 鸒斯，鸭鸹。 燕，白脰乌。

鴽，鹑母。 密肌，繫英。 巂周，燕。 燕燕，鳦。

鸱鸮，鸋鴂。 狂，茅鸱。怪鸱，枭鸱。 鸀，刘疾。
生哺，鷇。 生噣，雏。 爰居，杂县。

春鳸，鴰鶞。夏鳸，窃玄。秋鳸，窃蓝。冬鳸，窃黄。
桑鳸，窃脂。棘鳸，窃丹。行鳸，唶唶。宵鳸，啧啧。
鸱鸡，戴鵀。 鵽，泽虞。 鹲，鷜。鷜，鹑，其雄鶛，牝庳。

鵰，沈凫。鶌，头鸡。鶜鸠，寇雉。萑，老鵵。鷀，鴟鸟。

狂，㦬鸟。 皇，黄鸟。 翠，鹬。 鶌，山乌。

蝙蝠，服翼。 晨风，鹯。 鶝，白鷢。 寇雉，泆泆。

鶗，蟁母。 鷃，须鸁。
鼯鼠，夷由。 仓庚，商庚。 鵖，鴔鸱。

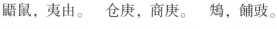

鹰，鶙鸠。　　鹈鹕，比翼。　　鵹黄，楚雀。　　鴷，斫木。

鹭，鶩鶹。鸬诸雉。鹭，春鉏。　　鶾雉。　　鷩雉。

鳪雉。　　　　鷮雉。　　　　秩秩，海雉。

鸐，山雉。　　鵫雉。鷉雉。　　雉绝有力，奋。

伊洛而南，素质，五采皆备成章曰翬；江淮而南，青质，五采皆备

成章曰鹬。

南方曰䴏，东方曰鶾，北方曰鶾，西方曰鷷。

鸟鼠同穴，其鸟为鵌，其鼠为鼵。

鹳鷒，鶝鶔；如鹊短尾，射之衔矢射人。

鹊鵙醜，其飞也翪。

鸢乌醜，其飞也翔。

鹰隼醜，其飞也翬。

凫雁醜，其足蹼，其踵企。

乌鹊醜，其掌缩。

亢，鸟咙；其粻，嗉。

鹆子鸡。

鸳子鹌。

雉之暮子为鷚。

鸟之雌雄不可别者，以翼右掩左雄，左掩右雌。

鸟少美长醜为鶹鷅。

二足而羽谓之禽，四足而毛谓之兽。

鶪，伯劳也。

仓庚，黧黄也。

麋，牡麔，牝麎，其子麇。其迹躔，绝有力狄。

鹿，牡麚，牝麀，其子麛。其迹速，绝有力麉。

麠，牡麏，牝麋，其子麆。其迹解，绝有力豜。

狼，牡獾，牝狼，其子獥，绝有力迅。

兔子，嬎；其迹远，绝有力欣。

豕子，猪；豵，豱；幺，幼。奏者豱。豕生三，豵；二，师；一，特。所寝，檜。四獢皆白，狡。其迹刻，绝有力豌。牝犯。

虎窃毛谓之虪猫。

貘，白豹。

甝，白虎。虪，黑虎。貙，无前足。

鼫，鼠身长须而贼，秦人谓之小驴。

熊虎醜①，其子狗，绝有力麙②。

貍子，貗。

貒子，貆。

貈子，貗。

---

① 醜：丑，类也。

② 麙：音 yán。

貔，白狐；其子豰。

麝父，麚足。

豺，狗足。

貙獌，似貍。

羆，如熊，黄白文。

羷，大羊。

麞，大麕，牛尾，一角。

麠，大麕，旄毛狗足。

魋，如小熊，窃毛而黄。

猰貐，类貙，虎爪，食人，迅走。

狻麑，如虦猫，食虎豹。

騳，如马，一角，不角者骐。

羱，如羊。

𪊨，麟身牛尾一角。

犹，如麂，善登木。

肂，修毫。

貙，似貍。

兕，似牛。

犀，似豕。

彙，毛刺。

狒狒，如人，被发，迅走，食人。

貍、狐、貒、貉醜：其足蹯①，其迹内②。

---

① 蹯（fán）：兽的脚掌。

② 内（róu）：兽足踩地。

蒙颂，猱状。猱蝯，善援。貜父，善顾。

威夷，长脊而泥。

麔麚，短脰。

贙，有力。　　麔，迅头。

蜼，卬鼻而长尾。时，善乘领。

猩猩，小而好啼。阙洩，多狃。——寓属

鼢鼠。鼰鼠。鼷鼠。鼶鼠。鼬鼠。鼩鼠。鼳鼠。鼣鼠。鼫鼠。鼭鼠，鼮鼠，豹文鼮鼠。鼹鼠。——鼠属

牛曰齝，羊曰齥，麋鹿曰齸。鸟曰嗉，寓鼠曰嗛。——齸属

兽曰齤，人曰挢①，鱼曰须，鸟曰臭②。——须属

---

① 挢（jiǎo）：举，伸。
② 臭（jú）：鸟张两翅。

审定者：北京大学 汤一介

全书总字数：1903

用字量：385

孝经 11

　　《孝经》是专论"孝道"之书，今文本十八章，一般认为成书于先秦。书名来自"夫孝，天之经、地之义、民之行也"。全书以"孝"为中心，将"孝"作为所有德行的根本，集中论述了儒家"孝道"，唐代入"十二经"，是中国伦理思想的殿军之作。

高频字

之	不	以	也	其	而	子	于	孝	事	人	者	则

△ 开宗明义章第一

　　仲尼居，曾子侍。子曰："先王有至德要道，以顺天下，民用和睦，上下无怨。汝知之乎？"曾子避席曰："参不敏，何足以知之？"子曰："夫孝，德之本也，教之所由生也。复坐，吾语汝：身体发肤，受之父母，不敢毁伤，孝之始也。立身行道，扬名于后世，以显父母，孝之终也。夫孝，始于事亲，中于事君，终于立身。《大雅》云：'无念尔祖，聿修厥德。'"

△ 天子章第二

　　子曰："爱亲者，不敢恶于人；敬亲者，不敢慢于人。爱敬尽于事亲，而德教加于百姓，刑①于四海。盖天子之孝也。《甫刑》云：'一人有庆，兆民赖之。'"

△ 诸侯章第三

　　在上不骄，高而不危；制节谨度，满而不溢。高而不危，所以长守贵

---

　　① 刑：示范。《诗》："刑于寡妻，至于兄弟。"

也。满而不溢，所以长守富也。富贵不离其身，然后能保其社稷，而和其民人。盖诸侯之孝也。《诗》云："战战兢兢，如临深渊，如履薄冰。"

⬩ 卿大夫章第四

非先王之法服不敢服，非先王之法言不敢道，非先王之德行不敢行。是故非法不言，非道不行；口无择言，身无择行；言满天下无口过，行满天下无怨恶：三者备矣，然后能守其宗庙。盖卿大夫之孝也。《诗》云："夙夜匪懈，以事一人。"

⬩ 士章第五

资于事父以事母，而爱同；资于事父以事君，而敬同。故母取其爱，而君取其敬，兼之者父也。故以孝事君则忠，以敬事长则顺。忠顺不失，以事其上，然后能保其禄位，而守其祭祀。盖士之孝也。《诗》云："夙兴夜寐，无忝尔所生。"

⬩ 庶人章第六

用天之道，分地之利，谨身节用，以养父母，此庶人之孝也。故自天子至于庶人，孝无终始，而患不及者，未之有也。

⬩ 三才章第七

曾子曰："甚哉，孝之大也！"子曰："夫孝，天之经也，地之义也，民之行也。天地之经，而民是则之。则天之明，因地之利，以顺天下。是以其教不肃而成，其政不严而治。先王见教之可以化民也，是故先之以博爱，而民莫遗其亲；陈之以德义，而民兴行。先之以敬让，而民不争；导之以礼乐，而民和睦；示之以好恶，而民知禁。《诗》云：'赫赫师尹，民具尔瞻。'"

△ 孝治章第八

子曰："昔者明王之以孝治天下也，不敢遗小国之臣，而况于公、侯、伯、子、男乎？故得万国之欢心，以事其先王。治国者，不敢侮于鳏寡，而况于士民乎？故得百姓之欢心，以事其先君。治家者，不敢失于臣妾，而况于妻子乎？故得人之欢心，以事其亲。夫然，故生则亲安之，祭则鬼享之。是以天下和平，灾害不生，祸乱不作。故明王之以孝治天下也如此。《诗》云：'有觉德行，四国顺之。'"

△ 圣治章第九

曾子曰："敢问圣人之德，无以加于孝乎？"子曰："天地之性，人为贵。人之行莫大于孝。孝莫大于严父。严父莫大于配天，则周公其人也。昔者周公郊祀后稷以配天，宗祀文王于明堂，以配上帝。是以四海之内，各以其职来祭。夫圣人之德，又何以加于孝乎？故亲生之膝下，以养父母日严。圣人因严以教敬，因亲以教爱。圣人之教不肃而成，其政不严而治，其所因者本也。父子之道，天性也，君臣之义也。父母生之，续莫大焉。君亲临之，厚莫重焉。故不爱其亲而爱他人者，谓之悖德；不敬其亲而敬他人者，谓之悖礼。以顺则逆，民无则焉。不在于善，而皆在于凶德，虽得之，君子不贵也。君子则不然，言思可道，行思可乐，德义可尊，作事可法，容止可观，进退可度，以临其民。是以其民畏而爱之，则而象之。故能成其德教，而行其政令。《诗》云：'淑人君子，其仪不忒。'"

⚠ 纪孝行章第十

子曰："孝子之事亲也，居则致其敬，养则致其乐，病则致其忧，丧则致其哀，祭则致其严。五者备矣，然后能事亲。事亲者，居上不骄，为下不乱，在丑不争。居上而骄则亡，为下而乱则刑，在丑而争则兵。三者不除，虽日用三牲之养，犹为不孝也。"

⚠ 五刑章第十一

子曰："五刑之属三千，而罪莫大于不孝。要君者无上，非圣人者无法，非孝者无亲。此大乱之道也。"

⚠ 广要道章第十二

子曰："教民亲爱，莫善于孝。教民礼顺，莫善于悌。移风易俗，莫善于乐。安上治民，莫善于礼。礼者，敬而已矣。故敬其父，则子悦；敬其兄，则弟悦；敬其君，则臣悦；敬一人，而千万人悦。所敬者寡，而悦者众，此之谓要道也。"

⚠ 广至德章第十三

子曰："君子之教以孝也，非家至而日见之也。教以孝，所以敬天下之为人父者也。教以悌，所以敬天下之为人兄者也。教以臣，所以敬天下之为人君者也。《诗》云：'恺悌君子，民之父母。'非至德，其孰能顺民如此其大者乎！"

◇ 广扬名章第十四

子曰："君子之事亲孝，故忠可移于君。事兄悌①，故顺可移于长。居家理，故治可移于官。是以行成于内，而名立于后世矣。"

◇ 谏诤章第十五

曾子曰："若夫慈爱恭敬，安亲扬名，则闻命矣。敢问子从父之令，可谓孝乎？"子曰："是何言与，是何言与！昔者天子有争臣七人，虽无道，不失其天下；诸侯有争臣五人，虽无道，不失其国；大夫有争臣三人，虽无道，不失其家；士有争友，则身不离于令名；父有争子，则身不陷于不义。故当不义，则子不可以不争于父，臣不可以不争于君；故当不义，则争之。从父之令，又焉得为孝乎！"

◇ 感应章第十六

子曰："昔者，王事父孝，故事天明；事母孝，故事地察；长幼顺，故上下治。天地明察，神明彰矣。故虽天子，必有尊也，言有父也；必有先也，言有兄也。宗庙致敬，不忘亲也；修身慎行，恐辱先也。宗庙致敬，鬼神著矣。孝悌之至，通于神明，光于四海，无所不通。《诗》云：'自西自东，自南自北，无思不服。'"

---

① 悌（tì）：敬爱兄长。

事君章第十七

子曰："君子之事上也，进思尽忠，退思补过，将顺其美，匡救其恶，故上下能相亲也。《诗》云：'心乎爱矣，遐不谓矣，中心藏之，何日忘之。'"

丧亲章第十八

子曰："孝子之丧亲也，哭不偯①，礼无容，言不文，服美不安，闻乐不乐，食旨不甘，此哀戚之情也。三日而食，教民无以死伤生。毁不灭性，此圣人之政也。丧不过三年，示民有终也。为之棺椁衣衾而举之，陈其簠簋而哀戚之；擗踊②哭泣，哀以送之；卜其宅兆，而安措之；为之宗庙，以鬼享之；春秋祭祀，以时思之。生事爱敬，死事哀戚，生民之本尽矣，死生之义备矣，孝子之事亲终矣。"

湖树江云隔杳冥，千峰万壑梦中青。

悬知茅屋孤灯下，逐字教儿读《孝经》。

宋·仇远《忆嵩石章氏女子》

---

① 哭不偯（yǐ）：唐玄宗注：气竭而息，声不委曲。偯，哭的余声曲折悠长。

② 擗（pǐ）踊：垂胸顿足。擗，捶胸。

用字量：：1973

全书总字数：：31208

审定者：北京艺术研究所 张 岩

山海经

12

　　《山海经》系古代地理类史书，撰者不详。今本为十八卷，计山经五卷，海经十三卷。记大小名山五千三百七十座，河流大泽三百馀处，动物一百二十七种，异国九十五个。所载地理、博物、故事、巫术、神话极为丰富，自古号称奇书，影响深远。

高频字

其	之	多	山	曰	有	水	里	东	焉	而	又	百

西王母

又西北三百五十里，曰玉山，是西王母所居也。西王母其状如人，豹尾虎齿而善啸，蓬发戴胜，是司天之厉及五残。有兽焉，其状如犬而豹文，其角如牛，其名曰狡，其音如吠犬，见则其国大穰。有鸟焉，其状如翟而赤，名曰胜遇，是食鱼，其音如录，见则其国大水。

——以上卷二·西山经

精卫填海

又北二百里，曰发鸠之山，其上多柘木。有鸟焉，其状如乌，文首、白喙、赤足，名曰精卫，其鸣自叫。是炎帝之少女，名曰女娃。女娃游于东海，溺而不返，故为精卫。常衔西山之木石，以堙于东海。漳水出焉，东流注于河。

——以上卷三·北山经

贯胸国

贯匈国在其东，其为人匈有窍。一曰在载国东。

羽民国

羽民国在其东南，其为人长头，身生羽。一曰在比翼鸟东南，其为人长颊。

长臂国

长臂国在其东，捕鱼水中，两手各操一鱼。一曰在焦侥东，捕鱼海中。

——以上卷六·海外南经

形 天

形天与帝争神，帝断其首，葬之常羊之山，乃以乳为目，以脐为口，操干戚以舞。

——以上卷七·海外西经

夸父逐日

夸父与日逐走，入日。渴欲得饮，饮于河渭；河渭不足，北饮大泽。未至，道渴而死。弃其杖，化为邓林。

——以上卷八·海外北经

◬ 小人国

有小人国，名靖人。

——以上卷十四·大荒东经

◬ 羲　和

东海之外，甘水之间，有羲和之国。有女子名曰羲和，方浴日于甘渊。羲和者，帝俊之妻，生十日。

◬ 不死国

有不死之国，阿姓，甘木是食。

——以上卷十五·大荒南经

◬ 大人国

有人名曰大人。有大人之国，釐姓，黍食。有大青蛇，黄头，食麈。

◬ 蚩　尤

有系昆之山者，有共工之台，射者不敢北乡。有人衣青衣，名曰黄帝女魃。蚩尤作兵伐黄帝，黄帝乃令应龙攻之冀州之野。应龙畜水，蚩尤请风伯雨师，纵大风雨。黄帝乃下天女曰魃，雨止，遂杀蚩尤。魃不得复上，所居不雨。叔均言之帝，后置之赤水之北。叔均乃为田祖。魃时亡之。所欲逐之者令曰："神北行！"先除水道，决通沟渎。

△ 烛 龙

西北海之外，赤水之北，有章尾山。有神，人面蛇身而赤，直目正乘，其瞑乃晦，其视乃明，不食不寝不息，风雨是谒。是烛九阴，是谓烛龙。

——以上卷十七·大荒北经

△ 鲧窃帝之息壤

洪水滔天。鲧窃帝之息壤以堙洪水，不待帝命。帝令祝融杀鲧于羽郊。鲧复生禹。帝乃命禹卒布土以定九州。

——以上卷十八·海内经

贤人有素业，乃在沙塘陂。
竹影扫秋月，荷衣落古池。
闲读《山海经》，散帙卧遥帷。
且耽田家乐，遂旷林中期。
野酌劝芳酒，园蔬烹露葵。
如能树桃李，为我结茅茨。

唐·李白《赠闾丘处士》

穆天子传 13

审定者：北京大学　唐晓峰

全书总字数：12396

用字量：1572

　　《穆天子传》，先秦古书，一名《周穆王游行记》，六卷，作者不详，晋郭璞曾为之作注，荀勖为之作序，《隋书·经籍志》归入史部起居注类，也有论者因其多虚构与想象，认为是传闻故事，明代胡应麟称之为"小说滥觞"，《四库全书总目提要》亦归入小说家。

高频字

之	子	也	天	于	以	日	山	乃	人	为	而	有

周穆宾于西王母

　　吉日甲子。天子宾于西王母〔西王母如人，虎齿，蓬发戴胜，善啸。《纪年》"穆王十七年，西征昆仑丘，见西王母。其年来见，宾于昭宫"〕。乃执白圭玄璧，以见西王母〔执赘者，致敬也〕好献锦组百纯，□组三百纯〔纯，匹端名也。《周礼》曰"纯帛不过五两"。组，绶属，音祖〕西王母再拜受之。□。

　　乙丑，天子觞西王母于瑶池之上。西王母为天子谣〔徒歌曰谣〕，曰：白云在天，丘陵自出。道里悠远，山川间之〔间，音谏〕，将子无死〔将，请也〕，尚能复来〔尚，庶冀也〕。天子答之曰：予归东土，和治诸夏。万民平均，吾顾见汝〔顾，还也〕。比及三年，将复而野〔复反此野而见汝也〕。西王母又为天子吟曰：徂彼西土〔徂，往也〕，爰居其野。虎豹为群，于鹊与处〔于，读曰乌〕。嘉命不迁〔言守此一方〕，我惟帝女〔帝，天帝也〕。彼何世民，又将去子。吹笙鼓簧〔簧在笙中〕，中心翔翔〔忧无薄也〕。世民之子，唯天之望〔所瞻望也〕。天子遂驱升于弇山〔弇，弇兹山，日入所也〕，乃纪丌迹于弇山之石〔铭题之〕而树之槐。眉曰：西王母之山〔言是西王母所居也〕。西王母〔之山〕，还归丌□。

奔戎马血饮天子

　　辛丑。天子渴于沙衍〔沙中无水泉〕，求饮未至。七萃之士高奔戎刺其左骖之颈，取其清血以饮天子〔今西方羌胡剌马咽取血饮，渴亦愈〕。天子美之，乃赐奔戎佩玉一只，奔戎再拜稽首。天子乃遂南征。

⌂ 牛羊之湩以濯足

癸酉，天子命驾八骏之乘，右服蘍骝〔疑华骝字〕而左绿耳，右骖赤蘎〔古骥字〕而左白俄〔古义字〕。天子主车，造父为御，䍐䍐为右。次车之乘〔次车，副车〕，右服渠黄而左踰轮，右骖盗骊而左子。柏夭主车，参百为御，奔戎为右，天子乃遂东南翔行，驰驱千里〔一举辔千里，行如飞翔〕，至于巨蒐氏，巨蒐之人䍐奴，乃献白鹄之血，以饮天子〔所以饮血益人怂力〕，因具牛羊之湩〔湩，乳也。今江南人亦呼乳为湩。音寒冻反〕，以洗天子之足〔令肌肤滑〕，及二乘之人〔谓主天子车及副车者也〕。

周穆葬盛姬

戊寅，天子东狃于泽中，逢寒疾〔言盛姬在此遇风寒得疾〕。天子舍于泽中，盛姬告病，天子怜之，□泽曰寒氏〔以名泽也〕。盛姬求饮，天子命人取浆而给〔得之速也。《传》曰"何其给也"〕，是曰壶輴〔壶，器名。輴，音遄，速也，与遄同〕。天子西至于重璧之台，盛姬告病，□天子哀之〔上疑说盛姬死也〕，是曰哀次〔哭泣之位次〕。天子乃殡盛姬于榖丘之庙〔先王之庙有在此者，汉氏亦所在有庙焉〕。□壬寅，天子命哭〔令群臣大临也〕，启为主〔为之丧主，即下伊扈也。上启疑为开殡出棺也〕。郊父宾丧〔傧，赞礼仪〕，天子王女叔娌为主〔叔娌，穆王之女也。娌，音痤〕。天子□宾之命终丧礼〔令持丧终礼也〕，于是殇祀而哭〔殇，未成丧，盛姬年少也〕，内史执策〔所以书赠赗之事。内史，主册命者〕。官人□丌职曾祝敷筵席设几〔敷，犹铺也，《周礼》曰"丧事仍几"〕，盛馈具〔馈具，奠也〕，肺盐羹〔肉也，当以音行〕，哉〔大脔〕脯、枣、酏〔粥清也，音移〕、醢〔肉酱也〕、鱼腊〔乾鱼〕、糗〔寒粥也〕、韭〔韭菹〕，百物〔言备有也〕，乃陈腥俎十二，乾豆九十，鼎敦壶尊四十〔敦似盘，音堆〕，器〔杂器皿也〕，曾祝祭食〔礼，虽丧祭，皆祭食，示有所先也〕，进肺盐，祭酒〔以肺揍盐中以祭，所谓振祭也，礼以肺，见《少牢馈食》也〕。乃献丧主伊扈，伊扈拜受，□祭女，又献女主叔娅。叔娅拜受。祭□祝报祭觞大师〔乐官〕，乃哭即位〔就丧位也〕，毕哭，内史□策而哭〔策上宜作读《既夕礼》曰"主人之史读赗"是也〕，曾祝捧馈而哭〔捧，两手持也〕，御者□祈而哭〔待御者，《礼》曰"御者入浴"〕，抗者觞夕而哭〔抗，犹举也。《礼记》曰"小臣四人抗衾也"〕，佐者承斗而哭〔佐敛者也。斗，斟水杓也〕，佐者〔佐饮食者〕衣衾佩□而哭，乐□人陈琴瑟□竽〔疑竽上宜作笙，笙亦竽属〕，箫〔如笛，三孔〕，筊〔今载吏所吹者〕，筦〔筦如并两笛，音管〕而哭。百□众官人各□其职事以哭〔百众，犹百族也〕，曰：士女错踊九□乃终〔错，互也，哭则三踊，三哭而九踊，所谓成踊者也〕，丧主伊扈，哭出造舍〔倚庐也〕，父兄宗姓及在位者从之。佐者哭〔佐敛者也〕，且彻馈，及壶鼎俎豆〔皆佐者主为之〕，众官人各□其职，皆哭而出〔事毕〕，井利□事后出而收〔井利所以独后出者，典丧祭器物收敛之也。或曰井利稽慢，出不及辇，故收缚之〕。

　　癸卯，大哭殇祀而载〔载，祖载也〕。

　　甲辰，天子南葬盛姬于乐池之南〔即玄池也〕。天子乃命盛姬□之丧，视皇后之葬法〔视，犹比也〕。亦不拜后于诸侯〔疑字错误，所未详也〕。

　　辛酉，大成，百物皆备〔送葬之物具备〕。

　　壬戌，葬史录縶鼓钟以亦下棺〔窆也〕，七萃之士□士女错踊九，□丧下〔下谓入土〕。昧爽，天子使嬖人〔所爱幸者〕，赠用文锦明衣九领〔谓之明衣，言神明之衣〕，丧宗伊扈赠用变裳〔宗亦主，变裳，裳名也〕。女主叔娅赠用茵组〔茵，褥〕，百嬖人官师毕赠〔言尽有襚赠也。官师，群士号也。《礼记》曰"官师一庙"〕，井利乃藏〔藏之于墓所〕。报哭于大次〔报，犹反也。大次，有次神次也〕，祥祠□祝丧罢，辞于远人〔辞，谢遣归〕。为盛姬谥曰哀淑人〔恭仁短折曰哀〕，天子名之〔为丘作名〕，是曰淑人之丘。

天子永念盛姬

丁卯，天子东征，钓于漯水，以祭淑人，是曰祭丘。

甲申，天子北升于大北之隥〔疑此太行山也〕，而降休于两柏之下〔有两柏也〕。天子永念伤心，乃思淑人盛姬，于是流涕。七萃之士蔡豫上谏于天子曰：自古有死有生，岂独淑人。天子不乐，出于永思。永思有益，莫忘其新〔言思之有益者，莫忘更求新人〕。天子哀之，乃又流涕〔闻此言，愈更增感也〕。是日辍，己未乙酉，天子西绝钘隥〔即钘山之坂。一云癸巳游于井钘之山，吉日癸巳〕，乃遂西南。

神道本无已，成化亦自然。
君居寥天上，德在玉华泉。
真游践王豫，永日迟云仙。
表微在营道，明祀将祈年。
灵山俯新邑，松上生彩烟。
岂知穆天子，远去瑶池边。

唐·储光曦《荐玄德公庙》

国语

14

审定者：北京大学 张希清

全书总字数：70504

用字量：2590

《国语》系记言体国别史，二十一篇，大致成书于战国初年，相传为左丘明所作，又称之为《春秋外传》，和作为《春秋内传》的《左传》并列，两书互为表里，互相参证。

《国语》是一部历史文集汇编，关于春秋八个国家史事的记载详略不同，文风迥异，非出自一人之手，可能为当时各国史官所记载，再经整理润色而成，至西汉刘向考校最后定型。《国语》以国分类，各自成章，记载了上自西周穆王征犬戎，下至韩、赵、魏三家灭智伯，约五百年的历史。

高频字

之	不	以	也	而	其	曰	子	于	有	君	王

邵公谏弭谤

厉王虐，国人谤王。邵公告曰："民不堪命矣！"王怒，得卫巫，使监谤者，以告，则杀之。国人莫敢言，道路以目，王喜，告邵公曰："吾能弭谤矣，乃不敢言。"邵公曰："是障之也。防民之口，甚于防川。川壅而溃，伤人必多，民亦如之。是故为川者决之使导，为民者宣之使言。故天子听政，使公卿至于列士献诗，瞽献曲，史献书，师箴，瞍赋，曚诵，百工谏，庶人传语，近臣尽规，亲戚补察，瞽、史教诲，耆、艾修之，而后王斟酌焉，是以事行而不悖。民之有口，犹土之有山川也，财用于是乎出；犹其有原隰衍沃也，衣食于是乎生。口之宣言也，善败于是乎兴，行善而备败，其所以阜财用、衣食者也。夫民虑之于心而宣之于口，成而行之，胡可壅也？若壅其口，其与能几何？"王不听，于是国莫敢出言，三年，乃流王于彘。

——以上卷一·周语上

单穆公谏铸无射

二十三年，王将铸无射，而为之大林。单穆公曰："不可。作重币以绝民资，又铸大钟以鲜其继。若积聚既丧，又鲜其继，生何以殖？且夫钟不过以动声，若无射有林，耳弗及也。夫钟声以为耳也，耳所不及，非钟声也。犹目所不见，不可以为目也。夫目之察度也，不过步武尺寸之间；其察色也，不过墨丈寻常之间。耳之察和也，在清浊之间；其察清浊也，不过一人之所胜。是故先王之制钟也，大不出钧，重不过石。律度量衡于是乎生，小大器用于是乎出，故圣人慎之。今王作钟也，听之弗及，比之不度，钟声不可以知和，制度不可以出节，无益于乐，而鲜民财，将焉用之！

夫乐不过以听耳，而美不过以观目。若听乐而震，观美而眩，患莫甚焉。夫耳目，心之枢机也，故必听和而视正。听和则聪，视正则明。聪则言听，明则德昭，听言昭德，则能思虑纯固。以言德于民，民歆而德之，则归心焉。上得民心，以殖义方，是以作无不济，求无不获，然则能乐。夫耳内和声，而口出美言，以为宪令，而布诸民，正之以度量，民以心力，从之不倦。成事不贰，乐之至也。口内味而耳内声，声味生气。气在口为言，在目为明。言以信名，明以时动。名以成政，动以殖生。政成生殖，乐之至也。若视听不和，而有震眩，则味入不精，不精则气佚，气佚则不和。于是乎有狂悖之言，有眩惑之明，有转易之名，有过慝之度。出令不信，刑政放纷，动不顺时，民无据依，不知所力，各有离心。上失其民，作则不济，求则不获，其何以能乐？三年之中，而有离民之器二焉，国其危哉！”

王弗听，问之伶州鸠，对曰：“臣之守官弗及也。臣闻之，琴瑟尚宫，钟尚羽，石尚角，匏竹利制，大不逾宫，细不过羽。夫宫，音之主也。第以及羽，圣人保乐而爱财，财以备器，乐以殖财。故乐器重者从细，轻者从大。是以金尚羽，石尚角，瓦丝尚宫，匏竹尚议，革木一声。

夫政象乐，乐从和，和从平。声以和乐，律以平声。金石以动之，丝竹以行之，诗以道之，歌以咏之，匏以宣之，瓦以赞之，革木以节之。物得其常曰乐极，极之所集曰声，声应相保曰和，细大不逾曰平。如是，而铸之金，磨之石，系之丝木，越之匏竹，节之鼓而行之，以遂八风。于是乎气无滞阴，亦无散阳，阴阳序次，风雨时至，嘉生繁祉，人民和利，物备而乐成，上下不罢，故曰乐正。今细过其主妨于正，用物过度妨于财，正害财匮妨于乐。细抑大陵，不容于耳，非和也。听声越远，非平也。妨正匮财，声不和平，非宗官之所司也。

夫有和平之声，则有蕃殖之财。于是乎道之以中德，咏之以中音，德音不愆，以合神人，神是以宁，民是以听。若夫匮财用，罢民力，以逞淫心，听之不和，比之不度，无益于教，而离民怒神，非臣之所闻也。"

王不听，卒铸大钟。二十四年，钟成，伶人告和。王谓伶州鸠曰："钟果和矣。"对曰："未可知也。"王曰："何故？"对曰："上作器，民备乐之，则为和。今财亡民罢，莫不怨恨，臣不知其和也。且民所曹好，鲜其不济也。其所曹恶，鲜其不废也。故谚曰：'众心成城，众口铄金。'三年之中，而害金再兴焉，惧一之废也。"王曰："尔老耄矣！何知？"二十五年，王崩，钟不和。

——以上卷三·周语下

⚠ 展禽犒齐师

齐孝公来伐鲁，臧文仲欲以辞告，病焉，问于展禽。对曰："获闻之，处大教小，处小事大，所以御乱也，不闻以辞。若为小而崇，以怒大国，使加己乱，乱在前矣，辞其何益？"文仲曰："国急矣！百物唯其可者，将无不趋也。愿以子之辞行赂焉。其可赂乎？"

展禽使乙喜以膏沐犒师，曰："寡君不佞，不能事疆埸之司，使君盛怒，以暴露于弊邑之野，敢犒舆师。"齐侯见使者曰："鲁国恐乎？"对曰："小人恐矣，君子则否。"公曰："室如悬磬，野无青草，何恃而不恐？"对曰："恃二先君之所职业。昔者成王命我先君周公及齐先君太公曰：'女股肱周室，以夹辅先王。赐女土地，质之以牺牲，世世子孙无相害也。’君今来讨弊邑之罪，其亦使听从而释之，必不泯其社稷；岂其贪壤地，而弃先王之命？其何以镇抚诸侯？恃此以不恐。”齐侯乃许为平而还。

——以上卷四·鲁语上

△ 史苏谏纳骊姬

献公伐骊戎，克之，灭骊子，获骊姬以归，立以为夫人，生奚齐。其娣生卓子。骊姬请使申生主曲沃以速悬，重耳处蒲城，夷吾处屈，奚齐处绛，以儆无辱之故。公许之。

史苏朝，告大夫曰：“二三大夫其戒之乎，乱本生矣！日，君以骊姬为夫人，民之疾心固皆至矣。昔者之伐也，兴百姓以为百姓也，是以民能欣之，故莫不尽忠极劳以致死也。今君起百姓以自封也，民外不得其利，而内恶其贪，则上下既有判矣；然而又生男，其天道也？天强其毒，民疾其态，其乱生哉！吾闻君之好好而恶恶，乐乐而安安，是以能有常。伐木不自其本，必复生；塞水不自其源，必复流；灭祸不自其基，必复乱。今君灭其父而畜其子，祸之基也。畜其子，又从其欲，子思报父之耻而信其欲，虽好色，必恶心，不可谓好。好其色，必授之情。彼得其情以厚其欲，从其恶心，必败国且深乱。乱必自女戎，三代皆然。”骊姬果作难，杀太子而逐二公子。君子曰：“知难本矣。”

——以上卷七·晋语一

△ 虢公之梦

虢公梦在庙，有神人面白毛虎爪，执钺立于西阿，公惧而走。神曰：

"无走！帝命曰：'使晋袭于尔门。'"公拜稽首，觉，召史嚚占之，对曰："如君之言，则蓐收也，天之刑神也，天事官成。"公使囚之，且使国人贺梦。舟之侨告诸其族曰："众谓虢亡不久，吾乃今知之。君不度而贺大国之袭，于己也何瘳？吾闻之曰：'大国道，小国袭焉曰服。小国傲，大国袭焉曰诛。'民疾君之侈也，是以遂于逆命。今嘉其梦，侈必展，是天夺之鉴而益其疾也。民疾其态，天又诳之；大国来诛，出令而逆；宗国既卑，诸侯远己。内外无亲，其谁云救之？吾不忍俟也！"将行，以其族适晋。六年，虢乃亡。

△ 晋里克杀奚齐

二十六年，献公卒。里克将杀奚齐，先告荀息曰："三公子之徒将杀孺子，子将如何？"荀息曰："死吾君而杀其孤，吾有死而已，吾蔑从之矣！"里克曰："子死，孺子立，不亦可乎？子死，孺子废，焉用死？"荀息曰："昔君问臣事君于我，我对以忠贞。君曰：'何谓也？'我对曰：'可以利公室，力有所能，无不为，忠也。葬死者，养生者，死人复生不悔，生人不愧，贞也。'吾言既往矣，岂能欲行吾言而又爱吾身乎？虽死，焉避之？"

里克告丕郑曰："三公子之徒将杀孺子，子将何如？"丕郑曰："荀息谓何？"对曰："荀息曰：'死之。'"丕郑曰："子勉之。夫二国士之所图，无不遂也。我为子行之。子帅七舆大夫以待我。我使狄以动之，援秦以摇之。立其薄者可以得重赂，厚者可使无入。国，谁之国也！"里克曰："不可。克闻之，夫义者，利之足也；贪者，怨之本也。废义则利不立，厚贪则怨生，夫孺子岂获罪于民？将以骊姬之惑蛊君而诬国人，谗群公子而夺之利，使君迷乱，信而亡之，杀无罪以为诸侯笑，使百姓莫不有藏恶于其心中，恐其如壅大川，溃而不可救御也。是故将杀奚齐而立公子之在外者，以定民弭忧，于诸侯且为援，庶几曰诸侯义而抚之，百姓欣而奉之，国可以固。今杀君而赖其富，贪且反义。贪则民怨，反义则富不为赖。赖富而民怨，乱国而身殆，惧为诸侯载，不可常也。"丕郑许诺。于是杀奚齐、卓子及骊姬，而请君于秦。

既杀奚齐，荀息将死之。人曰："不如立其弟而辅之。"荀息立卓子。里克又杀卓子，荀息死之。君子曰："不食其言矣。"

——以上卷八·晋语二

△ 晋文公不弃冀缺

臼季使，舍于冀野。冀缺薅，其妻馌之，敬，相待如宾。从而问之，冀芮之子也，与之归；既复命，而进之曰："臣得贤人，敢以告。"文公曰："其父有罪，可乎？"对曰："国之良也，灭其前恶，是故舜之刑也殛鲧，其举也兴禹。今君之所闻也。齐桓公亲举管敬子，其贼也。"公曰："子何以知其贤也？"对曰："臣见其不忘敬也。夫敬，德之恪也。恪于德以临事，其何不济！"公见之，使为下军大夫。

——以上卷十一·晋语五

△ 申胥死谏夫差

吴王还自伐齐，乃讯申胥曰："昔吾先王体德明圣，达于上帝，譬如农夫作耦，以刈杀四方之蓬蒿，以立名于荆，此则大夫之力也。今大夫老，而又不自安恬逸，而处以念恶，出则罪吾众，挠乱百度，以妖孽吴国。今天降衷于吴，齐师受服。孤岂敢自多，先王之钟鼓，寔式灵之。敢告于大夫。"

申胥释剑而对曰："昔吾先王世有辅弼之臣，以能遂疑计恶，以不陷于大难。今王播弃黎老，而孩童焉比谋，曰：'余令而不违。'夫不违，乃违也。夫不违，亡之阶也。夫天之所弃，必骤近其小喜，而远其大忧。王若不得志于齐，而以觉寤王心，而吴国犹世。吾先君得之也，必有以取之；其亡之也，亦有以弃之。用能援持盈以没，而骤救倾以时。今王无以取之，而天禄亟至，是吴命之短也。员不忍称疾辟易，以见王之亲为越之擒也。员请先死。"遂自杀。将死，曰："以悬吾目于东门，以见越之入，吴国之亡也。"王愠曰："孤不使大夫得有见也。"乃使取申胥之尸，盛以鸱鶇，而投之于江。

——以上卷十九·吴语

丘明《国语》浩如云，子夏门人纷若蚁。

宋·文同《寄员文饶屯田》

审定者：河北人民出版社 栾保群

全书总字数：127125

用字量：2732

战国策 15

　　《战国策》是战国时期的史料汇编，多为战国谋臣、策士游说各国或互相辩论时的文字记录，三十三篇，四百九十章。非一时一人之作，最初也没有统一的名字，"或曰国策，或曰国事，或曰短长，或曰事语，或曰长书，或曰修书"，刘向在整理编订为一书之后，才确立了现在的书名。《战国策》为叙事体，以记言为主，以国分类，各自成策，反映了各诸侯国之间尖锐复杂的兼并斗争和谋臣策士往来游说的言行，开以人物为中心的纪传体之先河。

高频字

之	王	而	不	也	以	曰	秦	于	为	者	齐

苏秦始将连横

苏秦始将连横说秦惠王曰:"大王之国,西有巴、蜀、汉中之利,北有胡貉、代马之用,南有巫山、黔中之限,东有肴、函之固。田肥美,民殷富,战车万乘,奋击百万,沃野千里,蓄积饶多,地势形便。此所谓'天府',天下之雄国也。以大王之贤,士民之众,车骑之用,兵法之教,可以并诸侯,吞天下,称帝而治。愿大王少留意,臣请奏其效!"

秦王曰:"寡人闻之:毛羽不丰满者不可以高飞,文章不成者不可以诛罚,道德不厚者不可以使民,政教不顺者不可以烦大臣。今先生俨然不远千里而庭教之,愿以异日。"

苏秦曰:"臣固疑大王不能用也。昔者神农伐补遂,黄帝伐涿鹿而禽蚩尤,尧伐驩兜,舜伐三苗,禹伐共工,汤伐有夏,文王伐崇,武王伐纣,齐桓任战而伯天下。由此观之,恶有不战者乎?古者使车毂击驰,言语相结,天下为一;约从连横,兵革不藏;文士并饬,诸侯乱惑;万端俱起,不可胜理;科条既备,民多伪态;书策稠浊,百姓不足;上下相愁,民无所聊;明言章理,兵甲愈起;辩言伟服,攻战不息;繁称文辞,天下不治;舌弊耳聋,不见成功;行义约信,天下不亲。于是,乃废文任武,厚养死士,缀甲厉兵,效胜于战场。夫徒处而致利,安坐而广地,虽古五帝、三王、五伯,明主贤君,常欲坐而致之,其势不能,故以战续之。宽则两军相攻,迫则杖戟相撞,然后可建大功。是故兵胜于外,义强于内;

威立于上，民服于下。今欲并天下，凌万乘，诎敌国，制海内，子元元，臣诸侯，非兵不可。今之嗣主，忽于至道，皆惛于教，乱于治，迷于言，惑于语，沈于辩，溺于辞。以此论之，王固不能行也。"

说秦王书十上而说不行，黑貂之裘弊，黄金百斤尽，资用乏绝，去秦而归。嬴縢履跷，负书担囊，形容枯槁，面目犁黑，状有归色。归至家，妻不下纴，嫂不为炊，父母不与言。苏秦喟叹曰："妻不以为夫，嫂不以我为叔，父母不以我为子，是皆秦之罪也！"乃夜发书，陈箧数十，得《太公阴符》之谋，伏而诵之，简练以为揣摩。读书欲睡，引锥自刺其股，血流至足。曰："安有说人主不能出其金玉锦绣、取卿相之尊者乎？"期年揣摩成，曰："此真可以说当世之君矣！"

于是乃摩燕乌集阙，见说赵王于华屋之下，抵掌而谈。赵王大悦，封为武安君。受相印，革车百乘，锦绣千纯，白璧百双，黄金万镒，以随其后，约从散横，以抑强秦。故苏秦相于赵而关不通。

当此之时，天下之大，万民之众，王侯之威，谋臣之权，皆欲决苏秦之策。不费斗粮，未烦一兵，未战一士，未绝一弦，未折一矢，诸侯相亲，贤于兄弟。夫贤人在而天下服，一人用而天下从。故曰："式于政，不式于勇；式于廊庙之内，不式于四境之外。"当秦之隆，黄金万镒为用，转毂连骑，炫熿于道，山东之国，从风而服，使赵大重。且夫苏秦特穷巷掘门、桑户棬枢之士耳。伏轼撙衔，横历天下，廷说诸侯之王，杜左右之口，天下莫之能伉。

将说楚王，路过洛阳。父母闻之，清宫除道，张乐设饮，郊迎三十里；妻侧目而视，倾耳而听；嫂蛇行匍伏，四拜自跪谢。苏秦曰："嫂何前倨而后卑也？"嫂曰："以季子之位尊而多金。"苏秦曰："嗟乎！贫穷则父母不子，富贵则亲戚畏惧。人生世上，势位富贵，盖可忽乎哉！"

　　——以上卷三·秦一

甘茂相秦

甘茂相秦，秦王爱公孙衍，与之间有所立，因自谓之曰："寡人且相子。"甘茂之吏道而闻之，以告甘茂。甘茂因入见王，曰："王得贤相，敢再拜贺。"王曰："寡人托国于子，焉更得贤相？"对曰："王且相犀首。"王曰："子焉闻之？"对曰："犀首告臣。"王怒于犀首之泄也，乃逐之。

——以上卷四·秦二

范雎至秦

范雎至秦，王庭迎。谓范雎曰："寡人宜以身受令久矣，今者义渠之事急，寡人日自请太后；今义渠之事已，寡人乃得以身受命。躬窃闵然不敏，敬执宾主之礼。"范雎辞让。是日见范雎，见者无不变色易容者。

秦王屏左右，宫中虚无人。秦王跪而请曰："先生何以幸教寡人？"范雎曰："唯唯。"有间，秦王复请。范雎曰："唯唯。"若是者三。秦王跽曰："先生不幸教寡人乎？"范雎谢曰："非敢然也。臣闻始时吕尚之遇文王也，身为渔父而钓于渭阳之滨耳，若是者，交疏也。已一说而立为太师，载与俱归者，其言深也。故文王果收功于吕尚，卒擅天下，而身立为帝王。即使文王疏吕望而弗与深言，是周无天子之德，而文、武无与成其王也。今臣羁旅之臣也，交疏于王，而所愿陈者皆匡君之事，处人骨肉之间，愿以陈臣之陋忠，而未知王心也，所以王三问而不对者是也。臣非有所畏而不敢言也，知今日言之于前，而明日伏诛于后。然臣弗敢畏也。大王信行臣之言，死不足以为臣患，亡不足以为臣忧，漆身而为厉，被发而为狂，不足以为臣耻。五帝之圣而死，三王之仁而死，五伯之贤而死，乌获之力而死，奔、育之勇焉而死。死者，人之所必不免也，处必然之势。可以少有补于秦，此臣之所大愿也，臣何患乎？伍子胥橐载而出昭关，夜行而昼伏，至于蔆水，无以饵其口，坐行蒲服，乞食于吴市，卒兴吴国，阖庐为霸。使臣得进谋如伍子胥，加之以幽囚，终身不复见，是臣说之行也，臣何忧乎？箕子、接舆，漆身而为厉，被发而为狂，无益于殷、楚。使臣得同行于箕子、接舆，漆身可以补所贤之主，是臣之大荣也，臣又何耻乎？臣之所恐者，独恐臣死之后，天下见臣尽忠而身蹶也，是以杜口裹足，莫肯即秦耳。足下上畏太后之严，下惑奸臣之态，居深宫之中，不离保傅之手；终身暗惑，无与照奸，大者宗庙灭覆，小者身以孤危。此臣之所恐耳。若夫穷辱之事、死亡之患，臣弗敢畏也。臣死而秦治，贤于生也。”秦王跽曰：“先生是何言也！夫秦国僻远，寡人愚不肖，先生乃幸至此，此天以寡人恩先生，而存先王之庙也。寡人得受命于先生，此天所以幸先王而不弃其孤也。先生奈何而言若此？事无大小，上及太后，下至大臣，愿先生悉以教寡人，无疑寡人也。”范雎再拜，秦王亦再拜。

范雎曰：“大王之国，北有甘泉、谷口，南带泾、渭，右陇、蜀，左关、阪，战车千乘，奋击百万，以秦卒之勇，车骑之多，以当诸侯，譬若驰韩卢而逐蹇兔也，霸王之业可致。今反闭而不敢窥兵于山东者，是穰侯为国谋不忠，而大王之计有所失也。”王曰：“愿闻所失计。”雎曰：“大王越韩、魏而攻强齐，非计也。少出师则不足以伤齐，多之则害于秦。臣意王之计，欲少出师，而悉韩、魏之兵则不义矣。今见与国之不可亲，越人之国而攻，可乎？疏于计矣。昔者，齐人伐楚，战胜，破军杀将，再辟千里，肤寸之地无得者，岂齐不欲地哉？形弗能有也。诸侯见齐之罢露，君臣之不亲，举兵而伐之，主辱军破，为天下笑。所以然者，以其伐楚而肥韩、魏也。此所谓藉贼兵而赍盗食者也。王不如远交而近攻，得寸则王之寸，得尺亦王之尺也。今舍此而远攻，不亦缪乎？且昔者，中山之地，方五百里，赵独擅之，功成、名立、利附，则天下莫能害。今韩、魏，中国之处，而天下之枢也。王若欲霸，必亲中国而以为天下枢，以威楚、赵。赵强则楚附，楚强则赵附，楚、赵附则齐必惧，惧必卑辞重弊以事秦，齐附而韩、魏可虚也。"王曰："寡人欲亲魏；魏多变之国也，寡人不能亲。请问亲魏奈何？"范雎曰："卑辞重币以事之；不可，削地而赂之；不可，举兵而伐之。"于是举兵而攻邢丘，邢丘拔，而魏请附。

曰："秦、韩之地形，相错如绣。秦之有韩，若木之有蠹，人之病心腹。天下有变，为秦害者，莫大于韩，王不如收韩。"王曰："寡人欲收韩，不听，为之奈何？"范雎曰："举兵而攻荥阳，则成皋之路不通；北斩太行之道，则上党之兵不下。一举而攻荥阳，则其国断而为三。魏、韩见必亡，焉得不听？韩听而霸事可成也。"王曰："善。"

——以上卷五·秦三

△ 吕不韦贾于邯郸

濮阳人吕不韦贾于邯郸，见秦质子异人，归而谓父曰："耕田之利几倍？"曰："十倍。""珠玉之赢几倍？"曰："百倍。""立国家之主赢几倍？"曰："无数。"曰："今力田疾，作不得暖衣馀食；今建国立君，泽可以遗世。愿往事之。"

秦子异人质于赵，处于聊城。故往说之曰："子傒有承国之业，又有母在中；今子无母于中，外托于不可知之国，一日倍约，身为粪土。今子听吾计事，求归，可以有秦国。吾为子使秦，必来请子。"

乃说秦王后弟阳泉君曰："君之罪至死，君知之乎？君之门下无不居高尊位，太子门下无贵者。君之府藏珍珠宝玉，君之骏马盈外厩，美女充后庭。王之春秋高，一日山陵崩，太子用事，君危于累卵，而不寿于朝生。说有可以一切而使君富贵千万岁，其宁于太山四维，必无危亡之患矣。"阳泉君避席，请闻其说。不韦曰："王年高矣，王后无子，子傒有承国之业，士仓又辅之。王一日山陵崩，子傒立，士仓用事，王后之门，必生蓬蒿。子异人贤材也，弃在于赵，无母于内，引领西望，而愿一得归。王后诚请而立之，是子异人无国而有国，王后无子而有子也。"阳泉君曰："然。"入说王后，王后乃请赵而归之。

赵未之遣，不韦说赵曰："子异人秦之宠子也，无母于中，王后欲取而子之。使秦而欲屠赵，不顾一子以留计，是抱空质也。若使子异人归而得立，赵厚送遣之，是不敢倍德畔施，是自为德讲。秦王老矣，一日晏驾，虽有子异人，不足以结秦。"赵乃遣之。

异人至，不韦使楚服而见。王后悦其状，高其知，曰："吾楚人也。"而自子之，乃变其名曰"楚"。王使子诵，子曰："少弃捐在外，尝无师傅所教学，不习于诵。"王罢之，乃留止。间曰："陛下尝轫车于赵矣，赵之豪杰，得知名者不少。今大王反国，皆西面而望。大王无一介之使以存之，臣恐其皆有怨心。使边境早闭晚开。"王以为然，奇其计。王后劝立之。王乃召相，令之曰："寡人子莫如楚。"立以为太子。

子楚立，以不韦为相，号曰"文信侯"，食蓝田十二县。王后为华阳太后，诸侯皆致秦邑。

——以上卷七·秦五

△ 海大鱼

靖郭君将城薛，客多以谏。靖郭君谓谒者，无为客通。齐人有请者曰："臣请三言而已矣！益一言，臣请烹。"靖郭君因见之。客趋而进曰："海大鱼。"因反走。君曰："客有于此。"客曰："鄙臣不敢以死为戏。"君曰："亡，更言之。"对曰："君不闻大鱼乎？网不能止，钩不能牵，荡而失水，则蝼蚁得意焉。今夫齐亦君之水也。君长有齐阴，奚以薛为？夫齐，虽隆薛之城到于天，犹之无益也。"君曰："善。"乃辍城薛。

邹忌修八尺有馀

邹忌修八尺有馀，身体昳丽。朝服衣冠窥镜，谓其妻曰："我孰与城北徐公美？"其妻曰："君美甚，徐公何能及公也！"城北徐公，齐国之美丽者也。忌不自信，而复问其妾曰："吾孰与徐公美？"妾曰："徐公何能及君也！"旦日，客从外来，与坐谈，问之客曰："吾与徐公孰美？"客曰："徐公不若君之美也。"明日，徐公来，孰视之，自以为不如；窥镜而自视，又弗如远甚。暮，寝而思之，曰："吾妻之美我者，私我也；妾之美我者，畏我也；客之美我者，欲有求于我也。"

于是，入朝见威王曰："臣诚知不如徐公美，臣之妻私臣，臣之妾畏臣，臣之客欲有求于臣，皆以美于徐公。今齐地方千里，百二十城，宫妇左右莫不私王，朝廷之臣莫不畏王，四境之内莫不有求于王。由此观之，王之蔽甚矣。"王曰："善。"乃下令："群臣吏民，能面刺寡人之过者，受上赏；上书谏寡人者，受中赏；能谤议于市朝，闻寡人之耳者，受下赏。"

令初下，群臣进谏，门庭若市。数月之后，时时而间进。期年之后，虽欲言，无可进者。

燕、赵、韩、魏闻之，皆朝于齐。此所谓战胜于朝廷。

张仪为秦连横齐王

张仪为秦连横齐王曰："天下强国无过齐者，大臣父兄殷众富乐，无过齐者。然而为大王计者，皆为一时说，而不顾万世之利。从人说大王者，必谓'齐西有强赵，南有韩、魏，负海之国也，地广人众，兵强士勇，虽有百秦，将无奈我何。'大王览其说，而不察其至实。

夫从人朋党比周，莫不以从为可。臣闻之，齐与鲁三战而鲁三胜，国以危，亡随其后，虽有胜名，而有亡之实，是何故也？齐大而鲁小。今赵之与秦也，犹齐之于鲁也。秦、赵战于河、漳之上，再战而再胜秦；战于番吾之下，再战而再胜秦。四战之后，赵亡卒数十万，邯郸仅存。虽有胜秦之名，而国破矣。是何故也？秦强而赵弱也。今秦、楚嫁子取妇，为昆弟之国。韩献宜阳，魏效河外，赵入朝黾池，割河间以事秦。大王不事秦，秦驱韩、魏攻齐之南地，悉赵涉河、关，指抟关，临淄、即墨非王之有也。国一日被攻，虽欲事秦，不可得也。是故愿大王熟计之。"

齐王曰："齐僻陋隐居，托于东海之上，未尝闻社稷之长利，今大客幸而教之，请奉社稷以事秦。"献鱼盐之地三百于秦也。

——以上卷八·齐一

△ 齐人有冯谖者

齐人有冯谖者，贫乏不能自存，使人属孟尝君，愿寄食门下。孟尝君曰："客何好？"曰："客无好也。"曰："客何能？"曰："客无能也。"孟尝君笑而受之，曰："诺。"左右以君贱之也，食以草具。

居有顷，倚柱弹其剑，歌曰："长铗归来乎！食无鱼。"左右以告。孟尝君曰："食之，比门下之客。"居有顷，复弹其铗，歌曰："长铗归来乎！出无车。"左右皆笑之，以告。孟尝君曰："为之驾，比门下之车客。"于是乘其车，揭其剑，过其友曰："孟尝君客我。"后有顷，复弹其剑铗，歌曰："长铗归来乎！无以为家。"左右皆恶之，以为贪而不知足。孟尝君问："冯公有亲乎？"对曰："有老母。"孟尝君使人给其食用，无使乏。于是冯谖不复歌。

后孟尝君出记，问门下诸客："谁习计会，能为文收责于薛乎？"冯谖署曰："能。"孟尝君怪之，曰："此谁也？"左右曰："乃歌夫'长铗归来'者也。"孟尝君笑曰："客果有能也，吾负之，未尝见也。"请而见之，谢曰："文倦于事，愦于忧，而性懧愚，沉于国家之事，开罪于先生。先生不羞，乃有意欲为收责于薛乎？"冯谖曰："愿之。"于是约车治装，载券契而行，辞曰："责毕收，以何市而反？"孟尝君曰："视吾家所寡有者。"

驱而之薛，使吏召诸民当偿者，悉来合券。券遍合，起，矫命以责赐诸民，因烧其券，民称万岁。

长驱到齐，晨而求见。孟尝君怪其疾也，衣冠而见之，曰："责毕收乎？来何疾也！"曰："收毕矣。""以何市而反？"冯谖曰："君云'视吾家所寡有者'。臣窃计，君宫中积珍宝，狗马实外厩，美人充下陈。君家所寡有者以义耳！窃以为君市义。"孟尝君曰："市义奈何？"曰："今君有区区之薛，不拊爱子其民，因而贾利之。臣窃矫君命，以责赐诸民，因烧其券，民称万岁。乃臣所以为君市义也。"孟尝君不说，曰："诺，先生休矣！"

后期年，齐王谓孟尝君曰："寡人不敢以先王之臣为臣。"孟尝君就国于薛。未至百里，民扶老携幼，迎君道中。孟尝君顾谓冯谖："先生所为文市义者，乃今日见之。"冯谖曰："狡兔有三窟，仅得免其死耳。今君有一窟，未得高枕而卧也。请为君复凿二窟。"孟尝君予车五十乘，金五百斤，西游于梁，谓惠王曰："齐放其大臣孟尝君于诸侯，诸侯先迎之者富而兵强。"于是，梁王虚上位，以故相为上将军，遣使者，黄金千斤，车百乘，往聘孟尝君。冯谖先驱，诫孟尝君曰："千金，重币也；百乘，显使也。齐其闻之矣。"梁使三反，孟尝君固辞不往也。

齐王闻之，君臣恐惧，遣太傅赍黄金千斤，文车二驷，服剑一，封书谢孟尝君曰："寡人不祥，被于宗庙之祟，沉于谄谀之臣，开罪于君，寡人不足为也。愿君顾先王之宗庙，姑反国统万人乎！"冯谖诫孟尝君曰："愿请先王之祭器，立宗庙于薛。"庙成，还报孟尝君曰："三窟已就，君姑高枕为乐矣。"

孟尝君为相数十年，无纤介之祸者，冯谖之计也。

△ 齐王使使者问赵威后

齐王使使者问赵威后。书未发，威后问使者曰："岁亦无恙耶？民亦无恙耶？王亦无恙耶？"使者不说，曰："臣奉使使威后，今不问王而先问岁与民，岂先贱而后尊贵者乎？"威后曰："不然，苟无岁，何以有民？苟无民，何以有君？故有问舍本而问末者耶？"

乃进而问之曰："齐有处士曰钟离子，无恙耶？是其为人也，有粮者亦食，无粮者亦食；有衣者亦衣，无衣者亦衣。是助王养其民也，何以至今不业也？叶阳子无恙乎？是其为人，哀鳏寡，恤孤独，振困穷，补不足。是助王息其民者也，何以至今不业也？北宫之女婴儿子无恙耶？彻其环瑱，至老不嫁，以养父母。是皆率民而出于孝情者也，胡为至今不朝也？此二士弗业，一女不朝，何以王齐国，子万民乎？於陵子仲尚存乎？是其为人也，上不臣于王，下不治其家，中不索交诸侯。此率民而出于无用者，何为至今不杀乎？"

——以上卷十一·齐四

△ 秦围赵之邯郸

秦围赵之邯郸。魏安釐王使将军晋鄙救赵，畏秦，止于荡阴，不进。魏王使客将军新垣衍间入邯郸，因平原君谓赵王曰："秦所以急围赵者，前与齐湣王争强为帝，已而复归帝，以齐故。今齐湣王已益弱。方今唯秦雄天下，此非必贪邯郸，其意欲求为帝。赵诚发使尊秦昭王为帝，秦必喜，罢兵去。"平原君犹豫未有所决。

此时鲁仲连适游赵，会秦围赵，闻魏将欲令赵尊秦为帝，乃见平原君曰："事将奈何矣？"平原君曰："胜也何敢言事！百万之众折于外，今又内围邯郸而不能去。魏王使将军辛垣衍令赵帝秦，今其人在是，胜也何敢言事？”鲁连曰：“始吾以君为天下之贤公子也，吾乃今然后知君非天下之贤公子也。梁客辛垣衍安在？吾请为君责而归之。”平原君曰：“胜请召而见之于先生。”平原君遂见辛垣衍曰：“东国有鲁连先生，其人在此，胜请为绍介而见之于将军。”辛垣衍曰：“吾闻鲁连先生，齐国之高士也。衍，人臣也，使事有职，吾不愿见鲁连先生也。”平原君曰：“胜已泄之矣。”辛垣衍许诺。

鲁连见辛垣衍而无言。辛垣衍曰：“吾视居北围城之中者，皆有求于平原君者也。今吾视先生之玉貌，非有求平原君者，曷为久居此围城之中而不去也？”鲁连曰：“世以鲍焦无从容而死者，皆非也。今众人不知，则为一身。彼秦者，弃礼义而上首功之国也，权使其士，虏使其民。彼则肆然而为帝，过而遂正于天下，则连有赴东海而死矣，吾不忍为之民也！所为见将军者，欲以助赵也。”辛垣衍曰：“先生助之奈何？”鲁连曰：“吾将使梁及燕助之，齐、楚则固助之矣。”辛垣衍曰：“燕则吾请以从矣。若乃梁，则吾乃梁人也，先生恶能使梁助之耶？”鲁连曰：“梁未睹秦称帝之害故也，使梁睹秦称帝之害，则必助赵矣。”辛垣衍曰：“秦称帝之害将奈何？”鲁仲连曰：“昔齐威王尝为仁义矣，率天下诸侯而朝周。周贫且微，诸侯莫朝，而齐独朝之。居岁馀，周烈王崩，诸侯皆吊，齐后往。周怒，赴于齐曰：‘天崩地坼，天子下席，东藩之臣田婴齐后至，则斮之。’威王勃然怒曰：‘叱嗟，而母婢也。’卒为天下笑。故生则朝周，死则叱之，诚不忍其求也。彼天子固然，其无足怪。”辛垣衍曰：“先生独未见夫仆乎？十人而从一人者，宁力不胜，智不若耶？畏之也。”鲁仲连曰：“然梁之比于秦若仆耶？”辛垣衍曰：“然。”鲁仲连曰：“然吾将使秦王烹醢梁王。”辛垣衍怏然不悦曰：“嘻，亦太甚矣，先生之言也！先生又恶能使秦烹醢梁王？”鲁仲连曰：“固也，待吾言之。昔者，鬼侯之鄂侯、文王，纣之三公也。鬼侯有子而好，故入之于纣，纣以为恶，醢鬼侯。鄂侯争之急，辩之疾，故脯鄂侯。文王闻之，喟然而叹，故拘之于牖里之车，百日而欲舍之死。曷为与人俱称帝王，卒就脯醢之地也？齐闵王将之鲁，夷维子执策而从，谓鲁人曰：'子将何以待吾君？'鲁人曰：'吾将以十太牢待子之君。'维子曰：'子安取礼而来待吾君？彼吾君者，天子也。天子巡狩，诸侯辟舍，纳于筦键，摄衽抱几，视膳于堂下，天子已食，退而听朝也。'鲁人投其籥，不果纳。不得入于鲁。将之薛，假途于邹。当是时，邹君死，闵王欲入吊。夷维子谓邹之孤曰：'天子吊，主人必将倍殡柩，设北面于南方，然后天子南面吊也。'邹之群臣曰：'必若此，吾将伏剑而死。'故不敢入于邹。邹、鲁之臣，生则不得事养，死则不得饭含，然且欲行天子之礼于邹、鲁之臣，不果纳。今秦万乘之国，梁亦万乘之国，俱据万乘之国，交有称王之名，赌其一战而胜，欲从而帝之，是使三晋之大臣不如邹、鲁之仆妾也。且秦无已而帝，则且变易诸侯之大臣。彼将夺其所谓不肖而予其所谓贤，夺其所憎而与其所爱；彼又将使其子女谗妾为诸侯妃姬，处梁之宫，梁王安得晏然而已乎？而将军又何以得故宠乎？"于是，辛垣衍起，再拜谢曰："始以先生为庸人，吾乃今日而知先生为天下之士也。吾请去，不敢复言帝秦。"

秦将闻之，为却军五十里。适会魏公子无忌，夺晋鄙军以救赵击秦，秦军引而去。于是平原君欲封鲁仲连。鲁仲连辞让者三，终不肯受。平原君乃置酒，酒酣，起前以千金为鲁连寿。鲁连笑曰："所贵于天下之士者，为人排患、释难、解纷乱而无所取也。即有所取者，是商贾之人也，仲连不忍为也。"遂辞平原君而去，终身不复见。

——以上卷二十·赵三

△ 秦王使人谓安陵君

秦王使人谓安陵君曰："寡人欲以五百里之地易安陵，安陵君其许寡人？"安陵君曰："大王加惠，以大易小，甚善。虽然，受地于先王，愿终守之，弗敢易。"秦王不说。安陵君因使唐且使于秦。秦王谓唐且曰："寡人以五百里之地易安陵，安陵君不听寡人，何也？且秦灭韩亡魏，而君以五十里之地存者，以君为长者，故不错意也。今吾以十倍之地，请广于君，而君逆寡人者，轻寡人与？"唐且对曰："否，非若是也。安陵君受地于先王而守之，虽千里不敢易也，岂直五百里哉？"秦王怫然怒，谓唐且曰："公亦尝闻天子之怒乎？"唐且对曰："臣未尝闻也。"秦王曰："天子之怒，伏尸百万，流血千里。"唐且曰："大王尝闻布衣之怒乎？"秦王曰："布衣之怒，亦免冠徒跣，以头抢地尔。"唐且曰："此庸夫之怒也，非士之怒也。夫专诸之刺王僚也，彗星袭月；聂政之刺韩傀也，白虹贯日；要离之刺庆忌也，仓鹰击于殿上。此三子者，皆布衣之士也，怀怒未发，休祲降于天，与臣而将四矣。若士必怒，伏尸二人，流血五步，天下缟素，今日是也。"挺剑而起，秦王色挠，长跪而谢之曰："先生坐，何至于此，寡人谕矣。夫韩、魏灭亡，而安陵以五十里之地存者，徒以有先生也。"

——以上卷二十五·魏四

⚠ 燕太子丹质于秦亡归

燕太子丹质于秦，亡归。见秦且灭六国，兵以临易水，恐其祸至。太子丹患之，谓其太傅鞫武曰："燕、秦不两立，愿太傅幸而图之。"武对曰："秦地遍天下，威胁韩、魏、赵氏，则易水以北未有所定也。奈何以见陵之怨，欲排其逆鳞哉？"太子曰："然则何由？"太傅曰："请入图之。"

居之有间，樊将军亡秦之燕，太子容之。太傅鞫武谏曰："不可。夫秦王之暴，而积怨于燕，足为寒心，又况闻樊将军之在乎！是以委肉当饿虎之蹊，祸必不振矣！虽有管、晏，不能为谋。愿太子急遣樊将军入匈奴以灭口。请西约三晋，南连齐、楚，北讲于单于，然后乃可图也。"太子丹曰："太傅之计，旷日弥久，心惛然，恐不能须臾。且非独于此也。夫樊将军困穷于天下，归身于丹，丹终不迫于强秦而弃所哀怜之交置之匈奴，是丹命固卒之时也。愿太傅更虑之。"鞠武曰："燕有田光先生者，其智深，其勇沉，可与之谋也。"太子曰："愿因太傅交于田先生，可乎？"鞠武曰："敬诺。"出见田光，道太子曰："愿图国事于先生。"田光曰："敬奉教。"乃造焉。

太子跪而逢迎，却行为道，跪而拂席。田先生坐定，左右无人，太子避席而请曰："燕、秦不两立，愿先生留意也。"田光曰："臣闻骐骥盛壮之时，一日而驰千里；至其衰也，驽马先之。今太子闻光壮盛之时，不知吾精已消亡矣。虽然，光不敢以乏国事也。所善荆轲，可使也。"太子曰："愿因先生得愿交于荆轲，可乎？"田光曰："敬诺。"即起，趋出。太子送之至门，曰："丹所报，先生所言者，国大事也，愿先生勿泄也。"田光俯而笑曰："诺。"

偻行见荆轲，曰："光与子相善，燕国莫不知。今太子闻光壮盛之时，不知吾形已不逮也，幸而教之曰：'燕、秦不两立，愿先生留意也。'光窃不自外，言足下于太子，愿足下过太子于宫。"荆轲曰："谨奉教。"田光曰："光闻长者之行，不使人疑之，今太子约光曰：'所言者，国之大事也，愿先生勿泄也。'是太子疑光也。夫为行使人疑之，非节侠士也。"欲自杀以激荆轲，曰："愿足下急过太子，言光已死，明不言也。"遂自刭而死。

轲见太子，言田光已死，明不言也。太子再拜而跪，膝下行流涕，有顷而后言曰："丹所请田先生无言者，欲以成大事之谋，今田先生以死明不泄言，岂丹之心哉！"荆轲坐定，太子避席顿首曰："田先生不知丹不肖，使得至前，愿有所道，此天所以哀燕不弃其孤也。今秦有贪饕之心，而欲不可足也。非尽天下之地，臣海内之王者，其意不餍。今秦已虏韩王，尽纳其地，又举兵南伐楚，北临赵。王翦将数十万之众临漳、邺，而李信出太原、云中。赵不能支秦，必入臣。入臣，则祸至燕。燕小弱，数困于兵，今计举国不足以当秦。诸侯服秦，莫敢合从。丹之私计，愚以为诚得天下之勇士使于秦，窥以重利，秦王贪其贽，必得所愿矣。诚得劫秦王，使悉反诸侯之侵地，若曹沫之与齐桓公，则大善矣；则不可，因而刺杀之。彼大将擅兵于外，而内有大乱，则君臣相疑。以其间诸侯，诸侯得合从，其偿破秦必矣。此丹之上愿，而不知所以委命，唯荆卿留意焉。"久之，荆轲曰："此国之大事，臣驽下，恐不足任使。"太子前顿首，固请无让。然后许诺。于是尊荆轲为上卿，舍上舍，太子日日造问，供太牢异物，间进车骑美女，恣荆轲所欲，以顺适其意。

久之，荆卿未有行意。秦将王翦破赵，虏赵王，尽收其地，进兵北略地至燕南界。太子丹恐惧，乃请荆卿曰："秦兵旦暮渡易水，则虽欲长侍足下，岂可得哉！"荆卿曰："微太子言，臣愿得谒之。今行而无信，则秦未可亲也。夫今樊将军，秦王购之金千斤、邑万家。诚能得樊将军首与燕督亢之地图献秦王，秦王必说见臣，臣乃得有以报太子。"太子曰："樊将军以穷困来归丹，丹不忍以己之私而伤长者之意，愿足下更虑之。"

荆轲知太子不忍，乃遂私见樊於期曰："秦之遇将军可谓深矣。父母宗族，皆为戮没。今闻购将军之首，金千斤、邑万家，将奈何？"樊将军仰天太息流涕曰："吾每念，常痛于骨髓，顾计不知所出耳。"轲曰："今有一言，可以解燕国之患，而报将军之仇者，何如？"樊於期乃前曰："为之奈何？"荆轲曰："愿得将军之首以献秦，秦王必喜而善见臣，臣左手把其袖，而右手揕抗其胸，然则将军之仇报，而燕国见陵之耻除矣。将军岂有意乎？"樊於期偏袒扼腕而进曰："此臣日夜切齿拊心也，乃今得闻教。"遂自刭。太子闻之，驰往，伏尸而哭，极哀。既已无可奈何，乃遂收盛樊於期之首，函封之。

于是，太子预求天下之利匕首，得赵人徐夫人之匕首，取之百金，使工以药淬之，以试人，血濡缕，人无不立死者。乃为装遣荆轲。燕国有勇士秦武阳，年十二杀人，人不敢与忤视。乃令秦武阳为副。荆轲有所待，欲与俱，其人居远未来，而为留待。顷之未发，太子迟之，疑其有改悔，乃复请之曰："日以尽矣，荆卿岂无意哉？丹请先遣秦武阳。"荆轲怒，叱太子曰："今日往而不反者，竖子也！今提一匕首入不测之强秦，仆所以留者，待吾客与俱。今太子迟之，请辞决矣！"遂发。

太子及宾客知其事者，皆白衣冠以送之。至易水上，既祖，取道。高渐离击筑，荆轲和而歌，为变徵之声，士皆垂泪涕泣。又前而为歌曰："风萧萧兮易水寒，壮士一去兮不复还！"复为慷慨羽声，士皆瞋目，发尽上指冠。于是荆轲遂就车而去，终已不顾。

既至秦，持千金之资币物，厚遗秦王宠臣中庶子蒙嘉。嘉为先言于秦王曰："燕王诚振畏慕大王之威，不敢兴兵以拒大王，愿举国为内臣，比诸侯之列，给贡职如郡县，而得奉守先王之宗庙。恐惧不敢自陈，谨斩樊於期头，及献燕之督亢之地图，函封，燕王拜送于庭，使使以闻大王。唯大王命之。"秦王闻之，大喜。乃朝服，设九宾，见燕使者咸阳宫。荆轲奉樊於期头函，而秦武阳奉地图匣，以次进，至陛下。秦武阳色变振恐，群臣怪之，荆轲顾笑武阳，前为谢曰："北蛮夷之鄙人，未尝见天子，故振慑，愿大王少假借之，使毕使于前。"秦王谓轲曰："起，取武阳所持图。"轲既取图奉之，发图，图穷而匕首见。因左手拔秦王之袖，而右手持匕首揕抗之。未至身，秦王惊，自引而起，绝袖。拔剑，剑长，掺其室。时怨急，剑坚，故不可立拔。荆轲逐秦王，秦王还柱而走。群臣惊愕，卒起不意，尽失其度。而秦法，群臣侍殿上者，不得持尺兵。诸郎中执兵，皆陈殿下，非有诏不得上。方急时，不及召下兵，以故荆轲逐秦王，而卒惶急无以击轲，而乃以手共搏之。是时，侍医夏无且以其所奉药囊提轲。秦王之方还柱走，卒惶急不知所为，左右乃曰："王负剑！王负剑！"遂拔以击荆轲，断其左股。荆轲废，乃引其匕首提秦王，不中，中柱。秦王复击轲，被八创。轲自知事不就，倚柱而笑，箕踞以骂曰："事所以不成者，乃欲以生劫之，必得约契以报太子也。"左右既前斩荆轲，秦王目眩良久。而论功赏群臣及当坐者各有差。而赐夏无且黄金二百镒，曰："无且爱我，乃以药囊提轲也。"

于是秦大怒燕，益发兵诣赵，诏王翦军以伐燕。十月而拔燕蓟城。燕王喜、太子丹等皆率其精兵东保于辽东。秦将李信追击燕王，王急，用代王嘉计，杀太子丹，欲献之秦。秦复进兵攻之。五岁而卒灭燕国，而虏燕王喜。秦兼天下。

其后荆轲客高渐离以击筑见秦皇帝，而以筑击秦皇帝，为燕报仇，不中而死。

——以上卷三十一·燕三

......
我窥尘编三太息，诸侯自覆非秦力。
纷纷二百四十年，说士游谈空满籍。
我将西上吊兴亡，南山自有能言石。

宋·周麟之《读战国策》

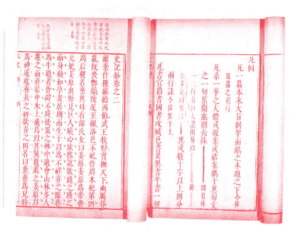

审定者： 广州大学　杨树增

全书总字数：：504520

用字量：：4708

史记

16

　　《史记》原名《太史公书》，是我国第一部纪传体通史，记事上起传说中的黄帝，下迄汉武元狩元年，首尾将近3000年。全书130卷，分为十二本纪、十表、八书、三十世家、七十列传。博大精深，脉络分明。司马迁撰写《史记》的目的在于"究天人之际，通古今之变，成一家之言"。以个人力量成就纵贯中国整个上古时代的通史，几千年来，无出其右者。整部《史记》，帝王将相无数，英雄豪杰无数，鸿儒硕学无数，司马迁"想见其为人"的，唯有孔子与屈原，司马迁欣赏孔子"知其不可而为之"的气魄；屈原的遭遇，与己身之遭遇同病相怜，其恢宏之辞章，也为司马迁所向往，融入历史的写作中，使其成为一幅瑰丽雄浑、荡气回肠、悲天悯人的历史画卷。

　　《史记》不仅是史书之典范，也是不朽的文学名著，鲁迅先生赞其为"史家之绝唱，无韵之《离骚》"。

高频字

之	王	不	以	为	子	而	曰	其	人	公	也

项羽本纪第七

项籍者，下相人也，字羽。初起时，年二十四。其季父项梁，梁父即楚将项燕，为秦将王翦所戮者也。项氏世世为楚将，封于项，故姓项氏。

项籍少时，学书不成，去学剑，又不成。项梁怒之。籍曰："书足以记名姓而已。剑一人敌，不足学，学万人敌。"于是项梁乃教籍兵法，籍大喜，略知其意，又不肯竟学。项梁尝有栎阳逮，乃请蕲狱掾曹咎书抵栎阳狱掾司马欣，以故事得已。项梁杀人，与籍避仇于吴中。吴中贤士大夫皆出项梁下。每吴中有大繇役及丧，项梁常为主办，阴以兵法部勒宾客及子弟，以是知其能。秦始皇帝游会稽，渡浙江，梁与籍俱观。籍曰："彼可取而代也。"梁掩其口，曰："毋妄言，族矣！"梁以此奇籍。籍长八尺馀，力能扛鼎，才气过人，虽吴中子弟皆已惮籍矣。

秦二世元年七月，陈涉等起大泽中。其九月，会稽守通谓梁曰："江西皆反，此亦天亡秦之时也。吾闻先即制人，后则为人所制。吾欲发兵，使公及桓楚将。"是时桓楚亡在泽中。梁曰："桓楚亡，人莫知其处，独籍知之耳。"梁乃出，诫籍持剑居外待。梁复入，与守坐，曰："请召籍，使受命召桓楚。"守曰："诺。"梁召籍入。须臾，梁眴籍曰："可行矣！"于是籍遂拔剑斩守头。项梁持守头，佩其印绶。门下大惊，扰乱，籍所击杀数十百人。一府中皆慑①伏，莫敢起。梁乃召故所知豪吏，谕以所为起大事，遂举吴中兵。使人收下县，得精兵八千人。梁部署吴中豪杰为校尉、候、司马。有一人不得用，自言于梁。梁曰："前时某丧使公主某事，不能办，以此不任用公。"众乃皆伏。于是梁为会稽守，籍为裨将，徇下县。

广陵人召平于是为陈王徇广陵，未能下。闻陈王败走，秦兵又且至，乃渡江矫陈王命，拜梁为楚王上柱国。曰："江东已定，急引兵西击秦。"项梁乃以八千人渡江而西。闻陈婴已下东阳，使使欲与连和俱西。陈婴者，故东阳令史，居县中，素信谨，称为长者。东阳少年杀其令，相聚数千人，欲置长，无适用，乃请陈婴。婴谢不能，遂彊立婴为长，县中从者得二万人。少年欲立婴便为王，异军苍头特起。陈婴母谓婴曰："自我为汝家妇，未尝闻汝先古之有贵者。今暴得大名，不祥。不如有所属，事成犹得封侯，事败易以亡，非世所指名也。"婴乃不敢为王。谓其军吏曰："项氏世世将家，有名于楚。今欲举大事，将非其人，不可。我倚名族，亡秦必矣。"于是众从其言，以兵属项梁。项梁渡淮，黥布、蒲将军亦以兵属焉。凡六七万人，军下邳。

当是时，秦嘉已立景驹为楚王，军彭城东，欲距项梁。项梁谓军吏曰："陈王先首事，战不利，未闻所在。今秦嘉倍陈王而立景驹，逆无道。"乃进兵击秦嘉。秦嘉军败走，追之至胡陵。嘉还战一日，嘉死，军降。景驹走死梁地。项梁已并秦嘉军，军胡陵，将引军而西。章邯军至栗，项梁使别将朱鸡石、余樊君与战。余樊君死。朱鸡石军败，亡走胡陵。项梁乃引兵入薛，诛鸡石。项梁前使项羽别攻襄城，襄城坚守不下。已拔，皆阬之。还报项梁。项梁闻陈王定死，召诸别将会薛计事。此时沛公亦起沛，往焉。

居鄛人范增，年七十，素居家，好奇计，往说项梁曰："陈胜败固当。

---

① 慑（shè）：恐惧。

夫秦灭六国，楚最无罪。自怀王入秦不反，楚人怜之至今，故楚南公曰'楚虽三户，亡秦必楚'也。今陈胜首事，不立楚后而自立，其势不长。今君起江东，楚蜂午之将皆争附君者，以君世世楚将，为能复立楚之后也。"于是项梁然其言，乃求楚怀王孙心民间，为人牧羊，立以为楚怀王，从民所望也。陈婴为楚上柱国，封五县，与怀王都盱台。项梁自号为武信君。

居数月，引兵攻亢父，与齐田荣、司马龙且军救东阿，大破秦军于东阿。田荣即引兵归，逐其王假。假亡走楚。假相田角亡走赵。角弟田间故齐将，居赵不敢归。田荣立田儋子市为齐王。项梁已破东阿下军，遂追秦军。数使使趣齐兵，欲与俱西。田荣曰："楚杀田假，赵杀田角、田间，乃发兵。"项梁曰："田假为与国之王，穷来从我，不忍杀之。"赵亦不杀田角、田间以市于齐。齐遂不肯发兵助楚。项梁使沛公及项羽别攻城阳，屠之。西破秦军濮阳东，秦兵收入濮阳。沛公、项羽乃攻定陶。定陶未下，去，西略地至雝丘，大破秦军，斩李由。还攻外黄，外黄未下。

项梁起东阿，西，比至定陶，再破秦军，项羽等又斩李由，益轻秦，有骄色。宋义乃谏项梁曰："战胜而将骄卒惰者败。今卒少惰矣，秦兵日益，臣为君畏之。"项梁弗听。乃使宋义使于齐。道遇齐使者高陵君显，曰："公将见武信君乎？"曰："然。"曰："臣论武信君军必败。公徐行即免死，疾行则及祸。"秦果悉起兵益章邯，击楚军，大破之定陶，项梁死。沛公、项羽去外黄攻陈留，陈留坚守不能下。沛公、项羽相与谋曰："今项梁军破，士卒恐。"乃与吕臣军俱引兵而东。吕臣军彭城东，项羽军彭城西，沛公军砀。

章邯已破项梁军，则以为楚地兵不足忧，乃渡河击赵，大破之。当此时，赵歇为王，陈馀为将，张耳为相，皆走入钜鹿城。章邯令王离、涉间围钜鹿，章邯军其南，筑甬道而输之粟。陈馀为将，将卒数万人而军钜鹿之北，此所谓河北之军也。

楚兵已破于定陶，怀王恐，从盱台之彭城，并项羽、吕臣军自将之。

以昌臣为司徒，以其父吕青为令尹。以沛公为砀郡长，封为武安侯，将砀郡兵。

初，宋义所遇齐使者高陵君显在楚军，见楚王曰："宋义论武信君之军必败，居数日，军果败。兵未战而先见败徵，此可谓知兵矣。"王召宋义与计事而大说之，因置以为上将军，项羽为鲁公，为次将，范增为末将，救赵。诸别将皆属宋义，号为卿子冠军。行至安阳，留四十六日不进。项羽曰："吾闻秦军围赵王钜鹿，疾引兵渡河，楚击其外，赵应其内，破秦军必矣。"宋义曰："不然。夫搏牛之虻不可以破虮虱。今秦攻赵，战胜则兵罢，我承其敝；不胜，则我引兵鼓行而西，必举秦矣。故不如先斗秦赵。夫被坚执锐，义不如公；坐而运策，公不如义。"因下令军中曰："猛如虎，很如羊，贪如狼，彊不可使者，皆斩之。"乃遣其子宋襄相齐，身送之至无盐，饮酒高会。天寒大雨，士卒冻饥。项羽曰："将戮力而攻秦，久留不行。今岁饥民贫，士卒食芋菽，军无见粮，乃饮酒高会，不引兵渡河因赵食，与赵并力攻秦，乃曰'承其敝'。夫以秦之彊，攻新造之赵，其势必举赵。赵举而秦彊，何敝之承！且国兵新破，王坐不安席，埽境内而专属于将军，国家安危，在此一举。今不恤士卒而徇其私，非社稷之臣。"项羽晨朝上将军宋义，即其帐中斩宋义头，出令军中曰："宋义与齐谋反楚，楚王阴令羽诛之。"当是时，诸将皆慴服，莫敢枝梧。皆曰："首立楚者，将军家也。今将军诛乱。"乃相与共立羽为假上将军。使人追宋义子，及之齐，杀之。使桓楚报命于怀王。怀王因使项羽为上将军，当阳君、蒲将军皆属项羽。

项羽已杀卿子冠军，威震楚国，名闻诸侯。乃遣当阳君、蒲将军将卒二万渡河，救钜鹿。战少利，陈馀复请兵。项羽乃悉引兵渡河，皆沈船，破釜甑，烧庐舍，持三日粮，以示士卒必死，无一还心。于是至则围王离，与秦军遇，九战，绝其甬道，大破之，杀苏角，虏王离。涉间不降楚，自烧杀。当是时，楚兵冠诸侯。诸侯军救钜鹿下者十馀壁，莫敢纵兵。及楚击秦，诸将皆从壁上观。楚战士无不一以当十，楚兵呼声动天，诸侯军无不人人惴恐。于是已破秦军，项羽召见诸侯将，入辕门，无不膝行而前，莫敢仰视。项羽由是始为诸侯上将军，诸侯皆属焉。

章邯军棘原，项羽军漳南，相持未战。秦军数卻，二世使人让章邯。章邯恐，使长史欣请事。至咸阳，留司马门三日，赵高不见，有不信之心。长史欣恐，还走其军，不敢出故道，赵高果使人追之，不及。欣至军，报曰："赵高用事于中，下无可为者。今战能胜，高必疾妒吾功；战不能胜，不免于死。愿将军孰计之。"陈馀亦遗章邯书曰："白起为秦将，南征鄢郢，北阬马服，攻城略地，不可胜计，而竟赐死。蒙恬为秦将，北逐戎人，开榆中地数千里，竟斩阳周。何者？功多，秦不能尽封，因以法诛之。今将军为秦将三岁矣，所亡失以十万数，而诸侯并起滋益多。彼赵高素谀日久，今事急，亦恐二世诛之，故欲以法诛将军以塞责，使人更代将军以脱其祸。夫将军居外久，多内卻，有功亦诛，无功亦诛。且天之亡秦，无愚智皆知之。今将军内不能直谏，外为亡国将，孤特独立而欲常存，岂不哀哉！将军何不还兵与诸侯为从，约共攻秦，分王其地，南面称孤；此孰与身伏鈇质，妻子为僇乎？"章邯狐疑，阴使候始成使项羽，欲约。约未成，项羽使蒲将军日夜引兵度三户，军漳南，与秦战，再破之。项羽悉引兵击秦军汙水上，大破之。

章邯使人见项羽，欲约。项羽召军吏谋曰："粮少，欲听其约。"军吏皆曰："善。"项羽乃与期洹水南殷虚上。已盟，章邯见项羽而流涕，为言赵高。项羽乃立章邯为雍王，置楚军中。使长史欣为上将军，将秦军为前行。到新安。诸侯吏卒异时故繇使屯戍过秦中，秦中吏卒遇之多无状，及秦军降诸侯，诸侯吏卒乘胜多奴虏使之，轻折辱秦吏卒。秦吏卒多窃言曰："章将军等诈吾属降诸侯，今能入关破秦，大善；即不能，诸侯虏吾属而东，秦必尽诛吾父母妻子。"诸将微闻其计，以告项羽。项羽乃召黥布、蒲将军计曰："秦吏卒尚众，其心不服，至关中不听，事必危，不如击杀之，而独与章邯、长史欣、都尉翳入秦。"于是楚军夜击阬秦卒二十馀万人新安城南。

行略定秦地。函谷关有兵守关，不得入。又闻沛公已破咸阳，项羽大怒，使当阳君等击关。项羽遂入，至于戏西。沛公军霸上，未得与项羽相见。沛公左司马曹无伤使人言于项羽曰："沛公欲王关中，使子婴为相，珍宝尽有之。"项羽大怒，曰："旦日飨士卒，为击破沛公军！"当是时，项羽兵四十万，在新丰鸿门，沛公兵十万，在霸上。范增说项羽曰："沛公居山东时，贪于财货，好美姬。今入关，财物无所取，妇女无所幸，此其志不在小。吾令人望其气，皆为龙虎，成五采，此天子气也。急击勿失。"

楚左尹项伯者，项羽季父也，素善留侯张良。张良是时从沛公，项伯乃夜驰之沛公军，私见张良，具告以事，欲呼张良与俱去。曰："毋从俱死也。"张良曰："臣为韩王送沛公，沛公今事有急，亡去不义，不可不语。"良乃入，具告沛公。沛公大惊，曰："为之奈何？"张良曰："谁为大王为此计者？"曰："鲰生说我曰'距关，毋内诸侯，秦地可尽王也'。故听之。"良曰："料大王士卒足以当项王乎？"沛公默然，曰："固不如也，且为之奈何？"张良曰："请往谓项伯，言沛公不敢背项王也。"沛公曰："君安与项伯有故？"张良曰："秦时与臣游，项伯杀人，臣活之。今事有急，故幸来告良。"沛公曰："孰与君少长？"良曰："长于臣。"沛公曰："君为我呼入，吾得兄事之。"张良出，要项伯。项伯即入见沛公。沛公奉卮酒为寿，约为婚姻，曰："吾入关，秋毫不敢有所近，籍①吏民，封府库，而待将军。所以遣将守关者，备他盗之出入与非常也。日夜望将军至，岂敢反乎！愿伯具言臣之不敢倍德也。"项伯许诺。谓沛公曰："旦日不可不蚤自来谢项王。"沛公曰："诺。"于是项伯复夜去，至军中，具以沛公言报项王。因言曰："沛公不先破关中，公岂敢入乎？今人有大功而击之，不义也，不如因善遇之。"项王许诺。

沛公旦日从百馀骑来见项王，至鸿门，谢曰："臣与将军戮力而攻秦，

---

① 籍（jí）：登记。

将军战河北，臣战河南，然不自意能先入关破秦，得复见将军于此。今者有小人之言，令将军与臣有卻。"项王曰："此沛公左司马曹无伤言之；不然，籍何以至此。"项王即日因留沛公与饮。项王、项伯东向坐。亚父南向坐。亚父者，范增也。沛公北向坐，张良西向侍。范增数目项王，举所佩玉玦以示之者三，项王默然不应。范增起，出召项庄，谓曰："君王为人不忍，若入前为寿。寿毕，请以剑舞，因击沛公于坐，杀之。不者，若属皆且为所虏。"庄则入为寿，寿毕，曰："君王与沛公饮，军中无以为乐，请以剑舞。"项王曰："诺。"项庄拔剑起舞，项伯亦拔剑起舞，常以身翼蔽沛公，庄不得击。于是张良至军门，见樊哙。樊哙曰："今日之事何如？"良曰："甚急。今者项庄拔剑舞，其意常在沛公也。"哙曰："此迫矣，臣请入，与之同命。"哙即带剑拥盾入军门。交戟之卫士欲止不内，樊哙侧其盾以撞，卫士仆地，哙遂入，披帷西向立，瞋目视项王，头发上指，目眦尽裂。项王按剑而跽曰："客何为者？"张良曰："沛公之参乘樊哙者也。"项王曰："壮士，赐之卮酒。"则与斗卮酒。哙拜谢，起，立而饮之。项王曰："赐之彘肩。"则与一生彘肩。樊哙覆其盾于地，加彘肩上，拔剑切而啗之。项王曰："壮士，能复饮乎？"樊哙曰："臣死且不避，卮酒安足辞！夫秦王有虎狼之心，杀人如不能举，刑人如恐不胜，天下皆叛之。怀王与诸将约曰'先破秦入咸阳者王之'。今沛公先破秦入咸阳，毫毛不敢有所近，封闭宫室，还军霸上，以待大王来。故遣将守关者，备他盗出入与非常也。劳苦而功高如此，未有封侯之赏，而听细说，欲诛有功之人。此亡秦之续耳，窃为大王不取也。"项王未有以应，曰："坐。"樊哙从良坐。坐须臾，沛公起如厕，因招樊哙出。

沛公已出，项王使都尉陈平召沛公。沛公曰："今者出，未辞也，为之奈何？"樊哙曰："大行不顾细谨，大礼不辞小让。如今人方为刀俎，我为鱼肉，何辞为。"于是遂去。乃令张良留谢。良问曰："大王来何操？"曰："我持白璧一双，欲献项王，玉斗一双，欲与亚父，会其怒，不敢献。公为我献之。"张良曰："谨诺。"当是时，项王军在鸿门下，沛公军在霸上，相去四十里。沛公则置车骑，脱身独骑，与樊哙、夏侯婴、靳彊、纪信等四人持剑盾步走，从郦山下，道芷阳间行。沛公谓张良曰："从此道至吾军，不过二十里耳。度我至军中，公乃入。"沛公已去，间至军中，张良入谢，曰："沛公不胜桮杓，不能辞。谨使臣良奉白璧一双，再拜献大王足下；玉斗一双，再拜奉大将军足下。"项王曰："沛公安在？"良曰："闻大王有意督过之，脱身独去，已至军矣。"项王则受璧，置之坐上。亚父受玉斗，置之地，拔剑撞而破之，曰："唉！竖子不足与谋。夺项王天下者，必沛公也，吾属今为之虏矣。"沛公至军，立诛杀曹无伤。

居数日，项羽引兵西屠咸阳，杀秦降王子婴，烧秦宫室，火三月不灭；收其货宝妇女而东。人或说项王曰："关中阻山河四塞，地肥饶，可都以霸。"项王见秦宫室皆以烧残破，又心怀思欲东归，曰："富贵不归故乡，如衣绣夜行，谁知之者！"说者曰："人言楚人沐猴而冠耳，果然。"项王闻之，烹说者。

项王使人致命怀王。怀王曰："如约。"乃尊怀王为义帝。项王欲自王，先王诸将相。谓曰："天下初发难时，假立诸侯后以伐秦。然身被坚执锐首事，暴露于野三年，灭秦定天下者，皆将相诸君与籍之力也。义帝虽无功，故当分其地而王之。"诸将皆曰："善。"乃分天下，立诸将为侯王。项王、范增疑沛公之有天下，业已讲解，又恶负约，恐诸侯叛之，乃阴谋曰："巴、蜀道险，秦之迁人皆居蜀。"乃曰："巴、蜀亦关中地也。"故立沛公为汉王，王巴、蜀、汉中，都南郑。而三分关中，王秦降将以距塞汉王。项王乃立章邯为雍王，王咸阳以西，都废丘。长史欣者，故为栎阳狱掾，尝有德于项梁；都尉董翳者，本劝章邯降楚。故立司马欣为塞王，王咸阳以东至河，都栎阳；立董翳为翟王，王上郡，都高奴。徙魏王豹为西魏王，王河东，都平阳。瑕丘申阳者，张耳嬖臣也，先下河南，迎楚河上，故立申阳为河南王，都雒阳。韩王成因故都，都阳翟。赵将司马卬定河内，数有功，故立卬为殷王，王河内，都朝歌。徙赵王歇为代王。

赵相张耳素贤，又从入关，故立耳为常山王，王赵地，都襄国。当阳君黥布为楚将，常冠军，故立布为九江王，都六。鄱君吴芮率百越佐诸侯，又从入关，故立芮为衡山王，都邾。义帝柱国共敖将兵击南郡，功多，因立敖为临江王，都江陵。徙燕王韩广为辽东王。燕将臧荼从楚救赵，因从入关，故立荼为燕王，都蓟。徙齐王田市为胶东王。齐将田都从共救赵，因从入关，故立都为齐王，都临菑。故秦所灭齐王建孙田安，项羽方渡河救赵，田安下济北数城，引其兵降项羽，故立安为济北王，都博阳。田荣者，数负项梁，又不肯将兵从楚击秦，以故不封。成安君陈馀弃将印去，不从入关，然素闻其贤，有功于赵，闻其在南皮，故因环封三县。番君将梅鋗功多，故封十万户侯。项王自立为西楚霸王，王九郡，都彭城。

汉之元年四月，诸侯罢戏下，各就国。项王出之国，使人徙义帝，曰："古之帝者地方千里，必居上游。"乃使使徙义帝长沙郴县。趣义帝行，其群臣稍稍背叛之，乃阴令衡山、临江王击杀之江中。韩王成无军功，项王不使之国，与俱至彭城，废以为侯，已又杀之。臧荼之国，因逐韩广之辽东，广弗听，荼击杀广无终，并王其地。

田荣闻项羽徙齐王市胶东，而立齐将田都为齐王，乃大怒，不肯遣齐王之胶东，因以齐反，迎击田都。田都走楚。齐王市畏项王，乃亡之胶东就国。田荣怒，追击杀之即墨。荣因自立为齐王，而西杀击济北王田安，并王三齐。荣与彭越将军印，令反梁地。陈馀阴使张同、夏说说齐王田荣曰："项羽为天下宰，不平。今尽王故王于丑地，而王其群臣诸将善地，逐其故主，赵王乃北居代，余以为不可。闻大王起兵，且不听不义，愿大王资余兵，请以击常山，以复赵王，请以国为扞蔽①。"齐王许之，因遣兵之赵。陈馀悉发三县兵，与齐并力击常山，大破之。张耳走归汉。陈馀迎故赵王歇于代，反之赵。赵王因立陈馀为代王。

是时，汉还定三秦。项羽闻汉王皆已并关中，且东，齐、赵叛之：大

---

① 扞（hàn）蔽：保护，屏障。扞，蔽也。

怒。乃以故吴令郑昌为韩王，以距汉。令萧公角等击彭越。彭越败萧公角等。汉使张良徇韩，乃遗项王书曰："汉王失职，欲得关中，如约即止，不敢东。"又以齐、梁反书遗项王曰："齐欲与赵并灭楚。"楚以此故无西意，而北击齐。徵兵九江王布。布称疾不往，使将将数千人行。项王由此怨布也。汉之二年冬，项羽遂北至城阳，田荣亦将兵会战。田荣不胜，走至平原，平原民杀之。遂北烧夷齐城郭室屋，皆阬田荣降卒，系虏其老弱妇女。徇齐至北海，多所残灭。齐人相聚而叛之。于是田荣弟田横收齐亡卒得数万人，反城阳。项王因留，连战未能下。

春，汉王部五诸侯兵，凡五十六万人，东伐楚。项王闻之，即令诸将击齐，而自以精兵三万人南从鲁出胡陵。四月，汉皆已入彭城，收其货宝美人，日置酒高会。项王乃西从萧，晨击汉军而东，至彭城，日中，大破汉军。汉军皆走，相随入穀、泗水，杀汉卒十馀万人。汉卒皆南走山，楚又追击至灵壁东睢水上。汉军却，为楚所挤，多杀，汉卒十馀万人皆入睢水，睢水为之不流。围汉王三匝。于是大风从西北而起，折木发屋，扬沙石，窈冥昼晦，逢迎楚军。楚军大乱，坏散，而汉王乃得与数十骑遁去，欲过沛，收家室而西；楚亦使人追之沛，取汉王家：家皆亡，不与汉王相见。汉王道逢得孝惠、鲁元，乃载行。楚骑追汉王，汉王急，推堕孝惠、鲁元车下，滕公常下收载之。如是者三。曰："虽急不可以驱，奈何弃之？"于是遂得脱。求太公、吕后不相遇。审食其从太公、吕后间行，求汉王，反遇楚军。楚军遂与归，报项王，项王常置军中。

是时吕后兄周吕侯为汉将兵居下邑，汉王间往从之，稍稍收其士卒。至荥阳，诸败军皆会，萧何亦发关中老弱未傅悉诣荥阳，复大振。楚起于彭城，常乘胜逐北，与汉战荥阳南京、索间，汉败楚，楚以故不能过荥阳而西。

项王之救彭城，追汉王至荥阳，田横亦得收齐，立田荣子广为齐王。汉王之败彭城，诸侯皆复与楚而背汉。汉军荥阳，筑甬道属之河，以取敖仓粟。汉之三年，项王数侵夺汉甬道，汉王食乏，恐，请和，割荥阳以西为汉。

项王欲听之。历阳侯范增曰："汉易与耳，今释弗取，后必悔之。"项王乃与范增急围荥阳。汉王患之，乃用陈平计间项王。项王使者来，为太牢具，举欲进之。见使者，详惊愕曰："吾以为亚父使者，乃反项王使者。"更持去，以恶食食项王使者。使者归报项王，项王乃疑范增与汉有私，稍夺之权。范增大怒，曰："天下事大定矣，君王自为之。愿赐骸骨归卒伍。"项王许之。行未至彭城，疽发背而死。

汉将纪信说汉王曰："事已急矣，请为王诳楚为王，王可以间出。"于是汉王夜出女子荥阳东门被甲二千人，楚兵四面击之。纪信乘黄屋车，傅左纛①，曰："城中食尽，汉王降。"楚军皆呼万岁。汉王亦与数十骑从城西门出，走成皋。项王见纪信，问："汉王安在？"曰："汉王已出矣。"项王烧杀纪信。

汉王使御史大夫周苛、枞公、魏豹守荥阳。周苛、枞公谋曰："反国之王，难与守城。"乃共杀魏豹。楚下荥阳城，生得周苛。项王谓周苛曰："为我将，我以公为上将军，封三万户。"周苛骂曰："若不趣降汉，汉今虏若，若非汉敌也。"项王怒，烹周苛，并杀枞公。

汉王之出荥阳，南走宛、叶，得九江王布，行收兵，复入保成皋。汉之四年，项王进兵围成皋。汉王逃，独与滕公出成皋北门，渡河走脩武，从张耳、韩信军。诸将稍稍得出成皋，从汉王。楚遂拔成皋，欲西。汉使兵距之巩，令其不得西。

是时，彭越渡河击楚东阿，杀楚将军薛公。项王乃自东击彭越。汉王得淮阴侯兵，欲渡河南。郑忠说汉王，乃止壁河内。使刘贾将兵佐彭越，烧楚积聚。项王东击破之，走彭越。汉王则引兵渡河，复取成皋，军广武，就敖仓食。项王已定东海来，西，与汉俱临广武而军，相守数月。

当此时，彭越数反梁地，绝楚粮食，项王患之。为高俎，置太公其

---

① 傅左纛（dào）：纪信扮装成刘邦，骗项羽。纛，帝王的车饰，设在车衡的左边，故左纛。

上，告汉王曰："今不急下，吾烹太公。"汉王曰："吾与项羽俱北面受命怀王，曰'约为兄弟'，吾翁即若翁，必欲烹而翁，则幸分我一杯羹。"项王怒，欲杀之。项伯曰："天下事未可知，且为天下者不顾家，虽杀之无益，祇益祸耳。"项王从之。

楚汉久相持未决，丁壮苦军旅，老弱罢转漕。项王谓汉王曰："天下匈匈数岁者，徒以吾两人耳，愿与汉王挑战决雌雄，毋徒苦天下之民父子为也。"汉王笑谢曰："吾宁斗智，不能斗力。"项王令壮士出挑战。汉有善骑射者楼烦，楚挑战三合，楼烦辄射杀之。项王大怒，乃自被甲持戟挑战。楼烦欲射之，项王瞋目叱之，楼烦目不敢视，手不敢发，遂走还入壁，不敢复出。汉王使人间问之，乃项王也。汉王大惊。于是项王乃即汉王相与临广武间而语。汉王数之，项王怒，欲一战。汉王不听，项王伏弩射中汉王。汉王伤，走入成皋。

项王闻淮阴侯已举河北，破齐、赵，且欲击楚，乃使龙且往击之。淮阴侯与战，骑将灌婴击之，大破楚军，杀龙且。韩信因自立为齐王。项王闻龙且军破，则恐，使盱台人武涉往说淮阴侯。淮阴侯弗听。是时，彭越复反，下梁地，绝楚粮。项王乃谓海春侯大司马曹咎等曰："谨守成皋，则汉欲挑战，慎勿与战，毋令得东而已。我十五日必诛彭越，定梁地，复从将军。"乃东，行击陈留、外黄。

外黄不下。数日，已降，项王怒，悉令男子年十五已上诣城东，欲阬之。外黄令舍人儿年十三，往说项王曰："彭越彊劫外黄，外黄恐，故且降，待大王。大王至，又皆阬之，百姓岂有归心？从此以东，梁地十馀城皆恐，莫肯下矣。"项王然其言，乃赦外黄当阬者。东至睢阳，闻之皆争下项王。

汉果数挑楚军战，楚军不出。使人辱之，五六日，大司马怒，渡兵汜水。士卒半渡，汉击之，大破楚军，尽得楚国货赂。大司马咎、长史翳、塞王欣皆自刭汜水上。大司马咎者，故蕲狱掾①，长史欣亦故栎阳狱吏，两人尝有德于项梁，是以项王信任之。当是时，项王在睢阳，闻海春侯军败，则引兵还。汉军方围钟离眜于荥阳东，项王至，汉军畏楚，尽走险阻。

是时，汉兵盛食多，项王兵罢食绝。汉遣陆贾说项王，请太公，项王弗听。汉王复使侯公往说项王，项王乃与汉约，中分天下，割鸿沟以西者为汉，鸿沟而东者为楚。项王许之，即归汉王父母妻子。军皆呼万岁。汉王乃封侯公为平国君。匿弗肯复见。曰："此天下辩士，所居倾国，故号为平国君。"项王已约，乃引兵解而东归。

汉欲西归，张良、陈平说曰："汉有天下太半，而诸侯皆附之。楚兵罢食尽，此天亡楚之时也，不如因其机而遂取之。今释弗击，此所谓'养虎自遗患'也。"汉王听之。汉五年，汉王乃追项王至阳夏南，止军，与淮阴侯韩信、建成侯彭越期会而击楚军。至固陵，而信、越之兵不会。楚击汉军，大破之。汉王复入壁，深堑而自守。谓张子房曰："诸侯不从约，为之奈何？"对曰："楚兵且破，信、越未有分地，其不至固宜。君王能与共分天下，今可立致也。即不能，事未可知也。君王能自陈以东傅海，尽与韩信；睢阳以北至毂城，以与彭越：使各自为战，则楚易败也。"汉王曰："善。"于是乃发使者告韩信、彭越曰："并力击楚。楚破，自陈以东傅海与齐王，睢阳以北至毂城与彭相国。"使者至，韩信、彭越皆报曰："请今进兵。"韩信乃从齐往，刘贾军从寿春并行，屠城父，至垓下。大司马周殷叛楚，以舒屠六，举九江兵，随刘贾、彭越皆会垓下，诣项王。

项王军壁垓下，兵少食尽，汉军及诸侯兵围之数重。夜闻汉军四面皆楚歌，项王乃大惊曰："汉皆已得楚乎？是何楚人之多也！"项王则夜起，饮帐中。有美人名虞，常幸从；骏马名骓，常骑之。于是项王乃悲歌慷慨，自为诗曰："力拔山兮气盖世，时不利兮骓不逝。骓不逝兮可奈何，

---

① 掾（yuàn）：历代属官的通称。

虞兮虞兮奈若何！”歌数阕，美人和之。项王泣数行下，左右皆泣，莫能仰视。

于是项王乃上马骑，麾下壮士骑从者八百馀人，直夜溃围南出，驰走。平明，汉军乃觉之，令骑将灌婴以五千骑追之。项王渡淮，骑能属者百馀人耳。项王至阴陵，迷失道，问一田父，田父绐曰“左”。左，乃陷大泽中。以故汉追及之。项王乃复引兵而东，至东城，乃有二十八骑。汉骑追者数千人。项王自度不得脱。谓其骑曰：“吾起兵至今八岁矣，身七十馀战，所当者破，所击者服，未尝败北，遂霸有天下。然今卒困于此，此天之亡我，非战之罪也。今日固决死，愿为诸君快战，必三胜之，为诸君溃围，斩将，刈旗，令诸君知天亡我，非战之罪也。”乃分其骑以为四队，四向。汉军围之数重。项王谓其骑曰：“吾为公取彼一将。”令四面骑驰下，期山东为三处。于是项王大呼驰下，汉军皆披靡，遂斩汉一将。是时，赤泉侯为骑将，追项王，项王瞋目而叱之，赤泉侯人马俱惊，辟易数里与其骑会为三处。汉军不知项王所在，乃分军为三，复围之。项王乃驰，复斩汉一都尉，杀数十百人，复聚其骑，亡其两骑耳。乃谓其骑曰：“何如？”骑皆伏曰：“如大王言。”

于是项王乃欲东渡乌江。乌江亭长檥船待，谓项王曰：“江东虽小，地方千里，众数十万人，亦足王也。愿大王急渡。今独臣有船，汉军至，无以渡。”项王笑曰：“天之亡我，我何渡为！且籍与江东子弟八千人渡江而西，今无一人还，纵江东父兄怜而王我，我何面目见之？纵彼不言，籍独不愧于心乎？”乃谓亭长曰：“吾知公长者。吾骑此马五岁，所当无敌，尝一日行千里，不忍杀之，以赐公。”乃令骑皆下马步行，持短兵接战。独籍所杀汉军数百人。项王身亦被十馀创。顾见汉骑司马吕马童，曰：“若非吾故人乎？”马童面之，指王翳曰：“此项王也。”项王乃曰：“吾闻汉购我头千金，邑万户，吾为若德。”乃自刎而死。王翳取其头，馀骑相蹂践争项王，相杀者数十人。最其后，郎中骑杨喜，骑司马吕马童，郎中吕胜、杨武各得其一体。五人共会其体，皆是。故分其地为五：

封吕马童为中水侯，封王翳为杜衍侯，封杨喜为赤泉侯，封杨武为吴防侯，封吕胜为涅阳侯。

项王已死，楚地皆降汉，独鲁不下。汉乃引天下兵欲屠之，为其守礼义，为主死节，乃持项王头视鲁，鲁父兄乃降。始，楚怀王初封项籍为鲁公，及其死，鲁最后下，故以鲁公礼葬项王穀城。汉王为发哀，泣之而去。

诸项氏枝属，汉王皆不诛。乃封项伯为射阳侯。桃侯、平皋侯、玄武侯皆项氏，赐姓刘。

太史公曰：吾闻之周生曰"舜目盖重瞳子"，又闻项羽亦重瞳子。羽岂其苗裔邪？何兴之暴也！夫秦失其政，陈涉首难，豪杰蜂起，相与并争，不可胜数。然羽非有尺寸，乘埶起陇亩之中，三年，遂将五诸侯灭秦，分裂天下，而封王侯，政由羽出，号为"霸王"，位虽不终，近古以来未尝有也。及羽背关怀楚，放逐义帝而自立，怨王侯叛己，难矣。自矜功伐，奋其私智而不师古，谓霸王之业，欲以力征经营天下，五年卒亡其国，身死东城，尚不觉寤而不自责，过矣。乃引"天亡我，非用兵之罪也"，岂不谬哉！

——以上卷七

△ 陈涉世家第十八

陈胜者，阳城人也，字涉。吴广者，阳夏人也，字叔。陈涉少时，尝与人佣耕，辍耕之垄上，怅恨久之，曰："苟富贵，无相忘。"庸者笑而应曰："若为庸耕，何富贵也？"陈涉太息曰："嗟乎，燕雀安知鸿鹄之志哉！"

二世元年七月，发闾①左适戍渔阳，九百人屯大泽乡。陈胜、吴广皆次当行，为屯长。会天大雨，道不通，度已失期。失期，法皆斩。陈胜、吴广乃谋曰："今亡亦死，举大计亦死，等死，死国可乎？"陈胜曰："天下苦秦久矣。吾闻二世少子也，不当立，当立者乃公子扶苏。扶苏以数谏故，上使外将兵。今或闻无罪，二世杀之。百姓多闻其贤，未知其死也。项燕为楚将，数有功，爱士卒，楚人怜之。或以为死，或以为亡。今诚以吾众诈自称公子扶苏、项燕，为天下唱，宜多应者。"吴广以为然。乃行卜。卜者知其指意，曰："足下事皆成，有功。然足下卜之鬼乎！"陈胜、吴广喜，念鬼，曰："此教我先威众耳。"乃丹书帛曰"陈胜王"，置人所罾鱼腹中。卒买鱼烹食，得鱼腹中书，固以怪之矣。又间令吴广之次所旁丛祠中，夜篝火，狐鸣呼曰"大楚兴，陈胜王"。卒皆夜惊恐。旦日，卒中往往语，皆指目陈胜。

吴广素爱人，士卒多为用者。将尉醉，广故数言欲亡，忿恚②尉，令辱之，以激怒其众。尉果笞广。尉剑挺，广起，夺而杀尉。陈胜佐之，并杀两尉。召令徒属曰："公等遇雨，皆已失期，失期当斩。藉弟令毋斩，而戍死者固十六七。且壮士不死即已，死即举大名耳，王侯将相宁有种乎！"徒属皆曰："敬受命。"乃诈称公子扶苏、项燕，从民欲也。袒右，称大楚。为坛而盟，祭以尉首。陈胜自立为将军，吴广为都尉。攻大泽乡，收而攻蕲。蕲下，乃令符离人葛婴将兵徇蕲以东。攻铚、酂、苦、柘、谯皆下之。行收兵。比至陈，车六七百乘，骑千馀，卒数万人。攻陈，陈守令皆不在，独守丞与战谯门中。弗胜，守丞死，乃入据陈。数日，号令召三老、豪杰与皆来会计事。三老、豪杰皆曰："将军身被坚执锐，伐无道，诛暴秦，复立楚国之社稷，功宜为王。"陈涉乃立为王，号为张楚。

---

① 闾（lú）：里巷的大门。居于门里左边的都是平民，故以闾左代指平民百姓。
② 恚（huì）：愤怒。这里是使愤怒，激怒。

当此时，诸郡县苦秦吏者，皆刑其长吏，杀之以应陈涉。乃以吴叔为假王，监诸将以西击荥阳。令陈人武臣、张耳、陈馀徇赵地，令汝阴人邓宗徇九江郡。当此时，楚兵数千人为聚者，不可胜数。

葛婴至东城，立襄彊为楚王。婴后闻陈王已立，因杀襄彊，还报。至陈，陈王诛杀葛婴。陈王令魏人周市北徇魏地。吴广围荥阳。李由为三川守，守荥阳，吴叔弗能下。陈王徵国之豪杰与计，以上蔡人房君蔡赐为上柱国。

周文，陈之贤人也，尝为项燕军视日，事春申君，自言习兵，陈王与之将军印，西击秦。行收兵至关，车千乘，卒数十万，至戏，军焉。秦令少府章邯免郦山徒、人奴产子生，悉发以击楚大军，尽败之。周文败，走出关，止次曹阳二三月。章邯追败之，复走次渑池十馀日。章邯击，大破之。周文自刭，军遂不战。

武臣到邯郸，自立为赵王，陈馀为大将军，张耳、召骚为左右丞相。陈王怒，捕系武臣等家室，欲诛之。柱国曰："秦未亡而诛赵王将相家属，此生一秦也。不如因而立之。"陈王乃遣使者贺赵，而徙系武臣等家属宫中，而封耳子张敖为成都君，趣赵兵亟入关。赵王将相相与谋曰："王王赵，非楚意也。楚已诛秦，必加兵于赵。计莫如毋西兵，使使北徇燕地以自广也。赵南据大河，北有燕、代，楚虽胜秦，不敢制赵。若楚不胜秦，必重赵。赵乘秦之弊，可以得志于天下。"赵王以为然，因不西兵，而遣故上谷卒史韩广将兵北徇燕地。

燕故贵人豪杰谓韩广曰："楚已立王，赵又已立王。燕虽小，亦万乘之国也，愿将军立为燕王。"韩广曰："广母在赵，不可。"燕人曰："赵方西忧秦，南忧楚，其力不能禁我。且以楚之彊，不敢害赵王将相之家，赵独安敢害将军之家！"韩广以为然，乃自立为燕王。居数月，赵奉燕王母及家属归之燕。

当此之时，诸将之徇地者，不可胜数。周市北徇地至狄，狄人田儋杀狄令，自立为齐王，以齐反，击周市。市军散，还至魏地，欲立魏后故甯陵君咎为魏王。时咎在陈王所，不得之魏。魏地已定，欲相与立周市为魏王，周市不肯。使者五反，陈王乃立甯陵君咎为魏王，遣之国。周市卒为相。

将军田臧等相与谋曰："周章军已破矣，秦兵旦暮至，我围荥阳城弗能下，秦军至，必大败。不如少遗兵，足以守荥阳，悉精兵迎秦军。今假王骄，不知兵权，不可与计，非诛之，事恐败。"因相与矫王令以诛吴叔，献其首于陈王。陈王使使赐田臧楚令尹印，使为上将。田臧乃使诸将李归等守荥阳城，自以精兵西迎秦军于敖仓。与战，田臧死，军破。章邯进兵击李归等荥阳下，破之，李归等死。

阳城人邓说将兵居郯，章邯别将击破之，邓说军散走陈。铚人伍徐将兵居许，章邯击破之，伍徐军皆散走陈。陈王诛邓说。

陈王初立时，陵人秦嘉、铚人董緤、符离人朱鸡石、取虑人郑布、徐人丁疾等皆特起，将兵围东海守庆于郯。陈王闻，乃使武平君畔为将军，监郯下军。秦嘉不受命，嘉自立为大司马，恶属武平君。告军吏曰："武平君年少，不知兵事，勿听！"因矫以王命杀武平君畔。

章邯已破伍徐，击陈，柱国房君死。章邯又进兵击陈西张贺军。陈王出监战，军破，张贺死。

腊月，陈王之汝阴，还至下城父，其御庄贾杀以降秦。陈胜葬砀，谥曰隐王。

陈王故涓人将军吕臣为仓头军，起新阳，攻陈下之，杀庄贾，复以陈为楚。

初，陈王至陈，令铚人宋留将兵定南阳，入武关。留已徇南阳，闻陈王死，南阳复为秦。宋留不能入武关，乃东至新蔡，遇秦军，宋留以军降秦。秦传留至咸阳，车裂留以徇。

秦嘉等闻陈王军破出走，乃立景驹为楚王，引兵之方与，欲击秦军定陶下。使公孙庆使齐王，欲与并力俱进。齐王曰："闻陈王战败，不知其死生，楚安得不请而立王！"公孙庆曰："齐不请楚而立王，楚何故请齐而立王！且楚首事，当令于天下。”田儋诛杀公孙庆。

秦左右校复攻陈，下之。吕将军走，收兵复聚。鄱盗当阳君黥布之兵相收，复击秦左右校，破之青波，复以陈为楚。会项梁立怀王孙心为楚王。

陈胜王凡六月。已为王，王陈。其故人尝与庸耕者闻之，之陈，扣宫门曰：“吾欲见涉。”宫门令欲缚之。自辩数，乃置，不肯为通。陈王出，遮道而呼涉。陈王闻之，乃召见，载与俱归。入宫，见殿屋帷帐，客曰：“夥颐①！涉之为王沈沈者！”楚人谓多为夥，故天下传之，夥涉为王，由陈涉始。客出入愈益发舒，言陈王故情。或说陈王曰：“客愚无知，颛②妄言，轻威。”陈王斩之。诸陈王故人皆自引去，由是无亲陈王者。陈王以朱房为中正，胡武为司过，主司群臣。诸将徇地，至，令之不是者，系而罪之，以苛察为忠。其所不善者，弗下吏，辄自治之。陈王信用之。诸将以其故不亲附，此其所以败也。

陈胜虽已死，其所置遣侯王将相竟亡秦，由涉首事也。高祖时为陈涉置守冢三十家砀，至今血食。

褚先生曰：地形险阻，所以为固也；兵革刑法，所以为治也。犹未足恃也。夫先王以仁义为本，而以固塞文法为枝叶，岂不然哉！吾闻贾生之称曰：

“秦孝公据殽函之固，拥雍州之地，君臣固守，以窥周室。有席卷天下，包举宇内，囊括四海之意，并吞八荒之心。当是时也，商君佐之，内立法度，务耕织，修守战之备；外连衡而斗诸侯。于是秦人拱手而取西河之外。

孝公既没，惠文王、武王、昭王蒙故业，因遗策，南取汉中，西举巴蜀，东割膏腴之地，收要害之郡。诸侯恐惧，会盟而谋弱秦。不爱珍器重

---

① 夥颐（huǒ yí）：表惊叹、惊羡之意。颐：语气助词。
② 颛（zhuān）：通“专”。

宝肥饶之地，以致天下之士。合从缔交，相与为一。当此之时，齐有孟尝，赵有平原，楚有春申，魏有信陵：此四君者，皆明知而忠信，宽厚而爱人，尊贤而重士。约从连衡，兼韩、魏、燕、赵、宋、卫、中山之众。于是六国之士有甯越、徐尚、苏秦、杜赫之属为之谋，齐明、周最、陈轸、邵滑、楼缓、翟景、苏厉、乐毅之徒通其意，吴起、孙膑、带佗、兒良、王廖、田忌、廉颇、赵奢之伦制其兵。尝以什倍之地，百万之师，仰关而攻秦。秦人开关而延敌，九国之师遁逃而不敢进。秦无亡矢遗镞之费，而天下固已困矣。于是从散约败，争割地而赂秦。秦有馀力而制其弊，追亡逐北，伏尸百万，流血漂橹，因利乘便，宰割天下，分裂山河，彊国请服，弱国入朝。

施及孝文王、庄襄王，享国之日浅，国家无事。

及至始皇，奋六世之馀烈，振长策而御宇内，吞二周而亡诸侯，履至尊而制六合，执敲朴以鞭笞天下，威振四海。南取百越之地，以为桂林、象郡，百越之君俯首系颈，委命下吏。乃使蒙恬北筑长城而守藩篱，却匈奴七百馀里，胡人不敢南下而牧马，士亦不敢贯弓而报怨。于是废先王之道，燔百家之言，以愚黔首。堕名城，杀豪俊，收天下之兵聚之咸阳，销锋镝，铸以为金人十二，以弱天下之民。然后践华为城，因河为池，据亿丈之城，临不测之谿以为固。良将劲弩，守要害之处，信臣精卒，陈利兵而谁何。天下已定，始皇之心，自以为关中之固，金城千里，子孙帝王万世之业也。

始皇既没，馀威振于殊俗。然而陈涉瓮牖绳枢之子，氓隶之人，而迁徙之徒也。材能不及中人，非有仲尼、墨翟之贤，陶朱、猗顿之富也。蹑足行伍之间，俯仰仟佰之中，率罢散之卒，将数百之众，转而攻秦。斩木为兵，揭竿为旗，天下云会响应，赢粮而景从，山东豪俊遂并起而亡秦族矣。

且天下非小弱也；雍州之地，殽函之固自若也。陈涉之位，非尊于齐、楚、燕、赵、韩、魏、宋、卫、中山之君也；锄耰棘矜，非铦①于句戟长铩也；适戍之众，非侔于九国之师也；深谋远虑，行军用兵之道，非及乡时之士也。然而成败异变，功业相反也。尝试使山东之国与陈涉度长絜大，比权量力，则不可同年而语矣。然而秦以区区之地。致万乘之权，抑八州而朝同列，百有馀年矣。然后以六合为家，殽函为宫。一夫作难而七庙堕，身死人手，为天下笑者，何也？仁义不施，而攻守之势异也。”

——以上卷四十八

△ 李将军列传第四十九

李将军广者，陇西成纪人也。其先曰李信，秦时为将，逐得燕太子丹者也。故槐里，徙成纪。广家世世受射。孝文帝十四年，匈奴大入萧关，而广以良家子从军击胡，用善骑射，杀首虏多，为汉中郎。广从弟李蔡亦为郎，皆为武骑常侍，秩八百石。尝从行，有所冲陷折关及格猛兽，而文帝曰：“惜乎，子不遇时！如令子当高帝时，万户侯岂足道哉！”

及孝景初立，广为陇西都尉，徙为骑郎将。吴楚军时，广为骁骑都尉，从太尉亚夫击吴楚军，取旗，显功名昌邑下。以梁王授广将军印，还，赏不行。徙为上谷太守，匈奴日以合战。典属国公孙昆邪为上泣曰：“李广才气，天下无双，自负其能，数与虏敌战，恐亡之。”于是乃徙为上郡太守。后广转为边郡太守，徙上郡。尝为陇西、北地、雁门、代郡、云中太守，皆以力战为名。

匈奴大入上郡，天子使中贵人从广勒习兵击匈奴。中贵人将骑数十纵，见匈奴三人，与战。三人还射，伤中贵人，杀其骑且尽。中贵人走广。广曰：“是必射雕者也。”广乃遂从百骑往驰三人。三人亡马步行，

---

① 铦（xiān）：锋利。

行数十里。广令其骑张左右翼，而广身自射彼三人者，杀其二人，生得一人，果匈奴射雕者也。已缚之上马，望匈奴有数千骑，见广，以为诱骑，皆惊，上山陈。广之百骑皆大恐，欲驰还走。广曰："吾去大军数十里，今如此以百骑走，匈奴追射我立尽。今我留，匈奴必以我为大军之诱，必不敢击我。"广令诸骑曰："前！"前未到匈奴陈二里所，止，令曰："皆下马解鞍！"其骑曰："虏多且近，即有急，奈何？"广曰："彼虏以我为走，今皆解鞍以示不走，用坚其意。"于是胡骑遂不敢击。有白马将出护其兵，李广上马与十馀骑奔射杀胡白马将，而复还至其骑中，解鞍，令士皆纵马卧。是时会暮，胡兵终怪之，不敢击。夜半时，胡兵亦以为汉有伏军于旁欲夜取之，胡皆引兵而去。平旦，李广乃归其大军。大军不知广所之，故弗从。

居久之，孝景崩，武帝立，左右以为广名将也，于是广以上郡太守为未央卫尉，而程不识亦为长乐卫尉。程不识故与李广俱以边太守将军屯。及出击胡，而广行无部伍行陈，就善水草屯，舍止，人人自便，不击刀斗以自卫，莫府省约文书籍事，然亦远斥候，未尝遇害。程不识正部曲行伍营陈，击刀斗，士吏治军簿至明，军不得休息，然亦未尝遇害。不识曰："李广军极简易，然虏卒犯之，无以禁也；而其士卒亦佚乐，咸乐为之死。我军虽烦扰，然虏亦不得犯我。"是时汉边郡李广、程不识皆为名将，然匈奴畏李广之略，士卒亦多乐从李广而苦程不识。程不识孝景时以数直谏为太中大夫。为人廉，谨于文法。

后汉以马邑城诱单于，使大军伏马邑旁谷，而广为骁骑将军，领属护军将军。是时单于觉之，去，汉军皆无功。其后四岁，广以卫尉为将军，出雁门击匈奴。匈奴兵多，破败广军，生得广。单于素闻广贤，令曰："得李广必生致之。"胡骑得广，广时伤病，置广两马间，络而盛卧广。行十馀里，广详死，睨其旁有一胡儿骑善马，广暂腾而上胡儿马，因推堕儿，取其弓，鞭马南驰数十里，复得其馀军，因引而入塞。匈奴捕者骑数百追之，广行取胡儿弓，射杀追骑，以故得脱。于是至汉，汉下广吏。吏当广所失亡多，为虏所生得，当斩，赎为庶人。

顷之，家居数岁。广家与故颍阴侯孙屏野居蓝田南山中射猎。尝夜从一骑出，从人田间饮。还至霸陵亭，霸陵尉醉，呵止广。广骑曰："故李将军。"尉曰："今将军尚不得夜行，何乃故也！"止广宿亭下。居无何，匈奴入杀辽西太守，败韩将军，后韩将军徙右北平。于是天子乃召拜广为右北平太守。广即请霸陵尉与俱，至军而斩之。

广居右北平，匈奴闻之，号曰"汉之飞将军"，避之数岁，不敢入右北平。

广出猎，见草中石，以为虎而射之，中石没镞，视之石也。因复更射之，终不能复入石矣。广所居郡闻有虎，尝自射之。及居右北平射虎，虎腾伤广，广亦竟射杀之。

广廉，得赏赐辄分其麾下，饮食与士共之。终广之身，为二千石四十馀年，家无馀财，终不言家产事。广为人长，猿臂，其善射亦天性也，虽其子孙他人学者，莫能及广。广讷口少言，与人居则画地为军陈，射阔狭以饮。专以射为戏，竟死。广之将兵，乏绝之处，见水，士卒不尽饮，广不近水，士卒不尽食，广不尝食。宽缓不苛，士以此爱乐为用。其射，见敌急，非在数十步之内，度不中不发，发即应弦而倒。用此，其将兵数困辱，其射猛兽亦为所伤云。

居顷之，石建卒，于是上召广代建为郎中令。元朔六年，广复为后将军，从大将军军出定襄，击匈奴。诸将多中首虏率，以功为侯者，而广军无功。后二岁，广以郎中令将四千骑出右北平，博望侯张骞将万骑与广俱，异道。行可数百里，匈奴左贤王将四万骑围广，广军士皆恐，广乃使其子敢往驰之。敢独与数十骑驰，直贯胡骑，出其左右而还，告广曰："胡虏易与耳。"军士乃安。广为圜陈外向，胡急击之，矢下如雨。汉兵死者过半，汉矢且尽。广乃令士持满毋发，而广身自以大黄射其裨将，杀数人，胡虏益解。会日暮，吏士皆无人色，而广意气自如，益治军。军中自是服其勇也。明日，复力战，而博望侯军亦至，匈奴军乃解去。汉军罢，弗能追。是时广军几没，罢归。汉法，博望侯留迟后期，当死，赎为庶人。广军功自如，无赏。

初，广之从弟李蔡与广俱事孝文帝。景帝时，蔡积功劳至二千石。孝武帝时，至代相。以元朔五年为轻车将军，从大将军击右贤王，有功中率，封为乐安侯。元狩二年中，代公孙弘为丞相。蔡为人在下中，名声出广下甚远，然广不得爵邑，官不过九卿，而蔡为列侯，位至三公。诸广之军吏及士卒或取封侯。广尝与望气王朔燕语，曰："自汉击匈奴而广未尝不在其中，而诸部校尉以下，才能不及中人，然以击胡军功取侯者数十人，而广不为后人，然无尺寸之功以得封邑者，何也？岂吾相不当侯邪？且固命也？"朔曰："将军自念，岂尝有所恨乎？"广曰："吾尝为陇西守，羌尝反，吾诱而降，降者八百馀人，吾诈而同日杀之。至今大恨独此耳。"朔曰："祸莫大于杀已降，此乃将军所以不得侯者也。"

后二岁，大将军、骠骑将军大出击匈奴，广数自请行。天子以为老，弗许；良久乃许之，以为前将军。是岁，元狩四年也。

广既从大将军青击匈奴，既出塞，青捕虏知单于所居，乃自以精兵走之，而令广并于右将军军，出东道。东道少回远，而大军行水草少，其势不屯行。广自请曰："臣部为前将军，今大将军乃徙令臣出东道，且臣结发而与匈奴战，今乃一得当单于，臣愿居前，先死单于。"大将军青亦阴受上诫，以为李广老，数奇，毋令当单于，恐不得所欲。而是时公孙敖新失侯，为中将军从大将军，大将军亦欲使敖与俱当单于，故徙前将军广。广时知之，固自辞于大将军。大将军不听，令长史封书与广之莫府，曰："急诣部，如书。"广不谢大将军而起行，意甚愠怒而就部，引兵与右将军食其合军出东道。军亡导，或失道，后大将军。大将军与单于接战，单于遁走，弗能得而还。南绝幕，遇前将军、右将军。广已见大将军，还入军。大将军使长史持糒醪遗广，因问广、食其失道状，青欲上书报天子军曲折。广未对，大将军使长史急责广之幕府对簿。广曰："诸校尉无罪，乃我自失道。吾今自上簿。"

至莫府，广谓其麾下曰："广结发与匈奴大小七十馀战，今幸从大将军出接单于兵，而大将军又徙广部行回远，而又迷失道，岂非天哉！且广年六十馀矣，终不能复对刀笔之吏。"遂引刀自刭。广军士大夫一军皆哭。百姓闻之，知与不知，无老壮皆为垂涕。而右将军独下吏，当死，赎为庶人。

广子三人，曰当户、椒、敢，为郎。天子与韩嫣戏，嫣少不逊，当户击嫣，嫣走。于是天子以为勇。当户早死，拜椒为代郡太守，皆先广死。当户有遗腹子名陵。广死军时，敢从骠骑将军。广死明年，李蔡以丞相坐侵孝景园墙地，当下吏治，蔡亦自杀，不对狱，国除。李敢以校尉从骠骑将军击胡左贤王，力战，夺左贤王鼓旗，斩首多，赐爵关内侯，食邑二百户，代广为郎中令。顷之，怨大将军青之恨其父，乃击伤大将军，大将军匿讳之。居无何，敢从上雍，至甘泉宫猎。骠骑将军去病与青有亲，射杀敢。去病时方贵幸，上讳云鹿触杀之。居岁馀，去病死。而敢有女为太子中人，爱幸，敢男禹有宠于太子，然好利，李氏陵迟衰微矣。

李陵既壮，选为建章监，监诸骑。善射，爱士卒。天子以为李氏世将，而使将八百骑。尝深入匈奴二千馀里，过居延视地形，无所见虏而还。拜为骑都尉，将丹阳楚人五千人，教射酒泉、张掖以屯卫胡。

数岁，天汉二年秋，贰师将军李广利将三万骑击匈奴右贤王于祁连天山，而使陵将其射士步兵五千人出居延北可千馀里，欲以分匈奴兵，毋令专走贰师也。陵既至期还，而单于以兵八万围击陵军。陵军五千人，兵矢既尽，士死者过半，而所杀伤匈奴亦万馀人。且引且战，连斗八日，还未到居延百馀里，匈奴遮狭绝道，陵食乏而救兵不到，虏急击招降陵。陵曰："无面目报陛下。"遂降匈奴。其兵尽没，馀亡散得归汉者四百馀人。

单于既得陵，素闻其家声，及战又壮，乃以其女妻陵而贵之。汉闻，族陵母妻子。自是之后，李氏名败，而陇西之士居门下者皆用为耻焉。

太史公曰：传曰"其身正，不令而行；其身不正，虽令不从"。其李将军之谓也？余睹李将军悛悛如鄙人，口不能道辞。

及死之日，天下知与不知，皆为尽哀。彼其忠实心诚信于士大夫也？谚曰"桃李不言，下自成蹊"。此言虽小，可以谕大也。

——以上卷一百九

△ 太史公自序第七十

昔在颛顼，命南正重以司天，北正黎以司地。唐虞之际，绍重黎之后，使复典之，至于夏商，故重黎氏世序天地。其在周，程伯休甫其后也。当周宣王时，失其守而为司马氏。司马氏世典周史。惠襄之间，司马氏去周适晋。晋中军随会奔秦，而司马氏入少梁。

自司马氏去周适晋，分散，或在卫，或在赵，或在秦。其在卫者，相中山。在赵者，以传剑论显，蒯聩其后也。在秦者名错，与张仪争论，于是惠王使错将伐蜀，遂拔，因而守之。错孙靳，事武安君白起。而少梁更名曰夏阳。靳与武安君阬赵长平军，还而与之俱赐死杜邮，葬于华池。靳孙昌，昌为秦主铁官，当始皇之时。蒯聩玄孙卬为武信君将而徇朝歌。诸侯之相王，王卬于殷。汉之伐楚，卬归汉，以其地为河内郡。昌生无泽，无泽为汉市长。无泽生喜，喜为五大夫，卒，皆葬高门。喜生谈，谈为太史公。

太史公学天官于唐都，受《易》于杨何，习道论于黄子。太史公仕于建元元封之间，愍学者之不达其意而师悖，乃论六家之要指曰：

《易大传》："天下一致而百虑，同归而殊涂。"夫阴阳、儒、墨、名、法、道德，此务为治者也，直所从言之异路，有省不省耳。尝窃观阴阳之术，大祥而众忌讳，使人拘而多所畏；然其序四时之大顺，不可失也。儒者博而寡要，劳而少功，是以其事难尽从；然其序君臣父子之礼，列夫妇长幼之别，不可易也。墨者俭而难遵，是以其事不可遍循；然其彊本节用，不可废也。法家严而少恩；然其正君臣上下之分，不可改矣。名家使人俭而善失真；然其正名实，不可不察也。道家使人精神专一，动合无形，赡足万物。其为术也，因阴阳之大顺，采儒墨之善，撮名法之要，与时迁移，应物变化，立俗施事，无所不宜，指约而易操，事少而功多。儒者则不然。以为人主天下之仪表也，主倡而臣和，主先而臣随。如此则主劳而臣逸。至于大道之要，去健羡，绌聪明，释此而任术。夫神大用则竭，形大劳则敝。形神骚动，欲与天地长久，非所闻也。

夫阴阳四时、八位、十二度、二十四节各有教令，顺之者昌，逆之者不死则亡，未必然也，故曰"使人拘而多畏"。夫春生夏长，秋收冬藏，此天道之大经也，弗顺则无以为天下纲纪，故曰"四时之大顺，不可失也"。

夫儒者以《六蓺》为法。《六蓺》经传以千万数，累世不能通其学，当年不能究其礼，故曰"博而寡要，劳而少功"。若夫列君臣父子之礼，序夫妇长幼之别，虽百家弗能易也。

墨者亦尚尧舜道，言其德行曰："堂高三尺，土阶三等，茅茨不翦，采椽不刮。食土簋，啜土刑，粝粱之食，藜藿之羹。夏日葛衣，冬日鹿裘。"其送死，桐棺三寸，举音不尽其哀。教丧礼，必以此为万民之率。使天下法若此，则尊卑无别也。夫世异时移，事业不必同，故曰"俭而难遵"。要曰彊本节用，则人给家足之道也。此墨子之所长，虽百家弗能废也。

法家不别亲疏，不殊贵贱，一断于法，则亲亲尊尊之恩绝矣。可以行一时之计，而不可长用也，故曰"严而少恩"。若尊主卑臣，明分职不得相逾越，虽百家弗能改也。

名家苛察缴绕，使人不得反其意，专决于名而失人情，故曰"使人俭而善失真"。若夫控名责实，参伍不失，此不可不察也。

道家无为，又曰无不为，其实易行，其辞难知。其术以虚无为本，以因循为用。无成埶，无常形，故能究万物之情。不为物先，不为物后，故能为万物主。有法无法，因时为业；有度无度，因物与合。故曰"圣人不朽，时变是守。虚者道之常也，因者君之纲"也。群臣并至，使各自明也。其实中其声者谓之端，实不中其声者谓之窾。窾言不听，奸乃不生，贤不肖自分，白黑乃形。在所欲用耳，何事不成。乃合大道，混混冥冥。光燿天下，复反无名。凡人所生者神也，所讬者形也。神大用则竭，形大劳则敝，形神离则死。死者不可复生，离者不可复反，故圣人重之。由是观之，神者生之本也，形者生之具也。不先定其神形，而曰"我有以治天下"，何由哉？

太史公既掌天官，不治民。有子曰迁。

迁生龙门，耕牧河山之阳。年十岁则诵古文。二十而南游江、淮，上会稽，探禹穴，闚九疑，浮于沅、湘；北涉汶、泗，讲业齐、鲁之都，观孔子之遗风，乡射邹、峄；戹困鄱、薛、彭城，过梁、楚以归。于是迁仕为郎中，奉使西征巴、蜀以南，南略邛、筰、昆明，还报命。

是岁天子始建汉家之封，而太史公留滞周南，不得与从事，故发愤且卒。而子迁适使反，见父于河洛之间。太史公执迁手而泣曰："余先周室之太史也。自上世尝显功名于虞夏，典天官事。后世中衰，绝于予乎？汝复为太史，则续吾祖矣。今天子接千岁之统，封泰山，而余不得从行，是命也夫，命也夫！余死，汝必为太史；为太史，无忘吾所欲论著矣。且夫孝始于事亲，中于事君，终于立身。扬名于后世，以显父母，此孝之大者。夫天下称诵周公，言其能论歌文武之德，宣周邵之风，达太王王季之思虑，爰及公刘，以尊后稷也。幽厉之后，王道缺，礼乐衰，孔子脩旧起废，论《诗》《书》，作《春秋》，则学者至今则之。自获麟以来四百有馀岁，而诸侯相兼，史记放绝。今汉兴，海内一统，明主贤君忠臣死义之士，余为太史而弗论载，废天下之史文，余甚惧焉，汝其念哉！"迁俯首流涕曰："小子不敏，请悉论先人所次旧闻，弗敢阙。"

卒三岁而迁为太史令，绅史记石室金匮之书。五年而当太初元年，十一月甲子朔旦冬至，天历始改，建于明堂，诸神受纪。

太史公曰："先人有言：'自周公卒五百岁而有孔子。孔子卒后至于今五百岁，有能绍明世，正《易传》，继《春秋》，本《诗》《书》《礼》《乐》之际？'意在斯乎！意在斯乎！小子何敢让焉。"

上大夫壶遂曰："昔孔子何为而作春秋哉？"太史公曰："余闻董生曰：'周道衰废，孔子为鲁司寇，诸侯害之，大夫壅之。孔子知言之不用，道之不行也，是非二百四十二年之中，以为天下仪表，贬天子，退诸侯，讨大夫，以达王事而已矣。'子曰：'我欲载之空言，不如见之于行事之深切著明也。'夫《春秋》，上明三王之道，下辨人事之纪，别嫌疑，明是非，定犹豫，善善恶恶，贤贤贱不肖，存亡国，继绝世，补敝起废，王道之大者也。《易》著天地阴阳四时五行，故长于变；《礼》经纪人伦，故长于行；《书》记先王之事，故长于政；《诗》记山川谿谷禽兽草木牝牡雌雄，故长于风；《乐》乐所以立，故长于和；《春秋》辩是非，故长于治人。是故《礼》以节人，《乐》以发和，《书》以道事，《诗》以达意，《易》以道化，《春秋》以道义。拨乱世反之正，莫近于《春秋》。《春秋》文成数万，其指数千。万物之散聚皆在《春秋》。《春秋》之中，弑君三十六，亡国五十二，诸侯奔走不得保其社稷者不可胜数。察其所以，皆失其本已。故《易》曰'失之豪釐，差以千里'。故曰'臣弑君，子弑父，非一旦一夕之故也，其渐久矣'。故有国者不可以不知春秋，前有谗而弗见，后有贼而不知。为人臣者不可以不知《春秋》，守经事而不知其宜，遭变事而不知其权。为人君父而不通于《春秋》之义者，必蒙首恶之名。为人臣子而不通于《春秋》之义者，必陷篡弑之诛，死罪之名。其实皆以为善，为之不知其义，被之空言而不敢辞。夫不通礼义之旨，至于君不君，臣不臣，父不父，子不子。夫君不君则犯，臣不臣则诛，父不父则无道，子不子则不孝。此四行者，天下之大过也。以天下之大过予之，则受而弗敢辞。故春秋者，礼义之大宗也。夫礼禁未然之前，法施已然之后；法之所为用者易见，而礼之所为禁者难知。"

壶遂曰："孔子之时，上无明君，下不得任用，故作《春秋》，垂空文以断礼义，当一王之法。今夫子上遇明天子，下得守职，万事既具，咸各序其宜，夫子所论，欲以何明？"

太史公曰："唯唯，否否，不然。余闻之先人曰：'伏羲至纯厚，作《易》八卦。尧舜之盛，《尚书》载之，礼乐作焉。汤武之隆，诗人歌之。《春秋》采善贬恶，推三代之德，褒周室，非独刺讥而已也。'汉兴以来，至明天子，获符瑞，封禅，改正朔，易服色，受命於穆清，泽流罔极，海外殊俗，重译款塞，请来献见者，不可胜道。臣下百官力诵圣德，犹不能宣尽其意。且士贤能而不用，有国者之耻；主上明圣而德不布闻，有司之过也。且余尝掌其官，废明圣盛德不载，灭功臣世家贤大夫之业不述，堕先人所言，罪莫大焉。余所谓述故事，整齐其世传，非所谓作也，而君比之于《春秋》，谬矣。"

于是论次其文。七年而太史公遭李陵之祸，幽于缧绁。乃喟然而叹曰："是余之罪也夫！是余之罪也夫！身毁不用矣。"退而深惟曰："夫《诗》《书》隐约者，欲遂其志之思也。昔西伯拘羑里，演《周易》；孔子厄陈蔡，作《春秋》；屈原放逐，著《离骚》；左丘失明，厥有《国语》；孙子膑脚，而论《兵法》；不韦迁蜀，世传《吕览》；韩非囚秦，《说难》、《孤愤》；《诗》三百篇，大抵贤圣发愤之所为作也。此人皆意有所郁结，不得通其道也，故述往事，思来者。"于是卒述陶唐以来，至于麟止，自黄帝始。

维昔黄帝，法天则地，四圣遵序，各成法度；唐尧逊位，虞舜不台；厥美帝功，万世载之。作《五帝本纪》第一。

维禹之功，九州攸同，光唐虞际，德流苗裔；夏桀淫骄，乃放鸣条。作《夏本纪》第二。

维契作商，爰及成汤；太甲居桐，德盛阿衡；武丁得说，乃称高宗；帝辛湛湎，诸侯不享。作《殷本纪》第三。

维弃作稷，德盛西伯；武王牧野，实抚天下；幽厉昏乱，既丧酆镐；陵迟至赧，洛邑不祀。作《周本纪》第四。

维秦之先，伯翳佐禹；穆公思义，悼豪之旅；以人为殉，诗歌《黄鸟》；昭襄业帝。作《秦本纪》第五。

始皇既立，并兼六国，销锋铸鐻，维偃干革，尊号称帝，矜武任力；二世受运，子婴降虏。作《始皇本纪》第六。

秦失其道，豪桀并扰；项梁业之，子羽接之；杀庆救赵，诸侯立之；诛婴背怀，天下非之。作《项羽本纪》第七。

子羽暴虐，汉行功德；愤发蜀汉，还定三秦；诛籍业帝，天下惟宁，改制易俗。作《高祖本纪》第八。

惠之早霣，诸吕不台；崇彊禄、产，诸侯谋之；杀隐幽友，大臣洞疑，遂及宗祸。作《吕太后本纪》第九。

汉既初兴，继嗣不明，迎王践祚，天下归心；蠲除肉刑，开通关梁，广恩博施，厥称太宗。作《孝文本纪》第十。

诸侯骄恣，吴首为乱，京师行诛，七国伏辜，天下翕然，大安殷富。作《孝景本纪》第十一。

汉兴五世，隆在建元，外攘夷狄，内脩法度，封禅，改正朔，易服色。作《今上本纪》第十二。

维三代尚矣，年纪不可考，盖取之谱牒旧闻，本于兹，于是略推，作《三代世表》第一。

幽厉之后，周室衰微，诸侯专政，《春秋》有所不纪；而谱牒经略，五霸更盛衰，欲睹周世相先后之意，作《十二诸侯年表》第二。

春秋之后，陪臣秉政，彊国相王；以至于秦，卒并诸夏，灭封地，擅其号。作《六国年表》第三。

秦既暴虐，楚人发难，项氏遂乱，汉乃扶义征伐；八年之间，天下三嬗，事繁变众，故详著《秦楚之际月表》第四。

汉兴已来，至于太初百年，诸侯废立分削，谱纪不明，有司靡踵，彊弱之原云以世。作《汉兴已来诸侯年表》第五。

维高祖元功，辅臣股肱，剖符而爵，泽流苗裔，忘其昭穆，或杀身陨国。作《高祖功臣侯者年表》第六。

惠景之间，维申功臣宗属爵邑，作《惠景间侯者年表》第七。

北讨彊胡，南诛劲越，征伐夷蛮，武功爰列。作《建元以来侯者年表》第八。

诸侯既彊，七国为从，子弟众多，无爵封邑，推恩行义，其埶销弱，德归京师。作《王子侯者年表》第九。

国有贤相良将，民之师表也。维见汉兴以来将相名臣年表，贤者记其治，不贤者彰其事。作《汉兴以来将相名臣年表》第十。

维三代之礼，所损益各殊务，然要以近性情，通王道，故礼因人质为之节文，略协古今之变。作《礼书》第一。

乐者，所以移风易俗也。自雅颂声兴，则已好郑卫之音，郑卫之音所从来久矣。人情之所感，远俗则怀。比《乐书》以述来古，作《乐书》第二。

非兵不彊，非德不昌，黄帝、汤、武以兴，桀、纣、二世以崩，可不慎欤？《司马法》所从来尚矣，太公、孙、吴、王子能绍而明之，切近世，极人变。作《律书》第三。

律居阴而治阳，历居阳而治阴，律历更相治，间不容翲忽。五家之文怫异，维太初之元论。作《历书》第四。

星气之书，多杂禨祥，不经；推其文，考其应，不殊。比集论其行事，验于轨度以次，作《天官书》第五。

受命而王，封禅之符罕用，用则万灵罔不禋祀。追本诸神名山大川礼，作《封禅书》第六。

维禹浚川，九州攸宁；爰及宣防，决渎通沟。作《河渠书》第七。

维币之行，以通农商；其极则玩巧，并兼兹殖，争于机利，去本趋末。作《平准书》以观事变，第八。

太伯避历，江蛮是适；文武攸兴，古公王迹。阖庐弑僚，宾服荆楚；

夫差克齐，子胥鸱夷；信嚭亲越，吴国既灭。嘉伯之让，作《吴世家》第一。

申、吕肖矣，尚父侧微，卒归西伯，文武是师；功冠群公，缪权于幽；番番黄发，爰飨营丘。不背柯盟，桓公以昌，九合诸侯，霸功显彰。田阚争宠，姜姓解亡。嘉父之谋，作《齐太公世家》第二。

依之违之，周公绥之；愤发文德，天下和之；辅翼成王，诸侯宗周。隐桓之际，是独何哉？三桓争彊，鲁乃不昌。嘉旦《金滕》，作《周公世家》第三。

武王克纣，天下未协而崩。成王既幼，管蔡疑之，淮夷叛之，于是召公率德，安集王室，以宁东土。燕哙之禅，乃成祸乱。嘉《甘棠》之诗，作《燕世家》第四。

管蔡相武庚，将宁旧商；及旦摄政，二叔不飨；杀鲜放度，周公为盟；大任十子，周以宗彊。嘉仲悔过，作《管蔡世家》第五。

王后不绝，舜禹是说；维德休明，苗裔蒙烈。百世享祀，爰周陈杞，楚实灭之。齐田既起，舜何人哉？作《陈杞世家》第六。

收殷馀民，叔封始邑，申以商乱，《酒材》是告，及朔之生，卫顷不宁；南子恶蒯聩，子父易名。周德卑微，战国既彊，卫以小弱，角独后亡。喜彼《康诰》，作《卫世家》第七。

嗟箕子乎！嗟箕子乎！正言不用，乃反为奴。武庚既死，周封微子。襄公伤于泓，君子孰称。景公谦德，荧惑退行。剔成暴虐，宋乃灭亡。嘉微子问太师，作《宋世家》第八。

武王既崩，叔虞邑唐。君子讥名，卒灭武公。骊姬之爱，乱者五世；重耳不得意，乃能成霸。六卿专权，晋国以耗。嘉文公锡珪鬯，作《晋世家》第九。

重黎业之，吴回接之；殷之季世，粥子牒之。周用熊绎，熊渠是续。庄王之贤，乃复国陈；既赦郑伯，班师华元。怀王客死，兰咎屈原；好谀信谗，楚并于秦。嘉庄王之义，作《楚世家》第十。

少康之子，实宾南海，文身断发，鼋鳝与处，既守封禺，奉禹之祀。句践困彼，乃用种、蠡。嘉句践夷蛮能脩其德，灭彊吴以尊周室，作《越王句践世家》第十一。

桓公之东，太史是庸。及侵周禾，王人是议。祭仲要盟，郑久不昌。子产之仁，绍世称贤。三晋侵伐，郑纳于韩。嘉厉公纳惠王，作《郑世家》第十二。

维骥騄耳，乃章造父。赵夙事献，衰续厥绪。佐文尊王，卒为晋辅。襄子困辱，乃禽智伯。主父生缚，饿死探爵。王迁辟淫，良将是斥。嘉鞅讨周乱，作《赵世家》第十三。

毕万爵魏，卜人知之。及绛戮干，戎翟和之。文侯慕义，子夏师之。惠王自矜，齐秦攻之。既疑信陵，诸侯罢之。卒亡大梁，王假厮之。嘉武佐晋文申霸道，作《魏世家》第十四。

韩厥阴德，赵武攸兴。绍绝立废，晋人宗之。昭侯显列，申子庸之。疑非不信，秦人袭之。嘉厥辅晋匡周天子之赋，作《韩世家》第十五。

完子避难，适齐为援，阴施五世，齐人歌之。成子得政，田和为侯。王建动心，乃迁于共。嘉威、宣能拨浊世而独宗周，作《田敬仲完世家》第十六。

周室既衰，诸侯恣行。仲尼悼礼废乐崩，追脩经术，以达王道，匡乱世反之于正，见其文辞，为天下制仪法，垂六蓺之统纪于后世。作《孔子世家》第十七。

桀、纣失其道而汤、武作，周失其道而春秋作。秦失其政，而陈涉发迹，诸侯作难，风起云蒸，卒亡秦族。天下之端，自涉发难。作《陈涉世家》第十八。

成皋之台，薄氏始基。诎意适代，厥崇诸窦。栗姬偩贵，王氏乃遂。陈后太骄，卒尊子夫。嘉夫德若斯，作《外戚世家》第十九。

汉既谲谋，禽信于陈；越荆剽轻，乃封弟交为楚王，爱都彭城，以彊淮泗，为汉宗藩。戊溺于邪，礼复绍之。嘉游辅祖，作《楚元王世家》

二十。

维祖师旅，刘贾是与；为布所袭，丧其荆、吴。营陵激吕，乃王琅邪；怵午信齐，往而不归，遂西入关，遭立孝文，获复王燕。天下未集，贾、泽以族，为汉藩辅。作《荆燕世家》第二十一。

天下已平，亲属既寡；悼惠先壮，实镇东土。哀王擅兴，发怒诸吕，驷钧暴戾，京师弗许。厉之内淫，祸成主父。嘉肥股肱，作《齐悼惠王世家》第二十二。

楚人围我荥阳，相守三年；萧何填抚山西，推计踵兵，给粮食不绝，使百姓爱汉，不乐为楚。作《萧相国世家》第二十三。

与信定魏，破赵拔齐，遂弱楚人。续何相国，不变不革，黎庶攸宁。嘉参不伐功矜能，作《曹相国世家》第二十四。

运筹帷幄之中，制胜于无形，子房计谋其事，无知名，无勇功，图难于易，为大于细。作《留侯世家》第二十五。

六奇既用，诸侯宾从于汉；吕氏之事，平为本谋，终安宗庙，定社稷。作《陈丞相世家》第二十六。

诸吕为从，谋弱京师，而勃反经合于权；吴楚之兵，亚夫驻于昌邑，以厄齐赵，而出委以梁。作《绛侯世家》第二十七。

七国叛逆，蕃屏京师，唯梁为扞；偩爱矜功，几获于祸。嘉其能距吴楚，作《梁孝王世家》第二十八。

五宗既王，亲属洽和，诸侯大小为藩，爰得其宜，僭拟之事稍衰贬矣。作《五宗世家》第二十九。

三子之王，文辞可观。作《三王世家》第三十。

末世争利，维彼奔义；让国饿死，天下称之。作《伯夷列传》第一。
晏子俭矣，夷吾则奢；齐桓以霸，景公以治。作《管晏列传》第二。
李耳无为自化，清净自正；韩非揣事情，循埶理。作《老子韩非列传》第三。

自古王者而有《司马法》，穰苴能申明之。作《司马穰苴列传》第四。

非信廉仁勇不能传兵论剑，与道同符，内可以治身，外可以应变，君子比德焉。作《孙子吴起列传》第五。

维建遇谗，爰及子奢，尚既匡父，伍员奔吴。作《伍子胥列传》第六。

孔氏述文，弟子兴业，咸为师傅，崇仁厉义。作《仲尼弟子列传》第七。

鞅去卫适秦，能明其术，彊霸孝公，后世遵其法。作《商君列传》第八。

天下患衡秦毋餍，而苏子能存诸侯，约从以抑贪彊。作《苏秦列传》第九。

六国既从亲，而张仪能明其说，复散解诸侯。作《张仪列传》第十。

秦所以东攘雄诸侯，樗里、甘茂之策。作《樗里甘茂列传》第十一。

苞河山，围大梁，使诸侯敛手而事秦者，魏冉之功。作《穰侯列传》第十二。

南拔鄢郢，北摧长平，遂围邯郸，武安为率；破荆灭赵，王翦之计。作《白起王翦列传》第十三。

猎儒墨之遗文，明礼义之统纪，绝惠王利端，列往世兴衰。作《孟子荀卿列传》第十四。

好客喜士，士归于薛，为齐扞楚魏。作《孟尝君列传》第十五。

争冯亭以权，如楚以救邯郸之围，使其君复称于诸侯。作《平原君虞卿列传》第十六。

能以富贵下贫贱，贤能诎于不肖，唯信陵君为能行之。作《魏公子列传》第十七。

以身徇君，遂脱彊秦，使驰说之士南乡走楚者，黄歇之义。作《春申君列传》第十八。

能忍诟于魏齐，而信威于彊秦，推贤让位，二子有之。作《范睢蔡泽列传》第十九。

率行其谋，连五国兵，为弱燕报彊齐之雠，雪其先君之耻。作《乐毅列传》第二十。

能信意彊秦，而屈体廉子，用徇其君，俱重于诸侯。作《廉颇蔺相如列传》第二十一。

湣王既失临淄而奔莒，唯田单用即墨破走骑劫，遂存齐社稷。作《田单列传》第二十二。

能设诡说解患于围城，轻爵禄，乐肆志。作《鲁仲连邹阳列传》第二十三。

作辞以讽谏，连类以争义，《离骚》有之。作《屈原贾生列传》第二十四。

结子楚亲，使诸侯之士斐然争入事秦。作《吕不韦列传》第二十五。

曹子匕首，鲁获其田，齐明其信；豫让义不为二心。作《刺客列传》第二十六。

能明其画，因时推秦，遂得意于海内，斯为谋首。作《李斯列传》第二十七。

为秦开地益众，北靡匈奴，据河为塞，因山为固，建榆中。作《蒙恬列传》第二十八。

填赵塞常山以广河内，弱楚权，明汉王之信于天下。作《张耳陈馀列传》第二十九。

收西河、上党之兵，从至彭城；越之侵掠梁地以苦项羽。作《魏豹彭越列传》第三十。

以淮南叛楚归汉，汉用得大司马殷，卒破子羽于垓下。作《黥布列传》第三十一。

楚人迫我京索，而信拔魏赵，定燕齐，使汉三分天下有其二，以灭项籍。作《淮阴侯列传》第三十二。

楚汉相距巩洛，而韩信为填颍川，卢绾绝籍粮饷。作《韩信卢绾列传》第三十三。

诸侯畔项王，唯齐连子羽城阳，汉得以间遂入彭城。作《田儋列传》第三十四。

攻城野战，获功归报，哙、商有力焉，非独鞭策，又与之脱难。作《樊郦列传》第三十五。

汉既初定，文理未明，苍为主计，整齐度量，序律历。作《张丞相列传》第三十六。

结言通使，约怀诸侯；诸侯咸亲，归汉为藩辅。作《郦生陆贾列传》第三十七。

欲详知秦楚之事，维周緤常从高祖，平定诸侯。作《傅靳蒯成列传》第三十八。

徙彊族，都关中，和约匈奴；明朝廷礼，次宗庙仪法。作《刘敬叔孙通列传》第三十九。

能摧刚作柔，卒为列臣；栾公不劫于执而倍死。作《季布栾布列传》第四十。

敢犯颜色以达主义，不顾其身，为国家树长画。作《袁盎晁错列传》第四十一。

守法不失大理，言古贤人，增主之明。作《张释之冯唐列传》第四十二。

敦厚慈孝，讷于言，敏于行，务在鞠躬，君子长者。作《万石张叔列传》第四十三。

守节切直，义足以言廉，行足以厉贤，任重权不可以非理挠。作《田叔列传》第四十四。

扁鹊言医，为方者宗，守数精明；后世循序，弗能易也，而仓公可谓近之矣。作《扁鹊仓公列传》第四十五。

维仲之省，厥濞王吴，遭汉初定，以填抚江淮之间。作《吴王濞列传》第四十六。

吴楚为乱，宗属唯婴贤而喜士，士乡之，率师抗山东荥阳。作《魏其武安列传》第四十七。

智足以应近世之变，宽足用得人。作《韩长孺列传》第四十八。

勇于当敌，仁爱士卒，号令不烦，师徒乡之。作《李将军列传》第四十九。

自三代以来，匈奴常为中国患害；欲知彊弱之时，设备征讨，作《匈奴列传》第五十。

直曲塞，广河南，破祁连，通西国，靡北胡。作《卫将军骠骑列传》第五十一。

大臣宗室以侈靡相高，唯弘用节衣食为百吏先。作《平津侯列传》第五十二。

汉既平中国，而佗能集杨越以保南藩，纳贡职。作《南越列传》第五十三。

吴之叛逆，瓯人斩濞，葆守封禺为臣。作《东越列传》第五十四。

燕丹散乱辽间，满收其亡民，厥聚海东，以集真藩，葆塞为外臣。作《朝鲜列传》第五十五。

唐蒙使略通夜郎，而邛笮之君请为内臣受吏。作《西南夷列传》第五十六。

《子虚》之事，《大人》赋说，靡丽多夸，然其指风谏，归于无为。作《司马相如列传》第五十七。

黥布叛逆，子长国之，以填江淮之南，安剽楚庶民。作《淮南衡山列传》第五十八。

奉法循理之吏，不伐功矜能，百姓无称，亦无过行。作《循吏列传》第五十九。

正衣冠立于朝廷，而群臣莫敢言浮说，长孺矜焉；好荐人，称长者，壮有溉。作《汲郑列传》第六十。

自孔子卒，京师莫崇庠序，唯建元元狩之间，文辞粲如也。作《儒林列传》第六十一。

民倍本多巧，奸轨弄法，善人不能化，唯一切严削为能齐之。作《酷吏列传》第六十二。

汉既通使大夏，而西极远蛮，引领内乡，欲观中国。作《大宛列传》第六十三。

救人于厄，振人不赡，仁者有乎；不既信，不倍言，义者有取焉。作《游侠列传》第六十四。

夫事人君能说主耳目，和主颜色，而获亲近，非独色爱，能亦各有所长。作《佞幸列传》第六十五。

不流世俗，不争埶利，上下无所凝滞，人莫之害，以道之用。作《滑稽列传》第六十六。

齐、楚、秦、赵为日者，各有俗所用。欲循观其大旨，作《日者列传》第六十七。

三王不同龟，四夷各异卜，然各以决吉凶。略阙其要，作《龟策列传》第六十八。

布衣匹夫之人，不害于政，不妨百姓，取与以时而息财富，智者有采焉。作《货殖列传》第六十九。

维我汉继五帝末流，接三代绝业。周道废，秦拨去古文，焚灭《诗》《书》，故明堂石室金匮玉版图籍散乱。于是汉兴，萧何次律令，韩信申军法，张苍为章程，叔孙通定礼仪，则文学彬彬稍进，诗书往往间出矣。自曹参荐盖公言黄老，而贾生、晁错明申、商，公孙弘以儒显，百年之间，天下遗文古事靡不毕集太史公。太史公仍父子相续纂其职。曰："於戏！余维先人尝掌斯事，显于唐虞，至于周，复典之，故司马氏世主天官。至于余乎，钦念哉！钦念哉！"罔罗天下放失旧闻，王迹所兴，原始察终，见盛观衰，论考之行事，略推三代，录秦汉，上记轩辕，下至于兹，著十二本纪，既科条之矣。并时异世，年差不明，作十表。礼乐损益，律历改易，兵权山川鬼神，天人之际，承敝通变，作八书。二十八宿环北辰，三十辐共一毂，运行无穷，辅拂股肱之臣配焉，忠信行道，以奉主上，作三十世家。扶义俶傥，不令己失时，立功名于天下，作七十列传。凡百三十篇，五十二万六千五百字，为《太史公书》。序略，以拾遗补艺，成一家之言，厥协《六经》异传，整齐百家杂语，藏之名山，副在京师，俟后世圣人君子。第七十。

太史公曰：余述历黄帝以来至太初而讫，百三十篇。

——以上卷一百三十

床头《史记》千番纸，世上兴亡一窖尘。
惟有炳然周孔道，至今馀泽浸生民。

宋·陈瓘《杂诗》

水经注 **17**

审定者：中国人民大学 华林甫

全书总字数：312197

用字量：4469

《水经注》是注释《水经》并记述全国河道水系的历史地理专著，四十卷，北魏郦道元注，成书年代尚无定论，当在延昌四年（515）至孝昌三年（527）之间。郦道元（？—527），字善长，范阳涿县人，出身官宦世家，后入仕途。少年好学，博览群书。晚年因遭谗言，为雍州刺史杀害。

《水经注》沿用《水经》因水证地之法，以河水（黄河）和江水（长江）为主线，依自然地理特点，由南向北分述南北朝时期遍布我国甚至域外的大小河流一千二百五十二条，囊括了人文地理、自然地理和历史资料三方面的内容，引用古文献四百三十馀种，采录了许多今已失传的金石碑刻、民间传说、诗词歌赋，注文比原书多出二十倍，自成一体，具有极高的学术价值。

高频字

| 水 | 东 | 之 | 南 | 北 | 也 | 又 | 县 | 城 | 西 | 山 |

贤劫千佛

释法显云：城北有大林重阁，佛住于此，本菴婆罗女家施佛起塔也。城之西北三里，塔名放弓仗，恒水上流有一国，国王小夫人生肉胎。大夫人妒之，言汝之生，不祥之征。即盛以木函，掷恒水中；下流有国王游观，见水上木函，开看，见千小儿端正殊好；王取养之，遂长大，甚勇健，所往征伐，无不摧服。次欲伐父王本国，王大愁忧。小夫人问：何故愁忧？王曰：彼国王有千子，勇健无比，欲来伐吾国，是以愁尔。小夫人言：勿愁，但于城西作高楼，贼来时，置我楼上，则我能却之。王如是言。贼到，小夫人于楼上语贼云：汝是我子，何故反作逆事？贼曰：汝是何人，云是我母？小夫人曰：汝等若不信者，尽张口仰向。小夫人即以两手捋乳，乳作五百道，俱坠千子口中。贼知是母，即放弓仗。父母作是思惟，皆得辟支佛。今其塔犹在。后世尊成道，告诸弟子，是吾昔时放弓仗处。后人得知，于此处立塔，故以名焉。千小儿者，即贤劫千佛也。

井　池

恒水又东南，径迦维罗卫城北，故净王宫也。城东五十里有王园，园有池水，夫人入池洗浴，出北岸二十步，东向举手，扳树生太子。太子堕地，行七步，二龙吐水浴太子，遂成井池，众僧所汲养也。太子与难陀等扑象角力，射箭入地。今有泉水，行旅所资饮也。

蓝莫塔

恒水又东径蓝莫塔。塔边有池，池中龙守护之。阿育王欲破塔，作八万四千塔，悟龙王所供，知非世有，遂止。此中空荒无人，群象以鼻取水洒地，若苍梧、会稽，象耕、鸟耘矣。

索劢战水神

敦煌索劢，字彦义，有才略。刺史毛奕表行贰师将军，将酒泉、敦煌兵千人，至楼兰屯田，起白屋，召鄯善、焉耆、龟兹三国兵各千，横断注滨河。河断之日，水奋势激，波陵冒堤。劢厉声曰："王尊建节，河堤不溢。王霸精诚，呼沱不流。水德神明，古今一也。"劢躬祷祀，水犹未减，乃列阵被杖，鼓噪讙叫，且刺且射，大战三日，水乃回减，灌浸沃衍，胡人称神。

耿恭祷井

汉永平十八年，耿恭以戊己校尉，为匈奴左鹿蠡王所逼，恭以此城侧涧傍水，自金蒲迁居此城。匈奴又来攻之，壅绝涧水。恭于城中穿井，深一十五丈，不得水。吏士渴乏，笮马粪汁饮之。恭乃仰天叹曰："昔贰师拔佩刀刺山，飞泉涌出。今汉德神明，岂有穷哉？"整衣服，向井再拜，为吏士祷之。有顷，水泉奔出，众称万岁。乃扬水以示之，虏以为神，遂即引去。

大宛天马

汉武帝闻大宛有天马，遣李广利伐之，始得此马，有角为奇。故汉武帝《天马之歌》曰：天马来兮历无草，径千里兮循东道。胡马感北风之思，遂顿羁绝绊，骧首而驰。晨发京城，夕至敦煌北塞外，长鸣而去，因名其处曰候马亭。今晋昌郡南及广武马蹄谷，盘石上，马迹若践泥中，有自然之形，故其俗号曰天马径。

返还金马

羌有献金马者，奂召主簿张祁入于羌前。以酒酹地曰："使马如羊，不以入厩，使金如粟，不以入怀。"尽还不受，威化大行。

长城怨苦

始皇三十三年，起自临洮，东暨辽海，西并阴山，筑长城及开南越也。昼警夜作，民劳怨苦，故杨泉《物理论》曰：秦始皇使蒙恬筑长城，死者相属。民歌曰："生男慎勿举，生女哺用铺，不见长城下，尸骸相支柱。"其冤痛如此矣。蒙恬临死曰："夫起临洮，属辽东，城堑万馀里，不能不绝地脉，此固当死也。"

云中城

《虞氏记》云：赵武侯自五原河曲筑长城，东至阴山，又于河西造大城，一箱崩不就，乃改卜阴山河曲而祷焉。昼见群鹄游于云中，徘徊经日，见大光在其下。武侯曰：此为我乎？乃即于其处筑城，今云中城是也。秦始皇十三年，立云中郡。王莽更郡曰受降，县曰远服矣。

△ 匈奴哭阴山

又有芒干水，出塞外，南径钟山，山即阴山。故郎中侯应言于汉曰：阴山东西千馀里，单于之苑囿也。自孝武出师，攘之于漠北。匈奴失阴山，过之未尝不哭。谓此山也。

△ 竹马迎郭伋

《东观记》曰：郭伋，字细侯，为并州牧。前在州，素有恩德，老小相携道路，行部到西河美稷，数百小儿，各骑竹马迎拜。伋问："儿曹何自远来？"曰："闻使君到，喜，故迎。"伋谢而发去。诸儿复送郭外，问使君何日还，伋计日告之。及还，先期一日。念小儿，即止野亭，须期至乃往。

△ 投璧于河

汲郡《竹书纪年》曰：晋惠公十五年，秦穆公帅师送公子重耳，涉自河曲。《春秋左氏·僖公二十四年》：秦伯纳之，及河，子犯以璧授公子，曰：臣负羁绁，从君巡于天下，臣之罪多矣。臣犹知之，而况君乎？请由此亡。公子曰：所不与舅氏同心者，有如白水。投璧于此。子推笑曰：天开公子，子犯以为功，吾不忍与同位，遂逃焉。

△ 古冶子降寇

《搜神记》称：齐景公渡于江沈之河，鼋衔左骖，没之，众皆惕。古冶子于是拔剑从之，邪行五里，逆行三里，至于砥柱之下，乃鼋也。左手持鼋头，右手挟左骖，燕跃鹄踊而出，仰天大呼，水为逆流三百步，观者皆以为河伯也。

△ 盟　津

《论衡》曰：武王伐纣，升舟，阳侯波起，疾风逆流，武王操黄钺而麾之，风波毕除。中流，白鱼入于舟，燔以告天，与八百诸侯咸同此盟，《尚书》所谓不谋同辞也。故曰孟津，亦曰盟津。

△ 义士臧洪

臧洪为东郡太守，治此。曹操围张超于雍丘，洪以情义请袁绍救之，不许，洪与绍绝。绍围洪。城中无食，洪呼吏士曰：洪于大义，不得不死，诸君无事，空与此祸。众泣曰：何忍舍明府也。男女八千馀人，相枕而死。洪不屈，绍杀洪。邑人陈容为丞，谓曰：宁与臧洪同日死，不与将军同日生！绍又杀之，士为伤叹。今城四周，绍围郭尚存。水匝隍堑，于城东北，合为一渎，东北出郭，径阳平县之冈成城西。

△ 管涔山之剑

《十三州志》曰：出武州之燕京山。亦管涔之异名也。其山重阜修岩，有草无木，泉源导于南麓之下，盖稚水濛流耳。又西南。夹岸连山，联峰接势，刘渊族子曜尝隐避于管涔之山。夜中，忽有二童子入，跪曰：管涔王使小臣奉谒赵皇帝，献剑一口。置前，再拜而去。以烛视之，剑长二尺，光泽非常，背有铭曰：神剑御除众毒。曜遂服之，剑随时变为五色也。后曜遂为胡王矣。

赵文子游九原

故《国语》曰：赵文子与叔向游于九原，曰："死者若可作也，吾谁与归？"叔向曰："其阳子乎？"文子曰："夫阳子行廉直于晋国，不免其身，智不足称。"叔向曰："其舅犯乎？"文子曰："夫舅犯见利不顾其君，仁不足称。"吾其随曾乎？纳谏不忘其师，言身不失其友，事君不援而进，不阿而退。其故京尚存。汉兴，增陵于其下，故曰京陵焉。

介子推魂寄桂树

桂树者，起于介子推。子推，晋之人也。文公有内难，出国之狄，子推随其行，割肉以续军粮。后文公复国，忽忘子推。子推奉唱而歌，文公始悟，当受爵禄。子推奔介山，抱木而烧死。国人葬之，恐其神魂實于地，故作桂树焉。吾父生于宫殿，死于枕席，何用桂树为？余按夫子尚非璠玙送葬，安能问桂树为礼乎？王肃此证，近于诬矣。

丁太后墓

济水又东北，径定陶恭王陵南，汉哀帝父也。帝即位，母丁太后建平二年崩。上曰：宜起陵于恭皇之园。遂葬定陶，贵震山东。王莽秉政，贬号丁姬，开其椁户，火出，炎四五丈，吏卒以水沃灭，乃得入，烧燔椁中器物。公卿遣子弟及诸生、四夷十馀万人，操持作具，助将作掘平共王母傅太后坟及丁姬冢，二旬皆平。莽又周棘其处，以为世戒云。时有群燕数千，衔土投于丁姬窆中，今其坟冢，巍然尚秀，隅阿相承，列郭数周，面开重门。南门内夹道有崩碑二所，世尚谓之丁昭仪墓，又谓之长隧陵，盖所毁者，傅太后陵耳。

⚠ 徐偃王

刘成国《徐州地理志》云：徐偃王之异言，徐君宫人娠而生卵，以为不祥，弃之于水滨。孤独母有犬，名曰鹄仓，猎于水侧，得弃卵，衔以来归。孤独母以为异，覆暖之，遂成儿。生时偃，故以为名。徐君宫中闻之，乃更录取。长而仁智，袭君徐国。后鹄仓临死，生角而九尾，实黄龙也。偃王葬之徐中，今见有狗垄焉。偃王治国，仁义著闻，欲舟行上国，乃通沟陈、蔡之间，得朱弓矢，以得天瑞，遂因名为号，自称徐偃王。

⚠ 曹操释魏仲

沇州叛，太祖曰：惟种不弃孤。及走，太祖怒曰：种不南走越，北走胡，不汝置也。射犬平，禽之。公曰：唯其才也，释而用之。

⚠ 孔子太行回辕

邘水又东南，径孔子庙东，庙庭有碑。魏太和元年，孔灵度等以旧宇毁落，上求修复。野王令范众爱、河内太守元真、刺史咸阳公高允表闻，立碑于庙。治中刘明、别驾吕次文、主簿向班虎、苟灵龟，以宣尼大圣，非碑颂所称，宜立记焉，云仲尼伤道不行，欲北从赵鞅，闻杀鸣铎，遂旋车而返。及其后也，晋人思之，于太行巅南为之立庙，盖往时回辕处也。余按诸子书及史籍之文，并言仲尼临河而叹，曰：丘之不济，命也！夫是非太行回辕之言也。碑云：鲁国孔氏，官于洛阳，因居庙下，以奉蒸尝。斯言是矣。盖孔氏迁山下，追思圣祖，故立庙存飨耳。其犹刘累迁鲁，立尧祠于山矣，非谓回辕于此也。

帝袂血渍

荡水出县西石尚山，泉流，径其县故城南，县因水以取名也。晋伐成都王颖，败帝于是水之南。卢綝《四王起事》曰：惠帝征成都王颖，战败时，举辇司马八人，辇犹在肩上，军人竞就杀举辇者，乘舆顿地，帝伤三矢，百僚奔散。惟侍中嵇绍扶帝，士将兵之。帝曰：吾吏也，勿害之。众曰：受太弟命，惟不犯陛下一人耳。遂斩之，血污帝袂，将洗之，帝曰：嵇侍中血，勿洗也。此则嵇延祖殒命之所。

鞭虎尸

一水北径东明观下，昔慕容隽梦石虎齿其臂，寤而恶之，购求其尸，而莫之知。后宫嬖妾言虎葬东明观下，于是掘焉，下度三泉，得其棺，剖棺出尸，尸僵不腐。隽骂之曰：死胡，安敢梦生天子也！使御史中尉阳约数其罪而鞭之。此盖虎始葬处也。

马 邑

干宝《搜神记》曰：昔秦人筑城于武州塞内以备胡，城将成而崩者数矣。有马驰走一地，周旋反复。父老异之，因依以筑城，城乃不崩，遂名之为马邑。或以为代之马城也。

不烬之木

东方朔《神异传》云：南方有火山焉，长四十里，广四五里。其中皆生不烬之木，昼夜火燃，得雨猛风不灭，火中有鼠，重百斤，毛长二尺馀，细如丝，色白，时时出外，以水逐而沃之则死。取其毛绩以为布，谓之火浣布。是山亦其类也。

我从扬子指蒜山，旧读《水经》今始睹。
平生壮志此最奇，一叶轻舟傲烟雨。

元·吴　莱　　《风雨渡扬子江》

审定者：首都师范大学　陶礼天

全书总字数：29696

用字量：2666

洛阳伽蓝记 18

　　《洛阳伽蓝记》是记述北魏洛阳佛寺的地理著作，北魏杨衒之撰，成书于东魏武定五年（547）。"伽蓝"即梵语"僧伽蓝摩"之略称，意为"众园"或"僧院"，乃佛寺之统称。杨衒之，生卒年不详，北平人（今河北省完县），博学多才，以文章传家，与佛界人士多往还，亲睹洛阳佛寺兴衰，感慨系之，乃撰此记。

　　全书共五卷，按地域分为城内、城东、城南、城西、城北，记述佛寺七十馀处。其体例为先写立寺人、地理方位及建筑风格，再写相关人物、史事、传说、逸闻等，在对诸多佛寺形制规模的描摹和始末兴废的勾勒中，反映了广阔的政治经济背景和社会风俗人情，如尔朱荣之乱，皇室诸王的奢侈贪婪，南北朝间的交往，北魏全盛时期洛阳手工业、商业的繁盛，民间艺人的卓越技艺和演出盛况等，深受历代史学家的重视。其文笔散中带骈，"秾丽秀逸，烦而不厌"，风格与《世说新语》相类，亦是上品文章。

高频字

之	有	为	不	王	人	以	寺	於	门	中	所	一

△ 景林寺

景林寺，在开阳门内御道东。讲殿叠起，房庑连属，丹槛炫日，绣桷迎风，实为胜地。

寺西有园，多饶奇果。春鸟秋蝉，鸣声相续。中有禅房一所，内置祇洹精舍，形制虽小，巧构难比。加以禅阁虚静，隐室凝邃，嘉树夹牖，芳杜匝阶，虽云朝市，想同岩谷。净行之僧，绳坐其内，飧风服道，结跏数息。

有石铭一所，国子博士卢白头为其文。白头，一字景裕，范阳人也。性爱恬静，丘园放敖。学极六经，说通百氏。普泰初，起家为国子博士。虽在朱门，以注述为事，注《周易》行之于世也。

建春门内御道南，有勾盾、典农、籍田三署。籍田南有司农寺。御道北有空地，拟作东宫，晋中朝时太仓处也。太仓西南有翟泉，周回三里，即《春秋》所谓王子虎、晋狐偃盟于翟泉也。水犹澄清，洞底明净，鳞甲潜藏，辨其鱼鳖。高祖于泉北置河南尹。中朝时步广里也。

泉西有华林园。高祖以泉在园东，因名苍龙海。华林园中有大海，即汉天渊池，池中犹有魏文帝九华台。高祖于台上造清凉殿，世宗在海内作蓬莱山，山上有仙人馆，台上有钓台殿，并作虹霓阁，乘虚来往。至于三月禊日，季秋巳辰，皇帝驾龙舟鹢首，游于其上。海西有藏冰室，六月出冰，以给百官。海西南有景山殿。山东有羲和岭，岭上有温风室，山西有姮娥峰，峰上有露寒馆，并飞阁相通，凌山跨谷。山北有玄武池，山南有清暑殿。殿东有临涧亭，殿西有临危台。

景阳山南有百果园，果别作林，林各有堂。有仙人枣，长五寸，把之两头俱出，核细如针。霜降乃熟，食之甚美。俗传云出昆仑山，一曰西王母枣。又有仙人桃，其色赤，表里照彻，得霜即熟。亦出昆仑山，一曰王母桃也。

奈林南有石碑一所，魏文帝所立也，题云"苗茨之碑"。高祖于碑北作苗茨堂。永安中，庄帝马射于华林园，百官皆来读碑，疑苗字误。国子博士李同轨曰："魏文英才，世称三祖。公幹、仲宣，为其羽翼。但未知本意如何，不得言误也。"衒之时为奉朝请，因即释曰："以蒿覆之，故言苗茨，何误之有？"众咸称善，以为得其旨归。

奈林西有都堂，有流觞池。堂东有扶桑海。凡此诸海，皆有石窦流于地下，西通谷水，东连阳渠，亦与翟泉相连。若旱魃为害，谷水注之不竭；离毕滂润，阳谷泄之不盈。至于鳞甲异品，羽毛殊类，濯波浮浪，如似自然也。

——以上卷一

⚠ 大统寺

大统寺在景明寺西，即所谓利民里。寺南有三公令史高显略宅。每子夜见赤光行于堂前，如此者非一。向光明所掘地丈馀，得黄金百斤，铭云："苏秦家金，得者为吾造功德。"显略遂造招福寺。人谓此地是苏秦旧宅。当时元义秉政，闻其得金，就略索之，以二十斤与之。衒之按：苏秦时未有佛法，功德者不必是寺，应是碑铭之类，颂其声绩也。

东有秦太上公二寺，在景明南一里。西寺，是太后所立；东寺，皇姨所建。并为父追福，因以名之。时人号为双女寺。并门邻洛水，林木扶疏，布叶垂阴。各有五层浮图一所，高五十丈，素彩画工，比于景明。至于六斋，常有中黄门一人监护，僧舍衬施供具，诸寺莫及焉。

寺东有灵台一所，基址虽颓，犹高五丈馀，即是汉光武帝所立者。灵台东辟雍，是魏武帝所立者。至我正光中，造明堂于辟雍之西南，上圆下方，八窗四闼。汝南王复造砖浮图于灵台之上。孝昌初，妖贼四侵，州郡失据，朝廷设募征格于堂之北，从戎者拜旷野将军、偏将军、裨将军。当时甲胄之士，号明堂队。时有虎贲骆子渊者，自云洛阳人。昔孝昌年，戍在彭城，其同营人樊元宝得假还京师，子渊附书一封，令达其家，云："宅在灵台南，近洛河，卿但是至彼，家人自出相看。"元宝如其言，至灵台南，了无人家可问，徙倚欲去。忽见一老翁来，问从何而来，傍徨于此。元宝具向道之。老翁云："是吾儿也。"取书，引元宝入。遂见馆阁崇宽，屋宇佳丽。既坐，命婢取酒。须臾，见婢抱一死小儿而过，元宝初甚怪之，俄而酒至，色甚红，香美异常。兼设珍羞，海陆具备。饮讫，辞还。老翁送元宝出，云："后会难期，以为凄恨。"别甚殷勤。老翁还入，元宝不复见其门巷，但见高岸对水，渌波东倾，唯见一童子可年十五，新溺死，鼻中出血，方知所饮酒，是其血也。及还彭城，子渊已失矣。元宝与子渊同戍三年，不知是洛水之神也。

△ **高阳王寺**

高阳王寺，高阳王雍之宅也。在津阳门外三里御路西。雍为尔朱荣所害也，舍宅以为寺。正光中，雍为丞相，给羽葆鼓吹、虎贲班剑百人，贵极人臣，富兼山海，居止第宅，匹于帝宫。白壁丹楹，窈窕连亘，飞檐反宇，輘輠周通。僮仆六千，妓女五百，隋珠照日，罗衣从风。自汉晋以来，诸王豪侈，未之有也。出则鸣驺御道，文物成行，铙吹响发，笳声哀转；入则歌姬舞女，击筑吹笙，丝管迭奏，连宵尽日。其竹林鱼池，侔于禁苑，芳草如积，珍木连阴。雍嗜口味，厚自奉养，一食必以数万钱为限，海陆珍羞，方丈于前。陈留侯李崇谓人曰："高阳一食，敌我千日。"崇为尚书令，仪同三司，亦富倾天下，僮仆千人。而性多俭吝，恶衣粗食，食常无肉，止有韭茹、韭菹。崇客李元佑语人云："李令公一食十八种。"人问其故，元佑曰："二韭一十八。"闻者大笑。世人即以为讥骂。及雍薨后，诸妓悉令入道，或有嫁者。美人徐月华，善弹箜篌，能为明妃出塞之歌，闻者莫不动容。永安中，与卫将军原士康为侧室。宅近青阳门，徐鼓箜篌而歌，哀声入云，行路听者，俄而成市。徐常语士康曰："王有二美姬，一名修容，一名艳姿，并娥眉皓齿，洁貌倾城。修容亦能为绿水歌，艳姿善火凤舞，并爱倾后室，宠冠诸姬。"士康闻此，遂常令徐鼓绿水、火凤之曲焉。

高阳宅北有中甘里。里内颍川荀子文，年十三，幼而聪辨，神情卓异，虽黄琬、文举，无以加之。正光初，广宗潘崇和讲服氏《春秋》于城东昭义里，子文摄齐北面，就和受道。时赵郡李才问子文曰："荀生住在何处？"子文对曰："仆住在中甘里。"才曰："何为住城南。"城南有四夷馆，才以此讥之。子文对曰："国阳胜地，卿何怪也？若言川涧，伊洛峥嵘。语其旧事，灵台石经。招提之美，报德、景明。当世富贵，高阳、广平。四方风俗，万国千城。若论人物，有我无卿。"才无以对之。崇和曰："汝颍之士利如锥，燕赵之士钝如锤。信非虚言也。"举学皆笑焉。

——以上卷三

△ 白马寺

白马寺，汉明帝所立也，佛入中国之始。寺在西阳门外三里御道南。帝梦金神，长丈六，项背日月光明，胡人号曰佛。遣使向西域求之，乃得经像焉。时以白马负经而来，因以为名。明帝崩，起祇洹于陵上。自此以后，百姓家上或作浮图焉。寺上经函，至今犹存。常烧香供养之，经函时放光明，耀于堂宇，是以道俗礼敬之，如仰真容。

浮屠前，柰林蒲萄异于馀处，枝叶繁衍，子实甚大。柰林实重七斤，蒲萄实伟于枣，味并殊美，冠于中京。帝至熟时，常诣取之，或复赐宫人。宫人得之，转饷亲戚，以为奇味。得者不敢辄食，乃历数家。京师语曰："白马甜榴，一实直牛。"

有沙门宝公者，不知何处人也，形貌丑陋，心识通达，过去未来，预睹三世。发言似谶，不可得解，事过之后，始验其实。胡太后闻之，问以世事。宝公曰："把粟与鸡呼尔朱。"时人莫之能解。建义元年，后为尔朱荣所害，始验其言。时亦有洛阳人赵法和请占早晚当有爵否。宝公曰："大竹箭，不须羽，东厢屋，急手作。"时人不晓其意。经十馀日，法和父丧。大竹箭者，苴杖。东厢屋者，倚庐。造十二辰歌，终其言也。

——以上卷四

审定者：中国社会科学院　黄正建

全书总字数：71532

用字量：2857

贞观政要

19

　　《贞观政要》，政论类史书，十卷，唐吴兢撰，约成书于唐开元五至十三年（717—725）。吴兢，汴州浚仪（今河南开封）人，著述很多，除零散诗文外，现仅存《贞观政要》一书流传于世。

　　吴兢著此书旨在歌颂"贞观之治"，总结唐太宗时代的政治得失，希望后来君主以为借鉴。书中所记基本为贞观年间唐太宗与魏徵等大臣的问答，以及皇帝的诏书、大臣的谏议奏疏等，内容广泛，涉及政治、经济、军事、文化、社会、思想、生活等方方面面，尤以讨论君臣关系、君民关系、求谏纳谏、任贤使能、恭俭节用、居安思危为其重点。虽然书中在史实上有所失误，但由于叙事详赡，文字明畅，论述的又是统治之道，因此晚唐以后受到历代统治者的重视，甚至流传到日本和朝鲜半岛。

高频字

| 之 | 不 | 以 | 为 | 其 | 人 | 而 | 曰 | 於 | 有 | 所 | 太 |

1. 贞观初，太宗谓侍臣曰："为君之道，必须先存百姓，若损百姓以奉其身，犹割股以啖腹，腹饱而身毙。若安天下，必须先正其身，未有身正而影曲，上治而下乱者。朕每思伤其身者不在外物，皆由嗜欲以成其祸。若耽①嗜滋味，玩悦声色，所欲既多，所损亦大，既妨政事，又扰生民。且复出一非理之言，万姓为之解体，怨讟②既作，离叛亦兴。朕每思此，不敢纵逸。"谏议大夫魏徵对曰："古者圣哲之主，皆亦近取诸身，故能远体诸物。昔楚聘詹何，问其理国之要。詹何对以修身之术。楚王又问理国何如？詹何曰：'未闻身理而国乱者。'陛下所明，实同古义。"

2. 贞观二年，太宗问魏徵曰："何谓为明君暗君？"徵曰："君之所以明者，兼听也；其所以暗者，偏信也。《诗》云：'先人有言，询于刍荛。'昔唐、虞之理，辟四门，明四目，达四聪。是以圣无不照，故共、鲧之徒，不能塞也；靖言庸回，不能惑也。秦二世则隐藏其身，捐隔疏贱

---

① 耽（dān）：同"耽"，沉溺。
② 讟（dú）：怨恨，诽谤。

而偏信赵高，及天下溃叛，不得闻也。梁武帝偏信朱异，而侯景举兵向阙，竟不得知也。隋炀帝偏信虞世基，而诸贼攻城剽邑，亦不得知也。是故人君兼听纳下，则贵臣不得壅蔽，而下情必得上通也。"太宗甚善其言。

3. 贞观十年，太宗谓侍臣曰："帝王之业，草创与守成孰难？"尚书左仆射房玄龄对曰："天地草昧，群雄竞起，攻破乃降，战胜乃克。由此言之，草创为难。"魏徵对曰："帝王之起，必承衰乱。覆彼昏狡，百姓乐推，四海归命，天授人与，乃不为难。然既得之后，志趣骄逸，百姓欲静而徭役不休，百姓凋残而侈务不息，国之衰弊，恒由此起。以斯而言，守成则难。"太宗曰："玄龄昔从我定天下，备尝艰苦，出万死而遇一生，所以见草创之难也。魏徵与我安天下，虑生骄逸之端，必践危亡之地，所以见守成之难也。今草创之难，既已往矣，守成之难者，当思与公等慎之。"

4. 贞观十一年，特进魏徵上疏曰：

臣观自古受图膺运，继休守文，控御英雄，南面临下，皆欲配厚德于天地，齐高明于日月，本支百世，传祚无穷。然而克终者鲜，败亡相继，其故何哉？所以求之，失其道也。殷鉴不远，可得而言。

昔在有隋，统一寰宇，甲兵强锐，三十馀年，风行万里，威动殊俗。一旦举而弃之，尽为他人之有。彼炀帝岂恶天下之治安，不欲社稷之长久，故行桀虐，以就灭亡哉！恃其富强，不虞后患。驱天下以从欲，罄万物而自奉，采域中之子女，求远方之奇异。宫苑是饰，台榭是崇，徭役无时，干戈不戢。外示严重，内多险忌，谗邪者必受其福，忠正者莫保其生。上下相蒙，君臣道隔，民不堪命，率土分崩。遂以四海之尊，殒于匹夫之手，子孙殄绝，为天下笑，可不痛哉！

圣哲乘机，拯其危溺，八柱倾而复正，四维弛而更张。远肃迩安，不逾于期月；胜残去杀，无待于百年。今宫观台榭，尽居之矣；奇珍异物，尽收之矣；姬姜淑媛，尽侍于侧矣。四海九州，尽为臣妾矣。若能鉴彼之所以失，念我之所以得，日慎一日，虽休勿休，焚鹿台之宝衣，毁阿房之广殿，惧危亡于峻宇，思安处于卑宫，则神化潜通，无为而治，德之上也。若成功不毁，即仍其旧，除其不急，损之又损。杂茅茨于桂栋，参玉砌以土墀，悦以使人，不竭其力，常念居之者逸，作之者劳，亿兆悦以子来，群生仰而遂性，德之次也。若惟圣罔念，不慎厥终，忘缔构之艰难，谓天命之可恃，忽采椽之恭俭，追雕墙之靡丽，因其基以广之，增其旧而饰之，触类而长，不知止足，人不见德，而劳役是闻，斯为下矣。譬之负薪救火，扬汤止沸，以暴易乱，与乱同道，莫可测也，后嗣何观！夫事无可观则人怨，人怨则神怒，神怒则灾害必生，灾害既生，则祸乱必作，祸乱既作，而能以身名全者鲜矣。顺天革命之后，将隆七百之祚，贻厥子孙，传之万叶，难得易失，可不念哉！

是月，徵又上疏曰：

臣闻求木之长者，必固其根本；欲流之远者，必浚其泉源；思国之安者，必积其德义。源不深而望流之远，根不固而求木之长，德不厚而思国之理，臣虽下愚，知其不可，而况于明哲乎！人君当神器之重，居域中之大，将崇极天之峻，永保无疆之休。不念居安思危，戒奢以俭，德不处其厚，情不胜其欲，斯亦伐根以求木茂，塞源而欲流长者也。

凡百元首，承天景命，莫不殷忧而道著，功成而德衰。有善始者实繁，能克终者盖寡，岂取之易而守之难乎？昔取之而有馀，今守之而不足，何也？夫在殷忧，必竭诚以待下；既得志，则纵情以傲物。竭诚则胡越为一体，傲物则骨肉为行路。虽董之以严刑，震之以威怒，终苟免而不怀仁，貌恭而不心服。怨不在大，可畏惟人，载舟覆舟，所宜深慎，奔车朽索①，其可忽乎！

君人者，诚能见可欲则思知足以自戒，将有作则思知止以安人，念高危则思谦冲而自牧，惧满溢则思江海下百川，乐盘游则思三驱以为度，忧懈怠则思慎始而敬终，虑壅蔽则思虚心以纳下，想谗邪则思正身以黜恶，

---

① 奔车朽索：比喻事情很危险。

恩所加则思无因喜以谬赏，罚所及则思无因怒而滥刑。总此十思，宏兹九德，简能而任之，择善而从之。则智者尽其谋，勇者竭其力，仁者播其惠，信者效其忠。文武争驰，君臣无事，可以尽豫游之乐，可以养松、乔之寿，鸣琴垂拱①，不言而化②。何必劳神苦思，代下司职，役聪明之耳目，亏无为之大道哉！

太宗手诏答曰：

省频抗表，诚极忠款，言穷切至。披览忘倦，每达宵分。非公体国情深，启沃义重，岂能示以良图，匡其不及。朕闻晋武帝自平吴已后，务在骄奢，不复留心治政。何曾退朝谓其子劭曰："吾每见主上不论经国远图，但说平生常语，此非贻厥子孙者，尔身犹可以免。"指诸孙曰："此等必遇乱死。"及孙绥，果为淫刑所戮。前史美之，以为明于先见。朕意不然，谓曾之不忠其罪大矣。夫为人臣，当进思尽忠，退思补过，将顺其美，匡救其恶，所以共为理也。曾位极台司，名器崇重，当直辞正谏，论道佐时。今乃退有后言，进无廷净，以为明智，不亦谬乎！危而不持，焉用彼相？公之所陈，朕闻过矣。当置之几案，事等弦、韦。必望收彼桑榆，期之岁暮，不使康哉良哉，独美于往日，若鱼若水，遂爽于当今。迟复嘉谋，犯而无隐。朕将虚襟静志，敬伫德音。

5. 贞观十五年，太宗谓侍臣曰："守天下难易？"侍中魏徵对曰："甚难。"太宗曰："任贤能、受谏净，即可，何谓为难？"徵曰："观自古帝王，在于忧危之间，则任贤受谏。及至安乐，必怀宽怠，言事者惟令竞惧，日陵月替，以至危亡。圣人所以居安思危，正为此也。安而能惧，岂不为难？"

①　垂拱：垂衣拱手，什么也不做。
②　化：教化，教行也。

政体第二〔凡十四章〕

1. 贞观初，太宗谓萧瑀曰："朕少好弓矢，自谓能尽其妙。近得良弓十数，以示弓工。乃曰：'皆非良材也。'朕问其故，工曰：'木心不正，则脉理皆邪，弓虽刚劲而遣箭不直，非良弓也。'朕始悟焉。朕以弧矢定四方，用弓多矣，而犹不得其理。况朕有天下之日浅，得为理之意，固未及于弓，弓犹失之，而况于理乎？"自是诏京官五品以上，更宿中书内省。每召见，皆赐坐与语，询访外事，务知百姓利害，政教得失焉。

2. 贞观元年，太宗谓黄门侍郎王珪曰："中书所出诏敕，颇有意见不同，或兼错失而相正以否。元置中书、门下，本拟相防过误。人之意见，每或不同，有所是非，本为公事。或有护己之短，忌闻其失，有是有非，衔以为怨。或有苟避私隙，相惜颜面，知非政事，遂即施行。难违一官之小情，顿为万人之大弊。此实亡国之政，卿辈特须在意防也。隋日内外庶官，政以依违，而致祸乱，人多不能深思此理。当时皆谓祸不及身，面从背言，不以为患。后至大乱一起，家国俱丧，虽有脱身之人，纵不遭刑戮，皆辛苦仅免，甚为时论所贬黜。卿等特须灭私徇公，坚守直道，庶事相启沃，勿上下雷同也。"

3. 贞观二年，太宗问黄门侍郎王珪曰："近代君臣治国，多劣于前古，何也？"对曰："古之帝王为政，皆志尚清静，以百姓之心为心。近代则唯损百姓以适其欲，所任用大臣，复非经术之士。汉家宰相，无不精通一经，朝廷若有疑事，皆引经决定，由是人识礼教，理致太平。近代重武轻儒，或参以法律，儒行既亏，淳风大坏。"太宗深然其言。自此百官中有学业优长、兼识政体者，多进其阶品，累加迁擢焉。

4. 贞观三年，太宗谓侍臣曰："中书、门下，机要之司。擢才而居，委任实重。诏敕如有不稳便，皆须执论。比来惟觉阿旨顺情，唯唯苟过，遂无一言谏诤者，岂是道理？若惟署诏敕、行文书而已，人谁不堪？何烦简择，以相委付？自今诏敕疑有不稳便，必须执言，无得妄有畏惧，知而寝默。"

5. 贞观四年，太宗问萧瑀曰："隋文帝何如主也？"对曰："克己复礼，勤劳思政，每一坐朝，或至日昃，五品已上，引坐论事，宿卫之士，传飧而食，虽性非仁明，亦是励精之主。"太宗曰："公知其一，未知其二。此人性至察而心不明。夫心暗则照有不通，至察则多疑于物。又欺孤儿寡妇以得天下，恒恐群臣内怀不服，不肯信任百司，每事皆自决断，虽则劳神苦形，未能尽合于理。朝臣既知其意，亦不敢直言。宰相以下，惟承顺而已。朕意则不然，以天下之广，四海之众，千端万绪，须合变通，皆委百司商量，宰相筹画，于事稳便，方可奏行。岂得以一日万机，独断一人之虑也。且日断十事，五条不中，中者信善，其如不中者何？以日继月，乃至累年，乖谬既多，不亡何待？岂如广任贤良，高居深视，法令严肃，谁敢为非？"因令诸司，若诏敕颁下有未稳便者，必须执奏，不得顺旨便即施行，务尽臣下之意。

6. 贞观五年，太宗谓侍臣曰："治国与养病无异也。病人觉愈，弥须将护，若有触犯，必至殒命。治国亦然，天下稍安，尤须兢慎，若便骄逸，必至丧败。今天下安危，系之于朕。故日慎一日，虽休勿休。然耳目股肱，寄于卿辈，既义均一体，宜协力同心，事有不安，可极言无隐。傥君臣相疑，不能备尽肝膈，实为国之大害也。"

7. 贞观六年，太宗谓侍臣曰："看古之帝王，有兴有衰，犹朝之有暮，皆为蔽其耳目，不知时政得失，忠正者不言，邪谄者日进，既不见过，所以至于灭亡。朕既在九重，不能尽见天下事，故布之卿等，以为朕之耳目。莫以天下无事，四海安宁，便不存意。可爱非君，可畏非民。天子者，有道则人推而为主，无道则人弃而不用，诚可畏也。"魏徵对曰："自古失国之主，皆为居安忘危，处理忘乱，所以不能长久。今陛下富有四海，内外清晏，能留心治道，常临深履薄，国家历数，自然灵长。臣又闻古语云：'君，舟也；人，水也。水能载舟，亦能覆舟。'陛下以为可畏，诚如圣旨。"

8. 贞观六年，太宗谓侍臣曰："古人云：'危而不持，颠而不扶，焉用彼相？'君臣之义，得不尽忠匡救乎？朕尝读书，见桀杀关龙逢，汉诛晁错，未尝不废书叹息。公等但能正词直谏，裨益政教，终不以犯颜忤旨，妄有诛责。朕比来临朝断决，亦有乖于律令者。公等以为小事，遂不执言。凡大事皆起于小事，小事不论，大事又将不可救，社稷倾危，莫不由此。隋主残暴，身死匹夫之手，率土苍生，罕闻嗟痛。公等为朕思隋氏灭亡之事，朕为公等思龙逢、晁错之诛，君臣保全，岂不美哉！"

9. 贞观七年，太宗与秘书监魏徵从容论自古理政得失，因曰："当今大乱之后，造次不可致化。"徵曰："不然，凡人在危困，则忧死亡。忧死亡，则思化。思化，则易教。然则乱后易教，犹饥人易食也。"太宗曰："善人为邦百年，然后胜残去杀。大乱之后，将求致化，宁可造次而望乎？"徵曰："此据常人，不在圣哲。若圣哲施化，上下同心，人应如响，不疾而速，期月而可，信不为难，三年成功，犹谓其晚。"太宗以为然。封德彝等对曰："三代以后，人渐浇讹①，故秦任法律，汉杂霸道，皆欲化而不能，岂能化而不欲？若信魏徵所说，恐败乱国家。"徵曰："五帝、三王，不易人而化。行帝道则帝，行王道则王，在于当时所理，化之而已。考之载籍，可得而知。昔黄帝与蚩尤七十馀战，其乱甚矣，既胜之后，便致太平。九黎乱德，颛顼征之，既克之后，不失其化。桀为乱虐，而汤放之，在汤之代，即致太平。纣为无道，武王伐之，成王之代，亦致太平。若言人渐浇讹，不及纯朴，至今应悉为鬼魅，宁可复得而教化耶？"德彝等无以难之，然咸以为不可。太宗每力行不倦，数年间，海内康宁，突厥破灭。因谓群臣曰："贞观初，人皆异论，云当今必不可行帝道、王道，惟魏徵劝我。既从其言，不过数载，遂得华夏安宁，远戎宾服。突厥自古以来，常为中国劲敌，今酋长并带刀宿卫，部落皆袭衣冠，使我遂至

---

① 浇讹：浮薄作为。浇：浮薄。讹：虚伪，诈伪。

于此，皆魏徵之力也。"顾谓徵曰："玉虽有美质，在于石间，不值良工琢磨，与瓦砾不别。若遇良工，即为万代之宝。朕虽无美质，为公所切磋，劳公约朕以仁义，弘朕以道德，使朕功业至此，公亦足为良工尔。"

10. 贞观八年，太宗谓侍臣曰："隋时百姓纵有财物，岂得保此？自朕有天下已来，存心抚养，无有所科差，人人皆得营生，守其资财，即朕所赐。向使朕科唤不已，虽数资赏赐，亦不如不得。"魏徵对曰："尧、舜在上，百姓亦云'耕田而食，凿井而饮'，含哺鼓腹，而云'帝何力'于其间矣。今陛下如此含养，百姓可谓日用而不知。"又奏称："晋文公出田，逐兽于砀，入大泽，迷不知所出。其中有渔者，文公谓曰：'我，若君也，道将安出？我且厚赐若。'渔者曰：'臣愿有献。'文公曰：'出泽而受之。'于是送出泽。文公曰：'今子之所欲教寡人者，何也？愿受之。'渔者曰：'鸿鹄保河海，厌而徙之小泽，则有矰丸之忧。鼋鼍保深渊，厌而出之浅渚，必有钓射之忧。今君逐兽砀，入至此，何行之太远也？'文公曰：'善哉！'谓从者记渔者名。渔者曰：'君何以名？君尊天事地，敬社稷，保四国，慈爱万民，薄赋敛，轻租税，臣亦与焉。君不尊天，不事地，不敬社稷，不固四海，外失礼于诸侯，内逆民心，一国流亡，渔者虽有厚赐，不得保也。'遂辞不受。"太宗曰："卿言是也。"

11. 贞观九年，太宗谓侍臣曰："往昔初平京师，宫中美女珍玩，无院不满。炀帝意犹不足，征求无已，兼东西征讨，穷兵黩武，百姓不堪，遂致亡灭。此皆朕所目见。故夙夜孜孜，惟欲清净，使天下无事。遂得徭役不兴，年谷丰稔，百姓安乐。夫治国犹如栽树，本根不摇，则枝叶茂荣。君能清净，百姓何得不安乐乎？"

12. 贞观十六年，太宗谓侍臣曰："或君乱于上，臣理于下；或臣乱于下，君治于上。二者苟逢，何者为甚？"特进魏徵对曰："君心治，则照见下非。诛一劝百，谁敢不畏威尽力？若昏暴于上，忠谏不从，虽百里奚、伍子胥之在虞、吴，不救其祸，败亡亦继。"太宗曰："必如此，齐文宣昏暴，杨遵彦以正道扶之得治，何也？"徵曰："遵彦弥缝暴主，救理苍生，才得免乱，亦甚危苦。与人主严明，臣下畏法，直言正谏，皆见信用，不可同年而语也。"

13. 贞观十九年，太宗谓侍臣曰："朕观古来帝王，骄矜而取败者，不可胜数。不能远述古昔，至如晋武平吴、隋文伐陈已后，心逾骄奢，自矜诸己，臣下不复敢言，政道因兹弛紊。朕自平定突厥、破高丽已后，兼并铁勒，席卷沙漠以为州县，夷狄远服，声教益广。朕恐怀骄矜，恒自抑折，日旰^①而食，坐以待晨。每思臣下有谠^②言直谏，可以施于政教者，当拭目以师友待之。如此，庶几于时康道泰尔。"

14. 太宗自即位之始，霜旱为灾，米谷踊贵，突厥侵扰，州县骚然。帝志在忧人，锐精为政，崇尚节俭，大布恩德。是时，自京师及河东、河南、陇右，饥馑尤甚，一匹绢才得一斗米。百姓虽东西逐食，未尝嗟怨，莫不自安。至贞观三年，关中丰熟，咸自归乡，竟无一人逃散，其得人心如此。加以从谏如流，雅好儒术，孜孜求士，务在择官，改革旧弊，兴复制度，每因一事，触类为善。初，息隐、海陵之党，同谋害太宗者数百千人，事宁，复引居左右近侍，心术豁然，不有疑阻。时论以为能断决大事，得帝王之体。深恶官吏贪浊，有枉法受财者，必无赦免。在京流外有犯赃者，皆遣执奏，随其所犯，寘以重法。由是官吏多自清谨。制驭王公、妃主之家，大姓豪猾之伍，皆畏威屏迹，无敢侵欺细人。商旅野次，无复盗贼，囹圄常空，马牛布野，外户不闭。又频致丰稔，米斗三四钱，行旅自京师至于岭表，自山东至于沧海，皆不赍粮，取给于路。入山东村落，行客经过者，必厚加供待，或发时有赠遗。此皆古昔未有也。

——以上卷一

---

① 旰（gàn）：晚也，天色晚。
② 谠（dǎng）：正直。

1. 房玄龄,齐州临淄人也。初仕隋,为隰城尉。坐事,除名徙上郡。太宗徇地渭北,玄龄杖策谒于军门,太宗一见,便如旧识,署渭北道行军记室参军。玄龄既遇知己,遂馨竭心力。是时,贼寇每平,众人竞求金宝,玄龄独先收人物,致之幕府,及有谋臣猛将,与之潜相申结,各致死力。累授秦王府记室,兼陕东道大行台考功郎中。玄龄在秦府十馀年,恒典管记。隐太子、巢剌王以玄龄及杜如晦为太宗所亲礼,甚恶之,谮之高祖,由是与如晦并遭驱斥。及隐太子将有变也,太宗召玄龄、如晦,令衣道士服,潜引入阁谋议。及事平,太宗入春宫,擢拜太子左庶子。贞观元年,迁中书令。三年,拜尚书左仆射,监修国史,封梁国公,实封一千三百户。既总任百司,虔恭夙夜,尽心竭节,不欲一物失所。闻人有善,若己有之。明达吏事,饰以文学,审定法令,意在宽平。不以求备取人,不以己长格物,随能收叙,无隔疏贱。论者称为良相焉。十三年,加太子少师,玄龄自以一居端揆十有五年,频抗表辞位,优诏不许。十六年,进拜司空,仍总朝政,依旧监修国史。玄龄复以年老请致仕,太宗遣使谓曰:"国家久相任使,一朝忽无良相,如失两手。公若筋力不衰,无烦此让。自知衰谢,当更奏闻。"玄龄遂止。太宗又尝追思王业之艰难,佐命之匡弼①,乃作《威凤赋》以自喻,因赐玄龄,其见称类如此。

2. 杜如晦,京兆万年人也。武德初,为秦王府兵曹参军,俄迁陕州总管府长史。时府中多英俊,被外迁者众,太宗患之。记室房玄龄曰:"府僚去者虽多,盖不足惜。杜如晦聪明识达,王佐才也。若大王守藩端拱,无所用之;必欲经营四方,非此人莫可。"太宗自此弥加礼重,寄以心腹,遂奏为府属,常参谋帷幄。时军国多事,剖断如流,深为时辈所

---

① 匡弼 (kuāng bì):端正,匡正。

服。累除天策府从事中郎，兼文学馆学士。隐太子之败，如晦与玄龄功第一，迁拜太子右庶子。俄迁兵部尚书，进封蔡国公，实封一千三百户。贞观二年，以本官检校侍中。三年，拜尚书右仆射，兼知吏部选事。仍与房玄龄共掌朝政。至于台阁规模，典章文物，皆二人所定，甚获当时之誉，时称房、杜焉。

3. 魏徵，钜鹿人也，近徙家相州之内黄。武德末，为太子洗马。见太宗与隐太子阴相倾夺，每劝建成早为之谋。太宗既诛隐太子，召徵责之曰："汝离间我兄弟，何也？"众皆为之危惧。徵慷慨自若，从容对曰："皇太子若从臣言，必无今日之祸。"太宗为之敛容，厚加礼异，擢拜谏议大夫。数引之卧内，访以政术。徵雅有经国之才，性又抗直，无所屈挠。太宗每与之言，未尝不悦。徵亦喜逢知己之主，竭其力用。又劳之曰："卿所谏前后二百馀事，皆称朕意，非卿忠诚奉国，何能若是？"三年，累迁秘书监，参预朝政，深谋远算，多所弘益。太宗尝谓曰："卿罪重于中钩，我任卿逾于管仲，近代君臣相得，宁有似我于卿者乎？"六年，太宗幸九成宫，宴近臣，长孙无忌曰："王珪、魏徵，往事息隐，臣见之若雠，不谓今者又同此宴。"太宗曰："魏徵往者实我所雠，但其尽心所事，有足嘉者。朕能擢而用之，何惭古烈？徵每犯颜切谏，不许我为非，我所以重之也。"徵再拜曰："陛下导臣使言，臣所以敢言。若陛下不受臣言，臣亦何敢犯龙鳞，触忌讳也。"太宗大悦，各赐钱十五万。七年，代王珪为侍中，累封郑国公。寻以疾乞辞所职，请为散官。太宗曰："朕拔卿于雠虏之中，任卿以枢要之职，见朕之非，未尝不谏。公独不见金之在矿①，何足贵哉？良冶锻而为器，便为人所宝。朕方自比于金，以卿为良工。虽有疾，未为衰老，岂得便尔耶？"徵乃止。后复固辞，听解侍中，授以特进，仍知门下省事。十二年，太宗以诞皇孙，诏宴公卿，帝极欢，谓侍臣曰："贞观以前，从我平定天下，周旋艰险，玄龄之功无所与让。

---

① 矿（kuàng）：同"矿"，矿石，金璞也。

贞观之后，尽心于我，献纳忠谠，安国利人，成我今日功业，为天下所称者，惟魏徵而已。古之名臣，何以加也。"于是亲解佩刀以赐二人。庶人承乾在春宫，不修德业。魏王泰宠爱日隆，内外庶寮，咸有疑议。太宗闻而恶之，谓侍臣曰："当今朝臣，忠謇无如魏徵，我遣傅皇太子，用绝天下之望。"十七年，遂授太子太师，知门下事如故。徵自陈有疾，太宗谓曰："太子宗社之本，须有师傅，故选中正，以为辅弼。知公疹病，可卧护之。"徵乃就职。寻遇疾。徵宅内先无正堂，太宗时欲营小殿，乃辍其材为造，五日而就。遣中使赐以布被素褥，遂其所尚。后数日，薨。太宗亲临恸哭，赠司空，谥曰文贞。太宗亲为制碑文，复自书于石。特赐其家食实封九百户。太宗后尝谓侍臣曰："夫以铜为镜，可以正衣冠；以古为镜，可以知兴替；以人为镜，可以明得失。朕常保此三镜，以防己过。今魏徵殂逝，遂亡一镜矣！"因泣下久之。乃诏曰："昔惟魏徵，每显予过。自其逝也，虽过莫彰。朕岂独有非于往时，而皆是于兹日？故亦庶僚苟顺，难触龙鳞者欤！所以虚己外求，披迷内省。言而不用，朕所甘心。用而不言，谁之责也？自斯已后，各悉乃诚。若有是非，直言无隐。"

4. 王珪，太原祁县人也，武德中，为隐太子中允，甚为建成所礼。后以连其阴谋事，流于巂州。建成诛后，太宗即位，召拜谏议大夫。每推诚尽节，多所献纳。珪尝上封事切谏，太宗谓曰："卿所论皆中朕之失，自古人君莫不欲社稷永安，然而不得者，只为不闻己过，或闻而不能改故也。今朕有所失，卿能直言，朕复闻过能改，何虑社稷之不安乎？"太宗又尝谓珪曰："卿若常居谏官，朕必永无过失。"顾待益厚。贞观元年，迁黄门侍郎，参预政事，兼太子右庶子。二年，进拜侍中。时房玄龄、魏徵、李靖、温彦博、戴胄与珪同知国政，尝因侍宴，太宗谓珪曰："卿识鉴精通，尤善谈论，自玄龄等，咸宜品藻。又可自量孰与诸子贤？"对曰："孜孜奉国，知无不为，臣不如玄龄。每以谏诤为心，耻君不及尧、舜，臣不如魏徵。才兼文武，出将入相，臣不如李靖。敷奏详明，出纳惟允，臣不如温彦博。处繁理剧，众务必举，臣不如戴胄。至如激浊扬清，嫉恶好善，臣于数子，亦有一日之长。"太宗深然其言，群公亦各以为尽己所怀，谓之确论。

5. 李靖，京兆三原人也。大业末，为马邑郡丞。会高祖为太原留守，靖观察高祖，知有四方之志，因自锁上变，诣江都。至长安，道塞不通而止。高祖克京城，执靖，将斩之，靖大呼曰："公起义兵除暴乱，不欲就大事，而以私怨斩壮士乎？"太宗亦加救靖，高祖遂舍之。武德中，以平萧铣、辅公祏功，历迁扬州大都督府长史。太宗嗣位，召拜刑部尚书。贞观二年，以本官检校中书令。三年，转兵部尚书，为代州行军总管，进击突厥定襄城，破之。突厥诸部落俱走碛北。北擒隋齐王暕之子杨道政，及炀帝萧后，送于长安，突利可汗来降，颉利可汗仅以身遁。太宗谓曰："昔李陵提步卒五千，不免身降匈奴，尚得名书竹帛。卿以三千轻骑，深入虏庭，克复定襄，威振北狄，实古今未有，足报往年渭水之役矣。"以功进封代国公。此后，颉利可汗大惧，四年，退保铁山，遣使入朝谢罪，请举国内附。又以靖为定襄道行军总管，往迎颉利。颉利虽外请降，而心怀疑贰。诏遣鸿胪卿唐俭、摄户部尚书将军安修仁慰谕之，靖谓副将张公谨曰："诏使到彼，虏必自宽，乃选精骑赍二十日粮，引兵自白道袭之。"公谨曰："既许其降，诏使在彼，未宜讨击。"靖曰："此兵机也，时不可失。"遂督军疾进。行至阴山，遇其斥候千馀帐，皆俘以随军。颉利见使者甚悦，不虞官兵至也。靖前锋乘雾而行，去其牙帐七里，颉利始觉，列兵未及成阵，单马轻走，虏众因而溃散。斩万馀级，杀其妻隋义成公主，俘男女十馀万，斥土界自阴山至于大漠，遂灭其国。寻获颉利可汗于别部落，馀众悉降。太宗大悦，顾谓侍臣曰："朕闻主忧臣辱，主辱臣死。往者国家草创，突厥强梁，太上皇以百姓之故，称臣于颉利，朕未尝不痛心疾首，志灭匈奴，坐不安席，食不甘味。今者暂动偏师，无往不捷，单于稽颡①，耻其雪乎！"群臣皆称万岁。寻拜靖光禄大夫、尚书右仆射，赐

---

① 稽颡（qǐ sǎng）：以额触地而拜。

实封五百户。又为西海道行军大总管，征吐谷浑，大破其国。改封卫国公。及靖身亡，有诏许坟茔制度依汉卫、霍故事，筑阙象突厥内燕然山、吐谷浑内碛石二山，以旌殊绩。

6. 虞世南，会稽馀姚人也。贞观初，太宗引为上客。因开文馆，馆中号为多士，咸推世南为文学之宗。授以记室，与房玄龄对掌文翰。尝命写《列女传》以装屏风，于时无本，世南暗书之，一无遗失。贞观七年，累迁秘书监，太宗每机务之隙，引之谈论，共观经史。世南虽容貌懦弱，如不胜衣，而志性抗烈，每论及古先帝王为政得失，必存规讽，多所补益。及高祖晏驾，太宗执丧过礼，哀容毁顇，久替万机，文武百寮，计无所出，世南每入进谏，太宗甚嘉纳之，益所亲礼。尝谓侍臣曰："朕因暇日，每与虞世南商榷古今，朕有一言之善，世南未尝不悦，有一言之失，未尝不怅恨。其恳诚若此，朕用嘉焉。群臣皆若世南，天下何忧不治？"太宗尝称世南有五绝：一曰德行，二曰忠直，三曰博学，四曰词藻，五曰书翰。及卒，太宗举哀于别次，哭之甚恸。丧事官给，仍赐以东园秘器，赠礼部尚书，谥曰文懿。太宗手敕魏王泰曰："虞世南于我，犹一体也。拾遗补阙，无日暂忘，实当代名臣，人伦准的。吾有小善，必将顺而成之；吾有小失，必犯颜而谏之。今其云亡，石渠、东观之中，无复人矣，痛惜岂可言耶！"未几，太宗为诗一篇，追思往古理乱之道，既而叹曰："锺子期死，伯牙不复鼓琴。朕之此篇，将何所示？"因令起居褚遂良诣其灵帐读讫焚之，其悲悼也若此。又令与房玄龄、长孙无忌、杜如晦、李靖等二十四人，图形于凌烟阁。

7. 李勣，曹州离狐人也。本姓徐，初仕李密，为左武侯大将军。密后为王世充所破，拥众归国，勣犹据密旧境十郡之地。武德二年，谓长史郭孝恪曰："魏公既归大唐，今此人众土地，魏公所有也。吾若上表献之，则是利主之败，自为己功，以邀富贵，是吾所耻。今宜具录州县及军人户口，总启魏公，听公自献，此则魏公之功也，不亦可乎？"乃遣使启密。使人初至，高祖闻无表，惟有启与密，甚怪之。使者以勣意闻奏，高祖方大喜曰："徐勣感德推功，实纯臣也。"拜黎州总管，赐姓李氏，附属籍于宗正。封其父盖为济阴王，固辞王爵，乃封舒国公，授散骑常侍。寻加勣右武侯大将军。及李密反叛伏诛，勣发丧行服，备君臣之礼，表请收葬。高祖遂归其尸。于是大具威仪，三军缟素，葬于黎阳山。礼成，释服而散，朝野义之。寻为窦建德所攻，陷于建德，又自拔归京师。从太宗征王世充、窦建德，平之。贞观元年，拜并州都督，令行禁止，号为称职，突厥甚加畏惮。太宗谓侍臣曰："隋炀帝不解精选贤良，镇抚边境，惟远筑长城，广屯将士，以备突厥，而情识之惑，一至于此。朕今委任李勣于并州，遂得突厥畏威远遁，塞垣安静，岂不胜数千里长城耶？"其后并州改置大都督府，又以勣为长史，累封英国公。在并州凡十六年。召拜兵部尚书，兼知政事。勣时遇暴疾，验方云须灰可以疗之，太宗自剪须为其和药。勣顿首见血，泣以陈谢。太宗曰："吾为社稷计耳，不烦深谢。"十七年，高宗居春宫，转太子詹事，加特进，仍知政事。太宗又尝宴，顾勣曰："朕将属以孤幼，思之无越卿者。公往不遗于李密，今岂负于朕哉！"勣雪涕致辞，因噬指流血。俄沉醉，御服覆之，其见委信如此。勣每行军，用师筹算，临敌应变，动合事机。自贞观以来，讨击突厥、颉利及薛延陀、高丽等，并大破之。太宗尝曰："李靖、李勣二人，古之韩、白、卫、霍岂能及也。"

8. 马周，博州茌平人也。贞观五年，至京师，舍于中郎将常何之家。时太宗令百官上书言得失，周为何陈便宜二十馀事，令奏之，事皆合旨。太宗怪其能，问何，何对曰："此非臣所发意，乃臣家客马周也。"太宗即日召之，未至间，凡四度遣使催促。及谒见，与语甚悦。令直门下省，授监察御史，累除中书舍人。周有机辩，能敷奏，深识事端，故动无不中。太宗尝曰："我于马周，暂时不见，则便思之。"十八年，历迁中书令，兼太子左庶子。周既职兼两宫，处事平允，甚获当时之誉。又以本官摄吏部尚书。太宗尝谓侍臣曰："周见事敏速，性甚慎至。至于论量人物，直道而言，朕比任使之，多称朕意。既写忠诚，亲附于朕，实藉此人，共康时政也。"

△ 求谏第四 [凡十一章]

1. 太宗威容俨肃，百僚进见者，皆失其举措。太宗知其若此，每见人奏事，必假颜色，冀闻谏诤，知政教得失。贞观初，尝谓公卿曰："人欲自照，必须明镜；主欲知过，必藉忠臣。主若自贤，臣不匡正，欲不危败，岂可得乎？故君失其国，臣亦不能独全其家。至于隋炀帝暴虐，臣下钳口，卒令不闻其过，遂至灭亡，虞世基等，寻亦诛死。前事不远，公等每看事有不利于人，必须极言规谏。"

2. 贞观元年，太宗谓侍臣曰："正主任邪臣，不能致理，正臣事邪主，亦不能致理。惟君臣相遇，有同鱼水，则海内可安。朕虽不明，幸诸公数相匡救，冀凭直言鲠议①，致天下太平。"谏议大夫王珪对曰："臣闻木从绳则正，后从谏则圣。是故古者圣主必有争臣七人，言而不用，则相继以死。陛下开圣虑，纳刍荛，愚臣处不讳之朝，实愿罄其狂瞽。"太宗称善，诏令自是宰相入内平章国计，必使谏官随入，预闻政事。有所开说，必虚己纳之。

3. 贞观二年，太宗谓侍臣曰："明主思短而益善，暗主护短而永愚。隋炀帝好自矜夸，护短拒谏，诚亦实难犯忤。虞世基不敢直言，或恐未为深罪。昔箕子佯狂自全，孔子亦称其仁。及炀帝被杀，世基合同死否？"杜如晦对曰："天子有诤臣，虽无道不失其天下。仲尼称：'直哉史鱼，邦有道如矢，邦无道如矢。'世基岂得以炀帝无道，不纳谏诤，遂杜口无言？偷安重位，又不能辞职请退，则与箕子佯狂而去，事理不同。昔晋惠帝贾后将废愍怀太子，司空张华竟不能苦争，阿意苟免。及赵王伦举兵废后，遣使收华，华曰：'将废太子日，非是无言，当不被纳用。'其使曰：

---

① 鲠（gěng）议：逆耳忠言，刚直的议论。鲠，梗直，正直。

'公为三公，太子无罪被废，言既不从，何不引身而退？'华无辞以答，遂斩之，夷其三族。古人有云：'危而不持，颠而不扶，则将焉用彼相？'故'君子临大节而不可夺也'。张华既抗直不能成节，逊言不足全身，王臣之节固已坠矣。虞世基位居宰辅，在得言之地，竟无一言谏诤，诚亦合死。"太宗曰："公言是也。人君必须忠良辅弼，乃得身安国宁。炀帝岂不以下无忠臣，身不闻过，恶积祸盈，灭亡斯及。若人主所行不当，臣下又无匡谏，苟在阿顺，事皆称美，则君为暗主，臣为谀臣，君暗臣谀，危亡不远。朕今志在君臣上下，各尽至公，共相切磋，以成治道。公等各宜务尽忠说，匡救朕恶，终不以直言忤意，辄相责怒。"

4. 贞观三年，太宗谓司空裴寂曰："比有上书奏事，条数甚多，朕总黏之屋壁，出入观省。所以孜孜不倦者，欲尽臣下之情。每一思政理，或三更方寝。亦望公辈用心不倦，以副①朕怀也。"

5. 贞观五年，太宗谓房玄龄等曰："自古帝王多任情喜怒，喜则滥赏无功，怒则滥杀无罪。是以天下丧乱，莫不由此。朕今夙夜未尝不以此为心，恒欲公等尽情极谏。公等亦须受人谏语，岂得以人言不同己意，便即护短不纳？若不能受谏，安能谏人？"

6. 贞观六年，太宗以御史大夫韦挺、中书侍郎杜正伦、秘书少监虞世南、著作郎姚思廉等上封事称旨，召而谓曰："朕历观自古人臣立忠之事，若值明主，便宜尽诚规谏，至如龙逢、比干，不免孥戮。为君不易，为臣极难。朕又闻龙可扰而驯，然喉下有逆鳞。卿等遂不避犯触，各进封事。常能如此，朕岂虑宗社之倾败！每思卿等此意，不能暂忘，故设宴为乐。"仍赐绢有差。

7. 太常卿韦挺尝上疏陈得失，太宗赐书曰："所上意见，极是说言，辞理可观，甚以为慰。昔齐境之难，夷吾有射钩之罪，蒲城之役，勃鞮为斩袂之仇。而小白不以为疑，重耳待之若旧。岂非各吠非主，志在无二。

---

① 副（fù）：符合，相符。此处意为回应，满足。

卿之深诚，见于斯矣。若能克全此节，则永保令名。如其怠之，可不惜也。勉励终始，垂范将来，当使后之视今，亦犹今之视古，不亦美乎？朕比不闻其过，未睹其阙，赖竭忠恳，数进嘉言，用沃朕怀，一何可道！"

8. 贞观八年，太宗谓侍臣曰："朕每闲居静坐，则自内省。恒恐上不称天心，下为百姓所怨。但思正人匡谏，欲令耳目外通，下无怨滞。又比见人来奏事者，多有怖慑，言语致失次第。寻常奏事，情犹如此，况欲谏诤，必当畏犯逆鳞。所以每有谏者，纵不合朕心，朕亦不以为忤。若即嗔责，深恐人怀战惧，岂肯更言！"

9. 贞观十五年，太宗问魏徵曰："比来朝臣都不论事，何也？"徵对曰："陛下虚心采纳，诚宜有言者。然古人云：'未信而谏，则以为谤己；信而不谏，则谓之尸禄①。'但人之才器，各有不同。懦弱之人，怀忠直而不能言；疏远之人，恐不信而不得言；怀禄之人，虑不便身而不敢言。所以相与缄默，俯仰过日。"太宗曰："诚如卿言。朕每思之，人臣欲谏，辄惧死亡之祸，与夫赴鼎镬、冒白刃，亦何异哉？故忠贞之臣，非不欲竭诚。竭诚者，乃是极难。所以禹拜昌言，岂不为此也！朕今开怀抱，纳谏诤。卿等无劳怖惧，遂不极言。"

10. 贞观十六年，太宗谓房玄龄等曰："自知者明，信为难矣。如属文之士，伎巧之徒，皆自谓己长，他人不及。若名工文匠，商略诋诃，芜词拙迹，于是乃见。由是言之，人君须得匡谏之臣，举其愆过。一日万机，一人听断，虽复忧劳，安能尽善？常念魏徵随事谏正，多中朕失，如明镜鉴形，美恶必见。"因举觞赐玄龄等数人勖之。

11. 贞观十七年，太宗问谏议大夫褚遂良曰："昔舜造漆器，禹雕其俎，当时谏者十有馀人。食器之间，何须苦谏？"遂良对曰："雕琢害农事，纂组伤女工。首创奢淫，危亡之渐。漆器不已，必金为之。金器不已，必玉为之。所以诤臣必谏其渐，及其满盈，无所复谏。"太宗曰：

---

① 尸禄：坐享禄位，不干实事。

"卿言是矣，朕所为事，若有不当，或在其渐，或已将终，皆宜进谏。比见前史，或有人臣谏事，遂答云'业已为之'，或道'业已许之'，竟不为停改。此则危亡之祸，可反手而待也。"

△ 纳谏第五 〔凡十章〕

1. 贞观初，太宗与黄门侍郎王珪宴语，时有美人侍侧，本庐江王瑗之姬也，瑗败，籍没入宫。太宗指示珪曰："庐江不道，贼杀其夫而纳其室。暴虐之甚，何有不亡者乎！"珪避席曰："陛下以庐江取之为是邪，为非邪？"太宗曰："安有杀人而取其妻，卿乃问朕是非，何也？"珪对曰："臣闻于《管子》曰：'齐桓公之郭国，问其父老曰："郭何故亡？"父老曰："以其善善而恶恶也。"桓公曰："若子之言，乃贤君也，何至于亡？"父老曰："不然，郭君善善而不能用，恶恶而不能去，所以亡也。"'今此妇人尚在左右，臣窃以为圣心是之，陛下若以为非，所谓知恶而不去也。"太宗大悦，称为至善，遽令以美人还其亲族。

2. 贞观四年，诏发卒修洛阳之乾元殿以备巡狩。给事中张玄素上书谏曰：

陛下智周万物，囊括四海。令之所行，何往不应？志之所欲，何事不从？微臣窃思秦始皇之为君也，藉周室之馀，因六国之盛，将贻之万叶，及其子而亡，谅由逞嗜奔欲，逆天害人者也。是知天下不可以力胜，神祇不可以亲恃。惟当弘俭约，薄赋敛，慎终始，可以永固。

方今承百王之末，属凋弊之馀，必欲节以礼制，陛下宜以身为先。东都未有幸期，即令补葺；诸王今并出藩，又须营构。兴发数多，岂疲人之所望？其不可一也。陛下初平东都之始，层楼广殿，皆令撤毁，天下翕然，同心倾仰。岂有初则恶其侈靡，今乃袭其雕丽？其不可二也，每承音旨，未即巡幸，此乃事不急之务，成虚费之劳。国无兼年之积，何用两都之好？劳役过度，怨讟将起。其不可三也。百姓承乱离之后，财力凋尽，天恩含育，粗见存立，饥寒犹切，生计未安，三五年间，未能复旧。奈何营未幸之都，而夺疲人之力？其不可四也。昔汉高祖将都洛阳，娄敬一言，即日西驾。岂不知地惟土中，贡赋所均，但以形胜不如关内也。伏惟陛下化凋弊之人，革浇漓①之俗，为日尚浅，未甚淳和，斟酌事宜，讵可东幸？其不可五也。

臣尝见隋室初造此殿，楹栋宏壮，大木非近道所有，多自豫章采来，二千人拽一柱，其下施毂，皆以生铁为之，中间若用木轮，动即火出。略计一柱，已用数十万，则馀费又过倍于此。臣闻阿房成，秦人散；章华就，楚众离；乾元毕工，隋人解体。且以陛下今时功力，何如隋日？承凋残之后，役疮痍之人，费亿万之功，袭百王之弊，以此言之，恐甚于炀帝远矣。深愿陛下思之，无为由余所笑，则天下幸甚矣。

太宗谓玄素曰："卿以我不如炀帝，何如桀、纣？"对曰："若此殿卒兴，所谓同归于乱。"太宗叹曰："我不思量，遂至于此。"顾谓房玄龄曰："今玄素上表，洛阳实亦未宜修造，后必事理须行，露坐亦复何苦？所有作役，宜即停之。然以卑干尊，古来不易，非其忠直，安能如此？且众人之唯唯，不如一士之谔谔。可赐绢二百匹。"魏徵叹曰："张公遂有回天之力，可谓仁人之言，其利博哉！"

3. 太宗有一骏马，特爱之，恒于宫中养饲，无病而暴死。太宗怒养马宫人，将杀之。皇后谏曰："昔齐景公以马死杀人，晏子请数其罪云：'尔养马而死，尔罪一也。使公以马杀人，百姓闻之，必怨吾君，尔罪二也。诸侯闻之，必轻吾国，尔罪三也。'公乃释罪。陛下尝读书见此事，岂忘之邪？"太宗意乃解。又谓房玄龄曰："皇后庶事相启沃，极有利益尔。"

4. 贞观七年，太宗将幸九成宫，散骑常侍姚思廉进谏曰："陛下高居紫极，宁济苍生，应须以欲从人，不可以人从欲。然则离宫游幸，此秦

---

① 浇漓：浮薄不厚。指社会上人情淡薄。

皇、汉武之事，故非尧、舜、禹、汤之所为也。"言甚切至。太宗谕之曰："朕有气疾，热便顿剧，故非情好游幸，甚嘉卿意。"因赐帛五十段。

5. 贞观三年，李大亮为凉州都督，尝有台使至州境，见有名鹰，讽大亮献之。大亮密表曰："陛下久绝畋猎，而使者求鹰。若是陛下之意，深乖昔旨；如其自擅，便是使非其人。"太宗下书曰："以卿兼资文武，志怀贞确，故委藩牧，当兹重寄。比在州镇，声绩远彰，念此忠勤，岂忘寤寐？使遣献鹰，遂不曲顺，论今引古，远献直言。披露腹心，非常恳到，览用嘉叹，不能已已。有臣若此，朕复何忧！宜守此诚，终始若一。《诗》云：'靖恭尔位，好是正直。神之听之，介尔景福。'古人称一言之重，侔于千金，卿之所言，深足贵矣。今赐卿金壶瓶、金碗各一枚，虽无千镒之重，是朕自用之物，卿立志方直，竭节至公，处职当官，每副所委，方大任使，以申重寄。公事之闲，宜观典籍。兼赐卿荀悦《汉纪》一部，此书叙致简要，论议深博，极为政之体，尽君臣之义，今以赐卿，宜加寻阅。"

6. 贞观八年，陕县丞皇甫德参上书忤旨，太宗以为讪谤。侍中魏徵进言曰："昔贾谊当汉文帝上书云云'可为痛哭者一，可为长叹息者六。'自古上书，率多激切。若不激切，则不能起人主之心。激切即似讪谤，惟陛下详其可否。"太宗曰："非公无能道此者。"令赐德参帛二十段。

7. 贞观十五年，遣使诣西域立叶护可汗，未还，又令人多赍金帛，历诸国市马。魏徵谏曰："今发使以立可汗为名，可汗未定立，即诣诸国市马，彼必以为意在市马，不为专立可汗。可汗得立，则不甚怀恩，不得立，则生深怨。诸蕃闻之，且不重中国。但使彼国安宁，则诸国之马，不求自至。昔汉文帝有献千里马者，曰：'吾吉行日三十，凶行日五十，鸾舆在前，属车在后，吾独乘千里马，将安之乎？'乃偿其道里所费而返之。又光武有献千里马及宝剑者，马以驾鼓车，剑以赐骑士。今陛下凡所施为，皆邈过三王之上，奈何至此欲为孝文、光武之下乎？又魏文帝求市西域大珠，苏则曰：'若陛下惠及四海，则不求自至，求而得之，不足贵也。'陛下纵不能慕汉文之高行，可不畏苏则之正言耶？"太宗遽令止之。

8. 贞观十七年，太子右庶子高季辅上疏陈得失。特赐钟乳一剂，谓曰："卿进药石①之言，故以药石相报。"

9. 贞观十八年，太宗谓长孙无忌等曰："夫人臣之对帝王，多顺从而不逆，甘言以取容。朕今发问，不得有隐，宜以次言朕过失。"长孙无忌、唐俭等皆曰："陛下圣化道致太平，以臣观之，不见其失。"黄门侍郎刘洎对曰："陛下拨乱创业，实功高万古，诚如无忌等言。然顷有人上书，辞理不称者，或对面穷诘，无不惭退。恐非奖进言者。"太宗曰："此言是也，当为卿改之。"

10. 太宗尝怒苑西监穆裕，命于朝堂斩之，时高宗为皇太子，遽犯颜进谏，太宗意乃解。司徒长孙无忌曰："自古太子之谏，或乘间从容而言。今陛下发天威之怒，太子申犯颜之谏，诚古今未有。"太宗曰："夫人久相与处，自然染习。自朕御天下，虚心正直，即有魏徵朝夕进谏，自徵云亡，刘洎、岑文本、马周、褚遂良等继之。皇太子幼在朕膝前，每见朕心说谏者，因染以成性，故有今日之谏。"

——以上卷二

> 懿德嘉言在简编，忧勤想见廿三年。
> 烛情已自同悬镜，从谏端知胜转圜。
> 房杜有容能让直，魏王无事不绳愆。
> 高山景仰心何限，字字香生翰墨筵。
> 　　　　清·爱新觉罗·弘历　《御制读贞观政要》

———

① 药石：借指规劝别人。药：药物。石：砭石。

史通

20

用字量：3168

全书总字数：84139

审定者：上海师范大学 陈 飞

史通卷第一

内篇

六家第一

唐刘子玄知幾撰

明李本寧稚酬酢

附郎孔延年評釋

自古帝王編述文籍，史言之檗免古往今永赏文選

梁诸史之作不恒屬儒權而爲論其流有六一曰尚

書家二曰春秋家三曰左傳家四曰國語家五曰史

《史通》是我国古代第一部系统的史学评论著作，唐刘知幾撰，前后历经九年，成书于景龙四年（710）。刘知幾（661—721），字子玄，唐朝彭城（今江苏徐州）人，曾"三为臣史"，"再入东观"，修史二十馀年，生平著述甚多，为唐初著名史学家。

全书凡二十卷，分内外篇，内篇三十九，外篇十三，今存四十九篇。内篇着重论述史书体例、史料采集、史学方法、史家修养；外篇着重论述史官制度、史籍源流，并杂评诸史得失，见解中肯，多所贡献。《史通》总结了唐初以前编年体史书和纪传体史书在编纂上的特点，认为这两种体裁不可偏废，而在此基础上的断代史则是今后史书编纂的主要形式。就整体而言，《史通》确实是经过"区分类聚，编而次之"的一部结构完整的史学论著。

高频字

之	其	而	不	者	以	为	于	书	也	史	有	所

△ 六家第一

自古帝王编述文籍，《外篇》言之备矣。古往今来，质文递变，诸史之作，不恒厥体。榷①而为论，其流有六：一曰《尚书》家，二曰《春秋》家，三曰《左传》家，四曰《国语》家，五曰《史记》家，六曰《汉书》家。今略陈其义，列之于后。

《尚书》家者，其先出于太古。《易》曰："河出《图》，洛出《书》，圣人则之。"故知《书》之所起远矣。

至孔子观书于周室，得虞、夏、商、周四代之典，乃删其善者，定为《尚书》百篇。孔安国曰："以其上古之书，谓之《尚书》。"《尚书璇玑钤》曰："尚者，上也。上天垂文象，布节度，如天行也。"王肃曰："上所言，下为史所书，故曰《尚书》也。"

推此三说，其义不同。盖《书》之所主，本于号令，所以宣王道之正义，发话言于臣下，故其所载，皆典、谟、训、诰、誓、命之文。至如《尧》《舜》二典，直序人事，《禹贡》一篇，唯言地理，《洪范》总述灾祥，《顾命》都陈丧礼，兹

《尚书》书影

---

① 榷（què）：研讨，商榷。

亦为例不纯者也。

又有《周书》者，与《尚书》相类，即孔氏刊约百篇之外，凡为七十一章。上自文、武，下终灵、景。甚有明允笃诚，典雅高义；时亦有浅末恒说，滓秽相参，殆似后之好事者所增益也。至若《职方》之言，与《周官》无异；《时训》之说，比《月令》多同。斯百王之正书，《五经》之别录者也。

自宗周既殒，《书》体遂废，迄乎汉、魏，无能继者。至晋广陵相鲁国孔衍，以为国史所以表言行，昭法式，至于人理常事，不足备列。乃删汉、魏诸史，取其美词典言，足为龟镜者，定以篇第，纂成一家。由是有《汉尚书》《后汉尚书》《汉魏尚书》，凡为二十六卷。至隋秘书监太原王劭，又录开皇、仁寿时事，编而次之，以类相从，各为其目，勒成《隋书》八十卷。寻其义例，皆准《尚书》。

原夫《尚书》之所记也，若君臣相对，词旨可称，则一时之言，累篇咸载。如言无足纪，语无可述，若此故事，虽有脱略，而观者不以为非。爰逮中叶，文籍大备，必剪截今文，摸拟古法，事非改辙，理涉守株。故舒元所撰《汉》《魏》等书，不行于代也。若乃帝王无纪，公卿缺传，则年月失序，爵里难详，斯并昔之所忽，而今之所要。如君懋《隋书》，虽欲祖述商、周，宪章虞、夏，观其所述，乃似《孔子家语》、临川《世说》，可谓画虎不成，反类犬也。故其书受嗤当代，良有以焉。

《春秋》家者，其先出于三代。案《汲冢琐语》太丁时事，目为《夏殷春秋》。孔子曰："疏通知远，《书》教也"；"属辞比事，《春秋》之教也。"知《春秋》始作，与《尚书》同时。

《琐语》又有《晋春秋》，记献公十七年事。《国语》云：晋羊舌肸习于春秋，悼公使传其太子。《左传》昭公二年，晋韩宣子来聘，见《鲁春秋》曰："周礼尽在鲁矣。"斯则春秋之目，事匪一家。至于隐没无闻者，不可胜载。又案《竹书纪年》，其所纪事皆与《鲁春秋》同。孟子曰："晋谓之《乘》，楚谓之《梼杌》，而鲁谓之《春秋》，其实一也。"然则

《乘》与《纪年》《梼杌》，其皆《春秋》之别名者乎！故《墨子》曰："吾见百国《春秋》"，盖皆指此也。

逮仲尼之修《春秋》也，乃观周礼之旧法，遵鲁史之遗文；据行事，仍人道；就败以明罚，因兴以立功；假日月而定历数，藉朝聘而正礼乐；微婉其说，志晦其文；为不刊之言，著将来之法，故能弥历千载，而其书独行。

又案儒者之说春秋也，以事系日，以日系月；言春以包夏，举秋以兼冬，年有四时，故错举以为所记之名也。苟如是，则晏子、虞卿、吕氏、陆贾，其书篇第，本无年月，而亦谓之春秋，盖有异于此者也。

至太史公著《史记》，始以天子为本纪，考其宗旨，如法《春秋》。自是为国史者，皆用斯法。然时移世异，体式不同。其所书之事也，皆言罕褒讳，事无黜陟，故马迁所谓整齐故事耳，安得比于《春秋》哉！

《左传》家者，其先出于左丘明。孔子既著《春秋》，而丘明受经作传。盖传者，转也，转受经旨，以授后人。或曰传者，传也，所以传示来世。案孔安国注《尚书》，亦谓之传，斯则传者，亦训释之义乎。观《左传》之释经也，言见经文而事详传内，或传无而经有，或经阙而传存。其言简而要，其事详而博，信圣人之羽翮，而述者之冠冕也。

逮孔子云没，经传不作。于时文籍，唯有《战国策》及《太史公书》而已。至晋著作郎鲁国乐资，乃追采二史，撰为《春秋后传》。其书始以周贞王续前传鲁哀公后，至王赧入秦，又以秦文王之继周，终于二世之灭，合成三十卷。

当汉代史书，以迁、固为主，而纪传互出，表志相重，于文为烦，颇难周览。至孝献帝，始命荀悦撮其书为编年体，依《左传》著《汉纪》三十篇。自是每代国史，皆有斯作，起自后汉，至于高齐。如张璠、孙盛、干宝、徐广、裴子野、吴均、何之元、王劭等，其所著书，或谓之春秋，或谓之纪，或谓之略，或谓之典，或谓之志。虽名各异，大抵皆依《左传》以为的准焉。

《国语》家者，其先亦出于左丘明。既为《春秋内传》，又稽其逸文，纂其别说，分周、鲁、齐、晋、郑、楚、吴、越八国事，起自周穆王，终于鲁悼公，别为《春秋外传国语》，合为二十一篇。其文以方《内传》，或重出而小异。然自古名儒贾逵、王肃、虞翻、韦曜之徒，并申以注释，治其章句，此亦《六经》之流，《三传》之亚也。

《国语》

清嘉庆黄氏读未见书斋重刊本

暨纵横互起，力战争雄，秦兼天下，而著《战国策》。其篇有东西二周、秦、齐、燕、楚、三晋、宋、卫、中山，合十二国，分为三十三卷。夫谓之策者，盖录而不序，故即简以为名。或云，汉代刘向以战国游士为之策谋，因谓之《战国策》。

至孔衍，又以《战国策》所书，未为尽善。乃引太史公所记，参其异同，删彼二家，聚为一录，号为《春秋后语》。除二周及宋、卫、中山，其所留者，七国而已。始自秦孝公，终于楚、汉之际，比于《春秋》，亦尽二百三十馀年行事。始衍撰《春秋时国语》，复撰《春秋后语》，勒①成二书，各为十卷。今行于世者，唯《后语》存焉。按其书《序》云："虽左氏莫能加"。世人皆尤其不量力，不度德。寻衍之此义，自比于丘明者，当谓《国语》，非《春秋传》也。必方以类聚，岂多嗤乎！

当汉氏失驭，英雄角力。司马彪又录其行事，因为《九州春秋》，州为一篇，合为九卷。寻其体统，亦近代之《国语》也。

自魏都许、洛，三方鼎峙；晋宅江、淮，四海幅裂。其君虽号同王

---

① 勒：编纂。

者，而地实诸侯。所在史官，记其国事，为纪传者则规模班、马，创编年者则议拟荀、袁。于是《史》《汉》之体大行，而《国语》之风替矣。

《史记》家者，其先出于司马迁。自《五经》间行，百家竞列，事迹错糅，前后乖舛①。至迁乃鸠集国史，采访家人，上起黄帝，下穷汉武，纪传以统君臣，书表以谱年爵，合百三十卷。因鲁史旧名，目之曰《史记》。自是汉世史官所续，皆以《史记》为名。迄乎东京著书，犹称《汉记》。

至梁武帝，又敕其群臣，上至太初，下终齐室，撰成《通史》六百二十卷。其书自秦以上，皆以《史记》为本，而别采他说，以广异闻；至两汉已还，则全录当时纪传，而上下通达，臭味相依；又吴、蜀二主皆入世家，五胡及拓拔氏列于《夷狄传》。大抵其体皆如《史记》，其所为异者，唯无表而已。其后元魏济阴王晖业，又著《科录》二百七十卷，其断限亦起自上古，而终于宋年。其编次多依于放《通史》，而取其行事尤相似者，共为一科，故以《科录》为号。皇家显庆中，符玺郎陇西李延寿抄撮近代诸史，南起自宋，终于陈，北始自魏，卒于隋，合一百八十篇，号曰《南北史》。其君臣流别，纪传群分，皆以类相从，各附于本国。凡此诸作，皆《史记》之流也。

寻《史记》疆宇辽阔，年月遐长，而分以纪传，散以书表。每论国家一政，而胡、越相悬；叙君臣一时，而参、商是隔。此其为体之失者也。兼其所载，多聚旧记，时采杂言，故使览之者事罕异闻，而语饶重出。此撰录之烦者也。

况《通史》以降，芜累尤深，遂使学者宁习本书，而怠窥新录。且撰次无几，而残缺遽多，可谓劳而无功，述者所宜深诫也。

《汉书》家者，其先出于班固。马迁撰《史记》，终于今上。自太初

---

① 乖舛（guāi chuǎn）：乖、舛都是违背的意思。同义连用。

已下，阙而不录。班彪因之，演成《后记》，以续前编。至子固，乃断①自高祖，尽于王莽，为十二纪、十志、八表、七十列传，勒成一史，目②为《汉书》。

昔虞、夏之典，商、周之诰，孔氏所撰，皆谓之"书"。夫以"书"为名，亦稽古之伟称。寻其创造，皆准子长，但不为"世家"，改"书"曰"志"而已。自东汉以后，作者相仍，皆袭其名号，无所变革，唯《东观》曰"记"，《三国》曰"志"。然称谓虽别，而体制皆同。

历观自古，史之所载也，《尚书》记周事，终秦穆，《春秋》述鲁文，止哀公，《纪年》不逮于魏亡，《史记》唯论于汉始。如《汉书》者，究西都之首末，穷刘氏之废兴，包举一代，撰成一书。言皆精炼，事甚该密，故学者寻讨，易为其功。自尔迄今，无改斯道。

于是考兹六家，商榷千载，盖史之流品，亦穷之于此矣。而朴散淳销，时移世异，《尚书》等四家，其体久废，所可祖述者，唯《左氏》及《汉书》二家而已。

——以上《内篇》

△ 杂说上第七

《春秋》〔二条〕

案《春秋》之书弒也，称君，君无道；称臣，臣之罪。如齐之简公，未闻失德，陈恒构逆，罪莫大焉。而哀公十四年，书"齐人弒其君壬于舒州。"斯则贤君见抑，而贼臣是党，求诸旧例，理独有违。但此是绝笔获

---

① 断：起，划分时限的上限。
② 目：标题。

麟之后，弟子追书其事。岂由以索续组，不类将圣之能者乎？何其乖刺之甚也。

案《春秋左氏传》释《经》云：灭而不有其地曰入，如入陈，入郑，入许，即其义也。至柏举之役，子常之败，庚辰吴入，独书以郢。夫诸侯列爵，并建国都，惟取国名，不称都号。何为郢之见入，遗其楚名，比于他例，一何乖踳①！寻二《传》所载，皆云入楚，岂《左氏》之本，独为谬欤？

《左氏传》〔二条〕

《左氏》之叙事也，述行师则簿领盈视，唲聒②沸腾；论备火则区分在目，修饰峻整；言胜捷则收获都尽；记奔败则披靡横前；申盟誓则慷慨有馀；称谲诈则欺诬可见；谈恩惠则煦如春日；纪严切则凛若秋霜；叙兴邦则滋味无量；陈亡国则凄凉可悯。或腴辞润简牍，或美句入咏歌，跌宕而不群，纵横而自得。若斯才者，殆将工侔③造化，思涉鬼神，著述罕闻，古今卓绝。如二《传》之叙事也，榛芜溢句，疣赘满行，华多而少实，言拙而寡味。若必方于《左氏》也，非唯不可为鲁、卫之政，差肩雁行，亦有云泥路阻，君臣礼隔者矣。

《左传》称仲尼曰："鲍庄子之智不如葵，葵犹能卫其足。"夫有生而无识，有质而无性者，其唯草木乎？然自古设比兴，而以草木方人者，皆取其善恶薰莸，荣枯贞脆而已。必言其含灵畜智，隐身违祸，则无其义也。寻葵之向日倾心，本不卫足，由人睹其形似，强为立名。亦由今俗文士，谓鸟鸣为啼，花发为笑。花之与鸟，安有啼笑之情哉？必以人无喜怒，不知哀乐，便云其智不如花，花犹善笑，其智不如鸟，鸟犹善啼，可谓之谎言者哉？如"鲍庄子之智不如葵，葵犹能卫其足"，即其例也。而

---

① 踳（chuǎn）：同"舛"。相违背。

② 唲（máng）：言语杂乱。聒（guō）：喧哗，嘈杂。

③ 侔（móu）：齐，等同。

《左氏》录夫子一时戏言，以为千载笃论。成微婉之深累，玷良直之高范，不其惜乎！

《公羊传》〔二条〕

《公羊》云："许世子止弑其君。""曷为加弑？讥子道之不尽也。"其次因言乐正子春之视疾，以明许世子之得罪。寻子春孝道，义感神明，固以方驾曾、闵，连踪丁、郭。苟事亲不逮乐正，便以弑逆加名，斯亦拟失其流，责非其罪。盖公羊、乐正，俱出孔父门人，思欲更相引重，曲加谈述。所以乐正行事，无理辄书，致使编次不伦，比喻非类，言之可为嗤怪也。

语曰："彭蠡之滨，以鱼食犬。"斯则地之所富，物不称珍。案齐密迩海隅，鳞介惟错，故上客食肉，中客食鱼，斯即齐之旧俗也。然食鲂鲙鲤，诗人所贵，必施诸他国，是曰珍羞。如《公羊传》云：晋灵公使勇士杀赵盾，见其方食鱼飧。曰："子为晋国重卿而食飧，是子之俭也。吾不忍杀子。"盖公羊生自齐邦，不详晋物，以东土所贱，谓西州亦然。遂目彼嘉馔，呼为菲食，著之实录，以为格言，非惟与左氏有乖，亦于物理全爽者矣。

《汲冢纪年》〔一条〕

语曰："传闻不如所见。"斯则史之所述，其谬已甚，况乃传写旧记，而违其本录者乎？至如虞、夏、商、周之《书》，《春秋》所记之说，可谓备矣。而《竹书纪年》出于晋代，学者始知后启杀益，太甲杀伊尹，文丁杀季历，共伯名和；郑桓公，宣王之子。则与经典所载，乖刺甚多。又《孟子》曰：晋谓春秋为乘。寻《汲冢琐语》，即乘之流邪？其《晋春秋》篇云："平公疾，梦朱黑窥屏。"《左氏》亦载斯事，而云"梦黄熊入门"。必有捨传闻而取所见，则《左传》非而《晋》文实矣。呜呼！向若二书不出，学者为古所惑，则代成聋瞽，无由觉悟也。

　　夫编年叙事，溷杂难辨；纪传成体，区别易观。昔读《太史公书》，每怪其所采多是《周书》《国语》《世本》《战国策》之流。近见皇家所撰《晋史》，其所采亦多是短部小书，省功易阅者，若《语林》《世说》《搜神记》《幽明录》之类是也。如曹、干两氏《纪》，孙、檀二《阳秋》，则皆不之取。故其中所载美事，遗略甚多。若以古方今，当然则知史公亦同其失矣。斯则迁之所录，甚为肤浅，而班氏称其勤者，何哉？

　　孟坚又云，刘向、扬雄博极群书，皆服其善叙事。岂时无英秀，易为雄霸者乎？不然，何虚誉之甚也。《史记·邓通传》云："文帝崩，景帝立。"向若但云景帝立，不言文帝崩，斯亦可知矣，何用兼书其事乎？又《仓公传》称其"传黄帝、扁鹊之脉书。五色诊病，知人死生，决嫌疑，定可治"。诏召问其所长，对曰："传黄帝、扁鹊之脉书。"以下他文，尽同上说。夫上既有其事，下又载其言，言事虽殊，委曲何别？案迁之所述，多有此类，而刘、扬服其善叙事也，何哉？

　　太史公撰《孔子世家》，多采《论语》旧说，至《管晏列传》，则不取其本书。以为时俗所有，故不复更载也。案《论语》行于讲肆，列于学官，重加编勒，只觉繁费。如管、晏者，诸子杂家，经史外事，弃而不录，实杜异闻。夫以可除而不除，宜取而不取，以斯著述，未睹厥义。

　　昔孔子力可翘关①，不以力称。何者？大圣之德，具美者众，不可以一介标末，持为百行端首也。至如达者七十，分以四科。而太史公述《儒林》，则不取游、夏之文学；著《循吏》，则不言冉、季之政事；至于《货殖》为传，独以子贡居先。掩恶扬善，既忘此义；成人之美，不其阙如？

　　司马迁《自序传》云：为太史公七年，而遭李陵之祸，幽于缧绁。

---

　　① 翘（qiáo）关：翘关与扛鼎并称力士。翘，举起。关：门闩。

乃喟然而叹曰：是予之罪也，身亏不用矣。自叙如此，何其略哉！夫云"遭李陵之祸，幽于缧绁"者乍似同陵陷没，以实于刑：又似为陵所间，获罪于国。遂令读者难得而详。赖班固载其《与任安书》，书中具述被刑所以。傥无此录，何以克明其事者乎？

《汉书》载子长《与任少卿书》，历说自古述作，皆因患而起。末云："不韦迁蜀，世传《吕览》。"案吕氏之修撰也，广招俊客，比迹春、陵，共集异闻，拟书《荀》《孟》，思刊一字，购以千金，则当时宣布，为日久矣，岂以迁蜀之后，方始传乎？且必以身既流移，书方见重，则又非关作者本因发愤著书之义也。而辄引以自喻，岂其伦乎？若要多举故事，成其博学，何不云虞卿穷愁，著书八篇？而曰"不韦迁蜀，世传《吕览》"。斯盖识有不该，思之未审耳。

昔《春秋》之时，齐有夙沙卫者，拒晋殿师，郭最称辱：伐鲁行唁，臧坚抉死。此阉官见鄙，其事尤著者也。而太史公《与任少卿书》，论自古刑馀之人为士君子所贱者，唯以弥子瑕为始，何浅近之甚邪？但夙沙出《左氏传》，汉代其书不行，故子长不之见也。夫博考前古，而舍兹不载，至于乘传车，探禹穴，亦何为者哉？

《魏世家》太史公曰："说者皆曰'魏以不用信陵君，故国削弱至于亡'，余以为不然。天方令秦平海内，其业未成，魏虽得阿衡之徒，曷益乎？"夫论成败者，固当以人事为主，必推命而言，则其理悖矣。盖晋之获也，由夷吾之愎谏；秦之灭也，由胡亥之无道；周之季也，由幽王之惑褒姒；鲁之逐也，由稠父之违子家。然则败晋于韩，狐突已志其兆；亡秦者胡，始皇久铭其说；檿弧箕服①，彰于宣、厉之年；征褰与襦，显自文、武之世。恶名早著，天孽难逃。假使彼四君才若桓、文，德同汤、武，其若之何？苟推此理而言，则亡国之君，他皆仿此，安得于魏无讥者

---

① 檿（yǎn）：木名，古称山桑，木质坚韧，可作弓。弧：弓。箕：木名。服：箭袋。宣王时，有童谣："檿弧箕服，实亡周国。"见《史记》卷四。

哉？夫国之将亡也若斯，则其将兴也亦然。盖妫后之为公子也，其筮曰：八世莫之与京。毕氏之为大夫也，其占曰：万名其后必大。姬宗之在水浒也，鸑鷟鸣于岐山；刘姓之在中阳也，蛟龙降于丰泽。斯皆瑞表于先，而福居其后。向若四君德不半古，才不逮人，终能坐登大宝，自致宸极矣乎？必如史公之议也，则亦当以其命有必至，理无可辞，不复嗟其智能，颂其神武者矣。夫推命而论兴灭，委运而忘褒贬，以之垂诫，不其惑乎？自兹以后，作者著述，往往而然。如鱼豢《魏略议》、虞世南《帝王论》，或叙辽东公孙之败，或述江左陈氏之亡，其理并以命而言，可谓与子长同病者也。

诸汉史〔十条〕

《汉书·孝成纪赞》曰："成帝善修容仪，升车正立，不内顾，不疾言，不亲指。临朝渊嘿，尊严若神，可谓穆穆天子之容貌矣。"又《五行志》曰："成帝好微行，选期门郎及私奴客十馀人，皆白水祖帻，自称富平侯家。或乘小车，御者在茵上，或皆骑，出入远至旁县。故谷永谏曰：陛下昼夜在路，独与小人相随。乱服共坐，混淆无别。公卿百寮①，不知陛下所在，积数年矣。"由斯而言，则成帝鱼服嫚游，乌集无度，虽外饰威重，而内肆轻薄，人君之望，不其缺如。观孟坚《纪》《志》所言，前后自相矛盾者矣。

观太史公之创表也，于帝王则叙其子孙，于公侯则纪其年月，列行萦纡以相属，编字戬睿而相排。虽燕、越万里，而于径寸之内犬牙可接；虽昭穆九代，而于方尺之中雁行有叙，使读者阅文便睹，举目可详，此其所以为快也。如班氏之《古今人表》者，唯以品藻贤愚，激扬善恶为务尔。既非国家递袭，禄位相承，而以复界重行，狭书细字，比于他表，殆非其类欤！盖人列古今，本殊表限，必畜而不去，则宜以志名篇。始自上上，

---

① 寮（liáo）：同"僚"。

终于下下，并当明为示榜，显列科条，以种类为篇章，持优劣为次第。仍每于篇后云右若干品，凡若干人。亦犹《地理志》肇述京华，末陈边塞，先列州郡，后言户口也。

自汉已降，作者多门，虽新书已行，而旧录仍在，必校其事，可得而言。案刘氏初兴，书唯陆贾而已。子长述楚、汉之事，专据此书。譬夫行不由径，出不由户，未之闻也。然观迁之所载，往往与旧不同。如郦生之初谒沛公，高祖之长歌鸿鹄，非唯文句有别，遂乃事理皆殊。又韩王名信都，而辄去"都"留"信"，用使称其姓名，全与淮阴不别。班氏一准太史，曾无弛张，静言思之，深所未了。

司马迁之《叙传》也，始自初生，及乎行历，事无巨细，莫不备陈，可谓审矣。而竟不书其字者，岂墨生所谓大忘者乎？而班固仍其本传，了无损益，此又韩子所以致守株之说也。如固之为《迁传》也，其初宜云"迁字子长，冯翊阳夏人，其序曰"云云。至于事终，则言"其自叙如此"。著述之体，不当如是耶？

马卿为《自叙传》，具在其集中。子长因录斯篇，即为列传，班氏仍旧，曾无改夺。寻固于《马》《扬》传末，皆云迁、雄之自叙如此。至于《相如》篇下，独无此言。盖止凭太史之书，未见文园之集，故使言无画一，其例不纯。

《汉书·东方朔传》，委琐繁碎，不类诸篇。且不述其亡殁岁时及子孙继嗣，正与《司马相如》《司马迁》《扬雄》传相类。寻其传体，必曼倩之自叙也。但班氏脱略，故世莫之知。

苏子卿父建行事甚寡，韦玄成父贤德业稍多。《汉书》编苏氏之传，则先以苏建标名；列韦相之篇，则不以韦贤冠首，并其失也。

班固称项羽贼义帝，自取灭亡。又云：于公高门以待封，严母扫地以待丧。如固斯言，则深信夫天怨神怒，福善祸淫者矣。至于其赋《幽通》也，复以天命久定，非人理所移，故善恶无征，报施多爽，斯则同理异说，前后自相矛盾者焉。

或问：张辅著《班马优劣论》云："迁叙三千年事，五十万言，固叙二百年事，八十万言，是固不如迁也。斯言为是乎？"答曰："不然也。案《太史公书》上起黄帝，下尽宗周，年代虽存，事迹殊略。至于战国已下，始有可观。然迁虽叙三千年事，其间详备者，唯汉兴七十馀载而已。其省也则如彼，其繁也则如此，求诸折中，未见其宜。班氏《汉书》全取《史记》，仍去其《日者》《仓公》等传，以为其事繁芜，不足编次故也。若使马迁易地而处，撰成《汉书》，将恐多言费辞，有逾班氏，安得以此而定其优劣邪？"

《汉书》断章，事终新室。如叔皮存殁，时入中兴，而辄引与前书共编者，盖《序传》之恒例者耳。荀悦既删略班史，勒成《汉纪》，而彪《论王命》，列在末篇。夫以规讽隗嚣，翼戴光武，忽以东都之事，擢居西汉之中，必如是，则《宾戏》《幽通》，亦宜同载者矣。

——以上《外篇》

刘氏知幾著《史通》，亦为古文并赤帜。

清·伊朝栋《书古文尚书孔传后》

审定者：吉林大学　沈文凡

全书总字数：168852

用字量：3346

文史通义

21

《文史通义》，史学评论名著，八卷，清章学诚撰。章学诚（1738—1801），字实斋，浙江会稽（今浙江绍兴）人。少年时苦读经史，乾隆四十三年（1778）中进士，历主保定莲池、归德文正等书院讲席，纂修和州、永清、亳州等方志。晚年受知于湖广总督毕沅，入其幕参与《续资治通鉴》纂修，又主修《湖北通志》。著有《史籍考》《文史通义》《校雠通义》等。

《文史通义》分内外篇，内篇五卷，外篇三卷。内篇涉及哲学、史学、文学、社会学等领域，外篇为方志论文集。书中提出了"六经皆史"的观点，此实倡自明代王守仁，章学诚加以发展，认为经亦是史，史先于经，应据史以谈经，"切合当时人事"，将经学建立在史学的基础之上。在史书编纂方面，章氏注重史德，言"史所贵者义也，而所具者事也，所凭者文也"。在史书体例方面，章氏推崇通史，认为通史具有"六便"和"二长"的特点；对于纪事本末体，亦备加赞许，认为"文省于纪传，事豁于编年"，"决断去取，体圆用神"，兼有纪传体和编年体所不具备的优点。

高频字

之	而	不	也	其	以	於	为	者	人	有	文

△ 易教上

六经皆史也。古人不著书，古人未尝离事而言理，六经皆先王之政典也。或曰：《诗》《书》《礼》《乐》《春秋》，则既闻命矣。《易》以道阴阳，愿闻所以为政典，而与史同科之义焉。曰：闻诸夫子之言矣。"夫《易》开物成务，冒天下之道。""知来藏往，吉凶与民同患。"其道盖包政教典章之所不及矣。象天法地，"是兴神物，以前民用。"其教盖出政教典章之先矣。《周官》太卜掌三《易》之法，夏曰《连山》，殷曰《归藏》，周曰《周易》，各有其象与数，各殊其变与占，不相袭也。然三《易》各有所本，《大传》所谓庖羲、神农与黄帝、尧、舜，是也。〔《归藏》本庖羲，《连山》本神农，《周易》本黄帝。〕由所本而观之，不特三王不相袭，三皇、五帝亦不相沿矣。盖圣人首出御世，作新视听，神道设教，以弥纶①乎礼乐刑政之所不及者，一本天理之自然；非如后世托之诡异妖祥，谶纬②术数，以愚天下也。

夫子曰："我观夏道，杞不足徵，吾得夏时焉。我观殷道，宋不足徵，吾得坤乾焉。"夫夏时，夏正书也。坤乾，《易》类也。夫子憾夏、商之文献无所徵矣，而坤乾乃与夏正之书同为观于夏、商之所得；则其所以厚

---

① 弥纶（mí lún）：统摄，治理。

② 谶纬（chèn wěi）：谶书和纬书的合称，是古代预测学的总称。它的内容很庞杂，天文、地理、医学、历法、命相等都包括其中。

民生与利民用者，盖与治历明时，同为一代之法宪；而非圣人一己之心思，离事物而特著一书，以谓明道也。夫悬象设教，与治历授时，天道也。《礼》《乐》《诗》《书》，与刑、政、教、令，人事也。天与人参，王者治世之大权也。韩宣子之聘鲁也，观书于太史氏，得见《易》象、《春秋》，以为周礼在鲁。夫《春秋》乃周公之旧典，谓周礼之在鲁可也，《易》象亦称周礼，其为政教典章，切于民用而非一己空言，自垂昭代而非相沿旧制，则又明矣。夫子曰："《易》之兴也，其于中古乎？作《易》者，其有忧患乎？"顾氏炎武尝谓《连山》《归藏》，不名为《易》。太卜所谓三《易》，因《周易》而牵连得名。今观八卦起于伏羲，《连山》作于夏后，而夫子乃谓《易》兴于中古，作《易》之人独指文王，则《连山》《归藏》不名为"易"，又其徵矣。

或曰：文王拘幽，未尝得位行道，岂得谓之作《易》以垂政典欤？曰：八卦为三《易》所同，文王自就八卦而系之辞，商道之衰，文王与民同其忧患，故反覆于处忧患之道，而要于无咎，非创制也。周武既定天下，遂名《周易》，而立一代之典教，非文王初意所计及也。夫子生不得位，不能创制立法，以前民用；因见《周易》之于道法，美善无可复加，惧其久而失传，故作《彖》《象》《文言》诸传，以申其义蕴，所谓述而不作；非力有所不能，理势固有所不可也。

后儒拟《易》，则亦妄而不思之甚矣！彼其所谓理与数者，有以出《周易》之外邪！无以出之，而惟变其象数法式，以示与古不相袭焉，此王者宰制天下，作新耳目，殆如汉制所谓色黄数五，事与改正朔而易服色者为一例也。扬雄不知而作，则以九九八十一者，变其八八六十四矣。后代大儒，多称许之，则以其数通于治历，而著揲①合其吉凶也。夫数乃古今所共，凡明于历学者，皆可推寻，岂必《太玄》而始合哉？著揲合其吉凶，则又阴阳自然之至理。诚之所至，探筹钻瓦，皆可以知吉凶；何必

---

① 著揲（shī shé）：古代问卜的一种方式。著，著草。揲，数著草以占卦卜吉凶。

支离其文，艰深其字，然后可以知吉凶乎？《元包》妄托《归藏》，不足言也。司马《潜虚》，又以五五更其九九，不免贤者之多事矣。故六经不可拟也。先儒所论仅谓畏先圣而当知严惮耳。此指扬氏《法言》，王氏《中说》，诚为中其弊矣。若夫六经，皆先王得位行道，经纬世宙之迹，而非托于空言。故以夫子之圣，犹且述而不作。如其不知妄作，不特有拟圣之嫌，抑且蹈于僭窃王章之罪也，可不慎欤！

◇ 书教上

《周官》外史，掌三皇五帝之书。今存虞、夏、商、周之策而已，五帝仅有二，而三皇无闻焉。左氏所谓《三坟》《五典》，今不可知，未知即是其书否也？以三王之誓、诰、贡、范诸篇，推测三皇诸帝之义例，则上古简质，结绳未远，文字肇兴，书取足以达微隐通形名而已矣。因事命篇，本无成法，不得如后史之方圆求备，拘于一定之名义者也。夫子叙而述之，取其疏通知远，足以垂教矣。世儒不达，以谓史家之初祖，实在《尚书》，因取后代一成之史法，纷纷拟《书》者，皆妄也。

三代以上之为史，与三代以下之为史，其同异之故可知也。三代以上，记注有成法，而撰述无定名；三代以下，撰述有定名，而记注无成法。夫记注无成法，则取材也难；撰述有定名，则成书也易。成书易，则文胜质矣。取材难，则伪乱真矣。伪乱真而文胜质，史学不亡而亡矣。良史之才，间世一出，补偏救弊，愈且不支。非后人学识不如前人，《周官》之法亡，而《尚书》之教绝，其势不得不然也。

《周官》三百六十，具天下之纤析矣，然法具于官，而官守其书。观于六卿联事之义，而知古人之于典籍，不惮繁复周悉，以为记注之备也。即如六典之文，繁委如是，太宰掌之，小宰副之，司会、司书、太史又为各掌其贰，则六典之文，盖五倍其副贰，而存之于掌故焉。其他篇籍，亦当称是。是则一官失其守，一典出于水火之不虞，他司皆得藉征于副策。

斯非记注之成法，详于后世欤？汉至元成之间，典籍可谓备矣。然刘氏七略，虽溯六典之流别，亦已不能具其官；而律令藏于法曹，章程存于故府，朝仪守于太常者，不闻石渠天禄别储副贰，以备校司之讨论，可谓无成法矣。汉治最为近古，而荒略如此，又何怪乎后世之文章典故，杂乱而无序也哉？

孟子曰："王者之迹息而《诗》亡；《诗》亡然后《春秋》作。"盖言王化之不行也，推原《春秋》之用也。不知《周官》之法废而《书》亡，《书》亡而后《春秋》作。则言王章之不立也，可识《春秋》之体也。何谓《周官》之法废而《书》亡哉？盖官礼制密，而后记注有成法；记注有成法，而后撰述可以无定名。以谓纤悉委备，有司具有成书，而吾特举其重且大者，笔而著之，以示帝王经世之大略；而典、谟、训、诰、贡、范、官、刑之属，详略去取，惟意所命，不必著为一定之例焉，斯《尚书》之所以经世也。至官礼废，而记注不足备其全；《春秋》比事以属辞，而左氏不能不取百司之掌故，与夫百国之宝书，以备其事之始末，其势有然也。马、班以下，演左氏而益畅其支焉。所谓记注无成法，而撰述不能不有定名也。故曰：王者迹息而《诗》亡，见《春秋》之用；《周官》法废而《书》亡，见《春秋》之体也。

《记》曰："左史记言，右史记动。"其职不见于《周官》，其书不传于后世，殆礼家之愆文欤？后儒不察，而以《尚书》分属记言，《春秋》分属记事，则失之甚也。夫《春秋》不能舍传而空存其事目，则左氏所记之言，不啻千万矣。《尚书》典谟之篇，记事而言亦具焉；训诰之篇，记言而事亦见焉。古人事见于言，言以为事，未尝分事言为二物也。刘知幾以二典、贡、范诸篇之错出，转讥《尚书》义例之不纯，毋乃因后世之空言，而疑古人之实事乎！《记》曰："疏通知远，《书》教也。"岂曰记言之谓哉？

六艺并立，《乐》亡而入于《诗》《礼》，《书》亡而入于《春秋》，皆天时人事，不知其然而然也。《春秋》之事，则齐桓、晋文，而宰孔之命齐侯，王子虎之命晋侯，皆训诰之文也，而左氏附传以翼经；夫子不与《文侯之命》同著于篇，则《书》入《春秋》之明证也。马迁绍法《春秋》，而删润典谟，以入纪传；班固承迁有作，而《禹贡》取冠《地理》，《洪范》特志《五行》，而《书》与《春秋》不得不合为一矣。后儒不察，又谓纪传法《尚书》，而编年法《春秋》，是与左言右事之强分流别，又何以异哉？

诗教上

周衰文弊，六艺道息，而诸子争鸣。盖至战国而文章之变尽，至战国而著述之事专，至战国而后世之文体备；故论文于战国，而升降盛衰之故可知也。战国之文，奇邪错出，而裂于道，人知之；其源皆出于六艺，人不知也。后世之文，其体皆备于战国，人不知；其源多出于《诗》教，人愈不知也。知文体备于战国，而始可与论后世之文。知诸家本于六艺，而后可与论战国之文，知战国多出于《诗》教，而后可与论六艺之文；可与论六艺之文，而后可与离文而见道；可与离文而见道，而后可与奉道而折诸家之文也。

战国之文，其源皆出于六艺，何谓也？曰：道体无所不该，六艺足以尽之。诸子之为书，其持之有故而言之成理者，必有得于道体之一端，而后乃能恣肆其说，以成一家之言也。所谓一端者，无非六艺之所该，故推之而皆得其所本；非谓诸子果能服六艺之教，而出辞必衷于是也。《老子》说本阴阳，《庄》《列》寓言假象，《易》教也。邹衍侈言天地，关尹推衍五行，《书》教也。管、商法制，义存政典，《礼》教也。申、韩刑名，旨归赏罚，《春秋》教也。其他杨、墨、尹文之言，苏、张、孙、吴之术，辨其源委，挹其旨趣，九流之所分部，《七录》之所叙论，皆于物曲人官，得其一致，而不自知为六典之遗也。

战国之文，既源于六艺，又谓多出于《诗》教，何谓也？曰：战国者，纵横之世也。纵横之学，本于古者行人之官。观春秋之辞命，列国大夫，聘问诸侯，出使专对，盖欲文其言以达旨而已。至战国而抵掌揣摩，腾说以取富贵，其辞敷张而扬厉，变其本而加恢奇焉，不可谓非行人辞命之极也。孔子曰："诵诗三百，授之以政，不达；使于四方，不能专对，虽多奚为？"是则比兴之旨，讽谕之义，固行人之所肄也。纵横者流，推而衍之，是以能委折而入情，微婉而善讽也。九流之学，承官曲于六典，虽或原于《书》《易》《春秋》，其质多本于礼教，为其体之有所该也。及其出而用世，必兼纵横，所以文其质也。古之文质合于一，至战国而各具之质；当其用也，必兼纵横之辞以文之，周衰文弊之效也。故曰：战国者，纵横之世也。

后世之文其体皆备于战国，何谓也？曰：子史衰而文集之体盛；著作衰而辞章之学兴。文集者，辞章不专家，而萃聚文墨，以为蛇龙之菹①也。〔详见《文集》篇。〕后贤承而不废者，江河导而其势不容复遏也。经学不专家，而文集有经义；史学不专家，而文集有传记；立言不专家，〔即诸子书也。〕而文集有论辨。后世之文集，舍经义与传记论辨之三体，其馀莫非辞章之属也。而辞章实备于战国，承其流而代变其体制焉。学者不知，而溯挚虞所衰之《流别》，〔挚虞有《文章流别传》。〕甚且以萧梁《文选》，举为辞章之祖也，其亦不知古今流别之义矣。

今即《文选》诸体，以徵战国之赅备。〔挚虞《流别》，孔逭《文苑》，今俱不传，故据《文选》。〕京都诸赋，苏、张纵横六国，侈陈形势之遗也。《上林》《羽猎》，安陵之从田，龙阳之同钓也。《客难》《解嘲》，屈原之《渔父》《卜居》，庄周之惠施问难也。韩非《储说》，比事徵偶，《连珠》之所肇也。〔前人已有言及之者。〕而或以为始于傅毅之徒，〔傅玄之言。〕非其质矣。孟子问齐王之大欲，历举轻煗肥甘，声音采色，《七林》之所启也；

---

① 蛇龙之菹（jù）：水草丛生的沼泽地。蛇、龙，害人之物。语出《孟子·滕文公》："驱蛇龙而放之菹。"

而或以为创之枚乘，忘其祖矣。邹阳辨谤于梁王，江淹陈辞于建平，苏秦之自解忠信而获罪也。《过秦》《王命》《六代》《辨亡》诸论，抑扬往复，诗人讽谕之旨，孟、荀所以称述先生，儆时君也。〔屈原上称帝喾，中述汤、武，下道齐桓，亦是。〕淮南宾客，梁苑辞人，原、尝、申、陵之盛举也。东方、司马，侍从于西京，徐、陈、应、刘，徵逐于邺下，谈天雕龙之奇观也。遇有升沉，时有得失，畸才汇于末世，利禄萃其性灵，廊庙山林，江湖魏阙，旷世而相感，不知悲喜之何从，文人情深于《诗》《骚》，古今一也。

至战国而文章之变尽，至战国而后世之文体备，其言信而有徵矣。至战国而著述之事专，何谓也？曰：古未尝有著述之事也，官师守其典章，史臣录其职载。文字之道，百官以之治，而万民以之察，而其用已备矣。是故圣王书同文以平天下，未有不用之于政教典章，而以文字为一人之著述者也。〔详见外篇《校雠略·著录先明大道论》。〕道不行而师儒立其教，我夫子之所以功贤尧舜也。然而予欲无言，无行不与，六艺存周公之旧典，夫子未尝著述也。《论语》记夫子之微言，而曾子子思，俱有述作以垂训，至孟子而其文然后闳肆①焉，著述至战国而始专之明验也。〔《论语》记曾子之没，吴起尝师《曾子》，则《曾子》没于战国初年，而《论语》成于战国之时明矣。〕春秋之时，管子尝有书矣，〔《鬻子》《晏子》，后人所托。〕然载一时之典章政教，则犹周公之有《官礼》也。记管子之言行，则习管氏法者所缀辑，而非管仲所著述也。〔或谓管仲之书，不当称桓公之谥，阎氏若璩又谓后人所加，非《管子》之本文，皆不知古人并无私自著书之事，皆是后人缀辑，详《诸子》篇。〕兵家之有《太公阴符》，医家之有《黄帝素问》，农家之《神农》《野老》，先儒以谓后人伪撰，而依托乎古人；其言似是，而推究其旨，则亦有所未尽也。盖末数小技，造端皆始于圣人，苟无微言要旨之授受，则不能以利用千古也。三

---

① 闳肆（hóng sì）：宏伟恣肆。指文章奔放，有气势。语出宋代曾巩《李白诗集后序》："然其辞宏肆隽伟，殆骚人所不及，近世所未有也。"

代盛时，各守人官物曲之世氏，是以相传以口耳，而孔、孟以前，未尝得见其书也。至战国而官守师传之道废，通其学者，述旧闻而著于竹帛焉。中或不能无得失，要其所自，不容遽昧也。以战国之人，而述黄、农之说，是以先儒辨之文辞，而断其伪托也；不知古初无著述，而战国始以竹帛代口耳。〔外史掌三皇五帝之书，及四方之志，与孔子所述六艺旧典，皆非著述一类，其说已见于前。〕实非有所伪托也。然则著述始专于战国，盖亦出于势之不得不然矣。著述不能不衍为文辞，而文辞不能不生其好尚。后人无前人之不得已，而惟以好尚逐于文辞焉，然犹自命为著述，是以战国为文章之盛，而衰端亦已兆于战国也。

△ 经解上

六经不言经，三传不言传，犹人各有我而不容我其我也。依经而有传，对人而有我，是经传人我之名，起于势之不得已，而非其质本尔也。《易》曰："上古结绳而治，后世圣人易之以书契，百官以治，万民以察。"夫为治为察，所以宣幽隐而达形名，布政教而齐法度也，未有以文字为一家私言者也。《易》曰："云雷屯，君子以经纶。"经纶之言，纲纪世宙之谓也。郑氏注，谓"论撰书礼乐，施政事"。经之命名，所由昉乎！然犹经纬经纪云尔，未尝明指《诗》《书》六艺为经也。三代之衰，治教既分，夫子生于东周，有德无位，惧先圣王法积道备，至于成周，无以续且继者而至于沦失也，于是取周公之典章，所以体天人之撰而存治化之迹者，独与其徒，相与申而明之。此六艺之所以虽失官守，而犹赖有师教也。然夫子之时，犹不名经也。逮夫子既殁，微言①绝而大义将乖，于是弟子门人，各以所见、所闻、所传闻者，或取简毕，或授口耳，录其文而起义。左氏《春秋》，子夏《丧服》诸篇，皆名为传，而前代逸文，不

---

① 微言：精深微妙的言辞。

出于六艺者，称述皆谓之传，如孟子所对汤武及文王之囿，是也。则因传而有经之名，犹之因子而立父之号矣。

至于官师既分，处士横议，诸子纷纷，著书立说，而文字始有私家之言，不尽出于典章政教也。儒家者流，乃尊六艺而奉以为经，则又不独对传为名也。荀子曰："夫学始于诵经，终于习礼。"庄子曰："孔子言治《诗》《书》《礼》《乐》《易》《春秋》六经。"又曰："繙十二经，以见老子。"荀庄皆出子夏门人，而所言如是，六经之名，起于孔门弟子亦明矣。

然所指专言六经，则以先王政教典章，纲维天下，故《经解》疏别六经，以为入国可知其教也。《论语》述夫子之言行，《尔雅》为群经之训诂，《孝经》则又再传门人之所述，与《缁衣》《坊》《表》诸记，相为出入者尔。刘向、班固之徒，序类有九，而称艺为六，则固以三者为传，而附之于经，所谓离经之传，不与附经之传相次也。当时诸子著书，往往自分经传，如撰辑《管子》者之分别经言，《墨子》亦有《经》篇，《韩非》则有《储说》经传，盖亦因时立义，自以其说相经纬尔，非有所拟而僭其名也。经同尊称，其义亦取综要，非如后世之严也。圣如夫子，而不必为经。诸子有经，以贯其传，其义各有攸当也。后世著录之家，因文字之繁多，不尽关于纲纪，于是取先圣之微言，与群经之羽翼，皆称为经。如《论语》《孟子》《孝经》，与夫大小《戴记》之别于《礼》，《左氏》《公》《穀》之别于《春秋》，皆题为经，乃有九经、十经、十三、十四诸经，以为专部，盖尊经而并及经之支裔也。而儒者著书，始严经名，不敢触犯，则尊圣教而慎避嫌名，盖犹三代以后，非人主不得称我为朕也。然则今之所谓经，其强半皆古人之所谓传也。古之所谓经，乃三代盛时，典章法度，见于政教行事之实，而非圣人有意作为文字以传后世也。

——以上卷一·内篇一

△ 史 德

才、学、识三者，得一不易，而兼三尤难，千古多文人而少良史，职是故也。昔者刘氏子玄，盖以是说谓足尽其理矣。虽然，史所贵者义也，而所具者事也，所凭者文也。孟子曰："其事则齐桓、晋文，其文则史，义则夫子自谓窃取之矣。"非识无以断其义，非才无以善其文，非学无以练其事，三者固各有所近也，其中固有似之而非者也。记诵以为学也，辞采以为才也，击断以为识也，非良史之才、学、识也。虽刘氏之所谓才、学、识，犹未足以尽其理也。夫刘氏以谓有学无识，如愚估操金，不解贸化。推此说以证刘氏之指，不过欲于记诵之间，知所抉择，以成文理耳。故曰：古人史取成家，退处士而进奸雄，排死节而饰主阙，亦曰一家之道然也。此犹文士之识，非史识也。能具史识者，必知史德。德者何？谓著书者之心术也。夫秽史者所以自秽，谤书者所以自谤，素行为人所羞，文辞何足取重。魏收之矫诬，沈约之阴恶，读其书者，先不信其人，其患未至于甚也。所患夫心术者，谓其有君子之心，而所养未底于粹也。夫有君子之心，而所养未粹，大贤以下，所不能免也。此而犹患于心术，自非夫子之《春秋》，不足当也。以此责人，不亦难乎？是亦不然也。盖欲为良史者，当慎辨于天人之际，尽其天而不益以人也。尽其天而不益以人，虽未能至，苟允知之，亦足以称著述者之心术矣。而文史之儒，竞言才、学、识，而不知辨心术以议史德，乌乎可哉？

夫是尧、舜而非桀、纣，人皆能言矣。崇王道而斥霸功，又儒者之习故矣。至于善善而恶恶，褒正而嫉邪，凡欲托文辞以不朽者，莫不有是心也。然而心术不可不虑者，则以天与人参，其端甚微，非是区区之明所可恃也。夫史所载者事也，事必藉文而传，故良史莫不工文，而不知文又患于为事役也。盖事不能无得失是非，一有得失是非，则出入予夺相奋摩矣。奋摩不已，而气积焉。事不能无盛衰消息，一有盛衰消息，则往复凭吊生流连矣。流连不已，而情深焉。凡文不足以动人，所以动人者，气也。凡文不足以入人，所以入人者，情也。气积而文昌，情深而文挚；气昌而情挚，天下之至文也。然而其中有天有人，不可不辨也。气得阳刚，而情合阴柔。人丽阴阳之间，不能离焉者也。气合于理，天也；气能违理以自用，人也。情本于性，天也；情能汩性以自恣，人也。史之义出于天，而史之文，不能不藉人力以成之。人有阴阳之患，而史文即忤于大道之公，其所感召者微也。夫文非气不立，而气贵于平。人之气，燕居莫不平也。因事生感，而气失则宕，气失则激，气失则骄，毗于阳矣。文非情不深，而情贵于正。人之情，虚置无不正也。因事生感，而情失则流，情失则溺，情失则偏，毗于阴矣。阴阳伏沴之患，乘于血气而入于心知，其中默运潜移，似公而实逞于私，似天而实蔽于人，发为文辞，至于害义而违道，其人犹不自知也。故曰心术不可不慎也。

夫气胜而情偏，犹曰动于天而参于人也。才艺之士，则又溺于文辞，以为观美之具焉，而不知其不可也。史之赖于文也，犹衣之需乎采，食之需乎味也。采之不能无华朴，味之不能无浓淡，势也。华朴争而不能无邪色，浓淡争而不能无奇味。邪色害目，奇味爽口，起于华朴浓淡之争也。文辞有工拙，而族史方且以是为竞焉，是舍本而逐末矣。以此为文，未有见其至者。以此为史，岂可与闻古人大体乎？

韩氏愈曰："仁义之人，其言蔼如。"仁者情之普，义者气之遂也。程子尝谓："有《关雎》《麟趾》之意，而后可以行《周官》之法度。"吾则以谓通六艺比兴之旨，而后可以讲春王正月之书。盖言心术贵于养也。史迁百三十篇，《报任安书》，所谓"究天地之际，通古今之变，成一家之言"。自序以谓"绍名世，正《易传》，本《诗》《书》《礼》乐之际"，其本旨也。所云发愤著书，不过叙述穷愁，而假以为辞耳。后人泥于发愤之说，遂谓百三十篇，皆为怨诽所激发，王允亦斥其言为谤书。于是后世论文，以史迁为讥谤之能事，以微文为史职之大权，或从羡慕而仿效为之；是直以乱臣贼子之居心，而妄附《春秋》之笔削，不亦悖乎！

今观迁所著书，如《封禅》之惑于鬼神，《平准》之算及商贩，孝武之秕政也。后世观于相如之文，桓宽之论，何尝待史迁而后著哉？《游侠》《货殖》诸篇，不能无所感慨，贤者好奇，亦洵有之。馀皆经纬古今，折衷六艺，何尝敢于讪上哉？朱子尝言，《离骚》不甚怨君，后人附会有过。吾则以谓史迁未敢谤主，读者之心自不平耳。夫以一身坎坷，怨诽及于君父，且欲以是邀千古之名，此乃愚不安分，名教中之罪人，天理所诛，又何著述之可传乎？夫《骚》与《史》，千古之至文也。其文之所以至者，皆抗怀于三代之英，而经纬乎天人之际者也。所遇皆穷，固不能无感慨。而不学无识者流，且谓诽君谤主，不妨尊为文辞之宗焉，大义何由得明，心术何由得正乎？夫子曰："《诗》可以兴。"说者以谓兴起好善恶恶之心也。好善恶恶之心，惧其似之而非，故贵平日有所养也。《骚》与《史》，皆深于《诗》者也。言婉多风，皆不背于名教，而梏于文者不辨也。故曰必通六艺比兴之旨，而后可以讲春王正月之书。

——以上卷三·内篇三

昔吾乡谭复堂先生教子弟，辄先以《史通》《文史通义》，其子亦能信口而道，实乃一无所有，能述庭训耳。

马叙伦《石屋馀渖》

审定者：北京大学 朱玉麒

全书总字数：53592

用字量：2166

书目答问

22

　　《书目答问》系指导治学门径的举要目录，五卷，清张之洞著。张之洞（1837—1909），字孝达，号香涛，晚号抱冰，直隶南皮人，同治进士，为清后期洋务派代表人物之一。其任四川学政时，委托缪荃孙为成都尊经书院学生开列阅读书目，遂成《书目答问》一书，初刊于光绪二年（1876）。

　　此书驭繁就简，慎择约取，选录了历代重要典籍二千二百馀种，在传统的经、史、子、集四部分类之外，另设丛书、别录两部，是对传统分类法的突破。其中，《四库全书》所未收者占十之三四，重要书目下作按语，附有初学读本，方便读者略识门径。其《书目答问》在很大程度上成功地导引、规范了中国传统知识分子群体在传统知识世界轰毁前夜的读书生活和思想塑造，使以传统经学为主体构筑起的学术世界，在晚清仍然相对稳固地在其轨迹内运行，从而也使《书目答问》在社会性与学术性这两方面达到了完美的统一。

高频字

本	卷	十	刻	一	二	书	集	三	宋	四	文	堂	经

经学、小学书，以国朝人为极，于前代著作，撷①长弃短，皆已包括其中，故于宋元明人从略。

《书目答问》　扫叶山房石印本

---

① 撷（xié）：摘取。

⬡ 正经正注第一

此为诵读定本，程试功令，说经根柢。注疏①本与明监本五经，功令并重。

《十三经注疏》。共四百一十六卷。乾隆四年武英殿刻附考证本，同治十年广州书局覆刻殿本，阮文达公元刻附校勘记本，明北监本，明毛晋汲古阁本。目列后。阮本最于学者有益，凡有关校勘处旁有一圈，依圈检之，精妙全在于此。四川书坊翻刻阮本，讹谬太多，不可读，且削去其圈，尤谬。明监、汲古本不善。

《周易正义》十卷，魏王弼、晋韩康伯注，唐孔颖达等正义。

《尚书正义》二十卷，旧题汉孔安国传、唐孔颖达正义。

《毛诗正义》七十卷，汉毛亨传、郑玄笺、唐孔颖达正义。

《周礼注疏》四十二卷，汉郑玄注、唐贾公彦疏。

《仪礼注疏》五十卷，汉郑玄注、唐贾公彦疏。

《礼记正义》六十三卷，汉郑玄注、唐孔颖达正义。

《春秋左传正义》六十卷，晋杜预集解、唐孔颖达正义。

《春秋公羊传注疏》二十八卷，汉何休解诂、唐徐彦疏。

《春秋穀梁传注疏》二十卷，晋范宁集解、唐杨士勋疏。

《孝经注疏》九卷，唐玄宗御注、宋邢昺疏。

《论语注疏》二十卷，魏何晏等集解，宋邢昺疏。

《孟子注疏》十四卷，汉赵岐注、旧题宋孙奭疏。

《尔雅注疏》十卷，晋郭璞注、宋邢昺疏。

《毛诗》《仪礼》，皆依疏本子卷计数，《孝经》亦依疏分卷。

相台岳氏本《古注五经》。宋岳珂校刻。明翻刻宋本。武英殿翻刻本附考证，江南翻刻本，贵阳翻刻本，广州翻刻本，成都翻刻本。

《易》九卷，王韩注，附《略例》一卷。

《书》十三卷，孔传。

---

① 疏（shū）：旧读 shù，解释疏通经典传注的文字。

《诗》二十卷，毛传、郑笺。

《春秋左氏传》三十卷，杜集解。

《礼记》二十卷，郑注。便文可称相台五经。

永怀堂古注《十三经》。明金蟠、葛鼐同刻本，今江宁书局补足印行。又杭州局刻本。诸经注，即明李元阳刻注疏本。《孝经》题汉郑氏注，实是唐玄宗注。

《易》九卷，附《略例》一卷。

《书》二十卷。

《诗》二十卷。

《仪礼》十七卷。

《周礼》四十二卷。

《礼记》四十九卷。

《春秋左传》三十卷。

《公羊传》二十八卷。

《穀梁传》二十卷。

《论语》二十卷。

《孟子》十四卷。

《孝经》九卷。

《尔雅》十卷。

稽古楼单注巾箱本①《十三经》。星子干氏刻本。皆古注，《论语》并刻朱注，《毛诗》间采孔疏。

明监本宋元人注《五经》。明经厂本，扬州鲍氏刻本，南昌万氏刻本，又江宁局本，又崇道堂本，又武昌局本。通行杜氏巾箱《六经》单注本，尚不谬。坊本音注，皆不可据。

《易》宋朱子本义四卷。宋程子传四卷。江宁本本义，依《朱子》原本十二卷，兼刻程传，他本无。

《书》宋蔡沈集传六卷。

《诗》朱子集传八卷。武昌局本附序。

《春秋》旧用宋胡安国传，乾隆间废，改用《左传》杜注三十卷。江宁本左传有姚

_____

① 巾箱本：版本类型，开本极小，可以装在巾箱里。

培谦补注，鲍本合刻三传，附《春秋传说汇纂》。

《礼记》元陈澔集说十卷。崇道堂本兼录御案。新刻《五经》，江宁本最善。

明洪武定制，试士经义，用注疏及此数本。《春秋》兼用《左》《公》《榖》、胡、张洽五《传》。《永乐五经大全》成书后，即专用此本。国子监雕版，因至今沿称"监本"。今明监本希见，姑以旧名统摄之。

《四书章句集注》十九卷。明经厂大字本，扬州鲍刻本，南昌万刻本，武昌局本，皆合五经刻。

以上正经、正注合刻本。

毛郑《诗》三十卷，《诗谱》一卷，《毛诗音义》三卷，附《毛诗校字记》一卷。嘉庆甲子木渎周氏校刻本。同治壬申淮安重刻周本。

重刻嘉靖本《周礼》郑注十二卷，附《札记》一卷。顾广圻校。黄丕烈刻士礼居丛书本。明嘉靖徐氏有翻刻相台岳氏三《礼》单注本，今偶一见，不录。

福礼堂《周礼注》十二卷。周氏刻本，张青选清芬阁重刻本。郑注，附《释文》。

影宋严州单注本《仪礼》十七卷，附《校录》一卷。士礼居校本，武昌局翻黄本。郑注。

影宋景德本《仪礼疏》五十卷。苏州汪氏校刻本。

影宋抚州单注本《礼记》二十卷，附《考异》二卷。张敦仁校刻本，武昌局翻张本。郑注。附《释文》四卷。

惠校本《礼记注疏》六十三卷。惠栋依宋本校。和氏刻本。

影宋单注本《公羊传》十二卷。汪喜孙刻本。何注。

校宋本《孟子》赵注十四卷，孙奭《音义》二卷。孔继涵刻微波榭遗书本。韩岱云本。

附释文《尔雅》单注本三卷。清芬阁校。郭注。

武昌局刻《周礼》《仪礼》《公羊》《榖梁》《孝经》《尔雅》单注大字本。皆古注。卷数仍旧。

仿宋本《周易本义》十二卷。曹寅扬州诗局刻本，武英殿重刻宋大字本。

重刻宋本《周易本义》十二卷，附《吕氏音训》。宝应刘氏校刻本。宋吕祖谦音训。《音训》别有金华丛书本。

《周易传义音训》八卷，附《易学启蒙》。程传、朱本义，宋董楷合编。《吕氏音训》新附。高均儒校。盱眙吴氏望三益斋刻本。

《书传音释》六卷，附《书》序。蔡传，宋邹季友音释。高均儒校。吴氏望三益斋本。

翻刻宋淳祐大字本《四书集注》二十六卷。国朝刻本。

璜川吴氏仿宋本《四书集注》二十六卷，附《考》四卷。吴志忠校。嘉庆辛未刻本。

以上正经、正注分刻本。注疏乃钦定颁发学官者，宋元注乃沿明制通行者，四书文必用朱注，五经文及经解，古注仍可采用，不知古注者，不得为经学。

古香斋袖珍五经四书。康熙间内府刻。无注。《春秋》无传。

秦氏巾箱本九经。秦镤刻。有音无注。《易》三卷，《书》四卷，《诗》四卷，《礼记》六卷，《周礼》六卷，《春秋左传》十七卷，《孝经》一卷，《论语》二卷，《孟子》七卷。

计树园《十一经读本》。全文无注，直音。嘉庆元年万廷兰刻。无《论语》《孟子》，经文皆依殿本注疏，胜于旁训，惟《公》《穀》无传之经文未录。

《春秋四传》合刻本三十八卷。《左》《公》《穀》《胡》①，元失名人编。通行本。

《周礼读本》十二卷。袁樾校刻本。

得斋校本《周官礼注》六卷。殷盘校刻本。郑注，间采贾疏及宋人说。

《周官精义》十二卷。连斗山。通行本。不能得单注本者初学止可读此。

《仪礼章句》十七卷。吴廷华。乾隆丁丑、嘉庆丙辰两刻本。阮元编录《皇清经解》学海堂刻本，极善。

《仪礼易读》十七卷。马之骕。通行本。便于初学，惟字太小。

《左传读本》三十卷。道光间敕撰。殿本，贵阳官本，清河官本。

以上诸经读本附。

——右正经正注

---

① 胡：胡安国，宋代人，有《春秋传》三十卷。《四库全书》予以著录。

⚠ 列朝经注经说经本考证第二

空言臆说、学无家法者不录。

《郑氏易注》十卷。汉郑玄。卢见曾刻《雅雨堂丛书》辑本，又广州刻《古经解汇函》本三卷，附《补遗》一卷。孙堂本。

《周易郑注》十二卷。丁杰辑补。陈春刻湖海楼丛书本。

《马王易义》一卷。问经堂辑本。

《陆氏周易述》一卷。吴陆绩。《古经解汇函》重刻孙堂辑本，又马国翰《玉函山房辑佚书》本三卷。

《子夏易传》一卷。孙冯翼刻《问经堂丛书》辑本，又张澍《二酉堂丛书》辑本，又玉函山房辑本。此唐以前人依托，今通志堂、汉魏丛书所收十一卷本，乃宋以后人伪作。

《周易集解》十七卷。唐李鼎祚。雅雨堂本，《古经解汇函》重刻卢本，明毛晋刻《津逮秘书》本，张海鹏照旷阁刻《学津讨源》本，又明木渎周氏刻本，仁和叶氏刻周本。卢本附释文。

李氏《易解剩义》一卷。李富孙。顾修刻《读画斋丛书》本。

《周易口诀义》六卷。唐史徵。孙星衍刻《岱南阁丛书》本，《古经解汇函》重刻孙本。

汉魏二十一家《易注》三十三卷。孙堂辑。刻本。

孙氏《周易集解》十卷。孙星衍。岱南阁别行巾箱本，伍崇曜刻《粤雅堂丛书》本。

《周易虞氏义》九卷，《虞氏消息》二卷，《虞氏易礼》二卷，《虞氏易事》二卷，《易言》二卷，《易候》一卷。张惠言。《茗柯全集》本。学海堂本无《易事》《易言》《易候》。刘逢禄《虞氏易言补》《易虞氏五述》，李锐《周易虞氏略例》，未见传本。

《周易郑氏义》二卷。同上。

《周易荀氏九家义》一卷。同上。

《易义别录》十四卷。同上。孟喜、姚信、翟子元、蜀才、京房、陆绩、干宝、马融、宋衷、刘表、王肃、董遇、王廙、刘瓛、子夏。

《周易姚氏学》八卷，《周易通论月令》二卷。姚配中。汪守成刻本。

《卦气解》一卷。宋翔凤。自著《浮溪精舍丛书》本。

《周易补疏》二卷。焦循。《焦氏丛书》本，学海堂本。

《易纬》十二卷。八种。武英殿聚珍版本，杭州、福州重刻本，《古经解汇函》本。
目列后。凡言聚珍版本者，福州皆有重刻本，杭州亦重刻第一单三十九种小字本。

《乾坤凿度》二卷。伪。

《乾凿度》二卷。艺海珠尘亦刻。

《稽览图》二卷。珠尘亦刻。

《辨终备》一卷。

《通卦验》二卷。

《乾元序制记》一卷。伪。

《是类谋》一卷。珠尘亦刻。

《坤灵图》一卷。纬与谶异，皆古经说，纯驳不一，宜分别观之。

《易纬略义》三卷。张惠言。《茗柯全集》本。钱塘《易纬稽览考正》一卷，未刊。

《乾凿度郑注》二卷。丁杰辑补。雅雨堂本。

《读易别录》三卷。全祖望。鲍廷博刻《知不足斋丛书》本。

《周易义海撮要》十二卷。宋李衡。纳兰性德编刻《通志堂经解》本，广州书局
重刻《通志堂经解》本。

《易小帖》五卷。毛奇龄。《西河集》本。

《易例》二卷。惠栋。周永年、李文藻刻《贷园丛书》本，张海鹏刻《借月山房汇
钞》本，钱熙祚刻《指海》本。

《易笺》八卷。陈法。京师贵州馆刻本。

《易图明辨》十卷。胡渭。钱熙祚刻《守山阁丛书》本，粤雅堂本。

《易图条辨》一卷。张惠言。《茗柯全集》本。

《春秋占筮书》三卷。毛奇龄。《西河集》本。

《易音》三卷。顾炎武。顾氏《音学五书》本，学海堂本。

《京氏易传》三卷。汉京房。《津逮秘书》本，《学津讨源》本。此书多言占候，故

《四库》列术数类，惟汉学家多与相涉，未便歧出，姑附于此。

《易汉学》八卷。惠栋。单行本，毕沅刻《经训堂丛书》本。孟、虞、京、干、郑、荀。王保训辑《京氏易》八卷，严可均校补，未刊。

《易象钩解》四卷。明陈士元。守山阁本。

《仲氏易》三十卷。毛奇龄。《西河集》本，学海堂本。

《易说》六卷。惠士奇。家刻本，学海堂本。

《周易述》十九卷，《易微言》二卷。惠栋。卢氏刻本。《周易述补》四卷。江藩，自刻本。三书皆有学海堂本。

《易确》二十卷。许桂林。自刻本。

《易话》二卷，《易广记》三卷。焦循。《焦氏丛书》本。

《太极图说遗议》一卷。毛奇龄。《西河集》本。

《河图洛书原舛编》一卷。同上。

《周易本义辨证》五卷。惠栋。常熟蒋光弻《省吾堂汇刻书》本。

以上《易》之属。杂道家言者不录。魏关朗《易传》，唐郭京《周易举正》，皆伪书，不录。

《尚书大传定本》八卷。汉伏胜。陈寿祺校注。广州原刻本，《古经解汇函》重刻陈本，又雅雨堂本三卷。

《尚书马郑注》十卷。孙星衍辑。岱南阁别行本。龚自珍《尚书序大义》，《尚书马氏家法》，未见传本。

《古文尚书疏证》八卷。阎若璩。家刻本，吴氏天津刻本。

《尚书今古文注疏》三十卷。孙星衍。平津馆本，学海堂本。孙胜于王。

《尚书后案》三十卷。王鸣盛。原刻单行本，学海堂本。周用锡《尚书证义》，未见传本。臧琳《尚书集解》一百二十卷，臧镛堂补，未刊。

《尚书释天》六卷。盛百二。学海堂本。

《尚书地理今释》一卷。蒋廷锡。借月山房本，《指海》本，学海堂本。

《禹贡锥指》二十卷，图一卷。胡渭。原刻本，学海堂本。程瑶田《禹贡三江考》，在《通艺录》内，又学海堂本。

《禹贡郑注释》二卷。焦循。《焦氏丛书》本。

《禹贡集释》三卷，附《锥指正误》一卷。丁晏。六艺堂自刻本。

《尚书补疏》二卷。焦循。《焦氏丛书》本，学海堂本。

《尚书说》一卷。宋翔凤。浮溪精舍本。

《尚书馀论》一卷。丁晏。自著《六艺堂诗礼七编》本。

《太誓答问》一卷。龚自珍。吴县潘氏滂喜斋刻本。

《古文尚书撰异》三十三卷。段玉裁。自著《经韵楼丛书》本，学海堂。

《尚书中候郑注》五卷。《学津》辑本。

《禹贡会笺》十二卷。徐文靖。徐氏六种本。

《古文尚书考》二卷。惠栋。省吾堂本，学海堂本。明梅鷟《古文尚书考异》，已括阎、惠、王诸家书内。

《尚书集注音疏》十二卷，《尚书经师系表》一卷。江声。原刻篆书、真书两本，学海堂本。

《尚书王氏注》二卷。魏王肃。马国翰辑。《玉函山房辑佚书》之一。止标列近古尤要及辑本独详者数种，馀具总义类原书中。

以上《书》之属。不知今古文之别者不录。

《毛诗传疏》三十卷。陈奂。单行本，丛书本。

《毛诗传笺通释》三十二卷。马瑞辰。道光十五年刻本。

《毛诗后笺》三十卷。胡承珙。《墨庄遗书》本。许桂林《毛诗后笺》八卷，未刊。

《毛诗稽古编》三十卷。陈启源。单行本，学海堂本。钱大昭《诗古训》十二卷，未刊。

《诗经小学》四卷。段玉裁。经韵楼本，学海堂本。

《毛郑诗考正》四卷。戴震。《戴氏遗书》本，学海堂本。

《毛郑诗释》四卷。丁晏。六艺堂本。

《诗广诂》三十卷。徐璈。刻本。

《毛诗补疏》五卷。焦循。《焦氏丛书》本，学海堂本。

《毛诗礼征》十卷。包世荣。家刻本。

《校正陆玑毛诗草木鸟兽虫鱼疏》二卷。丁晏校。六艺堂本，《古经解汇函》重刻丁本，又《津逮》本。

《陆玑疏考证》一卷。焦循。《焦氏丛书》本。

《诗经稗疏①》四卷。王夫之。《船山遗书》本。

《续诗传鸟名》三卷。毛奇龄。《西河集》本。

《诗地理考》六卷。宋王应麟。《玉海》附刻本，《津逮》本，《学津》本。

《毛诗地理释》四卷。焦循。

《诗氏族考》六卷。李超孙。别下斋本。

《毛诗识小》三十卷。林伯桐。《修本堂遗书》本。

《诗本音》十卷。顾炎武。《音学五书》本，学海堂本。

《毛诗韵订》十卷。苗夔。自刻本。

《毛诗证读》不分卷。翟灏。刻本。

《诗音表》一卷。钱坫。钱氏四种本。

《诗经廿二部古音表集说》二卷。夏炘。自著《景紫堂全书》本。

《诗声类》十二卷，《分例》一卷。孔广森。《顨②轩所著书》本。

《毛诗王氏注》四卷，《义驳》一卷，《奏事》一卷，《问难》一卷。魏王肃。玉函山房辑本。

《毛诗异同评》三卷。晋孙毓。《难孙氏毛诗评》一卷。陈统。玉函山房辑本。

《毛诗指说》一卷。唐成伯玙。通志堂本。

《毛诗通考》三十卷，《郑氏诗谱考正》一卷。林伯桐。修本堂本。

《毛诗重言》一卷，《毛诗双声叠韵说》一卷。王筠。鄂宰四种本。

《鲁诗故》三卷。玉函山房辑本。

《齐诗传》二卷。玉函山房辑本。近人别有《齐诗翼奉学》一卷。

《韩诗故》二卷，《韩诗内传》一卷，《韩诗说》一卷。汉韩婴。玉函山

---

① 稗（bài）疏：对书、文不系统的解释，通常是随笔、札记形式的。稗，田间杂草，引申为微小的、琐碎的。

② 顨（xùn）：后作"巽"。

房辑本。邵晋涵《韩诗内传考》一卷，有刻本，未见。

《韩诗薛君章句》二卷。汉薛汉。玉函山房辑本。

《韩诗内传征》四卷。宋绵初。刻本。严可均辑《韩诗》二十一卷，附《鲁诗》《齐诗》《汉人诗说》，未刊。

《韩诗外传》十卷。汉韩婴。赵怀玉校本，周廷寀校注本，吴氏望三益斋刻周赵合校本，《古经解汇函》本，又《津逮》《学津》、通津草堂三本，皆逊。陈璨《韩诗外传疏证》十卷，未见传本。

《三家诗考》一卷。宋王应麟。《玉海》附刻本，《津逮》本，《学津》本。

《诗考补注》二卷，《补遗》一卷。林伯桐。修本堂本。

《诗考异字笺馀》十四卷。周邵莲。嘉庆元年刻本。

《三家诗异文疏证》六卷，《补遗》三卷。冯登府。道光十年自刻本，又学海堂、《续刻经解》本二卷。别有《三家诗异义遗说》二十卷，未刊。

《三家诗遗说考》十五卷。陈寿祺。家刻本。

《四家诗异文考》五卷。陈乔枞。自刻本。

《吕氏家塾读诗记》三十二卷。宋吕祖谦。钱仪吉编刻《经苑》本，明嘉靖陆钺刻本。

《诗缉》三十六卷。宋严粲。明刻本。

《诗说》三卷，《附录》一卷。惠周惕。家刻本，借月山房本，《指海》本，学海堂本。

《杲溪诗经补注》二卷。戴震。《戴氏遗书》本，学海堂本。

《虞东学诗》十二卷。顾镇。自刻本。

《诗古微》十九卷。魏源。自刻本。魏所著有《书古微》《公羊古微》，未见传本。

《三家诗拾遗》十卷。范家相。守山阁本。

《毛诗写官记》四卷，《札记》二卷。毛奇龄。《西河集》本。

《毛诗紬义》二十四卷。李黼平。广州原刻本，学海堂本。

《毛诗古音考》六卷。明陈第。《学津》本。

《毛诗名物图说》九卷。徐鼎。乾隆三十六年刻本。

以上《诗》之属。诗家与四家《诗》皆不合者不录。子贡《诗传》，申培《诗说》，皆伪书，不录。

《礼说》十四卷。惠士奇。原刻本，上海彭氏重刻本，即《璜川丛书》本，学海堂本。

《周礼疑义举要》七卷。江永。原刻本，守山阁本，学海堂本。

《周礼汉读考》六卷。段玉裁。经韵楼本，学海堂本。徐养原《周官故书考》，沈梦兰《周官学》，未见传本。

《周礼故书疏证》六卷。宋世荦。《台州丛书》本。

《周官礼郑氏注笺》十卷。庄绶甲。马宗梿《周礼郑注疏证》，未见传本。

《周礼释注》二卷。丁晏。六艺堂本。

《周官禄田考》三卷。沈彤。《果堂集》本，学海堂本。

《周礼军赋说》四卷。王鸣盛。学海堂本。

《考工记图》二卷。戴震。《戴氏遗书》本，学海堂本。

《考工创物小记》一卷，《磬折古义》一卷，《沟洫疆理小记》一卷，《九谷考》一卷。程瑶田。在《通艺录》内，学海堂本。

《车制图考》一卷。阮元。擘经堂本，学海堂本。较钱坫《车制考》尤核。朱鸿《考工记车制参解》，未刊。

《考工轮舆私笺》二卷。郑珍。附图一卷。今人。同治戊辰莫氏刻本。

《肆献裸馈食礼纂》三卷。任启运。《钓台遗书》本。互见。

《周官记》五卷，《周官说》五卷。庄存与。《味经斋遗书》本。

以上《周礼》之属。疑经者不录。

《仪礼郑注句读》十七卷，附《监本正误》一卷，《石经正误》一卷。张尔岐。通行本。吴廷华《仪礼章句》，已入读本。

《仪礼图》六卷。张惠言。阮刻单行本，武昌局刻缩本。远胜宋杨复图。

《仪礼释例》一卷。江永。张海鹏刻《墨海金壶》本，守山阁本。《墨海金壶》印行不多，所刻书皆在《守山阁丛书》中。

《礼经释例》十三卷。凌廷堪。仪征阮氏《文选楼丛书》本，学海堂本。

《仪礼正义》四十卷。胡培翚，沔阳陆氏苏州刻本，内有十二卷杨大堉补。

《仪礼汉读考》一卷。段玉裁。经韵楼本，学海堂本。

《仪礼古今文疏义》十七卷。胡承珙。《墨庄遗书》本，《湖北新刻丛书》本。徐养原《仪礼古今文疏证》，有刻本，未见。

《仪礼古今文疏证》二卷。宋世荦。《台州丛书》本。

《仪礼注疏详校》十七卷。卢文弨。抱经堂本。

《仪礼经注疏正讹》十七卷。金曰追。刻本。

《仪礼石经校勘记》四卷。阮元。粤雅堂本。

《仪礼释官》九卷。胡匡衷。家刻本，学海堂本，胡肇智重刻本。

《释宫增注》一卷。江永。《指海》本。

《礼经宫室答问》二卷。洪颐煊。自著《传经堂丛书》本。学海堂本。胡培翚《仪礼宫室定制考》，未见传本。

《弁服释例》八卷。任大椿。王氏刻本，学海堂本。

《丧服传马王注》一卷。问经堂辑本。

《丧服文足征记》十卷。程瑶田。《通艺录》本，学海堂本。

《丧服会通》四卷。吴嘉宾。自刻本。

《仪礼管见》四卷。褚寅亮。家刻本。

《仪礼小疏》八卷。沈彤。《果堂集》本，《学海堂》本。

《仪礼释注》二卷。丁晏。六艺堂本。

《仪礼私笺》八卷。郑珍。遵义唐氏刻本，江宁重刻本。

《仪礼集编》四十卷。盛世佐。刻本。

《读礼通考》一百二十卷。徐乾学。原刻通行本。

《仪礼识误》三卷。宋张淳。聚珍本，杭本，福本，经苑本，荣誉刻《得月簃丛书》本。

《仪礼集释》三十卷，《仪礼释宫》一卷。宋李如圭。聚珍本，福本，经苑本。《释宫》有守山阁本，金壶本。二书虽善，已为今书该括。

《仪礼析疑》十七卷。方苞。《望溪全集》本。

《仪礼逸经传》二卷。元吴澄。《吴文正公集》本，通志堂本，《学津》本。

《飨礼补亡》一卷。诸锦。吴省兰刻《艺海珠尘》本。宋刘敞（按，当作敝）《补士相见义》《公食大夫义》，在《公是集》中。

以上《仪礼》之属。有意攻驳古注者不录。

《礼记集说》一百六十卷。宋卫湜。通志堂本。

《续卫氏礼记集说》一百卷。杭世骏。活字版本。

《礼记陈氏集说补正》三十八卷。陆元辅代纳兰性德撰。通志堂本。

《礼记训纂》四十九卷。朱彬。咸丰元年刻本。

《礼记偶笺》三卷。万斯大。万氏《经学五书》本，《续刻得月簃丛书》本。钱坫《内则注》三卷，未刊。

《礼记训义择言》八卷。江永。原刻本，守山阁本，金壶本。

《礼记补疏》三卷。焦循。《焦氏丛书》本，学海堂本。许桂林《礼记长义》四卷，未见传本。

《礼记集解》六十一卷。孙希旦。苏州新刻本。张敦仁《抚本礼记郑注考异》二卷，附《仿宋抚本礼记》后。

蔡邕《月令章句》二卷。蔡云辑。道光四年王氏刻本，又马瑞辰辑注本。

《深衣考误》一卷。江永。单行本，学海堂本。

《深衣释例》三卷。任大椿。《燕禧堂五种》本。

《燕寝考》三卷。胡培翚。刻本，学海堂本。

《明堂大道录》八卷。惠栋。经训堂本。

《禘说》上下卷。同上。同上。

《大戴礼记卢辩注》十三卷。雅雨堂校本，聚珍本，福本。

《大戴礼记补注》十三卷，《叙录》一卷。孔广森。《顨轩所著书》本，扬州局本，学海堂本无《叙录》。

《大戴礼记解诂》十三卷，《叙录》一卷。王聘珍。自刻本。

《大戴礼记正误》一卷。汪中。学海堂本。

《夏小正传》二卷。汉戴德传。孙星衍校。岱南阁别刻巾箱本。

《夏小正考注》一卷。毕沅校。经训堂本。

《夏小正疏义》四卷，附《释音异字记》。洪震煊。传经堂本，学海堂本。

《夏小正》四卷，《校录》一卷，《集解》四卷。顾凤藻。士礼居本。王筠

《夏小正正义》卷，鄂宰四种本。

《曾子注释》四卷。阮元。文选楼本，学海堂本。即《大戴礼》之十篇。

《孔子三朝记》七卷，目录一卷。洪颐煊。传经堂本。

以上《礼记》之属。

《白虎通义》四卷。汉班固。抱经堂校本，聚珍本，福本。此书皆言礼制，故入此类。

《礼论钞》三卷。宋庾蔚之。玉函山房辑本。

《三礼义宗》三卷。梁崔灵恩。玉函山房辑本。

《礼笺》三卷。金榜。单行本，学海堂本。原书十卷，未全刻。

《礼学卮言》六卷。孔广森。《㸑轩所著书》本，学海堂本。

《三礼义证》十二卷。武亿。道光癸卯聊城杨氏刻本。

《礼说》四卷。凌曙。学海堂本。本名《礼论》。

《礼说》十六卷。金鹗。沔阳陆氏刻本。

《求古录礼说补遗》一卷。金鹗。潘氏滂喜斋编刻本。

《礼说》一卷。陈乔枞。家刻本。

《郊社禘祫问》一卷。毛奇龄。《西河集》本，《艺海珠尘》本。

《大小宗通绎》一卷。同上。同上。同上。

《宗法小记》一卷。程瑶田。《通艺录》本，学海堂本。

《钓台遗书》四卷。任启运。彭氏刻本。

《五礼通考》二百六十二卷。秦蕙田。原刻本。最有用。宋陈祥道《礼书》，朱子《仪礼经传通解》，江永《礼书纲目》，皆括其中。

《质疑》二卷。杭世骏，读画斋本，学海堂本。

《读礼志疑》六卷。陆陇其。单行本，《正谊堂全书》本，同治戊辰浙江新刻全集本。

《参读礼志疑》二卷。汪绂。单行本。

《三礼图集注》二十卷。宋聂崇义。通志堂本，日本翻刻本，通行翻刻本。是书多讹谬，以古书存目备考。孙星衍、严可均同撰《三礼图》三卷，未刊。

以上《三礼》总义之属。《三礼》家不考礼制、空言礼意者不录。

《乐律全书》四十二卷。明朱载堉。明刻本十种。

《御纂律吕正义》五卷。康熙五十二年。殿本。

《律吕新论》二卷。江永。守山阁本。钱塘《律吕古义》六卷，亦名《律吕考文》，未见传本。

《律吕阐微》十卷。江永。

《竟山乐录》四卷。毛奇龄。《西河集》本。

《乐县考》二卷。江藩。粤雅堂本。

《燕乐考原》六卷。凌廷堪。《凌次仲集》本，粤雅堂本。

《声律通考》十卷。今人。广州刻本，陈氏自著丛书四种刻本。

《琴操》二卷。汉蔡邕。平津馆本，读画斋本。他部无可隶，附此。

《琴谱》六卷。元熊朋来。粤雅堂本，《指海》本。内有唐开元《十二诗谱》。

以上《乐》之属。

《春秋释例》十五卷。晋杜预。岱南阁校本，聚珍，福本，又席氏扫叶山房本，《古经解汇函》本。

《春秋土地名》一卷，《长历》一卷。晋杜预。微波榭校本，扫叶山房本。

《春秋左传贾服注辑述》二十卷。李贻德。同治丙寅馀姚朱氏刻本。马宗梿先有辑本刊行，李书为详，且有发挥。

《春秋左氏古义》六卷。臧寿恭。刻本。钱塘《春秋左传古义》六卷，未刊。

《左传诂》二十卷。洪亮吉。集外续刻本，光绪丁丑授经堂重刊本。

《春秋左传补注》十卷。元赵汸。通志堂本，龚翔麟《玉玲珑阁丛刻》本。

《左传杜解补正》三卷。顾炎武。《亭林遗书》本，学海堂本，借月山房本，《指海》本，《璜川丛书》本。

《左传补注》六卷。惠栋。《贷园丛书》本，守山阁本，金壶本，学海堂本。

《左传补注》三卷。马宗梿。原刻本，学海堂本。

《左传补注》一卷。姚鼐。《惜抱轩集》本。沈钦韩《左传补注》十二卷、《考异》十卷，未见传本。

《左通补释》三十二卷。梁履绳。家刻本，湖北新刻本。原书共六种，统名《左通》，尚有《驳证》《考异》《广传》《古音》《臆说》五种，未刊。

《左传小疏》一卷。沈彤。《果堂集》本，学海堂本。

《左传补疏》五卷。焦循。《焦氏丛书》本，学海堂本。

《左传旧疏考证》八卷。刘文淇。道光十八年刻本。原书十二卷。

《刘炫规杜持平》六卷。邵瑛。原刻本。

《左传事纬》十二卷，《附录》八卷。马骕。自刻本，汉阳朝宗书室活字版本无《附录》。

《补春秋长历》十卷。陈厚耀。刻本。今人乌程汪氏《补春秋长历》，未刊。

《春秋经传朔闰表》二卷。姚文田。在《邃雅堂学古录》内，家刻本。邹伯奇《春秋经传日月考》，乃《学计一得》之一篇，在《邹徵君遗书》内。

《春秋经传朔闰表发覆》四卷。施彦士。附刻范景福《春秋上律表》四篇，求己堂八种本。孔继涵《春秋闰例日食例》，未见传本。

《春秋地名考略》十四卷。徐善代高士奇撰。高文恪四部稿本。

《春秋地理考实》四卷。江永。学海堂本。

《春秋世族谱》一卷。陈厚耀。与李淇《春秋世纪编》合刻本，道光十九年汤刻本。

《春秋名字解诂》二卷。王引之。自刻本，附《经义述闻》后，学海堂本同。

《左传姓名同异考》四卷。高士奇。高文恪四部稿本。

《春秋识小录》九卷：《职官考略》三卷，《地名辨异》三卷，《左传人名辨异》三卷。程廷祚。《绵庄遗书》本，《珠尘》本。林伯桐《春秋左传风俗》二十卷，未刊。

以上《春秋左传》之属。

《春秋繁露》十七卷。汉董仲舒。戴震、卢文弨校。聚珍本，福本，抱经堂本。

《春秋繁露注》十七卷。凌曙注。《古经解汇函》本。

《春秋公羊通义》十一卷，《叙》一卷。孔广森。《顨轩所著书》本，学海堂本。

《春秋正辞》十三卷。庄存与。味经斋本，学海堂本。龚自珍《春秋决事比》，未见传本。

《公羊何氏释例》十卷。刘逢禄。学海堂本。褚寅亮《公羊释例》三十卷，未刊。

《公羊何氏解诂笺》一卷。同上。同上。

《论语述何》二卷。同上。同上。

《公羊礼说》一卷。凌曙。学海堂本。别有《公羊礼疏》十一卷、《公羊问答》二卷，未见传本。

《公羊逸礼考征》一卷。陈奂。潘氏滂喜斋刻本。

《公羊补注》一卷。马宗梿。刻本。

《公羊补注》一卷。姚鼐。《惜抱轩集》本。

《发墨守评》一卷，《箴膏肓评》一卷，《穀梁废疾申何》二卷。刘逢禄。学海堂本。

以上《春秋公羊传》之属。

《春秋经解》十五卷。宋孙觉。聚珍本，福本。

《穀梁经传补注》□卷。今人，自刻本。

《穀梁释例》四卷。许桂林。粤雅堂本题一卷，实四卷。

《穀梁礼证》二卷。侯康。伍元薇刻《岭南遗书》本。马宗梿《穀梁传疏证》，未见传本。

《穀梁补注》一卷。姚鼐。《惜抱轩集》本。

《穀梁大义述》不分卷。柳兴恩。有刻本，未见。邵晋涵《穀梁古注》、洪亮吉《公穀古义》，未刊。

以上《春秋穀梁传》之属。

《箴膏肓》一卷，《起废疾》一卷，《发墨守》一卷。

汉郑玄。问经堂辑本，《珠尘》本，亦在黄奭辑《高密遗书》内。

《春秋古经说》二卷。侯康。《岭南遗书》本。

《春秋大事表》五十卷，《舆图》一卷，《附录》一卷。顾栋高。原刻本，学海堂本太少。

《春秋十论》一卷。洪亮吉。《卷施阁集》续刻本。

《半农春秋说》十五卷。惠士奇。家刻本。

《春秋属辞比事记》四卷。毛奇龄。《西河集》本，学海堂本。

《春秋经传比事》二十二卷。林春溥。《竹柏山房十一种》本。

《春秋三传异文笺》十三卷。赵坦。学海堂本。

《春秋三传异文释》十三卷。李富孙。蒋光煦刻《别下斋丛书》本。钱塘《春秋三传释疑》十卷，未刊。

《春王正月考》一卷。明张以宁。《指海》本，通志堂本。

《春秋日食质疑》一卷。吴守一。《指海》本，借月山房本。

《春秋毛氏传》三十六卷。毛奇龄。《西河集》本。

《春秋属辞辨例编》六十卷。张应昌。苏州局本。

《春秋胡氏传辨疑》二卷。明陆粲。《指海》本。

《春秋胡传考误》一卷。明袁仁。《学津》本。

《春秋集传纂例》十卷。唐陆淳。玉玲珑阁本，钱仪吉刻《经苑》本，《古经解汇函》重刻钱本。

《春秋微旨》三卷。同上。同上，同上，同上，《学津》本。

《春秋集传辨疑》十卷。同上。玉玲珑阁本，《古经解汇函》重刻龚本。

《春秋金锁匙》一卷。元赵汸。微波榭本，《学津》本。

《春秋集传》十五卷。同上。通志堂本。

《春秋说略》十二卷。郝懿行。《郝氏遗书》本。

以上《春秋》总义之属。《春秋》家与《三传》皆不合者不录。陆氏三种，于《三传》皆加攻驳，因唐以前书，举以备考。

《论语郑注》十卷。宋翔凤辑。浮溪精舍本。郑珍辑《论语三十七家注》四卷，未刊。

《论语义疏》十卷。梁皇侃。殿本，知不足斋本，《古经解汇函》重刻鲍本。

《论语正义》二十卷。刘宝楠。江宁刻本。徐养原《论语鲁读考》、包慎言《论语温故录》，未见传本。

《论语稽求篇》七卷。毛奇龄。《西河集》本，学海堂本。

《鲁论说》三卷。程廷祚。《绵庄遗书》本。

《论语竢质》三卷。江声。胡珽编《琳琅秘室丛书》活字本。

《论语骈枝》一卷。刘台拱。《刘氏遗书》本，学海堂本。

《论语后录》五卷。钱坫。钱氏四种本。

《论语补疏》三卷。焦循。《焦氏丛书》本，学海堂本。

《论语偶记》一卷。方观旭。学海堂本。

《论语说义》十卷。宋翔凤。浮溪精舍本。

《乡党图考》十卷。江永。通行本，学海堂本。

《论语类考》二十卷。明陈士元。湖海楼本，《归云别集》本。

《论语后案》二十卷。黄式三。道光甲辰活字版本。

以上《论语》之属。《论语》《孟子》，北宋以前之名，《四书》，南宋以后之名。若统于《四书》，则无从足《十三经》之数，故视注解家之分合别列之。韩愈、李翱《论语笔解》，伪书，不录。

《孟子音义》二卷。宋孙奭。士礼居影宋蜀大字本，抱经堂本，微波榭本，韩岱云本，成都局本，又通志堂本。此真孙奭作，疏乃伪托。

《孟子赵注补正》六卷。宋翔凤。浮溪精舍本。

《孟子刘熙注》一卷。宋翔凤辑。浮溪精舍本。

《孟子正义》三十卷。焦循。《焦氏丛书》本，学海堂本。钱东垣《孟子解谊》十四卷、钱侗《孟子正义》十四卷，未刊。

《孟子四考》四卷。周广业。乾隆乙卯刻本。

《孟子杂记》四卷。明陈士元。湖海楼本。

《孟子生卒年月考》一卷。阎若璩。学海堂本。

《孟子时事略》一卷。任兆麟。《心斋十种》本。

以上《孟子》之属。

《四书释地》一卷，《续》一卷，《又续》二卷，《三续》二卷。阎若璩。通行本，学海堂本。

《四书释地辨证》二卷。宋翔凤。浮溪精舍本，学海堂本。

《四书剩言》四卷，《补》二卷。毛奇龄。《西河集》本。

《四书考异》七十二卷。翟灏。原刻本，《总考》《条考》各半。学海堂本，止《条考》三十六卷。

《四书典故辨正》二十卷。周炳中。刻本。凌曙《四书典故核》六卷、许桂林《四书因论》二卷，未刊。

《四书摭馀说》七卷。曹之升。通行本。

《四书拾遗》五卷。林春溥。《竹柏山房十一种》本。

《大学证文》四卷。毛奇龄。《西河集》本。

《大学古义说》二卷。宋翔凤。浮溪精舍本。

《四书经注集证》十九卷。吴昌宗。通行本。此书括元詹道传《四书纂笺》在内。

以上《四书》之属。

《孝经郑氏解辑》一卷。臧庸辑。知不足斋本。

《孝经郑氏注》一卷。严可均辑。自著《四录堂类集》本。

《孝经义疏补》九卷。阮福。文选楼本，学海堂本一卷。

《孝经精义》一卷，《后录》一卷，《或问》一卷，《馀论》一卷。张叙。乾隆二年刻本。

《孝经外传》一卷。周春。《珠尘》本。

《孝经述注》一卷。丁晏。六艺堂本。周中孚《孝经汇解》，未见传本。

《中文孝经》一卷。周春。《珠尘》本。

《孝经汇纂》三卷。孙念劬。嘉庆四年刻本。

以上《孝经》之属。变改原书篇次者不录。《知不足斋丛书》有《古文孝经孔传》一卷、《今文孝经郑氏注》一卷，皆伪书，不录。

《尔雅汉注》三卷。臧庸辑。《问经堂丛书》本。

《尔雅古义》十二卷。黄奭辑。黄奭刻《汉学堂丛书》本。严可均辑《尔雅一切注音》十卷，未刊。

《尔雅义疏》二十卷。郝懿行。孙郝联薇校刻足本，沔阳陆氏刻本、学海堂本皆未足。郝胜于邵。

《尔雅正义》二十卷。邵晋涵。原刻、重刻通行本，学海堂本。

《尔雅补郭》二卷。翟灏。自刻本。戴蓥《尔雅郭注补正》九卷，未见传本。

《尔雅释义》十卷，《释地以下四篇注》四卷。钱坫。《钱氏四种》本。钱大昭《尔雅释文补》三卷、钱绎《尔雅疏证》十九卷，未刊。

《释宫小记》一卷，《释草小记》一卷，《释虫小记》一卷。程瑶田。《通艺录》内，学海堂本。互见。

《释祀》一卷。董蠡舟。

《释服》一卷。宋翔凤。浮溪精舍本。

《释骨》一卷。沈彤，《果堂集》本。

《释缯》一卷。任大椿。燕禧堂本，学海堂本。

《释舟》一卷。洪亮吉。《卷施阁集》本。

以上《尔雅》之属。讲《尔雅》不通小学者不录。

以上卷一·经部

于时南皮张孝达学使有《书目答问》之作，学者按图索骏，贾人饰椟卖珠。于是纸贵洛阳，声蜚日下，士夫踪迹，半在海王村矣。

清·震钧《天咫偶闻》卷七

老子

审定者：台湾大学　陈鼓应

全书总字数：5055

用字量：788

23

　　《老子》又名《道德经》，是道家学派的经典著作，约成书于战国时期。老子，姓李，名耳，字聃，春秋时期楚国人，曾做过周朝管理图书的史官，及周室衰，西出函谷退隐。道教兴起后，封老子为教主，奉为"太上老君"，唐高宗追封其为"太上玄元皇帝"。

　　今本《老子》全书共五千馀言，故又称《老子五千文》。西汉河上公曾作《老子章句》，将《老子》分为八十一章，称前三十七章为《道经》，后四十四章为《德经》，名之曰《道德经》。《老子》的哲学系统，由宇宙论而人生论，再由人生论而政治论。"道"是最高范畴，也是宇宙万物的本体，含有朴素的辩证法思想，其社会政治观集中体现为"无为而治"。此书语言简约而幽深，多有对偶，以古音读之，大致合韵，今音读来亦有诗歌之节奏韵味。

高频字

不	之	以	其	为	人	而	无	天	有	下

1. 道可道，非常道；名可名，非常名。无名，天地始；有名，万物母。常无，欲观其妙；常有，欲观其徼①。此两者同出而异名，同谓之玄②，玄之又玄，众妙之门。

2. 天下皆知美之为美，斯恶已；皆知善之为善，斯不善已。故有无相生，难易相成，长短相形，高下相倾，音声相和，前后相随。是以圣人处无为之事，行不言之教。万物作而不辞，生而不有，为而不恃，成功不居。夫唯不居，是以不去。

3. 不上贤，使民不争；不贵难得之货，使民不盗；不见可欲，使心不乱。圣人治：虚其心，实其腹，弱其志，强其骨。常使民无知无欲，使知者不敢为，则无不治。

4. 道冲③，而用之久不盈。深乎！万物宗。挫其锐，解其忿，和其光，同其尘。湛常存。吾不知谁子？象帝之先。

《老子像》

元·赵孟頫

---

① 徼（jiào）：精微。

② 玄：神妙，深奥。

③ 道冲：元代吴澄《道德真经注》：冲字本作盅器之虚也，或疑辞，不敢必也。道之体虚，人之用此道者亦当虚而不盈，盈则非道矣。

5. 天地不仁，以万物为刍狗；圣人不仁，以百姓为刍狗。天地之间，其犹橐籥。虚而不屈，动而俞出。多言数穷，不如守中。

6. 谷神不死，是谓玄牝。玄牝门，天地根。绵绵若存，用之不勤。

7. 天长地久。天地所以能长久者，以其不自生，故能长久。是以圣人后其身而身先，外其身而身存。以其无私，故能成其私。

8. 上善若水。水善利万物，又不争。处众人之所恶，故几于道。居善地，心善渊，与善人，言善信，政善治，事善能，动善时。夫唯不争，故无尤。

9. 持而盈之，不若其以。揣而锐之，不可长保。金玉满堂，莫之能守。富贵而骄，自遗其咎。功成、名遂、身退，天之道。

10. 载营魄抱一，能无离？专气致柔，能婴儿？涤除玄览，能无疵？爱人治国，能无为？天门开阖，能为雌？明白四达，能无知？生之畜之，生而不有，为而不恃，长而不宰，是谓玄德。

11. 三十辐共一毂，当其无有，车之用。埏埴以为器，当其无有，器之用。凿户牖以为室，当其无有，室之用。有之以为利，无之以为用。

12. 五色令人目盲；五音令人耳聋；五味令人口爽；驰骋田猎，令人心发狂；难得之货，令人行妨。是以圣人为腹不为目，故去彼取此。

13. 宠辱若惊，贵大患若身。何谓宠辱？宠为上，辱为下。得之若惊，失之若惊，是谓宠辱若惊。何谓贵大患若身？吾所以有大患，为我有身，及我无身，吾有何患！故贵身于天下，若可托天下；爱以身为天下者，若可寄天下。

14. 视之不见，名曰夷；听之不闻，名曰希；博之不得，名曰微。此三者不可致诘，故混而为一。其上不曒，在下不昧。绳绳不可名，复归于无物。是谓无状之状，无物之象，是谓忽恍。迎不见其首，随不见其后。执古之道，以语今之有。以知古始，是谓道已。

15. 古之善为士者，微妙玄通，深不可识。夫唯不可识，故强为之容：豫若冬涉川，犹若畏四邻，俨若客，涣若冰将释，敦若朴，浑若浊，旷若谷。孰能浊以静之？徐清。安以动之？徐生。保此道者，不欲盈。夫唯不盈，能弊复成。

16. 致虚极，守静笃。万物并作，吾以观其复。夫物云云，各归其根。归根曰静，静曰复命，复命曰常，知常曰明。不知常，忘作，凶。知常容，容能公，公能王，王能天，天能道，道能久，没身不殆。

17. 太上，下知有之；其次，亲之豫之；其次，畏之侮之。信不足，有不信！由其贵言。成功事遂，百姓谓我自然。

18. 大道废，有人义。智惠出，有大伪。六亲不和，有孝慈。国家昏乱，有忠臣。

19. 绝圣弃智，民利百倍；绝仁弃义，民复孝慈；绝巧弃利，盗贼无有。此三者，为文不足，故令有所属：见素抱朴，少私寡欲。

20. 绝学无忧。唯之与阿，相去几何？善之与恶，相去何若？人之所畏，不可不畏。忙□其未央！众人熙熙，若享太牢①，若春登台。我魄未兆，若婴儿未孩②。乘乘无所归！众人皆有馀，我独若遗。我愚人之心，纯纯。俗人昭昭，我独若昏。俗人察察，我独闷闷。淡若海，漂无所止。众人皆有已，我独顽似鄙。我独异于人，而贵食母。

21. 孔得之容，唯道是从。道之为物，唯恍唯忽。忽恍中有象，恍忽中有物。窈冥中有精，其精甚真，其中有信。自古及今，其名不去，以阅众甫。吾何以知众甫之状然？以此。

22. 曲则全，枉则正；洼则盈，弊则新；少则得，多则惑。是以圣人抱一为天下式。不自见，故明；不自是，故彰；不自伐，故有功；不自矜，故长。夫唯不争，故天下莫能与之争。古之所谓"曲则全"，岂虚语？故成全而归之。

23. 希言自然。飘风不终朝，骤雨不终日。孰为此？天地。天地上不

---

① 太牢：帝王祭祀，牛、羊、豕三牲全备为太牢。牢：祭祀或宴享时用的牲畜。
② 孩（hái）：同"咳"，小儿笑也。

能久，而况于人？故从事而道者，道德之；同于德者，德德之；同于失者，道失之。信不足，有不信。

24. 企者不久，跨者不行，自见不明，自是不彰，自伐无功，自矜不长。其在道，曰馀食赘行，物或有恶之，故有道不处。

25. 有物混成，先天地生，寂漠！独立不改，周行不殆，可以为天下母。吾不知其名，字之曰道，吾强为之名曰大。大曰逝，逝曰远，远曰返。道大，天大，地大，王大。域中有四大，而王处一。人法地，地法天，天法道，道法自然。

26. 重为轻根，静为躁君。是以君子终日行，不离辎重，虽有荣观，燕处超然。如何万乘之主，以身轻天下？轻则失臣，躁则失君。

27. 善行，无辙迹；善言，无瑕谪；善计，不用筹策；善闭，无关键不可开；善结，无绳约不可解。是以圣人常善救人，而无弃人；常善救物，而无弃物。是谓袭明。善人，不善人之师；不善人，善人之资。不贵其师，不爱其资，虽知大迷，此谓要妙。

28. 知其雄，守其雌，为天下谿。为天下谿，常德不离，复归于婴儿。知其白，守其黑，为天下式。常得不忒，复归于无极。知其荣，守其辱，为天下谷。为天下谷，常得乃足，复归于朴。朴散为器，圣人用为官长。是以大制无割。

29. 将欲取天下而为之，吾见其不得已。天下神器，不可为。为者败之，执者失之。夫故物或行或随，或嘘或吹，或强或羸，或接或隳。是以圣人去甚，去奢，去泰。

30. 以道作人主者，不以兵强天下，其事好还：师之所处，荆棘生。故善者果而已，不以取强。果而勿骄，果而勿矜，果而勿伐，果而不得以，是果而勿强。物牡则老①，谓之非道，非道早已。

31. 夫佳兵者，不祥之器，物或恶之，故有道不处。君子居则贵左，

---

① 物牡则老：一作"物壮则老"。吴澄注：有道者常如婴儿孺子，故能不老。

用兵则贵右。兵者不祥之器，非君子之器，不得已而用之，恬惔而上，故不美，若美之，是乐杀人。夫乐杀者，不可得意于天下。故吉事尚左，凶事尚右。是以偏将军居左，上将军居右。杀人众多，以悲哀泣之；战胜，以哀礼处之。

32. 道常无名，朴虽小，天下不敢臣。王侯若能守，万物将自宾。天地相合，以降甘露，人莫之令而自均。始制有名。名亦既有，天将知止。知止不殆。譬道在天下，犹川谷与江海。

33. 知人者智，自知者明。胜人有力，自胜者强。知足者富，强行有志。不失其所者久，死而不亡者寿。

34. 大道泛，其可左右。万物恃之以生而不辞，成功不名有。爱养万物不为主，可名于大。是以圣人终不为大，故能成其大。

35. 执大象，天下往。往而不害，安平太。乐与饵，过客止。道出言，淡无味，视不足见，听不足闻，用不可既。

36. 将欲翕之，必故张之；将欲弱之，必故强之；将欲废之，必固兴之；将欲夺之，必固与之。是谓微明。柔胜刚，弱胜强。鱼不可脱于渊，国有利器，不可示人。

37. 道常无为而无不为。侯王若能守，万物将自化。化而欲作，吾将镇之以无名之朴。无名之朴，亦将不欲。不欲以静，天下将自正。

38. 上德不德，是以有德；下德不失德，是以无德。上德无为而无以为，下德无为而有以为。上仁为之而无以为，上义为之而有以为。上礼为之而莫之应，则攘臂而仍之。故失道而后德，失德而后仁，失仁而后义，失义而后礼。夫礼者，忠信之薄，而乱之首。前识者，道之华，而愚之始。是以大丈夫处其厚不处其薄，居其实不居其华。故去彼取此。

39. 昔之得一者：天得一以清，地得一以宁，神得一以灵，谷得一以盈，万物得一以生，侯王得一以为天下正。天无以清，将恐裂；地无以宁，将恐发；神无以灵，将恐歇；谷无以盈，将恐竭；万物无以生，将恐灭；侯王无以贵高，将恐蹶。故贵以贱为本，高以下为基。是以侯王自谓孤、寡、不毂，此其以贱为本耶非？故致数车无车。不欲琭琭如玉，落落如石。

40. 反者道之动，弱者道之用。天下万物生于有，有生于无。

41. 上士闻道，勤而行之；中士闻道，若存若亡；下士闻道，大笑之。不笑不足以为道。故《建言》有之：明道若昧，进道若退，夷道若类，上德若谷，大白若辱，广德若不足，建德若偷，质真若渝，大方无隅，大器晚成，大音希声，大象无形。道隐无名。夫唯道，善贷且善。

42. 道生一，一生二，二生三，三生万物。万物负阴而抱阳，冲气以为和。人之所恶，惟孤、寡、不毂，而王公以为称。故物或损之而益，或益之而损。人之所教，我亦教之：强梁者不得其死，吾当以为教父。

43. 天下之至柔，驰骋天下之至坚。无有入于无间。是以知无为有益。不言之教，无为之益，天下希及之。

44. 名与身熟亲？身与货熟多？得与亡熟病？是故甚爱必大费，多藏必厚亡。故知足不辱，知止不殆，可以长久。

45. 大成若缺，其用不弊。大盈若冲，其用不穷。大直若屈，大巧若拙，大辩若讷。躁胜塞，静胜热，清静以为天下正。

46. 天下有道，却走马以粪；天下无道，戎马生于郊。罪莫大于可欲，祸莫大于不知足，咎莫大于欲得。故知足之足，常足。

47. 不出户，知天下；不窥牖，见天道。其出弥远，其知弥近。是以圣人不行而知，不见而名，不为而成。

48. 为学日益，为道日损，损之又损，以至于无为。无为无不为。取天下常以无事，及有其事，不足以取天下。

49. 圣人无心，以百姓心为心。善者吾善之，不善者吾亦善之，得善。信者吾信之，不信者吾亦信之，得信。圣人在天下，怵怵；为天下，浑其心。百姓皆注其耳目，圣人皆孩之。

50. 出生入死。生之徒十有三，死之徒十有三，人之生，动之死地，十有三。夫何故？以其生生之厚。盖闻善摄生者，陆行不遇兕虎，入军不被甲兵。兕无所投其角，虎无所措其爪，兵无所容其刃。夫何故？以其无死地。

51. 道生之，德畜之，物形之，势成之。是以万物莫不尊道而贵德。道之尊，德之贵，夫莫之命而常自然。故道生之，德畜之，长之育之，成之熟之，养之覆之。生而不有，为而不恃，长而不宰。是谓玄德。

52. 天下有始，以为天下母。既知其母，又知其子。既知其子，复守其母。没身不殆。塞其兑①，闭其门，终生不勤。开其兑，济其事，终身不救。见小曰明，守柔曰强。用其光，复归其明，无遗身殃，是谓习常。

53. 使我介然有知，行于大道，唯施是畏。大道甚夷，而人好径。朝甚除，田甚芜，仓甚虚，服文彩，带利剑，厌饮食，财货有馀，是谓盗夸。非道也哉！

54. 善建者不拔，善抱者不脱，子孙祭祀不辍。修之身，其德乃真；修之家，其德有馀；修之乡，其德乃长；修之于国，其德乃丰；修之于天下，其德乃普。故以身观身，以家观家，以乡观乡，以国观国，以天下观天下。吾何以知天下之然？以此。

55. 含德之厚，比于赤子。毒虫不蛰，猛兽不据，攫鸟不搏。骨弱筋柔而握固，未知牝牡之合而全作，精之至。终日号而不嗄②，和之至。知和曰常，知常曰明，益生曰祥，心使气曰强。物壮则老，谓之不道，不道早已。

56. 知者不言，言者不知。塞其兑，闭其门，挫其锐，解其忿，和其光，同其尘，是谓玄同。故不可得而亲，不可得而疏；不可得而利，亦不可得而害；不可得而贵，亦不可得而贱。故为天下贵。

57. 以正治国，以奇用兵，以无事取天下。吾何以知其然？以此。天下多忌讳，而人弥贫；人多利器，国家滋昏；人多伎巧，奇物滋起；法物滋彰，盗贼多有。故圣人云："我无为，人自化；我好静，人自正；我无事，人自富；我无欲，人自朴。"

---

① 兑（duì）：孔穴。徐大椿注：通行之处。
② 嗄（shà）：声音嘶哑。

58. 其政闷闷，其人醇醇；其政察察，其人缺缺。祸，福之所倚；福，祸之所伏。孰知其极？其无正。政复为奇，善复为妖。人之迷，其日固久。是以圣人方而不割，廉而不害，直而不肆，光而不曜。

59. 治人事天，莫若啬①。夫唯啬，是谓早服。早服谓之重积德。重积德则无不克，无不克则莫知其极。莫知其极，可以有国。有国之母，可以长久。是谓深根、固柢、长生、久视之道。

60. 治大国若烹小鲜。以道莅天下，其鬼不神。非其鬼不神，其神不伤人。非其神不伤人，圣人亦不伤人。夫两不相伤，故得交归。

61. 大国者下流，天下之交，天下之牝。牝常以静胜牡，以静为下。故大国以下小国，则取小国；小国以下大国，则取大国。故或下以取，或下如取。大国不过欲兼畜人，小国不过欲入事人。此两者各得其所欲，大者宜为下。

62. 道者，万物之奥。善，人之宝；不善，人之所不保。美言可以市尊，行可以加人。人之不善，何弃之有？故立天子，置三公，虽有拱璧以先驷马，不如坐进此道。古之所以贵此道者何？不曰求以得，有罪以免，故为天下贵。

63. 为无为，事无事，味无味。大小多少，报怨以德。图难于易，为大于细。天下难事，必作于易；天下大事，必作于细。是以圣人终不为大，故能成其大。夫轻诺必寡信，多易必多难，是以圣人犹难之，故终无难。

64. 其安易持，其未兆易谋，其脆易破，其微易散。为之于未有，治之于未乱。合抱之木，生于毫末；九层之台，起于累土；千里之行，始于足下。为者败之，执者失之。是以圣人无为，故无败；无执，故无失。民之从事，常于几成而败之。慎终如始，则无败事。是以圣人欲不欲，不贵难得之货；学不学，复众人之所过。以辅万物之自然而不敢为。

65. 古之善为道者，非以明人，将以愚之。民之难治，以其多智。以

① 啬（sè）：俭啬也。徐大椿注：不尽其用，而留其有馀。

智治国，国之贼；不以智治国，国之福。知此两者，亦楷式。常知楷式，是谓玄德。玄德深远，与物反，然后乃至大顺。

66. 江海所以能为百谷王，以其善下之，故能为百谷王。是以圣人欲上人，必以言下之；欲先人，必以身后之。是以圣人处上而人不重，处前而人不害，是以天下乐推而不厌。以其不争，故天下莫与之争。

67. 天下皆谓我大，不肖。夫唯大，故不肖。若肖，久矣其细！我有三宝，持而宝之：一曰慈，二曰俭，三曰不敢为天下先。夫慈，故能勇；俭，故能广；不敢为天下先，故能成器长。今舍慈且勇，舍俭且广，舍后且先，死矣。夫慈，以战则胜，以守则固。天将救之，以慈卫之。

68. 古之善为士者不武，善战者不怒，善胜敌者不争，善用仁者为下。是谓不争之德，是以用人之力，是谓配天古之极。

69. 用兵有言："吾不敢为主而为客，不敢进寸而退尺。"是谓行无行，攘无臂，仍无敌，执无兵。祸莫大于轻敌，轻敌几丧吾宝。故抗兵相加，则哀者胜。

70. 吾言甚易知，甚易行。天下莫能知，莫能行。言有宗，事有君。夫唯无知，是以不我知。知我者希，则我者贵。是以圣人被褐怀玉。

71. 知不知上，不知知，病。是以圣人不病，以其病病，是以不病。

72. 民不畏威，大威至。无狭其所居，无厌其所生。夫唯不厌，是以不厌。是以圣人自知不自见，自爱不自贵。故去彼取此。

73. 勇于敢则杀，勇于不敢则活，此两者或利或害。天之所恶，孰知其故？天之道，不争而善胜，不言而善应，不召而自来，坦然而善谋。天网恢恢，疏而不漏。

74. 民不畏死，奈何以死惧之？若使民常畏死，而为奇者，吾执得而杀之，熟敢？常有司杀者杀，夫代司杀者，是谓代大匠斫。夫代大匠斫，希有不伤其手。

75. 民之饥，以其上食税之多，是以饥。民之难治，以其上有为，是以难治。人之轻死，以其生生之厚，是以轻死。夫唯无以生为者，是贤于贵生。

76. 人之生也柔弱，其死坚强。万物草木生之柔脆，其死枯槁。故坚强者死之徒，柔弱者生之徒。是以兵强则不胜，木强则共，故坚强处下，柔弱处上。

77. 天之道，其犹张弓！高者抑之，下者举之，有馀者损之，不足者与之。天之道，损有馀而补不足；人道则不然，损不足，奉有馀。孰能有馀以奉天下？其唯有道者。是以圣人为而不恃，功成不处，斯不见贤。

78. 天之柔弱莫过于水，而攻坚，强莫之能先。其无以易之。故弱胜强，柔胜刚，天下莫能知，莫能行。故圣人云："受国之垢，是谓社稷主；受国不祥，是谓天下王。"正言若反。

79. 和大怨，必有馀怨，安可以为善？是以圣人执左契，不责于人。故有德司契①，无德司彻②。天道无亲，常与善人。

80. 小国寡民，使有什佰之器而不用，使人重死而不远徙。虽有舟舆，无所乘之；虽有甲兵，无所陈之。使民复结绳而用之。甘其食，美其服，安其居，乐其俗，邻国相望，鸡狗之声相闻，民至老死，不相往来。

81. 信言不美，美言不信。善者不辩，辩者不善。知者不博，博者不知。圣人不积，既以为人己愈有，既以与人己愈多。天之道，利而不害。圣人之道，为而不争。

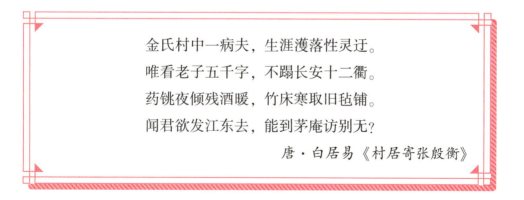

金氏村中一病夫，生涯灒落性灵迂。
唯看老子五千字，不蹋长安十二衢。
药铫夜倾残酒暖，竹床寒取旧毡铺。
闻君欲发江东去，能到茅庵访别无？

唐·白居易《村居寄张殷衡》

---

① 契（qì）：契约。此指上文"执左契"，操契而不取偿。
② 彻：明彻，秋毫必计，不肯稍留馀地。

审定者：台湾辅仁大学 丁原植

全书总字数：65356

用字量：2890

庄子

24

　　《庄子》又称《南华经》，庄周及其后学撰。庄子，名周，曾受号南华仙人，战国时期睢阳蒙县（今河南商丘东北）人。曾做过漆园吏，后厌恶仕途，隐居著述。《庄子》约成书于先秦时期，《汉书·艺文志》著录五十二篇，今本三十三篇。其中内篇七，外篇十五，杂篇十一，全书以内篇为核心，内篇的《齐物论》《逍遥游》和《大宗师》集中反映了庄子的哲学思想。以"寓言""重言""卮言"为主要表现形式，继承和发扬了老子的学说，后世并称"老庄"，指称道家。《庄子》行文汪洋恣肆，瑰丽诡谲，意出尘外，乃先秦诸子文章的典范之作。

高频字

之	而	不	也	以	其	者	曰	为	人	子

△ 逍遥游第一

北冥①有鱼，其名为鲲。鲲之大，不知其几千里也。化而为鸟，其名为鹏。鹏之背，不知其几千里也；怒②而飞，其翼若垂天之云。是鸟也，海运则将徙于南冥。南冥者，天池也。

《齐谐》者，志怪者也。《谐》之言曰："鹏之徙于南冥也，水击三千里，抟③扶摇而上者九万里，去以六月息者也。"野马也，尘埃也，生物之以息相吹也。天之苍苍，其正色邪？其远而无所至极邪？其视下也，亦若是则已矣。

且夫水之积也不厚，则其负大舟也无力。覆杯水于坳堂之上，则芥为之舟；置杯焉则胶，水浅而舟大也。风之积也不厚，则其负大翼也无力。故九万里，则风斯在下矣，而后乃今培风；背负青天而莫之夭阏者，而后乃今将图南。

蜩与学鸠笑之曰："我决起而飞，抢榆枋④，时则不至而控于地而已矣，奚以之九万里而南为？"适莽苍者，三飡而反，腹犹果然；适百里者，宿舂粮；适千里者，三月聚粮。之二虫又何知？

---

① 北冥：即北海。冥：亦作"溟"，犹海也。嵇康云：取其溟漠无涯也。

② 怒：奋发，奋起。

③ 抟（tuán）：旋转，盘旋。

④ 枋（fāng）：木名，质坚，可做车。

小知不及大知，小年不及大年。奚以知其然也？朝菌不知晦朔，蟪蛄不知春秋，此小年也。楚之南有冥灵者，以五百岁为春，五百岁为秋；上古有大椿者，以八千岁为春，八千岁为秋。而彭祖乃今以久特闻，众人匹①之，不亦悲乎！

汤之问棘也是已。穷发之北有冥海者，天池也。有鱼焉，其广数千里，未有知其修者，其名为鲲。有鸟焉，其名为鹏，背若太山，翼若垂天之云，抟扶摇羊角而上者九万里，绝云气，负青天，然后图南，且适南冥也。斥鴳笑之曰："彼且奚适也？我腾跃而上，不过数仞而下，翱翔蓬蒿之间，此亦飞之至也。而彼且奚适也？"此小大之辩也。

故夫知效一官，行比一乡，德合一君，而徵一国者，其自视也亦若此矣。而宋荣子犹然笑之。且举世而誉之而不加劝，举世而非之而不加沮，定乎内外之分，辩乎荣辱之境，斯已矣。彼其于世未数数然也。虽然，犹有未树也。

夫列子御风而行，泠然②善也，旬有五日而后反。彼于致福者，未数数然也。此虽免乎行，犹有所待者也。若夫乘天地之正，而御六气之辩，以游无穷者，彼且恶乎待哉！故曰：至人无己，神人无功，圣人无名。

尧让天下于许由，曰："日月出矣而爝火不息，其于光也，不亦难乎！时雨降矣而犹浸灌，其于泽也，不亦劳乎！夫子立而天下治，而我犹尸之，吾自视缺然。请致天下。"

许由曰："子治天下，天下既已治也。而我犹代子，吾将为名乎？名者，实之宾也。吾将为宾乎？鹪鹩巢于深林，不过一枝；偃鼠饮河，不过满腹。归休乎君，予无所用天下为！庖人虽不治庖，尸祝不越樽俎而代之矣。"

肩吾问于连叔曰："吾闻言于接舆，大而无当，往而不返。吾惊怖其

---

① 匹（pǐ）：比较。
② 泠然：轻妙之貌。

言，犹河汉而无极也；大有迳庭，不近人情焉。"连叔曰："其言谓何哉？"曰："藐姑射之山，有神人居焉，肌肤若冰雪，淖约若处子。不食五谷，吸风饮露，乘云气，御飞龙，而游乎四海之外。其神凝，使物不疵疠而年谷熟。吾以是狂而不信也。"连叔曰："然。瞽者无以与乎文章之观，聋者无以与乎钟鼓之声。岂唯形骸有聋盲哉？夫知亦有之。是其言也，犹时女也。之人也，之德也，将旁礴万物以为一。世蕲乎乱，孰弊弊焉以天下为事！之人也，物莫之伤，大浸稽天而不溺，大旱金石流土山焦而不热。是其尘垢秕糠，将犹陶铸尧舜者也，孰肯以物为事！"

宋人资章甫而适诸越，越人断发文身，无所用之。尧治天下之民，平海内之政，往见四子藐姑射之山，汾水之阳，窅然丧其天下焉。

惠子谓庄子曰："魏王贻我大瓠之种，我树之成而实五石。以盛水浆，其坚不能自举也。剖之以为瓢，则瓠落无所容。非不呺然大也，我为其无用而掊之。"

庄子曰："夫子固拙于用大矣。宋人有善为不龟手之药者，世世以洴澼絖为事。客闻之，请买其方百金。聚族而谋曰：'我世世为洴澼絖，不过数金；今一朝而鬻技百金，请与之。'客得之，以说吴王。越有难，吴王使之将，冬与越人水战，大败越人，裂地而封之。能不龟手，一也；或以封，或不免于洴澼絖①，则所用之异也。今子有五石之瓠，何不虑以为大樽而浮乎江湖，而忧其瓠落无所容？则夫子犹有蓬之心也夫！"

惠子谓庄子曰："吾有大树，人谓之樗。其大本拥肿而不中绳墨，其小枝卷曲而不中规矩。立之途，匠者不顾。今子之言，大而无用，众所同去也。"

庄子曰："子独不见狸狌乎？卑身而伏，以候敖者；东西跳梁，不辟高下；中于机辟，死于罔罟。今夫斄牛，其大若垂天之云。此能为大矣，而不能执鼠。今子有大树，患其无用，何不树之于无何有之乡，广莫之

---

① 洴澼絖（píng pì kuàng）：漂絮之声，引申为漂洗。絖：棉絮。

野，彷徨乎无为其侧，逍遥乎寝卧其下。不夭斤斧，物无害者，无所可用，安所困苦哉！"

△ 齐物论第二

南郭子綦隐机而坐，仰天而嘘，荅焉似丧其耦。颜成子游立侍乎前，曰："何居乎？形固可使如槁木，而心固可使如死灰乎？今之隐机者，非昔之隐机者也。"子綦曰："偃，不亦善乎，而问之也！今者吾丧我，汝知之乎？女闻人籁而未闻地籁，女闻地籁而未闻天籁夫！"

庄子像

子游曰："敢问其方。"子綦曰："夫大块噫气，其名为风。是唯无作，作则万窍怒呺，而独不闻之翏翏乎？山林之畏佳，大木百围之窍穴，似鼻，似口，似耳，似枅，似圈，似臼，似洼者，似污者；激者，謞者，叱者，吸者，叫者，譹者，宎者，咬者，前者唱于而随者唱喁，泠风则小和，飘风则大和，厉风济则众窍为虚。而独不见之调调、之刁刁乎？"

子游曰："地籁则众窍是已，人籁则比竹是已，敢问天籁。"子綦曰："夫吹万不同，而使其自已也，咸其自取，怒者其谁邪？"

大知闲闲，小知间间；大言炎炎，小言詹詹。其寐也魂交，其觉也形开，与接为构，日以心斗：缦者，窖者，密者。小恐惴惴，大恐缦缦。其发若机栝，其司是非之谓也；其留如诅盟，其守胜之谓也；其杀若秋冬，以言其日消也；其溺之所为之，不可使复之也；其厌也如缄，以言其老洫也；近死之心，莫使复阳也。喜怒哀乐，虑叹变慹，姚佚启态；乐出虚，蒸成菌。日夜相代乎前，而莫知其所萌。已乎，已乎！旦暮得此，其所由以生乎！

非彼无我，非我无所取。是亦近矣，而不知其所为使。若有真宰，而特不得其眹。可行己信，而不见其形，有情而无形。百骸、九窍、六藏，赅而存焉，吾谁与为亲？汝皆说之乎？其有私焉？如是皆有为臣妾乎？其臣妾不足以相治乎？其递相为君臣乎？其有真君存焉？如求得其情与不得，无益损乎其真。一受其成形，不忘以待尽。与物相刃相靡，其行尽如驰，而莫之能止，不亦悲乎！终身役役而不见其成功，苶然疲役而不知其所归，可不哀邪！人谓之不死，奚益！其形化，其心与之然，可不谓大哀乎？人之生也，固若是芒乎？其我独芒，而人亦有不芒者乎？夫随其成心而师之，谁独且无师乎？奚必知代而心自取者有之？愚者与有焉。未成乎心而有是非，是今日适越而昔至也。是以无有为有。无有为有，虽有神禹，且不能知，吾独且奈何哉！

夫言非吹也，言者有言，其所言者特未定也。果有言邪？其未尝有言邪？其以为异于鷇音，亦有辩乎，其无辩乎？道恶乎隐而有真伪？言恶乎隐而有是非？道恶乎往而不存？言恶乎存而不可？道隐于小成，言隐于荣华。故有儒墨之是非，以是其所非而非其所是。欲是其所非而非其所是，则莫若以明。

物无非彼，物无非是。自彼则不见，自知则知之。故曰彼出于是，是亦因彼。彼是方生之说也，虽然，方生方死，方死方生；方可方不可，方不可方可；因是因非，因非因是。是以圣人不由，而照之于天，亦因是也。是亦彼也，彼亦是也。彼亦一是非，此亦一是非。果且有彼是乎哉？果且无彼是乎哉？彼是莫得其偶，谓之道枢。枢始得其环中，以应无穷。是亦一无穷，非亦一无穷也。故曰莫若以明。以指喻指之非指，不若以非指喻指之非指也；以马喻马之非马，不若以非马喻马之非马也。天地一指也，万物一马也。

可乎可，不可乎不可。道行之而成，物谓之而然。恶乎然？然于然。恶乎不然？不然于不然。物固有所然，物固有所可。无物不然，无物不可。故为是举莛与楹，厉与西施，恢恑憰怪，道通为一。其分也，成也；

其成也，毁也。凡物无成与毁，复通为一。唯达者知通为一，为是不用而寓诸庸。庸也者，用也；用也者，通也；通也者，得也；适得而几矣。因是已。已而不知其然，谓之道。劳神明为一而不知其同也，谓之朝三。何谓朝三？狙公赋芧，曰："朝三而暮四。"众狙皆怒。曰："然则朝四而暮三。"众狙皆悦。名实未亏而喜怒为用，亦因是也。是以圣人和之以是非而休乎天钧，是之谓两行。

古之人，其知有所至矣。恶乎至？有以为未始有物者，至矣，尽矣，不可以加矣。其次以为有物矣，而未始有封也。其次以为有封焉，而未始有是非也。是非之彰也，道之所以亏也。道之所以亏，爱之所以成。果且有成与亏乎哉？果且无成与亏乎哉？有成与亏，故昭氏之鼓琴也；无成与亏，故昭氏之不鼓琴也。昭文之鼓琴也，师旷之枝策也，惠子之据梧也，三子之知幾乎，皆其盛者也，故载之末年。唯其好之也，以异于彼，其好之也，欲以明之。彼非所明而明之，故以坚白之昧终。而其子又以文之纶终，终身无成。若是而可谓成乎？虽我亦成也。若是而不可谓成乎？物与我无成也。是故滑疑之耀，圣人之所图也。为是不用而寓诸庸，此之谓以明。

今且有言于此，不知其与是类乎？其与是不类乎？类与不类，相与为类，则与彼无以异矣。虽然，请尝言之。有始也者，有未始有始也者，有未始有夫未始有始也者。有有也者，有无也者，有未始有无也者，有未始有夫未始有无也者。俄而有无矣，而未知有无之果孰有孰无也。今我则已有谓矣，而未知吾所谓之其果有谓乎，其果无谓乎？天下莫大于秋豪之末，而大山为小；莫寿于殇子，而彭祖为夭。天地与我并生，而万物与我为一。既已为一矣，且得有言乎？既已谓之一矣，且得无言乎？一与言为二，二与一为三。自此以往，巧历不能得，而况其凡乎！故自无适有以至于三，而况自有适有乎！无适焉，因是已。

夫道未始有封，言未始有常，为是而有畛也。请言其畛：有左，有右，有伦，有义，有分，有辩，有竞，有争，此之谓八德。六合之外，圣人存而不论；六合之内，圣人论而不议。春秋经世先王之志，圣人议而不辩。故分也者，有不分也；辩也者，有不辩也。曰：何也？圣人怀之，众人辩之以相示也。故曰辩也者，有不见也。夫大道不称，大辩不言，大仁不仁，大廉不嗛，大勇不忮。道昭而不道，言辩而不及，仁常而不成，廉清而不信，勇忮而不成。五者园而几向方矣。故知止其所不知，至矣。孰知不言之辩，不道之道？若有能知，此之谓天府。注焉而不满，酌焉而不竭，而不知其所由来，此之谓葆光。

故昔者尧问于舜曰："我欲伐宗、脍、胥敖，南面而不释然。其故何也？"

舜曰："夫三子者，犹存乎蓬艾之间。若不释然，何哉？昔者十日并出，万物皆照，而况德之进乎日者乎！"

齧缺问乎王倪曰："子知物之所同是乎？"曰："吾恶乎知之？""子知子之所不知邪？"曰："吾恶乎知之！""然则物无知邪？"曰："吾恶乎知之！虽然，尝试言之。庸讵知吾所谓知之非不知邪？庸讵知吾所谓不知之非知邪？且吾尝试问乎女：民湿寝则腰疾偏死，鳅然乎哉？木处则惴慄恂惧，猨猴然乎哉？三者孰知正处？民食刍豢，麋鹿食荐，蝍蛆甘带，鸱鸦耆鼠，四者孰知正味？猨猵狙以为雌，麋与鹿交，鳅与鱼游。毛嫱丽姬，人之所美也，鱼见之深入，鸟见之高飞，麋鹿见之决骤。四者孰知天下之正色哉？自我观之，仁义之端，是非之途，樊然殽乱，吾恶能知其辩！"

齧缺曰："子不知利害，则至人固不知利害乎？"

王倪曰："至人神矣！大泽焚而不能热，河汉冱而不能寒，疾雷破山、飘风振海而不能惊。若然者，乘云气，骑日月，而游乎四海之外。死生无变于己，而况利害之端乎！"

瞿鹊子问乎长梧子曰："吾闻诸夫子，圣人不从事于务，不就利，不违害，不喜求，不缘道；无谓有谓，有谓无谓，而游乎尘垢之外。夫子以为孟浪之言，而我以为妙道之行也。吾子以为奚若？"

长梧子曰："是黄帝之所听荧也，而丘也何足以知之？且女亦大早计，见卵而求时夜，见弹而求鸮炙。予尝为女妄言之，女以妄听之。奚旁日月，挟宇宙，为其吻合，置其滑涽，以隶相尊。众人役役，圣人愚芚，参万岁而一成纯。万物尽然，而以是相蕴。

予恶乎知说生之非惑邪？予恶乎知恶死之非弱丧而不知归者邪！丽之姬，艾封人之子也。晋国之始得之也，涕泣沾襟；及其至于王所，与王同筐床，食刍豢，而后悔其泣也。予恶乎知夫死者不悔其始之蕲生乎！梦饮酒者，旦而哭泣；梦哭泣者，旦而田猎。方其梦也，不知其梦也。梦之中又占其梦焉，觉而后知其梦也。且有大觉而后知此其大梦也，而愚者自以为觉，窃窃然知之。君乎，牧乎，固哉！丘也与女，皆梦也；予谓女梦，亦梦也。是其言也，其名为吊诡。万世之后而一遇大圣，知其解者，是旦暮遇之也。

既使我与若辩矣，若胜我，我不若胜，若果是也，我果非也邪？我胜若，若不吾胜，我果是也，而果非也邪？其或是也，其或非也邪？其俱是也，其俱非也邪？我与若不能相知也，则人固受其黮暗。吾谁使正之？使同乎若者正之？既与若同矣，恶能正之！使同乎我者正之？既同乎我矣，恶能正之！使异乎我与若者正之？既异乎我与若矣，恶能正之！使同乎我与若者正之？既同乎我与若矣，恶能正之！然则我与若与人俱不能相知也，而待彼也邪？

何谓和之以天倪？曰：是不是，然不然。是若果是也，则是之异乎不是也亦无辩；然若果然也，则然之异乎不然也亦无辩。化声之相待，若其不相待。和之以天倪，因之以曼衍，所以穷年也。忘年忘义，振于无竟，故寓诸无竟。"

罔两问景曰："曩子行，今子止；曩子坐，今子起；何其无特操与？"

景曰："吾有待而然者邪？吾所待又有待而然者邪？吾待蛇蚹蜩翼邪？恶识所以然！恶识所以不然！"

昔者庄周梦为胡蝶，栩栩然胡蝶也，自喻适志与！不知周也。俄然觉，则蘧蘧然周也。不知周之梦为胡蝶与，胡蝶之梦为周与？周与胡蝶，则必有分矣。此之谓物化。

⚠ 养生主第三

吾生也有涯，而知也无涯。以有涯随无涯，殆已；已而为知者，殆而已矣。为善无近名，为恶无近刑。缘督以为经，可以保身，可以全生，可以养亲，可以尽年。

庖丁为文惠君解牛，手之所触，肩之所倚，足之所履，膝之所踦，砉然响然，奏刀騞然，莫不中音。合于《桑林》之舞，乃中《经首》之会。

文惠君曰："嘻，善哉！技盖至此乎？"庖丁释刀对曰："臣之所好者道也，进乎技矣。始臣之解牛之时，所见无非全牛者。三年之后，未尝见全牛也。方今之时，臣以神遇而不以目视，官知止而神欲行。依乎天理，批大郤，导大窾，因其固然。技经肯綮之未尝，而况大軱乎！良庖岁更刀，割也；族庖月更刀，折也。今臣之刀十九年矣，所解数千牛矣，而刀刃若新发于硎。彼节者有间，而刀刃者无厚；以无厚入有间，恢恢乎其于游刃必有馀地矣，是以十九年而刀刃若新发于硎。虽然，每至于族，吾见其难为，怵然为戒，视为止，行为迟，动刀甚微，謋然已解，如土委地。提刀而立，为之四顾，为之踌躇满志，善刀而藏之。"文惠君曰："善哉！吾闻庖丁之言，得养生焉。"

公文轩见右师而惊曰："是何人也，恶乎介也？天与，其人与？"曰："天也，非人也。天之生是使独也，人之貌有与也。以是知其天也，非人也。"

泽雉十步一啄，百步一饮，不蕲畜乎樊中。神虽王，不善也。

老聃死，秦失吊之，三号而出。弟子曰："非夫子之友邪？"曰："然。""然则吊焉若此，可乎？"曰："然。始也吾以为其人也，而今非也。向吾入而吊焉，有老者哭之，如哭其子；少者哭之，如哭其母。彼其所以会之，必有不蕲言而言，不蕲哭而哭者。是遁天倍情，忘其所受，古者谓之遁天之刑。适来，夫子时也；适去，夫子顺也。安时而处顺，哀乐不能入也，古者谓是帝之县解。"

指穷于为薪，火传也，不知其尽也。

——以上《内篇》

⚠ 天运第十四

"天其运乎？地其处乎？日月其争于所乎？孰主张是？孰维纲是？孰居无事推而行是？意者其有机缄而不得已邪？意者其运转而不能自止邪？云者为雨乎？雨者为云乎？孰隆施是？孰居无事淫乐而劝是？风起北方，一西一东，有上彷徨，孰嘘吸是？孰居无事而披拂是？敢问何故？"

巫咸祒曰："来！吾语女。天有六极五常，帝王顺之则治，逆之则凶。九洛之事，治成德备，监照下土，天下戴之，此谓上皇。"

商大宰荡问仁于庄子。庄子曰："虎狼，仁也。"

曰："何谓也？"

庄子曰："父子相亲，何为不仁？"

曰："请问至仁。"

庄子曰："至仁无亲。"

大宰曰："荡闻之，无亲则不爱，不爱则不孝。谓至仁不孝，可乎？"庄子曰："不然。夫至仁尚矣，孝固不足以言之。此非过孝之言也，不及孝之言也。夫南行者至于郢，北面而不见冥山，是何也？则去之远也。故曰：以敬孝易，以爱孝难；以爱孝易，以忘亲难；忘亲易，使亲忘我难；使亲忘我易，兼忘天下难；兼忘天下易，使天下兼忘我难。夫德遗尧舜而不为也，利泽施于万世，天下莫知也，岂直太息而言仁孝乎哉！夫孝悌仁义，忠信贞廉，此皆自勉以役其德者也，不足多也。故曰，至贵，国爵并焉；至富，国财并焉；至愿，名誉并焉。是以道不渝。"

北门成问于黄帝曰："帝张《咸池》之乐于洞庭之野，吾始闻之惧，复闻之怠，卒闻之而惑，荡荡默默，乃不自得。"

帝曰："汝殆其然哉！吾奏之以人，徵之以天，行之以礼义，建之以大清。夫至乐者，先应之以人事，顺之以天理，行之以五德，应之以自然，然后调理四时，太和万物。四时迭起，万物循生；一盛一衰，文武伦经；一清一浊，阴阳调和，流光其声；蛰虫始作，吾惊之以雷霆；其卒无尾，其始无首；一死一生，一偾①一起；所常无穷，而一不可待。汝故惧也。

吾又奏之以阴阳之和，烛之以日月之明；其声能短能长，能柔能刚；变化齐一，不主故常；在谷满谷，在阬满阬；涂郤守神，以物为量。其声挥绰，其名高明。是故鬼神守其幽，日月星辰行其纪。吾止之于有穷，流之于无止。子欲虑之而不能知也，望之而不能见也，逐之而不能及也；傥然立于四虚之道，倚于槁梧而吟。目知穷乎所欲见，力屈乎所欲逐，吾既不及已夫！形充空虚，乃至委蛇。汝委蛇，故怠。

吾又奏之以无怠之声，调之以自然之命，故若混逐丛生，林乐而无形；布挥而不曳，幽昏而无声。动于无方，居于窈冥；或谓之死，或谓之生；或谓之实，或谓之荣；行流散徙，不主常声。世疑之，稽于圣人。圣也者，达于情而遂于命也。天机不张而五官皆备，此之谓天乐，无言而心说。故有焱氏为之颂曰：'听之不闻其声，视之不见其形，充满天地，包裹六极。'汝欲听之而无接焉，而故惑也。

乐也者，始于惧，惧故祟；吾又次之以怠，怠故遁；卒之于惑，惑故愚；愚故道，道可载而与之俱也。"

孔子西游于卫，颜渊问师金曰："以夫子之行为奚如？"

师金曰："惜乎，而夫子其穷哉！"

颜渊曰："何也？"

---

① 偾（fèn）：仆倒。

师金曰："夫刍狗①之未陈也，盛以箧衍，巾以文绣，尸祝齐戒以将之。及其已陈也，行者践其首脊，苏者取而爨之而已；将复取而盛以箧衍，巾以文绣，游居寝卧其下，彼不得梦，必且数眯焉。今而夫子，亦取先王已陈刍狗，聚弟子游居寝卧其下。故伐树于宋，削迹于卫，穷于商周，是非其梦邪？围于陈蔡之间，七日不火食，死生相与邻，是非其眯邪？

夫水行莫如用舟，而陆行莫如用车。以舟之可行于水也而求推之于陆，则没世不行寻常。古今非水陆与？周鲁非舟车与？今蕲行周于鲁，是犹推舟行于陆也，劳而无功，身必有殃。彼未知夫无方之传，应物而不穷者也。

且子独不见夫桔槔者乎？引之则俯，舍之则仰。彼，人之所引，非引人也，故俯仰而不得罪于人。故夫三皇五帝之礼义法度，不矜于同而矜于治。故譬三皇五帝之礼义法度，其犹柤梨橘柚邪！其味相反而皆可于口。

故礼义法度者，应时而变者也。今取猨狙而衣以周公之服，彼必龁啮挽裂，尽去而后慊。观古今之异，犹猨狙之异乎周公也。故西施病心而矉其里，其里之丑人见之而美之，归亦捧心而矉其里。其里之富人见之，坚闭门而不出，贫人见之，挈妻子而去走。彼知矉②美而不知矉之所以美。惜乎，而夫子其穷哉！"

孔子行年五十有一而不闻道，乃南之沛见老聃。

老聃曰："子来乎？吾闻子，北方之贤者也，子亦得道乎？"

孔子曰："未得也。"

老子曰："子恶乎求之哉？"

曰："吾求之于度数，五年而未得也。"

老子曰："子又恶乎求之哉？"

---

① 刍狗：结刍为狗，巫祝用之。刍：草也。
② 矉（pín）：通"颦"，皱眉。

曰："吾求之于阴阳，十有二年而未得。"

老子曰："然，使道而可献，则人莫不献之于其君；使道而可进，则人莫不进之于其亲；使道而可以告人，则人莫不告其兄弟；使道而可以与人，则人莫不与其子孙。然而不可者，无佗也，中无主而不止，外无正而不行。由中出者，不受于外，圣人不出；由外入者，无主于中，圣人不隐。名，公器也，不可多取。仁义，先王之蘧庐也，止可以一宿而不可久处，觏而多责。古之至人，假道于仁，托宿于义，以游逍遥之虚，食于苟简之田，立于不贷之圃。逍遥，无为也；苟简，易养也；不贷，无出也。古者谓是采真之游。以富为是者，不能让禄；以显为是者，不能让名；亲权者，不能与人柄。操之则慄，舍之则悲，而一无所鉴，以窥其所不休者，是天之戮民也。怨恩、取与、谏教、生杀，八者，正之器也，唯循大变无所湮者为能用之。故曰，正者，正也。其心以为不然者，天门弗开矣。"

孔子见老聃而语仁义。老聃曰："夫播糠眯目，则天地四方易位矣；蚊虻噆肤，则通昔不寐矣。夫仁义憯然乃愤吾心，乱莫大焉。吾子使天下无失其朴，吾子亦放风而动，总德而立矣，又奚杰杰然若负建鼓而求亡子者邪！夫鹄不日浴而白，乌不日黔而黑。黑白之朴，不足以为辩；名誉之观，不足以为广。泉涸，鱼相与处于陆，相呴①以湿，相濡以沫，不若相忘于江湖！"

孔子见老聃归，三日不谈。弟子问曰："夫子见老聃，亦将何规哉？"

孔子曰："吾乃今于是乎见龙。龙，合而成体，散而成章，乘云气而养乎阴阳。予口张而不能嗋，予又何规老聃哉！"

子贡曰："然则人固有尸居而龙见，雷声而渊默，发动如天地者乎？赐亦可得而观乎？"遂以孔子声见老聃。

老聃方将倨堂而应，微曰："予年运而往矣，子将何以戒我乎？"

---

① 呴（xǔ）：呵气。

子贡曰："夫三王五帝之治天下不同，其系声名一也。而先生独以为非圣人，如何哉？"

老聃曰："小子少进！子何以谓不同？"

对曰："尧授舜，舜授禹，禹用力而汤用兵，文王顺纣而不敢逆，武王逆纣而不肯顺，故曰不同。"

老聃曰："小子少进！余语汝三皇五帝之治天下。黄帝之治天下，使民心一，民有其亲死不哭而民不非也。尧之治天下，使民心亲，民有为其亲杀其杀而民不非也。舜之治天下，使民心竞，民孕妇十月生子，子生五月而能言，不至乎孩而始谁，则人始有夭矣。禹之治天下，使民心变，人有心而兵有顺，杀盗非杀，人自为种而天下耳，是以天下大骇，儒墨皆起。其作始有伦，而今乎妇女，何言哉！余语汝，三皇五帝之治天下，名曰治之，而乱莫甚焉。三皇之知，上悖日月之明，下睽山川之精，中堕四时之施。其知憯于蛎虿之尾，鲜规之兽，莫得安其性命之情者，而犹自以为圣人，不可耻乎，其无耻也？"

子贡蹴蹴然立不安。

孔子谓老聃曰："丘治《诗》《书》《礼》《乐》《易》《春秋》六经，自以为久矣，孰知其故矣；以奸者七十二君，论先王之道而明周、召之迹，一君无所钩用。甚矣夫！人之难说也，道之难明邪？"

老子曰："幸矣子之不遇治世之君也！夫六经，先王之陈迹也，岂其所以迹哉！今子之所言，犹迹也。夫迹，履之所出，而迹岂履哉！夫白鶂之相视，眸子不运而风化；虫，雄鸣于上风，雌应于下风而风化；类自为雌雄，故风化。性不可易，命不可变，时不可止，道不可壅。苟得于道，无自而不可；失焉者，无自而可。"

孔子不出三月，复见曰："丘得之矣。乌鹊孺，鱼傅沫，细腰者化，有弟而兄啼。久矣夫丘不与化为人！不与化为人，安能化人！"

老子曰："可。丘得之矣！"

秋水时至，百川灌河。泾流之大，两涘渚崖之间，不辨牛马。于是焉河伯欣然自喜，以天下之美为尽在己。顺流而东行，至于北海，东面而视，不见水端，于是焉河伯始旋其面目，望洋向若而叹曰："野语有之曰，'闻道百以为莫己若者'，我之谓也。且夫我尝闻少仲尼之闻而轻伯夷之义者，始吾弗信；今我睹子之难穷也，吾非至于子之门则殆矣，吾长见笑于大方之家。"

北海若曰："井蛙不可以语于海者，拘于虚也；夏虫不可以语于冰者，笃于时也；曲士不可以语于道者，束于教也。今尔出于崖涘①，观于大海，乃知尔丑，尔将可与语大理矣。天下之水，莫大于海，万川归之，不知何时止而不盈；尾闾②泄之，不知何时已而不虚；春秋不变，水旱不知。此其过江河之流，不可为量数。而吾未尝以此自多者，自以比形于天地而受气于阴阳，吾在于天地之间，犹小石小木之在大山也，方存乎见少，又奚以自多！计四海之在天地之间也，不似礨空之在大泽乎？计中国之在海内，不似稊米之在大仓乎？号物之数谓之万，人处一焉；人卒九州，谷食之所生，舟车之所通，人处一焉；此其比万物也，不似豪末之在于马体乎？五帝之所连，三王之所争，仁人之所忧，任士之所劳，尽此矣。伯夷辞之以为名，仲尼语之以为博，此其自多也，不似尔向之自多于水乎？"

河伯曰："然则吾大天地而小毫末，可乎？"

北海若曰："否。夫物，量无穷，时无止，分无常，终始无故。是故大知观于远近，故小而不寡，大而不多，知量无穷；证曏今故，故遥而不

---

① 崖涘（yá sì）：岸，水边。
② 尾闾（wěi lú）：泄海水之所也。

闷，掇而不跂，知时无止；察乎盈虚，故得而不喜，失而不忧，知分之无常也；明乎坦途，故生而不说，死而不祸，知终始之不可故也。计人之所知，不若其所不知；其生之时，不若未生之时；以其至小求穷其至大之域，是故迷乱而不能自得也。由此观之，又何以知毫末之足以定至细之倪！又何以知天地之足以穷至大之域！"

河伯曰："世之议者皆曰：'至精无形，至大不可围。'是信情乎？"

北海若曰："夫自细视大者不尽，自大视细者不明。夫精，小之微也；垺，大之殷也；故异便。此势之有也。夫精粗者，期于有形者也；无形者，数之所不能分也；不可围者，数之所不能穷也。可以言论者，物之粗也；可以意致者，物之精也；言之所不能论，意之所不能察致者，不期精粗焉。

是故大人之行，不出乎害人，不多仁恩；动不为利，不贱门隶；货财弗争，不多辞让；事焉不借人，不多食乎力，不贱贪污；行殊乎俗，不多辟异；为在从众，不贱佞谄；世之爵禄不足以为劝，戮耻不足以为辱；知是非之不可为分，细大之不可为倪。闻曰：'道人不闻，至德不得，大人无己。'约分之至也。"

河伯曰："若物之外，若物之内，恶至而倪①贵贱？恶至而倪小大？"

北海若曰："以道观之，物无贵贱；以物观之，自贵而相贱；以俗观之，贵贱不在己。以差观之，因其所大而大之，则万物莫不大；因其所小而小之，则万物莫不小；知天地之为稊米也，知豪末之为丘山也，则差数睹矣。以功观之，因其所有而有之，则万物莫不有；因其所无而无之，则万物莫不无；知东西之相反而不可以相无，则功分定矣。以趣观之，因其所然而然之，则万物莫不然；因其所非而非之，则万物莫不非；知尧、桀之自然而相非，则趣操睹矣。

昔者，尧、舜让而帝，之、哙让而绝；汤、武争而王，白公争而灭。

---

① 倪（ní）：区分。

由此观之，争让之礼，尧、桀之行，贵贱有时，未可以为常也。梁丽可以冲城，而不可以窒穴，言殊器也；骐骥骅骝，一日而驰千里，捕鼠不如狸狌，言殊技也；鸱鸺夜撮蚤，察毫末，昼出瞋目而不见丘山，言殊性也。故曰，盖师是而无非，师治而无乱乎？是未明天地之理，万物之情者也。是犹师天而无地，师阴而无阳，其不可行明矣。然且语而不舍，非愚则诬也。帝王殊禅，三代殊继。差其时，逆其俗者，谓之篡夫；当其时，顺其俗者，谓义之徒。默默乎河伯！女恶知贵贱之门，小大之家！"

河伯曰："然则我何为乎，何不为乎？吾辞受趣舍，吾终奈何？"

北海若曰："以道观之，何贵何贱，是谓反衍；无拘而志，与道大蹇。何少何多，是谓谢施；无一而行，与道参差。严乎若国之有君，其无私德；繇繇乎①若祭之有社，其无私福；泛泛乎其若四方之无穷，其无所畛域。兼怀万物，其孰承翼？是谓无方。万物一齐，孰短孰长？道无终始，物有死生，不恃其成；一虚一满，不位乎其形。年不可举，时不可止；消息盈虚，终则有始。是所以语大义之方，论万物之理也。物之生也，若骤若驰，无动而不变，无时而不移。何为乎，何不为乎？夫固将自化。"

河伯曰："然则何贵于道邪？"

北海若曰："知道者必达于理，达于理者必明于权，明于权者不以物害己。至德者，火弗能热，水弗能溺，寒暑弗能害，禽兽弗能贼。非谓其薄之也，言察乎安危，宁于祸福，谨于去就，莫之能害也。故曰，天在内，人在外，德在乎天。知天人之行，本乎天，位乎得②；蹢躅而屈伸，反要而语极。"

曰："何谓天？何谓人？"

北海若曰："牛马四足，是谓天；落马首，穿牛鼻，是谓人。故曰，无以人灭天，无以故灭命，无以得殉名。谨守而勿失，是谓反其真。"

---

① 繇（yóu）繇乎：悠长之貌。
② 得：四库全书本《庄子注》卷六作"德"。

夔怜蚿，蚿怜蛇，蛇怜风，风怜目，目怜心。

夔谓蚿曰："吾以一足趻踔而行，予无如矣。今子之使万足，独奈何？"

蚿曰："不然。子不见夫唾者乎？喷则大者如珠，小者如雾，杂而下者不可胜数也。今予动吾天机，而不知其所以然。"

蚿谓蛇曰："吾以众足行，而不及子之无足，何也？"

蛇曰："夫天机之所动，何可易邪？吾安用足哉！"

蛇谓风曰："予动吾脊胁而行，则有似也。今子蓬蓬然起于北海，蓬蓬然入于南海，而似无有，何也？"

风曰："然。予蓬蓬然起于北海而入于南海也，然而指我则胜我，鰌①我亦胜我。虽然，夫折大木，蜚②大屋者，唯我能也，故以众小不胜为大胜也。为大胜者，唯圣人能之。"

孔子游于匡，宋人围之数匝，而弦歌不辍。子路入见，曰："何夫子之娱也？"

孔子曰："来！吾语女。我讳穷久矣，而不免，命也；求通久矣，而不得，时也。当尧舜之时而天下无穷人，非知得也；当桀纣之时而天下无通人，非知失也；时势适然。夫水行不避蛟龙者，渔父之勇也；陆行不避兕虎者，猎夫之勇也；白刃交于前，视死若生者，烈士之勇也；知穷之有命，知通之有时，临大难而不惧者，圣人之勇也。由处矣，吾命有所制矣。"无几何，将甲者进，辞曰："以为阳虎也，故围之。今非也，请辞而退。"

公孙龙问于魏牟曰："龙少学先生③之道，长而明仁义之行；合同异，离坚白；然不然，可不可；困百家之知，穷众口之辩；吾自以为至达已。今吾闻庄子之言，汒焉异之。不知论之不及与，知之弗若与？今吾无所开

---

① 鰌（qiū）：亦作"蹴"，蹴踏。

② 蜚（fēi）：通"飞"。这里是吹飞。

③ 生：四库全书本《皇王大纪》卷七十四作"王"。

吾嗛，敢问其方。”

公子牟隐机大息，仰天而笑曰：“子独不闻夫埳井之蛙乎？谓东海之鳖曰：‘吾乐与！出跳梁乎井干之上，入休乎缺甃之崖；赴水则接腋①持颐，蹶泥则没足灭跗；还虷蟹与科斗，莫吾能若也。且夫擅一壑之水，而跨跱埳井之乐，此亦至矣，夫子奚不时来入观乎！’东海之鳖左足未入，而右膝已絷矣。于是逡巡而却，告之海曰：‘夫千里之远，不足以举其大；千仞之高，不足以极其深。禹之时十年九潦，而水弗为加益；汤之时八年七旱，而崖不为加损。夫不为顷久推移，不以多少进退者，此亦东海之大乐也。’于是埳井之蛙闻之，适适然惊，规规然自失也。

且夫知不知是非之竟，而犹欲观于庄子之言，是犹使蚊负山，商蚷驰河也，必不胜任矣。且夫知不知论极妙之言而自适一时之利者，是非埳井之蛙与？且彼方跐黄泉而登大皇，无南无北，奭然四解，沦于不测；无东无西，始于玄冥，反于大通。子乃规规然而求之以察，索之以辩，是直用管窥天，用锥指地也，不亦小乎！子往矣！且子独不闻夫寿陵馀子之学行于邯郸与？未得国能，又失其故行矣，直匍匐而归耳。今子不去，将忘子之故，失子之业。”

公孙龙口呿②而不合，舌举而不下，乃逸而走。

庄子钓于濮水，楚王使大夫二人往先焉，曰：“愿以境内累矣！”

庄子持竿不顾，曰：“吾闻楚有神龟，死已三千岁矣，王巾笥而藏之庙堂之上。此龟者，宁其死为留骨而贵乎？宁其生而曳尾于途中乎？”

二大夫曰：“宁生而曳尾途中。”

庄子曰：“往矣！吾将曳尾于途中。”

惠子相梁，庄子往见之。或谓惠子曰：“庄子来，欲代子相。”于是惠子恐，搜于国中三日三夜。

---

① 腋：一作“掖”，亦作“液”。
② 呿（qù）：张口貌。

庄子往见之，曰："南方有鸟，其名曰鹓雏，子知之乎？夫鹓雏，发于南海而飞于北海，非梧桐不止，非练实不食，非醴泉不饮。于是鸱得腐鼠，鹓雏过之，仰而视之曰：'吓！'今子欲以子之梁国而吓我邪？"

庄子与惠子游于濠梁之上。庄子曰："儵鱼出游从容，是鱼之乐也。"

惠子曰："子非鱼，安知鱼之乐？"

庄子曰："子非我，安知我不知鱼之乐？"

惠子曰："我非子，固不知子矣；子固非鱼也，子之不知鱼之乐，全矣。"

庄子曰："请循其本。子曰'汝安知鱼乐'云者，既已知吾知之而问我，我知之濠上也。"

——以上《外篇》

去国辞家谪异方，中心自怪少忧伤。
为寻庄子知归处，认得无何是本乡。

唐·白居易《读庄子》

公孙龙子

25

审定者：清华大学　陈　来

全书总字数：3186

用字量：339

　　《公孙龙子》又名《守白论》，三卷，公孙龙撰。《汉书·艺文志》著录十四篇，列为名家，现存六篇。公孙龙，字子秉，战国时期赵国人，他的哲学理论以"白马非马"论著称，常常与孔子后人孔穿及邹衍等人辩论。

　　《公孙龙子》首篇《迹府》是后人编辑的有关公孙龙的简介，其馀五篇是公孙龙的作品 。其中《白马论》所提出的"白马非马"的命题，以及《坚白论》所提出的"离坚白"的命题，是公孙龙名辩思想的中心。该书针对社会上名不副实的现象，在中国逻辑史上第一个提出了"唯乎其彼此"的正名理论，强调"名"必须具有确定性，着重探讨了概念的内涵和外延，以及事物的共性和个性的关系，构成了一个完整的学说体系。

高频字

| 也 | 马 | 不 | 之 | 白 | 非 | 而 | 曰 | 以 | 有 | 者 | 可 |

迹府第一

公孙龙，六国时辩士也。疾名实之散乱，因资材之所长，为"守白"之论。假物取譬，以"守白"辩，谓白马为非马也。白马为非马者，言白所以名色，言马所以名形也；色非形，形非色也。夫言色则形不当与，言形则色不宜从，今合以为物，非也。如求白马于厩中，无有，而有骊①色之马，然不可以应有白马也。不可以应有白马，则所求之马亡矣；亡则白马竟非马。欲推是辩，以正名实而化天下焉。

龙与孔穿会赵平原君家。穿曰："素闻先生高谊，愿为弟子久，但不取先生以白马为非马耳！请去此术，则穿请为弟子。"

龙曰："先生之言悖。龙之所以为名者，乃以白马之论尔！今使龙去之，则无以教焉。且欲师之者，以智与学不如也。今使龙去之，此先教而后师之也；先教而后师之者，悖。

且白马非马，乃仲尼之所取。龙闻楚王张繁弱之弓，载忘归之矢，以射蛟兕于云梦之圃，而丧其弓。左右请求之。王曰：'止。楚王遗弓，楚人得之，又何求乎?'仲尼闻之曰：'楚王仁义而未遂也。亦曰人亡弓，人得之而已，何必楚?'若此，仲尼异'楚人'与所谓'人'。夫是仲尼异'楚人'与所谓'人'，而非龙异'白马'于所谓'马'，悖。

---

① 骊：深黑色的马。

先生修儒术而非仲尼之所取，欲学而使龙去所教，则虽百龙，固不能当前矣。"孔穿无以应焉。

公孙龙，赵平原君之客也；孔穿，孔子之叶也。穿与龙会。穿谓龙曰："臣居鲁，侧闻下风，高先生之智，说先生之行，愿受业之日久矣，乃今得见。然所不取先生者，独不取先生之以白马为非马耳。请去白马非马之学，穿请为弟子。"

公孙龙曰："先生之言悖。龙之学，以白马为非马者也。使龙去之，则龙无以教；无以教而乃学于龙也者，悖。且夫欲学于龙者，以智与学焉为不逮也。今教龙去白马非马，是先教而后师之也；先教而后师之，不可。

先生之所以教龙者，似齐王之谓尹文也。齐王之谓尹文曰：'寡人甚好士，以齐国无士，何也？'尹文曰：'愿闻大王之所谓士者。'齐王无以应。尹文曰：'今有人于此，事君则忠，事亲则孝，交友则信，处乡则顺，有此四行，可谓士乎？'齐王曰：'善！此真吾所谓士也。'尹文曰：'王得此人，肯以为臣乎？'王曰：'所愿而不可得也。'

是时齐王好勇。于是尹文曰：'使此人广庭大众之中，见侵侮而终不敢斗，王将以为臣乎？'王曰：'钜士也？见侮而不斗，辱也！辱则寡人不以为臣矣。'尹文曰：'唯见侮而不斗，未失其四行也。是人未失其四行，其所以为士也然。而王一以为臣，一不以为臣，则向之所谓士者，乃非士乎？'齐王无以应。

尹文曰：'今有人君，将理其国，人有非则非之，无非则亦非之；有功则赏之，无功则亦赏之，而怨人之不理也，可乎？'齐王曰：'不可。'尹文曰：'臣窃观下吏之理齐，其方若此矣。'王曰：'寡人理国，信若先生之言，人虽不理，寡人不敢怨也。意未至然与？'

尹文曰：'言之敢无说乎？'王之令曰：'杀人者死，伤人者刑。'人有畏王之令者，见侮而终不敢斗，是全王之令也。而王曰：'见侮而不斗者，辱也。'谓之辱，非之也。无非而王辱之，故因除其籍，不以为臣也。

不以为臣者，罚之也。此无罪而王罚之也。且王辱不敢斗者，必荣敢斗者也；荣敢斗者是，而王是之，必以为臣矣。必以为臣者，赏之也。彼无功而王赏之。王之所赏，吏之所诛也；上之所是，而法之所非也。赏罚是非，相与四谬，虽十黄帝，不能理也。齐王无以应焉。

故龙以子之言有似齐王。子知难白马之非马，不知所以难之说，以此，犹知好士之名，而不知察士之类。"

△ 白马论第二

"白马非马"，可乎？

曰：可。

曰：何哉？

曰：马者，所以命形也；白者，所以命色也。命色者，非命形也。故曰："白马非马"。

曰：有白马不可谓无马也。不可谓无马者，非马也？有白马，为有马，白之非马，何也？

曰：求马，黄、黑马皆可致；求白马，黄、黑马不可致。使白马乃马也，是所求一也。所求一者，白者不异马也，所求不异，如黄、黑马有可有不可，何也？可与不可，其相非明。故黄、黑马一也，而可以应有马，而不可以应有白马，是白马之非马，审①矣！

曰：以马之有色为非马，天下非有无色之马也。天下无马可乎？

曰：马固有色，故有白马。使马无色，有马如已耳，安取白马？故白者非马也。白马者，马与白也。马与白，马也？故曰：白马非马也。

曰：马未与白为马，白未与马为白。合马与白，复名白马。是相与以不相与为名，未可。故曰：白马非马未可。

---

① 审：真的，真实。

曰：以"有白马为有马"，谓有白马为有黄马，可乎？

曰：未可。

曰：以"有马为异有黄马"，是异黄马与马也；异黄马与马，是以黄马为非马。以黄马为非马，而以白马为有马，此飞者入池而棺椁异处，此天下之悖言乱辞也。

以"有白马不可谓无马"者，离白之谓也；不离者有白马不可谓有马也。故所以为有马者，独以马为有马耳，非有白马为有马。故其为有马也，不可以谓"马马"也。

曰"白者不定所白"，忘之而可也。白马者，言白定所白也，定所白者非白也。马者，无去取于色，故黄、黑皆所以应；白马者，有去取于色，黄、黑马皆所以色去，故唯白马独可以应耳。无去者非有去也，故曰："白马非马。"

◇ 指物论第三

物莫非指，而指非指。

天下无指，物无可以谓物。非指者天下，而物可谓指乎？

指也者，天下之所无也；物也者，天下之所有也。以天下之所有，为天下之所无，未可。

天下无指，而物不可谓指也。不可谓指者，非指也？非指者，物莫非指也。

天下无指而物不可谓指者，非有非指也。非有非指者，物莫非指也。物莫非指者，而指非指也。

天下无指者，生于物之各有名，不为指也。不为指而谓之指，是兼不为指。以有不为指之无不为指，未可。

且"指者天下之所兼"。天下无指者，物不可谓无指也；不可谓无指者。非有非指也；非有非指者，物莫非指、指非非指也，指与物非指也。

使天下无物指，谁径谓非指？天下无物，谁径谓指？天下有指无物指，谁径谓非指？径谓无物非指？

且夫指固自为非指，奚待于物而乃与为指？

孔子高（孔穿子）理胜于词，公孙龙词胜于理。

宋·孙奕《示儿编》卷十六

用字量：2671

全书总字数：106555

审定者：：山东大学 郑杰文

韩非子

26

　　《韩非子》是法家学派的代表著作，二十卷，韩非撰。韩非，战国时期韩国人，为韩国公子，与李斯同学于荀子，然喜好刑名法术之学。

　　全书由五十五篇独立的论文集辑而成，大都出自韩非之手，除个别文章外，篇名均表示该文主旨。主要阐述了韩非以君主专制为基础的法、术、势相结合的法治理论，以及其社会递变的历史观和讲求实际的哲学观，反映了战国时期经济、政治、思想、文化各方面的重要情况。其中，《解老》《喻老》是现存中国最早注释和解说《老子》的著述。该书善用寓言，并曾分门别类地整理编辑为各种寓言故事集，《内外储说》《说林》《喻老》《十过》等篇即是。

高频字

之	而	不	也	以	者	其	人	曰	则	为	子	有

老马识途

管仲、隰朋从桓公伐孤竹，春往冬反，迷惑失道。管仲曰："老马之智可用也。"乃放老马而随之，遂得道。行山中无水，隰朋曰："蚁冬居山之阳，夏居山之阴，蚁壤寸而有水。"乃掘地，遂得水。以管仲之圣而隰朋之智，至其所不知，不难师于老马与蚁。今人不知以其愚心而师圣人之智，不亦过乎？

不死之药

有献不死之药于荆王者，谒者操之以入。中射之士问曰："可食乎？"曰："可。"因夺而食之。王大怒，使人杀中射之士。中射之士使人说王曰："臣问谒者，曰'可食'，臣故食之，是臣无罪，而罪在谒者也。且客献不死之药，臣食之而王杀臣，是死药也，是客欺王也。夫杀无罪之臣，而明人之欺王也，不如释臣。"王乃不杀。

——以上《说林上第二十二》

滥竽充数

齐宣王使人吹竽，必三百人。南郭处士请为王吹竽，宣王说之，廪食以数百人。宣王死，湣王立，好一一听之，处士逃。

——以上《内储说上七术第三十》

郑人买履

郑人有欲买履者，先自度其足而置之其坐，至之市而忘操之。已得履，乃曰："吾忘持度。"反归取之。及反，市罢，遂不得履。人曰："何不试之以足？"曰："宁信度，无自信也。"

——以上《外储说左上第三十二》

自相矛盾

楚人有鬻楯与矛者，誉之曰："吾楯之坚，莫能陷也。"又誉其矛曰："吾矛之利，于物无不陷也。"或曰："以子之矛陷子之楯何如？"其人弗能应也。夫不可陷之楯与无不陷之矛，不可同世而立。今尧、舜之不可两誉，矛楯之说也。

——以上《难一第三十六》

守株待兔

宋人有耕田者，田中有株，兔走触株，折颈而死，因释其耒而守株，冀复得兔，兔不可复得，而身为宋国笑。今欲以先王之政，治当世之民，皆守株之类也。

——以上《五蠹第四十九》

△ 智子疑邻

宋有富人，天雨墙坏，其子曰："不筑，必将有盗。"其邻人之父亦云。暮而果大亡其财。其家甚智其子，而疑邻人之父。非知之难也，处知则难也。

——以上《说难第十二》

△ 侏儒梦灶

观听不参则诚不闻，听有门户则臣壅塞。

卫灵公之时，弥子瑕有宠，专于卫国。侏儒有见公者曰："臣之梦践矣。"公曰："何梦？"对曰："梦见灶，为见公也。"公怒曰："吾闻见人主者梦见日，奚为见寡人而梦见灶？"对曰："夫日兼烛天下，一物不能当也；人君兼烛一国，一人不能拥也。故将见人主者梦见日。夫灶，一人炀焉，则后人无从见矣。今或者一人有炀君者乎？则臣虽梦见灶，不亦可乎！"

——以上《内储说上七术第三十》

△ 握爪探诚

挟智而问，则不智者智；深智一物，众隐皆变。

韩昭侯握爪，而佯亡一爪，求之甚急，左右因割其爪而效之。昭侯以此察左右之不诚。

——以上《五蠹第四十九》

△ 拒发五苑

治强生于法，弱乱生于阿，君明于此，则正赏罚而非仁下也。爵禄生于功，诛罚生于罪，臣明于此，则尽死力而非忠君也。

秦大饥，应侯请曰："五苑之草著：蔬菜、橡果、枣栗，足以活民，请发之。"昭襄王曰："吾秦法，使民有功而受赏，有罪而受诛。今发五苑之蔬果者，使民有功与无功俱赏也。夫使民有功与无功俱赏者，此乱之道也。夫发五苑而乱，不如弃枣蔬而治。"

——以上《外储说右下第三十五》

旧恨如丝，新寒似水。两般都著人心里。五更刁斗汴梁城，一天风雪成皋垒。

古寺钟声，邻墙月死。枕头敧遍如何是。半生孤愤酒难浇，挑灯且读《韩非子》。

清·陈维崧《踏莎行·冬夜不寐》

审定者：

泉州师范学院 赵宗乙

全书总字数：130939

用字量：3899

淮南子

27

《淮南子》又名《淮南鸿烈》，鸿，广大也，烈，光明也，意即包含了光明宏大之理，二十一卷，西汉皇室贵族淮南王刘安招致宾客，在其主持下编著。成书年代大约在景、武之间。刘安，汉高祖刘邦少子淮南厉王刘长之子，刘长死后，袭父爵为淮南王。此书为汉初黄老学派著作，《汉书·艺文志》列为杂家，载《淮南子》内二十一篇，外三十三篇，今只流传内二十一篇。全书博奥深宏，融道家、阴阳家、墨家、法家、儒家思想于一体，但主要是发挥先秦道家思想。

《淮南子》内容庞杂，近乎一部"先汉学术史"，但又并非凭虚蹈空，而是处处紧密联系现实，并多用历史、神话、传说、故事来说理，文风新异瑰奇，繁复有序。

高频字

| 之 | 而 | 不 | 也 | 者 | 以 | 其 | 于 | 为 | 人 | 无 | 故 |

△ 共工怒触不周山

昔者共工与颛顼争为帝，怒而触不周之山。天柱折，地维绝。天倾西北，故日月星辰移焉；地不满东南，故水潦尘埃归焉。天道曰圆，地道曰方。方者主幽，圆者主明。明者，吐气者也，是故火曰外景；幽者，含气者也，是故水曰内景。吐气者施，含气者化，是故阳施阴化。天之偏气，怒者为风；地之含气，和者为雨，阴阳相薄，感而为雷，激而为霆，乱而为雾。阳气胜则散而为雨露，阴气盛则凝而为霜雪。

△ 天有九野

天有九野，九千九百九十九隅，去地五亿万里。五星、八风、二十八宿、五官、六府、紫宫、太微、轩辕、咸池、四守、天阿。

何谓九野？中央曰钧天，其星角、亢、氐；东方曰苍天，其星房、心、尾；东北曰变天，其星箕、斗、牵牛；北方曰玄天，其星须女、虚、危、营室；西北方曰幽天，其星东壁、奎、娄；西方曰颢天，其星胃、昴、毕；西南方曰朱天，其星觜巂、参、东井；南方曰炎天，其星舆鬼、柳、七星；东南方曰阳天，其星张、翼、轸。

⚠ 天有五星

何谓五星？东方，木也，其帝太皞，其佐句芒，执规而治春；其神为岁星，其兽苍龙，其音角，其日甲乙。南方，火也，其帝炎帝，其佐朱明，执衡而治夏；其神为荧惑，其兽朱鸟，其音徵，其日丙丁。中央，土也，其帝黄帝，其佐后土，执绳而制四方；其神为镇星，其兽黄龙，其音宫，其日戊己。西方，金也，其帝少昊，其佐蓐收，执矩而治秋；其神为太白，其兽白虎，其音商，其日庚辛。北方，水也，其帝颛顼，其佐玄冥，执权而治冬；其神为辰星，其兽玄武，其音羽，其日壬癸。太阴在四仲，则岁星行三宿，太阴在四钩，则岁星行二宿，二八十六，三四十二，故十二岁而行二十八宿。日行十二分度之一，岁行三十度十六分度之七，十二岁而周。荧惑常以十月入太微，受制而出行列宿，司无道之国，为乱为贼，为疾为丧，为饥为兵，出入无常，辩变其色，时见时匿。镇星以甲寅元始建斗，岁镇行一宿，当居而弗居，其国亡土；未当居而居之，其国益地，岁熟。日行二十八分度之一，岁行十三度百一十二分度之五，二十八岁而周。太白元始以正月建寅，与荧惑晨出东方，二百四十日而入，入百二十日而夕出西方，二百四十日而入，入三十五日而复出东方，出以辰戌，入以丑未。当出而不出，未当入而入，天下偃兵；当入而不入，当出而不出，天下兴兵。辰星正四时，常以二月春分效奎、娄，以五月夏至效东井、舆鬼，以八月秋分效角、亢，以十一月冬至效斗、牵牛，出以辰戌，入以丑未，出二旬而入。晨候之东方，夕候之西方。一时不出，其时不和；四时不出，天下大饥。

⚠ 何谓八风

何谓八风？距日冬至四十五日，条风至；条风至四十五日，明庶风至；明庶风至四十五日，清明风至；清明风至四十五日，景风至；景风至四十五日，凉风至；凉风至四十五日，阊阖风至；阊阖风至四十五日，不周风至；不周风至四十五日，广莫风至。条风至，则出轻系，去稽留；明庶风至，则正封疆，修田畴；清明风至，则出币帛，使诸侯；景风至，则爵有位，赏有功；凉风至，则报地德，祀四郊；阊阖风至，则收悬垂，琴瑟不张；不周风至，则修宫室，缮边城；广莫风至，则闭关梁，决刑罚。

△ 刑德七舍

阴阳刑德有七舍。何谓七舍？室、堂、庭、门、巷、术、野。十二月德居室三十日，先日至十五日，后日至十五日，而徙所居各三十日。德在室则刑在野，德在堂则刑在术，德在庭则刑在巷，阴阳相德则刑德合门。八月、二月，阴阳气均，日夜分平，故曰刑德合门。德南则生，刑南则杀，故曰二月会而万物生，八月会而草木死。两维之间，九十一度十六分度之五而升，日行一度，十五日为一节，以生二十四时之变。斗指子，则冬至，音比黄钟。加十五日指癸，则小寒，音比应钟。加十五日指丑，则大寒，音比无射。加十五日指报德之维，则越阴在地，故曰距日冬至四十六日而立春，阳气冻解，音比南吕。加十五日指寅，则雨水，音比夷则。加十五日指甲，则雷惊蛰，音比林钟。加十五日指卯中绳，故曰春分则雷行，音比蕤宾。加十五日指乙，则清明风至，音比仲吕。加十五日指辰，则谷雨，音比姑洗。加十五日指常羊之维，则春分尽，故曰有四十六日而立夏，大风济，音比夹钟。加十五日指巳，则小满，音比太蔟。加十五日指丙，则芒种，音比大吕。加十五日指午，则阳气极，故曰有四十六日而夏至，音比黄钟。加十五日指丁，则小暑，音比大吕。加十五日指未，则大暑，音比太蔟。加十五日指背阳之维，则夏分尽，故曰有四十六日而立秋，凉风至，音比夹钟。加十五日指申，则处暑，音比姑洗。加十五日指庚，则白露降，音比仲吕。加十五日指酉中绳，故曰秋分雷戒，蛰虫北乡，音比蕤宾。加十五日指辛，则寒露，音比林钟。加十五日指戌，则霜降，音比夷则。加十五日指蹄通之维，则秋分尽，故曰有四十六日而立冬，草木毕死，音比南吕。加十五日指亥，则小雪，音比无射。加十五日指壬，则大雪，音比应钟。加十五日指子。故曰：阳生于子，阴生于午。阳生于子，故十一月日冬至，鹊始加巢，人气钟首。阴生于午，故五月为小刑，荠麦亭历枯，冬生草木必死。

斗杓为小岁，正月建寅，月从左行十二辰。咸池为太岁，二月建卯，月从右行四仲，终而复始。太岁迎者辱，背者强，左者衰，右者昌，小岁东南则生，西北则杀，不可迎也，而可背也，不可左也，而可右也，其此之谓也。大时者，咸池也。小时者，月建也。天维建元，常以寅始起，右徙一岁而移，十二岁而大周天，终而复始。淮南元年冬，太一在丙子，冬至甲午，立春丙子。

二阴一阳成气二，二阳一阴成气三，合气而为音，合阴而为阳，合阳而为律，故曰五音六律。音自倍而为日，律自倍而为辰，故日十而辰十二。

月日行十三度七十六分度之二十六，二十九日九百四十分日之四百九十九而为月，而以十二月为岁。岁有馀十日九百四十分日之八百二十七，故十九岁而七闰。

日冬至子午，夏至卯酉，冬至加三日，则夏至之日也。岁迁六日，终而复始，壬午冬至，甲子受制，木用事，火烟青。七十二日，丙子受制，火用事，火烟赤。七十二日，戊子受制，土用事，火烟黄。七十二日，庚子受制，金用事，火烟白。七十二日，壬子受制，水用事，火烟黑。七十二日而岁终，庚子受制。岁迁六日，以数推之，七十岁而复至甲子。甲子受制，则行柔惠，挺群禁，开阖扇，通障塞，毋伐木。丙子受制，则举贤良，赏有功，立封侯，出货财。戊子受制，则养老鳏寡，行粝鬻，施恩泽。庚子受制，则缮墙垣，修城郭，审群禁，饰兵甲，儆百官，诛不法。壬子受制，则闭门闾，大搜客，断刑罚，杀当罪，息关梁，禁外徙。

甲子气燥浊，丙子气燥阳，戊子气湿浊，庚子气燥寒，壬子气清寒，丙子干甲子，蛰虫早出，故雷早行。戊子干甲子，胎夭卵毈，鸟虫多伤。庚子干甲子，有兵。壬子干甲子，春有霜。戊子干丙子，霆。庚子干丙子，夷。壬子干丙子，雹。甲子干丙子，地动。庚子干戊子，五谷有殃。壬子干戊子，夏寒雨霜。甲子干戊子，介虫不为。丙子干戊子，大旱，苽封熯。壬子干庚子，大刚，鱼不为。甲子干庚子，草木再死再生。丙子干庚子，草木复荣。戊子干庚子，岁或存或亡。甲子干壬子，冬乃不藏。丙子干壬子，星队。戊子干壬子，蛰虫冬出其乡。庚子干壬子，冬雷其乡。

季春三月，丰隆乃出，以将其雨。至秋三月，地气不藏，乃收其杀，百虫蛰伏，静居闭户，青女乃出，以降霜雪。行十二时之气，以至于仲春二月之夕，乃收其藏而闭其寒。女夷鼓歌，以司天和，以长百谷禽鸟草木。孟夏之月，以熟谷禾，雄鸠长鸣，为帝候岁。是故天不发其阴，则万物不生；地不发其阳，则万物不成。天圆地方，道在中央，日为德，月为刑，月归而万物死，日至而万物生。远山则山气藏，远水则水虫蛰，远木则木叶槁。日五日不见，失其位也，圣人不与也。

日出于旸谷，浴于咸池，拂于扶桑，是谓晨明。登于扶桑，爰始将行，是谓朏明。至于曲阿，是谓旦明。至于曾泉，是谓蚤食。至于桑野，是谓晏食。至于衡阳，是谓隅中。至于昆吾，是谓正中。至于鸟次，是谓小还。至于悲谷，是谓餔时。至于女纪，是谓大还。至于渊虞，是谓高春。至于连石，是谓下春。至于悲泉，爰止其女，爰息其马，是谓县车。至于虞渊，是谓黄昏。至于蒙谷，是谓定昏。

日入于虞渊之氾，曙于蒙谷之浦，行九州七舍，有五亿万七千三百九里。禹以为朝、昼、昏、夜。夏日至则阴乘阳，是以万物就而死；冬日至则阳乘阴，是以万物仰而生。昼者阳之分，夜者阴之分，是以阳气胜则日修而夜短，阴气胜则日短而夜修。

帝张四维，运之以斗，月徙一辰，复反其所。正月指寅，十二月指丑，一岁而匝，终而复始。指寅，则万物螾螾也，律受太蔟。太蔟者，蔟而未出也。指卯，卯则茂茂然，律受夹钟。夹钟者，种始荚也。指辰，辰则振之也，律受姑洗。姑洗者，陈去而新来也。指巳，巳则生已定也，律受仲吕。仲吕者，中充大也。指午，午者，忤也，律受蕤宾。蕤宾者，安而服也。指未，未，昧也，律受林钟。林钟者，引而止也。指申，申者，呻之也，律受夷则。夷则者，易其则也，德以去矣。指酉，酉者，饱也，律受南吕。南吕者，任包大也。指戌，戌者，灭也，律受无射。无射，入无厌也。指亥，亥者，阂也，律受应钟。应钟者，应其钟也。指子，子者，兹也，律受黄钟。黄钟者，钟已黄也。指丑，丑者，纽也，律受大吕。大吕者，旅旅而去也。其加卯酉，则阴阳分，日夜平矣。故曰规生矩杀，衡长权藏，绳居中央，为四时根。

律历之数

故律历之数，天地之道也。下生者倍，以三除之；上生者四，以三除之。太阴元始建于甲寅，一终而建甲戌，二终而建甲午，三终而复得甲寅之元。岁徙一辰，立春之后，得其辰而迁其所顺。前三后五，百事可举。太阴所建，蛰虫首穴而处，鹊巢乡而为户。太阴在寅，朱鸟在卯，句陈在子，玄武在戌，白虎在酉，苍龙在辰。寅为建，卯为除，辰为满，巳为平，主生。午为定，未为执，主陷。申为破，主衡。酉为危，主杓。戌为成，主少德。亥为收，主大德。子为开，主太岁。丑为闭，主太阴。

太阴在寅，岁名曰摄提格，其雄为岁星，舍斗、牵牛，以十一月与之晨出东方，东井、舆鬼为对。太阴在卯，岁名曰单阏，岁星舍须女、虚、危，以十二月与之晨东方，柳、七星、张为对。太阴在辰，岁名曰执徐。岁星舍营室、东壁，以正月与之晨出东方，翼、轸为对。太阴在巳，岁名曰大荒落，岁星舍奎、娄，以二月与之晨出东方，角、亢为对。太阴在午，岁名曰敦牂，岁星舍胃、昴、毕，以三月与之晨出东方，氐、房、心为对。太阴在未，岁名曰协洽，岁星舍觜巂、参，以四月与之晨出东方，尾、箕为对。太阴在申，岁名曰涒滩，岁星舍东井、舆鬼，以五月与之晨出东方，斗、牵牛为对。太阴在酉，岁名曰作鄂，岁星舍柳、七星、张，以六月与之晨出东方，须女、虚、危为对。太阴在戌，岁名曰阉茂，岁星舍翼、轸，以七月与之晨出东方，营室、东壁为对。太阴在亥，岁名曰大渊献，岁星舍角、亢，以八月与之晨出东方，奎、娄为对。太阴在子，岁名曰困敦，岁星舍氐、房、心，以九月与之晨出东方，胃、昴、毕为对。太阴在丑，岁名曰赤奋若，岁星舍尾、箕，以十月与之晨出东方，觜巂、参为对。

太阴在甲子，刑德合东方宫，常徙所不胜，合四岁而离，离十六岁而复合。所以离者，刑不得入中宫，而徙于木。

太阴所居曰德辰，为刑德。纲日自倍因，柔日徙所不胜。刑，水辰之木，木辰之水，金、火立其处。凡徙诸神，朱鸟在太阴前一，钩陈在后三，玄武在前五，白虎在后六，虚星乘钩陈，而天地袭矣。凡日，甲刚乙柔，丙刚丁柔，以至于癸。

木生于亥，壮于卯，死于未，三辰皆木也。火生于寅，壮于午，死于戌，三辰皆火也。土生于午，壮于戌，死于寅，三辰皆土也。金生于巳，壮于酉，死于丑，三辰皆金也。水生于申，壮于子，死于辰，三辰皆水也。故五胜生一，壮五，终九。五九四十五，故神四十五日而一徙，以三应五，故八徙而岁终。凡用太阴，左前刑，右背德，击钩陈之冲辰，以战必胜，以攻必克。欲知天道，以日为主，六月当心，左周而行，分而为十二月，与日相当，天地重袭，后必无殃。

星正月建营室，二月建奎、娄，三月建胃，四月建毕，五月建东井，六月建张，七月建翼，八月建亢，九月建房，十月建尾，十一月建牵牛，十二月建虚。

星分度，角十二，亢九，氐十五，房五，心五，尾十八，箕十一四分一，斗二十六，牵牛八，须女十二，虚十，危十七，营室十六，东壁九，奎十六，娄十二，胃十四，昴十一，毕十六，觜巂二，参九，东井三十三，舆鬼四，柳十五，星七，张、翼各十八，轸十七，凡二十八宿也。

星部地名，角、亢郑，氐、房、心宋，尾、箕燕，斗、牵牛越，须女吴，虚、危齐，营室、东壁卫，奎、娄鲁，胃、昴、毕魏，觜巂、参赵，东井、舆鬼秦，柳、七星、张周，翼、轸楚。

岁星之所居，五谷丰昌，其对为冲，岁乃有殃。当居而不居，越而之他处，主死国亡。太阴治春，则欲行柔惠温凉；太阴治夏，则欲布施宣明；太阴治秋，则欲修备缮兵；太阴治冬，则欲猛毅刚强。三岁而改节，六岁而易常，故三岁而一饥，六岁而一衰，十二岁一康。

甲齐，乙东夷，丙楚，丁南夷，戊魏，己韩，庚秦，辛西夷，壬卫，癸越。子周，丑翟，寅楚，卯郑，辰晋，巳卫，午秦，未宋，申齐，酉鲁，戌赵，亥燕。

甲乙寅卯，木也；丙丁巳午，火也；戊己四季，土也；庚辛申酉，金也；壬癸亥子，水也。水生木，木生火，火生土，土生金，金生水。子生母曰义，母生子曰保，子母相得曰专，母胜子曰制，子胜母曰困。以胜击杀，胜而无报；以专从事，专而有功；以义行理，名立而不堕；以保畜养，万物蕃昌；以困举事，破灭死亡。

北斗之神有雌雄，十一月始建于子，月从一辰，雄左行，雌右行，五月合午谋刑，十一月合子谋德。太阴所居辰为厌日，厌日不可以举百事，堪舆徐行，雄以音知雌，故为奇辰。数从甲子始，子母相求，所合之处为合，十日十二辰，周六十日，凡八合。合于岁前则死亡，合于岁后则无殃。甲戌，燕也；乙酉，齐也；丙午，越也；丁巳，楚也；庚申，秦也；辛卯，戎也；壬子，代也；癸亥，胡也；戊戌、己亥，韩也；己酉、己卯，魏也；戊午、戊子，八合天下也。太阴、小岁、星、日、辰五神皆合，其日有云气风雨，国君当之。

天神之贵者，莫贵于青龙，或曰天一，或曰太阴。太阴所居，不可背而可乡。北斗所击，不可与敌。

天地以设，分而为阴阳，阳生于阴，阴生于阳。阴阳相错，四维乃通。或死或生，万物乃成。蚑行喙息，莫贵于人，孔窍肢体，皆通于天。天有九重，人亦有九窍；天有四时以制十二月，人亦有四肢以使十二节；天有十二月以制三百六十日，人亦有十二肢以使三百六十节。故举事而不顺天者，逆其生者也。

以日冬至数来岁正月朔日，五十日者，民食足；不满五十日，日减一斗；有馀日，日益一升。有其岁司也。

摄提格之岁，岁早水晚旱，稻疾，蚕不登，菽麦昌，民食四升。寅。在甲曰阏蓬。单阏之岁，岁和，稻、菽、麦、蚕昌，民食五升。卯。在乙曰旃蒙。执徐之岁，岁早旱晚水，小饥，蚕闭，麦熟，民食三升。辰。在丙曰柔兆。大荒落之岁，岁有小兵，蚕小登，麦昌，菽疾，民食二升。巳。在丁曰强圉。敦牂之岁，岁大旱，蚕登，稻疾，菽麦昌，禾不为，民食二升。午。在戊曰著雝。协洽之岁，岁有小兵，蚕登，稻昌，菽麦不为，民食三升。未。在己曰屠维。涒滩之岁，岁和，小雨行，蚕登，菽麦昌，民食三升。申。在庚曰上章。作鄂之岁，岁有大兵，民疾，蚕不登，菽麦不为，禾虫，民食五升。酉。在辛曰重光。掩茂之岁，岁小饥，有兵，蚕不登，麦不为，菽昌，民食七升。戌。在壬曰玄黓。大渊献之岁，岁有大兵，大饥，蚕开，菽麦不为，禾虫，民食三升。困敦之岁，岁大雾起，大水出，蚕、稻、麦昌，民食三斗。子。在癸曰昭阳。赤奋若之岁，岁有小兵，早水，蚕不出，稻疾，菽不为，麦昌，民食一升。

——以上卷三·天文训

△ 女娲补天

往古之时，四极废，九州裂，天不兼覆，地不周载，火爁炎而不灭，水浩洋而不息，猛兽食颛民，鸷鸟攫老弱，于是女娲炼五色石以补苍天，断鳌足以立四极。杀黑龙以济冀州，积芦灰以止淫水。苍天补，四极正，淫水涸，冀州平，狡虫死，颛民生。背方州，抱圆天，和春阳夏，杀秋约冬，枕方寝绳，阴阳之所壅沈不通者，窍理之；逆气戾物伤民厚积者，绝止之。当此之时，卧倨倨，兴眄眄，一自以为马，一自以为牛，其行蹎蹎，其视瞑瞑，侗然皆得其和，莫知所由生，浮游不知所求，魍魉不知所往。当此之时，禽兽蝮蛇，无不匿其爪牙，藏其螫毒，无有攫噬之心。考其功烈，上际九天，下契黄垆，名声被后世，光晖重万物。乘雷车，服驾应龙，骖青虬，援绝瑞，席萝图，黄云络，前白螭，后奔蛇，浮游消摇，道鬼神，登九天，朝帝于灵门，宓穆休于太祖之下。然而不彰其功，不扬其声，隐真人之道，以从天地之固然。何则？道德上通而智故消灭也。

嫦娥奔月

譬若羿请不死之药于西王母，姮娥窃以奔月，怅然有丧，无以续之。何则？不知不死之药所由生也。是故乞火不若取燧，寄汲不若凿井。

——以上卷六·览冥训

《淮南鸿烈》为西汉道家言之渊府，其书博大而有条贯，汉人著述中第一流也。

梁启超

列子

28

审定者：云南师范大学 王 乙

全书总字数：30752

用字量：2270

　　《列子》，道家学派著作，相传为列子所撰。列子，生卒不详，名御寇，战国时郑国人，主张虚静无为，独立处世，善于修身养性。《庄子》中有很多关于他的传说，西汉刘向《列子传》谓"其学本于黄帝老子"，属道家学派。

　　《列子》共八卷，《汉书·艺文志》有著录，但列子书中材料多有取自佛经者，佛教东汉时始传入中国，故今并非原书，疑为晋人伪造。该书内容形式多为神话、传说、寓言，如"愚公移山""歧路亡羊"等成语，均出自其中。《列子》把"道"融汇于故事之中，入乎其内，出乎其外，具有很高的文学价值，并包含深刻的哲学思想，以《天瑞》《力命》《杨朱》三者为最。主旨为万物生于无形，变化不居，人要掌握并利用自然规律。

高频字

之	不	而	也	子	曰	者	其	以	人	有	所	于	为

杞人忧天

杞国有人忧天地崩坠，身亡所寄，废寝食者；又有忧彼之所忧者，因往晓之，曰："天，积气耳，亡处亡气。若屈伸呼吸，终日在天中行止，奈何忧崩坠乎？"其人曰："天果积气，日月星宿，不当坠耶？"晓之者曰："日月星宿，亦积气中之有光耀者；只使坠，亦不能有所中伤。"其人曰："奈地坏何？"晓者曰："地积块耳，充塞四虚，亡处亡块。若躇步跐蹈，终日在地上行止，奈何忧其坏？"其人舍然大喜，晓之者亦舍然大喜。长庐子闻而笑之曰："虹蜺也，云雾也，风雨也，四时也，此积气之成乎天者也。山岳也，河海也，金石也，火木也，此积形之成乎地者也。知积气也，知积块也，奚谓不坏？夫天地，空中之一细物，有中之最巨者。难终难穷，此固然矣；难测难识，此固然矣。忧其坏者，诚为大远；言其不坏者，亦为未是。天地不得不坏，则会归于坏。遇其坏时，奚为不忧哉？"子列子闻而笑曰："言天地坏者亦谬，言天地不坏者亦谬。坏与不坏，吾所不能知也。虽然，彼一也，此一也。故生不知死，死不知生；来不知去，去不知来。坏与不坏，吾何容心哉？"

——以上天瑞第一

愚公移山

太形、王屋二山，方七百里，高万仞。本在冀州之南，河阳之北。北山愚公者，年且九十，面山而居。惩山北之塞，出入之迂也，聚室而谋，曰："吾与汝毕力平险，指通豫南，达于汉阴，可乎？"杂然相许。其妻献疑曰："以君之力，曾不能损魁父之丘，如太形王屋何？且焉置土石？"杂曰："投诸渤海之尾，隐土之北。"遂率子孙荷担者三夫，叩石垦壤，箕畚运于渤海之尾。邻人京城氏之孀妻有遗男，始龀，跳往助之。寒暑易节，始一反焉。河曲智叟笑而止之，曰："甚矣汝之不惠！以残年馀力，曾不能毁山之一毛，其如土石何？"北山愚公长息曰："汝心之固，固不可彻，曾不若孀妻弱子。虽我之死，有子存焉。子又生孙，孙又生子；子又有子，子又有孙：子子孙孙，无穷匮也，而山不加增，何苦而不平？"河曲智叟亡以应。操蛇之神闻之，惧其不已也，告之于帝。帝感其诚，命夸蛾氏二子负二山，一厝朔东，一厝雍南。自此，冀之南、汉之阴无陇断焉。

夸父逐日

夸父不量力，欲追日影，逐之于隅谷之际。渴欲得饮，赴饮河渭。河渭不足，将走北饮大泽。未至，道渴而死。弃其杖，尸膏肉所浸，生邓林。邓林弥广数千里焉。

小儿辩日

孔子东游，见两小儿辩斗。问其故，一儿曰："我以日始出时去人近，而日中时远也。"一儿以日初出远，而日中时近也。一儿曰："日初出大如车盖，及日中，则如盘盂：此不为远者小而近者大乎？"一儿曰："日初出沧沧凉凉，及其日中如探汤：此不为近者热而远者凉乎？"孔子不能决也。两小儿笑曰："孰为汝多知乎？"

馀音绕梁

薛谭学讴于秦青，未穷青之技，自谓尽之；遂辞归。秦青弗止。饯于郊衢，抚节悲歌，声振林木，响遏行云。薛谭乃谢求反，终身不敢言归。秦青顾谓其友曰："昔韩娥东之齐，匮粮，过雍门，鬻歌假食。既去而馀音绕梁欐，三日不绝，左右以其人弗去。过逆旅，逆旅人辱之。韩娥因曼声哀哭，一里老幼悲愁，垂涕相对，三日不食。遽而追之。娥还，复为曼声长歌，一里老幼喜跃抃舞，弗能自禁，忘向之悲也。乃厚赂发之。故雍门之人至今善歌哭，放娥之遗声。"

高山流水

伯牙善鼓琴，钟子期善听。伯牙鼓琴，志在登高山。钟子期曰："善哉！峨峨兮若泰山！"志在流水，钟子期曰："善哉！洋洋兮若江河！"伯牙所念，钟子期必得之。伯牙游于泰山之阴，卒逢暴雨，止于岩下；心悲，乃援琴而鼓之。初为霖雨之操，更造崩山之音。曲每奏，钟子期辄穷其趣。伯牙乃舍琴而叹曰："善哉，善哉！子之听夫！志想象犹吾心也。吾于何逃声哉？"

纪昌学射

甘蝇，古之善射者，彀弓而兽伏鸟下。弟子名飞卫，学射于甘蝇，而巧过其师。纪昌者，又学射于飞卫。飞卫曰："尔先学不瞬，而后可言射矣。"纪昌归，偃卧其妻之机下，以目承牵挺。二年之后，虽锥末倒眦，而不瞬也。以告飞卫。飞卫曰："未也，必学视而后可。视小如大，视微如著，而后告我。"昌以牦悬虱于牖，南面而望之。旬日之间，浸大也；三年之后，如车轮焉。以睹馀物，皆丘山也。乃以燕角之弧、朔蓬之簳射之，贯虱之心，而悬不绝。以告飞卫。飞卫高蹈拊膺曰："汝得之矣!"纪昌既尽卫之术，计天下之敌己者，一人而已；乃谋杀飞卫。相遇于野，二人交射；中路矢锋相触，而坠于地，而尘不扬。飞卫之矢先穷。纪昌遗一矢；既发，飞卫以棘刺之端扞之，而无差焉。于是二子泣而投弓，相拜于途，请为父子。克臂以誓，不得告术于人。

——以上汤问第五

△ 歧路亡羊

　　杨子之邻人亡羊，既率其党，又请杨子之竖追之。杨子曰："嘻! 亡一羊何追者之众?"邻人曰："多歧路。"既反，问："获羊乎?"曰："亡之矣。"曰："奚亡之?"曰："歧路之中又有歧焉，吾不知所之，所以反也。"杨子戚然变容，不言者移时，不笑者竟日。门人怪之，请曰："羊，贱畜，又非夫子之有，而损言笑者，何哉?"杨子不答。门人不获所命。弟子孟孙阳出以告心都子。心都子他日与孟孙阳偕入，而问曰："昔有昆弟三人，游齐鲁之间，同师而学，进仁义之道而归。其父曰：'仁义之道若何?'伯曰：'仁义使我爱身而后名。'仲曰：'仁义使我杀身以成名。'叔曰：'仁义使我身名并全。'彼三术相反，而同出于儒。孰是孰非邪?"杨子曰："人有滨河而居者，习于水，勇于泅，操舟鬻渡，利供百口。裹粮就学者成徒，而溺死者几半。本学泅，不学溺，而利害如此。若以为孰是孰非?"心都子嘿然而出。孟孙阳让之曰："何吾子问之迂，夫子答之僻? 吾惑愈甚。"心都子曰："大道以多歧亡羊，学者以多方丧生。学非本不同，非本不一，而末异若是。唯归同反一，为亡得丧。子长先生之门，习先生之道，而不达先生之况也，哀哉！"

⚠ 疑人失鈇

人有亡鈇者，意其邻之子，视其行步，窃鈇也；颜色，窃鈇也；言语，窃鈇也；动作态度无为而不窃鈇也。俄而抇其谷而得其鈇，他日复见其邻人之子，动作态度无似窃鈇者。

⚠ 齐人攫金

昔齐人有欲金者，清旦衣冠而之市，适鬻金者之所，因攫其金而去。吏捕得之，问曰："人皆在焉，子攫人之金何？"对曰："取金之时，不见人，徒见金。"

——以上说符第八

> 巍巍槛槛逼星河，城上阑干野色多。
> 天目水分波浩渺，大湖山点石嵯峨。
> 罗窗夜气吹银烛，翠箔秋声动玉珂。
> 我欲乘空呼列子，月明何处起蘋歌。
> 宋·陈允平《清风阁》

用字量：2466

全书总字数：76520

审定者：吉林大学 武振玉

墨子

29

　　《墨子》是先秦时期墨家学派的著作总集，《汉书·艺文志》著录七十一篇，现仅存十五卷五十三篇，一般认为是由墨子的弟子及其后学在不同时期记述编纂而成。

　　墨子，姓墨，名翟，相传早年受孔子的儒家教育，后弃儒学而开创墨家学派，这是一个组织严密的学派性政治团体，其宗旨是推行墨子的主张。墨家的政治主张，都是以解救时弊为目的，倡导兼爱、非攻、尚贤、尚同，宣传天志、明鬼，针对当时流行的命定论，墨家又主张"非命"。在真理的原则上，主张经验论。伦理思想上，墨家的根本观念是"义"，"义"的观念来源于"天"，在此基础上，建立了义利统一的道德观。

高频字

| 之 | 不 | 也 | 以 | 者 | 而 | 为 | 子 | 人 | 其 | 无 | 有 | 则 |

△ 亲士第一

入国而不存其士，则亡国矣。见贤而不急，则缓其君矣。非贤无急，非士无与虑国。缓贤忘士，而能以其国存者，未曾有也。

昔者文公出走而正天下，桓公去国而霸诸侯，越王句践遇吴王之丑，而尚摄中国之贤君。三子之能达名成功于天下也，皆于其国抑而大丑也。太上无败，其次败而有以成，此之谓用民。

吾闻之曰："非无安居也，我无安心也；非无足财也，我无足心也。"是故君子自难而易彼，众人自易而难彼。君子进不败其志，内究其情，虽杂庸民，终无怨心，彼有自信者也。是故为其所难者，必得其所欲焉；未闻为其所欲，而免其所恶者也。是故偪臣伤君，谄下伤上。君必有弗弗之臣，上必有詻詻之下。分议者延延，而交苟者詻詻①，焉可以长生保国。臣下重其爵位而不言，近臣则喑，远臣则唫，怨结于民心。谄谀在侧，善议障塞，则国危矣。桀纣不以其无天下之士邪？杀其身而丧天下。故曰："归国宝，不若献贤而进士。"

今有五锥，此其铦，铦者必先挫。有五刀，此其错，错者必先靡。是以甘井近竭，招木近伐，灵龟近灼，神蛇近暴。是故比干之殪，其抗也；孟贲之杀，其勇也；西施之沈，其美也；吴起之裂，其事也。故彼人者，

---

① 詻詻（è è）：同"谔谔"，直言争辩。

寡不死其所长，故曰"太盛难守"也。

故虽有贤君，不爱无功之臣；虽有慈父，不爱无益之子。是故不胜其任而处其位，非此位之人也；不胜其爵而处其禄，非此禄之主也。良弓难张，然可以及高入深；良马难乘，然可以任重致远；良才难令，然可以致君见尊。是故江河不恶小谷之满己也，故能大。圣人者，事无辞也，物无违也，故能为天下器。是故江河之水，非一原之流也；千镒之裘，非一狐之白也。夫恶有同方不取，而取同己者乎？盖非兼王之道也。

是故天地不昭昭，大水不潦潦，大火不燎燎，王德不尧尧者，乃千人之长也。其直如矢，其平如砥，不足以覆万物。是故溪陕者速涸，逝浅者速竭，墝埆者其地不育。王者淳泽，不出宫中，则不能流国矣。

修身第二

君子战虽有陈，而勇为本焉；丧虽有礼，而哀为本焉；士虽有学，而行为本焉。是故置本不安者，无务丰末；近者不亲，无务来远；亲戚不附，无务外交；事无终始，无务多业；举物而暗，无务博闻。是故先王之治天下也，必察迩来远。君子察迩，修身也。修身，见毁而反之身者也，此以怨省而行修矣。谮慝之言，无入之耳；批扞之声，无出之口；杀伤人之孩，无存之心。虽有诋讦之民，无所依矣。故君子力事日强，愿欲日逾，设壮日盛。君子之道也，贫则见廉，富则见义，生则见爱，死则见哀。四行者不可虚假，反之身者也。藏于心者无以竭爱，动于身者无以竭恭，出于口者无以竭驯。畅之四支，接之肌肤，华发隳颠而犹弗舍者，其唯圣人乎！

志不强者智不达，言不信者行不果。据财不能以分人者，不足与友；守道不笃，遍物不博，辩是非不察者，不足与游。本不固者末必几，雄而不修者其后必惰。原浊者流不清，行不信者名必耗。名不徒生，而誉不自长。功成名遂，名誉不可虚假反之身者也。务言而缓行，虽辩必不听；多力而伐功，虽劳必不图。慧者心辩而不繁说，多力而不伐功，此以名誉扬天下。言无务为多而务为智，无务为文而务为察。故彼智与察在身，而情反其路者也。善无主于心者不留，行莫辩于身者不立。名不可简而成也，誉不可巧而立也，君子以身戴行者也。思利寻焉，忘名忽焉，可以为士于天下者，未尝有也。

△ 所染第三

子墨子言见染丝者而叹曰：染于苍则苍，染于黄则黄，所入者变，其色亦变，五入必，而已则为五色矣。故染不可不慎也！

非独染丝然也，国亦有染。舜染于许由、伯阳，禹染于皋陶、伯益，汤染于伊尹、仲虺，武王染于太公、周公。此四王者所染当，故王天下，立为天子，功名蔽天地。举天下之仁义显人，必称此四王者。夏桀染于干辛、推哆，殷纣染于崇侯、恶来，厉王染于厉公长父、荣夷终，幽王染于傅公夷、蔡公谷。此四王者所染不当，故国残身死，为天下僇。举天下不义辱人，必称此四王者。齐桓染于管仲、鲍叔，晋文染于舅犯、高偃，楚庄染于孙叔、沈尹，吴阖闾染于伍员、文义，越句践染于范蠡、大夫种。此五君者所染当，故霸诸侯，功名传于后世。范吉射染于长柳朔、王胜，中行寅染于籍秦、高强，吴夫差染于王孙雒、太宰嚭，知伯摇染于智国、张武，中山尚染于魏义、偃长，宋康染于唐鞅、佃不礼。此六君者所染不当，故国家残亡，身为刑戮，宗庙破灭，绝无后类，君臣离散，民人流亡。举天下之贪暴苛扰者，必称此六君也。凡君之所以安者，何也？以其行理也。行理性于染当。故善为君者，劳于论人，而佚于治官。不能为君者，伤形费神，愁心劳意，然国逾危，身逾辱。此六君者，非不重其国、爱其身也，以不知要故也。不知要者，所染不当也。

非独国有染也，士亦有染。其友皆好仁义，淳谨畏令，则家日益，身日安，名日荣，处官得其理矣，则段干木、禽子、傅说之徒是也。其友皆好矜奋，创作比周，则家日损，身日危，名日辱，处官失其理矣，则子西、易牙、竖刀之徒是也。《诗》曰"必择所堪，必谨所堪"者，此之谓也。

———— 以上卷一

△ 尚贤上第八

子墨子言曰：古者王公大人为政于国家者，皆欲国家之富，人民之众，刑政之治。然而不得富而得贫，不得众而得寡，不得治而得乱，则是本失其所欲，得其所恶。是其故何也？子墨子言曰：是在王公大人为政于国家者，不能以尚贤事能为政也。是故国有贤良之士众，则国家之治厚；贤良之士寡，则国家之治薄。故大人之务，将在于众贤而已。

曰：然则众贤之术将奈何哉？子墨子言曰：譬若欲众其国之善射御之士者，

墨子像

必将富之贵之，敬之誉之，然后国之善射御之士，将可得而众也。况又有贤良之士，厚乎德行，辩乎言谈，博乎道术者乎？此固国家之珍，而社稷之佐也。亦必且富之贵之，敬之誉之，然后国之良士，亦将可得而众也。

是故古者圣王之为政也，言曰："不义不富，不义不贵，不义不亲，不义不近。"是以国之富贵人闻之，皆退而谋曰："始我所恃者，富贵也。今上举义不辟贫贱，然则我不可不为义。"亲者闻之，亦退而谋曰："始我所恃者，亲也。今上举义不辟疏，然则我不可不为义。"近者闻之，亦退而谋曰："始我所恃者，近也，今上举义不辟远，然则我不可不为义。"

远者闻之，亦退而谋曰："我始以远为无恃，今上举义不辟远，然则我不可不为义。"逮至远鄙郊外之臣、阙庭庶子、国中之众、四鄙之萌人闻之，皆竞为义。是其故何也？曰：上之所以使下者，一物也；下之所以事上者，一术也。譬之富者，有高墙深宫，墙立既，谨上为凿一门，有盗人入，阖其自入而求之，盗其无自出。是其故何也？则上得要也。

故古者圣王之为政，列德而尚贤，虽在农与工肆之人，有能则举之，高予之爵，重予之禄，任之以事，断予之令，曰："爵位不高则民弗敬，蓄禄不厚则民不信，政令不断则民不畏。"举三者授之贤者，非为贤赐也，欲其事之成。

故当是时，以德就列，以官服事，以劳殿赏，量功而分禄。故官无常贵，而民无终贱。有能则举之，无能则下之。举公义，辟私怨，此若言之谓也。

故古者尧举舜于服泽之阳，授之政，天下平。禹举益于阴方之中，授之政，九州成。汤举伊尹于庖厨之中，授之政，其谋得。文王举闳夭、泰颠于罝罔之中，授之政，西土服。

故当是时，虽在于厚禄尊位之臣，莫不敬惧而施；虽在农与工肆之人，莫不竞劝而尚意。故士者，所以为辅相承嗣也。故得士则谋不困，体不劳，名立而功成，美章而恶不生，则由得士也。

是故子墨子言曰：得意，贤士不可不举；不得意，贤士不可不举。尚欲祖述尧、舜、禹、汤之道，将不可以不尚贤。夫尚贤者，政之本也。

——以上卷二

兼爱上第十四

圣人以治天下为事者也，必知乱之所自起，焉能治之；不知乱之所自起，则不能治。譬之如医之攻人之疾者然，必知疾之所自起，焉能攻之；

不知疾之所自起，则弗能攻。治乱者何独不然？必知乱之所自起，焉能治之；不知乱之所自起，则弗能治。

圣人以治天下为事者也，不可不察乱之所自起。当察乱何自起？起不相爱。臣子之不孝君父，所谓乱也。子自爱，不爱父，故亏父而自利；弟自爱，不爱兄，故亏兄而自利；臣自爱，不爱君，故亏君而自利。此所谓乱也。虽父之不慈子，兄之不慈弟，君之不慈臣，此亦天下之所谓乱也。父自爱也，不爱子，故亏子而自利；兄自爱也，不爱弟，故亏弟而自利；君自爱也，不爱臣，故亏臣而自利。是何也？皆起不相爱。虽至天下之为盗贼者，亦然。盗爱其室，不爱异室，故窃异室以利其室；贼爱其身，不爱人，故贼人以利其身。此何也？皆起不相爱。虽至大夫之相乱家、诸侯之相攻国者，亦然。大夫各爱其家，不爱异家，故乱异家以利其家；诸侯各爱其国，不爱异国，故攻异国以利其国。天下之乱物，具此而已矣！察此何自起？皆起不相爱。

若使天下兼相爱，爱人若爱其身，犹有不孝者乎？视父、兄与君若其身，恶施不孝？犹有不慈者乎？视子、弟与臣若其身，恶施不慈？故不孝不慈亡有。犹有盗贼乎？视人之室若其室，谁窃？视人身若其身，谁贼？故盗贼亡有。犹有大夫之相乱家、诸侯之相攻国者乎？视人家若其家，谁乱？视人国若其国，谁攻？故大夫之相乱家、诸侯之相攻国者亡有。

若使天下兼相爱，国与国不相攻，家与家不相乱，盗贼无有，君臣父子皆能孝慈，若此则天下治。故圣人以治天下为事者，恶得不禁恶而劝爱？故天下兼相爱则治，交相恶则乱。故子墨子曰不可以不劝爱人者，此也。

——以上卷四

🔺 非攻上第十七

子墨子言曰：古者王公大人情欲得而恶失，欲安而恶危，故当攻战而不可不非。今有一人，入人园圃，窃其桃李，众闻则非之，上为政者得则罚之。此何也？以亏人自利也。至攘人犬豕鸡豚者，其不义又甚入人园圃窃桃李。是何故也？以亏人愈多。苟亏人愈多，其不仁兹甚，罪益厚。至入人栏厩，取人马牛者，其不仁义又甚攘人犬豕鸡豚。此何故也？以其亏人愈多。苟亏人愈多，其不仁兹甚，罪益厚。至杀不辜人也，扡其衣裘、取戈剑者，其不义又甚入人栏厩、取人马牛。此何故也？以其亏人愈多。苟亏人愈多，其不仁兹甚矣，罪益厚。当此天下之君子皆知而非之，谓之不义。今至大为不义攻国，则弗知非，从而誉之，谓之义。此可谓知义与不义之别乎？

杀一人，谓之不义，必有一死罪矣。若以此说往，杀十人，十重不义，必有十死罪矣。杀百人，百重不义，必有百死罪矣。当此天下之君子皆知而非之，谓之不义。今至大为不义攻国，则弗知而非，从而誉之，谓之义。情不知其不义也，故书其言以遗后世。若知其不义也，夫奚说书其不义以遗后世哉？

今有人于此，少见黑曰黑，多见黑曰白，则必以此人为不知白黑之辩矣。少尝苦曰苦，多尝苦曰甘，则必以此人为不知甘苦之辩矣。今小为非，则知而非之。大为非攻国，则不知非，从而誉之，谓之义。此可谓知义与不义之辩乎？是以知天下之君子，辩义与不义之乱也。

——以上卷五

⚠ 公输第五十

公输般为楚造云梯之械成，将以攻宋。子墨子闻之，起于齐，行十日十夜而至于郢，见公输般。公输般曰："夫子何命焉为？"子墨子曰："北方有侮臣者，愿藉子杀之。"公输般不说。子墨子曰："请献十金。"公输般曰："吾义固不杀人。"子墨子起，再拜曰："请说之。吾从北方闻子为梯，将以攻宋。宋何罪之有？荆国有馀于地，而不足于民，杀所不足而争所有馀，不可谓智。宋无罪而攻之，不可谓仁。知而不争，不可谓忠。争而不得，不可谓强。义不杀少而杀众，不可谓知类。"公输般服。子墨子曰："然胡不已乎？"公输盘曰："不可，吾既已言之王矣。"子墨子曰："胡不见我于王？"公输盘曰："诺。"

子墨子见王，曰："今有人于此，舍其文轩，邻有敝舆，而欲窃之；舍其锦绣，邻有短褐，而欲窃之；舍其粱肉，邻有糠糟，而欲窃之。此为何若人？"王曰："必为有窃疾矣。"子墨子曰："荆之地方五千里，宋之地方五百里，此犹文轩之与敝舆也；荆有云梦，犀兕麋鹿满之，江汉之鱼鳖鼋鼍为天下富，宋所为无雉兔狐狸者也，此犹粱肉之与糠糟也；荆有长松、文梓、楩楠、豫章，宋无长木，此犹锦绣之与短褐也。臣以王吏之攻宋也，为与此同类，臣见大王之必伤义而不得宋。"王曰："善哉！虽然，公输般为我为云梯，必取宋。"

于是见公输般。子墨子解带为城，以牒为械，公输般九设攻城之机变，子墨子九距之。公输般之攻械尽，子墨子之守圉有馀。公输般诎，而曰："吾知所以距子矣，吾不言。"子墨子亦曰："吾知子之所以距我者，吾不言。"楚王问其故，子墨子曰："公输子之意，不过欲杀臣。杀臣，宋莫能守，可攻也。然臣之弟子禽滑厘等三百人，已持臣守圉之器，在宋城上而待楚寇矣。虽杀臣，不能绝也。"楚王曰："善哉！吾请无攻宋矣。"子墨子归，过宋。天雨，庇其闾中，守闾者不内也。故曰：治于神者，众人不知其功。争于明者，众人知之。

——以上卷十三

墨子城无恙，公输械有穷。

要须能壁立，未可恃梯攻。

宋·刘克庄《杂咏一百首·墨翟》

用字量：2631

全书总字数：75293

审定者： 长沙学院 邓球柏

荀子

30

　　《荀子》是战国后期儒家学派最重要的著作。荀子（约前313—前238），名况，战国后期赵国人，时人尊称为荀卿，汉时称为孙卿。年五十，始游学于齐国，曾在齐国首都临淄（今山东淄博市）的稷下学宫任祭酒。因遭谗而适楚国，任兰陵（今山东临沂）令。以后失官家居，著书立说，死后葬于兰陵。著名学者韩非、李斯均是他的学生。

　　荀子是一位儒学大师，在吸收法家学说的同时发展了儒家思想。他尊王道，也称霸力；崇礼义，又讲法治；在"法先王"的同时，又主张"法后王"。

　　《荀子》一书今存三十二篇，除少数篇章外，大部分是荀子本人所写。他的文章擅长说理，组织严密，分析透辟，善于取譬，常用排比句增强议论的气势，语言富赡警炼，有很强的说服力和感染力。

高频字

之	也	不	而	者	以	则	人	其	是	为	子	有

◎ 劝学第一

君子曰：学不可以已。青，取之于蓝而青于蓝；冰，水为之而寒于水。木直中绳，輮以为轮，其曲中规，虽有槁暴，不复挺者，輮使之然也。故木受绳则直，金就砺则利，君子博学而日参省乎己，则知明而行无过矣。故不登高山，不知天之高也；不临深谿，不知地之厚也；不闻先王之遗言，不知学问之大也。干、越、夷、貉之子，生而同声，长而异俗，教使之然也。《诗》曰："嗟尔君子，无恒安息。靖共尔位，好是正直。神之听之，介尔景福。"神莫大于化道，福莫长于无祸。

荀子像

吾尝终日而思矣，不如须臾之所学也；吾尝跂而望矣，不如登高之博见也。登高而招，臂非加长也，而见者远；顺风而呼，声非加疾也，而闻者彰。假舆马者，非利足也，而致千里；假舟楫者，非能水也，而绝江河。君子生非异也，善假于物也。

南方有鸟焉，名曰蒙鸠，以羽为巢，而编之以发，系之苇苕，风至苕折，卵破子死。巢非不完也，所系者然也。西方有木焉，名曰射干，茎长四寸，生于高山之上，而临百仞之渊。木茎非能长也，所立者然也。蓬生麻中，不扶而直。白沙在涅①，与之俱黑。兰槐之根是为芷。其渐之滫②，君子不近，庶人不服，其质非不美也，所渐者然也。故君子居必择乡，游必就士，所以防邪辟而近中正也。物类之起，必有所始。荣辱之来，必象其德。肉腐出虫，鱼枯生蠹。怠慢忘身，祸灾乃作。强自取柱，柔自取束。邪秽在身，怨之所构。施薪若一，火就燥也；平地若一，水就湿也。草木畴生，禽兽群焉，物各从其类也。是故质的张而弓矢至焉，林木茂而斧斤至焉，树成荫而众鸟息焉，醯酸而蚋聚焉。故言有召祸也，行有招辱也，君子慎其所立乎！

积土成山，风雨兴焉；积水成渊，蛟龙生焉；积善成德，而神明自得，圣心备焉。故不积跬步，无以致千里；不积小流，无以成江海。骐骥一跃，不能十步；驽马十驾，功在不舍。锲而舍之，朽木不折；锲而不舍，金石可镂。蚓无爪牙之利，筋骨之强，上食埃土，下饮黄泉，用心一也。蟹六跪而二螯，非蛇蟺之穴无可寄托者，用心躁也。是故无冥冥之志者，无昭昭之明；无惛惛之事者，无赫赫之功。行衢道者不至，事两君者不容。目不能两视而明，耳不能两听而聪。螣蛇无足而飞，梧鼠五技而穷。《诗》曰："尸鸠在桑，其子七兮。淑人君子，其仪一兮。其仪一兮，心如结兮。"故君子结于一也。

昔者瓠巴鼓瑟而流鱼出听，伯牙鼓琴而六马仰秣。故声无小而不闻，行无隐而不形，玉在山而草木润，渊生珠而崖不枯。为善不积邪，安有不闻者乎？

学恶乎始？恶乎终？曰：其数则始乎诵经，终乎读礼；其义则始乎为士，终乎为圣人。真积力久则入，学至乎没而后止也。故学数有终，若其义则不可须臾舍也。为之，人也；舍之，禽兽也。故《书》者，政事之

---

① 涅（niè）：黑土在水中，黑泥。
② 滫（xiǔ）：酸臭的陈淘米水，引申为污水。

纪也;《诗》者，中声之所止也；《礼》者，法之大分，类之纲纪也，故学至乎《礼》而止矣。夫是之谓道德之极。《礼》之敬文也，《乐》之中和也，《诗》《书》之博也，《春秋》之微也，在天地之间者毕矣。

君子之学也，入乎耳，箸乎心，布乎四体，形乎动静。端而言，蝡而动，一可以为法则。小人之学也，入乎耳，出乎口，口耳之间则四寸耳，曷足以美七尺之躯哉！古之学者为己，今之学者为人。君子之学也，以美其身；小人之学也，以为禽犊。故不问而告谓之傲，问一而告二谓之囋。傲，非也；囋，非也；君子如向矣。学莫便乎近其人。《礼》《乐》法而不说，《诗》《书》故而不切，《春秋》约而不速。方其人之习君子之说，则尊以遍矣，周于世矣。故曰学莫便乎近其人。

学之经莫速乎好其人，隆礼次之。上不能好其人，下不能隆礼，安特将学杂识志，顺《诗》《书》而已耳，则末世穷年，不免为陋儒而已。将原先王，本仁义，则礼正其经纬蹊径也。若挈裘领，诎五指而顿之，顺者不可胜数也。不道礼宪，以《诗》《书》为之，譬之犹以指测河也，以戈舂黍也，以锥飡壶也，不可以得之矣。故隆礼，虽未明，法士也；不隆礼，虽察辩，散儒也。

问楛①者勿告也，告楛者勿问也，说楛者勿听也，有争气者勿与辩也。故必由其道至，然后接之，非其道则避之。故礼恭而后可与言道之方，辞顺而后可与言道之理，色从而后可与言道之致。故未可与言而言谓之傲，可与言而不言谓之隐，不观气色而言谓之瞽。故君子不傲，不隐，不瞽，谨顺其身。《诗》曰："匪交匪舒，天子所予。"此之谓也。

百发失一，不足谓善射；千里跬步不至，不足谓善御；伦类不通，仁义不一，不足谓善学。学也者，固学一之也。一出焉，一入焉，涂巷之人也。其善者少，不善者多，桀、纣、盗跖也；全之尽之，然后学者也。

君子知夫不全不粹之不足以为美也，故诵数以贯之，思索以通之，为

---

① 问楛（kǔ）：问非礼义也。凡器物坚好者谓之功，滥恶者谓之楛。楛，不坚固或不精细。

其人以处之，除其害者以持养之，使目非是无欲见也，使耳非是无欲闻也，使口非是无欲言也，使心非是无欲虑也。及至其致好之也，目好之五色，耳好之五声，口好之五味，心利之有天下。是故权利不能倾也，群众不能移也，天下不能荡也。生乎由是，死乎由是，夫是之谓德操。德操然后能定，能定然后能应，能定能应，夫是之谓成人。天见其明，地见其光，君子贵其全也。

修身第二

见善，修然必以自存也；见不善，愀然必以自省也。善在身，介然必以自好也；不善在身，菑然必以自恶也。故非我而当者，吾师也；是我而当者，吾友也；谄谀我者，吾贼也。故君子隆师而亲友，以致恶其贼。好善无厌，受谏而能诫，虽欲无进，得乎哉！小人反是，致乱而恶人之非己也，致不肖而欲人之贤己也，心如虎狼、行如禽兽而又恶人之贼己也。谄谀者亲，谏争者疏，修正为笑，至忠为贼，虽欲无灭亡，得乎哉！

《诗》曰："噏噏呰呰，亦孔之哀。谋之其臧，则具是违；谋之不臧，则具是依。"此之谓也。

扁善之度，以治气养生则后彭祖；以修身自名则配尧、禹。宜于时通，利以处穷，礼信是也。凡用血气、志意、知虑，由礼则治通，不由礼则勃乱提僈；食饮、衣服、居处、动静，由礼则和节，不由礼则触陷生疾；容貌、态度、进退、趋行，由礼则雅，不由礼则夷固僻违、庸众而野。故人无礼则不生，事无礼则不成，国家无礼则不宁。《诗》曰："礼仪卒度，笑语卒获。"此之谓也。

以善先人者谓之教，以善和人者谓之顺；以不善先人者谓之谄，以不善和人者谓之谀。是是、非非谓之知，非是、是非谓之愚。伤良曰谗，害良曰贼。是谓是，非谓非曰直。窃货曰盗，匿行曰诈，易言曰诞，趣舍无定谓之无常，保利弃义谓之至贼。多闻曰博，少闻曰浅；多见曰闲，少见曰陋。难进曰偍，易忘曰漏。少而理曰治，多而乱曰耗。

治气养心之术：血气刚强，则柔之以调和；知虑渐深，则一之以易良；勇胆猛戾，则辅之以道顺；齐给便利，则节之以动止；狭隘褊小，则廓之以广大；卑湿、重迟、贪利，则抗之以高志；庸众驽散，则劫之以师友；怠慢僄弃，则照之以祸灾；愚款端悫，则合之以礼乐，通之以思索。凡治气养心之术，莫径由礼，莫要得师，莫神一好。夫是之谓治气养心之术也。

志意修则骄富贵，道义重则轻王公，内省而外物轻矣。传曰："君子役物，小人役于物。"此之谓矣。身劳而心安，为之；利少而义多，为之。事乱君而通，不如事穷君而顺焉。故良农不为水旱不耕，良贾不为折阅不市，士君子不为贫穷怠乎道。

体恭敬而心忠信，术礼义而情爱人，横行天下，虽困四夷，人莫不贵。劳苦之事则争先，饶乐之事则能让，端悫①诚信，拘守而详②，横行天下，虽困四夷，人莫不任。体倨固而心执诈，术顺墨而精杂污，横行天下，虽达四方，人莫不贱。劳苦之事则偷儒转脱，饶乐之事则佞兑而不曲，辟违而不悫，程役而不录，横行天下，虽达四方，人莫不弃。

行而供冀，非渍淖也；行而俯项，非击戾也；偶视而先俯，非恐惧也。然夫士欲独修其身，不以得罪于比俗之人也。

夫骥一日而千里，驽马十驾则亦及之矣。将以穷无穷，逐无极与？其折骨绝筋，终身不可以相及也。将有所止之，则千里虽远，亦或迟或速、或先或后，胡为乎其不可以相及也？不识步道者，将以穷无穷，逐无极与？意亦有所止之与？夫坚白、同异、有厚无厚之察，非不察也，然而君子不辩，止之也；倚魁之行，非不难也，然而君子不行，止之也。故学曰："迟彼止而待我，我行而就之，则亦或迟或速，或先或后，胡为乎其

---

① 悫（què）：忠厚，诚实。
② 详：审于事也，洞悉于事。

不可以同至也？"故跬步而不休，跛鳖千里；累土而不辍，丘山崇成；厌其源，开其渎，江河可竭；一进一退，一左一右，六骥不致。彼人之才性之相县也，岂若跛鳖之与六骥足哉？然而跛鳖致之，六骥不致，是无他故焉，或为之，或不为尔。

道虽迩，不行不至；事虽小，不为不成。其为人也多暇日者，其出入不远矣。好法而行，士也；笃志而体，君子也；齐明而不竭，圣人也。人无法，则伥伥然；有法而无志其义，则渠渠然；依乎法而又深其类，然后温温然。

礼者、所以正身也；师者，所以正礼也。无礼何以正身？无师，吾安知礼之为是也？礼然而然，则是情安礼也；师云而云，则是知若师也。情安礼，知若师，则是圣人也。故非礼，是无法也；非师，是无师也。不是师法而好自用，譬之是犹以盲辨色，以聋辨声也，舍乱妄无为也。故学也者，礼法也。夫师，以身为正仪而贵自安者也。《诗》云："不识不知，顺帝之则。"此之谓也。

端悫顺弟，则可谓善少者矣；加好学逊敏焉，则有钧无上，可以为君子者矣。偷儒惮事，无廉耻而嗜乎饮食，则可谓恶少者矣；加惕悍而不顺，险贼而不弟焉，则可谓不详少者矣，虽陷刑戮可也。老老而壮者归焉，不穷穷而通者积焉，行乎冥冥而施乎无报，而贤不肖一焉。人有此三行，虽有大过，天其不遂乎！

君子之求利也略，其远害也早，其避辱也惧，其行道理也勇。君子贫穷而志广，富贵而体恭，安燕而血气不惰，劳倦而容貌不枯，怒不过夺，喜不过予。君子贫穷而志广，隆仁也；富贵而体恭，杀埶也；安燕而血气不惰，柬理也；劳倦而容貌不枯，好交也。怒不过夺，喜不过予，是法胜私也。《书》曰："无有作好，遵王之道；无有作恶，遵王之路。"此言君子之能以公义胜私欲也。

君子行不贵苟难，说不贵苟察，名不贵苟传，唯其当之为贵。故怀负石而赴河，是行之难为者也，而申徒狄能之；然而君子不贵者，非礼义之中也。山渊平，天地比，齐、秦袭，入乎耳，出乎口，钩有须，卵有毛，是说之难持者也，而惠施、邓析能之；然而君子不贵者，非礼义之中也。盗跖吟口，名声若日月，与舜、禹俱传而不息；然而君子不贵者，非礼义之中也。故曰：君子行不贵苟难，说不贵苟察，名不贵苟传，唯其当之为贵。《诗》曰："物其有矣，惟其时矣。"此之谓也。

君子易知而难狎，易惧而难胁，畏患而不避义死，欲利而不为所非，交亲而不比，言辩而不辞。荡荡乎，其有以殊于世也。

君子能亦好，不能亦好；小人能亦丑，不能亦丑。君子能则宽容易直以开道人，不能则恭敬缚绌以畏事人；小人能则倨傲僻违以骄溢人，不能则妒嫉怨诽以倾覆人。故曰：君子能则人荣学焉，不能则人乐告之；小人能则人贱学焉，不能则人羞告之。是君子小人之分也。

君子宽而不僈，廉而不刿①，辩而不争，察而不激，直立而不胜，坚强而不暴，柔从而不流，恭敬谨慎而容。夫是之谓至文。《诗》曰："温温恭人，惟德之基。"此之谓矣。

君子崇人之德，扬人之美，非谄谀也；正义直指，举人之过，非毁疵也；言己之光美，拟于舜、禹，参于天地，非夸诞也；与时屈伸，柔从若蒲苇，非慑怯也；刚强猛毅，靡所不信，非骄暴也。以义变应，知当曲直故也。《诗》曰："左之左之，君子宜之；右之右之，君子有之。"此言君子能以义屈信变应故也。

君子，小人之反也。君子大心则敬天而道，小心则畏义而节；知则明

---

① 刿（guì）：刺伤。

通而类，愚则端悫而法；见由则恭而止，见闭则敬而齐；喜则和而治，忧则静而理；通则文而明，穷则约而详。小人则不然，大心则慢而暴，小心则淫而倾；知则攫盗而渐，愚则毒贼而乱；见由①则兑②而倨，见闭则怨而险；喜则轻而翾，忧则挫而慑；通则骄而偏，穷则弃而儑③。传曰："君子两进，小人两废。"此之谓也。

君子治治，非治乱也。曷谓邪？曰：礼义之谓治，非礼义之谓乱也。故君子者，治礼义者也，非治非礼义者也。然则国乱将弗治与？曰：国乱而治之者，非案乱而治之之谓也，去乱而被之以治；人污而修之者，非案污而修之之谓也，去污而易之以修。故去乱而非治乱也，去污而非修污也。治之为名，犹曰君子为治而不为乱，为修而不为污也。

君子絜其辩而同焉者合矣，善其言而类焉者应矣。故马鸣而马应之，牛鸣而牛应之，非知也，其埶然也。故新浴者振其衣，新沐者弹其冠，人之情也。其谁能以己之潐潐④，受人之掝掝⑤者哉！

君子养心莫善于诚，致诚则无它事矣。惟仁之为守，惟义之为行。诚心守仁则形，形则神，神则能化矣；诚心行义则理，理则明，明则能变矣。变化代兴，谓之天德。天不言而人推高焉，地不言而人推厚焉，四时不言而百姓期焉。夫此有常，以至其诚者也。君子至德，嘿然而喻，未施而亲，不怒而威。夫此顺命，以慎其独者也。善之为道者，不诚则不独，不独则不形，不形则虽作于心，见于色，出于言，民犹若未从也，虽从必疑。天地为大矣，不诚则不能化万物；圣人为知矣，不诚则不能化万民；父子为亲矣，不诚则疏；君上为尊矣，不诚则卑。夫诚者，君子之所守也，而政事之本也。唯所居以其类至，操之则得之，舍之则失之。操而得

---

① 由：用也。
② 兑：悦也。
③ 儑（án）：不慧。
④ 潐潐（jiào jiào）：亦作"僬僬"，明察貌。潐：水尽。谓穷尽明于事。
⑤ 掝掝（huò huò）：亦作"惑惑"，惛也。

之则轻，轻则独行，独行而不舍则济矣。济而材尽，长迁而不反其初则化矣。

君子位尊而志恭，心小而道大，所听视者近而所闻见者远。是何邪？则操术然也。故千人万人之情，一人之情是也；天地始者，今日是也；百王之道，后王是也。君子审后王之道而论于百王之前，若端拜而议。推礼义之统，分是非之分，总天下之要，治海内之众，若使一人。故操弥约而事弥大。五寸之矩，尽天下之方也。故君子不下室堂而海内之情举积此者，则操术然也。

有通士者，有公士者，有直士者，有悫士者，有小人者。上则能尊君，下则能爱民，物至而应，事起而辨，若是，则可谓通士矣。不下比以暗上，不上同以疾下，分争于中，不以私害之，若是，则可谓公士矣。身之所长，上虽不知，不以悖君；身之所短，上虽不知，不以取赏，长短不饰，以情自竭，若是，则可谓直士矣。庸言必信之，庸行必慎之，畏法流俗而不敢以其所独甚，若是，则可谓悫士矣。言无常信，行无常贞，唯利所在，无所不倾，若是则可谓小人矣。

公生明，偏生暗，端悫生通，诈伪生塞，诚信生神，夸诞生惑。此六生者，君子慎之，而禹、桀所以分也。

欲恶取舍之权：见其可欲也，则必前后虑其可恶也者；见其可利也，则必前后虑其可害也者；而兼权之，孰计之，然后定其欲恶取舍。如是，则常不失陷矣。凡人之患，偏伤之也。见其可欲也，则不虑其可恶也者；见其可利也，则不顾其可害也者。是以动则必陷，为则必辱，是偏伤之患也。

人之所恶者，吾亦恶之。夫富贵者则类傲之；夫贫贱者则求柔之，是非仁人之情也，是奸人将以盗名于晻世者也，险莫大焉。故曰：盗名不如盗货。田仲、史鳅不如盗也。

△ 性恶第二十三

人之性恶，其善者伪也。今人之性，生而有好利焉，顺是，故争夺生而辞让亡焉；生而有疾恶焉，顺是，故残贼生而忠信亡焉；生而有耳目之欲，有好声色焉，顺是，故淫乱生而礼义文理亡焉。然则从人之性，顺人之情，必出于争夺，合于犯分乱理而归于暴。故必将有师法之化，礼义之道，然后出于辞让，合于文理，而归于治。用此观之，然则人之性恶明矣，其善者伪也。故枸木必将待檃栝、烝、矫然后直，钝金必将待砻、厉然后利。今人之性恶，必将待师法然后正，得礼义然后治。今人无师法则偏险而不正，无礼义则悖乱而不治。古者圣王以人之性恶，以为偏险而不正，悖乱而不治，是以为之起礼义，制法度，以矫饰人之情性而正之，以扰化人之情性而导之也。始皆出于治、合于道者也。今之人化师法，积文学，道礼义者为君子；纵性情，安恣睢，而违礼义者为小人。用此观之，人之性恶明矣，其善者，伪也。孟子曰："人之学者，其性善。"曰：是不然。是不及知人之性，而不察乎人之性、伪之分者也。凡性者，天之就也，不可学，不可事；礼义者，圣人之所生也，人之所学而能，所事而成者也。不可学、不可事而在人者谓之性，可学而能、可事而成之在人者谓之伪，是性、伪之分也。今人之性，目可以见，耳可以听。夫可以见之明不离目，可以听之聪不离耳，目明而耳聪，不可学明矣。孟子曰："今人之性善，将皆失丧其性故也。"曰：若是，则过矣。今人之性，生而离其朴，离其资，必失而丧之。用此观之，然则人之性恶明矣。所谓性善者，不离其朴而美之，不离其资而利之也。使夫资朴之于美，心意之于善，若夫可以见之明不离目，可以听之聪不离耳，故曰目明而耳聪也。今人之性，饥而欲饱，寒而欲暖，劳而欲休，此人之情性也。今人饥，见长而不敢先食者，将有所让也；劳而不敢求息者，将有所代也。夫子之让乎父、弟之让乎兄，子之代乎父、弟之代乎兄，此二行者，皆反于性而悖于情也。然而孝子之道，礼义之文理也。故顺情性则不辞让矣，辞让则悖于情性矣。用此观之，然则人之性恶明矣，其善者伪也。

问者曰："人之性恶，则礼义恶生？"应之曰：凡礼义者，是生于圣人之伪，非故生于人之性也。故陶人埏埴而为器，然则器生于工人之伪，非故生于人之性也。故工人斫木而成器，然则器生于工人之伪，非故生于人之性也。圣人积思虑、习伪故，以生礼义而起法度，然则礼义法度者，是生于圣人之伪，非故生于人之性也。若夫目好色，耳好声，口好味，心好利，骨体肤理好愉佚，是皆生于人之情性者也，感而自然，不待事而后生之者也。夫感而不能然，必且待事而后然者，谓之生于伪。是性、伪之所生，其不同之徵也。

故圣人化性而起伪，伪起而生礼义，礼义生而制法度。然则礼义法度者，是圣人之所生也。故圣人之所以同于众，其不异于众者，性也；所以异而过众者，伪也。夫好利而欲得者，此人之情性也。假之人有弟兄资财而分者，且顺情性，好利而欲得，若是，则兄弟相拂夺矣；且化礼义之文理，若是则让乎国人矣。故顺情性则弟兄争矣，化礼义则让乎国人矣。凡人之欲为善者，为性恶也。夫薄愿厚，恶愿美，狭愿广，贫愿富，贱愿贵，苟无之中者，必求于外。故富而不愿财，贵而不愿埶，苟有之中者，必不及于外。用此观之，人之欲为善者，为性恶也。今人之性，固无礼义，故强学而求有之也；性不知礼义，故思虑而求知之也。然则生而已，则人无礼义，不知礼义。人无礼义则乱，不知礼义则悖。然则生而已，则悖乱在己。用此观之，人之性恶明矣，其善者伪也。

孟子曰："人之性善。"曰：是不然。凡古今天下之所谓善者，正理平治也；所谓恶者，偏险悖乱也。是善恶之分也矣。今诚以人之性固正理平治邪？则有恶用圣王，恶用礼义矣哉？虽有圣王礼义，将曷加于正理平治也哉？今不然，人之性恶。故古者圣人以人之性恶，以为偏险而不正，悖乱而不治，故为之立君上之埶以临之，明礼义以化之，起法正以治之，重刑罚以禁之，使天下皆出于治，合于善也。是圣王之治，而礼义之化也。今当试去君上之埶，无礼义之化，去法正之治，无刑罚之禁，倚而观天下民人之相与也，若是，则夫强者害弱而夺之，众者暴寡而哗之，天下之悖乱而相亡不待顷矣。用此观之，然则人之性恶明矣，其善者伪也。

故善言古者必有节于今，善言天者必有徵于人。凡论者，贵其有辨合，有符验，故坐而言之，起而可设，张而可施行。今孟子曰："人之性善。"无辨合符验，坐而言之，起而不可设，张而不可施行，岂不过甚矣哉！故性善则去圣王，息礼义矣；性恶则与圣王，贵礼义矣。故檃栝之生，为枸木也；绳墨之起，为不直也；立君上、明礼义，为性恶也。用此观之，然则人之性恶明矣，其善者伪也。直木不待檃栝而直者，其性直也；枸木必将待檃栝、烝、矫然后直者，以其性不直也。今人之性恶，必将待圣王之治、礼义之化，然后皆出于治，合于善也。用此观之，然则人之性恶明矣，其善者伪也。

问者曰："礼义积伪者，是人之性，故圣人能生之也。"应之曰：是不然。夫陶人埏埴而生瓦，然则瓦埴岂陶人之性也哉？工人斫木而生器，然则器木岂工人之性也哉？夫圣人之于礼义也，辟则陶埏而生之也，然则礼义积伪者，岂人之本性也哉？凡人之性者，尧、舜之与桀、跖，其性一也；君子之与小人，其性一也。今将以礼义积伪为人之性邪？然则有曷贵尧、禹，曷贵君子矣哉？凡所贵尧、禹、君子者，能化性，能起伪，伪起而生礼义。然则圣人之于礼义积伪也，亦犹陶埏而为之也。用此观之，然则礼义积伪者，岂人之性也哉？所贱于桀、跖、小人者，从其性，顺其情，安恣睢，以出乎贪利争夺。故人之性恶明矣，其善者伪也。天非私曾、骞、孝己而外众人也，然而曾、骞、孝己独厚于孝之实而全于孝之名者，何也？以綦于礼义故也。天非私齐、鲁之民而外秦人也，然而于父子之义、夫妇之别，不如齐、鲁之孝具敬父者，何也？以秦人之从情性，安恣睢，慢于礼义故也，岂其性异矣哉？

"涂之人可以为禹"，曷谓也？曰：凡禹之所以为禹者，以其为仁义法正也。然则仁义法正有可知可能之理，然而涂之人也，皆有可以知仁义法正之质，皆有可以能仁义法正之具，然则其可以为禹明矣。今以仁义法正为固无可知可能之理邪？然则唯禹不知仁义法正，不能仁义法正也。将使涂之人固无可以知仁义法正之质，而固无可以能仁义法正之具邪？然则涂之人也，且内不可以知父子之义，外不可以知君臣之正。今不然。涂之人者，皆内可以知父子之义，外可以知君臣之正，然则其可以知之质，可以能之具，其在涂之人明矣。今使涂之人者以其可以知之质，可以能之具，本夫仁义法正之可知之理，可能之具，然则其可以为禹明矣。今使涂之人伏术为学，专心一志，思索孰察，加日县久，积善而不息，则通于神明，参于天地矣。故圣人者，人之所积而致矣。曰："圣可积而致，然而皆不可积，何也？"曰：可以而不可使也。故小人可以为君子而不肯为君子，君子可以为小人而不肯为小人。小人、君子者，未尝不可以相为也，然而不相为者，可以而不可使也。故涂之人可以为禹则然，涂之人能为禹，未必然也。虽不能为禹，无害可以为禹。足可以遍行天下，然而未尝有能遍行天下者也。夫工匠、农、贾，未尝不可以相为事也，然而未尝能相为事也。用此观之，然则可以为，未必能也；虽不能，无害可以为。然则能不能之与可不可，其不同远矣，其不可以相为明矣。

尧问于舜曰："人情何如？"舜对曰："人情甚不美，又何问焉？妻子具而孝衰于亲，嗜欲得而信衰于友，爵禄盈而忠衰于君。人之情乎！人之情乎！甚不美，又何问焉！"唯贤者为不然。

有圣人之知者，有士君子之知者，有小人之知者，有役夫之知者，多言则文而类，终日议其所以，言之千举万变，其统类一也：是圣人之知也。少言则径而省，论而法，若佚之以绳，是士君子之知也。其言也谄，其行也悖，其举事多悔，是小人之知也。齐给、便敏而无类，杂能、旁魄而无用，析速、粹孰而不急，不恤是非，不论曲直，以期胜人为意，是役夫之知也。有上勇者，有中勇者，有下勇者。天下有中，敢直其身；先王有道，敢行其意；上不循于乱世之君，下不俗于乱世之民；仁之所在无贫穷，仁之所亡无富贵；天下知之，则欲与天下同苦乐之；天下不知之，则傀然独立天地之间而不畏：是上勇也。礼恭而意俭，大齐信焉而轻货财，贤者敢推而尚之，不肖者敢援而废之，是中勇也。轻身而重货，恬祸而广解，苟免不恤是非、然不然之情，以期胜人为意，是下勇也。繁弱、钜黍，古之良弓也，然而不得排檠则不能自正。桓公之葱，大公之阙，文王之录，庄君之曶，阖闾之干将、莫邪、钜阙、辟闾，此皆古之良剑也，然而不加砥厉则不能利，不得人力则不能断。骅骝、骐、骥、纤离、绿耳，此皆古之良马也，然而必前有衔辔之制，后有鞭策之威，加之以造父之驭，然后一日而致千里也。夫人虽有性质美而心辩知，必将求贤师而事之，择良友而友之。得贤师而事之，则所闻者尧、舜、禹、汤之道也；得良友而友之，则所见者忠信敬让之行也。身日进于仁义而不自知也者，靡使然也。今与不善人处，则所闻者欺诬诈伪也，所见者污漫、淫邪、贪利之行也，身且加于刑戮而不自知者，靡使然也。传曰："不知其子视其友，不知其君视其左右。"靡而已矣！靡而已矣！

绕座群书如累玉，夜灯忘睡昼忘饥。
文章须用圣贤断，议论要通今古疑。
孟子岂无仁义国，荀卿犹作帝王师。
太平歧路安于掌，好跨大宛万里驰。
　　　宋·郑獬《勉学者》

审定者：北京大学 李 零

全书总字数：6099

用字量：770

孙子兵法

31

《孙子兵法》又称《吴孙子兵法》《孙子》《孙武兵法》，孙武撰。孙武，生卒不详，字长卿，春秋末期齐国人，从齐国流亡到吴国，辅助吴王经国治军，显名诸侯，被尊为"兵圣"。

《孙子兵法》是现存最早的兵书，凡十三篇，每篇皆以"孙子曰"开头，按专题论说，有中心，有层次，逻辑严谨，语言简练，文风质朴，善用排比铺陈叙说，比喻生动具体。

《孙子兵法》继承和发展了前人的军事理论，把政治作为决定战争胜败的首要因素，归纳出战争的原理原则，举凡战前之准备、策略之运用、作战之布署、敌情之研判等，无不详加说明，巨细靡遗，周严完备，具有朴素的唯物辩证思想，两千年多来一直被视为兵家之经典，至今仍具有重大的现实意义。毛泽东对《孙子兵法》推崇备至，而孙子所主张的智、信、仁、勇、严则成为中国军人的"武德"。

高频字

之	不	者	也	而	故	以	可	地	其	则	胜

△ 始计篇

孙子曰：兵者，国之大事，死生之地，存亡之道，不可不察也。

故经之以五事，校之以计而索其情：一曰道，二曰天，三曰地，四曰将，五曰法。道者，令民与上同意，可与之死，可与之生，而不畏危也。天者，阴阳、寒暑、时制也。地者，远近、险易、广狭、死生也。将者，智、信、仁、勇、严也。法者，曲制、官道、主用也。凡此五者，将莫不闻，知之者胜，不知者不胜。

故校之以计而索其情，曰：主孰有道？将孰有能？天地孰得？法令孰行？兵众孰强？士卒孰练？赏罚孰明？吾以此知胜负矣。

将听吾计，用之必胜，留之；将不听吾计，用之必败，去之。计利以听，乃为之势，以佐其外。势者，因利而制权也。

兵者，诡道也。故能而示之不能，用而示之不用，近而示之远，远而示之近。利而诱之，乱而取之，实而备之，强而避之，怒而挠之，卑而骄之，佚而劳之，亲而离之。攻其无备，出其不意。此兵家之胜，不可先传也。

夫未战而庙算胜者，得算多也；未战而庙算不胜者，得算少也。多算胜，少算不胜，而况于无算乎！吾以此观之，胜负见矣。

△ 作战篇

孙子曰：凡用兵之法，驰车千驷，革车千乘，带甲十万，千里馈粮；内外之费，宾客之用，胶漆之材，车甲之奉，日费千金，然后十万之师举矣。

其用战也胜，久则钝兵挫锐，攻城则力屈，久暴师则国用不足。夫钝兵挫锐，屈力殚货，则诸侯乘其弊而起，虽有智者，不能善其后矣。故兵闻拙速，未睹巧之久也。夫兵久而国利者，未之有也。故不尽知用兵之害者，则不能尽知用兵之利也。善用兵者，役不再籍，粮不三载；取用于国，因粮于敌，故军食可足也。

国之贫于师者远输，远输则百姓贫；近师者贵卖，贵卖则百姓财竭，财竭则急于丘役。力屈财殚，中原内虚于家。百姓之费，十去其七；公家之费，破车罢马，甲胄矢弩，戟楯蔽橹，丘①牛大车，十去其六。

故智将务食于敌，食敌一钟，当吾二十钟；芑秆一石，当吾二十石。故杀敌者，怒也；取敌之利者，货也。故车战得车十乘以上，赏其先得者，而更其旌旗，车杂而乘之，卒善而养之，是谓胜敌而益强。故兵贵胜，不贵久。故知兵之将，民之司命，国家安危之主也。

△ 谋攻篇

孙子曰：凡用兵之法，全国为上，破国次之；全军为上，破军次之；全旅为上，破旅次之；全卒为上，破卒次之；全伍为上；破伍次之。是故百战百胜，非善之善者也；不战而屈人之兵，善之善者也。

故上兵伐谋，其次伐交，其次伐兵，其下攻城。攻城之法，为不得

---

① 丘（qiū）：大也。

已。修橹轒辒，具器械，三月而后成，距闉，又三月而后已。将不胜其忿而蚁附之，杀三分之一而城不拔者，此攻之灾也。

故善用兵者，屈人之兵而非战也，拔人之城而非攻也，毁人之国而非久也。必以全争于天下，故兵不顿而利可全，此谋攻之法也。

故用兵之法，十则围之，五则攻之，倍则分之，敌则能战之，少则能逃之，不若则能避之。故小敌之坚，大敌之擒也。

夫将者，国之辅也，辅周则国必强，辅隙则国必弱。

故君之所以患于军者三：不知军之不可以进而谓之进，不知军之不可以退而谓之退，是谓縻军；不知三军之事，而同三军之政，则军士惑矣；不知三军之权，而同三军之任，则军士疑矣。三军既惑且疑，则诸侯之难至矣，是谓乱军引胜。

故知胜有五：知可以战与不可以战者胜，识众寡之用者胜，上下同欲者胜，以虞待不虞者胜，将能而君不御者胜。此五者，知胜之道也。

故曰：知彼知己，百战不殆；不知彼而知己，一胜一负；不知彼不知己，每战必殆。

△ 军形篇

孙子曰：昔之善战者，先为不可胜，以待敌之可胜。不可胜在己，可胜在敌。故善战者，能为不可胜，不能使敌之必可胜。故曰：胜可知而不可为。不可胜者，守也；可胜者，攻也。守则不足，攻则有馀。善守者，藏于九地之下；善攻者，动于九天之上，故能自保而全胜也。

见胜不过众人之所知，非善之善者也；战胜而天下曰善，非善之善者也。故举秋毫不为多力，见日月不为明目，闻雷霆不为聪耳。古之所谓善战者，胜于易胜者也。故善战者之胜也，无智名，无勇功，故其战胜不忒①。不忒者，其所措必胜，胜已败者也。故善战者，立于不败之地，而不失敌之败也。是故胜兵先胜而后求战，败兵先战而后求胜。善用兵者，修道而保法，故能为胜败之政。

兵法：一曰度，二曰量，三曰数，四曰称，五曰胜。地生度，度生量，量生数，数生称，称生胜。

故胜兵若以镒称铢，败兵若以铢称镒。胜者之战民也，若决积水于千仞之谿者，形也。

△ 兵势篇

孙子曰：凡治众如治寡，分数是也；斗众如斗寡，形名是也；三军之众，可使必受敌而无败者，奇正是也；兵之所加，如以碫投卵者，虚实是也。

凡战者，以正合，以奇胜。故善出奇者，无穷如天地，不竭如江河。终而复始，日月是也；死而复生，四时是也。声不过五，五声之变，不可胜听也；色不过五，五色之变，不可胜观也；味不过五，五味之变，不可胜尝也；战势不过奇正，奇正之变，不可胜穷也。奇正相生，如循环之无端，孰能穷之哉？

激水之疾，至于漂石者，势也；鸷鸟之疾，至于毁折者，节也。是故善战者，其势险，其节短。势如彍②弩，节如发机③。

纷纷纭纭，斗乱而不可乱也；浑浑沌沌，形圆而不可败也。

乱生于治，怯生于勇，弱生于强。治乱，数也；勇怯，势也；强弱，形也。

故善动敌者，形之，敌必从之；予之，敌必取之。以利动之，以本

---

① 忒（tè）：差错。
② 彍（guō）：张满弓弩。
③ 机（jī）：古代弩箭上的发动机关。

待之。

故善战者，求之于势，不责于人，故能择人而任势。任势者，其战人也，如转木石。木石之性，安则静，危则动，方则止，圆则行。故善战人之势，如转圆石于千仞之山者，势也。

△ 虚实篇

孙子曰：凡先处战地而待敌者佚，后处战地而趋战者劳。故善战者，致人而不致于人。

能使敌人自至者，利之也；能使敌人不得至者，害之也。故敌佚能劳之，饱能饥之，安能动之。出其所不趋，趋其所不意。行千里而不劳者，行于无人之地也。攻而必取者，攻其所不守也；守而必固者，守其所不攻也。故善攻者，敌不知其所守；善守者，敌不知其所攻。微乎微乎，至于无形；神乎神乎，至于无声，故能为敌之司命。

进而不可御者，冲其虚也；退而不可追者，速而不可及也。故我欲战，敌虽高垒深沟，不得不与我战者，攻其所必救也；我不欲战，画地而守之，敌不得与我战者，乖其所之也。

故形人而我无形，则我专而敌分。我专为一，敌分为十，是以十攻其一也，则我众而敌寡。能以众击寡者，则吾之所与战者约矣。吾所与战之地不可知，不可知，则敌所备者多；敌所备者多，则吾所与战者寡矣。故备前则后寡，备后则前寡；备左则右寡，备右则左寡；无所不备，则无所不寡。寡者，备人者也；众者，使人备己者也。

故知战之地，知战之日，则可千里而会战。不知战地，不知战日，则左不能救右，右不能救左，前不能救后，后不能救前，而况远者数十里，近者数里乎？以吾度之，越人之兵虽多，亦奚益于胜哉？故曰：胜可为也。敌虽众，可使无斗。

故策之而知得失之计，作之而知动静之理，形之而知死生之地，角之而知有馀不足之处。

故形兵之极，至于无形。无形，则深间不能窥，智者不能谋。因形而措胜于众，众不能知。人皆知我所以胜之形，而莫知吾所以制胜之形。故其战胜不复，而应形于无穷。

夫兵形象水，水之形，避高而趋下；兵之形，避实而击虚。水因地而制流，兵因敌而制胜。故兵无常势，水无常形，能因敌变化而取胜者，谓之神。故五行无常胜，四时无常位，日有短长，月有死生。

△ 军争篇

孙子曰：凡用兵之法，将受命于君，合军聚众，交和而舍，莫难于军争。军争之难者，以迂为直，以患为利。故迂其途，而诱之以利，后人发，先人至，此知迂直之计者也。

故军争为利，众争为危。举军而争利，则不及；委军而争利，则辎重捐。是故卷甲而趋，日夜不处，倍道兼行，百里而争利，则擒三将军，劲者先，疲者后，其法十一而至；五十里而争利，则蹶上将军，其法半至；三十里而争利，则三分之二至。是故军无辎重则亡，无粮食则亡，无委积则亡。

故不知诸侯之谋者，不能豫交；不知山林、险阻、沮泽之形者，不能行军；不用乡导者，不能得地利。

故兵以诈立，以利动，以分合为变者也。故其疾如风，其徐如林，侵掠如火，不动如山，难知如阴，动如雷震。掠乡分众，廓地分利，悬权而动。先知迂直之计者胜，此军争之法也。

《军政》曰："言不相闻，故为金鼓；视不相见，故为旌旗。"夫金鼓、旌旗者，所以一人之耳目也。人既专一，则勇者不得独进，怯者不得独退，此用众之法也。故夜战多金鼓，昼战多旌旗，所以变人之耳目也。

三军可夺气，将军可夺心。是故朝气锐，昼气惰，暮气归。善用兵者，避其锐气，击其惰归，此治气者也；以治待乱，以静待哗，此治心者也；以近待远，以佚待劳，以饱待饥，此治力者也；无邀正正之旗，勿击堂堂之阵，此治变者也。

故用兵之法：高陵勿向，背丘勿逆，佯北勿从，锐卒勿攻，饵兵勿食，归师勿遏，围师必阙，穷寇勿迫，此用兵之法也。

△ 九变篇

孙子曰：凡用兵之法，将受命于君，合军聚众。圮地无舍，衢地合交，绝地无留，围地则谋，死地则战。途有所不由，军有所不击，城有所不攻，地有所不争，君命有所不受。故将通于九变之地利者，知用兵矣。将不通于九变之利，虽知地形，不能得地之利矣。治兵不知九变之术，虽知五利，不能得人之用矣。

是故智者之虑，必杂于利害。杂于利，而务可信也；杂于害，而患可解也。是故屈诸侯者以害，役诸侯者以业，趋诸侯者以利。

故用兵之法，无恃其不来，恃吾有以待也；无恃其不攻，恃吾有所不可攻也。

故将有五危：必死可杀，必生可虏，忿速可侮，廉洁可辱，爱民可烦。凡此五者，将之过也，用兵之灾也。覆军杀将，必以五危，不可不察也。

△ 行军篇

孙子曰：凡处军、相敌，绝山依谷，视生处高，战隆无登，此处山之军也。绝水必远水，客绝水而来，勿迎之于水内，令半济而击之，利；欲战者，无附于水而迎客；视生处高，无迎水流，此处水上之军也。绝斥泽，惟亟去无留；若交军于斥泽之中，必依水草而背众树，此处斥泽之军也。平陆处易，右背高，前死后生，此处平陆之军也。凡此四军之利，黄帝之所以胜四帝也。

凡军好高而恶下，贵阳而贱阴，养生处实，军无百疾，是谓必胜。丘陵堤防，必处其阳，而右背之，此兵之利，地之助也。上雨，水沫至，欲涉者，待其定也。凡地有绝涧、天井、天牢、天罗、天陷、天隙，必亟去之，勿近也。吾远之，敌近之；吾迎之，敌背之。

军旁有险阻、潢井①、蒹葭、林木、翳荟者，必谨覆索之，此伏奸之所也。敌近而静者，恃其险也；远而挑战者，欲人之进也。其所居易者，利也；众树动者，来也；众草多障者，疑也；鸟起者，伏也；兽骇者，覆也。尘高而锐者，车来也；卑而广者，徒来也；散而条达者，樵采也；少而往来者，营军也。

辞卑而益备者，进也；辞强而进驱者，退也；轻车先出居其侧者，阵也；无约而请和者，谋也；奔走而陈兵者，期也；半进半退者，诱也。

杖而立者，饥也；汲而先饮者，渴也；见利而不进者，劳也；鸟集者，虚也；夜呼者，恐也；军扰者，将不重也；旌旗动者，乱也；吏怒者，倦也；杀马肉食，军无粮也；悬缶不返其舍者，穷寇也；谆谆翕翕，徐与人言者，失众也；数赏者，窘也；数罚者，困也；先暴而后畏其众者，不精之至也；来委谢者，欲休息也。兵怒而相迎，久而不合，又不相去，必谨察之。

兵非多益也，惟无武进，足以并力、料敌、取人而已。夫惟无虑而易敌者，必擒于人。

卒未亲附而罚之，则不服，不服则难用也；卒已亲附而罚不行，则不可用也。故令之以文，齐之以武，是谓必取。令素行以教其民，则民服；令不素行以教其民，则民不服。令素行者，与众相得也。

---

① 潢井：沼泽低洼地带。

△ 地形篇

孙子曰：地形有通者，有挂者，有支者，有隘者，有险者，有远者。我可以往，彼可以来，曰通。通形者，先居高阳，利粮道，以战则利。可以往，难以返，曰挂。挂形者，敌无备，出而胜之；敌若有备，出而不胜，难以返，不利。我出而不利，彼出而不利，曰支。支形者，敌虽利我，我无出也；引而去之，令敌半出而击之，利。隘形者，我先居之，必盈之以待敌；若敌先居之，盈而勿从，不盈而从之。险形者，我先居之，必居高阳以待敌；若敌先居之，引而去之，勿从也。远形者，势均，难以挑战，战而不利。凡此六者，地之道也，将之至任，不可不察也。

故兵有走者，有弛者，有陷者，有崩者，有乱者，有北者。凡此六者，非天地之灾，将之过也。夫势均，以一击十，曰走。卒强吏弱，曰弛。吏强卒弱，曰陷。大吏怒而不服，遇敌怼而自战，将不知其能，曰崩。将弱不严，教道不明，吏卒无常，陈兵纵横，曰乱。将不能料敌，以少合众，以弱击强，兵无选锋，曰北。凡此六者，败之道也，将之至任，不可不察也。

夫地形者，兵之助也。料敌制胜，计险厄远近，上将之道也。知此而用战者必胜，不知此而用战者必败。

故战道必胜，主曰无战，必战可也；战道不胜，主曰必战，无战可也。故进不求名，退不避罪，唯人是保，而利合于主，国之宝也。

视卒如婴儿，故可与之赴深谿；视卒如爱子，故可与之俱死。爱而不能令，厚而不能使，乱而不能治，譬若骄子，不可用也。

知吾卒之可以击，而不知敌之不可击，胜之半也；知敌之可击，而不知吾卒之不可以击，胜之半也；知敌之可击，知吾卒之可以击，而不知地形之不可以战，胜之半也。故知兵者，动而不迷，举而不穷。故曰：知彼知己，胜乃不殆；知天知地，胜乃可全。

△ 九地篇

孙子曰：用兵之法，有散地，有轻地，有争地，有交地，有衢地，有重地，有圮地，有围地，有死地。诸侯自战其地者，为散地；入人之地而不深者，为轻地；我得则利，彼得亦利者，为争地；我可以往，彼可以来者，为交地；诸侯之地三属，先至而得天下之众者，为衢地；入人之地深，背城邑多者，为重地；山林、险阻、沮泽，凡难行之道者，为圮地；所由入者隘，所从归者迂，彼寡可以击吾之众者，为围地；疾战则存，不疾战则亡者，为死地。

是故散地则无战，轻地则无止，争地则无攻，交地则无绝，衢地则合交，重地则掠，圮地则行，围地则谋，死地则战。

古之善用兵者，能使敌人前后不相及，众寡不相恃，贵贱不相救，上下不相收，卒离而不集，兵合而不齐。合于利而动，不合于利而止。

敢问："敌众整而将来，待之若何？"曰："先夺其所爱，则听矣。"

兵之情主速，乘人之不及，由不虞之道，攻其所不戒也。

凡为客之道，深入则专，主人不克；掠于饶野，三军足食；谨养而勿劳，并气积力；运兵计谋，为不可测。投之无所往，死且不北，死焉不得，士人尽力，兵士甚陷则不惧，无所往则固，深入则拘，不得已则斗。是故其兵不修而戒，不求而得，不约而亲，不令而信，禁祥去疑，至死无所之。吾士无馀财，非恶货也；无馀命，非恶寿也。令发之日，士卒坐者涕沾襟，偃卧者涕交颐，投之无所往，诸、刿之勇也。

故善用兵者，譬如率然。率然者，常山之蛇也。击其首则尾至，击其尾则首至，击其中则首尾俱至。敢问："兵可使如率然乎？"曰："可。"夫吴人与越人相恶也，当其同舟济而遇风，其相救也如左右手。是故方马埋轮，未足恃也；齐勇若一，政之道也；刚柔皆得，地之理也。故善用兵者，携手若使一人，不得已也。

将军之事，静以幽，正以治。能愚士卒之耳目，使之无知；易其事，革其谋，使人无识；易其居，迂其途，使人不得虑。帅与之期，如登高而去其梯；帅与之深入诸侯之地，而发其机，若驱群羊，驱而往，驱而来，莫知所之。聚三军之众，投之于险，此谓将军之事也。九地之变，屈伸之利，人情之理，不可不察。

凡为客之道，深则专，浅则散。去国越境而师者，绝地也；四通者，衢地也；入深者，重地也；入浅者，轻地也；背固前隘者，围地也；无所往者，死地也。是故散地，吾将一其志；轻地，吾将使之属；争地，吾将趋其后；交地，吾将谨其守；衢地，吾将固其结；重地，吾将继其食；圮地，吾将进其途；围地，吾将塞其阙；死地，吾将示之以不活。故兵之情，围则御，不得已则斗，过则从。

是故不知诸侯之谋者，不能豫交；不知山林、险阻、沮泽之形者，不能行军；不用乡导者，不能得地利。四五者一不知，非霸王之兵也。夫霸王之兵，伐大国，则其众不得聚；威加于敌，则其交不得合。是故不争天下之交，不养天下之权，信己之私，威加于敌，故其城可拔，其国可隳。施无法之赏，悬无政之令，犯三军之众，若使一人。犯之以事，勿告以言；犯之以利，勿告以害。投之亡地然后存，陷之死地然后生。夫众陷于害，然后能为胜败。

故为兵之事，在于顺详敌之意，并敌一向，千里杀将，是谓巧能成事。

是故政举之日，夷关折符，无通其使，厉于廊庙之上，以诛其事。敌人开阖，必亟入之。先其所爱，微与之期。践墨随敌，以决战事。是故始如处女，敌人开户；后如脱兔，敌不及拒。

△ 火攻篇

孙子曰：凡火攻有五，一曰火人，二曰火积，三曰火辎，四曰火库，五曰火队。

行火必有因，烟火必素具。发火有时，起火有日。时者，天之燥也；日者，月在箕、壁、翼、轸也，凡此四宿者，风起之日也。

凡火攻，必因五火之变而应之。火发于内，则早应之于外。火发而兵静者，待而勿攻。极其火力，可从而从之，不可从而止。火可发于外，无待于内，以时发之。火发上风，无攻下风。昼风久，夜风止。凡军必知有五火之变，以数守之。

故以火佐攻者明，以水佐攻者强。水可以绝，不可以夺。

夫战胜攻取，而不修其功者，凶，命曰"费留"。故曰：明主虑之，良将修之。非利不动，非得不用，非危不战。

主不可以怒而兴师，将不可以愠而致战。合于利而动，不合于利而止。怒可以复喜，愠可以复悦，亡国不可以复存，死者不可以复生。故明君慎之，良将警之，此安国全军之道也。

用间篇

孙子曰：凡兴师十万，出征千里，百姓之费，公家之奉，日费千金；内外骚动，怠于道路，不得操事者七十万家。相守数年，以争一日之胜，而爱爵禄百金，不知敌之情者，不仁之至也，非民之将也，非主之佐也，非胜之主也。故明君贤将，所以动而胜人，成功出于众者，先知也。先知者，不可取于鬼神，不可象于事，不可验于度，必取于人，知敌之情者也。

故用间有五：有乡间，有内间，有反间，有死间，有生间。五间俱起，莫知其道，是谓神纪，人君之宝也。乡间者，因其乡人而用之；内间者，因其官人而用之；反间者，因其敌间而用之；死间者，为诳事于外，令吾间知之，而传于敌间也；生间者，反报也。

故三军之事，莫亲于间，赏莫厚于间，事莫密于间。非圣智不能用间，非仁义不能使间，非微妙不能得间之实。微哉微哉，无所不用间也！间事未发而先闻者，间与所告者皆死。

凡军之所欲击，城之所欲攻，人之所欲杀，必先知其守将、左右、谒者、门者、舍人之姓名，令吾间必索知之。必索敌人之间来间我者，因而利之，导而舍之，故反间可得而用也。因是而知之，故乡间、内间可得而使也；因是而知之，故死间为诳事，可使告敌；因是而知之，故生间可使如期。五间之事，主必知之，知之必在于反间，故反间不可不厚也。

昔殷之兴也，伊挚①在夏；周之兴也，吕牙在殷。故明君贤将，能以上智为间者，必成大功。此兵之要，三军之所恃而动也。

自说轩皇息战威，万方无复事戎衣。
却教孙子藏兵法，空把文章向礼闱。

　　　　　　　　　唐·李涉《送孙尧夫赴举》

----

① 伊挚：指伊尹。

审定者：江苏师范大学 李昌集

全书总字数：100586

用字量：2965

吕氏春秋

32

　　《吕氏春秋》，又名《吕览》，是吕不韦召集门下宾客，"兼儒墨，合名法"，集体编纂而成的一部书。吕不韦，生卒年不详，战国后期卫国人。本是阳翟富商，在邯郸经商时，结识了在赵国做人质的秦公子嬴楚，他深知奇货可居，设法使嬴楚成为秦国的太子，待嬴楚登位，他亦被拜为丞相，封为文信侯，由此弃商从政。

　　吕不韦身为秦相国时召集门客撰写《吕氏春秋》，有很深的用意，此书实际上是吕不韦提出的一套施政大略，反映了吕不韦对社会文化和人文文化的多方位体认。全书分为"十二纪""八览""六论"三个部分，共一百六十篇，撷取儒、道、名、法、墨、兵、农、阴阳等诸家之说，内容涵盖政治、经济、军事、农业、外交、伦理、道德、修身等各个方面，同时涉及天文、历法、地理、乐律、术数，等等，成为一本体系庞大而复杂的学术著作，既有指导实践之用，又有知识教育之功，且蕴含着耐人深思的哲学意味，可谓先秦诸子百家的自然知识、社会知识、实践经验以及各种文化观念、哲学思想的提取和浓缩。

高频字

之	不	也	而	以	认	其	者	曰	人	子	为	於	则

◇ 孟 春

一曰：孟春之月，日在营室，昏参中，旦尾中。其日甲乙，其帝太皞，其神句芒，其虫鳞，其音角，律中太蔟。其数八，其味酸，其臭膻，其祀户，祭先脾。东风解冻，蛰虫始振，鱼上冰，獭祭鱼，候雁北。天子居青阳左个①，乘鸾辂②，驾苍龙，载青旂，衣青衣，服青玉，食麦与羊，其器疏以达。

是月也，以立春。先立春三日，太史谒之天子曰："某日立春，盛德在木。"天子乃斋。立春之日，天子亲率三公、九卿、诸侯、大夫，以迎春于东郊；还，乃赏公卿、诸侯、大夫于朝。命相布德和令，行庆施惠，下及兆民。庆赐遂行，无有不当。乃命太史，守典奉法，司天日月星辰之行，宿离不忒，无失经纪，以初为常。

是月也，天子乃以元日祈谷于上帝。乃择元辰，天子亲载耒耜，措之参于保介之御间，率三公、九卿、诸侯、大夫，躬耕帝籍田。天子三推，三公五推，卿、诸侯、大夫九推。反，执爵于太寝，三公、九卿、诸侯、大夫皆御，命曰"劳酒"。

是月也，天气下降，地气上腾，天地和同，草木繁动。王布农事，命

① 个（gè）：正堂两旁的侧室。
② 辂（lù）：帝王、诸侯用的大车。

田舍东郊，皆修封疆，审端径术。善相丘陵阪险原隰，土地所宜，五谷所殖，以教道民，以躬亲之。田事既饬，先定准直，农乃不惑。

是月也，命乐正入学习舞。乃修祭典，命祀山林川泽，牺牲无用牝，禁止伐木；无覆巢，无杀孩虫、胎夭、飞鸟，无麛无卵；无聚大众，无置城郭，掩骼霾髊①。

是月也，不可以称兵，称兵必有天殃。兵戎不起，不可以从我始。无变天之道，无绝地之理，无乱人之纪。

孟春行夏令，则风雨不时，草木早槁，国乃有恐；行秋令，则民大疫，疾风暴雨数至，藜莠蓬蒿并兴；行冬令，则水潦为败，霜雪大挚，首种不入。

——以上《孟春纪第一》

△ 仲 春

一曰：仲春之月，日在奎，昏弧中，旦建星中。其日甲乙，其帝太皞，其神句芒，其虫鳞，其音角，律中夹钟。其数八，其味酸，其臭膻，其祀户，祭先脾。始雨水，桃李华，苍庚鸣，鹰化为鸠。天子居青阳太庙，乘鸾辂，驾苍龙，载青旂，衣青衣，服青玉，食麦与羊，其器疏以达。

是月也，安萌牙，养幼少，存诸孤；择元日，命人社；命有司，省囹圄，去桎梏，无肆掠，止狱讼。

是月也，玄鸟至，至之日，以太牢祀于高禖。天子亲往，后妃率九嫔御，乃礼天子所御，带以弓韣，授以弓矢，于高禖之前。

是月也，日夜分，雷乃发声，始电。蛰虫咸动，开户始出，先雷三

① 霾（mái）：遮掩。髊（cī）：同"骴"，鸟兽残骸，肉未烂尽的人骨。

日，奋铎以令于兆民曰："雷且发声，有不戒其容止者，生子不备，必有凶灾。"日夜分，则同度量，钧衡石，角斗桶，正权概①。

是月也，耕者少舍，乃修阖扇。寝庙必备。无作大事，以妨农功。

是月也，无竭川泽，无漉陂池，无焚山林。天子乃献羔开冰，先荐寝庙。上丁，命乐正入舞舍采，天子乃率三公、九卿、诸侯，亲往视之。中丁，又命乐正入学习乐。

是月也，祀不用牺牲，用圭璧，更皮币。

仲春行秋令，则其国大水，寒气总至，寇戎来征；行冬令，则阳气不胜，麦乃不熟，民多相掠；行夏令，则国乃大旱，暖气早来，虫螟为害。

——以上《仲春纪第二》

△ 季 春

一曰：季春之月，日在胃，昏七星中，旦牵牛中，其日甲乙，其帝太皥，其神句芒，其虫鳞，其音角，律中姑洗。其数八，其味酸，其臭膻，其祀户，祭先脾。桐始华，田鼠化为鴽，虹始见，萍始生。天子居青阳右个，乘鸾辂，驾苍龙，载青旂，衣青衣，服青玉，食麦与羊，其器疏以达。

是月也，天子乃荐鞠衣于先帝，命舟牧覆舟，五覆五反，乃告舟备具于天子焉。天子焉始乘舟。荐鲔于寝庙，乃为麦祈实。

是月也，生气方盛，阳气发泄，生者毕出，萌者尽达，不可以内。天子布德行惠，命有司发仓窌，赐贫穷，振乏绝，开府库，出币帛，周天下，勉诸侯，聘名士，礼贤者。

---

① 概：古代量谷物时刮平斗斛的器具。

是月也，命司空曰："时雨将降，下水上腾，循行国邑，周视原野，修利堤防，导达沟渎，开通道路，无有障塞；田猎罝弋，罝罘罗网，喂兽之药，无出九门。"

是月也，命野虞无伐桑柘。鸣鸠拂其羽，戴任降于桑，具栚曲篢筐。后妃斋戒，亲东乡躬桑。禁妇女无观，省妇使，劝蚕事。蚕事既登，分茧称丝效功，以共郊庙之服，无有敢堕。

是月也，命工师令百工审五库之量，金铁、皮革筋、角齿、羽箭干、脂胶丹漆，无或不良。百工咸理，监工日号，无悖于时，无或作为淫巧，以荡上心。

是月之末，择吉日，大合乐，天子乃率三公、九卿、诸侯、大夫，亲往视之。

是月也，乃合累牛、腾马、游牝于牧。牺牲驹犊，举书其数。国人傩，九门磔禳，以毕春气。

行之是令，而甘雨至三旬。季春行冬令，则寒气时发，草木皆肃，国有大恐；行夏令，则民多疾疫，时雨不降，山陵不收；行秋令，则天多沈阴，淫雨早降，兵革并起。

——以上《季春纪第三》

△ 孟 夏

一曰：孟夏之月，日在毕，昏翼中，旦婺女中。其日丙丁，其帝炎帝，其神祝融，其虫羽，其音徵，律中仲吕。其数七，其性礼，其事视，其味苦，其臭焦，其祀灶，祭先肺。蝼蝈鸣，丘蚓出，王菩生，苦菜秀。天子居明堂左个，乘朱辂，驾赤骝，载赤旂，衣赤衣，服赤玉，食菽与鸡，其器高以觕。

是月也，以立夏。先立夏三日，太史谒之天子曰："某日立夏，盛德在火。"天子乃斋。立夏之日，天子亲率三公九卿大夫，以迎夏于南郊。还，乃行赏，封侯、庆赐，无不欣说。乃命乐师习合礼乐。命太尉赞杰俊，遂贤良，举长大；行爵出禄。必当其位。

是月也，继长增高，无有坏隳。无起土功，无发大众，无伐大树。

是月也，天子始缔。命野虞出行田原，劳农劝民，无或失时；命司徒循行县鄙，命农勉作，无伏于都。

是月也，驱兽无害五谷，无大田猎，农乃升麦。天子乃以彘尝麦，先荐寝庙。

是月也，聚蓄百药，靡草死，麦秋至。断薄刑，决小罪，出轻系。蚕事既毕，后妃献茧，乃收茧税，以桑为均，贵贱少长如一，以给郊庙之祭服。

是月也，天子饮酎，用礼乐。

行之是令，而甘雨至三旬。孟夏行秋令，则苦雨数来，五谷不滋，四鄙入保；行冬令，则草木早枯，后乃大水，败其城郭；行春令，则虫蝗为败，暴风来格，秀草不实。

——以上《孟夏纪第四》

△ 古 乐

五曰：乐所由来者尚也，必不可废。有节，有侈，有正，有淫矣。贤者以昌，不肖者以亡。

昔古朱襄氏之治天下也，多风而阳气畜积，万物散解，果实不成，故士达作为五弦瑟，以来阴气，以定群生。

昔葛天氏之乐，三人操牛尾，投足以歌八阕：一曰载民，二曰玄鸟，三曰遂草木，四曰奋五谷，五曰敬天常，六曰达帝功，七曰依地德，八曰总万物之极。

昔陶唐氏之始，阴多，滞伏而湛积，水道壅塞，不行其原，民气郁阏而滞著，筋骨瑟缩不达，故作为舞以宣导之。

昔黄帝令伶伦作为律。伶伦自大夏之西，乃之阮隃之阴，取竹于嶰谿之谷，以生空窍厚钧者，断两节间——其长三寸九分——而吹之，以为黄钟之宫，吹曰舍少。次制十二筒，以之阮隃之下，听凤皇之鸣，以别十二律。其雄鸣为六，雌鸣亦六，以比黄钟之宫，适合；黄钟之宫皆可以生之。故曰：黄钟之宫，律吕之本。黄帝又命伶伦与荣将铸十二钟，以和五音，以施英韶。以仲春之月，乙卯之日，日在奎，始奏之，命之曰《咸池》。

帝颛顼生自若水，实处空桑，乃登为帝。惟天之合，正风乃行，其音若熙熙凄凄锵锵。帝颛顼好其音，乃令飞龙作乐，效八风之音，命之曰《承云》，以祭上帝。乃令鱓先为乐倡。鱓乃偃寝，以其尾鼓其腹，其音英英。

帝喾命咸黑作为声，歌《九招》《六列》《六英》。有倕作为鼙、鼓、钟、磬、吹苓、管、埙、篪、鼗、椎、锺。帝喾乃令人抃，或鼓鼙，击钟磬，吹苓，展管篪。因令凤鸟、天翟舞之。帝喾大喜，乃以康帝德。

帝尧立，乃命质为乐。质乃效山林谿谷之音以歌，乃以麋𩣡置缶而鼓之，乃拊石击石，以象上帝玉磬之音，以致舞百兽。瞽叟乃拌五弦之瑟，作以为十五弦之瑟。命之曰《大章》，以祭上帝。

舜立，仰延，乃拌瞽叟之所为瑟，益之八弦，以为二十三弦之瑟。帝舜乃令质修《九招》《六列》《六英》，以明帝德。

禹立，勤劳天下，日夜不懈。通大川，决壅塞，凿龙门，降通漻水以导河，疏三江五湖，注之东海，以利黔首。于是命皋陶作为《夏籥》九成，以昭其功。

殷汤即位，夏为无道，暴虐万民，侵削诸侯，不用轨度，天下患之。汤于是率六州以讨桀罪。功名大成，黔首安宁。汤乃命伊尹作为《大护》，歌《晨露》，修《九招》《六列》，以见其善。

周文王处岐，诸侯去殷三淫而翼文王。散宜生曰："殷可伐也。"文王弗许。周公旦乃作诗曰："文王在上，於昭于天。周虽旧邦，其命维新。"以绳文王之德。武王即位，以六师伐殷。六师未至，以锐兵克之于牧野。归，乃荐俘馘于京太室，乃命周公为作《大武》。

成王立，殷民反，王命周公践伐之。商人服象，为虐于东夷。周公遂以师逐之，至于江南。乃为《三象》，以嘉其德。

故乐之所由来者尚矣，非独为一世之所造也。

——以上《仲夏纪第五》

△ 孟 秋

一曰：孟秋之月，日在翼，昏斗中，旦毕中。其日庚辛，其帝少皞，其神蓐收，其虫毛，其音商，律中夷则。其数九，其味辛，其臭腥，其祀门，祭先肝。凉风至，白露降，寒蝉鸣，鹰乃祭鸟，始用行戮。天子居总章左个，乘戎路，驾白骆，载白旂，衣白衣，服白玉，食麻与犬，其器廉以深。

是月也，以立秋。先立秋三日，大史谒之天子，曰："某日立秋。盛德在金。"天子乃斋。立秋之日，天子亲率三公九卿诸侯大夫，以迎秋于西郊。还，乃赏军率武人于朝。天子乃命将帅，选士厉兵，简练桀俊，专任有功，以征不义，诘诛暴慢，以明好恶，巡彼远方。

是月也，命有司修法制，缮囹圄，具桎梏，禁止奸，慎罪邪，务搏执；命理瞻伤察创、视折审断，决狱讼，必正平，戮有罪，严断刑。天地始肃，不可以赢。

是月也，农乃升谷，天子尝新，先荐寝庙。命百官始收敛，完堤防，谨壅塞，以备水潦；修宫室，附墙垣，补城郭。

是月也，无以封侯、立大官，无割土地、行重币、出大使。

行之是令，而凉风至三旬。孟秋行冬令，则阴气大胜，介虫败谷，戎兵乃来；行春令，则其国乃旱，阳气复还，五谷不实；行夏令，则多火灾，寒热不节，民多疟疾。

——以上《孟秋纪第七》

△ 孟 冬

一曰：孟冬之月，日在尾，昏危中，旦七星中。其日壬癸，其帝颛顼，其神玄冥，其虫介，其音羽，律中应钟。其数六，其味咸，其臭朽，其祀行，祭先肾。水始冰，地始冻，雉入大水为蜃。虹藏不见。天子居玄堂左个，乘玄辂，驾铁骊，载玄旂，衣黑衣，服玄玉，食黍与彘，其器宏以弇。

是月也，以立冬。先立冬三日，太史谒之天子曰："某日立冬，盛德在水。"天子乃斋。立冬之日，天子亲率三公九卿大夫，以迎冬于北郊。还，乃赏死事，恤孤寡。

是月也，命太卜祷祠龟策，占兆审卦吉凶。于是察阿上乱法者则罪之，无有掩蔽。

是月也，天子始裘，命有司曰："天气上腾，地气下降，天地不通，闭而成冬。"令百官谨盖藏。命司徒循行积聚，无有不敛；坿城郭，戒门闾，修楗闭，慎关籥，固封玺，备边境，完要塞，谨关梁，塞蹊径，饬丧纪，辨衣裳，审棺椁之厚薄，营丘垄之小大、高卑、薄厚之度，贵贱之等级。

是月也，工师效功，陈祭器，按度程，无或作为淫巧，以荡上心，必功致为上。物勒工名，以考其诚；工有不当，必行其罪，以穷其情。

是月也，大饮蒸，天子乃祈来年于天宗。大割，祠于公社及门闾，飨先祖五祀，劳农夫以休息之。天子乃命将率讲武，肄射御、角力。

是月也，乃命水虞渔师收水泉池泽之赋，无或敢侵削众庶兆民，以为天子取怨于下，其有若此者，行罪无赦。

孟冬行春令，则冻闭不密，地气发泄，民多流亡；行夏令，则国多暴风，方冬不寒，蛰虫复出；行秋令，则雪霜不时，小兵时起，土地侵削。

——以上《孟冬纪第十》

△ 有　始

一曰：天地有始，天微以成，地塞以形，天地合和，生之大经也。以寒暑日月昼夜知之，以殊形殊能异宜说之。夫物合而成，离而生。知合知成，知离知生，则天地平矣。平也者，皆当察其情，处其形。

天有九野，地有九州，土有九山，山有九塞，泽有九薮，风有八等，水有六川。

何谓九野？中央曰钧天，其星角、亢、氐；东方曰苍天，其星房、心、尾；东北曰变天，其星箕、斗、牵牛；北方曰玄天，其星婺女、虚、危、营室；西北曰幽天，其星东壁、奎、娄；西方曰颢天，其星胃，昴，毕；西南曰朱天，其星觜巂、参、东井；南方曰炎天，其星舆鬼、柳、七星；东南曰阳天，其星张、翼、轸。

何谓九州？河、汉之间为豫州，周也；两河之间为冀州，晋也；河、济之间为兖州，卫也；东方为青州，齐也；泗上为徐州，鲁也；东南为扬州，越也；南方为荆州，楚也；西方为雍州，秦也；北方为幽州，燕也。

何谓九山？会稽、太山、王屋、首山、太华、岐山、太行、羊肠、孟门。何谓九塞？大汾、冥阨、荆阮、方城、殽、井陉、令疵、句注、居庸。

何谓九薮？吴之具区，楚之云梦，秦之阳华，晋之大陆，梁之圃田，宋之孟诸，齐之海隅，赵之钜鹿，燕之大昭。

何谓八风？东北曰炎风，东方曰滔风，东南曰熏风，南方曰巨风，西南曰凄风，西方曰飂风，西北曰厉风，北方曰寒风。

何谓六川？河水、赤水、辽水、黑水、江水、淮水。

凡四海之内，东西二万八千里，南北二万六千里。水道八千里，受水者亦八千里。通谷六，名川六百，陆注三千，小水万数。

凡四极之内，东西五亿有九万七千里，南北亦五亿有九万七千里。极星与天俱游，而天枢不移。

冬至日行远道，周行四极，命曰玄明。夏至日行近道，乃参于上。当枢之下无昼夜。白民之南，建木之下，日中无影，呼而无响，盖天地之中也。

天地万物，一人之身也，此之谓大同。众耳目鼻口也，众五谷寒暑也，此之谓众异。则万物备也。天斟万物，圣人览焉，以观其类。解在乎天地之所以形，雷电之所以生，阴阳材物之精，人民禽兽之所安平。

——以上《有始览第一》

△ 本　味

二曰：求之其本，经旬必得；求之其末，劳而无功。功名之立，由事之本也，得贤之化也。非贤，其孰知乎事化？故曰其本在得贤。

有侁氏女子采桑，得婴儿于空桑之中，献之其君。其君令烰人养之，察其所以然。曰："其母居伊水之上，孕，梦有神告之曰：'臼出水而东走，毋顾！'明日，视臼出水，告其邻，东走十里而顾，其邑尽为水，身因化为空桑。故命之曰伊尹。"此伊尹生空桑之故也。长而贤。汤闻伊尹，使人请之有侁氏，有侁氏不可。伊尹亦欲归汤，汤于是请取妇为婚。有侁氏喜，以伊尹为媵。故贤主之求有道之士，无不以也；有道之士求贤主，无不行也。相得然后乐，不谋而亲，不约而信，相为弹智竭力，犯危行苦，志欢乐之。此功名所以大成也。固不独，士有孤而自恃，人主有奋而好独者，则名号必废熄，社稷必危殆。故黄帝立四面，尧、舜得伯阳、续耳然后成。凡贤人之德，有以知之也。

伯牙鼓琴，锺子期听之。方鼓琴而志在太山，锺子期曰："善哉乎鼓琴！巍巍乎若太山。"少选之间，而志在流水，锺子期又曰："善哉乎鼓琴！汤汤乎若流水。"锺子期死，伯牙破琴绝弦，终身不复鼓琴，以为世无足复为鼓琴者。非独琴若此也，贤者亦然。虽有贤者，而无礼以接之，贤奚由尽忠？犹御之不善，骥不自千里也。

汤得伊尹，祓之于庙，爝以爟火，衅以牺猳。明日，设朝而见之。说汤以至味，汤曰："可对而为乎？"对曰："君之国小，不足以具之，为天子然后可具。夫三群之虫，水居者腥，肉玃者臊，草食者膻。臭恶犹美，皆有所以。凡味之本，水最为始。五味三材，九沸九变，火为之纪。时疾时徐，灭腥去臊除膻，必以其胜，无失其理。调和之事，必以甘酸苦辛咸，先后多少，其齐甚微，皆有自起。鼎中之变，精妙微纤，口弗能言，志不能喻，若射御之微，阴阳之化，四时之数。故久而不弊，熟而不烂，甘而不哝，酸而不酷，咸而不减，辛而不烈，澹而不薄，肥而不腅。肉之美者：猩猩之唇，獾獾之炙，隽觾之翠，述荡之腕，旄象之约。流沙之西，丹山之南，有凤之丸，沃民所食。鱼之美者：洞庭之鱄，东海之鲕。醴水之鱼，名曰朱鳖，六足、有珠、百碧。藿水之鱼，名曰鳐，其状若鲤而有翼，常从西海夜飞游于东海。菜之美者：昆仑之苹，寿木之华。指姑之东，中容之国，有赤木玄木之叶焉，馀瞀之南，南极之崖，有菜，其名曰嘉树，其色若碧，阳华之芸，云梦之芹，具区之菁。浸渊之草，名曰土英。和之美者：阳朴之姜，招摇之桂，越骆之菌，鳣鲔之醢，大夏之盐，宰揭之露，其色如玉，长泽之卵。饭之美者：玄山之禾，不周之粟，阳山之穄，南海之秬。水之美者：三危之露，昆仑之井，沮江之丘，名曰摇水，曰山之水，高泉之山，其上有涌泉焉，冀州之原。果之美者：沙棠之实。常山之北，投渊之上，有百果焉，群帝所食。箕山之东，青鸟之所，有甘栌焉。江浦之橘，云梦之柚，汉上石耳。所以致之，马之美者，青龙之匹，遗风之乘。非先为天子，不可得而具。天子不可强为，必先知道。道者止彼在己，己成而天子成，天子成则至味具。故审近所以知远也，成己所以成人也。圣人之道要矣，岂越越多业哉！"

——以上《孝行览第二》

察 今

八曰：上胡不法先王之法？非不贤也，为其不可得而法。先王之法，经乎上世而来者也，人或益之，人或损之，胡可得而法？虽人弗损益，犹若不可得而法。东夏之命，古今之法，言异而典殊。故古之命多不通乎今之言者，今之法多不合乎古之法者。殊俗之民，有似于此。其所为欲同，其所为欲异。口惛之命不愉，若舟车衣冠滋味声色之不同。人以自是，反以相诽。天下之学者多辩，言利辞倒，不求其实，务以相毁，以胜为故。先王之法，胡可得而法？虽可得，犹若不可法。凡先王之法，有要于时也。时不与法俱至，法虽今而至，犹若不可法。故择先王之成法，而法其所以为法。先王之所以为法者，何也？先王之所以为法者，人也，而己亦人也。故察己则可以知人，察今则可以知古。古今一也，人与我同耳。有道之士，贵以近知远，以今知古，以益所见知所不见。故审堂下之阴，而知日月之行，阴阳之变；见瓶水之冰，而知天下之寒，鱼鳖之藏也；尝一脟肉，而知一镬之味，一鼎之调。

荆人欲袭宋，使人先表澭水。澭水暴益，荆人弗知，循表而夜涉，溺死者千有馀人，军惊而坏都舍。向其先表之时可导也，今水已变而益多矣，荆人尚犹循表而导之，此其所以败也。今世之主法先王之法也，有似于此。其时已与先王之法亏矣，而曰此先王之法也，而法之，以此为治，岂不悲哉？故治国无法则乱，守法而弗变则悖，悖乱不可以持国。世易时移，变法宜矣。譬之若良医，病万变，药亦万变。病变而药不变，向之寿民，今为殇子矣。故凡举事必循法以动，变法者因时而化，若此论则无过务矣。

夫不敢议法者，众庶也；以死守法者，有司也；因时变法者，贤主也。是故有天下七十一圣，其法皆不同。非务相反也，时势异也。故曰良剑期乎断，不期乎镆琊；良马期乎千里，不期乎骥骜。夫成功名者，此先王之千里也。楚人有涉江者，其剑自舟中坠于水，遽契其舟，曰："是吾剑之所从坠。"舟止，从其所契者入水求之。舟已行矣，而剑不行，求剑若此，不亦惑乎？以此故法为其国，与此同。时已徙矣，而法不徙，以此为治，岂不难哉？有过于江上者，见人方引婴儿而欲投之江中，婴儿啼。人问其故，曰："此其父善游。"其父虽善游，其子岂遽善游哉？此任物，亦必悖矣。荆国之为政，有似于此。

——以上《慎大览第三》

△ 察 微

六曰：使治乱存亡若高山之与深溪，若白垩之与黑漆，则无所用智，虽愚犹可矣。且治乱存亡则不然。如可知，如可不知；如可见，如可不见。故智士贤者相与积心愁虑以求之，犹尚有管叔、蔡叔之事与东夷八国不听之谋。故治乱存亡，其始若秋毫。察其秋毫，则大物不过矣。

鲁国之法，鲁人为人臣妾于诸侯，有能赎之者，取其金于府。子贡赎鲁人于诸侯，来而让，不取其金。孔子曰："赐失之矣。自今以往，鲁人不赎人矣。"取其金，则无损于行；不取其金，则不复赎人矣。子路拯溺者，其人拜之以牛，子路受之。孔子曰："鲁人必拯溺者矣。"孔子见之以细，观化远也。

楚之边邑曰卑梁，其处女与吴之边邑处女桑于境上，戏而伤卑梁之处女。卑梁人操其伤子以让吴人，吴人应之不恭，怒，杀而去之。吴人往报之，尽屠其家。卑梁公怒，曰："吴人焉敢攻吾邑？"举兵反攻之，老弱尽杀之矣。吴王夷昧闻之，怒，使人举兵侵楚之边邑，克夷而后去之。吴、楚以此大隆。吴公子光又率师与楚人战于鸡父，大败楚人，获其帅潘子臣、小帷子、陈夏啮。又反伐郢，得荆平王之夫人以归，实为鸡父之战。凡持国，太上知始，其次知终，其次知中。三者不能，国必危，身必穷。《孝经》曰："高而不危，所以长守贵也；满而不溢，所以长守富也。富贵不离其身，然后能保其社稷，而和其民人。"楚不能之也。

郑公子归生率师伐宋。宋华元率师应之大棘，羊斟御。明日将战，华元杀羊飨士，羊斟不与焉。明日战，怒谓华元曰："昨日之事，子为制；今日之事，我为制。"遂驱入于郑师。宋师败绩，华元虏。夫弩机差以米则不发。战，大机也。飨士而忘其御也，将以此败而为虏，岂不宜哉！故凡战必悉熟偏备，知彼知己，然后可也。

鲁季氏与郈氏斗鸡，郈氏介其鸡，季氏为之金距。季氏之鸡不胜，季平子怒，因归郈氏之宫，而益其宅。郈昭伯怒，伤之于昭公，曰："禘于襄公之庙也，舞者二人而已，其馀尽舞于季氏。季氏之舞道，无上久矣。弗诛，必危社稷。"公怒，不审，乃使郈昭伯将师徒以攻季氏，遂入其宫。仲孙氏、叔孙氏相与谋曰："无季氏，则吾族也死亡无日矣。"遂起甲以往，陷西北隅以入之，三家为一，郈昭伯不胜而死。昭公惧，遂出奔齐，卒于乾侯。鲁昭听伤而不辩其义，惧以鲁国不胜季氏，而不知仲、叔氏之恐，而与季氏同患也。是不达乎人心也。不达乎人心，位虽尊。何益于安也？以鲁国恐不胜一季氏，况于三季？同恶固相助。权物若此其过也，非独仲、叔氏也，鲁国皆恐。鲁国皆恐，则是与一国为敌也，其得至乾侯而卒犹远。

——以上《先识览第四》

秦市金悬鲁史修，措辞当日两难求。
书传果在西迁后，锥口诸儒未必休。

宋·张载《吕不韦春秋》

用字量：869

全书总字数：6198

审定者：首都师范大学 白 奚

尹文子

33

尹文（约前360—前280），战国时期齐国人。与宋钘齐名，宋尹学派的代表人物。流传于世者唯《尹文子》一书。

《汉书·艺文志》著录《尹文子》一卷，列为"名家"，已佚。今本《尹文子》分《大道上》和《大道下》两篇，语录与故事混杂，各段自成起讫，主要论述法术和形名。其思想特征以名家为主，综合道法，亦不排斥儒墨。自道以至名，由名而至法，上承老子，下启荀子、韩非。

高频字

之	不	者	也	人	而	以	则	所	名	于	有

△ 大道上

大道无形，称器有名。名也者，正形者也。形正由名，则名不可差。故仲尼云"必也正名乎！名不正，则言不顺"也。大道不称，众有必名。生于不称，则群形自得其方圆。名生于方圆，则众名得其所称也。大道治者，则名、法、儒、墨自废。以名、法、儒、墨治者，则不得离道。老子曰："道者万物之奥，善人之宝，不善人之所宝。"是道治者，谓之善人；藉名、法、儒、墨者，谓之不善人。善人之与不善人，名分日离，不待审察而得也。道不足以治则用法，法不足以治则用术，术不足以治则用权，权不足以治则用势。势用则反权，权用则反术，术用则反法，法用则反道，道用则无为而自治。故穷则徼终，徼终则反始。始终相袭，无穷极也。

有形者必有名，有名者未必有形。形而不名，未必失其方圆白黑之实。名而不可不寻名以检其差。故亦有名以检形，形以定名，名以定事，事以检名。察其所以然，则形名之与事物，无所隐其理矣。

名有三科，法有四呈。一曰命物之名，方圆白黑是也；二曰毁誉之名，善恶贵贱是也；三曰况谓之名，贤愚爱憎是也。一曰不变之法，君臣上下是也；二曰齐俗之法，能鄙同异是也；三曰治众之法，庆赏刑罚是也；四曰平准之法，律度权量是也。

术者，人君之所密用，群下不可妄窥；势者，制法之利器，群下不可妄为。人君有术而使群下得窥，非术之奥者；有势而使群下得为，非势之重者。大要在乎先正名分，使不相侵杂。然后术可秘，势可专。名者，名形者也；形者，应名者也。然形非正名也，名非正形也。则形之与名居然别矣。不可相乱，亦不可相无。无名，故大道无称；有名，故名以正形。今万物具存，不以名正之，则乱；万名具列，不以形应之，则乖。故形名者，不可不正也。善名命善，恶名命恶。故善有善名，恶有恶名。圣贤仁智，命善者也；顽嚚①凶愚，命恶者也。今即圣贤仁智之名，以求圣贤仁智之实，未之或尽也。即顽嚚凶愚之名，以求顽嚚凶愚之实，亦未或尽也。使善恶尽然有分，虽未能尽物之实，犹不患其差也。故曰：名不可不辨也。

名称者，别彼此而检虚实者也。自古至今，莫不用此而得，用彼而失。失者，由名分混；得者，由名分察。今亲贤而疏不肖，赏善而罚恶。贤不肖善恶之名宜在彼，亲疏赏罚之称宜属我。我之与彼，又复一名，名之察者也。名贤不肖为亲疏，名善恶为赏罚，合彼我之一称而不别之，名之混者也。故曰：名称者，不可不察也。语曰"好牛"，又曰，不可不察也。好则物之通称，牛则物之定形，以通称随定形，不可穷极者也。设复言"好马"，则复连于马矣，则好所通无方也。设复言"好人"，则彼属于人矣。则"好"非"人"，"人"非"好"也。则"好牛""好马""好人"之名自离矣。故曰：名分不可相乱也。

五色、五声、五臭、五味，凡四类，自然存焉天地之间，而不期为人用。人必用之，终身各有好恶，而不能辨其名分。名宜属彼，分宜属我。我爱白而憎黑，韵商而舍徵，好膻而恶焦，嗜甘而逆苦。白黑、商徵、膻焦、甘苦，彼之名也；爱憎、韵舍、好恶、嗜逆，我之分也。定此名分，则万事不乱也。故人以度审长短，以量受少多，以衡平轻重，以律均清浊，以名稽虚实，以法定治乱，以简治烦惑，以易御险难。万事皆归于

① 嚚（yín）：愚顽；奸诈。

一，百度皆准于法。归一者，简之至；准法者，易之极。如此则顽嚚聋瞽，可与察慧聪明同其治也。

天下万事，不可备能，责其备能于一人，则贤圣其犹病诸。设一人能备天下之事，则左右前后之宜、远近迟疾之间，必有不兼者焉。苟有不兼，于治阙矣。全治而无阙者，大小、多少，各当其分；农商工仕，不易其业。老农、长商、习工、旧仕，莫不存焉，则处上者何事哉？故有理而无益于治者，君子弗言；有能而无益于事者，君子弗为。君子非乐有言，有益于治，不得不言；君子非乐有为，有益于事，不得不为。故所言者不出于名法权术，所为者不出于农稼军阵，周务而已，故明主任之。治外之理，小人之所必言；事外之能，小人之所必为。小人亦知言有损于治，而不能不言；小人亦知能有损于事，而不能不为。故所言者极于儒墨是非之辩，所为者极于坚伪偏抗之行，求名而已，故明主诛之。故古语曰："不知无害为君子，知之无损为小人。工匠不能，无害于巧；君子不知，无害于治。"此言信矣。

为善使人不能得从，此独善也；为巧使人不能得从，此独巧也；未尽善巧之理。为善与众行之，为巧与众能之，此善之善者，巧之巧者也。故所贵圣人之治，不贵其独治，贵其能与众共治也；所贵工倕①之巧，不贵其独巧，贵其能与众共巧也。

今世之人，行欲独贤，事欲独能，辩欲出群，勇欲绝众。独行之贤，不足以成化；独能之事，不足以周务；出群之辩，不可为户说；绝众之勇，不可与征阵。凡此四者，乱之所由生。是以圣人任道以夷其险，立法以理其差。使贤愚不相弃，能鄙不相遗。能鄙不相遗，则能鄙齐功；贤愚不相弃，则贤愚等虑。此至治之术也。

名定则物不竞，分明则私不行。物不竞，非无心；由名定，故无所措其心。私不行，非无欲；由分明，故无所措其欲。然则心欲人人有之，而

---

① 倕（chuí）：古代巧匠名。

得同于无心无欲者，制之有道也。田骈曰：天下之士，莫肯处其门庭、臣其妻子，必游宦诸侯之朝者，利引之也。游于诸侯之朝，皆志为卿大夫而不拟于诸侯者，名限之也。彭蒙曰："雉兔在野，众人逐之，分未定也；鸡豕满市，莫有志者，分定故也。物奢则仁智相屈，分定则贪鄙不争。"圆者之转，非能转而转，不得不转也；方者之止，非能止而止，不得不止也。因圆之自转，使不得止；因方之自止，使不得转。何苦物之失分？故因贤者之有用，使不得不用；因愚者之无用，使不得用。用与不用，皆非我也。因彼可用与不可用而自得其用也。自得其用，奚患物之乱乎？物皆不能自能，不知自知。智非能智而智，愚非能愚而愚，好非能好而好，丑非能丑而丑。夫不能自能，不知自知，则智好何所贵？愚丑何所贱？则智不能得夸愚，好不能得嗤丑，此为得之道也。道行于世，则贫贱者不怨，富贵者不骄，愚弱者不慑，智勇者不陵，定于分也；法行于世，则贫贱者不敢怨富贵，富贵者不敢陵贫贱，愚弱者不敢冀智勇，智勇者不敢鄙愚弱。此法之不及道也。

世之所贵，同而贵之，谓之俗；世之所用，同而用之，谓之物。苟违于人，俗所不与；苟忮于众，俗所共去。故人心皆殊，而为行若一；所好各异，而资用必同。此俗之所齐，物之所饰。故所齐不可不慎，所饰不可不择。昔齐桓好衣紫，阖境不鬻异采；楚庄爱细腰，一国皆有饥色。上之所以率下，乃治乱之所由也。故俗苟渗①，必为法以矫之；物苟溢，必立制以检之。累于俗、饰于物者，不可与为治矣。昔晋国苦奢，文公以俭矫之，乃衣不重帛，食不兼肉。无几时，国人皆大布之衣，脱粟之饭。越王勾践谋报吴，欲人之勇，路逢怒蛙而轼之。比及数年，民无长幼，临敌虽汤火不避。居上者之难，如此之验。圣王知民情之易动，故作乐以和之，制礼以节之。在下者不得用其私，故礼乐独行。礼乐独行，则私欲寝废；私欲寝废，则遭贤之与遭愚均矣。若使遭贤则治，遭愚则乱，是治乱属于

① 渗（h）：阴阳气乱而引起伤害、破坏。

贤愚，不系于礼乐。

是圣人之术与圣主而俱没，治世之法逮易世而莫用，则乱多而治寡。乱多而治寡，则贤无所贵，愚无所贱矣。处名位，虽不肖，不患物不亲己；在贫贱，虽仁贤，不患物不疏己。亲疏系乎势利，不系于不肖与仁贤也。吾亦不敢据以为天理，以为地势之自然者尔。今天地之间，不肖实众，仁贤实寡。趋利之情，不肖特厚。廉耻之情，仁贤偏多。今以礼义招仁贤，所得仁贤者，万不一焉；以名利招不肖，所得不肖者，触地是焉。故曰："礼义成君子，君子未必须礼义；名利治小人，小人不可无名利。"

庆赏刑罚，君事也；守职效能，臣业也。君料功黜陟①，故有庆赏刑罚；臣各慎所任，故有守职效能。君不可与臣业，臣不可侵君事。上下不相侵与，谓之名正。名正而法顺也。接万物使分，别海内使不杂。见侮不辱，见推不矜，禁暴息兵，救世之斗。此仁君之德，可以为主矣。守职分使不乱，慎所任而无私。饥饱一心，毁誉同虑，赏亦不忘，罚亦不怨。此居下之节，可为人臣矣。

世有因名以得实，亦有因名以失实。宣王好射，说人之谓己能用强也，其实所用不过三石。以示左右，左右皆引试之，中关而止。皆曰："不下九石，非大王孰能用是？"宣王说之。然则宣王用不过三石，而终身自以为九石。三石，实也，九石，名也，宣王悦其名而丧其实。齐有黄公者，好谦卑。有二女，皆国色。以其美也，常谦辞毁之，以为丑恶，丑恶之名远布，年过而一国无聘者。卫有鳏夫，失时冒娶之，果国色。然后曰："黄公好谦，故毁其子不姝美。"于是争礼之，亦国色也。国色，实也；丑恶，名也。此违名而得实矣。楚人担山雉者，路人问："何鸟也？"担雉者欺之曰："凤皇也。"路人曰："我闻有凤皇，今直见之，汝贩之乎？"曰："然。"则十金，弗与。请加倍，乃与之。将欲献楚王，经宿而鸟死。路人不遑惜金，惟恨不得以献楚王。国人传之，咸以为真凤皇，

---

① 黜陟（chù zhì）：指人才的进退，官职的升降。黜，废除，罢免。陟，高，升迁。

贵，欲以献之。遂闻楚王，王感其欲献于己，召而厚赐之，过于买鸟之金十倍。魏田父有耕于野者，得宝玉径尺，弗知其玉也，以告邻人。邻人阴欲图之，谓之曰："怪石也，畜之弗利其家，弗如复之。"田父虽疑，犹录以归，置于庑下。其夜玉明光照一室，田父称家大怖，复以告邻人。曰："此怪之征，遄弃，殃可销。"于是遽而弃于远野。邻人无何盗之以献魏王。魏王召玉工相之，玉工望之再拜而立："敢贺王，王得此天下之宝，臣未尝见。"王问价，玉工曰："此无价以当之，五城之都，仅可一观。"魏王立赐献玉者千金，长食上大夫禄。

凡天下万里皆有是非，吾所不敢诬。是者常是，非者常非，亦吾所信。然是虽常是，有时而不用；非虽常非，有时而必行。故用是而失，有矣；行非而得，有矣。是非之理不同，而更兴废，翻为我用，则是非焉在哉？观尧、舜、汤、武之成，或顺或逆，得时则昌；桀、纣、幽、厉之败，或是或非，失时则亡。五伯之主亦然。宋公以楚人战于泓，公子目夷曰："楚众我寡，请其未悉济而击之。"宋公曰："不可，吾闻不鼓不成列。寡人虽亡之馀，不敢行也。"战败，楚人执宋公。齐人弑襄公，立公孙无知。召忽、夷吾奉公子纠奔鲁，鲍叔牙奉公子小白奔莒。既而无知被杀，二公子争国。纠，宜立者也。小白先入，故齐人立之。既而使鲁人杀纠，召忽死之，征夷吾以为相。晋文公为骊姬之谮，出亡十九年，惠公卒，赂秦以求反国，杀怀公子而自立。彼一君正而不免于执，二君不正，霸业遂焉。己是而举世非之，则不知己之是；己非而举世是之，亦不知己之非。然则是非随众贾而为正，非己所独了。则犯众者为非，顺众者为是。故人君处权乘势，处所是之地，则人所不得非也。居则物尊之，动则物从之，言则物诚之，行则物则之，所以居物上、御群下也。国乱有三事：年饥民散，无食以聚之则乱；治国无法，则乱；有法而不能用，则乱。有食以聚民，有法而能行，国不治，未之有也。

說郛卷第六

讀子隨識 一卷

尹文子 二卷

康衢長者有犬而能搏字之曰善噬賓客不敢過其門者三年長者怪而問之賓客以實對於是逐犬賓客復往

鄰人謂玉未理者爲璞周人謂鼠未腊者爲朴周人懷朴問鄭賈曰欲買乎鄭曰欲之出其朴視之乃鼠也因謝不取

尹文子見齊宣王王歎國寡賢尹文子曰使國悉賢孰處王下國悉不肖孰理王廟王曰賢與不肖皆無可乎文子曰不然有賢有不肖故王臀於上臣卑於下賢退不肖所以有上下也

管子

桓公在位管仲隰朋侍立有間二鴻飛過桓公歎曰仲父今彼鴻

尹文者学老子之道，作华山之冠以自表。其为道不累于俗，不饰于物。愿天下之安宁，以活民命，人我之养，毕足而止。见侮不辱，救民之斗；禁攻寝兵，救世之战。以此周行天下，上说下教，不忘天下者也。其书二篇，曰《尹文子》。

元·赵孟頫《玄元十子图传·尹文子》

审定者：湖北文理学院 刘 刚

全书总字数：42899

用字量：2430

新书

34

　　《新书》，又称《贾子》，西汉贾谊撰。贾谊（前200—前168），河南洛阳人。年十八，以文才闻名于郡中。二十馀，汉文帝召为博士，迁太中大夫。

　　《新书》是贾谊的政论文集，《汉书·艺文志》列入儒家，今存十卷五十八篇，其中《问孝》《礼容语上》两篇有目无文，实为五十六篇。《新书》集中反映了贾谊的政治经济思想，开篇即为著名的《过秦论》，总结了秦朝灭亡的历史教训，提出了一系列政治主张；《宗首》《藩强》《权重》等阐述了加强中央集权的思想；《大政》《修政》等提出了利民安民的民本思想。贾谊的政论散文逻辑严密，感情充沛，气势非凡，体现了汉初知识分子在汉帝国大一统创始期之积极进取、力图建功立业的豪情壮志，代表汉初政论散文的最高成就。鲁迅先生说，贾谊文章"为西汉鸿文，沾溉后人，其泽甚远"。

高频字

| 之 | 而 | 也 | 不 | 以 | 者 | 为 | 其 | 故 | 下 | 人 | 则 |

△ 过秦上〔事势〕

　　秦孝公据殽函之固，拥雍州之地，居臣固守以窥周室，有席卷天下，包举宇内，囊括四海之意，并吞八荒之心。当是时也，商君佐之，内立法度，务耕织，修守战之具；外连衡而斗诸侯。于是秦人拱手而取西河之外。

　　孝公既没，惠文、武、昭襄蒙故业，因遗策，南取汉中，西举巴、蜀，东割膏腴之地，北收要害之郡。诸侯恐惧，会盟而谋弱秦，不爱珍器重宝肥饶之地，以致天下之士，合从缔交，相与为一。当此之时，齐有孟尝，赵有平原，楚有春申，魏有信陵。此四君者，皆明智而忠信，宽厚而爱人，尊贤而重士，约从离衡，兼韩、魏、燕、赵、宋、卫、中山之众。于是六国之士，有甯越、徐尚、苏秦、杜赫之属为之谋，齐明、周最、陈轸、召滑、楼缓、翟景、苏厉、乐毅之徒通其意，吴起、孙膑、带佗、倪良、王廖、田忌、廉颇、赵奢之伦制其兵。尝以十倍之地，百万之师，叩关而攻秦。秦人开关延敌，九国之师逡巡而不敢进。秦无亡矢遗镞之费，而天下已困矣。于是从①散约败，争割地而赂秦。秦有馀力而制其弊，追亡逐北，伏尸百万，流血漂橹，因利乘便，宰割天下，分裂山河，强国请服，弱国入朝。

――――――――――

　　①　从（zòng）：合从，战国时诸侯联合对抗秦国。

施及孝文王、庄襄王，享国之日浅，国家无事。

及至始皇，奋六世之馀烈，振长策而御宇内，吞二周而亡诸侯，履至尊而制六合，执敲朴而鞭笞天下，威振四海。南取百越之地，以为桂林、象郡；百越之君，俯首系项，委命下吏，乃使蒙恬北筑长城而守藩篱，却匈奴七百馀里，胡人不敢南下而牧马，士不敢弯弓而报怨。于是废先王之道，焚百家之言，以愚黔首。隳名城，杀豪杰，收天下之兵，聚之咸阳，销锋镝，铸以为金人十二，以弱天下之民。然后践华为城，因河为池，据亿丈之城，临不测之渊以为固。良将劲弩，而守要害之处；信臣精卒，陈利兵而谁何。天下已定，始皇之心，自以为关中之固，金城千里，子孙帝王万世之业也。

始皇既没，馀威震于殊俗。然而陈涉，瓮牖绳枢之子，氓隶之人，而迁徙之徒也。才能不及中人，非有仲尼、墨翟之贤，陶朱、猗顿之富，蹑足行伍之间，而俯起阡陌之中，率疲弊之卒，将数百之众，转而攻秦。斩木为兵，揭竿为旗，天下云合而响应，赢粮而景从，山东豪俊遂并起而亡秦族矣。

且夫天下非小弱也，雍州之地、殽函之固，自若也。陈涉之位，非尊于齐、楚、燕、赵、韩、魏、宋、卫、中山之君也；锄耰棘矜，非铦于钩戟长铩也；適戍之众，非亢九国之师也；深谋远虑，行军用兵之道，非及乡时之士也。然而成败异变、功业相反，何也？试使山东之国与陈涉度长絜大，比权量力，则不可同年而语矣。然秦以区区之地，致万乘之势，序八州而朝同列，百有馀年矣。然后以六合为家，殽函为宫。一夫作难而七庙隳，身死人手，为天下笑者，何也？仁义不施，攻守之势异也。

过秦下〔事势〕

秦灭周祀，并海内，兼诸侯，南面称帝，以四海养。天下之士斐然向风。若是，何也？曰：近古而无王者久矣。周室卑微，五霸既灭，令不行于天下，是以诸侯力正，强凌弱，众暴寡，兵革不休，士民罢弊。今秦南面而王天下，是上有天子也。即元元之民①冀得安其性命，莫不虚心而仰上。当此之时，专威定功，安危之本，在于此矣。

秦王怀贪鄙之心，行自奋之智，不信功臣，不亲士民，废王道而立私爱，焚文书而酷刑法，先诈力而后仁义，以暴虐为天下始。夫并兼者高诈力，安危者贵顺权，以此言之，取与、攻守不同术也。秦虽离战国而王天下，其道不易，其政不改，是以其所以取之也，孤独而有之，故其亡可立而待也。借使秦王论上世之事，并殷周之迹，以制御其政，后虽有淫骄之主，犹未有倾危之患也。故三王之建天下，名号显美，功业长久。

今秦二世立，天下莫不引领而观其政。夫寒者利裋褐而饥者甘糟糠。天下嚣嚣，新主之资也。此言劳民之易为仁也。向使二世有庸主之行而任忠贤，臣主一心而忧海内之患，缟素而正先帝之过；裂地分民以封功臣之后，建国立君以礼天下；虚囹圄而免刑戮，去收帑污秽之罪，使各反其乡里；发仓廪，散财币，以赈孤独穷困之士；轻赋少事，以佐百姓之急；约法省刑，以持其后，使天下之人皆得自新，更节循行，各慎其身；塞万民之望，而以盛德与天下，天下息矣。即四海之内皆欢然各自安乐其处，唯恐有变。虽有狡害之民，无离上之心，则不轨之臣无以饰其智，而暴乱之奸弥矣。二世不行此术，而重以无道：坏宗庙与民，更始作阿房之宫；繁刑严诛，吏治刻深；赏罚不当，赋敛无度。天下多事，吏不能纪；百姓困穷，而主不收恤。然后奸伪并起，而上下相遁，蒙罪者众，刑僇相望于道，而天下苦之。自群卿以下至于众庶，人怀自危之心，亲处穷苦之实，咸不安其位，故易动也。是以陈涉不用汤、武之贤，不藉公侯之尊，奋臂于大泽，而天下响应者，其民危也。

故先王者见终始之变，知存亡之由，是以牧之以道，务在安之而已矣。下虽有逆行之臣，必无响应之助，故曰"安民可与行义，而危民易与

① 元元之民：善良的百姓。

为非"，此之谓也。贵为天子，富有四海，身在于戮者，正之非也，是二世之过也。

秦兼诸侯山东三十馀郡，循津关，据险塞，缮甲兵而守之。然陈涉率散乱之众数百，奋臂大呼，不用弓戟之兵，鉏穧白梃，望屋而食，横行天下。秦人阻险不守，关梁不闭，长戟不刺，强弩不射。楚师深入，战于鸿门，曾无藩篱之难。于是山东诸侯并起，豪俊相立。秦使章邯将而东征，章邯因其三军之众要市于外，以谋其上。群臣之不相信，可见于此矣。

子婴立，而遂不悟。借使子婴有庸主之材，而仅得中佐，山东虽乱，三秦之地可全而有，宗庙之祠宜未绝也。秦地被山带河以为固，四塞之国也。自缪公以来，至于秦王二十馀君，常为诸侯雄，此岂世贤哉？其势居然也。且天下尝昔日同心并力攻秦矣，当此之世，贤智并列，良将行其师，贤相通其谋，然困于阻险而不能进，秦乃延入战而为之开关，百万之徒逃北而遂坏。然困于险阻而不能进者，岂勇力智慧不足哉？形不利、势不便也。秦离小邑，伐并大城，守险塞而军，高垒毋战，闭关据阨，荷戟而守之。诸侯起于匹夫，以利会，非有素王之行也。其交未亲，其民未附，名曰亡秦，其实利之也。彼见秦阻之难犯，必退阵。案士息民以待其弊，承解诛罢以令国君，不患不得意于海内。贵为天子，富有四海，而身为禽者，其救败非也。

秦王足己而不问，遂过而不变。二世受之，因而不改，暴虐以重祸。子婴孤立无亲，危弱无辅。三主之惑，终身不悟，亡不亦宜乎？当此时也，世非无深谋远虑知化之士也，然所以不敢尽忠拂过者，秦俗多忌讳之禁也，忠言未卒于口，而身糜没矣。故使天下之士倾耳而听，重足而立，阖口而不言。是以三主失道，而忠臣不谏，智士不谋也。天下已乱，奸臣不上闻，岂不悲哉！先王知壅蔽之伤国也，故置公卿、大夫、士，以饰法设刑而天下治。其强也，禁暴诛乱而天下服；其弱也，五霸征而诸侯从；其削也，内守外附而社稷存。故秦之盛也，繁法严刑而天下震；及其衰也，百姓怨而海内叛矣。故周王序得其道，千馀载不绝；秦本末并失，故不能长。由是观之，安危之统相去远矣。

鄙谚曰："前事之不忘，后事之师也。"是以君子为国，观之上古，验之当世，参之人事，察盛衰之理，审权势之宜，去就有序，变化应时，故旷日长久而社稷安矣。

宗 首 [事势]

今或亲弟谋为东帝，亲兄之子西向而击，今吴又见告矣。天子春秋鼎盛，行义未过，德泽有加焉，犹尚若此，况莫大诸侯权势十此者乎？

然而天下少安者，何也？大国之王幼在怀衽，汉所置傅相方握其事。数年之后，诸侯王大抵皆冠，血气方刚，汉之所置傅归休而不肯住，汉所置相称病而赐罢，彼自丞尉以上遍置其私人，如此有异淮南、济北之为耶！此时而乃欲为治安，虽尧舜不能。臣故曰：时且过矣，上弗蚤图，疑且岁闻所不欲焉。

黄帝曰："日中必蘴①，操刀必割。"今令此道顺，而全安甚易，弗肯早为，已乃堕骨肉之属而抗刭之，岂有异秦之季世乎？且谓天何？权不甚奇而数制人，岂可得也！夫以天子之位，用天下之力，乘今之时，因天子助，常惮以危为安，以乱为治，假设陛下居齐桓之处，将不合诸侯匡天下乎？至此则陛下误甚矣。时且失矣，心窃踊跃，离今春难为已。天倾，时倾，足力倾，能孰视而弗肯理以倾时之失，岂不靡哉！可以良天下而称，特以为此籍也。窃为陛下痛之，甚在上幸少留计焉。

数 宁 [事势]

臣窃惟事势，可为痛惜者一，可为流涕者二，可为长大息者六。若

---

① 蘴（wèi）：曝晒，晒干。

其它倍理而伤道者，难遍以疏举。进言者皆曰"天下已安矣"，臣独曰"未安"；或者曰"天下已治矣"，臣独曰"未治"。恐逆意触死罪，虽然，诚不安，诚不治，故不敢顾身，敢不昧死以闻。夫曰："天下安且治"者，非至愚无知，因谀者耳，皆非事实知治乱之体者也。夫抱火措之积薪之下而寝其上，火未及燃，因谓之安，偷安者也。方今之势，何以异此！夫本末舛逆，首尾横决，国制抢攘，非有纪也，胡可谓治！陛下何不一令以数日之间令臣得熟数之于前，因陈治安之策，陛下试择焉，何甚伤哉！

射猎之娱与安危之机，孰急也？臣闻之：自禹以下五百岁而汤起，自汤已下五百馀年而武王起。故圣王之起，大以五百为纪。自武王已下过五百岁矣，圣王不起，何怪矣。及秦始皇帝似是而卒非也，终于无状。及今，天下集于陛下，臣观宽大知通，窃曰：足以操乱业，握危势。若今之贤也。明通以足，天纪又当，天宜请陛下为之矣。然又未也者，又将谁须也？使为治，劳知虑，苦身体，乏驰骋钟鼓之乐，勿为可也，乐与今同耳。因加以常安，四望无患。因诸侯附亲轨道，致忠而信上耳。因上不疑，其臣无族罪，兵革不动，民长保首领耳。因德穷至远，近者匈奴，远者四荒，苟人迹之所能及，皆乡风慕义，乐为臣子耳。因天下富足，资财有馀，人及十年之食耳。因民素朴顺而乐从令耳。因官事甚约，狱讼盗贼可令勌有耳。大数既得，则天下顺治，海内之气清和咸理，则万生遂茂。晏子曰："唯以政顺乎神，为可以益寿。"发子曰："至治之极，父无死子，兄无死弟，涂无襁褓之葬，各以其顺终。"谷食之法，固百以是，则至尊之寿，轻百年耳。古者，五帝皆逾百岁，以此言信之。因王为明帝，股肱为明臣，名誉之美，垂无穷耳。祖有功，宗有德。始取天下为功，始治天下为德。因顾成之庙，为天下太宗，承天下太祖，与汉长无极耳。因卑不疑尊，贱不逾贵，尊卑贵贱，明若白黑，则天下之众不疑眩耳。因经纪本于天地，政法倚于四时，后世无变故，无易常，袭迹而长久耳。臣窃以为建久安之势，成长治之业，以承祖庙，以奉六亲，至孝也；以宰天下，以治群生，神民咸亿，社稷久享，至仁也；立经陈纪，轻重周得，后可以为万世法程，后虽有愚幼不肖之嗣，犹得蒙业而安，至明也。寿并五帝，泽施至远，于陛下何损哉！以陛下之明通，因使少知治体者得佐下风，致此治非有难也。陛下何不一为之，及其可素陈于前，愿幸无忽。一夫者。

臣谨稽之天地，验之往古，案之当时之务，日夜念此至孰也，独太息悲愤，非时敢忽也。虽使禹舜生而为陛下，何以易此？为之有数，必万全无伤，臣敢以寸断。陛下幸试召大臣有职者使计之，有能以为不便天子、不利天下者，臣请死。

◁ 藩 伤 〔事势〕

夫树国必审相疑之势，下数被其殃，上数爽其忧。凶饥数动，彼必将有怪者生焉。祸之所杂，岂可预知！故甚非所以安主上，非所以活大臣者也，甚非所以全爱子者也。

既已令之为藩臣矣，为人臣下矣，而厚其力，重其权，使有骄心而难服从也，何异于善砥镆铘而予射子？自祸必矣。爱之固使饱粱肉之味，玩金石之声，臣民之众，土地之博，足以奉养宿卫其身。然而权力不足以徼幸，势不足以行逆，故无骄心无邪行。奉法畏令，听从必顺，长生安乐，而无上下相疑之祸。活大臣，全爱子，孰精于此！

且藩国与制，力非独少也。制令：其有子以国其子；未有子者建分以须之，子生而立。其身而天，子将何失？于实无丧，而葆国无患，子孙世世与汉相须，长沙可以久矣。所谓生死而肉白骨，何以厚此？

◁ 藩 强 〔事势〕

窃迹前事，大抵强者先反。淮阴王楚最强，则最先反；韩王信倚胡，则又反；贯高因赵资，则又反；陈豨兵精强，则又反；彭越用梁，则又反；黥布用淮南，则又反；卢绾国北最弱，则最后反。长沙乃才二万五千户耳，力不足以行逆，则少功而最完，势疏而最忠。全骨肉时长沙无故者，非独性异人也，其形势然矣。

曩令樊、郦、绛、灌据数十城而王，今虽以残亡可也；令韩信、黥布、彭越之伦为彻侯而居，虽至今存可也。然则天下大计可知已。欲诸王皆忠附，则莫若令如长沙；欲勿令菹醢，则莫若令如樊、郦、绛、灌；欲天下之治安，天子之无忧，莫如众建诸侯而少其力。力少则易使以义，国小则无邪心。若与臣下相残，与骨肉相饮茹，天下虽危无伤也，则莫如循今之故而勿变。

以前观之，其国最大者反最先□□□□□□

⚠ 大 都 〔事势〕

昔楚灵王问范无宇曰："我欲大城陈、蔡、叶与不羹，赋车各千乘焉，亦足以当晋矣，又加之以楚，诸侯其来朝乎？"范无宇曰："不可。臣闻大都疑国，大臣疑主，乱之谋也。都疑则交争，臣疑则并令，祸之深者也。今大城陈、蔡、叶与不羹，或不充，不足以威晋；若充之以资财，实之以重禄之臣，是轻本而重末也。臣闻'尾大不掉，末大必折'，此岂不施威诸侯之心哉？然终为楚国大患者，必此四城也。"灵王弗听，果城陈、蔡、叶与不羹，实之以兵车，充之以大臣。是岁也，诸侯果朝。居数年，陈、蔡、叶与不羹，或奉公子弃疾内作难，楚国云乱，王遂死于乾溪于守亥之井。为计若此，岂不痛也哉！悲夫！本细末大，弛必至心。时乎！时乎！可痛惜者此也。

天下之势方病大瘇①：一胫之大几如要，一指之大几如股，臣闻"尾

---

① 瘇（zhǒng）：足肿病。

大不掉，末大必折"，恶病也。平居不可屈信，一二指搐，身固无聊也。失今弗治，必为锢疾，后虽有扁鹊，弗能为已。悲夫！枝拱苟大，弛必至心，此所以窃为陛下患也。病非徒疸也，又苦蹠戾①。元王之子，帝之从弟也；今之王者，从弟之子也。惠王之子，亲兄之子也；今之王者，兄子之子也。亲者或无分地以安天下，疏者或专大权以偪天子。臣故曰："非徒病疸也，又苦蹠戾也。"可痛哭者，此病是也。

△ 等 齐〔事势〕

诸侯王所在之宫卫，织履蹲夷，以皇帝所在宫法论之；郎中、谒者受谒取告，以官皇帝之法予之；事诸侯王或不廉洁平端，以事皇帝之法罪之。曰一用汉法，事诸侯王乃事皇帝也。谁是则诸侯之王乃将至尊也。然则，天子之与诸侯，臣之与下，宜撰然齐等若是乎？天子之相，号为丞相，黄金之印；诸侯之相，号为丞相，黄金之印，而尊无异等，秩加二千石之上。天子列卿秩二千石，诸侯列卿秩二千石，则臣已同矣。人主登臣而尊，今臣既同，则法恶得不齐？天子卫御，号曰大仆，银印，秩二千石；诸侯之御，号为大仆，银印，秩二千石，则御已齐矣。御既已齐，则车饰恶得不齐？天子亲，号云太后；诸侯亲，号云太后。天子妃，号曰后；诸侯妃，号曰后。然则，诸侯何损而天子何加焉？妻既已同，则夫何以异？天子宫门曰司马，阑入者为城旦；诸侯宫门曰司马，阑入者为城旦。殿门俱为殿门，阑入之罪亦俱弃市。宫墙门卫同名，其严一等，罪已钧矣。天子之言曰令，令甲令乙是也；诸侯之言曰令，□仪之言是也。天子卑号皆称陛下，诸侯卑号称陛下。天子车曰乘舆，诸侯车曰称舆，乘舆等也。衣被次齐贡死经纬也，苟工巧而志欲之，唯冒上轶主次也。然则，所谓主者安居？臣者安在？

---

① 戾（h）：同"戾"，乖戾，乖违。

人之情不异，面目状貌同类，贵贱之别非人天根着于形容也。所持以别贵贱明尊卑者，等级、势力、衣服、号令也。乱且不息，滑曼无纪。天性则同，人事无别。然则，所谓臣臣主主者，非有相临之具、尊卑之经也，持面形而肤之耳。近习乎昼，近貌然后能识，则疏远无所放，众庶无以期，则下恶能不疑其上？君臣同伦，异等同服，则上恶能不眩于其下？孔子曰："长民者，衣服不二，从容有常，以齐其民，则民德一。"云："彼都人士，狐裘黄裳"，"行归于周，万民之望。"孔子曰："为上可望而知也，为下可类而志也，则君不疑于其臣，而臣不惑于其君。"而此之不行，沐渎无界，可谓长大息者此也。

△ 服 疑 〔事势〕

衣服疑者，是谓争先；厚泽疑者，是谓争赏；权力疑者，是谓争强；等级无限，是谓争尊。彼人者，近则冀幸，疑则比争。是以等级分明，则下不得疑；权力绝尤，则臣无冀志。故天子之于其下也，加五等已往，则以为臣例；臣之于下也，加五等已往，则以为仆。仆则亦臣礼也，然称仆不敢称臣者，尊天子，避嫌疑也。

制服之道，取至适至和以予民，至美至神进之帝。奇服文章，以等上下而差贵贱。是以高下异，则名号异，则权力异，则事势异，则旗章异，则符瑞异，则礼宠异，则秩禄异，则冠履异，则衣带异，则环佩异，则车马异，则妻妾异，则泽厚异，则宫室异，则床席异，则器皿异，则食饮异，则祭祀异，则死丧异。故高则此品周高，下则此品周下。加人者品此临之，埤人者品此承之。迁则品此者进，绌①则品此者损。贵周丰，贱周谦；贵贱有级，服位有等。等级既设，各处其检，人循其度。擅退则让，上僭则诛。建法以习之，设官以牧之。是以天下见其服而知贵贱，望其章

---

① 绌（chù）：通"黜"，贬退。

而知其势，使人定其心，各著其目。

故众多而天下不眩，传远而天下识衹。卑尊已著，上下已分，则人伦法矣。于是主之与臣，若日之与星以。臣不几可以疑主，贱不几可以冒贵。下不凌等则上位尊，臣不逾级则主位安。谨守伦纪，则乱无由生。

△ 益壤 [事势]

陛下即不为千载之治安，如今之势，岂过一传哉？诸侯犹且人恣而不制也，至其相与，持之以纵横之约相亲耳。汉法令不可得行矣，犹且槁立而服强也。今淮阳之比大诸侯，仅过黑子之比于面耳。岂足以为楚御哉？而陛下所恃以为藩捍者，以代、淮阳耳。代北边与强匈奴为邻，仅自见矣。唯皇太子之所恃者，亦以之二国耳。今淮阳之所有，适足以饵大国耳。方今制在陛下，制国命子，适足以饵大国，岂可谓工哉？

人主之行异布衣。布衣者，饰小行，竞小廉①，以自托于乡党邑里。人主者，天下安、社稷固不耳。故黄帝者，炎帝之兄也。炎帝无道，黄帝伐之涿鹿之野，血流漂杵，诛炎帝而兼其地，天下乃治。高皇帝瓜分天下，以王功臣，反者如猬毛而起。高皇帝以为不可，剟去不义诸侯，空其国。择良日，立诸子洛阳上东门之外，诸子毕王，而天下乃安。故大人者，不怵小廉，不牵小行，故立大便以成大功。

今淮南地远者或数千里，越诸侯而县属于汉，其苦之甚矣，其欲有卒也类良有，所至逋走而归诸侯，殆不少矣。此终非可久以为奉地也。陛下岂如蚤便其势，且令他人守郡，岂如令子？臣之愚计，愿陛下举淮南之地以益淮阳，梁即有后，割淮阳北边二三列城与东郡以益梁，即无后患。代可徙而都睢阳，梁起新郑以北，著之河，淮阳包陈以南，捷之江，则大诸侯之有异心者，破胆而不敢谋。今所恃者，代、淮阳二国耳，皇太子亦恃

---

① 小廉：小事上的廉洁，非大德。

之。如臣计，梁足以捍齐、赵，淮阳足以禁吴、楚，则陛下高枕而卧，终无山东之忧矣。臣窃以为此二世之利也。若使淮南久县属汉，特以恣奸人耳，惟陛下幸少留意，省臣昧死以闻。

臣谊窃昧死，愿得伏前陈施，下臣谊所以为治安，陛下幸以少须臾之间听，以验之于事，未有妨损也。臣闻圣主言问其臣，而不自造事，故为人臣得毕尽其愚忠，惟陛下财幸。

——以上卷一

岳阳新尉晓衙参，却是傍人意未甘。
昨夜与君思贾谊，长沙犹在洞庭南。

唐·张祜《赠李修源》

扬子法言 35

审定者：中国社会科学院 刘 宁

全书总字数：14610

用字量：1652

　　《扬子法言》亦称《法言》，十三卷，西汉扬雄撰。扬雄（前53—18），字子云，蜀郡成都人。少壮时喜词赋，晚年视其为"童子雕虫篆刻"，壮夫不为，转而潜心向学，研究哲理，亦有《太玄经》，仿《周易》而作。

　　《法言》是拟《论语》体裁采用问答形式而撰写的哲学著作，成书于汉哀帝元寿元年（前2）。其基本宗旨是用礼义、孔孟之道，批判先秦诸子及谶纬、神仙迷信，维护儒家正统观念，故名之曰"法言"。主张文学应当宗经、征圣。强调知识的重要，反对老庄"学无益"之观点，人性论上主张善恶混合说，承认历史之进化，肯定改革之必要，且因其对宗教迷信的批判，成为王充唯物主义学说的先导。

高频字

| 之 | 曰 | 也 | 不 | 而 | 其 | 人 | 乎 | 或 | 以 | 则 | 者 | 问 |

△ **学行卷第一**

学，行之，上也；言之，次也；教人，又其次也。咸无焉，为众人。

或曰："人羡久生，将以学也，可谓好学已乎？"曰："未之好也，学不羡。"

天之道，不在仲尼乎？仲尼驾说者也，不在兹儒乎？如将复驾其所说，则莫若使诸儒金口而木舌。

或曰："学无益也，如质何？"曰："未之思矣。夫有刀者砻①诸，有玉者错②诸，不砻不错，焉攸用？砻而错诸，质在其中矣。否则辍。"

螟蛉之子，殪而逢，蜾蠃祝之曰："类我，类我。"久则肖之矣。速哉！七十子之肖仲尼也。

学以治之，思以精之，朋友以磨之，名誉以崇之，不倦以终之，可谓好学也已矣。

孔子习周公者也，颜渊习孔子者也，羿、逢蒙分其弓，良舍其策，般投其斧而习诸，孰曰非也？或曰："此名也，彼名也，处一焉而已矣。"曰："川有渎，山有岳，高而且大者，众人所能踰也。"

或问："世言铸金，金可铸与？"曰："吾闻觌君子者，问铸人，不问

———————————————

① 砻（lóng）：磨砺。
② 错（cuò）：磨玉用的粗磨石。

铸金。"或曰："人可铸与？"曰："孔子铸颜渊矣。"或人踧尔曰："旨哉！问铸金，得铸人。"

学者，所以修性也。视、听、言、貌、思，性所有也。学则正，否则邪。

师哉！师哉！桐子之命也。务学不如务求师。师者，人之模范也。模不模，范不范，为不少矣。

一閧之市，不胜异意焉；一卷之书，不胜异说焉。一閧之市，必立之平。一卷之书，必立之师。

习乎习！以习非之胜是也，况习是之胜非乎？於戏！学者审其是而已矣。或曰："焉知是而习之？"曰："视日月而知众星之蔑也，仰圣人而知众说之小也。"

学之为王者事，其已久矣。尧、舜、禹、汤、文、武汲汲，仲尼皇皇，其已久矣。

或问"进"。曰："水。"或曰："为其不舍昼夜与？"曰："有是哉！满而后渐者，其水乎？"或问"鸿渐"。曰："非其往不往，非其居不居，渐犹水乎！""请问木渐。"曰："止于下而渐于上者，其木也哉！亦犹水而已矣！"

吾未见斧藻①其德若斧藻其梲②者也。

鸟兽触其情者也，众人则异乎！贤人则异众人矣，圣人则异贤人矣。礼义之作，有以矣夫。人而不学，虽无忧，如禽何？

学者，所以求为君子也。求而不得者有矣，夫未有不求而得之者也。

睎③骥之马，亦骥之乘也。睎颜之人，亦颜之徒也。或曰："颜徒易乎？"曰："睎之则是。"曰："昔颜尝睎夫子矣，正考甫尝睎尹吉甫矣，公子奚斯尝睎尹吉甫矣。不欲睎则已矣，如欲睎，孰御焉？"

① 斧藻（fǔ zǎo）：梁楹上刻画的文饰，引申为修饰。
② 梲（jié）：斗拱。
③ 睎（xī）：仰慕，爱慕。

或曰："书与经同，而世不尚，治之可乎？"曰："可。"或人哑尔笑曰："须以发策决科。"曰："大人之学也为道，小人之学也为利。子为道乎？为利乎？"或曰："耕不获，猎不飨，耕猎乎？"曰："耕道而得道，猎德而得德，是获、飨已。吾不睹参辰之相比也。是以君子贵迁善。迁善者，圣人之徒与！"百川学海而至于海，丘陵学山不至于山，是故恶夫画也。

频频之党，甚于鸴斯①，亦贼夫粮食而已矣。朋而不心，面朋也；友而不心，面友也。

或谓子之治产，不如丹圭之富。曰："吾闻先生相与言，则以仁与义；市井相与言，则以财与利。如其富！如其富！"或曰："先生生无以养也，死无以葬也，如之何？"曰："以其所以养，养之至也；以其所以葬，葬之至也。"

或曰："猗顿之富以为孝，不亦至乎？颜其馁矣！"曰："彼以其粗，颜以其精；彼以其回，颜以其贞。颜其劣乎？颜其劣乎？"

或曰："使我纡朱怀金，其乐可量也！"曰："纡朱怀金者之乐，不如颜氏子之乐。颜氏子之乐也内，纡朱怀金者之乐也外。"或曰："请问屡空之内。"曰："颜不孔，虽得天下，不足以为乐。""然亦有苦乎？"曰："颜苦孔之卓之至也。"或人瞿然曰："兹苦也，祇其所以为乐也与？"

曰："有教立道，无止仲尼；有学术业，无止颜渊。"或曰："立道，仲尼不可为思矣。术业，颜渊不可为力矣。"曰："未之思也，孰御焉？"

吾子卷第二

或问："吾子少而好赋。"曰："然。童子雕虫篆刻。"俄而，曰："壮夫不为也。"或曰："赋可以讽乎？"曰："讽乎！讽则已，不已，吾恐不

---

① 鸴斯（yù sī）：鸟名，即寒鸦，喜群。

免于劝也。”或曰：“雾縠之组丽。”曰：“女工之蠹矣。”《剑客论》曰：“剑可以爱身。”曰：“狂犴使人多礼乎？”

或问：“景差、唐勒、宋玉、枚乘之赋也，益乎？”曰：“必也，淫。”“淫则奈何？”曰：“诗人之赋丽以则，辞人之赋丽以淫。如孔氏之门用赋也，则贾谊升堂，相如入室矣。如其不用何？”

或问“苍蝇红、紫”。曰：“明视。”问“郑卫之似”。曰：“聪听。”或曰：“朱、旷不世，如之何？”曰：“亦精之而已矣。”

或问：“交五声、十二律也，或雅或郑，何也？”曰：“中正则雅，多哇则郑。”“请问本。”曰：“黄钟以生之，中正以平之，确乎郑、卫不能入也！”

或曰：“女有色，书亦有色乎？”曰：“有。女恶华丹之乱窈窕也，书恶淫辞之淈法度也。”

或问：“屈原智乎？”曰：“如玉如莹，爰变丹青。如其智！如其智！”

或问：“君子尚辞乎？”曰：“君子事之为尚。事胜辞则伉，辞胜事则赋，事、辞称则经。足言足容，德之藻矣！”

或问：“公孙龙诡辞数万以为法，法与？”曰：“断木为棋，挝革为鞠，亦皆有法焉。不合乎先王之法者，君子不法也。”

观书者譬诸观山及水，升东岳而知众山之逦迤也，况介丘乎？浮沧海而知江河之恶沱也，况枯泽乎？舍舟航而济乎渎者，末矣；舍五经而济乎道者，末矣。弃常珍而嗜乎异馔者，恶睹其识味也；委大圣而好乎诸子者，恶睹其识道也。

山㙠之蹊，不可胜由矣；向墙之户，不可胜入矣。曰：“恶由入？”曰：“孔氏。孔氏者，户也。”曰：“子户乎？”曰：“户哉！户哉！吾独有不户者矣？”

或欲学《苍颉》《史篇》。曰：“史乎！史乎！愈于妄阙也。”

或曰：“有人焉，自云姓孔，而字仲尼，入其门，升其堂，伏其几，袭其裳，则可谓仲尼乎？”曰：“其文是也，其质非也。”“敢问质。”曰：

"羊质而虎皮，见草而说，见豺而战，忘其皮之虎矣。"

圣人虎别，其文炳也。君子豹别，其文蔚也。辩人狸别，其文萃也。狸变则豹，豹变则虎。

好书而不要诸仲尼，书肆也。好说而不要诸仲尼，说铃也。君子言也无择，听也无淫，择则乱，淫则辟。述正道而稍邪哆者有矣，未有述邪哆而稍正也。

孔子之道，其较且易也。或曰："童而习之，白纷如也，何其较且易？"曰："谓其不奸奸，不诈诈也。如奸奸而诈诈，虽有耳目，焉得而正诸？"

多闻则守之以约，多见则守之以卓。寡闻则无约也，寡见则无卓也。

绿衣三百，色如之何矣？纻絮三千，寒如之何矣？

君子之道有四易：简而易，用也；要而易，守也；炳而易，见也；法而易，言也。

震风陵雨，然后知夏屋之为帡幪也；虐政虐世，然后知圣人之为郛郭也。

古者杨、墨塞路，孟子辞而辟之，廓如也。后之塞路者有矣，窃自比于孟子。

或曰："人各是其所是，而非其所非，将谁使正之？"曰："万物纷错则悬诸天，众言淆乱则折诸圣。"或曰："恶睹乎圣而折诸？"曰："在则人，亡则书，其统一也。"

问神卷第五

或问"神"。曰："心。""请问之。"曰："潜天而天，潜地而地。天地，神明而不测者也。心之潜也，犹将测之，况于人乎？况于事伦乎？""敢问潜心于圣。"曰："昔乎，仲尼潜心于文王矣，达之；颜渊亦潜心于仲尼矣，未达一间耳。神在所潜而已矣。"

天神天明，照知四方。天精天粹，万物作类。

人心其神矣夫？操则存，舍则亡。能常操而存者，其惟圣人乎？

圣人存神索至，成天下之大顺，致天下之大利，和同天人之际，使之无间也。

龙蟠于泥，蚖其肆矣。蚖哉，蚖哉！恶睹龙之志也与！或曰："龙必欲飞天乎？"曰："时飞则飞，时潜则潜，既飞且潜。食其不妄，形其不可得而制也与？"曰："圣人不制，则何为乎羑里？"曰："龙以不制为龙，圣人以不手为圣人。"

或曰："经可损益与？"曰："《易》始八卦，而文王六十四，其益可知也。《诗》《书》《礼》《春秋》，或因或作，而成于仲尼，其益可知也。故夫道非天然，应时而造者，损益可知也。"

或曰："《易》损其一也，虽蠢知阙焉。至《书》之不备过半矣，而习者不知。惜乎！《书》序之不如《易》也。"曰："彼数也，可数焉，故也。如《书》序，虽孔子末如之何矣。"

昔之说《书》者，序以百，而《酒诰》之篇俄空焉。今亡夫！

虞、夏之《书》浑浑尔，《商书》灏灏尔，《周书》噩噩尔。下周者，其《书》谯乎！

或问："圣人之经不可使易知与？"曰："不可。天俄而可度，则其覆物也浅矣。地俄而可测，则其载物也薄矣。大哉！天地之为万物郭，五经之为众说郛。"

或问："圣人之作事，不能昭若日月乎？何后世之訚訚①也！"曰："瞽旷能默，瞽旷不能齐不齐之耳；狄牙能喊，狄牙不能齐不齐之口。"

君子之言，幽必有验乎明，远必有验乎近，大必有验乎小，微必有验乎著，无验而言之谓妄。君子妄乎？不妄。

言不能达其心，书不能达其言，难矣哉！惟圣人得言之解，得书之

---

① 訚訚（yín yín）：争辩貌。

体。白日以照之，江河以涤之，灏灏乎其莫之御也！面相之，辞相适，捈中心之所欲，通诸人之嚍嚍者，莫如言。弥纶天下之事，记久明远，著古昔之㖧㖧，传千里之忞忞者，莫如书。故言，心声也；书，心画也。声画形，君子小人见矣！声画者，君子小人之所以动情乎！

圣人之辞，浑浑若川。顺则便，逆则否者，其惟川乎？

或曰："仲尼圣者与？何不能居世也，曾范、蔡之不若！"曰："圣人者范、蔡乎？若范、蔡，其如圣何？"

或曰："淮南、太史公者，其多知与？何其杂也。"曰："杂乎杂，人病以多知为杂。惟圣人为不杂。"

书不经，非书也。言不经，非言也。言、书不经，多多赘矣！

或曰："述而不作，《玄》何以作？"曰："其事则述，其书则作。"

育而不苗者，吾家之童乌乎？九龄而与我《玄》文。

或曰："《玄》何为？"曰："为仁义。"曰："孰不为仁？孰不为义？"曰："勿杂也而已矣。"

或问"经之艰易"。曰："存亡。"或人不谕。曰："其人存则易，亡则艰。延陵季子之于乐也，其庶矣乎！如乐弛，虽札末如之何矣。如周之礼乐庶事之备也，每可以为不难矣。如秦之礼乐庶事之不备也，每可以为难矣。"

衣而不裳，未知其可也；裳而不衣，未知其可也。衣裳，其顺矣乎？

或问"文"。曰："训。"问"武"。曰："克。"未达。曰："事得其序之谓训，胜己之私之谓克。"

为之而行，动之而光者，其德乎？或曰："知德者鲜，何其光？"曰："我知，为之；不我知，亦为之，厥光大矣。必我知而为之，光亦小矣。"

或曰："君子病没世而无名，盍势诸名卿，可几也。"曰："君子德名为几。梁、齐、赵、楚之君非不富且贵也，恶乎成名？谷口郑子真，不屈其志，而耕乎岩石之下，名震于京师，岂其卿！岂其卿！"

或问"人"。曰："艰知也。"曰："焉难？"曰："太山之与蚁垤，江河之与行潦，非难也。大圣之与大佞，难也。乌呼！能别似者为无难。"

或问："邹、庄有取乎？"曰："德则取，愆则否。""何谓德、愆？"曰："言天、地、人经，德也；否，愆也。愆语，君子不出诸口。"

子云平生人莫知，知者乃独称其辞。

今尊子云者皆是，得子云心亦无几。

圣贤树立自有师，人知不知无以为。

俗人贱今常贵古，子云今存谁女数。

宋·王安石《扬雄二首》之二

审定者：原第二炮兵指挥学院　武天富

全书总字数：7730

用字量：831

鬼谷子

36

《鬼谷子》，旧传鬼谷子著，实为后学者根据其言论整理而成，共三卷，上中两卷凡十四篇，其中两篇有目无文，下卷收有《本经阴符七术》。

鬼谷子，战国时楚人，号鬼谷先生，为纵横家鼻祖，专门研究言谈之道和养生之术，其思想唯见于《鬼谷子》一书。《隋书·经籍志》始将《鬼谷子》列为纵横家，后世兵家以为兵书。该书内容十分丰富，涉及政治、军事、外交等领域，大抵崇尚黄老而侧重"心术"，以阴阳论为基础，为纵横家提供了理论依据，也含有辩证法思想。该书的前十四篇，专论"纵横之术"，有开闭法、反复法等种种名目，略似于现在的"演讲技巧""社交方式"之类。两军交战，三寸之舌可抵百万之师，就看谁的计谋高、口才好了。据说，张仪、苏秦、庞涓、孙膑四位战国风云人物俱是鬼谷子的学生，则先生的水平可见一斑。

高频字

| 之 | 者 | 而 | 不 | 也 | 具 | 以 | 人 | 可 | 有 | 故 | 于 |

捭阖①第一

粤若稽古，圣人之在天地间也，为众生之先。观阴阳之开阖以命物，知存亡之门户，筹策万类之终始，达人心之理，见变化之朕焉，而守司其门户。故圣人之在天下也，自古至今，其道一也，变化无穷，各有所归，或阴或阳，或柔或刚，或开或闭，或弛或张。是故圣人一守司其门户，审察其所先后，度权量能，校其伎巧短长。

夫贤不肖、智愚、勇怯、仁义有差，乃可捭，乃可阖，乃可进，乃可退，乃可贱，乃可贵，无为以牧之。审定有无，以其实虚，随其嗜欲，以见其志意；微排其所言，而捭反之，以求其实。贵得其指，阖而捭之，以求其利。或开而示之，或阖而闭之。开而示之者，同其情也；阖而闭之者，异其诚也。可与不可，审明其计谋，以原其同异。离合有守，先从其志。

即欲捭之贵周，即欲阖之贵密。周密之贵，微而与道相追。捭之者，料其情也；阖之者，结其诚也。皆见其权衡轻重，乃为之度数，圣人因而为之虑。其不中权衡度数，圣人因而自为之虑。故捭者，或捭而出之，或捭而纳之；阖者，或阖而取之，或阖而去之。

---

① 捭阖（bǎi hé）：战国时期策士的游说方法，即在外交上运用手段进行联合或分化。皇甫谧注曰："捭，拨地也；阖，闭藏也。凡与人言之道，或拨动之示其同，或闭藏之示其异。"

捭阖者，天地之道。捭阖者，以变动阴阳，四时开闭，以化万物纵横。反出、反覆、反忤，必由此矣。捭阖者，道之大化，说之变也，必豫审其变化。口者，心之门户也；心者，神之主也。志意、喜欲、思虑、智谋，此皆由门户出入。故关之捭阖，制之以出入。捭之者，开也、言也、阳也；阖之者，闭也、默也、阴也。阴阳其和，终始其义。故言长生、安乐、富贵、尊荣、显名、爱好、财利、得意、喜欲为阳，曰"始"。故言死[①]、忧患、贫贱、苦辱、弃损、亡利、失意、有害、刑戮、诛罚为阴，曰"终"。诸言法阳之类者，皆曰"始"，言善以始其事；诸言法阴之类者，皆曰"终"，言恶以终为谋。

捭阖之道，以阴阳试之。故与阳言者依崇高，与阴言者依卑小，以下求小，以高求大。由此言之，无所不出，无所不入，无所不可。可以说人，可以说家，可以说国，可以说天下。为小无内，为大无外。益损、去就、倍反，皆以阴阳御其事。阳动而行，阴止而藏；阳动而出，阴随而入；阳还终始，阴极反阳。以阳动者，德相生也；以阴静者，形相成也。以阳求阴，苞以德也；以阴结阳，施以力也。阴阳相求，由捭阖也。此天地阴阳之道，而说人之法也。为万事之先，是谓"圆方"之门户。

⚠ 反应第二

古之大化者，乃与无形俱生。反以观往，覆以验来；反以知古，覆以知今；反以知彼，覆以知己。动静、虚实之理，不合来今，反古而求之。事有反而得覆者，圣人之意也，不可不察。

人言者动也，己默者静也。因其言，听其辞。言有不合者，反而求之，其应必出。言有象，事有比。其有象比，以观其次。象者象其事，比者比其辞也。以无形求有声，其钓语合事，得人实也。其张置网而取兽

---

① 四库本"死"后有一"亡"字。

也，多张其会而司之。道合其事，彼自出之，此钓人之网也。常持其网驱之，其言无比，乃为之变。以象动之，以报其心、见其情，随而牧之。已反往，彼覆来，言有象比，因而定基。重之袭之，反之覆之，万事不失其辞。圣人所诱愚智，事皆不疑。

　　古善反听者，乃变鬼神以得其情，其变当也，而牧之审也。牧之不审，得情不明。得情不明，定基不审。变象比，必有反辞，以还听之。欲闻其声反默，欲张反睑①，欲高反下，欲取反与。欲开情者，象而比之，以牧其辞，同声相呼，实理同归。或因此，或因彼；或以事上，或以牧

鬼谷祠

下。此听真伪，知同异，得其情诈也。动作言默①，与此出入，喜怒由此，以见其式。皆以先定为之法则，以反求覆，观其所托，故用此者。己欲平静，以听其辞，察其事，论万物，别雄雌。虽非其事，见微知类。若探人而居其内，量其能，射其意也。符应不失，如螣蛇之所指，若羿之引矢。

知之始己，自知而后知人也。其相知也，若比目之鱼；见形也，若光之与影也。其察言也不失，若磁石之取针，舌之取燔骨。其与人也微，其见情也疾。如阴与阳，如阳与阴，如圆与方，如方与圆。未见形，圆以道之；既形，方以事之。进退左右，以是司之。己不先定，牧人不正。事用不巧，是谓忘情失道。己审先定，以牧人策，而无形容，莫见其门，是谓天神。

△ 内揵第三

君臣上下之事，有远而亲，近而疏，就之不用，去之反求。日进前而不御，遥闻声而相思。事皆有内揵，素结本始。或结以道德，或结以党友，或结以财货，或结以采色。用其意，欲入则入，欲出则出，欲亲则亲，欲疏则疏，欲就则就，欲去则去，欲求则求，欲思则思，若蚨母之从其子也，出无间，入无朕，独往独来，莫之能止。内者进说辞，揵者揵所谋也。故远而亲者有阴德也，近而疏者志不合也；就而不用者策不得也，去而反求者事中来也；日进前而不御者施不合也，遥闻声而相思者合于谋，待决事也。故曰：不见其类而为之者，见逆；不得其情而说之者，见非。得其情乃制其术。此用可出可入，可揵可开，故圣人立事，以此先知而揵万物。由夫道德、仁义、礼乐、计谋。

先取《诗》《书》，混说损益，议去论就，欲合者用内，欲去者用外，

① 默：四库本作"嘿"。

外内者必明道数，揣策来事，见疑决之，策无失计，立功建德。治民入产业，曰揵而内合。上暗不治，下乱不寤，揵①而反之。内自得而外不留，说而飞之。若命自来，已迎而御之。若欲去之，因危与之。环转因化，莫之所为，退为大仪。

抵巇第四

物有自然，事有合离。有近而不可见，远而可知。近而不可见者，不察其辞也，远而可知者，反往以验来也。

巇者，罅也；罅者，涧也；涧者，成大隙也。巇始有朕，可抵而塞，可抵而却，可抵而息，可抵而匿，可抵而得，此谓抵巇之理也。事之危也，圣人知之，独保其用。因化说事，通达计谋，以识细微，经起秋毫之末，挥之于太山之本。其施外兆萌牙蘖之谋，皆由抵巇，抵巇隙，为道术。

天下分错，上无明主，公侯无道德，则小人谗贼，贤人不用，圣人窜匿，贪利诈伪者作，君臣相惑，土崩瓦解而相伐射，父子离散，乖乱反目，是谓萌牙巇罅。圣人见萌牙巇罅，则抵之以法。世可以治，则抵而塞之，不可治，则抵而得之。或抵如此，或抵如彼，或抵反之，或抵覆之。五帝之政，抵而塞之，三王之事，抵而得之。诸侯相抵，不可胜数，当此之时，能抵为右。

自天地之合离终始，必有巇隙，不可不察也。察之以捭阖，能用此道，圣人也。圣人者，天地之使也。世无可抵，则深隐而待时，时有可抵，则为之谋。可以上合，可以检下。能因能循，为天地守神。

---

① 揵（jiàn）：连接。揵者，持之令固也。

△ 飞箝第五

凡度权量能，所以征远来近。立势而制事，必先察同异，别是非之语；见内外之辞，知有无之数；决安危之计，定亲疏之事，然后乃权量之。其有隐括，乃可征，乃可求，乃可用。

引钩箝之辞，飞而箝之。钩箝之语，其说辞也，乍同乍异。其不可善者，或先征之而后重累；或先重以累而后毁之；或以重累为毁，或以毁为重累。其用或称财货琦玮，珠玉璧白，采色以事之；或量能立势以钩之；或伺候见涧而箝之。其事用抵巇，将欲用之①天下，必度权量能，见天时之盛衰，制地形之广狭，岨崄之难易，人民货财之多少，诸侯之交孰亲孰疏、孰爱孰憎。

心意之虑怀，审其意知其所好恶。乃就说其所重，以飞箝之辞钩其所好，以箝求之。用之于人，则量智能、权材力、料气势，为之枢机，以迎之随之，以箝和之，以意宜之，此飞箝之缀也。用于人则空往而实来，缀而不失，以究其辞，可箝而从，可箝而横，可引而东，可引而西，可引而南，可引而北，可引而反，可引而覆。虽覆能复，不失其度。

△ 忤合第六

凡趋合倍反，计有适合，化转环属，各有形势。反覆相求，因事为制。是以圣人居天地之间，立身御世，施教扬声明名也，必因事物之会，观天时之宜，因之所多所少，以此先知之，与之转化。世无常贵，事无常师。圣人常为，无不为，所听，无不听。成于事而合于计谋，与之为主。合于彼，而离于此，计谋不两忠，必有反忤。反于是，忤于彼，忤于此，

---

① 四库本"之"后有"于"字。

反于彼，其术也。用之天下，必量天下而与之。用之国，必量国而与之。用之家，必量家而与之。用之身，必量身材能气势而与之，大小进退，其用一也。必先谋虑计定，而后行之以飞箝之术。古之善背向者。乃协四海，包诸侯，忤合之地，而化转之，然后以之求合。故伊尹五就汤，五就桀，然后合于汤。吕尚三就文王，三入殷，而不能有所明，然后合于文王。此知天命之箝，故归之不疑也。非至圣人达奥，不能御世。劳①心苦思，不能原事。不悉心见情，不能成名。材质不惠，不能用兵。忠实无真，不能知人。故忤合之道，己必自度材能知睿，量长短远近孰不如，乃可以进，乃可以退，乃可以纵，乃可以横。

⬠ 揣篇第七

古之善用天下者，必量天下之权，而揣诸侯之情。量权不审，不知强弱轻重之称。揣情不审，不知隐匿变化之动静。何谓量权，曰：度于大小，谋于众寡，称货财之有无，料人民多少饶乏，有馀不足几何；辨地形之险易，孰利孰害；谋虑，孰长孰短；君臣之亲疏，孰贤孰不肖；与宾客之知睿，孰少孰多；观天时之祸福，孰吉孰凶；诸侯之亲，孰用孰不用；百姓之心，去就变化，孰安孰危，孰好孰憎，反侧孰便。能知如此者，是谓权量。

揣情者，必以其甚喜之时，往，而极其欲也。其有欲也，不能隐其情。必以其甚惧之时，往，而极其恶也。其有恶也，不能隐其情。情欲必失其变。感动而不知其变者，乃且错其人，勿与语，而更问所亲，知其所安。夫情变于内者，形见于外。故常必以其见者，而知其隐者，此所以谓测深揣情。故计国事者，则当审权量；说人主，则当审揣情。谋虑情欲，必出于此。乃可贵，乃可贱；乃可重，乃可轻；乃可利，乃可害；乃可

---

① 四库本"劳"前有"不"字。

成，乃可败，其数一也。故虽有先王之道，圣智之谋，非揣情，隐匿无所索之。此谋之大本，而说之法也。常有事于人，人莫先事而至，此最难为。故曰：揣情最难守司，言必时其谋虑。故观蜎①飞蠕动，无不有利害，可以生事美。生事者，几之势也。此揣情饰言，成文章而后论之。

△ 摩篇第八

摩之，符也；内符者，揣之主也。用之有道，其道必隐。微摩之以其所欲，测而探之，内符必应。其应也，必有为之。故微而去之，是谓塞窌匿端，隐貌逃情，而人不知，故成其事而无患。摩之在此，符之在彼。从而应之，事无不可。古之善摩者，如操钩而临深渊，饵而投之，必得鱼焉。故曰：主事日成，而人不知；主兵日胜，而人不畏也。圣人谋之于阴，故曰神；成之于阳，故曰明。所谓主事日成者，积德也，而民安之，不知其所以利；积善也，而民道之，不知其所以然，而天下比之神明也。主兵日胜者，常战于不争不费，而民不知所以服，不知所以畏，而天下比之神明。

其摩者，有以平，有以正，有以喜，有以怒，有以名，有以行，有以廉，有以信，有以利，有以卑。平者，静也；正者，直也；喜者，悦也；怒者，动也；名者，发也；行者，成也；廉者，洁也；信者，明也；利者，求也；卑者，谄也。故圣人所独用者，众人皆有之，然无成功者，其用之非也。故谋莫难于周密，说莫难于悉听，事莫难于必成，此三者，然后能之。故谋必欲周密，必择其所与通者说也，故曰或结而无隙也。夫事成必合于数，故曰道数与时相偶者也。说者听必合于情，故曰情合者听。故物归类，抱薪趋火，燥者先燃；平地注水，湿者先濡。此物类相应于势，譬犹是也。此言内符之应外摩也如是。故曰摩之以其类，焉有不相应

---

① 蜎（xuān）：通"翾"，飞翔貌。

者。乃摩之以其欲，焉有不听者。故曰独行之道。夫几者不晚，成而不抱，久而化成。

说者，说之也；说之者，资之也。饰言者，假之也；假之者，益损也。应对者，利辞者；利辞者，轻论也。成义者，明之也；明之者，符验也。难言者，却论也；却论者，钓几也。佞言者谄而于忠，谀言者博而于智，平言者决而于勇，戚言者权而于信，静言者反而于胜，先意承①欲者，谄也；繁称文辞者，博也；策选进谋者，权也；纵②舍不宜者，决也；先分不足而窒非者，反也。

故口者，机关也，所以闭情意也。耳目者，心之佐助也，所以窥间见奸邪。故曰：参调而应，利道而动。故繁言而不乱，翱翔而不迷，变易而不危者，观要得理。故无目者不可示以五色，无耳者不可告以五音。故不可以往者，无所开之也；不可以来者，无所受之也；物有不通者，故不事也。古人有言曰：口可以食，不可以言。言者，有讳忌也。众口铄金，言有曲故也。人之情，出言则欲听，举事则欲成。是故智者不用其所短，而用愚人之所长；不用其所拙，而用愚人之所工，故不困也。言其有利者，从其所长也；言其有害者，避其所短也。故介虫之捍也，必为坚厚，螫虫之动也，必以毒螫。故禽兽知用其长，而谈者知用其用也。

故曰辞言五：曰病，曰恐，曰忧，曰怒，曰喜。故曰：病者，感衰气而不神也；恐者，肠绝而无主也；忧者，闭塞而不泄也；怒者，妄动而不治也；喜者，宣散而无要也。此五者，精则用之，利则行之。故与智者言，依于博；与拙者言，依于辨；与辨者言，依于要；与贵者言，依于

---

① "承"本作"成"，据四库本改。

② 纵，四库本作"從"。

势；与富者言，依于高；与贫者言，依于利；与贱者言，依于谦；与勇者言，依于敢；与过者言，依于锐。此其术也，而人常反之。是故与智者言，将此以明之；与不智者言，将此以教之，而甚难为也。故言多类，事多变。故终日言不失其类，故事不乱。终日不变而不失其主，故智贵不妄。听贵聪，智贵明，辞贵奇。

△ 谋篇第十

为人凡谋有道，必得其所因，以求其情。审得其情，乃立三仪。三仪者，曰上、曰中、曰下。参以立焉，以生奇，奇不知其所拥，始于古之所从。故郑人取玉也，载司南之车，为其不惑也。夫度材量能揣情者，亦事之司南也。故同情而相亲者，其俱成者也。同欲而相疏者，其偏害者也。同恶而相亲者，其俱害者也，同恶而相疏者，其偏害者也。故相益则亲，相损则疏，其数行也。此所以察同异之分，其类一也。故墙坏于其隙，木毁于其节，斯盖其分也。

故变生于事，事生谋，谋生计，计生议，议生说，说生进，进生退，退生制，因以制于事。故百事一道，而百度一数也。夫仁人轻货，不可诱以利，可使出费。勇士轻难，不可惧以患，可使据危。智者达于数，明于理，不可欺以诚，可示以道理，可使立功，是三才也。故愚者易蔽也，不肖者易惧也，贪者易诱也，是因事而裁之。

故为强者，积于弱也。有馀者，积于不足也。此其道术行也。故外亲而内疏者，说内；内亲而外疏者，说外。故因其疑以变之，因其见以然之，因其说以要之，因其势以成之，因其恶以权之，因其患以斥之；摩而恐之，高而动之，微而正之，符而应之，拥而塞之，乱而惑之，是谓计谋。

计谋之用，公不如私，私不如结，结而无隙者也；正不如奇，奇流而不止者也。故说人主者，必与之言奇；说人臣者，必与之言私。其身内，其言外者，疏；其身外，其言深者，危。无以人之所不欲而强之于人，无以人之所不知而教之于人。人之有好也，学而顺之；人之有恶也，避而讳之。故阴道而阳取之也。故去之者纵之，纵之者乘之。貌者不美又不恶，故至情托焉。可知者，可用也；不可知者，谋者所不用也。故曰：事贵制人，而不贵见制于人。制人者，握权也，见制于人者，制命也。

故圣人之道阴，愚人之道阳，智者事易，而不智者事难。以此观之，亡不可以为存，而危不可以为安，然而无为而贵智矣。智用于众人之所不能知，而能用于众人之所不能见。既用，见可否，择事而为之，所以自为也；见不可，择事而为之，所以为人也。故先王之道阴。言有之曰：天地之化，在高与深；圣人之制道，在隐与匿。非独忠、信、仁、义也，中正而已矣。道理达于此义者①，则可与言。由能得此，则可与毂远近之义。

决篇第十一

为人凡决物必托于疑者，善其用福，恶其有患害，至于诱也。

终无惑偏，有利焉。去其利则不受也，奇之所托。若有利于善者，隐托于恶则不受矣。致疏远，故其有使失利，其有使离害者，此事之失。

圣人所以能成其事者，有五。有以阳德之者，有以阴贼之者，有以信诚之者，有以蔽匿之者，有以平素之者。阳励于一言，阴励于二言，平素枢机以用四者，微而施之。于是度以往事，验之来事，参之平素，可则决之；公王大人之事也，危而美名者，可则决之；不用费力而易成者，可则决之；用力犯勤苦，然而不得已而为之者，可则决之；去患者可则决之；从福者可则决之。

故夫决情定疑，万事之机，以正乱治、决成败，难为者。故先王乃用蓍龟者，以自决也。

---

① 者：原作"之"，据四库本改。

符言第十二

安徐正静，其被节无不肉。善与而不静，虚心平意以待倾损。有主位。

目贵明，耳贵聪，心贵智。以天下之目视者，则无不见；以天下之耳听者，则无不闻；以天下之心虑者，则无不知。辐凑并进，则明不可塞。有主明。

德之术曰，勿坚而拒之。许之，则防守；拒之，则闭塞。高山仰之，可极；深渊度之，可测。神明之位术正静，其莫之极欤。有主德。

用赏贵信，用刑贵正。赏赐贵信，必验耳目之所见闻。其所不见闻者，莫不暗化矣。诚畅于天下神明，而况奸者干君。有主赏。

一曰天之，二曰地之，三曰人之。四方上下，左右前后，荧惑之处安在。有主问。

心为九窍之治，君为五官之长。为善者，君与之赏。为非者，君与之罚。君因其政之所以求，因与之，则不劳。圣人用之，故能赏之。因之循理，固能久长。有主因。

人主不可不周，人主不周，则群臣生乱。家于其无常也，内外不通，安知所开。开闭不善，不见原也。有主周。

一曰长目，二曰飞耳，三曰树明。千里之外，隐微之中，是谓洞天下奸，莫不暗变更。有主恭。

循名而为实，安而完。名实相生，反相为情。故曰：名当则生于实，实生于理，理生于名实之德，德生于和，和生于当。有主名。

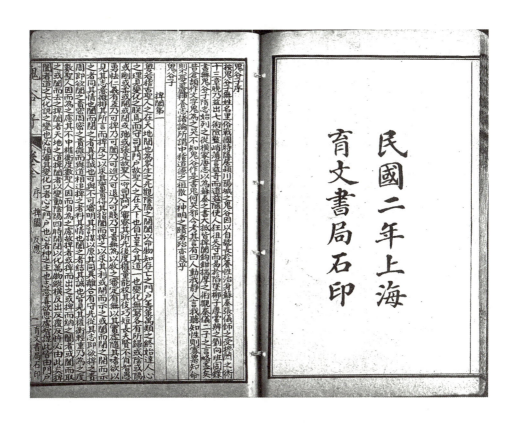

吾爱鬼谷子，青溪无垢氛。

囊括经世道，遗身在白云。

七雄方龙斗，天下久无君。

浮荣不足贵，遵养晦时文。

舒可弥宇宙，卷之不盈分。

岂徒山木寿，空与麋鹿群。

　　唐·陈子昂《感遇》

颜氏家训

37

审定者：上海人民出版社 李伟国

全书总字数：33287

用字量：2906

　　《颜氏家训》，七卷二十篇，南朝颜之推撰，约成书于隋开皇九年文帝灭陈之后，开家训类作品之先河，"古今家训，以此为祖"。

　　颜之推（531—590），字介，原籍琅琊临沂（今属山东），历仕梁、北齐、北周，至隋，召为学士，自称"三为亡国之人"。他一生迭遭凶险，深怀忐忑之虑，曾著《观我生赋》叙其生平。

　　此书记述个人经历、思想、学识，旨在以传统的儒家思想训教子弟，述修身、治家、处世、为学之法，辨明时俗之误，强调家庭教育，《唐志》《宋志》都将此书列于"儒家"之类。书中还包含了不少有关当时社会、政治、文化的细致的观察和通达的议论，具有很高的史料价值。

　　全书以说理为主，每篇一题，以散体行文，间以故事逸闻，生动亲切，乃中国南北朝文学史上的一部散文佳作，可读性强；此外，在家庭道德教育的方法上，很多见解都精辟独到，如家庭教育要及早施行，不可对子女过于溺爱，等等。今天，家庭教育问题越来越得到社会的普遍关注，阅读颜氏此书，当受益颇多。

高频字

| 之 | 不 | 为 | 也 | 以 | 人 | 有 | 者 | 而 | 其 | 此 | 子 | 云 |

△ 序致第一

　　夫圣贤之书，教人诚孝，慎言检迹，立身扬名，亦已备矣。魏、晋已来，所著诸子，理重事复，递相模敩，犹屋下架屋，床上施床耳。吾今所以复为此者，非敢轨物范世也，业以整齐门内，提撕子孙。夫同言而信，信其所亲；同命而行，行其所服。禁童子之暴谑，则师友之诚不如傅婢之指挥，止凡人之斗阋，则尧、舜之道不如寡妻之诲谕。吾望此书为汝曹之所信，犹贤于傅婢寡妻耳。

　　吾家风教，素为整密。昔在龆龀，便蒙诱诲；每从两兄，晓夕温清，规行矩步，安辞定色，锵锵翼翼，若朝严君焉。赐以优言，问所好尚，励短引长，莫不恳笃。年始九岁，便丁荼蓼①，家涂离散，百口索然。慈兄鞠②养，苦辛备至；有仁无威，导示不切。虽读《礼传》，微爱属文，颇为凡人之所陶染，肆欲轻言，不修边幅。年十八九，少知砥砺，习若自然，卒难洗荡。二十已后，大过稀焉；每常心共口敌，性与情竞，夜觉晓非，今悔昨失，自怜无教，以至于斯。追思平昔之指，铭肌镂骨，非徒古书之诫，经目过耳也。故留此二十篇，以为汝曹后车耳。

---

① 荼蓼（tú liǎo）：比喻艰难困苦。荼，苦菜。蓼，蓼科植物。
② 鞠（jū）：抚养。

上智不教而成，下愚虽教无益，中庸之人，不教不知也。古者，圣王有胎教之法：怀子三月，出居别宫，目不邪视，耳不妄听，音声滋味，以礼节之。书之玉版，藏诸金匮。生子咳㖧①，师保固明孝仁礼义，导习之矣。凡庶纵不能尔，当及婴稚，识人颜色，知人喜怒，便加教诲，使为则为，使止则止。比及数岁，可省笞罚。父母威严而有慈，则子女畏慎而生孝矣。吾见世间，无教而有爱，每不能然；饮食运为，恣其所欲；宜诫翻奖，应诃反笑，至有识知，谓法当尔。骄慢已习，方复制之，捶挞至死而无威，忿怒日隆而增怨，逮于成长，终为败德。孔子云"少成若天性，习惯如自然"是也。俗谚曰："教妇初来，教儿婴孩。"诚哉斯语！

凡人不能教子女者，亦非欲陷其罪恶；但重于诃怒。伤其颜色，不忍楚挞惨其肌肤耳。当以疾病为谕，安得不用汤药针艾救之哉？又宜思勤督训者，可愿苛虐于骨肉乎？诚不得已也。

王大司马母魏夫人，性甚严正。王在湓城时，为三千人将，年逾四十，少不如意，犹捶挞之，故能成其勋业。梁元帝时，有一学士，聪敏有才，为父所宠，失于教义：一言之是，遍于行路，终年誉之；一行之非，掩藏文饰，冀其自改。年登婚宦，暴慢日滋，竟以言语不择，为周逖抽肠衅鼓云。

父子之严，不可以狎；骨肉之爱，不可以简。简则慈孝不接，狎则怠慢生焉。由命士以上，父子异宫，此不狎之道也；抑搔痒痛，悬衾箧枕，此不简之教也。或问曰："陈亢喜闻君子之远其子，何谓也？"对曰："有是也。盖君子之不亲教其子也，《诗》有讽刺之辞，《礼》有嫌疑之诫，《书》有悖乱之事，《春秋》有邪僻之讥，《易》有备物之象：皆非父子之

---

① 咳㖧（hái tí）：同"孩提"，幼儿时期。

可通言，故不亲授耳。”

齐武成帝子琅邪王，太子母弟也，生而聪慧，帝及后并笃爱之，衣服饮食，与东宫相准。帝每面称之曰：“此黠儿也，当有所成。”及太子即位，王居别宫，礼数优僭，不与诸王等；太后犹谓不足，常以为言。年十许岁，骄恣无节，器服玩好，必拟乘舆；尝朝南殿，见典御进新冰，钩盾献早李，还索不得，遂大怒，询曰：“至尊已有，我何意无？”不知分齐，率皆如此。识者多有叔段州吁之讥。后嫌宰相，遂矫诏斩之，又惧有救，乃勒麾下军士，防守殿门；既无反心，受劳而罢，后竟坐此幽薨。

人之爱子，罕亦能均，自古及今，此弊多矣。贤俊者自可赏爱，顽鲁者亦当矜怜，有偏宠者，虽欲以厚之，更所以祸之。共叔之死，母实为之；赵王之戮，父实使之。刘表之倾宗覆族，袁绍之地裂兵亡，可为灵龟明鉴也。

齐朝有一士大夫，尝谓吾曰：“我有一儿，年已十七，颇晓书疏，教其鲜卑语及弹琵琶，稍欲通解，以此伏事公卿，无不宠爱，亦要事也。”吾时俯而不答。异哉，此人之教子也！若由此业，自致卿相，亦不愿汝曹为之。

△ 治家第五

夫风化者，自上而行于下者也，自先而施于后者也。是以父不慈则子不孝，兄不友则弟不恭，夫不义则妇不顺矣。父慈而子逆，兄友而弟傲，夫义而妇陵，则天之凶民，乃刑戮之所摄，非训导之所移也。

笞怒废于家，则竖子之过立见；刑罚不中，则民无所措手足。治家之宽猛，亦犹国焉。

孔子曰：“奢则不孙，俭则固；与其不孙也，宁固。”又云：“如有周公之才之美，使骄且吝，其馀不足观也已。”然则可俭而不可吝已。俭者，省约为礼之谓也；吝者，穷急不恤之谓也。今有施则奢，俭则吝；如能施而不奢，俭而不吝，可矣。

生民之本，要当稼穑而食，桑麻以衣。蔬果之畜，园场之所产；鸡豚之善，埘①圈之所生。爰及栋宇器械，樵苏脂烛，莫非种殖之物也。至能守其业者，闭门而为生之具以足，但家无盐井耳。今北土风俗，率能躬俭节用，以赡衣食；江南奢侈，多不逮焉。

梁孝元世，有中书舍人，治家失度，而过严刻，妻妾遂共货刺客，伺醉而杀之。

世间名士，但务宽仁；至于饮食饷馈，僮仆减损，施惠然诺，妻子节量，狎侮宾客，侵耗乡党：此亦为家之巨蠹矣。

齐吏部侍郎房文烈，未尝嗔怒，经霖雨绝粮，遣婢籴米，因尔逃窜，三四许日，方复擒之。房徐曰："举家无食，汝何处来？"竟无捶挞。尝寄人宅，奴婢彻屋为薪略尽，闻之颦蹙，卒无一言。

裴子野有疏亲故属饥寒不能自济者，皆收养之；家素清贫，时逢水旱，二石米为薄粥，仅得遍焉，躬自同之，常无厌色。邺下有一领军，贪积已甚，家童八百，誓满一千；朝夕每人肴膳，以十五钱为率，遇有客旅，更无以兼。后坐事伏法，籍其家产，麻鞋一屋，弊衣数库，其馀财宝，不可胜言。南阳有人，为生奥博，性殊俭吝，冬至后女婿谒之，乃设一铜瓯酒，数脔獐肉；婿恨其单率，一举尽之。主人愕然，俯仰命益，如此者再；退而责其女曰："某郎好酒，故汝常贫。"及其死后，诸子争财，兄遂杀弟。

妇主中馈，惟事酒食衣服之礼耳，国不可使预政，家不可使干蛊；如有聪明才智，识达古今，正当辅佐君子，助其不足，必无牝鸡晨鸣，以致祸也。

江东妇女，略无交游，其婚姻之家，或十数年间，未相识者，惟以信命赠遗，致殷勤焉。邺下风俗，专以妇持门户，争讼曲直，造请逢迎，车

---

① 埘（shí）：鸡窝。《诗·君子于役》："鸡栖于埘。"

乘填街衢，绮罗盈府寺，代子求官，为夫诉屈。此乃恒、代之遗风乎？南间贫素，皆事外饰，车乘衣服，必贵齐整；家人妻子，不免饥寒。河北人事，多由内政，绮罗金翠，不可废阙，羸马顇^①奴，仅充而已；倡和之礼，或尔汝之。

河北妇人，织纴组紃之事，黼黻锦绣罗绮之工，大优于江东也。

太公曰："养女太多，一费也。"陈蕃曰："盗不过五女之门。"女之为累，亦以深矣。然天生蒸民，先人传体，其如之何？世人多不举女，贼行骨肉，岂当如此，而望福于天乎？吾有疏亲，家饶妓媵，诞育将及，便遣阍竖守之。体有不安，窥窗倚户，若生女者，辄持将去；母随号泣，使人不忍闻也。

妇人之性，率宠子婿而虐儿妇。宠婿，则兄弟之怨生焉；虐妇，则姊妹之谗行焉。然则女之行留，皆得罪于其家者，母实为之。至有谚云："落索阿姑餐。"此其相报也。家之常弊，可不诫哉！

婚姻素对，靖侯成规。近世嫁娶，遂有卖女纳财，买妇输绢，比量父祖，计较锱铢，责多还少，市井无异。或猥婿在门，或傲妇擅室，贪荣求利，反招羞耻，可不慎欤！

借人典籍，皆须爱护，先有缺坏，就为补治，此亦士大夫百行之一也。济阳江禄，读书未竟，虽有急速，必待卷束整齐，然后得起，故无损败，人不厌其求假焉。或有狼籍几案，分散部帙，多为童幼婢妾之所点污，风雨虫鼠之所毁伤，实为累德。吾每读圣人之书，未尝不肃敬对之；其故纸有《五经》词义，及贤达姓名，不敢秽用也。

吾家巫觋^②祷请，绝于言议；符书章醮亦无祈焉，并汝曹所见也。勿为妖妄之费。

---

① 顇（cuì）：憔悴，瘦弱。
② 觋（xí）：《说文》：觋，能斋肃事神明也。在男曰觋，在女曰巫。

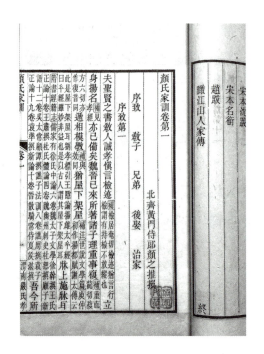

北齐黄门颜之推《家训》二十篇，篇篇药石，言言龟鉴。凡为人子弟者，可家置一册，奉为明训，不独颜氏。

清·王钺《读书蕞残》

审定者：台湾辅仁大学　陈福滨

全书总字数：8957O

用字量：1957

素问

38

《素问》，原名《黄帝内经素问》。素者，本也；问者，黄帝问于岐伯也。相传岐伯乃上古医学先知，黄帝当时困惑为何上古之人长寿，于是去请教岐伯，岐伯告诉他要有节制，不可挥霍无度，并详细阐述了其中道理。《素问》即是以黄帝与先知问答形式撰写的综合性医学文献，旧题黄帝所作，实则非出自一时一人之手，约成书于春秋战国时期。原九卷，早佚，后经唐王冰订补，编为二十四卷，计八十一篇，定名为《黄帝内经素问》。

该书以天人合一观、阴阳学说、五行说、脏腑经络学为主线，论述了摄生、脏腑、经络、病因、病机、治则、药物以及养生防病等各方面的关系，集医理、医论、医方于一体，保存了《五色》《脉变》《上经》《下经》《太始天元册》等二十多种古代医籍。

《素问》与《灵枢经》同为《黄帝内经》的组成部分，而《黄帝内经》则是现存最早的一部医学著作，是中医学理论体系形成和奠基之作，被历代医家尊为"医家之宗"。

高频字

之	气	其	不	也	曰	者	而	阳	阴	病	则

△ 上古天真论篇第一

　　昔在黄帝，生而神灵，弱而能言，幼而徇齐，长而敦敏，成而登天。乃问于天师曰：余闻上古之人，春秋皆度百岁，而动作不衰；今时之人，年半百而动作皆衰者，时世异耶？人将失之耶？岐伯对曰：上古之人，其知道者，法于阴阳，和于术数，食饮有节，起居有常，不妄作劳，故能形与神俱，而尽终其天年，度百岁乃去。今时之人不然也，以酒为浆，以妄为常，醉以入房，以欲竭其精，以耗散其真，不知持满，不时御神，务快其心，逆于生乐，起居无节，故半百而衰也。

　　夫上古圣人之教下也，皆谓之虚邪贼风，避之有时，恬憺虚无，真气从之，精神内守，病安从来。是以志闲而少欲，心安而不惧，形劳而不倦，气从以顺，各从其欲，皆得所愿。故美其食，任其服，乐其俗，高下不相慕，其民故曰朴。是以嗜欲不能劳其目，淫邪不能惑其心，愚智贤不肖，不惧于物，故合于道，所以能年皆度百岁而动作不衰者，以其德全不危也。

　　帝曰：人年老而无子者，材力尽邪？将天数然也？岐伯曰：女子七岁，肾气盛，齿更发长。二七而天癸至，任脉通，太冲脉盛，月事以时下，故有子。三七，肾气平均，故真牙生而长极。四七，筋骨坚，发长极，身体盛壮。五七，阳明脉衰，面始焦，发始堕。六七，三阳脉衰于上，面皆焦，发始白。七七，任脉虚，太冲脉衰少，天癸竭，地道不通，故形坏而无子也。丈夫八岁，肾气实，发长齿更。二八，肾气盛，天癸至，精气溢泻，阴阳和，故能有子。三八，肾气平均，筋骨劲强，故真牙生而长极。四八，筋骨隆盛，肌肉满壮。五八，肾气衰，发堕齿槁。六八，阳气衰竭于上，面焦，发鬓颁白。七八，肝气衰，筋不能动。八八，天癸竭，精少，肾藏衰，形体皆极，则齿发去。肾者主水，受五藏六府之精而藏之，故五藏盛，乃能泻。今五藏皆衰，筋骨解堕，天癸尽矣。故发鬓白，身体重，行步不正，而无子耳。帝曰：有其年已老而有子者何也？岐伯曰：此其天寿过度，气脉常通，而肾气有馀也。此虽有子，男不过尽八八，女不过尽七七，而天地之精气皆竭矣。帝曰：夫道者年皆百数，能有子乎？岐伯曰：夫道者，能却老而全形，身年虽寿，能生子也。

黄帝曰：余闻上古有真人者，提挈天地，把握阴阳，呼吸精气，独立守神，肌肉若一，故能寿敝天地，无有终时，此其道生。中古之时，有至人者，淳德全道，和于阴阳，调于四时，去世离俗，积精全神，游行天地之间，视听八达之外，此盖益其寿命而强者也，亦归于真人。其次有圣人者，处天地之和，从八风之理，适嗜欲于世俗之间，无恚嗔之心，行不欲离于世，被服章，举不欲观于俗，外不劳形于事，内无思想之患，以恬愉为务，以自得为功，形体不敝，精神不散，亦可以百数。其次有贤人者，法则天地，象似日月，辨列星辰，逆从阴阳，分别四时，将从上古，合同于道，亦可使益寿而有极时。

△ 四气调神大论篇第二

春三月，此谓发陈，天地俱生，万物以荣。夜卧早起，广步于庭，被发缓形，以使志生，生而勿杀，予而勿夺，赏而勿罚，此春气之应，养生之道也，逆之则伤肝，夏为寒变，奉长者少。

夏三月，此谓蕃秀，天地气交，万物华实，夜卧早起，无厌于日，使志无怒，使华英成秀，使气得泄，若所爱在外，此夏气之应，养长之道也。逆之则伤心，秋为痎疟，奉收者少，冬至重病。

秋三月，此谓容平，天气以急，地气以明，早卧早起，与鸡俱兴，使志安宁，以缓秋刑，收敛神气，使秋气平，无外其志，使肺气清，此秋气之应，养收之道也，逆之则伤肺，冬为飧泄，奉藏者少。

冬三月，此谓闭藏，水冰地坼，无扰乎阳，早卧晚起，必待日光，使志若伏若匿，若有私意，若已有得，去寒就温，无泄皮肤，使气亟夺，此冬气之应，养藏之道也。逆之则伤肾，春为痿厥，奉生者少。

天气，清净光明者也，藏德不止，故不下也。天明则日月不明，邪害空窍，阳气者闭塞，地气者冒明，云雾不精，则上应白露不下。交通不表，万物命故不施，不施则名木多死。恶气不发，风雨不节，白露不下，则菀槁不荣。贼风数至，暴雨数起，天地四时不相保，与道相失，则未央绝灭。唯圣人从之，故身无奇病，万物不失，生气不竭。

逆春气，则少阳不生，肝气内变。逆夏气，则太阳不长，心气内洞。逆秋气，则太阴不收，肺气焦满。逆冬气，则少阴不藏，肾气独沉。

夫四时阴阳者，万物之根本也，所以圣人春夏养阳，秋冬养阴，以从其根，故与万物沉浮于生长之门。逆其根，则伐其本，坏其真矣。故阴阳四时者，万物之终始也，死生之本也，逆之则灾害生，从之则苛疾不起，是谓得道。道者，圣人行之，愚者佩之。

从阴阳则生，逆之则死，从之则治，逆之则乱。反顺为逆，是谓内格。是故圣人不治已病治未病，不治已乱治未乱，此之谓也。夫病已成而后药之，乱已成而后治之，譬犹渴而穿井，斗而铸锥，不亦晚乎！

⛰ 生气通天论篇第三

黄帝曰：夫自古通天者，生之本，本于阴阳。天地之间，六合之内，其气九州、九窍、五藏、十二节，皆通乎天气。其生五，其气三，数犯此者，则邪气伤人，此寿命之本也。

苍天之气清净，则志意治，顺之则阳气固，虽有贼邪，弗能害也，此因时之序。故圣人专精神，服天气，而通神明。失之则内闭九窍，外壅肌肉，卫气散解，此谓自伤，气之削也。

阳气者，若天与日，失其所，则折寿而不彰，故天运当以日光明。是故阳因而上，卫外者也。

因于寒，欲如运枢，起居如惊，神气乃浮。因于暑，汗，烦则喘喝，静则多言。体若燔炭，汗出而散。因于湿，首如裹，湿热不攘，大筋緛①短，小筋弛长，緛短为拘，弛长为痿。因于气，为肿，四维相代，阳气乃竭。

阳气者，烦劳则张，精绝，辟积于夏，使人煎厥。目盲不可以视，耳闭不可以听，溃溃乎若坏都，汩汩乎不可止。

阳气者，大怒则形气绝，而血菀于上，使人薄厥。有伤于筋，纵，其若不容，汗出偏沮，使人偏枯。汗出见湿，乃生痤痱。高梁之变，足生大丁，受如持虚。劳汗当风，寒薄为皶，郁乃痤。阳气者，精则养神，柔则养筋。开阖不得，寒气从之，乃生大偻。陷脉为瘘，留连肉腠。俞气化薄，传为善畏，及为惊骇。营气不从，逆于肉理，乃生痈肿。魄汗未尽，形弱而气烁，穴俞以闭，发为风疟。

故风者，百病之始也，清静则肉腠闭拒，虽有大风苛毒，弗之能害，此因时之序也。

故病久则传化，上下不并，良医弗为。故阳畜积病死，而阳气当隔，隔者当泻，不亟正治，粗乃败之。故阳气者，一日而主外，平旦人气生，日中而阳气隆，日西而阳气已虚，气门乃闭。是故暮而收拒，无扰筋骨，无见雾露，反此三时，形乃困薄。

岐伯曰：阴者，藏精而起亟也；阳者，卫外而为固也。阴不胜其阳，

---

① 緛（ruǎn）：缩短。

则脉流薄疾，并乃狂。阳不胜其阴，则五藏气争，九窍不通。是以圣人陈阴阳，筋脉和同，骨髓坚固，气血皆从。如是则内外调和，邪不能害，耳目聪明，气立如故。

风客淫气，精乃亡，邪伤肝也。因而饱食，筋脉横解，肠澼①为痔。因而大饮，则气逆。因而强力，肾气乃伤，高骨乃坏。

凡阴阳之要，阳密乃固，两者不和，若春无秋，若冬无夏，因而和之，是谓圣度。故阳强不能密，阴气乃绝；阴平阳秘，精神乃治；阴阳离决，精气乃绝。

因于露风，乃生寒热。是以春伤于风，邪气留连，乃为洞泄。夏伤于暑，秋为痎疟。秋伤于湿，上逆而欬，发为痿厥。冬伤于寒，春必温病。四时之气，更伤五藏。

阴之所生，本在五味，阴之五宫，伤在五味。是故味过于酸，肝气以津，脾气乃绝。味过于咸，大骨气劳，短肌，心气抑。味过于甘，心气喘满，色黑，肾气不衡。味过于苦，脾气不濡，胃气乃厚。味过于辛，筋脉沮弛，精神乃央。是故谨和五味，骨正筋柔，气血以流，腠理以密，如是则骨气以精，谨道如法，长有天命。

△ 金匮真言论篇第四

黄帝问曰：天有八风，经有五风，何谓？岐伯对曰：八风发邪，以为经风，触五藏，邪气发病。所谓得四时之胜者，春胜长夏，长夏胜冬，冬胜夏，夏胜秋，秋胜春，所谓四时之胜也。

东风生于春，病在肝，俞在颈项；南风生于夏，病在心，俞在胸胁；西风生于秋，病在肺，俞在肩背；北风生于冬，病在肾，俞在腰股；中央为土，病在脾，俞在脊。故春气者，病在头；夏气者，病在藏；秋气者，

---

① 澼（pì）：肠间积水。

病在肩背；冬气者，病在四支。故春善病鼽衄，仲夏善病胸胁，长夏善病洞泄寒中，秋善病风疟，冬善病痹厥。故冬不按跷，春不鼽衄，春不病颈项，仲夏不病胸胁，长夏不病洞泄寒中，秋不病风疟，冬不病痹厥，飧泄，而汗出也。夫精者，身之本也。故藏于精者，春不病温。夏暑汗不出者，秋成风疟。此平人脉法也。

故曰：阴中有阴，阳中有阳。平旦至日中，天之阳，阳中之阳也；日中至黄昏，天之阳，阳中之阴也；合夜至鸡鸣，天之阴，阴中之阴也；鸡鸣至平旦，天之阴，阴中之阳也。故人亦应之。夫言人之阴阳，则外为阳，内为阴。言人身之阴阳，则背为阳，腹为阴。言人身之藏府中阴阳，则藏者为阴，府者为阳。肝心脾肺肾五藏皆为阴，胆胃大肠小肠膀胱三焦六府皆为阳。所以欲知阴中之阴、阳中之阳者何也？为冬病在阴，夏病在阳，春病在阴，秋病在阳，皆视其所在，为施针石也。故背为阳，阳中之阳，心也；背为阳，阳中之阴，肺也；腹为阴，阴中之阴，肾也；腹为阴，阴中之阳，肝也；腹为阴，阴中之至阴，脾也。此皆阴阳表里、内外、雌雄相输应也，故以应天之阴阳也。

帝曰：五藏应四时，各有收受乎？岐伯曰：有。东方青色，入通于肝，开窍于目，藏精于肝，其病发惊骇，其味酸，其类草木，其畜鸡，其谷麦，其应四时，上为岁星，是以春气在头也，其音角，其数八，是以知病之在筋也，其臭臊。南方赤色，入通于心，开窍于耳，藏精于心，故病在五藏，其味苦，其类火，其畜羊，其谷黍，其应四时，上为荧惑星，是以知病之在脉也，其音徵，其数七，其臭焦。中央黄色，入通于脾，开窍于口，藏精于脾，故病在舌本，其味甘，其类土，其畜牛，其谷稷。其应四时，上为镇星，是以知病之在肉也，其音宫，其数五，其臭香。西方白色，入通于肺，开窍于鼻，藏精于肺，故病在背，其味辛，其类金，其畜马，其谷稻，其应四时，上为太白星，是以知病之在皮毛也，其音商，其数九，其臭腥。北方黑色，入通于肾，开窍于二阴，藏精于肾，故病在谿，其味咸，其类水，其畜彘，其谷豆，其应四时，上为辰星，是以知病之在骨也，其音羽，其数六，其臭腐。故善为脉者，谨察五藏六府，一逆一从，阴阳、表里、雌雄之纪，藏之心意，合心于精，非其人勿教，非其真勿授，是谓得道。

——以上卷一

△ 阳应象大论篇第五

黄帝曰：阴阳者，天地之道也，万物之纲纪，变化之父母，生杀之本始，神明之府也，治病必求于本。

故积阳为天，积阴为地。阴静阳躁，阳生阴长，阳杀阴藏。阳化气，阴成形。寒极生热，热极生寒。寒气生浊，热气生清。清气在下，则生飧泄；浊气在上，则生䐜胀。此阴阳反作，病之逆从也。

故清阳为天，浊阴为地。地气上为云，天气下为雨；雨出地气，云出天气。故清阳出上窍，浊阴出下窍；清阳发腠理，浊阴走五藏；清阳实四支，浊阴归六府。

水为阴，火为阳。阳为气，阴为味。味归形，形归气，气归精，精归化。精食气，形食味，化生精，气生形。味伤形，气伤精。精化为气，气伤于味。阴味出下窍，阳气出上窍。味厚者为阴，薄为阴之阳。气厚者为阳，薄为阳之阴。味厚则泄，薄则通。气薄则发泄，厚则发热。壮火之气衰，少火之气壮。壮火食气，气食少火，壮火散气，少火生气。气味，辛甘发散为阳，酸苦涌泄为阴。

阴胜则阳病，阳胜则阴病。阳胜则热，阴胜则寒。重寒则热，重热则寒。寒伤形，热伤气。气伤痛，形伤肿。故先痛而后肿者，气伤形也；先肿而后痛者，形伤气也。

风胜则动，热胜则肿，燥胜则干，寒胜则浮，湿胜则濡泻。天有四时五行，以生长收藏，以生寒暑燥湿风。人有五藏，化五气，以生喜怒悲忧恐。故喜怒伤气，寒暑伤形。暴怒伤阴，暴喜伤阳。厥气上行，满脉去形。喜怒不节，寒暑过度，生乃不固。故重阴必阳，重阳必阴。故曰：冬伤于寒，春必温病；春伤于风，夏生飧泄；夏伤于暑，秋必痎疟；秋伤于湿，冬生咳嗽。

帝曰：余闻上古圣人，论理人形，列别藏府，端络经脉，会通六合，各从其经；气穴所发，各有处名；谿谷属骨，皆有所起；分部逆从，各有条理；四时阴阳，尽有经纪，外内之应，皆有表里，其信然乎？岐伯对曰：东方生风，风生木，木生酸，酸生肝，肝生筋，筋生心，肝主目。其在天为玄，在人为道，在地为化。化生五味，道生智，玄生神，神在天为风，在地为木，在体为筋，在藏为肝，在色为苍，在音为角，在声为呼，在变动为握，在窍为目，在味为酸，在志为怒。怒伤肝，悲胜怒；风伤筋，燥胜风；酸伤筋，辛胜酸。

南方生热，热生火，火生苦，苦生心，心生血，血生脾，心主舌。其在天为热，在地为火，在体为脉，在藏为心，在色为赤，在音为徵，在声为笑，在变动为忧，在窍为舌，在味为苦，在志为喜。喜伤心，恐胜喜；热伤气，寒胜热；苦伤气，咸胜苦。

中央生湿，湿生土，土生甘，甘生脾，脾生肉，肉生肺，脾主口。其在天为湿，在地为土，在体为肉，在藏为脾，在色为黄，在音为宫，在声为歌，在变动为哕①，在窍为口，在味为甘，在志为思。思伤脾，怒胜思；湿伤肉，风胜湿；甘伤肉，酸胜甘。

西方生燥，燥生金，金生辛，辛生肺，肺生皮毛，皮毛生肾，肺主鼻。其在天为燥，在地为金，在体为皮毛，在藏为肺，在色为白，在音为商，在声为哭，在变动为咳，在窍为鼻，在味为辛，在志为忧。忧伤肺，喜胜忧；热伤皮毛，寒胜热；辛伤皮毛，苦胜辛。

北方生寒，寒生水，水生咸，咸生肾，肾生骨髓，髓生肝，肾主耳。

---

① 哕（yuě）：干呕，呕吐。

其在天为寒，在地为水，在体为骨，在藏为肾，在色为黑，在音为羽，在声为呻，在变动为栗，在窍为耳，在味为咸，在志为恐。恐伤肾，思胜恐；寒伤血，燥胜寒；咸伤血，甘胜咸。

故曰：天地者，万物之上下也；阴阳者，血气之男女也；左右者，阴阳之道路也；水火者，阴阳之征兆也；阴阳者，万物之能始也。故曰：阴在内，阳之守也；阳在外，阴之使也。

帝曰：法阴阳奈何？岐伯曰：阳胜则身热，腠理闭，喘粗为之俯仰，汗不出而热，齿干以烦冤，腹满死，能冬不能夏。阴胜则身寒，汗出，身常清，数栗而寒，寒则厥，厥则腹满死，能夏不能冬。此阴阳更胜之变，病之形能也。

帝曰：调此二者奈何？岐伯曰：能知七损八益，则二者可调，不知用此，则早衰之节也。年四十，而阴气自半也，起居衰矣。年五十，体重，耳目不聪明矣。年六十，阴痿，气大衰，九窍不利，下虚上实，涕泣俱出矣。故曰：知之则强，不知则老，故同出而名异耳。智者察同，愚者察异，愚者不足，智者有馀，有馀则耳目聪明，身体轻强，老者复壮，壮者益治。是以圣人为无为之事，乐恬憺之能，从欲快志于虚无之守，故寿命无穷，与天地终，此圣人之治身也。

天不足西北，故西北方阴也，而人右耳目不如左明也。地不满东南，故东南方阳也，而人左手足不如右强也。帝曰：何以然？岐伯曰：东方阳也，阳者其精并于上，并于上，则上明而下虚，故使耳目聪明，而手足不便也。西方阴也，阴者其精并于下，并于下，则下盛而上虚，故其耳目不聪明，而手足便也。故俱感于邪，其在上则右甚，在下则左甚，此天地阴阳所不能全也，故邪居之。

故天有精，地有形，天有八纪，地有五里，故能为万物之父母。清阳上天，浊阴归地，是故天地之动静，神明为之纲纪，故能以生长收藏，终而复始。惟贤人上配天以养头，下象地以养足，中傍人事以养五藏。天气通于肺，地气通于嗌①，风气通于肝，雷气通于心，谷气通于脾，雨气通于肾。六经为川，肠胃为海，九窍为水注之气。以天地为之阴阳，阳之汗，以天地之雨名之；阳之气，以天地之疾风名之。暴气象雷，逆气象阳。故治不法天之纪，不用地之理，则灾害至矣。

故邪风之至，疾如风雨，故善治者治皮毛，其次治肌肤，其次治筋脉，其次治六府，其次治五藏。治五藏者，半死半生也。故天之邪气，感则害人五藏；水谷之寒热，感则害于六府；地之湿气，感则害皮肉筋脉。

故善用针者，从阴引阳，从阳引阴，以右治左，以左治右，以我知彼，以表知里，以观过与不及之理，见微得过，用之不殆。

善诊者，察色按脉，先别阴阳；审清浊，而知部分；视喘息，听声音，而知所苦；观权衡规矩，而知病所主；按尺寸，观浮沉滑涩，而知病所生。以治无过，以诊则不失矣。

故曰：病之始起也，可刺而已；其盛，可待衰而已。故因其轻而扬之，因其重而减之，因其衰而彰之。形不足者，温之以气；精不足者，补之以味。其高者，因而越之；其下者，引而竭之；中满者，泻之于内；其有邪者，渍形以为汗；其在皮者，汗而发之；其剽悍者，按而收之；其实者，散而泻之。审其阴阳，以别柔刚，阳病治阴，阴病治阳，定其血气，各守其乡，血实宜决之，气虚宜掣引之。

△ 阴阳离合论篇第六

黄帝问曰：余闻天为阳，地为阴，日为阳，月为阴，大小月三百六十日成一岁，人亦应之。今三阴三阳，不应阴阳，其故何也？岐伯对曰：阴阳者，数之可十，推之可百，数之可千，推之可万，万之大不可胜数，然其要一也。天覆地载，万物方生，未出地者，命曰阴处，名曰阴中之阴；

---

① 嗌（yì）：咽喉。

则出地者，命曰阴中之阳。阳予之正，阴为之主。故生因春，长因夏，收因秋，藏因冬，失常则天地四塞。阴阳之变，其在人者，亦数之可数。

帝曰：愿闻三阴三阳之离合也。岐伯曰：圣人南面而立，前曰广明，后曰太冲，太冲之地，名曰少阴，少阴之上，名曰太阳，太阳根起于至阴，结于命门，名曰阴中之阳。中身而上，名曰广明。广明之下，名曰太阴，太阴之前，名曰阳明，阳明根起于厉兑，名曰阴中之阳。厥阴之表，名曰少阳，少阳根起于窍阴，名曰阴中之少阳。是故三阳之离合也，太阳为开，阳明为阖，少阳为枢。三经者，不得相失也，搏而勿浮，命曰一阳。

帝曰：愿闻三阴。岐伯曰：外者为阳，内者为阴，然则中为阴，其冲在下，名曰太阴，太阴根起于隐白，名曰阴中之阴。太阴之后，名曰少阴，少阴根起于涌泉，名曰阴中之少阴。少阴之前，名曰厥阴，厥阴根起于大敦，阴之绝阳，名曰阴之绝阴。是故三阴之离合也，太阴为开，厥阴为阖，少阴为枢。三经者，不得相失也，搏而勿沉，名曰一阴。阴阳䨴䨴①，积传为一周，气里形表而为相成也。

◿ 阴阳别论篇第七

黄帝问曰：人有四经十二从，何谓？岐伯对曰：四经应四时，十二从应十二月，十二月应十二脉。

脉有阴阳，知阳者知阴，知阴者知阳。凡阳有五，五五二十五阳。所谓阴者，真藏也，见则为败，败必死也。所谓阳者，胃脘之阳也。别于阳者，知病处也；别于阴者，知死生之期。三阳在头，三阴在手，所谓一也。别于阳者，知病忌时；别于阴者，知死生之期。谨熟阴阳，无与众谋。所谓阴阳者，去者为阴，至者为阳；静者为阴，动者为阳；迟者为阴，数者为阳。

---

① 䨴䨴（zhōng zhōng）：也作"衝衝"。中医指气的往来运行。

凡持真脉之藏脉者，肝至悬绝急，十八日死；心至悬绝，九日死；肺至悬绝，十二日死；肾至悬绝，七日死；脾至悬绝，四日死。

曰：二阳之病发心脾，有不得隐曲，女子不月；其传为风消，其传为息贲者，死不治。曰：三阳为病，发寒热，下为痈肿，及为痿厥腨痟；其传为索泽，其传为㿉疝。曰：一阳发病，少气，善咳、善泄；其传为心掣，其传为隔。二阳一阴发病，主惊骇、背痛、善噫、善欠，名曰风厥。二阴一阳发病，善胀、心满、善气。三阳三阴发病，为偏枯痿易，四支不举。

鼓一阳曰钩，鼓一阴曰毛，鼓阳胜急曰弦，鼓阳至而绝曰石，阴阳相过曰溜。

阴争于内，阳扰于外，魄汗未藏，四逆而起，起则熏肺，使人喘鸣。阴之所生，和本曰和。是故刚与刚，阳气破散，阴气乃消亡。淖则刚柔不和，经气乃绝。

死阴之属，不过三日而死；生阳之属，不过四日而已。所谓生阳、死阴者，肝之心，谓之生阳；心之肺，谓之死阴；肺之肾，谓之重阴；肾之脾，谓之辟阴，死不治。

结阳者，肿四支。结阴者，便血一升，再结二升，三结三升。阴阳结斜，多阴少阳曰石水，少腹肿。二阳结谓之消，三阳结谓之隔，三阴结谓之水，一阴一阳结谓之喉痹。阴搏阳别，谓之有子。阴阳虚，肠澼死。阳加于阴谓之汗。阴虚阳搏谓之崩。三阴俱搏，二十日夜半死。二阴俱搏，十三日夕时死。一阴俱搏，十日死。三阳俱搏且鼓，三日死。三阴三阳俱搏，心腹满，发尽，不得隐曲，五日死。二阳俱搏，其病温，死不治，不过十日死。

——以上卷二

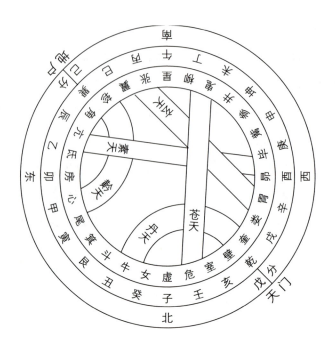

素问虽医书，读之患不精。

大可用人国，小亦可用兵。

行所胜不胜，逆从决死生。

勿待阴阳间，关格不相营。

宋·方回《读〈素问〉十六首》之五

九章算术

39

审定者：中国科学院　林文照

全书总字数：53841

用字量：1021

　　《九章算术》，简称《九章》，作者不详，是中国现存最古老的数学书，约成书于公元一世纪的东汉初期。书中共列举了二百四十六道例题，大多与生产实践相关，分为方田、粟米、衰分、少广、商功、均输、盈不足、方程、勾股，凡九章。每题一般由问（问题）、答（答案）、术（解法）组成，亦有几题共用一术，或一术连缀几题者。这一方面说明《九章算术》的重心在于术而不在于题；另一方面也说明它非一时一人所编，而是历经数世，成于众人之手。

　　《九章算术》在中国古代数学史上拥有崇高的地位，历来被尊为算经之首，与希腊欧几里得的《几何原本》交相辉映，同为世界数学发展之源。

高频字

一	十	之	二	三	五	为	分	日	百	以	四	步	七

△ **方田** 以御田畴界域

今有田广十五步，从十六步。问：为田几何？

答曰：一亩。

又有田广十二步，从十四步。问：为田几何？

答曰：一百六十八步。

方田　术曰：广从步数相乘得积步。此积为田幂。凡广从相乘谓之幂。

淳风等按：经云广、从相乘得积步，注云广、从相乘谓之幂。观斯注意，积幂义同。以理推之，固当不尔。何则？幂是方面单布之名，积乃众数聚居之称。循名责实，二者全殊。虽欲同之，窃恐不可。今以凡言幂者据广从之一方；其言积者举众步之都数。经云相乘得积步，即是都数之明文。注云谓之为幂，全乖积步之本意。此注前云积为田幂，于理得通。复云谓之为幂，繁而不当。今者注释，存善去非，略为科简，遗诸后学。

以亩法二百四十步除之，即亩数。百亩为一顷。

淳风等按：此为篇端，故特举顷、亩二法。馀术不复言者，从此可知。一亩之田，广十五步，从而疏之，令为十五行，则每行广一步而从十六步。又横而截之，令为十六行，则每行广一步而从十五步。此即从疏横截之步，各自为方，凡有二百四十步。一亩之地，步数正同。以此言之，则广从相乘得积步，验矣。二百四十步者，亩法也；百亩者，顷法也。故以除之，即得。

今有田广一里，从一里。问：为田几何？

答曰：三顷七十五亩。

又有田广二里，从三里。问：为田几何？

答曰：二十二顷五十亩。

里田　术曰：广、从里数相乘得积里。以三百七十五乘之，即亩数。

按：此术广、从里数相乘得积里。方里之中有三顷七十五亩，故以乘之，即得亩数也。

今有十八分之十二。问：约之得几何？

答曰：三分之二。

又有九十一分之四十九。问：约之得几何？

答曰：十三分之七。

约分

按：约分者，物之数量，不可悉全，必以分言之；分之为数，繁则难用。设有四分之二者，繁而言之，亦可为八分之四；约而言之，则二分之一也，虽则异辞，至于为数，亦同归尔。法实相推，动有参差，故为术者先治诸分。

术曰：可半者半之；不可半者，副置分母、子之数，以少减多，更相减损，求其等也。以等数约之。等数约之，即除也。其所以相减者，皆等数之重叠，故以等数约之。

今有三分之一，五分之二。问：合之得几何？

答曰：十五分之十一。

又有三分之二，七分之四，九分之五。问：合之得几何？

答曰：得一、六十三分之五十。

又有二分之一，三分之二，四分之三，五分之四。问：合之得几何？

答曰：得二、六十分之四十三。

合分

淳风等按：合分知，数非一端，分无定准，诸分子杂互，群母参差。粗细既殊，理难从一，故齐其众分，同其群母，令可相并，故曰合分。

术曰：母互乘子，并以为实。母相乘为法。

母互乘子。约而言之者，其分粗；繁而言之者，其分细。虽则粗细有殊，然其实一也。众虽错杂，非细不会。乘而散之，所以通之。通之则可并也。凡母互乘子谓之齐，群母相乘谓之同。同者，相与通同，共一母也；齐者，子与母齐，势不可失本数也。方以类聚，物以群分。数同类者无远；数异类者无近。远而通体知，虽异位而相从也；近而殊形知，虽同列而相违也。然则齐同之术要矣：错综度数，动之斯谐，其犹佩觿①解结，无往而不理焉。乘以散之，约以聚之，齐同以通之，此其算之纲纪乎？其一术者，可令母除为率，率乘子为齐。

实如法而一。不满法者，以法命之。

今欲求其实，故齐其子，又同其母，令如母而一。其馀以等数约之，即得知，所谓同法为母，实馀为子，皆从此例。

其母同者，直相从之。

今有九分之八，减其五分之一。问：馀几何？

答曰：四十五分之三十一。

又有四分之三，减其三分之一。问：馀几何？

答曰：十二分之五。

减分

淳风等按：诸分子、母数各不同，以少减多，欲知馀几，减馀为实，故曰减分。

术曰：母互乘子，以少减多，馀为实。母相乘为法。实如法而一。

母互乘子知，以齐其子也。以少减多知，齐故可相减也。母相乘为法者，同其母也。母同子齐，故如母而一，即得。

---

① 觿（xī）：古代解结的用具。用骨、玉等制作。

今有八分之五，二十五分之十六。问：孰多？多几何？

答曰：二十五分之十六多，多二百分之三。

又有九分之八，七分之六。问：孰多？多几何？

答曰：九分之八多，多六十三分之二。

又有二十一分之八，五十分之十七。问：孰多？多几何？

答曰：二十一分之八多，多一千五十分之四十三。

课分

淳风等按：分各异名，理不齐一，较其相多之数，故曰课分也。

术曰：母互乘子，以少减多，余为实。母相乘为法。实如法而一，即相多也。

淳风等按：此术母互乘子，以少分减多分，与减分义同；惟相多之数，意与减分有异：减分知，求其余数有几；课分知，以其余数相多也。

今有三分之一，三分之二，四分之三。问：减多益少，各几何而平？

答曰：减四分之三者二，三分之二者一，并，以益三分之一，而各平于十二分之七。

又有二分之一，三分之二，四分之三。问：减多益少，各几何而平？

答曰：减三分之二者一，四分之三者四，并，以益二分之一，而各平于三十六分之二十三。

平分

淳风等按：平分知，诸分参差，欲令齐等，减彼之多，增此之少，故曰平分也。

术曰：母互乘子，

齐其子也。

副并为平实。

淳风等按：母互乘子，副并为平实知，定此平实主限，众子所当损益知，限为平。

母相乘为法。

母相乘为法知，亦齐其子，又同其母。

以列数乘未并者各自为列实。亦以列数乘法。此当副置列数除平实，若然则重有分，故反以列数乘同齐。

淳风等按：问云所平之分多少不定，或三或二，列位无常。平三知，置位三重；平二知，置位二重。凡此之例，一准平分不可豫定多少，故直云列数而已。

以平实减列实，馀，约之为所减。并所减以益于少。以法命平实，各得其平。

今有七人，分八钱三分钱之一。问：人得几何？

答曰：人得一钱二十一分钱之四。

又有三人三分人之一，分六钱三分钱之一、四分钱之三。问：人得几何？

答曰：人得二钱八分钱之一。

经分

淳风等按：经分者，自合分已下，皆与诸分相齐，此乃直求一人之分。以人数分所分，故曰经分也。

术曰：以人数为法，钱数为实，实如法而一。有分者通之。

母互乘子知，齐其子；母相乘者，同其母。以母通之者，分母乘全内子。乘，散全则为积分，积分则与子相通，故可令相从。凡数相与者谓之率。率知，自相与通。有分则可散，分重叠则约也；等除法实，相与率也。故散分者，必令两分母相乘法实也。

重有分者同而通之。

又以法分母乘实，实分母乘法。此谓法、实俱有分，故令分母各乘全分内子，又令分母互乘上下。

今有田广七分步之四，从五分步之三。问：为田几何？

答曰：三十五分步之十二。

又有田广九分步之七，从十一分步之九。问：为田几何？

答曰：十一分步之七。

又有田广五分步之四，从九分步之五。问：为田几何？

答曰：九分步之四。

淳风等按：乘分者，分母相乘为法，子相乘为实，故曰乘分。

术曰：母相乘为法，子相乘为实，实如法而一。

凡实不满法者而有母、子之名。若有分，以乘其实而长之，则亦满法，乃为全耳。又以子有所乘，故母当报除。报除者，实如法而一也。今子相乘则母各当报除，因令分母相乘而连除也。此田有广从，难以广谕。设有问者曰：马二十匹，直金十二斤。今卖马二十匹，三十五人分之，人得几何？答曰：三十五分斤之十二。其为之也，当如经分术，以十二斤金为实，三十五人为法。设更言：马五匹，直金三斤。今卖马四匹，七人分之，人得几何？答曰：人得三十五分斤之十二。其为之也，当齐其金、人之数，皆合初问入于经分矣。然则分子相乘为实者，犹齐其金也；母相乘为法者，犹齐其人也。同其母为二十，马无事于同，但欲求齐而已。又，马五匹，直金三斤，完全之率；分而言之，则为一匹直金五分斤之三。七人卖四匹马，一人卖七分马之四。分子与人交互相生。所从言之异，而计数则三术同归也。

今有田广三步三分步之一，从五步五分步之二。问：为田几何？

答曰：十八步。

又有田广七步四分步之三，从十五步九分步之五。问：为田几何？

答曰：一百二十步九分步之五。

又有田广十八步七分步之五，从二十三步十一分步之六。问：为田几何？

答曰：一亩二百步十一分步之七。

淳风等按：大广田知，初术直有全步而无余分；次术空有余分而无全步；此术先见全步，复有馀分，可以广兼三术，故曰大广。

术曰：分母各乘其全，分子从之，

"分母各乘其全，分子从之"者，通全步内分子。如此则母、子皆为实矣。

相乘为实。分母相乘为法。

犹乘分也。

实如法而一。

今为术广从①俱有分，当各自通其分。命母入者，还须出之，故令分母相乘为法而连除之。

今有圭田②广十二步，正从二十一步。问：为田几何？

答曰：一百二十六步。

又有圭田广五步二分步之一，从八步三分步之二。问：为田几何？

答曰：二十三步六分步之五。

术曰：半广以乘正从。

半广知，以盈补虚为直田也。亦可半正从以乘广。按：半广乘从，以取中平之数，故广从相乘为积步。亩法除之，即得也。

今有邪田③，一头广三十步，一头广四十二步，正从六十四步。问：为田几何？

答曰：九亩一百四十四步。

又有邪田，正广六十五步，一畔从一百步，一畔从七十二步。问：为田几何？

答曰：二十三亩七十步。

术曰：并两斜而半之，以乘正从若广。又可半正从若广，以乘并。亩

---

① 从：数学中的长或高。
② 圭田：等腰三角形的田。
③ 邪田：即直角梯形田。

法而一。

并而半之者，以盈补虚也。

今有箕田①，舌广二十步，踵广五步，正从三十步。问：为田几何？

答曰：一亩一百三十五步。

又有箕田，舌广一百一十七步，踵广五十步，正从一百三十五步。问：为田几何？

答曰：四十六亩二百三十二步半。

术曰：并踵、舌而半之，以乘正从。亩法而一。

中分箕田则为两邪田，故其术相似。又可并踵、舌，半正从，以乘之。

今有圆田，周三十步，径十步。

淳风等按：术意以周三径一为率，周三十步，合径十步。今依密率，合径九步十一分步之六。

问：为田几何？

答曰：七十五步。

此于徽术，当为田七十一步一百五十七分步之一百三。

淳风等按：依密率，为田七十一步二十二分步之一十三。

又有圆田，周一百八十一步，径六十步三分步之一。淳风等按：周三径一，周一百八十一步，径六十步三分步之一。依密率，径五十七步二十二分步之一十三。

问：为田几何？

答曰：十一亩九十步十二分步之一。

此于徽术，当为田十亩二百八步三百一十四分步之一百十三。

淳风等按：依密率，当为田十亩二百五步八十八分步之八十七。

术曰：半周半径相乘得积步。

---

① 箕田（jī tián）：即等腰梯形田。上底为舌，下底为踵。

按：半周为从，半径为广，故广从相乘为积步也。假令圆径二尺，圆中容六觚之一面，与圆径之半，其数均等。合径率一而外周率三也。

又按：为图，以六觚之一面乘一弧半径，二因而六之，得十二觚之幂。若又割之，次以十二觚之一面乘半径，四因而六之，则得二十四觚之幂。割之弥细，所失弥少。割之又割，以至于不可割，则与圆周合体而无所失矣。觚面之外，又有余径。以面乘余径，则幂出弧表。若夫觚之细者，与圆合体，则表无余径。表无余径，则幂不外出矣。

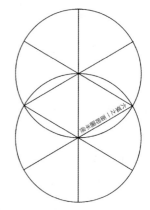

案：刘徽以圆田用周三径一为率，乃圆内容觚之周，圆周大于六觚之周，为六觚背与六觚弦之差，叠两圆观之六觚之一面，适得圆半径。

（旧缺图，今补）

以一面乘半径，觚而裁之，每辄自倍。故以半周乘半径而为圆幂。此一周、径，谓至然之数，非周三径一之率也。周三者，从其六觚之环耳。以推圆规多少之较，乃弓之与弦也。然世传此法，莫肯精核；学者踵古，习其谬失。不有明据，辩之斯难。凡物类形象，不圆则方。方圆之率，诚著于近，则虽远可知也。由此言之，其用博矣。谨按图验，更造密率。恐空设法，数昧而难譬，故置诸检括，谨详其记注焉。

割六觚以为十二觚术曰：置圆径二尺，半之为一尺，即圆里觚之面也。令半径一尺为弦，半面五寸为句，为之求股。以句幂二十五寸减弦幂，余七十五寸，开方除之，下至秒、忽。又一退法，求其微数。微数无名知以为分子，以下为分母，约作五分忽之二。故得股八寸六分六厘二秒五忽五分忽之二。以减半径，余一寸三分三厘九毫七秒四忽五分忽之三，谓之小句。觚之半面又谓之小股。为之求弦。其幂二千六百七十九亿四千九百一十九万三千四百四十五忽，余分弃之。开方除之，即十二觚之一面也。

割十二觚以为二十四觚术曰：亦令半径为弦，半面为句，为之求股。置上小弦幂，四而一，得六百六十九亿八千七百二十九万八千三百六十一忽，余分弃之，即句幂也。以减弦幂，其余开方除之，得股九寸六分五厘九毫二秒五忽五分忽之四。以减半径，馀三分四厘七秒四忽五分忽之一，谓之小句。觚之半面又谓之小股。为之求小弦。其幂六百八十一亿四千八百三十四万九千四百六十六忽，馀分弃之。开方除之，即二十四觚之一面也。

割二十四觚以为四十八觚术曰：亦令半径为弦，半面为句，为之求股。置上小弦幂，四而一，得一百七十亿三千七百八万七千三百六十六忽，馀分弃之，即句幂也。以减弦幂，其馀，开方除之，得股九寸九分一厘四毫四秒四忽五分忽之四。以减半径，馀八厘五毫五秒五忽五分忽之一，谓之小句。觚之半面又谓之小股。为之求小弦。其幂一百七十一亿一千二十七万八千八百一十三忽，馀分弃之。开方除之，得小弦一寸三分八毫六忽，馀分弃之，即四十八觚之一面。以半径一尺乘之，又以二十四乘之，得幂三万一千三百九十三亿四千四百万忽。以百亿除之，得幂三百一十三寸六百二十五分寸之五百八十四，即九十六觚之幂也。

割四十八觚以为九十六觚术曰：亦令半径为弦，半面为句，为之求股。置次上弦幂，四而一，得四十二亿七千七百五十六万九千七百三忽，馀分弃之，即句幂也。以减弦幂，其馀，开方除之，得股九寸九分七厘八毫五秒八忽十分忽之九。以减半径，馀二厘一毫四秒一忽十分忽之一，谓之小句。觚之半面又谓之小股。为之求小弦。其幂四十二亿八千二百一十五万四千一十二忽，馀分弃之。开方除之，得小弦六分五厘四毫三秒八忽，馀分弃之，即九十六觚之一面。以半径一尺乘之，又以四十八乘之，得幂三万一千四百一十亿二千四百万忽，以百亿除之，得幂三百一十四寸六百二十五分寸之六十四，即一百九十二觚之幂也。以九十六觚之幂减之，馀六百二十五分寸之一百五，谓之差幂。倍之，为分寸之二百一十，即九十六觚之外弧田九十六所，谓以弦乘矢之凡幂也。加此幂于九十六觚之幂，得三百一十四寸六百二十五分寸之一百六十九，则出圆之表矣。故还就一百九十二觚之全幂三百一十四寸以为圆幂之定率而弃其馀分。

以半径一尺除圆幂，倍之，得六尺二寸八分，即周数。令径自乘为方幂四百寸，与圆幂相折，圆幂得一百五十七为率，方幂得二百为率。方幂二百其中容圆幂一百五十七也。圆率犹为微少。按：弧田图令方中容圆，圆中容方，内方合外方之半。然则圆幂一百五十七，其中容方幂一百也。又令径二尺与周六尺二寸八分相约，周得一百五十七，径得五十，则其相与之率也。周率犹为微少也。

晋武库中汉时王莽作铜斛，其铭曰：律嘉量斛，内方尺而圆其外，庣旁[1]九厘五毫，幂一百六十二寸，深一尺，积一千六百二十寸，容十斗。以此术求之，得幂一百六十一寸有奇，其数相近矣。此术微少。而觚差幂六百二十五分寸之一百五。以十二觚之幂为率消息，当取此分寸之三十六，以增于一百九十二觚之幂，以为圆幂，三百一十四寸二十五分寸之四。置径自乘之方幂四百寸，令与圆幂通相约，圆幂三千九百二十七，方幂得五千，是为率。方幂五千中容圆幂三千九百二十七；圆幂三千九百二十七中容方幂二千五百也。以半径一尺除圆幂三百一十四寸二十五分寸之四，倍之，得六尺二寸八分二十五分寸之八，即周数也。全径二尺与周数通相约，径得一千二百五十，周得三千九百二十七，即其相与之率。若此者，盖尽其纤微矣。举而用之，上法仍约耳。当求一千五百三十六觚之一面，得三千七十二觚之幂，而裁其微分，数亦宜然，重其验耳。

淳风等案：旧术求圆，皆以周三径一为率。若用之求圆周之数，则周少径多。用之求其六觚之田，乃与此率合会耳。何则？假令六觚之田，觚间各一尺为面，自然从角至角，其径二尺可知。此则周六径二与周三径一已合。恐此犹为难晓，今更引物为喻。设令刻物作圭形者六枚，枚别三面，皆长一尺。攒此六物，悉使锐头向里，则成六觚之周，角径亦皆一尺。更从觚角外畔，围绕为规，则六觚之径尽达规矣。当面径短，不至外规。若以径言之，则为规六尺，径二尺，面径皆一尺。面径股不至外畔，定无二尺可知。故周三径一之率于圆周乃是径多周少。径一周三，理非精

---

① 庣旁（tiāo páng）：又称减旁。指圆径两端不满一尺见方对角线的部分。庣：凹下或不满的地方。

密。盖术从简要，举大纲，略而言之。刘徽特以为疏，遂改张其率。但周、径相乘，数难契合。徽虽出斯一法，终不能究其纤毫也。祖冲之以其不精，就中更推其数。今者修撰，捃摭诸家，考其是非，冲之为密。故显之于徽术之下，冀学者知所裁焉。

又术曰：周、径相乘，四而一。

此周与上觚同耳。周、径相乘，各当一半。而今周、径两全，故两母相乘为四，以报除之。于徽术，以五十乘周，一百五十七而一，即径也。以一百五十七乘径，五十而一，即周也。新术径率犹当微少。据周以求径，则失之长；据径以求周，则失之短。诸据见径以求幂者，皆失之于微少；据周以求幂者，皆失之于微多。

淳风等按：依密率，以七乘周，二十二而一，即径；以二十二乘径，七而一，即周。依术求之，即得。

又术曰：径自相乘，三之，四而一。

按：圆径自乘为外方，三之，四而一者，是为圆居外方四分之三也。若令六觚之一面乘半径，其幂即外方四分之一也。因而三之，即亦居外方四分之三也。是为圆里十二觚之幂耳。取以为圆，失之于微少。于徽新术，当径自乘，又以一百五十七乘之，二百而一。

淳风等按：密率，令径自乘，以十一乘之，十四而一，即圆幂也。

———以上卷一·方田

《周礼》六艺之书，《尔雅》未足以当之，当取《说文解字》《九章算经》《周髀算经》三种以益之。

清·钱泳《履园丛话》卷二十三

近思录 40

审定者： 河北大学 姜锡东

全书总字数：42534

用字量：2042

　　《近思录》，十四卷，南宋朱熹、吕祖谦合编之理学入门书，成于南宋淳熙二年（1175）。近思者，切问而近思之意也，谓之与人伦日用密切相关。书中依次辑录北宋新儒家周敦颐（濂溪）、程颢（明道）、程颐（伊川）、张载（横渠）"四君子"语录622条，从宇宙生成的世界本体到孔颜乐处的圣人气象，按照宋明理学的修身、齐家、治国、平天下的修养程序为标准编排成十四门，对研究北宋理学有重要的史料价值。

　　宋明理学受禅宗影响颇深，许多语录暗含禅机，此书语言平实，与编书者"引领入门"意图相符，将圣人之道融入日常生活的各个环节，简便易行，其理自现。欲成圣人，无须高谈阔论，不妨从身边事做起。横渠先生曰："二程从十四五时，便脱然欲学圣人。"后进晚学，虽不能至，心向往之，口诵读之，足矣！

高频字

之	不	也	人	而	其	有	则	者	以	为	于

△ 道　体 [凡五十一条]

濂溪先生曰：无极而太极。太极动而生阳，动极而静；静而生阴，静极复动。一动一静，互为其根；分阴分阳，两仪立焉。阳变阴合，而生水、火、木、金、土；五气顺布，四时行焉。五行，一阴阳也；阴阳，一太极也；太极，本无极也。五行之生也，各一其性。无极之真，二五之精，妙合而凝。"乾道成男，坤道成女"，二气交感，化生万物。万物生生，而变化无穷焉；惟人也，得其秀而最灵。形既生矣，神发知矣，五性感动而善恶分、万事出矣。圣人定之以中正仁义，〔圣人之道，仁义中正而已矣。〕而主静，〔无欲，故静。〕立人极焉。故圣人与天地合其德，日月合其明，四时合其序，鬼神合其吉凶。君子修之吉，小人悖之凶。故曰："立天之道，曰阴与阳；立地之道，曰柔与刚；立人之道，曰仁与义。"又曰："原始反终，故知死生之说。"大哉《易》也，斯其至矣！

诚，无为；几，善恶。德：爱曰仁，宜曰义，理曰礼，通曰智，守曰信。性焉、安焉之谓圣，复焉、执焉之谓贤，发微不可见、充周不可穷之谓神。

伊川先生曰：喜怒哀乐之未发，谓之中。中也者，言寂然不动者也，故曰天下之大本。发而皆中节，谓之和。和也者，言感而遂通者也，故曰天下之达道。

心一也，有指体而言者，〔寂然不动是也。〕有指用而言者，〔感而遂通天下

〔之故是也。〕惟观其所见何如耳。

乾，天也。天者，乾之形体；乾者，天之性情。乾，健也，健而无息之谓乾。夫天，专言之，则道也，天且弗违是也；分而言之，则以形体谓之天，以主宰谓之帝，以功用谓之鬼，以妙用谓之神，以性情谓之乾。

四德之元，犹五常之仁。偏言则一事，专言则包四者。

天所赋为命，物所受为性。

鬼神者，造化之迹也。

《剥》之为卦，诸阳消剥已尽，独有上九一爻尚存，如硕大之果不见食，将有复生之理。上九亦变，则纯阴矣，然阳无可尽之理，变于上则生于下，无间可容息也。圣人发明此理，以见阳与君子之道不可亡也。或曰："剥尽则为纯坤，岂复有阳乎？"曰："以卦配月，则坤当十月。以气消息言，则阳剥为坤，阳来为复，阳未尝尽也。剥尽于上，则复生于下矣。故十月谓之阳月，恐疑其无阳也。阴亦然，圣人不言耳。"

一阳复于下，乃天地生物之心也。先儒皆以静为见天地之心，盖不知动之端乃天地之心也。非知道者，孰能识之？

仁者，天下之公，善之本也。

有感必有应。凡有动皆为感，感则必有应，所应复为感，所感复有应，所以不已也。感通之理，知道者默而观之可也。

天下之理，终而复始，所以恒而不穷。恒非一定之谓也，一定则不能恒矣。惟随时变易，乃常道也。天地常久之道，天下常久之理，非知道者，孰能识之？

"人性本善，有不可革者。何也？"曰："语其性，则皆善也；语其才，则有下愚之不移。所谓下愚，有二焉：自暴也，自弃也。人苟以善自治，则无不可移者，虽昏愚之至，皆可渐磨面进。惟自暴者拒之以不信，自弃者绝之以不为，虽圣人与居，不能化而入也，仲尼之所谓下愚也。然天下自弃自暴者，非必皆昏愚也，往往强戾而才力有过人者，商辛是也。圣人以其自绝于善，谓之下愚，然考其归，则诚愚也。""既曰下愚，其能革面，何也？"曰："心虽绝于善道，其畏威而寡罪，则与人同也。惟其有与人同，所以知其非性之罪也。"

在物为理，处物为义。

动静无端，阴阳无始，非知道者，孰能识之？

仁者，天下之正理，失正理则无序而不和。

明道先生曰：天地生物，各无不足之理。常思天下君臣、父子、兄弟、夫妇，有多少不尽分处！

"忠信所以进德"，"终日乾乾"；君子当终日对越在天也。盖上天之载，无声无臭，其体则谓之易，其理则谓之道，其用则谓之神，其命于人则谓之性。率性则谓之道，修道则谓之教。孟子去其中又发挥出浩然之气，可谓尽矣。故说神"如在其上，如在其左右"，大小大事而只曰"诚之不可掩如此夫"。彻上彻下，不过如此。形而上为道，形而下为器，须著如此说。器亦道，道亦器，但得道在，不系今与后，己与人。

医书言手足痿痹为不仁，此言最善名状。仁者，以天地万物为一体，莫非己也。认得为己，何所不至？若不有诸己，自不与己相干。如手足不仁，气已不贯，皆不属己。故博施济众，乃圣之功用。仁至难言，故子曰："己欲立而立人，己欲达而达人，能近取譬，可谓仁之方也已。"欲令如是观仁，可以得仁之体。

"生之谓性"，性即气，气即性，生之谓也。人生气禀，理有善恶，然不是性中元有此两物相对而生也。有自幼而善，有自幼而恶，〔后稷之克歧克嶷，子越椒始生，人知其必灭若敖氏之类。〕是气禀有然也。善固性也，然恶亦不可不谓之性也。盖"生之谓性"、"人生而静"以上不容说，才说性时便已不是性也。凡人说性，只是说"继之者善也"，孟子言性善是也。夫所谓"继之者善也"者，犹水流而就下也。皆水也，有流而至海，终无所污，此何烦人力之为也？有流而未远，固已渐浊；有出而甚远，方有所浊。有浊之多者，有浊之少者。清浊虽不同，然不可以浊者不为水也。如此，则人不可以不加澄治之功。故用力敏勇则疾清，用力缓怠则迟清。及其清也，则却只是元初水也，不是将清来换却浊，亦不是取出浊来置在一隅也。水之清，则性善之谓也。故不是善与恶在性中为两物相对，各自出来。此理，天命也。顺而循之，则道也。循此而修之，各得其分，则教也。自天命以至于教，我无加损焉，此舜有天下而不与焉者也。

观天地生物气象。〔周茂叔看。〕

万物之生意最可观，此元者善之长也，斯所谓仁也。

满腔子是恻隐之心。

天地万物之理，无独必有对，皆自然而然，非有安排也。每中夜以思，不知手之舞之，足之蹈之也。

中者，天下之大本，天地之间，亭亭当当、直上直下之正理。出则不是，惟敬而无失最尽。

伊川先生曰：公则一，私则万殊。人心不同如面，只是私心。

凡物有本末，不可分本末为两段事。洒扫应对是其然，必有所以然。

杨子拔一毛不为，墨子又摩顶放踵为之，此皆是不得中。至如子莫执中，欲执此二者之中，不知怎么执得。识得，则事事物物上，皆天然有个中在那上，不待人安排也，安排著则不中矣。

问："时中如何?"曰："中字最难识，须是默识心通。且试言：一厅则中央为中；一家则厅中非中，而堂为中；言一国，则堂非中，而国之中为中。推此类可见矣。如三过其门不入，在禹、稷之世为中，若居陋巷，则非中也。居陋巷，在颜子之时为中，若三过其门不入，则非中也。"

无妄之谓诚，不欺其次矣。〔李邦直云："不欺之谓诚。"便以不欺为诚。徐仲车云："不息之谓诚。"《中庸》言"至诚无息"，非以无息解诚也。或以问先生，先生曰云云。〕

冲漠无朕①，万象森然已具，未应不是先，已应不是后。如百尺之木，自根本至枝叶，皆是一贯，不可道上面一段事，无形无兆，却待人旋安排引入来教入途辙。既是途辙，却只是一个途辙。

---

① 朕（zhèn）：征兆。

近取诸身，百理皆具。屈伸往来之义，只于鼻息之间见之。屈伸往来只是理，不必将既屈之气，复为方伸之气。生生之理，自然不息。如《复卦》言"七日来复"，其间元不断续。阳已复生，物极必返，其理须如此。有生便有死，有始便有终。

明道先生曰：天地之间只有一个感与应而已，更有甚事？

问仁，伊川先生曰："此在诸公自思之，将圣贤所言仁处类聚观之，体认出来。孟子曰：'恻隐之心，仁也。'后人遂以爱为仁。爱自是情，仁自是性，岂可专以爱为仁？孟子言：'恻隐之心，仁之端也。'既曰仁之端，则不可便谓之仁。退之言'博爱之谓仁'，非也。仁者固博爱，然便以博爱为仁则不可。"

问："仁与心何异？"曰："心譬如谷种，生之性便是仁，阳气发处乃情也。"

义训宜，礼训别，智训知，仁当何训？说者谓训觉、训人，皆非也。当合孔、孟言仁处，大概研穷之，二三岁得之，未晚也。

性即理也。天下之理，原其所自，未有不善。喜怒哀乐未发，何尝不善？发而中节，则无往而不善。发不中节，然后为不善。故凡言善恶，皆先善而后恶；言吉凶，皆先吉而后凶；言是非，皆先是而后非。〔《易传》曰："成而后有败，败非先成者也。得而后有失，非得何以有失也？"〕

问："心有善恶否？"曰："在天为命，在义为理，在人为性，主于身为心，其实一也。心本善，发于思虑则有善有不善。若既发，则可谓之情，不可谓之心。譬如水，只可谓之水；至如流而为派，或行于东，或行于西，却谓之流也。"

性出于天，才出于气。气清则才清，气浊则才浊。才则有善有不善，性则无不善。

性者自然完具，信只是有此者也。故四端不言信。

心，生道也。有是心，斯具是形以生。恻隐之心，人之生道也。

横渠先生曰：气块然太虚，升降飞扬，未尝止息。此虚实动静之机、阴阳刚柔之始。浮而上者阳之清，降而下者阴之浊。其感遇聚结，为风雨，为霜雪，万品之流形，山川之融结。糟粕煨烬，无非教也。

游气纷扰，合而成质者，生人物之万殊。其阴阳两端，循环不已者，立天地之大义。

天体物不遗，犹仁体事而无不在也。"礼仪三百，威仪三千"，无一物而非仁也。"昊天曰明，及尔出王。昊天曰旦，及尔游衍"，无一物之不体也。

鬼神者，二气之良能①也。

物之初生，气日至而滋息；物生既盈，气日反而游散。至之谓神，以其伸也；反之谓鬼，以其归也。

性者，万物之一源，非有我之得私也。惟大人为能尽其道。是故立必俱立，知必周知，爱必兼爱，成不独成。彼自蔽塞而不知顺吾理者，则亦未如之何矣。

一故神。譬之人身，四体皆一物，故触之而无不觉，不待心使至此而后觉也。此所谓"感而遂通"，"不行而至，不疾而速"也。

心，统性情者也。

凡物莫不有是性。由通蔽开塞，所以有人物之别；由蔽有厚薄，故有知愚之别。塞者牢不可开；厚者可以开，而开之也难，薄者开之也易，开则达于天道，与圣人一。

——以上卷一

△ **格物穷理** 〔凡七十八条〕

伊川先生答朱长文书曰：心通乎道，然后能辨是非，如持权衡以较轻

---

① 良能：自然而然，莫之为而为也。

重，孟子所谓知言是也。心不通于道，而较古人之是非，犹不持权衡而酌轻重，竭其目力，劳其心智，虽使时中，亦古人所谓"亿则屡中"，君子不贵也。

伊川先生答门人曰：孔、孟之门，岂皆贤哲？固多众人。以众人观圣贤，弗识者多矣，惟其不敢信己而信其师，是故求而后得。今诸君于颐言，才不合则置不复思，所以终异也。不可便放下，更且思之，致知之方也。

伊川先生答横渠先生曰：所论大概，有苦心极力之象，而无宽裕温厚之气。非明睿所照，而考索至此，故意屡偏而言多窒，小出入时有之。〔明所照者，如目所睹，纤微尽识之矣。考索至者，如揣料于物，约见仿佛尔，能无差乎？〕更愿完养思虑，涵泳义理，他日自当条畅。

欲知得与不得，于心气上验之。思虑有得，中心悦豫，沛然有裕者，实得也；思虑有得，心气劳耗者，实未得也，强揣度耳。尝有人言："比因学道，思虑心虚。"曰："人之血气，固有虚实。疾病之来，圣贤所不免。然未闻自古圣贤因学而致心疾者。"

今日杂信鬼怪异说者，只是不先烛理。若于事上一一理会，则有甚尽期？须只于学上理会。

学原于思。

所谓"日月至焉"与久而不息者，所见规模虽略相似，其意味气象迥别，须潜心默识，玩索久之，庶几自得。学者不学圣人则已，欲学之，须熟玩味圣人之气象，不可只于名上理会，如此只是讲论文字。

问："忠信进德之事，固可勉强，然致知甚难。"伊川先生曰："学者固当勉强，然须是知了方行得。若不知，只是觑却尧，学他行事，无尧许多聪明睿智，怎生得如他动容周旋中礼？如子所言，是笃信而固守之，非固有之也。未致知，便欲诚意，是躐等也。勉强行者，安能持久？除非烛理明，自然乐循理。性本善，循理而行，是顺理事，本亦不难，但为人不知，旋安排著，便道难也。知有多少般数，煞有深浅，学者须是真知，才知得是，便泰然行将去也。某年二十时，解释经义，与今无异。然思今日，觉得意味与少时自别。"

凡一物上有一理，须是穷致其理。穷理亦多端，或读书，讲明义理；或论古今人物，别其是非；或应接事物，而处其当，皆穷理也。或问："格物须物物格之，还只格一物而万理皆知？"曰："怎得便会贯通？若只格一物便通众理，虽颜子亦不敢如此道。须是今日格一件，明日又格一件，积习既多，然后脱然自有贯通处。"

"思曰睿。"思虑久后，睿自然生。若于一事上思未得，且别换一事思之，不可专守著这一事。盖人之知识，于这里蔽著，虽强思亦不通也。

问："人有志于学，然知识蔽固，力量不至，则如之何？"曰："只是致知。若智识明，则力量自进。"

问："观物察己，还因见物反求诸身否？"曰："不必如此说。物我一理，才明彼，即晓此，此合内外之道也。"又问："致知先求之四端如何？"曰："求之情性，固是切于身。然一草一木皆有理，须是察。"

"思曰睿"，"睿作圣"。致思如掘井，初有浑水，久后稍引动得清者出来。人思虑始皆溷浊，久自明快。

问："如何是近思？"曰："以类而推。"

学者先要会疑。

横渠先生答范巽之曰：所访物怪神奸，此非难语，顾语未必信耳。孟子所论知性知天，学至于知天，则物所从出，当源源自见。知所从出，则物之当有当无，莫不心谕，亦不待语而后知。诸公所论，但守之不失，不为异端所劫。进进不已，则物怪不须辨，异端不必攻，不逾期年，吾道胜矣。若欲委之无穷，付之以不可知，则学为疑挠，智为物昏，交来无间，卒无以自存而溺于怪妄必矣。

子贡谓："夫子之言性与天道，不可得而闻。"既言"夫子之言"，则是居常语之矣。圣门学者以仁为己任，不以苟知为得，必以了悟为闻，因有是说。

义理之学，亦须深沉方有造，非浅易轻浮之可得也。

学不能推究事理，只是心粗。至如颜子未至于圣人处，犹是心粗。

博学于文者，只要得习、坎、心、亨。盖人经历险阻艰难，然后其心亨通。

义理有疑，则濯去旧见，以来新意。心中有所开，即便札记，不思则还塞之矣。更须得朋友之助，一日间朋友论著，则一日间意思差别，须日日如此讲论，久则自觉进也。

凡致思到说不得处，始复审思明辨，乃为善学也。若告子则到说不得处遂已，更不复求。

伊川先生曰：凡看文字，先须晓其文义，然后可求其意。未有文义不晓而见意者也。

学者要自得。《六经》浩渺，乍来难尽晓。且见得路径后，各自立得一个门庭，归而求之可矣。

凡解文字，但易其心，自见理。理只是人理，甚分明，如一条平坦底道路。《诗》曰："周道如砥，其直如矢。"此之谓也。或曰："圣人之言，恐不可以浅近看他。"曰："圣人之言，自有近处，自有深远处。如近处怎生强要凿教深远得？杨子曰：'圣人之言远如天，贤人之言近如地。'颐与改之曰：'圣人之言，其远如天，其近如地。'"

学者不泥文义者，又全背却远去；理会文义者，又滞泥不通。如子濯孺子为将之事，孟子只取其不背师之意，人须就上面理会事君之道如何也。又如万章问舜完廪浚井事，孟子只答他大意，人须要理会浚井如何出得来，完廪又怎生下得来。若此之学，徒费心力。

凡观书不可以相类泥其义，不尔，则字字相梗。当观其文势上下之意，如"充实之谓美"与《诗》之美不同。

问："莹中尝爱《文中子》'或问学《易》，子曰：终日乾乾可也'，此语最尽。文王所以圣，亦只是个不已。"先生曰："凡说经义，如只管节节推上去，可知是尽。夫终日乾乾，未尽得《易》，据此一句，只做得九三使。若谓乾乾是不已，不已又是道，渐渐推去，自然是尽。只是理不如此。"

"'子在川上曰：逝者如斯夫！'言道之体如此，这里须是自见得。"张绎曰："此便是无穷。"先生曰："固是道无穷，然怎生一个'无穷'便道了得他。"

今人不会读书。如"诵《诗》三百，授之以政，不达；使于四方，不能专对。虽多，亦奚以为？"须是未读《诗》时，不达于政，不能专对；既读《诗》后，便达于政，能专对四方，始是读《诗》。"人而不为《周南》《召南》，其犹正墙面"，须是未读《诗》时如面墙，到读了后便不面墙，方是有验。大抵读书只此便是法。如读《论语》，旧时未读是这个人，及读了后来，又只是这个人，便是不曾读也。

凡看文字，如七年一世百年之事，皆当思其如何作为，乃有益。

凡解经不同，无害；但紧要处不可不同尔。

焞初到，问为学之方。先生曰："公要知为学，须是读书。书不必多看，要知其约，多看而不知其约，书肆耳。颐缘少时读书贪多，如今多忘了。须是将圣人言语玩味，入心记著，然后力去行之，自有所得。"

初学入德之门，无如《大学》，其他莫如《语》《孟》。

学者先须读《语》《孟》。穷得《语》《孟》，自有要约处，以此观他经甚省力。《语》《孟》如丈尺权衡相似，以此去量度事物，自然见得长短轻重。

读《论语》者，但将诸弟子问处便作己问，将圣人答处便作今日耳闻，自然有得。若能于《论》《孟》中深求玩味，将来涵养成甚生气质！

凡看《语》《孟》，且须熟玩味，将圣人之言语切己，不可只作一场话说。人只看得此二书切己，终身尽多也。

《论语》有读了后全无事者，有读了后其中得一两句喜者，有读了后知好之者，有读了后不知手之舞之、足之蹈之者。

学者当以《论语》《孟子》为本。《论语》《孟子》既治，则《六经》

可不治而明矣。读书者当观圣人所以作经之意，与圣人所以用心，与圣人所以至圣人，而吾之所以未至者，所以未得者。句句而求之，昼诵而味之，中夜而思之，平其心，易其气，阙其疑，则圣人之意见矣。

读《论语》《孟子》而不知道，所谓"虽多，亦奚以为"。

《论语》《孟子》只剩读著便自意足，学者须是玩味。若以语言解著，意便不足。某始作此二书文字，既而思之又似剩。只有些先儒错会处，却待与整理过。

问："且将《语》《孟》紧要处看如何？"伊川曰："固是好，然若有得，终不浃洽。盖吾道非如释氏，一见了便从空寂去。"

"兴于《诗》"者，吟咏性情，涵畅道德之中而歆动之，有"吾与点"之气象。〔又曰："兴于《诗》"，是兴起人善意，汪洋浩大，皆是此意。〕

谢显道云：明道先生善言《诗》。他又浑不曾章解句释，但优游玩味，吟哦上下，便使人有得处。"瞻彼日月，悠悠我思。道之云远，曷云能来？"思之切矣。终曰："百尔君子，不知德行。不忮不求，何用不臧？"归于正也。又云：伯淳常谈《诗》，并不下一字训诂，有时只转却一两字，点掇地念过，便教人省悟。又曰：古人所以贵亲炙之也。

明道先生曰：学者不可以不看《诗》，看《诗》便使人长一格价。

"不以文害辞。"文，文字之文，举一字则是文，成句是辞。《诗》为解一字不行，却迁就他说，如"有周不显"，自是作文当如此。

看《书》须要见二帝三王之道。如二《典》，即求尧所以治民、舜所以事君。

《中庸》之书，是孔门传授，成于子思、孟子。其书虽是杂记，更不分精粗，一滚说了。今人语道，多说高便遗却卑，说本便遗却末。

伊川先生《易传序》曰：易，变易也，随时变易以从道也。其为书也，广大悉备，将以顺性命之理，通幽明之故，尽事物之情，而示开物成务之道也。圣人之忧患后世，可谓至矣。去古虽远，遗经尚存。然而前儒失意以传言，后学诵言而忘味，自秦而下，盖无传矣。予生千载之后，悼斯文之湮晦，将俾后人沿流而求源，此《传》所以作也。《易》有圣人之道四焉：以言者尚其辞，以动者尚其变，以制器者尚其象，以卜筮者尚其占。吉凶消长之理、进退存亡之道备于辞。推辞考卦，可以知变，象与占在其中矣。"君子居则观其象而玩其辞，动则观其变而玩其占。"得于辞、不达其意者有矣，未有不得于辞而能通其意者也。至微者理也，至著者象也，体用一源，显微无间。观会通以行其典礼，则辞无所不备。故善学者求言必自近，易于近者，非知言者也。予所传者辞也，由辞以得意，则在乎人焉。

伊川先生答张闳中书曰：《易传》未传，自量精力未衰，尚觊有少进尔。来书云："易之义本起于数。"则非也。有理而后有象，有象而后有数。《易》因象以明理，由象以知数。得其义，则象数在其中矣。必欲穷象之隐微，尽数之毫忽，乃寻流逐末，术家之所尚，非儒者之所务也。〔理无形也，故因象以明理。理既见乎辞矣，则可由辞以观象。故曰：得其义，则象数在其中矣。〕

知时识势，学《易》之大方也。

《大畜》初二，乾体刚健而不足以进，四五阴柔而能止。时之盛衰，势之强弱，学易者所宜深识也。

诸卦二五，虽不当位，多以中为美；三四虽当位，或以不中为过。中常重于正也。盖中则不违于正，正不必中也。天下之理，莫善于中，于九二、六五可见。

问："胡先生解九四作太子，恐不是卦义。"先生云："亦不妨，只看如何用，当储贰则做储贰使。九四近君，便作储贰亦不害。但不要拘一，若执一事，则三百八十四爻只作得三百八十四件事便休了。"

"看《易》且要知时。凡六爻，人人有用：圣人自有圣人用，贤人自有贤人用，众人自有众人用，学者自有学者用，君有君用，臣有臣用，无所不通。"因问："《坤卦》是臣之事，人君有用处否？"先生曰："是何无用？如厚德载物，人君安可不用？"

《易》中只是言反复往来上下。

作《易》，自天地幽明至于昆虫草木微物，无不合。

今时人看《易》，皆不识得《易》是何物，只就上穿凿。若念得不熟，与就上添一德亦不觉多，就上减一德亦不觉少。譬如不识此兀子，若减一只脚，亦不知是少；若添一只，亦不知是多。若识，则自添减不得也。

游定夫问伊川"阴阳不测之谓神"。伊川曰："贤是疑了问，是拣难底问？"

伊川以《易传》示门人曰：只说得七分，后人更须自体究。

伊川先生《春秋传序》曰：天之生民，必有出类之才，起而君长之；治之而争夺息，导之而生养遂，教之而伦理明，然后人道立，天道成，地道平。二帝而上，圣贤世出，随时有作，顺乎风气之宜，不先天以开人，各因时而立政。暨乎三王迭兴，三重既备，子丑寅之建正，忠质文之更尚，人道备矣，天运周矣。圣王既不复作，有天下者，虽欲仿古之迹，亦私意妄为而已。事之缪，秦至以建亥为正；道之悖，汉专以智力持世。岂复知先王之道也？夫子当周之末，以圣人不复作也，顺天应时之治不复有也，于是作《春秋》，为百王不易之大法。所谓"考诸三王而不缪，建诸天地而不悖，质诸鬼神而无疑，百世以俟圣人而不惑"者也。先儒之传曰："游、夏不能赞一辞。"辞不待赞也，言不能与于斯耳。斯道也，惟颜子尝闻之矣，"行夏之时，乘殷之辂，服周之冕，乐则《韶》舞"，此其准的也。后世以史视《春秋》，谓褒善贬恶而已，至于经世之大法，则不知也。《春秋》大义数十，其义虽大，炳如日星，乃易见也；惟其微辞隐义，时措从宜者，为难知也。或抑或纵，或与或夺，或进或退，或微或显，而得乎义理之安，文质之中，宽猛之宜，是非之公，乃制事之权衡，揆道之模范也。夫观百物然后识化工之神，聚众材然后知作室之用，于一事一义而欲窥圣人之用心，非上智不能也。故学《春秋》者，必优游涵泳，默识心通，然后能造其微也。后王知《春秋》之义，则虽德非禹、汤，尚可以法三代之治。自秦而下，其学不传。予悼夫圣人之志不明于后世也，故作《传》以明之，俾后之人通其文而求其义，得其意而法其用，则三代可复也。是《传》也，虽未能极圣人之蕴奥，庶几学者得其门而入矣。

《诗》《书》载道之文,《春秋》圣人之用。《诗》《书》如药方,《春秋》如用药治病。圣人之用,全在此书,所谓"不如载之行事深切著明"者也。有重叠言者,如征伐、盟会之类。盖欲成书,势须如此,不可事事各求异义。但一字有异,或上下文异,则义须别。

《五经》之有《春秋》,犹法律之有断例也。律令唯言其法,至于断例,则始见其法之用也。

学《春秋》亦善,一句是一事,是非便见于此,此亦穷理之要。然他经岂不可以穷理?但他经论其义,《春秋》因其行事,是非较著,故穷理为要。尝语学者且先读《论语》《孟子》,更读一经,然后看《春秋》。先识得个义理,方可看《春秋》。《春秋》以何为准?无如《中庸》。欲知《中庸》,无如权。须是时而为中,若以手足胼胝、闭户不出二者之间取中,便不是中。若当手足胼胝,则于此为中;当闭户不出,则于此为中。权之为言,秤锤之义也。何物为权?义也,时也。只是说得到义,义以上更难说,在人自看如何。

《春秋》传为案,经为断。〔程子又云:某年二十时看《春秋》,黄聱隅问某如何看,某答曰:"以传考经之事迹,以经别传之真伪。"〕

凡读史,不徒要记事迹,须要识其治乱安危兴废存亡之理。且如读《高帝纪》,便须识得汉家四百年终始治乱当如何。是亦学也。

先生每读史到一半,便掩卷思量,料其成败,然后却看。有不合处,又更精思。其间多有幸而成,不幸而败。今人只见成者便以为是,败者便以为非,不知成者煞有不是,败者煞有是底。

读史须见圣贤所存治乱之机,贤人君子出处进退,便是格物。

元祐中,客有见伊川者,几案间无他书,惟印行《唐鉴》一部。先生曰:"近方见此书。三代以后,无此议论。"

横渠先生曰:《序卦》不可谓非圣人之蕴。今欲安置一物,犹求审处,况圣人之于《易》?其间虽无极至精义,大概皆有意思。观圣人之书,须遍布细密如是。大匠岂以一斧可知哉?

《天官》之职，须襟怀洪大方看得。盖其规模至大，若不得此心，欲事事上致曲穷究，凑合此心，如是之大，必不能得也。释氏锱铢天地，可谓至大，然不尝为大，则为事不得。若界之一钱，则必乱矣。又曰：《太宰》之职难看，盖无许大心胸包罗，记得此，复忘彼。其混混天下之事，当如捕龙蛇搏虎豹，用心力看方可。其他五官便易看，止一职也。

古人能知《诗》者惟孟子，为其以意逆志也。夫诗人之志至平易，不必为艰险求之。今以艰险求《诗》，则已丧其本心，何由见诗人之志？

〔诗人之性情温厚，平易老成，本平地上道著言语。今须以崎岖求之，先其心已狭隘了，则无由见得。诗人之情本乐易，只为时事拂着他乐易之性，故以诗道其志。〕

《尚书》难看，盖难得胸臆如此之大。只欲解义，则无难也。

读书少，则无由考校得义精。盖书以维持此心，一时放下，则一时德性有懈。读书则此心常在，不读书则终看义理不见。

书须成诵。精思多在夜中，或静坐得之。不记则思不起，但通贯得大原后，书亦易记。所以观书者，释己之疑，明己之未达，每见每知新益，则学进矣。于不疑处有疑，方是进矣。

《六经》须循环理会，义理尽无穷。待自家长得一格，则又见得别。

如《中庸》文字辈，直须句句理会过，使其言互相发明。

《春秋》之书，在古无有，乃仲尼所自作，惟孟子能知之。非理明义精，殆未可学。先儒未及此而治之，故其说多凿。

——以上卷三

前辈讲理学者甚多，每以《近思录》《朱子全书》《伊洛渊源录》《呻吟语》《嵩阳讲义》等书为指归。

清·震钧《天咫偶闻》卷十

阴符经 41

审定者：中国人民大学 孙家洲

全书总字数：444

用字量：179

阴符经序

昆陵唐顺之应德源
故郅诚悉佰言叔闾
阴符握一卷有尾三百馀言谭兵家以为此徐
吴象祖测以轩辕氏与虽无战伐承庞谓此为
制胜之书图一说也养生家以为此栊中鸿宝
则以轩辕氏龙湖异去扳属莫及谓此为长生
家言又一说也而令个锢以为不然大抵置人一垂

《阴符经》，全称《黄帝阴符经》，共四百馀字，年代与作者不可考，大体可信为唐以前道家古籍。阴者，暗也。符者，合也。以其明天道与人道有暗合大理之妙，故谓之阴符焉。此书之意，大抵言天地阴阳运行变化，与人事之间有相生相克的辩证关系，蕴含无穷机变，圣人应当观天之道，掌握天人暗合之机，随时应物，不拘于古，使其行为举动皆合乎天道，不违自然。《阴符经》包含比较丰富的辩证法思想，历来备受关注，得到各个阶层人士之青睐。在道教史上，往往与老庄之书并列，在哲学史上，影响亦极为深远。

高频字

| 之 | 天 | 人 | 生 | 以 | 万 | 于 | 圣 | 也 | 物 | 机 | 道 | 神 |

观天之道，执天之行，尽矣！故天有五贼，见之者昌。五贼在心，施行于天，宇宙在乎手，万化生乎身。天性，人也；人心，机也。立天之道，以定人也。天发杀机，龙蛇起陆；人发杀机，天地反覆；天人合发，万变定基。性有巧拙，可以伏藏。九窍之邪，在乎三要，可以动静。火生于木，祸发必克；奸生于国，时动必溃。知之修炼，谓之圣人。

天生天杀，道之理也。天地，万物之盗；万物，人之盗；人，万物之盗。三盗既宜，三才既安。故曰：食其时，百骸理；动其机，万化安。人知其神之神，不知不神之所以神也。日月有数，大小有定。圣功生焉，神明出焉。其盗机也，天下莫能见，莫能知也。君子得之固穷，小人得之轻命。

瞽者善听，聋者善观。绝利一源，用师十倍，三反昼夜，用师万倍。心生于物，死于物，机在于目。天子无恩而大恩生，迅雷烈风，莫不蠢然。至乐性馀，至静性廉。天之至私，用之至公。禽之制在炁。生者，死之根；死者，生之根。恩生于害，害生于恩。愚人以天地文理圣，我以时物文理哲。人以愚虞圣，我以不愚虞圣；人以奇期圣，我以不奇期圣。故曰：沉水入火，自取灭亡。自然之道静，故天地万物生。天地之道浸，故阴阳胜。阴阳相推，而变化顺矣。是故圣人知自然之道不可违，因而制之。至静之道，律历所不能契①。爰②有奇器，是生万象；八卦甲子，神机鬼藏。阴阳相胜之术，昭昭乎进乎象矣！

阴符宝字逾三百，道德灵文止五千。

今古上仙无限数，尽于此处达真诠。

宋·张伯端《悟真篇》

---

① 契（qì）：切合。

② 爰（yuán）：助词无意。

审定者：首都师范大学　左东岭

全书总字数：6246

用字量：：1440

周易参同契

42

　　《周易参同契》简称《参同契》，三卷，道教典籍，东汉魏伯阳作。魏伯阳（126—167），名翱，号云牙子，会稽上虞（今浙江省上虞区丰惠镇）人。

　　《周易参同契》分上、中、下三篇及《周易参同契鼎器歌》一首，共约六千馀字，基本上为四字、五字一句的韵文，也间有长短不一的散文体和离骚体句式，词韵雅古，隐奥难懂。它借用《周易》爻象的神秘思想来论述炼丹修仙的方法，将大易、黄老和炉火三者参合，既谈外丹炉火，又讲内养修炼，内外兼修，天人合一。上篇易道为多，而次之以内养，间及炉火；中篇则内养为多，而易道次之，炉火又次；下篇言炉火为多，而内养为次，易道更次。参，三也，即大易、黄老、炉火三事；同，通也；契，符合也。明此书以"三事"言炼丹之事，是现存最早的丹经著作，有"万古丹经王"之称。

高频字

不	之	为	以	其	相	兮	者	而	阳	有	三	道

卷　上

乾坤者，易之门户，众卦之父母。坎离匡郭，运毂正轴。牝牡四卦，以为橐籥①。覆冒阴阳之道，犹工御者准绳墨，执衔辔，正规矩，随轨辙，处中以制外，数在律历纪。月节有五六，经纬奉日使。兼并为六十，刚柔有表里。朔旦屯直事，至暮蒙当受。昼夜各一卦，用之依次序。既未至晦爽，终则复更始。日辰为期度，动静有早晚，春夏据内体，从子到辰巳。秋冬当外用，自午讫戌亥。赏罚应春秋，昏明顺寒暑。爻辞有仁义，随时发喜怒。如是应四时，五行得其序。

天地设位，而易行乎其中矣。天地者，乾坤之象也；设位者，列阴阳配合之位也。易谓坎离，坎离者，乾坤二用。二用无爻位，周流行六虚②。往来既不定，上下亦无常。幽潜沦匿，变化于中。包囊万物。为道纪纲，以无制有，器用者空，故推消息，坎离没亡。言不苟造，论不虚生，引验见效，校度神明，推类结字，原理为征。坎戊月精，离己日光。日月为易，刚柔相当。土旺四季，罗络始终。青赤白黑，各居一方。皆禀中宫，戊己之功。

---

① 籥：同"鑰"。钥匙。
② 六虚：六虚卦。以先天卦象而言，卦坤定位，其他六卦是为六虚卦。

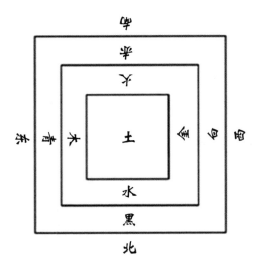

戊已土综合四象图

易者，象也。悬象著明，莫大乎日月。穷神以知化，阳往则阴来。辐辏而轮转，出入更卷舒。易有三百八十四爻，据爻摘符，符谓六十四卦。晦至朔旦，震来受符。归斯之时，天地构其精，日月相撢①持。雄阳播玄施，雌阴化黄包。混沌相交接，权舆树根基。经营养鄞鄂，凝神以成躯。众夫蹈以出，蠕动莫不由。于是仲尼赞鸿濛，乾坤德洞虚，稽古当元皇，关雎建始初。冠婚气相纽，元年乃芽滋。

圣人不虚生，上观显天符。天符有进退，屈伸以应时。故易统天心，复卦建始萌。长子继父体，因母立兆基。消息应钟律，升降据斗枢。三日出为爽，震受庚西方。八日兑受丁，上弦平如绳。十五乾体就，盛满甲东方。蟾蜍与兔魄，日月气双明，蟾蜍视卦节，兔魄吐精光。七八道已讫，屈折低下降。十六转受统，巽辛见平明。艮直于丙南，下弦二十三，坤乙三十日，东北丧其明。节尽相禅与，继体复生龙。壬癸配甲乙，乾坤括始终。七八数十五，九六亦相应。四者合三十，阳气索灭藏。象彼仲冬节，草木皆摧伤。佐阳诘商旅，人君深自藏。象时顺节令，闭口不用谈。天道

---

① 撢（tàn）：秉持。

甚浩广，太玄无形容。虚寂不可睹，匡郭以消亡。谬误失事绪，言还自败伤。别序斯四象，以晓后生盲。

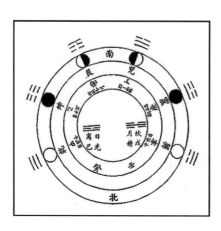

月体纳甲图

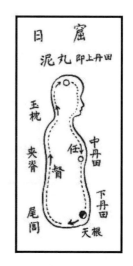

阴阳升降天符进退图

八卦布列曜，运移不失中。元精眇难睹，推度效符征。居则观其象，准拟其形容。立表以为范，占候定吉凶。发号顺节令，勿失爻动时。上察河图文，下序地形流，中稽于人心，参合考三才。动则依卦变，静则循彖辞。乾坤用施行，天下然后治。

可不慎乎，御政之首。管括微密，阖舒布宝。要道魁杓，统化纲纽。爻象内动，吉凶外起，五纬错顺，应时感动。四七乖戾，誃①离仰俯。文昌统录，诘责台辅，百官有司，各典所部。日合五行精，月受六律纪。五六三十度，度竟复更始。原始要终，存亡之绪。或君骄溢，亢满违道；或臣邪佞，行不顺轨。弦望盈缩，乖变凶咎，执法刺讥，诘过贻主。辰极受正，优游任下。明堂布正，国无害道。

内以养己，安静虚无。原本隐明，内照形躯。闭塞其兑，筑固灵株。三光陆沉，温养子珠。视之不见，近而易求。黄中渐通理，润泽达肌肤。

---

① 誃（chǐ）：脱离。

初正则终修，干立末可持。一者以掩蔽，世人莫知之。上德无为，不以察求；下德为之，其用不休。上闭则称有，下闭则称无；无者以奉上，上有神德居。此两孔穴法，金气亦相须。

知白守黑，神明自来。白者金精，黑者水基。水者道枢，其数名一。阴阳之始，玄含黄芽。五金之主，北方河车。故铅外黑，内怀金华；被褐怀玉，外为狂夫。金为水母，母隐子胎。水者金子，子藏母胞。真人至妙，若有若无。仿佛大渊，乍沉乍浮。进退分布，各守境隅。采之类白，造之则朱。炼为表卫，白里贞居。方圆径寸，混而相拘。先天地生，巍巍尊高。旁有垣阙，状似蓬壶。环匝关闭，四通踟蹰。守御固密，阏①绝奸邪。曲阁相连，以戒不虞。可以无思，难以愁劳。神气满室，莫之能留。守之者昌，失之者亡。动静休息，常与人俱。

是非历脏法，内视有所思。履斗布罡宿，六甲次日辰。阴道厌九一，浊乱弄元胞。食气鸣肠胃，吐正吸外邪。昼夜不卧寐，晦朔未尝休。身体日疲倦，恍惚状若痴。百脉鼎沸驰，不得清澄居。累土立坛宇，朝暮敬祭祀。鬼神见形象，梦寐感慨之。心欢而意悦，自谓必延期。遽以夭命死，腐露其形骸。举措辄有违，悖逆失枢机。诸术甚众多，千条有万馀。前却违黄老，曲折戾九都。明者省厥旨，旷然知所由。勤而行之，夙夜不休。服食三载，轻举远游。跨火不焦，入水不濡。能存能亡，长乐无忧。道成德就，潜伏俟时。太乙乃召，移居中洲。功满上升，膺箓受图。

火记不虚作，演易以明之。偃月法鼎炉，白虎为熬枢。汞日为流珠，青龙与之俱。举东以合西，魂魄自相拘。上弦兑数八，下弦艮亦八。两弦合其精，乾坤体乃成。二八应一斤，易道正不倾。铢有三百八十四，亦应卦爻之数。

金入于猛火，色不夺精光。自开辟以来，日月不亏明。金不失其重，日月形如常。金本从月生，朔旦受日符。金返归其母，月晦日相包。隐藏

---

① 阏（è）：阻塞。

其匡郭，沉沦于洞虚。金复其故性，威光鼎乃熺。

子午数合三，戊己号称五。三五既和谐，八石正纲纪。呼吸相含育，伫思为夫妇。黄土金之父，流珠水之子。水以土为鬼，土镇水不起。朱雀为火精，执平调胜负。水盛火消灭，俱死归厚土。三性既合会，本性共宗祖。巨胜尚延年，还丹可入口。金性不败朽，故为万物宝。术士服食之，寿命得长久。土游于四季，守界定规矩。金砂入五内，雾散若风雨。薰蒸达四肢，颜色悦泽好。发白皆变黑，齿落生旧所。老翁复丁壮，耆妪成姹女。改形免世厄，号之曰真人。

胡粉投火中，色坏还为铅。冰雪得温汤，解释成太玄。金以砂为主，禀和于水银。变化由其真，终始自相因。欲作服食仙，宜以同类者。值禾当以黍，覆鸡用其卵。以类辅自然，物成易陶冶。鱼目岂为珠，蓬蒿不成槚。类同者相从，事乖不成宝。是以燕雀不生凤，狐兔不乳马；水流不炎上，火动不润下。

世间多学士，高妙负良材。邂逅不遭遇，耗火亡货财。据按依文说，妄以意为之。端绪无因缘，度量失操持。捣治羌石胆，云母及矾磁。硫黄烧豫章，泥汞相炼冶。鼓下五石铜，以之为辅枢。杂性不同类，安肯合体居。千举必万败，欲黠反成痴。侥幸讫不遇，圣人独知之。稚年至白首，中道生狐疑。背道守迷路，出正入邪蹊。管窥不广见，难以揆方来。

若夫至圣，不过伏羲。始画八卦，效法天地。文王帝之宗，结体演爻辞。夫子庶圣雄，十翼以辅之。三君天所挺，迭兴更御时。优劣有步骤，功德不相殊。制作有所踵，推度审分铢。有形易忖量，无兆难虑谋。做事令可法，为世定此书。素无前识资，因师觉悟之。皓若褰帷帐，瞑目登高台。火记六百篇，所趣等不殊。文字郑重说，世人不熟思。寻度其源流，幽明本共居。窃为贤者谈，曷敢轻为书。若遂结舌瘖，绝道护罪诛。写情著竹帛，又恐泄天符。犹豫增叹息，俯仰缀思虑。陶冶有法度，未可悉陈敷。略述其纲纪，枝条见扶疏①。

以金为堤防，水入乃优游。金计有十五，水数亦如之。临炉定铢两，五分水有馀。二者以为真，金重如本初。其三遂不入，火二与之俱。三物相含受，变化状若神。下有太阳气，伏蒸须臾间。先液而后凝，号曰黄舆焉。岁月将欲讫，毁性伤寿年。形体为灰土，状若明窗尘。捣治并合之，持入赤色门。固塞其际会，务令致完坚。炎火张于下，昼夜声正勤。始文使可修，终竟武乃陈。候视加谨慎，审察调寒温。周旋十二节，节尽更须亲。气索命将绝，体死亡魄魂。色转更为紫，赫然成还丹。粉提以一丸，刀圭最为神。

推演五行数，较约而不繁。举水以激火，奄然灭光明。日月相薄蚀，常在晦朔间。水盛坎侵阳，火衰离昼昏。阴阳相饮食，交感道自然。名者以定情，字者缘性言。金来归性初，乃得称还丹。吾不敢虚说，仿效圣人文。古题记龙虎，黄帝美金华。淮南炼秋石，玉阳加黄芽。贤者能持行，不肖毋与俱。古今道由一，对谈吐所谋。学者加勉力，留念深思惟。至要言甚露，昭昭不我欺。

未济卦中休卜命，《参同契》里莫劳心。

无如饮此销愁物，一饷愁消直万金。

唐·白居易《对酒》

---

① 扶疏：枝叶茂盛，高低疏密有致。

用字量：838

全书总字数：3064

审定者：中国人民大学　王子今

黄庭内景经

43

《黄庭内景经》又名《太上黄庭内景经》，黄庭者，天中人中地中与脑中心中脾中。一般认为该书在魏晋之际已有秘藏草本，后由魏夫人撰为定本，传与后人。全经皆七言韵语，共二百三十九句，分作三十六章，每章各取首句二字为题，以七言歌诀的形式讲述养生修炼的原理。认为人身丹田有上、中、下之分，三黄庭与之对应。上黄庭宫脑中，中黄庭宫心中，下黄庭宫脾中，各有神灵居住其中，并提出以"存思"为主的修炼要诀。其思想系承袭《黄帝内经》《老子河上公章句》以及《太平经》等书中脏腑学说与养生之论。特别与《太平经》"思神""守一"等道教神仙思想结合，以存思身中诸神。自晋代以来流传很广，为道教上清派所奉主要经典之一。书中将道教内丹派的固精炼气说从理论上推进到了比较完善的程度，为唐宋以来内丹说的重要渊源。

高频字

| 神 | 三 | 之 | 章 | 玉 | 十 | 第 | 气 | 明 | 不 | 中 | 五 | 精 | 生 | 玄 | 上 | 华 |

上清章第一

上清紫霞虚皇前，太上大道玉晨君。闲居蕊珠作七言，散化五形变万神。是为黄庭曰内篇，琴心三叠舞胎仙。九气映明出霄间，神盖童子生紫烟。是曰玉书可精研，咏之万过升三天。千灾以消百病痊，不惮虎狼之凶残，亦以却老年永延。

上有章第二

上有魂灵下关元，左为少阳右太阴。后有密户前生门。出日入月呼吸存。四气所合列宿分，紫烟上下三素云。灌溉五华植灵根，七液洞流冲庐间。回紫抱黄入丹田，幽室内明照阳明。

口为章第三

口为玉池太和官。漱咽灵液灾不干。体生光华气香兰，却灭百邪玉炼颜。审能修之登广寒。昼夜不寐乃成真，雷鸣电激神泯泯。

黄庭章第四

黄庭内人服锦衣，紫华飞裙云气罗。丹青绿条翠灵柯。七蕤玉籥闭两扉，重扇金关密枢机。玄泉幽关高崔巍，三田之中精气微。娇女窈窕翳霄晖，重堂焕焕明八威。天庭地关列斧斤，灵台盘固永不衰。

中池章第五

中池内神服赤珠，丹锦云袍带虎符。横津三寸灵所居，隐芝翳郁自相扶。

天中章第六

天中之岳精谨修，云宅既清玉帝游。通利道路无终休，眉号华盖覆明珠。九幽日月洞空无，宅中有真常衣丹。审能见之无疾患，赤珠灵裙华茜粲。舌下玄膺生死岸，出青入玄二气焕，子若遇之升天汉。

至道章第七

至道不烦决存真，泥丸百节皆有神。发神苍华字太元，脑神精根字泥丸，眼神明上字英玄，鼻神玉垄字灵坚，耳神空闲字幽田，舌神通命字正伦，齿神崿锋字罗千。一面之神宗泥丸，泥丸九真皆有房。方圆一寸处此中，同服紫衣飞罗裳。但思一部寿无穷，非各别住俱脑中。列位次坐向外方。所存在心自相当。

⚠ 心神章第八

心神丹元字守灵，肺神皓华字虚成。肝神龙烟字含明，翳郁导烟主浊清。肾神玄冥字育婴，脾神常在字魂停。胆神龙曜字威明。六腑五藏神体精，皆在心内运天经。昼夜存之自长生。

⚠ 肺部章第九

肺部之宫似华盖，下有童子坐玉阙。七元之子主调气，外应中岳鼻齐位。素锦衣裳黄云带，喘息呼吸体不快。急存白元和六气，神仙久视无灾害。用之不已形不滞。

⚠ 心部章第十

心部之宫莲含华，下有童子丹元家。主适寒热荣卫和，丹锦飞裳披玉罗。金铃朱带坐婆娑，调血理命身不枯，外应口舌吐五华。临绝呼之亦登苏，久久行之飞太霞。

⚠ 肝部章第十一

肝部之中翠重里，下有青童神公子。主诸关键聪明始，青锦披裳佩玉铃。和制魂魄津液平，外应眼目日月清。百痾不钟存无英，同用七日自充盈。垂绝念神死复生，摄魂还魄永无倾。

肾部章第十二

肾部之宫玄阙圆，中有童子冥上玄。主诸六府九液源，外应两耳百液津。苍锦云衣舞龙幡，上致明霞日月烟。百病千灾急当存，两部水王对生门，使人长生升九天。

脾部章第十三

脾部之宫属戊己，中有明童黄裳里。消谷散气摄牙齿，是为太仓两明童。坐在金台城九重，方圆一寸命门中。主调百谷五味香，辟却虚羸无病伤。外应尺宅气色芳，光华所生以表明。黄锦玉衣带虎章，注念三老子轻翔，长生高仙远死殃。

胆部章第十四

胆部之宫六府精，中有童子曜威明。雷电八震扬玉旌，龙旗横天掷火铃。主诸气力摄虎兵，外应眼童鼻柱间。脑发相扶亦俱鲜，九色锦衣绿华裙。佩金带玉龙虎文，能存威明乘庆云，役使万神朝三元。

脾长章第十五

脾长一尺掩太仓，中部老君治明堂。厥字灵元名混康，治人百病消谷粮。黄衣紫带龙虎章，长精益命赖君王。三呼我名神自通，三老同坐各有朋。或精或胎别执方，桃孩合延生华芒。男女回九有桃康，道父道母对相望。师父师母丹玄乡，可用存思登虚空。殊途一会归要终，关塞三关握固停。含漱金醴吞玉英，遂至不饥三虫亡。心意常和致欣昌，五岳之云气彭亨。保灌玉庐以自偿，五形完坚无灾殃。

△ 上睹章第十六

上睹三元如连珠，落落明景照九隅。五灵夜烛焕八区，子存内皇与我游。身披凤衣衔虎符，一至不久升虚无。方寸之中念深藏，不方不圆闭牖窗。三神还精老方壮，魂魄内守不争竞。神生腹中衔玉当，灵注幽阙那得丧。琳条万寻可荫仗，三魂自宁帝书命。

△ 灵台章第十七

灵台郁蔼望黄野，三寸异室有上下。间关营卫高玄受，洞房紫极灵门户。是昔太上告我者，左神公子发神语。右有白元并立处，明堂金匮玉房间。上清真人当吾前，黄裳子丹气频烦。借问何在两眉端，内侠日月列宿陈，七曜九元冠生门。

△ 三关章第十八

三关之中精气深，九微之内幽且阴。口为心关精神机，足为地关生命棐，手为人关把盛衰。

△ 若得章第十九

若得三宫存玄丹，太一流珠安昆仑。重重楼阁十二环，自高自下皆真人。玉堂绛宇尽玄宫，璇玑玉衡色兰玕。瞻望童子坐盘桓，问谁家子在我身。此人何去入泥丸，千千百百自相连。一一十十似重山，云仪玉华侠耳门。赤帝黄老与己魂，三真扶胥共房津。五斗焕明是七元，日月飞行六合间。帝乡天中地户端，面部魂神皆相存。

呼吸章第二十

呼吸元气以求仙，仙公公子已在前。朱鸟吐缩白石源，结精育胞化生身。留胎止精可长生，三气右回九道明。正一含华乃充盈，遥望一心如罗星。金室之下可不倾，延我白首反孩婴。

琼室章第二十一

琼室之中八素集，泥丸夫人当中立。长谷玄乡绕郊邑，六龙散飞难分别。长生至慎房中急，何为死作令神泣。忽之祸乡三灵殁，但当吸气录子精。寸田尺宅可治生，若当决海百渎倾。叶去树枯失青青，气亡液漏非己形。专闭御景乃长宁，保我泥丸三奇灵。恬淡闭视内自明，物物不干泰而平。慤矣匪事老复丁，思咏玉书入上清。

常念章第二十二

常念三房相通达，洞得视见无内外。存漱五牙不饥渴，神华执巾六丁谒。急守精室勿妄泄，闭而宝之可长活。起自形中初不阔，三官近在易隐括。虚无寂寂空中素，使形如是不当污。九室正虚神明舍，存思百念视节度。六府修治勿令故，行自翱翔入天路。

治生章第二十三

治生之道了不烦，但修洞玄与玉篇。兼行形中八景神，二十四真出自然。高拱无为魂魄安，清净神见与我言。安在紫房帏幕间，立坐室外三五

玄。烧香接手玉华前，共入太室璇玑门。高研恬淡道之园，内视密盼尽睹
真。真人在己莫问邻，何处远索求因缘。

⚠ 隐影章第二十四

隐影灭形与世殊，含气养精口如朱。带执性命守虚无，名入上清死录
除，三神之乐由隐居。倏欻游遨无遗忧，羽服一整八风驱。控驾三素乘晨
霞，金辇正立从玉舆。何不登山诵我书，郁郁窈窕真人墟。入山何难故踌
躇，人间纷纷臭帗如。

⚠ 五行章第二十五

五行相推反归一，三五合气九九节。可用隐地回八术，伏牛幽阙罗品
列。三明出华生死际，洞房灵象斗日月。父曰泥丸母雌一，二光焕照入子
室。能存玄真万事毕，一身精神不可失。

⚠ 高奔章第二十六

高奔日月吾上道，郁仪结璘善相保。乃见玉清虚无老，可以回颜填血
脑。口衔灵芒携五皇，腰带虎箓佩金珰，驾欻接生宴东蒙。

⚠ 玄元章第二十七

玄元上一魂魄炼，一之为物叵卒见。须得至真始顾盼，至忌死气诸秽
贱。六神合集虚中宴，结珠固精养神根。玉匙金籥常完坚，闭口屈舌食胎
津，使我遂炼获飞仙。

仙人章第二十八

仙人道士非有神，积精累气以为真。黄童妙音难可闻，玉书绛简赤丹文。字曰真人巾金巾，负甲持符开七门。火兵符图备灵关，前昂后卑高下陈。执剑百丈舞锦幡，十绝盘空扇纷纭。火铃冠霄队落烟，安在黄阙两眉间，此非枝叶实是根。

紫清章第二十九

紫清上皇太道君，太玄太和侠侍端。化生万物使我仙，飞升十天驾玉轮。昼夜七日思勿眠，子能行此可长存。积功成炼非自然，是由精诚亦由专。内守坚固真之真，虚中恬淡自致神。

百谷章第三十

百谷之实土地精，五味外美邪魔腥。臭乱神明胎气零，那从反老得还婴。三魂忽忽魄糜倾，何不食气太和精，故能不死入黄宁。

心典章第三十一

心典一体五藏王，动静念之道德行。清洁喜气自明光，坐起吾俱共栋梁。昼日曜景暮闭藏，通利华精调阴阳。

经历章第三十二

经历六合隐卯酉，两肾之神主延寿。转降适斗藏初九，知雄守雌可无老，知白见黑急坐守。

△ 肝气章第三十三

肝气郁勃清且长，罗列六府生三光。心精意专内不倾，上合三焦下玉浆。玄液云行去臭香，治荡发齿炼五方。取津玄膺入明堂，下溉喉咙神明通。坐侍华盖游贵京，飘飘三帝席清凉。五色云气纷青葱，闭目内眄自相望。使心诸神还相崇，七玄英华开命门。通利天道存玄根，百二十年犹可还。过此守道诚独难，唯待九转八琼丹。要复精思存七元，日月之华救老残，肝气周流络无端。

△ 肺之章第三十四

肺之为气三焦起，视听幽冥候童子。调理五华精发齿，二十六咽玉池里。开通百脉血液始，颜色生光金玉泽。齿坚发黑不知白，存此真神勿落落。当忆此宫有座席，众神合会转相索。

△ 隐藏章第三十五

隐藏羽盖看天舍，朝拜太阳乐相呼。明神八威正辟邪，脾神还归是胃家。耽养灵根不复枯，闭塞命门保玉都。万神方昨寿有馀，是谓脾建在中宫。五藏六府神明主，上合天门入明堂。守雌存雄顶三光，外方内圆神在中。通利血脉五藏丰，骨青筋赤髓如霜。脾救七窍去不祥，日月列布设阴阳。两神相会化玉英，淡然无味天人粮。子丹进馔肴正黄，乃曰琅膏及玉霜。太上隐环八素琼，溉益八液肾受精。伏于太阴见我形，扬风三玄出始青。恍惚之间至清灵，坐于飙台见赤生。逸域熙真养华荣，内盼沉默炼五形。三气徘徊得神明，隐龙遁芝云琅英。可以充饥使万灵，上盖玄玄下虎章。

◢ 沐浴章第三十六

沐浴盛洁弃肥薰，入室东向诵玉篇。约得万遍义自鲜，散发无欲以长存。五味皆至正气还，夷心寂闷勿烦冤。过数已毕体神精，黄华玉女告子情。真人既至使六丁，即受隐芝大洞经。十读四拜朝太上。先谒太帝后北向，黄庭内经玉书畅。授者曰师受者盟，云锦凤罗金钮缠。以代割发肌肤全，携手登山歃液丹。金书玉景乃可宣，传得可授告三官。勿令七祖受冥患，太上微言致神仙，不死之道此真文。

犀利锋铓敌五兵，梦中青镂未为灵。
空山日午南窗暖，拟写《黄庭内景经》。
宋·林逋《笔》

黄庭外景经

44

审定者：北京大学　傅　刚

全书总字数：1379

用字量：474

《黄庭外景经》又名《太上黄庭外景经》，大约成于晋魏夫人卒时。经文不分章，文字较《黄庭内景经》约少三分之一，均为七言韵语。内容结构大体同于《黄庭内景经》，亦以存思三田之神为中心，只是更为简略晓畅，次第亦间有不同。《黄庭内景经》所言身神，此经多泛称为"神""七""真人""童子"等，不详其名讳，较少神秘色彩。内、外二经的文字颇多相同、相近之处。其意象的运用颇为隐晦，但其比喻与象征手法则又增加了作品的生动性。

高频字

之	神	中	子	不	无	精	下	天	门	自	有	可

⚠ 上部经第一

老君闲居作七言，解说身形及诸神。上有黄庭下关元，后有幽阙前命门。

呼吸庐间入丹田，玉池清水灌灵根。审能修之可长存，黄庭中人衣朱衣。

关元茂籥阖两扉，幽阙侠之高巍巍。丹田之中精气微，玉池清水上生肥。

灵根坚固老不衰，中池有士服赤朱。横下三寸神所居，中外相距重闭之。

神庐之中当修治，玄膺气管受精府。急固子精以自持，宅中有士常衣绛。

子能见之可不病，横理长尺约其上。子能守之可无恙，呼吸庐间以自偿。

子保完坚身受庆，方寸之中谨盖藏。精神还归老复壮，心结幽阙流下竟。

养子玉树令可杖，至道不烦无旁午。灵台通天临中野，方寸之中间关下。

玉房之中神门户，既是公子教我者。明堂四达法海源，真人子丹当吾前。

三关之中精气深，子欲不死修昆仑。绛宫重楼十二环，琼室之中五色集。

赤神之子中池立，下有长城玄谷邑。长生要慎房中急，弃捐淫俗专子精。

寸田尺宅可治生，鸡子长留心安宁。推志游神三奇灵，行间无事心太平。

常存玉房神明达，时思太仓不饥渴。役使六丁玉女谒，闭子精门可长活。

正室堂前神所舍，洗心自治无败污。历观五藏视节度，六府修治洁如素。

虚无自然道之固，物有自然道不烦。垂拱无为身体安，虚无之居在帏间。

寂寞廓然口不言，修和独立真人宫，恬淡无欲游德园。清净香洁玉女前，修德明达神之门。

黄庭经图（部分）

⬦ 中部经第二

作道优游深独居，扶养性命守虚无。恬淡自乐何思虑，羽翼已具正扶骨。

长生久视乃飞去，五行参差同根蒂。三五合气其本一，谁与共之斗日月。

抱玉怀珠和子室，子能守一万事毕。子自有之持无失，即欲不死入金室。

出日入月是吾道，天七地三回相守。升降进退合乃久，玉石落落是吾宝。

子自有之何不守，心晓根基养华彩。服天顺地合藏精，七日之午回相合。

昆仑之上不迷误，九原之山何亭亭。中有真人可使令，蔽以紫宫丹城楼。

侠以日月为明珠，万岁昭昭非有期。外本三阳物自来，内拘三神可长生。

魂欲上天魄入渊，还魂返魄道自然。庶几结珠固灵根，玉筢金籥身完坚。

戴地悬天周乾坤，象以四时赤如丹。前仰后卑列其门，选以还丹与玄泉。

象龟引气致灵根，中有真人巾金巾。负甲持符开七门，此非枝叶实是根。

昼夜思之可常存，仙人道士非有异。积精所致和专仁，人尽食谷与五味。

独食太和阴阳气，故能不死天相溉。试说五藏各有方，心为国主五藏王。

受意动静气得行，道自将我神明光。昼日昭昭夜自守，渴可得浆饥自饱。

经历六府藏卯酉，通我精华调阴阳。转阳之阴藏于九，常能行之可不老。

肝之为气修而长，罗列五藏主三光。上合三焦下玉浆，我神魂魄在中央。

精液流泉去臭香，立于玄膺含明堂。雷电霹雳往相闻，右酉左卯是吾室。

△ 下部经第三

伏于志门候天道，近在子身还自守。清静无为神留止，精神上下开分理。

精候天道长生草，七窍已通不知老。还坐天门候阴阳，下于喉咙神明通。

过华盖下清且凉，入清灵渊见吾形。期成还年可长生，还过华下动肾精。

立于明堂望丹田，将使诸神开命门。通利天道存灵根，阴阳列布若流星。

肝气周还终无端，肺之为气三焦起。上坐天门候故道，津液醴泉通六府。

随鼻上下开两耳，窥视天地存童子。调和精华治发齿，颜色光泽不复白。

下于喉咙何落落，诸神皆会相求索。下入绛宫紫华色，隐藏华盖观通庐。

专守心神转相呼，观我神明辟诸邪。脾神还归依大家，致于胃管通虚无。

藏养灵根不复枯，闭塞命门如玉都。寿传万岁年有馀，脾中之神主中宫。

朝会五藏列三光，上合天门合明堂。通利六府调五行，金木水火土为王。

通利血脉汗为浆，修护七窍去不祥，二神相得化玉英，上禀天气命益长。

日月列布张阴阳，五藏之主肾最精。伏于太阴成吾形，出入二窍合黄庭。

呼吸虚无见吾形，强我筋骨血脉盛。恍惚不见过青灵，坐于庐下见小童。

内息思存神明光，出于天门入无间。恬淡无欲养华茎，服食玄气可遂生。

还过七门饮太渊，通我悬膺过青灵。坐于膺间见小童，问于仙道与奇方。

服食芝草紫华英，头戴白素足丹田。沐浴华池生灵根，三府相得开命门。

五味皆至善气还，被发行之可长存。大道荡荡心勿烦，吾言毕矣慎勿传。

过客空寻访，飞仙已杳冥。
他山多可买，归去读《黄庭》。
宋·耿南仲《题丹灶四首》之四

国学备览精编

下编

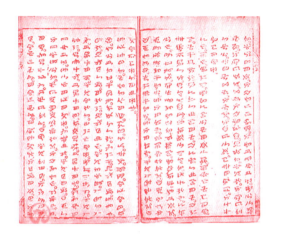

用字量：566

审定者：北京大学 漆永祥

全书总字数：1275

太上感应篇

45

　　《太上感应篇》简称《感应篇》，道教劝善之作，约成书于北宋末南宋初。"太上"为最上之意，"感应"即人的行为与自然界、神界相互作用所带来的因果联系。全文一千二百七十馀字，以开篇十六字为纲，即"祸福无门，惟人自召，善恶之报，如影随形"，列举的善举有二十六条，恶事凡一百七十，宣扬天人感应，强调因果循环，劝善惩恶。宋陈奂子序称："推本道德之旨，发明祸福之端，究诘天下之证，严于训诫，以警悟人心者矣。"本书是道教修真者阐述太上之宗旨及其实践的重要著作，显微阐幽，将道教修养化为世俗生活之种种具体行为，易于掌握，成为当时人们修身立本之书，流传极广。

　　本书所宣扬的行为规范与准则，也符合儒家的纲常伦理及道教、佛教戒规，看来在做人的原则问题上，不管是入世、超世、弃世、游世，都是相通的，且善恶之界，古今一理，中外攸同，至少不要损人利己，甚至损人不利己，所以，一千多字的文章，用来时时检省，无论哪个教，都不会拒绝了。

高频字

人	之	不	恶	善	以	他	其	有	为	行	无

太上曰：祸福无门，惟人自召。善恶之报，如影随形。是以天地有司过之神，依人所犯轻重，以夺人算。算减则贫耗，多逢忧患，人皆恶之，刑祸随之，吉庆避之，恶星灾之，算尽则死。又有三台北斗神君，在人头上，录人罪恶，夺其纪算。又有三尸神，在人身中，每到庚申日，辄上诣天曹，言人罪过。月晦之日，灶神亦然。

凡人有过，大则夺纪，小则夺算。其过大小，有数百事，欲求长生者，先须避之。是道则进，非道则退；不履邪径，不欺暗室；积德累功，慈心于物；忠孝友悌，正己化人；矜孤恤寡，敬老怀幼；昆虫草木，犹不可伤；宜悯人之凶，乐人之善；济人之急，救人之危；见人之得，如己之得；见人之失，如己之失；不彰人短，不炫己长；遏恶扬善，推多取少；受辱不怨，受宠若惊；施恩不求报，与人不追悔。所谓善人，人皆敬之，天道佑之，福禄随之，众邪远之，神灵卫之，所作必成，神仙可冀。

欲求天仙者，当立一千三百善；欲求地仙者，当立三百善。苟或非义而动，背理而行；以恶为能，忍作残害；阴贼良善，暗侮君亲；慢其先生，叛其所事；诳诸无识，谤诸同学；虚诬诈伪，攻讦宗亲；刚强不仁，狠戾自用；是非不当，向背乖宜；虐下取功，谄上希旨；受恩不感，念怨不休；轻蔑天民，扰乱国政；赏及非义，刑及无辜；杀人取财，倾人取位；诛降戮服，贬正排贤；凌孤逼寡，弃法受赂；以直为曲，以曲为直；入轻为重，见杀加怒；知过不改，知善不为；自罪引他，壅塞方术；讪谤圣贤，侵凌道德；射飞逐走，发蛰惊栖；填穴覆巢，伤胎破卵；愿人有失，毁人成功；危人自安，减人自益；以恶易好，以私废公；窃人之能，蔽人之善；形人之丑，讦人之私；耗人货财，离人骨肉；侵人所爱，助人为非；逞志作威，辱人求胜；败人苗稼，破人婚姻；苟富而骄，苟免无耻；认恩推过，嫁祸卖恶；沽买虚誉，包贮险心；挫人所长，护己所短；乘威迫胁，纵暴杀伤；无故剪裁，非礼烹宰；散弃五谷，劳扰众生；破人之家，取其财宝；决水放火，以害民居；紊乱规模，以败人功；损人器物，以穷人用；见他荣贵，愿他流贬；见他富有，愿他破散；见他色美，起心私之；负他货财，愿他身死；干求不遂，便生咒恨；见他失便，便说他过；见他体相不具而笑之，见他才能可称而抑之；埋蛊厌人，用药杀树；恚怒师傅，抵触父兄；强取强求，好侵好夺；虏掠致富，巧诈求迁；赏罚不平，逸乐过节；苛虐其下，恐吓于他；怨天尤人，诃风骂雨；斗合争讼，妄逐朋党；用妻妾语，违父母训；得新忘故，口是心非；贪冒于财，欺罔其上；造作恶语，谗毁平人；毁人称直，骂神称正；弃顺效逆，背亲向疏；指天地以证鄙怀，引神明而鉴猥事；施与后悔，假借不还；分外营求，力上施设；淫欲过度，心毒貌慈；秽食馁人，左道惑众；短尺狭度，轻秤小升；以伪杂真，采取奸利；压良为贱，谩蓦愚人；贪婪无厌，咒诅求直；嗜酒悖乱，骨肉忿争；男不忠良，女不柔顺；不和其室，不敬其夫；每好矜夸，常行妒忌；无行于妻子，失礼于舅姑；轻嫚先灵，违逆上命；作为无益，怀挟外心；自咒咒他，偏憎偏爱；越井越灶，跳食跳人；损子堕胎，行多隐僻；晦腊歌舞，朔旦号怒；对北涕唾及溺，对灶吟咏且哭；又以灶火烧香，秽柴作食；夜起裸露，八节行刑；唾流星，指虹霓①；辄指三光，久视日月；春月燎猎，对北恶骂；无故杀龟打蛇：如是等罪，司命随其轻重，夺其纪算，算尽则死。死有馀责，乃殃及子孙。

又诸横取人财者，及计其妻子家口以当之，渐至死丧。若不死丧，则有水火、盗贼、遗亡器物、疾病、口舌诸事，以当妄取之直。又枉杀人

---

① 指虹霓：不吉之举。《诗·蝃蝀》："蝃蝀在东，莫之敢指。"蝃蝀即彩虹。

者，是易刀兵而相杀也。取非义之财者，譬如漏脯救饥，鸩酒止渴。非不暂饱，死亦及之。夫心起于善，善虽未为，而吉神已随之。或心起于恶，恶虽未为，而凶神已随之。其有曾行恶事，后自改悔，诸恶莫作，众善奉行。久久必获吉庆，所谓转祸为福也。

故吉人语善、视善、行善，一日有三善，三年天必降之福；凶人语恶、视恶、行恶，一日有三恶，三年天必降之祸，胡不勉而行之。

太上者，太古上德之人。是书乃修真者述太上之旨而为之。尚德者用兹无悔，乃君子之光；背义者以此思忧，实小人之福。是以昔人表而出之，名之曰"感应"。

清·陆以湉《冷庐杂识》卷四

审定者：中国社会科学院 杨增文

全书总字数：5431

用字量：441

金刚经 46

《金刚经》，全称《金刚般若波罗蜜经》，一卷，印度大乘佛教般若系经典，后秦鸠摩罗什译。般若，梵语，意为智慧；波罗蜜，梵语，意为到彼岸。以金刚比喻智慧之锐利、顽强、坚固，能断一切烦恼，故名。此经采用对话体形式，说一切世间事物空幻不实，实相者即是非相；主张认识离一切诸相而无所住，即放弃对现实世界的认知和追求，以般若智慧契证空性，破除一切名相，从而达到不执着于任何一物而体认诸法实相的境地。《金刚经》是中国禅宗所依据的重要经典之一。

唐玄宗为推行三教并重的政策，从三教中各选一典籍，亲自加以注释，刊布流行。儒教选《孝经》，道教选《道德经》，佛教选《金刚经》。《金刚经》不似大小品般若类经典之浩瀚，又不似《心经》之简略，又宣说般若的空慧佛理，所以弘传很广。《金刚经》最后一偈曰："一切有为法，如梦幻泡影，如露亦如电，应作如是观。"被看作是全经的精髓。

高频字

菩	提	是	如	须	不	来	有	人	无	以	相

△ 法会因由分第一

如是我闻：一时，佛在舍卫国祇树给孤独园^①，与大比丘众千二百五

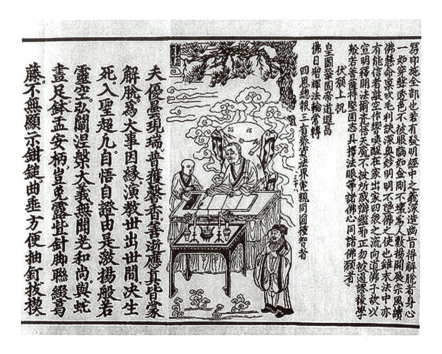

至正元年中兴路朱墨双色套印本

---

① 祇（qí）树给（jǐ）孤独园：印度佛教圣地，最早的佛教寺院，亦称"胜林给孤独园"，简称"祇园"。

十人俱。尔时世尊，食时①，著衣持钵，入舍卫大城乞食。于其城中次第乞已，还至本处。饭食讫，收衣钵，洗足已，敷座而坐。

△ 善现启请分第二

时长老须菩提，在大众中，即从座起，偏袒右肩，右膝著地②，合掌恭敬而白佛言："希有，世尊，如来善护念诸菩萨，善付嘱诸菩萨。世尊，善男子、善女人发阿耨多罗三藐三菩提心，云何应住？云何降伏其心？"佛言："善哉，善哉！须菩提，如汝所说，如来善护念诸菩萨，善付嘱诸菩萨。汝今谛听，当为汝说。善男子、善女人发阿耨多罗三藐三菩提心，应如是住，如是降伏其心。""唯③然，世尊，愿乐欲闻。"

△ 大乘正宗分第三

佛告须菩提："诸菩萨摩诃萨应如是降伏其心：所有一切众生之类，若卵生，若胎生，若湿生，若化生；若有色，若无色；若有想，若无想，若非有想非无想，我皆令入无馀涅槃而灭度之。如是灭度无量无数无边众生，实无众生得灭度者。何以故？须菩提，若菩萨有我相、人相、众生相、寿者相，即非菩萨。"

△ 妙行无住分第四

"复次，须菩提，菩萨于法应无所住行于布施，所谓不住色布施，不

---

① 食时：吃饭时分。早期佛教戒律规定日中一食，过午不食；学佛斋戒，非时不食。

② 右膝著地：古印度佛教礼节，也称"胡跪"。据《文殊问般若经》，右是正道，左为邪道，右膝着地，表示以正去邪，扳心大浊。

③ 唯（wěi）：应答之辞，相当于"是，就这样"。

住声、香、味、触、法布施。须菩提，菩萨应如是布施，不住于相。何以故？若菩萨不住相布施，其福德不可思量。须菩提，于意云何？东方虚空可思量不？""不也，世尊。""须菩提，南、西、北方、四维、上、下虚空可思量不？""不也，世尊。""须菩提，菩萨无住相布施。福德亦复如是不可思量。须菩提，菩萨但应如所教住。"

⚠ 如理实见分第五

"须菩提，于意云何？可以身相见如来不？""不也，世尊，不可以身相见如来。何以故？如来所说身相，即非身相。"佛告须菩提："凡所有相皆是虚妄，若见诸相非相，即见如来。"

⚠ 正信希有分第六

须菩提白佛言："世尊，颇有众生得闻如是言说章句，生实信不？"佛告须菩提："莫作是说！如来灭后，后五百岁，有持戒修福者，于此章句能生信心，以此为实。当知是人，不于一佛二佛三四五佛而种善根，已于无量千万佛所种诸善根。闻是章句，乃至一念生净信者。须菩提，如来悉知悉见，是诸众生得如是无量福德。何以故？是诸众生无复我相、人相、众生相、寿者相，无法相，亦无非法相。何以故？是诸众生，若心取相，即为著我、人、众生、寿者。若取法相，即著我、人、众生、寿者。何以故？若取非法相，即著我、人、众生、寿者。是故不应取法，不应取非法。以是义故，如来常说：'汝等比丘，知我说法如筏喻者，法尚应舍，何况非法！'"

无得无说分第七

"须菩提，于意云何？如来得阿耨多罗三藐三菩提耶？如来有所说法耶？"须菩提言："如我解佛所说义，无有定法名阿耨多罗三藐三菩提，亦无有定法如来可说。何以故？如来所说法，皆不可取，不可说，非法，非非法。所以者何？一切贤圣皆以无为法而有差别。"

依法出生分第八

"须菩提，于意云何？若人满三千大千世界①七宝，以用布施，是人所得福德宁为多不？"须菩提言："甚多，世尊，何以故？是福德，即非福德性。是故如来说福德多。""若复有人于此经中受持，乃至四句偈等，为他人说，其福胜彼。何以故？须菩提，一切诸佛及诸佛阿耨多罗三藐三菩提法，皆从此经出。须菩提，所谓佛法者，即非佛法。"

一相无相分第九

"须菩提，于意云何？须陀洹能作是念：我得须陀洹果不？"须菩提言："不也，世尊，何以故？须陀洹名为入流，而无所入。不入色、声、香、味、触、法，是名须陀洹。""须菩提，于意云何？斯陀含能作是念：我得斯陀含果不？"须菩提言："不也，世尊，何以故？斯陀含名一往来，而实无往来，是名斯陀含。""须菩提，于意云何？阿那含能作是念：我得阿那含果不？"须菩提言："不也，世尊，何以故？阿那含名为不来，

① 三千大千世界：以须弥山为中心，以铁围山为外郭，同一日月所照的四天下为一"小世界"；一个小世界为一"小千世界"；一千个小千世界为一"中千世界"；一千个中千世界为一"大千世界"。

而实无不来，是故名阿那含。""须菩提，于意云何？阿罗汉能作是念：我得阿罗汉道不？"须菩提言："不也，世尊，何以故？实无有法名阿罗汉。世尊，若阿罗汉作是念：我得阿罗汉道，即为著我、人、众生、寿者。世尊，佛说我得无诤三昧，人中最为第一，是第一离欲阿罗汉。世尊，我不作是念：我是离欲阿罗汉。世尊，我若作是念：我得阿罗汉道，世尊则不说，须菩提是乐阿兰那行者。以须菩提实无所行，而名须菩提是乐阿兰那行。"

△ 庄严净土分第十

佛告须菩提："于意云何？如来昔在然灯佛所，于法有所得不？""不也，世尊，如来在然灯佛所，于法实无所得。""须菩提？于意云何？菩萨庄严佛土不？""不也，世尊，何以故？庄严佛土者，即非庄严，是名庄严。""是故须菩提，诸菩萨摩诃萨，应如是生清净心，不应住色生心，不应住声、香、味、触、法生心，应无所住而生其心。须菩提，譬如有人身如须弥山王，于意云何？是身为大不？"须菩提言："甚大，世尊，何以故？佛说非身，是名大身。"

△ 无为福胜分第十一

"须菩提，如恒河中所有沙数，如是沙等恒河，于意云何？是诸恒河沙宁为多不？"须菩提言："甚多，世尊，但诸恒河尚多无数，何况其沙？""须菩提，我今实言告汝：若有善男子、善女人，以七宝满尔所恒河沙数三千大千世界，以用布施，得福多不？"须菩提言："甚多，世尊。"佛告须菩提："若善男子、善女人，于此经中乃至受持四句偈等，为他人说，而此福德胜前福德。"

◬ 尊重正教分第十二

"复次，须菩提，随说①是经乃至四句偈等，当知此处，一切世间天、人、阿修罗皆应供养，如佛塔庙，何况有人尽能受持，读诵！须菩提，当知是人，成就最上第一希有之法！若是经典所在之处，即为有佛，若尊重弟子。"

◬ 如法受持分第十三

尔时，须菩提白佛言："世尊，当何名此经，我等云何奉持？"佛告须菩提："是经名为金刚般若波罗蜜，以是名字，汝当奉持！所以者何？须菩提，佛说般若波罗蜜，即非般若波罗蜜，是名般若波罗蜜。须菩提，于意云何？如来有所说法不？"须菩提白佛言："世尊，如来无所说。""须菩提，于意云何？三千大千世界所有微尘，是为多不？"须菩提言："甚多，世尊。""须菩提，诸微尘，如来说非微尘，是名微尘。如来说世界，非世界，是名世界。须菩提，于意云何？可以三十二相见如来不？""不也，世尊，不可以三十二相得见如来。何以故？如来说三十二相，即是非相，是名三十二相。""须菩提，若有善男子、善女人，以恒河沙等身命布施；若复有人，于此经中乃至受持四句偈等，为他人说，其福甚多。"

◬ 离相寂灭分第十四

尔时，须菩提闻说是经，深解义趣，涕泪悲泣而白佛言："希有②，

---

① 随说：不论在任何地方而说。
② 希有：极少的，罕见的。这里指如来所说，亘古未有，独一无二的。

世尊，佛说如是甚深经典，我从昔来所得慧眼，未曾得闻如是之经。世尊，若复有人得闻是经，信心清净，则生实相，当知是人成就第一希有功德。世尊，是实相者，即是非相，是故如来说名实相。世尊，我今得闻如是经典，信解受持，不足为难。若当来世，后五百岁，其有众生得闻是经，信解受持，是人即为第一希有！何以故？此人无我相、无人相、无众生相、无寿者相。所以者何？我相即是非相，人相、众生相、寿者相即是非相。何以故？离一切诸相，即名诸佛。"佛告须菩提："如是，如是！若复有人得闻是经，不惊，不怖，不畏，当知是人甚为希有。何以故？须菩提，如来说第一波罗蜜，即非第一波罗蜜，是名第一波罗蜜。须菩提，忍辱波罗蜜，如来说非忍辱波罗蜜，是名忍辱波罗蜜。何以故？须菩提，如我昔为歌利王割截身体，我于尔时无我相，无人相，无众生相，无寿者相。何以故？我于往昔节节支解时，若有我相、人相、众生相、寿者相，应生嗔恨。须菩提，又念过去，于五百世作忍辱仙人，于尔所世无我相，无人相，无众生相，无寿者相。是故须菩提，菩萨应离一切相，发阿耨多罗三藐三菩提心！不应住色生心，不应住声、香、味、触、法生心，应生无所住心！若心有住，即为非住，是故佛说菩萨心不应住色布施。须菩提，菩萨为利益一切众生故，应如是布施。如来说一切诸相，即是非相。又说一切众生，即非众生。须菩提，如来是真语者、实语者、如语者、不诳语者、不异语者。须菩提，如来所得法，此法无实无虚。须菩提，若菩萨心住于法而行布施，如人入暗，则无所见；若菩萨心不住法而行布施，如人有目，日光明照，见种种色。须菩提，当来之世，若有善男子、善女人，能于此经受持，读诵，即为如来以佛智慧悉知是人，悉见是人，皆得成就无量无边功德。"

△ 持经功德分第十五

"须菩提，若有善男子、善女人，初日分以恒河沙等身布施，中日分复以恒河沙等身布施，后日分亦以恒河沙等身布施，如是无量百千万亿劫以身布施；若复有人闻此经典信心不逆，其福胜彼，何况书写，受持，读诵，为人解说！须菩提，以要言之，是经有不可思议、不可称量、无边功德！如来为发大乘者说，为发最上乘者说。若有人能受持，读诵，广为人说，如来悉知是人，悉见是人，皆得成就不可量、不可称、无有边、不可思议功德。如是人等，则为荷担如来阿耨多罗三藐三菩提。何以故？须菩提，若乐小法者，著我见、人见、众生见、寿者见，则于此经不能听受，读诵，为人解说。须菩提，在在处处若有此经，一切世间天、人、阿修罗所应供养，当知此处即为是，皆应恭敬作礼围绕，以诸华香而散其处。"

△ 能净业障分第十六

"复次，须菩提，善男子、善女人，受持、读诵此经，若为人轻贱，是人先世罪业应堕恶道，以今世人轻贱故，先世罪业即为消灭，当得阿耨多罗三藐三菩提。须菩提，我念过去无量阿僧祇劫，于然灯佛前，得值八百四千万亿那由他诸佛，悉皆供养承事，无空过者。若复有人于后末世，能受持、读诵此经所得功德，于我所供养诸佛功德，百分不及一，千万亿分乃至算数譬喻所不能及。须菩提，若善男子、善女人，于后末世，有受持，读诵此经所得功德，我若具说者，或有人闻，心即狂乱，狐疑不信。须菩提，当知是经义不可思议，果报亦不可思议。"

△ 究竟无我分第十七

尔时，须菩提白佛言："世尊，善男子、善女人，发阿耨多罗三藐三菩提心，云何应住？云何降伏其心？"佛告须菩提："善男子、善女人，发阿耨多罗三藐三菩提心者，当生如是心：我应灭度一切众生。灭度一切众生已，而无有一众生实灭度者。何以故？须菩提，若菩萨有我相、人相、众生相、寿者相，即非菩萨。所以者何？须菩提，实无有法发阿耨多罗三藐三菩提心者。须菩提，于意云何？如来于然灯佛所，有法得阿耨多罗三藐三菩提不？""不也，世尊，如我解佛所说义，佛于然灯佛所，无有法得阿耨多罗三藐三菩提。"佛言："如是，如是！须菩提，实无有法如来得阿耨多罗三藐三菩提。须菩提，若有法如来得阿耨多罗三藐三菩提者，然灯佛则不与我授记①：汝于来世当得作佛，号释迦牟尼。以实无有法得阿耨多罗三藐三菩提，是故然灯佛与我授记，作是言：'汝于来世当得作佛，号释迦牟尼。'何以故？如来者，即诸法如义。若有人言：如来得阿耨多罗三藐三菩提，须菩提，实无有法佛得阿耨多罗三藐三菩提。须菩提，如来所得阿耨多罗三藐三菩提，于是中无实无虚，是故如来说一切法皆是佛法。须菩提，所言一切法者，即非一切法，是故名一切法。须菩提，譬如人身长大。"须菩提言："世尊，如来说人身长大，即为非大身，是名大身。""须菩提，菩萨亦如是。若作是言：我当灭度无量众生，即不名菩萨。何以故？须菩提，实无有法名为菩萨。是故佛说：一切法无我、无人、无众生、无寿者。须菩提，若菩萨作是言：我当庄严佛土，是不名菩萨。何以故？如来说庄严佛土者，即非庄严，是名庄严。须菩提，若菩萨通达无我法者，如来说名真是菩萨。"

△ 一体同观分第十八

"须菩提，于意云何？如来有肉眼②不？""如是，世尊，如来有肉眼。""须菩提，于意云何？如来有天眼不？""如是，世尊，如来有天眼。""须菩提，于意云何？如来有慧眼不？""如是，世尊，如来有慧眼。""须菩提，于意云何？如来有法眼不？""如是，世尊，如来有法

---

① 授记：授予记别，即预示其未来。这里指然灯佛预示释迦未来将成佛。
② 肉眼：肉眼、无眼、慧眼、法眼、佛眼合称五眼，指从低到高的五种智慧。

眼。""须菩提，于意云何？如来有佛眼不？""如是，世尊，如来有佛眼。""须菩提，于意云何？如恒河中所有沙，佛说是沙不？""如是，世尊，如来说是沙。""须菩提，于意云何？如一恒河中所有沙，有如是沙等恒河，是诸恒河所有沙数佛世界如是宁为多不？""甚多，世尊。"佛告须菩提："尔所国土中所有众生若干种心，如来悉知。何以故？如来说诸心，皆为非心，是名为心。所以者何？须菩提，过去心不可得，现在心不可得，未来心不可得。"

△ 法界通化分第十九

"须菩提，于意云何？若有人满三千大千世界七宝以用布施，是人以是因缘，得福多不？""如是，世尊，此人以是因缘，得福甚多。""须菩提，若福德有实，如来不说得福德多；以福德无故，如来说得福德多。"

△ 离色离相分第二十

"须菩提，于意云何？佛可以具足色身见不？""不也，世尊，如来不应以具足色身见。何以故？如来说具足色身，即非具足色身，是名具足色身。""须菩提，于意云何？如来可以具足诸相见不？""不也，世尊，如来不应以具足诸相见。何以故？如来说诸相具足，即非具足，是名诸相具足。"

△ 非说所说分第二十一

"须菩提，汝勿谓如来作是念：我当有所说法。莫作是念！何以故？若人言如来有所说法，即为谤佛，不能解我所说故。须菩提，说法者，无法可说，是名说法。"尔时慧命须菩提白佛言："世尊，颇有众生于未来世闻说是法，生信心不？"佛言："须菩提，彼非众生，非不众生。何以故？须菩提，众生众生者，如来说非众生，是名众生。"

△ 无法可得分第二十二

须菩提白佛言："世尊，佛得阿耨多罗三藐三菩提，为无所得耶？"佛言："如是，如是！须菩提，我于阿耨多罗三藐三菩提，乃至无有少法可得，是名阿耨多罗三藐三菩提。"

△ 净心行善分第二十三

"复次，须菩提，是法平等，无有高下，是名阿耨多罗三藐三菩提。以无我、无人、无众生、无寿者，修一切善法，即得阿耨多罗三藐三菩提。须菩提，所言善法者，如来说即非善法，是名善法。"

△ 福智无比分第二十四

"须菩提，若三千大千世界中所有诸须弥山王，如是等七宝聚，有人持用布施。若人以此般若波罗蜜经乃至四句偈等，受持，读诵，为他人说，于前福德百分不及一，百千万亿分乃至算数譬喻所不能及。"

△ 化无所化分第二十五

"须菩提，于意云何？汝等勿谓如来作是念：我当度众生。须菩提，莫作是念。何以故？实无有众生如来度者。若有众生如来度者，如来即有我、人、众生、寿者。须菩提，如来说有我者，即非有我，而凡夫之人以为有我。须菩提，凡夫者，如来说即非凡夫，是名凡夫。"

△ 法身非相分第二十六

"须菩提，于意云何？可以三十二相观如来不？"须菩提言："如是，如是！以三十二相观如来。"佛言："须菩提，若以三十二相观如来者，转轮圣王即是如来。"须菩提白佛言："世尊，如我解佛所说义，不应以三十二相观如来。"尔时，世尊而说偈言：

"若以色见我，以音声求我，是人行邪道，不能见如来。"

△ 无断无灭分第二十七

"须菩提，汝若作是念：如来不以具足相故得阿耨多罗三藐三菩提。须菩提，莫作是念：如来不以具足相故得阿耨多罗三藐三菩提。须菩提，汝若作是念，发阿耨多罗三藐三菩提心者，说诸法断灭①。莫作是念！何以故？发阿耨多罗三藐三菩提心者，于法不说断灭相。"

△ 不受不贪分第二十八

"须菩提，若菩萨以满恒河沙等世界七宝持用布施，若复有人知一切法无我得成于忍，此菩萨胜前菩萨所得功德。何以故？须菩提，以诸菩萨不受福德故。"须菩提白佛言："世尊，云何菩萨不受福德？""须菩提，菩萨所作福德，不应贪著，是故说不受福德。"

---

① 断灭：断灭之见，简称断见。否定任何因果关系，认为一切都是绝对的空寂。

⚠ 威仪寂净分第二十九

"须菩提，若有人言：如来若来，若去，若坐，若卧，是人不解我所说义。何以故？如来者，无所从来，亦无所去，故名如来。"

⚠ 一合理相分第三十

"须菩提，若善男子、善女人，以三千大千世界碎为微尘，于意云何？是微尘众，宁为多不？"须菩提言："甚多，世尊，何以故？若是微尘众实有者，佛即不说是微尘众。所以者何？佛说微尘众，即非微尘众，是名微尘众。世尊，如来所说三千大千世界，即非世界，是名世界。何以故？若世界实有者，即是一合相。如来说一合相，即非一合相，是名一合相。""须菩提，一合相者，即是不可说，但凡夫之人贪著其事。"

⚠ 知见不生分第三十一

"须菩提，若人言佛说我见、人见、众生见、寿者见，须菩提，于意云何？是人解我所说义不？""不也，世尊，是人不解如来所说义。何以故？世尊说我见、人见、众生见、寿者见，即非我见、人见、众生见、寿者见，是名我见、人见、众生见、寿者见。须菩提，发阿耨多罗三藐三菩提心者，于一切法，应如是知，如是见，如是信解，不生法相。须菩提，所言法相者，如来说即非法相，是名法相。"

⚠ 应化非真分第三十二

"须菩提，若有人以满无量阿僧祇世界七宝持用布施，若有善男子、善女人发菩提心者，持于此经，乃至四句偈等，受持，读诵，为人演说，其福胜彼。云何为人演说，不取于相？如如不动。何以故？

一切有为法，如梦幻泡影，如露亦如电，应作如是观。"

佛说是经已，长老须菩提及诸比丘、比丘尼，优婆塞、优婆夷，一切世间天、人、阿修罗，闻佛所说，皆大欢喜，信受奉行。

万法泯时全体现，大似金刚经百炼。
定光镕烁绝纤埃，只眼圆明何用见。

宋·释印肃《颂十玄谈·尘异》

四十二章经

47

用字量：574

全书总字数：2316

审定者：香港教育大学　朱庆之

> 佛說四十二章經
> 爾時世尊既成道已作是思惟離欲
> 寂靜是最為勝住大禪定降諸魔道
> 今轉法輪度衆生於鹿野苑
> 中為憍
> 陳如等五人轉四諦法輪而證道果
> 時復有比丘所說諸疑陳佛進止世
> ……

　　《四十二章经》，亦名《孝明皇帝四十二章》，中国所译最早的佛教经典，传为汉明帝时竺法兰、迦叶摩腾译，成书于汉永平十一年（68）。一卷，共四十二章，摄集大、小乘而成。其宗旨在于奖励梵行，明沙门二百五十戒，离恶行之过失，教人克伐爱欲，证成阿罗汉果。

　　佛经因从外文译入，大多难解，本经为中国所译最早的佛典，取自诸经，条分缕析，可算是"修行速成"之书，多用譬喻，以人间之事告诫世人远离人间之欲，戒除人间之爱。想从佛处借来慧眼，且来读此经。

高频字

佛	道	不	言	如	者	人	为	无	之	难	心	一

世尊成道已，作是思惟。离欲寂静，是最为胜。住大禅定，降诸魔道。于鹿野苑中，转四谛法轮，度憍陈如等五人，而证道果。复有比丘所说诸疑，求佛进止。世尊教敕，一一开悟，合掌敬诺，而顺尊敕。

1. 佛言：辞亲出家，识心达本，解无为法，名曰沙门。常行二百五十戒，进止清净，为四真道行，成阿罗汉。阿罗汉者，能飞行变化，旷劫寿命，住动天地；次为阿那含，阿那含者，寿终灵神，上十九天，证阿罗汉；次为斯陀含，斯陀含者，一上一还，即得阿罗汉；次为须陀洹①，须陀洹者，七死七生，便证阿罗汉。爱欲断者，如四肢断，不复用之。

2. 佛言：出家沙门者，断欲去爱，识自心源，达佛深理，悟无为法。内无所得，外无所求，心不系道，亦不结业。无念无作，非修非证，不二诸位，而自崇最，名之为道。

3. 佛言：剃除须发，而为沙门。受道法者，去世资财，乞求取足。日中一食，树下一宿，慎勿再矣。使人愚蔽者，爱与欲也。

4. 佛言：众生以十事为善，亦以十事为恶。何等为十？身三、口四、意三。身三者：杀、盗、淫。口四者：两舌、恶口、妄言、绮语。意三者：嫉、恚、痴。如是十事，不顺圣道，名十恶行。是恶若止，名十善行耳。

---

① 须陀洹（huán）：小乘佛法中修行次第四个阶段：须陀洹、斯陀含、阿那含、阿罗汉，合称为"四果罗汉"。

5. 佛言：人有众过而不自悔，顿息其心。罪来赴身，如水归海，渐成深广。若人有过，自解知非，改恶行善，罪自消灭。如病得汗，渐有痊损耳。

6. 佛言：恶人闻善，故来扰乱者，汝自禁息，当无瞋责。彼来恶者，而自恶之。

7. 佛言：有人闻吾守道，行大仁慈，故致骂佛。佛默不对，骂止。问曰：子以礼从人，其人不纳，礼归子乎？对曰：归矣。佛言：今子骂我，我今不纳，子自持祸，归子身矣。犹响应声，影之随形，终无免离，慎勿为恶。

8. 佛言：恶人害贤者，犹仰天而唾，唾不至天，还从己堕；逆风扬尘，尘不至彼，还坌^①己身。圣不可毁，祸必灭己。

9. 佛言：博闻爱道，道必难会，守志奉道，其道甚大。

10. 佛言：睹人施道，助之欢喜，得福甚大。沙门问曰：此福尽乎？佛言：譬如一炬之火，数千百人各以炬来分取，熟食除冥，此炬如故，福亦如之。

11. 佛言：饭恶人百，不如饭一善人；饭善人千，不如饭一持五戒者；饭五戒者万，不如饭一须陀洹；饭百万须陀洹，不如饭一斯陀含；饭千万斯陀含，不如饭一阿那含；饭一亿阿那含，不如饭一阿罗汉；饭千亿阿罗汉，不如饭一辟支佛；饭百亿辟支佛，不如饭一三世诸佛；饭千亿三世诸佛，不如饭一无念无住无修无证之者。

12. 佛言：人有二十难：贫穷布施难，豪贵学道难。弃命必死难，得睹佛经难。生值佛世难，忍色忍欲难。见好不求难，被辱不瞋难。有劫不临难，触事无心难。广学博究难，除灭我慢难。不轻未学难，心行平等难。不说是非难，会善知识难。见性学道难，随化度人难。睹境不动难，善解方便难。

---

① 坌（bèn）：尘汗飞扬，着落于物。

13. 沙门问佛：以何因缘，得知宿命，会其至道？佛言：净心守志，可会至道。譬如磨镜，垢去明存，断欲无求，当得宿命。

14. 沙门问佛：何者为善，何者最大？佛言：行道守真者善，志与道合者大。

15. 沙门问佛：何者多力，何者最明？佛言：忍辱多力，不怀恶故，兼加安健。忍者无恶，必为人尊，心垢灭尽，净无瑕秽，是为最明。未有天地，逮于今日，十方所有，无有不见，无有不知，无有不闻，得一切智，可谓明矣。

16. 佛言：人怀爱欲，不见道者，譬如澄水，致手搅之，众人共临，无有睹其影者。人以爱欲交错，心中浊兴，故不见道。汝等沙门，当舍爱欲，爱欲垢尽，道可见矣。

17. 佛言：夫见道者，譬如持炬，入冥室中，其冥即灭，而明独存。学道见谛，无明即灭，而明常存矣。

18. 佛言：吾法念无念念，行无行行，言无言言，修无修修。会者近尔，迷者远乎，言语道断，非物所拘，差之毫厘，失之须臾。

19. 佛言：观天地，念非常，观世界，念非常，观灵觉，即菩提。如是知识，得道疾矣。

20. 佛言：当念身中四大，各自有名，都无我者，我既都无，其如幻耳。

21. 佛言：人随情欲，求于声名，声名显著，身已故矣，贪世常名，而不学道，枉功劳形。譬如烧香，虽人闻香，香之烬矣，危身之火，而在其后。

22. 佛言：财色于人，人之不舍。譬如刀刃有蜜，不足一餐之美，小儿舔之，则有割舌之患。

23. 佛言：人系于妻子舍宅，甚于牢狱，牢狱有散释之期，妻子无远离之念。情爱于色，岂惮驱驰，虽有虎口之患，心存甘伏，投泥自溺，故曰凡夫。透得此门，出尘罗汉。

24. 佛言：爱欲莫甚于色，色之为欲，其大无外，赖有一矣，若使二同，普天之人，无能为道者矣。

25. 佛言：爱欲之人，犹如执炬，逆风而行，必有烧手之患。天神献玉女于佛，欲坏佛意。

26. 佛言：革囊众秽，尔来何为？去，吾不用。天神愈敬，因问道意，佛为解说，即得须陀洹果。

27. 佛言：夫为道者，犹木在水，寻流而行。不触两岸，不为人取，不为鬼神所遮，不为洄流所住，亦不腐败。吾保此木，决定入海。学道之人，不为情欲所惑，不为众邪所娆，精进无为。吾保此人，必得道矣。

28. 佛言：慎勿信汝意，汝意不可信，慎勿与色会，色会即祸生。得阿罗汉，乃可信汝意。

29. 佛言：慎勿视女色，亦莫共言语，若与语者，正心思念。我为沙门，处于浊世，当如莲华，不为泥污。想其老者如母，长者如姊，少者如妹，稚者如子，生度脱心，息灭恶念。

30. 佛言：夫为道者，如被干草，火来须避。道人见欲，必当远之。

31. 佛言：有人患淫不止，欲自断阴。佛谓之曰：若断其阴，不如断心，心如功曹，功曹若止，从者都息。邪心不止，断阴何益！佛为说偈：欲生于汝意，意以思想生，二心各寂静，非色亦非行。佛言：此偈是迦叶佛说。

32. 佛言：人从爱欲生忧，从忧生怖，若离于爱，何忧何怖！

33. 佛言：夫为道者，譬如一人与万人战，挂铠出门。意或怯弱，或半路而退，或格斗而死，或得胜而还。沙门学道，应当坚持其心，精进勇锐，不畏境前，破灭众魔，而得道果。

34. 沙门夜诵迦叶佛遗教经，其声悲紧，思悔欲退。佛问之曰："汝昔在家，曾为何业？"对曰："爱弹琴。"佛言："弦缓如何？"对曰："不鸣矣。""弦急如何？"对曰："声绝矣。""急缓得中如何？"对曰："诸音普矣。"佛言："沙门学道亦然，心若调适，道可得矣。于道若暴，暴即身疲，其身若疲，意即生恼，意若生恼，行即退矣，其行既退，罪必加矣。但清净安乐，道不失矣。"

35. 佛言：如人锻铁，去滓成器，器即精好。学道之人，去心垢染，行即清净矣。

36. 佛言：人离恶道，得为人难；既得为人，去女即男难；既得为男，六根完具难；六根既具，生中国难；既生中国，值佛世难；既值佛世，遇道者难；既得遇道，兴信心难；既兴信心，发菩提心难；既发菩提心，无修无证难。

37. 佛言：佛子离吾数千里，忆念吾戒，必得道果；在吾左右，虽常见吾，不顺吾戒，终不得道。

38. 佛问沙门：人命在几间？对曰：数日间。佛言：子未闻道。复问一沙门：人命在几间？对曰：饭食间。佛言：子未闻道。复问一沙门：人命在几间？对曰：呼吸间。佛言：善哉，子知道矣！

39. 佛言：学佛道者，佛所言说，皆应信顺。譬如食蜜，中边皆甜，吾经亦尔。

40. 佛言：沙门行道，无如磨牛。身虽行道，心道不行，心道若行，何用行道。

41. 佛言：夫为道者，如牛负重，行深泥中。疲极，不敢左右顾视，出离淤泥，乃可苏息。沙门当观情欲，甚于淤泥，直心念道，可免苦矣。

42. 佛言：吾视王侯之位，如过隙尘；视金玉之宝，如瓦砾；视纨①素之服，如敝帛；视大千界，如一诃子；视阿耨池水，如涂足油；视方便门，如化宝聚；视无上乘，如梦金帛；视佛道，如眼前华；视禅定，如须弥柱；视涅槃，如昼夕寤；视倒正，如六龙舞；视平等，如一真地；视兴化，如四时木。

---

① 纨（wán）：白色细绢。

佛說四十二章經
爾時世尊既成道已作是思惟離欲
寂靜是最為勝住大禪定降諸魔道
今轉法輪度眾生於鹿野苑中為憍
陳如等五人轉四諦法輪而證道果
時復有比丘所說諸疑陳佛進止世

釋氏之《四十二章经》，制心治性，去贪远祸，垂慈训戒，证以善恶，亦一贯于道矣。

宋·李攸《宋朝事实》卷七

审定者：陕西师范大学　吴言生

全书总字数：260

用字量：114

心经

48

般若波羅蜜多心經

唐三藏法師玄奘奉詔譯

演濡灌主住持僧如巹恭詔註

般若波羅蜜多心經

此經以單法爲名實相爲體觀照爲宗度苦

爲用大乘爲教相此五者皆經中所説之旨

單法者即般若波羅蜜多此實相者即諸法

空相也觀照者即照見五蘊皆空也度苦者

　《心经》，佛教经典，又名《大般若波罗蜜多心经》，"心"喻为核心、纲要之意，为般若类的精要之作，内容为阐述以般若智慧观察万物性空、诸法皆空的佛理。全文仅二百馀字，便于持诵，所以流传很广。历代汉译本有七种，通行的为唐玄奘的译本。玄奘的译本阐述五蕴、三科、四谛、十二因缘等皆空的佛教义理，而归于"无所得"。认为般若能度一切苦，证得菩提果。

　　即使是对佛教一无所知的人，也知道"色不异空，空不异色，色即是空，空即是色"，对于喜爱佛经而又觉得大部头难以下咽的人，吟诵短小而又琅琅上口的《心经》，即是方便法门。

高频字

无	是	不	罗	空	故	波	咒	色	多	若	蜜	般

观自在菩萨，行深般若波罗蜜多时，照见五蕴皆空，度一切苦厄。舍利子，色不异空，空不异色，色即是空，空即是色。受想行识，亦复如是。舍利子，是诸法空相，不生不灭，不垢不净，不增不减，是故空中无色，无受想行识，无眼耳鼻舌身意，无色声香味触法，无眼界，乃至无意识界，无无明，亦无无明尽，乃至无老死，亦无老死尽。无苦集灭道①，

唐大中九年石刻《心经》拓片

---

① 苦集灭道：合称四谛，苦为生老病死，集为召集苦的原因，灭为灭惑业而离生死之苦，道为完全解脱实现涅槃的正道。

无智亦无得，以无所得故。菩提萨陀，依般若波罗蜜多故，心无挂碍。无挂碍故，无有恐怖，远离颠倒梦想，究竟涅槃。三世诸佛，依般若波罗蜜多故，得阿耨多罗三藐三菩提①。故知般若波罗蜜多，是大神咒，是大明咒，是无上咒，是无等等咒。能除一切苦，真实不虚。故说般若波罗蜜多咒。即说咒曰：

揭谛揭谛②，波罗揭谛，波罗僧揭谛，菩提萨婆诃。

翠衿红觜娇唇舌，羽族于中最性灵。

巧护狸狌莫惊嚇，好留相伴诵《心经》。

宋·姜特立《赋巩丈鹦鹉》

---

① 阿耨多罗三藐三菩提：梵语音译，略称"阿耨菩提"，意为无上正等正觉。

② 揭谛：去经历，去体验。

六祖坛经

49

审定者：上海师范大学 李 申

全书总字数：19482

用字量：1304

　　《六祖坛经》又称《六祖大师法宝坛经》《法宝坛经》《坛经》，禅宗经典，一卷。六祖者，慧能也；坛经，设坛讲经之谓。此经系我国撰述佛典中唯一称"经"者，为禅宗六祖慧能于韶州大梵寺坛上所说之法，弟子法海集录而成。慧能，俗姓卢，禅宗第六代祖师，禅宗南禅创始人，灭度后被唐宪宗赐号"大鉴禅师"。

　　本书基本以慧能的生平活动为序，述其形迹、说法及与弟子的机锋对答，共分十品。主旨在宣称人皆自性清净、本有佛性，但用此心、直了成佛的心性观；主张自悟自修、无念无住的修行观；解脱途径力倡顿悟说，是禅宗最主要的思想依据。

高频字

不	无	自	是	法	性	心	师	曰	一	见	人	有

惠能拜五祖

惠能慈父，本官范阳，左降，迁流南新州百姓。惠能幼小，父亦早亡。老母孤遗，移来南海。艰辛贫乏，于市卖柴。忽有一客买柴，遂领惠能至于官店。客将柴去，惠能得钱。却向门前，忽见一客读《金刚经》。惠能一闻，心明便悟。乃问客曰："从何处来，持此经典？"客答曰："我于蕲州黄梅县东冯墓山礼拜五祖弘忍和尚。见今在彼门人有千馀众。我于彼听见大师劝道俗，但持《金刚经》一卷，即得见性，直了成佛。"

惠能闻说，宿叶有缘，便即辞亲，往黄梅冯墓山礼拜五祖弘忍和尚。

佛性无南北

弘忍和尚问惠能曰："汝何方人，来此山礼拜吾？汝今向吾边复求何物？"

惠能答曰："弟子是岭南人，新州百姓，今故远来礼拜和尚。不求馀物，唯求佛法作。"

大师遂责惠能曰："汝是岭南人，又是獦獠，若未为堪作佛法。"

惠能答曰："人即有南北，佛性即无南北，獦獠身与和尚不同，佛性有何差别？"

大师欲更共议，见左右在旁边，大师更便不言，遂发遣惠能，令随众作务。时有一行者，遂著惠能于碓坊踏碓八个馀月。

🔺 惠能智慧偈

有一童子，于碓坊边过，唱诵此偈〔神秀所作：身是菩提树，心如明镜台。时时勤拂拭，莫使有尘埃〕。惠能一闻，知未见性，即识大意。能问童子："适来诵者，是何言偈？"童子答能曰："你不知大师言生死事大，欲传衣法，令门人等：'各作一偈来呈吾看，悟大意即付衣法，禀为六代祖。'有一上座名神秀，忽于南廊下书无相偈一首。五祖令诸门人尽诵。悟此偈者，即见自性；依此修行，即得出离。"

惠能答曰："我此踏碓八个馀月，未至堂前，望上人引惠能至南廊下，见此偈礼拜，亦愿诵取，结来生缘，愿生佛地。"

童子引能至南廊下，能即礼拜此偈。为不识字，请一人读。惠能闻已，即识大意。惠能亦作一偈，又请得一解书人于西间壁上题著，呈自本心。不识本心，学法无益。识心见性，即悟大意。惠能偈曰：

菩提本无树，明镜亦无台。

佛性常清净，何处染尘埃。

又偈曰：

心是菩提树，身为明镜台。

明镜本清净，何处染尘埃。

院内徒众见能作此偈，尽怪。惠能却入碓坊。

五祖忽来廊下，见惠能偈，即知识大意。恐众人知，五祖乃谓众人曰："此亦未得了。"

🔺 功德自心作

使君礼拜，白言："和尚说法，实不思议。弟子当有少疑，欲问和尚。

望意和尚大慈大悲，为弟子说。"

大师言："有疑即问，何须再三。"

使君问："法可不如是西国第一祖达摩祖师宗旨？"

大师言："是。"

"弟子见说，达摩大师代，梁武帝问达摩：'朕一生已来造寺、布施、供养，有功德否？'达摩答言：'并无功德。'武帝惆怅，遂遣达摩出境。未审此言，请和尚说。"

六祖言："实无功德。使君勿疑达摩大师言。武帝著邪道，不识正法。"

使君问："何以无功德？"

和尚言："造寺、布施、供养，只是修福，不可将福以为功德。功德在法身，非在于福田。自法性有功德。平直是德、佛性。外行恭敬，若轻一切人，吾我不断，即自无功德。自性无功德，法身无功德。念念行平等真心，德即不轻。常行于敬，自修身即功，自修心即德。功德自心作，福与功德别。武帝不识正理，非祖大师有过。"

⌂ 惠能《无相颂》

使君问："和尚，在家如何修？愿为指授。"

大师言："善知识！惠能与道俗作《无相颂》，尽诵取，依此修行，常与惠能说一处无别。"颂曰：

说通及心通，如日处虚空。惟传顿教法，出世破邪宗。

教即无顿渐，迷误有迟疾。若学顿法门，愚人不可迷。

说即须万般，合离还归一。烦恼暗宅中，常须生慧日。

邪来因烦恼，正来烦恼除。邪正悉不用，清净至无馀。

菩提本清净，起心即是妄。净性于妄中，但正除三障。

世间若修道，一切尽不妨。常现在己过，与道即相当。

色类自有道，离道别觅道。觅道不见道，到头还自懊。

若欲觅真道，行正即是道。自若无正心，暗行不见道。

若真修道人，不见世间愚。若见世间非，自非却是左。

他非我不罪，我非自有罪。但自去非心，打破烦恼碎。

若欲化愚人，事须有方便。勿令破彼疑，即是菩提见。

法元在世间，于世出世间。勿离世间上，外求出世间。

邪见在世间，正见出世间。邪正悉打却，菩提性宛然。

此但是顿教，亦名为大乘。迷来经累劫，悟即刹那间。

大师言："善知识！汝等尽诵取此偈，依此偈修行，去惠能千里，常在能边。依此不修，对面千里远。各各自修，法不相待。众人且散，惠能归漕溪山。众生若有大疑，来彼山间，为汝破疑，同见佛性。"

合座官僚、道俗，礼拜和尚，无不嗟叹："善哉大悟，昔所未闻。岭南有福，生佛在此。谁能得知。"一时尽散。

⚠ 佛法最上乘

时有一僧名智常，来漕溪山礼拜和尚，问四乘法义。智常问和尚曰："佛说三乘，又言最上乘。弟子不解，望为教示。"

惠能大师曰："汝自身心见，莫著外法相。元无四乘法，人心量四等，法有四乘。见闻读诵是小乘，悟解义是中乘，依法修行是大乘。万法尽通，万行俱备，一切不离染，但离法相，作无所得，是最上乘。最上乘是最上行义，不在口诤，汝须自修，莫问吾也。"

⚠ 亦见亦不见

有一僧名神会，南阳人也。至漕溪山礼拜，问言："和尚坐禅，见亦不见？"

大师起，把打神会三下，却问神会："吾打汝，痛不痛？"

神会答言："亦痛亦不痛。"

六祖言曰："吾亦见亦不见。"

神会又问大师："何以亦见亦不见？"

大师言："吾亦见〔者〕，常见自过患，故云亦见。亦不见者，不见天地人过罪。所以亦见亦不见也。汝亦痛亦不痛如何？"

神会答曰："若不痛，即同无情木石；若痛，即同凡，即起于恨。"

大师言："神会向前。见不见是两边，痛不痛是生灭。汝自性且不见，敢来弄人！"

神会礼拜，礼拜更不言。

大师言："汝心迷不见，问善知识觅路。汝心悟自见，依法修行。汝自迷不见自心，却来问惠能见否？吾不自知，代汝迷不得。汝若自见，代得吾迷？何不自修，问吾见否！"

神会作礼，便为门人，不离漕溪山中，常在左右。

△ 见佛解脱颂

大师言："汝等门人好住，吾留一颂，名《自性见真佛解脱颂》。后代迷，问此颂意，意即见自心自性真佛。与汝此颂，吾共汝别。"颂曰：

真如净性是真佛，邪见三毒是真魔。

邪见之人魔在舍，正见之人佛即过。

性中邪见三毒生，即是魔王来住舍。

正见忽除三毒心，魔变成佛真无假。

化身报身及净身，三身元本是一身。

若向身中觅自见，即是成佛菩提因。

本从化身生净性，净性常在化身中。

性使化身行正道，当来圆满真无穷。

淫性本身净性因，除淫即无净性身。

性中但自离五欲，见性刹那即是真。

今生若悟顿教门，悟即眼前见世尊。

若欲修行求觅佛，不知何处欲觅真。

若能身中自有真，有真即是成佛因。

自不求真外觅佛，去觅总是大痴人。

顿教法者是西流，救度世人须自修。

今保世间学道者，不于此是大悠悠。

从前梵说堕虚空，独有《坛经》说不同。

体用圆明皆宝相，一丁不识却心通。

宋·李昂英《南华寺五首》之三

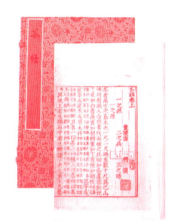

审定者：中国社会科学院　李根蟠

全书总字数：6234

用字量：1481

茶经

50

　　《茶经》，最早的茶叶专著，三卷，唐陆羽撰，成书于唐建中元年（780）。陆羽（约733—约804），字鸿渐，自号竟陵子，又号桑苎翁，复州竟陵（今湖北天门）人。自幼在僧舍长大，后作伶人，和官宦、文人相往还，唐上元初隐居于苕溪，离当时茶产地宜兴极近，爱饮茶，因著是书，遗泽千年，后世尊其为"茶祖"。

　　《茶经》共十章，前四章讲茶的性状起源、制茶工具、造茶方法和产区分布，后六章讲煮茶技艺、要领与规范，兼及历史上有关茶的典故逸闻。中国茶文化由来已久，在此书中也有记载，当陆羽之时，饮茶已经成为社会风尚，陆羽遂提出"精行俭德"，作为茶道内涵。

高频字

之	以	茶	一	者	其	也	州	为	而	人	有	或

△ 一之源

茶者，南方之嘉木也。一尺二尺，乃至数十尺。其巴山峡川有两人合抱者，伐而掇之。其树如瓜芦，叶如栀子，花如白蔷薇，实如栟榈，茎如丁香，根如胡桃。其字或从草，或从木，或草木并。其名一曰茶，二曰槚①，三曰蔎②，四曰茗，五曰荈③。其地：上者生烂石，中者生栎壤，下者生黄土。凡艺而不实，植而罕茂，法如种瓜。三岁可采。野者上，园者次。阳崖阴林：紫者上，绿者次；笋者上，牙者次；叶卷上，叶舒次。阴山坡谷者，不堪采掇，性凝滞，结瘕疾。茶之为用，味至寒，为饮最宜。精行俭德之人，若热渴、凝闷、脑疼、目涩、四支烦、百节不舒，聊四五啜，与醍醐、甘露抗衡也。采不时，造不精，杂以卉莽，饮之成疾。茶为累也，亦犹人参。上者生上党，中者生百济、新罗，下者生高丽。有生泽州、易州、幽州、檀州者，为药无效，况非此者！设服荠苨，使六疾不瘳。知人参为累，则茶累尽矣。

---

① 槚（jiǎ）：茶树。
② 蔎（shè）：茶的别名。
③ 荈（chuǎn）：茶的老叶，粗茶。

△ 二之具

籝，一曰篮，一曰笼，一曰筥。以竹织之，受五升，或一斗、二斗、三斗者，茶人负以采茶也。

灶无用窦者，釜用唇口者。

甑，或木或瓦，匪腰而泥，篮以箪之，篾以系之。始其蒸也，入乎箪，既其熟也，出乎箪。釜涸注于甑中，又以榖木枝三亚者制之，散所蒸牙笋并叶，畏流其膏。

杵臼，一曰碓，惟恒用者佳。

规，一曰模，一曰棬。以铁制之，或圆或方或花。

承，一曰台，一曰砧。以石为之，不然以槐、桑木半埋地中，遣无所摇动。

襜，一曰衣。以油绢或雨衫单服败者为之，以襜置承上，又以规置襜上，以造茶也。茶成，举而易之。

芘莉，一曰赢子，一曰筹筤。以二小竹长三赤，躯二赤五寸，柄五寸，以篾织，方眼如圃，入土罗阔二赤，以列茶也。

棨，一曰锥刀，柄以坚木为之，用穿茶也。

扑，一曰鞭。以竹为之，穿茶以解茶也。

焙，凿地深二尺，阔二尺五寸，长一丈，上作短墙，高二尺，泥之。

贯，削竹为之，长二尺五寸，以贯茶焙之。

棚，一曰栈，以木构于焙上，编木两层，高一尺，以焙茶也。茶之半干升下棚，全干升上棚。

穿，江东淮南剖竹为之，巴川峡山纫榖皮为之。江东以一斤为上穿，半斤为中穿，四两五两为小穿。峡中以一百二十斤为上穿，八十斤为中穿，五十斤为小穿。字旧作钗钏之"钏"，字或作贯串，今则不然。如磨、扇、弹、钻、缝五字，文以平声书之，义以去声呼之，其字以穿名之。

育，以木制之，以竹编之，以纸糊之，中有隔，上有覆，下有床，傍有门，掩一扇，中置一器，贮煻煨火，令熅熅然，江南梅雨时焚之以火。

△ 三之造

凡采茶，在二月三月四月之间。茶之笋者生烂石沃土，长四五寸，若薇蕨始抽，凌露采焉。茶之牙者，发于丛薄之上，有三枝四枝五枝者，选其中枝颖拔者采焉，其日有雨不采，晴有云不采。晴采之，蒸之，捣之，拍之，焙之，穿之，封之，茶之干矣。茶有千万状，卤莽而言，如胡人靴者蹙缩然，犎①牛臆者廉襜②然，浮云出山者轮囷然，轻飚拂水者涵澹然。有如陶家之子罗膏土以水澄泚之。又如新治地者，遇暴雨流潦之所经。此皆茶之精腴。有如竹箨者，枝干坚实，艰于蒸捣，故其形籭簁然；有如霜荷者，至叶凋，沮易其状貌，故厥状委萃然，此皆茶之瘠老者也。自采至于封七经目，自胡靴至于霜荷八等，或以光黑平正言嘉者，斯鉴之下也；以皱黄坳垤言佳者，鉴之次也；若皆言嘉及皆言不嘉者，鉴之上也。何者？出膏者光，含膏者皱，宿制者则黑，日成者则黄，蒸压则平正，纵之则坳垤。此茶与草木叶一也。茶之否臧，存于口诀。

△ 四之器

风炉：风炉以铜铁铸之，如古鼎形，厚三分，缘阔九分，令六分虚中，致其圬墁。凡三足，古文书二十一字。一足云"坎上巽下离于中"，一足云"体均五行去百疾"，一足云"圣唐灭胡明年铸"。其三足之间设

---

① 犎（fēng）：野牛。
② 襜（chān）：衣服整齐貌。

三窗，底一窗，以为通飚漏烬之所。上并古文书六字：一窗之上书"伊公"二字，一窗之上书"羹陆"二字，一窗之上书"氏茶"二字，所谓"伊公羹、陆氏茶"也。置墆㙞于其内，设三格：其一格有翟焉，翟者，火禽也，画一卦曰离；其一格有彪焉，彪者，风兽也，画一卦曰巽；其一格有鱼焉，鱼者，水虫也，画一卦曰坎。巽主风，离主火，坎主水。风能兴火，火能熟水，故备其三卦焉。其饰以连葩、垂蔓、曲水、方文之类。其炉或锻铁为之，或运泥为之，其灰承作三足，铁柈抬之。

筥：筥以竹织之，高一尺二寸，径阔七寸，或用藤作，木楦，如筥形织之，六出，圆眼，其底盖若利篋口铄之。

炭挝：炭挝以铁六棱制之，长一尺，锐上丰中，执细头，系一小镮，以饰挝也。若今之河陇军人木吾也，或作锤，或作斧，随其便也。

火筴：火筴一名箸，若常用者，圆直一尺三寸，顶平截，无葱台勾锁之属，以铁或熟铜制之。

镀：镀以生铁为之，今人有业冶者，所谓急铁。其铁以耕刀之趄炼而铸之，内摸土而外摸沙土。滑于内，易其摩涤；沙涩于外，吸其炎焰。方其耳，以正令也；广其缘，以务远也；长其脐，以守中也。脐长则沸中，沸中则末易扬，末易扬则其味淳也。洪州以瓷为之，莱州以石为之，瓷与石皆雅器也，性非坚实，难可持久。用银为之，至洁，但涉于侈丽。雅则雅矣，洁亦洁矣，若用之恒而卒归于铁也。

交床：交床以十字交之，剜中令虚，以支镀也。

夹：夹以小青竹为之，长一尺二寸，令一寸有节，节已上剖之，以炙茶也。彼竹之篠津润于火，假其香洁以益茶味，恐非林谷间莫之致。或用精铁熟铜之类，取其久也。

纸囊：纸囊以剡藤纸白厚者夹缝之，以贮所炙茶，使不泄其香也。

碾：碾以橘木为之，次以梨、桑、桐柘为之。内圆而外方。内圆备于运行也，外方制其倾危也。内容堕而外无馀木。堕形如车轮，不辐而轴焉。长九寸，阔一寸七分，堕径三寸八分，中厚一寸，边厚半寸，轴中方而执圆。其拂末以鸟羽制之。

鎏金鸿雁流云纹茶碾子

罗、合：罗末以合盖贮之。以则置合中。用巨竹剖而屈之，以纱绢衣之，其合以竹节为之，或屈杉以漆之。高三寸，盖一寸，底二寸，口径四寸。

则：则以海贝、蛎、蛤之属，或以铜铁、竹匕、策之类。则者，量也，准也，度也。凡煮水一升，用末方寸匕。若好薄者减之，嗜浓者增之，故云则也。

水方：水方以椆木、槐、楸、梓等合之，其里并外缝漆之，受一斗。

漉水囊：漉水囊，若常用者。其格以生铜铸之，以备水湿，无有苔秽腥涩。意以熟铜苔秽、铁腥涩也。林栖谷隐者或用之竹木，木与竹非持久涉远之具，故用之生铜。其囊织青竹以卷之，裁碧缣①以缝之，纽翠钿以缀之，又作绿油囊以贮之，圆径五寸，柄一寸五分。

瓢：瓢一曰牺杓，剖瓠为之，或刊木为之。晋舍人杜毓《荈赋》云："酌之以匏。"匏，瓢也，口阔胫薄柄短。永嘉中，馀姚人虞洪入瀑布山采茗，遇一道士云："吾丹丘子，祈子他日瓯牺之馀乞相遗也。"牺，木杓也，今常用以梨木为之。

---

① 缣（jiān）：双丝织成的细绢。

竹筴：竹筴或以桃、柳、蒲、葵木为之，或以柿心木为之，长一尺，银裹两头。

鹾簋：鹾簋以瓷为之，圆径四寸。若合形，或瓶或罍，贮盐花也。其揭竹制，长四寸一分，阔九分。揭，策也。

熟盂：熟盂以贮熟水，或瓷或沙，受二升。

碗：碗，越州上，鼎州次，婺州次；岳州上，寿州、洪州次。或者以邢州处越州上，殊为不然。若邢瓷类银，越瓷类玉，邢不如越一也；若邢瓷类雪，则越瓷类冰，邢不如越二也；邢瓷白而茶色丹，越瓷青而茶色绿，邢不如越三也。晋杜毓《荈赋》所谓器择陶拣，出自东瓯。瓯，越也。瓯，越州上，口唇不卷，底卷而浅，受半升已下。越州瓷、岳瓷皆青，青则益茶。茶作白红之色，邢州瓷白，茶色红；寿州瓷黄，茶色紫；洪州瓷褐，茶色黑：悉不宜茶。

畚：畚以白蒲卷而编之，可贮碗十枚。或用筥，其纸帕，以剡纸夹缝令方，亦十之也。

札：札，缉栟榈皮以茱萸木夹而缚之，或截竹束而管之，若巨笔形。

涤方：涤方以贮涤洗之馀，用楸木合之，制如水方，受八升。

滓方：滓方以集诸滓，制如涤方，处五升。

巾：巾以絁①布为之，长二尺，作二枚，互用之以洁诸器。

具列：具列或作床，或作架，或纯木纯竹而制之，或木法竹黄黑可扃而漆者，长三尺，阔二尺，高六寸，其到者悉敛诸器物，悉以陈列也。

都篮：都篮，以悉设诸器而名之。以竹篾内作三角方眼，外以双篾阔者经之，以单篾纤者缚之，递压双经，作方眼，使玲珑。高一尺五寸，底阔一尺，高二寸，长二尺四寸，阔二尺。

---

① 絁（shī）：一种粗绸。

△ 五之煮

凡炙茶，慎勿于风烬间炙，熛焰如钻，使炎凉不均。持以逼火，屡其翻正，候炮出培塿状虾蟆背，然后去火五寸。卷而舒，则本其始，又炙之。若火干者，以气熟止；日干者，以柔止。其始，若茶之至嫩者，蒸罢热捣，叶烂而牙笋存焉。假以力者，持千钧杵亦不之烂，如漆科珠，壮士接之，不能驻其指。及就，则似无禳骨也。炙之，则其节若倪倪如婴儿之臂耳。既而承热用纸囊贮之，精华之气无所散越，候寒末之。其火，用炭，次用劲薪。其炭，曾经燔炙为膻腻所及，及膏木败器，不用之。古人有劳薪之味，信哉！其水，用山水上，江水中，井水下。其山水，拣乳泉、石池慢流者上；其瀑涌湍漱，勿食之，久食令人有颈疾。又水流于山谷者，澄浸不泄，自火天至霜郊以前，或潜龙蓄毒于其间，饮者可决之以流其恶，使新泉涓涓然酌之。其江水，取去人远者。井取汲多者。其沸如鱼目，微有声为一沸，缘边如涌泉连珠为二沸，腾波鼓浪为三沸，已上水老不可食也。初沸，则水合量，调之以盐味，谓弃其啜馀，无乃䶓䶄而钟其一味乎？第二沸出水一瓢，以竹筴环激汤心，则量末当中心而下，有顷，势若奔涛，溅沫，以所出水止之，而育其华也。凡酌置诸碗，令沫饽均。沫饽，汤之华也。华之薄者曰沫，厚者曰饽，细轻者曰花，如枣花漂漂然于环池之上，又如回潭曲渚青萍之始生，又如晴天爽朗有浮云鳞然。其沫者，若绿钱浮于水湄，又如菊英堕于樽俎之中。饽者，以滓煮之。及沸，则重华累沫，皤皤然若积雪耳。《荈赋》所谓"焕如积雪，烨若春薮"，有之。第一煮水沸，而弃其沫之上有水膜如黑云母，饮之则其味不正。其第一者为隽永，或留熟以贮之，以备育华救沸之用。诸第一与第二、第三碗次之，第四第五碗外，非渴甚莫之饮。凡煮水一升，酌分五碗，乘热连饮之，以重浊凝其下，精英浮其上。如冷则精英随气而竭，饮啜不消亦然矣。茶性俭，不宜广，则其味黯澹。且如一满碗，啜半而味寡，况其广乎！其色缃①也，其馨欤②也。其味甘，槚也；不甘而苦，荈也；啜苦咽甘，茶也。

六之饮

翼而飞，毛而走，呿而言，此三者俱生于天地间。饮啄以活，饮之时义远矣哉。至若救渴，饮之以浆；蠲忧忿，饮之以酒；荡昏寐，饮之以茶。茶之为饮，发乎神农氏，闻于鲁周公。齐有晏婴，汉有扬雄、司马相如，吴有韦曜，晋有刘琨、张载远、祖纳、谢安、左思之徒，皆饮焉。滂时浸俗，盛于国朝，两都并荆俞间，以为比屋之饮。饮有粗茶、散茶、末茶、饼茶者，乃斫，乃熬，乃炀，乃春，贮于瓶缶之中。以汤沃焉，谓之痷茶。或用葱、姜、枣、橘皮、茱萸、薄荷之等，煮之百沸，或扬令滑，或煮去沫，斯沟渠间弃水耳，而习俗不已。於戏！天育万物皆有至妙，人之所工，但猎浅易。所庇者屋，屋精极，所着者衣，衣精极，所饱者饮食，食与酒皆精极之。茶有九难：一曰造，二曰别，三曰器，四曰火，五曰水，六曰炙，七曰末，八曰煮，九曰饮。阴采夜焙，非造也，嚼味嗅香，非别也，膻鼎腥瓯，非器也，膏薪庖炭，非火也，飞湍壅潦，非水也，外熟内生非炙也，碧粉缥尘，非末也，操艰搅遽，非煮也，夏兴冬废，非饮也。夫珍鲜馥烈者，其碗数三；次之者，碗数五。若坐客数至五，行三碗；至七，行五碗；若六人已下，不约碗数，但阙一人而已，其隽永补所阙人。

---

① 缃（xiāng）：浅黄色的帛。代指浅黄色。
② 欤（shǐ）：同"釃"。酒气酷烈。

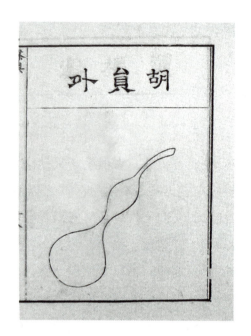

漪澜堂下水长流，暮暮朝朝客未休。

纵有茶经无陆羽，空教煎白老僧头。

明·邵宝《惠山杂歌六首》之四

乐府杂录

51

审定者：：广州大学 吴相洲

全书总字数：：6522

用字量：：1381

乐府者，秦汉所立掌管音乐之机构也，后常用来作宫廷音乐机构的代称，唐教坊、梨园皆可概言在乐府之内。

《乐府杂录》又名《琵琶记》，乃唐人段安节为补《教坊记》之不足所著，一卷。段安节，生平事迹不详，从《乐府杂录》中知其曾做过朝议大夫，晚唐人，系唐初名将段文昌之孙、《酉阳杂俎》作者段成式之子，善乐律，能自度曲。

《乐府杂录》是研究唐代音乐文化的专门资料。书中所记雅乐部、云韶乐、清乐部、鼓吹部、驱傩、熊罴部、鼓架部、龟兹部等制度与两《唐书》礼乐志有异，可考知唐代乐制之变化；所记开元以后乐部、歌舞、杂戏、乐器、乐曲、乐律、宫调，兼及一些歌舞艺人小传，可了解唐代乐舞之风貌。该书曾被《唐书》《文献通考》《乐府诗集》多所采纳。后世以书中记琵琶一节抽出单行，题为《琵琶录》。

高频字

| 有 | 乐 | 之 | 其 | 也 | 中 | 调 | 一 | 即 | 曲 | 以 |

△ 雅乐部

宫悬四面，天子乐也；轩悬三面，诸侯乐也；判悬二面，大夫乐也；特悬一面，士乐也。宫悬四面，每面五架。架即簨虡也，其上安金铜仰阳，以鹭鸶孔雀羽装之；两面缀以流苏，以彩翠丝绦为之也。十二律上钟九乳，依月排之。每面石磬及编钟各一架，每架列钟十二所，亦依律编之。四角安鼓四座：一曰应鼓〔四旁有两小鼓为鞞鼓也〕，二曰腰鼓，三曰警鼓，四曰雷鼓；皆彩画，上各安宝轮，以珠翠妆之。乐即有箫、笙、竽、埙、篪、籥、跋膝、琴、瑟、筑。将竽形似小钟，以手将之即鸣也。次有登歌。皆奏法曲：御殿，即奏《凯安》《广平》《雍熙》三曲；宴群臣，即奏《四牡》《皇华》①《鹿鸣》三曲。近代内宴，即全不用法乐也。郊天及诸坛祭祀，即奏《太和》《冲和》《舒和》三曲。凡奏曲，登歌先引，诸乐逐之。其乐工皆戴平帻，衣绯大袖，每色十二，在乐悬内。已上谓之"坐部伎"。《八佾舞》则六十四人，文武各半，皆著画帻，俱在乐悬之北。文舞居东，手执翟，状如凤毛；武舞居西，手执戚。文衣长大，武衣短小。其钟师及磬师、登歌、《八佾舞》并诸色舞，通谓之"立部伎"。柷②、敔③、乐悬既陈，太常卿押乐在乐悬之北面。太乐令、鼓吹令俱在

---

① "四牡皇华"四字原缺，据《四库》本补。
② 柷（zhù）：木质打击乐器。
③ 敔（yù）：又名楬，乐器。雅乐将终，击以止乐。

太常卿之后，太乐在东，鼓吹居西。协律郎二人，皆执翚①竿，亦用彩翠妆之，一人在殿上。翚竿倒，殿下亦倒，遂奏乐。协律郎皆绿衣大袖，戴冠。

云韶乐

用玉磬四架。乐即有琴、瑟、筑、箫、篪、箫、跋膝、笙、竽、登歌、拍板、乐分堂上、堂下。登歌四人，在堂下坐。舞童五人，衣绣衣，各执金莲花引舞者。金莲，如仙家行道者也。舞在阶下，设锦筵。宫中有云韶院。

清乐部

乐即有琴、瑟、云和筝——其头像云——笙、竽、筝、箫、方响、篪、跋膝、拍板。戏即有弄贾大猎儿也。

鼓吹部

即有卤簿、钲、鼓及角。乐用弦鼗、筋、箫。又即用哀筋，以羊角为管，芦为头也。警鼓二人，执朱幡引乐，衣文，戴冠。已上乐人皆骑马，乐即谓之"骑吹"。俗乐亦有骑吹也。天子卤簿用"大全仗"，鼓一百二十面，金钲七十面。郊天谒庙吉礼，即衣云花黄衣，鼓四，钲二；下山陵凶礼，即衣云花白衣，鼓二，钲二。下册太后、皇后及太子，用鼓七十面，金钲四十面，谓之"小全仗"。公主出降及册三公并祔庙礼葬，并用"大半仗"，鼓四十面，钲二十面。诸侯用"小半仗。"鼓三十面，钲十四

---

① 翚（huī）：文采貌。青质五彩皆备而成文章者，翚也。

面，吉凶如上。自太子已下，册礼及葬祔庙，并无警鼓。

△ 驱 傩

用方相四人，戴冠及面具，黄金为四目，衣熊裘，执戈，扬盾，口作"傩、傩"之声，以除逐也。右十二人，皆朱发，衣白□画衣。各执麻鞭，辫麻为之，长数尺，振之声甚厉。乃呼神名，其有甲作，食殃[①]者；胇胃，食虎者；腾简，食不祥者；揽诸，食咎者；祖明、强梁，共食磔死寄生者；腾根，食蛊者等。侲子五百，小儿为之，衣朱褶、素襦，戴面具，以晦日于紫宸殿前傩，张宫悬乐。太常卿及少卿押乐正到西阁门，丞并太乐署令、鼓吹署令、协律郎并押乐在殿前。事前十日，太常卿并诸官于本寺先阅傩，并遍阅诸乐。其日，大宴三五署官，其朝寮家皆上棚观之，百姓亦入看，颇谓壮观也。太常卿上此。岁除前一日，于右金吾龙尾道下重阅，即不用乐也。御楼时，于金鸡竿下打赦鼓一面，钲一面，以五十人，唱色十下，鼓一下，钲以千下。

△ 熊罴部

其熊罴者有十二，皆有木雕之，悉高丈馀，其上安版床，复施宝幰，皆金彩装之，于其上奏雅乐。含元殿方奏此乐也，奏唐《十二时》《万宇清》《月重轮》三曲。亦谓之"十二案"。

△ 鼓架部

乐有笛、拍板、答鼓，即腰鼓也，两杖鼓。戏有《代面》，始自北齐

---

① 殃（xiōng）：同"凶"。《说文》：恶也。象地穿交陷其中。

神武弟，有胆勇，善斗战，以其颜貌无威，每入阵即著面具，后乃百战百胜。戏者衣紫，腰金，执鞭也。《钵头》，昔有人父为虎所伤，遂上山寻其父尸。山有八折，故曲八叠。戏者被发，素衣，面作啼，盖遭丧之状也。《苏中郎》，后周士人苏葩，嗜酒落魄，自号"中郎"，每有歌场，辄入独舞。今为戏者，著绯，戴帽；面正赤，盖状其醉也。即有《踏摇娘》《羊头浑脱》《九头狮子》，弄《白马益钱》，以至寻橦、跳丸、吐火、吞刀、旋槃、筋斗，悉属此部。

△ 龟兹部

乐有觱篥、笛、拍板、四色鼓、揩羯鼓、鸡楼鼓。戏有五方狮子，高丈馀，各衣五色。每一狮子有十二人，戴红抹额，衣画衣，执红拂子，谓之"狮子郎"，舞《太平乐》曲。《破阵乐》曲亦属此部，秦王所制，舞人皆衣画甲，执旗旆；外藩镇春冬犒军亦舞此曲，兼马军引入场，尤甚壮观也。《万斯年》曲，是朱崖李太尉进此曲名，即《天仙子》是也。

△ 胡　部

乐有琵琶、五弦、筝、箜篌、觱篥、笛、方响、拍板。合曲时，亦击小鼓、钹子。合曲后立唱歌，凉府所进，本在正宫调，大遍、小遍，至贞元初，康昆仑翻入琵琶玉宸宫调。初进曲在玉宸殿，故有此名。合诸乐，即黄钟宫调也。《奉圣乐曲》，是韦南康镇蜀时南诏所进，在宫调，亦舞伎六十四人，遇内宴，即于殿前立奏乐，更番替换；若宫中宴，即坐奏乐。俗乐亦有坐部、立部也。

歌

歌者，乐之声也，故丝不如竹，竹不如肉，迥居诸乐之上。古之能者，即有韩娥、李延年、莫愁。〔莫愁者，女子也。乐府诗云："莫愁在何处？住在石城西。艇子打两桨，催送莫愁来。"〕善歌者必先调其气。氤氲自脐间出，至喉乃噫其词，即分抗坠之音。既得其术，即可致遏云响谷之妙也。明皇朝有韦青，本是士人，尝有诗："三代主纶诰，一身能唱歌。"青官至金吾将军。开元中，内人有许和子者，本吉州永新县乐家女也，开元末选入宫，即以永新名之，籍于宜春院。既美且慧，善歌，能变新声。韩娥、李延年殁后千馀载，旷无其人，至永新始继其能。遇高秋朗月，台殿清虚，喉啭一声，响传九陌。明皇尝独召李谟吹笛逐其歌，曲终管裂，其妙如此。又一日，赐大酺①于勤政楼，观者数千万众，喧哗聚语，莫得闻鱼龙百戏之音。上怒，欲罢宴。中官高力士奏请："命永新出楼歌一曲，必可止喧。"上从之。永新乃撩鬓举袂，直奏曼声，至是广场寂寂，若无一人；喜者闻之气勇，愁者闻之肠绝。泊渔阳之乱，六宫星散，永新为一士人所得。韦青避地广陵，因月夜凭阑于小河之上，忽闻舟中奏水调者，曰："此永新歌也。"乃登舟与永新对泣久之。青始亦晦其事。后士人卒，与其母之京师，竟殁于风尘。及卒，谓其母曰："阿母钱树子倒矣！"

大历中有才人张红红者，本与其父歌于衢路丐食。过将军韦青所居〔在昭国坊南门里〕，青于街牖中闻其歌者喉音寥亮，仍有美色，即纳为姬。其父舍于后户，优给之。乃自传其艺，颖悟绝伦。尝有乐工自撰一曲，即古曲《长命西河女》也，加减其节奏，颇有新声。未进闻，先印可于青，青潜令红红于屏风后听之。红红乃以小豆数合，记其节拍。乐工歌罢，青因入问红红如何，云："已得矣。"青出，绐云："某有女弟子，久曾歌

---

① 酺（pú）：聚饮会餐。

此，非新曲也。"即令隔屏风歌之，一声不失，乐工大惊异，遂请相见，叹伏不已。再云："此曲先有一声不稳，今已正矣。"寻达上听。翌日，召入宜春院，宠泽隆异，宫中号"记曲娘子"，寻为才人。一日，内史奏韦青卒，上告红，红乃于上前呜咽奏云："妾本风尘丐者，一旦老父死，有所归，致身入内，皆自韦青，妾不忍忘其恩。"乃一恸而绝。上嘉叹之，即赠昭仪也。贞元中有田顺郎，曾为宫中御史娘子。元和、长庆以来，有李贞信、米嘉荣、何戡、陈意奴。武宗已降，有陈幼寄、南不嫌、罗宠。咸通中有陈彦晖。

⚠ 舞　工

舞者，乐之容也，有大垂手、小垂手，或如惊鸿，或如飞燕。婆娑，舞态也；蔓延，舞缀也。古之能者，不可胜记。即有健舞、软舞、字舞、花舞、马舞。健舞曲有《棱大》《阿连》《柘枝》《剑器》《胡旋》《胡腾》，软舞曲有《凉州》《绿腰》《苏合香》《屈柘》《团圆旋》《甘州》等〔字舞，以舞人亚身于地，布成字也。花舞，著绿衣，偃身合成花字也。马舞者，栉马人著彩衣，执鞭，于床上舞蹀躞，蹄皆应节奏也。开元中有公孙大娘善舞剑器，僧怀素见之，草书遂长，盖准其顿挫之势也〕。

⚠ 俳　优

开元中，黄幡绰、张野狐弄参军。始自后汉馆陶令石耽，耽有赃犯，和帝惜其才，免罪。每宴乐，即令衣白夹衫，命优伶戏弄辱之，经年乃放。后为参军，误也。开元中有李仙鹤善此戏，明皇特授韶州同正参军，以食其禄，是以陆鸿渐撰词云"韶州参军"，盖由此也。武宗朝有曹叔度、刘泉水，咸通以来，即有范传康、上官唐卿、吕敬迁等三人。弄假妇人，大中以来有孙乾、刘璃瓶，近有郭外春、孙有熊。僖宗幸蜀时，戏中有刘真者，尤能，后乃随驾入京，籍于教坊。弄婆罗，大中初有康乃、李百魁、石宝山。大别有夷部乐，即有扶南、高丽、高昌、骠国、龟兹、康国、疏勒、西凉、安国；乐即有单龟头鼓及筝、蛇皮琵琶，盖以蛇皮为槽，厚一寸馀，鳞介具焉，亦以楸木为面，其捍拨以象牙为之，画其国王骑象，极精妙也。凤头箜篌、卧箜篌，其工颇奇巧。三头鼓、铁拍板、葫芦笙；舞有骨鹿舞、胡旋舞，俱于小圆球子上舞，纵横胜踏，两足终不离于球子上，其妙如此也。

△ 琵 琶

始自乌孙公主造，马上弹之。有直项者，曲项者，曲项盖使于急关也。古曲有《陌上桑》。范晔、石苞、谢奕；皆善此乐也。开元中有贺怀智，其乐器以石为槽，鹍鸡①筋作弦，用铁拨弹之。贞元中有康昆仑，第一手。始遇长安大旱，诏移两市祈雨。及至天门街，市人广较胜负。及斗声乐，即街东有康昆仑琵琶最上，必谓街西无以敌也。遂请昆仑登彩楼，弹一曲新翻羽调《录要》〔即《绿腰》是也，本自乐工进曲，上令录出要者，因以为名。自后来误言《绿腰》也〕。其街西亦建一楼，东市大诮之。及昆仑度曲，西市楼上出一女郎，抱乐器，先云："我亦弹此曲，兼移在枫香调中。"及下拨，声如雷，其妙入神。昆仑即惊骇，乃拜请为师。女郎遂更衣出见，乃僧也。盖西市豪族，厚赂庄严寺僧善本〔姓段〕，以定东廓之声。翊日，德宗召入，令陈本艺，异常嘉奖，乃令教授昆仑。段奏曰："且请昆仑弹一调。"及弹，师曰："本领何杂？兼带邪声。"昆仑惊曰："段师神人也。臣少年，初学艺时，偶于邻舍女巫授一品弦调，后乃易数师。段师精鉴如此玄妙也！"段奏曰："且遣昆仑不近乐器十馀年，使忘其本领，然后可教。"诏许之。后果尽段之艺。

---

① 鹍鸡（kūn jī）：鸟名。

贞元中有王芬、曹保保，其子善才其孙曹纲皆袭所艺。次有裴兴奴，与纲同时。曹纲善运拨，若风雨，而不事扣弦，兴奴长于拢撚，不拨稍软。时人谓："曹纲有右手，兴奴有左手。"武宗初，朱崖李太尉有乐吏廉郊者，师于曹纲，尽纲之能。纲尝谓侪流曰："教授人亦多矣，未曾有此性灵弟子也。"郊尝宿平泉别墅，值风清月朗，携琵琶于池上弹蕤宾调，忽闻芰荷间有物跳跃之声，必谓是鱼；及弹别调，即无所闻；复弹旧调，依旧有声。遂加意朗弹，忽有一物锵然跃出池岸之上。视之，乃一片方响，盖蕤宾铁也。以指拨精妙，律吕相应也。

某门中有乐史杨志，善琵琶。其姑尤更妙绝。姑本宣徽弟子，后放出宫，于永穆观中住。自惜其艺，常畏人闻，每至夜方弹。杨志恳求教授，坚不允，且曰："吾誓死不传于人也。"志乃赂其观主，求寄宿于观，窃听其姑弹弄，仍系脂鞓①带，以手画带，记其节奏，遂得一两曲调。明日，携乐器诣姑弹之，姑大惊异，志即告其事，姑意乃回，尽传其能矣。

文宗朝，有内人郑中丞，善胡琴〔中丞，即官人之官也〕。内库有二琵琶，号大、小忽雷。郑尝弹小忽雷，偶以匙头脱，送崇仁坊南赵家修理。大约造乐器悉在此坊，其中二赵家最妙。时有权相旧吏梁厚本，有别墅在昭应县之西，正临河岸。垂钩之际，忽见一物浮过，长五六尺许，上以锦绮缠之。令家僮接得就岸，即秘器也。及发棺视之，乃一女郎，妆饰俨然，以罗领巾系其颈。解其领巾，伺之，口鼻有馀息，即移入室中，将养经旬，乃能言，云："是内弟子郑中丞也，昨以忤旨，命内官缢杀，投于河中。锦绮，即弟子相赠尔。"遂垂泣感谢，厚本即纳为妻。因言其艺，及言所弹琵琶，今在南赵家。寻值训、注之乱，人莫有知者，厚本赂乐匠赎②得之。每至夜分，方敢轻弹。后遇良辰，饮于花下，酒酣，不觉朗弹数曲。洎有黄门放鹞子过其门，私于墙外听之，曰："此郑中丞琵琶声也。"翊

---

① 鞓（tīng）：腰带。
② 赎：《说郛》本作"购"。

日，达上听。文宗方追悔，至是惊喜，即命宣召；乃赦厚本罪，仍加锡赐焉。咸通中，即有米和〔即嘉荣子也〕申旋，尤妙。后有王连儿也。

△ 筝

筝者，蒙恬所造也。元和至太和中，李青青及龙佐，大中以来，有常述本，亦妙手也。史从、李从周，皆能者也。从周，即青孙，亚其父之艺也。

△ 箜篌

箜篌乃郑、卫之音，权舆也；以其亡国之音，故号"空国之侯"，亦曰"坎侯"。古乐府有《公无渡河》之曲：昔有白首翁，溺于河，歌以哀之；其妻丽玉善箜篌，撰此曲，以寄哀情。咸通中第一部有张小子，忘其名，弹弄冠于今古，今在西蜀。太和中有季齐皋者，亦为上手，曾为某门中乐史，后有女，亦善此伎，为先徐相姬。大中末，齐皋尚在，有内官拟引入教坊，辞以衰老，乃止。胡部中此乐妙绝。教坊虽有三十人，能者一两人而已。

△ 笙

笙者，女娲造也。仙人王子晋于缑氏山月下吹之。象凤翼，亦名"参差"。自古能者固多矣。太和中有尉迟章，尤妙。宣宗已降，有范汉恭有子名宝师，尽传父艺，今在陕州。

△ 笛

　　笛者，羌乐也。古有《落梅花》曲。开元中有李谟，独步于当时，后禄山乱，流落江东。越州刺史皇甫政月夜泛镜湖，命谟吹笛，谟为之尽妙。倏有一老父泛小舟来听，风骨冷秀，政异之，进而问焉。老父曰："某少善此，令闻至音，辄来听耳。"政即以谟笛授之。老父始奏一声，镜湖波浪摇动；数叠之后，笛遂中裂。即探怀中一笛，以毕其曲。政视舟下，见二龙翼舟而听。老父曲终，以笛付谟，谟吹之，竟不能声，即拜谢以求其法。顷刻，老父入小舟，遂失所在。

△ 觱 篥

　　觱①篥者，本龟兹国乐也，亦曰"悲栗"，有类于笳。德宗朝有尉迟青，官至将军。大历中，幽州有王麻奴者，善此伎，河北推为第一手；恃其艺倨傲自负，戎帅外莫敢轻易请者。时有从事姓卢，不记名，台拜入京，临岐把酒，请吹一曲相送。麻奴偃蹇，大以为不可。从事怒曰："汝艺亦不足称，殊不知上国有尉迟将军，冠绝今古。"麻奴怒曰："某此艺，海内岂有及者耶？今即往彼，定其优劣。"不数月，到京，访尉迟青所居在常乐坊，乃侧近僦居，日夕加意吹之。尉迟每经其门，如不闻。麻奴不平，乃求谒见；阍者不纳，厚赂之，方得见通。青即席地令坐，因于高般涉调中吹一曲《勒部羝曲》，曲终，汗洽其背。尉迟颔颐而已，谓曰："何必高般涉调也？"即自取银字管，于平般涉调吹之。麻奴涕泣愧谢，曰："边鄙微人，偶学此艺，实谓无敌；今日幸闻天乐，方悟前非。"乃碎乐器，自是不复言音律也。元和、长庆中有黄日迁、刘楚材、尚陆陆，

----

　　①　觱：音 bì。

皆能者。大中以来，有史敬约，在汴州。

△ 五 弦

贞元中，有赵璧者，妙于此伎也。白傅《讽谏》有《五弦弹》，近有冯季皋。

△ 方 响

咸通中，有调音律官吴缤，为鼓吹署丞，善打方响，其妙超群，本朱崖李太尉家乐人也。

△ 击 瓯①

武宗朝，郭道源后为凤翔府天兴县丞，充太常寺调音律官，善击瓯，率以邢瓯越瓯共十二只，旋加减水于其中，以箸击之，其音妙于方响也。咸通中有吴缤，洞晓音律，亦为鼓吹署丞，充调音律官，善于击瓯。击瓯，盖出于击缶。

△ 琴

古者，能士固多矣。贞元中，成都雷生善斫琴，至今尚有孙息，不坠其业，精妙天下无比也。弹者亦众焉。太和中有贺若夷尤能，后为待诏，对文宗弹一调，上嘉赏之，仍赐朱衣，至今为《赐绯调》。后有甘党，亦为上手。

---

① 击瓯（ōu）：《古今说海》《说郛》本均作"方响"。瓯，陶制的打击乐器。

⚠ 阮 咸

大中初，有待诏张隐耸者，其妙绝伦。蜀郡亦多能者。

⚠ 羯 鼓

明皇好此伎。有汝阳王花奴，尤善击鼓。花奴时戴砑绢帽子，上安葵花数曲，曲终花不落，盖能定头项尔。黔帅南卓著《羯鼓录》，中具述其事。咸通中有王文举，尤妙。弄三杖打撩，万不失一，懿皇师之。

⚠ 鼓

其声坎坎然，其众乐之节奏也。祢衡常衣彩衣击鼓，其妙入神。武宗朝，赵长史尤精。

⚠ 拍 板

柏板本无谱。明皇遣黄幡绰造谱，乃于纸上画两耳以进。上问其故，对："但有耳道，则无失节奏也。"韩文公因为乐句。

⚠ 安公子

隋炀帝游江都时，有乐工笛中吹之。其父老废，于卧内闻之，问曰："何得此曲子？"对曰："宫中新翻也。"父乃谓其子曰："宫为君，商为臣，此曲宫声往而不返，大驾东巡，必不回矣。汝可托疾勿去也。"精鉴如此。

黄骢叠〔急曲子〕

太宗定中原时所乘战马也。后征辽，马毙，上叹惜，乃命乐工撰此曲。

离别难

天后朝，有士人陷冤狱，籍没家族。其妻配入掖庭，本初善吹觱篥，乃撰此曲以寄哀情。始名《大郎神》，盖取良人行第也。既畏人知，遂三易其名，亦名《悲切子》，终号《怨回鹘》。

夜半乐

明皇自潞州入平内难，正夜半，斩长乐门关，领兵入宫翦逆人，后撰此曲。

雨霖铃

《雨淋铃》者，因唐明皇驾回至骆谷，闻雨淋銮铃，因令张野狐撰为曲名。

还京乐

明皇自西蜀返，乐人张野狐所制。

△ 康老子

康老子者，本长安富家子，酷好声乐，落魄不事生计，常与国乐游处。一旦家产荡尽，因诣西廊，遇一老妪，持旧锦褥货鬻，乃以半千获之。寻有波斯见，大惊，谓康曰："何处得此至宝？此是冰蚕丝所织，若暑月陈于座，可致一室清凉。"即酬价千万。康得之，还与国乐追欢，不经年复尽，寻卒。后乐人嗟惜之，遂制此曲，亦名《得至宝》。

△ 得宝子

《得宝歌》，一曰《得宝子》，又曰《得鞛①子》。明皇初纳太真妃，喜谓后宫曰："朕得杨氏，如得至宝也。"遂制曲，名《得宝子》。

△ 文叙子

长庆中，俗讲僧文叙善吟经，其声宛畅，感动里人。乐工黄米饭依其念四声"观世音菩萨"，乃撰此曲。

△ 望江南

始自朱崖李太尉镇浙西日，为亡妓谢秋娘所撰。本名《谢秋娘》，后改此名。亦曰《梦江南》。

---

① 鞛（běng）：同"琫"，佩刀鞘口上的装饰。

△ 杨柳枝

白傅闲居洛邑时作。后入教坊。

△ 新倾杯乐

宣宗喜吹芦管，自制此曲，内有数拍不均，上初捻管，令俳儿辛骨骶①拍，不中，上瞋目瞠视之，骨骶忧惧，一夕而殒。

△ 道调子

懿皇命乐工敬约吹觱篥，初弄道调，上谓"是曲误拍之"，敬约乃随拍撰成曲子。

△ 傀儡子

自昔传云："起于汉祖，在平城，为冒顿所围，其城一面即冒顿妻阏氏，兵强于三面。垒中绝食。陈平访知阏氏妒忌，即造木偶人，运机关，舞于陴②间。阏氏望见，谓是生人，虑下其城，冒顿必纳妓女，遂退军。史家但云陈平以秘计免，盖鄙其策下尔。"后乐家翻为戏。其引歌舞有郭郎者，发正秃，善优笑，闾里呼为郭郎，凡戏场必在俳儿之首也。

---

① 骨骶（chū）：成疙瘩状的坚质物。
② 陴（pí）：城墙上的女墙，借指城墙。

⚠ 别乐识五音轮二十八调图

舜时调八音，用金、石、丝、竹、匏、土、革、木，计用八百般乐器。至周时，改用宫、商、角、徵、羽，用制五音，减乐器至五百般。至唐朝，又减乐器至三百般。太宗朝，三百般乐器内挑丝、竹为胡部，用宫、商、角、羽，并分平、上、去、入四声。其徵音有其声，无其调。

⚠ 平声羽七调

第一运中吕调，第二运正平调，第三运高平调，第四运仙吕调，第五运黄钟调，第六运般涉调，第七运高般涉调〔虽去中吕调，六运如车轮转，却去中吕一运声也〕。

⚠ 上声角七调

第一运越角调，第二运大石角调，第三运高大石角调，第四运双角调，第五运小石角调，亦名正角调，第六运歇指角调，第七运林钟角调。

⚠ 去声宫七调

第一运正宫调，第二运高宫调，第三运中吕宫，第四运道调宫，第五运南吕宫，第六运仙吕宫，第七运黄钟宫。

⚠ 入声商七调

第一运越调，第二运大石调，第三运高大石调，第四运双调，第五运小石调，第六运歇指调，第七运林钟商调。

◇ 上平声调

为徵声，商角同用，宫逐羽音。

右件二十八调。琵琶八十四调方得是。五弦五本，共应二十八调本。笙除二十八调本外，别有二十八调中管调。初制胡部乐，无方响，只有丝竹，缘方响有直拔声，不应诸调。太宗于内库别收一片铁方响，下于中吕调头一运，声名大吕，应高般涉调头，方得应二十八调。筝只有宫、商、角、羽四调，临时移柱，应二十八调。

乐具库在望仙门内之东壁。俗乐，古都属乐园新院，院在太常寺内之西北也，开元中始别署左右教坊，上都在延政里，东都在明义里，以内官掌之。至元和中，只署一所，又于上都广化里、太平里，兼各署乐官院一所。

古乐工都计五千馀人，内一千五百人俗乐，系梨园新院于此，旋抽入教坊。计司每月请料，于乐寺给散。太乐署在寺院之东，令一，丞一；鼓吹署在寺门之西，令一，丞一。

盖茂倩书备载古题之目，灼书上溯宋词之源，而此书所列，则当时被之管弦者，详略不同，职是故也。
《四库全书总目题要》卷一百十三《乐府杂录》

审定者：四川大学　祝尚书

全书总字数：2701

用字量：643

洛阳牡丹记

52

《洛阳牡丹记》，一卷，欧阳修撰，作于景祐元年（1034），《欧阳文忠公全集》有著录。欧阳修，字永叔，自号醉翁，晚年又号"六一居士"，吉州庐陵人，文学家，史学家，北宋诗文革新运动之领袖，在散文、诗、词方面皆卓有成就。

全书分三篇：一曰花品叙，列举名重牡丹二十四种，并讨论了洛阳牡丹名重天下之缘由；二曰释花名，阐释花名的来历；三曰风俗记，首述游宴所见和贡花，次记洛阳赏花、种花、浇花、养花、医花之风习。欧阳公谓"洛阳之俗，大抵好花"，唐诗中也多见"洛阳花"，李商隐有"缘忧武昌柳，遂忆洛阳花"之句（《病中问东公乐营置酒口占寄上》）。以欧阳公之笔，写洛阳牡丹，乃牡丹之幸也；以牡丹之国色，装点欧阳公之书册，亦其幸也，两者相得益彰，文字优美，风格古雅，墨香与花香并逸。何不一睹为快？

高频字

花	之	者	其	叶	不	红	一	以	有	洛	而

△ 花品叙第一

牡丹出丹州、延州，东出青州，南亦出越州。而出洛阳者，今为天下第一。洛阳所谓丹州花、延州红、青州红者，皆彼土之尤杰者。然来洛阳，才得备众花之一种，列第不出三已下，不能独立与洛花敌。而越之花以远罕识，不见齿，然虽越人亦不敢自誉以与洛花争高下。是洛阳者，是天下之第一也。洛阳亦有黄芍药、绯桃、瑞莲、千叶李、红郁李之类，皆不减他出者。而洛阳人不甚惜，谓之果子花，曰某花〔云云〕，至牡丹则不名，直曰花。其意谓天下真花独牡丹，其名之著，不假曰牡丹而可知也。其爱重之如此。

说者多言洛阳于三河间古善地，昔周公以尺寸考日出没，测知寒暑风雨乖与顺于此。此盖天地之中，草木之华得中气之和者多，故独与他方异。予甚以为不然。夫洛阳于周所有之土，四方入

国色天香图

贡，道里均，乃九州之中。在天地昆仑旁礴之间，未必中也！又况天地之和气，宜遍四方上下，不宜限其中以自私。夫中与和者，有常之气，其推于物也，亦宜为有常之形。物之常者，不甚美，亦不甚恶。及元气之病也，美恶隔并而不相和入。故物有极美与极恶者，皆得于气之偏也。花之钟其美，与夫瘿木拥肿之钟其恶，丑好虽异，而得一气之偏病则均。洛阳城围数十里，而诸县之花莫及城中者，出其境则不可植焉。岂又偏气之美者，独聚此数十里之地乎？此又天地之大，不可考也已。凡物不常有而为害乎人者曰灾，不常有而徒可怪骇不为害者曰妖。语曰："天反时为灾，地反物为妖。"此亦草木之妖而万物之一怪也。然比夫瘿木拥肿者，窃独钟其美而见幸于人焉。余在洛阳四见春：天圣九年三月始至洛，其至也晚，见其晚者；明年，会与友人梅圣俞游嵩山少室缑氏岭、石唐山紫云洞，既还不及见；又明年，有悼亡之戚，不暇见；又明年，以留守推官，岁满解去，只见其蚤者，是未尝见其极盛时。然目之所瞩，已不胜其丽焉。余居府中时，尝谒钱思公于双桂楼下，见一小屏立坐后，细书字满其上。思公指之曰："欲作花品，此是牡丹名，凡九十馀种。"余时不暇读之。然余所经见，而今人多称者才三十许种，不知思公何从而得之多也？计其馀虽有名而不著，未必佳也。故今所录，但取其特著者而次第之：

姚黄　魏花　细叶寿女　鞓红〔亦曰青州红〕　牛家黄　潜溪绯

左花　献来红　叶底紫　鹤翎红　添色红　倒晕檀心

朱砂红　九蕊真珠　延州红　多叶紫　粗叶寿安　丹州红

莲花萼　一百五　鹿胎花　甘草黄　一撇红　玉板白

花释名第二

牡丹之名，或以氏，或以州，或以地，或以色，或旌其所异者而志之。姚黄、左花、魏花，以姓著；青州、丹州、延州红，以州著；细叶、粗叶寿安、潜溪绯，以地著；一撒①红、鹤翎红、朱砂红、玉板白、多叶紫、甘草黄，以色著；献来红、添色红、九蕊真珠、鹿胎花、倒晕檀心、莲花萼、一百五、叶底紫，皆志其异者。

姚黄者，千叶黄花，出于民姚氏家。此花之出，于今未十年，姚氏居白司马坡，其地属河阳。然花不传河阳传洛阳，亦不甚多，一岁不过数朵。

牛黄亦千叶，出于民牛氏家。比姚黄差小。

真宗祀汾阴，还过洛阳，留宴淑景亭，牛氏献此花，名遂著。

甘草黄，单叶，色如甘草。洛人善别花，见其树知为某花。云独姚黄易识，其叶嚼之不腥。

魏家花者，千叶肉红花，出于魏相〔仁溥〕家。始樵者于寿安山中见之，斫以卖魏氏。魏氏池馆甚大，传者云：此花初出时，人有欲阅者，人税十数钱，乃得登舟渡池至花所，魏氏日收十数缗。其后破亡，鬻其园，今普明寺后林池乃其地，寺僧耕之以植桑麦。花传民家甚多，人有数其叶者，云至七百叶。钱思公尝曰："人谓牡丹花王，今姚黄真可为王，而魏花乃后也。"

鞓红者，单叶深红花，出青州，亦曰青州红。故张仆射〔齐贤〕有第西京贤相坊，自青州以骓驼驮其种，遂传洛中，其色类腰带鞓，谓之鞓红。

献来红者，大，多叶浅红花。张仆射罢相居洛阳，人有献此花者，因曰献来红。

添色红者，多叶花，始开而白，经日渐红，至其落乃类深红。此造化之尤巧者。

鹤翎红者，多叶花，其末白而本肉红，如鸿鹄羽色。

细叶、粗叶寿安者，皆千叶肉红花，出寿安县锦屏山中，细叶者

---

① 撒（yè）：同"厴"，用手指按压。

尤佳。

倒晕檀心者，多叶红花。凡花近萼色深，至其末渐浅。此花自外深色，近萼反浅白，而深檀点其心，此尤可爱。

一撒红者，多叶浅红花，叶杪深红一点，如人以三指撒之。

九蕊真珠红者，千叶红花，叶上有一白点如珠，而叶密，蹙其蕊为九丛①。

一百五者，多叶白花。洛阳以谷雨为开候，而此花常至一百五日开，最先。

丹州、延州花者，皆千叶红花。不知其至洛之因。

莲花萼者，多叶红花，青跗三重，如莲花萼。

左花者，千叶紫花，叶密而齐如截，亦谓之平头紫。

朱砂红者，多叶红花，不知其所出。有民门氏子者，善接花以为生，买地于崇德寺前治花圃，有此花。洛阳豪家尚未有，故其名未甚著。花叶甚鲜，向日视之如猩血。

叶底紫者，千叶紫花，其色如墨，亦谓之墨紫花。在丛中，旁必生一大枝，引叶覆其上。其开也，比他花可延十日之久。噫！造物者亦惜之耶。此花之出，比他花最远。传云：唐末有中官为观军容使者，花出其家，亦谓之军容紫，岁久失其姓氏矣。

玉板白者，单叶白花，叶细长如拍板，其色如玉，而深檀心。洛阳人家亦少有。余尝从思公至福严院见之，问寺僧而得其名，其后未尝见也。

潜溪绯者，千叶绯花，出于潜溪寺。寺在龙门山后，本唐相李藩别墅。今寺中已无此花，而人家或有之。本是紫花，忽于丛中特出绯者不过一二朵，明年移在他枝，洛人谓之转〔音篆〕枝花，故其接头尤难得。

鹿胎花者，多叶紫花。有白点如鹿胎之纹，故苏相〔禹珪〕宅今有之。

多叶紫，不知其所出。初，姚黄未出时，牛黄为第一；牛黄未出时，

---

① 丛（cóng）：同"丛"。

魏花为第一；魏花未出时，左花为第一；左花之前，唯有苏家红、贺家红、林家红之类，皆单叶花，当时为第一。自多叶、千叶花出后，此花黜矣。今人不复种也。

牡丹初不载文字，唯以药载《本草》。然于花中不为高第，大抵丹、延以西及褒斜道中尤多，与荆棘无异。土人皆取以为薪。自唐则天已后，洛阳牡丹始盛，然未闻有以名著者。如沈、宋、元、白之流，皆善咏花草，计有若今之异者，彼必形于篇咏，而寂无传焉。唯刘梦得有《咏鱼朝恩宅牡丹》诗，但云"一丛千万朵"而已，亦不云其美且异也。谢灵运言永嘉竹间水际多牡丹，今越花不及洛阳甚远，是洛花自古未有若今之盛也。

△ 风俗记第三

洛阳之俗，大抵好花。春时城中无贵贱皆插花，虽负担者亦然。花开时，士庶竞为游遨，往往于古寺废宅有池台处为市，并①张幄幕，笙歌之声相闻。最盛于月陂堤、张家园、棠棣坊、长寿寺东街与郭令宅，至花落乃罢。洛阳至东京六驿，旧不进花，自今徐州李相〔迪〕为留守时始进。御岁遣牙校一员，乘驿马一日一夕至京师，所进不过姚黄、魏花三数朵，以菜叶实竹笼子藉覆之，使马上不动摇，以蜡封花蒂，乃数日不落。大抵洛人家家有花，而少大树者，盖其不接则不佳。春初时，洛人于寿安山中斫小栽子卖城中，谓之山篦②子人家，治地为畦塍种之，至秋乃接。接花工尤著者一人，谓之门园子，豪家无不邀之。姚黄一接头，直钱五千，秋时立券买之，至春见花乃归其直。洛人甚惜此花，不欲传。有权贵求其接头者，或以汤中蘸杀与之。魏花初出时，接头亦直钱五千，今尚直一千。

---

① 并，四库本作"井"。
② 篦，四库本作"箆"。

接时须用社后重阳前，过此不堪矣。花之木去地五七寸许，截之乃接，以泥封裹，用软土拥之，以蒻叶作庵子罩之，不令见风，日唯南向，留一小户以达气，至春乃去其覆，此接花之法也〔用瓦亦奇〕。种花必择善地，尽去旧土，以细土用白敛末一斤和之。盖牡丹根甜，多引虫食，白敛能杀虫，此种花之法也。浇花亦自有时，或用日未出，或日西时。九月旬日一浇，十月、十一月三日、二日一浇，正月隔日一浇，二月一日一浇，此浇花之法也。一本发数朵者，择其小者去之，只留一二朵，谓之打剥，惧分其脉也。花才落便翦其枝，勿令结子，惧其易老也。春初既去蒻庵，便以棘数枝，置花丛上，棘气暖可以辟霜，不损花芽，他大树亦然。此养花之法也。花开渐小于旧者，盖有蠹虫损之，必寻其穴，以硫黄簪之，其旁又有小穴如针孔，乃虫所藏处，花工谓之气窗，以大针点硫黄末针之，虫既死，花复盛，此医花之法也。乌贼鱼骨用以针花树，入其肤，花树①死，此花之忌也。

---

① 树：四库本作"辄"。

用字量：542

全书总字数：2060

审定者： 暨南大学 严 华

棋经十三篇

53

《棋经十三篇》，论棋专著，共十三篇，撰者有宋张拟、张立青、刘仲甫，元晏天章以及宋以前人等多种说法。

明谢肇淛云："古今之戏，流传最为久远者，莫如围棋。"因围棋难度较高，用智较深，长期以来基本上是贵族游戏。一般游戏都是为了热闹，而围棋则是"取其寂静"，这是对心智的考验与磨练，黄庭坚诗"心似蛛丝游碧落，身如蜩甲化枯枝"，将这一过程描写殆尽。蜕茧成蚕、苦其心智之后，是悦其灵魂，因此由来好此道者甚众，至今不衰。

《棋经十三篇》涉及的问题大致有：规格等级、品德作用、术语、战略战术等，理论较为全面，还记载了一些善博弈者的名字。书中常引经传中的句子，来说明博弈之道由来已久，并用经典语作为每篇的结尾，虽小戏，亦归之于正，蕴含绝大智慧。

高频字

者	有	而	之	不	则	棋	胜	其	以

《传》曰："饱食终日，无所用心，不有博弈者乎？"言谭《新论》曰："世有围棋之戏，或言是兵法之类。上者，远其疏张，置以会围，因而成得道之胜；中者，则务相绝遮要，以争便求利，故胜负狐疑，须计数以定；下者，则守边隅，趋作罫以自生于小地。"春秋而下，代有其人，则弈棋之道，从来尚矣。今取胜败之要，分十三篇，有与兵法合者，亦附于中云尔。

△ 棋局篇第一

　　夫万物之数，从一而起，局之路三百六十一。一者，生数之主，据其极而运四方也。三百六十，以象周天之数；分而为四，以象四时；隅各九十路，以象其日；外周七十二路，以象其候。枯棋三百六十，白黑相半，以法阴阳。局之线道谓之枰①，线道之间谓之罫②。局方而静，棋圆而动。自古及今，弈者无同局，曰"日日新"。故宜用意深而存虑精，以求其胜负之由，则至其所未至矣。

---

① 枰（píng）：棋盘。
② 罫（guǎi）：棋盘上画的方格子。

△ 得算篇第二

棋者，以正合其势，以权制其敌。故计定于内而势成于外，战未合而算胜者，得算多也。算不胜者，得算少也。战已合而不知胜负者，无算也。《兵法》曰："多算胜，少算不胜，而况于无算乎！"由此观之，胜负见矣。

△ 权舆篇第三

权舆者，弈棋布置，务守网格。先于四隅分定势子，然后圻①二、斜飞，下势子一等。立二可以圻三，立三可以圻四，与势子相望可以圻五。近不必比，远不必乖。此皆古人之论，后学之规，舍此改作，未之或知。《书》云："靡不有初，鲜克有终。"

△ 合战篇第四

博弈之道，贵乎谨严。高者在腹，下者在边，中者占角，此棋家之常。然法曰："宁输数子，勿失一先。"有先而后，有后而先，击左则视右，攻后则瞻前。两生勿断，皆活勿连。阔不可太疏，密不可太促。与其恋子以求生，不若弃之而取势。与其无事而强行，不若因之而自补。彼众我寡，先谋其生；我众彼寡，务张其势。善胜敌者不争，善阵者不战，善战者不败，善败者不乱。夫棋始以正合，终以奇胜。必也四顾其地牢不可破，方可出人不意，掩人不备。凡敌无事而自补者，有侵绝之意也；弃小而不救者，有图大之心也。随手而下者，无谋之人也。不思而应者，取败

---

① 圻（chè）：裂开，分开。今写作"拆。"

之道也。《诗》云："惴惴小心，如临于谷。"

△ 虚实篇第五

夫弈棋绪多则势分，势分则难救。投棋勿逼，逼则使彼实而我虚。虚则易攻，实则难破，临时变通，宜勿执。《传》曰："见可而进，知难而退。"

△ 自知篇第六

夫智者见于未萌，愚者暗于成事。故知己之害而图彼之利者胜，知可以战不可以战者胜，识众寡之用者胜，以虞待不虞者胜，以逸待劳者胜，不战而屈人棋者胜。《老子》曰："自知者明。"

△ 审局篇第七

夫弈棋布势，务相接连，自始至终，着着求先。临局交争，雌雄未决，毫厘不可以差焉。局势已赢，专精求生；局势已弱，锐意侵绰。沿边而走，虽得其生者败。弱而不伏者愈屈，躁而求胜者多败。两势相围，先蹙其外，势孤援寡则勿走，是故，棋有不走之

唐横盘

走，不下之下。误人者多方，成功者一路而已。能审局者则多胜矣。《易》曰："穷则变，变则通，通则久。"

度情篇第八

人生而静，其情难见，感物而动，然后可辨。推之于棋，胜败可得而先验。法曰："夫持重而廉者多得，轻易而贪者多丧，不争而自保者多胜，务杀而不顾者多败。"因败而思者，其势进；战胜而骄者，其势退。求己弊不求人之弊者，益；攻其敌不知敌之攻己者，损。目凝一局者其思周，心役他事者其虑散。行远而正者吉，机浅而诈者凶，能自畏敌者强，谓人莫己若者亡，意旁通者高，心执一者卑。语默有常，使敌难量；动静无度，招人所恶。《诗》云："他人有心，予忖度之。"

斜正篇第九

或曰："棋以变诈为务，劫杀为名，岂非诡道耶？"予曰："不然。"《易》云："师出以律，否臧凶兵。"本不尚诈谋，言诡道者，乃战国纵横之说。棋虽小道，实与兵合。故棋之品甚繁，而弈之者不一。得品之下者，举无思虑，动则变诈，或用手以影其势，或发言以泄其机；得品之上者则异于是，皆沉思而远虑，因形而用权，神游局内，意在子先，图胜于无胜，灭行于未然。岂假言词喋喋，手势翩翩者哉？《传》曰："正而不谲。"其是之谓也。

洞微篇第十

凡棋有益之而损者，有损之而益者；有侵而利者，有侵而害者；有宜左投者，有宜右投者；有先着者，有后着者；有紧峭者，有慢行者。粘子勿前，弃子思后。有始近而终远者，有始少而终多者。欲强外先攻内，欲实东先击西。路虚而无眼则先觑，无害于他棋则做劫；饶路则宜疏，受路则勿战。择地而侵，无碍则进。此皆棋家之幽微也，不可不知。大《易》曰："非天下之至精，孰能与于此？"

名数篇第十一

夫弈棋者，凡下一子，皆有定名。棋之形势、死生、存亡，因名而可见。有冲，有斡，有绰，有约，有飞，有关，有劄，有粘，有顶，有尖，有觑，有门，有打，有断，有行，有立，有捺，有点，有聚，有跷，有夹，有拶，有嵩，有刺，有勒，有扑，有征，有劫，有持，有杀，有松，有盘。用棋之名，三十有二。围棋之人，意在万周。临局变化，远近纵横，我不得而前知也。用倖取胜，难逃此名。《传》曰："必也，正名乎！"棋亦谓欤？

品格篇第十二

夫围棋之品有九：一曰入神，二曰坐照，三曰具体，四曰通幽，五曰用智，六曰小巧，七曰斗力，八曰若愚，九曰守拙。九品之外，不可胜计，未能入格，今不复云。《传》曰："生而知之者，上也；学而知之者，次也；困而学之，又其次也。"

杂说篇第十三

夫棋，边不如角，角不如腹。约轻于捺，捺轻于嵩。夹有虚实，打有情伪。逢绰多约，遇拶①多粘。大眼可赢小眼，斜行不如正行。两关对直

---

① 拶（zā）：逼，挤，压。

则先觑，前途有碍则勿征。施行未成，不可先动。角盘曲四，局终乃亡。直四板六，皆是活棋。花聚透点，多无生路。十字不可先纽，势子在心，勿打角图。弈不欲数，数则惫，惫则不精。弈不欲疏，疏则忘，忘则多失。胜不言，败不语，振廉让之风者，乃君子也。起忿怒之色者，小人也。高者无亢，卑者无怯，气和而韵舒者，有喜其将胜也；色变者，忧其将败也。赧①莫赧于易，耻莫耻于盗，妙莫妙于用松，昏莫昏于覆劫。凡棋，直行三则改，方聚四则非。胜而路多，名曰赢局；败而无路，名曰输筹。皆筹为溢，停路为吊。打筹不得过三，淘子不限其数。劫有金井、辘轳，有无休之势，有交递之图，弈棋者不可不知也。凡棋有敌手，有半先，有先两，有桃花五，有北斗七。夫棋，有无之相生，远近之相成，强弱之相形，利害之相倾，不可不察也。是以安而不泰，存而不骄；安而泰则危，存而骄则亡。《易》曰："君子安而不忘危，存而不忘亡。"

古今之戏，流传最久远者，莫如围棋……《棋经十三篇》语多名言，意甚玄着，要一言以蔽之曰："着着求先而已矣。"

明·谢肇淛《五杂俎》卷六

---

① 赧（nǎn）：同"赧"，惭而面赤。

林泉高致

欽定四庫全書
山水訓
林泉高致集
宋 郭思 編

君子之所以愛夫山水者其旨安在丘園養素所常處
也泉石嘯傲所常樂也漁樵隱逸所常適也猿鶴飛鳴
所常親也塵囂韁鎖此人情所常厭也煙霞仙聖此人
情所常願而不得見也直以太平盛日君親之心兩隆
苟潔一身出處狷介義斯保直仁人高蹈遠引為離世絕
俗之行而必與其嵓埒素黃綺同芳箕潁之詩紫芝
之詠皆不為已而長往者也然則林泉之志煙霞之侶
夢寐在焉耳目斷絕今得妙手鬱然出之不下堂筵坐
窮泉壑猿聲鳥啼依約在耳山光水色滉漾奪目斯豈
不快人意實獲我心哉此世之所以貴夫畫山水之本
意也不此之主而輕心臨之豈不蕪雜神觀溷濁清風
也哉
畫山水有體鋪舒為宏圖而無餘消縮為小景而不少

審定者：中國藝術研究院 崔自默
全書總字數：6733
用字量：1205

《林泉高致》又称《林泉高致集》，一卷，绘画论著，宋郭熙撰，其子郭思为其作注并整理成集，约成书于宋政和七年（1117）。郭熙（约1034—约1100），字淳夫，河阳温县（今河南孟县东）人，世称"郭河阳"。其画以山水见长，与李成齐名，称为"李郭"。

《林泉高致》现存六节，一般版本只有五节，而无《画记》（《四库全书》本有录），其中以《山水训》影响较大。该书主要论述山水画，认为山水画是君子游心游目之消遣，提出了一系列山水画传统的观察和创作方法，如"高远""深远""平远"的"三远"透视法。强调"诗是无形画，画是有形诗"，画山水者，对各地山水须饱游饫看，才能使所画"磊磊落落"。在具体技艺上，主张凡画山水，须远近浅深、风雨明晦、四时朝暮有所不同，从理论到实践都达到了一定高度。

高频字

之	山	不	而	者	也	有	以	水	人	此

🔺 山水训

　　君子之所以爱夫山水者，其旨安在？丘园养素，所常处也；泉石啸傲，所常乐也；渔樵隐逸，所常适也；猿鹤飞鸣，所常观也；尘嚣缰锁，此人情所常厌也；烟霞仙圣，此人情所常愿而不得见也。直以太平盛日，君亲之心两隆，苟洁一身出处，节义斯系，岂仁人高蹈远引，为离世绝俗之行，而必与箕颍①埒素②、黄绮③同芳哉！白驹之诗，紫芝之咏，皆不得已而长往者也。然则林泉之志，烟霞之侣，梦寐在焉，耳目断绝，今得妙手郁然出之，不下堂筵，坐穷泉壑，猿声鸟啼依约在耳，山光水色滉漾夺目，此岂不快人意，实获我心哉，此世之所以贵夫画山之本意也。不此之主而轻心临之，岂不芜杂神观，溷浊清风也哉！

　　画山水有体：铺舒为宏图而无馀，消缩为小景而不少。看山水亦有体：以林泉之心临之则价高，以骄侈之目临之则价低。

　　山水，大物也。人之看者，须远而观之，方见得一障山川之形势气象。若士女人物，小小之笔，即掌中几上一展便见，一览便尽，此看画之法也。

　　世之笃论，谓山水有可行者，有可望者，有可游者，有可居者。画凡至此，皆入妙品。但可行可望不如可居可游之为得，何者？观今山川，地

---

① 箕颍：箕山、颍水，代指高洁之士。传说许由、巢父隐居于箕山之下，颍水之阳。
② 埒（liè）素：埒素封的省称。埒，等同。素封，不做官却有田园奉养。
③ 黄绮：指汉初夏黄公、绮里季二隐士。

占数百里，可游可居之处十无三四，而必取可居可游之品，君子之所以渴慕林泉者，正谓此佳处故也。故画者当以此意造，而鉴者又当以此意穷之，此之谓不失其本意。

画亦有相法，李成子孙昌盛，其山脚地面皆浑厚阔大，上秀而下丰，合有后之相也，非特谓相兼，理当如此故也。

人之学画，无异学书，今取钟、王、虞、柳，久必入其仿佛。至于大人达士，不局于一家，必兼收并览，广议博考，以使我自成一家，然后为得。今齐鲁之士惟摹营丘，关陕之士惟摹范宽，一己之学，犹为蹈袭，况齐鲁关陕，幅员数千里，州州县县，人人作之哉！专门之学，自古为病，正谓出于一律而不肯听者，不可罪不听之人，迨由陈迹。人之耳目喜新厌故，天下之同情也，故予以为大人达士不局于一家者，此也。

柳子厚善论为文，余以为不止于文。万事有诀，尽当如是，况于画乎！何以言之？凡一景之画，不以大小多少，必须注精以一之，不精则神不专；必神与俱成之，神不与俱成则精不明；必严重以肃之，不严则思不深；必恪勤以周之，不恪则景不完。故积惰气而强之者，其迹软懦而不决，此不注精之病也；积昏气而汩之者，其状黯猥而不爽，此神不与俱成之弊也。以轻心挑之者，其形脱略而不圆，此不严重之弊也；以慢心忽之者，其体疏率而不齐，此不恪勤之弊也。故不决则失分解法，不爽则失潇洒法，不圆则失体裁法，不齐则失紧慢法，此最作者之大病也。然可与明者道：

思平昔见先子作一二图，有一时委下不顾，动经一二十日不向，再三体之，是意不欲。意不欲者，岂非所谓惰气者乎？又每乘兴得意而作，则万事俱忘，及事汩志挠，外物有一则亦委而不顾。委而不顾者，岂非所谓昏气者乎？凡落笔之日，必明窗净几，焚香左右，精笔妙墨，盥手涤砚，如见大宾；必神闲意定，然后为之，岂非所谓不敢以轻心挑之者乎？已营之又彻之，已增之又润之，一之可矣又再之，再之可矣又复之，每一图必重复终始，如戒严敌然后毕，此岂非所谓不敢以慢心忽之者乎？所谓天下之事，不论大小，例须如此，而后有成。先子向思每丁宁委曲，论及于此，岂非教思终身奉之以为进修之道耶！

学画花者，以一株花置深坑中，临其上而瞰之，则花之四面得矣。学画竹者，取一枝竹，因月夜照其影于素壁之上，则竹之真形出矣。学画山水者何以异此？盖身即山川而取之，则山水之意度见矣。真山水之川谷，远望之以取其深，近游之以取其浅；真山水之岩石，远望之以取其势，近看之以取其质。真山水之云气四时不同：春融怡，夏蓊郁，秋疏薄，冬黯淡。画见其大象而不为斩刻之形，则云气之态度活矣。真山水之烟岚四时不同：春山澹冶①而如笑，夏山苍翠而如滴，秋山明净而如妆，冬山惨淡而如睡。画见其大意而不为刻画之迹，则烟岚之景象正矣。真山水之风雨远望可得，而近者玩习不能究错综起止之势。真山水之阴晴远望可尽，而近者拘狭不能得明晦隐见之迹。山之人物以标道路，山之楼观以标胜概，山之林木映蔽以分远近，山之溪谷断续以分浅深。水之津渡桥梁以足人事，水之渔艇钓竿以足人意。大山堂堂为众山之主，所以分布以次冈阜林壑，为远近大小之宗主也，其象若大君，赫然当阳而百辟奔走朝会，无偃蹇背却之势也。长松亭亭为众木之表，所以分布以次藤萝草木，为振挈依附之师帅也，其势若君子，轩然得时，而众小人为之役使，无凭陵愁挫之态也。山近看如此，远数里看又如此，远十数里看又如此，每远每异，所谓"山形步步移"也。山正面如此，侧面又如此，背面又如此，每看每异，所谓"山形面面看"也。如此，是一山而兼数十百山之形状，可得不悉乎！山春夏看如此，秋冬看又如此，所谓"四时之景不同"也。山朝看如此，暮看又如此，阴晴看又如此，所谓"朝暮之变态不同"也。如此，是一山而兼数十百山之意态，可得不究乎！春山烟云连绵人欣欣，夏山嘉木繁阴人坦坦，秋山明净摇落人肃肃，冬山昏霾翳塞人寂寂。看此画令人生此意，如真在此山中，此画之景外意也。见青烟白道而思行，见

---

① 澹冶（dàn yě）：淡雅明白。澹：恬淡寡欲。冶：艳丽，妖媚。

平川落照而思望，见幽人山客而思居，见岩扃泉石而思游。看此画令人起此心，如将真即其处，此画之意外妙也。

东南之山多奇秀，天地非为东南私也。东南之地极下，水潦之所归，以漱濯开露之所出，故其地薄，其水浅，其山多奇峰峭壁，而陡出霄汉之外。瀑布千丈，飞落于云霞之表，如华山垂溜，非不千丈也。如华山者鲜尔，纵有浑厚者亦多出地上，而非出地中也。

西北之山多浑厚，天地非为西北偏也。西北之地极高，水源之所出，以冈陇臃肿之所埋，故其地厚，其水深，其山多堆阜盘礴而连延不断于千里之外。介丘有顶，而逦迤拔萃于四逵之野，如嵩山少室，非不峭拔也。如嵩少类者鲜尔，纵有峭拔者，亦多出地中而非地上也。

嵩山多好溪，华山多好峰，衡山多好别岫①，常山多好列岫，泰山特好主峰。天台、武夷、庐、霍、雁荡、岷峨、巫峡、天坛、王屋、林虑、武当，皆天下名山巨镇，天地宝藏所出，仙圣窟宅所隐，奇崛神秀莫可穷，其要妙欲夺其造化，则莫神于好，莫精于勤，莫大于饱游饫看，历历罗列于胸中，而目不见绢素，手不知笔墨，磊磊落落，杳杳漠漠，莫非吾画，此怀素夜闻嘉陵江水声而草圣益佳，张颠见公孙大娘舞剑器而笔势益俊者也。今执笔者所养之不扩充，所览之不淳熟，所经之不众多，所取之不精粹，而得纸拂壁，水墨遽下，不知何以掇景于烟霞之表，发兴于溪山之颠哉！后主妄语，其病可数。何谓所养欲扩充？近者画手有《仁者乐山图》，作一叟支颐于峰畔，《智者乐水图》作一叟侧耳于岩前，此不扩充之病也。盖仁者乐山宜如白乐天《草堂图》，山居之意裕足也；智者乐水宜如王摩诘《辋川图》，水中之乐饶给也。仁智所乐，岂只一夫之形状可见之哉！何谓所览欲淳熟？近世画工，画山则峰不过三五峰，画水则波不过三五波，此不淳熟之病也。盖画山，高者、下者、大者、小者，盎晬向背，颠顶朝揖，其体浑然相应，则山之美意足矣。画水，齐者、汩者、卷

---

① 别岫（xiù）：不同一般的岩穴。列岫，普通的岩穴。岫，山洞，岩穴。

而飞激者、引而舒长者，其状宛然自足，则水之态富赡也。何谓所经之不众多？近世画手生吴越者，写东南之耸瘦；居咸秦者，貌关陇之壮浪；学范宽者，乏营丘之秀媚；师王维者，缺关仝之风骨。凡此之类，咎在于所经之不众多也。何谓所取之不精粹？千里之山不能尽奇，万里之水岂能尽秀？太行枕华夏而面目者林虑，泰山占齐鲁而胜绝者龙岩，一概画之，版图何异？凡此之类，咎在于所取之不精粹也。故专于坡陀失之粗，专于幽闲失之薄，专于人物失之俗，专于楼观失之冗，专于石则骨露，专于土则肉多。笔迹不混成谓之疏，疏则无真意；墨色不滋润谓之枯，枯则无生意。水不潆洄则谓之死水，云不自在则谓之冻云，山无明晦则谓之无日影，山无隐见则谓之无烟霭。今山日到处明，日不到处晦，山因日影之常形也，明晦不分焉，故曰无日影。今山烟霭到处隐，烟霭不到处见，山因烟霭之常态也，隐见不分焉，故曰无烟霭。

山，大物也，其形欲耸拔，欲偃蹇，欲轩豁，欲箕踞，欲盘礴，欲浑厚，欲雄豪，欲精神，欲严重，欲顾盼，欲朝揖，欲上有盖，欲下有乘，欲前有倨，欲后有倚，欲上瞰而若临观，欲下游而若指麾，此山之大体也。

水，活物也，其形欲深静，欲柔滑，欲汪洋，欲回环，欲肥腻，欲喷薄，欲激射，欲多泉，欲远流，欲瀑布插天，欲溅扑入地，欲渔钓怡怡，欲草木欣欣，欲挟烟云而秀媚，欲照溪谷而光辉，此水之活体也。

山以水为血脉，以草木为毛发，以烟云为神彩，故山得水而活，得草木而华，得烟云而秀媚。水以山为面，以亭榭为眉目，以渔钓为精神，故水得山而媚，得亭榭而明快，得渔钓而旷落，此山水之布置也。

山有高有下，高者血脉在下，其肩股开张，基脚壮厚，峦岫冈势培拥相勾连，映带不绝，此高山也。故如是高山谓之不孤，谓之不仆。下者血脉在上，其颠半落，项领相攀，根基庞大，堆阜臃肿，直下深插，莫测其浅深，此浅山也。故如是浅山谓之不薄，谓之不泄。高山而孤，体干有仆之理，浅山而薄，神气有泄之理，此山水之体裁也。

石者，天地之骨也，骨贵坚深而不浅露。水者，天地之血也，血贵周流而不凝滞。

山无烟云，如春无花草。

山无云则不秀，无水则不媚，无道路则不活，无林木则不生，无深远则浅，无平远则近，无高远则下。

山有三远：自山下而仰山颠，谓之高远；自山前而窥山后，谓之深远；自近山而望远山，谓之平远。高远之色清明，深远之色重晦，平远之色有明有晦；高远之势突兀，深远之意重叠，平远之意冲融而缥缥缈缈。其人物之在三远也，高远者明瞭，深远者细碎，平远者冲澹。明瞭者不短，细碎者不长，冲澹者不大，此三远也。

山有三大，山大于木，木大于人。山不数十里如木之大，则山不大；木不数十百如人之大，则木不大。木之所以比夫人者，先自其叶，而人之所以比夫木者，先自其头。木叶若干可以敌人之头，人之头自若干叶而成之，则人之大小，木之大小，山之大小，自此而皆中程度，此三大也。

山欲高，尽出之则不高，烟霞锁其腰则高矣。水欲远，尽出之则不远，掩映断其脉则远矣。盖山尽出不唯无秀拔之高，兼何异画碓嘴！水尽出不唯无盘折之远，兼何异画蚯蚓！

正面溪山林木，盘折委曲，铺设其景而来，不厌其详，所以足人目之近寻也。傍边平远，峤岭重叠，钩连缥缈而去，不厌其远，所以极人目之旷望也。

远山无皴，远水无波，远人无目，非无也，如无耳。

〔皇甫养亭〕与秋畦公交好，尝有题公诗稿绝句云：晕碧裁红几幅笺，清吟流播五湖船。林泉高致诗如画，著色丹青赵大年。

清·陆以湉《冷庐杂识》卷六

用字量：3012

全书总字数：56342

审定者：南开大学 宁稼雨

搜神记 55

《搜神记》，笔记体志怪小说集，晋干宝撰。干宝（？—336），字令升，汝阴新蔡人。勤学博览，以才气召为著作郎。平杜韬有功，赐爵关内侯。入东晋，领国史，累迁散骑常侍。著《晋纪》，直而能婉，称良史。

《搜神记》是笔记体志怪小说集，《隋书·经籍志》著录为三十卷，今本凡二十卷，四百六十四则，系后人缀辑增益而成。干宝是一个有神论者，他在《自序》中称，"及其著述，亦足以发明神道之不诬也"，就是想通过搜集前人著述及传说故事，证明鬼神确实存在。故《搜神记》所叙多为神灵怪异之事，也有不少民间传说和神话故事，大多篇幅短小，情节简单，想象瑰奇，极富浪漫主义色彩。《搜神记》对后世影响深远，如关汉卿的《窦娥冤》，蒲松龄的《聊斋志异》，神话戏《天仙配》等许多传奇、小说、戏曲，都和它有着密切的联系。

高频字

之	有	人	不	曰	为	其	以	也	而	中

汉董永

汉董永，千乘人。少偏孤，与父居。肆力田亩，鹿车载自随。父亡，无以葬，乃自卖为奴，以供丧事。主人知其贤，与钱一万，遣之。永行三年丧毕，欲还主人，供其奴职。道逢一妇人曰："愿为子妻。"遂与之俱。主人谓永曰："以钱与君矣。"永曰："蒙君之惠，父丧收藏。永虽小人，必欲服勤致力，以报厚德。"主曰："妇人何能？"永曰："能织。"主曰："必尔者，但令君妇为我织缣百匹。"于是永妻为主人家织，十日而毕。女出门，谓永曰："我，天之织女也。缘君至孝，天帝令我助君偿债耳。"语毕，凌空而去，不知所在。

弦公知琼

魏济北郡从事掾弦超，字义起。以嘉平中夜独宿，梦有神女来从之。自称天上玉女，东郡人，姓成公，字知琼。早失父母，天地哀其孤苦，遣令下嫁从夫。超当其梦也，精爽感悟，嘉其美异，非常人之容，觉寤钦想，若存若亡，如此三四夕。一旦，显然来游，驾辎軿车，从八婢，服绫罗绮绣之衣，姿颜容体，状若飞仙。自言年七十，视之如十五六。女车上有壶、榼、青白琉璃五具。饮啖奇异，馔具醴酒，与超共饮食。谓超曰："我，天上玉女。见遣下嫁，故来从君。不谓君德，宿时感运，宜为夫妇。

不能有益，亦不能为损。然往来常可得驾轻车，乘肥马，饮食常可得远味异膳，缯素常可得充用不乏。然我神人，不为君生子，亦无妒忌之性，不害君婚姻之义。"遂为夫妇。赠诗一篇，其文曰："飘飘浮勃逢，敖曹云石滋。芝英不须润，至德与时期。神仙岂虚感，应运来相之。纳我荣五族，逆我致祸灾。"此其诗之大较。其文二百馀言，不能悉录。兼注《易》七卷，有卦有象，以象为属。故其文言，既有义理，又可以占吉凶，犹扬子之《太玄》，薛氏之《中经》也。超皆能通其旨意，用之占候。作夫妇经七八年，父母为超娶妇之后，分日而燕，分夕而寝，夜来晨去，倏忽若飞，唯超见之，他人不见。虽居暗室，辄闻人声，常见踪迹，然不睹其形。后人怪问，漏泄其事。玉女遂求去，云："我，神人也。虽与君交，不愿人知。而君性疏漏，我今本末已露，不复与君通接。积年交结，恩义不轻，一旦分别，岂不怅恨。势不得不尔，各自努力！"又呼侍御，下酒饮啖。发箧，取织成裙衫两副遗超，又赠诗一首。把臂告辞，涕泣流离，肃然升车，去若飞迅。超忧感积日，殆至委顿。去后五年，超奉郡使至洛，到济北鱼山下陌上，西行遥望，曲道头有一车马，似知琼。驱驰前至，果是也。遂披帷相见，悲喜交切。控左援绥，同乘至洛，遂为室家，克复旧好。至太康中犹在，但不日日往来，每于三月三日、五月五日、七月七日、九月九日、旦、十五日辄下往来，经宿而去。张茂先为之作《神女赋》。

——以上卷一

△ 三王墓

楚干将、莫邪为楚王作剑，三年乃成。王怒，欲杀之。剑有雌雄。其妻重身当产，夫语妻曰："吾为王作剑，三年乃成。王怒，往必杀我。汝若生子是男，大，告之曰：'出户望南山，松生石上，剑在其背。'"于是即将雌剑，往见楚王。王大怒，使相之："剑有二，一雄一雌。雌来，雄不来。"王怒，即杀之。莫邪子名赤比，后壮，乃问其母曰："吾父所在?"母曰："汝父为楚王作剑，三年乃成。王怒，杀之。去时嘱我：'语汝子：出户望南山，松生石上，剑在其背。'"于是子出户南望，不见有山，但睹堂前松柱下，石低之上，即以斧破其背，得剑。日夜思欲报楚王。王梦见一儿，眉间广尺，言欲报仇。王即购之千金。儿闻之，亡去。入山行歌。客有逢者，谓："子年少，何哭之甚悲耶?"曰："吾干将、莫邪子也。楚王杀吾父，吾欲报之!"客曰："闻王购子头千金，将子头与剑来，为子报之。"儿曰："幸甚!"即自刎，两手捧头及剑奉之，立僵。客曰："不负子也。"于是尸乃仆。客持头往见楚王，王大喜。客曰："此乃勇士头也。当于汤镬煮之。"王如其言。煮头三日三夕，不烂。头踔出汤中，踬目大怒。客曰："此儿头不烂，愿王自往临视之，是必烂也。"王即临之。客以剑拟王，王头随堕汤中。客亦自拟己头，头复堕汤中。三首俱烂，不可识别。乃分其汤肉葬之，故通名"三王墓"，今在汝南北宜春县界。

△ 东海孝妇

汉时，东海孝妇，养姑甚谨。姑曰："妇养我勤苦。我已老，何惜馀年，久累年少。"遂自缢死。其女告官云："妇杀我母。"官收系之，拷掠毒治。孝妇不堪苦楚，自诬服之。时于公为狱吏，曰："此妇养姑十馀年，以孝闻彻，必不杀也。"太守不听。于公争不得理，抱其狱词，哭于府而去。自后郡中枯旱，三年不雨。后太守至，于公曰："孝妇不当死，前太守枉杀之，咎当在此。"太守即时身祭孝妇冢，因表其墓。天立雨，岁大熟。长老传云："孝妇名周青。青将死，车载十丈竹竿，以悬五幡。立誓于众曰：'青若有罪，愿杀，血当顺下；青若枉死，血当逆流。'既行刑已，其血青黄，缘幡竹而上标，又缘幡而下云。"

⚠ 乐羊子妻

河南乐羊子之妻者，不知何氏之女也。躬勤养姑。尝有他舍鸡谬入园中，姑盗杀而食之。妻对鸡不食而泣。姑怪问其故，妻曰："自伤居贫，使食有他肉。"姑竟弃之。后盗有欲犯之者，乃先劫其姑，妻闻，操刀而出。盗曰："释汝刀。从我者可全；不从我者，则杀汝姑。"妻仰天而叹，刎颈而死。盗亦不杀姑。太守闻之，捕杀盗贼，赐妻缣帛，以礼葬之。

⚠ 韩凭妻

宋康王舍人韩凭，娶妻何氏，美，康王夺之。凭怨，王囚之，论为城旦。妻密遗凭书，缪其辞曰："其雨淫淫，河大水深，日出当心。"既而王得其书，以示左右，左右莫解其意。臣苏贺对曰："其雨淫淫，言愁且思也；河大水深，不得往来也；日出当心，心有死志也。"俄而凭乃自杀。其妻乃阴腐其衣。王与之登台，妻遂自投台下，左右揽之，衣不中手而死。遗书于带曰："王利其生，妾利其死。愿以尸骨，赐凭合葬。"王怒，弗听。使里人埋之，冢相望也。王曰："尔夫妇相爱不已，若能使冢合，则吾弗阻也。"宿昔之间，便有大梓木生于二冢之端，旬日而大盈抱，屈体相就，根交于下，枝错于上。又有鸳鸯，雌雄各一，恒栖树上，晨夕不去，交颈悲鸣，音声感人。宋人哀之，遂号其木曰"相思树"。相思之名，起于此也。南人谓此禽即韩凭夫妇之精魂。今睢阳有韩凭城，其歌谣至今犹存。

⚠ 范式张劭

汉范式，字巨卿，山阳金乡人也。一名汜。与汝南张劭为友，劭字元伯，二人并游太学。后告归乡里，式谓元伯曰："后二年当还，将过拜尊亲，见孺子焉。"乃共克期日。后期方至，元伯具以白母，请设馔以候之。母曰："二年之别，千里结言，尔何相信之审耶？"曰："巨卿信士，必不乖违。"母曰："若然，当为尔酝酒。"至期果到。升堂拜饮，尽欢而别。后元伯寝疾甚笃，同郡郅君章、殷子征晨夜省视之。元伯临终，叹曰："恨不见我死友。"子征曰："吾与君章，尽心于子，是非死友，复欲谁求？"元伯曰："若二子者，吾生友耳；山阳范巨卿，所谓死友也。"寻而卒。式忽梦见元伯，玄冕垂缨，屣履而呼曰："巨卿，吾以某日死，当以尔时葬，永归黄泉。子未忘我，岂能相及？"式恍然觉悟，悲叹泣下，便服朋友之服，投其葬日，驰往赴之。未及到而丧已发引。既至圹，将窆，而柩不肯进。其母抚之曰："元伯，岂有望耶？"遂停柩。移时，乃见素车白马，号哭而来。其母望之曰："是必范巨卿也。"既至，叩丧言曰："行矣元伯，死生异路，永从此辞。"会葬者千人，咸为挥涕。式因执绋而引，柩于是乃前。式遂留止冢次，为修坟树，然后乃去。

——以上卷十一

△狸　国

蜀中西南高山之上，有物，与猴相类，长七尺，能作人行。善走逐人，名曰"猳国"，一名"马化"，或曰"玃猿"。伺道行妇女有美者，辄盗取将去，人不得知。若有行人经过其旁，皆以长绳相引，犹故不免。此物能别男女气臭，故取女，男不取也。若取得人女，则为家室。其无子者，终身不得还。十年之后，形皆类之，意亦迷惑，不复思归。若有子者，辄抱送还其家。产子皆如人形。有不养者，其母辄死。故惧怕之，无敢不养。及长，与人不异，皆以杨为姓。故今蜀中西南多诸杨，率皆是猳国马化之子孙也。

——以上卷十二

△ 马化蚕

旧说，太古之时，有大人远征，家无馀人，唯有一女。牡马一匹，女亲养之。穷居幽处，思念其父，乃戏马曰："尔能为我迎得父还，吾将嫁汝。"马既承此言，乃绝缰而去，径至父所。父见马惊喜，因取而乘之。马望所自来，悲鸣不已。父曰："此马无事如此，我家得无有故乎？"亟乘以归。为畜生有非常之情，故厚加刍养。马不肯食，每见女出入，辄喜怒奋击，如此非一。父怪之，密以问女。女具以告父，必为是故。父曰："勿言，恐辱家门。且莫出入。"于是伏弩射杀之，暴皮于庭。父行，女与邻女于皮所戏，以足蹙之曰："汝是畜生，而欲取人为妇耶？招此屠剥，如何自苦？"言未及竟，马皮蹷然而起，卷女以行。邻女忙迫，不敢救之。走告其父。父还，求索，已出失之。后经数日，得于大树枝间，女及马皮，尽化为蚕，而绩于树上。其蚕纶理厚大，异于常蚕。邻妇取而养之，其收数倍。因名其树曰"桑"。桑者，丧也。由斯百姓竞种之，今世所养是也。言桑蚕者，是古蚕之馀类也。案《天官》，辰为马星。《蚕书》曰："月当大火，则浴其种。"是蚕与马同气也。《周礼》校人职掌"禁原蚕者"，注云："物莫能两大。禁原蚕者，为其伤马也。"汉礼，皇后亲采桑，祀蚕神，曰："菀窳妇人，寓氏公主。"公主者，女之尊称也；菀窳妇人，先蚕者也。故今世或谓蚕为女儿者，是古之遗言也。

——以上卷十四

△ 秦巨伯

琅邪秦巨伯，年六十，尝夜行饮酒，道经蓬山庙。忽见其两孙迎之，扶持百馀步，便捉伯颈著地，骂："老奴，汝某日捶我，我今当杀汝。"伯思惟某时信捶此孙。伯乃佯死，乃置伯去。伯归家，欲治两孙。两孙惊愕，叩头言："为子孙，宁可有此。恐是鬼魅，乞更试之。"伯意悟。数日，乃诈醉，行此庙间。复见两孙来，扶持伯。伯乃急持，鬼动作不得。达家，乃是两人偶也。伯著火炙之，腹背俱焦坼。出著庭中，夜皆亡去。伯恨不得杀之。后月馀，又佯酒醉夜行，怀刃以去。家不知也。极夜不还。其孙恐又为此鬼所困，乃俱往迎伯，伯竟刺杀之。

△ 宋定伯捉鬼

南阳宋定伯，年少时，夜行逢鬼。问之，鬼言："我是鬼。"鬼问："汝复谁？"定伯诳之，言："我亦鬼。"鬼问："欲至何所？"答曰："欲至宛市。"鬼言："我亦欲至宛市。"遂行数里。鬼言："步行太迟，可共递相担，何如？"定伯曰："大善。"鬼便先担定伯数里。鬼言："卿太重，将非鬼也？"定伯言："我新鬼，故身重耳。"定伯因复担鬼，鬼略无重。如是再三。定伯复言："我新鬼，不知有何所畏忌？"鬼答言："惟不喜人唾。"于是共行，道遇水，定伯令鬼先渡，听之，了然无声音。定伯自渡，漕漼作声。鬼复言："何以有声？"定伯曰："新死，不习渡水故耳。勿怪吾也。"行欲至宛市，定伯便担鬼著肩上，急执之，鬼大呼，声咋咋然，索下，不复听之。径至宛市中，下著地，化为一羊，便卖之。恐其变化，唾之。得钱千五百乃去。时人有言："定伯卖鬼，得钱千五。"

△ 紫 玉

吴王夫差小女，名曰紫玉，年十八，才貌俱美。童子韩重，年十九，有道术。女悦之，私交信问，许为之妻。重学于齐鲁之间，临去，属其父母，使求婚。王怒，不与女。玉结气死，葬阊门之外。三年重归，诘其父母，父母曰："王大怒，玉结气死，已葬矣。"重哭泣哀恸，具牲币，往吊于墓前。玉魂从墓出，见重，流涕谓曰："昔尔行之后，令二亲从王相求，度必克从大愿。不图别后，遭命奈何！"玉乃左顾宛颈而歌曰："南山有鸟，北山张罗。鸟既高飞，罗将奈何！意欲从君，谗言孔多。悲结生疾，没命黄垆。命之不造，冤如之何！羽族之长，名为凤凰。一日失雄，三年感伤。虽有众鸟，不为匹双。故见鄙姿，逢君辉光。身远心近，何当暂忘。"歌毕，歔欷流涕，要重还冢。重曰："死生异路。惧有尤愆，不敢承命。"玉曰："死生异路，吾亦知之。然今一别，永无后期。子将畏我为鬼而祸子乎？欲诚所奉，宁不相信。"重感其言，送之还冢。玉与之饮宴，留三日三夜，尽夫妇之礼。临出，取径寸明珠以送重，曰："既毁其名，又绝其愿，复何言哉！时节自爱。若至吾家，致敬大王。"重既出，遂诣王，自说其事。王大怒曰："吾女既死，而重造讹言，以玷秽亡灵。此不过发冢取物，托以鬼神。"趣收重。重走脱，至玉墓所诉之。玉曰："无忧。今归白王。"王妆梳，忽见玉，惊愕悲喜，问曰："尔缘何生？"玉跪而言曰："昔诸生韩重，来求玉，大王不许，玉名毁义绝，自致身亡。重从远还，闻玉已死，故赍牲币，诣冢吊唁。感其笃终，辄与相见，因以珠遗之。不为发冢，愿勿推治。"夫人闻之，出而抱之，玉如烟然。

△ 谈 生

汉谈生者，年四十，无妇，常感激读《诗经》。夜半，有女子年可十五六，姿颜服饰，天下无双，来就生，为夫妇。乃言曰："我与人不同，勿以火照我也。三年之后，方可照耳。"与为夫妇。生一儿，已二岁，不能忍，夜伺其寝后，盗照视之。其腰已上，生肉如人，腰已下，但有枯骨。妇觉，遂言曰："君负我。我垂生矣，何不能忍一岁而竟相照也？"生辞谢。涕泣不可复止，云："与君虽大义永离，然顾念我儿，若贫不能自偕活者，暂随我去，方遗君物。"生随之去，入华堂室宇，器物不凡，以一珠袍与之，曰："可以自给。"裂取生衣裾，留之而去。后生持袍诣市，睢阳王家买之，得钱千万。王识之曰："是我女袍，那得在市？此必发冢。"乃取拷之。生具以实对，王犹不信。乃视女冢，冢完如故。发视之，棺盖下果得衣裾。呼其儿视，正类王女。王乃信之。即召谈生，复赐遗之，以为女婿。表其儿为郎中。

——以上卷十六

⚠ 宋大贤

南阳西郊有一亭，人不可止，止则有祸。邑人宋大贤，以正道自处，尝宿亭楼，夜坐鼓琴，不设兵仗。至夜半时，忽有鬼来，登梯与大贤语，盱目磋齿，形貌可恶。大贤鼓琴如故，鬼乃去。于市中取死人头来，还语大贤曰："宁可少睡耶？"因以死人头投大贤前。大贤曰："甚佳。吾暮卧无枕，正欲得此。"鬼复去。良久乃还，曰："宁可共手搏耶？"大贤曰："善。"语未竟，鬼在前，大贤便逆捉其腰。鬼但急言："死。"大贤遂杀之。明日视之，乃老狐也。自是亭舍更无妖怪。

——以上卷十八

△ 李寄斩蛇

东越闽中，有庸岭，高数十里。其西北隙中，有大蛇，长七八丈，大十馀围，土俗常惧。东治都尉及属城长吏，多有死者。祭以牛羊，故不得祸。或与人梦，或下谕巫祝，欲得啖童女年十二三者。都尉令长，并共患之。然气厉不息。共请求人家生婢子，兼有罪家女养之。至八月朝祭，送蛇穴口。蛇出，吞啮之。累年如此，已用九女。尔时预复募索，未得其女。将乐县李诞家，有六女，无男，其小女名寄，应募欲行，父母不听。寄曰："父母无相，惟生六女，无有一男，虽有如无。女无缇萦济父母之功，既不能供养，徒费衣食，生无所益，不如早死。卖寄之身，可得少钱，以供父母，岂不善耶？"父母慈怜，终不听去。寄自潜行，不可禁止。寄乃告请好剑及咋蛇犬。至八月朝，便诣庙中坐。怀剑，将犬。先将数石米餈，用蜜麨灌之，以置穴口。蛇便出，头大如囷，目如二尺镜。闻餈香气，先啖食之。寄便放犬，犬就啮咋，寄从后斫得数创。疮痛急，蛇因踊出，至庭而死。寄入视穴，得其九女髑髅，悉举出，咤言曰："汝曹怯弱，为蛇所食，甚可哀愍。"于是寄女缓步而归。越王闻之，聘寄女为后，拜其父为将乐令，母及姊皆有赏赐。自是东治无复妖邪之物。其歌谣至今存焉。

——以上卷十九

晋干宝撰《搜神记》，时人称之曰："卿可谓鬼之董狐。"

明·胡应麟《史书佔毕》卷六

审定者：中华书局　刘尚慈

全书总字数：61016

用字量：2971

世说新语

56

　　《世说新语》是一部志人小说集，南朝宋刘义庆编撰。刘义庆，彭城（今江苏徐州）人，刘宋宗室，袭封临川王，历官平西将军，荆州、南兖州、江州刺史。魏晋时期，人物轶闻琐事小说盛行，该书即是刘义庆组织门下文人杂采众书编纂而成。

　　该书是一部魏晋南北朝名人轶事小说的集大成之作。全书依内容分德行、言语、政事、文学、方正等三十六门，分类系事，生动地记述了自汉末至南朝宋三百年间高门名士的遗闻轶事。所涉人物上至帝王卿相，下及士庶僧徒。生动地再现了当时士大夫们品藻人物、挥麈清谈的生活情景，放诞简傲、特立独行的名士风度，以及崇尚老庄之学、重视人伦之鉴的社会思潮。所刻画的魏晋名士的群体形象，风流百态，栩栩如生，可谓是一幅色彩斑斓的历史画卷。其中许多故事或成为文人口头笔下的典故，或成为戏剧小说家创作的素材。《世说》艺术成就很高，其语言精练含蓄、简约隽永、生动传神，颇具特色，鲁迅称其"记言则玄远冷隽，记行则高简瑰奇"。

高频字

日	不	之	王	人	为	公	以	有	何	子

△ 陈仲举

陈仲举言为士则，行为世范，登车揽辔，有澄清天下之志。为豫章太守，至，便问徐孺子所在，欲先看之。主簿曰："群情欲府君先入廨。"陈曰："武王式商容之闾，席不暇暖。吾之礼贤，有何不可！

△ 管宁割席

管宁、华歆共园中锄菜，见地有片金，管挥锄与瓦石不异，华捉而掷去之。又尝同席读书，有乘轩冕过门者，宁读如故，歆废书出看。宁割席分坐，曰："子非吾友也！"

△ 王祥孝母

王祥事后母朱夫人甚谨。家有一李树，结子殊好，母恒使守之。时风雨忽至，祥抱树而泣。祥尝在别床眠，母自往暗斫之。值祥私起，空斫得被。既还，知母憾之不已，因跪前请死。母于是感悟，爱之如己子。

——以上《德行第一》

△ 孔融智对

孔文举年十岁，随父到洛。时李元礼有盛名，为司隶校尉，诣门者皆俊才清称及中表亲戚乃通。文举至门，谓吏曰："我是李府君亲。"既通，前坐。元礼问曰："君与仆有何亲?"对曰："昔先君仲尼与君先人伯阳有师资之尊，是仆与君奕世为通好也。"元礼及宾客莫不奇之。太中大夫陈韪后至，人以其语语之。韪曰："小时了了，大未必佳!"文举曰："想君小时，必当了了!"韪大踧踖。

△ 覆巢之卵

孔融被收，中外惶怖。时融儿大者九岁，小者八岁。二儿故琢钉戏，了无遽容。融谓使者曰："冀罪止于身，二儿可得全不?"儿徐进曰："大人岂见覆巢之下，复有完卵乎?"寻亦收至。

△ 邓艾口吃

邓艾口吃，语称"艾艾"。晋文王戏之曰："卿云'艾艾'，定是几艾?"对曰："凤兮凤兮，故是一凤。"

△ 吴牛喘月

满奋畏风。在晋武帝坐，北窗作琉璃屏，实密似疏，奋有难色。帝笑之，奋答曰："臣犹吴牛，见月而喘。"

楚囚相对

过江诸人，每至美日，辄相邀新亭，藉卉饮宴。周侯中坐而叹曰："风景不殊，正自有山河之异！"皆相视流泪。唯王丞相愀然变色曰："当共戮力王室，克复神州，何至作楚囚相对！"

雪絮之才

谢太傅寒雪日内集，与儿女讲论文义。俄而雪骤，公欣然曰："白雪纷纷何所似？"兄子胡儿曰："撒盐空中差可拟。"兄女曰："未若柳絮因风起。"公大笑乐。即公大兄无奕女，左将军王凝之妻也。

清流惠风

孝武将讲《孝经》，谢公兄弟与诸人私庭讲习。车武子难苦问谢，谓袁羊曰："不问则德音有遗，多问则重劳二谢。"袁曰："必无此嫌。"车曰："何以知尔？"袁曰："何尝见明镜疲于屡照，清流惮于惠风！"

——以上《言语第二》

桓温德政

桓公在荆州，全欲以德被江、汉，耻以威刑肃物。令史受杖，正从朱衣上过。桓式年少，从外来，云："向从阁下过，见令史受杖，上捎云根，下拂地足。"意讥不著。桓公云："我犹患其重。"

——以上《政事第三》

⚠ 郑玄家奴

郑玄家奴婢皆读书。尝使一婢，不称旨，将挞之，方自陈说，玄怒，使人曳著泥中。须臾，复有一婢来，问曰："胡为乎泥中?"答曰："薄言往愬，逢彼之怒。"

——以上《文学第四》

⚠ 元方怼友

陈太丘与友期行，期日中，过中不至，太丘舍去，去后乃至。元方时年七岁，门外戏。客问元方："尊君在不?"答曰："待君久不至，已去。"友人便怒，曰："非人哉！与人期行，相委而去。"元方曰："君与家君期日中。日中不至，则是无信；对子骂父，则是无礼。"友人惭，下车引之。元方入门不顾。

——以上《方正第五》

⚠ 王戎苦李

王戎七岁，尝与诸小儿游。看道边李树多子折枝，诸儿竞走取之，唯戎不动。人问之，答曰："树在道边而多子，此必苦李。"取之信然。

——以上《雅量第六》

张翰见机

张季鹰辟齐王东曹掾，在洛，见秋风起，因思吴中菰菜羹、鲈鱼脍，曰："人生贵得适意尔，何能羁宦数千里以要名爵？"遂命驾便归。俄而齐王败，时人皆谓见机。

——以上《识鉴第七》

阿堵物

王夷甫雅尚玄远，常疾其妇贪浊，口未尝言"钱"字。妇欲试之，令婢以钱绕床，不得行。夷甫晨起，见钱阂行，令婢曰："举却阿堵物！"

——以上《规箴第十》

绝妙好辞

魏武尝过曹娥碑下，杨修从。碑背上见题作"黄绢幼妇，外孙齑臼"八字，魏武谓修曰："卿解不？"答曰："解。"魏武曰："卿未可言，待我思之。"行三十里，魏武乃曰："吾已得。"令修别记所知。修曰："黄绢，色丝也，于字为'绝'；幼妇，少女也，于字为'妙'；外孙，女子也，于字为'好'；齑臼，受辛也，于字为'辞'；所谓'绝妙好辞'也。"魏武亦记之，与修同，乃叹曰："我才不及卿，乃觉三十里。"

——以上《捷悟第十一》

△ 日近长安远

晋明帝数岁，坐元帝膝上。有人从长安来，元帝问洛下消息，潸然流涕。明帝问何以致泣，具以东渡意告之。因问明帝："汝意谓长安何如日远？"答曰："日远。不闻人从日边来，居然可知。"元帝异之。明日，集群臣宴会，告以此意，更重问之。乃答曰："日近。"元帝失色，曰："尔何故异昨日之言邪？"答曰。"举目见日，不见长安。"

——以上《凤慧第十二》

△ 床头捉刀人

魏武将见匈奴使，自以形陋，不足雄远国，使崔季珪代，帝自捉刀立床头。既毕，令间谍问曰："魏王何如？"匈奴使答曰："魏王雅望非常，然床头捉刀人，此乃英雄也。"魏武闻之，追杀此使。

——以上《容止第十四》

△ 周处三横

周处年少时，凶强侠气，为乡里所患，又义兴水中有蛟，山中有邅迹虎，并皆暴犯百姓，义兴人谓为"三横"，而处尤剧。或说处杀虎斩蛟，实冀三横唯馀其一。处即刺杀虎，又入水击蛟，蛟或浮或没，行数十里，处与之俱，经三日三夜，乡里皆谓已死，更相庆。竟杀蛟而出。闻里人相庆，始知为人情所患，有自改意。乃自吴寻二陆，平原不在，正见清河，具以情告，并云："欲自修改而年已蹉跎，终无所成。"清河曰："古人贵朝闻夕死，况君前途尚可。且人患志之不立，亦何忧令名不彰邪？"处遂改励，终为忠臣孝子。

——以上《自新第十五》

△ 驴鸣送丧

王仲宣好驴鸣。既葬，文帝临其丧，顾语同游曰："王好驴鸣，可各作一声以送之。"赴客皆一作驴鸣。

——以上《伤逝第十七》

△ 许允妇

许允妇是阮卫尉女，德如妹，奇丑。交礼竟，允无复入理，家人深以为忧。会允有客至，妇令婢视之，还，答曰："是桓郎。"桓郎者，桓范也。妇云："无忧，桓必劝入。"桓果语许云："阮家既嫁丑女与卿，故当有意，卿宜察之。"许便回入内，既见妇，即欲出。妇料其此出无复入理，便捉裾停之。许因谓曰："妇有四德，卿有其几？"妇曰："新妇所乏唯容尔。然士有百行，君有几？"许云："皆备。"妇曰："夫百行以德为首。君好色不好德，何谓皆备？"允有惭色，遂相敬重。

——以上《贤媛第十九》

△ 青州从事

桓公有主簿，善别酒，有酒辄令先尝，好者谓"青州从事"，恶者谓

"平原督邮"。青州有齐郡，平原有鬲县；"从事"言到脐，"督邮"言在鬲上住。

——以上《术解第二十》

⚠ 陵云楼观

陵云台楼观精巧，先称平众木轻重，然后造构，乃无锱铢相负揭。台虽高峻，常随风摇动，而终无倾倒之理。魏明帝登台，惧其势危，别以大材扶持之，楼即颓坏。论者谓轻重力偏故也。

——以上《巧艺第二十一》

⚠ 竹林七贤

陈留阮籍、谯国嵇康、河内山涛，三人年皆相比，康年少亚之。预此契者，沛国刘伶、陈留阮咸、河内向秀、琅邪王戎。七人常集于竹林之下，肆意酣畅，故世谓"竹林七贤"。

⚠ 刘伶裸形

刘伶恒纵酒放达，或脱衣裸形在屋中。人见讥之，伶曰："我以天地为栋宇，屋室为裈衣，诸君何为入我裈中！"

⚠ 江东步兵

张季鹰纵任不拘，时人号为"江东步兵"。或谓之曰："卿乃可纵适一时，独不为身后名邪？"答曰："使我有身后名，不如即时一杯酒！"

⚠ 子猷访戴

王子猷居山阴，夜大雪，眠觉，开室命酌酒，四望皎然。因起彷徨，咏左思《招隐》诗。忽忆戴安道。时戴在剡，即便夜乘小船就之。经宿方至，造门不前而返。人问其故，王曰："吾本乘兴而行，兴尽而返，何必见戴？"

⚠ 痛饮读骚

王孝伯言："名士不必须奇才，但使常得无事，痛饮酒，熟读《离骚》，便可称名士。"

——以上《任诞第二十三》

⚠ 嵇康锻铁

钟士季精有才理，先不识嵇康，钟要于时贤俊者之士，俱往寻康。康方大树下锻，向子期为佐鼓排。康扬槌不辍，旁若无人，移时不交一言。钟起去，康曰："何所闻而来？何所见而去？"钟曰："闻所闻而来，见所见而去。

——以上《简傲第二十四》

⚠ 尔汝歌

晋武帝问孙皓："闻南人好作《尔汝歌》，颇能为不？"皓正饮酒，因举觞劝帝而言曰："昔与汝为邻，今与汝为臣。上汝一杯酒，令汝寿万春！"帝悔之。

△ 枕石漱流

孙子荆年少时欲隐，语王武子"当枕石漱流"，误曰"漱石枕流"。王曰："流可枕、石可漱乎？"孙曰："所以枕流，欲洗其耳；所以漱石，欲砺其齿。"

——以上《排调第二十五》

△ 望梅止渴

魏武行役，失汲道，军皆渴，乃令曰："前有大梅林，饶子，甘酸可以解渴。"士卒闻之，口皆出水，乘此得及前源。

△ 玉镜台

温公丧妇。从姑刘氏家值乱离散，唯有一女，甚有姿慧。姑以属公觅婚，公密有自婚意，答云："佳婿难得，但如峤比，云何？"姑云："丧败之馀，乞粗存活，便足慰吾馀年，何敢希汝比？"却后少日，公报姑云："已觅得婚处，门地粗可，婿身名宦，尽不减峤。"因下玉镜台一枚。姑大喜。既婚，交礼，女以手披纱扇，抚掌大笑曰："我固疑是老奴，果如所卜！"玉镜台，是公为刘越石长史，北征刘聪所得。

——以上《假谲第二十七》

王戎钻李

王戎有好李，卖之，恐人得其种，恒钻其核。

——以上《俭啬第二十九》

石崇杀姬

石崇每要客燕集，常令美人行酒；客饮酒不尽者，使黄门交斩美人。王丞相与大将军尝共诣崇。丞相素不善饮，辄自勉强，至于沈醉。每至大将军，固不饮以观其变，已斩三人，颜色如故，尚不肯饮。丞相让之，大将军曰："自杀伊家人，何预卿事！"

石王斗富

石崇与王恺争豪，并穷绮丽以饰舆服。武帝，恺之甥也，每助恺。尝以一珊瑚树高二尺许赐恺，枝柯扶疏，世罕其比。恺以示崇；崇视讫，以铁如意击之，应手而碎。恺既惋惜，又以为疾己之宝，声色甚厉。崇曰："不足恨，今还卿。"乃命左右悉取珊瑚树，有三尺、四尺，条干绝世，光彩溢目者六七枚，如恺许比甚众。恺惘然自失。

——以上《汰侈第三十》

王济性急

王蓝田性急。尝食鸡子，以箸刺之，不得，便大怒，举以掷地。鸡子于地圆转未止，仍下地以屐齿碾之，又不得，瞋甚，复于地取内口中，啮破即吐之。王右军闻而大笑曰："使安期有此性，犹当无一豪可论，况蓝田邪?"

——以上《忿狷第三十一》

△ 华亭鹤唳

陆平原河桥败，为卢志所谮，被诛。临刑叹曰："欲闻华亭鹤唳，可复得乎!"

——以上《尤悔第三十三》

△ 王敦入厕

王敦初尚主，如厕，见漆箱盛干枣，本以塞鼻，王谓厕上亦下果，食遂至尽。既还，婢擎金澡盘盛水，琉璃碗盛澡豆，因倒著水中而饮之，谓是干饭。群婢莫不掩口而笑之。

——以上《纰漏第三十四》

《世说新语》多隽永有致，凡书札及作诗常引用，不可不知。

清·申涵光《荆园小语》

审定者：四川省社会科学院 沈伯俊

全书总字数：8482

用字量：1641

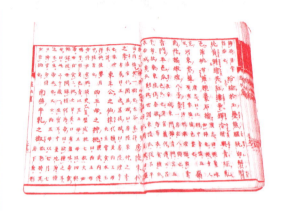

游仙窟

57

《游仙窟》系唐人小说，张鷟撰。张鷟（约658—730），字文成，自号浮休子，深州陆泽（今河北深州）人。少年颖悟，上元二年（675）进士及第，八次应制举，均登甲科。时称其文犹青铜钱，万选万中，及迁学士，乃号"青钱学士"。

该书是我国古代第一部自传体爱情小说，讲述作者奉使至河源，中途迷路入仙窟，遇十娘、五嫂两仙女，互相以诗酬对舞咏，其夜与十娘共眠，极尽欢娱，翌日依依惜别的故事。通篇以散文叙事，以韵语对话，文辞浮华艳丽，结构谨严完整，是最早以骈体文作传奇者，标志着自六朝志怪向唐传奇的转变，内容亦自志怪转为叙人世之悲欢离合，在小说发展史上有重要意义，有人称之为"新体小说"。

高频字

曰	不	娘	十	下	之	心	子	人	五	官

若夫积石山者，在乎金城西南，河所经也。《书》云："导河积石，至于龙门。"即此山是也。

　　仆从汧陇，奉使河源。嗟运命之迍邅①，叹乡关之渺邈。张骞古迹，十万里之波涛；伯禹遗迹，二千年之坂磴。深谷带地，凿穿崖岸之形；高岭横天，刀削冈峦之势。烟霞子细，泉石分明，实天上之灵奇，乃人间之妙绝。目所不见，耳所不闻。

　　日晚途遥，马疲人乏。行至一所，险峻非常，向上则有青壁万寻，直下则有碧潭千仞。古老相传云："此是神仙窟也；人迹罕及，鸟路才通。每有香果琼枝，天衣锡钵，自然浮出，不知从何而至。"余乃端仰一心，洁斋三日。缘细葛，溯轻舟。身体若飞，精灵似梦。须臾之间，忽至松柏岩桃华涧，香风触地，光彩遍天。见一女子向水侧浣衣。余乃问曰：

　　"承闻此处有神仙之窟宅，故来祗候。山川阻隔，疲顿异常，欲投娘子，片时停歇；赐惠交情，幸垂听许！"

　　女子答曰："儿家堂舍贱陋，供给单疏，只恐不堪，终无吝惜。"

　　余答曰："下官是客，触事卑微，但避风尘，则为幸甚。"遂止余于门侧草亭中，良久乃出。余问曰：

　　"此谁家舍也？"

---

① 迍邅（zhūn zhān）：困顿，处境不好。

女子答曰："此是崔女郎之舍耳。"

余问曰："崔女郎何人也？"

女子答曰："博陵王之苗裔，清河公之旧族。容貌似舅，潘安仁之外甥；气调如兄，崔季圭之小妹。华容婀娜，天上无俦；玉体逶迤，人间少匹。辉辉面子，荏苒畏弹穿；细细腰支，参差疑勒断。韩娥宋玉，见则愁生；绛树青琴，对之羞死。千娇百媚，造次无可比方；弱体轻身，谈之不能备尽。"

须臾之间，忽闻内里调筝之声。仆因咏曰：

"自隐多姿则，欺他独自眠。故故将纤手，时时弄小弦。耳闻犹气绝，眼见若为怜。从渠痛不肯，人更别求天。"

片时，遣婢桂心传语，报余诗曰："面非他舍面，心是自家心；何处关天事，辛苦漫追寻！"

余读诗讫，举头门中，忽见十娘半面。余则咏曰："敛笑偷残靥，含羞露半唇，一眉犹叵耐，双眼定伤人。"

又遣婢桂心报余诗曰："好是他家好，人非着意人。何须漫相弄，几许费精神！"

于是夜久更深，沉吟不睡，彷徨徙倚，无便披陈。彼诚既有来意，此间何能不答！遂申怀抱，因以赠书曰：

"余以少娱声色，早慕佳期，历访风流，遍游天下。弹鹤琴于蜀郡，饱见文君；吹凤管于秦楼，熟看弄玉。虽复赠兰解佩，未甚关怀；合卺横陈，何曾惬意！昔日双眠，恒嫌夜短；今宵独卧，实怨更长。一种天公，两般时节。遥闻香气，独伤韩寿之心；近听琴声，似对文君之面。向来见桂心谈说十娘，天上无双，人间有一。依依弱柳，束作腰支；焰焰横波，翻成眼尾。才舒两颊，孰疑地上无华；乍出双眉，渐觉天边失月。能使西施掩面，百遍烧妆；南国伤心，千回扑镜。洛川回雪，只堪使叠衣裳；巫峡仙云，未敢为擎靴履。忿秋胡之眼拙，枉费黄金；念交甫之心狂，虚当白玉。下官寓游胜境，旅泊闲亭，忽遇神仙，不胜迷乱。芙蓉生于涧底，莲子实深；木栖出于山头，相思日远。未曾饮炭，肠热如烧；不忆吞刀，腹穿似割。无情明月，故故临窗；多事春风，时时动帐。愁人对此，将何自堪！空悬欲断之肠，请救临终之命。元来不见，他自寻常；无故相逢，却交烦恼。敢陈心素，幸愿照知！若得见其光仪，岂敢论其万一！"

书达之后，十娘敛色谓桂心曰："向来剧戏相弄，真成欲逼人。"余更又赠诗一首，其词曰：

"今朝忽见渠姿首，不觉殷勤着心口。令人频作许叮咛，渠家太剧难求守。端坐剩心惊，愁来益不平。看时未必相看死，难时那许太难生。沉吟坐幽室，相思转成疾。自恨往还疏，谁肯交游密！夜夜空知心失眠，朝朝无便投胶漆。园里华开不避人，闺中面子翻羞出。如今寸步阻天津，伊处留心更觅新。莫言长有千金面，终归变作一抄尘。生前有日但为乐，死后无春更著人。只可倡佯一生意，何须负持百年身？"

少时坐睡，则梦见十娘。惊觉揽之，忽然空手。心中怅怏，复何可论！余因咏曰：

"梦中疑是实，觉后忽非真。诚知肠欲断，穷鬼故调人。"

十娘见诗，并不肯读，即欲烧却。余即咏曰："未必由诗得，将诗故表怜。闻渠掷入火，定是欲相燃。"

十娘读诗，悚息而起。匣中取镜，箱里拈衣。袆服盛妆，当阶正履。余又为诗曰：

"薰香四面合，光色两边披。锦障划然卷，罗帷垂半欹。红颜杂绿黛，无处不相宜。艳色浮妆粉，含香乱口脂。鬓欺蝉鬓非成鬓，眉笑蛾眉不是眉。见许实娉婷，何处不轻盈！可怜娇里面，可爱语中声。婀娜腰支细细许，睑䀢①眼子长长馨。巧儿旧来镌未得，画匠迎生模不成。相看未相识，倾城复倾国。迎风帔子郁金香，照日裙裾石榴色。口上珊瑚耐拾取，颊里芙蓉堪摘得。闻名腹肚已猖狂，见面精神更迷惑。心肝恰欲摧，踊跃不能

---

① 睑䀢（lián huà）：眼皮低垂貌。

裁。徐行步步香风散，欲语时时媚子开。靥疑织女留星去，眉似姮娥送月来。含娇窈窕迎前出，忍笑婪媟返却回。"

余遂止之曰："既有好意，何须却入？"然后逶迤回面，娅姹向前。十娘敛手而再拜向下官，下官亦低头尽礼而言曰：

"向见称扬，谓言虚假，谁知对面，却是神仙。此是神仙窟也！"

十娘曰："向见诗篇，谓言凡俗，今逢玉貌，更胜文章。此是文章窟也！"

仆因问曰："主人姓望何处？夫主何在？"

十娘答曰："儿是清河崔公之末孙，适弘农杨府君之长子。即成大礼，随父住于河西。蜀生狡猾，屡侵边境。兄及夫主，弃笔从戎，身死寇场，茕魂莫返。儿年十七，死守一夫；嫂年十九，誓不再醮。兄即清河崔公之第五息，嫂即太原公之第三女。别宅于此，积有岁年。室宇荒凉，家途蹇弊。不知上客从何而至？"

仆敛容而答曰："下官望属南阳，住居西鄂。得黄石之灵术，控白水之馀波。在汉则七叶貂蝉，居韩则五重卿相。鸣钟食鼎，积代衣缨①；长戟高门，因循礼乐。下官堂构不绍，家业沦湑。青州刺史博望侯之孙，广武将军钜鹿侯之子。不能免俗，沉迹下寮。非隐非遁，逍遥鹏鷃之间；非吏非俗，出入是非之境。暂因驱使，至于此间。卒尔干烦，实为倾仰。"

十娘问曰："上客见任何官？"

下官答曰："幸属太平，耻居贫贱。前被宾贡，已入甲科；后属搜扬，又蒙高第。奉敕授关内道小县尉，见管河源道行军总管记室。频繁上命，徒想报恩；驰骤下寮，不遑宁处。"

十娘曰："少府不因行使，岂肯相过？"

---

① 衣缨（yīng）：指有地位的人。缨，穗状装饰物。《警世通言》："比邻乃天水人赵氏第也，亦衣缨之族。"

下官答曰："比不相知，阙为参展。今日之后，不敢差违。"

十娘遂回头唤桂心曰："料理中堂，将少府安置。"

下官逡巡而谢曰："远客卑微，此间幸甚。才非贾谊，岂敢升堂！"

十娘答曰："向者承闻：谓言凡客；拙为礼觊，深觉面惭。儿意相当，事须引接。此间疏陋，未免风尘。入室不合推辞，升堂何须进退！"遂引入中堂。

于时金台银阙，蔽日干云。或似铜雀之新开，乍如灵光之且敞。梅梁桂栋，疑饮涧之长虹；反宇雕甍，若排天之娇凤。水精浮柱，的皪①含星；云母饰窗，玲珑映日。长廊四注，争施玳瑁之椽；高阁三重，悉用琉璃之瓦。白银为壁，照耀于鱼鳞；碧玉缘阶，参差于雁齿。入穹崇之室宇，步步心惊；见悦阆之门庭，看看眼碜。遂引少府升阶。下官答曰：

"客主之间，岂无先后？"

十娘曰："男女之礼，自有尊卑。"

下官迁延而退曰："向来有罪过，忘不通五嫂。"

十娘曰："五嫂亦应自来，少府遣通，亦是周匝。"则遣桂心通，暂参屈五嫂。十娘共少府语话，须臾之间，五嫂则至。罗绮缤纷，丹青曄晔。裙前麝散，髻后龙盘。珠绳络彩衫，金薄涂丹履。余乃咏曰：

"奇异妍雅，貌特惊新。眉间月出疑争夜，颊上华开似斗春。细腰偏爱转，笑脸特宜颦。真成物外奇稀物，实是人间断绝人。自然能举止，可念无比方。能令公子百重生，巧使王孙千遍死。黑云裁两鬓，白雪分双齿。织成锦袖骐驎儿，刺绣裙腰鹦鹉子。触处尽开怀，何曾有不佳！机关太雅妙，行步绝娃婵。傍人一一丹罗袜，侍婢三三绿线鞋。黄龙透入黄金钏，白燕飞来白玉钗。"

相见既毕，五嫂曰："少府跋涉山川，深疲道路，行途届此，不及伤神。"

———————————

① 的皪（dì lì）：白貌。

下官答曰："黾勉王事，岂敢辞劳！"

五嫂回头笑向十娘曰："朝闻鸟鹊语，真成好客来。"

下官曰："昨夜眼皮瞤，今朝见好人。"既相随上堂。珠玉惊心，金银曜眼。五彩龙须席，银绣绿边毡；八尺象牙床，绯绫帖荐褥。车渠等宝，俱映优昙之花；玛瑙珍珠，并贯颇梨之线。文柏榻子，俱写豹头；兰草灯芯，并烧鱼脑。管弦寥亮，分张北户之间；杯盏交横，列坐南窗之下。各自相让，俱不肯先坐。仆曰：

"十娘主人，下官是客。请主人先坐。"

五嫂为人饶剧，掩口而笑曰："娘子既是主人母，少府须作主人公。"

下官曰："仆是何人，敢当此事！"

十娘曰："五嫂向来戏语，少府何须漫怕！"

下官答曰："必其不免，只须身当。"

五嫂笑曰："只恐张郎不能禁此事。"众人皆大笑。一时俱坐。即换香儿取酒。俄尔中间，擎一大钵，可受三升已来，金钿铜环；金盏银杯，江螺海蚌；竹根细眼，树瘿蝎唇；九曲酒池，十盛饮器。觞则兕觥犀角，厎厎然置于座中；杓则鹅项鸭头，汎汎焉浮于酒上。遣小婢细辛酌酒，并不肯先提。五嫂曰：

"张郎门下贱客，必不肯先提。娘子径须把取。"

十娘则斜眼佯嗔曰："少府初到此间，五嫂会些频频相弄！"

五嫂曰："娘子把酒莫嗔，新妇更亦不敢。"

酒巡到下官，饮乃不尽。

五嫂曰："何为不尽？"

下官答曰："性饮不多，恐为颠沛。"

五嫂骂曰："何由叵耐！女婿是妇家狗，打杀无文。终须倾使尽，莫漫造众诸！"

十娘谓五嫂曰："向来正首病发耶？"

五嫂起谢曰："新妇错大罪过。"因回头熟视下官曰："新妇细见人多矣，无如少府公者。少府公乃是仙才，本非凡俗。"

下官起谢曰："昔卓王之女，闻琴识相如之器量；山涛之妻，凿壁知阮籍为贤人。诚如所言，不敢望德。"

十娘曰："遣绿竹取琵琶弹，儿与少府公送酒。"琵琶入手，未弹中间，仆乃咏曰：

"心虚不可测，眼细强关情。回身已入抱，不见有娇声。"

十娘应声即咏曰："怜肠忽欲断，忆眼已先开。渠未相撩拨，娇从何处来？"

下官当见此诗，心胆俱碎。下床起谢曰："向来唯睹十娘面，如今始见十娘心，足使班婕妤扶轮，曹大家搁笔，岂可同年而语，共代而论哉！"请索笔砚，抄写置于怀袖。抄诗讫，十娘弄曰："少府公非但词句妙绝，亦自能书。笔似青鸾，人同白鹤。"

下官曰："十娘非直才情，实能吟咏。谁知玉貌，恰有金声。"

十娘曰："儿近来患嗽，声音不彻。"下官答曰："仆近来患手，笔墨未调。"

五嫂笑曰："娘子不是故夸，张郎复能应答。"

十娘语五嫂曰："向来纯当漫剧，元来无次第，请五嫂为作酒章。"

五嫂答曰："奉命不敢，则从娘子。不是赋古诗云，断章取意，唯须得情，若不惬当，罪有科罚。"

十娘即遵命曰："关关雎鸠，在河之洲。窈窕淑女，君子好逑。"

次，下官曰："南有樛木，不可休息。汉有游女，不可求思。"

五嫂曰："折薪如之何？匪斧不克。娶妻如之何？匪媒不得。"

又次，五嫂曰："不见复关，涕泣涟涟。既见复关，载笑载言。"

次，十娘："女也不爽，士二其行。士也罔极，二三其德。"

次，下官曰："穀则异室，死则同穴。谓余不信，有如皦日。"

五嫂笑曰："张郎心专，赋诗大有道理。俗谚曰：'心欲专，凿石穿。'诚能思之，何远之有！"

其时，绿竹弹筝。五嫂咏筝曰："天生素面能留客，发意关情并在渠。莫怪向者频声战，良由得伴乍心虚。"

十娘曰："五嫂咏筝，儿咏尺八：'眼多本自令渠爱，口少由来每被侵；无事风声彻他耳，教人气满自填心。'"

下官又谢曰："尽善尽美，无处不佳。此是下愚，预闻高唱。"

少时，桂心将下酒物来：东海鲻条，西山凤脯；鹿尾鹿舌，干鱼炙鱼；雁醢荇菹，鹑臁①桂糁；熊掌兔髀，雉膵豺唇。百味五辛，谈之不能尽，说之不能穷。

十娘曰："少府亦应太饥。"唤桂心盛饭。

下官曰："向来眼饱，不觉身饥。"

十娘笑曰："莫相弄！且取双六局来，共少府公赌酒。"

仆答曰："下官不能赌酒，共娘子赌宿。"

十娘问曰："若为赌宿？"余答曰："十娘输筹，则共下官卧一宿；下官输筹，则共十娘卧一宿。"

十娘笑曰："汉骑驴则胡步行，胡步行则汉骑驴，总悉输他便点。儿递换作，少府公太能生。"

五嫂曰："新妇报娘子：不须赌来赌去，今夜定知娘子不免。"

十娘曰："五嫂时时漫语，浪与少府作消息。"

下官起谢曰："元来知剧，未敢承望。"

局至，十娘引手向前，眼子盱睬，手子腽腽。一双臂腕，切我肝肠；十个指头，刺人心髓。下官因咏局曰：

"眼似星初转，眉如月欲消。先须捺后脚，然后勒前腰。"

十娘则咏曰："勒腰须巧快，捺脚更风流。但令细眼合，人自分输筹。"

须臾之间，有一婢名琴心，亦有姿首，到下官处，时复偷眼看，十娘

---

① 臁（qiān）：肉羹。

欲似不快。五嫂大语嗔曰："知足不辱，人生有限。娘子欲似皱眉，张郎不须斜眼。"

十娘佯作色嗔曰："少府关儿何事，五嫂频频相恼！"

五嫂曰："娘子向来频盼少府，若非情想有所交通，何因眼咏朝来顿引？"

十娘曰："五嫂自隐心偏，儿复何曾眼引！"

五嫂曰："娘子不能，新妇自取。"

十娘答曰："自问少府，儿亦不知。"

五嫂遂咏曰："新华发两树，分香遍一林。迎风转细影，向日动轻阴。戏蜂时隐见，飞蝶远追寻。承闻欲采摘，若个动君心？"

下官谓："为性贪多，欲两华俱采。"

五嫂答曰："暂游双树下，遥见两枝芳；向日俱翻影，迎风并散香。戏蝶扶丹蕚，游蜂入紫房。人今总摘取，各著一边厢。"

五嫂曰："张郎太贪生，一箭射两垛。"

十娘则谓曰："遮三不得一，觅两都卢失。"

五嫂曰："娘子莫分疏，兔入狗突里，知复欲何如！"

下官即起谢曰："乞浆得酒，旧来伸口；打兔得獐，非意所望。"

十娘曰："五嫂如许大人，专拟调合此事。少府谓言儿是九泉下人，明日在外处，谈道儿一钱不值。"

下官答曰："向来承颜色，神气顿尽；又见清谈，心胆俱碎。岂敢在外谈说，妄事加诸？忝预人流，宁容如此！伏愿欢乐尽情，死无所恨。"

少时，饮食俱到。薰香满室，赤白兼前：穷海陆之珍羞，备川原之果菜；肉则龙肝凤髓，酒则玉醴琼浆；城南雀噪之禾，江上蝉鸣之稻；鸡臁雉臛，鳖醢鹑羹；椹下肥肫，荷间细鲤。鹅子鸭卵，照曜于银盘；麟脯豹胎，纷纶于玉叠。熊腥纯白，蟹酱纯黄；鲜脍共红缕争辉，冷肝与青丝乱色。蒲桃甘蔗，楱枣石榴；河东紫盐，岭南丹橘；敦煌八子奈，青门五色瓜；太谷张公之梨，房陵朱仲之李；东王公之仙桂，西王母之神桃；南燕牛乳之椒，北赵鸡心之枣。千名万种，不可俱论。

下官起谢曰："予与夫人娘子，本不相识，暂缘公使，邂逅相遇。玉馔珍奇，非常厚重，粉身灰骨，不能酬谢。"

五嫂曰："亲则不谢，谢则不亲。幸愿张郎，莫为形迹。"

下官曰："既奉恩命，不敢辞逊。"当此之时，气便欲绝，不觉转眼，偷看十娘。

十娘曰："少府莫看儿！"

五嫂曰："还相弄！"

下官咏曰："忽然心里爱，不觉眼中怜。未关双眼曲，直是寸心偏。"

十娘咏曰："眼心非一处，心眼旧分离。直令渠眼见，谁遣报心知！"

下官咏曰："旧来心使眼，心思眼即传。由心使眼见，眼亦共心怜。"

十娘咏曰："眼心俱忆念，心眼共追寻。谁家解事眼，副著可怜心？"

于时五嫂遂向果子上作机警曰："但问意如何，相知不在枣。"

十娘曰："儿今正意密，不忍即分梨。"

下官曰："忽遇深恩，一生有杏。"

五嫂曰："当此之时，谁能忍奈！"

十娘曰："暂借少府刀子割梨。"

下官咏刀子曰："自怜胶漆重，相思意不穷。可惜尖头物，终日在皮中。"

十娘咏鞘曰："数捺皮应缓，频磨快转多。渠今拔出后，空鞘欲如何！"

五嫂曰："向来渐渐入深也。"即索棋局，共少府赌酒。下官得胜。

五嫂曰："围棋出于智慧，张郎亦复太能。"

下官曰："智者千虑，必有一失；愚者千虑，亦有一得。且休却。"

五嫂曰："何为即休？"仆咏曰：

"向来知道径，生平不忍欺。但令守行迹，何用数围棋！"

五嫂咏曰："娘子为性好围棋，逢人剧戏不寻思；气欲断绝先挑眼，既得连罢即须迟。"

　　十娘见五嫂频弄，佯嗔不笑。余咏曰：

　　"千金此处有，一笑待渠为。不望全露齿，请为暂颦眉。"

　　十娘咏曰："双眉碎客胆，两眼判君心。谁能用一笑，贱价买千金。"

　　当时有一破铜熨斗在于床侧，十娘忽咏曰："旧来心肚热，无端强熨他。即今形势冷，谁肯重相磨！"

　　仆咏曰："若冷头面在，生平不熨空。即今虽冷恶，人自觅残铜。"众人皆笑。

　　十娘唤香儿为少府设乐，金石并奏，箫管间响：苏合弹琵琶，绿竹吹筚篥，仙人鼓瑟，玉女吹笙。玄鹤俯而听琴，白鱼跃而应节。清音叨哳，片时则梁上尘飞；雅韵铿锵，卒尔则天边雪落。一时忘味，孔丘留滞不虚；三日绕梁，韩娥馀音是实。

　　十娘曰："少府稀来，岂不尽乐！五嫂大能作舞，且劝作一曲。"亦不辞惮。遂即逶迤而起，婀娜徐行。虫蛆面子，妒杀阳城；蚕贼容仪，迷伤下蔡。举手顿足，雅合宫商；顾后窥前，深知曲节。欲似蟠龙婉转，野鹘低昂。回面则日照莲花，翻身则风吹弱柳。斜眉盗盼，异种媚姑，缓步急行，穷奇造凿。罗衣熠耀，似彩凤之翔云；锦袖纷披，若青鸾之映水。千娇眼子，天上失其流星；一搦腰支，洛浦愧其回雪。光前艳后，难遇难逢；进退去来，希闻希见。两人俱起舞，共劝下官。

下官遂作而谢曰："沧海之中难为水，霹雳之后难为雷。不敢推辞，定为丑拙。"遂起作舞。桂心咥咥①然低头而笑。

十娘问曰："笑何事？"

桂心曰："笑儿等能作音声。"

十娘曰："何处有能？"

答曰："若其不能，何因百兽率舞？"

下官笑曰："不是百兽率舞，乃是凤凰来仪。"一时大笑。

五嫂谓桂心曰："莫令曲误！张郎频顾。"

桂心曰："不辞歌者苦，但伤知音稀。"

下官曰："路逢西施，何必须识！"遂舞，著词曰：

"从来巡绕四边，忽逢两个神仙。眉上冬天出柳，颊中旱地生莲。千看千处妩媚，万看万种婵妍。今宵若其不得，剩命过与黄泉。"又一时大笑。

舞毕，因谢曰："仆实庸才，得陪清赏，赐垂音乐，惭荷不胜。"

十娘咏曰："得意似鸳鸯，乖情若胡越。不向君边尽，更知何处歇！"

十娘曰："儿等并无可收采，少府公云'冬天出柳，旱地生莲'，总是相弄也。"

下官答曰："十娘面上非春，翻生柳叶。"

十娘应声答曰："少府头中有水，那不生莲华？"

下官笑曰："十娘机警，异同著便。"

十娘答曰："得便不能与，明年知有何处？"

于时砚在床头，下官咏笔砚曰："摧毛任便点，爱色转须磨。所以研

---

① 咥咥（xī xī）：同"欻欻"，戏笑貌。

难竟，良由水太多。"

十娘忽见鸭头铛子，因咏曰："嘴长非为嘲，项曲不由攀。但令脚直上，他自眼双翻。"

五嫂曰："向来大大不逊，渐渐深入也。"

于时乃有双燕子，梁间相逐飞。仆因咏曰："双燕子，联翩几万回。强知人是客，方便恼他来。"

十娘咏曰："双燕子，可可事风流。即令人得伴，更亦不相求。"

酒巡到十娘，仆咏酒杓子曰："尾动惟须急，头低则不平。渠今合把爵，深浅任君情。"

十娘即咏盏曰："发初先向口，欲竟渐升头；从君中道歇，到底即须休。"

下官翕然起谢曰："十娘词句，事尽入神；乃是天生，不关人学。"

五嫂曰："张郎新到，无可散情，且游后园，暂释怀抱。"

其时园内，杂果万株，含青吐绿；丛花四照，散紫翻红。激石鸣泉，流岩凿磴。无冬无夏，娇莺乱于锦枝；非古非今，花鲂跃于银池。婀娜翁茸，清冷飋飐①；鹅鸭分飞，芙蓉间出。大竹小竹，夸渭南之千亩；花含花开，笑河阳之一县。青青岸柳，丝条拂于武昌；赫赫山杨，箭干稠于董泽。仆乃咏花曰：

"风吹遍树紫，日照满池丹。若为交暂折，擎就掌中看。"

十娘咏曰："映水俱知笑，成蹊竟不言。即今无自在，高下任渠攀。"

下官即起谢曰："君子不出游言，不胜娘子恩深。请五嫂等各制一篇。"下官咏曰："昔时过小苑，今朝戏后园。两岁梅花匝，三春柳色繁。水明鱼影静，林翠鸟歌喧。何须杏树岭，即是桃花源。"

十娘咏曰："梅蹊命道士，桃涧伫神仙。旧鱼成大剑，新龟类小钱。水湄唯见柳，池曲且生莲。欲知赏心处，桃花落眼前。"

---

① 飋（sè）：秋风。飐（yù）：大风。

五嫂咏曰："极目游芳苑，相将对花林。露净山光出，池鲜树影沉。落花时泛酒，歌鸟惑鸣琴。是时日将夕，携樽就树阴。"

当时，树上忽有一李子落下官怀中，下官咏曰："问李树：如何意不同？应来主手里，翻入客怀中。"五嫂即报诗曰："李树子，元来不是偏。巧知娘子意，掷果到渠边。"

于时忽有一蜂子飞上十娘面上，十娘咏曰："问蜂子：蜂子太无情，飞来蹋人面，欲似意相轻？"下官代蜂子答曰："触处寻芳树，都卢少物华。试从香处觅，正值可怜花。"众人皆拊掌而笑。

其时，园中忽有一雉，下官命弓箭射之，应弦而倒。五嫂笑曰："张郎才器，乃是曹植天然；今见武功，又复子南夫也。今共娘子相配，天下惟有两人耳。"

十娘因见射雉，咏曰："大夫巡麦陇，处子习桑间。若非由一箭，谁能为解颜？"

仆答曰："心绪恰相当，谁能护短长，一床无两好，半丑亦何妨。"

五嫂曰："张郎射长垛如何？"

仆答曰："且得不阙事而已。"遂射之，三发皆绕遮齐，众人称好。

十娘咏弓曰："平生好须弩，得挽即低头。闻君把提快，更乞五三筹。"下官答曰："缩干全不到，抬头则大过。若令脐下入，百放故筹多。"

于时，日落西渊，月临东渚。五嫂曰："向来调谑，无处不佳；时既曛黄，且还房室。庶张郎共娘子安置。"

十娘曰："人生相见，且论杯酒，房中小小，何暇匆匆！"遂引少府向十娘卧处：屏风十二扇，画障五三张，两头安彩幔，四角垂香囊；槟榔豆蔻子，苏合绿沉香，织文安枕席，乱彩叠衣箱。相随入房里，纵横照罗绮，莲花起镜台，翡翠生金履；帐口银𪊨装，床头玉狮子，十重蛩駏①

---

① 蛩（qióng）：蛩蛩，传说中的异兽，青色似马。駏（jù）：兽名，似骡，可乘骑。

毡，八叠鸳鸯被；数个袍裤，异种妖娆；姿质天生有，风流本性饶；红衫窄裹小撷臂，绿袜帖乱细缠腰；时将帛子拂，还投和香烧；妍华天性足，由来能装束；敛笑正金钗，含娇累绣褥；梁家妄称梳发缓，京兆何曾画眉曲。

十娘因在后，沉吟久不来。余问五嫂曰："十娘何处去，应有别人邀？"

五嫂曰："女人羞自嫁，方便待渠招。"言语未毕，十娘则到。

仆问曰："旦来披雾，香处寻花，忽遇狂风，莲中失藕。十娘何处漫行来？"

十娘回头笑曰："星留织女，遂处人间；月待姮娥，暂归天上。少府何须苦相怪！"

于时两人对坐，未敢相触，夜深情急，透死忘生。仆乃咏曰："千看千意密，一见一怜深。但当把手子，寸斩亦甘心。"

十娘敛色却行。五嫂咏曰："他家解事在，未肯辄相嗔。径须刚捉著，遮莫造精神。"

余时把著手子，忍心不得。又咏曰："千思千肠热，一念一心焦。若为求守得，暂借可怜腰。"

十娘又不肯，余捉手挽，两人争力。五嫂咏曰："巧将衣障口，能用被遮身。定知心肯在，方便故邀人。"

十娘失声成笑，婉转入怀中。当时腹里癫狂，心中沸乱。又咏曰："腰支一遇勒，心中百处伤。但若得口子，馀事不承望。"

十娘嗔咏曰："手子从君把，腰支亦任回。人家不中物，渐渐逼他来。"

十娘曰："虽作拒张，又不免输他口子。"

口子郁郁，鼻似薰穿，舌子芬芳，颊疑钻破。

五嫂咏曰："自隐风流到，人前法用多。计时应拒得，佯作不禁他。"

十娘曰："昔日曾经自弄他，今朝并复随他弄。"

下官起，谙请曰："十娘有一思事，亦拟申论，犹自不敢即道，请五嫂处分。"

五嫂曰："但道！不须避讳。"

余因咏曰："药草俱尝遍，并悉不相宜。惟须一个物，不道亦应知。"

十娘答咏曰："素手曾经捉，纤腰又被将。即今输口子，馀事可平章。"

下官顿首而答曰："向来惶惑，实畏参差。十娘怜悯客人，存其死命，可谓白骨再肉，枯树重花。伏地叩头，殷勤死罪。"

五嫂因起谢曰："新妇曾闻：线因针而达，不因针而隐；女因媒而嫁，不因媒而亲。新妇向来专心为勾当，以后之事，不敢预知。娘子安稳，新妇向房卧去也。"

于时夜久更深，情急意密。鱼灯四面照，蜡烛两边明。十娘即唤桂心，并呼芍药，与少府脱靴履，叠袍衣，阁幞头，挂腰带。然后自与十娘施绫被，解罗裙，脱红衫，去绿袜。花容满目，香风裂鼻。心去无人制，情来不自禁。插手红裈，交脚翠被。两唇对口，一臂支头。拍搦奶房间，摩挲髀子上。一啮一快意，一勒一伤心，鼻里痠痹①，心中结缭。少时眼花耳热，脉胀筋舒。始知难逢难见，可贵可重。俄顷中间，数回相接。谁知可憎病鹊，夜半惊人；薄媚狂鸡，三更唱晓。遂则被衣对坐，泣泪相看。下官拭泪而言曰：

"所恨别易会难，去留乖隔，王事有限，不敢稽停。每一寻思，痛深骨髓。"

十娘曰："儿与少府，平生未展。邂逅新交，未尽欢娱，忽嗟别离，人生聚散，知复如何！"因咏曰：

"元来不相识，判自断知闻。天公强多事，今遣若为分！"

仆乃咏曰："积愁肠已断，悬望眼应穿。今宵莫闭户，梦里向渠边。"

---

① 痠痹（suān bì）：酸软失去感觉。

少时，天晓已后，两人俱泣，心中哽咽，不能自胜。侍婢数人，并皆嘘唏，不能仰视。五嫂曰：

"有同必异，自昔攸然；乐尽哀生，古来常事。愿娘子稍自割舍。"下官乃将衣袖与娘子拭泪。十娘乃作别诗曰："别时终是别，春心不值春。羞见孤鸾影，悲看一骑尘。翠柳开眉色，红桃乱脸新。此时君不在，娇莺弄杀人。"

五嫂咏曰："此时经一去，谁知隔几年！双凫伤别绪，独鹤惨离弦。怨起移醒后，愁生落醉前。若使人心密，莫惜马蹄穿。"

下官咏曰："忽然闻道别，愁来不自禁。眼下千行泪，肠悬一寸心。两剑俄分匣，双凫忽异林。殷勤惜玉体，勿使外人侵。"

十娘小名琼英，下官因咏曰："卞和山未研，羊雍地不耕。自怜无玉子，何日见琼英？"

十娘应声咏曰："凤锦行须赠，龙梭久绝声。自恨无机杼，何日见文成？"

下官瞿然，破愁成笑。遂唤奴曲琴，取"相思枕"，留与十娘，以为记念。因咏曰："南国传椰子，东家赋石榴。聊将代左腕，长夜枕渠头。"

十娘报以双履，报诗曰："双凫乍失伴，两燕还相属。聊以当儿心，竟日承君足。"

下官又遣曲琴取"扬州青铜镜"，留与十娘，并赠诗曰："仙人好负局，隐士屡潜观。映水菱花散，临风竹影寒。月下时惊鹊，池边独舞鸾。若道人心变，从渠照胆看。"

十娘又赠手中扇，咏曰："合欢游璧水，同心侍华阙。飒飒似朝风，团团如夜月。鸾姿侵雾起，鹤影排空发。希君掌中握，勿使恩情歇！"

下官辞谢讫，因遣左右取"益州新样锦"一匹，直奉五嫂，因赠诗曰："今留片子信，可以赠佳期。裁为八幅被，时复一相思。"

五嫂遂抽金钗送张郎，即报咏曰："儿今赠君别，情知后会难。莫言钗意小，可以挂渠冠。"

更取"滑州小绫子"一匹,留与桂心、香儿数人共分。桂心已下,或脱银钗,落金钏,解帛子,施罗巾,皆自送张郎曰:"好去。若因行李,时复相过。"香儿因咏曰:"丈夫存行迹,殷勤为数来。莫作浮萍草,逐浪不知回!"

下官拭泪而言曰:"犬马何识,尚解伤离;鸟兽无情,由知怨别。心非木石,岂忘深恩!"

十娘报咏曰:"他道愁胜死,儿言死胜愁。愁来百处痛,死去一时休。"

又咏曰:"他道愁胜死,儿言死胜愁。日夜悬心忆,知隔几年秋?"

下官咏曰:"人去悠悠隔两天,未审迢迢度几年?纵使身游万里外,终归意在十娘边。"

十娘咏曰:"天涯地角知何处,玉体红颜难再遇!但令翅羽为人生,会些高飞共君去。"

下官不忍相看,忽把十娘手子而别。行至二三里,回头看数人,犹在旧处立。余时渐渐去远,声沉影灭,顾瞻不见,恻怆而去。

行至山口,浮舟而过。夜耿耿而不寐,心茕茕而靡托。既怅恨于啼猿,又凄伤于别鹄。饮气吞声,天道人情;有别必怨,有怨必盈。去日一何短,来宵一何长!比目绝对,双凫失伴,日日衣宽,朝朝带缓。口上唇裂,胸间气满,泪脸千行,愁肠寸断。端坐横琴,涕血流襟,千思竞起,百虑交侵。独颦眉而永结,空抱膝而长吟。望神仙兮不可见,普天地兮知余心;思神仙兮不可得,觅十娘兮断知闻;欲闻此兮肠亦乱,更见此兮恼余心。

《游仙窟》的出现,才真实的开始了中国小说的历史。
郑振铎《插图本中国文学史》第十三章

用字量：4935

全书总字数：380301

审定者：中央民族大学 曹立波

聊斋志异

58

　　蒲松龄（1640—1715），字留仙，号剑臣，又号柳泉，世称聊斋先生，临淄人。少时应试，为学政施闰章激赏，至康熙五十年（1711）始成贡生。久为乡村塾师，中间一度至宝应县为幕宾，后潜心作《聊斋志异》。

　　《聊斋志异》是一部文言短篇小说集，多写鬼狐故事，正如鲁迅所说，乃是"用传奇法，而以志怪"。其艺术成就很高，成功地塑造了众多艺术典型，人物形象鲜明生动，故事情节曲折离奇，结构布局严谨巧妙，文笔凝练，描写细腻，堪称中国古典短篇小说的高峰。书中以批判之笔写鬼狐世界，既有对腐朽社会、黑暗现实的不满，又有对怀才不遇、仕途难攀的不平；既有对贪官污吏狼狈为奸的鞭笞，又有对平民百姓勇于反抗的称赞；而数量最多、写得最好的是那些人与鬼狐之间的爱情篇章，如此瑰丽，如此动人，渗透着作者深沉的爱恨悲喜。

高频字

之	不	曰	人	而	以	一	其	生	女

劳山道士

邑有王生，行七，故家子。少慕道，闻劳山多仙人，负笈往游。登一顶，有观宇，甚幽。一道士坐蒲团上，素发垂领，而神光爽迈。叩而与语，理甚玄妙。请师之。道士曰："恐娇惰不能作苦。"答言："能之。"其门人甚众，薄暮毕集。王俱与稽首，遂留观中。

凌晨，道士呼王去，授一斧，使随众采樵。王谨受教。过月馀，手足重茧，不堪其苦，阴有归志。一夕归，见二人与师共酌，日已暮，尚无灯烛。师乃剪纸如镜，粘壁间。俄顷，月明辉室，光鉴毫芒。诸门人环听奔走。一客曰："良宵胜乐，不可不同。"乃于案上取酒壶，分赉诸徒，且嘱尽醉。王自思：七八人，壶酒何能遍给？遂各觅盎盂，竞饮先釂，惟恐樽尽；而往复挹注，竟不少减。心奇之。俄一客曰："蒙赐月明之照，乃尔寂饮。何不呼嫦娥来？"乃以箸掷月中。见一美人，自光中出。初不盈尺，至地遂与人等。纤腰秀项，翩翩作"霓裳舞"。已而歌曰："仙仙乎，而还乎！而幽我于广寒乎！"其声清越，烈如箫管。歌毕，盘旋而起，跃登几上，惊顾之间，已复为箸。三人大笑。又一客曰："今宵最乐，然不胜酒力矣。其饯我于月宫可乎？"三人移席，渐入月中。众视三人，坐月中饮，须眉毕见，如影之在镜中。移时，月渐暗，门人燃烛来，则道士独坐而客杳矣。几上肴核尚故，壁上月，纸圆如镜而已。道士问众："饮足乎？"曰："足矣。""足宜早寝，勿误樵苏。"众诺而退。王窃欣慕，归念遂息。

又一月，苦不可忍，而道士并不传教一术。心不能待，辞曰："弟子数百里受业仙师，纵不能得长生术，或小有传习，亦可慰求教之心；今阅两三月，不过早樵而暮归。弟子在家，未谙此苦。"道士笑曰："吾固谓不能作苦，今果然。明早当遣汝行。"王曰："弟子操作多日，师略授小技，此来为不负也。"道士问："何术之求？"王曰："每见师行处，墙壁所不能隔，但得此法足矣。"道士笑而允之。乃传一诀，令自咒毕，呼曰："入之！"王面墙，不敢入。又曰："试入之。"王果从容入，及墙而阻。道士曰："俯首辄入，勿逡巡！"王果去墙数步，奔而入。及墙，虚若无物，回视，果在墙外矣。大喜，入谢。道士曰："归宜洁持，否则不验。"遂助资斧遣归。抵家，自诩遇仙，坚壁所不能阻，妻不信。王效其作为，去墙数尺，奔而入；头触硬壁，蓦然而踣。妻扶视之，额上坟起，如巨卵焉。妻揶揄之。王惭忿，骂老道士之无良而已。

异史氏曰："闻此事，未有不大笑者，而不知世之为王生者，正复不少。今有伧父，喜疢毒而畏药石，遂有吮痈舐痔者，进宣威逞暴之术，以迎其旨，绐之曰：'执此术也以往，可以横行而无碍。'初试未尝不小效，遂谓天下之大，举可以如是行矣，势不至触硬壁而颠蹶不止也。"

◇ 画　皮

太原王生，早行，遇一女郎，抱襆独奔，甚艰于步，急走趁之，乃二八姝丽。心相爱乐，问："何夙夜踽踽独行？"女曰："行道之人，不能解愁忧，何劳相问。"生曰："卿何愁忧？或可效力，不辞也。"女黪然曰："父母贪赂，鬻妾朱门。嫡妒甚，朝詈而夕楚辱之，所弗堪也，将远遁耳。"问："何之？"曰："在亡之人，乌有定所。"生言："敝庐不远，即烦枉顾。"女喜，从之。生代携襆物，导与同归。女顾室无人，问："君何无家口？"答云："斋耳。"女曰："此所良佳。如怜妾而活之，须秘密勿泄。"生诺之。乃与寝合。使匿密室，过数日而人不知也。生微告妻。妻陈，疑为大家媵妾，劝遣之。生不听。偶适市，遇一道士，顾生而愕。问："何所遇？"答言："无之。"道士曰："君身邪气萦绕，何言无？"生又力白。道士乃去，曰："惑哉！世固有死将临而不悟者。"生以其言异，颇疑女。转思明明丽人，何至为妖，意道士借魇禳以猎食者。无何，至斋门，门内杜，不得入，心疑所作，乃逾垝垣，则室门已闭。蹑足而窗窥之，见一狞鬼，面翠色，齿巉巉如锯。铺人皮于榻上，执彩笔而绘之。已而掷笔，举皮，如振衣状，披于身，遂化为女子。睹此状，大惧，兽伏而出。急追道士，不知所往。遍迹之，遇于野，长跪求救。道士曰："请遣除之。此物亦良苦，甫能觅代者，予亦不忍伤其生。"乃以蝇拂授生，令挂寝门。临别，约会于青帝庙。生归，不敢入斋，乃寝内室，悬拂焉。一更许，闻门外戢戢有声，自不敢窥，使妻窥之。但见女子来，望拂子不敢进，立而切齿，良久乃去。少时复来，骂曰："道士吓我，终不然，宁入口而吐之耶！"取拂碎之，坏寝门而入。径登生床，裂生腹，掬生心而去。妻号。婢入烛之，生已死，腔血狼藉。陈骇涕不敢声。

明日，使弟二郎奔告道士。道士怒曰："我固怜之，鬼子乃敢尔！"即从生弟来。女子已失所在。既而仰首四望，曰："幸遁未远。"问："南院谁家？"二郎曰："小生所舍也。"道士曰："现在君所。"二郎愕然，以为未有。道士问曰："曾否有不识者一人来？"答曰："仆早赴青帝庙，良不知。当归问之。"去，少顷而返，曰："果有之，晨间一妪来，欲佣为仆家操作，室人止之，尚在也。"道士曰："即是物矣。"遂与俱往。仗木剑，立庭心，呼曰："孽鬼！偿我拂子来！"妪在室，惶遽无色，出门欲遁。道士逐击之。妪仆，人皮划然而脱，化为厉鬼，卧嗥如猪。道士以木剑枭其首。身变作浓烟，匝地作堆。道士出一葫芦，拔其塞，置烟中，飗飗然如口吸气，瞬息烟尽。道士塞口入囊。共视人皮，眉目手足，无不备具。道士卷之，如卷画轴声，亦囊之，乃别欲去。

陈氏拜迎于门，哭求回生之法。道士谢不能。陈益悲，伏地不起。道士沉思曰："我术浅，诚不能起死。我指一人，或能之。"问："何人？"曰："市上有疯者，时卧粪土中。试叩而哀之。倘狂辱夫人，夫人勿怒也。"二郎亦习知之。乃别道士，与嫂俱往。见乞人颠歌道上，鼻涕三尺，秽不可近。陈膝行而前。乞人笑曰："佳人爱我乎？"陈告以故。又大笑曰："人尽夫也，活之何为！"陈固哀之。乃曰："异哉！人死而乞活于我，我阎罗耶？"怒以杖击陈，陈忍痛受之。市人渐集如堵。乞人咯痰唾盈把，举向陈吻曰："食之！"陈红涨于面，有难色；既思道士之嘱，遂强唈焉。觉入喉中，硬如团絮，格格而下，停结胸间。乞人大笑曰："佳人爱我哉！"遂起，行已不顾。尾之，入于庙中。迫而求之，不知所在，前后冥搜，殊无端兆，惭恨而归。既悼夫亡之惨，又悔食唾之羞，俯仰哀啼，但愿即死。方欲展血敛尸，家人伫望，无敢近者。陈抱尸收肠，且理且哭。哭极声嘶，顿欲呕，觉鬲中结物，突奔而出，不及回首，已落腔中。惊而视之，乃人心也。在腔中突突犹跃，热气腾蒸如烟然。大异之。急以两手合腔，极力抱挤。少懈，则气氤氲自缝中出，乃裂缯帛急束之。以手抚尸，渐温。覆以衾裯。中夜启视，有鼻息矣。天明，竟活。为言："恍惚若梦，但觉隐痛耳。"视破处，痂结如钱，寻愈。

异史氏曰："愚哉世人！明明妖也，而以为美。迷哉愚人！明明忠也，而以为妄。然爱人之色而渔之，妻亦将食人之唾而甘之矣。天道好还，但愚而迷者不悟耳。哀哉！"

——以上卷一

婴　宁

王子服，莒之罗店人。早孤。绝慧，十四入泮。母最爱之，寻常不令游郊野。聘萧氏，未嫁而殀，故求凰未就也。

会上元，有舅氏子吴生，邀同眺瞩，方至村外，舅家仆来，招吴去。

生见游女如云，乘兴独游。有女郎携婢，拈梅花一枝，容华绝代，笑容可掬。生注目不移，竟忘顾忌。女过去数武，顾婢子笑曰："个儿郎目灼灼似贼！"遗花地上，笑语自去。生拾花怅然，神魂丧失，怏怏遂返。至家，藏花枕底，垂头而睡，不语亦不食。母忧之。醮禳益剧，肌革锐减。医师诊视，投剂发表，忽忽若迷。母抚问所由，默然不答。适吴生来，嘱秘诘之。吴至榻前，生见之泪下，吴就榻慰解，渐致研诘，生具吐其实，且求谋画。吴笑曰："君意亦痴！此愿有何难遂？当代访之。徒步于野，必非世家。如其未字，事固谐矣，不然，拚以重赂，计必允遂。但得痊瘳，成事在我。"生闻之，不觉解颐。吴出告母，物色女子居里，而探访既穷，并无踪迹。母大忧，无所为计。然自吴去后，颜顿开，食亦略进。数日，吴复来。生问所谋。吴绐之曰："已得之矣。我以为谁何人，乃我姑之女，即君姨妹，今尚待聘。虽内戚有婚姻之嫌，实告之，无不谐者。"生喜溢眉宇，问："居何里？"吴诡曰："西南山中，去此可三十馀里。"生又嘱再四，吴锐身自任而去。

生由是饮食渐加，日就平复。探视枕底，花虽枯，未便凋落。凝思把玩，如见其人。怪吴不至，折柬招之，吴支托不肯赴招。生忿怒，悒悒不欢。母虑其复病，急为议姻，略与商榷，辄摇首不愿，惟日盼吴。吴迄无耗，益怨恨之。转思三十里非遥，何必仰息他人？怀梅袖中，负气自往，而家人不知也。伶仃独步，无可问程，但望南山行去。约三十馀里，乱山合沓，空翠爽肌、寂无人行，止有鸟道。遥望谷底，丛花乱树中，隐隐有小里落。下山入村，见舍宇无多，皆茅屋，而意甚修雅。北向一家，门前皆丝柳，墙内桃杏尤繁，间以修竹，野鸟格磔其中。意其园亭，不敢遽入。回顾对户，有巨石滑洁，因坐少憩。俄闻墙内有女子，长呼"小荣"，其声娇细。方伫听间，一女郎由东而西，执杏花一朵，俯首自簪；举头见生，遂不复簪，含笑拈花而入。审视之，即上元途中所遇也。心骤喜。但念无以阶进。欲呼姨氏，顾从无还往，惧有讹误。门内无人可问，坐卧徘徊，自朝至于日昃，盈盈望断，并忘饥渴。时见女子露半面来窥，似讶其不去者。忽一老媪扶杖出，顾生曰："何处郎君，闻自辰刻来，以至于今。意将何为？得勿饥也？"生急起揖之，答云："将以盼亲。"媪聋聩不闻。又大言之。乃问："贵戚何姓？"生不能答。媪笑曰："奇哉！姓名自不知，何亲可探？我视郎君，亦书痴耳。不如从我来，啖以粗粝，家有短榻可卧。待明朝归，询知姓氏，再来探访。"生方腹馁思啖，又从此渐近丽人，大喜。从媪入，见门内白石砌路，夹道红花，片片坠阶上，曲折而西，又启一关，豆棚花架满庭中。肃客入舍，粉壁光如明镜，窗外海棠枝朵，探入室中，裀藉几榻，罔不洁泽。甫坐，即有人自窗外隐约相窥。媪唤："小荣！可速作黍。"外有婢子嗷声而应。坐次，具展宗阀。媪曰："郎君外祖，莫姓吴否？"曰："然。"媪惊曰："是吾甥也！尊堂，我妹子。年来以家窭贫，又无三尺之男，遂至音问梗塞。甥长成如许，尚不相识。"生曰："此来即为姨也，匆遽遂忘姓氏。"媪曰："老身秦姓，并无诞育，弱息亦为庶产。渠母改醮，遗我鞠养。颇亦不钝，但少教训，嬉不知愁。少顷，使来拜识。"未几，婢子具饭，雏尾盈握。媪劝餐已，婢来敛具。媪曰："唤宁姑来。"婢应去。良久，闻户外隐有笑声。媪又唤曰："婴宁，汝姨兄在此。"户外嗤嗤笑不已。婢推之以入，犹掩其口，笑不可遏。媪嗔目曰："有客在，咤咤叱叱，景象何堪？"女忍笑而立，生揖之。媪曰："此王郎，汝姨子。一家尚不相识，可笑人也。"生问："妹子年几何矣？"媪未能解。生又言之。女复笑，不可仰视。媪谓生曰："我言少教诲，此可见矣。年已十六，呆痴如婴儿。"生曰："小甥一岁。"曰："阿甥已十七矣，得非庚午属马者耶？"生首应之。又问："甥妇阿谁？"答曰："无之。"曰："如甥才貌，何十七岁犹未聘？婴宁亦无姑家，极相匹敌。惜有内亲之嫌。"生无语，目注婴宁，不遑他瞬。婢向女小语云："目灼灼，贼腔未改！"女又大笑，顾婢曰："视碧桃开未？"遽起，以袖掩口，细碎连步而出。至门外，笑声始纵。媪亦起，唤婢襆被，为生安置。曰："阿甥来不易，宜留三五日，迟迟送汝归。如嫌幽闷，舍后有小园，可供消遣；有书可读。"次日，至舍后，果有园半亩，细草铺毡，杨花糁径。有草舍三楹，花木四合其所。穿花小步，闻树头苏苏有声，仰视，则婴宁在上。见生来，狂笑欲堕。生曰："勿尔，堕矣!"女且下且笑，不能自止。方将及地，失手而堕，笑乃止。生扶之，阴捘其腕。女笑又作，倚树不能行，良久乃罢。生俟其笑歇，乃出袖中花示之。女接之，曰："枯矣。何留之?"曰："此上元妹子所遗，故存之。"问："存之何益?"曰："以示相爱不忘。自上元相遇，凝思成病，自分化为异物；不图得见颜色，幸垂怜悯。"女曰："此大细事，至戚何所靳惜? 待郎行时，园中花，当唤老奴来，折一巨捆负送之。"生曰："妹子痴耶?"女曰："何便是痴?"生曰："我非爱花，爱拈花之人耳。"女曰："葭莩之情，爱何待言。"生曰："我所为爱，非瓜葛之爱，乃夫妻之爱。"女曰："有以异乎?"曰："夜共枕席耳。"女俯首思良久，曰："我不惯与生人睡。"语未已，婢潜至，生惶恐遁去。少时，会母所。母问："何往?"女答以园中共话。媪曰："饭熟已久，有何长言，周遮乃尔。"女曰："大哥欲我共寝。"言未已，生大窘，急目瞪之。女微笑而止。幸媪不闻，犹絮絮究诘。生急以他词掩之，因小语责女。女曰："适此语不应说耶?"生曰："此背人语。"女曰："背他人，岂得背老母? 且寝处亦常事，何讳之?"生恨其痴，无术可悟之。

食方竟，家人捉双卫来寻生。先是，母待生久不归，始疑。村中搜觅已遍，竟无踪兆，因往寻吴。吴忆曩言，因教于西南山村寻觅。凡历数村，始至于此。生出门，适相值，便入告媪，且请偕女同归。媪喜曰："我有志，匪伊朝夕。但残躯不能远涉，得甥携妹子去，识认阿姨，大好!"呼婴宁，宁笑至。媪曰："大哥欲同汝去，可装束。"又饷家人酒食，始送之出曰："姨家田产丰裕，能养冗人。到彼且勿归，小学诗礼，亦好事翁姑。即烦阿姨，择一良匹与汝。"二人遂发。至山坳，回顾，犹依稀见媪倚门北望也。

抵家，母睹姝丽，惊问为谁。生以姨妹对。母曰："前吴郎与儿言者，诈也。我未有姊，何以得甥?"问女，女曰："我非母出。父为秦氏，没时，儿在襁中，不能记忆。"母曰："我一姊适秦氏，良确。然姐谢已久，那得复存?"因审诘面庞、志赘，一一符合。又疑曰："是矣。然亡已多年。"疑虑间，吴生至，女避入室。吴询得故，惘然久之。忽曰："此女名婴宁耶?"生然之。吴极称怪事。问所自知，吴曰："秦家姑去世后，姑丈鳏居，祟于狐，病瘠死。狐生女名婴宁，绷卧床上，家人皆见之。姑丈没，狐犹时来。后求天师符粘壁上，狐遂携女去。将勿此耶?"彼此疑参。但闻室中嗤嗤皆婴宁笑声。母曰："此女亦太憨。"吴生请面之。母入室，女犹浓笑不顾。母促令出，始极力忍笑，又面壁移时，方出。才一展拜，翻然遽入，放声大笑。满室妇女，为之粲然。

吴请往觇其异，就便执柯。寻至村所，庐舍全无，山花零落而已。吴忆葬处，仿佛不远，然坟垅湮没，莫可辨识，诧叹而返。母疑其为鬼，入告吴言，女略无骇意。又吊其无家，亦殊无悲意，孜孜憨笑而已。众莫之测，母令与少女同寝止，昧爽即来省问，操女红精巧绝伦。但善笑，禁之亦不可止。然笑处嫣然，狂而不损其媚，人皆乐之。邻女少妇，争承迎之。母择吉为之合卺，而终恐为鬼物，窃于日中窥之，形影殊无少异。

至日，使华装行新妇礼，女笑极不能俯仰，遂罢。生以憨痴，恐泄漏房中隐事，而女殊密秘，不肯道一语。每值母忧怒，女至，一笑即解。奴婢小过，恐遭鞭楚，辄求诣母共话，罪婢投见，恒得免。而爱花成癖，物色遍戚党；窃典金钗，购佳种，数月，阶砌藩溷，无非花者。庭后有木香一架，故邻西家。女每攀登其上，摘供簪玩。母时遇见，辄诃之，女卒不改。一日，西人子见之，凝注倾倒。女不避而笑。西人子谓女意属己，心益荡。女指墙底笑而下，西人子谓示约处，大悦。及昏而往，女果在焉。就而淫之，则阴如锥刺，痛彻于心，大号而踣。细视非女，则一枯木卧墙边，所接乃水淋窍也。邻父闻声，急奔研问，呻而不言。妻来，始以实告。蓺火烛窥，见中有巨蝎，如小蟹然，翁碎木捉杀之。负子至家，半夜寻卒。邻人讼生，讦发婴宁妖异。邑宰素仰生才，稔知其笃行士，谓邻翁讼诬，将杖责之，生为乞免，遂释而出。母谓女曰："憨狂尔尔，早知过喜而伏忧也。邑令神明，幸不牵累。设鹘突官宰，必逮妇女质公堂，我儿何颜见戚里？"女正色，矢不复笑。母曰："人罔不笑，但须有时。"而女由是竟不复笑，虽故逗之，亦终不笑，然竟日未尝有戚容。

一夕，对生零涕。异之。女哽咽曰："曩以相从日浅，言之恐致骇怪。今日察姑及郎，皆过爱无有异心，直告或无妨乎？妾本狐产。母临去，以妾托鬼母，相依十馀年，始有今日。妾又无兄弟，所恃者惟君。老母岑寂山阿，无人怜而合厝之，九泉辄为悼恨。君倘不惜烦费，使地下人消此怨恫，庶养女者不忍溺弃。"生诺之，然虑坟冢迷于荒草。女言无虑。刻日，夫妇舆榇而往。女于荒烟错楚中，指示墓处，果得媪尸，肤革犹存。女抚哭哀痛。舁归，寻秦氏墓合葬焉。是夜，生梦媪来称谢，寤而述之。女曰："妾夜见之，嘱勿惊郎君耳。"生恨不邀留。女曰："彼鬼也。生人多，阳气胜，何能久居？"生问小荣，曰："是亦狐，最黠。狐母留以视妾，每摄饵相哺，故德之常不去心。昨问母，云已嫁之。"由是岁值寒食，夫妇登秦墓，拜扫无缺。女逾年，生一子。在怀抱中，不畏生人，见人辄笑，亦大有母风云。

异史氏曰："观其孜孜憨笑，似全无心肝者。而墙下恶作剧，其黠孰甚焉。至凄恋鬼母，反笑为哭，我婴宁何常憨耶。窃闻山中有草，名'笑矣乎'，嗅之，则笑不可止。房中植此一种，则合欢、忘忧，并无颜色矣。若解语花，正嫌其作态耳。"

△ 阿 宝

粤西孙子楚，名士也。生有枝指；性迂讷，人诳之，辄信为真。或值座有歌妓，则必遥望却走。或知其然，诱之来，使妓狎逼之，则赪颜彻颈，汗珠珠下滴，因共为笑。遂貌其呆状，相邮传作丑语，而名之"孙痴"。

邑大贾某翁，与王侯埒富，姻戚皆贵胄。有女阿宝，绝色也，日择良匹，大家儿争委禽妆，皆不当翁意。生时失俪，有戏之者，劝其通媒，生殊不自揣，果从其教，翁素耳其名，而贫之。媒媪将出，适遇宝，问之，以告。女戏曰："渠去其枝指，余当归之。"媪告生。生曰："不难。"媒去，生以斧自断其指，大痛彻心，血益倾注，滨死。过数日，始能起，往见媒而示之。媪惊，奔告女；女亦奇之，戏请再去其痴。生闻而哗辨，自谓不痴，然无由见而自剖。转念阿宝未必美如天人，何遂高自位置如此？由是曩念顿冷。

会值清明，俗于是日，妇女出游，轻薄少年，亦结队随行，恣其月旦。有同社数人，强邀生去。或嘲之曰："莫欲一观可人否？"生亦知其戏己，然以受女揶揄故，亦思一见其人，忻然随众物色之。遥见有女子憩树下，恶少年环如墙堵。众曰："此必阿宝也。"趋之，果宝也。审谛之，娟丽无双。少倾，人益稠。女起，遽去。众情颠倒，品头题足，纷纷若狂；生独默然。及众他适，回视，生犹痴立故所，呼之不应。群曳之曰："魂随阿宝去耶？"亦不答。众以其素讷，故不为怪，或推之，或挽之，以归。至家，直上床卧，终日不起，冥如醉，唤之不醒。家人疑其失魂，招于旷野，莫能效。强拍问之，则朦胧应云："我在阿宝家。"及细诘之，又默不语，家人惶惑莫解。初，生见女去，意不忍舍，觉身已从之行，渐傍其衿带间，人无呵者。遂从女归，坐卧依之，夜辄与狎，甚相得。然觉腹中奇馁，思欲一返家门，而迷不知路。女每梦与人交，问其名，曰："我孙子楚也。"心异之，而不可以告人。生卧三日，气休休若将渐灭。家人大恐，托人婉告翁，欲一招魂其家。翁笑曰："平昔不相往还，何由遗魂吾家？"家人固哀之，翁始允。巫执故服、草荐以往。女诘得其故，骇极，不听他往，直导入室，任招呼而去。巫归至门，生榻上已呻。既醒，女室之香奁什具，何色何名，历言不爽。女闻之，益骇，阴感其情之深。

生既离床寝，坐立凝思，忽忽若忘。每伺察阿宝，希幸一再遘之。浴佛节，闻将降香水月寺，遂早旦往候道左，目眩睛劳。日涉午，女始至，自车中窥见生，以掺手搴帘，凝睇不转。生益动，尾从之。女忽命青衣来诘姓字。生殷勤自展，魂益摇。车去，始归。归复病，冥然绝食，梦中辄呼宝名，每自恨魂不复灵。家旧养一鹦鹉，忽毙，小儿持弄于床。生自念：倘得身为鹦鹉，振翼可达女室。心方注想，身已翩然鹦鹉，遽飞而去，直达宝所。女喜而扑之，锁其肘，饲以麻子。大呼曰："姐姐勿锁！我孙子楚也！"女大骇，解其缚，亦不去。女祝曰："深情已篆中心。今已人禽异类，姻好何可复圆？"鸟云："得近芳泽，于愿已足。"他人饲之，不食，女自饲之，则食；女坐，则集其膝，卧，则依其床。如是三日，女甚怜之。阴使人瞷生，生则僵卧，气绝已三日，但心头未冰耳。女又祝曰："君能复为人，当誓死相从。"鸟云："诳我！"女乃自矢。鸟侧目若有所思。少间，女束双弯，解履床下，鹦鹉骤下，衔履飞去。女急呼之，飞已远矣。

女使妪往探，则生已寤。家人见鹦鹉衔绣履来，堕地死，方共异之。生既苏，即索履，众莫知故。适妪至，入视生，问履所在。生曰："是阿宝信誓物。借口相覆，小生不忘金诺也。"妪反命，女益奇之，故使婢泄其情于母。母审之确，乃曰："此子才名亦不恶，但有相如之贫。择数年得婿若此，恐将为显者笑。"女以履故，矢不他。翁媪从之，驰报生。生喜，疾顿瘳。翁议赘诸家。女曰："婿不可久处岳家。况郎又贫，久益为人贱。儿既诺之，处蓬茅而甘藜藿，不怨也。"生乃亲迎成礼，相逢如隔世欢。

自是家得奁妆，小阜，颇增物产。而生痴于书，不知理家人生业。女善居积，亦不以他事累生，居三年，家益富。生忽病消渴，卒。女哭之痛，泪眼不晴，至绝眠食，劝之不纳，乘夜自经。婢觉之，急救而醒，终亦不食。三日，集亲党，将以殓生。闻棺中呻以息，启之，已复活。自言："见冥王，以生平朴诚，命作部曹。忽有人白：'孙部曹之妻将至。'王稽鬼录，言：'此未应便死。'又白：'不食三日矣。'王顾谓：'感汝妻节义，姑赐再生。'因使驭卒控马送余还。"由此体渐平。值岁大比，入闱之前，诸少年玩弄之，共拟隐僻之题七，引生僻处与语，言："此某家关节，敬秘相授。"生信之，昼夜揣摩，制成七艺，众隐笑之。时典试者虑熟题有蹈袭弊，力反常经，题纸下，七艺皆符。生以是抡魁。明年，举进士，授词林。上闻异，召问之，生具启奏，上大嘉悦。后召见阿宝，赏赉有加焉。

异史氏曰："性痴则其志凝，故书痴者文必工，艺痴者技必良。世之落拓而无成者，皆自谓不痴者也。且如粉花荡产，卢雉倾家，顾痴人事哉！以是知慧黠而过，乃是真痴，彼孙子何痴乎！"

——以上卷二

△ 连　城

乔生，晋宁人，少负才名。年二十馀，犹偃蹇，为人有肝胆。与顾生善，顾卒，时恤其妻子。邑宰以文相契重，宰终于任，家口淹滞不能归，生破产扶枢，往返二千馀里。以故士林益重之，而家由此益替。

史孝廉有女，字连城，工刺绣，知书，父娇爱之。出所刺倦绣图，征少年题咏，意在择婿。生献诗云："慵鬟高髻绿婆娑，早向兰窗绣碧荷。刺到鸳鸯魂欲断，暗停针线蹙双蛾。"又赞挑绣之工云："绣线挑来似写生，幅中花鸟自天成。当年织锦非长技，幸把回文感圣明。"女得诗喜，对父称赏，父贫之。女逢人辄称道，又遣媪矫父命，赠金以助灯火。生叹曰："连城我知己也！"倾怀结想，如饥思啖。

无何，女许字于鹾贾之子王化成，生始绝望，然梦魂中犹佩戴之。未几，女病瘵，沉痼不起，有西域头陀，自谓能疗，但须男子膺肉一钱，捣合药屑。史使人诣王家告婿，婿笑曰："痴老翁，欲我剜心头肉也！"使返。史乃言于人曰："有能割肉者妻之。"生闻而往，自出白刃，刲膺授僧。血濡袍裤，僧敷药始止。合药三丸，三日服尽，疾若失。史将践其言，先告王。王怒，欲讼官。史乃设筵招生，以千金列几上。曰："重负大德，请以相报。"因具白背盟之由。生怫然曰："仆所以不爱膺肉者，聊以报知己耳。岂货肉哉！"拂袖而归。女闻之，意良不忍，托媪慰谕之，且云："以彼才华，当不久落。天下何患无佳人？我梦不祥，三年必死，不必与人争此泉下物也。"生告媪曰："'士为知己者死'，不以色也。诚恐连城未必真知我，但得真知我，不谐何害？"媪代女郎矢诚自剖。生曰："果尔，相逢时，当为我一笑，死无憾！"媪既去。逾数日，生偶出，遇女自叔氏归，睨之，女秋波转顾，启齿嫣然。生大喜曰："连城真知我者！"

会王氏来议吉期，女前症又作，数月寻死。生往临吊，一痛而绝。史舁送其家。生自知已死，亦无所戚，出村去，犹冀一见连城。遥望南北一道，行人连绪如蚁，因亦混身杂迹其中。俄顷，入一廨署，值顾生，惊问："君何得来？"即把手将送令归。生太息，言："心事殊未了。"顾曰："仆在此典牍，颇得委任，倘可效力，不惜也。"生问连城，顾即导生旋转多所，见连城与一白衣女郎，泪睫惨黛，藉坐廊隅。见生至，骤起似喜，略问所来。生曰："卿死，仆何敢生！"连城泣曰："如此负义人，尚不吐弃之，身殉何为？然已不能许君今生，愿矢来世耳。"生告顾曰："有事君自去，仆乐死不愿生矣。但烦稽连城托生何里，行与俱去耳。"顾诺而去，白衣女郎问生何人，连城为缅述之，女郎闻之，若不胜悲。连城告生曰："此妾同姓，小字宾娘，长沙史太守女。一路同来，遂相怜爱。"生视之，意态怜人。方欲研问，而顾已返，向生贺曰："我为君平章已确，即教小娘子从君返魂，好否？"两人各喜。方将拜别，宾娘大哭曰："姊去，我安归？乞垂怜救，妾为姊捧帨耳。"连城凄然，无所为计，转谋生。生又哀顾，顾难之，峻辞以为不可，生固强之。乃曰："试妄为之。"去食顷而返，摇手曰："何如！诚万分不能为力矣！"宾娘闻之，宛转娇啼，惟依连城肘下，恐其即去。惨怛无术，相对默默，而睹其愁颜戚容，使人肺腑酸柔。顾生愤然曰："请携宾娘去，脱有愆尤，小生拼身受之!"宾娘乃喜,从生出,生忧其道远无侣。宾娘曰:"妾从君去,不愿归也。"生曰:"卿大痴矣!不归,何以得活也?他日至湖南,勿复走避,为幸多矣。"适有两媪摄牒赴长沙,生属宾娘,泣别而去。

途中,连城行蹇缓,里馀辄一息,凡十馀息,始见里门。连城曰:"重生后,惧有反覆,请索妾骸骨来,妾以君家生,当无悔也。"生然之。偕归生家。女惕惕若不能步,生伫待之。女曰:"妾至此,四肢摇摇,似无所主。志恐不遂,尚宜审谋,不然,生后何能自由?"相将入侧厢中。默定少时,连城笑曰:"君憎妾耶?"生惊问其故。赧然曰:"恐事不谐,重负君矣。请先以鬼报也。"生喜,极尽欢恋。因徘徊不敢遽生,寄厢中者三日。连城曰:"谚有之:'丑妇终须见姑嫜。'戚戚于此,终非久计。"乃促生入,才至灵寝,豁然顿苏。家人惊异,进以汤水。生乃使人要史来,请得连城之尸,自言能活之。史喜,从其言。方舁入室,视之已醒。告父曰:"儿已委身乔郎矣,更无归理。如有变动,但仍一死!"史归,遣婢往役给奉。王闻,具词申理,官受赂,判归王。生愤懑欲死,亦无奈之。连城至王家,忿不饮食,惟乞速死,室无人,则带悬梁上。越日,益惫,殆将奄逝,王惧,送归史;史复舁归生。王知之,亦无如何,遂安焉。连城起,每念宾娘,欲遣信探之,以道远而艰于往。一日,家人进曰:"门有车马。"夫妇出视,则宾娘已至庭中矣。相见悲喜。太守亲诣送女,生延入。太守曰:"小女子赖君复生,誓不他适,今从其志。"生叩谢如礼。孝廉亦至,叙宗好焉。生名年,字大年。

——以上卷三

◇ 罗刹海市

马骥,字龙媒,贾人子,美丰姿,少倜傥,喜歌舞。辄从梨园子弟,以锦帕缠头,美如好女,因复有"俊人"之号。十四岁,入郡庠,即知名。父衰老，罢贾而归，谓生曰："数卷书，饥不可煮，寒不可衣，吾儿可仍继父贾。"马由是稍稍权子母。从人浮海，为飘风引去，数昼夜至一都会。其人皆奇丑，见马至，以为妖，群哗而走。马初见其状，大惧，迨知国中之骇己也，遂反以此欺国人。遇饮食者，则奔而往，人惊遁，则啜其馀。久之，入山村，其间形貌亦有似人者，然褴褛如丐。马息树下，村人不敢前，但遥望之。久之，觉马非噬人者，始稍稍近就之。马笑与语，其言虽异，亦半可解。马遂自陈所自，村人喜，遍告邻里，客非能搏噬者。然奇丑者望望即去，终不敢前；其来者，口鼻位置，尚皆与中国同，共罗浆酒奉马，马问其相骇之故，答曰："尝闻祖父言：西去二万六千里，有中国，其人民形象率诡异。但耳食之，今始信。"问其何贫，曰："我国所重，不在文章，而在形貌。其美之极者，为上卿；次任民社；下焉者，亦邀贵人宠，故得鼎烹以养妻子。若我辈初生时，父母皆以为不祥，往往置弃之，其不忍遽弃者，皆为宗嗣耳。"问："此名何国?"曰："大罗刹国。都城在北去三十里。"马请导往一观。于是鸡鸣而兴，引与俱去。

天明，始达都。都以黑石为墙，色如墨，楼阁近百尺。然少瓦。覆以红石，拾其残块磨甲上，无异丹砂。时值朝退，朝中有冠盖出，村人指曰："此相国也。"视之，双耳皆背生，鼻三孔，睫毛覆目如帘。又数骑出，曰："此大夫也。"以次各指其官职，率狰狞怪异。然位渐卑，丑亦渐杀。无何，马归，街衢人望见之，噪奔跌蹶，如逢怪物。村人百口解说，市人始敢遥立。既归，国中咸知有异人，于是缙绅大夫，争欲一广见闻，遂令村人要马。每至一家，阍人辄阖户，丈夫女子窃窃自门隙中窥语，终一日，无敢延见者。村人曰："此间一执戟郎，曾为先王出使异国，所阅人多，或不以子为惧。"造郎门。郎果喜，揖为上客。视其貌，如八九十岁人。目睛突出，须卷如猬。曰："仆少奉王命，出使最多，独未至中华。今一百二十馀岁，又得见上国人物，此不可不上闻于天子。然臣卧林下，十馀年不践朝阶，早旦，为君一行。"乃具饮馔，修主客礼。酒数行，出女乐十馀人，更番歌舞。貌类夜叉，皆以白锦缠头，拖朱衣及地。扮唱不知何词，腔拍恢诡。主人顾而乐之。问："中国亦有此乐乎？"曰："有。"主人请拟其声，遂击桌为度一曲。主人喜曰："异哉！声如凤鸣龙啸，从未曾闻。"

翼日，趋朝，荐诸国王。王忻然下诏，有二三大夫，言其怪状，恐惊圣体，王乃止。郎出告马，深为扼腕。居久之，与主人饮而醉，把剑起舞，以煤涂面作张飞。主人以为美，曰："请君以张飞见宰相，厚禄不难致。"马曰："游戏犹可，何能易面目图荣显？"主人强之，马乃诺。主人设筵，邀当路者，令马绘面以待。客至，呼马出见客。客讶曰："异哉！何前媸而今妍也！"遂与共饮，甚欢。马婆娑歌《弋阳曲》，一座无不倾倒。明日，交章荐马，王喜，召以旌节。既见，问中国治安之道，马委曲上陈，大蒙嘉叹，赐宴离宫。酒酣，王曰："闻卿善雅乐，可使寡人得而闻之乎？"马即起舞，亦效白锦缠头，作靡靡之音。王大悦，即日拜下大夫。时与私宴，恩宠殊异。久而官僚知其面目之假，所至，辄见人耳语，不甚与款洽。马至是孤立，惘然不自安。遂上疏乞休致，不许；又告休沐，乃给三月假。

于是乘传载金宝，复归村。村人膝行以迎。马以金资分给旧所与交好者，欢声雷动。村人曰："吾侪小人受大夫赐，明日赴海市，当求珍玩以报。"问："海市何地？"曰："海中市，四海鲛人，集货珠宝。四方十二国，均来贸易。中多神人游戏。云霞障天，波涛间作。贵人自重，不敢犯险阻，皆以金帛付我辈，代购异珍。今其期不远矣。"问所自知，曰："每见海上朱鸟往来，七日即市。"马问行期，欲同游瞩，村人劝使自贵。马曰："我顾沧海客，何畏风涛？"未几，果有踵门寄资者，遂与装资入船。船容数十人，平底高栏。十人摇橹，激水如箭。凡三日，遥见水云幌漾之中，楼阁层叠，贸迁之舟，纷集如蚁。少时，抵城下，视墙上砖，皆长与人等，敌楼高接云汉。维舟而入，见市上所陈，奇珍异宝，光明射目，多人世所无。

一少年乘骏马来，市人尽奔避，云是"东洋三世子"。世子过，目生曰："此非异域人。"即有前马者来诘乡籍。生揖道左，具展邦族。世子喜曰："既蒙辱临，缘分不浅！"于是授生骑，请与连辔。乃出西城，方至岛岸，所骑嘶跃入水。生大骇失声。则见海水中分，屹如壁立。俄睹宫殿，玳瑁为梁，鲂鳞作瓦，四壁晶明，鉴影炫目。下马揖入。仰视龙君在上，世子启奏："臣游市廛，得中华贤士，引见大王。"生前拜舞。龙君乃言："先生文学士，必能衙官屈、宋。欲烦椽笔赋《海市》，幸无吝珠玉。"生稽首受命。授以水晶之砚，龙鬣之毫，纸光似雪，墨气如兰。生立成千馀言，献殿上。龙君击节曰："先生雄才，有光水国矣！"遂集诸龙族，宴集采霞宫。酒炙数行，龙君执爵向客曰："寡人所怜女，未有良匹，愿累先生。先生倘有意乎？"生离席愧荷，唯唯而已。龙君顾左右语。无何，宫女数人，扶女郎出，佩环声动，鼓吹暴作，拜竟睨之，实仙人也。女拜已而去。少时酒罢，双鬟挑画灯，导生入副宫，女浓妆坐伺。珊瑚之床，饰以八宝，帐外流苏，缀明珠如斗大，衾褥皆香奭。天方曙，雏女妖鬟，奔入满侧。生起，趋出朝谢。拜为驸马都尉。以其赋驰传诸海。诸海龙君，皆专员来贺，争折简招驸马饮。生衣绣裳，坐青虬，呵殿而出。武士数十骑，背雕弧，荷白棓，晃耀填拥。马上弹筝，车中奏玉。三日间，遍历诸海。由是"龙媒"之名，噪于四海。宫中有玉树一株，围可合抱，本莹澈，如白琉璃，中有心，淡黄色，稍细于臂，叶类碧玉，厚一钱许，细碎有浓阴。常与女啸咏其下。花开满树，状类蒼葡。每一瓣落，锵然作响。拾视之，如赤瑙雕镂，光明可爱。时有异鸟来鸣，毛金碧色，尾长于身，声等哀玉，恻人肺腑。生闻之，辄念故土。因谓女曰："亡出三年，恩慈间阻，每一念及，涕膺汗背。卿能从我归乎？"女曰："仙尘路隔，不能相依。妾亦不忍以鱼水之爱，夺膝下之欢。容徐谋之。"生闻之，涕不自禁。女亦叹曰："此势之不能两全者也！"明日，生自外归。龙王曰："闻都尉有故土之思，诘旦趣装，可乎？"生谢曰："逆旅孤臣，过蒙优宠，衔报之思，结于肺腑。容暂归省，当图复聚耳。"入暮，女置酒话别。生订后会，女曰："情缘尽矣。"生大悲，女曰："归养双亲，见君之孝，人生聚散，百年犹旦暮耳，何用作儿女哀泣？此后妾为君贞，君为妾义，两地同心，即伉俪也，何必旦夕相守，乃谓之偕老乎？若渝此盟，婚姻不吉。倘虑中馈乏人，纳婢可耳。更有一事相嘱：自奉衣裳，似有佳朕，烦君命名。"生曰："女耶，可名龙宫，男耶，可名福海。"女乞一物为信，生在罗刹国所得赤玉莲花一对，出以授女。女曰："三年后四月八日，君当泛舟南岛，还君体胤。"女以鱼革为囊，实以珠宝，授生曰："珍藏之，数世吃着不尽也。"天微明，王设祖帐，馈遗甚丰。生拜别出宫，女乘白羊车。送诸海涘。生上岸下马，女致声珍重，回车便去，少顷便远，海水复合，不可复见。生乃归。

自浮海去，家人无不谓其已死；及至家，人皆诧异。幸翁媪无恙，独妻已去帏。乃悟龙女"守义"之言，盖已先知也。父欲为生再婚，生不可，纳婢焉。谨志三年之期，泛舟岛中。见两儿坐在水面，拍流嬉笑，不动亦不沉。近引之，儿哑然捉生臂，跃入怀中。其一大啼，似嗔生之不援己者。亦引上之。细审之，一男一女，貌皆俊秀。额上花冠缀玉，则赤莲在焉。背有锦囊，拆视，得书云："翁姑俱无恙。忽忽三年，红尘永隔；盈盈一水，青鸟难通，结想为梦，引领成劳。茫茫蓝蔚，有恨如何也！顾念奔月姮娥，且虚桂府；投梭织女，犹怅银河。我何人斯，而能永好？兴思及此，辄复破涕为笑。别后两月，竟得孪生。今已啁啾怀抱，颇解言笑；觅枣抓梨，不母可活。敬以还君。所贻赤玉莲花，饰冠作信。膝头抱儿时，犹妾在左右也。闻君克践旧盟，意愿斯慰。妾此生不二，之死靡他。奁中珍物，不蓄兰膏；镜里新妆，久辞粉黛。君似征人，妾作荡妇，即置而不御，亦何得谓非琴瑟哉？独计翁姑已得抱孙，曾未一觌新妇，揆之情理，亦属缺然。岁后阿姑窀穸，当往临穴，一尽妇职。过此以往，则'龙宫'无恙，不少把握之期；'福海'长生，或有往还之路。伏惟珍重，不尽欲言。"生反覆省书揽涕。两儿抱颈曰："归休乎！"生益恸，抚之曰："儿知家在何许？"儿啼，呕哑言归。生视海水茫茫，极天无际，雾鬟人渺，烟波路穷。抱儿返棹，怅然遂归。

生知母寿不永，周身物悉为预具，墓中植松槚百馀。逾岁，媪果亡。灵舆至殡宫，有女子缞绖临穴。众惊顾，忽而风激雷轰，继以急雨，转瞬已失所在。松柏新植多枯，至是皆活。福海稍长，辄思其母，忽自投入海，数日始还。龙宫以女子不得往，时掩户泣。一日，昼暝，龙女急入，止之曰："儿自成家，哭泣何为？"乃赐八尺珊瑚一株，龙脑香一帖，明珠百粒，八宝嵌金合一双，为嫁资。生闻之突入，执手啜泣。俄顷，迅雷破屋，女已无矣。

异史氏曰："花面逢迎，世情如鬼。嗜痂之癖，举世一辙。'小惭小好，大惭大好'。若公然带须眉以游都市，其不骇而走，几希矣！彼陵阳痴子，将抱连城玉向何处哭也？呜呼！显荣富贵，当于蜃楼海市中求之耳！"

△ 促 织

宣德间，宫中尚促织之戏，岁征民间。此物故非西产。有华阴令欲媚上官，以一头进，试使斗而才，因责常供。令以责之里正。

市中游侠儿，得佳者笼养之，昂其直，居为奇货。里胥猾黠，假此科敛丁口，每责一头，辄倾数家之产。

邑有成名者，操童子业，久不售。为人迂讷，遂为猾胥报充里正役，百计营谋不能脱。不终岁，薄产累尽。会征促织，成不敢敛户口，而又无所赔偿，忧闷欲死。妻曰："死何益？不如自行搜觅，冀有万一之得。"成然之。早出暮归，提竹筒铜丝笼，于败堵丛草处探石发穴，靡计不施，迄无济。即捕三两头，又劣弱不中于款。宰严限追比，旬馀，杖至百，两股间脓血流离，并虫不能行捉矣。转侧床头，惟思自尽。时村中来一驼背巫，能以神卜。成妻具资诣问，见红女白婆，填塞门户。入其室，则密室垂帘，帘外设香几。问者爇香于鼎，再拜。巫从旁望空代祝，唇吻翕辟，不知何词，各各竦立以听。少间，帘内掷一纸出，即道人意中事，无毫发爽。成妻纳钱案上，焚香以拜。食顷，帘动，片纸抛落。拾视之，非字而画，中绘殿阁，类兰若，后小山下，怪石乱卧，针针丛棘，青麻头伏焉；旁一蟆，若将跳舞。展玩不可晓。然睹促织，隐中胸怀，折藏之，归以示成。成反复自念：得无教我猎虫所耶？细瞻景状，与村东大佛阁真逼似。乃强起扶杖，执图诣寺后，有古陵蔚起。循陵而走，见蹲石鳞鳞，俨然类画。遂于蒿莱中，侧听徐行，似寻针芥，寻之多时，绝无踪响。冥搜未已，一癞头蟆猝然跃去。成益愕，急逐之。蟆入草间，蹑迹披求，见有虫伏棘根，遽扑之，入石穴中。掭以尖草，不出，以筒水灌之，始出。状极俊健，逐而得之。审视：巨身修尾，青项金翅。大喜归，举家庆贺。于是上于盆而养之，蟹白栗黄，备极护爱。留待限期，以塞官责。

成之子窃发盆视之，虫径跃去；及扑入手，已股落腹裂，斯须就毙。儿惧，啼告母。母闻之，面色灰死，大骂曰："业根，死至矣！翁归，自与汝复算耳！"未几成入，闻妻言，如被冰雪。怒索儿，儿已投入井中。因而化怒为悲，抢呼欲绝。夫妻向隅，茅舍无烟，相对默然，不复聊赖。

日将暮，取儿藁葬，近抚之，气息惙然。喜置榻上，半夜复苏，夫妻心稍慰。但蟋蟀笼虚，顾之则气断声吞，亦不敢复究儿。自昏达曙，目不交睫。东曦既驾，僵卧长愁。忽闻门外虫鸣，惊起觇视，虫宛然尚在，喜而捕之。一鸣辄跃去，行且速。覆之以掌，虚若无物；手裁举，则又超而跃。急趁之，折过墙隅，迷其所往。徘徊四顾，见虫伏壁上。审谛之，短小，黑赤色，顿非前物。成以其小，劣之；惟彷徨瞻顾，寻所逐者。壁上小虫，忽跃落襟袖间，视之，形若土狗，梅花翅，方首长胫，意似良。喜而收之。将献公堂，惴惴恐不当意，思试之斗以觇之。

村中少年好事者，驯养一虫，自名"蟹壳青"，日与子弟角，无不胜。欲居之以为利，而高其直，亦无售者。径造庐访成。视成所蓄，掩口胡卢而笑。因出己虫，纳比笼中。成视之，庞然修伟，自增惭怍，不敢与较。少年固强之。顾念蓄劣物终无所用，不如拚博一笑。因合纳斗盆。小虫伏不动，蠢若木鸡。少年又大笑。试以猪鬣毛，撩拨虫须，仍不动。少年又笑。屡撩之，虫暴怒，直奔，遂相腾击，振奋作声。俄见小虫跃起，张尾伸须，直龁敌领。少年大骇，解令休止。虫翘然矜鸣，似报主知。成大喜。

方共瞻玩，一鸡瞥来，径进一啄。成骇立愕呼。幸啄不中，虫跃去尺有咫。鸡健进，逐逼之，虫已在爪下矣。成仓猝莫知所救，顿足失色。旋见鸡伸颈摆扑；临视，则虫集冠上，力叮不释。成益惊喜，掇置笼中。

翼日进宰。宰见其小，怒诃成。成述其异，宰不信。试与他虫斗，虫尽靡；又试之鸡，果如成言。乃赏成，献诸抚军。抚军大悦，以金笼进上，细疏其能。既入宫中，举天下所贡蝴蝶、螳螂、油利挞、青丝额，一切异状，遍试之，无出其右者。每闻琴瑟之声，则应节而舞。益奇之。上大嘉悦，诏赐抚臣名马衣缎。抚军不忘所自，无何，宰以"卓异"闻。宰悦，免成役；又嘱学使，俾入邑庠。由此以善养虫名，屡得抚军殊宠。不数岁，田百顷，楼阁万椽，牛羊蹄躈各千计。一出门，裘马过世家焉。

异史氏曰："天子偶用一物，未必不过此已忘；而奉行者即为定例。加之官贪吏虐，民日贴妇卖儿，更无休止。故天子一跬步，皆关民命，不可忽也。第成氏子以蠹贫，以促织富，裘马扬扬。当其为里正、受扑责时，岂意其至此哉！天将以酬长厚者，遂使抚臣、令尹并受促织恩荫。闻之："一人飞升，仙及鸡犬。信夫！"

——以上卷四

△ 小 谢

渭南姜部郎第，多鬼魅，常惑人，因徙去。留苍头门之而死，数易皆死，遂废之。里有陶生望三者，夙倜傥，好狎妓，酒阑辄去之。友人故使妓奔就之，亦笑内不拒，而实终夜无所沾染。常宿部郎家，有婢夜奔，生坚拒不乱，部郎以是契重之。家綦贫，又有"鼓盆之戚"；茅屋数椽，溽暑不堪其热，因请部郎，假废第。部郎以其凶故，却之，生因作"续无鬼论"献部郎，且曰："鬼何能为！"部郎以其请之坚，诺之。

生往除厅事。薄暮，置书其中，返取他物，则书已亡。怪之，仰卧榻上，静息以伺其变。食顷，闻步履声，睨之，见二女自房中出，所亡书送还案上。一约二十，一可十七八，并皆姝丽。逡巡立榻下，相视而笑。生寂不动。长者翘一足端生腹，少者掩口匿笑。生觉心摇摇若不自持，即急肃然端念，卒不顾。女近以左手抒髭，右手轻批颐颊，作小响，少者益笑。生骤起，叱曰："鬼物敢尔！"二女骇奔而散。生恐夜为所苦，欲移归，又耻其言不掩，乃挑灯读。暗中鬼影憧憧，略不顾瞻。夜将半，烛而寝。始交睫，觉人以细物穿鼻，奇痒大嚏，但闻暗处隐隐作笑声。生不语，假寐以俟之。俄见少女以纸条拈细股，鹤行鹭伏而至，生暴起呵之，飘窜而去。既寝，又穿其耳。终夜不堪其扰。鸡既鸣，乃寂无声，生始酣眠，终日无所睹闻。

既日下，恍惚出现。生遂夜炊，将以达旦。长者渐曲肱几上，观生读，既而掩生卷。生怒捉之，即已飘散；少间，又抚之。生以手按卷读。少者潜于脑后，交两手掩生目，瞥然去，远立以哂。生指骂曰："小鬼头！捉得便都杀却！"女子即又不惧。因戏之曰："房中纵送，我都不解，缠我无益。"二女微笑，转身向灶，析薪溲米，为生执爨。生顾而奖之曰："两卿此为，不胜慊跳耶？"俄顷，粥熟，争以匕、箸、陶碗置几上。生曰："感卿服役，何以报德？"女笑云："饭中溲合砒、酖矣。"生曰："与卿夙无嫌怨，何至以此相加。"啜已，复盛，争为奔走。生乐之，习以为常。

日渐稔，接坐倾语，审其姓名。长者云："妾秋容，乔氏，彼阮家小谢也。"又研问所由来，小谢笑曰："痴郎！尚不敢一呈身，谁要汝问门第，作嫁娶耶？"生正容曰："相对丽质，宁独无情；但阴冥之气，中人必死。不乐与居者，行可耳；乐与居者，安可耳。如不见爱，何必玷两佳人？如果见爱，何必死一狂生？"二女相顾动容，自此不甚虐弄之。然时而探手于怀，捋裤于地，亦置不为怪。

一日，录书未卒业而出，返则小谢伏案头，操管代录。见生，掷笔睨笑。近视之，虽劣不成书，而行列疏整。生赞曰："卿雅人也！苟乐此，仆教卿为之。"乃拥诸怀，把腕而教之画。秋容自外入，色乍变，意似妒。小谢笑曰："童时尝从父学书，久不作，遂如梦寐。"秋容不语。生喻其意，伪为不觉者，遂抱而授以笔，曰："我视卿能此否？"作数字而起，曰："秋娘大好笔力！"秋容乃喜。生于是折两纸为范，俾共临摹，生另一灯读。窃喜其各有所事，不相侵扰。仿毕，祗立几前，听生月旦。秋容素不解读，涂鸦不可辨认，花判已，自顾不如小谢，有惭色。生奖慰之，颜霁。二女由此师事生，坐为抓背，卧为按股，不惟不敢侮，争媚之。逾月，小谢书居然端好，生偶赞之。秋容大惭，粉黛淫淫，泪痕如线，生百端慰解之乃已。因教之读，颖悟非常，指示一过，无再问者。与生竞读，常至终夜。小谢又引其弟三郎来拜生门下，年十五六，姿容秀美，以金如意一钩为贽。生令与秋容执一经，满堂咿唔，生于此设鬼帐焉。部郎闻之喜，以时给其薪水。积数月，秋容与三郎皆能诗，时相酬唱。小谢阴嘱勿教秋容，生诺之；秋容阴嘱勿教小谢，生亦诺之。一日，生将赴试，二女涕泪相别。三郎曰："此行可以托疾免；不然，恐履不吉。"生以告疾为辱，遂行。先是，生好以诗词讥切时事，获罪于邑贵介，日思中伤之。阴赂学使，诬以行简，淹禁狱中。资斧绝，乞食于囚人，自分已无生理。忽一人飘忽而入，则秋容也，以馔具馈生。相向悲咽，曰："三郎虑君不吉，今果不谬。三郎与妾同来，赴院申理矣。"数语而出，人不之睹。越日，部院出，三郎遮道声屈，收之。秋容入狱报生，返身往侦之，三日不返。生愁饿无聊，度日如年。忽小谢至，怆惋欲绝，言："秋容归，经由城隍祠，被西廊黑判强摄去，逼充御媵。秋容不屈，今亦幽囚。妾驰百里，奔波颇殆；至北郭，被老棘刺吾足心，痛彻骨髓，恐不能再至矣。"因示之足，血殷凌波焉。出金三两，跛踦而没。部院勘三郎，素非瓜葛，无端代控，将杖之，扑地遂灭。异之。览其状，情词悲恻。提生面鞫，问："三郎何人？"生伪为不知。部院悟其冤，释之。既归，竟夕无一人。更阑，小谢始至，惨然曰："三郎在部院，被廨神押赴冥司；冥王因三郎义，令托生富贵家。秋容久锢，妾以状投城隍，又被按阁，不得入，且复奈何？"生忿然曰："黑老魅何敢如此！明日仆其像，践踏为泥，数城隍而责之。案下吏暴横如此，渠在醉梦中耶！"悲愤相对，不觉四漏将残，秋容飘然忽至。两人惊喜，急问。秋容泣下曰："今为郎万苦矣！判日以刀杖相逼，今夕忽放妾归，曰：'我无他意，原亦爱故；既不愿，固亦不曾污玷。烦告陶秋曹，勿见谴责。'"生闻少欢，欲与同寝，曰："今日愿与卿死。"二女戚然曰："向受开导，颇知义理，何忍以爱君者杀君乎？"执不可。然俯颈倾头，情均伉俪。二女以遭难故，妒念全消。会一道士途遇生，顾谓"身有鬼气"。生以其言异，具告之。道士曰："此鬼大好，不宜负他。"因书二符付生，曰："归授两鬼，任其福命。如闻门外有哭女者，吞符急出，先到者可活。"生拜受，归嘱二女。后月馀，果闻有哭女者，二女争奔而去。小谢忙急，忘吞其符。见有丧舆过，秋容直出，入棺而没；小谢不得入，痛哭而返。生出视，则富室郝氏殡其女。共见一女子入棺而去，方共惊疑；俄闻棺中有声，息肩发验，女已顿苏。因暂寄生斋外，罗守之。忽开目问陶生，郝氏研诘之，答云："我非汝女也。"遂以情告。郝未深信，欲异归，女不从，径入生斋，僵卧不起。郝乃识婿而去。

生就视之，面庞虽异，而光艳不减秋容，喜惬过望，殷叙平生。忽闻呜呜然鬼泣，则小谢哭于暗陬。心甚怜之，即移灯往，宽譬哀情，而衿袖淋浪，痛不可解，近晓始去。天明，郝以婢媪赍送香奁，居然翁婿矣。暮入帏房，则小谢又哭。如此六七夜。夫妇俱为惨动，不能成合卺之礼。生忧思无策，秋容曰："道士，仙人也。再往求，倘得怜救。"生然之。迹道士所在，叩伏自陈。道士力言"无术"，生哀不已。道士笑曰："痴生好缠人。合与有缘，请竭吾术。"乃从生来，索静室，掩扉坐，戒勿相问，凡十馀日，不饮不食。潜窥之，瞑若睡。一日晨兴，有少女搴帘入，明眸皓齿，光艳照人，微笑曰："跋履终日，惫极矣！被汝纠缠不了，奔驰百里外，始得一好庐舍，道人载与俱来矣。得见其人，便相交付耳。"敛昏。小谢至，女遽起迎抱之，翕然合为一体，仆地而僵。道士自室中出，拱手径去。拜而送之。及返，则女已苏。扶置床上，气体渐舒，但把足呻言趾股痠痛，数日始能起。

后生应试得通籍。有蔡子经者与同谱，以事过生，留数日。小谢自邻舍归，蔡望见之，疾趋相蹑，小谢侧身敛避，心窃怒其轻薄。蔡告生曰："一事深骇物听，可相告否？"诘之，答曰："三年前，少妹夭殒，经两夜而失其尸，至今疑念。适见夫人。何相似之深也？"生笑曰："山荆陋劣，何足以方君妹？然既系同谱，义即至切，何妨一献妻孥。"乃入内室，使小谢衣殉装出。蔡大惊曰："真吾妹也！"因而泣下。生乃具述其本末。蔡喜曰："妹子未死，吾将速归，用慰严慈。"遂去。过数日，举家皆至。后往来如郝焉。

异史氏曰："绝世佳人，求一而难之，何遽得两哉！事千古而一见，惟不私奔女者能遘之也。道士其仙耶？何术之神也！苟有其术，丑鬼可交耳。"

狼

　　有屠人货肉归，日已暮，欻一狼来，瞰担上肉，似甚垂涎，随屠尾行数里。屠惧，示以刀，少却；及走，又从之。屠思狼所欲者肉，不如悬诸树而早取之。遂钩肉，翘足挂树间，示以空担。狼乃止。屠归。昧爽往取肉，遥望树上悬巨物，似人缢死状，大骇。逡巡近视，则死狼也。仰首细审，见狼口中含肉，钩刺狼腭，如鱼吞饵。时狼皮价昂，直十馀金，屠小裕焉。缘木求鱼，狼则罹之，是可笑也！

　　一屠晚归，担中肉尽，止剩骨。途遇两狼，缀行甚远。屠惧，投以骨，一狼得骨止，一狼又从；复投之，后狼止而前狼又至；骨已尽，而两狼并驱如故。屠大窘，恐前后受其敌。顾野有麦场，场主以薪积其中，苫蔽成丘。屠乃奔倚其下，弛担持刀。狼不敢前，眈眈相向。少时，一狼径去；其一犬坐于前，久之，目似瞑，意暇甚。屠暴起，以刀劈狼首，又数刀毙之。转视积薪后，一狼洞其中，意将隧入以攻其后也。身已半入，露其尾，屠自后断其股，亦毙之。方悟前狼假寐，盖以诱敌。狼亦黠矣！而顷刻两毙，禽兽之变诈几何哉，止增笑耳！

　　一屠暮行，为狼所逼。道旁有夜耕者所遗行室，奔入伏焉。狼自苫中探爪入，屠急捉之，令出不去，但思无计可以死之。惟有小刀不盈寸，遂割破狼爪下皮，以吹豕之法吹之。极力吹移时，觉狼不甚动，方缚以带。出视，则狼胀如牛，股直不能屈，口张不得合。遂负之以归。非屠，乌能作此谋也！三事皆出于屠；则屠人之残，杀狼亦可用也。

　　——以上卷六

△ 梦 狼

白翁，直隶人。长子甲，筮仕南服，二年无耗。适有瓜葛丁姓造谒，翁款之。丁素走无常。谈次，翁辄问以冥事，丁对语涉幻；翁不深信，但微哂之。

别后数日，翁方卧，见丁又来，邀与同游。从之去，入一城阙，移时，丁指一门曰："此间君家甥也。"时翁有姊子为晋令，讶曰："乌在此？"丁曰："倘不信，入便知之。"翁入，果见甥，蝉冠豸绣坐堂上，戟幢行列，无人可通。丁曳之出，曰："公子衙署，去此不远，亦愿见之否？"翁诺。少间，至一第，丁曰："入之。"窥其门，见一巨狼当道，大惧不敢进。丁又曰："入之。"又入一门，见堂上、堂下，坐者、卧者，皆狼也。又视墀中，白骨如山，益惧。丁乃以身翼翁而进。公子甲方自内出，见父及丁良喜。少坐，唤侍者治肴蔌。忽一巨狼，衔死人入。翁战惕而起，曰："此胡为者？"甲曰："聊充庖厨。"翁急止之。心怔忡不宁，辞欲出，而群狼阻道。进退方无所主，忽见诸狼纷然嗥避，或窜床下，或伏几底。错愕不解其故，俄有两金甲猛士努目入，出黑索索甲。甲扑地化为虎，牙齿巉巉，一人出利剑，欲枭其首。一人曰："且勿，且勿，此明年四月间事，不如姑敲齿去。"乃出巨锤锤齿，齿零落堕地。虎大吼，声震山岳。翁大惧，忽醒，乃知其梦。心异之，遣人招丁，丁辞不至。翁志其梦，使次子诣甲，函戒哀切。既至，见兄门齿尽脱；骇而问之，醉中坠马所折，考其时，则父梦之日也。益骇。出父书。甲读之变色，间曰："此幻梦之适符耳，何足怪。"时方赂当路者，得首荐，故不以妖梦为意。弟居数日，见其蠹役满堂，纳贿关说者中夜不绝，流涕谏止之。甲曰："弟日居衡茅，故不知仕途之关窍耳。黜陟之权，在上台不在百姓。上台喜，便是好官；爱百姓，何术能令上台喜也？"弟知不可劝止，遂归，告父，翁闻之大哭。无可如何，惟捐家济贫，日祷于神，但求逆子之报，不累妻孥。

次年，报甲以荐举作吏部，贺者盈门；翁惟欷歔，伏枕托疾不出。未几，闻子归途遇寇，主仆殒命。翁乃起，谓人曰："鬼神之怒，止及其身，祐我家者不可谓不厚也。"因焚香而报谢之。慰藉翁者，咸以为道路讹传，惟翁则深信不疑，刻日为之营兆。而甲固未死。先是，四月间，甲解任，甫离境，即遭寇，甲倾装以献之。诸寇曰："我等来，为一邑之民泄冤愤耳，宁专为此哉！"遂决其首。又问家人："有司大成者谁是？"司故甲之腹心，助纣为虐者。家人共指之，贼亦杀之。更有蠹役四人，甲聚敛臣也，将携入都。——并搜决讫，始分资入囊，鸷驰而去。

甲魂伏道旁，见一宰官过，问："杀者何人？"前驱者曰："某县白知县也。"宰官曰："此白某之子，不宜使老后见此凶惨，宜续其头。"即有一人掇头置腔上，曰："邪人不宜使正，以肩承领可也。"遂去。移时复苏。妻子往收其尸，见有馀息，载之以行；从容灌之，亦受饮。但寄旅邸，贫不能归。半年许，翁始得确耗，遣次子致之而归。甲虽复生，而目能自顾其背，不复齿人数矣。翁姊子有政声，是年行取为御史，悉符所梦。

异史氏曰："窃叹天下之官虎而吏狼者，比比也。即官不为虎，而吏且将为狼，况有猛于虎者耶！夫人患不能自顾其后耳；苏而使之自顾，鬼神之教微矣哉！"

邹平李进士匡九，居官颇廉明。常有富民为人罗织，门役吓之曰："官索汝二百金，宜速办；不然，败矣！"富民惧，诺备半数。役摇手不可，富民苦哀之，役曰："我无不极力，但恐不允耳。待听鞫时，汝目睹我为若白之，其允与否，亦可明我意之无他也。"少间，公按是事。役知李戒烟，近问："饮烟否？"李摇其首。役即趋下曰："适言其数，官摇首不许，汝见之耶？"富民信之，惧，许如数。役知李嗜茶，近问："饮茶否？"李颔之。役托烹茶，趋下曰："谐矣！适首肯，汝见之耶？"既而审结，富民果获免，役即收其苞苴，且索谢金。呜呼！官自以为廉，而骂其贪者载道焉。此又纵狼而不自知者矣。世之如此类者更多，可为居官者备一鉴也。

△ 司文郎

平阳王平子，赴试北闱，赁居报国寺。寺中有馀杭生先在，王以比屋居，投刺焉，生不之答；朝夕遇之，多无状。王怒其狂悖，交往遂绝。

一日，有少年游寺中，白服裙帽，望之傀然。近与接谈，言语谐妙，心爱敬之。展问邦族，云："登州宋姓。"因命苍头设座，相对喔谈。馀杭生适过，共起逊坐。生居然上座，更不撝挹。卒然问宋："亦入闱者耶?"答曰："非也。驽骀之才，无志腾骧久矣。"又问："何省?"宋告之。生曰："竟不进取，足知高明。山左、右并无一字通者。"宋曰："北人固少通者，而不通者未必是小生；南人固多通者，然通者亦未必是足下。"言已，鼓掌，王和之，因而哄堂。生惭忿，轩眉攘腕而大言曰："敢当前命题，一校文艺乎?"宋他顾而哂曰："有何不敢!"便趋寓所，出经授王。王随手一翻，指曰："阙党童子将命。"生起，求笔札。宋曳之曰："口占可也。我破已成：'于宾客往来之地，而见一无所知之人焉。'"王捧腹大笑。生怒曰："全不能文，徒事嫚骂，何以为人!"王力为排难，请另命佳题。又翻曰："殷有三仁焉。"宋立应曰："三子者不同道，其趋一也。夫一者何也? 曰：仁也。君子亦仁而已矣，何必同?"生遂不作，起曰："其为人也小有才。"遂去。

王以此益重宋。邀入寓室，款言移晷，尽出所作质宋。宋流览绝疾，逾刻已尽百首，曰："君亦沉深于此道者? 然命笔时，无求必得之念，而尚有冀幸得之心，即此已落下乘。"遂取阅过者一一诠说。王大悦，师事之；使庖人以蔗糖作水角。宋啖而甘之，曰："生平未解此味，烦异日更一作也。"从此相得甚欢。宋三五日辄一至，王必为之设水角焉。馀杭生时一遇之，虽不甚倾谈，而傲睨之气顿减。一日，以窗艺示宋，宋见诸友圈赞已浓，目一过，推置案头，不作一语。生疑其未阅，复请之，答已览竟。生又疑其不解，宋曰："有何难解？但不佳耳！"生曰："一览丹黄，何知不佳？"宋便诵其文，如夙读者，且诵且訾。生踧踖汗流，不言而去。移时，宋去，生入，坚请王作，王拒之。生强搜得，见文多圈点，笑曰："此大似水角子！"王故朴讷，覥然而已。次日，宋至，王具以告。宋怒曰："我谓'南人不复反矣'，伧楚何敢乃尔！必当有以报之！"王力陈轻薄之戒以劝之，宋深感佩。

既而场后，以文示宋，宋颇相许。偶与涉历殿阁，见一瞽僧坐廊下，设药卖医。宋讶曰："此奇人也！最能知文，不可不一请教。"因命归寓取文。遇馀杭生，遂与俱来。王呼师而参之。僧疑其问医者，便诘症候。王具白请教之意，僧笑曰："是谁多口？无目何以论文？"王请以耳代目。僧曰："三作两千馀言，谁耐久听！不如焚之，我视以鼻可也。"王从之。每焚一作，僧嗅

司文郎

水角订交谈艺日
半生论荐英谀儒
冠冕佳摭象恭
文运眚目何须
怒试官

而颔之曰："君初法大家，虽未逼真，亦近似矣。我适受之以脾。"问："可中否？"曰："亦中得。"馀杭生未深信，先以古大家文烧试之。僧再嗅曰："妙哉！此文我心受之矣，非归、胡何解办此！"生大骇，始焚己作。僧曰："适领一艺，未窥全豹，何忽另易一人来也？"生托言："朋友之作，止此一首；此乃小生作也。"僧嗅其馀灰，咳逆数声，曰："勿再投矣！格格而不能下，强受之以膈，再焚，则作恶矣。"生惭而退。

数日榜放，生竟领荐；王下第。生与王走告僧。僧叹曰："仆虽盲于目，而不盲于鼻；帘中人并鼻盲矣。"俄馀杭生至，意气发舒，曰："盲和尚，汝亦啖人水角耶？今竟何如？"僧曰："我所论者文耳，不谋与君论命。君试寻诸试官之文，各取一首焚之，我便知孰为尔师。"生与王并搜之，止得八九人。生曰："如有舛错，以何为罚？"僧愤曰："剜我盲瞳去！"生焚之，每一首，都言非是；至第六篇，忽向壁大呕，下气如雷。众皆粲然。僧拭目向生曰："此真汝师也！初不知而骤嗅之，刺于鼻，棘于腹，膀胱所不能容，直自下部出矣！"生大怒，去，曰："明日自见！勿悔！勿悔！"

越二三日，竟不至；视之已移去矣。乃知即某门生也。宋慰王曰："凡吾辈读书人，不当尤人，但当克己；不尤人则德益弘，能克己则学益进。当前踬落，固是数之不偶；平心而论，文亦未便登峰，其由此砥砺，天下自有不盲之人。"王肃然起敬。又闻次年再行乡试，遂不归，止而受教。宋曰："都中薪桂米珠，勿忧资斧。舍后有窖镪，可以发用。"即示之处。王谢曰："昔窦、范贫而能廉，今某幸能自给，敢自污乎？"王一日醉眠，仆及庖人窃发之。王忽觉，闻舍后有声，窃出，则金堆地上。情见事露，并相愧伏。方诃责间，见有金爵，类多镌款，审视，皆大父字讳。盖王祖曾为南部郎，入都寓此，暴病而卒，金其所遗也。王乃喜，秤得金八百馀两。明日告宋，且示之爵，欲与瓜分，固辞乃已。以百金往赠瞽僧，僧已去。积数月，敦习益苦。及试，宋曰："此战不捷，始真是命矣！"俄以犯规被黜。王尚无言，宋大哭，不能止，王反慰解之。宋曰：

"仆为造物所忌，困顿至于终身，今又累及良友。其命也夫！其命也夫！"王曰："万事固有数在。如先生乃无志进取，非命也。"宋拭泪曰："久欲有言，恐相惊怪。某非生人，乃飘泊之游魂也。少负才名，不得志于场屋。佯狂至都，冀得知我者，传诸著作。甲申之年，竟罹于难，岁岁飘蓬。幸相知爱，故极力为'他山'之攻，生平未酬之愿，实欲借良朋一快之耳。今文字之厄若此，谁复能漠然哉！"王亦感泣，问："何淹滞？"曰："去年上帝有命，委宣圣及阎罗王核查劫鬼，上者备诸曹任用，馀者即俾转轮。贱名已录，所未投到者，欲一见飞黄之快耳。今请别矣！"王问："所考何职？"曰："梓潼府中缺一司文郎，暂令聋僮署篆，文运所以颠倒。万一幸得此秩，当使圣教昌明。"

明日，忻忻而至，曰："愿遂矣！宣圣命作'性道论'，视之色喜，谓可司文。阎罗稽簿，欲以'口孽'见弃。宣圣争之，乃得就。某伏谢已，又呼近案下，嘱云：'今以怜才，拔充清要；宜洗心供职，勿蹈前愆。'此可知冥中重德行更甚于文学也。君必修行未至，但积善勿懈可耳。"王曰："果尔，馀杭其德行何在？"曰："不知。要冥司赏罚，皆无少爽。即前日瞽僧，亦一鬼也，是前朝名家。以生前抛弃字纸过多，罚作瞽。彼自欲医人疾苦，以赎前愆，故托游廛肆耳。"王命置酒，宋曰："无须。终岁之扰，尽此一刻，再为我设水角足矣。"王悲怆不食，坐令自啖。顷刻，已过三盛，捧腹曰："此餐可饱三日，吾以志君德耳。向所食，都在舍后，已成菌矣。藏作药饵，可益儿慧。"王问后会，曰："既有官责，当引嫌也。"又问："梓潼祠中，一相酹祝，可能达否？"曰："此都无益。九天甚远，但洁身力行，自有地司牒报，则某必与知之。"言已，作别而没。王视舍后，果生紫菌，采而藏之。旁有新土坟起，则水角宛然在焉。

王归，弥自刻厉。一夜，梦宋舆盖而至，曰："君向以小忿，误杀一婢，削去禄籍，今笃行已折除矣。然命薄不足任仕进也。"是年，捷于乡，明年，春闱又捷。遂不复仕。生二子，其一绝钝，啖以菌，遂大慧。后以故诣金陵，遇馀杭生于旅次，极道契阔，深自降抑，然鬓毛斑矣。

异史氏曰："馀杭生公然自诩，意其为文，未必尽无可观；而骄诈之意态颜色，遂使人顷刻不可复忍。天人之厌弃已久，故鬼神皆玩弄之。脱能增修厥德，则帘内之'刺鼻棘心'者，遇之正易，何所遭之仅也。"

——以上卷八

△ 贾奉雉

贾奉雉，平凉人。才名冠世，而试辄不售。一日，途中遇一秀才，自言姓郎，风格飘洒，谈言微中。因邀俱归，出课艺就正。郎读之，不甚称许，曰："足下文，小试取第一则有馀，大场取榜尾亦不足。"贾曰："奈何？"郎曰："天下事，仰而跂之则难，俯而就之甚易，此何须鄙人言哉！"遂指一二人、一二篇以为标准，大率贾所鄙弃而不屑道者。贾笑曰："学者立言，贵乎不朽，即味列八珍，当使天下不以为泰耳。如此猎取功名，虽登台阁，犹为贱也。"郎曰："不然。文章虽美，贱则弗传。君将抱卷以终也则已；不然，帘内诸官，皆以此等物事进身，恐不能因阅君文，另换一副眼睛肺肠也。"贾终默然。郎起笑曰："少年盛气哉！"遂别而去。

是秋入闱复落，邑邑不得志，颇思郎言，遂取前所指示者强读之。未至终篇，昏昏欲睡，心惶惑无以自主。又三年，闱场将近，郎忽至，相见甚欢。因出所拟七题使贾作之。越日，索文而阅，不以为可。又令复作，作已，又訾之。贾戏于落卷中，集其觕冗泛滥，不可告人之句，连缀成文，俟其来而示之。郎喜曰："得之矣！"因使熟记，坚嘱勿忘。贾笑曰："实相告：此言不由中，转瞬即去，便受夏楚，不能复忆之也。"郎坐案头，强令自诵一遍；因使袒背，以笔写符而去，曰："只此已足，可以束阁群书矣。"验其符，濯之不下，深入肌理。

入场七题，无一遗者。回思诸作，茫不记忆，惟戏缀之文，历历在心。然把笔终以为羞；欲少窜易，而颠倒苦思，更不能复易一字。日已西坠，直录而去。郎候之已久，问："何暮也？"贾以实告，即求拭符；视之，已漫灭矣。再忆场中文，遂如隔世。大奇之，因问："何不自谋？"笑曰："某惟不作此等想，故不能读此等文也。"遂约明日过其寓。贾曰："诺。"郎去，贾复取文自阅，大非本怀，怏怏自失，不复访郎，嗒丧而归。榜发，竟中经魁。复阅旧稿，汗透重衣，自言曰："此文一出，何以见天下士乎！"正惭怍间，郎忽至曰："求中即中矣，何其闷也？"曰："仆适自念，以金盆玉碗贮狗矢，真无颜出见同人。行将遁迹山林，与世长辞矣。"郎曰："此论亦高，但恐不能耳。若果能，仆引见一人，长生可得，并千载之名，亦不足恋，况侥来之富贵乎！"贾悦，留与共宿，曰："容某思之。"天明，谓郎曰："吾志决矣！"不告妻子，飘然遂去。

渐入深山，至一洞府。有叟坐堂上，郎使参之，呼以师。叟曰："来何早也？"郎曰："此人道念已坚，望加收齿。"叟曰："汝既来，须将此身并置度外，始得。"贾唯唯听命。郎送至一院，安其寝处，又投以饵，始去。房亦精洁；但户无扉，窗无棂，内惟一几一榻。贾解履登榻，月明穿射；觉微饥，取饵啖之，甘而易饱。因即寂坐，但觉清香满室，脏腑空明，脉络皆可指数。忽闻有声甚厉，似猫抓痒，自牖窥之，则虎蹲檐下。乍见，甚惊；因忆师言，收神凝坐。虎似知有其人，寻入近榻，气咻咻，遍嗅足股。少间，闻庭中噪动，如鸡受缚，虎即趋出。

又坐少时，一美人入，兰麝扑人，悄然登榻，附耳小言曰："我来矣。"一言之间，口脂散馥。贾瞑然不少动。又低声曰："睡乎？"声音颇类其妻，心微动。又念曰："此皆师相试之幻术也。"瞑如故。美人曰："鼠子动矣！"初，夫妻与婢同室，狎亵惟恐婢闻，私约一谜曰："鼠子动，则相欢好。"忽闻是语，不觉大动，开目凝视，真其妻也。问："何能来？"答云："郎生恐君岑寂思归，遣一妪导我来。"言次，因贾出门不相告语，偎傍之际，颇有怨怼。贾慰藉良久，始得嬉笑为欢。既毕，夜已向晨，闻曳譙呵声，渐近庭院。妻急起，无地自匿，遂越短墙而去。俄顷，郎从曳入。曳对贾杜郎，便令逐客。郎亦引贾自短墙出，曰："仆望君奢，不免躁进；不图情缘未断，累受扑责。从此暂别，相见行有日矣。"指示归途，拱手遂别。

贾俯视故村，故在目中。意妻弱步，必滞途间。疾趋里馀，已至家门，但见房垣零落，旧景全非，村中老幼，竟无一相识者，心始骇异。忽念刘、阮返自天台，情景真似。不敢入门，于对户憩坐。良久，有老翁曳杖出。贾揖之，问："贾某家何所？"翁指其第曰："此即是也。得无欲闻奇事耶？仆悉知之。相传此公闻捷即遁；遁时，其子才七八岁。后至十四五岁，母忽大睡不醒。子在时，寒暑为之易衣；迨后穷蹙，房舍拆毁，惟以木架苫覆蔽之。月前，夫人忽醒，屈指百馀年矣。远近闻其异，皆来访视，近日稍稀矣。"贾豁然顿悟，曰："翁不知贾奉雉即某是也。"翁大骇，走报其家。

时长孙已死；次孙祥，至五十馀矣。以贾年少，疑有诈伪。少间，夫人出，始识之。双涕霏霏，呼与俱去。苦无屋宇，暂入孙舍。大小男妇，奔入盈侧，皆其曾、玄，率陋劣少文。长孙妇吴氏，沽酒具藜藿；又使少子杲及妇，与已同室，除舍舍祖翁姑。贾入舍，烟埃儿溺，杂气熏人。居数日，懊恼殊不可耐。两孙家分供餐饮，调饪尤乖。里中以贾新归，日日招饮；而夫人恒不得一饱。吴氏故士人女，颇娴闺训，承顺不衰。祥家给奉渐疏，或呼而与之。贾怒，携夫人去，设帐东里。每谓夫人曰："吾甚悔此一返，而已无及矣。不得已，复理旧业，若心无愧耻，富贵不难致也。"居年馀，吴氏犹时馈赠，而祥父子绝迹矣。是岁，试入邑庠。宰重其文，厚赠之，由此家稍裕。祥稍稍来近就之。贾唤入，计囊所耗费，出金偿之，斥绝令去。遂买新第，移吴氏共居之，吴二子，长者留守旧业；次杲颇慧，使与门人辈共笔砚。

贾自山中归，心思益明澈，遂连捷登进士。又数年，以侍御出巡两浙，声名赫奕，歌舞楼台，一时称盛。贾为人鲠峭，不避权贵，朝中大僚，思中伤之。贾屡疏恬退，未蒙俞允，未几而祸作矣。先是，祥六子皆无赖，贾虽摈斥不齿，然皆窃馀势以作威福，横占田宅，乡人共患之。有某乙娶新妇，祥次子篡娶为妾。乙故狙诈，乡人敛金助讼，以此闻于都。当道交章劾贾。贾殊无以自剖，被收经年。祥及次子皆瘐死。贾奉旨充辽阳军。

时杲入泮已久，人颇仁厚，有贤声。夫人生一子，年十六，遂以嘱杲，夫妻携一仆一媪而去。贾曰："十馀年之富贵，曾不如一梦之久。今始知荣华之场，皆地狱境界，悔比刘晨、阮肇，多造一重孽案耳。"数日抵海岸，遥见巨舟来，鼓乐殷作，虞候皆如天神。既近，舟中一人出，笑请侍御过舟少憩。贾见惊喜，踊身而过，押吏不敢禁。夫人急欲相从，而相去已远，遂愤投海中。漂泊数步，见一人垂练于水，引救而去。隶命篙师荡舟，且追且号，但闻鼓声如雷，与轰涛相间，瞬间遂杳。仆识其人，盖郎生也。

异史氏曰："世传陈大士在闱中，书艺既成，吟诵数四，叹曰：'亦复谁人识得！'遂弃而更作，以故闱墨不及诸稿。贾生羞而遁去，盖亦有仙骨焉。乃再返人世，遂以口腹自贬，贫贱之中人甚矣哉！"

——以上卷十

△ 香 玉

劳山下清宫，耐冬高二丈，大数十围，牡丹高丈馀，花时璀璨似锦。

胶州黄生，舍读其中。一日，自窗中见女郎，素衣掩映花间。心疑观中焉得此，趋出，已遁去。自此屡见之。遂隐身丛树中，以伺其至。未几，女郎又偕一红裳者来，遥望之，艳丽双绝。行渐近，红裳者却退，曰："此处有生人！"生暴起。二女惊奔，袖裙飘拂，香风洋溢，追过短墙，寂然已杳，爱慕弥切，因题句树下云："无限相思苦，含情对短窗。

恐归沙吒利，何处觅无双？"归斋冥思。女郎忽入，惊喜承迎。女笑曰：
"君汹汹似强寇，令人恐怖；不知君乃骚雅士，无妨相见。"生叩生平，
曰："妾小字香玉，隶籍平康巷。被道士闭置山中，实非所愿。"生问：
"道士何名？当为卿一涤此垢。"女曰："不必，彼亦未敢相逼。借此与风
流士长作幽会，亦佳。"问："红衣者谁？"曰："此名绛雪，乃妾义姊。"
遂相狎。及醒，曙色已红。女急起，曰："贪欢忘晓矣。"着衣易履，且
曰："妾酬君作，勿笑：'良夜更易尽，朝暾已上窗。愿如梁上燕，栖处
自成双。'"生握腕曰："卿秀外惠中，令人爱而忘死。顾一日之去，如
千里之别。卿乘间当来，勿待夜也。"女诺之。由此凤夜必偕。每使邀绛
雪来，辄不至，生以为恨。女曰："绛姐性殊落落，不似妾情痴也。当从
容劝驾，不必过急。"一夕，女惨然入曰："君陇不能守，尚望蜀耶？今
长别矣。"问："何之？"以袖拭泪，曰："此有定数，难为君言。昔日佳
作，今成谶语矣。'佳人已属沙吒利，义士今无古押衙'，可为妾咏。"诘
之不言，但有呜咽。竟夜不眠，早旦而去。生怪之。

次日有即墨蓝氏，入宫游瞩，见白牡丹，悦之，掘移径去。生始悟香
玉乃花妖也，怅惋不已。过数日，闻蓝氏移花至家，日就萎悴。恨极，作
哭花诗五十首，日日临穴涕洟。

一日，凭吊方返，遥见红衣人挥涕穴侧。从容近就，女亦不避。生因
把袂，相向汍澜。已而挽请入室，女亦从之。叹曰："童稚姊妹，一朝断
绝！闻君哀伤，弥增妾怆。泪堕九泉，或当感诚再作；然死者神气已散，
仓卒何能与吾两人共谈笑也。"生曰："小生薄命，妨害情人，当亦无福
可消双美。曩频烦香玉道达微忱，胡再不临？"女曰："妾以年少书生，
什九薄幸；不知君固至情人也。然妾与君交，以情不以淫。若昼夜狎昵，
则妾所不能矣。"言已，告别。生曰："香玉长离，使人寝食俱废。赖卿
少留，慰此怀思，何决绝如此！"女乃止，过宿而去。数日不复至。冷雨
幽窗，苦怀香玉，辗转床头，泪凝枕席。揽衣更起，挑灯复踵前韵曰：
"山院黄昏雨，垂帘坐小窗。相思人不见，中夜泪双双。"诗成自吟。忽

窗外有人曰："作者不可无和。"听之，绛雪也。启户内之。女视诗，即续其后曰："连袂人何处？孤灯照晚窗。空山人一个，对影自成双。"生读之泪下，因怨相见之疏。女曰："妾不能如香玉之热，但可少慰君寂寞耳。"生欲与狎。曰："相见之欢，何必在此。"

于是至无聊时，女辄一至。至则宴饮唱酬，有时不寝遂去，生亦听之。谓曰："香玉吾爱妻，绛雪吾良友也。"每欲相问：

"卿是院中第几株？乞早见示，仆将抱植家中，免似香玉被恶人夺去，贻恨百年。"女曰："故土难移，告君亦无益也。妻尚不能终从，况友乎！"生不听，捉臂而出，每至牡丹下，辄问："此是卿否？"女不言，掩口笑之。旋生以腊归过岁。至二月间，忽梦绛雪至，愀然曰："妾有大难！君急往，尚得相见；迟无及矣。"醒而异之，急命仆马，星驰至山。则道士将建屋，有一耐冬，碍其营造，工师将纵斤矣。生急止之。入夜，绛雪来谢。生笑曰："向不实告，宜遭此厄！今已知卿；如卿不至，当以艾炷相炙。"女曰："妾固知君如此，曩故不敢相告也。"坐移时，生曰："今对良友，益思艳妻。久不哭香玉，卿能从我哭乎?"二人乃往，临穴洒涕。更馀，绛雪收泪劝止。

又数夕，生方寂坐，绛雪笑入曰："报君喜信：花神感君至情，俾香玉复降宫中。"生问："何时?"答曰："不知，约不远耳。"天明下榻，生嘱曰："仆为卿来。勿长使人孤寂。"女笑诺。两夜不至。生往抱树，摇动抚摩，频唤无声。乃返，对灯团艾，将往灼树。女遽入，夺艾弃之，曰："君恶作剧，使人创痏，当与君绝矣!"生笑拥之。坐未定，香玉盈盈而入。生望见，泣下流离，急起把握。香玉以一手握绛雪，相对悲哽。及坐，生把之觉虚，如手自握，惊问之，香玉泫然曰："昔，妾花之神，故凝；今，妾花之鬼，故散也。今虽相聚，勿以为真，但作梦寐观可耳。"绛雪曰："妹来大好!我被汝家男子纠缠死矣。"遂去。

香玉款笑如前；但偎傍之间，仿佛以身就影。生悒悒不乐。香玉亦俯仰自恨，乃曰："君以白蔹屑，少杂硫黄，日酹妾一杯水，明年此日报君恩。"别去。明日，往观故处，则牡丹萌生矣。生乃日加培植，又作雕栏以护之。香玉来，感激倍至。生谋移植其家，女不可，曰："妾弱质，不堪复戕。且物生各有定处，妾来原不拟生君家，违之反促年寿。但相怜爱，合好自有日耳。"生恨绛雪不至。香玉曰："必欲强之使来，妾能致之。"乃与生挑灯至树下，取草一茎，布掌作度，以度树本，自下而上，至四尺六寸，按其处，使生以两爪齐搔之。俄见绛雪从背后出，笑骂曰："婢子来，助桀为虐耶!"牵挽并入。香玉曰："姊勿怪!暂烦陪侍郎君，一年后不相扰矣。"从此遂以为常。

生视花芽，日益肥茂，春尽，盈二尺许。归后，以金遗道士，嘱令朝夕培养之。次年四月至宫，则花一朵，含苞未放；方流连间，花摇摇欲坼；少时已开，花大如盘，俨然有小美人坐蕊中，裁三四指许；转瞬飘然欲下，则香玉也。笑曰："妾忍风雨以待君，君来何迟也!"遂入室。绛雪亦至，笑曰："日日代人作妇，今幸退而为友。"遂相谈宴。至中夜，绛雪乃去，二人同寝，款洽一如从前。后生妻卒，生遂入山不归。是时，牡丹已大如臂。生每指之曰："我他日寄魂于此，当生卿之左。"二女笑曰："君勿忘之。"

后十馀年，忽病。其子至，对之而哀。生笑曰："此我生期，非死期也，何哀为！"谓道士曰："他日牡丹下有赤芽怒生，一放五叶者，即我也。"遂不复言。子舆之归家。即卒。次年，果有肥芽突出，叶如其数。道士以为异，益灌溉之。三年，高数尺，大拱把，但不花。老道士死，其弟子不知爱惜，斫去之。白牡丹亦憔悴死；无何，耐冬亦死。

异史氏曰："情之至者，鬼神可通。花以鬼从，而人以魂寄，非其结于情者深耶？一去而两殉之，即非坚贞，亦为情死矣。人不能贞，亦其情之不笃耳。仲尼读唐棣而曰'未思'，信矣哉！"

——以上卷十一

《聊斋志异》之作法，于义诚有未妥，然以传奇派之小说论，则本唐人说部而加恢奇，颇多佳制，在文学上之价值，非《阅微草堂笔记》暨《右台仙馆笔记》所逮。

徐一士《一士类稿》

审定者：运城学院 李安纲

全书总字数：589751

用字量：4486

西游记

59

《西游记》，中国古典四大名著之一，明吴承恩著。吴承恩（约1500—约1582），字汝忠，号射阳山人，先世江苏涟水人，后徙淮安山阳。科举屡遭挫折，嘉靖中补贡生，后任浙江长兴县丞，耻为五斗米折腰，拂袖归，潜心著述，晚年作《西游记》。

《西游记》讲述的是唐僧师徒四人西行取经的故事，源出玄奘《大唐西域记》。吴承恩在历代有关诗话和杂剧的基础上，将此传统题材重新加以改造，再创作成为一部具有现实意义的神话小说。全书共100回，由众多独立的取经小故事串连而成，正是"过了这座山，又逢那个洞"，高潮迭起，悬念层出，读之让人欲罢不能。

高频字

道	不	一	了	那	我	是	来	他	个	行

△ 第七回　八卦炉中逃大圣　五行山下定心猿

富贵功名，前缘分定，为人切莫欺心。正大光明，忠良善果弥深。些些狂妄天加谴，眼前不遇待时临。问东君因甚，如今祸害相侵。只为心高图罔极，不分上下乱规箴。

话表齐天大圣被众天兵押去斩妖台下，绑在降妖柱上，刀砍斧剁，枪刺剑刳，莫想伤及其身。南斗星奋令火部众神，放火煨烧，亦不能烧着。又着雷部众神，以雷屑钉打，越发不能伤损一毫。那大力鬼王与众启奏道："万岁，这大圣不知是何处学得这护身之法，臣等用刀砍斧剁，雷打火烧，一毫不能伤损，却如之何？"

玉帝闻言道："这厮这等，这等，如何处治？"太上老君即奏道："那猴吃了蟠桃，饮了御酒，又盗了仙丹。我那五壶丹，有生有熟，被他都吃在肚里，运用三昧火，锻成一块，所以浑做金钢之躯，急不能伤。不若与老道领去，放在八卦炉中，以文武火锻炼。炼出我的丹来，他身自为灰烬矣。"玉帝闻言，即教六丁、六甲将他解下，付与老君。老君领旨去讫，一壁厢宣二郎显圣，赏赐金花百朵，御酒百瓶，还丹百粒，异宝明珠，锦绣等件，教与义兄弟分享。真君谢恩，回灌江口不题。

那老君到兜率宫，将大圣解去绳索，放了穿琵琶骨之器，推入八卦炉中，命看炉的道人，架火的童子，将火扇起锻炼。原来那炉是乾、坎、艮、震、巽、离、坤、兑八卦。他即将身钻在巽宫位下。巽乃风也，有风则无火，只是风搅得烟来，把一双眼焰红了，弄做个老害病眼，故唤作"火眼金睛"。

真个光阴迅速，不觉七七四十九日，老君的火候俱全。忽一日，开炉取丹。那大圣双手侮着眼，正自揉搓流涕，只听得炉头声响，猛睁睛看见光明，他就忍不住将身一纵，跳出丹炉，"唿喇"一声，蹬倒八卦炉，往外就走。慌得那架火看炉与丁甲一班人来扯，被他一个个都放倒，好似癫痫的白额虎，风狂的独角龙。老君赶上抓一把，被他一捽，捽了个倒栽葱，脱身走了。即去耳中掣出如意棒，迎风幌一幌，碗来粗细，依然拿在手中，不分好歹，却又大乱天宫，打得那九曜星闭门闭户，四天王无影无形。好猴精！有诗为证。诗曰：

混元体正合先天，万劫千番只自然。

渺渺无为浑太乙，如如不动号初玄。

炉中久炼非铅汞，物外长生是本仙。

变化无穷还变化，三皈五戒总休言。

又诗：

一点灵光彻太虚，那条拄杖亦如之。

或长或短随人用，横竖横排任卷舒。

又诗：

猿猴道体配人心，心即猿猴意思深。

大圣齐天非假论，官封弼马是知音。

马猿合作心和意，紧缚牢拴莫外寻。

万相归真从一理，如来同契住双林。

这一番，那猴王不分上下，使铁棒东打西敌，更无一神可挡。只打到通明殿里，灵霄殿外。幸有佑圣真君的佐使王灵官执殿。他看大圣纵横，掣金鞭近前挡住道："泼猴何往！有吾在此，切莫猖狂！"这大圣不由分说，举棒就打，那灵官鞭起相迎。两个在灵霄殿前厮浑一处。好杀——

赤胆忠良名誉大，欺天诳上声名坏。一低一好幸相持，豪杰英雄同赌赛。铁棒凶，金鞭快，正直无私怎忍耐？这个是太乙雷声应化尊，那个是齐天大圣猿猴怪。金鞭铁棒两家能，都是神宫仙器械。今日在灵霄宝殿弄威风，各展雄才真可爱。一个欺心要夺斗牛宫，一个竭力匡扶玄圣界。苦争不让显神通，鞭棒往来无胜败。

他两个斗在一处，胜败未分，早有佑圣真君，又差将佐发文到雷府，调三十六员雷将齐来，把大圣围在垓心，各骋凶恶鏖战。那大圣全无一毫惧色，使一条如意棒，左遮右挡，后架前迎。一时，见那众雷将的刀枪剑戟、鞭简挝锤、钺斧金瓜、旄镰月铲、来的甚紧。他即摇身一变，变做三头六臂；把如意棒幌一幌，变作三条；六只手使开三条棒，好便似纺车儿一般，滴流流，在那垓心里飞舞，众雷神莫能相近。真个是——

圆陀陀，光灼灼，亘古常存人怎学？入火不能焚，入水何曾溺？光明一颗摩尼珠，剑戟刀枪伤不着。也能善，也能恶，眼前善恶凭他作。善时成佛与成仙，恶处披毛并带角。无穷变化闹天宫，雷将神兵不可捉。

当时众神把大圣攒在一处，却不能近身，乱嚷乱斗，早惊动玉帝。遂传旨着游奕灵官同翊圣真君上西方请佛老降伏。

那二圣得了旨，径到灵山胜境，雷音宝刹之前，对四金刚、八菩萨礼毕，即烦转达。众神随至宝莲台下启知，如来召请。二圣礼佛三匝，侍立台下。如来问：“玉帝何事烦二圣下临？”二圣即启道：“向时花果山产一猴，在那里弄神通，聚众猴搅乱世界。玉帝降招安旨，封为弼马温，他嫌官小反去。当遣李天王、哪吒太子擒拿未获，复招安他，封做齐天大圣，先有官无禄。着他代管蟠桃园，他即偷桃；又走至瑶池，偷殽、偷酒，搅乱大会；仗酒又暗入兜率宫，偷老君仙丹，反出天宫。玉帝复遣十万天兵，亦不能收伏。后观世音举二郎真君同他义兄弟追杀，他变化多端，亏老君抛金钢琢打重，二郎方得拿住。解赴御前，即命斩之。刀砍斧剁，火烧雷打，俱不能伤，老君奏准领去，以火锻炼。四十九日开鼎，他却又跳出八卦炉，打退天丁，径入通明殿里，灵霄殿外；被佑圣真君的佐使王灵官挡住苦战，又调三十六员雷将，把他困在垓心，终不能相近。事在紧急，因此玉帝特请如来救驾。” 如来闻诏，即对众菩萨道：“汝等在此稳坐法堂，休得乱了禅位，待我炼魔救驾去来。”

如来即唤阿傩、迦叶二尊者相随，离了雷音，径至灵霄门外。忽听得喊声振耳，乃三十六员雷将围困着大圣哩。佛祖传法旨：“教雷将停息干戈，放开营所，叫那大圣出来，等我问他有何法力。”众将果退，大圣也收了法象，现出原身近前，怒气昂昂，厉声高叫道：“你是那方善士，敢来止住刀兵问我？”如来笑道：“我是西方极乐世界释迦牟尼尊者，南无阿弥陀佛。今闻你猖狂村野，屡反天宫，不知是何方生长，何年得道，为何这等暴横？”大圣道：我本——

天地生成灵混仙，花果山中一老猿。

水帘洞里为家业，拜友寻师悟太玄。

炼就长生多少法，学来变化广无边。

因在凡间嫌地窄，立心端要住瑶天。

灵霄宝殿非他久，历代人王有分传。

强者为尊该让我，英雄只此敢争先。

佛祖听言，呵呵冷笑道：“你那厮乃是个猴子成精，焉敢欺心，要夺玉皇上帝尊位？他自幼修持，苦历过一千七百五十劫。每劫该十二万九千六百年。你算，他该多少年数，方能享受此无极大道？你那个初世为人的畜生，如何出此大言！不当人子，不当人子！折了你的寿算！趁早皈依，切莫胡说！但恐遭了毒手，性命顷刻而休，可惜了你的本来面目！"大圣道："他虽年劫修长，也不应久占在此。常言道，皇帝轮流做，明年到我家。只教他搬出去，将天宫让与我，便罢了；若还不让，定要搅攘，永不清平！"佛祖道："你除了长生变化之法，再有何能，敢占天宫胜境？"大圣道："我的手段多哩！我有七十二般变化，万劫不老长生。会驾筋斗云，一纵十万八千里。如何坐不得天位？"佛祖道："我与你打个赌赛：你若有本事，一筋斗打出我这右手掌中，算你赢，再不用动刀兵苦争战，就请玉帝到西方居住，把天宫让你；若不能打出手掌，你还下界为妖，再修几劫，却来争吵。"

那大圣闻言，暗笑道："这如来十分好呆！我老孙一筋斗去十万八千里。他那手掌，方圆不满一尺，如何跳不出去？"急发声道："既如此说，你可做得主张？"佛祖道："做得，做得！"伸开右手，却似个荷叶大小。那大圣收了如意棒，抖擞神威，将身一纵，站在佛祖手心里，却道声："我出去也！"你看他一路云光，无影无形去了。佛祖慧眼观看，见那猴王风车子一般相似不住，只管前进。大圣行时，忽见有五根肉红柱子，撑着一股青气。他道："此间乃尽头路了。这番回去，如来作证，灵霄宫定是我坐也。"又思量说："且住！等我留下些记号，方好与如来说话。"拔下一根毫毛，吹口仙气，叫："变！"变作一管浓墨双毫笔，在那中间柱子上写一行大字云："齐天大圣到此一游。"写毕，收了毫毛。又不庄尊，却在第一根柱子根下撒了一泡猴尿。翻转筋斗云，径回本处，站在如来掌内道："我已去，今来了。你教玉帝让天宫与我。"如来骂道："我把你这个尿精猴子！你正好不曾离了我掌哩！"大圣道："你是不知。我去到天尽头，见五根肉红柱，撑着一股青气，我留个记在那里，你敢和我同去看么！"如来道："不消去，你只自低头看看。"那大圣睁圆火眼金睛，低头看时，原来佛祖右手中指写着"齐天大圣到此一游"。大指丫里，还有些猴尿臊气，大圣吃了一惊道："有这等事，有这等事！我将此字写在撑天柱子上，如何却在他手指上？莫非有个未卜先知的法术。我决不信，不信！等我再去来！"

好大圣，急纵身又要跳出，被佛祖翻掌一扑，把这猴王推出西天门外，将五指化作金木水火土五座联山，唤名"五行山"，轻轻的把他压住。众雷神与阿傩、迦叶一个个合掌称扬道：善哉，善哉！

当年卵化学为人，立志修行果道真。

万劫无移居胜境，一朝有变散精神。

欺天罔上思高位，凌圣偷丹乱大伦。

恶贯满盈今有报，不知何日得翻身。

如来佛祖殄灭了妖猴，即唤阿傩、迦叶同转西方极乐世界。时有天蓬、天佑急出灵霄宝殿道："请如来少待，我主大驾来也。"佛祖闻言，回首瞻仰。须臾，果见八景鸾舆，九光宝盖；声奏玄歌妙乐，咏哦无量神章；散宝花，喷真香，直至佛前谢曰："多蒙大法收殄妖邪，望如来少停一日，请诸仙做一会筵奉谢。"如来不敢违悖，即合掌谢道："老僧承大天尊宣命来此，有何法力？还是天尊与众神洪福。敢劳致谢？"玉帝传旨，即着雷部众神，分头请三清、四御、五老、六司、七元、八极、九曜、十都，千真万圣，来此赴会，同谢佛恩。又命四大天师、九天仙女，大开玉京金阙、太玄宝宫、洞阳玉馆，请如来高座七宝灵台，调设各班坐位，安排龙肝凤髓，玉液蟠桃。

不一时，那玉清元始天尊、上清灵宝天尊、太清道德天尊、五炁真君、五斗星君、三官四圣、九曜真君、左辅、右弼、天王、哪吒，玄虚一应灵通，对对旌旗，双双幡盖，都捧着明珠异宝，寿果奇花，向佛前拜献曰："感如来无量法力，收伏妖猴。蒙大天尊设宴呼唤，我等皆来陈谢。请如来将此会立一名，如何？"如来领众神之托曰："今欲立名，可作个安天大会。"各仙老异口同声，俱道："好个'安天大会'！好个'安天大会'！"言讫，各坐座位，走斝传觞，簪花鼓瑟，果好会也。有诗为证，诗曰：

> 宴设蟠桃猴搅乱，安天大会胜蟠桃。
> 龙旗鸾辂祥光蔼，宝节幢幡瑞气飘。
> 仙乐玄歌音韵美，凤箫玉管响声高。
> 琼香缭绕群仙集，宇宙清平贺圣朝。

众皆畅然喜会，只见王母娘娘引一班仙子、仙娥、美姬、毛女，飘飘荡荡舞向佛前，施礼曰："前被妖猴搅乱蟠桃嘉会，请众仙众佛，俱未成功。今蒙如来大法链锁顽猴，喜庆安天大会，无物可谢，今是我净手亲摘大株蟠桃数颗奉献。"真个是——

> 半红半绿喷甘香，艳丽仙根万载长。
> 堪笑武陵源上种，争如天府更奇强。
> 紫纹娇嫩寰中少，细核清甜世莫双。
> 延寿延年能易体，有缘食者自非常。

佛祖合掌向王母谢讫。王母又着仙姬、仙子唱的唱，舞的舞。满会群仙，又皆赏赞。正是——

> 缥缈天香满座，缤纷仙蕊仙花。
> 玉京金阙大荣华，异品奇珍无价。
> 对对与天齐寿，双双万劫增加。
> 桑田沧海任更差，他自无惊无讶。

王母正着仙姬仙子歌舞，觥筹交错，不多时，忽又闻得——

> 一阵异香来鼻噢，惊动满堂星与宿。
> 天仙佛祖把杯停，各各抬头迎目候。
> 霄汉中间现老人，手捧灵芝飞蔼绣。
> 葫芦藏蓄万年丹，宝箓名书千纪寿。
> 洞里乾坤任自由，壶中日月随成就。
> 遨游四海乐清闲，散淡十洲容辐辏。
> 曾赴蟠桃醉几遭，醒时明月还依旧。

长头大耳短身躯，南极之方称老寿。

寿星又到。见玉帝礼毕，又见如来，申谢曰："始闻那妖猴被老君引至兜率宫锻炼，以为必致平安，不期他又反出。幸如来善伏此怪，设宴奉谢，故此闻风而来。更无他物可献，特具紫芝瑶草，碧藕金丹奉上。"诗曰：

碧藕金丹奉释迦，如来万寿若恒沙。

清平永乐三乘锦，康泰长生九品花。

无相门中真法主，色空天上是仙家。

乾坤大地皆称祖，丈六金身福寿赊。

如来欣然领谢。寿星得座，依然走斝传觞。只见赤脚大仙又至。向玉帝前颏囟礼毕，又对佛祖谢道："深感法力，降伏妖猴。无物可以表敬，特具交梨二颗，火枣数枚奉献。"诗曰：

大仙赤脚枣梨香，敬献弥陀寿算长。

七宝莲台山样稳，千金花座锦般妆。

寿同天地言非谬，福比洪波话岂狂。

福寿如期真个是，清闲极乐那西方。

如来又称谢了，叫阿傩、迦叶，将各所献之物，一一收起，方向玉帝前谢宴。众各酩酊，只见个巡视灵官来报道："那大圣伸出头来了。"佛祖道："不妨，不妨。"袖中只取出一张帖子，上有六个金字"唵嘛呢叭咪吽"，递与阿傩，叫贴在那山顶上。这尊者即领帖子，拿出天门，到那五行山顶上，紧紧的贴在一块四方石上。那座山即生根合缝。可运用呼吸之气，手儿爬出，可以摇掯摇掯。阿傩回报道："已将帖子贴了。"

如来即辞了玉帝众神，与二尊者出天门之外，又发一个慈悲心，念动真言咒语，将五行山召一尊土地神祇，会同五方揭谛，居住此山监押。但他饥时，与他铁丸子吃；渴时，与他溶化的铜汁饮。待他灾愆满日，自有人救他。正是——

妖猴大胆反天宫，却被如来伏手降。

渴饮溶铜捱岁月，饥餐铁弹度时光。

天灾苦困遭磨折，人事凄凉喜命长。

若得英雄重展挣，他年奉佛上西方。

又诗曰：

伏逞豪强大势兴，降龙伏虎弄乖能。

偷桃偷酒游天府，受箓承恩在玉京。

恶贯满盈身受困，善根不绝气还升。

果然脱得如来手，且待唐朝出圣僧。

毕竟不知向后何年何月，方满灾殃，且听下回分解。

第二十七回　尸魔三戏唐三藏　圣僧恨逐美猴王

却说三藏师徒，次日天明，收拾前进。那镇元子与行者结为兄弟，两人情投意合，决不肯放，又安排管待，一连住了五六日。那长老自服了草还丹，真似脱胎换骨，神爽体健。他取经心重，那里肯淹留。无已，遂行。

师徒别了上路，早见一座高山。三藏道："徒弟，前面有山险峻，恐马不能前，大家须仔细仔细。"行者道："师父放心，我等自然理会。"好猴王，他在那马前，横担着棒，剖开山路，上了高崖，看不尽——

峰岩重叠，涧壑湾环。虎狼成阵走，麂鹿作群行。无数獐犯钻簇簇，满山狐兔聚丛丛。千尺大蟒，万丈长蛇。大蟒喷愁雾，长蛇吐怪风。道旁荆棘牵漫，岭上松楠秀丽。薜萝满目，芳草连天。影落沧溟北，云开斗柄南。万古常含元气老，千峰巍列日光寒。

那长老马上心惊，孙大圣布施手段，舞着铁棒，哮吼一声，唬得那狼虫颠窜，虎豹奔逃。师徒们入此山，正行到嵯峨之处，三藏道："悟空，我这一日，肚中饥了，你去那里化些斋吃？"行者陪笑道："师父好不聪明。这等半山之中，前不巴村，后不着店，有钱也没买处，教往那里寻斋?"三藏心中不快,口里骂道:"你这猴子!想你在两界山,被如来压在石匣之内,口能言,足不能行,也亏我救你性命,摩顶受戒,做了我的徒弟。怎么不肯努力,常怀懒惰之心!"行者道:"弟子亦颇殷勤,何尝懒惰?"三藏道:"你既殷勤,何不化斋我吃?我肚饥怎行?况此地山岚瘴气,怎么得上雷音?"行者道:"师父休怪,少要言语。我知你尊性高傲,十分违慢了你,便要念那话儿咒。你下马稳坐,等我寻那里有人家处化斋去。"

行者将身一纵,跳上云端里,手搭凉篷,睁眼观看。可怜西方路甚是寂寞,更无庄堡人家,正是多逢树木少见人烟去处。看多时,只见正南上有一座高山,那山向阳处,有一片鲜红的点子。行者按下云头道:"师父,有吃的了。"那长老问甚东西,行者道:"这里没人家化饭,那南山有一片红的,想必是熟透了的山桃,我去摘几个来你充饥。"三藏喜道:"出家人若有桃子吃,就为上分了,快去!"行者取了钵盂,纵起祥光,你看他筋斗幌幌,冷气飕飕。须臾间,奔南山摘桃不题。

却说常言有云:山高必有怪,岭峻却生精。果然这山上有一个妖精,孙大圣去时,惊动那怪。他在云端里,踏着阴风,看见长老坐在地下,就不胜欢喜道:"造化,造化!几年家人都讲东土的唐和尚取大乘,他本是金蝉子化身,十世修行的原体。有人吃他一块肉,长寿长生。真个今日到了。"那妖精上前就要拿他,只见长老左右手下有两员大将护持,不敢拢身。他说两员大将是谁?说是八戒、沙僧。八戒、沙僧虽没甚么大本事,然八戒是天蓬元帅,沙僧是卷帘大将,他的威气尚不曾泄,故不敢拢身。妖精说:"等我且戏他戏,看怎么说。"

好妖精,停下阴风,在那山凹里,摇身一变,变做个月貌花容的女儿,说不尽那眉清目秀,齿白唇红,左手提着一个青砂罐儿,右手提着一个绿磁瓶儿,从西向东,径奔唐僧——

圣僧歇马在山岩,忽见裙钗女近前。

翠袖轻摇笼玉笋,湘裙斜拽显金莲。

汗流粉面花含露，尘拂蛾眉柳带烟。

仔细定睛观看处，看看行至到身边。

三藏见了，叫："八戒、沙僧，悟空才说这里旷野无人，你看那里不走出一个人来了？"八戒道："师父，你与沙僧坐着，等老猪去看看来。"那呆子放下钉钯，整整直裰，摆摆摇摇，充作个斯文气象，一直的觌面相迎。真个是远看未实，近看分明，那女子生得——

冰肌藏玉骨，衫领露酥胸。柳眉积翠黛，杏眼闪银星。月样容仪俏，天然性格清。体似燕藏柳，声如莺啭林。半放海棠笼晓日，才开芍药弄春晴。

那八戒见他生得俊俏，呆子就动了凡心，忍不住胡言乱语，叫道："女菩萨，往那里去？手里提着是甚么东西？"分明是个妖怪，他却不能认得。那女子连声答应道："长老，我这青罐里是香米饭，绿瓶里是炒面筋，特来此处无他故，因还誓愿要斋僧。"八戒闻言，满心欢喜，急抽身，就跑了个猪颠风，报与三藏道："师父！吉人自有天报！师父饿了，教师兄去化斋，那猴子不知那里摘桃儿耍子去了。桃子吃多了，也有些嘈人，又有些下坠。你看那不是个斋僧的来了？"唐僧不信道："你这个夯货胡缠！我们走了这向，好人也不曾遇着一个，斋僧的从何而来！"八戒道："师父，这不到了？"

三藏一见，连忙跳起身来，合掌当胸道："女菩萨，你府上在何处住？是甚人家？有甚愿心，来此斋僧？"分明是个妖精，那长老也不认得。那妖精见唐僧问他来历，他立地就起个虚情，花言巧语来赚哄道："师父，此山叫做蛇回兽怕的白虎岭，正西下面是我家。我父母在堂，看经好善，广斋方上远近僧人，只因无子，求福作福，生了奴奴，欲扳门第，配嫁他人，又恐老来无倚，只得将奴招了一个女婿，养老送终。"三藏闻言道："女菩萨，你语言差了。圣经云：父母在，不远游，游必有方。你既有父母在堂，又与你招了女婿，有愿心，教你男子还，便也罢，怎么自家在山行走？又没个侍儿随从。这个是不遵妇道了。"那女子笑吟吟，忙陪俏语道："师父，我丈夫在山北凹里，带几个客子锄田。这是奴奴煮的午饭，送与那些人吃的。只为五黄六月，无人使唤，父母又年老，所以亲身来送。忽遇三位远来，却思父母好善，故将此饭斋僧，如不弃嫌，愿表芹献。"三藏道："善哉，善哉！我有徒弟摘果子去了，就来，我不敢吃。假如我和尚吃了你饭，你丈夫晓得，骂你，却不罪坐贫僧也？"那女子见唐僧不肯吃，却又满面春生道："师父啊，我父母斋僧，还是小可。我丈夫更是个善人，一生好的是修桥补路，爱老怜贫。但听见说这饭送与师父吃了，他与我夫妻情上，比寻常更是不同。"三藏也只是不吃，旁边却恼坏了八戒。那呆子努着嘴，口里埋怨道："天下和尚也无数，不曾象我这个老和尚罢软！现成的饭三分儿倒不吃，只等那猴子来，做四分才吃！"他不容分说，一嘴把个罐子拱倒，就要动口。

只见那行者自南山顶上，摘了几个桃子，托着钵盂，一筋斗，点将回来。睁火眼金睛观看，认得那女子是个妖精，放下钵盂，掣铁棒，当头就打。唬得个长老用手扯住道："悟空！你走将来打谁？"行者道："师父，你面前这个女子，莫当做个好人。他是个妖精，要来骗你哩。"三藏道："你这猴头，当时倒也有些眼力，今日如何乱道！这女菩萨有此善心，将这饭要斋我等，你怎么说他是个妖精？"行者笑道："师父，你那里认得！老孙在水帘洞里做妖魔时，若想人肉吃，便是这等，或变金银，或变庄台，或变醉人，或变女色。有那等痴心的，爱上我，我就迷他到洞里，尽意随心，或蒸或煮受用；吃不了，还要晒干了防天阴哩！师父，我若来迟，你定入他套子，遭他毒手！"那唐僧那里肯信，只说是个好人。行者道："师父，我知道你了，你见他那等容貌，必然动了凡心。若果有此意，叫八戒伐几棵树来，沙僧寻些草来，我做木匠，就在这里搭个窝铺，你与他圆房成事，我们大家散了，却不是件事业？何必又跋涉，取甚经去！"

那长老原是个软善的人，那里吃得他这句言语，羞得个光头彻耳通红。三藏正在此羞惭，行者又发起性来，掣铁棒，望妖精劈脸一下。那怪物有些手段，使个解尸法，见行者棍子来时，他却抖擞精神，预先走了，把一个假尸首打死在地下。唬得个长老战战兢兢，口中作念道："这猴着然无礼！屡劝不从，无故伤人性命！"行者道："师父莫怪，你且来看看这罐子里是甚东西。"沙僧搀着长老，近前看时，那里是甚香米饭，却是一罐子拖尾巴的长蛆；也不是面筋，却是几个青蛙、癞虾蟆，满地乱跳。长老才有三分儿信了，怎禁猪八戒气不忿，在旁漏八分儿唆嘴道："师父，说起这个女子，他是此间农妇，因为送饭下田，路遇我等，却怎么栽他是个妖怪？哥哥的棍重，走将来试手打他一下，不期就打杀了！怕你念甚么《紧箍儿咒》，故意的使个障眼法儿，变做这等样东西，演幌你眼，使不念咒哩。"

三藏自此一言，就是晦气到了，果然信那呆子撺唆，手中捻诀，口里念咒，行者就叫："头疼，头疼，莫念，莫念！有话便说。"唐僧道："有甚话说！出家人时时常要方便，念念不离善心，扫地恐伤蝼蚁命，爱惜飞蛾纱罩灯。你怎么步步行凶，打死这个无故平人，取将经来何用？你回去罢！"行者道："师父，你教我回那里去？"唐僧道："我不要你做徒弟。"行者道："你不要我做徒弟，只怕你西天路去不成。"唐僧道："我命在天，该那个妖精蒸了吃，就是煮了，也算不过。终不然，你救得我的大限？你快回去！"行者道："师父，我回去便也罢了，只是不曾报得你的恩哩。"唐僧道："我与你有甚恩？"那大圣闻言，连忙跪下叩头道："老孙因大闹天宫，致下了伤身之难，被我佛压在两界山，幸观音菩萨与我受了戒行，幸师父救脱吾身，若不与你同上西天，显得我知恩不报非君子，万古千秋作骂名。"原来这唐僧是个慈悯的圣僧，他见行者哀告，却也回心转意道："既如此说，且饶你这一次，再休无礼。如若仍前作恶，这咒语颠倒就念二十遍！"行者道："三十遍也由你，只是我不打人了。"却才伏侍唐僧上马，又将摘来桃子奉上。唐僧在马上也吃了几个，权且充饥。

却说那妖精，脱命升空。原来行者那一棒不曾打杀妖精，妖精出神去了。他在那云端里，咬牙切齿，暗恨行者道："几年只闻得讲他手段，今日果然话不虚传。那唐僧已此不认得我，将要吃饭。若低头闻一闻儿，我就一把捞住，却不是我的人了？不期被他走来，弄破我这勾当，又几乎被他打了一棒。若饶了这个和尚，诚然是劳而无功也，我还下去戏他一戏。"

好妖精，按落阴云，在那前山坡下，摇身一变，变作个老妇人，年满八旬，手拄着一根弯头竹杖，一步一声的哭着走来。八戒见了，大惊道："师父，不好了！那妈妈儿来寻人了！"唐僧道："寻甚人？"八戒道："师兄打杀的，定是他女儿。这个定是他娘寻将来了。"行者道："兄弟莫要胡说！那女子十八岁，这老妇有八十岁，怎么六十多岁还生产？断乎是个假的，等老孙去看来。"好行者，拽开步，走近前观看，那怪物——

假变一婆婆，两鬓如冰雪。走路慢腾腾，行步虚怯怯。弱体瘦伶仃，脸如枯菜叶。颧骨望上翘，嘴唇往下别。老年不比少年时，满脸都是荷叶摺。

行者认得他是妖精，更不理论，举棒照头便打。那怪见棍子起时，依然抖擞，又出化了元神，脱真儿去了，把个假尸首又打死在山路之下。唐僧一见，惊下马来，睡在路旁，更无二话，只是把《紧箍儿咒》颠倒足足念了二十遍。可怜把个行者头，勒得似个亚腰儿葫芦，十分疼痛难忍，滚将来哀告道："师父莫念了！有甚话说了罢！"唐僧道："有甚话说！出家人耳听善言，不堕地狱。我这般劝化你，你怎么只是行凶？把平人打死一个，又打死一个，此是何说？"行者道："他是妖精。"唐僧道："这个猴子胡说！就有这许多妖怪！你是个无心向善之辈，有意作恶之人，你去罢！"行者道："师父又教我去，回去便也回去了，只是一件不相应。"唐僧道："你有甚么不相应处？"八戒道："师父，他要和你分行李哩。跟着你做了这几年和尚，不成空着手回去？你把那包袱里的甚么旧褊衫，破帽子，分两件与他罢。"行者闻言，气得暴跳道："我把你这个尖嘴的夯货！老孙一向秉教沙门，更无一毫嫉妒之意，贪恋之心，怎么要分甚么行李？"唐僧道："你既不嫉妒贪恋，如何不去？"行者道："实不瞒师父说，老孙五百年前，居花果山水帘洞大展英雄之际，收降七十二洞邪魔，手下有四万七千群怪，头戴的是紫金冠，身穿的是赭黄袍，腰系的是蓝田带，足踏的是步云履，手执的是如意金箍棒，着实也曾为人。自从涅槃罪度，削发秉正沙门，跟你做了徒弟，把这个金箍儿勒在我头上，若回去，却也难见故乡人。师父果若不要我，把那个《松箍儿咒》念一念，退下这个箍子，交付与你，套在别人头上，我就快活相应了，也是跟你一场。莫不成这些人意儿也没有了？"唐僧大惊道："悟空，我当时只是菩萨暗受一卷《紧箍儿咒》，却没有甚么松箍儿咒。"行者道："若无《松箍儿咒》，你还带我去走走罢。"长老又没奈何道："你且起来，我再饶你这一次，却不可再行凶了。"行者道："再不敢了，再不敢了。"又伏侍师父上马，剖路前进。

却说那妖精，原来行者第二棍也不曾打杀他。那怪物在半空中，夸奖不尽道："好个猴王，着然有眼！我那般变了去，他也还认得我。这些和尚，他去得快，若过此山，西下四十里，就不伏我所管了。若是被别处妖魔捞了去，好道就笑破他人口，使碎自家心，我还下去戏他一戏。"好妖怪，按耸阴风，在山坡下摇身一变，变成一个老公公，真个是——

白发如彭祖，苍髯赛寿星。耳中鸣玉磬，眼里幌金星。

手拄龙头拐，身穿鹤氅轻。数珠掐在手，口诵南无经。

唐僧在马上见了，心中欢喜道："阿弥陀佛！西方真是福地！那公公路也走不上来，逼法的还念经哩。"八戒道："师父，你且莫要夸奖，那个是祸的根哩。"唐僧道："怎么是祸根？"八戒道："行者打杀他的女儿，又打杀他的婆子，这个正是他的老儿寻将来了。我们若撞在他的怀里呵，师父，你便偿命，该个死罪；把老猪为从，问个充军；沙僧喝令，问个摆站；那行者使个遁法走了，却不苦了我们三个顶缸？"行者听见道："这个呆根，这等胡说，可不唬了师父？等老孙再去看看。"他把棍藏在身边，走上前迎着怪物，叫声："老官儿，往那里去？怎么又走路，又念经？"那妖精错认了定盘星，把孙大圣也当做个等闲的，遂答道："长老啊，我老汉祖居此地，一生好善斋僧，看经念佛。命里无儿，止生得一个小女，招了个女婿，今早送饭下田，想是遭逢虎口。老妻先来找寻，也不见回去，全然不知下落，老汉特来寻看。果然是伤残他命，也没奈何，将他骸骨收拾回去，安葬茔中。"行者笑道："我是个做婴虎的祖宗，你怎么袖子里笼了个鬼儿来哄我？你瞒了诸人，瞒不过我！我认得你是个妖精！"那妖精唬得顿口无言。行者掣出棒来，自忖思道："若要不打他，显得他倒弄个风儿；若要打他，又怕师父念那话儿咒语。"又思量道："不打杀他，他一时间抄空儿把师父捞了去，却不又费心劳力去救他？还打的是！就一棍子打杀他，师父念起那咒，常言道，虎毒不吃儿。凭着我巧言花语，嘴伶舌便，哄他一哄，好道也罢了。"好大圣，念动咒语叫当坊土地、本处山神道："这妖精三番来戏弄我师父，这一番却要打杀他。你与我在半空中作证，不许走了。"众神听令，谁敢不从？都在云端里照应。那大圣棍起处，打倒妖魔，才断绝了灵光。

那唐僧在马上，又唬得战战兢兢，口不能言。八戒在旁边又笑道："好行者！风发了！只行了半日路，倒打死三个人！"唐僧正要念咒，行者急到马前，叫道："师父，莫念，莫念！你且来看看他的模样。"却是一堆粉骷髅在那里。唐僧大惊道："悟空，这个人才死了，怎么就化作一堆骷髅？"行者道："他是个潜灵作怪的僵尸，在此迷人败本，被我打杀，他就现了本相。他那脊梁上有一行字，叫做白骨夫人。"唐僧闻说，倒也信了。怎禁那八戒旁边唆嘴道："师父，他的手重棍凶，把人打死，只怕你念那话儿，故意变化这个模样，掩你的眼目哩！"唐僧果然耳软，又信了他，随复念起。行者禁不得疼痛，跪于路旁，只叫："莫念，莫念！有话快说了罢！"唐僧道："猴头！还有甚说话！出家人行善，如春园之草，不见其长，日有所增；行恶之人，如磨刀之石，不见其损，日有所亏。你在这荒郊野外，一连打死三人，还是无人检举，没有对头。倘到城市之中，人烟凑集之所，你拿了那哭丧棒，一时不知好歹，乱打起人来，撞出大祸，教我怎的脱身？你回去罢！"行者道："师父错怪了我也。这厮分明是个妖魔，他实有心害你。我倒打死他，替你除了害，你却不认得，反信了那呆子谗言冷语，屡次逐我。常言道，事不过三。我若不去，真是个下流无耻之徒。我去我去！去便罢了，只是你手下无人。"唐僧发怒道："这泼猴越发无礼！看起来，只你是人，那悟能、悟净就不是人？"

那大圣一闻得说他两个是人，止不住伤情凄惨，对唐僧道声："苦啊！你那时节，出了长安，有刘伯钦送你上路。到两界山，救我出来，投拜你为师。我曾穿古洞，入深林，擒魔捉怪；收八戒，得沙僧，吃尽千辛万苦。今日昧着惺惺使糊涂，只教我回去，这才是鸟尽弓藏，兔死狗烹！罢，罢，罢！但只是多了那《紧箍儿咒》。"唐僧道："我再不念了。"行者道："这个难说。若到那毒魔苦难处不得脱身，八戒、沙僧救不得你，那时节，想起我来，忍不住又念诵起来，就是十万里路，我的头也是疼的；假如再来见你，不如不作此意。"唐僧见他言言语语，越添恼怒，滚鞍下马来，叫沙僧包袱内取出纸笔，即于涧下取水，石上磨墨，写了一纸贬书，递于行者道："猴头！执此为照，再不要你做徒弟了！如再与你相见，我就堕了阿鼻地狱！"行者连忙接了贬书道："师父，不消发誓，老孙去罢。"他将书摺了，留在袖中，却又软款唐僧道："师父，我也是跟你一场，又蒙菩萨指教，今日半途而废，不曾成得功果，你请坐，受我一拜，我也去得放心。"唐僧转回身不睬，口里唧唧哝哝的道："我是个好和尚，不受你歹人的礼！"大圣见他不睬，又使个身外法，把脑后毫毛拔了三根，吹口仙气，叫："变！"即变了三个行者，连本身四个，四面围住师父下拜。那长老左右躲不脱，好道也受了一拜。

大圣跳起来，把身一抖，收上毫毛，却又吩咐沙僧道："贤弟，你是个好人，却只要留心防着八戒詀语，途中更要仔细。倘一时有妖精拿住师父，你就说老孙是他大徒弟。西方毛怪，闻我的手段，不敢伤我师父。"唐僧道："我是个好和尚，不题你这歹人的名字，你回去罢。"那大圣见长老三番两复，不肯转意回心，没奈何才去。你看他——

噙泪叩头辞长老，含悲留意嘱沙僧。

一头拭迸坡前草，两脚蹬翻地上藤。

上天下地如轮转，跨海飞山第一能。

顷刻之间不见影，霎时疾返旧途程。

你看他忍气别了师父，纵筋斗云，径回花果山水帘洞去了。独自个凄凄惨惨，忽闻得水声聒耳，大圣在那半空里看时，原来是东洋大海潮发的声响。一见了，又想起唐僧，止不住腮边泪坠，停云住步，良久方去。

毕竟不知此去反复何如，且听下回分解。

《西游记》一书，人多以小说视之，其实乃道书也。

清·王之春《椒生随笔》卷五

审定者：首都师范大学 侯 会

全书总字数：679724

用字量：4306

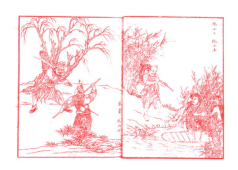

水浒传

60

　　《水浒传》，中国古典文学四大名著之一，明施耐庵著。施耐庵，钱塘（今浙江杭州）人。生平不详。

　　《水浒传》取材于北宋末年宋江起义的故事。宋代说书人采之作为话本素材，篇目有《青面兽》《花和尚》和《武行者》等。现存最早的写水浒故事的作品是《大宋宣和遗事》。施耐庵把在不同地区流传的故事汇集起来，进行选择、加工、再创造，写成这部史诗般的《水浒传》。书中围绕"官逼民反"这一线索展开情节，表现了一群不堪暴政欺压的"好汉"揭竿而起，聚义水泊梁山，直至接受招安致使起义失败的全过程，深刻揭露了封建社会的黑暗和腐朽，歌颂了诸多英雄人物的反抗精神和侠义行为，也歌颂了他们超群的武艺和高尚的品格。

高频字

了	道	来	一	人	不	个	是	上	去	里

第十回　林教头风雪山神庙　陆虞候火烧草料场

诗曰：

天理昭昭不可诬，莫将奸恶作良图。

若非风雪沽村酒，定被焚烧化朽枯。

自谓冥中施计毒，谁知暗里有神扶。

最怜万死逃生地，真是瑰奇伟丈夫。

话说当日林冲正闲走间，忽然背后人叫。回头看时，却认得是酒生儿李小二。当初在东京时，多得林冲看顾。这李小二先前在东京时，不合偷了店主人家财，被捉住了，要送官司问罪，却得林冲主张陪话，救了他免送官司，又与他陪了些钱财，方得脱免。京中安不得身，又亏林冲赍发他盘缠，于路投奔人。不想今日却在这里撞见。林冲道："小二哥，你如何也在这里？"李小二便拜道："自从得恩人救济，赍发小人，一地里投奔人不着。迤逦不想来到沧州，投托一个酒店里，姓王，留小人在店中做过卖。因见小人勤谨，安排的好菜蔬，调和的好汁水，来吃的人都喝采，以此买卖顺当。主人家有个女儿，就招了小人做女婿。如今丈人丈母都死了，只剩得小人夫妻两个，权在营前开了个茶酒店。因讨钱过来，遇见恩人。恩人不知为何事在这里？"林冲指着脸上道："我因恶了高太尉，生事陷害，受了一场官司，刺配到这里。如今叫我管天王堂，未知久后如何。不想今日到此遇见。"

李小二就请林冲到家里面坐定，叫妻子出来拜了恩人。两口儿欢喜道："我夫妻二人正没个亲眷，今日得恩人到来，便是从天降下。"林冲道："我是罪囚，恐怕玷辱你夫妻两个。"李小二道："谁不知恩人大名，休恁地说。但有衣服，便拿来家里浆洗缝补。"当时管待林冲酒食，至晚送回天王堂。次日，又来相请。因此林冲得李小二家来往，不时间送汤送水，来营里与林冲吃。林冲因见他两口儿恭勤孝顺，常把些银两与他做本钱。不在话下。有诗为证：

才离寂寞神堂路，又守萧条草料场。

李二夫妻能爱客，供茶送酒意偏长。

且把闲话休题，只说正话。迅速光阴，却早冬来。林冲的绵衣裙袄，都是李小二浑家整治缝补。忽一日，李小二正在门前安排菜蔬下饭，只见一个人闪将进来，酒店里坐下，随后又一人入来。看时，前面那个人是军官打扮，后面这个走卒模样。跟着也来坐下。李小二入来问道："要吃酒？"只见那个人将出一两银子与小二道："且收放柜上，取三四瓶好酒来。客到时，果品酒馔只顾将来，不必要问。"李小二道："官人请甚客？"那人道："烦你与我去营里请管营、差拨两个来说话。问时，你只说有个官人请说话，商议些事务。专等，专等。"李小二应承了，来到牢城里，先请了差拨，同到管营家里，请了管营，都到酒店里。只见那个官人和管营、差拨两个讲了礼。管营道："素不相识，动问官人高姓大名。"那人道："有书在此，少刻便知。且取酒来。"李小二连忙开了酒，一面铺下菜蔬果品酒馔。那人叫讨副劝盘来，把了盏，相让坐了。小二独自一个撺梭也似扶侍不暇。那跟来的人，讨了汤桶，自行荡酒。约计吃过十数杯，再讨了按酒，铺放桌上。只见那人说道："我自有伴当荡酒。不叫，你休来。我等自要说话。"

李小二应了，自来门首叫老婆道："大姐，这两个人来的不尴尬。"老婆道："怎么的不尴尬？"小二道："这两个人语言声音是东京人。初时又不认得管营。向后我将按酒入去，只听得差拨口里讷出一句高太尉三个字来。这人莫不与林教头身上有些干碍？我自在门前理会。你且去阁子背后，听说什么。"老婆道："你去营中寻林教头来认他一认。"李小二道："你不省得。林教头是个性急的人。摸不着便要杀人放火。倘或叫的他来看了，正是前日说的什么陆虞候，他肯便罢？做出事来，须连累了我和你。你只去听一听再理会。"老婆道："说的是。"便入去听了一个时辰，出来说道："他那三四个交头接耳说话，正不听得说什么。只见那一个军官模样的人，去伴当怀里，取出一帕子物事，递与管营和差拨。帕子里面的莫不是金银。只听差拨口里说道：'都在我身上，好歹要结果了他性命。'"正说之间，阁子里叫："将汤来。"李小二急去里面换汤时，看见管营手里拿着一封书。小二换了汤，添些下饭。又吃了半个时辰，算还了酒钱。管营、差拨先去了。次后，那两个低着头也去了。转背没多时，只见林冲走将入店里来，说道："小二哥，连日好买卖。"李小二慌忙道："恩人请坐。小人却待正要寻恩人，有些要紧话说。"有诗为证：

潜为奸计害英雄，一线天教把信通。

亏杀有情贤李二，暗中回护有奇功。

当下林冲问道："什么要紧的事？"小二哥请林冲到里面坐下，说道："却才有个东京来的尴尬人，在我这里请管营、差拨吃了半日酒。差拨口里讷出高太尉三个字来。小人心下疑，又着浑家听了一个时辰。他却交头接耳说话，都不听得。临了只见差拨口里应道：'都在我两个身上，好歹要结果了他。'那两个把一包金银，递与管营、差拨。又吃一回酒，各自散了。不知什么样人。小人心下疑，只怕恩人身上有些妨碍。"林冲道："那人生得什么模样？"李小二道："五短身材，白净面皮，没什髭须。约有三十馀岁。那跟的也不长大，紫棠色面皮。"林冲听了，大惊道："这三十岁的正是陆虞候。那泼贱贼也敢来这里害我！休要撞着我，只教他骨肉为泥！"李小二道："只要提防他便了。岂不闻古人言：'吃饭防噎，走路防跌。'"林冲大怒，离了李小二家，先去街上买把解腕尖刀，带在身上。前街后巷，一地里去寻。李小二夫妻两个，捏着两把汗。

当晚无事。次日，天明起来，早洗漱罢，带了刀又去沧州城里城外，小街夹巷，团团寻了一日。牢城营里都没动静。林冲又来对李小二道："今日又无事。"小二道："恩人，只愿如此。只是自放仔细便了。"林冲自回天王堂，过了一夜。街上寻了三五日，不见消耗，林冲也自心下慢了。到第六日，只见管营叫唤林冲到点视厅上，说道："你来这里许多时，柴大官人面皮不曾抬举的你。此间东门外十五里，有座大军草场，每月但是纳草纳料的，有些常例钱取觅。原是一个老军看管。如今，我抬举你去替那老军来守天王堂。你在那里閑几贯盘缠。你可和差拨便去那里交割。"林冲应道："小人便去。"当时离了营中，迳到李小二家，对他夫妻两个说道："今日管营拨我去大军草场管事，却如何？"李小二道："这个差使，又好似天王堂。那里收草料时，有些常例钱钞。往常不使钱时，不能勾这差使。"林冲道："却不害我，倒与我好差使，正不知何意？"李小二道："恩人休要疑心。只要没事便好了。只是小人家离得远了，过几时那工夫来望恩人。"就时家里安排几杯酒，请林冲吃了。

话不絮烦，两个相别了。林冲自来天王堂取了包裹，带了尖刀，拿了条花枪，与差拨一同辞了管营。两个取路投草料场来。正是严冬天气，彤云密布，朔风渐起，却早纷纷扬扬卷下一天大雪来。那雪早下得密了。怎见得好雪？有《临江仙》词为证：

作阵成团空里下，这回忒杀堪怜，剡溪冻住子猷船。玉龙鳞甲舞，江海尽平填。　宇宙楼台都压倒，长空飘絮飞绵。三千世界玉相连，冰交河北岸，冻了十馀年。

大雪下的正紧，林冲和差拨两个，在路上又没买酒吃处，早来到草料场外。看时，一周遭有些黄土墙，两扇大门，推开看里面时，七八间草房做着仓廒，四下里都是马草堆，中间两座草厅。到那厅里，只见那老军在里面向火。差拨说道："管营差这个林冲来替你回天王堂看守，你可即便交割。"老军拿了钥匙，引着林冲，分付道："仓廒内自有官司封记。这几堆草，一堆堆都有数目。"老军都点见了堆数，又引林冲到草厅上。老军收拾行李，临了说道："火盆锅子碗碟，都借与你。"林冲道："天王堂内，我也有在那里。你要便拿了去。"老军指壁上挂一个大葫芦说道："你若买酒吃时，只出草场，投东大路去三二里，便有市井。"老军自和差拨回营里来。

只说林冲就床上放了包裹被卧，就坐下生些焰火起来。屋边有一堆柴炭，拿几块来，生在地炉里。仰面看那草屋时，四下里崩坏了，又被朔风吹撼，摇振得动。林冲道："这屋如何过得一冬？待雪晴了，去城中唤个泥水匠来修理。"向了一回火，觉得身上寒冷，寻思："却才老军所说，五里路外有那市井，何不去沽些酒来吃？"便去包里取些碎银子，把花枪挑了酒葫芦，将火炭盖了，取毡笠子戴上，拿了钥匙，出来把草厅门拽上。出到大门首，把两扇草场门反拽上锁了。带了钥匙，信步投东。雪地里踏着碎琼乱玉，迤逦背着北风而行。那雪正下得紧。

行不上半里多路，看见一所古庙。林冲顶礼道："神明庇佑，改日来烧钱纸。"又行了一回，望见一簇人家。林冲住脚看时，见篱笆中挑着一个草帚儿在露天里。林冲迳到店里。主人道："客人那里来？"林冲道："你认得这个葫芦么？"主人看了道："这葫芦是草料场老军的。"林冲道："如何便认的？"店主道："既是草料场看守大哥，且请少坐。天气寒冷，且酌三杯，权当接风。"店家切一盘熟牛肉，荡一壶热酒，请林冲吃。又自买了些牛肉，又吃了数杯，就又买了一葫芦酒，包了那两块牛肉，留下碎银子，把花枪挑了酒葫芦，怀内揣了牛肉，叫声相扰，便出篱笆门，依旧迎着朔风回来。看那雪到晚越下的紧了。古时有个书生，做了一个词，单题那贫苦的恨雪：

广莫严风刮地，这雪儿下的正好。扯絮挦绵，裁几片大如栲栳。见林间竹屋茅茨，争些儿被他压倒。富室豪家，却言道压瘴犹嫌少。向的是兽炭红炉，穿的是绵衣絮袄。手拈梅花，唱道国家祥瑞，不念贫民些小。高卧有幽人，吟咏多诗草。

再说林冲踏着那瑞雪，迎着北风，飞也似奔到草场门口，开了锁入内看时，只叫得苦。原来天理昭然，佑护善人义士。因这场大雪，救了林冲的性命。那两间草厅，已被雪压倒了。林冲寻思："怎地好？"放下花枪、葫芦在雪里，恐怕火盆内有火炭延烧起来。搬开破壁子，探半身入去摸时，火盆内火种，都被雪水浸灭了。林冲把手床上摸时，只拽的一条絮被。林冲钻将出来，见天色黑了，寻思："又没打火处，怎生安排？"想起："离了这半里路上，有个古庙，可以安身。我且去那里宿一夜。等到天明，却做理会。"把被卷了，花枪挑着酒葫芦，依旧把门拽上锁了，望那庙里来。入的庙门，再把门掩上，傍边止有一块大石头，掇将过来靠了门。入的里面看时，殿上塑着一尊金甲山神，两边一个判官，一个小鬼，侧边堆着一堆纸。团团看来，又没邻舍，又无庙主。林冲把枪和酒葫芦放在纸堆上，将那条絮被放开，先取下毡笠子，把身上雪都抖了，把上盖白布衫脱将下来，早有五分湿了，和毡笠放在供桌上，把被扯来盖了半截下身，却把葫芦冷酒提来便吃，就将怀中牛肉下酒。正吃时，只听得外面必必剥剥地爆响。林冲跳起身来，就壁缝里看时，只见草料场里火起，刮刮杂杂烧着。看那火时，但见：

一点灵台，五行造化，丙丁在世传流。无明心内，灾祸起沧州。烹铁鼎能成万物，铸金丹还与重楼。思今古，南方离位，荧惑最为头。绿窗归焰烬，隔花深处，掩映钓鱼舟。鏖兵赤壁，公瑾喜成谋。李晋王醉存馆驿，田单在即墨驱牛。周褒姒骊山一笑，因此戏诸侯。

当时张见草场内火起，四下里烧着，林冲便拿枪，却待开门来救火，只听得前面有人说将话来。林冲就伏在庙听时，是三个人脚步响，且奔庙里来。用手推门，却被林冲靠住了，推也推不开。三人在庙檐下立地看火。数内一个道："这条计好么？"一个应道："端的亏管营、差拨两位用心。回到京师，禀过太尉，都保你二位做大官。这番张教头没的推故。"那人道："林冲今番直吃我们对付了。高衙内这病必然好了。"又一个道："张教头那厮，三回五次托人情去说：'你的女婿殁了。'张教头越不肯应承。因此衙内病患看看重了。太尉特使俺两个央浼二位干这件事。不想而今完备了。"又一个道："小人直爬入墙里去，四下草堆上点了十来个火把，待走那里去？"那一个道："这早晚烧个八分过了。"又听一个道："便逃得性命时，烧了大军草料场，也得个死罪。"又一个道："我们回城里去罢。"一个道："再看一看，拾得他一两块骨头回京府里见太尉和衙内时，也道我们也能会干事。"

林冲听那三个人时，一个是差拨，一个是陆虞候，一个是富安。林冲道："天可怜见林冲，若不是倒了草厅，我准定被这厮们烧死了！"轻轻把石头掇开，挺着花枪，一手拽开庙门，大喝一声："泼贼那里去！"三个人急要走时，惊得呆了，正走不动。林冲举手，肐察的一枪，先戳倒差拨。陆虞候叫声饶命，吓的慌了手脚，走不动。那富安走不到十来步，被林冲赶上，后心只一枪，又戳倒了。翻身回来，陆虞候却才行的三四步。林冲喝声道："奸贼！你待那里去？"批胸只一提，丢翻在雪地上，把枪搠在地里，用脚踏住胸脯，身边取出那口刀来，便去陆谦脸上搁着，喝道："泼贼！我自来又和你无甚么冤仇，你如何这等害我！正是'杀人可恕，情理难容'。"陆虞候告道："不干小人事，太尉差遣，不敢不来。"林冲骂道："奸贼，我与你自幼相交，今日倒来害我，怎不干你事！且吃我一刀。"把陆谦上身衣服扯开，把尖刀向心窝里只一剜，七窍迸出血来。将心肝提在手里，回头看时，差拨正爬将起来要走。林冲按住喝道："你这厮原来也恁的歹，且吃我一刀。"又早把头割下来，挑在枪上。回来把富安、陆谦头都割下来。把尖刀插了，将三个人头发结做一处，提入庙里来，都摆在山神面前供桌上。再穿了白布衫，系了搭膊，把毡笠子带上，将葫芦里冷酒都吃尽了。被与葫芦都丢了不要。提了枪，便出庙门投东去。走不到三五里，早见近村人家，都拿着水桶钩子来救火。林冲道："你们快去救应，我去报官了来。"提着枪，只顾走。那雪越下的猛。但见：

凛凛严凝雾气昏，空中祥瑞降纷纷。须臾四野难分路，顷刻千山不见痕。

银世界，玉乾坤，望中隐隐接昆仑。若还下到三更后，仿佛填平玉帝门。

林冲投东去了两个更次，身上单寒，当不过那冷。在雪地里看时，离的草场远了。只见前面疏林深处，树木交杂，远远地数间草屋，被雪压着。破壁缝里透出火光来。林冲迳投那草屋来。推开门，只见那中间坐着一个老庄家，周围坐着四五个小庄家向火。地炉里面焰焰地烧着柴火。林冲走到面前，叫道："众位拜揖。小人是牢城营差使人，被雪打湿了衣裳，借此火烘一烘，望乞方便。"庄客道："你自烘便了，何妨得。"林冲烘着身上湿衣服，略有些干，只见火炭边煨着一个瓮儿，里面透出酒香。林冲便道："小人身边有些碎银子，望烦回些酒吃。"老庄客道："我们每夜轮流看米囤，如今四更天气正冷，我们这几个吃，尚且不勾，那得回与你。休要指望。"林冲又道："胡乱只回三五碗与小人荡寒。"老庄家道："你那人休缠，休缠！"林冲闻得酒香，越要吃，说道："没奈何回些罢。"众庄客道："好意着你烘衣裳向火，便来要酒吃。去便去，不去时，将来吊在这里。"林冲怒道："这厮们好无道理！"把手中枪看着块焰焰着的火柴头，望老庄家脸上只一挑将起来，又把枪去火炉里只一搅，那老庄家的髭须焰焰的烧着。众庄客都跳将起来，林冲把枪杆乱打，老庄家先走了，庄客们都动弹不得，被林冲赶打一顿，都走了。林冲道："都去了，老爷快活吃酒。"土坑上却有两个椰瓢，取一个下来，倾那瓮酒来吃了一会。剩了一半，提了枪，出门便走。一步高，一步低，浪浪跄跄，捉脚不住。走不过一里路，被朔风一掉，随着那山涧边倒了，那里挣得起来。凡醉人一倒，便起不得。醉倒在雪地上。

却说众庄客引了二十馀人，拖枪拽棒，都奔草屋下看时，不见了林冲。却寻着踪迹赶将来，只见倒在雪地里。庄客齐道："你却倒在这里。"花枪丢在一边。众庄客一发上手，就地拿起林冲来，将一条索缚了。趁五更时分，把林冲解投那个去处来。不是别处，有分教：蓼儿洼内前后摆数千只战舰艨艟，水浒寨中左右列百十个英雄好汉。搅扰得道君皇帝盘龙椅上魂惊，丹凤楼中胆裂。正是：说时杀气侵人冷，讲处悲风透骨寒。

毕竟看林冲被庄客解投甚处来？且听下回分解。

△ 第二十三回　横海郡柴进留宾　景阳冈武松打虎

诗曰：

延士声华似孟尝，有如东阁纳贤良。

武松雄猛千夫惧，柴进风流四海扬。

自信一身能杀虎，浪言三碗不过冈。

报兄诛嫂真奇特，赢得高名万古香。

话说宋江因躲一杯酒，去净手了，转出廊下来，趷了火锨柄，引得那汉焦躁，跳将起来，就欲要打宋江，柴进赶将出来，偶叫起宋押司，因此露出姓名来。那大汉听得是宋江，跪在地下，那里肯起。说道："小人有眼不识泰山，一时冒渎兄长，望乞恕罪。"宋江扶起那汉，问道："足下是谁？高姓大名？"柴进指着道："这人是清河县人氏，姓武名松，排行第二。今在此间一年也。"宋江道："江湖上多闻说武二郎名字，不期今日却在这里相会，多幸，多幸！"柴进道："偶然豪杰相聚，实是难得。就请同做一席说话。"宋江大喜，携住武松的手，一同到后堂席上，便唤宋清与武松相见。柴进便邀武松坐地。宋江连忙让他一同在上面坐。武松那里肯坐。谦了半晌，武松坐了第三位。柴进教再整杯盘，来劝三人痛饮。宋江在灯下看那武松时，果然是一条好汉。但见：

身躯凛凛，相貌堂堂。一双眼光射寒星，两弯眉浑如刷漆。胸脯横阔，有万夫难敌之威风。语话轩昂，吐千丈凌云之志气。心雄胆大，似撼天狮子下云端。骨健筋强，如摇地貔貅临座上。如同天上降魔主，真是人间太岁神。

当下宋江看了武松这表人物，心中甚喜，便问武松道："二郎因何在此?"武松答道:"小弟在清河县,因酒后醉了,与本处机密①相争,一时间怒起,只一拳打得那厮昏沉。小弟只道他死了,因此一迳地逃来,投奔大官人处躲灾避难。今日一年有馀。后来打听得那厮却不曾死,救得活了。今欲正要回乡去寻哥哥。不想染患疟疾,不能勾动身回去。却才正发寒冷,在那廊下向火。被兄长趿了锨柄,吃了那一惊,惊出一身冷汗,觉得这病好了。"宋江听了大喜。当夜饮至三更。酒罢,宋江就留武松在西轩下做一处安歇。次日起来,柴进安排席面,杀羊宰猪,管待宋江,不在话下。

过了数日,宋江将出些银两来,与武松做衣裳。柴进知道,那里肯要他坏钱。自取出一箱段匹绸绢,门下自有针工,便教做三人的称体衣裳。说话的,柴进因何不喜武松?原来武松初来投奔柴进时,也一般接纳管待。次后在庄上,但吃醉了酒,性气刚,庄客有些顾管不到处,他便要下拳打他们。因此满庄里庄客,没一个道他好。众人只是嫌他,都去柴进面前告诉他许多不是处。柴进虽然不赶他,只是相待得他慢了。却得宋江每日带挈他一处饮酒相陪,武松的前病都不发了。相伴宋江住了十数日,武松思乡,要回清河县看望哥哥。柴进、宋江两个都留他再住几时。武松道:"小弟的哥哥多时不通信息,因此要去望他。"宋江道:"实是二郎要去,不敢苦留。如若得闲时,再来相会几时。"武松相谢了宋江。柴进取出些金银,送与武松。武松谢道:"实是多多相扰了大官人。"武松缚了包裹,拴了梢棒要行。柴进又治酒食送路。武松穿了一领新纳红袖袄,戴着个白范阳毡笠儿,背上包裹,提了杆棒,相辞了便行。宋江道:"弟兄之情,贤弟少等一等。"回到自己房内,取了些银两,赶出到庄门前来,说道:"我送兄弟一程。"宋江和兄弟宋清两个送武松。待他辞了柴大官人,宋江也道:"大官人,暂别了便来。"三个离了柴进东庄,行了五七里路。武松作别道:"尊兄,远了,请回。柴大官人必然专望。"宋江道:

---

① 机密:古代县衙中看机密房的人。

"何妨再送几步。"路上说些闲话，不觉又过了三二里。武松挽住宋江说道："尊兄不必远送。常言道：送君千里，终须一别。"宋江指着道："容我再行几步。兀那官道上有个小酒店，我们吃三钟了作别。"三个来到酒店里。宋江上首坐了，武松倚了梢棒，下席坐了。宋清横头坐定。便叫酒保打酒来。且买些盘馔果品菜蔬之类，都搬来摆在桌子上。三个人饮了几杯，看看红日平西。武松便道："天色将晚，哥哥不弃武二时，就此受武二四拜，拜为义兄。"宋江大喜。武松纳头拜了四拜。宋江叫宋清身边取出一锭十两银子，送与武松。武松那里肯受，说道："哥哥客中自用盘费。"宋江道："贤弟不必多虑。你若推却，我便不认你做兄弟。"武松只得拜受了，收放缠袋里。宋江取些碎银子，还了酒钱。武松拿了梢棒。三个出酒店前来作别。武松堕泪，拜辞了自去。宋江和宋清立在酒店门前，望武松不见了，方才转身回来。行不到五里路头，只见柴大官人骑着马，背后牵着两匹空马，来接宋江，望见了大喜，一同上马回庄上来。下了马，请入后堂饮酒。宋江弟兄两个，自此只在柴大官人庄上。话分两头，有诗为证：

别意悠悠去路长，挺身直上景阳冈。

醉来打杀山中虎，扬得声名满四方。

只说武松自与宋江分别之后，当晚投客店歇了。次日早起来，打火吃了饭，还了房钱，拴束包裹，提了梢棒，便走上路。寻思道："江湖上只闻说及时雨宋公明，果然不虚！结识得这般弟兄，也不枉了！"武松在路上行了几日，来到阳谷县地面。此去离那县还远。当日晌午时分，走得肚中饥渴。望见前面有一个酒店，挑着一面招旗在门前，上头写着五个字道："三碗不过冈。"武松入到里面坐下，把梢棒倚了，叫道："主人家，快把酒来吃。"只见店主人把三只碗、一双箸、一碟热菜，放在武松面前。满满筛一碗酒来。武松拿起碗，一饮而尽，叫道："这酒好生有气力。主人家，有饱肚的买些吃酒。"酒家道："只有熟牛肉。"武松道："好的切二三斤来吃。"酒店家去里面切出二斤熟牛肉，做一大盘子将来，放在武松面前。随即再筛一碗酒。武松吃了道："好酒!"又筛下一碗。恰好吃了三碗酒,再也不来筛。武松敲着桌子叫道："主人家,怎的不来筛酒?"酒家道："客官要肉便添来。"武松道："我也要酒,也再切些肉来。"酒家道："肉便切来,添与客官吃,酒却不添了。"武松道："却又作怪!"便问主人家道："你如何不肯卖酒与我吃?"酒家道："客官,你须见我门前招旗上面,明明写道:三碗不过冈。武松道："怎地唤做三碗不过冈?"酒家道："俺家的酒,虽是村酒,却比老酒的滋味。但凡客人来我店中吃了三碗的,便醉了,过不得前面的山冈去。因此唤做'三碗不过冈'。若是过往客人到此,只吃三碗,更不再问。"武松笑道："原来恁地!我却吃了三碗,如何不醉?"酒家道："我这酒叫做'透瓶香',又唤做'出门倒'。初入口时,醇酽好吃,少刻时便倒。"武松道："休要胡说。没地^①不还你钱。再筛三碗来我吃。"酒家见武松全然不动,又筛三碗。武松吃道："端的好酒!主人家,我吃一碗,还你一碗钱,只顾筛来。"酒家道:"客官休只管要饮。这酒端的要醉倒人,没药医。"武松道："休得胡鸟说!便是你使蒙汗药在里面,我也有鼻子。"店家被他发话不过,一连又筛了三碗。武松道："肉便再把二斤来吃。"酒家又切了二斤熟牛肉,再筛了三碗酒。武松吃得口滑,只顾要吃,去身边取出些碎银子,叫道:"主人家,你且来看我银子,还你酒肉钱勾么?"酒家看了道："有馀,还有些贴钱^②与你。"武松道："不要你贴钱,只将酒来筛。"酒家道："客官,你要吃酒时,还有五六碗酒里,只怕你吃不的了。"武松道："就有五六碗多时,你尽数筛将来。"酒家道："你这条长汉,倘或醉倒了时,怎扶的你住。"武松答道："要你扶的不算好汉。"酒家那里肯将酒来筛。武松焦燥道："我又不白吃你的,休要引老爹性发,通教你屋里粉碎,把你这鸟店子倒翻转来!"酒家道："这厮醉了,休惹他。"再筛了六碗酒与

---

① 没地:难道,莫非。
② 贴钱:找补的零钱。

武松吃了。前后共吃了十五碗。绰了梢棒，立起身来道："我却又不曾醉。"走出门前来，笑道："却不说三碗不过冈！"手提梢棒便走。

酒家赶出来叫道："客官那里去？"武松立住了，问道："叫我做甚么？我又不少你酒钱，唤我怎地？"酒家叫道："我是好意。你且回来我家看官司榜文。"武松道："甚么榜文？"酒家道："如今前面景阳冈上，有只吊睛白额大虫，晚了出来伤人。坏了三二十条大汉性命。官司如今杖限打猎捕户，擒捉发落。冈子路口两边人民，都有榜文。可教往来客人，结夥成队，于巳、午、未三个时辰过冈。其馀寅、卯、申、酉、戌、亥六个时辰，不许过冈。更兼单身客人，不许白日过冈。务要等伴结夥而过。这早晚正是未末申初时分。我见你走都不问人，枉送了自家性命。不如就我此间歇了，等明日慢慢凑的三二十人，一齐好过冈子。"武松听了，笑道："我是清河县人氏。这条景阳冈上，少也走过了一二十遭。几时见说有大虫！你休说这般鸟话来吓我！便有大虫，我也不怕。"酒家道："我是好意救你。你不信时，进来看官司榜文。"武松道："你鸟子声！便真个有虎，老爷也不怕！你留我在家里歇，莫不半夜三更要谋我财，害我性命，却把鸟大虫唬吓我？"酒家道："你看么！我是一片好心，反做恶意，倒落得你怎地说！你不信我时，请尊便自行。"正是：

前车倒了千千辆，后车过了亦如然。

分明指与平川路，却把忠言当恶言。

那酒店里主人摇着头，自进店里去了。这武松提了梢棒，大着步，自过景阳冈来。约行了四五里路，来到了冈子下，见一大树，刮去了皮，一片白，上写两行字。武松也颇识几字。抬头看时，上面写道："近因景阳冈大虫伤人，但有过往客商，可于巳、午、未三个时辰结夥成队过冈。勿请自误。"武松看了，笑道："这是酒家诡诈，惊吓那等客人，便去那厮家里宿歇，我却怕甚么鸟！"横拖着梢棒，便上冈子来。那时已有申牌时分，这轮红日，厌厌地相傍下山。武松乘着酒兴，只管走上冈子来。走不到半里多路，见一个败落的山神庙。行到庙前，见这庙门上贴着一张印信榜文。武松住了脚读时，上面写道：

"阳谷县为这景阳冈上新有一只大虫，近来伤害人命。见今杖限各乡里正并猎户人等，打捕未获。如有过往客商人等，可于巳、午、未三个时辰结伴过冈。其馀时分及单身客人，白日不许过冈。恐被伤害性命不便。各宜知悉。"

武松读了印信榜文，方知端的有虎。欲待发步再回酒店里来，寻思道："我回去时，须吃他耻笑，不是好汉，难以转去。"存想了一回，说道："怕甚么鸟！且只顾上去，看怎地！"武松正走，看看酒涌上来，便把毡笠儿背在脊梁上，将梢棒绾①在肋下，一步步上那冈子来。回头看这日色时，渐渐地坠下去了。此时正是十月间天气，日短夜长，容易得晚。武松自言自说道："那得甚么大虫！人自怕了，不敢上山。"武松走了一直，酒力发作，焦热起来。一只手提着梢棒，一只手把胸膛前袒开，浪浪跄跄，直奔过乱树林来。见一块光挞挞大青石，把那梢棒倚在一边，放翻身体，却待要睡，只见发起一阵狂风来。看那风时，但见：

无形无影透人怀，四季能吹万物开。

就树撮将黄叶去，入山推出白云来。

原来但凡世上云生从龙，风生从虎。那一阵风过处，只听得乱树背后扑地一声响，跳出一只吊睛白额大虫来。武松见了，叫声："呵呀！"从青石上翻将下来，便拿那条梢棒在手里，闪在青石边。那个大虫又饥又渴，把两只爪在地下略按一按，和身望上一扑，从半空里撺将下来。武松被那一惊，酒都做冷汗出了。说时迟，那时快。武松见大虫扑来，只一闪，闪在大虫背后。那大虫背后看人最难，便把前爪搭在地下，把腰胯一掀，掀将起来。武松只一躲，躲在一边。大虫见掀他不着，吼一声，却似半天里起个霹雳，振得那山冈也动，把这铁棒也似虎尾倒竖起来，只一剪，武松却又闪在一边。原来那大虫拿人，只是一扑，一掀，一剪。三般

---

① 绾（wǎn）：盘绕起来打成结，这里是系。

捉不着时，气性先自没了一半。那大虫又剪不着，再吼了一声，一兜，兜将回来，武松见那大虫复翻身回来，双手轮起梢棒，尽平生气力，只一棒，从半空劈将下来。只听得一声响，簌簌地将那树连枝带叶，劈脸打将下来。定睛看时，一棒劈不着大虫。原来慌了，正打在枯树上，把那条梢棒折做两截，只拿得一半在手里。那大虫咆哮，性发起来，翻身又只一扑，扑将来。武松又只一跳，却退了十步远。那大虫却好把两只前爪搭在武松面前。武松将半截棒丢在一边，两只手就势把大虫顶花皮肐膌地揪住，一按按将下来。那只大虫急要挣扎，早没了气力，被武松尽气力纳定，那里肯放半点儿松宽。武松把只脚望大虫面门上、眼睛里只顾乱踢。那大虫咆哮起来，把身底下扒起两堆黄泥，做了一个土坑。武松把那大虫嘴直按下黄泥坑里去。那大虫吃武松奈何得没了些气力。武松把左手紧紧地揪住顶花皮，偷出右手来，提起铁锤般大小拳头，尽平生之力，只顾打。打得五七十拳，那大虫眼里、口里、鼻子里、耳朵里，都迸出鲜血来。那武松尽平昔神威，仗胸中武艺，半歇儿把大虫打做一堆，却似倘着一个锦布袋。有一篇古风，单道景阳冈武松打虎。但见：

景阳冈头风正狂，万里阴云霾日光。

焰焰满川枫叶赤，纷纷遍地草芽黄。

触目晚霞挂林薮，侵人冷雾满穹苍。

忽闻一声霹雳响，山腰飞出兽中王。

昂头踊跃逞牙爪，谷口麋鹿皆奔忙。

山中狐兔潜踪迹，涧内獐猿惊且慌。

卞庄见后魂魄丧，存孝遇时心胆强。

清河壮士酒未醒，忽在冈头偶相迎。

上下寻人虎饥渴，撞着狰狞来扑人。

虎来扑人似山倒，人去迎虎如岩倾。

臂腕落时坠飞炮，爪牙爬处成泥坑。

拳头脚尖如雨点，淋漓两手鲜血染。

秽污腥风满松林，散乱毛须坠山崦。

近看千钧势未休，远观八面威风敛。

身横野草锦斑销，紧闭双睛光不闪。

当下景阳冈上那只猛虎，被武松没顿饭之间，一顿拳脚打得那大虫动旦不得，使得口里兀自气喘。武松放了手，来松树边寻那打折的棒橛，拿在手里，只怕大虫不死，把棒橛又打了一回。那大虫气都没了。武松再寻思道："我就地拖得这死大虫下冈子去。"就血泊里双手来提时，那里提得动。原来使尽了气力，手脚都酥软了，动旦不得。

武松再来青石坐了半歇，寻思道："天色看看黑了。倘或又跳出一只大虫来时，我却怎地斗得他过。且挣扎下冈子去，明早却来理会。"就石头边寻了毡笠儿，转过乱树林边，一步步捱下冈子来。走不到半里多路，只见枯草丛中，钻出两只大虫来。武松道："呵呀！我今番死也！性命罢了。"只见那两个大虫，于黑影里直立起来。武松定睛看时，却是两个人，把虎皮缝做衣裳，紧紧拼在身上。那两个人手里各拿着一条五股叉。见了武松，吃了一惊道："你那人吃了忽律心，豹子肝！狮子腿！胆倒包着身躯！如何敢独自一个，昏黑将夜，又没器械，走过冈子来！不知你是人是鬼？"武松道："你两个是什么人？"那个人道："我们是本处猎户。"武松道："你们上岭来做甚么？"两个猎户失惊道："你兀自①不知哩！如今景阳冈上有一只极大的大虫，夜夜出来伤人。只我们猎户，也折了七八个。过往客人，不记其数，都被这畜生吃了。本县知县，着落当乡里正和我们猎户人等捕捉。那业畜势大，难近得他，谁敢向前。我们为他，正不知吃了多少限棒。只捉他不得。今夜又该我们两个捕猎，和十数个乡夫在此上上下下，放了窝弓②药箭等他。正在这里埋伏，却见你大剌剌地从冈子上走将下来，我两个吃了一惊。你却正是甚人？曾见大虫么？"武松道：

---

① 兀自：径自，公然。
② 窝弓：一种伏弩，埋在茎丛或浮土中，蹚着机关的就要中箭。

"我是清河县人氏，姓武，排行第二。却才冈子上乱树林边，正撞见那大虫，被我一顿拳脚打死了。"两个猎户听得痴呆了，说道："怕没这话！"武松道："你不信时，只看我身上兀自有血迹。"两个道："怎地打来？"武松把那打大虫的本事，再说了一遍。两个猎户听了，又惊又喜！叫拢那十个乡夫来。只见这十个乡夫，都拿着禾叉踏弩刀枪，随即拢来。武松问道："他们众人如何不随着你两个上山？"猎户道："便是那畜生利害，他们如何敢上来。"一夥十数个人，都在面前。两个猎户把武松打杀大虫的事，说向众人。众人都不肯信。武松道："你众人不肯信时，我和你去看便了。"众人身边都有火刀、火石，随即发出火来，点起五七个火把。众人都跟着武松，一同再上冈子来。看见那大虫做一堆儿死在那里。众人见了大喜。先叫一个去报知本县里正，并该管上户。这里五七个乡夫，自把大虫缚了，抬下冈子来。到得岭下，早有七八十人都哄将来。先把死大虫抬在前面，将一乘兜轿，抬了武松，迳投本处一个上户家来。那上户里正都在庄前迎接。把这大虫抬到草厅上。却有本乡上户、本乡猎户三二十人，都来相探武松。众人问道："壮士高姓大名？贵乡何处？"武松道："小人是此间邻郡清河县人氏，姓武名松，排行第二。因从沧州回乡来，昨晚在冈子那边酒店，吃得大醉了，上冈子来，正撞见这畜生。"把那打虎的身分拳脚，细说了一遍。众上户道："真乃英雄好汉！"众猎户先把野味将来与武松把杯。武松因打大虫困乏了，要睡。大户便叫庄客打并客房，且教武松歇息。到天明，上户先使人去县里报知，一面合具虎床，安排端正，迎送县里去。

天明，武松起来洗漱罢，众多上户牵一腔羊，挑一担酒，都在厅前伺候。武松穿了衣裳，整顿巾帻①，出到前面，与众人相见。众上户把盏说道："被这个畜生正不知害了多少人性命！连累猎户吃了几顿限棒。今日幸得壮士来到，除了这个大害。第一乡中人民有福，第二客侣通行，实出

_____

① 帻（zé）：古代的一种头巾。

壮士之赐。"武松谢道："非小子之能，托赖众长上福荫。"众人都来作贺，吃了一早晨酒食。抬出大虫，放在虎床上。众乡村上户，都把段匹花红来挂与武松。武松有些行李包裹，寄在庄上，一齐都出庄门前来。早有阳谷县知县相公，使人来接武松，都相见了。叫四个庄客，将乘凉轿来抬了武松，把那大虫扛在前面，挂着花红段匹，迎到阳谷县里来。那阳谷县人民，听得说一个壮士打死了景阳冈上大虫，迎喝将来，尽皆出来看，哄动了那个县治。武松在轿上看时，只见亚肩叠背，闹闹穰穰，屯街塞巷，都来看迎大虫。到县前衙门口，知县已在厅上专等。武松下了轿，扛着大虫，都到厅前，放在甬道上。知县看了武松这般模样，又见了这个老大锦毛大虫，心中自忖道："不是这个汉，怎地打的这个猛虎！"便唤武松上厅来，武松去厅前声了喏。知县问道："你那打虎的壮士，你却说怎生打了这个大虫？"武松就厅前将打虎的本事，说了一遍。厅上厅下众多人等，都惊的呆了。知县就厅上赐了几杯酒，将出上户凑的赏赐钱一千贯，赏赐与武松。武松禀道："小人托赖相公的福荫，偶然侥幸，打死了这个大虫，非小人之能，如何敢受赏赐。小人闻知这众猎户，因这个大虫，受了相公责罚。何不就把这一千贯给散与众人去用？"知县道："既是如此，任从壮士。"

武松就把这赏钱在厅上散与众人猎户。知县见他忠厚仁德，有心要抬举他，便道："虽你原是清河县人氏，与我这阳谷县只在咫尺。我今日就参你在本县做个都头，如何？"武松跪谢道："若蒙恩相抬举，小人终身受赐。"知县随即唤押司，立了文案，当日便参武松做了步兵都头。众上户都来与武松作贺庆喜，连连吃了三五日酒。武松自心中想道："我本要回清河县去看望哥哥，谁想倒来做了阳谷县都头？"自此上官见爱，乡里闻名。又过了三二日，那一日，武松心闲，走出县前来闲玩。只听得背后一个人叫声："武都头，你今日发迹了，如何不看觑我则个？"武松回过头看了，叫声："阿也！你如何却在这里？"

不是武松见了这个人，有分教：阳谷县里，尸横血染，直教钢刀响处人头滚，宝剑挥时热血流。正是：

　　只因酒色忘家国，几见诗书误好人！

　　毕竟叫唤武都头的正是甚人？且听下回分解。

《续文献通考》以《琵琶记》《水浒传》列之经籍志中，虽稗官小说，古人不废。然罗列不伦，何以垂后？

清·阮葵生《茶馀客话》卷十六

审定者：首都师范大学 周文业

全书总字数：485903

用字量：3923

三国演义

61

　　《三国演义》，中国古典四大名著之一，明罗贯中著。罗贯中，名本，字贯中，号湖海散人，生卒年不详，祖籍东原（今山东东平），流寓杭州。著有《三国志通俗演义》《三遂平妖传》《隋唐志传》《残唐五代史演义》等。

　　《三国演义》是我国最早的一部长篇章回体历史小说，代表古代历史小说的最高成就。全称《三国志通俗演义》，又称《三国志》《三国志传》等，简称《三国演义》。该书继承了历史上诸多史书、杂传、戏剧、小说，如陈寿《三国志》《殷芸小说》《三国志平话》等故事题材，着重描写了魏、蜀、吴三国之间的政治、军事、外交斗争和兴衰过程，始于黄巾起义，终于西晋统一，展现出一幅波澜壮阔的百年历史风云画卷，揭示了东汉末年社会现实的动荡和黑暗。全书使用浅近的文言，明快流畅，雅俗共赏，笔法富于变化，摇曳多姿，以宏伟的结构，把百年左右头绪纷繁、错综复杂的事件和众多的人物，组织得完整严密，叙述得有条不紊，人物形象栩栩传神。

高频字

| 曰 | 之 | 不 | 人 | 军 | 兵 | 大 | 一 | 马 | 将 | 来 |

⚠ 第二十一回　曹操煮酒论英雄　关公赚城斩车胄

却说董承等问马腾曰：“公欲用何人？”马腾曰：“见有豫州牧刘玄德在此，何不求之？”承曰：“此人虽系皇叔，今正依附曹操，安肯行此事耶？”腾曰：“吾观前日围场之中，曹操迎受众贺之时，云长在玄德背后，挺刀欲杀操，玄德以目视之而止。玄德非不欲图操，恨操牙爪多，恐力不及耳。公试求之，当必应允。”吴硕曰：“此事不宜太速，当从容商议。”众皆散去。次日黑夜里，董承怀诏，径往玄德公馆中来。门吏入报，玄德迎出，请入小阁坐定。关、张侍立于侧。玄德曰：“国舅夤夜至此，必有事故。”承曰：“白日乘马相访，恐操见疑，故黑夜相见。”玄德命取酒相待。承曰：“前日围场之中，云长欲杀曹操，将军动目摇头而退之，何也？”玄德失惊曰：“公何以知之？”承曰：“人皆不见，某独见之。”玄德不能隐讳，遂曰：“舍弟见操僭越，故不觉发怒耳。”承掩面而哭曰：“朝廷臣子，若尽如云长，何忧不太平哉！”玄德恐是曹操使他来试探，乃佯言曰：“曹丞相治国，为何忧不太平？”承变色而起曰：“公乃汉朝皇叔，故剖肝沥胆以相告，公何诈也？”玄德曰：“恐国舅有诈，故相试耳。”于是董承取衣带诏令观之，玄德不胜悲愤。又将义状出示，上止有六位：一、车骑将军董承；二、工部侍郎王子服；三、长水校尉种辑；四、议郎吴硕；五、昭信将军吴子兰；六、西凉太守马腾。玄德曰：“公既奉诏讨贼，备敢不效犬马之劳。”承拜谢，便请书名。玄德亦书“左将军刘备”，押了字，付承收讫。承曰："尚容再请三人，共聚十义，以图国贼。"玄德曰："切宜缓缓施行，不可轻泄。"共议到五更，相别去了。

玄德也防曹操谋害，就下处后园种菜，亲自浇灌，以为韬晦之计。关、张二人曰："兄不留心天下大事，而学小人之事，何也？"玄德曰："此非二弟所知也。"二人乃不复言。

一日，关、张不在，玄德正在后园浇菜，许褚、张辽引数十人入园中曰：

"丞相有命，请使君便行。"玄德惊问曰："有甚紧事？"许褚曰："不知。只教我来相请。"玄德只得随二人入府见操。操笑曰："在家做得好大事！"諕得玄德面如土色。操执玄德手，直至后园，曰："玄德学圃不易！"玄德方才放心，答曰："无事消遣耳。"操曰："适见枝头梅子青青，忽感去年征张绣时，道上缺水，将士皆渴；吾心生一计，以鞭虚指曰：'前面有梅林。'军士闻之，口皆生唾，由是不渴。今见此梅，不可不赏。又值煮酒正熟，故邀使君小亭一会。"玄德心神方定。随至小亭，已设樽俎：盘置青梅，一樽煮酒。二人对坐，开怀畅饮。

酒至半酣，忽阴云漠漠，骤雨将至。从人遥指天外龙挂，操与玄德凭栏观之。操曰："使君知龙之变化否？"玄德曰："未知其详。"操曰："龙能大能小，能升能隐；大则兴云吐雾，小则隐介藏形；升则飞腾于宇宙之间，隐则潜伏于波涛之内。方今春深，龙乘时变化，犹人得志而纵横四海。龙之为物，可比世之英雄。玄德久历四方，必知当世英雄。请试指言之。"玄德曰："备肉眼安识英雄？"操曰："休得过谦。"玄德曰："备叨恩庇，得仕于朝。天下英雄，实有未知。"操曰："既不识其面，亦闻其名。"玄德曰："淮南袁术，兵粮足备，可为英雄？"操笑曰："冢中枯骨，吾早晚必擒之！"玄德曰："河北袁绍，四世三公，门多故吏；今虎踞冀州之地，部下能事者极多，可为英雄？"操笑曰："袁绍色厉胆薄，好谋无断；干大事而惜身，见小利而忘命：非英雄也。"玄德曰："有一人名称八俊，威镇九州：刘景升可为英雄？"操曰："刘表虚名无实，非英雄也。"玄德曰："有一人血气方刚，江东领袖——孙伯符乃英雄也？"操曰："孙策藉父之名，非英雄也。"玄德曰："益州刘季玉，可为英雄乎？"操曰："刘璋虽系宗室，乃守户之犬耳，何足为英雄！"玄德曰："如张绣、张鲁、韩遂等辈皆何如？"操鼓掌大笑曰："此等碌碌小人，何足挂齿！"玄德曰："舍此之外，备实不知。"操曰："夫英雄者，胸怀大志，腹有良谋，有包藏宇宙之机，吞吐天地之志者也。"玄德曰："谁能当之？"操以手指玄德，后自指，曰："今天下英雄，惟使君与操耳！"玄德闻言，吃了一惊，手中所执匙箸，不觉落于地下。时正值大雨将至，雷声大作。玄德乃从容俯首拾箸曰："一震之威，乃至于此。"操笑曰："丈夫亦畏雷乎？"玄德曰："圣人迅雷风烈必变，安得不畏？"将闻言失箸缘故，轻轻掩饰过了。操遂不疑玄德。后人有诗赞曰：

　　勉从虎穴暂趋身，说破英雄惊杀人。

　　巧借闻雷来掩饰，随机应变信如神。

　　天雨方住，见两个人撞入后园，手提宝剑，突至亭前，左右拦挡不住。操视之，乃关、张二人也。原来二人从城外射箭方回，听得玄德被许褚、张辽请将去了，慌忙来相府打听；闻说在后园，只恐有失，故冲突而入。却见玄德与操对坐饮酒。二人按剑而立。操问二人何来。云长曰："听知丞相和兄饮酒，特来舞剑，以助一笑。"操笑曰："此非鸿门会，安用项庄、项伯乎？"玄德亦笑。操命："取酒与二樊呛压惊。"关、张拜谢。须臾席散，玄德辞操而归。云长曰："险些惊杀我两个！"玄德以落箸事说与关、张。关、张问是何意。玄德曰："吾之学圃，正欲使操知我无大志；不意操竟指我为英雄，我故失惊落箸。又恐操生疑，故借惧雷以掩饰之耳。"关、张曰："兄真高见！"

操次日又请玄德。正饮间，人报满宠去探听袁绍而回。操召入问之。宠曰："公孙瓒已被袁绍破了。"玄德急问曰："愿闻其详。"宠曰："瓒与绍战不利，筑城围圈，圈上建楼，高十丈，名曰易京楼，积粟三十万以自守。战士出入不息，或有被绍围者，众请救之。瓒曰：'若救一人，后之战者只望人救，不肯死战矣。'遂不肯救。因此袁绍兵来，多有降者。瓒势孤，使人持书赴许都求救，不意中途为绍军所获。瓒又遗书张燕，暗约举火为号，里应外合。下书人又被袁绍擒住，却来城外放火诱敌。瓒自出战，伏兵四起，军马折其大半。退守城中，被袁绍穿地直入瓒所居之楼下，放起火来。瓒无走路，先杀妻子，然后自缢，全家都被火焚了。今袁绍得了瓒军，声势甚盛。绍弟袁术在淮南骄奢过度，不恤军民，众皆背反。术使人归帝号于袁绍。绍欲取玉玺，术约亲自送至，见今弃淮南欲归河北。若二人协力，急难收复。乞丞相作急图之。"玄德闻公孙瓒已死，追念昔日荐己之恩，不胜伤感；又不知赵子龙如何下落，放心不下。因暗想曰："我不就此时寻个脱身之计，更待何时？"遂起身对操曰："术若投绍，必从徐州过，备请一军就半路截击，术可擒矣。"操笑曰："来日奏帝，即便起兵。"

次日，玄德面奏君。操令玄德总督五万人马，又差朱灵、路昭二人同行。玄德辞帝，帝泣送之。玄德到寓，星夜收拾军器鞍马，挂了将军印，催促便行。董承赶出十里长亭来送。玄德曰："国舅宁耐。某此行必有以报命。"承曰："公宜留意，勿负帝心。"二人分别。关、张在马上问曰："兄今番出征，何故如此慌速？"玄德曰："吾乃笼中鸟、网中鱼，此一行如鱼入大海、鸟上青霄，不受笼网之羁绊也！"因命关、张催朱灵、路昭军马速行。时郭嘉、程昱考较钱粮方回，知曹操已遣玄德进兵徐州，慌入谏曰："丞相何故令刘备督军？"操曰："欲截袁术耳。"程昱曰："昔刘备为豫州牧时，某等请杀之，丞相不听；今日又与之兵：此放龙入海，纵虎归山也。后欲治之，其可得乎？"郭嘉曰："丞相纵不杀备，亦不当使之去。古人云：一日纵敌，万世之患。望丞相察之。"操然其言，遂令许褚将兵五百前往，务要追玄德转来。许褚应诺而去。

却说玄德正行之间，只见后面尘头骤起，谓关、张曰："此必曹兵追至也。"遂下了营寨，令关、张各执军器，立于两边。许褚至，见严兵整甲，乃下马入营见玄德。玄德曰："公来此何干？"褚曰："奉丞相命，特请将军回去，别有商议。"玄德曰："将在外，君命有所不受。吾面过君，又蒙丞相钧语。今别无他议，公可速回，为我禀覆丞相。"许褚寻思："丞相与他一向交好，今番又不曾教我来厮杀，只得将他言语回覆，另候裁夺便了。"遂辞了玄德，领兵而回。回见曹操，备述玄德之言。操犹豫未决。程昱、郭嘉曰："备不肯回兵，可知其心变矣。"操曰："我有朱灵、路昭二人在彼，料玄德未必敢心变。况我既遣之，何可复悔？"遂不复追玄德。后人有诗叹玄德曰：

束兵秣马去匆匆，心念天言衣带中。

撞破铁笼逃虎豹，顿开金锁走蛟龙。

却说马腾见玄德已去，边报又急，亦回西凉州去了。玄德兵至徐州，刺史车胄出迎。公宴毕，孙乾、糜竺等都来参见。玄德回家探视老小，一面差人探听袁术。探子回报："袁术奢侈太过，雷薄、陈兰皆投嵩山去了。术势甚衰，乃作书让帝号于袁绍。绍命人召术，术乃收拾人马、宫禁御用之物，先到徐州来。"

玄德知袁术将至，乃引关、张、朱灵、路昭五万军出，正迎着先锋纪灵至。张飞更不打话，直取纪灵。斗无十合，张飞大喝一声，刺纪灵于马下，败军奔走。袁术自引军来斗。玄德分兵三路：朱灵、路昭在左，关、张在右，玄德自引兵居中，与术相见，在门旗下责骂曰："汝反逆不道，

吾今奉明诏前来讨汝！汝当束手受降，免你罪犯。"袁术骂曰："织席编
屦小辈，安敢轻我！"麾兵赶来。玄德暂退，让左右两路军杀出。杀得术
军尸横遍野，血流成渠；兵卒逃亡，不可胜计。又被嵩山雷薄、陈兰劫去
钱粮草料。欲回寿春，又被群盗所袭，只得住于江亭。止有一千馀众，皆
老弱之辈。时当盛暑，粮食尽绝，只剩麦三十斛，分派军士。家人无食，
多有饿死者。术嫌饭粗，不能下咽，乃命庖人取蜜水止渴。庖人曰："止
有血水，安有蜜水！"术坐于床上，大叫一声，倒于地下，吐血斗馀而死。
时建安四年六月也。后人有诗曰：

　　汉末刀兵起四方，无端袁术太猖狂。

　　不思累世为公相，便欲孤身作帝王。

　　强暴枉夸传国玺，骄奢妄说应天祥。

　　渴思蜜水无由得，独卧空床呕血亡。

　　袁术已死，侄袁胤将灵
柩及妻子奔庐江来，被徐璆
尽杀之。璆夺得玉玺，赴许
都献于曹操。操大喜，封徐
璆为高陵太守。此时玉玺
归操。

　　却说玄德知袁术已丧，
写表申奏朝廷，书呈曹操，
令朱灵、路昭回许都，留下
军马保守徐州；一面亲自出
城，招谕流散人民复业。

　　且说朱灵、路昭回许都
见曹操，说玄德留下军马。
操怒，欲斩二人。荀彧曰：
"权归刘备，二人亦无奈

何。"操乃赦之。或又曰："可写书与车胄就内图之。"操从其计，暗使人来见车胄，传曹操钧旨。胄随即请陈登商议此事。登曰："此事极易。今刘备出城招民，不日将还；将军可命军士伏于瓮城边，只作接他，待马到来，一刀斩之；某在城上射住后军，大事济矣。"胄从之。陈登回见父陈珪，备言其事。珪命登先往报知玄德。登领父命，飞马去报，正迎着关、张，报说如此如此。原来关、张先回，玄德在后。张飞听得，便要去厮杀。云长曰："他伏瓮城边待我，去必有失。我有一计，可杀车胄：乘夜扮作曹军到徐州，引车胄出迎，袭而杀之。"飞然其言。那部下军原有曹操旗号，衣甲都同。当夜三更，到城边叫门。城上问是谁，众应是曹丞相差来张文远的人马。报知车胄，胄急请陈登议曰："若不迎接，诚恐有疑；若出迎之，又恐有诈。"胄乃上城回言："黑夜难以分辨，平明了相见。"城下答应："只恐刘备知道，疾快开门！"车胄犹豫未定，城外一片声叫开门。车胄只得披挂上马，引一千军出城；跑过吊桥，大叫："文远何在？"火光中只见云长提刀纵马直迎车胄，大叫曰："匹夫安敢怀诈，欲杀吾兄！"车胄大惊，战未数合，遮拦不住，拨马便回。到吊桥边，城上陈登乱箭射下，车胄绕城而走。

云长赶来，手起一刀，砍于马下，割下首级提回，望城上呼曰："反贼车胄，吾已杀之；众等无罪，投降免死！"诸军倒戈投降，军民皆安。云长将胄头去迎玄德，具言车胄欲害之事，今已斩首。玄德大惊曰："曹操若来。如之奈何？"云长曰："弟与张飞迎之。"玄德懊悔不已，遂入徐州。百姓父老，伏道而接。玄德到府，寻张飞，飞已将车胄全家杀尽。玄德曰："杀了曹操心腹之人，如何肯休？"陈登曰："某有一计，可退曹操。"正是：既把孤身离虎穴，还将妙计息狼烟。

不知陈登说出甚计来，且听下文分解。

▲ 第四十三回　诸葛亮舌战群儒　鲁子敬力排众议

却说鲁肃、孔明辞了玄德、刘琦，登舟望柴桑郡来。二人在舟中共议，鲁肃谓孔明曰："先生见孙将军，切不可实言曹操兵多将广。"孔明曰："不须子敬叮咛，亮自有对答之语。"及船到岸，肃请孔明于馆驿中暂歇，先自往见孙权。权正聚文武于堂上议事，闻鲁肃回，急召入问曰："子敬往江夏，体探虚实若何？"肃曰："已知其略，尚容徐禀。"权将曹操檄文示肃曰："操昨遣使赍文至此，孤先发遣来使，现今会众商议未定。"肃接檄文观看。其略曰：

"孤近承帝命，奉词伐罪。旄麾南指，刘琮束手；荆襄之民，望风归顺。今统雄兵百万，上将千员，欲与将军会猎于江夏，共伐刘备，同分土地，永结盟好。幸勿观望，速赐回音。"

鲁肃看毕曰："主公尊意若何？"权曰："未有定论。"张昭曰："曹操拥百万之众，借天子之名，以征四方，拒之不顺。且主公大势可以拒操者，长江也。今操既得荆州，长江之险，已与我共之矣，势不可敌。以愚之计，不如纳降，为万安之策。"众谋士皆曰："子布之言，正合天意。"孙权沉吟不语。张昭又曰："主公不必多疑。如降操，则东

吴民安，江南六郡可保矣。"孙权低头不语。须臾，权起更衣，鲁肃随于权后。权知肃意，乃执肃手而言曰："卿欲如何？"肃曰："恰才众人所言，深误将军。众人皆可降曹操，惟将军不可降曹操。"权曰："何以言之？"肃曰："如肃等降操，当以肃还乡党，累官故不失州郡也；将军降操，欲安所归乎？位不过封侯，车不过一乘，骑不过一匹，从不过数人，岂得南面称孤哉！众人之意，各自为己，不可听也。将军宜早定大计。"权叹曰："诸人议论，大失孤望。子敬开说大计，正与吾见相同。此天以子敬赐我也！但操新得袁绍之众，近又得荆州之兵，恐势大难以抵敌。"肃曰："肃至江夏，引诸葛瑾之弟诸葛亮在此，主公可问之，便知虚实。"权曰："卧龙先生在此乎？"肃曰："现在馆驿中安歇。"权曰："今日天晚，且未相见。来日聚文武于帐下，先教见我江东英俊，然后升堂议事。"

肃领命而去。次日至馆驿中见孔明，又嘱曰："今见我主，切不可言曹操兵多。"孔明笑曰："亮自见机而变，决不有误。"肃乃引孔明至幕下。早见张昭、顾雍等一班文武二十馀人，峨冠博带，整衣端坐。孔明逐一相见，各问姓名。施礼已毕，坐于客位。张昭等见孔明丰神飘洒，器宇轩昂，料道此人必来游说。张昭先以言挑之曰："昭乃江东微末之士，久闻先生高卧隆中，自比管、乐。此语果有之乎？"孔明曰："此亮平生小可之比也。"昭曰："近闻刘豫州三顾先生于草庐之中，幸得先生，以为如鱼得水，思欲席卷荆襄。今一旦以属曹操，未审是何主见？"孔明自思张昭乃孙权手下第一个谋士，若不先难倒他，如何说得孙权，遂答曰："吾观取汉上之地，易如反掌。我主刘豫州躬行仁义，不忍夺同宗之基业，故力辞之。刘琮孺子，听信佞言，暗自投降，致使曹操得以猖獗。今我主屯兵江夏，别有良图，非等闲可知也。"昭曰："若此，是先生言行相违也。先生自比管、乐，管仲相桓公，霸诸侯，一匡天下；乐毅扶持微弱之燕，下齐七十馀城：此二人者，真济世之才也。先生在草庐之中，但笑傲风月，抱膝危坐。今既从事刘豫州，当为生灵兴利除害，剿灭乱贼。且刘豫州未得先生之前，尚且纵横寰宇，割据城池；今得先生，人皆仰望。虽三尺童蒙，亦谓彪虎生翼，将见汉室复兴，曹氏即灭矣。朝廷旧臣，山林隐士，无不拭目而待：以为拂高天之云翳，仰日月之光辉，拯民于水火之中，措天下于衽席之上，在此时也。何先生自归豫州，曹兵一出，弃甲抛戈，望风而窜；上不能报刘表以安庶民，下不能辅孤子而据疆土；乃弃新野，走樊城，败当阳，奔夏口，无容身之地：是豫州既得先生之后，反不如其初也。管仲、乐毅，果如是乎？愚直之言，幸勿见怪！"孔明听罢，哑然而笑曰："鹏飞万里，其志岂群鸟能识哉？譬如人染沉疴，当先用糜粥以饮之，和药以服之；待其腑脏调和，形体渐安，然后用肉食以补之，猛药以治之：则病根尽去，人得全生也。若不待气脉和缓，便投以猛药厚味，欲求安保，诚为难矣。吾主刘豫州，向日军败于汝南，寄迹刘表，兵不满千，将止关、张、赵云而已。此正如病势尪羸已极之时也。新野山僻小县，人民稀少，粮食鲜薄，豫州不过暂借以容身，岂真将坐守于此耶？夫以甲兵不完，城郭不固，军不经练，粮不继日，然而博望烧屯，白河用水，使夏侯惇、曹仁辈心惊胆裂：窃谓管仲、乐毅之用兵，未必过此。至于刘琮降操，豫州实出不知；且又不忍乘乱夺同宗之基业，此真大仁大义也。当阳之败，豫州见有数十万赴义之民，扶老携幼相随，不忍弃之，日行十里，不思进取江陵，甘与同败，此亦大仁大义也。寡不敌众，胜负乃其常事。昔高皇数败于项羽，而垓下一战成功，此非韩信之良谋乎？夫信久事高皇，未尝累胜。盖国家大计，社稷安危，是有主谋。非比夸辩之徒，虚誉欺人：坐议立谈，无人可及；临机应变，百无一能。诚为天下笑耳！"这一篇言语，说得张昭并无一言回答。

座上忽一人抗声问曰："今曹公兵屯百万，将列千员，龙骧虎视，平吞江夏，公以为何如？"孔明视之，乃虞翻也。孔明曰："曹操收袁绍蚁聚之兵，劫刘表乌合之众，虽数百万不足惧也。"虞翻冷笑曰："军败于当阳，计穷于夏口，区区求救于人，而犹言'不惧'，此真大言欺人也！"孔明曰："刘豫州以数千仁义之师，安能敌百万残暴之众？退守夏口，所以待时也。今江东兵精粮足，且有长江之险，犹欲使其主屈膝降贼，不顾天下耻笑。由此论之，刘豫州真不惧操贼者矣!"虞翻不能对。

座间又一人问曰："孔明欲效仪、秦之舌，游说东吴耶?"孔明视之，乃步骘也。孔明曰："步子山以苏秦、张仪为辩士，不知苏秦、张仪亦豪杰也。苏秦佩六国相印，张仪两次相秦，皆有匡扶人国之谋，非比畏强凌弱，惧刀避剑之人也。君等闻曹操虚发诈伪之词，便畏惧请降，敢笑苏秦、张仪乎?"步骘默然无语。

忽一人问曰："孔明以曹操何如人也?"孔明视其人，乃薛综也。孔明答曰："曹操乃汉贼也，又何必问?"综曰："公言差矣。汉传世至今，天数将终。今曹公已有天下三分之二，人皆归心。刘豫州不识天时，强欲与争，正如以卵击石，安得不败乎?"孔明厉声曰："薛敬文安得出此无父无君之言乎! 夫人生天地间，以忠孝为立身之本。公既为汉臣，则见有不臣之人，当誓共戮之：臣之道也。今曹操祖宗叨食汉禄，不思报效，反

怀篡逆之心，天下之所共愤；公乃以天数归之，真无父无君之人也! 不足与语! 请勿复言!"薛综满面羞惭，不能对答。

座上又一人应声问曰："曹操虽挟天子以令诸侯，犹是相国曹参之后。刘豫州虽云中山靖王苗裔，却无可稽考，眼见只是织席贩屦之夫耳，何足与曹操抗衡哉!"孔明视之，乃陆绩也。孔明笑曰："公非袁术座间怀桔之陆郎乎? 请安坐，听吾一言：曹操既为曹相国之后，

则世为汉臣矣；今乃专权肆横，欺凌君父，是不惟无君，亦且蔑祖，不惟汉室之乱臣，亦曹氏之贼子也。刘豫州堂堂帝胄，当今皇帝，按谱赐爵，何云无可稽考？且高祖起身亭长，而终有天下；织席贩屦，又何足为辱乎？公小儿之见，不足与高士共语！"陆绩语塞。

座上一人忽曰："孔明所言，皆强词夺理，均非正论，不必再言。且请问孔明治何经典？"孔明视之，乃严畯也。孔明曰："寻章摘句，世之腐儒也，何能兴邦立事？且古耕莘伊尹，钓渭子牙，张良、陈平之流，邓禹、耿弇之辈，皆有匡扶宇宙之才，未审其生平治何经典。岂亦效书生，区区于笔砚之间，数黑论黄，舞文弄墨而已乎？"严畯低头丧气而不能对。

忽又一人大声曰："公好为大言，未必真有实学，恐适为儒者所笑耳。"孔明视其人，乃汝阳程德枢也。孔明答曰："儒有君子小人之别。君子之儒，忠君爱国，守正恶邪，务使泽及当时，名留后世。若夫小人之儒，惟务雕虫，专工翰墨，青春作赋，皓首穷经；笔下虽有千言，胸中实无一策。且如杨雄以文章名世，而屈身事莽，不免投阁而死，此所谓小人之儒也；虽日赋万言，亦何取哉！"程德枢不能对。众人见孔明对答如流，尽皆失色。

时座上张温、骆统二人，又欲问难。忽一人自外而入，厉声言曰："孔明乃当世奇才，君等以唇舌相难，非敬客之礼也。曹操大军临境，不思退敌之策，乃徒斗口耶！"众视其人，乃零陵人，姓黄，名盖，字公覆，现为东吴粮官。当时黄盖谓孔明曰："愚闻多言获利，不如默而无言。何不将金石之论为我主言之，乃与众人辩论也？"孔明曰："诸君不知世务，互相问难，不容不答耳。"于是黄盖与鲁肃引孔明入。至中门，正遇诸葛瑾，孔明施礼。瑾曰："贤弟既到江东，如何不来见我？"孔明曰："弟既事刘豫州，理宜先公后私。公事未毕，不敢及私。望兄见谅。"瑾曰："贤弟见过吴侯，却来叙话。"说罢自去。

鲁肃曰："适间所嘱，不可有误。"孔明点头应诺。引至堂上，孙权降阶而迎，优礼相待。施礼毕，赐孔明坐。众文武分两行而立。鲁肃立于孔明之侧，只看他讲话。孔明致玄德之意毕，偷眼看孙权：碧眼紫髯，堂堂一表。孔明暗思："此人相貌非常，只可激，不可说。等他问时，用言激之便了。"献茶已毕，孙权曰："多闻鲁子敬谈足下之才，今幸得相见，敢求教益。"孔明曰："不才无学，有辱明问。"权曰："足下近在新野，佐刘豫州与曹操决战，必深知彼军虚实。"孔明曰："刘豫州兵微将寡，更兼新野城小无粮，安能与曹操相持。"权曰："曹兵共有多少？"孔明曰："马步水军，约有一百馀万。"权曰："莫非诈乎？"孔明曰："非诈也。曹操就兖州已有青州军二十万；平了袁绍，又得五六十万；中原新招之兵三四十万；今又得荆州之军二三十万：以此计之，不下一百五十万。亮以百万言之，恐惊江东之士也。"鲁肃在旁，闻言失色，以目视孔明；孔明只做不见。权曰："曹操部下战将，还有多少？"孔明曰："足智多谋之士，能征惯战之将，何止一二千人。"权曰："今曹操平了荆、楚，复有远图乎？"孔明曰："即今沿江下寨，准备战船，不欲图江东，待取何地？"权曰："若彼有吞并之意，战与不战，请足下为我一决。"孔明曰："亮有一言，但恐将军不肯听从。"权曰："愿闻高论。"孔明曰："向者宇内大乱，故将军起江东，刘豫州收众汉南，与曹操并争天下。今操芟除大难，略已平矣；近又新破荆州，威震海内；纵有英雄，无用武之地：故豫州遁逃至此。愿将军量力而处之：若能以吴、越之众，与中国抗衡，不如早与之绝；若其不能，何不从众谋士之论，按兵束甲，北面而事之？"权未及答。孔明又曰："将军外托服从之名，内怀疑贰之见，事急而不断，祸至无日矣！"权曰："诚如君言，刘豫州何不降操？"孔明曰："昔田横，齐之壮士耳，犹守义不辱。况刘豫州王室之胄，英才盖世，众士仰慕。事之不济，此乃天也。又安能屈处人下乎！"

孙权听了孔明此言，不觉勃然变色，拂衣而起，退入后堂。众皆哂笑而散，鲁肃责孔明曰："先生何故出此言？幸是吾主宽洪大度，不即面责。先生之言，藐视吾主甚矣。"孔明仰面笑曰："何如此不能容物耶！我自有破曹之计，彼不问我，我故不言。"肃曰："果有良策，肃当请主公求教。"孔明曰："吾视曹操百万之众，如群蚁耳！但我一举手，则皆为齑粉矣！"肃闻言，便入后堂见孙权。权怒气未息，顾谓肃曰："孔明欺吾太甚！"肃曰："臣亦以此责孔明，孔明反笑主公不能容物。破曹之策，孔明不肯轻言，主公何不求之？"权回嗔作喜曰："原来孔明有良谋，故以言词激我。我一时浅见，几误大事。"便同鲁肃重复出堂，再请孔明叙话。权见孔明，谢曰："适来冒渎威严，幸勿见罪。"孔明亦谢曰："亮言语冒犯，望乞恕罪。"权邀孔明入后堂，置酒相待。

数巡之后，权曰："曹操平生所恶者：吕布、刘表、袁绍、袁术、豫州与孤耳。今数雄已灭，独豫州与孤尚存。孤不能以全吴之地，受制于人。吾计决矣。非刘豫州莫与当曹操者；然豫州新败之后，安能抗此难乎？"孔明曰："豫州虽新败，然关云长犹率精兵万人；刘琦领江夏战士，亦不下万人。曹操之众，远来疲惫；近追豫州，轻骑一日夜行三百里，此所谓强弩之末，势不能穿鲁缟者也。且北方之人，不习水战。荆州士民附操者，迫于势耳，非本心也。今将军诚能与豫州协力同心，破曹军必矣。操军破，必北还，则荆、吴之势强，而鼎足之形成矣。成败之机，在于今日。惟将军裁之。"权大悦曰："先生之言，顿开茅塞。吾意已决，更无他疑。即日商议起兵，共灭曹操！"遂令鲁肃将此意传谕文武官员，就送孔明于馆驿安歇。

张昭知孙权欲兴兵，遂与众议曰："中了孔明之计也！"急入见权曰："昭等闻主公将兴兵与曹操争锋。主公自思比袁绍若何？曹操向日兵微将寡，尚能一鼓克袁绍；何况今日拥百万之众南征，岂可轻敌？若听诸葛亮之言，妄动甲兵，此所谓负薪救火也。"孙权只低头不语。顾雍曰："刘备因为曹操所败，故欲借我江东之兵以拒之，主公奈何为其所用乎；愿听子布之言。"孙权沉吟未决。张昭等出，鲁肃入见曰："适张子布等，又劝主公休动兵，力主降议，此皆全躯保妻子之臣，为自谋之计耳，愿主公勿听也。"孙权尚在沉吟。肃曰："主公若迟疑，必为众人误矣。"权曰："卿且暂退，容我三思。"肃乃退出。时武将或有要战的，文官都是要降的，议论纷纷不一。

且说孙权退入内宅，寝食不安，犹豫不决。吴国太见权如此，问曰："何事在心，寝食俱废？"权曰："今曹操屯兵于江汉，有下江南之意。问诸文武，或欲降者，或欲战者。欲待战来，恐寡不敌众；欲待降来，又恐曹操不容：因此犹豫不决。"吴国太曰："汝何不记吾姐临终之语乎？"孙权如醉方醒，似梦初觉，想出这句话来。正是：追思国母临终语，引得周郎立战功。

毕竟说着甚的，且看下文分解。

顺治七年正月，颁行清字《三国演义》。此如明时文渊阁书有《黄氏女书》也。《黄氏女书》为念佛，《三国演义》为关圣，一时人心所向，不以书之真伪论。

清·俞正燮《癸巳存稿》卷九

审定者：中国人民大学　冯其庸

全书总字数：732092

用字量：4439

红楼梦　**62**

　　《红楼梦》，中国古典四大名著之一，清曹雪芹著。曹雪芹（1715—1763），名霑，字梦阮，号雪芹、芹圃、芹溪。祖籍辽阳（今辽宁辽阳），先世原是汉族，后为满洲正白旗"包衣"。康熙间，曾祖曹玺、祖曹寅、父曹颙相继任江宁织造。雍正初，因故遭牵连，曹颙被革职抄家，雪芹随家居北京，晚年移居西郊，贫病而卒。他才华横溢，金石书画、诗词歌赋，无所不精。以十年之力著《红楼梦》，增删五次，终未完稿，后由高鹗续补乃成。

　　《红楼梦》又名《石头记》，是中国古典小说的巅峰之作。全书以贾宝玉和林黛玉的爱情悲剧为主线，讲述了贾王史薛四大家族兴衰荣辱的历史，揭示出封建社会多方面的深层矛盾。《红楼梦》塑造了一大批鲜明的人物形象，贾宝玉之叛逆，林黛玉之孤高，薛宝钗之温柔，王熙凤之狠辣，上至皇亲贵戚，下至丫鬟奴仆，官吏差役，僧道医卜，无不情态毕现，可谓集古今摹写人物之大成。

高频字

| 了 | 的 | 不 | 一 | 来 | 道 | 人 | 是 | 说 | 我 |

△ 第五回　游幻境指迷十二钗　饮仙醪曲演红楼梦

第四回中既将薛家母子在荣府内寄居等事略已表明，此回则暂不能写矣。

如今且说林黛玉自在荣府以来，贾母万般怜爱，寝食起居，一如宝玉，迎春、探春、惜春三个亲孙女倒且靠后，便是宝玉和黛玉二人之亲密友爱处，亦自较别个不同，日则同行同坐，夜则同息同止，真是言和意顺，略无参商①。不想如今忽然来了一个薛宝钗，年岁虽大不多，然品格端方，容貌丰美，人多谓黛玉所不及。而且宝钗行为豁达，随分从时，不比黛玉孤高自许，目无下尘，故比黛玉大得下人之心。便是那些小丫头子们，亦多喜与宝钗去顽。因此黛玉心中便有些悒郁不忿之意，宝钗却浑然不觉。那宝玉亦在孩提之间，况自天性所禀来的一片愚拙偏僻，视姊妹弟兄皆出一意，并无亲疏远近之别。其中因与黛玉同随贾母一处坐卧，故略比别个姊妹熟惯些。既熟惯，则更觉亲密；既亲密，则不免一时有求全之毁，不虞之隙。这日不知为何，他二人言语有些不合起来，黛玉又气的独在房中垂泪，宝玉又自悔言语冒撞，前去俯就，那黛玉方渐渐的回转来。

因东边宁府中花园内梅花盛开，贾珍之妻尤氏乃治酒，请贾母、邢夫

---

① 参商（shēn shāng）：参星与商星，二者在空中此出彼没，不相见。比喻彼此对立，不和睦。

人、王夫人等赏花。是日先携了贾蓉之妻，二人来面请。贾母等于早饭后过来，就在会芳园游顽，先茶后酒，不过皆是宁荣二府女眷家宴小集，并无别样新文趣事可记。

一时宝玉倦怠，欲睡中觉，贾母命人好生哄着，歇一回再来。贾蓉之妻秦氏便忙笑回道："我们这里有给宝叔收拾下的屋子，老祖宗放心，只管交与我就是了。"又向宝玉的奶娘丫鬟等道："嬷嬷、姐姐们，请宝叔随我这里来。"贾母素知秦氏是个极妥当的人，生的袅娜纤巧，行事又温柔和平，乃重孙媳中第一个得意之人，见他去安置宝玉，自是安稳的。

当下秦氏引了一簇人来至上房内间。宝玉抬头看见一幅画贴在上面，画的人物固好，其故事乃是《燃藜图》，也不看系何人所画，心中便有些不快。又有一幅对联，写的是：

世事洞明皆学问，人情练达即文章。

及看了这两句，纵然室宇精美，铺陈华丽，亦断断不肯在这里了，忙说："快出去！快出去！"秦氏听了笑道："这里还不好，可往那里去呢？不然往我屋里去吧。"宝玉点头微笑。有一个嬷嬷说道："那里有个叔叔往侄儿房里睡觉的理？"秦氏笑道："嗳哟哟，不怕他恼。他能多大呢，就忌讳这些个！上月你没看见我那个兄弟来了，虽然与宝叔同年，两个人若站在一处，只怕那个还高些呢。"宝玉道："我怎么没见过？你带他来我瞧瞧。"众人笑道："隔着二三十里，往那里带去，见的日子有呢。"说着大家来至秦氏房中。刚至房门，便有一股细细的甜香袭人而来。宝玉觉得眼饧骨软，连说："好香！"入房向壁上看时，有唐伯虎画的《海棠春睡图》，两边有宋学士秦太虚写的一副对联，其联云：

嫩寒锁梦因春冷，芳气笼人是酒香。

案上设着武则天当日镜室中设的宝镜，一边摆着飞燕立着舞过的金盘，盘内盛着安禄山掷过伤了太真乳的木瓜。上面设着寿昌公主于含章殿下卧的榻，悬的是同昌公主制的联珠帐。宝玉含笑连说："这里好！"秦氏笑道："我这屋子大约神仙也可以住得了。"说着亲自展开了西子浣过的纱衾，移了红娘抱过的鸳枕。于是众奶母伏侍宝玉卧好，款款散了，只留袭人、媚人、晴雯、麝月四个丫鬟为伴。秦氏便吩咐小丫鬟们，好生在廊檐下看着猫儿狗儿打架。

那宝玉刚合上眼，便惚惚的睡去，犹似秦氏在前，遂悠悠荡荡，随了秦氏，至一所在。但见朱栏白石，绿树清溪，真是人迹希逢，飞尘不到。宝玉在梦中欢喜，想道："这个去处有趣，我就在这里过一生，纵然失了家也愿意，强如天天被父母师傅打呢。"正胡思之间，忽听山后有人作歌曰：

春梦随云散，飞花逐水流。寄言众儿女，何必觅闲愁。

宝玉听了是女子的声音。歌声未息，早见那边走出一个人来，蹁跹袅娜，端的与人不同。有赋为证：

方离柳坞，乍出花房。但行处，鸟惊庭树，将到时，影度回廊。仙袂乍飘兮，闻麝兰之馥郁；荷衣欲动兮，听环佩之铿锵。靥笑春桃兮，云堆翠髻；唇绽樱颗兮，榴齿含香。纤腰之楚楚兮，回风舞雪；珠翠之辉辉兮，满额鹅黄。出没花间兮，宜嗔宜喜；徘徊池上兮，若飞若扬。蛾眉颦笑兮，将言而未语；莲步乍移兮，待止而欲行。羡彼之良质兮，冰清玉润；羡彼之华服兮，闪灼文章。爱彼之貌容兮，香培玉琢；美彼之态度兮，凤翥龙翔。其素若何，春梅绽雪。其洁若何，秋菊被霜。其静若何，松生空谷。其艳若何，霞映澄塘。其文若何，龙游曲沼。其神若何，月射寒江。应惭西子，实愧王嫱。奇矣哉，生于孰地，来自何方；信矣乎，瑶池不二，紫府无双。果何人哉？如斯之美也！

宝玉见是一个仙姑，喜的忙来作揖问道："神仙姐姐不知从那里来，如今要往那里去？也不知这是何处，望乞携带携带。"那仙姑笑道："吾居离恨天之上，灌愁海之中，乃放春山遣香洞太虚幻境警幻仙姑是也：司人间之风情月债，掌尘世之女怨男痴。因近来风流冤孽，缠绵于此处，是以前来访察机会，布散相思。今忽与尔相逢，亦非偶然。此离吾境不远，别无他物，仅有自采仙茗一盏，亲酿美酒一瓮，素练魔舞歌姬数人，新填

《红楼梦》仙曲十二支，试随吾一游否？"宝玉听说，便忘了秦氏在何处，竟随了仙姑，至一所在，有石牌横建，上书"太虚幻境"四个大字，两边一副对联，乃是：

假作真时真亦假，无为有处有还无。

转过牌坊，便是一座宫门，上面横书四个大字，道是"孽海情天"。又有一副对联，大书云：

厚地高天，堪叹古今情不尽；

痴男怨女，可怜风月债难偿。

宝玉看了，心下自思道："原来如此。但不知何为'古今之情'，何为'风月之债'？从今倒要领略领略。"宝玉只顾如此一想，不料早把些邪魔招入膏肓了。当下随了仙姑进入二层门内，至两边配殿，皆有匾额对联，一时看不尽许多，惟见有几处写的是："痴情司""结怨司""朝啼司""夜怨司""春感司""秋悲司"。看了，因向仙姑道："敢烦仙姑引我到那各司中游玩游玩，不知可使得？"仙姑道："此各司中皆贮的是普天之下所有的女子过去未来的簿册，尔凡眼尘躯，未便先知的。"宝玉听了，那里肯依，复央之再四。仙姑无奈，说："也罢，就在此司内略随喜随喜罢了。"宝玉喜不自胜，抬头看这司的匾上，乃是"薄命司"三字，两边对联写的是：

春恨秋悲皆自惹，花容月貌为谁妍。

宝玉看了，便知感叹。进入门来，只见有十数个大厨，皆用封条封着。看那封条上，皆是各省的地名。宝玉一心只拣自己的家乡封条看，遂无心看别省的了。只见那边厨上封条上大书七字云："金陵十二钗正册"。宝玉问道："何为'金陵十二钗正册'？"警幻道："即贵省中十二冠首女子之册，故为'正册'。"宝玉道："常听人说，金陵极大，怎么只十二个女子？如今单我家里，上上下下，就有几百女孩子呢。"警幻冷笑道："贵省女子固多，不过择其紧要者录之。下边二厨则又次之。馀者庸常之辈，则无册可录矣。"宝玉听说，再看下首二厨上，果然写着"金陵十二钗副册"，又一个写着"金陵十二钗又副册"。宝玉便伸手先将"又副册"厨开了，拿出一本册来，揭开一看，只见这首页上画着一幅画，又非人物，也无山水，不过是水墨瀞①染的满纸乌云浊雾而已。后有几行字迹，写的是：

雾月难逢，彩云易散。心比天高，身为下贱。风流灵巧招人怨。寿夭多因毁谤生，多情公子空牵念。

宝玉看了，又见后面画着一簇鲜花，一床破席，也有几句言词，写道是：

枉自温柔和顺，空云似桂如兰，堪羡优伶有福，谁知公子无缘。

宝玉看了不解。遂掷下这个，又去开了副册厨门，拿起一本册来，揭开看时，只见画着一株桂花，下面有一池沼，其中水涸泥干，莲枯藕败，后面书云：

根并荷花一茎香，平生遭际实堪伤。

自从两地生孤木，致使香魂返故乡。

宝玉看了仍不解。便又掷了，再去取"正册"看，只见头一页上便画着两株枯木，木上悬着一围玉带；又有一堆雪，雪下一股金簪。也有四句言词，道是：

可叹停机德，堪怜咏絮才。

玉带林中挂，金簪雪里埋。

宝玉看了仍不解。待要问时，情知他必不肯泄漏，待要丢下，又不舍。遂又往后看时，只见画着一张弓，弓上挂着香橼②。也有一首歌词云：

二十年来辨是非，榴花开处照宫闱。

三春争及初春景，虎兔相逢大梦归。

后面又画着两人放风筝，一片大海，一只大船，船中有一女子掩面泣

---

① 瀞（wěng）：浓。

② 香橼（yuán）：芸香科小乔木，果借观赏。橼，即枸橼，又名佛手柑。

涕之状。也有四句写云：

才自精明志自高，生于末世运偏消。

清明涕送江边望，千里东风一梦遥。

后面又画几缕飞云，一湾逝水。其词曰：

富贵又何为，襁褓之间父母违。

展眼吊斜晖，湘江水逝楚云飞。

后面又画着一块美玉，落在泥垢之中。其断语云：

欲洁何曾洁，云空未必空。

可怜金玉质，终陷淖泥中。

后面忽见画着个恶狼，追扑一美女，欲啖之意。其书云：

子系中山狼，得志便猖狂。

金闺花柳质，一载赴黄粱。

后面便是一所古庙，里面有一美人在内看经独坐。其判云：

勘破三春景不长，缁衣顿改昔年妆。

可怜绣户侯门女，独卧青灯古佛旁。

后面便是一片冰山，上面有一只雌凤。其判曰：

凡鸟偏从末世来，都知爱慕此生才。

一从二令三人木，哭向金陵事更哀。

后面又是一座荒村野店，有一美人在那里纺绩。其判云：

势败休云贵，家亡莫论亲。

偶因济刘氏，巧得遇恩人。

后面又画着一盆茂兰，旁有一位凤冠霞帔①的美人。也有判云：

桃李春风结子完，到头谁似一盆兰。

如冰水好空相妒，枉与他人作笑谈。

后面又画着高楼大厦，有一美人悬梁自缢。其判云：

---

① 帔（pèi）：披肩。

情天情海幻情身，情既相逢必主淫。

漫言不肖皆荣出，造衅开端实在宁。

宝玉还欲看时，那仙姑知他天分高明，性情颖慧，恐把仙机泄漏，遂掩了卷册，笑向宝玉道："且随我去游玩奇景，何必在此打这闷葫芦！"

宝玉恍恍惚惚，不觉弃了卷册，又随了警幻来至后面。但见珠帘绣幕，画栋雕檐，说不尽那光摇朱户金铺地，雪照琼窗玉作宫。更见仙花馥郁，异草芬芳，真好个所在。又听警幻笑道："你们快出来迎接贵客！"一语未了，只见房中又走出几个仙子来，皆是荷袂蹁跹，羽衣飘舞，姣若春花，媚如秋月。一见了宝玉，都怨谤警幻道："我们不知系何'贵客'，忙的接了出来！姐姐曾说今日今时必有绛珠妹子的生魂前来游玩，故我等久待。何故反引这浊物来污染这清净女儿之境？"

宝玉听如此说，便吓得欲退不能退，果觉自形污秽不堪。警幻忙携住宝玉的手，向众姊妹道："你等不知原委：今日原欲往荣府去接绛珠，适从宁府所过，偶遇宁荣二公之灵，嘱吾云：'吾家自国朝定鼎以来，功名奕世，富贵传流，虽历百年，奈运终数尽，不可挽回者。故遗之子孙虽多，竟无可以继业。其中惟嫡孙宝玉一人，禀性乖张，生性怪谲，虽聪明灵慧，略可望成，无奈吾家运数合终，恐无人规引入正。幸仙姑偶来，万望先以情欲声色等事警其痴顽，或能使彼跳出迷人圈子，然后入于正路，亦吾兄弟之幸矣。'如此嘱吾，故发慈心，引彼至此。先以彼家上中下三等女子之终身册籍，令彼熟玩，尚未觉悟；故引彼再至此处，令其再历饮馔声色之幻，或冀将来一悟，亦未可知也。"

说毕，携了宝玉入室。但闻一缕幽香，竟不知其所焚何物。宝玉遂不禁相问。警幻冷笑道："此香尘世中既无，尔何能知！此香乃系诸名山胜境内初生异卉之精，合各种宝林珠树之油所制，名'群芳髓'。"宝玉听了，自是羡慕而已。大家入座，小丫鬟捧上茶来。宝玉自觉清香异味，纯美非常，因又问何名。警幻道："此茶出在放春山遣香洞，又以仙花灵叶上所带之宿露而烹，此茶名曰'千红一窟'。"宝玉听了，点头称赏。因看房内，瑶琴、宝鼎、古画、新诗，无所不有；更喜窗下亦有唾绒，衾间时渍粉污。壁上也见悬着一副对联，书云：

幽微灵秀地，无可奈何天。

宝玉看毕，无不羡慕。因又请问众仙姑姓名：一名痴梦仙姑，一名钟情大士，一名引愁金女，一名度恨菩提，各各道号不一。少刻，有小丫鬟来调桌安椅，设摆酒馔。真是：

琼浆满泛玻璃盏，玉液浓斟琥珀杯。

更不用再说那肴馔之盛。宝玉因闻得此酒清香甘冽，异乎寻常，又不禁相问。警幻道："此酒乃以百花之蕊，万木之汁，加以麟髓之醅、凤乳之曲酿成，因名为'万艳同杯'。"宝玉称赏不迭。

饮酒间，又有十二个舞女上来，请问演何词曲。警幻道："就将新制《红楼梦》十二支演上来。"舞女们答应了，便轻敲檀板，款按银筝，听他歌道是：

开辟鸿蒙……

方歌了一句，警幻便说道："此曲不比尘世中所填传奇之曲，必有生旦净末之则，又有南北九宫之限。此或咏叹一人，或感怀一事，偶成一曲，即可谱入管弦。若非个中人，不知其中之妙。料尔亦未必深明此调。若不先阅其稿，后听其歌，翻成嚼蜡矣。"说毕，回头命小丫鬟取了《红楼梦》原稿来，递与宝玉。宝玉接来，一面目视其文，一面耳聆其歌曰：

【《红楼梦》引子】　开辟鸿蒙，谁为情种？都只为风月情浓。趁着这奈何天，伤怀日，寂寥时，试遣愚衷。因此上，演出这怀金悼玉的《红楼梦》。

【终身误】　都道是金玉良姻，俺只念木石前盟。空对着，山中高士晶莹雪；终不忘，世外仙姝寂寞林。叹人间，美中不足今方信。纵然是齐眉举案，到底意难平。

【枉凝眉】　一个是阆苑仙葩，一个是美玉无瑕。若说没奇缘，今生偏又遇着他；若说有奇缘，如何心事终虚化？一个枉自嗟呀，一个空劳牵挂。一个是水中月，一个是镜中花。

想眼中能有多少泪珠儿，怎经得秋流到冬尽，春流到夏！

宝玉听了此曲，散漫无稽，不见得好处，但其声韵凄惋，竟能销魂醉魄。因此也不察其原委，问其来历，就暂以此释闷而已。因又看下道：

【恨无常】　喜荣华正好，恨无常又到。眼睁睁，把万事全抛。荡悠悠，把芳魂消耗。望家乡，路远山高。故向爹娘梦里相寻告：儿命已入黄泉，天伦呵，须要退步抽身早！

【分骨肉】　一帆风雨路三千，把骨肉家园齐来抛闪。恐哭损残年，告爹娘，休把儿悬念。自古穷通皆有定，离合岂无缘？从今分两地，各自保平安。奴去也，莫牵连。

【乐中悲】　襁褓中，父母叹双亡。纵居那绮罗丛，谁知娇养？幸生来，英豪阔大宽宏量，从未将儿女私情略萦心上。好一似，霁月光风耀玉堂。厮配得才貌仙郎，博得个地久天长，准折得幼年时坎坷形状。终久是云散高唐，水涸湘江。这是尘寰中消长数应当，何必枉悲伤！

【世难容】　气质美如兰，才华阜比仙。天生成孤癖人皆罕。你道是啖肉食腥膻，视绮罗俗厌，却不知太高人愈妒，过洁世同嫌。可叹这，青灯古殿人将老；辜负了，红粉朱楼春色阑。到头来，依旧是风尘肮脏违心愿。好一似，无瑕白玉遭泥陷；又何须，王孙公子叹无缘。

【喜冤家】　中山狼，无情兽，全不念当日根由。一味的骄奢淫荡贪还构。觑着那，侯门艳质同蒲柳，作践的，公府千金似下流。叹芳魂艳魄，一载荡悠悠。

【虚花悟】　将那三春看破，桃红柳绿待如何？把这韶华打灭，觅那清淡天和。说什么，天上夭桃盛，云中杏蕊多。到头来，谁把秋捱过？则看那，白杨村里人呜咽，青枫林下鬼吟哦。更兼着，连天衰草遮坟墓。这的是，昨贫今富人劳碌，春荣秋谢花折磨。似这般，生关死劫谁能躲？闻说道，西方宝树唤婆娑，上结着长生果。

【聪明累】　机关算尽太聪明，反算了卿卿性命。生前心已碎，死后性空灵。家富人宁，终有个家亡人散各奔腾。枉费了，意悬悬半世心；好一似，荡悠悠三更梦。忽喇喇似大厦倾，昏惨惨似灯将尽。呀！一场欢喜忽悲辛。叹人世，终难定！

【留馀庆】　留馀庆，留馀庆，忽遇恩人；幸娘亲，幸娘亲，积得阴功。劝人生，济困扶穷，休似俺那爱银钱忘骨肉的狠舅奸兄！正是乘除加减，上有苍穹。

【晚韶华】　镜里恩情，更那堪梦里功名！那美韶华去之何迅！再休提绣帐鸳衾。只这带珠冠，披凤袄，也抵不了无常性命。虽说是，人生莫受老来贫，也须要阴骘积儿孙。气昂昂头戴簪缨，气昂昂头戴簪缨；光灿灿胸悬金印；威赫赫爵禄高登，威赫赫爵禄高登；昏惨惨黄泉路近。问古来将相可还存？也只是虚名儿与后人钦敬。

【好事终】　画梁春尽落香尘。擅风情，秉月貌，便是败家的根本。箕裘颓堕皆从敬，家事消亡首罪宁。宿孽总因情。

【收尾。飞鸟各投林】　为官的，家业凋零；富贵的，金银散尽；有恩的，死里逃生；无情的，分明报应。欠命的，命已还；欠泪的，泪已尽。冤冤相报实非轻，分离聚合皆前定。欲知命短问前生，老来富贵也真侥幸。看破的，遁入空门；痴迷的，枉送了性命。

好一似食尽鸟投林，落了片白茫茫大地真干净！

歌毕，还要歌副曲。警幻见宝玉甚无趣味，因叹："痴儿竟尚未悟！"那宝玉忙止歌姬不必再唱，自觉朦胧恍惚，告醉求卧。警幻便命撤去残席，送宝玉至一香闺绣阁之中，其间铺陈之盛，乃素所未见之物。更可骇者，早有一位女子在内，其鲜艳妩媚，有似乎宝钗；风流袅娜，则又如黛玉。正不知何意，忽警幻道："尘世中多少富贵之家，那些绿窗风月，绣阁烟霞，皆被淫污纨绔与那些流荡女子悉皆玷辱。更可恨者，自古来多少轻薄浪子，皆以'好色不淫'为饰，又以'情而不淫'作案，此皆饰非掩丑之语也。好色即淫，知情更淫。是以巫山之会，云雨之欢，皆由既悦其色，复恋其情所致也。吾所爱汝者，乃天下古今第一淫人也。"

宝玉听了，唬的忙答道："仙姑差了。我因懒于读书，家父母尚每垂训饬，岂敢再冒'淫'字。况且年纪尚小，不知'淫'字为何物。"警幻道："非也。淫虽一理，意则有别。如世之好淫者，不过悦容貌，喜歌舞，调笑无厌，云雨无时，恨不能尽天下之美女供我片时之趣兴，此皆皮肤淫滥之蠢物耳。如尔则天分中生成一段痴情，吾辈推之为'意淫'。'意淫'二字，惟心会而不可口传，可神通而不可语达。汝今独得此二字，在闺阁中，固可为良友；然于世道中未免迂阔怪诡，百口嘲谤，万目睚眦。今既遇令祖宁荣二公剖腹深嘱，吾不忍君独为我闺阁增光，见弃于世道，是以特引前来，醉以灵酒，沁以仙茗，警以妙曲，再将吾妹一人，乳名兼美字可卿者，许配于汝。今夕良时，即可成姻。不过令汝领略此仙闺幻境之风光尚如此，何况尘境之情景哉？而今后万万解释，改悟前情，留意于孔孟之间，委身于经济之道。"说毕便秘授以云雨之事，推宝玉入房，将门掩上自去。

那宝玉恍恍惚惚，依警幻所嘱之言，未免有儿女之事，难以尽述。至次日，便柔情缱绻，软语温存，与可卿难解难分。因二人携手出去游顽之时，忽至一个所在，但见荆榛遍地，狼虎同群，迎面一道黑溪阻路，并无桥梁可通。正在犹豫之间，忽见警幻后面追来，告道："快休前进，作速回头要紧！"宝玉忙止步问道："此系何处？"警幻道："此即迷津也。深有万丈，遥亘千里，中无舟楫可通，只有一个木筏，乃木居士掌舵，灰侍者撑篙，不受金银之谢，但遇有缘者渡之。尔今偶游至此，设如堕落其中，则深负我从前谆谆警戒之语矣。"话犹未了，只听迷津内水响如雷，竟有许多夜叉海鬼将宝玉拖将下去。吓得宝玉汗下如雨，一面失声喊叫："可卿救我！"吓得袭人辈众丫鬟忙上来搂住，叫："宝玉别怕，我们在这里！"

却说秦氏正在房外嘱咐小丫头们好生看着猫儿狗儿打架，忽听宝玉在梦中唤他的小名，因纳闷道："我的小名这里从没人知道的，他如何知道，在梦里叫出来？"正是：

一场幽梦同谁近，千古情人独我痴。

⚠ 第十七回至十八回　大观园试才题对额　荣国府归省庆元宵

话说秦钟既死，宝玉痛哭不已，李贵等好容易劝解半日方住，归时犹是凄恻哀痛。贾母帮了几十两银子，外又另备奠仪，宝玉去吊纸。七日后便送殡掩埋了，别无述记。只有宝玉日日思慕感悼，然亦无可如何了。

又不知历几何时，这日贾珍等来回贾政："园内工程俱已告竣，大老爷已瞧过了，只等老爷瞧了，或有不妥之处，再行改造，好题匾额对联的。"贾政听了，沉思一回，说道："这匾额对联倒是一件难事。论理该请贵妃赐题才是，然贵妃若不亲睹其景，大约亦必不肯妄拟，若直待贵妃游幸过再请题，偌大景致，若干亭榭，无字标题，也觉寥落无趣，任有花柳山水，也断不能生色。"众清客在旁笑答道："老世翁所见极是。如今我们有个愚见：各处匾额对联断不可少，亦断不可定名。如今且按其景致，或两字、三字、四字，虚合其意，拟了出来，暂且做灯匾联悬了。待贵妃游幸时，再请定名，岂不两全？"贾政等听了，都道："所见不差。我们今日且看看去，只管题了，若妥当便用，不妥时，然后将雨村请来，令他再拟。"众人笑道："老爷今日一拟定佳，何必又待雨村。"贾政笑道："你们不知，我自幼于花鸟山水题咏上就平平，如今上了年纪，且案牍劳烦，于这怡情悦性文章上更生疏了。纵拟了出来，不免迂腐古板，反不能使花柳园亭生色，似不妥协，反没意思。"众清客笑道："这也无妨。我们大家看了公拟，各举其长，优则存之，劣则删之，未为不可。"贾政道："此论极是。且喜今日天气和暖，大家去逛逛。"说着起身，引众人前往。

贾珍先去园中知会众人。可巧近日宝玉因思念秦钟，忧戚不尽，贾母常命人带他到园中来戏耍。此时亦才进去，忽见贾珍走来，向他笑道："你还不出去，老爷就来了。"宝玉听了，带着奶娘小厮们，一溜烟就出园来。方转过弯，顶头贾政引众客来了，躲之不及，只得一边站了。贾政近因闻得塾掌称赞宝玉专能对对联，虽不喜读书，偏倒有些歪才情似的，今日偶然撞见这机会，便命他跟来。宝玉只得随往，尚不知何意。

贾政刚至园门前，只见贾珍带领许多执事人来，一旁侍立。贾政道："你且把园门都关上，我们先瞧了外面再进去。"贾珍听说，命人将门关了。贾政先秉正看门。只见正门五间，上面桶瓦泥鳅脊，那门栏窗槅，皆是细雕新鲜花样，并无朱粉涂饰，一色水磨群墙，下面白石台矶，凿成西番草花样。左右一望，皆雪白粉墙，下面虎皮石，随势砌去，果然不落富丽俗套，自是欢喜。遂命开门，只见迎面一带翠嶂挡在前面。众清客都道："好山，好山！"贾政道："非此一山，一进来园中所有之景悉入目中，则有何趣。"众人道："极是。非胸中大有邱壑，焉想及此。"说毕，往前一望，见白石崚嶒，或如鬼怪，或如猛兽，纵横拱立，上面苔藓成斑，藤萝掩映，其中微露羊肠小径。贾政道："我们就从此小径游去，回来由那一边出去，方可遍览。"

说毕，命贾珍在前引导，自己扶了宝玉，逶迤进入山口。抬头忽见山上有镜面白石一块，正是迎面留题处。贾政回头笑道："诸公请看，此处题以何名方妙？"众人听说，也有说该题"叠翠"二字，也有说该提"锦嶂"的，又有说"赛香炉"的，又有说"小终南"的，种种名色，不止几十个。原来众客心中早知贾政要试宝玉的功业进益如何，只将些俗套来敷衍。宝玉亦料定此意。贾政听了，便回头命宝玉拟来。宝玉道："尝闻古人有云：'编新不如述旧，刻古终胜雕今。'况此处并非主山正景，原无可题之处，不过是探景一进步耳。莫若直书'曲径通幽处'这句旧诗在上，倒还大方气派。"众人听了，都赞道："是极！二世兄天分高，才情远，不似我们读腐了书的。"贾政笑道："不可谬奖。他年小，不过以一知充十用，取笑罢了。再俟选拟。"

说着，进入石洞来。只见佳木茏葱，奇花炳灼，一带清流，从花木深处曲折泻于石隙之下。再进数步，渐向北边，平坦宽豁，两边飞楼插空，雕甍绣槛，皆隐于山坳树杪之间。俯而视之，则清溪泻雪，石磴穿云，白石为栏，环抱池沿，石桥三港，兽面衔吐。桥上有亭。贾政与诸人上了亭子，倚栏坐了，因问："诸公以何题此？"诸人都道："当日欧阳公《醉翁亭记》有云：'有亭翼然'，就名'翼然'。"贾政笑道："'翼然'虽佳，但此亭压水而成，还须偏于水题方称。依我拙裁，欧阳公之'泻出于两峰之间'，竟用他这一个'泻'字。"有一客道："是极，是极。竟是'泻玉'二字妙。"贾政拈髯寻思，因抬头见宝玉侍侧，便笑命他也拟一个来。宝玉听说，连忙回道："老爷方才所议已是。但是如今追究了去，似乎当日欧阳公题酿泉用一'泻'字，则妥，今日此泉若亦用'泻'字，则觉不妥。况此处虽云省亲驻跸别墅，亦当入于应制之例，用此等字眼，亦觉粗陋不雅。求再拟较此蕴籍含蓄者。"贾政笑道："诸公听此论若何？方才众人编新，你又说不如述古，如今我们述古，你又说粗陋不妥。你且说你的来我听。"宝玉道："有用'泻玉'二字，则莫若'沁芳'二字，岂不新雅？"贾政拈髯点头不语。众人都忙迎合，赞宝玉才情不凡。贾政道："匾上二字容易。再作一副七言对联来。"宝玉听说，立于亭上，四顾一望，便机上心来，乃念道：

绕堤柳借三篙翠，隔岸花分一脉香。

贾政听了，点头微笑。众人先称赞不已。

于是出亭过池，一山一石，一花一木，莫不着意观览。忽抬头看见前面一带粉垣，里面数楹修舍，有千百竿翠竹遮映。众人都道："好个所在！"于是大家进入，只见入门便是曲折游廊，阶下石子漫成甬路。上面小小两三间房舍，一明两暗，里面都是合着地步打就的床几椅案。从里间房内又得一小门，出去则是后院，有大株梨花兼着芭蕉。又有两间小小退步。后院墙下忽开一隙，得泉一派，开沟仅尺许，灌入墙内，绕阶缘屋至前院，盘旋竹下而出。

贾政笑道："这一处还罢了。若能月夜坐此窗下读书，不枉虚生一世。"说毕，看着宝玉，唬的宝玉忙垂了头。众客忙用话开释，又说道：

"此处的匾该题四个字。"贾政笑问:"那四字?"一个道是"淇水遗风"。贾政道:"俗。"又一个是"睢园雅迹"。贾政道:"也俗。"贾珍笑道:"还是宝兄弟拟一个来。"贾政道:"他未曾作,先要议论人家的好歹,可见就是个轻薄人。"众客道:"议论的极是,其奈他何。"贾政忙道:"休如此纵了他。"因命他道:"今日任你狂为乱道,先设议论来,然后方许你作。方才众人说的,可有使得的?"宝玉见问,答道:"都似不妥。"贾政冷笑道:"怎么不妥?"宝玉道:"这是第一处行幸之处,必须颂圣方可。若用四字的匾,又有古人现成的,何必再作。"贾政道:"难道'淇水''睢园'不是古人的?"宝玉道:"这太板腐了。莫若'有凤来仪'四字。"众人都哄然叫妙。贾政点头道:"畜生,畜生,可谓'管窥蠡测'矣。"因命:"再题一联来。"宝玉便念道:

宝鼎茶闲烟尚绿,幽窗棋罢指犹凉。

贾政摇头说道:"也未见长。"说毕,引众人出来。

方欲走时,忽又想起一事来,因问贾珍道:"这些院落房宇并几案桌椅都算有了,还有那些帐幔帘子并陈设玩器古董,可也都是一处一处合式配就的?"贾珍回道:"那陈设的东西早已添了许多,自然临期合式陈设。帐幔帘子,昨日听见琏兄弟说,还不全。那原是一起工程之时就画了各处的图样,量准尺寸,就打发人办去的。想必昨日得了一半。"贾政听了,便知此事不是贾珍的首尾,便命人去唤贾琏。

一时,贾琏赶来,贾政问他共有几种,现今得了几种,尚欠几种。贾琏见问,忙向靴桶取靴掖内装的一个纸折略节来,看了一看,回道:"妆蟒绣堆,刻丝弹墨并各色绸绫大小幔子一百二十架,昨日得了八十架,下欠四十架。帘子二百挂,昨日俱得了。外有猩猩毡帘二百挂,金丝藤红漆竹帘二百挂,黑漆竹帘二百挂,五彩线络盘花帘二百挂,每样得了一半,也不过秋天都全了。椅搭、桌围、床裙、桌套,每分一千二百件,也有了。"

一面走,一面说,倏尔青山斜阳。转过山怀中,隐隐露出一带黄泥筑就矮墙，墙头皆用稻茎掩护。有几百株杏花，如喷火蒸霞一般。里面数楹茅屋。外面却是桑、榆、槿、柘，各色树稚新条，随其曲折，编就两溜青篱。篱外山坡之下，有一土井，旁有桔槔辘轳之属。下面分畦列亩，佳蔬菜花，漫然无际。

贾政笑道："倒是此处有些道理。固然系人力穿凿，此时一见，未免勾引起我归农之意。我们且进去歇息歇息。"说毕，方欲进篱门去，忽见路旁有一石碣，亦为留题之备。众人笑道："更妙，更妙，此处若悬匾待题，则田舍家风一洗尽矣。立此一碣，又觉生色许多，非范石湖田家之咏不足以尽其妙。"贾政道："诸公请题。"众人道："方才世兄有云，'编新不如述旧'，此处古人已道尽矣，莫若直书'杏花村'妙极。"贾政听了，笑向贾珍道："正亏提醒了我。此处都妙极，只是还少一个酒幌。明日竟作一个，不必华丽，就依外面村庄的式样作来，用竹竿挑在树梢。"贾珍答应了，又回道："此处竟还不可养别的雀鸟，只是买些鹅鸭鸡类，才都相称了。"贾政与众人都道："更妙。"贾政又向众人道："'杏花村'固佳，只是犯了正名，村名直待请名方可。"众客都道："是呀。如今虚的，便是什么字样好？"

大家想着，宝玉却等不得了，也不等贾政的命，便说道："旧诗有云：'红杏梢头挂酒旗。'如今莫若'杏帘在望'四字。"众人都道："好个'在望'！又暗合'杏花村'意。"宝玉冷笑道："村名若用'杏花'二字，则俗陋不堪了。又有古人诗云：'柴门临水稻花香。'何不就用'稻香村'的妙？"众人听了，亦发哄声拍手道："妙！"贾政一声断喝："无知的业障，你能知道几个古人，能记得几首熟诗，也敢在老先生前卖弄！你方才那些胡说的，不过是试你的清浊，取笑而已，你就认真了！"

说着，引人步入茆堂，里面纸窗木榻，富贵气像一洗皆尽。贾政心中自是欢喜，却瞅宝玉道："此处如何？"众人见问，都忙悄悄的推宝玉，教他说好。宝玉不听人言，便应声道："不及'有凤来仪'多矣。"贾政听了道："无知的蠢物！你只知朱楼画栋，恶赖富丽为佳，那里知道这清幽气像。终是不读书之过!"宝玉忙答道:"老爷教训的固是,但古人常云'天然'二字,不知何意?"

众人见宝玉牛心,都怪他呆痴不改。今见问"天然"二字,众人忙道:"别的都明白,为何连'天然'不知?'天然'者,天之自然而有,非人力之所成也。"宝玉道:"却又来!此处置一田庄,分明见得人力穿凿扭捏而成。远无邻村,近不负郭,背山山无脉,临水水无源,高无隐寺之塔,下无通市之桥,峭然孤出,似非大观。争似先处有自然之理,得自然之气,虽种竹引泉,亦不伤于穿凿。古人云'天然图画'四字,正畏非其地而强为地,非其山而强为山,虽百般精而终不相宜……"未及说完,贾政气的喝命:"又出去!"刚出去,又喝命:"回来!"命再题一联:"若不通,一并打嘴!"宝玉只得念道:

新涨绿添浣葛处,好云香护采芹人。

贾政听了,摇头说:"更不好。"一面引人出来,转过山坡,穿花度柳,抚石依泉,过了荼蘼架,再入木香棚,越牡丹亭,度芍药圃,入蔷薇院,出芭蕉坞,盘旋曲折。忽闻水声潺湲,泻出石洞,上则萝薜倒垂,下则落花浮荡。众人都道:"好景,好景!"贾政道:"诸公题以何名?"众人道:"再不必拟了,恰恰乎是'武陵源'三个字。"贾政笑道:"又落实了,而且陈旧。"众人笑道:"不然就用'秦人旧舍'四字也罢了。"宝玉道:"这越发过露了。'秦人旧舍'说避乱之意,如何使得?莫若'蓼汀花溆'四字。"贾政听了,更批胡说。

于是要进港洞时,又想起有船无船。贾珍道:"采莲船共四只,座船一只,如今尚未造成。"贾政笑道:"可惜不得入了。"贾珍道:"从山上盘道亦可以进去。"说毕,在前导引,大家攀藤抚树过去。只见水上落花愈多,其水愈清,溶溶荡荡,曲折萦迂。池边两行垂柳,杂着桃杏,遮天蔽日,真无一些尘土。忽见柳阴中又露出一个折带朱栏板桥来,度过桥去,诸路可通,便见一所清凉瓦舍,一色水磨砖墙,清瓦花堵。那大主山所分之脉,皆穿墙而过。

贾政道："此处这所房子，无味的很。"因而步入门时，忽迎面突出插天的大玲珑山石来，四面群绕各式石块，竟把里面所有房屋悉皆遮住，而且一株花木也无。只见许多异草：或有牵藤的，或有引蔓的，或垂山巅，或穿石隙，甚至垂檐绕柱，萦砌盘阶，或如翠带飘飘，或如金绳盘屈，或实若丹砂，或花如金桂，味芬气馥，非花香之可比。贾政不禁笑道："有趣！只是不大认识。"有的说："是薜荔藤萝。"贾政道："薜荔藤萝不得如此异香。"宝玉道："果然不是。这些之中也有藤萝薜荔。那香的是杜若蘅芜，那一种大约是茝兰，这一种大约是清葛，那一种是金䔲草，这一种是玉蕗藤，红的自然是紫芸，绿的定是青芷。想来《离骚》《文选》等书上所有的那些异草，也有叫作什么藿菊姜荨的，也有叫作什么纶组紫绛的，还有石帆、水松、扶留等样，又有叫什么绿苈的，还有什么丹椒、蘼芜、风连。如今年深岁改，人不能识，故皆像形夺名，渐渐的唤差了，也是有的。"未及说完，贾政喝道："谁问你来！"唬的宝玉倒退，不敢再说。

贾政因见两边俱是超手游廊，便顺着游廊步入。只见上面五间清厦连着卷棚，四面出廊，绿窗油壁，更比前几处清雅不同。贾政叹道："此轩中煮茶操琴，亦不必再焚名香矣。此造已出意外，诸公必有佳作新题以颜其额，方不负此。"众人笑道："再莫若'兰风蕙露'贴切了。"贾政道："也只好用这四字。其联若何？"一人道："我倒想了一对，大家批削改正。"念道是：

麝兰芳霭斜阳院，杜若香飘明月洲。

众人道："妙则妙矣，只是'斜阳'二字不妥。"那人道："古人诗云'蘼芜满手泣斜晖'。"众人道："颓丧，颓丧。"又一人道："我也有一联，诸公评阅评阅。"因念道：

三径香风飘玉蕙，一庭明月照金兰。

贾政拈髯沉吟，意欲也题一联。忽抬头见宝玉在旁不敢则声，因喝道："怎么你应说话时又不说了？还要等人请教你不成！"宝玉听说，便回道："此处并没有什么'兰麝''明月''洲渚'之类，若要这样着迹说起来，就题二百联也不能完。"贾政道："谁按着你的头，叫你必定说这些字样呢?"宝玉道："如此说，匾上则莫若'蘅芷清芬'四字。"对联则是：

吟成豆蔻才犹艳，睡足酴醾梦也香。

贾政笑道："这是套的'书成蕉叶文犹绿'，不足为奇。"众客道："李太白《凤凰台》之作，全套《黄鹤楼》，只要套得妙。如今细评起来，方才这一联，竟比'书成蕉叶'犹觉幽娴活泼。视'书成'之句，竟似套此而来。"贾政笑道："岂有此理!"

说着，大家出来。行不多远，则见崇阁巍峨，层楼高起，面面琳宫合抱，迢迢复道萦纡，青松拂檐，玉栏绕砌，金辉兽面，彩焕螭头。贾政道："这是正殿了，只是太富丽了些。"众人都道："要如此方是。虽然贵妃崇节尚俭，天性恶繁悦朴，然今日之尊，礼仪如此，不为过也。"一面说，一面走，只见正面现出一座玉石牌坊来，上面龙蟠螭护，玲珑凿就。贾政道："此处书以何文?"众人道："必是'蓬莱仙境'方妙。"贾政摇头不语。宝玉见了这个所在，心中忽有所动，寻思起来，倒像那里曾见过的一般，却一时想不起那年月日的事了。贾政又命他作题，宝玉只顾细思前景，全无心于此了。众人不知其意，只当他受了这半日的折磨，精神耗散，才尽词穷了；再要考难逼迫，着了急，或生出事来，倒不便。遂忙都劝贾政："罢，罢，明日再题罢了。"贾政心中也怕贾母不放心，遂冷笑道："你这畜生，也竟有不能之时了。也罢，限你一日，明日若再不能，我定不饶。这是要紧一处，更要好生作来!"

说着，引人出来，再一观望，原来自进门起，所行至此，才游了十之五六。又值人来回，有雨村处遣人回话。贾政笑道："此数处不能游了。虽如此，到底从那一边出去，纵不能细观，也可稍览。"说着，引客行来，至一大桥前，见水如晶帘一般奔入。原来这桥便是通外河之闸，引泉而入者。贾政因问："此闸何名?"宝玉道："此乃沁芳泉之正源，就名'沁芳闸'。"贾政道："胡说，偏不用'沁芳'二字。"

于是一路行来，或清堂茅舍，或堆石为垣，或编花为牖，或山下得幽尼佛寺，或林中藏女道丹房，或长廊曲洞，或方厦圆亭，贾政皆不及进去。因说半日腿酸，未尝歇息，忽又见前面又露出一所院落来，贾政笑道："到此可要进去歇息歇息了。"说着，一径引人绕着碧桃花，穿过一层竹篱花障编就的月洞门，俄见粉墙环护，绿柳周垂。贾政与众人进去。

一入门，两边都是游廊相接。院中点衬几块山石，一边种着数本芭蕉；那一边乃是一棵西府海棠，其势若伞，丝垂翠缕，葩吐丹砂。众人赞道："好花，好花！从来也见过许多海棠，那里有这样妙的。"贾政道："这叫作'女儿棠'，乃是外国之种。俗传系出'女儿国'中，云彼国此种最盛，亦荒唐不经之说罢了。"众人笑道："然虽不经，如何此名传久了？"宝玉道："大约骚人咏士，以此花之色红晕若施脂，轻弱似扶病，大近乎闺阁风度，所以以'女儿'命名。想因被世间俗恶听了，他便以野史纂入为证，以俗传俗，以讹传讹，都认真了。"众人都摇身赞妙。

一面说话，一面都在廊外抱厦下打就的榻上坐了。贾政因问："想几个什么新鲜字来题此？"一客道："'蕉鹤'二字最妙。"又一个道："'崇光泛彩'方妙。"贾政与众人都道："好个'崇光泛彩'！"宝玉也道："妙极。"又叹："只是可惜了。"众人问："如何可惜？"宝玉道："此处蕉棠两植，其意暗蓄'红''绿'二字在内。若只说蕉，则棠无着落；若只说棠，蕉亦无着落。固有蕉无棠不可，有棠无蕉更不可。"贾政道："依你如何？"宝玉道："依我，题'红香绿玉'四字，方两全其妙。"贾政摇头道："不好，不好！"

说着，引人进入房内。只见这几间房内收拾的与别处不同，竟分不出间隔来的。原来四面皆是雕空玲珑木板，或"流云百蝠"，或"岁寒三友"，或山水人物，或翎毛花卉，或集锦，或博古，或万福万寿各种花样，皆是名手雕镂，五彩销金嵌宝的。一槅一槅，或有贮书处，或有设鼎处，或安置笔砚处，或供花设瓶，安放盆景处。其槅各式各样，或天圆地方，或葵花蕉叶，或连环半璧。真是花团锦簇，剔透玲珑。倏尔五色纱糊就，竟系小窗；倏尔彩绫轻覆，竟系幽户。且满墙满壁，皆系随依古董玩器之形抠成的槽子。诸如琴、剑、悬瓶、桌屏之类，虽悬于壁，却都是与壁相平的。众人都赞："好精致想头！难为怎么想来！"

　　原来贾政等走了进来，未进两层，便都迷了旧路，左瞧也有门可通，右瞧又有窗暂隔，及到了跟前，又被一架书挡住。回头再走，又有窗纱明透，门径可行；及至门前，忽见迎面也进来了一群人，都与自己形相一样，——却是一架玻璃大镜相照。及转过镜去，益发见门子多了。贾珍笑道："老爷随我来。从这门出去，便是后院，从后院出去，倒比先近了。"说着，又转了两层纱橱锦槅，果得一门出去，院中满架蔷薇、宝相。转过花障，则见青溪前阻。众人咤异："这股水又是从何而来？"贾珍遥指道："原从那闸起流至那洞口，从东北山坳里引到那村庄里，又开一道岔口，引到西南上，共总流到这里，仍旧合在一处，从那墙下出去。"众人听了，都道："神妙之极！"说着，忽见大山阻路。众人都道"迷了路了"。贾珍笑道："随我来。"仍在前导引，众人随他，直由山脚边忽一转，便是平坦宽阔大路，豁然大门前见。众人都道："有趣，有趣，真搜神夺巧之至！"于是大家出来。

　　那宝玉一心只记挂着里边，又不见贾政盼咐，少不得跟到书房。贾政忽想起他来，方喝道："你还不去？难道还逛不足！也不想逛了这半日，老太太必悬挂着。快进去，疼你也白疼了。"宝玉听说，方退了出来。

　　至院外，就有跟贾政的几个小厮上来拦腰抱住，都说："今儿亏我们，老爷才喜欢，老太太打发人出来问了几遍，都亏我们回说喜欢；不然，若老太太叫你进去，就不得展才了。人人都说，你才那些诗比世人的都强。今儿得了这样的彩头。该赏我们了。"宝玉笑道："每人一吊钱。"众人道："谁没见那一吊钱！把这荷包赏了罢。"说着，一个上来解荷包，那一个就解扇囊，不容分说，将宝玉所佩之物尽行解去。又道："好生送上去罢。"一个抱了起来，几个围绕，送至贾母二门前。那时贾母已命人看了几次。众奶娘丫鬟跟上来，见过贾母，知不曾难为着他，心中自是欢喜。

少时袭人倒了茶来，见身边佩物一件无存，因笑道："带的东西又是那起没脸的东西们解了去了。"林黛玉听说，走来瞧瞧，果然一件无存，因向宝玉道："我给的那个荷包也给他们了？你明儿再想我的东西，可不能够了！"说毕，赌气回房，将前日宝玉所烦他作的那个香袋儿——才做了一半——赌气拿过来就铰。宝玉见他生气，便知不妥，忙赶过来，早剪破了。

宝玉已见过这香囊，虽尚未完，却十分精巧，费了许多工夫。今见无故剪了，却也可气。因忙把衣领解了，从里面红袄襟上将黛玉所给的那荷包解了下来，递与黛玉瞧道："你瞧瞧，这是什么！我那一回把你的东西给人了？"林黛玉见他如此珍重，带在里面，可知是怕人拿去之意，因此又自悔莽撞，未见皂白，就剪了香袋。因此又愧又气，低头一言不发。宝玉道："你也不用剪，我知道你是懒待给我东西。我连这荷包奉还，何如？"说着，掷向他怀中便走。黛玉见如此，越发气起来，声咽气堵，又汪汪的滚下泪来，拿起荷包来又剪。宝玉见他如此，忙回身抢住，笑道："好妹妹，饶了他罢！"黛玉将剪子一摔，拭泪说道："你不用同我好一阵歹一阵的，要恼，就撂开手。这当了什么。"说着，赌气上床，面向里倒下拭泪。禁不住宝玉上来"妹妹"长"妹妹"短赔不是。

前面贾母一片声找宝玉。众奶娘丫鬟们忙回说："在林姑娘房里呢。"贾母听说道："好，好，好！让他姊妹们一处顽顽罢。才他老子拘了他这半天，让他开心一会子罢。只别叫他们拌嘴，不许扭了他。"众人答应着。黛玉被宝玉缠不过，只得起来道："你的意思不叫我安生，我就离了你。"说着往外就走。宝玉笑道："你到那里，我跟到那里。"一面仍拿起荷包来带上，黛玉伸手抢道："你说不要了，这会子又带上，我也替你怪臊的！"说着，"嗤"的一声又笑了。宝玉道："好妹妹，明儿另替我作个香袋儿罢。"黛玉道："那也只瞧我高兴罢了。"一面说，一面二人出房，到王夫人上房中去了，可巧宝钗亦在那里。

此时王夫人那边热闹非常。原来贾蔷已从姑苏采买了十二个女孩子——并聘了教习——以及行头等事来了。那时薛姨妈另迁于东北上一所幽静房舍居住，将梨香院早已腾挪出来，另行修理了，就令教习在此教演女戏。又另派家中旧有曾演学过歌唱的女人们——如今皆已皤然老妪了，着他们带领管理。就令贾蔷总理其日用出入银钱等事，以及诸凡大小所需之物料账目。

又有林之孝家的来回："采访聘买得十个小尼姑，小道姑都有了，连新作的二十分道袍也有了。外有一个带发修行的，本是苏州人氏，祖上也是读书仕宦之家。因生了这位姑娘自小多病，买了许多替身儿皆不中用，到底这位姑娘亲自入了空门，方才好了，所以带发修行，今年才十八岁，法名妙玉。如今父母俱已亡故，身边只有两个老嬷嬷、一个小丫头伏侍。文墨也极通，经文也不用学了，模样儿又极好。因听见'长安'都中有观音遗迹并贝叶遗文，去岁随了师父上来，现在西门外牟尼院住着。他师父极精演先天神数，于去冬圆寂了。妙玉本欲扶灵回乡的，他师父临寂遗言，说他'衣食起居不宜回乡。在此静居，后来自然有你的结果'。所以他竟未回乡。"王夫人不等回完，便说："既这样，我们何不接了他来。"林之孝家的回道："请他，他说：'侯门公府，必以贵势压人，我再不去的。'"王夫人笑道："他既是官宦小姐，自然骄傲些，就下个帖子请他何妨。"林之孝家的答应了出去，命书启相公写请帖去请妙玉。次日遣人备车轿去接等后话，暂且搁过，此时不能表白。

当下又有人回，工程上等着糊东西的纱绫，请凤姐去开楼拣纱绫，又有人来回，请凤姐开库，收金银器皿。连王夫人并上房丫鬟等众，皆一时不得闲的。宝钗便说："咱们别在这里碍手碍脚，找探丫头去。"说着，同宝玉、黛玉往迎春等房中来闲顽，无话。

王夫人等日日忙乱，直到十月将尽，幸皆全备：各处监管都交清帐目；各处古董文玩，皆已陈设齐备；采办鸟雀的，自仙鹤、孔雀以及鹿、兔、鸡、鹅等类，悉已买全，交于园中各处像景饲养；贾蔷那边也演出二十出杂戏来；小尼姑、道姑也都学会了念几卷经咒。贾政方略心意宽畅，又请贾母等进园，色色斟酌，点缀妥当，再无一些遗漏不当之处了。于是贾政方择日题本。本上之日，奉朱批准奏：次年正月十五上元之日，恩准贾妃省亲。贾府领了此恩旨，益发昼夜不闲，年也不曾好生过的。

展眼元宵在迩，自正月初八日，就有太监出来先看方向：何处更衣，何处燕坐，何处受礼，何处开宴，何处退息。又有巡察地方总理关防太监等，带了许多小太监出来，各处关防，挡围幕，指示贾宅人员何处退，何处跪，何处进膳，何处启事，种种仪注不一。外面又有工部官员并五城兵备道打扫街道，撵逐闲人。贾赦等督率匠人扎花灯烟火之类，至十四日，俱已停妥。这一夜，上下通不曾睡。

至十五日五鼓，自贾母等有爵者，皆按品服大妆。园内各处，帐舞蟠龙，帘飞彩凤，金银焕彩，珠宝争辉，鼎焚百合之香，瓶插长春之蕊，静悄无人咳嗽。贾赦等在西街门外，贾母等在荣府大门外。街头巷口，俱系围幕挡严。正等的不耐烦，忽一太监坐大马而来，贾母忙接入，问其消息。太监道："早多着呢！未初刻用过晚膳，未正二刻还到宝灵宫拜佛，酉初刻进大明宫领宴看灯方请旨，只怕戌初才起身呢。"凤姐听了道："既这么着，老太太、太太且请回房，等是时候再来也不迟。"于是贾母等暂且自便，园中悉赖凤姐照理。又命执事人带领太监们去吃酒饭。

一时传人一担一担的挑进蜡烛来，各处点灯。方点完时，忽听外边马跑之声。一时，有十来个太监都喘吁吁跑来拍手儿。这些太监会意，都知道是"来了，来了"，各按方向站住。贾赦领合族子侄在西街门外，贾母领合族女眷在大门外迎接。半日静悄悄的。忽见一对红衣太监骑马缓缓的走来，至西街门下了马，将马赶出围幕之外，便垂手面西站住。半日又是一对，亦是如此。少时便来了十来对，方闻得隐隐细乐之声。一对对龙旌凤翣，雉羽夔头，又有销金提炉焚着御香；然后一把曲柄七凤黄金伞过来，便是冠袍带履。又有值事太监捧着香珠、绣帕、漱盂、拂尘等类。一队队过完，后面方是八个太监抬着一顶金顶金黄绣凤版舆，缓缓行来。贾母等连忙路旁跪下。早飞跑过几个太监来，扶起贾母、邢夫人、王夫人来。那版舆抬进大门，入仪门往东去，到一所院落门前，有执拂太监跪请下舆更衣。于是抬舆入门，太监等散去，只有昭容、彩嫔等引领元春下舆。只见院内各色花灯烂灼，皆系纱绫扎成，精致非常。上面有一匾灯，写着"体仁沐德"四字。元春入室，更衣毕复出，上舆进园。只见园中香烟缭绕，花彩缤纷，处处灯光相映，时时细乐声喧，说不尽这太平气像，富贵风流。——此时自己回想当初在大荒山中，青埂峰下，那等凄凉寂寞；若不亏癞僧、跛道二人携来到此，又安能得见这般世面。本欲作一篇《灯月赋》《省亲颂》，以志今日之事，但又恐入了别书的俗套。按此时之景，即作一赋一赞，也不能形容得尽其妙；即不作赋赞，其豪华富丽，观者诸公亦可想而知矣。所以倒是省了这工夫纸墨，且说正经的为是。

且说贾妃在轿内看此园内外如此豪华，因默默叹息奢华过费。忽又见执拂太监跪请登舟，贾妃乃下舆。只见清流一带，势如游龙，两边石栏上，皆系水晶玻璃各色风灯，点的如银花雪浪；上面柳杏诸树虽无花叶，然皆用通草绸绫纸绢依势作成，粘于枝上的，每一株悬灯数盏；更兼池中荷荇凫鹭之属，亦皆系螺蚌羽毛之类作就的。诸灯上下争辉，真系玻璃世界，珠宝乾坤。船上亦系各种精致盆景诸灯，珠帘绣幕，桂楫兰桡，自不必说。已而入一石港，港上一面匾灯，明现着"蓼汀花溆"四字。

按此四字并"有凤来仪"等处，皆系上回贾政偶然一试宝玉之课艺才情耳，何今日认真用此匾联？况贾政世代诗书，来往诸客屏侍座陪者，悉皆才技之流，岂无一名手题撰，竟用小儿一戏之辞苟且搪塞？真似暴发新荣之家，滥使银钱，一味抹油涂朱，毕则大书"前门绿柳垂金锁，后户青山列锦屏"之类，则以为大雅可观，岂《石头记》中通部所表之宁荣贾府所为哉！据此论之，竟大相矛盾了。诸公不知，待蠢物将原委说明，大家方知。

当日这贾妃未入宫时，自幼亦系贾母教养。后来添了宝玉，贾妃乃长姊，宝玉为弱弟，贾妃之心上念母年将迈，始得此弟，是以怜爱宝玉，与诸弟待之不同。且同随祖母，刻未暂离。那宝玉未入学堂之先，三四岁时，已得贾妃手引口传，教授了几本书、数千字在腹内了。其名分虽系姊弟，其情状有如母子。自入宫后，时时带信出来与父母说："千万好生扶养，不严不能成器，过严恐生不虞，且致父母之忧。"眷念切爱之心，刻未能忘。前日贾政闻塾师背后赞宝玉偏才尽有，贾政未信，适巧遇园已落成，令其题撰，聊一试其情思之清浊。其所拟之匾联虽非妙句，在幼童为之，亦或可取。即另使名公大笔为之，固不费难，然想来倒不如这本家风味有趣。更使贾妃见之，知系其爱弟所为，亦或不负其素日切望之意。因有这段原委，故此竟用了宝玉所题之联额。那日虽未曾题完，后来亦曾补拟。

闲文少述，且说贾妃看了四字，笑道："'花溆'二字便妥，何必'蓼汀'？"侍座太监听了，忙下小舟登岸，飞传与贾政。贾政听了，即忙移换。

一时，舟临内岸，复弃舟上舆，便见琳宫绰约，桂殿巍峨。石牌坊上明显"天仙宝境"四字，贾妃忙命换"省亲别墅"四字。于是进入行宫。但见庭燎烧空，香屑布地，火树琪花，金窗玉槛。说不尽帘卷虾须，毯铺鱼獭，鼎飘麝脑之香，屏列雉尾之扇。真是：

金门玉户神仙府，桂殿兰宫妃子家。

贾妃乃问："此殿何无匾额？"随侍太监跪启曰："此系正殿，外臣未敢擅拟。"贾妃点头不语。礼仪太监跪请升座受礼，两陛乐起。礼仪太监二人引贾赦、贾政等于月台下排班，殿上昭容传谕曰："免。"太监引贾赦等退出。又有太监引荣国太君及女眷等自东阶升月台上排班，昭容再谕曰："免。"于是引退。

茶已三献，贾妃降座，乐止。退入侧殿更衣，方备省亲车驾出园。至贾母正室，欲行家礼，贾母等俱跪止不迭。贾妃满眼垂泪，方彼此上前厮见，一手搀贾母，一手搀王夫人，三个人满心里皆有许多话，只是俱说不出，只管呜咽对泣。邢夫人、李纨、王熙凤、迎探惜三姊妹等，俱在旁围绕，垂泪无言。

半日，贾妃方忍悲强笑，安慰贾母、王夫人道："当日既送我到那不得见人的去处，好容易今日回家娘儿们一会，不说说笑笑，反倒哭起来。一会子我去了，又不知多早晚才来！"说到这句，不禁又哽咽起来。邢夫人等忙上来解劝。贾母等让贾妃归座，又逐次一一见过，又不免哭泣一番。然后东西两府掌家执事人丁在厅外行礼，及两府掌家执事媳妇领丫鬟等行礼毕。贾妃因问："薛姨妈、宝钗、黛玉因何不见？"王夫人启曰："外眷无职，未敢擅入。"贾妃听了，忙命快请。一时，薛姨妈等进来，欲行国礼，亦命免过，上前各叙阔别寒温。又有贾妃原带进宫去的丫鬟抱琴等上来叩见，贾母等连忙扶起，命人别室款待。执事太监及彩嫔、昭容各侍从人等，宁国府及贾赦那宅两处自有人款待，只留三四个小太监答应。母女姊妹深叙些离别情景，及家务私情。

又有贾政至帘外问安，贾妃垂帘行参等事。又隔帘含泪谓其父曰："田舍之家，虽齑盐布帛，终能聚天伦之乐；今虽富贵已极，骨肉各方，然终无意趣！"贾政亦含泪启道："臣，草莽寒门，鸠群鸦属之中，岂意得征凤鸾之瑞。今贵人上锡天恩，下昭祖德，此皆山川日月之精奇、祖宗之遗德钟于一人，幸及政夫妇。且今上启天地生物之大德，垂古今未有之旷恩，虽肝脑涂地，臣子岂能得报于万一！惟朝乾夕惕，忠于厥职外，愿我君万寿千秋，乃天下苍生之同幸也。贵妃切勿以政夫妇残年为念，懑愤金怀，更祈自加珍爱。惟业业兢兢，勤慎恭肃以侍上，庶不负上体贴眷爱如此之隆恩也。"贾妃亦嘱"只以国事为重，暇时保养，切勿记念"等语。

贾政又启："园中所有亭台轩馆，皆系宝玉所题；如果有一二稍可寓目者，请别赐名为幸。"元妃听了宝玉能题，便含笑说："果进益了。"贾政退出。贾妃见宝、林二人亦发比别姊妹不同，真是姣花软玉一般。因问："宝玉为何不进见？"贾母乃启："无谕，外男不敢擅入。"元妃命快引进来。小太监出去引宝玉进来，先行国礼毕，元妃命他进前，携手拦于怀内，又抚其头颈笑道："比先竟长了好些……"一语未终，泪如雨下。

尤氏、凤姐等上来启道："筵宴齐备，请贵妃游幸。"元妃等起身，命宝玉导引，遂同诸人步至园门前，早见灯光火树之中，诸般罗列非常。进园来先从"有凤来仪""红香绿玉""杏帘在望""蘅芷清芬"等处，登楼步阁，涉水缘山，百般眺览徘徊。一处处铺陈不一，一桩桩点缀新奇。贾妃极加奖赞，又劝："以后不可太奢，此皆过分之极。"已而至正殿，谕免礼归座，大开筵宴。贾母等在下相陪，尤氏、李纨、凤姐等亲捧羹把盏。

元妃乃命传笔砚伺候，亲搦湘管，择其几处最喜者赐名。按其书云：

"顾恩思义" _{匾额}

"天地启宏慈，赤子苍头同感戴；古今垂旷典，九州万国被恩荣。" _{此一匾一联书于正殿}

"大观园" _{园之名}

"有凤来仪" _{赐名曰"潇湘馆"}

"红香绿玉"改作"怡红快绿" _{即名曰"怡红院"}

"蘅芷清芬" _{赐名曰"蘅芜苑"}

"杏帘在望" _{赐名曰"浣葛山庄"}

正楼曰"大观楼"。东面飞楼曰"缀锦阁"，西面斜楼曰"含芳阁"；更有"蓼风轩""藕香榭""紫菱洲""荇叶渚"等名；又有四字的匾额十数个，诸如"梨花春雨""桐剪秋风""荻芦夜雪"等名，此时悉难全记。又命旧有匾联俱不必摘去。于是先题一绝云：

衔山抱水建来精，多少工夫筑始成。

天上人间诸景备，芳园应锡大观名。

写毕，向诸姊妹笑道："我素乏捷才，且不长于吟咏，妹辈素所深知。今夜聊以塞责，不负斯景而已。异日少暇，必补撰《大观园记》并《省亲颂》等文，以记今日之事。妹辈亦各题一匾一诗，随才之长短，亦暂吟成，不可因我微才所缚。且喜宝玉竟知题咏，是我意外之想。此中'潇湘馆''蘅芜苑'二处，我所极爱，次之'怡红院''浣葛山庄'，此四大处，必得别有章句题咏方妙。前所题之联虽佳，如今再各赋五言律一首，使我当面试过，方不负我自幼教授之苦心。"宝玉只得答应了，下来自去构思。

迎、探、惜三人之中，要算探春又出于姊妹之上，然自忖亦难与薛、林争衡，只得勉强随众塞责而已。李纨也勉强凑成一律。贾妃先挨次看姊妹们的，写道是：

旷性怡情_{匾额}　迎春

园成景备特精奇，奉命羞题额旷怡。

谁信世间有此境，游来宁不畅神思？

万象争辉_{匾额}　探春

名园筑出势巍巍，奉命何惭学浅微。

精妙一时言不出，果然万物生光辉。

文章造化_{匾额}　惜春

山水横拖千里外，楼台高起五云中。

园修日月光辉里，景夺文章造化功。

文采风流_{匾额}　李纨

秀水明山抱复回，风流文采胜蓬莱。

绿裁歌扇迷芳草，红衬湘裙舞落梅。

珠玉自应传盛世，神仙何幸下瑶台。

名园一自邀游赏，未许凡人到此来。

凝晖钟瑞_{匾额}　薛宝钗

芳园筑向帝城西，华日祥云笼罩奇。

高柳喜迁莺出谷，修篁时待凤来仪。

文风已著宸游夕，孝化应隆归省时。

睿藻仙才盈彩笔，自惭何敢再为辞。

世外仙源 <small>匾额</small>　　林黛玉

名园筑何处，仙境别红尘。

借得山川秀，添来景物新。

香融金谷酒，花媚玉堂人。

何幸邀恩宠，宫车过往频。

贾妃看毕，称赏一番，又笑道："终是薛、林二妹之作与众不同，非愚姊妹可同列者。"原来林黛玉安心今夜大展奇才，将众人压倒，不想贾妃只命一匾一咏，倒不好违谕多作，只胡乱作一首五言律应景罢了。

彼时宝玉尚未作完，只刚作了"潇湘馆"与"蘅芜苑"二首，正作"怡红院"一首，起草内有"绿玉春犹卷"一句。宝钗转眼瞥见，便趁众人不理论，急忙回身悄推他道："他因不喜'红香绿玉'四字，改了'怡红快绿'，你这会子偏用'绿玉'二字，岂不是有意和他争驰了？况且蕉叶之说也颇多，再想一个字改了罢。"宝玉见宝钗如此说，便拭汗道："我这会子总想不起什么典故出处来。"宝钗笑道："你只把'绿玉'的'玉'字改作'蜡'字就是了。"宝玉道："'绿蜡'可有出处？"宝钗见问，悄悄的咂嘴点头笑道："亏你今夜不过如此，将来金殿对策，你大约连'赵钱孙李'都忘了呢！唐钱翊咏芭蕉诗头一句：'冷烛无烟绿蜡干。'你都忘了不成？"宝玉听了，不觉洞开心臆，笑道："该死，该死！现成眼前之物偏倒想不起来了，真可谓'一字师'了。从此后我只叫你师父，再不叫姐姐了。"宝钗亦悄悄的笑道："还不快作上去，只管姐姐妹妹的。谁是你姐姐？那上头穿黄袍的才是你姐姐，你又认我这姐姐来了。"一面说笑，因说笑又怕他耽延工夫，遂抽身走开了。宝玉只得续成，共有了三首。

此时林黛玉未得展其抱负，自是不快。因见宝玉独作四律，大费神思，何不代他作两首，也省他些精神不到之处。想着，便也走至宝玉案旁，悄问："可都有了？"宝玉道："才有了三首，只少'杏帘在望'一首了。"黛玉道："既如此，你只抄录前三首罢。赶你写完那三首，我也替你作出这首了。"说毕，低头一想，早已吟成一律，便写在纸条上，搓成个团子，掷在他跟前。宝玉打开一看，只觉此首比自己所作的三首高过十倍，真是喜出望外，遂忙恭楷呈上。贾妃看道：

【有凤来仪】　臣宝玉谨题

秀玉初成实，堪宜待凤凰。

竿竿青欲滴，个个绿生凉。

迸砌妨阶水，穿帘碍鼎香。

莫摇清碎影，好梦昼初长。

【蘅芷清芬】

蘅芜满净苑，萝薜助芬芳。

软衬三春草，柔拖一缕香。

轻烟迷曲径，冷翠滴回廊。

谁谓池塘曲，谢家幽梦长。

【怡红快绿】

深庭长日静，两两出婵娟。

绿蜡春犹卷，红妆夜未眠。

凭栏垂绛袖，倚石护青烟。

对立东风里，主人应解怜。

【杏帘在望】

杏帘招客饮，在望有山庄。

菱荇鹅儿水，桑榆燕子梁。

一畦春韭绿，十里稻花香。

盛世无饥馁，何须耕织忙。

贾妃看毕，喜之不尽，说："果然进益了！"又指《杏帘》一首为前三首之冠，遂将"浣葛山庄"改为"稻香村"。又命探春另以彩笺誊录出方才一共十数首诗，出令太监传与外厢。贾政等看了，都称颂不已。贾政又进《归省颂》。元春又命以琼酥金脍等物，赐与宝玉并贾兰。此时贾兰极幼，未达诸事，只不过随母依叔行礼，故无别传。贾环从年内染病未痊，自有闲处调养，故亦无传。

那时贾蔷带领十二个女戏，在楼下正等的不耐烦，只见一太监飞来说："作完了诗，快拿戏目来！"贾蔷急将锦册呈上，并十二个花名单子。少时，太监出来，只点了四出戏：第一出，《豪宴》；第二出，《乞巧》；第三出，《仙缘》；第四出，《离魂》。

贾蔷忙张罗扮演起来。一个个歌欺裂石之音，舞有天魔之态。虽是妆演的形容，却作尽悲欢情状。刚演完了，一太监执一金盘糕点之属进来，问："谁是龄官？"贾蔷便知是赐龄官之物，喜的忙接了，命龄官叩头。太监又道："贵妃有谕，说'龄官极好，再作两出戏，不拘那两出就是了'。"贾蔷忙答应了，因命龄官作《游园》《惊梦》二出。龄官自为此二出原非本角之戏，执意不作，定要作《相约》《相骂》二出。贾蔷扭他不过，只得依他作了。贾妃甚喜，命"不可难为了这女孩子，好生教习"，额外赏了两匹宫缎、两个荷包并金银锞子、食物之类。然后撤筵，将未到之处复又游顽。忽见山环佛寺，忙另盥手进去焚香拜佛，又题一匾云："苦海慈航"。又额外加恩与一般幽尼女道。

少时，太监跪启："赐物俱齐，请验等例。"乃呈上略节。贾妃从头看了，俱甚妥协，即命照此遵行。太监听了，下来一一发放。原来贾母的是金、玉如意各一柄，沉香拐拄一根，伽楠念珠一串，"富贵长春"宫缎四匹，"福寿绵长"宫绸四匹，紫金"笔锭如意"锞十锭，"吉庆有鱼"银锞十锭。邢夫人、王夫人二分，只减了如意、拐、珠四样。贾敬、贾赦、贾政等，每分御制新书二部，宝墨二匣，金、银爵各二只，表礼按前。宝钗、黛玉诸姊妹等，每人新书一部，宝砚一方，新样格式金银锞二对。宝玉亦同此。贾兰则是金银项圈二个，金银锞二对。尤氏、李纨、凤姐等，皆金银锞四锭，表礼四端。外表礼二十四端，清钱一百串，是赐与贾母、王夫人及诸姊妹房中奶娘众丫鬟的。贾珍、贾琏、贾环、贾蓉等，皆是表礼一分，金锞一双。其馀彩缎百端，金银千两，御酒华筵，是赐东西两府凡园中管理工程、陈设、答应及司戏、掌灯诸人的。外有清钱五百串，是赐厨役、优伶、百戏、杂行人等的。

众人谢恩已毕，执事太监启道："时已丑正三刻，请驾回銮。"贾妃听了，不由的满眼又滚下泪来。却又勉强堆笑，拉住贾母、王夫人的手，紧紧的不忍释放，再四叮咛："不须挂念，好生自养。如今天恩浩荡，一月许进内省视一次，见面是尽有的，何必伤惨。倘明岁天恩仍许归省，万不可如此奢华靡费了！"贾母等已哭的哽噎难言了。贾妃虽不忍别，怎奈皇家规范，违错不得，只得忍心上舆去了。这里诸人好容易将贾母、王夫人安慰解劝，搀扶出园去了。

然生平学问，发轫皆在小说中。学为古文，始于《水浒传》《虞初新、续志》；学为散体诗，始于《红楼梦》。而读书能推求言外意，亦始于《红楼梦》。

清·恽毓鼎《澄斋日记》

楚辞

63

用字量：3098

全书总字数：27257

审定者：浙江师范大学　黄灵庚

楚辞者，楚人之歌诗也。前汉刘向集屈原全部作品及宋玉等人"承袭屈赋"的作品编辑成集，名之曰《楚辞》。在原本《楚辞》十六卷中，共收屈原的诗作八卷二十馀篇，其他八卷收的是宋玉、贾谊等的作品。《楚辞》之代表作为《离骚》，因此，楚辞又以"骚"代称，与以"风"代称的《诗经》一道，构成了我国文学中的"风骚"传统。《诗经》篇幅短小，多以四字句为主，风格朴素；《楚辞》则篇章宏阔，汪洋恣肆，参差错落，富于变化，且感情奔放，想象丰富，文采华美，风格绚烂。《诗经》和《楚辞》代表着我国文学现实主义与浪漫主义的两大源头。

高频字

兮	而	王	不	以	何	其	余	无	於

△ 离 骚 [屈原]

帝高阳之苗裔兮，朕皇考曰伯庸。

摄提贞于孟陬兮，惟庚寅吾以降。

皇览揆余初度兮，肇锡余以嘉名：

名余曰正则兮，字余曰灵均。

纷吾既有此内美兮，又重之以修能。

扈江离与辟芷兮，纫秋兰以为佩。

汨余若将不及兮，恐年岁之不吾与。

朝搴阰之木兰兮，夕揽洲之宿莽。

日月忽其不淹兮，春与秋其代序。

惟草木之零落兮，恐美人之迟暮。

不抚壮而弃秽兮，何不改乎此度？

乘骐骥以驰骋兮，来吾道夫先路！

昔三后之纯粹兮，固众芳之所在。

杂申椒与菌桂兮，岂维纫夫蕙茝！

彼尧舜之耿介兮，既遵道而得路。

何桀纣之昌披兮，夫唯捷径以窘步。

惟夫党人之偷乐兮，路幽昧以险隘。

岂余身之惮殃兮，恐皇舆之败绩！

忽奔走以先后兮，及前王之踵武。

荃不察余之中情兮，反信谗以齌怒。

余固知謇謇①之为患兮，忍而不能舍也。

指九天以为正兮，夫唯灵修之故也。

曰黄昏以为期兮，羌中道而改路。

初既与余成言兮，后悔遁而有他。

余既不难夫离别兮，伤灵修之数化。

余既滋兰之九畹兮，又树蕙之百亩。

畦留夷与揭车兮，杂杜衡与芳芷。

冀枝叶之峻茂兮，愿竢时乎吾将刈。

虽萎绝其亦何伤兮，哀众芳之芜秽。

众皆竞进以贪婪兮，凭不厌乎求索。

羌内恕己以量人兮，各兴心而嫉妒。

忽驰骛以追逐兮，非余心之所急。

———————————

① 謇（jiǎn）：正直，忠诚。

老冉冉其将至兮，恐修名之不立。

朝饮木兰之坠露兮，夕餐秋菊之落英。

苟余情其信姱以练要兮，长顑颔亦何伤。

擥木根以结茝兮，贯薜荔之落蕊。

矫菌桂以纫蕙兮，索胡绳之纚纚。

謇吾法夫前修兮，非世俗之所服。

虽不周于今之人兮，愿依彭咸之遗则。

长太息以掩涕兮，哀民生之多艰。

余虽好修姱以鞿羁兮，謇朝谇而夕替。

既替余以蕙纕兮，又申之以揽茝。

亦余心之所善兮，虽九死其犹未悔。

怨灵修之浩荡兮，终不察夫民心。

众女嫉余之蛾眉兮，谣诼谓余以善淫。

固时俗之工巧兮，偭规矩而改错。

背绳墨以追曲兮，竞周容①以为度。

忳郁邑余侘傺兮，吾独穷困乎此时也。

宁溘死以流亡兮，余不忍为此态也。

鸷鸟之不群兮，自前世而固然。

何方圜之能周兮，夫孰异道而相安？

屈心而抑志兮，忍尤而攘诟。

伏清白以死直兮，固前圣之所厚。

悔相道之不察兮，延伫乎吾将反。

回朕车以复路兮，及行迷之未远。

步余马于兰皋兮，驰椒丘且焉止息。

进不入以离尤兮，退将复修吾初服。

制芰荷以为衣兮，集芙蓉以为裳。

不吾知其亦已兮，苟余情其信芳。

高余冠之岌岌兮，长余佩之陆离。

芳与泽其杂糅兮，唯昭质其犹未亏。

---

① 周容：迎合，讨好。

忽反顾以游目兮，将往观乎四荒。

佩缤纷其繁饰兮，芳菲菲其弥章。

民生各有所乐兮，余独好修以为常。

虽体解吾犹未变兮，岂余心之可惩。

女嬃之婵媛兮，申申其詈予。

曰："鲧婞直以亡身兮，终然殀乎羽之野。

汝何博謇而好修兮，纷独有此姱饰？

薋菉葹以盈室兮，判独离而不服。

众不可户说兮，孰云察余之中情？

世并举而好朋兮，夫何茕独而不予听？"

依前圣以节中兮，喟凭心而历兹。

济沅湘以南征兮，就重华而陈词：

启《九辩》与《九歌》兮，夏康娱以自纵。

不顾难以图后兮，五子用失乎家巷。

羿淫游以佚畋兮，又好射夫封狐。

固乱流其鲜终兮，浞又贪夫厥家。

浇身被服强圉兮，纵欲而不忍。

日康娱而自忘兮，厥首用夫颠陨。

夏桀之常违兮，乃遂焉而逢殃。

后辛之菹醢兮，殷宗用而不长。

汤禹俨而祗敬兮，周论道而莫差。

举贤才而授能兮，循绳墨而不颇。

皇天无私阿兮，览民德焉错辅。

夫维圣哲以茂行兮，苟得用此下土。

瞻前而顾后兮，相观民之计极。

夫孰非义而可用兮？孰非善而可服？

阽余身而危死兮，览余初其犹未悔。

不量凿而正枘兮，固前修以菹醢。
曾歔欷余郁邑兮，哀朕时之不当。
揽茹蕙以掩涕兮，霑余襟之浪浪。
跪敷衽以陈辞兮，耿吾既得此中正。
驷玉虬以乘鹥兮，溘埃风余上征。
朝发轫于苍梧兮，夕余至乎县圃。
欲少留此灵琐兮，日忽忽其将暮。
吾令羲和弭节兮，望崦嵫而勿迫。
路曼曼其修远兮，吾将上下而求索。
饮余马于咸池兮，总余辔乎扶桑。
折若木以拂日兮，聊逍遥以相羊。
前望舒使先驱兮，后飞廉使奔属。
鸾皇为余先戒兮，雷师告余以未具。
吾令凤鸟飞腾兮，继之以日夜。
飘风屯其相离兮，帅云霓而来御。
纷总总其离合兮，斑陆离其上下。
吾令帝阍开关兮，倚阊阖而望予。
时暧暧其将罢兮，结幽兰而延伫。
世溷浊而不分兮，好蔽美而嫉妒。
朝吾将济于白水兮，登阆风而緤马。
忽反顾以流涕兮，哀高丘之无女。
溘吾游此春宫兮，折琼枝以继佩。
及荣华之未落兮，相下女之可诒。
吾令丰隆乘云兮，求宓妃之所在。
解佩纕以结言兮，吾令蹇修以为理。
纷总总其离合兮，忽纬繣其难迁。
夕归次于穷石兮，朝濯发乎洧盘。

保厥美以骄傲兮，日康娱以淫游。

虽信美而无礼兮，来违弃而改求。

览相观于四极兮，周流乎天余乃下。

望瑶台之偃蹇兮，见有娀之佚女。

吾令鸩为媒兮，鸩告余以不好。

雄鸠之鸣逝兮，余犹恶其佻巧①。

心犹豫而狐疑兮，欲自适而不可。

凤皇既受诒兮，恐高辛之先我。

欲远集而无所止兮，聊浮游以逍遥。

及少康之未家兮，留有虞之二姚。

理弱而媒拙兮，恐导言之不固。

世溷浊而嫉贤兮，好蔽美而称恶。

闺中既以邃远兮，哲王又不寤。

怀朕情而不发兮，余焉能忍而与此终古？

---

①　佻巧（tiāo qiǎo）：轻佻巧佞。

索藑茅以筳篿兮，命灵氛为余占之。

曰："两美其必合兮，孰信修而慕之？

思九州之博大兮，岂惟是其有女？"

曰："勉远逝而无狐疑兮，孰求美而释女？

何所独无芳草兮，尔何怀乎故宇？"

世幽昧以眩曜兮，孰云察余之善恶？

民好恶其不同兮，惟此党人其独异！

户服艾以盈要兮，谓幽兰其不可佩。

览察草木其犹未得兮，岂珵美之能当？

苏粪壤以充帏兮，谓申椒其不芳。

欲从灵氛之吉占兮，心犹豫而狐疑。

巫咸将夕降兮，怀椒糈而要之。

百神翳其备降兮，九疑缤其并迎。

皇剡剡其扬灵兮，告余以吉故。

曰："勉升降以上下兮，求矩矱之所同。

汤禹俨而求合兮，挚咎繇而能调。

苟中情其好修兮，又何必用夫行媒？

说操筑于傅岩兮，武丁用而不疑。

吕望之鼓刀兮，遭周文而得举。

甯戚之讴歌兮，齐桓闻以该辅。

及年岁之未晏兮，时亦犹其未央。

恐鹈鴂之先鸣兮，使夫百草为之不芳。"

何琼佩之偃蹇兮，众薆然而蔽之。

惟此党人之不谅兮，恐嫉妒而折之。

时缤纷其变易兮，又何可以淹留？

兰芷变而不芳兮，荃蕙化而为茅。

何昔日之芳草兮，今直为此萧艾也？

岂其有他故兮，莫好修之害也！

余以兰为可恃兮，羌无实而容长。

委厥美以从俗兮，苟得列乎众芳。

椒专佞以慢慆兮，樧①又欲充夫佩帏。

既干进而务入兮，又何芳之能祗？

固时俗之流从兮，又孰能无变化？

览椒兰其若兹兮，又况揭车与江离？

惟兹佩之可贵兮，委厥美而历兹。

芳菲菲而难亏兮，芬至今犹未沬。

和调度以自娱兮，聊浮游而求女。

及余饰之方壮兮，周流观乎上下。

灵氛既告余以吉占兮，历吉日乎吾将行。

折琼枝以为羞兮，精琼靡②以为粻③。

为余驾飞龙兮，杂瑶象以为车。

何离心之可同兮？吾将远逝以自疏。

遭吾道夫昆仑兮，路修远以周流。

扬云霓之晻蔼兮，鸣玉鸾之啾啾。

朝发轫于天津兮，夕余至乎西极。

凤皇翼其承旗兮，高翱翔之翼翼。

忽吾行此流沙兮，遵赤水而容与。

麾蛟龙使梁津兮，诏西皇使涉予。

路修远以多艰兮，腾众车使径待。

路不周以左转兮，指西海以为期。

屯余车其千乘兮，齐玉轪而并驰。

---

① 樧（shā）：食茱萸。为樗叶花椒的果实。

② 靡（mí）：碎烂，碎末。

③ 粻（zhāng）：粮。

驾八龙之婉婉兮，载云旗之委蛇。

抑志而弭节兮，神高驰之邈邈。

奏《九歌》而舞《韶》兮，聊假日以媮乐。

陟升皇之赫戏兮，忽临睨夫旧乡。

仆夫悲余马怀兮，蜷局顾而不行。

乱曰：已矣哉！国无人莫我知兮，又何怀乎故都！

　　既莫足与为美政兮，吾将从彭咸之所居！

△ 九　歌 [屈原]

东皇太一

吉日兮辰良，穆将愉兮上皇。

抚长剑兮玉珥，璆①锵鸣兮琳琅。

瑶席兮玉瑱，盍将把兮琼芳。

蕙肴蒸兮兰藉，奠桂酒兮椒浆。

---

① 璆（qiú）：玉饰相撞之声。

扬枹兮拊鼓，疏缓节兮安歌，陈竽瑟兮浩倡。

灵偃蹇兮姣服，芳菲菲兮满堂。

五音纷兮繁会，君欣欣兮乐康。

湘夫人

帝子降兮北渚，目眇眇兮愁予。

嫋嫋兮秋风，洞庭波兮木叶下。

登白蘋①兮骋望，与佳期兮夕张。

鸟何萃兮蘋中？罾何为兮木上？

沅有芷兮澧有兰，思公子兮未敢言。

荒忽兮远望，观流水兮潺湲。

麋何食兮庭中？蛟何为兮水裔？

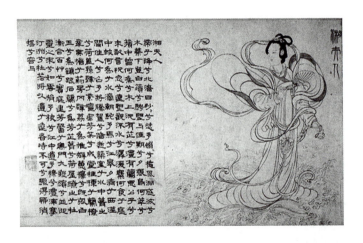

朝驰余马兮江皋，夕济兮西澨。

闻佳人兮召予，将腾驾兮偕逝。

筑室兮水中，葺之兮荷盖。

荪壁兮紫坛，播芳椒兮盈堂。

———————————

① 蘋（fán）：草名，似莎而大。

桂栋兮兰橑，辛夷楣兮药房。

罔薜荔兮为帷，擗蕙櫋兮既张。

白玉兮为镇，疏石兰兮为芳。

芷茸兮荷屋，缭之兮杜衡。

合百草兮实庭，建芳馨兮庑门。

九嶷缤兮并迎，灵之来兮如云。

捐余袂兮江中，遗余褋①兮澧浦。

搴汀洲兮杜若，将以遗兮远者。

时不可兮骤得，聊逍遥兮容与。

山　鬼

若有人兮山之阿，被薜荔兮带女萝。

既含睇②兮又宜笑，子慕予兮善窈窕。

乘赤豹兮从文狸，辛夷车兮结桂旗。

被石兰兮带杜衡，折芳馨兮遗所思。

余处幽篁兮终不见天，路险难兮独后来。

表独立兮山之上，云容容兮而在下。

杳冥冥兮羌昼晦，东风飘兮神灵雨。

留灵修兮憺忘归，岁既晏兮孰华予？

采三秀兮于山间，石磊磊兮葛蔓蔓。

怨公子兮怅忘归，君思我兮不得闲。

山中人兮芳杜若，饮石泉兮荫松柏，

君思我兮然疑作。

雷填填兮雨冥冥，猿啾啾兮又夜鸣。

---

① 褋（dié）：单衣。

② 睇（dì）：微眄貌，斜视。

风飒飒兮木萧萧，思公子兮徒离忧。

国 殇

操吴戈兮披犀甲，车错毂兮短兵接。
旌蔽日兮敌若云，矢交坠兮士争先。
凌余阵兮躐余行，左骖殪兮右刃伤。
霾两轮兮絷四马，援玉枹兮击鸣鼓。
天时怼兮威灵怒，严杀尽兮弃原野。
出不入兮往不反，平原忽兮路超远。
带长剑兮挟秦弓，首身离兮心不惩。
诚既勇兮又以武，终刚强兮不可凌。
身既死兮神以灵，魂魄毅兮为鬼雄。

礼 魂

成礼兮会鼓，传芭兮代舞，
姱女倡兮容与。
春兰兮秋菊，长无绝兮终古。

△ 天 问 〔屈原〕

曰遂古之初，谁传道之？上下未形，何由考之？
冥昭瞢暗，谁能极之？冯翼惟像，何以识之？
明明暗暗，惟时何为？阴阳三合，何本何化？
圜则九重，孰营度之？惟兹何功，孰初作之？
斡维焉系，天极焉加？八柱何当，东南何亏？
九天之际，安放安属？隅隈多有，谁知其数？
天何所沓？十二焉分？日月安属？列星安陈？

出自汤谷，次于蒙氾。自明及晦，所行几里？

夜光何德，死则又育？厥利维何，而顾菟在腹？

女歧（一作岐）无合，夫焉取九子？伯强何处？惠气安在？

何阖而晦？何开而明？角宿未旦，曜灵安藏？

不任汩鸿，师何以尚之？金曰"何忧"，何不课而行之？

鸱龟曳衔，鲧何听焉？顺欲成功，帝何刑焉？

永遏在羽山，夫何三年不施？伯禹愎鲧，夫何以变化？

纂就前绪，遂成考功。何续初继业，而厥谋不同？

洪泉极深，何以寘之？地方九则，何以坟之？

河海何画？应龙何历？鲧何所营？禹何所成？

康回冯怒，墜何故以东南倾？九州安错？川谷何洿？

东流不溢，孰知其故？东西南北，其修孰多？

南北顺椭，其衍几何？昆仑县圃，其尻安在？

增城九重，其高几里？四方之门，其谁从焉？

西北辟启，何气通焉？日安不到？烛龙何照？

羲和之未扬，若华何光？何所冬暖？何所夏寒？

焉有石林？何兽能言？焉有虬龙、负熊以游？

雄虺九首，儵忽焉在？何所不死？长人何守？

靡萍九衢，枲华安居？一蛇吞象，厥大何如？

黑水玄趾，三危安在？延年不死，寿何所止？

鲮鱼何所？魊堆焉处？羿焉彃日？乌焉解羽？

禹之力献功，降省下土四方。焉得彼嵞山女，而通之于台桑？

闵妃匹合，厥身是继。胡为嗜不同味，而快朝饱？

启代益作后，卒然离蠥。何启惟忧，而能拘是达？

皆归射鞫，而无害厥躬。何后益作革，而禹播降？

启棘宾商，《九辨》《九歌》。何勤子屠母，而死分竟地？

帝降夷羿，革孽夏民。胡射夫河伯，而妻彼雒嫔？

冯珧利决，封豨是射。何献蒸肉之膏，而后帝不若？

浞娶纯狐，眩妻爰谋。何羿之射革，而交吞揆之？

阻穷西征，岩何越焉？化为黄熊，巫何活焉？

咸播秬黍，莆雚是营。何由并投，而鲧疾修盈？

白蜺婴茀，胡为此堂？安得夫良药，不能固臧？

天式从横，阳离爰死。大鸟何鸣，夫焉丧厥体？

蓱号起雨，何以兴之？撰体胁鹿，何以膺之？

鳌戴山抃，何以安之？释舟陵行，何之迁之？

惟浇在户，何求于嫂？何少康逐犬，而颠陨厥首？

女歧缝裳，而馆同爰止。何颠易厥首，而亲以逢殆？

汤谋易旅，何以厚之？覆舟斟寻，何道取之？

桀伐蒙山，何所得焉？妺嬉何肆，汤何殛焉？

舜闵在家，父何以鱞？尧不姚告，二女何亲？

厥萌在初，何所亿焉？璜台十成，谁所极焉？

登立为帝，孰道尚之？女娲有体，孰制匠之？

舜服厥弟，终然为害。何肆犬豕，而厥身不危败？

吴获迄古，南岳是止。孰期去斯，得两男子？

缘鹄饰玉，后帝是飨。何承谋夏桀，终以灭丧？

帝乃降观，下逢伊挚。何条放致罚，而黎服大说？

简狄在台喾何宜？玄鸟致贻女何喜？该秉季德，厥父是臧。

胡终弊于有扈，牧夫牛羊？干协时舞，何以怀之？

平胁曼肤，何以肥之？有扈牧竖，云何而逢？

击床先出，其命何从？恒秉季德，焉得夫朴牛？

何往营班禄，不但还来？昏微遵迹，有狄不宁。

何繁鸟萃棘，负子肆情？眩弟并淫，危害厥兄。

何变化以作诈，而后嗣逢长？成汤东巡，有莘爰极。

何乞彼小臣，而吉妃是得？水滨之木，得彼小子。

夫何恶之，媵有莘之妇？汤出重泉，夫何罪尤？

不胜心伐帝，夫谁使挑之？会朝争盟，何践吾期？

苍鸟群飞，孰使萃之？列击纣躬，叔旦不嘉。

何亲揆发足，周之命以咨嗟？授殷天下，其位安施？

反成乃亡，其罪伊何？争遣伐器，何以行之？

并驱击翼，何以将之？昭后成游，南土爰底。

厥利惟何，逢彼白雉？穆王巧梅，夫何周流？

环理天下，夫何索求？妖夫曳衒，何号于市？

周幽谁诛？焉得夫褒姒？天命反侧，何罚何佑？

齐桓九会，卒然身杀。彼王纣之躬，孰使乱惑？

何恶辅弼，谗谄是服？比干何逆，而抑沉之？

雷开何顺，而赐封之？何圣人之一德，卒其异方：

梅伯受醢，箕子详狂？稷维元子，帝何竺之？

投之于冰上，鸟何燠之？何冯弓挟矢，殊能将之？

既惊帝切激，何逢长之？伯昌号衰，秉鞭作牧。

何令彻彼岐社，命有殷国？迁藏就岐，何能依？

殷有惑妇，何所讥？受赐兹醢，西伯上告。

何亲就上帝罚，殷之命以不救？师望在肆，昌何识？

鼓刀扬声，后何喜？武发杀殷，何所悒？

载尸集战，何所急？伯林雉经，维其何故？

何感天抑墜，夫谁畏惧？皇天集命，惟何戒之？

受礼天下，又使至代之？初汤臣挚，后兹承辅。

何卒官汤，尊食宗绪？勋阖梦生，少离散亡。

何壮武厉，能流厥严？彭铿斟雉，帝何飨？

受寿永多，夫何久长？中央共牧，后何怒？

蜂蛾微命，力何固？惊女采薇，鹿何祐？

北至回水，萃何喜？兄有噬犬，弟何欲？

易之以百两，卒无禄？薄暮雷电，归何忧？

厥严不奉，帝何求？伏匿穴处，爰何云？

荆勋作师，夫何长？悟过改更，我又何言？

吴光争国，久余是胜。何环穿闾社，以及丘陵，是淫是荡。

爰出子文，吾告堵敖以不长。何试上自予，忠名弥彰？

◻ 九 章 [屈原]

涉 江

余幼好此奇服兮，年既老而不衰。

带长铗之陆离兮，冠切云之崔嵬。

被明月兮珮宝璐。

世溷浊而莫余知兮，吾方高驰而不顾。

驾青虬兮骖白螭，吾与重华游兮瑶之圃。

登昆仑兮食玉英，与天地兮同寿，与日月兮齐光。

哀南夷之莫吾知兮，旦余济乎江湘。

乘鄂渚而反顾兮，欸秋冬之绪风。

步余马兮山皋，邸余车兮方林。

乘舲船余上沅兮，齐吴榜以击汰。

船容与而不进兮，淹回水而凝滞。

朝发枉陼兮，夕宿辰阳。

苟余心其端直兮，虽僻远之何伤！

入溆浦余儃佪兮，迷不知吾所如。

深林杳以冥冥兮，乃猿狖之所居。

山峻高以蔽日兮，下幽晦以多雨。

霰雪纷其无垠兮，云霏霏而承宇。

哀吾生之无乐兮，幽独处乎山中。

吾不能变心而从俗兮，固将愁苦而终穷。

接舆髡首兮，桑扈臝行。

忠不必用兮，贤不必以。

伍子逢殃兮，比干菹醢。

与前世而皆然兮，吾又何怨乎今之人！

余将董道而不豫兮，固将重昏而终身。

乱曰：鸾鸟凤皇，日以远兮。燕雀乌鹊，巢堂坛兮。

　　　露申辛夷，死林薄兮。腥臊并御，芳不得薄兮。

　　　阴阳易位，时不当兮。怀信侘傺，忽乎吾将行兮。

橘　颂

后皇嘉树，橘徕服兮。

受命不迁，生南国兮。

深固难徙，更壹志兮。

绿叶素荣，纷其可喜兮。

曾枝剡棘，圆果抟兮。

青黄杂糅，文章烂兮。

精色内白，类任道兮。

纷缊宜修，姱①而不丑兮。

嗟尔幼志，有以异兮。

独立不迁，岂不可喜兮。

深固难徙，廓其无求兮。

苏世独立，横而不流兮。

---

① 姱（kuā）：美好。

闭心自慎，不终失过兮。

秉德无私，参天地兮。

愿岁并谢，与长友兮。

淑离不淫，梗其有理兮。

年岁虽少，可师长兮。

行比伯夷，置以为像兮。

△ 渔 父 [屈原]

屈原既放，游于江潭，行吟泽畔，颜色憔悴，形容枯槁。

渔父见而问之曰："子非三闾大夫与？何故至于斯！"

屈原曰："举世皆浊我独清，众人皆醉我独醒，是以见放！"

渔父曰："圣人不凝滞于物，而能与世推移。

世人皆浊，何不淈①其泥而扬其波？

众人皆醉，何不餔其糟而歠②其醨？

何故深思高举，自令放为？"

屈原曰："吾闻之，新沐者必弹冠，新浴者必振衣；

安能以身之察察，受物之汶汶者乎！

宁赴湘流，葬于江鱼之腹中。

安能以皓皓之白，而蒙世俗之尘埃乎！"

渔父莞尔而笑，鼓枻③而去，乃歌曰：

"沧浪之水清兮，可以濯吾缨。

沧浪之水浊兮，可以濯吾足。"

遂去不复与言。

△ 招 魂 [宋玉]

朕幼清以廉洁兮，身服义而未沫。主此盛德兮，牵于俗而芜秽。

上无所考此盛德兮，长离殃而愁苦。

帝告巫阳曰："有人在下，我欲辅之。

魂魄离散，汝筮予之。"巫阳对曰："掌梦，上帝其命难从。

若必筮予之，恐后之谢，不能复用。"巫阳焉乃下招曰：

魂兮归来！去君之恒干，何为乎四方些？舍君之乐处，而离彼不祥些。

魂兮归来！东方不可以托些。长人千仞，惟魂是索些。

十日代出，流金铄石些。彼皆习之，魂往必释些。

归来归来！不可以托些。魂兮归来！南方不可以止些。

雕题黑齿，得人肉以祀，以其骨为醢些。

---

① 淈（gǔ）：搅浊，扰乱。

② 歠（chuò）：饮。

③ 枻（yì）：短桨。

蝮蛇蓁蓁，封狐千里些。雄虺九首，往来儵忽，吞人以益其心些。

归来归来！不可以久淫些。魂兮归来！西方之害，流沙千里些。

旋入雷渊，爢散而不可止些。幸而得脱，其外旷宇些。

赤蚁若象，玄蜂若壶些。五谷不生，藂菅是食些。

其土烂人，求水无所得些。彷徉无所倚，广大无所极些。

归来归来！恐自遗贼些。魂兮归来！北方不可以止些。

增冰峨峨，飞雪千里些。归来归来！不可以久些。

魂兮归来！君无上天些。虎豹九关，啄害下人些。

一夫九首，拔木九千些。豺狼从目，往来侁侁些。

悬人以娭，投之深渊些。致命于帝，然后得瞑些。

归来归来！往恐危身些。魂兮归来！君无下此幽都些。

土伯九约，其角觺觺些。敦脄血拇，逐人駓駓些。

参目虎首，其身若牛些。此皆甘人，归来归来！恐自遗灾些。

魂兮归来！入修门些。工祝招君，背行先些。

秦篝齐缕，郑绵络些。招具该备，永啸呼些。

魂兮归来！反故居些。天地四方，多贼奸些。

像设君室，静闲安些。高堂邃宇，槛层轩些。

层台累榭，临高山些。网户朱缀，刻方连些。

冬有突厦，夏室寒些。川谷径复，流潺湲些。

光风转蕙，氾崇兰些。经堂入奥，朱尘筵些。

砥室翠翘，挂曲琼些。翡翠珠被，烂齐光些。

蒻阿拂壁，罗帱张些。纂组绮缟，结琦璜些。

室中之观，多珍怪些。兰膏明烛，华容备些。

二八侍宿，射递代些。九侯淑女，多迅众些。

盛鬋不同制，实满宫些。容态好比，顺弥代些。

弱颜固植，謇其有意些。姱容修态，絚洞房些。

蛾眉曼睩，目腾光些。靡颜腻理，遗视矊些。

离榭修幕，侍君之闲些。翡帷翠帐，饰高堂些。

红壁沙版，玄玉之梁些。仰观刻桷，画龙蛇些。

坐堂伏槛，临曲池些。芙蓉始发，杂芰荷些。

紫茎屏风，文缘波些。文异豹饰，侍陂陁些。

轩辌既低，步骑罗些。兰薄户树，琼木篱些。

魂兮归来！何远为些？室家遂宗，食多方些。

稻粢穱麦，挐黄粱些。大苦咸酸，辛甘行些。

肥牛之腱，臑若芳些。和酸若苦，陈吴羹些。

胹鳖炮羔，有柘浆些。鹄酸臇凫，煎鸿鸧些。

露鸡臛蠵，厉而不爽些。粔籹蜜饵，有餦餭些。

瑶浆蜜勺，实羽觞些。挫糟冻饮，酎清凉些。

华酌既陈，有琼浆些。归反故室，敬而无妨些。

肴羞未通，女乐罗些。陈锺按鼓，造新歌些。

《涉江》《采菱》，发《扬荷》些。美人既醉，朱颜酡些。

娭光眇视，目曾波些。被文服纤，丽而不奇些。

长发曼鬋，艳陆离些。二八齐容，起郑舞些。

衽若交竿，抚案下些。竽瑟狂会，搷鸣鼓些。

宫庭震惊，发《激楚》些。吴歈蔡讴，奏大吕些。

士女杂坐，乱而不分些。放敶组缨，班其相纷些。

郑卫妖玩，来杂陈些。《激楚》之结，独秀先些。

菎蔽象棋，有六簙些。分曹并进，遒相迫些。

成枭而牟，呼五白些。晋制犀比，费白日些。

铿钟摇虡，揳梓瑟些。娱酒不废，沉日夜些。

兰膏明烛，华镫错些。结撰至思，兰芳假些。

人有所极，同心赋些。酎饮尽欢，乐先故些。

魂兮归来！反故居些。

乱曰：献岁发春兮泪吾南征，菉蘋齐叶兮白芷生。

路贯庐江兮左长薄，倚沼畦瀛兮遥望博。

青骊结驷兮齐千乘，悬火延起兮玄颜烝。

步及骤处兮诱骋先，抑骛若通兮引车右还。

与王趋梦兮课后先，君王亲发兮惮青兕。

朱明承夜兮时不可淹，皋兰被径兮斯路渐。

湛湛江水兮上有枫，目极千里兮伤春心。

魂兮归来哀江南。

清晓披衣寻杖藜，隔墙已见最繁枝。
老人无计酬清丽，夜就寒光读《楚辞》。
　　　　宋·苏轼《黄州春日杂书四绝》之三

六朝文絜 64

审定者：清华大学　刘　石

全书总字数：16400

用字量：2827

《六朝文絜》，六朝骈文选集，十二卷，清代许梿编选。文絜，取自刘勰"析词尚絜"之说。许梿，字叔夏，号珊林，生卒不详，浙江海宁人，道光进士，于道光五年（1825）刻成此书。

骈体文以句式严整，多用排比对偶，词藻华丽著称。全书选入上起晋宋、下讫陈隋的骈文七十二篇，合为赋、铭、诏、策、令等十八类，收入作家三十六人。名为六朝，实际晋代仅选陆机一人一篇，其馀都是南北朝作家。以全篇构思精炼和修辞简洁为选文标准，所选多为篇幅短小、文笔优美、写景抒情的作品，作为骈文读本，此集基本上能体现六朝骈文发展的面貌和该期各家的骈文特点。骈体文选以《文选》和《骈体文钞》最著名，而《六朝文絜》则以短小精炼得行于世。

高频字

| 之 | 而 | 不 | 以 | 无 | 风 | 有 | 人 | 于 | 山 | 兮 |

芜城赋 宋·鲍照

弥迤平原，南驰苍梧涨海，北走紫塞雁门。柂①以漕渠，轴以昆岗。重江复关之隩，四会五达之庄。当昔全盛之时，车挂辖，人驾肩；廛闬扑地，歌吹沸天。孳货盐田，铲利铜山；才力雄富，士马精妍。故能侈秦法，佚周令，划崇墉，刳浚洫，图修世以休命。是以板筑雉堞之殷，井幹烽橹之勤。格高五岳，袤广三坟。崒若断岸，矗似长云。制磁石以御冲，糊赪壤以飞文。观基扃之固护，将万祀而一君。出入三代，五百馀载，竟瓜剖而豆分！

泽葵依井，荒葛罥涂。坛罗虺蜮，阶斗麏鼯。木魅山鬼，野鼠城狐，风嗥雨啸，昏见晨趋。饥鹰厉吻，寒鸱吓雏。伏暴藏虎，乳血飧肤。崩榛塞路，峥嵘古馗②。白杨早落，塞草前衰。棱棱霜气，蔌蔌风威。孤蓬自振，惊沙坐飞。灌莽杳而无际，丛薄纷其相依。通池既已夷，峻隅又已颓。直视千里外，唯见起黄埃。凝思寂听，心伤已摧。

若夫藻扃黼帐，歌堂舞阁之基；璇渊碧树，弋林钓渚之馆。吴蔡齐秦之声，鱼龙爵马之玩，皆薰歇烬灭，光沉响绝。东都妙姬，南国丽人，蕙心纨质，玉貌绛唇，莫不埋魂幽石，委骨穷尘。岂忆同舆之愉乐，离宫之

---

① 柂（duò）：也作"挋"，导，引。

② 馗（kuí）：同"逵"，四通八达的路。

苦辛哉！

天道如何？吞恨者多。抽琴命操，为芜城之歌。歌曰："边风急兮城上寒，井径灭兮丘陇残。千龄兮万代，共尽兮何言！"

△ **月　赋**　宋·谢庄

陈王初丧应、刘，端忧多暇。绿苔生阁，芳尘凝榭。悄焉疚怀，不怡中夜。乃清兰路，肃桂苑，腾吹寒山，弭盖秋阪。临濬壑而怨遥，登崇岫而伤远。于时斜汉左界，北陆南躔。白露暧空，素月流天。沉吟齐章，殷勤陈篇。抽毫进牍，以命仲宣。

仲宣跪而称曰："臣东鄙幽介，长自丘樊，昧道懵学，孤奉明恩。臣闻沉潜既义，高明既经，日以阳德，月以阴灵。擅扶光于东沼，嗣若英于西冥；引元兔于帝台，集素娥于后庭。朒朓警阙，朏魄示冲。顺辰通烛，从星泽风。增华台室，扬采轩宫。委照而吴业昌，沦精而汉道融。

若夫气霁地表，云敛天末，洞庭始波，木叶微脱。菊散芳于山椒，雁流哀于江濑。升清质之悠悠，降澄辉之蔼蔼。列宿掩缛，长河韬映。柔祗雪凝，圆灵水镜。连观霜缟，周除冰净。君王乃厌晨欢，乐宵宴；收妙舞，弛清县；去烛房，即月殿；芳酒登，鸣琴荐。

若乃凉夜自凄，风篁成韵。亲懿莫从，羁孤递进。聆皋禽之夕闻，听朔管之秋引。于是丝桐练响，音容选和。徘徊《房露》，惆怅《阳阿》。声林虚籁，沦池灭波。情纡轸其何托，愬皓月而长歌。歌曰：

美人迈兮音尘阙，隔千里兮共明月；临风叹兮将焉歇，川路长兮不可越。

歌响未终，馀景就毕。满堂变容，回遑如失。又称歌曰：

月既没兮露欲晞，岁方晏兮无与归。佳期可以还，微霜沾人衣。"

陈王曰："善。"乃命执事，献寿羞璧。"敬佩玉音，复之无斁。"

采莲赋 <small>采元帝</small>

紫茎兮文波，红莲兮芰荷；绿房兮翠盖，素实兮黄螺。

于时妖童媛女，荡舟心许。鹢首徐回，兼传羽杯。棹将移而藻挂，船欲动而萍开。尔其纤腰束素，迁延顾步。夏始春馀，叶嫩花初。恐沾裳而浅笑，畏倾船而敛裾。故以水溅兰桡，芦侵罗裤，菊泽未反，梧台回见。荇湿沾衫，菱长绕钏。泛柏舟而容与，歌采莲于江渚。

歌曰："碧玉小家女，来嫁汝南王。莲花乱脸色，荷叶杂衣香。因持荐君子，愿袭芙蓉裳。"

荡妇秋思赋 <small>采元帝</small>

荡子之别十年，倡妇之居自怜。登楼一望，唯见远树含烟。平原如此，不知道路几千？天与水兮相逼，山与云兮共色。山则苍苍入汉，水则涓涓不测。谁复堪见鸟飞，悲鸣只翼！秋何月不清，月何秋不明？况乃倡楼荡妇，对此伤情！

于时露萎庭蕙，霜封阶砌，坐视带长，转看腰细。重以秋水文波，秋云似罗。日黯黯而将暮，风骚骚而渡河。妾怨回文之锦，君思出塞之歌。相思相望，路远如何！鬓飘蓬而渐乱，心怀愁而转叹。愁紫翠眉敛，啼多红粉漫。

已矣哉！秋风起兮秋叶飞，春花落兮春日晖；春日迟迟犹可至，客子行行终不归。

恨　赋 <small>采·江淹</small>

试望平原，蔓草萦骨，拱木敛魂。人生到此，天道宁论！于是仆本恨人，心惊不已，直念古者，伏恨而死。

至如秦帝按剑，诸侯西驰；削平天下，同文共规。华山为城，紫渊为池。雄图既溢，武力未毕。方架鼋鼍以为梁，巡海右以送日。一旦魂断，宫车晚出。

若乃赵王既虏，迁于房陵。薄暮心动，昧旦神兴。别艳姬与美女，丧金舆及玉乘。置酒欲饮，悲来填膺。千秋万岁，为怨难胜！

至于李君降北，名辱身冤。拔剑击柱，吊影惭魂。情往上郡，心留雁门。裂帛系书，誓还汉恩。朝露溘至，握手何言！

若夫明妃去时，仰天太息。紫台稍远，关山无极。摇风忽起，白日西匿。陇雁少飞，代云寡色。望君王兮何期，终芜绝兮异域。

至乃敬通见抵，罢归田里。闭关却扫，塞门不仕。左对孺人，右顾稚子。脱略公卿，跌宕文史。赍志没地，长怀无已。

及夫中散下狱，神气激扬。浊醪夕引，素琴晨张。秋日萧索，浮云无光。郁青霞之奇意，入修夜之不旸。

或有孤臣危涕，孽子坠心。迁客海上，流戍陇阴。此人但闻悲风汩起，血下沾衿，亦复含酸茹叹，销落湮沈。

若乃骑叠迹，车屯轨；黄尘匝地，歌吹四起，无不烟断火绝，闭骨泉里。

已矣哉！春草暮兮秋风惊，秋风罢兮春草生。绮罗毕兮池馆尽，琴瑟灭兮丘垄平。自古皆有死，莫不饮恨而吞声。

△ 别　赋　梁·江淹

黯然销魂者，唯别而已矣。况秦吴兮绝国，复燕宋兮千里。或春苔兮始生，乍秋风兮暂起。是以行子肠断，百感凄恻。风萧萧而异响，云漫漫而奇色。舟凝滞于水滨，车逶迟于山侧。棹容与而讵前，马寒鸣而不息。掩金觞而谁御，横玉柱而沾轼。居人愁卧，怳若有亡。日下壁而沉彩，月上轩而飞光。见红兰之受露，望青楸之离霜。巡层槛而空掩，抚锦幕而虚凉。知离梦之踯躅，意别魂之飞扬。

故别虽一绪，事乃万族：

至若龙马银鞍，朱轩绣轴，帐饮东都，送客金谷。琴羽张兮箫鼓陈，燕赵歌兮伤美人。珠与玉兮艳暮秋，罗与绮兮娇上春。惊驷马之仰秣，耸渊鱼之赤鳞。造分手而衔涕，感寂寞而伤神。

乃有剑客惭恩，少年报士。韩国赵厕，吴宫燕市，割慈忍爱，离邦去里。沥泣共诀，抆血相视。驱征马而不顾，见行尘之时起。方衔感于一剑，非买价于泉里。金石震而色变，骨肉悲而心死。

或乃边郡未和，负羽从军。辽水无极，雁山参云。闺中风暖，陌上草薰。日出天而曜景，露下地而腾文。镜朱尘之照烂，袭青气之烟煴。攀桃李兮不忍别，送爱子兮沾罗裙。

至如一赴绝国，讵相见期？视乔木兮故里，决北梁兮永辞。左右兮魂动，亲宾兮泪滋。可班荆兮赠恨，唯樽酒兮叙悲。值秋雁兮飞日，当白露兮下时。怨复怨兮远山曲，去复去兮长河湄。

又若君居淄右，妾家河阳，同琼珮之晨照，共金炉之夕香。君结绶兮千里，惜瑶草之徒芳。惭幽闺之琴瑟，晦高台之流黄。春宫閟此青苔色，秋帐含兹明月光。夏簟清兮昼不暮，冬釭①凝兮夜何长！织锦曲兮泣已尽，回文诗兮影独伤。

傥有华阴上士，服食还仙。术既妙而犹学，道已寂而未传。守丹灶而不顾，炼金鼎而方坚。驾鹤上汉，骖鸾腾天。暂游万里，少别千年。唯世间兮重别，谢主人兮依然。

下有芍药之诗，佳人之歌。桑中卫女，上宫陈娥。春草碧色，春水绿波。送君南浦，伤如之何！至乃秋露如珠，秋月如珪。明月白露，光阴往来。与子之别，思心徘徊。

---

① 釭（gāng）：油灯。

是以别方不定，别理千名，有别必怨，有怨必盈，使人意夺神骇，心折骨惊。虽渊云之墨妙，严乐之笔精，金闺之诸彦，兰台之群英，赋有凌云之称，辩有雕龙之声，谁能摹暂离之状，写永诀之情者乎！

丽人赋 梁·沈约

有客弱冠未仕，缔交戚里，驰骛王室，遨游许史。归而称曰：

狭邪才女，铜街丽人。亭亭似月，嫣[①]婉如春。凝情待价，思尚衣巾。芳逾散麝，色茂开莲。陆离羽佩，杂错花钿。响罗衣而不进，隐明灯而未前。中步檐而一息，顺长廊而回归。池翻荷而纳影，风动竹而吹衣。薄暮延伫，宵分乃至。出暗入光，含羞隐媚。垂罗曳锦，鸣瑶动翠。来脱薄妆，去留馀腻。沾粉委露，理鬓清渠。落花入领，微风动裾。

小园赋 北周·庾信

若夫一枝之上，巢父得安巢之所；一壶之中，壶公有容身之地。况乎管宁藜床，虽穿而可坐；嵇康锻灶，既暖而堪眠。岂必连闼洞房，南阳樊重之第；绿墀青琐，西汉王根之宅。

余有数亩弊庐，寂寞人外，聊以拟伏腊，聊以避风霜。虽复晏婴近市，不求朝夕之利；潘岳面城，且适闲居之乐。况乃黄鹤戒露，非有意于轮轩；爰居避风，本无情于钟鼓。陆机则兄弟同居，韩康则舅甥不别。蜗角蚊睫，又足相容者也。

尔乃窟室徘徊，聊同凿坏。桐间露落，柳下风来。琴号珠柱，书名《玉杯》。有棠梨而无馆，足酸枣而非台。犹得敧侧八九丈，纵横数十步，

---

① 嫣（yàn）：美好。

榆柳两三行，梨桃百馀树。拨蒙密兮见窗，行欹斜兮得路。蝉有翳兮不惊，雉无罗兮何惧。草树混淆，枝格相交。山为篑覆，地有堂坳。藏狸并窟，乳鹊重巢。连珠细菌，长柄寒匏。可以疗饥，可以栖迟。觙岖兮狭室，穿漏兮茅茨。檐直倚而妨帽，户平行而碍眉。坐帐无鹤，支床有龟。鸟多闲暇，花随四时。心则历陵枯木，发则睢阳乱丝。非夏日而可畏，异秋天而堪悲。

一寸二寸之鱼，三竿两竿之竹。云气荫于丛著，金精养于秋菊。枣酸梨酢，桃榹李薁。落叶半床，狂花满屋，名为野人之家，是谓愚公之谷。试偃息于茂林，乃久羡于抽簪。虽有门而长闭，实无水而恒沉。三春负锄相识，五月披裘见寻。问葛洪之药性，访京房之卜林。草无忘忧之意，花无长乐之心。鸟何事而逐酒，鱼何情而听琴？

加以寒暑异令，乖违德性。崔骃以不乐损年，吴质以长愁养病。镇宅神以薶石，厌山精而照镜。屡动庄舄之吟，几行魏颗之命。薄晚闲闺，老幼相携。蓬头王霸之子，椎髻梁鸿之妻。燋麦两瓮，寒菜一畦。风骚骚而树急，天惨惨而云低。聚空仓而雀噪，惊懒妇而蝉嘶。

昔早滥于吹嘘，藉《文言》之庆馀。门有通德，家承赐书。或陪玄武之观，时参凤凰之墟。观受釐于宣室，赋《长杨》于直庐。

遂乃山崩川竭，冰碎瓦裂，大盗潜移，长离永灭。摧直辔于三危，碎平途于九折。荆轲有寒水之悲，苏武有秋风之别。关山则风月凄怆，陇水则肝肠断绝。龟言此地之寒，鹤讶今年之雪。百龄兮倏忽，菁华兮已晚。不雪雁门之踦，先念鸿陆之远。非淮海兮可变，非金丹兮能转。不暴骨于龙门，终低头于马坂。谅天造兮昧昧，嗟生民兮浑浑！

△ 春 赋 北周·庾信

宜春苑中春已归，披香殿里作春衣，新年鸟声千种啭，二月杨花满路飞。河阳一县并是花，金谷从来满园树。一丛香草足碍人，数尺游丝即横路。开上林而竞入，拥河桥而争渡。

出丽华之金屋，下飞燕之兰宫。钗朵多而讶重，髻鬟高而畏风，眉将柳而争绿，面共桃而竞红，影来池里，花落衫中。苔始绿而藏鱼，麦才青而覆雉。吹箫弄玉之台，鸣佩凌波之水。移戚里而家富，入新丰而酒美。石榴聊泛，蒲桃酸醅①。芙蓉玉碗，莲子金杯，新芽竹笋，细核杨梅。绿珠捧琴至，文君送酒来。

玉管初调，鸣弦暂抚，《阳春》《渌水》之曲，对凤回鸾之舞。更炙笙簧，还移筝柱，月入歌扇，花承节鼓。协律都尉，射雉中郎，停车小苑，连骑长杨。金鞍始被，柘弓新张。拂尘看马埒，分朋入射堂。马是天池之龙种，带乃荆山之玉梁。艳锦安天鹿，新绫织凤凰。

三日曲水向河津，日晚河边多解神。树下流杯客，沙头渡水人。镂薄窄衫袖，穿珠帖领巾。百丈山头日欲斜，三晡未醉莫还家。池中水影悬胜镜，屋里衣香不如花。

△ 镜 赋 北周·庾信

天河渐没，日轮将起。燕噪吴王，乌惊御史。玉花簟上，金莲帐里。始折屏风，新开户扇。朝光晃眼，早风吹面。临桁下而牵衫，就箱边而著钏。宿鬟尚卷，残妆已薄。无复唇珠，才馀眉萼。檐上星稀，黄中月落。

镜台银带，本出魏宫。能横却月，巧挂回风。龙垂匣外，凤倚花中。镜乃照胆照心，难逢难值。镂五色之盘龙，刻千年之古字。山鸡看而独舞，海鸟见而孤鸣。临水则池中月出，照日则壁上菱生。

暂设妆奁，还抽镜屉。竞学生情，争怜今世。鬓齐故略，眉平犹剃。

---

① 酦（pō）：再酿酒。醅（pēi）：未过滤的酒。

飞花坼子，次第须安。朱开锦蹋①，黛蘸油檀。脂和甲煎，泽渍香兰。量髻鬟之长短，度安花之相去。悬媚子于搔头，拭钗梁于粉絮。

梳头新罢照著衣，还从妆处取将归。暂看弦系，悬知缫缦。衫正身长，裙斜假襈。真成个镜特相宜，不能片时藏匣里，暂出园中也自随。

△ 灯 赋 北周·庾信

九龙将暝，三爵行栖，琼钩半上，若木全低。窗藏明于粉壁，柳助暗于兰闺。翡翠珠被，流苏羽帐，舒屈膝之屏风，掩芙蓉之行障。卷衣秦后之床，送枕荆台之上。

乃有百枝同树，四照连盘，香添然蜜，气杂烧兰。烬长宵久，光青夜寒。秀华掩映，蚖②膏照灼。动鳞甲于鲸鱼，焰光芒于鸣鹤。蛾飘则碎花乱下，风起则流星细落。

况复上兰深夜，中山醑③清。楚妃留客，韩娥合声。低歌著节，游弦绝鸣。辉辉朱烬，焰焰红荣。乍九光而连采，或双花而并明。寄言苏季子，应知馀照情。

△ 对烛赋 北周·庾信

龙沙雁塞甲应寒，天山月没客衣单。灯前桁衣疑不亮，月下穿针觉最难。刺取灯花持桂烛，还却灯檠下烛盘。铸凤衔莲，图龙并眠。烬高疑数剪，心湿暂难然。铜荷承泪蜡，铁铗染浮烟。本知雪光能映纸，复讶灯花今得钱。

莲帐寒檠窗拂曙，笴笼熏火香盈絮。旁垂细溜，上绕飞蛾。光清寒

---

① 蹋（tà）：同"踏"，搁脚用的短凳。

② 蚖（yuán）：蝾螈或蜥蜴类的动物。《庾开府集笺注》："《淮南子万毕术》：取蚖脂为灯置水中，即见诸物。"

③ 醑（xǔ）：美酒。

入，焰暗风过。楚人缨脱尽，燕君书误多。夜风吹，香气随。郁金苑，芙蓉池。秦皇辟恶不足道，汉武胡香何物奇？晚星没，芳芜歇，还持照夜游，讵减西园月！

许椹写元李文仲《字鉴》《六朝文絜》、吴玉搢《金石存》，江元文写王芑孙《碑版广例》，顾南雅学士莼为钱大昕写《元史艺文志》：初刻初印，直欲方驾宋元。

清·叶德辉《书林清话》卷九

唐诗三百首

65

审定者：北京大学 杜晓勤

全书总字数：22131

用字量：2583

　　《唐诗三百首》，唐诗选集，八卷，清代孙洙、徐兰英选编，成书于乾隆二十八年（1763），道光、光绪年间有陈婉俊、章燮补注本。

　　《唐诗三百首》共选诗三百一十三首，按五言、七言古近各体编排。所收作者七十七人，包括帝王、士大夫、僧、歌女、无名氏等，但大多数是唐代重要诗人，并重点突出了王维、李白、杜甫等人，其内容大致反映了唐代的社会生活和诗歌风貌。按体裁分卷，各卷中所录诗按作者年代编次，七绝选录李商隐、杜牧多于盛唐之作，不囿于诗必盛唐的成见。此书原是为童蒙学习诗歌而编的家塾课本，编选者自称，"为家塾课本，俾童而习之，白首亦莫能废"，实际上也是如此，编者汲取了《千家诗》易于成诵的优点，成为雅俗共赏、流行久远的读物。

高频字

不	人	山	月	无	日	一	天	夜	风	云

五言古诗

感遇二首　张九龄

兰叶春葳蕤，桂华秋皎洁。欣欣此生意，自尔为佳节。
谁知林栖者，闻风坐相悦。草木有本心，何求美人折。

下终南山过斛斯山人宿置酒　李　白

暮从碧山下，山月随人归。却顾所来径，苍苍横翠微。
相携及田家，童稚开荆扉。绿竹入幽径，青萝拂行衣。
欢言得所憩，美酒聊共挥。长歌吟松风，曲尽河星稀。
我醉君复乐，陶然共忘机。

月下独酌　李　白

花间一壶酒，独酌无相亲。举杯邀明月，对影成三人。
月既不解饮，影徒随我身。暂伴月将影，行乐须及春。
我歌月徘徊，我舞影零乱。醒时同交欢，醉后各分散。
永结无情游，相期邈云汉①。

---

① 云汉：天河也，即银河。

春 思 李白

燕草如碧丝，秦桑低绿枝。当君怀归日，是妾断肠时。
春风不相识，何事入罗帏。

望 岳 杜甫

岱宗夫如何，齐鲁青未了。造化钟神秀，阴阳割昏晓。
荡胸生层云，决眦入归鸟。会当凌绝顶，一览众山小。

赠卫八处士 杜甫

人生不相见，动如参与商。今夕复何夕，共此灯烛光。
少壮能几时，鬓发各已苍。访旧半为鬼，惊呼热中肠。
焉知二十载，重上君子堂。昔别君未婚，儿女忽成行。
怡然敬父执，问我来何方。问答乃未已，儿女罗酒浆。
夜雨剪春韭，新炊间黄粱。主称会面难，一举累十觞。
十觞亦不醉，感子故意长。明日隔山岳，世事两茫茫。

佳 人 杜甫

绝代有佳人，幽居在空谷。自云良家子，零落依草木。
关中昔丧乱，兄弟遭杀戮。官高何足论，不得收骨肉。
世情恶衰歇，万事随转烛。夫婿轻薄儿，新人美如玉。
合昏尚知时，鸳鸯不独宿。但见新人笑，那闻旧人哭。
在山泉水清，出山泉水浊。侍婢卖珠回，牵萝补茅屋。
摘花不插发，采柏动盈掬。天寒翠袖薄，日暮倚修竹。

送 别 王维

下马饮君酒，问君何所之。君言不得意，归卧南山陲。

但去莫复问，白云无尽时。

渭川田家 王维

斜阳照墟落，穷巷牛羊归。野老念牧童，倚杖候荆扉。
雉雊麦苗秀，蚕眠桑叶稀。田夫荷锄至，相见语依依。
即此羡闲逸，怅然吟式微。

西施咏 王维

艳色天下重，西施宁久微。朝为越溪女，暮作吴宫妃。
贱日岂殊众，贵来方悟稀。邀人傅脂粉，不自著罗衣①。
君宠益娇态，君怜无是非。当时浣纱伴，莫得同车归。
持谢邻家子，效颦安可希。

秋登兰山寄张五 孟浩然

北山白云里，隐者自怡悦。相望试登高，心随雁飞灭。
愁因薄暮起，兴是清秋发。时见归村人，沙行渡头歇。
天边树若荠，江畔洲②如月。何当载酒来，共醉重阳节。

与高适薛据登慈恩寺浮图 岑参

塔势如涌出，孤高耸天宫。登临出世界，磴道盘虚空。
突兀压神州，峥嵘如鬼工。四角碍白日，七层摩苍穹。
下窥指高鸟，俯听闻惊风。连山若波涛，奔走似朝东。
青槐夹驰道，宫观何玲珑。秋色从西来，苍然满关中。
五陵北原上，万古青濛濛。净理了可悟，胜因夙所宗。

---

① 罗衣：轻软丝织品制成的衣服。
② 洲：《岁时杂咏》卷三十四作"舟"。

誓将挂冠去，觉道资无穷。

晨诣超师院读禅经 柳宗元

汲井漱寒齿，清心拂尘服。闲持贝叶书，步出东斋读。
真源了无取，妄迹世所逐。遗言冀可冥，缮性何由熟。
道人庭宇静，苔色连深竹。日出雾露馀，青松如膏沐。
澹然离言说，悟悦心自足。

△ 乐 府

塞上曲 王昌龄

蝉鸣空桑林，八月萧关道。出塞入塞寒，处处黄芦草。
从来幽并客，皆共尘沙老。莫学游侠儿，矜夸紫骝好。

塞下曲 王昌龄

饮马度①秋水，水寒风似刀。平沙日未没，黯黯见临洮。
昔日长城战，咸言意气高。黄尘足今古，白骨乱蓬蒿。

关山月 李 白

明月出天山，苍茫云海间。长风几万里，吹度玉门关。
汉下白登道，胡窥青海湾。由来征战地，不见有人还。
戍客望边色，思归多苦颜。高楼当此夜，叹息未应闲。

---

① 度：《乐府诗集》卷九十二作"渡"。

子夜吴歌 李白

长安一片月，万户捣衣声。秋风吹不尽，总是玉关情。
何日平胡虏，良人罢远征。

长干行 李白

妾发初覆额，折花门前剧。郎骑竹马来，绕床弄青梅。
同居长干里，两小无嫌猜。十四为君妇，羞颜未尝开。
低头向暗壁，千唤不一回。十五始展眉，愿同尘与灰。
常存抱柱信，岂上望夫台。十六君远行，瞿塘滟滪堆。
五月不可触，猿鸣天上哀。门前迟行迹，一一生绿苔。
苔深不能扫，落叶秋风早。八月蝴蝶黄，双飞西园草。
感此伤妾心，坐愁红颜老。早晚下三巴，预将书报家。
相迎不道远，直至长风沙。

列女操 孟郊

梧桐相待老，鸳鸯会双死。贞妇贵徇夫，舍生亦如此。
波澜誓不起，妾心古井水。

游子吟 孟郊

慈母手中线，游子身上衣。临行密密缝，意恐迟迟归。
谁言寸草心，报得三春晖。

◇ 七言古诗

登幽州台歌 陈子昂

前不见古人，后不见来者。

念天地之悠悠，独怆然而涕下。

琴　歌 李颀

主人有酒欢今夕，请奏鸣琴广陵客。

月照城头乌半飞，霜凄万木风入衣。

铜炉华烛烛增辉，初弹渌水后楚妃。

一声已动物皆静，四座无言星欲稀。

清淮奉使千馀里，敢告云山从此始。

听安万善吹觱篥歌 李颀

南山截竹为觱篥，此乐本自龟兹出。

流传汉地曲转奇，凉州胡人为我吹。

傍邻闻者多叹息，远客思乡皆泪垂。

世人解听不解赏，长飙风中自来往。

枯桑老柏寒飕飗，九雏鸣凤乱啾啾。

龙吟虎啸一时发，万籁百泉相与秋。

忽然更作渔阳掺，黄云萧条白日暗。

变调如闻杨柳春，上林繁花照眼新。

岁夜高堂列明烛，美酒一杯声一曲。

夜归鹿门歌　孟浩然

山寺钟鸣昼已昏，渔梁渡头争渡喧。

人随沙岸向江村，余亦乘舟归鹿门。

鹿门月照开烟树，忽到庞公栖隐处。

岩扉松径长寂寥，惟有幽人自来去。

梦游天姥吟留别　李　白

海客谈瀛洲，烟涛微茫信难求。

越人语天姥，云霞明灭或可睹。

天姥连天向天横，势拔五岳掩赤城。

天台四万八千丈，对此欲倒东南倾。

我欲因之梦吴越，一夜飞度镜湖月。

湖月照我影，送我至剡溪。

谢公宿处今尚在，绿水荡漾清猿啼。

脚著谢公屐，身登青云梯。

半壁见海日，空中闻天鸡。

千岩万转路不定，迷花倚石忽已暝。

熊咆龙吟殷岩泉，慄深林兮惊层巅。

云青青兮欲雨，水澹澹兮生烟。

列缺霹雳，丘峦崩摧。

洞天石扉，訇然中开。

青冥浩荡不见底，日月照耀金银台。

霓为衣兮风为马，云之君兮纷纷而来下。

虎鼓瑟兮鸾回车，仙之人兮列如麻。

忽魂悸以魄动，恍惊起而长嗟。

惟觉时之枕席，失向来之烟霞。

世间行乐亦如此，古来万事东流水。

别君去兮何时还？且放白鹿青崖间，

须行即骑访名山。

安能摧眉折腰事权贵，使我不得开心颜！

宣州谢朓楼饯别校书叔云　李　白

弃我去者，昨日之日不可留。

乱我心者，今日之日多烦忧。

长风万里送秋雁，对此可以酣高楼。

蓬莱文章建安骨，中间小谢又清发。

俱怀逸兴壮思飞，欲上青天览日月。

抽刀断水水更流，举杯销愁愁更愁。

人生在世不称意，明朝散发弄扁舟。

走马川行奉送封大夫出师西征　岑　参

君不见走马川行雪海边，平沙莽莽黄入天。

轮台九月风夜吼，一川碎石大如斗，

随风满地石乱走。

匈奴草黄马正肥，金山西见烟尘飞。

汉家大将西出师，将军金甲夜不脱。

半夜军行戈相拨，风头如刀面如割。

马毛带雪汗气蒸，五花连钱旋作冰。

幕中草檄砚水凝，虏骑闻之应胆慑。

料知短兵不敢接，车师西门伫献捷。

白雪歌送武判官归京　岑　参

北风卷地白草折，胡天八月即飞雪。

忽如一夜春风来，千树万树梨花开。
散入珠帘湿罗幕，狐裘不暖锦衾薄。
将军角弓不得控，都护铁衣冷犹著。
瀚海阑干百丈冰，愁云惨淡万里凝。
中军置酒饮归客，胡琴琵琶与羌笛。
纷纷暮雪下辕门，风掣红旗冻不翻。
轮台东门送君去，去时雪满天山路。
山回路转不见君，雪上空留马行处。

⚠ 七言古诗

长恨歌　白居易

汉皇重色思倾国，御宇多年求不得。
杨家有女初长成，养在深闺人未识。
天生丽质难自弃，一朝选在君王侧。
回眸一笑百媚生，六宫粉黛无颜色。
春寒赐浴华清池，温泉水滑洗凝脂。
侍儿扶起娇无力，始是新承恩泽时。
云鬓花颜金步摇，芙蓉帐暖度春宵。
春宵苦短日高起，从此君王不早朝。
承欢侍宴无闲暇，春从春游夜专夜。
后宫佳丽三千人，三千宠爱在一身。
金屋妆成娇侍夜，玉楼宴罢醉和春。
姊妹弟兄皆列土，可怜光彩生门户。
遂令天下父母心，不重生男重生女。
骊宫高处入青云，仙乐风飘处处闻。

缓歌谩舞凝丝竹，尽日君王看不足。

渔阳鼙鼓动地来，惊破霓裳羽衣曲。

九重城阙烟尘生，千乘万骑西南行。

翠华摇摇行复止，西出都门百馀里。

六军不发无奈何，宛转蛾眉马前死。

花钿委地无人收，翠翘金雀玉搔头。

君王掩面救不得，回看血泪相和流。

黄埃散漫风萧索，云栈萦纡登剑阁。

峨嵋山下少人行，旌旗无光日色薄。

蜀江水碧蜀山青，圣主朝朝暮暮情。

行宫见月伤心色，夜雨闻铃肠断声。

天旋地转回龙驭，到此踌躇不能去。

马嵬坡下泥土中，不见玉颜空死处。

君臣相顾尽沾衣，东望都门信马归。

归来池苑皆依旧，太液芙蓉未央柳。

芙蓉如面柳如眉，对此如何不泪垂。

春风桃李花开日，秋雨梧桐叶落时。

西宫南内多秋草，落叶满阶红不扫。

梨园子弟白发新，椒房阿监青娥老。

夕殿萤飞思悄然，孤灯挑尽未成眠。

迟迟钟鼓初长夜，耿耿星河欲曙天。

鸳鸯瓦冷霜华重，翡翠衾寒谁与共。

悠悠生死别经年，魂魄不曾来入梦。

临邛道士鸿都客，能以精诚致魂魄。

为感君王辗转思，遂教方士殷勤觅。

排空驭气奔如电，升天入地求之遍。

上穷碧落下黄泉，两处茫茫皆不见。

忽闻海上有仙山，山在虚无缥缈间。

楼阁玲珑五云起，其中绰约多仙子。

中有一人字太真，雪肤花貌参差是。

金阙西厢叩玉扃，转教小玉报双成。

闻道汉家天子使，九华帐里梦魂惊。

揽衣推枕起徘徊，珠箔银屏迤逦开。

云鬓半偏新睡觉，花冠不整下堂来。

风吹仙袂飘飘举，犹似霓裳羽衣舞。

玉容寂寞泪阑干，梨花一枝春带雨。

含情凝睇谢君王，一别音容两渺茫。

昭阳殿里恩爱绝，蓬莱宫中日月长。

回头下望人寰处，不见长安见尘雾。

唯将旧物表深情，钿合金钗寄将去。

钗留一股合一扇，钗擘黄金合分钿。

但教心似金钿坚，天上人间会相见。

临别殷勤重寄词，词中有誓两心知。

七月七日长生殿，夜半无人私语时。

在天愿作比翼鸟，在地愿为连理枝。

天长地久有时尽，此恨绵绵无绝期。

琵琶行并序　白居易

元和十年，予左迁九江郡司马。明年秋，送客湓浦口，闻船中夜弹琵琶者，听其音，铮铮然有京都声；问其人，本长安倡女，尝学琵琶于穆曹二善才。年长色衰，委身为贾人妇。遂命酒，使快弹数曲，曲罢悯然。自叙少小时欢乐事，今漂沦憔悴，转徙于江湖间。余出官二年，恬然自安，感斯人言，是夕始觉有迁谪意，因为长歌以赠之，凡六百一十二言，命曰《琵琶行》。

浔阳江头夜送客，枫叶荻花秋瑟瑟。

主人下马客在船，举酒欲饮无管弦。

醉不成欢惨将别，别时茫茫江浸月。

忽闻水上琵琶声，主人忘归客不发。

寻声暗问弹者谁，琵琶声停欲语迟。

移船相近邀相见，添酒回灯重开宴。

千呼万唤始出来，犹抱琵琶半遮面。

转轴拨弦三两声，未成曲调先有情。

弦弦掩抑声声思，似诉平生不得志。

低眉信手续续弹，说尽心中无限事。

轻拢慢捻抹复挑，初为霓裳后六幺。

大弦嘈嘈如急雨，小弦切切如私语。

嘈嘈切切错杂弹，大珠小珠落玉盘。

间关莺语花底滑，幽咽流泉水下滩。

水泉冷涩弦凝绝，凝绝不通声渐歇。

别有幽愁暗恨生，此时无声胜有声。

银瓶乍破水浆迸，铁骑突出刀枪鸣。

曲终收拨当心画，四弦一声如裂帛。

东船西舫悄无言，唯见江心秋月白。

沉吟放拨插弦中，整顿衣裳起敛容。

自言本是京城女，家在虾蟆陵下住。

十三学得琵琶成，名属教坊第一部。

曲罢常教善才服，妆成每被秋娘妒。

五陵年少争缠头，一曲红绡不知数。

钿头银篦击节碎，血色罗裙翻酒污。

今年欢笑复明年，秋月春风等闲度。

弟走从军阿姨死，暮去朝来颜色故。

门前冷落车马稀，老大嫁作商人妇。

商人重利轻别离，前月浮梁买茶去。

去来江口守空船，绕船月明江水寒。

夜深忽梦少年事，梦啼妆泪红阑干。

我闻琵琶已叹息，又闻此语重唧唧。

同是天涯沦落人，相逢何必曾相识。

我从去年辞帝京，谪居卧病浔阳城。

浔阳地僻无音乐，终岁不闻丝竹声。

住近湓城地低湿，黄芦苦竹绕宅生。

其间旦暮闻何物，杜鹃啼血猿哀鸣。

春江花朝秋月夜，往往取酒还独倾。

岂无山歌与村笛，呕哑嘲哳难为听。

今夜闻君琵琶语，如听仙乐耳暂明。

莫辞更坐弹一曲，为君翻作《琵琶行》。

感我此言良久立，却坐促弦弦转急。

凄凄不似向前声，满座重闻皆掩泣。

座中泣下谁最多，江州司马青衫湿。

△ 七言乐府

燕歌行 高 适

开元二十六年，客有从元戎出塞而还者，作《燕歌行》以示适，感征戍之事，因而和焉。

汉家烟尘在东北，汉将辞家破残贼。

男儿本自重横行，天子非常赐颜色。

摐金伐鼓下榆关，旌旗逶迤碣石间。

校尉羽书飞瀚海，单于猎火照狼山。
山川萧条极边土，胡骑凭陵杂风雨。
战士军前半死生，美人帐下犹歌舞。
大漠穷秋塞草衰，孤城落日斗兵稀。
身当恩遇常轻敌，力尽关山未解围。
铁衣远戍辛勤久，玉箸应啼别离后。
少妇城南欲断肠，征人蓟北空回首。
边风飘飘那可度，绝域苍茫更何有。
杀气三时作阵云，寒声一夜传刁斗。
相看白刃血纷纷，死节从来岂顾勋。
君不见沙场争战苦，至今犹忆李将军。

行路难　李白

金樽清酒斗十千，玉盘珍羞直万钱。
停杯投箸不能食，拔剑四顾心茫然。
欲渡黄河冰塞川，将登太行雪满山。
闲来垂钓坐溪上，忽复乘舟梦日边。
行路难，行路难，多歧路，今安在。
长风破浪会有时，直挂云帆济沧海。

将进酒　李白

君不见黄河之水天上来，奔流到海不复回。
君不见高堂明镜悲白发，朝如青丝暮成雪。
人生得意须尽欢，莫使金樽空对月。
天生我材必有用，千金散尽还复来。
烹羊宰牛且为乐，会须一饮三百杯。
岑夫子，丹丘生，将进酒，杯莫停。

与君歌一曲，请君为我倾耳听。

钟鼓馔玉不足贵，但愿长醉不愿醒。

古来圣贤皆寂寞，唯有饮者留其名。

陈王昔时宴平乐，斗酒十千恣欢谑。

主人何为言少钱，径须沽取对君酌。

五花马，千金裘，

呼儿将出换美酒，与尔同销万古愁。

△ 五言律诗

渡荆门送别　李白

渡远荆门外，来从楚国游。

山随平野尽，江入大荒流。

月下飞天镜，云生结海楼。

仍怜故乡水，万里送行舟。

春　望　杜甫

国破山河在，城春草木深。

感时花溅泪，恨别鸟惊心。

烽火连三月，家书抵万金。

白头搔更短，浑欲不胜簪。

月夜忆舍弟　杜甫

戍鼓断人行，秋边一雁声。

露从今夜白，月是故乡明。

有弟皆分散，无家问死生。

寄书长不达，况乃未休兵。

山居秋暝 王维

空山新雨后，天气晚来秋。
明月松间照，清泉石上流。
竹喧归浣女，莲动下渔舟。
随意春芳歇，王孙自可留。

△ 七言律诗

黄鹤楼 崔颢

昔人已乘黄鹤去，此地空馀黄鹤楼。
黄鹤一去不复返，白云千载空悠悠。
晴川历历汉阳树，芳草萋萋鹦鹉洲。
日暮乡关何处是，烟波江上使人愁。

望蓟门 祖咏

燕台一去客心惊，笳鼓喧喧汉将营。
万里寒光生积雪，三边曙色动危旌。
沙场烽火侵胡月，海畔云山拥蓟城。
少小虽非投笔吏，论功还欲请长缨。

积雨辋川庄作 王维

积雨空林烟火迟，蒸藜炊黍饷东菑①。

---

① 东菑（zī）：园东一带农田，每年三秋之际，金黄一片，间茅舍，袅袅炊烟，充满浓郁的田野气息。后泛指田园。

漠漠水田飞白鹭，阴阴夏木啭黄鹂。

山中习静观朝槿，松下清斋折露葵。

野老与人争席罢，海鸥何事更相疑。

蜀　相　杜甫

丞相祠堂何处寻，锦官城外柏森森。

映阶碧草自春色，隔叶黄鹂空好音。

三顾频烦天下计，两朝开济老臣心。

出师未捷身先死，长使英雄泪满襟。

闻官军收河南河北　杜甫

剑外忽传收蓟北，初闻涕泪满衣裳。

却看妻子愁何在，漫卷诗书喜欲狂。

白日放歌须纵酒，青春作伴好还乡。

即从巴峡穿巫峡，便下襄阳向洛阳。

登　高　杜甫

风急天高猿啸哀，渚清沙白鸟飞回。

无边落木萧萧下，不尽长江滚滚来。

万里悲秋常作客，百年多病独登台。

艰难苦恨繁霜鬓，潦倒新停浊酒杯。

阁　夜　杜甫

岁暮阴阳催短景，天涯霜雪霁寒宵。

五更鼓角声悲壮，三峡星河影动摇。

野哭几家闻战伐，夷歌数处起渔樵。

卧龙跃马终黄土，人事音书漫寂寥。

咏怀古迹之三　杜甫

群山万壑赴荆门，生长明妃尚有村。
一去紫台连朔漠，独留青冢向黄昏。
画图省识春风面，环佩空归月夜魂。
千载琵琶作胡语，分明怨恨曲中论。

咏怀古迹之五　杜甫

诸葛大名垂宇宙，宗臣遗像肃清高。
三分割据纡筹策，万古云霄一羽毛。
伯仲之间见伊吕，指挥若定失萧曹。
运移汉祚①终难复，志决身歼军务劳。

长沙过贾谊宅　刘长卿

三年谪宦此栖迟，万古惟留楚客悲。
秋草独寻人去后，寒林空见日斜时。
汉文有道恩犹薄，湘水无情吊岂知。
寂寂江山摇落处，怜君何事到天涯。

赠阙下裴舍人　钱起

二月黄鹂飞上林，春城紫禁晓阴阴。
长乐钟声花外尽，龙池柳色雨中深。
阳和不散穷途恨，霄汉长悬捧日心。
献赋十年犹未遇，羞将白发对华簪。

---

① 祚（zuò）：帝位。

寄李儋元锡 韦应物

去年花里逢君别，今日花开又一年。
世事茫茫难自料，春愁黯黯独成眠。
身多疾病思田里，邑有流亡愧俸钱。
闻道欲来相问讯，西楼望月几回圆。

登柳州城楼寄漳汀封连四州刺史 柳宗元

城上高楼接大荒，海天愁思正茫茫。
惊风乱飐芙蓉水，密雨斜侵薜荔墙。
岭树重遮千里目，江流曲似九回肠。
共来百粤文身地，犹自音书滞一乡。

西塞山怀古 刘禹锡

王濬楼船下益州，金陵王气黯然收。
千寻铁锁沉江底，一片降幡出石头。
人世几回伤往事，山形依旧枕寒流。
从今四海为家日，故垒萧萧芦荻秋。

锦　瑟 李商隐

锦瑟无端五十弦，一弦一柱思华年。
庄生晓梦迷蝴蝶，望帝春心托杜鹃。
沧海月明珠有泪，蓝田日暖玉生烟。
此情可待成追忆，只是当时已惘然。

无　题 李商隐

昨夜星辰昨夜风，画楼西畔桂堂东。

身无彩凤双飞翼，心有灵犀一点通。

隔座送钩春酒暖，分曹射覆蜡灯红。

嗟余听鼓应官去，走马兰台类转蓬。

隋 宫 李商隐

紫泉宫殿锁烟霞，欲取芜城作帝家。

玉玺不缘归日角，锦帆应是到天涯。

于今腐草无萤火，终古垂杨有暮鸦。

地下若逢陈后主，岂宜重问后庭花。

无 题 李商隐

相见时难别亦难，东风无力百花残。

春蚕到死丝方尽，蜡炬成灰泪始干。

晓镜但愁云鬓改，夜吟应觉月光寒。

蓬山此去无多路，青鸟殷勤为探看。

△ 乐 府

独不见 沈佺期

卢家小妇郁金堂，海燕双栖玳瑁梁①。

九月寒砧催木叶，十年征戍忆辽阳。

白狼河北音书断，丹凤城南秋夜长。

谁知含愁独不见，使妾明月照流黄。

---

① 玳瑁梁：画梁的美称。

竹里馆 王维

独坐幽篁里，弹琴复长啸。
深林人不知，明月来相照。

宿建德江 孟浩然

移舟泊烟渚，日暮客愁新。
野旷天低树，江清月近人。

塞下曲之三 卢纶

月黑雁飞高，单于夜遁逃。
欲将轻骑逐，大雪满弓刀。

九月九日忆山东兄弟 王维

独在异乡为异客，每逢佳节倍思亲。
遥知兄弟登高处，遍插茱萸少一人。

芙蓉楼送辛渐 王昌龄

寒雨连江夜入吴，平明送客楚山孤。

洛阳亲友如相问，一片冰心在玉壶。

逢入京使 岑参

故园东望路漫漫，双袖龙钟泪不乾。
马上相逢无纸笔，凭君传语报平安。

江南逢李龟年 杜甫

岐王宅里寻常见，崔九堂前几度闻。
正是江南好风景，落花时节又逢君。

寒 食 韩翃

春城无处不飞花，寒食东风御柳斜。
日暮汉宫传蜡烛，轻烟散入五侯家。

夜上受降城闻笛 李益

回乐峰前沙似雪，受降城外月如霜。
不知何处吹芦管，一夜征人尽望乡。

赤 壁 杜牧

折戟沉沙铁未销，自将磨洗认前朝。
东风不与周郎便，铜雀春深锁二乔。

夜雨寄北 李商隐

君问归期未有期，巴山夜雨涨秋池。
何当共剪西窗烛，却话巴山夜雨时。

贾 生　李商隐

宣室求贤访逐臣，贾生才调更无伦。
可怜夜半虚前席，不问苍生问鬼神。

△ 乐 府

出 塞　王昌龄

秦时明月汉时关，万里长征人未还。
但使龙城飞将在，不教胡马度阴山。

出 塞　王之涣

黄河远上白云间，一片孤城万仞山。
羌笛何须怨杨柳，春风不度玉门关。

余所制诗谜，以《唐诗三百首》为限，尤必趋熟避生，使人易晓。

清·张起南《橐园春灯话》

审定者：台湾大学　黄沛荣

全书总字数：33202

用字量：2381

绝妙好词

66

　　《绝妙好词》，宋词选集，南宋周密编选，以选录精粹著称，共七卷，收词三百八十五首，约成书于元初。

　　周密（1232—1298），字公谨，号草窗、蘋洲等，晚年自署弁阳老人，浙江吴兴人，宋亡后隐居杭州，潜心著述。

　　《绝妙好词》始自张孝祥，终于仇远，共一百三十二家，包括周密本人的二十二首词。选录标准偏重于格律形式，所以只录清丽婉约、优美精巧的词作；编排上以词家为经、以时代先后为顺序，体例严整。书中选录了许多不见史传的宋末词人作品，赖此以传，从中可见当时词坛不同风格作品的流行情况，为研究宋词风格流派的演变发展提供了参考资料。

高频字

| 花 | 春 | 风 | 一 | 人 | 不 | 香 | 云 | 月 | 无 | 红 |

念奴娇 [过洞庭]　张孝祥

洞庭青草，近中秋、更无一点风色。玉界琼田三万顷，著我扁舟一叶。素月分辉，明河共影，表里俱澄澈。悠然心会，妙处难与君说。

应念岭表经年，孤光自照，肝胆皆冰雪。短鬓萧疏襟袖冷，稳泛沧溟空阔。尽吸西江，细斟北斗，万象为宾客。叩舷独啸，不知今夕何夕。

朝中措　范成大

长年心事寄林扃，尘鬓已星星。芳意不如水远，归心欲与云平。

留连一醉，花残日永，雨后山明。从此量船载酒，莫教闲却春情。

踏莎行　张抡

院落深沉，池塘寂静。帘钩卷上梨花影。宝筝拈得雁难寻，篆香消尽山空冷。

钗凤斜欹，鬓蝉不整。残红立褪慵看镜。杜鹃啼月一声声，等闲又是三春尽。

朝中措 [梅]　陆游

幽姿不入少年场，无语只凄凉。一个飘零身世，十分冷淡心肠。

江头月底，新诗旧恨，孤梦清香。任是春风不管，也曾先识东皇。

摸鱼儿 辛弃疾

更能消、几番风雨，匆匆春又归去。惜春长怕花开早，何况落红无数。春且住。见说道、天涯芳草无归路。怨春不语。算只有殷勤，画檐蛛网，尽日惹飞絮。

长门事，准拟佳期又误。蛾眉曾有人妒。千金纵买相如赋，脉脉此情谁诉。君莫舞。君不见、玉环飞燕皆尘土。闲愁最苦。休去倚危栏，斜阳正在，烟柳断肠处。

贺新郎 刘过

老去相如倦。向文君、说似而今，怎生消遣？衣袂京尘曾染处，空有香红尚软。料彼此、魂销肠断。一枕新凉眠客舍，听梧桐、疏雨秋声颤。灯晕冷、记初见。

楼低不放珠帘卷。晚妆残、翠钿狼藉，泪痕凝脸。人道愁来须殢酒，无奈愁多酒浅，但托意、焦琴纨扇。莫鼓琵琶江上曲，怕荻花、枫叶俱凄怨。云万叠、寸心远。

水龙吟 陈亮

闹花深处层楼，画帘半卷东风软。春归翠陌，平莎茸嫩，垂杨金浅。迟日催花，淡云阁雨，轻寒轻暖。恨芳菲世界，游人未赏，都付与、莺和燕。

寂寞凭高念远，向南楼、一声归雁。金钗斗草，青丝勒马，风流云散。罗绶分香，翠绡封泪，几多幽怨！正销魂，又是疏烟淡月，子规声断。

江城子 卢祖皋

画楼帘幕卷新晴，掩银屏，晓寒轻。坠粉飘香，日日唤愁生。暗数十年湖上路，能几度，著娉婷。

年华空自感飘零，拥春醒，对谁醒？天阔云闲，无处觅箫声。载酒买花年少事，浑不似，旧心情。

乌夜啼 [西湖] 卢祖皋

漾暖纹波飐飐，吹晴丝雨濛濛。轻衫短帽西湖路，花气扑青骢。
斗草襄衣湿翠，秋千瞥眼飞红。日长不放春醪困，立尽海棠风。

阮郎归 徐照

绿杨庭户静沉沉，杨花吹满襟。晚来闲向水边寻，惊飞双浴禽。
分别后，重登临，暮寒天气阴。妾心移得在君心，方知人恨深。

好事近 刘翰

花底一声莺，花上半钩斜月。月落乌啼何处？点飞英如雪。
东风吹尽去年愁，解放丁香结。惊动小亭红雨，舞双双金蝶。

霜天晓角 刘子寰

横阴漠漠，似觉罗衣薄。正是海棠时候，纱窗外、东风恶。
惜春春寂寞，寻花花冷落。不会这些情味，元不是、念离索。

暗 香 姜夔

旧时月色，算几番照我，梅边吹笛？唤起玉人，不管清寒与攀摘。何逊而今渐老，都忘却春风词笔。但怪得竹外疏花，香冷入瑶席。

江国，正寂寂。叹寄与路遥，夜雪初积。翠樽易竭，红萼无言耿相忆。长记曾携手处，千树压西湖寒碧。又片片吹尽也，几时见得？

疏　影 〔仲吕宫〕　姜夔

苔枝缀玉，有翠禽小小，枝上同宿。客里相逢，篱角黄昏，无言自倚修竹。昭君不惯胡沙远，但暗忆、江南江北。想佩环、月下归来，化作此花幽独。

犹记深宫旧事，那人正睡里，飞近蛾绿。莫似春风，不管盈盈，蚤与安排金屋。还教一片随波去，又却怨、玉龙哀曲。等恁时，重觅幽香，已入小窗横幅。

扬州慢 〔仲吕宫〕　姜夔

淮左名都，竹西佳处，解鞍少驻初程。过春风十里，尽荠麦青青。自胡马窥江去后，废池乔木，犹厌言兵。渐黄昏，清角吹寒，都在空城。

杜郎俊赏，算而今、重到须惊。纵豆蔻词工，青楼梦好，难赋深情。二十四桥仍在，波心荡、冷月无声。念桥边红药，年年知为谁生！

绮罗香 〔春雨〕　史达祖

做冷欺花，将烟困柳，千里偷催春暮。尽日冥迷，愁里欲飞还住。惊粉重、蝶宿西园，喜泥润、燕归南浦。最妨他、佳约风流，钿车不到杜陵路。

沉沉江上望极，还被春潮晚急，难寻官渡。隐约遥峰，和泪谢娘眉妩。临断岸、新绿生时，是落红、带愁流处。记当日门掩梨花，剪灯深夜语。

夜行船 　史达祖

不剪春衫愁意态。过收灯，有些寒在。小雨空帘，无人深巷，已早杏花先卖。

白发潘郎宽沈带。怕看山、忆他眉黛。草色拖裙，烟光惹鬓，常记故园挑菜。

霜天晓角　高观国

春云粉色，春水和云湿。试问西湖杨柳，东风外、几丝碧。
望极连翠陌，兰桡双桨急。欲访莫愁何处，旗亭在、画桥侧。

疏帘淡月　张辑

梧桐雨细，渐滴作秋声，被风惊碎。润逼衣篝，线袅蕙炉沉水。悠悠岁月天涯醉，一分秋，一分憔悴。紫箫吹断，素笺恨切，夜寒鸿起。

又何苦、凄凉客里。负草堂春绿，竹溪空翠。落叶西风，吹老几番尘世！从前谙尽江湖味，听商歌、归兴千里。露侵宿酒，疏帘淡月，照人无寐。

定风波　李泳

点点行人趁落晖，摇摇烟艇出渔扉。一路水香流不断，零乱，春潮绿浸野蔷薇。

南去北来愁几许，登临怀古欲沾衣。试问越王歌舞地，佳丽，只今惟有鹧鸪啼。

祝英台近　王埜

柳烟浓，花露重，合是醉时候。楼倚花梢，长记小垂手。谁教钗燕轻分，镜鸾慵舞，是孤负、几番晴昼。

自别后，闻道花底花前，多是两眉皱。又说新来，比似旧时瘦。须知两意常存，相逢终有。莫谩被、春光僝僽。

浪淘沙 [丰乐楼]　韩疁

裙色草初青，鸭鸭波轻。试花霏雨湿春晴。三十六梯人不到，独唤瑶筝。

艇子忆逢迎，依旧多情。朱门只合锁娉婷。却逐彩鸾归去路，香陌春城。

摸鱼儿 [海棠] 刘克庄

甚春来、冷烟凄雨，朝朝迟了芳信。蓦然作暖晴三日，又觉万姝娇困。天怎忍。潘令老，不成也没看花分。才情减尽。怅玉局飞仙，石湖绝笔，辜负这风韵。

倾城色，懊恼佳人薄命，墙头岑寂谁问？东风日暮无聊赖，吹得燕支成粉。君细认。花共酒，古来二事天尤吝。年光去迅。漫绿叶成阴，青苔满地，做取异时恨。

满江红 [金陵乌衣园] 吴潜

柳带榆钱，又还过、清明寒食。天一笑、满园罗绮，满城箫笛。花树得晴红欲染，远山过雨青如滴。问江南池馆有谁来？江南客。

乌衣巷，今犹昔。乌衣事，今难觅。但年年燕子，晚烟斜日。抖擞一春尘土债，悲凉万古英雄迹。且芳樽随分趁芳时，休虚掷。

江神子 [牡丹] 方岳

窗绡深掩护芳尘，翠眉颦，越精神。几雨几晴，做得这些春。切莫近前轻著语，题品错，怕花嗔。

碧壶难贮玉粼粼，碎苔茵，晚风频。吹得酒痕，如洗一番新。只恨谪仙浑懒事，辜负却，倚阑人。

清平乐 周晋

图书一室，香暖垂帘密。花满翠壶熏研席，睡觉满窗晴日。
手寒不了残棋，篝香细勘唐碑。无酒无诗情绪，欲梅欲雪天时。

八六子 [牡丹次白云赖] 杨缵

怨残红，夜来无赖，雨催春去匆匆。但暗水新流芳恨，蝶凄蜂惨，千林嫩绿迷空。

那知国色还逢。柔弱华清扶倦，轻盈洛浦临风。细认得、凝妆点脂匀粉，露蝉耸翠，蕊金团玉成丛。几许愁随笑解，一声歌转春融。眼朦胧，凭阑干半醒醉中。

烛影摇红 翁孟寅

楼倚春城，琐窗曾共巢春燕。人生好梦逐春风，不似杨花健。旧事如天渐远，奈晴丝、牵愁未断。镜尘埋恨，带粉栖香，曲屏寒浅。

环佩空归，故园羞见桃花面。轻烟残照下栏杆，独自疏帘卷。一信狂风又晚，海棠花、随风满院。乱鸦归后，杜宇啼时，一声声怨。

汉宫春 赵汝茪

著破荷衣，笑西风吹我，又落西湖。湖间旧时饮者，今与谁俱？山山映带，似携来、画卷重舒。三十里、芙蓉步障，依然红翠相扶。

一目清无留处，任屋浮天上，身集空虚。残烧夕阳过雁，点点疏疏。故人老大，好襟怀、消减全无。慢赢得、秋声两耳，冷泉亭下骑驴。

鹧鸪天 许棐

翠凤金鸾绣欲成，沉香亭下款新晴。绿随杨柳阴边去，红踏桃花片上行。

莺意绪，蝶心情，一时分付小银筝。归来玉醉花柔困，月滤窗纱约半更。

霜天晓角 〔梅〕 萧泰来

千霜万雪，受尽寒磨折。赖是生来瘦硬，浑不怕、角吹彻。

清绝影也别，知心惟有月。元没春风情性，如何共、海棠说。

八声甘州 〔竹西怀古〕 赵善扛

寒云飞，万里一番秋，一番搅离怀。向隋堤跃马，前时柳色，今度蒿莱。锦缆残香在否，枉被白鸥猜。千古扬州梦，一觉庭槐。

歌吹竹西难问，拚菊边醉著，吟寄天涯。任红楼踪迹，茅屋染苍苔。几伤心桥东片月，趁夜潮流恨入秦淮。潮回处，引西风恨，又渡江来。

乌夜啼 李肩吾

径藓痕沿碧甃檐，花影压红阑。今年春事浑无几，游冶懒情悭。

旧梦莺莺沁水新，愁燕燕长干。重门十二帘休卷，三月尚春寒。

摸鱼儿 〔仲宣楼赋〕 陈策

倚危梯、酹春怀古，轻寒才转花信。江城望极多愁思，前事恼人方寸。湖海兴。算合付、元龙举白浇谈吻。凭高试问。问旧日王郎，依刘有地，何事赋幽愤？

沙头路、休记家山远近，宾鸿一去无信。沧波渺渺空归梦，门外北风凄紧。乌帽整。便做得功名，难绿星星鬓。敲吟未稳。又白鹭飞来，垂杨自舞，谁与寄离恨？

浪淘沙 李振祖

春在画桥西，画舫轻移。粉香何处度涟漪。认得一船杨柳外，帘影垂垂。

谁倚碧阑低，酒晕双眉。鸳鸯并浴燕交飞。一片闲情春水隔，斜日人归。

西江月　曹揆

檐雨轻敲夜夜，墙云低度朝朝。日长天气已无聊，何况洞房人悄。
眉共新荷不展，心随垂柳频摇。午眠仿佛见金翘，惊觉数声啼鸟。

八声甘州〔陪庾幕诸公秋登灵岩〕　吴文英

渺空烟四远，是何年、青天坠长星。幻苍崖云树，名娃金屋，残霸宫
城。箭径酸风射眼，剑水染花腥。时靸双鸳响，廊叶秋声。
宫里吴王沉醉，倩五湖倦客，独钓醒醒。问苍波无语，华发奈山青。
水涵空、阁凭高处，送乱鸦、斜日落渔汀。连呼酒，上琴台去，秋与
云平。

风入松　吴文英

听风听雨过清明，愁草瘗花铭。楼前绿暗分携路，一丝柳、一寸柔
情。料峭春寒中酒，交加晓梦啼莺。
西园日日扫林亭，依旧赏新晴。黄蜂频扑秋千索，有当时、纤手香
凝。惆怅双鸳不到，幽阶一夜苔生。

水龙吟〔雪霁登吴山观沧阁闻城中箫鼓声〕　翁元龙

画楼红湿斜阳，素妆褪出山眉翠。街声暮起，尘侵灯户，月来舞地。
宫柳招莺，水茳飘雁，隔年春意。黯梨云散作，人间好梦，琼箫在，锦
屏底。
乐事轻随流水，暗兰消作花心计。情丝万轴，因春织就，愁罗恨绮。
昵枕迷香，占帘看夜，旧游经醉。任孤山剩雪，残梅渐懒，跨东风骑。

湘春夜月 黄孝迈

近清明，翠禽枝上消魂。可惜一片清歌，都付与黄昏。欲共柳花低诉，怕柳花轻薄，不解伤春。念楚乡旅宿，柔情别绪，谁与温存？

空樽夜泣，青山不语，残月当门。翠玉楼前，惟是有、一波湘水，摇荡湘云。天长梦短，问甚时、重见桃根。这次第，算人间没个并刀，剪断心上愁痕。

浣溪沙 江开

手捻花枝忆小蘋，绿窗空锁旧时春，满楼飞絮一筝尘。

素约未传双燕语，离愁还入卖花声，十分春事倩行云。

江城子〔咏柳〕 谭宣子

嫩黄初染绿初描，倚春娇，索春饶。燕外莺边，想见万丝摇。便作无情终软美，天赋与，眼眉腰。

短长亭外短长桥，驻金镳，系兰桡。可爱风流年纪可怜宵。办得重来攀折后，烟雨暗，不辞遥。

玉楼春 楼采

东风破晓寒成阵，曲锁沉香簧语嫩。凤钗敲枕玉声圆，罗袖拂屏金缕褪。

云头雁影占来信，歌底眉尖蔟浅晕。淡烟疏柳一帘春，细雨遥山千叠恨。

风入松 赵闻礼

麴尘风雨乱春晴，花重寒轻。珠帘卷上还重下，怕东风、吹散歌声。棋倦杯频昼永，粉香花艳清明。

十分无处著闲情，来觅娉婷。蔷薇误罥寻春袖，倩柔荑、为补香痕。苦恨啼鹃惊梦，何时翦烛重盟。

曲游春 〔清明湖上〕 施岳

画舸西泠路，占柳阴花影，芳意如织。小楫冲波，度麹尘扇底，粉香帘隙。岸转斜阳隔，又过尽、别船箫笛。傍断桥、翠绕红围，相对半篙晴色。

顷刻，千山暮碧。向沽酒楼前，犹系金勒。乘月归来，正梨花夜缟，海棠烟幂。院宇明寒食。醉乍醒，一庭春寂。任满身、露湿东风，欲眠未得。

唐多令 陈允平

休去采芙蓉，秋江烟水空。带斜阳、一片征鸿。欲顿闲愁无顿处，都著在、两眉峰。

心事寄题红，画桥流水东。断肠人、无奈秋浓。回首层楼归去懒，早新月、挂梧桐。

声声慢 〔问梅孤山〕 李演

轻鞴绣谷，柔屧烟堤，六年遗赏新续。小舫重来，惟有寒沙鸥熟。徘徊旧情易冷，但溶溶、翠波如縠。愁望远，甚云销月老，莫山自绿。

嗢笑人生悲乐，且听我樽前，渔歌樵曲。旧阁尘封，长得树阴如屋。凄凉五桥归路，载寒秀、一枝疏玉。翠袖薄，晚无言、空倚修竹。

水龙吟 莫崙

镜寒香歇江城路，今度见春全懒。断云过雨，花前歌扇，梅边酒盏。离思相欺，万丝萦绕，一襟销黯。但年光暗换，人生易感，西归水，南飞雁。

也拟与愁排遣，奈江山遮拦不断。娇讹梦语，湿荧啼袖，迷心醉眼。绣毂华裀，锦屏罗荐，何时拘管？但良宵空有，亭亭霜月，作相思伴。

齐天乐 储泳

东风一夜吹寒食，红片枝头犹恋。宿酒初醒，新吟未稳，凭久栏杆留暖。将春买断，恨苔径榆阶，翠钱难贯。陌上秋千，相逢谁认旧时伴。

轻衫粉痕褪了，丝缘馀梦在，良宵偏短。柳线穿烟，莺梭织雾，一片旧愁新怨。慵拈象管，待寄与深情，怎凭双燕。不似杨花，解随人去远。

菩萨蛮 楼扶

丝丝杨柳莺声近，晚风吹过秋千影。寒色一帘轻，灯残梦不成。

耳边消息在，笑指花梢待。又是不归来，满庭花自开。

倦寻芳 汤恢

饧箫吹暖，蜡烛分烟，春思无限。风到楝花，二十四番吹遍。烟湿浓堆杨柳色，昼长闲坠梨花片。悄帘栊，听幽禽对语，分明如劝。

记旧日、西湖行乐，载酒寻春，十里尘软。背后腰肢，仿佛画图曾见。宿粉残香随梦冷，落花流水和天远。但如今，病厌厌，海棠池馆。

祝英台近 李彭老

杏花初，梅花过，时节又春半。帘影飞梭，轻阴小庭院。旧时月底秋千，吟香醉玉，曾细听、歌珠一串。

忍重见。描金小字题情，生绡合欢扇。老了刘郎，天远玉箫伴。几番莺外斜阳，栏干倚遍。恨杨花、遮愁不断。

青玉案［草窗词卷］ 李莱老

吟情老尽江南句，几千万、垂丝缕。花冷絮飞寒食路，渔烟鸥雨，燕昏莺晓，总入韶华谱。

红衣妆靓凉生渚，环碧斜阳旧时树。拈叶分题觞咏处。荀香犹在，庾愁何许？云冷西湖赋。

扬州慢 〔琼花次韵〕 李莱老

玉倚风轻，粉凝冰薄，土花祠冷无人。听吹箫月底，传暮草金城。笑红紫、纷纷成雨，溯空如蝶，肯堕珠尘。叹而今、杜郎还见，应赋悲春。

佩环何许，纵无情、莺燕犹惊。怅朱槛香销，绿屏梦杳，肠断瑶琼。九曲迷楼依旧，沉沉夜、想觅行云。但荒烟幽翠，东风吹作秋声。

谒金门 胡仲弓

蛾黛浅，只为晚寒妆懒。润逼镜鸾红雾满，额花留半面。

渐次梅花开遍，花外行人已远。欲寄一枝嫌梦短，湿云和恨剪。

念奴娇 柴望

春来多困，正暑移帘影，银屏深闭。唤梦幽禽烟柳外，惊断巫山十二。宿酒初醒，新愁半解，恼得成憔悴。鬟松云鬓，不忺鸾镜梳洗。

门外满地香风，残梅零落，玉糁苍苔碎。乍暖乍寒浑莫拟，欲试罗衣犹未。斗草雕阑，买花深院，做踏青天气。晴鸠鸣处，一池昨夜春水。

秋蕊香令 黄铸

花外数声风定，烟际一痕月净。水晶屏小欹翠枕，院静鸣蛩相应。

香销斜掩青铜镜，背灯影。空砧夜半和雁阵，秋在刘郎绿鬓。

点绛唇 〔莲房〕 王茂孙

折断烟痕，翠蓬初离鸳鸯浦。玉纤相妒，翻被专房误。

乍脱青衣，犹著轻罗护。多情处，芳心一缕，都为相思苦。

庆宫春 〔谢草窗惠词卷〕 王易简

庭草春迟，汀蘋香老，数声珮悄苍玉。年晚江空，天寒日暮，壮怀聊寄幽独。倦游多感，更西北高楼送目。佳人不见，慷慨悲歌，夕阳乔木。

紫霞洞宵云深，袅袅馀音，凤箫谁续？桃花赋在，竹枝词远，此恨年年相触。翠楼芳字，谩重省、当时顾曲。因君凝仁，依约吴山，半痕蛾绿。

浣溪沙 张磐

习习轻风破海棠，秋千移影上回廊，昼长蝴蝶为谁忙？

度柳早莺分暖绿，过花小燕带春香，满庭芳草又斜阳。

唐多令 张林

金勒鞚花骢，故山云雾中。翠苹洲、先有西风。可惜嫩凉时枕簟，都付与、旧山翁。

双翠合眉峰，泪华分脸红。向樽前、何太匆匆？才是别离情便苦，都莫问、淡和浓。

点绛唇 〔送李琴泉〕 吴大有

江上旗亭，送君还是逢君处。酒阑呼渡，云压沙鸥暮。

漠漠萧萧，香冻梨花雨。添愁绪，断肠柔橹，相逐寒潮去。

扫花游 〔九日怀归〕 周密

江蓠怨碧，早过了霜花，锦空洲渚。孤蛩自语，正长安乱叶，万家砧杵。尘染秋衣，谁念西风倦旅？恨无据。怅望极归舟，天际烟树。

心事曾细数。怕水叶沉红，梦云离去。情丝恨缕。倩回纹为织，那时愁句。雁字无多，写得相思几许。暗凝伫。近重阳、满城风雨。

水龙吟 [白荷] 周密

素鸾飞下青冥，舞衣半惹凉云。碎蓝田种玉，绿房迎晓，一奁秋意。擎露盘深，忆君清夜，暗倾铅水。想鸳鸯正结、梨云好梦，西风冷，还惊起。

应是飞琼仙会，倚凉飙、碧簪斜坠。轻妆斗白，明珰照影，红衣羞避。霁月三更，粉云千点，静香十里。听湘弦奏彻，冰绡偷剪，聚相思泪。

醉蓬莱 [归故山] 王沂孙

扫西风门径，黄叶凋零，白云萧散。柳换枯阴，赋归来何晚。爽气霏霏，翠蛾眉妩，聊慰登临眼。故国如尘，故人如梦，登高还懒。

数点寒英，为谁零落。楚魄难招，暮寒堪揽。步屧荒篱，谁念幽芳远？一室秋灯，一庭秋雨，更一声秋雁。试引芳樽，不知消得，几多依黯？

一萼红 [石屋探梅作] 王沂孙

思飘飘，拥仙姝独步，明月照苍翘。花候犹迟，庭阴不扫，门掩山意萧条。抱芳恨、佳人分薄，似未许、芳魄化春娇。雨涩风悭，雾轻波细，湘梦迢迢。

谁伴碧尊雕俎，唤琼肌皎皎，绿发萧萧。青凤啼空，玉龙舞夜，遥睇河汉光摇。未须赋、疏香淡影，且同倚、枯藓听吹箫。听久馀音欲绝，寒透鲛绡。

好事近 赵与仁

春色醉荼蘼，昼永篆烟初绝。临水杨花千树，尽一时飞雪。

穿帘度竹弄轻盈，东风老犹劣。睡起凭阑无绪，听几声啼鴂。

摸鱼儿 翁孟寅

卷西风、方肥塞草，带钩何事东去。月明万里关河梦，吴楚几番风雨。江上路。二十载头颅，凋落今如许。凉生弄尘。叹江左夷吾，隆中诸葛，谈笑已尘土。

寒汀外，还见来时鸥鹭。重来应是春暮。轻裘岘首陪登眺，马上落花飞絮。拚醉舞。谁解道、断肠贺老江南句。沙津少驻。举目送飞鸿，幅巾老子，楼上正凝伫。

江城子 翁元龙

一年箫鼓又疏钟，爱东风，恨东风。吹落灯花，移在杏梢红。玉靥翠钿无半点，空湿透，绣罗弓。

燕魂莺梦渐惺忪，月帘栊，影迷蒙。催趁年华，都在艳歌中。明日柳边春意思，便不与，夜来同。

木兰花慢 张枢

歌尘凝燕垒，又软语、在雕梁。记翦烛调弦，翻香校谱，学品伊凉。屏山梦云正暖，放东风、卷雨入巫阳。金冷红条孔雀，翠闲彩结鸳鸯。

银缸。焰冷小兰房。夜悄怯更长。待采叶题诗，含情赠远，烟水茫茫。春妍尚如旧否，料啼痕、暗里浥红妆。须觅流莺寄语，为谁老却刘郎。

钗头凤 陆游

红酥手，黄縢酒。满城春色宫墙柳。东风恶，欢情薄。一怀愁绪，几年离索。错错错。

春如旧，人空瘦。泪痕红浥鲛绡透。桃花落，闲池阁。山盟虽在，锦书难托。莫莫莫。

点绛唇〔梅〕　周必大

踏白江梅，大都玉断酥凝就。雨肥霜逗，痴騃闺房秀。

莫待冬深，雪压风欺后。君知否？却嫌伊瘦，又怕伊僝僽。

　　宋周密所编《绝妙好词》，于词选中最为精本。乾隆初，查为仁、厉鹗同为笺注。每遇词中警句，特引元人陆辅之韶所撰《词旨》一一标出，以示学者，用意甚善。

　　　　　　　　　　清·朱彭寿《安乐康平室随笔》卷一

古文观止

67

审定者：华东师范大学　程　怡

全书总字数：108837

用字量：3861

　　《古文观止》，中国历代散文选本，清代吴楚材、吴调侯编选，并经吴兴祚审定。以散文为主，兼取骈文。上起先秦，下迄明末，大体反映了先秦至明末散文发展的轮廓和面貌。收文共二百二十二篇，分为十二卷。与《文选》以后的古文选本相比，它跨越的时代既广，卷帙又不甚繁，且文章体裁多样，较少偏见，可谓广收博采，繁简适中。编排上按时代先后分为七个时期，每个时期皆突出重点作家作品。由此可纵观古文发展之源流，也可参照分析作家之不同风格。体例方面不因循前人按文体分类之惯例，而是以时代为经、作家为纬，入选的文章也兼顾思想性和艺术性，语言精炼、篇幅短小，多为久经传诵之佳作。

高频字

之	而	不	其	以	也	者	为	人	有	子

△ 周郑交质 隐公三年 《左传》

郑武公、庄公为平王卿士。王贰于虢，郑伯怨王。王曰："无之。"故周、郑交质。王子狐为质于郑，郑公子忽为质于周。王崩，周人将畀虢公政。四月，郑祭足帅师取温之麦；秋，又取成周之禾。周、郑交恶。

君子曰："信不由中，质无益也。明恕而行，要之以礼，虽无有质，谁能间之？苟有明信，涧、溪、沼、沚之毛，蘋、蘩、蕴藻之菜，筐、筥、锜、釜之器，潢汙、行潦之水，可荐于鬼神，可羞于王公，而况君子结二国之信，行之以礼，又焉用质？《风》有《采蘩》《采蘋》，《雅》有《行苇》《泂酌》，昭忠信也。"

△ 石碏谏宠州吁 隐公三年 《左传》

卫庄公娶于齐东宫得臣之妹，曰庄姜。美而无子，卫人所为赋《硕人》也。

又娶于陈，曰厉妫，生孝伯，蚤死。其娣戴妫生桓公，庄姜以为己子。

公子州吁，嬖人之子也。有宠而好兵，公弗禁，庄姜恶之。

石碏谏曰："臣闻爱子，教之以义方，弗纳于邪。骄、奢、淫、佚，所自邪也；四者之来，宠禄过也。将立州吁，乃定之矣；若犹未也，阶之为祸。夫宠而不骄，骄而能降，降而不憾，憾而能眕者，鲜矣。且夫贱妨贵，少陵长，远间亲，新间旧，小加大，淫破义，所谓'六逆'也；君义，臣行，父慈，子孝，兄爱，弟敬，所谓'六顺'也。去顺效逆，所以速祸也。君人者，将祸是务去，而速之，无乃不可乎？"

弗听。其子厚与州吁游，禁之，不可。桓公立，乃老。

⚠ 臧僖伯谏观鱼　隐公五年　《左传》

春，公将如棠观鱼者。

臧僖伯谏曰："凡物不足以讲大事，其材不足以备器用，则君不举焉。君将纳民于轨物者也。故讲事以度轨量，谓之'轨'；取材以章物采，谓之'物'。不轨不物，谓之乱政。乱政亟行，所以败也。故春蒐、夏苗、秋狝、冬狩，皆于农隙以讲事也。三年而治兵，入而振旅，归而饮至，以数军实。昭文章，明贵贱，辨等列，顺少长，习威仪也。鸟兽之肉，不登于俎，皮革齿牙、骨角毛羽，不登于器，则君不射，古之制也。若夫山林川泽之实，器用之资，皂隶之事，官司之守，非君所及也。"

公曰："吾将略地焉。"遂往，陈鱼而观之。

僖伯称疾不从。

书曰"公矢鱼于棠"非礼也，且言远地也。

——以上卷一·周文

⚠ 郑伯克段于鄢　隐公元年　《榖梁传》

克者何？能也。何能也？能杀也。何以不言杀？见段之有徒众也。

段，郑伯弟也。何以知其为弟也？杀世子、母弟，目君，以其目君，知其为弟也。

段，弟也而弗谓弟，公子也而弗谓公子，贬之也，段失子弟之道矣。贱段而甚郑伯也。

何甚乎郑伯？甚郑伯之处心积虑，成于杀也。

于鄢，远也。犹曰取之其母之怀中而杀之云尔，甚之也。

然则为郑伯者，宜奈何？缓追逸贼，亲亲之道也。

——以上卷三·周文

贾谊过秦论上 西汉文

秦孝公据殽函之固，拥雍州之地，君臣固守，以窥周室，有席卷天下、包举宇内、囊括四海之意，并吞八荒之心。当是时也，商君佐之，内立法度，务耕织，修守战之具；外连衡而斗诸侯。于是秦人拱手而取西河之外。

孝公既没，惠文、武、昭蒙故业，因遗策，南取汉中，西举巴蜀，东割膏腴之地，收要害之郡。诸侯恐惧，会盟而谋弱秦，不爱珍器、重宝、肥饶之地，以致天下之士，合从缔交，相与为一。当此之时，齐有孟尝，赵有平原，楚有春申，魏有信陵。此四君者，皆明智而忠信，宽厚而爱人，尊贤重士，约从离横，兼韩、魏、燕、赵、宋、卫、中山之众。于是六国之士，有甯越、徐尚、苏秦、杜赫之属为之谋，齐明、周最、陈轸、召滑、楼缓、翟景、苏厉、乐毅之徒通其意，吴起、孙膑、带佗、兒良、王廖、田忌、廉颇、赵奢之伦制其兵。尝以十倍之地，百万之众，叩关而攻秦。秦人开关而延敌，九国之师遁逃而不敢进。秦无亡矢遗镞之费，而天下诸侯已困矣。于是从散约解，争割地而赂秦。秦有馀力而制其敝，追亡逐北，伏尸百万，流血漂橹。因利乘便，宰割天下，分裂河山。强国请服，弱国入朝。

施及孝文王、庄襄王，享国之日浅，国家无事。

及至始皇，奋六世之馀烈，振长策而御宇内，吞二周而亡诸侯，履至尊而制六合，执敲扑以鞭笞天下，威振四海。南取百越之地，以为桂林、象郡；百越之君，俯首系颈，委命下吏。乃使蒙恬北筑长城而守藩篱，却匈奴七百馀里。胡人不敢南下而牧马，士不敢弯弓而报怨。于是废先王之道，燔百家之言，以愚黔首；隳名城，杀豪俊，收天下之兵聚之咸阳，销锋镝，铸以为金人十二，以弱天下之民。然后践华为城，因河为池，据亿丈之城、临不测之溪以固。良将劲弩，守要害之处；信臣精卒，陈利兵而谁何。天下已定，始皇之心，自以为关中之固，金城千里，子孙帝王万世之业也。始皇既没，馀威震于殊俗。

然而，陈涉，瓮牖绳枢之子，氓隶之人，而迁徙之徒也；材能不及中庸，非有仲尼、墨翟之贤，陶朱、猗顿之富；蹑足行伍之间，俯起阡陌之中，率罢弊之卒，将数百之众，转而攻秦。斩木为兵，揭竿为旗，天下云集而响应，赢粮而景从，山东豪俊遂并起而亡秦族矣。

且夫天下非小弱也，雍州之地，殽函之固，自若也；陈涉之位，非尊于齐、楚、燕、赵、韩、魏、宋、卫、中山之君也；锄、耰、棘、矜，不铦于钩、戟、长铩也；谪戍之众，非抗于九国之师也；深谋远虑，行军用兵之道，非及曩时之士也。然而成败异变，功业相反。

试使山东之国，与陈涉度长絜大，比权量力，则不可同年而语矣。然秦以区区之地，致万乘之权，招八州而朝同列，百有馀年矣。然后以六合为家，殽函为宫。一夫作难而七庙隳，身死人手，为天下笑者，何也？仁义不施，而攻守之势异也！

晁错论贵粟疏 西汉文

圣王在上而民不冻饥者，非能耕而食之，织而衣之也，为开其资财之道也。故尧、禹有九年之水，汤有七年之旱，而国无捐瘠者，以畜积多而备先具也。今海内为一，土地人民之众不避禹、汤，加以亡天灾数年之水旱，而畜积未及者，何也？地有馀利，民有馀力，生谷之土未尽垦，山泽之利未尽出也，游食之民未尽归农也。民贫则奸邪生。贫生于不足，不足生于不农，不农则不地著，不地著则离乡轻家。民如鸟兽，虽有高城深池，严法重刑，犹不能禁也。

夫寒之于衣，不待轻暖；饥之于食，不待甘旨；饥寒至身，不顾廉耻。人情一日不再食则饥，终岁不制衣则寒。夫腹饥不得食，肤寒不得衣，虽慈母不能保其子，君安能以有其民哉？明主知其然也，故务民于农桑，薄赋敛，广畜积，以实仓廪、备水旱，故民可得而有也。

民者，在上所以牧之，趋利如水走下，四方无择也。夫珠玉金银，饥不可食，寒不可衣，然而众贵之者，以上用之故也。其为物轻微易藏，在于把握，可以周海内而无饥寒之患。此令臣轻背其主，而民易去其乡，盗贼有所劝，亡逃者得轻资也。粟米布帛，生于地，长于时，聚于力，非可一日成也。数石之重，中人弗胜，不为奸邪所利，一日弗得而饥寒至。是故，明君贵五谷而贱金玉。

今农夫五口之家，其服役者不下二人，其能耕者不过百亩，百亩之收不过百石。春耕，夏耘，秋获，冬藏，伐薪樵，治官府，给徭役。春不得避风尘，夏不得避暑热，秋不得避阴雨，冬不得避寒冻，四时之间，无日休息。又私自送往迎来，吊死问疾，养孤长幼在其中。勤苦如此，尚复被水旱之灾，急政暴虐，赋敛不时，朝令而暮改。当其有者半贾而卖，亡者取倍称之息，于是有卖田宅、鬻子孙以偿债者矣！而商贾大者积贮倍息，小者坐列贩卖，操其奇赢，日游都市，乘上之急，所卖必倍。故其男不耕耘，女不蚕织，衣必文采，食必粱肉，亡农夫之苦，阡陌之得。因其富厚，交通王侯，力过吏势；以利相倾，千里游遨，冠盖相望，乘坚策肥，履丝曳缟。此商人所以兼并农人，农人所以流亡者也。今法律贱商人，商人已富贵矣；尊农夫，农夫已贫贱矣。故俗之所贵，主之所贱也；吏之所卑，法之所尊也。上下相反，好恶乖迕，而欲国富法立，不可得也。

方今之务，莫若使民务农而已矣。欲民务农，在于贵粟。贵粟之道，在于使民以粟为赏罚。今募天下入粟县官，得以拜爵，得以除罪。如此，富人有爵，农民有钱，粟有所渫。夫能入粟以受爵，皆有馀者也。取于有餘以供上用，则贫民之赋可损，所谓损有餘，补不足，令出而民利者也。顺于民心，所补者三：一曰主用足，二曰民赋少，三曰劝农功。今令民有车骑马一匹者，复卒三人。车骑者，天下武备也，故为复卒。神农之教曰："有石城十仞，汤池百步，带甲百万，而亡粟，弗能守也。"以是观之，粟者，王者大用，政之本务。令民入粟受爵，至五大夫以上，乃复一人耳，此其与骑马之功相去远矣。爵者，上之所擅，出于口而无穷；粟者，民之所种，生于地而不乏。夫得高爵与免罪，人之所甚欲也。使天下人入粟于边，以受爵免罪，不过三岁，塞下之粟必多矣。

△ 诸葛亮前出师表　后汉文

臣亮言：先帝创业未半而中道崩殂，今天下三分，益州疲弊，此诚危急存亡之秋也。然侍卫之臣不懈于内，忠志之士忘身于外者，盖追先帝之殊遇，欲报之于陛下也。诚宜开张圣听，以光先帝遗德，恢弘志士之气，不宜妄自菲薄，引喻失义，以塞忠谏之路也。宫中府中俱为一体，陟罚臧否，不宜异同。若有作奸犯科及为忠善者，宜付有司论其刑赏，以昭陛下平明之治，不宜偏私，使内外异法也。

侍中、侍郎郭攸之、费祎、董允等，此皆良实，志虑忠纯，是以先帝简拔以遗陛下。愚以为宫中之事，事无大小，悉以咨之，然后施行，必能裨补阙漏，有所广益。将军向宠，性行淑均，晓畅军事，试用于昔日，先帝称之曰能，是以众议举宠以为督。愚以为营中之事，事无大小，悉以咨之，必能使行阵和穆，优劣得所也。亲贤臣，远小人，此先汉所以兴隆也；亲小人，远贤臣，此后汉所以倾颓也。先帝在时，每与臣论此事，未尝不叹息痛恨于桓、灵也。侍中、尚书、长史、参军，此悉贞亮死节之臣也，愿陛下亲之信之，则汉室之隆，可计日而待也。

臣本布衣，躬耕于南阳，苟全性命于乱世，不求闻达于诸侯。先帝不以臣卑鄙，猥自枉屈，三顾臣于草庐之中，谘臣以当世之事，由是感激，遂许先帝以驱驰。后值倾覆，受任于败军之际，奉命于危难之间，尔来二十有一年矣。先帝知臣谨慎，故临崩寄臣以大事也。受命以来，夙夜忧叹，恐托付不效，以伤先帝之明。故五月渡泸，深入不毛。今南方已定，兵甲已足，当奖率三军，北定中原，庶竭驽钝，攘除奸凶，兴复汉室，还于旧都。此臣所以报先帝而忠陛下之职分也。

至于斟酌损益，进尽忠言，则攸之、祎、允之任也。愿陛下托臣以讨贼兴复之效；不效，则治臣之罪，以告先帝之灵。若无兴德之言，则责攸之、祎、允之咎，以彰其慢。陛下亦宜自谋，以咨诹善道，察纳雅言，深追先帝遗诏，臣不胜受恩感激。今当远离，临表涕零，不知所云。

△ 诸葛亮后出师表　后汉文

先帝虑汉、贼不两立，王业不偏安，故托臣以讨贼也。以先帝之明，量臣之才，固知臣伐贼，才弱敌强也；然不伐贼，王业亦亡，惟坐而待亡，孰与伐之？是故托臣而弗疑也。

臣受命之日，寝不安席，食不甘味。思惟北征，宜先入南，故五月渡泸，深入不毛，并日而食。臣非不自惜也，顾王业不可偏安于蜀都，故冒危难以奉先帝之遗意，而议者谓为非计。今贼适疲于西，又务于东，兵法乘劳，此进趋之时也。谨陈其事如左：

高帝明并日月，谋臣渊深，然涉险被创，危然后安。今陛下未及高帝，谋臣不如良、平，而欲以长策取胜，坐定天下，此臣之未解一也。

刘繇、王朗，各据州郡，论安言计，动引圣人，群疑满腹，众难塞胸，今岁不战，明年不征，使孙策坐大，遂并江东，此臣之未解二也。

曹操智计，殊绝于人，其用兵也，仿佛孙、吴，然困于南阳，险于乌巢，危于祁连，逼于黎阳，几败北山，殆死潼关，然后伪定一时尔。况臣才弱，而欲以不危而定之，此臣之未解三也。

曹操五攻昌霸不下，四越巢湖不成。任用李服而李服图之，委任夏侯而夏侯败亡。先帝每称操为能，犹有此失，况臣驽下，何能必胜？此臣之未解四也。

自臣到汉中，中间期年耳，然丧赵云、阳群、马玉、阎芝、丁立、白寿、刘郃、邓铜等及曲长、屯将七十馀人，突将无前賨、叟、青羌散骑、武骑一千馀人。此皆数十年之内所纠合四方之精锐，非一州之所有。若复数年，则损三分之二也，当何以图敌？此臣之未解五也。

今民穷兵疲，而事不可息。事不可息，则住与行劳费正等，而不及早图之，欲以一州之地，与贼持久，此臣之未解六也。

夫难平者，事也。昔先帝败军于楚，当此时，曹操拊手，谓天下已定。然后先帝东连吴、越，西取巴、蜀，举兵北征，夏侯授首。此操之失计，而汉事将成也。然后吴更违盟，关羽毁败，秭归蹉跌，曹丕称帝。凡事如是，难可逆料。臣鞠躬尽力，死而后已，至于成败利钝，非臣之明所能逆睹也。

——以上卷六·汉文

陈情表 李密

臣密言：臣以险衅，夙遭闵凶。生孩六月，慈父见背。行年四岁，舅夺母志。祖母刘，愍臣孤弱，躬亲抚养。臣少多疾病，九岁不行，零丁孤苦，至于成立。既无叔伯，终鲜兄弟。门衰祚薄，晚有儿息。外无期功强近之亲，内无应门五尺之童，茕茕孑立，形影相吊。而刘夙婴疾病，常在床蓐。臣侍汤药，未尝废离。

逮奉圣朝，沐浴清化。前太守臣逵，察臣孝廉。后刺史臣荣，举臣秀才。臣以供养无主，辞不赴命。诏书特下，拜臣郎中，寻蒙国恩，除臣洗马。猥以微贱，当侍东宫，非臣陨首所能上报。臣具以表闻，辞不就职。诏书切峻，责臣逋慢；郡县逼迫，催臣上道；州司临门，急于星火。臣欲奉诏奔驰，则以刘病日笃；欲苟顺私情，则告诉不许。臣之进退，实为狼狈。

伏惟圣朝以孝治天下，凡在故老，犹蒙矜育，况臣孤苦，特为尤甚。且臣少事伪朝，历职郎署，本图宦达，不矜名节。今臣亡国贱俘，至微至陋，过蒙拔擢，宠命优渥，岂敢盘桓，有所希冀？但以刘日薄西山，气息奄奄，人命危浅，朝不虑夕。臣无祖母，无以至今日；祖母无臣，无以终馀年。母孙二人，更相为命，是以区区不能废远。臣密今年四十有四，祖母刘今年九十有六，是臣尽节于陛下之日长，报刘之日短也。乌鸟私情，愿乞终养。

臣之辛苦，非独蜀之人士及二州牧伯所见明知，皇天后土，实所共鉴。愿陛下矜愍愚诚，听臣微志。庶刘侥幸，卒保馀年，臣生当陨首，死当结草。臣不胜犬马怖惧之情，谨拜表以闻。

△ 兰亭集序　王羲之

永和九年，岁在癸丑。暮春之初，会于会稽山阴之兰亭，修禊事也。群贤毕至，少长咸集。此地有崇山峻岭，茂林修竹。又有清流激湍，映带左右，引以为流觞曲水。列坐其次，虽无丝竹管弦之盛，一觞一咏，亦足以畅叙幽情。是日也，天朗气清，惠风和畅。仰观宇宙之大，俯察品类之盛，所以游目骋怀，足以极视听之娱，信可乐也！

夫人之相与，俯仰一世。或取诸怀抱，晤言一室之内；或因寄所托，放浪形骸之

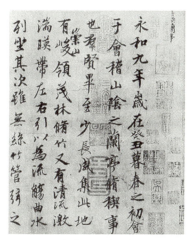

兰亭序　王羲之书

外。虽取舍万殊，静躁不同，当其欣于所遇，暂得于己，快然自足，曾不知老之将至。及其所之既倦，情随事迁，感慨系之矣。向之所欣，俯仰之

间，已为陈迹，犹不能不以之兴怀，况修短随化，终期于尽？古人云："死生亦大矣"，岂不痛哉！

每览昔人兴感之由，若合一契，未尝不临文嗟悼，不能喻之于怀。固知一死生为虚诞，齐彭殇为妄作。后之视今，亦犹今之视昔，悲夫！故列叙时人，录其所述。虽世殊事异，所以兴怀，其致一也。后之览者，亦将有感于斯文。

归去来辞 陶渊明

归去来兮，田园将芜，胡不归！既自以心为形役，奚惆怅而独悲！悟已往之不谏，知来者之可追。实迷途其未远，觉今是而昨非。舟摇摇以轻扬，风飘飘而吹衣。问征夫以前路，恨晨光之熹微。乃瞻衡宇，载欣载奔。僮仆欢迎，稚子候门。三径就荒，松菊犹存。携幼入室，有酒盈樽。引壶觞以自酌，眄庭柯以怡颜。倚南窗以寄傲，审容膝之易安。园日涉以成趣，门虽设而常关。策扶老以流憩，时矫首而遐观。云无心以出岫，鸟倦飞而知还。景翳翳以将入，抚孤松而盘桓。

归去来兮，请息交以绝游。世与我而相遗，复驾言兮焉求！悦亲戚之情话，乐琴书以消忧。农人告余以春及，将有事于西畴。或命巾车，或棹孤舟。既窈窕以寻壑，亦崎岖而经丘。木欣欣以向荣，泉涓涓而始流。善万物之得时，感吾生之行休。

已乎矣！寓形宇内复几时，曷不委心任去留？胡为遑遑欲何之？富贵非吾愿，帝乡不可期。怀良辰以孤往，或植杖而耘耔。登东皋以舒啸，临清流而赋诗。聊乘化以归尽，乐夫天命复奚疑！

桃花源记 陶渊明

晋太元中，武陵人捕鱼为业。缘溪行，忘路之远近。忽逢桃花林，夹岸数百步，中无杂树，芳草鲜美，落英缤纷。渔人甚异之，复前行，欲穷其林。

林尽水源，便得一山。山有小口，彷佛若有光，便舍船从口入。初极狭，才通人。复行数十步，豁然开朗。土地平旷，屋舍俨然，有良田、美池、桑竹之属。阡陌交通，鸡犬相闻。其中往来种作，男女衣著，悉如外人。黄发垂髫，并怡然自乐。见渔人，乃大惊，问所从来，具答之。便要还家，设酒杀鸡作食。村中闻有此人，咸来问讯。自云先世避秦时乱，率妻子邑人来此绝境，不复出焉，遂与外人间隔。问今是何世，乃不知有汉，无论魏、晋。此人一一为具言所闻，皆叹惋。馀人各复延至其家，皆出酒食。停数日，辞去。此中人语云："不足为外人道也。"

既出，得其船，便扶向路，处处志之。及郡下，诣太守，说如此。太守即遣人随其往，寻向所志，遂迷，不复得路。

南阳刘子骥，高尚士也。闻之，欣然规往。未果，寻病终。后遂无问津者。

△ 滕王阁序　王勃

南昌故郡，洪都新府。星分翼轸，地接衡庐。襟三江而带五湖，控蛮荆而引瓯越。物华天宝，龙光射牛斗之墟；人杰地灵，徐孺下陈蕃之榻。雄州雾列，俊彩星驰。台隍枕夷夏之交，宾主尽东南之美。都督阎公之雅望，棨戟遥临；宇文新州之懿范，襜帷暂驻。十旬休暇，胜友如云；千里逢迎，高朋满座。腾蛟起凤，孟学士之词宗；紫电青霜，王将军之武库。家君作宰，路出名区；童子何知，躬逢胜饯。

时维九月，序属三秋。潦水尽而寒潭清，烟光凝而暮山紫。俨骖騑于上路，访风景于崇阿。临帝子之长洲，得仙人之旧馆。层峦耸翠，上出重霄；飞阁流丹，下临无地。鹤汀凫渚，穷岛屿之萦回；桂殿兰宫，列冈峦之体势。披绣闼，俯雕甍，山原旷其盈视，川泽盱其骇瞩。闾阎扑地，钟鸣鼎食之家；舸舰迷津，青雀黄龙之轴。虹销雨霁，彩彻云衢。落霞与孤鹜齐飞，秋水共长天一色。渔舟唱晚，响穷彭蠡之滨；雁阵惊寒，声断衡阳之浦。遥吟俯畅，逸兴遄飞。爽籁发而清风生，纤歌凝而白云遏。睢园绿竹，气凌彭泽之樽；邺水朱华，光照临川之笔。四美俱，二难并。穷睇眄于中天，极娱游于暇日。天高地迥，觉宇宙之无穷；兴尽悲来，识盈虚之有数。望长安于日下，指吴会于云间。地势极而南溟深，天柱高而北辰远。关山难越，谁悲失路之人？萍水相逢，尽是他乡之客。怀帝阍而不见，奉宣室以何年？

呜乎！时运不齐，命途多舛。冯唐易老，李广难封。屈贾谊于长沙，非无圣主；窜梁鸿于海曲，岂乏明时？所赖君子安贫，达人知命。老当益壮，宁知白首之心；穷且益坚，不坠青云之志。酌贪泉而觉爽，处涸辙以犹欢。北海虽赊，扶摇可接；东隅已逝，桑榆非晚。孟尝高洁，空怀报国之心；阮籍猖狂，岂效穷途之哭！

勃，三尺微命，一介书生。无路请缨，等终军之弱冠；有怀投笔，慕宗悫之长风。舍簪笏于百龄，奉晨昏于万里。非谢家之宝树，接孟氏之芳邻。他日趋庭，叨陪鲤对；今晨捧袂，喜托龙门。杨意不逢，抚凌云而自惜；锺期既遇，奏流水以何惭？

呜呼！胜地不常，盛筵难再。兰亭已矣，梓泽邱墟。临别赠言，幸承恩于伟饯；登高作赋，是所望于群公。敢竭鄙诚，恭疏短引，一言均赋，四韵俱成。

滕王高阁临江渚，佩玉鸣鸾罢歌舞。画栋朝飞南浦云，珠帘暮卷西山雨。闲云潭影日悠悠，物换星移几度秋。阁中帝子今何在？槛外长江空自流。

△ **陋室铭** 刘禹锡

山不在高，有仙则名；水不在深，有龙则灵。斯是陋室，惟吾德馨。

苔痕上阶绿，草色入帘青。谈笑有鸿儒，往来无白丁。可以调素琴，阅金经。无丝竹之乱耳，无案牍之劳形。南阳诸葛庐，西蜀子云亭。孔子云："何陋之有？"

△ 阿房宫赋 杜牧

六王毕，四海一。蜀山兀，阿房出。覆压三百馀里，隔离天日。骊山北构而西折，直走咸阳。二川溶溶，流入宫墙。五步一楼，十步一阁；廊腰缦回，檐牙高啄；各抱地势，钩心斗角。盘盘焉，囷囷焉，蜂房水涡，矗不知其几千万落。长桥卧波，未云何龙？复道行空，不霁何虹？高低冥迷，不知西东。歌台暖响，春光融融；舞殿冷袖，风雨凄凄。一日之内，一宫之间，而气候不齐。

妃嫔媵嫱，王子皇孙，辞楼下殿，辇来于秦。朝歌夜弦，为秦宫人。明星荧荧，开妆镜也；绿云扰扰，梳晓鬟也；渭流涨腻，弃脂水也；烟斜雾横，焚椒兰也；雷霆乍惊，宫车过也；辘辘远听，杳不知其所之也。一肌一容，尽态极妍，缦立远视，而望幸焉。有不得见者三十六年。燕、赵之收藏，韩、魏之经营，齐、楚之精英，几世几年，取掠其人，倚叠如山。一旦不能有，输来其间。鼎铛玉石，金块珠砾，弃掷逦迤，秦人视之，亦不甚惜。

嗟乎！一人之心，千万人之心也。秦爱纷奢，人亦念其家。奈何取之尽锱铢，用之如泥沙？使负栋之柱，多于南亩之农夫；架梁之椽，多于机上之工女；钉头磷磷，多于在庾之粟粒；瓦缝参差，多于周身之帛缕；直栏横槛，多于九土之城郭；管弦呕哑，多于市人之言语。使天下之人，不敢言而敢怒。独夫之心，日益骄固。戍卒叫，函谷举，楚人一炬，可怜焦土！

呜呼！灭六国者，六国也，非秦也。族秦者，秦也，非天下也。嗟夫！使六国各爱其人，则足以拒秦；秦复爱六国之人，则递三世，可至万世而为君，谁得而族灭也？秦人不暇自哀，而后人哀之；后人哀之而不鉴之，亦使后人而复哀后人也！

△ 杂说一 韩愈

龙嘘气成云，云固弗灵于龙也。然龙乘是气，茫洋穷乎玄间，薄日月，伏光景，感震电，神变化，水下土，汨陵谷。云亦灵怪矣哉！

云，龙之所能使为灵也。若龙之灵，则非云之所能使为灵也。然龙弗得云，无以神其灵矣，失其所凭依，信不可欤！异哉！其所凭依，乃其所自为也。《易》曰："云从龙。"既曰龙，云从之矣！

——以上卷七·六朝、唐文

△ 师 说 韩愈

古之学者必有师。师者，所以传道、受业、解惑也。人非生而知之者，孰能无惑？惑而不从师，其为惑也，终不解矣。生乎吾前，其闻道也，固先乎吾，吾从而师之；生乎吾后，其闻道也，亦先乎吾，吾从而师之。吾师道也，夫庸知其年之先后生于吾乎？是故无贵无贱，无长无少，道之所存，师之所存也。

韩愈像

嗟乎！师道之不传也久矣，欲人之无惑也难矣。古之圣人，其出人也远矣，犹且从师而问焉；今之众人，其下圣人也亦远矣，而耻学于师。是故圣益圣，愚益愚，圣人之所以为圣，愚人之所以为愚，其皆出于此乎？爱其子，择师而教之；于其身也，则耻师焉，惑矣！彼童子之师，授之书而习其句读者也，非吾所谓传其道、解其惑者也。句读之不知，惑之不解，或师焉，或不焉，小学而大遗，吾未见其明也。巫医、乐师，百工之人，不耻相师。士大夫之族，曰师曰弟子云者，则群聚而笑之。问之，则曰："彼与彼年相若也，道相似也！"位卑则足羞，官盛则近谀。呜呼！师道之不复，可知矣。巫医、乐师、百工之人，君子不齿。今其智乃反不能及，其可怪也欤！

圣人无常师。孔子师郯子、苌弘、师襄、老聃。郯子之徒，其贤不及孔子。孔子曰："三人行，则必有我师。"是故弟子不必不如师，师不必贤于弟子，闻道有先后，术业有专攻，如是而已。

李氏子蟠，年十七，好古文，六艺经传皆通习之，不拘于时，学于余。余嘉其能行古道，作《师说》以贻之。

△ **进学解** 韩愈

国子先生晨入太学，招诸生立馆下，诲之曰："业精于勤，荒于嬉；行成于思，毁于随。方今圣贤相逢，治具毕张，拔去凶邪，登崇俊良。占小善者率以录，名一艺者无不庸。爬罗剔抉，刮垢磨光。盖有幸而获选，孰云多而不扬？诸生业患不能精，无患有司之不明；行患不能成，无患有司之不公。"

言未既。有笑于列者曰："先生欺余哉！弟子事先生，于兹有年矣。先生口不绝吟于六艺之文，手不停披于百家之编。纪事者必提其要，纂言者必钩其玄。贪多务得，细大不捐。焚膏油以继晷，恒兀兀以穷年。先生之于业，可谓勤矣。

抵排异端，攘斥佛老；补苴罅漏，张皇幽眇。寻坠绪之茫茫，独旁搜而远绍；障百川而东之，回狂澜于既倒。先生之于儒，可谓劳矣。沉浸醲郁，含英咀华，作为文章，其书满家。上规姚姒，浑浑无涯；周《诰》殷《盘》，佶屈聱牙；《春秋》谨严，《左氏》浮夸；《易》奇而法，《诗》正而葩；下逮《庄》《骚》，太史所录；子云相如，同工异曲。先生之于文，可谓闳其中而肆其外矣！少始知学，勇于敢为；长通于方，左右具宜。先生之于为人，可谓成矣。然而公不见信于人，私不见助于友，跋前疐后，动辄得咎。暂为御史，遂窜南夷。三年博士，冗不见治。命与仇谋，取败几时。冬暖而儿号寒，年丰而妻啼饥。头童齿豁，竟死何裨？不知虑此，反教人为？"

先生曰："吁，子来前！夫大木为杗，细木为桷，欂栌、侏儒，椳、闑、扂楔。各得其宜，施以成室者，匠氏之工也。玉札、丹砂，赤箭、青芝，牛溲、马勃，败鼓之皮，俱收并蓄，待用无遗者，医师之良也。登明选公，杂进巧拙，纡馀为妍，卓荦为杰，校短量长，惟器是适者，宰相之方也。昔者孟轲好辩，孔道以明，辙环天下，卒老于行；荀卿守正，大论是宏，逃谗于楚，废死兰陵。是二儒者，吐辞为经，举足为法，绝类离伦，优入圣域，其遇于世何如也？今先生学虽勤而不由其统，言虽多而不要其中，文虽奇而不济于用，行虽修而不显于众。犹且月费俸钱，岁縻廪粟；子不知耕，妇不知织；乘马从徒，安坐而食；踵常途之役役，窥陈编以盗窃。然而圣主不加诛，宰臣不见斥，非其幸欤！动而得谤，名亦随之。投闲置散，乃分之宜。若夫商财贿之有亡，计班资之崇庳，忘己量之所称，指前人之瑕疵，是所谓诘匠氏之不以杙为楹，而訾医师以昌阳引年，欲进其豨苓也。"

祭十二郎文 韩愈

年　月　日，季父愈闻汝丧之七日，乃能衔哀致诚，使建中远具时羞之奠，告汝十二郎之灵：

呜呼！吾少孤，及长，不省所怙，惟兄嫂是依。中年，兄殁南方，吾与汝俱幼，从嫂归葬河阳。既又与汝就食江南，零丁孤苦，未尝一日相离也。吾上有三兄，皆不幸早世。承先人后者，在孙惟汝，在子惟吾。两世一身，形单影只。嫂尝抚汝指吾而言曰："韩氏两世，惟此而已！"汝时尤小，当不复记忆；吾时虽能记忆，亦未知其言之悲也！

吾年十九，始来京城。其后四年，而归视汝。又四年，吾往河阳省坟墓，遇汝从嫂丧来葬。又二年，吾佐董丞相于汴州，汝来省吾，止一岁，请归取其孥。明年，丞相薨，吾去汴州，汝不果来。是年，吾佐戎徐州，使取汝者始行，吾又罢去，汝又不果来。吾念，汝从于东，东亦客也，不可以久；图久远者，莫如西归，将成家而致汝。呜呼！孰谓汝遽去吾而殁乎？

吾与汝俱少年，以为虽暂相别，终当久与相处。故舍汝而旅食京师，以求斗斛之禄。诚知其如此，虽万乘之公相，吾不以一日辍汝而就也！

去年，孟东野往，吾书与汝曰："吾年未四十，而视茫茫，而发苍苍，而齿牙动摇。念诸父与诸兄，皆康强而早世，如吾之衰者，其能久存乎？吾不可去，汝不肯来，恐旦暮死，而汝抱无涯之戚也。"孰谓少者殁而长者存，强者夭而病者全乎？

呜呼！其信然邪？其梦邪？其传之非其真邪？信也，吾兄之盛德而夭其嗣乎？汝之纯明而不克蒙其泽乎？少者强者而夭殁，长者衰者而存全乎？未可以为信也！梦也，传之非其真也，东野之书，耿兰之报，何为而在吾侧也？呜呼！其信然矣！吾兄之盛德而夭其嗣矣！汝之纯明宜业其家者，不克蒙其泽矣！所谓天者诚难测，而神者诚难明矣！所谓理者不可推，而寿者不可知矣！

虽然，吾自今年来，苍苍者或化而为白矣，动摇者或脱而落矣，毛血日益衰，志气日益微，几何不从汝而死也！死而有知，其几何离？其无知，悲不几时，而不悲者无穷期矣。

汝之子始十岁，吾之子始五岁，少而强者不可保，如此孩提者，又可冀其成立邪？呜呼哀哉！呜呼哀哉！

汝去年书云："比得软脚病，往往而剧。"吾曰："是疾也，江南之人，常常有之。"未始以为忧也。呜呼！其竟以此而殒其生乎？抑别有疾而致斯乎？

汝之书，六月十七日也；东野云，汝殁以六月二日；耿兰之报无月日。盖东野之使者不知问家人以月日？如耿兰之报，不知当言月日？东野与吾书，乃问使者，使者妄称以应之耳？其然乎？其不然乎？

今吾使建中祭汝，吊汝之孤与汝之乳母。彼有食可守，以待终丧，则待终丧而取以来；如不能守以终丧，则遂取以来。其馀奴婢，并令守汝丧。吾力能改葬，终葬汝于先人之兆，然后惟其所愿。

呜呼！汝病吾不知时，汝殁吾不知日，生不能相养以共居，殁不得抚汝以尽哀，敛不凭其棺，窆不临其穴。吾行负神明，而使汝夭。不孝不慈，而不得与汝相养以生，相守以死。一在天之涯，一在地之角，生而影不与吾形相依，死而魂不与吾梦相接，吾实为之，其又何尤！"彼苍者天"，"曷其有极"！

自今已往，吾其无意于人世矣！当求数顷之田于伊、颍之上，以待馀年。教吾子与汝子，幸其成；长吾女与汝女，待其嫁。如此而已。

呜呼！言有穷而情不可终，汝其知也邪？其不知也邪？呜呼哀哉！

尚飨！

△ 柳子厚墓志铭 韩愈

子厚讳宗元。七世祖庆，为拓跋魏侍中，封济阴公。曾伯祖奭，为唐宰相，与褚遂良、韩瑗，俱得罪武后，死高宗朝。皇考讳镇，以事母弃太常博士，求为县令江南；其后以不能媚权贵，失御史；权贵人死，乃复拜侍御史；号为刚直，所与游，皆当世名人。

子厚少精敏，无不通达，逮其父时，虽少年，已自成人，能取进士第，崭然见头角，众谓柳氏有子矣。其后以博学宏词授集贤殿正字。俊杰廉悍，议论证据今古，出入经史百子，踔厉风发，率常屈其座人，名声大振，一时皆慕与之交。诸公要人，争欲令出我门下，交口荐誉之。

贞元十九年，由蓝田尉拜监察御史。顺宗即位，拜礼部员外郎。遇用事者得罪，例出为刺史。未至，又例贬州司马。居闲，益自刻苦，务记览，为词章，泛滥停蓄，为深博无涯涘，而自肆于山水间。

元和中，尝例召至京师，又偕出为刺史，而子厚得柳州。既至，叹曰："是岂不足为政邪？"因其土俗，为设教禁，州人顺赖。其俗以男女质钱，约不时赎，子本相侔，则没为奴婢。子厚与设方计，悉令赎归。其尤贫力不能者，令书其佣，足相当，则使归其质。观察使下其法于他州，比一岁，免而归者且千人。衡湘以南，为进士者，皆以子厚为师。其经承子厚口讲指画为文词者，悉有法度可观。

其召至京师而复为刺史也，中山刘梦得禹锡，亦在遣中，当诣播州。子厚泣曰："播州非人所居，而梦得亲在堂，吾不忍梦得之穷，无辞以白其大人，且万无母子俱往理。"请于朝，将拜疏，愿以柳易播，虽重得罪，死不恨。遇有以梦得事白上者，梦得于是改刺连州。呜呼！士穷乃见节义。今夫平居里巷相慕悦，酒食游戏相征逐，诩诩强笑语以相取下，握手出肺肝相示，指天日涕泣，誓生死不相背负，真若可信。一旦临小利害，仅如毛发比，反眼若不相识，落陷阱，不一引手救，反挤之又下石焉者，皆是也。此宜禽兽夷狄所不忍为，而其人自视以为得计，闻子厚之风，亦可以少愧矣。

子厚前时少年，勇于为人，不自贵重顾藉，谓功业可立就，故坐废退。既退，又无相知有气力得位者推挽，故卒死于穷裔。材不为世用，道不行于时也。使子厚在台、省时，自持其身，已能如司马、刺史时，亦自不斥；斥时有人力能举之，且必复用不穷。然子厚斥不久，穷不极，虽有出于人，其文学辞章，必不能自力以致必传于后，如今，无疑也。虽使子厚得所愿，为将相于一时，以彼易此，孰得孰失，必有能辨之者。

子厚以元和十四年十一月八日卒，年四十七。以十五年七月十日，归葬万年先人墓侧。子厚有子男二人：长曰周六，始四岁；季曰周七，子厚卒乃生。女子二人，皆幼。其得归葬也，费皆出观察使河东裴君行立。行立有节概，重然诺，与子厚结交，子厚亦为之尽，竟赖其力。葬子厚于万年之墓者，舅弟卢遵。遵，涿人，性谨慎，学问不厌，自子厚之斥，遵从而家焉，逮其死不去。既往葬子厚，又将经纪其家，庶几有始终者。

铭曰：是惟子厚之室，既固既安，以利其嗣人。

——以上卷八·唐文

△ 捕蛇者说　柳宗元

永州之野产异蛇，黑质而白章，触草木尽死，以啮人，无御之者。然得而腊之以为饵，可以已大风、挛踠、瘘疠，去死肌，杀三虫。其始，太医以王命聚之，岁赋其二。募有能捕之者，当其租入。永之人争奔走焉。

有蒋氏者，专其利三世矣。问之，则曰："吾祖死于是，吾父死于是，今吾嗣为之十二年，几死者数矣。"言之，貌若甚戚者。余悲之，且曰："若毒之乎？余将告于莅事者，更若役，复若赋，则何如？"蒋氏大戚，汪然出涕曰："君将哀而生之乎？则吾斯役之不幸，未若复吾赋不幸之甚也！向吾不为斯役，则久已病矣。自吾氏三世居是乡，积于今六十岁矣。而乡邻之生日蹙，殚其地之出，竭其庐之入，号呼而转徙，饥渴而顿踣。触风雨，犯寒暑，呼嘘毒疠，往往而死者相藉也。曩与吾祖居者，今其室十无一焉；与吾父居者，今其室十无二三焉；与吾居十二年者，今其室十无四五焉。非死则徙尔，而吾以捕蛇独存。悍吏之来吾乡，叫嚣乎东西，隳突乎南北，哗然而骇者，虽鸡狗不得宁焉。吾恂恂而起，视其缶，而吾蛇尚存，则弛然而卧。谨食之，时而献焉。退而甘食其土之有，以尽吾齿。盖一岁之犯死者二焉。其馀则熙熙而乐，岂若吾乡邻之旦旦有是哉？今虽死乎此，比吾乡邻之死，则已后矣。又安敢毒邪？"

余闻而愈悲。孔子曰："苛政猛于虎也！"吾尝疑乎是，今以蒋氏观之，犹信。呜呼！孰知赋敛之毒，有甚于是蛇者乎！故为之说，以俟夫观人风者得焉。

郭橐驼，不知始何名。病偻，隆然伏行，有类橐驼者，故乡人号之"驼"。驼闻之曰："甚善，名我固当。"因舍其名，亦自谓"橐驼"云。

其乡曰丰乐乡，在长安西。驼业种树，凡长安豪家富人为观游及卖果者，皆争迎取养。视驼所种树，或迁徙，无不活，且硕茂，蚤实以蕃。他植者，虽窥伺效慕，莫能如也。有问之，对曰："橐驼非能使木寿且孳也，能顺木之天，以致其性焉尔。凡植木之性，其本欲舒，其培欲平，其土欲故，其筑欲密。既然已，勿动勿虑，去不复顾，其莳也若子，其置也若弃，则其天者全，而其性得矣。故吾不害其长而已，非有能硕茂之也；不抑耗其实而已，非有能蚤而蕃之也。他植者则不然，根拳而土易，其培之也，若不过焉则不及。苟有能反是者，则又爱之太殷，忧之太勤，且视而暮抚，已去而复顾。甚者爪其肤以验其生枯，摇其本以观其疏密，而木之性日以离矣。虽曰爱之，其实害之；虽曰忧之，其实仇之。故不我若也，吾又何能为哉！"

问者曰："以子之道，移之官理可乎？"驼曰："我知种树而已，官理非吾业也。然吾居乡，见长人者，好烦其令，若甚怜焉，而卒以祸。且暮吏来而呼曰：'官命促尔耕，勖尔植，督尔获，蚤缲而绪，蚤织而缕，字而幼孩，遂而鸡豚'。鸣鼓而聚之，击木而召之。吾小人辍飧饔以劳吏者，且不得暇，又何以蕃吾生安吾性邪？故病且怠若是。则与吾业者，其亦有类乎？"

问者嘻曰："不亦善夫！吾问养树，得养人术。"传其事以为官戒也！

得西山后八日，寻山口西北道二百步，又得钴鉧潭。西二十五步，当湍而浚者为鱼梁。梁之上有丘焉，生竹树。其石之突怒偃蹇，负土而出，争为奇状者，殆不可数。其嵚然相累而下者，若牛马之饮于溪；其冲然角列而上者，若熊罴之登于山。

丘之小不能一亩，可以笼而有之。问其主，曰："唐氏之弃地，货而不售。"问其价，曰："止四百。"余怜而售之。李深源、元克己时同游，皆大喜，出自意外。即更取器用，铲刈秽草，伐去恶木，烈火而焚之。嘉木立，美竹露，奇石显。由其中以望，则山之高，云之浮，溪之流，鸟兽之遨游，举熙熙然回巧献技，以效兹丘之下。枕席而卧，则清泠之状与目谋，潆潆之声与耳谋，悠然而虚者与神谋，渊然而静者与心谋。不匝旬而得异地者二，虽古好事之士，或未能至焉。

噫！以兹丘之胜，致之沣、镐、鄠、杜，则贵游之士争买者，日增千金而愈不可得。今弃是州也，农夫渔父过而陋之，价四百，连岁不能售。而我与深源、克己独喜得之，是其果有遭乎！

书于石，所以贺兹丘之遭也。

待漏院记 王禹偁

天道不言，而品物亨，岁功成者，何谓也？四时之吏、五行之佐，宣其气矣。圣人不言，而百姓亲，万邦宁者，何谓也？三公论道，六卿分职，张其教矣。是知君逸于上，臣劳于下，法乎天也。古之善相天下者，自咎、夔至房、魏，可数也。是不独有其德，亦皆务于勤耳。况夙兴夜寐，以事一人，卿大夫犹然，况宰相乎！

朝廷自国初因旧制，设宰相待漏院于丹凤门之右，示勤政也。乃若北阙向曙，东方未明，相君启行，煌煌火城。相君至止，哕哕鸾声。金门未辟，玉漏犹滴。撤盖下车，于焉以息。待漏之际，相君其有思乎？

其或兆民未安，思所泰之；四夷未附，思所来之；兵革未息，何以弭之；田畴多芜，何以辟之；贤人在野，我将进之；佞人立朝，我将斥之；

六气不和，灾眚荐至，愿避位以禳之；五刑未措，欺诈日生，请修德以厘之。忧心忡忡，待旦而入。九门既启，四聪甚迩。相君言焉，时君纳焉。皇风于是乎清夷，苍生以之而富庶。若然，则总百官，食万钱，非幸也，宜也。

其或私仇未复，思所逐之；旧恩未报，思所荣之；子女玉帛，何以致之；车马玩器，何以取之；奸人附势，我将陟之；直士抗言，我将黜之；三时告灾，上有忧色，构巧词以悦之；群吏弄法，君闻怨言，进谄容以媚之。私心慆慆假寐而坐。九门既开，重瞳屡回。相君言焉，时君惑焉。政柄于是乎隳哉，帝位以之而危矣。若然，则死下狱，投远方，非不幸也，亦宜也。

是知一国之政，万人之命，悬于宰相，可不慎欤？复有无毁无誉，旅进旅退，窃位而苟禄，备员而全身者，亦无所取焉。

棘寺小吏王禹偁为文，请志院壁，用规于执政者。

岳阳楼记 范仲淹

庆历四年春，滕子京谪守巴陵郡。越明年，政通人和，百废具兴，乃重修岳阳楼，增其旧制，刻唐贤、今人诗赋于其上，属予作文以记之。

予观夫巴陵胜状，在洞庭一湖。衔远山，吞长江，浩浩汤汤，横无际涯，朝晖夕阴，气象万千。此则岳阳楼之大观也。前人之述备矣。然则北通巫峡，南极潇湘，迁客骚人，多会于此，览物之情，得无异乎？

若夫霪雨霏霏，连月不开，阴风怒号，浊浪排空，日星隐耀，山岳潜形，商旅不

行，樯倾楫摧，薄暮冥冥，虎啸猿啼。登斯楼也，则有去国怀乡，忧谗畏讥，满目萧然，感极而悲者矣。

至若春和景明，波澜不惊，上下天光，一碧万顷，沙鸥翔集，锦鳞游泳，岸芷汀兰，郁郁青青。而或长烟一空，皓月千里，浮光耀金，静影沉璧，渔歌互答，此乐何极！登斯楼也，则有心旷神怡，宠辱皆忘，把酒临风，其喜洋洋者矣。

嗟夫！予尝求古仁人之心，或异二者之为，何哉？不以物喜，不以己悲。居庙堂之高，则忧其民；处江湖之远，则忧其君。是进亦忧，退亦忧，然则何时而乐耶？其必曰"先天下之忧而忧，后天下之乐而乐"欤！噫！微斯人，吾谁与归！

⚠ 谏院题名记　司马光

古者谏无官，自公、卿、大夫至于工、商，无不得谏者。汉兴以来，始置官。夫以天下之政，四海之众，得失利病，萃于一官使言之，其为任亦重矣。居是官者，当志其大，舍其细；先其急，后其缓；专利国家，而不为身谋。彼汲汲于名者，犹汲汲于利也。其间相去何远哉？

天禧初，真宗诏置谏官六员，责其职事。庆历中，钱君始书其名于版。光恐久而漫灭，嘉祐八年，刻著于石。后之人将历指其名而议之曰："某也忠，某也诈，某也直，某也曲。"呜呼！可不惧哉？

⚠ 朋党论　欧阳修

臣闻朋党之说，自古有之，惟幸人君辨其君子小人而已。大凡君子与君子，以同道为朋；小人与小人，以同利为朋。此自然之理也。

然臣谓小人无朋，惟君子则有之。其故何哉？小人所好者利禄也，所贪者货财也。当其同利之时，暂相党引以为朋者，伪也。及其见利而争先，或利尽而交疏，则反相贼害，虽其兄弟亲戚，不能相保。故臣谓小人无朋，其暂为朋者，伪也。君子则不然。所守者道义，所行者忠信，所惜者名节。以之修身，则同道而相益；以之事国，则同心而共济；终始如一，此君子之朋也。

故为人君者，但当退小人之伪朋，用君子之真朋，则天下治矣。

尧之时，小人共工、驩兜等四人为一朋，君子八元、八恺十六人为一朋。舜佐尧，退四凶小人之朋，而进元、恺君子之朋，尧之天下大治。及舜自为天子，而皋、夔、稷、契等二十二人，并列于朝，更相称美，更相推让，凡二十二人为一朋，而舜皆用之，天下亦大治。

《书》曰："纣有臣亿万，惟亿万心；周有臣三千，惟一心。"纣之时，亿万人各异心，可谓不为朋矣，然纣以亡国。周武王之臣三千人为一大朋，而周用以兴。

后汉献帝时，尽取天下名士囚禁之，目为党人。及黄巾贼起，汉室大乱，后方悔悟，尽解党人而释之，然已无救矣。唐之晚年，渐起朋党之论。及昭宗时，尽杀朝之名士，或投之黄河，曰："此辈清流，可投浊流。"而唐遂亡矣。

夫前世之主，能使人人异心不为朋，莫如纣；能禁绝善人为朋，莫如汉献帝；能诛戮清流之朋，莫如唐昭宗之世。然皆乱亡其国。更相称美，推让而不自疑，莫如舜之二十二臣，舜亦不疑而皆用之，然而后世不诮舜为二十二人朋党所欺，而称舜为聪明之圣者，以能辨君子与小人也。周武之世，举其国之臣三千人共为一朋。自古为朋之多且大，莫如周。然周用此以兴者，善人虽多而不厌也。

嗟呼！治乱兴亡之迹，为人君者，可以鉴矣！

——以上卷九·唐、宋文

醉翁亭记 欧阳修

环滁皆山也。其西南诸峰，林壑尤美。望之蔚然而深秀者，琅琊也。山行六七里，渐闻水声潺潺，而泻出于两峰之间者，酿泉也。峰回路转，有亭翼然临于泉上者，醉翁亭也。作亭者谁？山之僧智仙也。名之者谁？太守自谓也。太守与客来饮于此，饮少辄醉，而年又最高，故自号曰"醉翁"也。醉翁之意不在酒，在乎山水之间也。山水之乐，得之心而寓之酒也。

若夫日出而林霏开，云归而岩穴暝，晦明变化者，山间之朝暮也。野芳发而幽香，佳木秀而繁阴，风霜高洁，水落而石出者，山间之四时也。朝而往，暮而归，四时之景不同，而乐亦无穷也。

至于负者歌于涂，行者休于树，前者呼，后者应，伛偻提携，往来而不绝者，滁人游也。临溪而渔，溪深而鱼肥；酿泉为酒，泉香而酒洌。山肴野蔌，杂然而前陈者，太守宴也。宴酣之乐，非丝非竹，射者中，弈者胜，觥筹交错，起坐而喧哗者，众宾欢也。苍颜白发，颓乎其中者，太守醉也。

已而夕阳在山，人影散乱，太守归而宾客从也。树林阴翳，鸣声上下，游人去而禽鸟乐也。然而禽鸟知山林之乐，而不知人之乐；人知从太守游而乐，而不知太守之乐其乐也。醉能同其乐，醒能述以文者，太守也。太守谓谁？庐陵欧阳修也。

秋声赋 欧阳修

欧阳子方夜读书，闻有声自西南来者，悚然而听之，曰："异哉！"初淅沥以萧飒，忽奔腾而砰湃，如波涛夜惊，风雨骤至。其触于物也，铮铮铮铮，金铁皆鸣。又如赴敌之兵，衔枚疾走，不闻号令，但闻人马之行声。予谓童子："此何声也？汝出视之。"童子曰："星月皎洁，明河在天，四无人声，声在树间。"予曰："噫嘻，悲哉！此秋声也，胡为乎来哉？

盖夫秋之为状也，其色惨淡，烟霏云敛；其容清明，天高日晶；其气栗冽，砭人肌骨；其意萧条，山川寂寥。故其为声也，凄凄切切，呼号奋发。丰草绿缛而争茂，佳木葱笼而可悦。草拂之而色变，木遭之而叶脱。其所以摧败零落者，乃一气之馀烈。

夫秋，刑官也，于时为阴；又兵象也，于行为金，是谓天地之义气，常以肃杀而为心。天之于物，春生秋实。故其在乐也，商声主西方之音，夷则为七月之律。商，伤也，物既老而悲伤；夷，戮也；物过盛而当杀。

嗟乎，草木无情，有时飘零。人为动物，惟物之灵。百忧感其心，万事劳其形。有动乎中，必摇其精，而况思其力之所不及，忧其智之所不能。宜其渥然丹者为槁木，黟然黑者为星星。奈何以非金石之质，欲与草木而争荣？念谁为之戕贼，亦何恨乎秋声？"

童子莫对，垂头而睡。但闻四壁虫声唧唧，如助予之叹息。

泷冈阡表　欧阳修

呜呼！惟我皇考崇公，卜吉于泷冈之六十年，其子修始克表于其阡，非敢缓也，盖有待也。

修不幸，生四岁而孤。太夫人守节自誓，居穷，自力于衣食，以长以教，俾至于成人。太夫人告之曰："汝父为吏，廉而好施与，喜宾客，其俸禄虽薄，常不使有馀，曰：'毋以是为我累。'故其亡也，无一瓦之覆、一垄之植以庇而为生，吾何恃而能自守耶？吾于汝父，知其一二，以有待于汝也。自吾为汝家妇，不及事吾姑，然知汝父之能养也。汝孤而幼，吾不能知汝之必有立，然知汝父之必将有后也。吾之始归也，汝父免于母丧方逾年。岁时祭祀，则必涕泣曰：'祭而丰，不如养之薄也。'间御酒食，则又涕泣曰：'昔常不足，而今有馀，其何及也！'吾始一二见之，以为新免于丧适然耳。既而其后常然，至其终身未尝不然。吾虽不及事姑，而以此知汝父之能养也。汝父为吏，尝夜烛治官书，屡废而叹。吾问之，则曰：'此死狱也，我求其生不得耳。'吾曰：'生可求乎？'曰：'求其生而不得，则死者与我皆无恨也。矧求而有得耶？以其有得，则知不求而死者有恨也。夫常求其生，犹失之死，而也常求其死也。'回顾乳者抱汝而立于旁，因指而叹曰：'术者谓我岁行在戌将死，使其言然，吾不及见儿之立也，后当以我语告之。'其平居教他子弟，常用此语，吾耳熟焉，故能详也。其施于外事，吾不能知；其居于家，无所矜饰，而所为如此，是真发于中者邪！呜呼！其心厚于仁者耶！此吾知汝父之将必有后也。汝其勉之。夫养不必丰，要于孝；利虽不得博于物，要其心之厚于仁，吾不能教汝，此汝父之志也。"修泣而志之不敢忘。

先公少孤力学，咸平三年进士及第，为道州判官，泗、绵二州推官，又为泰州判官，享年五十有九，葬沙溪之泷冈。太夫人姓郑氏，考讳德仪，世为江南名族。太夫人恭俭仁爱而有礼，初封福昌县太君，进封乐安、安康、彭城三郡太君。自其家少微时，治其家以俭约，其后常不使过之。曰："吾儿不能苟合于世，俭薄所以居患难也。"其后修贬夷陵，太夫人言笑自若，曰："汝家故贫贱也，吾处之有素矣。汝能安之，吾亦安矣。"

自先公之亡二十年，修始得禄而养。又十有二年，列官于朝，始得赠封其亲。又十年，修为龙图阁直学士、尚书吏部郎中，留守南京。太夫人以疾终于官舍，享年七十有二。又八年，修以非才入副枢密，遂参政事。又七年而罢。自登二府，天子推恩，褒其三世。盖自嘉祐以来，逢国大庆，必加宠锡。皇曾祖府君，累赠金紫光禄大夫、太师、中书令。曾祖妣，累封楚国太夫人。皇祖府君，累赠金紫光禄大夫、太师、中书令，兼尚书令。祖妣，累封吴国太夫人。皇考崇公，累赠金紫光禄大夫、太师、中书令兼尚书令。皇妣，累封越国太夫人。今上初郊，皇考赐爵为崇国公，太夫人进号魏国。

于是小子修泣而言曰："呜呼！为善无不报，而迟速有时，此理之常也。惟我祖考，积善成德，宜享其隆，虽不克有于其躬，而赐爵受封，显荣褒大，实有三朝之锡命。是足以表见于后世，而庇赖其子孙矣。"乃列其世谱，具刻于碑。既又载我皇考崇公之遗训，太夫人之所以教而有待于修者，并揭于阡。俾知夫小子修之德薄能鲜，遭时窃位；而幸全大节，不辱其先者，其来有自。

熙宁三年，岁次庚戌，四月，辛酉朔，十有五日，乙亥，男推诚、保德、崇仁、翊戴功臣，观文殿学士，特进，行兵部尚书，知青州军州事，兼管内劝农使，充京东路安抚使，上柱国，乐安郡开国公，食邑四千三百户，食实封一千二百户，修表。

——以上卷十·宋文

△ 喜雨亭记 苏轼

亭以雨名，志喜也。古者有喜，则以名物，示不忘也。周公得禾，以名其书；汉武得鼎，以名其年；叔孙胜敌，以名其子。其喜之大小不齐，其示不忘一也。

予至扶风之明年，始治官舍。为亭于堂之北，而凿池其南，引流种树，以为休息之所。是岁之春，雨麦于岐山之阳，其占为有年。既而弥月不雨，民方以为忧。越三月，乙卯乃雨，甲子又雨，民以为未足。丁卯大雨，三日乃止。官吏相与庆于庭，商贾相与歌于市，农夫相与忭于野，忧者以喜，病者以愈，而吾亭适成。

于是举酒于亭上。以属客而告之，曰："五日不雨可乎？曰：'五日不雨则无麦。''十日不雨可乎？'曰：'十日不雨则无禾。'无麦无禾，岁且荐饥，狱讼繁兴而盗贼滋炽。则吾与二三子，虽欲优游以乐于此亭，其可得耶？今天不遗斯民，始旱而赐之以雨。使吾与二三子得相与优游而乐于此亭者，皆雨之赐也。其又可忘耶？"

既以名亭，又从而歌之，曰："使天而雨珠，寒者不得以为襦；使天而雨玉，饥者不得以为粟。一雨三日，伊谁之力？民曰太守，太守不有；归之天子，天子曰不然；归之造物，造物不自以为功；归之太空，太空冥冥，不可得而名。吾以名吾亭。"

△ 前赤壁赋 苏轼

壬戌之秋，七月既望，苏子与客泛舟游于赤壁之下。清风徐来，水波不兴。举酒属客，诵《明月》之诗，歌《窈窕》之章。少焉，月出于东山之上，徘徊于斗牛之间。白露横江，水光接天。纵一苇之所如，凌万顷之茫然。浩浩乎如冯虚御风，而不知其所止；飘飘乎如遗世独立，羽化而登仙。

于是饮酒乐甚，扣舷而歌之。歌曰："桂棹兮兰桨，击空明兮溯流光。渺渺兮予怀，望美人兮天一方。"客有吹洞箫者，倚歌而和之。其声呜呜然，如怨如慕，如泣如诉，馀音袅袅，不绝如缕。舞幽壑之潜蛟，泣孤舟之嫠妇。

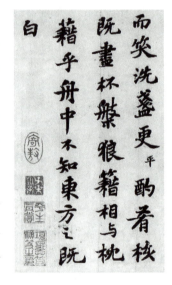

赤壁赋 苏轼书

苏子愀然，正襟危坐而问客曰："何为其然也？"客曰："'月明星稀，乌鹊南飞'，此非曹孟德之诗乎？西望夏口，东望武昌，山川相缪，郁乎苍苍，此非孟德之困于周郎者乎？方其破荆州，下江陵，顺流而东也，舳舻千里，旌旗蔽空，酾酒临江，横槊赋诗，固一世之雄也，而今安在哉！况吾与子渔樵于江渚之上，侣鱼虾而友麋鹿，驾一叶之扁舟，举匏樽以相属。寄蜉蝣于天地，渺沧海之一粟，哀吾生之须臾，羡长江之无穷。挟飞仙以遨游，抱明月而长终。知不可乎骤得，托遗响于悲风。"

苏子曰："客亦知夫水与月乎？逝者如斯，而未尝往也；盈虚者如彼，而卒莫消长也。盖将自其变者而观之，则天地曾不能以一瞬；自其不变者而观之，则物与我皆无尽也，而又何羡乎？且夫天地之间，物各有主，苟非吾之所有，虽一毫而莫取。惟江上之清风，与山间之明月，耳得之而为声，目遇之而成色，取之无禁，用之不竭。是造物者之无尽藏也，而吾与子之所共适。"

客喜而笑，洗盏更酌。肴核既尽，杯盘狼藉。相与枕籍乎舟中，不知东方之既白。

⚠ 黄州快哉亭记　苏辙

江出西陵，始得平地，其流奔放肆大，南合湘、沅，北合汉、沔，其势益张。至于赤壁之下，波流浸灌，与海相若。清河张君梦得，谪居齐安，即其庐之西南为亭，以览观江流之胜。而余兄子瞻名之曰"快哉"。

盖亭之所见，南北百里，东西一舍。涛澜汹涌，风云开阖。昼则舟楫出没于其前，夜则鱼龙悲啸于其下。变化倏忽，动心骇目，不可久视。今乃得玩之几席之上，举目而足。西望武昌诸山，冈陵起伏，草木行列，烟消日出，渔夫、樵父之舍，皆可指数。此其所以为"快哉"者也。至于长洲之滨，故城之墟，曹孟德、孙仲谋之所睥睨，周瑜、陆逊之所驰骛，其流风遗迹，亦足以称快世俗。

昔楚襄王从宋玉、景差于兰台之宫。有风飒然至者，王披襟当之，曰："快哉，此风！寡人所与庶人共者耶。"宋玉曰："此独大王之雄风耳，庶人安得共之！"玉之言，盖有讽焉。夫风无雄雌之异，而人有遇不遇之变。楚王之所以为乐，与庶人之所以为忧，此则人之变也，而风何与焉？士生于世，使其中不自得，将何往而非病？使其中坦然，不以物伤性，将何适而非快？今张君不以谪为患，收会稽之馀，而自放山水之间，此其中宜有以过人者。将蓬户瓮牖，无所不快，而况乎濯长江之清流，挹西山之白云，穷耳目之胜以自适也哉！不然，连山绝壑，长林古木，振之以清风，照之以明月，此皆骚人思士之所以悲伤憔悴而不能胜者，乌睹其为快也哉！

读孟尝君传 王安石

世皆称孟尝君能得士，士以故归之。而卒赖其力，以脱于虎豹之秦。

嗟呼！孟尝君特鸡鸣狗盗之雄耳，岂足以言得士？不然，擅齐之强，得一士焉，宜可以南面而制秦，尚何取鸡鸣狗盗之力哉？鸡鸣狗盗之出其门，此士之所以不至也。

游褒禅山记 王安石

褒禅山亦谓之华山。唐浮图慧褒，始舍于其址，而卒葬之。以故其后名之曰褒禅。今所谓慧空禅院者，褒之庐冢也。距其院东五里，所谓华山洞者，以其乃华山之阳名之也。距洞百馀步，有碑仆道，其文漫灭，独其为文犹可识曰"花山"，今言"华"如"华实"之"华"者，盖音谬也。

其下平旷，有泉侧出，而记游者甚众，所谓"前洞"也。由山以上五六里，有穴窈然，入之甚寒，问其深，则其好游者不能穷也，谓之"后洞"。余与四人拥火以入，入之愈深，其进愈难，而其见愈奇。有怠而欲出者，曰："不出，火且尽。"遂与之俱出。盖予所至，比好游者尚不能十一，然视其左右，来而记之者已少。盖其又深，则其至又加少矣。方是时，予之力尚足以入，火尚足以明也。既其出，则或咎其欲出者，而予亦悔其随之，而不得极乎游之乐也。

于是予有叹焉。古人之观于天地、山川、草木、虫鱼、鸟兽，往往有得，以其求思之深而无不在也。夫夷以近，则游者众；险以远，则至者少。而世之奇伟、瑰怪、非常之观，常在于险远，而人之所罕至焉，故非有志者不能至也。有志矣，不随以止也，然力不足者，亦不能至也。有志与力，而又不随以怠，至于幽暗昏惑，而无物以相之，亦不能至也。然力足以至焉，于人为可讥，而在己为有悔。尽吾志也而不能至者，可以无悔矣，其孰能讥之乎？此予之所得也！

予于仆碑，又以悲夫古书之不存，后世之谬其传而莫能名者，何可胜道也哉！此所以学者不可以不深思而慎取之也。

四人者：庐陵萧君圭君玉，长乐王回深父，余弟安国平父、安上纯父。

——以上卷十一·宋文

⚠ 卖柑者言　刘基

杭有卖果者，善藏柑，涉寒暑不溃，出之烨然，玉质而金色。剖其中，乾若败絮。予怪而问之曰："若所市于人者，将以实笾豆，奉祭祀，供宾客乎？将衒外以惑愚瞽乎？甚矣哉！为欺也！"

卖者笑曰："吾业是有年矣。吾赖是以食吾躯。吾售之，人取之，未闻有言，而独不足子所乎？世之为欺者不寡矣，而独我也乎？吾子未之思也！今夫佩虎符、坐皋比者，洸洸乎干城之具也，果能授孙、吴之略耶？峨大冠、拖长绅者，昂昂乎庙堂之器也，果能建伊、皋之业耶？盗起而不知御，民困而不知救，吏奸而不知禁，法斁而不知理，坐糜廪粟而不知耻。观其坐高堂，骑大马，醉醇醴，而饫肥鲜者，孰不巍巍乎可畏、赫赫乎可象也？又何往而不金玉其外、败絮其中也哉！今子是之不察，而以察吾柑！"

予默然无应。退而思其言，类东方生滑稽之流。岂其忿世嫉邪者耶？而托于柑以讽耶？

数千里外，得长者时赐一书，以慰长想，即亦甚幸矣。何至更辱馈遗，则不才益将何以报焉？书中情意甚殷，即长者之不忘老父，知老父之念长者深也。

至以"上下相孚、才德称位"语不才，则不才有深感焉。夫才德不称，固自知之矣；至于不孚之病，则尤不才为甚。且今之所谓孚者何哉？日夕策马候权者之门。门者故不入，则甘言媚词作妇人状，袖金以私之。即门者持刺入，而主人又不即出见，立厩中仆马之间，恶气袭衣袖，即寒毒热不可忍，不去也。抵暮，则前所受赠金者出，报客曰："相公倦，谢客矣，客请明日来。"即明日又不敢不来。夜披衣坐，闻鸡鸣即起盥栉，走马推门。门者怒曰："为谁？"则曰："昨日之客来。"则又怒曰："何客之勤也？岂有相公此时出见客乎？"客心耻之，强忍而与言曰："亡奈何矣，姑容我入。"门者又得所赠金，则起而入之。又立向所立厩中。幸主者出，南面召见，则惊走匍匐阶下。主者曰："进！"则再拜，故迟不起，起则上所上寿金。主者故不受，则固请。主者故固不受，则又固请。然后命吏纳之。则又再拜，又故迟不起。起则五六揖始出。出揖门者曰："官人幸顾我，他日来，幸无阻我也！"门者答揖。大喜奔出。马上遇所交识，即扬鞭语曰："适自相公家来，相公厚我，厚我！"且虚言状。即所交识，亦心畏相公厚之矣。相公又稍稍语人曰："某也贤，某也贤。"闻者亦心计交赞之。此世所谓上下相孚也。长者谓仆能之乎？

前所谓权门者，自岁时伏腊一刺之外，即经年不往也。间道经其门，则亦掩耳闭目，跃马疾走过之，若有所追逐者。斯则仆之褊衷，以此长不见悦于长吏，仆则愈益不顾也。每大言曰："人生有命，吾惟守分而已。"长者闻之，得无厌其为迂乎？

徐渭，字文长，为山阴诸生，声名籍甚。薛公蕙校越时，奇其才，有国士之目。然数奇，屡试辄蹶。中丞胡公宗宪闻之，客诸幕。文长每见，则葛衣乌巾，纵谈天下事，胡公大喜。是时公督数边兵，威镇东南，介胄之士，膝语蛇行，不敢举头，而文长以部下一诸生傲之，议者方之刘真长、杜少陵云。会得白鹿，属文长作表，表上，永陵喜。公以是益奇之，一切疏计，皆出其手。文长自负才略，好奇计，谈兵多中，视一世士无可当意者。然竟不偶。

文长既已不得志于有司，遂乃放浪曲糵，恣情山水，走齐、鲁、燕、赵之地，穷览朔漠。其所见山奔海立，沙起云行，雨鸣树偃、幽谷大都，人物鱼鸟，一切可惊可愕之状，一一皆达之于诗。其胸中又有勃然不可磨灭之气，英雄失路、托足无门之悲，故其为诗，如嗔如笑，如水鸣峡，如种出土，如寡妇之夜哭，羁人之寒起。虽其体格时有卑者，然匠心独出，有王者气，非彼巾帼而事人者所敢望也。文有卓识，气沉而法严，不以摹拟损才，不以议论伤格，韩、曾之流亚也。文长既雅不与时调合，当时所谓骚坛主盟者，文长皆叱而奴之，故其名不出于越，悲夫！

喜作书，笔意奔放如其诗，苍劲中姿媚跃出，欧阳公所谓"妖韶女，老自有馀态"者也。间以其馀，旁溢为花鸟，皆超逸有致。

卒以疑杀其继室，下狱论死；张太史元汴力解，乃得出。晚年愤益深，佯狂益甚，显者至门，或拒不纳。时携钱至酒肆，呼下隶与饮。或自持斧击破其头，血流被面，头骨皆折，揉之有声。或以利锥锥其两耳，深入寸馀，竟不得死。周望言晚岁诗文益奇，无刻本，集藏于家。余同年有官越者，托以钞录，今未至。余所见者，《徐文长集》《阙编》二种而已。然文长竟以不得志于时，抱愤而卒。

石公曰：先生数奇不已，遂为狂疾。狂疾不已，遂为囹圄。古今文人牢骚困苦，未有若先生者也。虽然，胡公间世豪杰，永陵英主。幕中礼数异等，是胡公知有先生矣。表上，人主悦，是人主知有先生矣，独身未贵耳。先生诗文崛起，一扫近代芜秽之习，百世而下，自有定论，胡为不遇哉？

梅客生尝寄予书曰："文长吾老友，病奇于人，人奇于诗。"余谓文长无之而不奇者也。无之而不奇，斯无之而不奇也。悲夫！

△ 五人墓碑记 张溥

五人者，盖当蓼洲周公之被逮，激于义而死焉者也。至于今，郡之贤士大夫请于当道，即除魏阉废祠之址以葬之，且立石于其墓之门，以旌其所为。呜呼！亦盛矣哉！

夫五人之死，去今之墓而葬焉，其为时止十有一月耳。夫十有一月之中，凡富贵之子，慷慨得志之徒，其疾病而死，死而湮没不足道者，亦已众矣。况草野之无闻者欤？独五人之皦皦，何也？

予犹记周公之被逮，在丁卯三月之望。吾社之行为士先者，为之声义，敛资财以送其行，哭声震动天地。缇骑按剑而前，问谁为哀者？众不能堪，抶而仆之。是时以大中丞抚吴者，为魏之私人，周公之逮所由使也。吴之民方痛心焉，于是乘其厉声以呵，则噪而相逐，中丞匿于溷藩以免。既而以吴民之乱请于朝，按诛五人，曰：颜佩韦、杨念如、马杰、沈扬、周文元，即今之傫然在墓者也。

然五人之当刑也，意气扬扬，呼中丞之名而詈之，谈笑以死。断头置城上，颜色不少变。有贤士大夫发五十金，买五人之脰而函之，卒与尸合。故今之墓中，全乎为五人也。

嗟夫！大阉之乱，缙绅而能不易其志者，四海之大，有几人欤？而五人生于编伍之间，素不闻诗书之训，激昂大义，蹈死不顾，亦曷故哉？且矫诏纷出，钩党之捕，遍于天下，卒以吾郡之发愤一击，不敢复有株治。

大阉亦逡巡畏义，非常之谋，难于猝发。待圣人之出而投缳道路，不可谓非五人之力也！

由是观之，则今之高爵显位，一旦抵罪，或脱身以逃，不能容于远近，而又有剪发杜门，佯狂不知所之者，其辱人贱行，视五人之死，轻重固何如哉？是以蓼洲周公，忠义暴于朝廷，赠谥美显，荣于身后。而五人亦得以加其土封，列其姓名于大堤之上。凡四方之士，无有不过而拜且泣者，斯固百世之遇也！不然，令五人者保其首领，以老于户牖之下，则尽其天年，人皆得以隶使之，安能屈豪杰之流，扼腕墓道，发其志士之悲哉？故予与同社诸君子，哀斯墓之徒有其石也，而为之记，亦以明死生之大，匹夫之有重于社稷也。

贤士大夫者：冏卿因之吴公、太史文起文公，孟长姚公也。

——以上卷十二·明文

古文一类，但取材于《古文观止》一部，固家置一编，人所必读者也。

清·张起南《橐园春灯话》

审定者：北京语言大学　方　铭

全书总字数：38489

用字量：2841

文心雕龙

68

《文心雕龙》，南朝梁刘勰著，十卷，五十篇，大约成书于南朝齐和帝中兴年间，是我国古代文学批评史上的杰作，素有"体大思精"之誉。

刘勰，生卒不详，字彦和，东莞（今山东莒县）人，侨居京口（今江苏镇江）。早孤，笃志好学，不婚娶，曾依沙门僧祐十馀年，博通佛学经论。大约三十岁后开始写作《文心雕龙》，其动因是想补救时弊，扭转晋宋以来辞采浮艳、雕琢空虚的文风，书成之后，得当时文坛领袖沈约赏识，遂为世知。入梁出仕，曾任东宫通事舍人，后世称其为刘舍人。晚年潜心整理佛经，出家后更名慧地。

《文心雕龙》分"文之枢纽"（总纲）、文体论、创作论、批评论等部分，全面总结了先秦以来文学创作和评论的经验，在此基础上形成了自己的文学理论体系，是中国文学史上第一部"笼罩群言"的专著，为古今中外的理论家所瞩目。

高频字

之	而	以	也	文	于	其	辞	者	则	不

原道第一

文之为德也大矣，与天地并生者何哉？夫玄黄色杂，方圆体分，日月叠璧，以垂丽天之象；山川焕绮，以铺理地之形：此盖道之文也。仰观吐曜，俯察含章，高卑定位，故两仪既生矣。惟人参之，性灵所钟，是谓三才。为五行之秀，实天地之心，心生而言立，言立而文明，自然之道也。

傍及万品，动植皆文。龙凤以藻绘呈瑞，虎豹以炳蔚凝姿；云霞雕色，有逾画工之妙；草木贲华，无待锦匠之奇。夫岂外饰，盖自然耳。至于林籁结响，调如竽瑟；泉石激韵，和若球锽①。故形立则章成矣，声发则文生矣。夫以无识之物，郁然有采，有心之器，其无文欤？

《文心雕龙》

清道光十三年两广节署朱墨套印本

---

① 锽（huáng）：钟声。

人文之元，肇自太极，幽赞神明，《易》象惟先。庖牺画其始，仲尼翼其终。而乾坤两位，独制《文言》。言之文也，天地之心哉！若乃《河图》孕乎八卦，《洛书》韫乎九畴，玉版金镂之实，丹文绿牒之华，谁其尸之？亦神理而已。

自鸟迹代绳，文字始炳，炎皞遗事，纪在《三坟》，而年世渺邈，声采靡追。唐虞文章，则焕乎始盛。元首载歌，既发吟咏之志；益稷陈谟，亦垂敷奏之风。夏后氏兴，业峻鸿绩，九序惟歌，勋德弥缛。逮及商周，文胜其质，《雅》《颂》所被，英华日新。文王患忧，繇辞炳曜，符采复隐，精义坚深。重以公旦多材，振其徽烈，制诗缉颂，斧藻群言。至夫子继圣，独秀前哲，镕钧六经，必金声而玉振；雕琢情性，组织辞令，木铎起而千里应，席珍流而万世响，写天地之辉光，晓生民之耳目矣。

爰自风姓，暨于孔氏，玄圣创典，素王述训，莫不原道心以敷章，研神理而设教，取象乎《河》《洛》，问数乎蓍龟，观天文以极变，察人文以成化。然后能经纬区宇，弥纶彝宪①，发辉事业，彪炳辞义。故知道沿圣以垂文，圣因文而明道，旁通而无滞，日用而不匮。《易》曰："鼓天下之动者存乎辞。"辞之所以能鼓天下者，乃道之文也。

赞曰：道心惟微，神理设教。光采玄圣，炳耀仁孝。

龙图献体，龟书呈貌。天文斯观，民胥以效。

征圣第二

夫作者曰圣，述者曰明。陶铸性情，功在上哲。夫子文章，可得而闻，则圣人之情，见乎文辞矣。先王圣教，布在方册；夫子风采，溢于格言。是以远称唐世，则焕乎为盛；近褒周代，则郁哉可从。此政化贵文之征也。郑伯入陈，以文辞为功；宋置折俎，以多文举礼。此事迹贵文之征

---

① 彝宪（yí xiàn）：常识。彝：常道，常决。宪：典范。

也。褒美子产，则云言以足志，文以足言。泛论君子，则云情欲信，辞欲巧。此修身贵文之征也。然则志足而言文，情信而辞巧，乃含章之玉牒，秉文之金科矣。

夫鉴周日月，妙极机神；文成规矩，思合符契。或简言以达旨，或博文以该情，或明理以立体，或隐义以藏用。故《春秋》一字以褒贬，《丧服》举轻以包重，此简言以达旨也。《邠诗》联章以积句，《儒行》缛①说以繁辞，此博文以该情也。书契决断以象《夬》，文章昭晰以象《离》，此明理以立体也。四象精义以曲隐，五例微辞以婉晦，此隐义以藏用也。故知繁略殊形，隐显异术，抑引随时，变通适会，征之周孔，则文有师矣。

是以子政论文，必征于圣；稚圭劝学，必宗于经。《易》称"辨物正言，断辞则备"；《书》云"辞尚体要，弗惟好异"。故知正言所以立辩，体要所以成辞，辞成无好异之尤，辩立有断辞之义。虽精义曲隐，无伤其正言；微辞婉晦，不害其体要。体要与微辞偕通，正言共精义并用，圣人之文章，亦可见也。颜阖以为：仲尼饰羽而画，从事华辞。虽欲訾圣，弗可得已。然则圣文之雅丽，固衔华而佩实者也。天道难闻，犹或钻仰；文章可见，胡宁勿思？若征圣立言，则文其庶矣。

赞曰：妙极生知，睿哲惟宰。精理为文，秀气成采。

鉴悬日月，辞富山海。百龄影徂，千载心在。

◬ 宗经第三

三极彝训，其书言经。经也者，恒久之至道，不刊之鸿教也。故象天地，效鬼神，参物序，制人纪，洞性灵之奥区，极文章之骨髓者也。皇世《三坟》，帝代《五典》，重以《八索》，申以《九丘》，岁历绵暧，条流

---

① 缛（rù）：繁多，烦琐。

纷糅。自夫子删述，而大宝咸耀。于是《易》张《十翼》，《书》标七观，《诗》列四始，《礼》正五经，《春秋》五例，义既极埏乎性情，辞亦匠于文理，故能开学养正，昭明有融。然而道心惟微，圣谟卓绝，墙宇重峻，而吐纳自深。譬万钧之洪钟，无铮铮之细响矣。

夫《易》惟谈天，入神致用。故《系》称旨远辞文，言中事隐。韦编三绝，固哲人之骊渊也。《书》实记言，而训诂茫昧，通乎《尔雅》，则文意晓然。故子夏叹《书》，昭昭若日月之代明，离离如星辰之错行，言昭灼也。《诗》主言志，诂训同《书》，摛①风裁兴，藻辞谲喻，温柔在诵，故最附深衷矣。《礼》以立体，据事制范，章条纤曲，执而后显，采掇片言，莫非宝也。《春秋》辨理，一字见义，五石六鹢，以详备成文，雉门两观，以先后显旨，其婉章志晦，谅以邃矣。《尚书》则览文如诡，而寻理即畅；《春秋》则观辞立晓，而访义方隐。此圣文之殊致，表里之异体者也。

至于根柢槃深，枝叶峻茂，辞约而旨丰，事近而喻远。是以往者虽旧，馀味日新，后进追取而非晚，前修文用而未先，可谓太山遍雨，河润千里者也。

故论说辞序，则《易》统其首；诏策章奏，则《书》发其源；赋颂歌赞，则《诗》立其本；铭诔箴祝，则《礼》总其端；纪传盟檄，则《春秋》为根。并穷高以树表，极远以启疆，所以百家腾跃，终入环内者也。

若禀经以制式，酌雅以富言，是即山而铸铜，煮海而为盐也。故文能宗经，体有六义：一则情深而不诡，二则风清而不杂，三则事信而不诞，四则义贞而不回，五则体约而不芜，六则文丽而不淫。扬子比雕玉以作器，谓五经之含文也。

夫文以行立，行以文传，四教所先，符采相济。励德树声，莫不师

---

① 摛（chī）：铺陈，铺叙。

圣，而建言修辞，鲜克宗经。是以楚艳汉侈，流弊不还，正末归本，不其懿①欤！

赞曰：三极彝训，道深稽古。致化归一，分教斯五。

性灵镕匠，文章奥府。渊哉铄乎，群言之祖。

辨骚第五

自《风》《雅》寝声，莫或抽绪，奇文郁起，其《离骚》哉！固已轩翥诗人之后，奋飞辞家之前，岂去圣之未远，而楚人之多才乎！

昔汉武爱《骚》，而淮南作《传》，以为《国风》好色而不淫，《小雅》怨诽而不乱，若《离骚》者，可谓兼之。蝉蜕秽浊之中，浮游尘埃之外，皭然涅而不缁，虽与日月争光可也。班固以为露才扬己，忿怼沉江，羿浇二姚，与左氏不合；昆仑悬圃，非《经》义所载。然其文辞丽雅，为词赋之宗，虽非明哲，可谓妙才。王逸以为诗人提耳，屈原婉顺，《离骚》之文，依《经》立义，驷虬乘翳②，则时乘六龙；昆仑流沙，则《禹贡》敷土。名儒辞赋，莫不拟其仪表，所谓金相玉质，百世无匹者也。及汉宣嗟叹，以为皆合经术。扬雄讽味，亦言体同诗雅。四家举以方经，而孟坚谓不合传，褒贬任声，抑扬过实，可谓鉴而弗精，玩而未核者也。

将核其论，必征言焉。故其陈尧舜之耿介，称汤武之祗敬，典诰之体也；讥桀纣之猖披，伤羿浇之颠陨，规讽之旨也；虬龙以喻君子，云蜺以譬谗邪，比兴之义也；每一顾而掩涕，叹君门之九重，忠怨之辞也。观兹四事，同于《风》《雅》者也。至于托云龙，说迂怪，丰隆求宓妃，鸩鸟媒娀女，诡异之辞也；康回倾地，夷羿彃③日，木夫九首，土伯三目，谲

---

① 懿（yì）：美德。
② 翳：《四库全书》本作“翳”。
③ 彃（bì）：射。

怪之谈也；依彭咸之遗则，从子胥以自适，狷狭之志也；士女杂坐，乱而不分，指以为乐，娱酒不废，沉湎日夜，举以为欢，荒淫之意也。摘此四事，异乎经典者也。

故论其典诰则如彼，语其夸诞则如此。固知楚辞者，体宪于三代，而风雅于战国，乃《雅》《颂》之博徒，而词赋之英杰也。观其骨鲠所树，肌肤所附，虽取镕经旨，亦自铸伟辞。故《骚经》《九章》，朗丽以哀志；《九歌》《九辩》，绮靡以伤情；《远游》《天问》，瑰诡而慧巧；《招魂》《大招》，耀艳而深华；《卜居》标放言之致，《渔父》寄独往之才。故能气往轹古，辞来切今，惊采绝艳，难与并能矣。

自《九怀》以下，遽蹑其迹，而屈宋逸步，莫之能追。故其叙情怨，则郁伊而易感；述离居，则怆怏而难怀；论山水，则循声而得貌；言节候，则披文而见时。是以枚贾追风以入丽，马扬沿波而得奇，其衣被词人，非一代也。故才高者菀其鸿裁，中巧者猎其艳辞，吟讽者衔其山川，童蒙者拾其香草。若能凭轼以倚《雅》《颂》，悬辔以驭楚篇，酌奇而不失其贞，玩华而不坠其实，则顾盼可以驱辞力，欬唾可以穷文致，亦不复乞灵于长卿，假宠于子渊矣。

赞曰：不有屈原，岂见《离骚》。惊才风逸，壮志烟高。

山川无极，情理实劳。金相玉式，艳溢锱毫。

△ 神思第二十六

古人云："形在江海之上，心存魏阙之下。"神思之谓也。文之思也，其神远矣。故寂然凝虑，思接千载；悄焉动容，视通万里。吟咏之间，吐纳珠玉之声；眉睫之前，卷舒风云之色。其思理之致乎！故思理为妙，神与物游。神居胸臆，而志气统其关键；物沿耳目，而辞令管其枢机。枢机方通，则物无隐貌；关键将塞，则神有遁心。是以陶钧文思，贵在虚静，疏瀹五藏，澡雪精神。积学以储宝，酌理以富才，研阅以穷照，驯致以绎辞，然后使玄解之宰，寻声律而定墨；独照之匠，窥意象而运斤。此盖驭文之首术，谋篇之大端。

夫神思方运，万途竞萌，规矩虚位，刻镂无形。登山则情满于山，观海则意溢于海，我才之多少，将与风云而并驱矣。方其搦翰①，气倍辞前，暨乎篇成，半折心始。何则？意翻空而易奇，言徵实而难巧也。是以意授于思，言授于意，密则无际，疏则千里。或理在方寸而求之域表，或义在咫尺而思隔山河。是以秉心养术，无务苦虑；含章司契，不必劳情也。

人之禀才，迟速异分；文之制体，大小殊功。相如含笔而腐毫，扬雄辍翰而惊梦，桓谭疾感于苦思，王充气竭于思虑，张衡研《京》以十年，左思练《都》以一纪。虽有巨文，亦思之缓也。淮南崇朝而赋《骚》，枚皋应诏而成赋，子建援牍如口诵，仲宣举笔似宿构，阮瑀据鞍而制书，祢衡当食而草奏，虽有短篇，亦思之速也。

若夫骏发之士，心总要术，敏在虑前，应机立断；覃思之人，情饶歧路，鉴在疑后，研虑方定。机敏故造次而成功，虑疑故愈久而致绩。难易虽殊，并资博练。若学浅而空迟，才疏而徒速，以斯成器，未之前闻。是以临篇缀虑，必有二患：理郁者苦贫，辞溺者伤乱，然则博见为馈贫之粮，贯一为拯乱之药，博而能一，亦有助乎心力矣。

若情数诡杂，体变迁贸，拙辞或孕于巧义，庸事或萌于新意，视布于麻，虽云未贵，杼轴献功，焕然乃珍。至于思表纤旨，文外曲致，言所不追，笔固知止。至精而后阐其妙，至变而后通其数，伊挚不能言鼎，轮扁不能语斤，其微矣乎！

赞曰：神用象通，情变所孕。物以貌求，心以理应。

刻镂声律，萌芽比兴。结虑司契，垂帷制胜。

---

① 搦翰（nuò hàn）：拿笔。搦：握，持；翰：毛笔。

△ 体性第二十七

夫情动而言形，理发而文见，盖沿隐以至显，因内而符外者也。然才有庸俊，气有刚柔，学有浅深，习有雅郑，并情性所铄，陶染所凝，是以笔区云谲，文苑波诡者矣。故辞理庸俊，莫能翻其才；风趣刚柔，宁或改其气；事义浅深，未闻乖其学；体式雅郑，鲜有反其习。各师成心，其异如面。若总其归途，则数穷八体：一曰典雅，二曰远奥，三曰精约，四曰显附，五曰繁缛，六曰壮丽，七曰新奇，八曰轻靡。典雅者，镕式经诰，方轨儒门者也；远奥者，馥采典文，经理玄宗者也；精约者，核字省句，剖析毫厘者也；显附者，辞直义畅，切理厌心者也；繁缛者，博喻酿采，炜烨枝派者也；壮丽者，高论宏裁，卓烁异采者也；新奇者，摈古竞今，危侧趣诡者也；轻靡者，浮文弱植，缥缈附俗者也。故雅与奇反，奥与显殊，繁与约舛，壮与轻乖，文辞根叶，苑囿其中矣。

若夫八体屡迁，功以学成，才力居中，肇自血气。气以实志，志以定言，吐纳英华，莫非情性。是以贾生俊发，故文洁而体清；长卿傲诞，故理侈而辞溢；子云沈寂，故志隐而味深；子政简易，故趣昭而事博；孟坚雅懿，故裁密而思靡；平子淹通，故虑周而藻密；仲宣躁锐，故颖出而才果；公干气褊，故言壮而情骇；嗣宗俶傥，故响逸而调远；叔夜俊侠，故兴高而采烈；安仁轻敏，故锋发而韵流；士衡矜重，故情繁而辞隐。触类以推，表里必符，岂非自然之恒资，才气之大略哉！

夫才由天资，学慎始习，斫梓染丝，功在初化，器成采定，难可翻移。故童子雕琢，必先雅制，沿根讨叶，思转自圆。八体虽殊，会通合数，得其环中，则辐辏相成。故宜摹体以定习，因性以练才，文之司南，用此道也。

赞曰：才性异区，文体繁诡。辞为肤根，志实骨髓。

雅丽黼黻，淫巧朱紫。习亦凝真，功沿渐靡。

⟁ 风骨第二十八

《诗》总六义，风冠其首，斯乃化感之本源，志气之符契也。是以怊怅述情，必始乎风；沈吟铺辞，莫先于骨。故辞之待骨，如体之树骸；情之含风，犹形之包气。结言端直，则文骨成焉；意气骏爽，则文风清焉。若丰藻克赡，风骨不飞，则振采失鲜，负声无力。是以缀虑裁篇，务盈守气，刚健既实，辉光乃新。其为文用，譬征鸟之使翼也。

故练于骨者，析辞必精；深乎风者，述情必显。捶字坚而难移，结响凝而不滞，此风骨之力也。若瘠义肥辞，繁杂失统，则无骨之征也。思不环周，索莫乏气，则无风之验也。昔潘勖锡魏，思摹经典，群才韬笔，乃其骨髓峻也；相如赋仙，气号凌云，蔚为辞宗，乃其风力遒也。能鉴斯要，可以定文，兹术或违，无务繁采。

故魏文称："文以气为主，气之清浊有体，不可力强而致。"故其论孔融，则云"体气高妙"，论徐干，则云"时有齐气"，论刘桢，则云"时有逸气"。公幹亦云："孔氏卓卓，信含异气，笔墨之性，殆不可胜。"并重气之旨也。夫翚翟①备色，而翾翥②百步，肌丰而力沈也；鹰隼乏采，而翰飞戾天，骨劲而气猛也。文章才力，有似于此。若风骨乏采，则鸷集翰林；采乏风骨，则雉窜文囿。唯藻耀而高翔，固文笔之鸣凤也。若夫镕铸经典之范，翔集子史之术，洞晓情变，曲昭文体，然后能孚甲新意，雕画奇辞。昭体故意新而不乱，晓变故辞奇而不黩。若骨采未圆，风辞未练，而跨略旧规，驰骛新作，虽获巧意，危败亦多，岂空结奇字，纰缪而成经矣？《周书》云："辞尚体要，弗惟好异。"盖防文滥也。然文术多门，各适所好，明者弗授，学者弗师。于是习华随侈，流遁忘反。若能确

---

① 翚翟（huī dí）：振羽疾飞的野鸡。
② 翾翥（xuān zhù）：翾，高飞。翥，疾飞。此句意为，野鸡努力地飞也才百步，是因为它太肥了，力气不够。

乎正式，使文明以健，则风清骨峻，篇体光华。能研诸虑，何远之有哉！

赞曰：情与气偕，辞共体并。文明以健，珪璋乃聘。

蔚彼风力，严此骨鲠。才锋峻立，符采克炳。

△ 物色第四十六

春秋代序，阴阳惨舒，物色之动，心亦摇焉。盖阳气萌而玄驹步，阴律凝而丹鸟羞，微虫犹或入感，四时之动物深矣。若夫珪璋挺其惠心，英华秀其清气，物色相召，人谁获安？是以献岁发春，悦豫之情畅；滔滔孟夏，郁陶之心凝；天高气清，阴沉之志远；霰雪无垠，矜肃之虑深。岁有其物，物有其容，情以物迁，辞以情发。一叶且或迎意，虫声有足引心，况清风与明月同夜，白日与春林共朝哉！

是以诗人感物，联类不穷，流连万象之际，沉吟视听之区，写气图貌，既随物以宛转；属采附声，亦与心而徘徊。故灼灼状桃花之鲜，依依尽杨柳之貌，杲杲为出日之容，瀌瀌拟雨雪之状，喈喈逐黄鸟之声，喓喓学草虫之韵。皎日、嘒星，一言穷理；参差、沃若，两字连形。并以少总多，情貌无遗矣。虽复思经千载，将何易夺？及《离骚》代兴，触类而长，物貌难尽，故重沓舒状，于是嵯峨之类聚，葳蕤之群积矣。及长卿之徒，诡势瑰声，模山范水，字必鱼贯，所谓诗人丽则而约言，辞人丽淫①而繁句也。

至如《雅》咏棠华，或黄或白；《骚》述秋兰，绿叶、紫茎。凡摘表五色，贵在时见，若青黄屡出，则繁而不珍。

自近代以来，文贵形似，窥情风景之上，钻貌草木之中。吟咏所发，志惟深远，体物为妙，功在密附。故巧言切状，如印之印泥，不加雕削，而曲写毫芥。故能瞻言而见貌，即字而知时也。然物有恒姿，而思无定

---

① 淫：滥，过度，没有限度。《论语》："《关雎》乐而不淫，哀而不伤。"

检，或率尔造极，或精思愈疏。且《诗》《骚》所标，并据要害，故后进锐笔，怯于争锋，莫不因方以借巧，即势以会奇。善于适要，则虽旧弥新矣。是以四序纷回，而入兴贵闲；物色虽繁，而析辞尚简。使味飘飘而轻举，情晔晔①而更新。古来辞人，异代接武，莫不参伍以相变，因革以为功，物色尽而情有馀者，晓会通也。若乃山林皋壤，实文思之奥府，略语则阙，详说则繁。然则屈平所以能洞监《风》《骚》之情者，抑亦江山之助乎？

　　赞曰：山沓水匝，树杂云合。目既往还，心亦吐纳。

　　　　春日迟迟，秋风飒飒。情往似赠，兴来如答。

△ 知音第四十八

　　知音其难哉！音实难知，知实难逢，逢其知音，千载其一乎！夫古来知音，多贱同而思古，所谓日进前而不御，遥闻声而相思也。昔《储说》始出，《子虚》初成，秦皇汉武，恨不同时。既同时矣，则韩囚而马轻，岂不明鉴同时之贱哉！至于班固傅毅，文在伯仲，而固嗤毅云下笔不能自休。及陈思论才，亦深排孔璋，敬礼请润色，叹以为美谈，季绪好诋诃，方之于田巴，意亦见矣。故魏文称文人相轻，非虚谈也。至如君卿唇舌，而谬欲论文，乃称史迁著书，谘东方朔，于是桓谭之徒，相顾嗤笑。彼实博徒，轻言负诮，况乎文士，可妄谈哉！故鉴照洞明，而贵古贱今者，二主是也；才实鸿懿，而崇己抑人者，班、曹是也；学不逮文，而信伪迷真者，楼护是也。酱瓿之议，岂多叹哉！

　　夫麟凤与麏雉悬绝，珠玉与砾石超殊，白日垂其照，青眸写其形，然鲁臣以麟为麏，楚人以雉为凤，魏氏以夜光为怪石，宋客以燕砾为宝珠。形器易征，谬乃若是；文情难鉴，谁曰易分？

---

　　① 晔（yè）：盛貌。

夫篇章杂沓，质文交加，知多偏好，人莫圆该。慷慨者逆声而击节，酝藉者见密而高蹈，浮慧者观绮而跃心，爱奇者闻诡而惊听。会己则嗟讽，异我则沮弃，各执一隅之解，欲拟万端之变，所谓东向而望，不见西墙也。

凡操千曲而后晓声，观千剑而后识器，故圆照之象，务先博观。阅乔岳以形培塿，酌沧波以喻畎浍，无私于轻重，不偏于憎爱，然后能平理若衡，照辞如镜矣。是以将阅文情，先标六观：一观位体，二观置辞，三观通变，四观奇正，五观事义，六观宫商。斯术既行，则优劣见矣。

夫缀文者情动而辞发，观文者披文以入情，沿波讨源，虽幽必显。世远莫见其面，觇文辄见其心，岂成篇之足深，患识照之自浅耳。夫志在山水，琴表其情，况形之笔端，理将焉匿？故心之照理，譬目之照形，目了则形无不分，心敏则理无不达。然而俗监之迷者，深废浅售，此庄周所以笑《折杨》，宋玉所以伤《白雪》也。昔屈平有言："文质疏内，众不知余之异采。"见异唯知音耳。扬雄自称心好沉博绝丽之文，其不事浮浅，亦可知矣。夫唯深识鉴奥，必欢然内怿，譬春台之熙众人，乐饵之止过客。盖闻兰为国香，服媚弥芬；书亦国华，玩泽方美。知音君子，其垂意焉。

赞曰：洪钟万钧，夔旷所定。良书盈箧，妙鉴乃订。

流郑淫人，无或失听。独有此律，不谬蹊径。

刘勰字彦和，曾夜梦执丹漆之礼器，随仲尼而南行。撰《文心雕龙》五十篇，为文长于佛理，都下寺塔及名僧碑志，皆勰所制。

明·林茂桂《南北朝新语》卷二

审定者：上海师范大学　曹　旭

全书总字数：5775

用字量：1297

诗品

69

《诗品》，中国古代第一部讨论五言诗的专著，被称为"诗话之源"。三卷，南朝梁钟嵘著，成书年代大约是梁天监十二年（513），《梁书》本传中称《诗评》，《隋书·经籍志》中或曰《诗品》，唐宋时二名并行，宋以后，《诗品》一名渐次流行，直至今日。

《诗品》品评了自汉魏至齐梁共一百二十多名作家五言诗之上下优劣，故称《诗品》。五言诗当时已成为诗坛最主要的诗歌形式，齐梁之际，文学思潮浮靡讹滥，《诗品》之作，正是感于创作与批评两方面的"淆乱"，欲为创作立高标，为批评树准的。钟嵘仿照班固《汉书·古今人名表》和刘歆《七略》的品论方法，把诗人分上中下三品，每品又依时代先后次序排列，一一予以品评，每品为一卷。

高频字

之	文	于	其	诗	不	为	以	而	有	谢

卷　上

古诗

其体源出于《国风》。陆机所拟十二首，文温以丽，意悲而远，惊心动魄，可谓几乎一字千金！其外《去者日以疏》四十五首，虽多哀怨，颇为总杂。旧疑是建安中曹、王所制。《客从远方来》《橘柚垂华实》，亦为惊绝矣！人代冥灭，而清音独远，悲夫！

汉都尉李陵诗

其源出于《楚辞》，文多凄怆，怨者之流。陵，名家子，有殊才，生命不谐，声颓身丧。使陵不遭辛苦，其文亦何能至此！

汉婕妤班姬诗

其源出于李陵。《团扇》短章，词旨清捷，怨深文绮，得匹妇之致。侏儒一节，可以知其工矣！

班婕妤妤像

魏陈思王植诗

其源出于《国风》。骨气奇高，词彩华茂，情兼雅怨，体被文质，粲溢今古，卓尔不群。嗟乎！陈思之于文章也，譬人伦之有周孔，鳞羽之有龙凤，音乐之有琴笙，女工之有黼黻①。俾尔怀铅吮墨者，抱篇章而景慕，映馀晖以自烛。故孔氏之门如用诗，则公幹升堂，思王入室，景阳、潘、陆，自可坐于廊庑之间矣。

魏文学刘桢诗

其源出于《古诗》。仗气爱奇，动多振绝。贞骨凌霜，高风跨俗。但气过其文，雕润恨少。然自陈思已下，桢称独步。

魏侍中王粲诗

其源出于李陵。发愀怆之词，文秀而质羸。在曹、刘间别构一体。方陈思不足，比魏文有馀。

晋步兵阮籍诗

其源出于《小雅》。无雕虫之巧。而《咏怀》之作，可以陶性灵，发幽思。言在耳目之内，情寄八荒之表。洋洋乎会于《风》《雅》，使人忘其鄙近，自致远大。颇多感慨之词。厥旨渊放，归趣难求。颜延年注解，怯言其志。

晋平原相陆机诗

其源出于陈思。才高辞赡，举体华美。气少于公幹，文劣于仲宣。尚

---

① 黼黻（fǔ fú）：都是衣服上绣的花纹图案。黼如斧形，黻如两"己"字相背。

规矩，不贵绮错，有伤直致之奇。然其咀嚼英华，厌饫①膏泽，文章之渊泉也。张公叹其大才，信矣！

晋黄门郎潘岳诗

其源出于仲宣。《翰林》叹其翩翩奕奕，如翔禽之有羽毛，衣被之有绡縠，犹浅于陆机。谢混云："潘诗烂若舒锦，无处不佳；陆文如披沙简金，往往见宝。"嵘谓益寿轻华，故以潘为胜；《翰林》笃论，故叹陆为深。余常言：陆才如海，潘才如江。

晋黄门郎张协诗

其源出于王粲。文体华净，少病累，又巧构形似之言。雄于潘岳，靡于太冲。风流调达，实旷代之高才。词采葱蒨，音韵铿锵，使人味之，亹亹不倦。

晋记室左思诗

其源出于公干。文典以怨，颇为精②切，得讽谕之致。虽浅于陆机，而深于潘岳。谢康乐常言："左太冲诗，潘安仁诗，古今难比。"

宋临川太守谢灵运诗

其源出于陈思，杂有景阳之体。故尚巧似，而逸荡过之，颇以繁芜为累。嵘谓若人学多才博，寓目辄书，内无乏思，外无遗物，其繁富宜哉！

谢灵运像

---

① 厌饫（yàn yù）：厌、饫都是饮食。同义连用。
② 精：《群书考索》卷二十二、《竹庄诗话》卷三作"清"。

然名章迥句，处处间起；丽典新声，络绎奔发。譬犹青松之拔灌木，白玉之映尘沙，未足贬其高洁也。初，钱塘杜明师夜梦东南有人来入其馆，是夕即灵运生于会稽，旬日而谢安亡。其家以子孙难得，送灵运于杜治养之。十五方还都，故名"客儿"。

卷　中

汉上计秦嘉　嘉妻徐淑诗

士会夫妻事既可伤，文亦凄怨。二汉为五言者，不过数家，而妇人居二。徐淑叙别之作，亚于《团扇》矣。

魏文帝诗

其源出于李陵，颇有仲宣之体则。新歌百许篇，率皆鄙直如偶语。唯"西北有浮云"十馀首，殊美赡可玩，始见其工矣。不然，何以铨衡群彦①，对扬厥弟者耶？

晋中散嵇康诗

颇似魏文。过为峻切，讦直露才，伤渊雅之致。然托谕清远，良有鉴裁，亦未失高流矣。

晋司空张华诗

其源出于王粲。其体华艳，兴托不奇，巧用文字，务为妍冶。虽名高曩代，而疏亮之士，犹恨其儿女情多，风云气少。谢康乐云："张公虽复千篇，犹一体耳。"今置之甲科疑弱，抑之中品恨少，在季、孟之间矣。

---

① 彦（yàn）：贤士，才德出众的人。

平叔"鸿鹄"之篇，风规见矣。子荆"零雨"之外，正长"朔风"之后，虽有累札，良亦无闻。季鹰"黄华"之唱，正叔"绿繁"之章，虽不具美，而文采高丽，并得虬龙片甲，凤凰一毛。事同驳圣，宜居中品。

魏侍中应璩诗

祖袭魏文。善为古语，指事殷勤，雅意深笃，得诗人激刺之旨。至于"济济今日所"，华靡可讽味焉。

晋清河太守陆云　晋侍中石崇　晋襄城太守曹摅　晋朗陵公何劭

清河之方平原，殆如陈思之匹白马。于其哲昆，故称二陆。季伦、颜远，并有英篇。笃而论之，朗陵为最。

晋太尉刘琨　晋中郎卢谌诗

其源出于王粲。善为凄戾之词，自有清拔之气。琨既体良才，又罹厄运，故善叙丧乱，多感恨之词。中郎仰之，微不逮者矣。

晋弘农太守郭璞诗

宪章潘岳，文体相辉[①]，彪炳可玩。始变永嘉平淡之体，故称中兴第一。《翰林》以为诗首。但《游仙》之作，辞多慷慨，乖远玄宗。其云"奈何虎豹姿"，又云"戢翼栖榛梗"。乃是坎壈咏怀，非列仙之趣也。

---

① 辉：《群书考索》卷二十二作"晖"。

晋吏部郎袁宏诗

彦伯《咏史》，虽文体未遒，而鲜明紧健，去凡俗远矣。

晋处士郭泰机　晋常侍顾恺之　宋谢世基
宋参军顾迈　宋参军戴凯诗

泰机"寒女"之制，孤怨宜恨。长康能以二韵答四首之美。世基"横海"，顾迈"鸿飞"。戴凯人实贫羸，而才章富健。观此五子，文虽不多，气调警拔，吾许其进，则鲍照、江淹未足逮止。越居中品，宜曰宜哉。

宋徵士陶潜诗

其源出于应璩，又协左思风力。文体省净，殆无长语。笃意真古，辞兴婉惬。每观其文，想其人德。世叹其质直。至如"欢言酌春酒"、"日暮天无云"，风华清靡，岂直为田家语耶！古今隐逸诗人之宗也。

陶渊明像

宋光禄大夫颜延之诗

其源出于陆机。故尚巧似。体裁绮密，然情喻渊深，动无虚发，一句一字，皆致意焉。又喜用古事，弥见拘束，虽乖秀逸，固是经纶文雅；才减若人，则陷于困踬矣。汤惠休曰："谢诗如芙蓉出水，颜诗如错采镂金。"颜终身病之。

宋豫章太守谢瞻　晋仆射谢混　宋太尉袁淑
宋徵君王微　宋征虏将军王僧达诗

其源出于张华。才力苦弱，故务其清浅，殊得风流媚趣。课其实录，则豫章、仆射，宜分庭抗礼；徵君、太尉，可托乘后车。征虏卓卓，殆欲度骅骝前。

宋法曹参军谢惠连诗

小谢才思富捷，恨其兰玉夙凋，故长辔未骋。《秋怀》《捣衣》之作，虽复灵运锐思，亦何以加焉。又工为绮丽歌谣，风人第一。《谢氏家录》云："康乐每对惠连，辄得佳语。后在永嘉西堂，思诗竟日不就。寤寐间，忽见惠连，即成'池塘生春草'。故常云：'此语有神助，非我语也。'"

宋参军鲍照诗

其源出于二张，善制形状写物之词，得景阳之诋诡，含茂先之靡嫚。骨节强于谢混，驱迈疾于颜延。总四家而擅美，跨两代而孤出。嗟其才秀人微，故取湮当代。然贵尚巧似，不避危仄，颇伤清雅之调。故言险俗者，多以附照。

齐吏部谢朓诗

其源出于谢混。微伤细密，颇在不伦。一章之中，自有玉石，然奇章秀句，往往警遒，足使叔源失步，明远变色。善自发诗端，而末篇多踬，此意锐而才弱也，至为后进士子之所嗟慕。朓极与余论诗，感激顿挫过其文。

梁光禄江淹诗

文通诗体总杂，善于摹拟，筋力于王微，成就于谢朓。初，淹罢宣城郡，遂宿冶亭，梦一美丈夫，自称郭璞，谓淹曰："吾有笔在卿处多年矣，可以见还。"淹探怀中，得一五色笔以授之。尔后为诗，不复成语，故世传江淹才尽。

梁卫将军范云 梁中书郎丘迟诗

范诗清便宛转，如流风迥雪。丘诗点缀映媚，似落花依草。故当浅于江淹，而秀于任昉。

梁太常任昉诗

彦昇少年为诗不工，故世称"沈诗任笔"，昉深恨之。晚节爱好既笃，文亦遒变。善铨①事理，拓体渊雅，得国士之风，故擢居中品。但昉既博学，动辄用事，所以诗不得奇。少年士子，效其如此，弊矣。

梁左光禄沈约诗

观休文众制，五言最优。详其文体，察其馀论，固知宪章鲍明远也。所以不闲于经纶，而长于清怨。永明相王爱文，王元长等皆宗附之约。于时谢朓未遒，江淹才尽，范云名级故微，故约称独步。虽文不至，其工丽亦一时之选也。见重闾里，诵咏成音。嵘谓约所著既多，今翦除淫杂，收其精要，允为中品之第矣。故当词密于范，意浅于江也。

卷 下

班固像

汉令史班固 汉孝廉郦炎 汉上计赵壹

孟坚才流，而老于掌故。观其《咏史》，有感叹之词。文胜托咏"灵芝"，怀寄不浅。元叔散愤"兰蕙"，指斥"囊钱"。苦言切句，良亦勤矣。斯人也，而有斯困，悲夫！

---

① 铨（quán）：度，衡量。

魏武帝　魏明帝

曹公古直，甚有悲凉之句。叡不如丕，亦称三祖。

魏白马王彪　魏文学徐幹

白马与陈思答赠，伟长与公幹往复，虽曰以莛叩钟，亦能闲雅矣。

魏仓曹属阮瑀　晋顿丘太守欧阳建　魏文学应玚　晋中书嵇含
晋河内太守阮侃　晋侍中嵇绍　晋黄门枣据

元瑜、坚石七君诗，并平典，不失古体。大检似，而二嵇微优矣。

晋中书张载　晋司隶傅玄　晋太仆傅咸
魏侍中缪袭　晋散骑常侍夏侯湛

孟阳诗，乃远惭厥弟，而近超两傅。长虞父子，繁富可嘉。孝若虽曰后进，见重安仁。熙伯《挽歌》，唯以造哀尔。

晋骠骑王济　晋征南将军杜预　晋廷尉孙绰　晋徵士许询

永嘉以来，清虚在俗。王武子辈诗，贵道家之言。爰洎江表，玄风尚备。真长、仲祖、桓、庾诸公犹相袭。世称孙、许，弥善恬淡之词。

晋徵士戴逵

安道诗虽嫩弱，有清工之句，裁长补短，袁彦伯之亚乎？逵子颙，亦有一时之誉。

晋东阳太守殷仲文

晋、宋之际，殆无诗乎！义熙中，以谢益寿、殷仲文为华绮之冠，殷不竞矣。

宋尚书令傅亮

季友文，余常忽而不察。今沈特进撰诗，载其数首，亦复平矣。

宋记室何长瑜　羊曜璠

才难，信矣！以康乐与羊、何若此，而二人之辞，殆不足奇。

宋詹事范晔

蔚宗诗乃不称其才，亦为鲜举矣。

宋孝武帝　宋南平王铄　宋建平王宏

孝武诗，雕文织彩，过为精密，为二藩希慕，见称轻巧矣。

宋光禄谢庄

希逸诗，气候清雅，不逮于王、袁。然兴属闲长，良无鄙促也。

宋御史苏宝生　宋中书令史陵修之　宋典祠令任昙绪　宋越骑戴法兴

苏、陵、任、戴，并著篇章，亦为缙绅之所嗟咏。人非文是，愈有可嘉焉。

宋监典事区惠恭

惠恭本胡人，为颜师伯幹。颜为诗笔，辄偷定之。后造《独乐赋》，语侵给主，被斥。及大将军修北第，差充作长。时谢惠连兼记室参军，惠恭时往共安陵嘲调。末作《双枕诗》以示谢。谢曰："君诚能，恐人未重。且可以为谢法曹造。遗大将军。"见之赏叹，以锦二端赐谢。谢辞曰："此诗，公作长所制，请以锦赐之。"

齐惠休上人　齐道猷上人　齐释宝月

惠休淫靡，情过其才。世遂匹之鲍照，恐商、周矣。羊曜璠云："是颜公忌照之文，故立休、鲍之论。"康、帛二胡，亦有清句。《行路难》是东阳柴廓所造。宝月尝憩其家，会廓亡，因窃而有之。廓子赍手本出都，欲讼此事，乃厚赂止之。

齐高帝　齐征北将军张永　齐太尉王文宪

齐高帝诗，词藻意深，无所云少。张景云虽谢文体，颇有古意。至如王师文宪，既经国图远，或忽是雕虫。

齐黄门谢超宗　齐浔阳太守丘灵鞠　齐给事中郎刘祥
齐司徒长史檀超　齐正员郎锺宪　齐诸暨令颜测　齐秀才顾则心

檀、谢七君，并祖袭颜延。欣欣不倦，得士大夫之雅致乎！余从祖正员常云："大明、泰始中，鲍、休美文，殊已动俗，惟此诸人，传颜陆体。用固执不移，颜诸暨最荷家声。"

晋参军毛伯成　宋朝请吴迈远　齐朝请许瑶之

伯成文不全佳，亦多惆怅。吴善于风人答赠。许长于短句咏物。汤休谓远云："吾诗可谓汝诗父。"以访谢光禄，云："不然尔，汤可为庶兄。"

齐鲍令晖　齐韩兰英

令晖歌诗，往往崭绝清巧，拟古尤胜，唯《百韵》淫杂矣。照常答孝武云："臣妹才自亚于左芬，臣才不及太冲尔。"兰英绮密，甚有名篇。又善谈笑，齐武以为韩公。借使二媛生于上叶，则"玉阶"之赋，"纨素"之辞，未讵多也。

齐司徒长史张融　齐詹事孔稚珪

思光诗，缓诞放纵，有乖文体，然亦捷疾丰饶，差不局促。德璋生于封溪，而文为雕饰，青于蓝矣。

齐宁朔将军王融　齐中庶子刘绘

元长、士章，并有盛才。词美英净，至于五言之作，几乎尺有所短。譬应变将略，非武侯所长，未足以贬卧龙。

齐仆射江祏

祏诗猗猗①清润。弟祀，明靡可怀。

齐记室王中　齐绥建太守卞彬　齐端溪令卞铄

王中、二卞诗，并爱奇崭绝。慕袁彦伯之风。虽不弘绰，而文体剿净，去平美远矣。

齐诸暨令袁嘏

嘏诗平平耳，多自谓能。常语徐太尉云："我诗有生气，须人捉着。不尔，便飞去。"

齐雍州刺史张欣泰　梁中书郎范缜

欣泰、子真，并希古胜文。鄙薄俗制，赏心流亮，不失雅宗。

齐秀才陆厥

观厥文纬，具识文之情状。自制未优，非言之失也。

---

①　猗猗（yī yī）：美盛的样子。语出《诗经·淇奥》："瞻彼淇奥，绿竹猗猗。"

梁常侍虞羲　梁建阳令江洪

子阳诗奇句清拔，谢朓常嗟颂之。洪虽无多，亦能自迥出。

梁步兵鲍行卿　梁晋陵令孙察

行卿少年，甚擅风谣之美。察最幽微，而感赏至到耳。

（《诗品》）然其铺观列代，撮举同异，实能推究渊源，阐明旨趣。且百馀人之诗，今不尽存，尚赖此以流传，俾得考见得失，诚于诗教有功，可为后学之津梁也。

清·陆以湉《冷庐杂识》卷一

二十四诗品

70

审定者：北京大学　乐黛云

全书总字数：1200

用字量：543

　　《二十四诗品》，又名《诗品二十四则》，诗论专著，唐司空图撰，成书年代不详。司空图（837—908），字表圣，河中虞乡人。黄巢起义后，隐居山中，自号知非子、耐辱居士，唐哀宗李柷被弑后，绝食而亡。

　　《二十四诗品》系以诗论诗，品评诗的韵味、风格、意境和情趣。把诗歌的艺术风格和意境分为雄浑、冲淡、纤秾等二十四品类，每品用十二句四言韵语来加以描述，形式整饬，并偶涉玄机，其中涉及了作者的思想修养和写作手法。每品的表述方法，大抵有两种：一为描摹取象，以一境界的描述来说明某一品的风貌特征；一为议论点悟，用抽象的语言辨析某一品的特质。作者用诗为各种风格描绘出一幅幅画卷，意境或雄浑健拔，或婉约典丽，或淡泊幽雅，虽"不主一格"，但总体上倾向于冲淡。司空图好以"味"论诗，要求诗歌有"味外之味"，倡导以审美感受为中心的诗论，在古代文学理论史上成为一个重要流派。

高频字

| 之 | 如 | 不 | 风 | 真 | 与 | 人 | 有 | 悠 | 神 | 水 | 流 |

01. 雄 浑

大用外腓，真体内充。反虚入浑，积健为雄。
具备万物，横绝太空。荒荒油云，寥寥长风。
超以象外，得其环中。持之匪强，来之无穷。

02. 冲 淡

素处以默，妙机其微。饮之太和，独鹤与飞。
犹之惠风，荏苒在衣。阅音修篁，美曰载归。
遇之匪深，即之愈稀。脱有形似，握手已违。

03. 纤 秾

采采流水，蓬蓬远春。窈窕深谷，时见美人。
碧桃满树，风日水滨。柳阴路曲，流莺比邻。
乘之愈往，识之愈真。如将不尽，与古为新。

04. 沉 着

绿杉野屋，落日气清。脱巾独步，时闻鸟声。
鸿雁不来，之子远行。所思不远，若为平生。
海风碧云，夜渚月明。如有佳语，大河前横。

05. 高　古

畸人乘真，手把芙蓉。泛彼浩劫，窅然空踪。
月出东斗，好风相从。太华夜碧，人闻清钟。
虚伫神素，脱然畦封。黄唐在独，落落玄宗。

06. 典　雅

玉壶买春，赏雨茆屋。坐中佳士，左右修竹。
白云初晴，幽鸟相逐。眠琴绿阴，上有飞瀑。
落花无言，人淡如菊。书之岁华，其曰可读。

07. 洗　炼

犹矿出金，如铅出银。超心炼冶，绝爱缁磷。
空潭泻春，古镜照神。体素储洁，乘月返真。
载①瞻星辰，载歌幽人。流水今日，明月前身。

08. 劲　健

行神如空，行气如虹。巫峡千寻，走云连风。
饮真茹强，蓄素守中。喻彼行健，是谓存雄。
天地与立，神化攸同。期之以实，御之以终。

09. 绮　丽

神存富贵，始轻黄金。浓尽必枯，淡者屡深。
雾馀山青，红杏在林。月明华屋，画桥碧阴。

---

①　载（zài）：助词，用在句首或句中，起加强语气的作用。"载……载……"相当于
"又……又……"。

金尊酒满，伴客弹琴。取之自足，良殚美襟。

10. 自　然

俯拾即是，不取诸邻。俱道适往，着手成春。
如逢花开，如瞻岁新。真予不夺，强得易贫。
幽人空山，过雨采蘋。薄言情悟，悠悠天钧。

11. 含　蓄

不着一字，尽得风流。语不涉难，已不堪忧。
是有真宰，与之沉浮。如渌满酒，花时返秋。
悠悠空尘，忽忽海沤。浅深聚散，万取一收。

12. 豪　放

观花匪禁，吞吐大荒。由道返气，处得以狂。
天风浪浪，海山苍苍。真力弥满，万象在旁。
前招三辰，后引凤凰。晓策六鳌，濯足扶桑。

13. 精　神

欲返不尽，相期与来。明漪绝底，奇花初胎。
青春鹦鹉，杨柳楼台。碧山人来，清酒满杯。
生气远出，不着死灰。妙造自然，伊谁与裁。

14. 缜　密

是有真迹，如不可知。意象欲出，造化已奇。
水流花间，清露未晞。要路愈远，幽行为迟。
语不欲犯，思不欲痴。犹春于绿，明月雪时。

15. 疏　野

惟性所宅，真取不羁。拾物自富，与率为期。

筑室松下，脱帽看诗。但知旦暮，不辨何时。

倘然适意，岂必有为。若其天放，如是得之。

16. 清　奇

娟娟群松，下有漪流。晴雪满汀，隔溪渔舟。

可人如玉，步屟寻幽。载瞻载止，空碧悠悠。

神出古异，淡不可收。如月之曙，如气之秋。

17. 委　曲

登彼太行，翠绕羊肠。杳霭流玉，悠悠花香。

力之于时，声之于羌。似往已回，如幽匪藏。

水理漩洑，鹏风翱翔。道不自器，与之圆方。

18. 实　境

取语甚直，计思匪深。忽逢幽人，如见道心。

清涧之曲，碧松之阴。一客荷樵，一客听琴。

情性所至，妙不自寻。遇之自天，泠①然希音。

19. 悲　慨

大风卷水，林木为摧。意②苦欲死，招憩不来。

百岁如流，富贵冷灰。大道日丧，若为雄才。

---

① 泠（líng）：泉水声。

② 意：文渊阁四库全书《文章辨体汇选》卷四百三十九作"适"。

壮士拂剑，浩然弥哀。萧萧落叶，漏雨苍苔。

20. 形　容

绝伫灵素，少回清真。如觅水影，如写阳春。
风云变态，花草精神。海之波澜，山之嶙峋。
俱似大道，妙契同尘。离形得似，庶几斯人。

21. 超　诣

匪神之灵，匪几之微。如将白云，清风与归。
远引若至，临之已非。少有道气，终与俗违。
乱山乔木，碧苔芳晖。诵之思之，其声愈稀。

22. 飘　逸

落落欲往，矫矫不群。缑山之鹤，华顶之云。
高人惠中，令色絪缊。御风蓬叶，泛彼无垠。
如不可执，如将有闻。识者已领，期之愈分。

23. 旷　达

生者百岁，相去几何。欢乐苦短，忧愁实多。
何如尊酒，日往烟萝。花覆茆檐，疏雨相过。
倒酒既尽，杖藜行歌。孰不有古，南山峨峨。

24. 流　动

若纳水輨①，如转丸珠。夫岂可道，假体遗愚②。

---

① 水輨（guǎn）：即水车。輨，包在车毂头上的金属套。
② 遗愚：文渊阁四库全书《文章辨体汇选》卷四百三十九作"如愚"。

荒荒坤轴，悠悠天枢。载要其端，载同其符。

超超神明，返返冥无。来往千载，是之谓乎。

《二十四诗品》《与李生谕诗书》，均能传诗之神，得诗之窍。有唐以诗鸣盛，若图者，人品既卓，诗格复超，以此结李唐三百年之诗局，滋无媿矣！

由云龙《定庵诗话续编》卷上

审定者：中国社会科学院　范子烨

全书总字数：4088

用字量：1050

六一诗话

71

《六一诗话》，北宋欧阳修撰，一卷，开历代"诗话"之先河。原书只称《诗话》，因欧阳修晚年自号"六一居士"，故名《六一诗话》。全书共二十九条，各则诗话条目之间的排列并没有逻辑联系，以漫谈随笔形式评论诗歌，记录轶闻趣事和瞬间感想所得，篇幅虽小，内容颇丰，有对诗歌规律、特性的探求，有佳句赏析，有掌故轶事介绍、谬说更正，等等。书中提出的"诗穷而后工""意新语工"等论点，体现出欧阳修追求冲淡雅正、天然和平之美的美学思想。

高频字

其	诗	不	之	云	也	人	为	而	者	一	有	时

居士退居汝阴，而集以资闲谈也。

1. 李文正公进《永昌陵挽歌辞》云："奠玉五回朝上帝，御楼三度纳降王。"当时群臣皆进，而公诗最为首出。所谓三降王者，广南刘铱、西蜀孟昶及江南李后主是也。若五朝上帝则误矣。太祖建隆尽四年，明年初郊，改元乾德。至六年再郊，改元开宝。开宝五年又郊，而不改元。九年已平江南，四月大雩，告谢于西京。盖执玉祀天者，实四也。李公当时人，必不缪，乃传者误云五耳。

2. 仁宗朝，有数达官，以诗知名。常慕"白乐天体"，故其语多得于容易。尝有一联云："有禄肥妻子，无恩及吏民。"有戏之者云："昨日通衢遇一辐辐车，载极重，而羸牛甚苦，岂非足下肥妻子乎？"闻者传以为笑。

3. 京师辇毂之下，风物繁富，而士大夫牵于事役，良辰美景，罕或宴游之乐。其诗至有"卖花担上看桃李，拍酒楼头听管弦"之句。西京应天禅院有祖宗神御殿，盖在水北，去河南府十馀里。岁时朝拜官吏，常苦晨兴，而留守达官显贵，每朝罢，公酒三行，不交一言而退。故其诗曰："正梦寐中行十里，不言语处吃三杯。"其语虽浅近，皆两京之实事也。

4. 梅圣俞尝于范希文席上赋《河豚鱼》诗云："春洲生荻芽，春岸飞杨花。河豚当是时，贵不数鱼虾。"河豚常出于春暮，群游水上，食絮而肥。南人多与荻芽为羹，云最美。故知诗者谓只破题两句，已道尽河豚好处。圣俞平生苦于吟咏，以闲远古淡为意，故其构思极艰。此诗作于樽俎①之间，笔力雄赡，顷刻而成，遂为绝唱。

5. 苏子瞻学士，蜀人也。尝于清井监得西南夷人所卖蛮布弓衣，其文织成梅圣俞《春雪》诗。此诗在圣俞集中，未为绝唱。盖其名重天下，一篇一咏，传落夷狄，而异域之人贵重之如此耳。子瞻以余尤知圣俞者，得之，因以见遗。余家旧蓄琴一张，乃宝历三年雷会所斫，距今二百五十年矣。其声清越如击金石，遂以此布更为琴囊，二物真余家之宝玩也。

6. 吴僧赞宁，国初为僧录。颇读儒书，博览强记，亦自能撰述，而辞辩纵横，人莫能屈。时有安鸿渐者，文词隽敏，尤好嘲咏。尝街行遇赞宁与数僧相随，鸿渐指而嘲曰："郑都官不爱之徒，时时作队。"赞宁应声答曰："秦始皇未坑之辈，往往成群。"时皆善其捷对。鸿渐所道，乃郑谷诗云"爱僧不爱紫衣僧"也。

7. 郑谷诗名盛于唐末，号《云台编》，而世俗但称其官，为"郑都官诗"。其诗极有意思，亦多佳句，但其格不甚高。以其易晓，人家多以教小儿，余为儿时犹诵之，今其集不行于世矣。梅圣俞晚年，官亦至都官，一日会饮余家，刘原父戏之曰："圣俞官必止于此。"坐客皆惊。原父曰："昔有郑都官，今有梅都官也。"圣俞颇不乐。未几，圣俞病卒。余为序其诗为《宛陵集》，而今人但谓之"梅都官诗"。一言之谑，后遂果然，斯可叹也！

8. 陈舍人从易，当时文方盛之际，独以醇儒古学见称，其诗多类白乐天。盖自杨、刘唱和，《西昆集》行，后进学者争效之，风雅一变，谓之昆体。由是唐贤诸诗集几废而不行。陈公时偶得杜集旧本，文多脱误，至《送蔡都尉诗》云："身轻一鸟"，其下脱一字。陈公因与数客各用一

---

① 樽俎（zūn zǔ）：宴席。樽：酒器。俎：祭祀或宴会时盛放牲体的礼器。

字补之。或云"疾"，或云"落"，或云"起"，或云"下"，莫能定。其后得一善本，乃是"身轻一鸟过"。陈公叹服，以为虽一字，诸君亦不能到也。

9. 国朝浮图以诗名于世者九人，故时有集号《九僧诗》，今不复传矣。余少时闻人多称其一曰惠崇，馀八人者忘其名字也。余亦略记其诗，有云："马放降来地，雕盘战后云。"又云："春生桂岭外，人在海门西。"其佳句多类此。其集已亡，今人多不知有所谓九僧者矣，是可叹也！当时有进士许洞者，善为词章，俊逸之士也。因会诸诗僧分题，出一纸，约曰："不得犯此一字。"其字乃山、水、风、云、竹、石、花、草、雪、霜、星、月、禽、鸟之类，于是诸僧皆阁笔。洞咸平三年进士及第，时无名子嘲曰"张康浑裹马，许洞闹装妻"者是也。

10. 孟郊、贾岛皆以诗穷至死，而平生尤自喜为穷苦之句。孟有《移居诗》云："借车载家具，家具少于车。"乃是都无一物耳。又《谢人惠炭》云："暖得曲身成直身。"人谓非其身备尝之不能道此句也。贾云："鬓边虽有丝，不堪织寒衣。"就令织得，能得几何？又其《朝饥诗》云："坐闻西床琴，冻折两三弦。"人谓其不止忍饥而已，其寒亦何可忍也。

11. 唐之晚年，诗人无复李、杜豪放之格，然亦务以精意相高。如周朴者，构思尤艰，每有所得，必极其雕琢，故时人称朴诗"月锻季炼，未及成篇，已播人口"。其名重当时如此，而今不复传矣。余少时犹见其集，其句有云："风暖鸟声碎，日高花影重。"又云："晓来山鸟闹，雨过杏花稀。"诚佳句也。

12. 圣俞尝语余曰："诗家虽率意，而造语亦难。若意新语工，得前人所未道者，斯为善也。必能状难写之景，如在目前，含不尽之意，见于言外，然后为至矣。贾岛云：'竹笼拾山果，瓦瓶担石泉。'姚合云：'马随山鹿放，鸡逐野禽栖。'等是山邑荒僻，官况萧条，不如'县古槐根出，官清马骨高'为工也。"余曰："语之工者固如是。状难写之景，含不尽之意，何诗为然？"圣俞曰："作者得于心，览者会以意，殆难指陈以言也。虽然，亦可略道其仿佛：若严维'柳塘春水漫，花坞夕阳迟'，则天容时态，融和骀荡，岂不如在目前乎？又若温庭筠'鸡声茅店月，人迹板桥霜'，贾岛'怪禽啼旷野，落日恐行人'，则道路辛苦，羁愁旅思，岂不见于言外乎？"

13. 圣俞、子美齐名于一时，而二家诗体特异。子美笔力豪隽，以超迈横绝为奇；圣俞覃思精微，以深远闲淡为意。各极其长，虽善论者不能优劣也。余尝于《水谷夜行诗》略道其一二云："子美气尤雄，万窍号一噫，有时肆颠狂，醉墨洒滂霈。譬如千里马，已发不可杀。盈前尽珠玑，一一难拣汰。梅翁事清切，石齿漱寒濑。作诗三十年，视我犹后辈。文辞愈精新，心意虽老大。有如妖韶女，老自有馀态。近诗尤古硬，咀嚼苦难嘬。又如食橄榄，真味久愈在。苏豪以气轹，举世徒惊骇。梅穷独我知，古货今难卖。"语虽非工，谓粗得其仿佛，然不能优劣之也。

14. 吕文穆公未第时，薄游一县，胡大监旦方随其父宰是邑，遇吕甚薄。客有誉吕曰："吕君工于诗，宜少加礼。"胡问诗之警句，客举一篇，其卒章云"挑尽寒灯梦不成。"胡笑曰："乃是一渴睡汉耳。"吕闻之，甚恨而去。明年，首中甲科，使人寄声语胡曰："渴睡汉状元及第矣。"胡答曰："待我明年第二人及第，输君一筹。"既而次榜亦中首选。

15. 圣俞尝云："诗句义理虽通，语涉浅俗而可笑者，亦其病也。如有《赠渔父》一联云'眼前不见市朝事，耳畔惟闻风水声。'说者云：'患肝肾风。'又有《咏诗者》云：'尽日觅不得，有时还自来。'本谓诗之好句难得耳，而说者云：'此是人家失却猫儿诗。'人皆以为笑也。"

16. 王建《宫词》一百首，多言唐宫禁中事，皆史传小说所不载者，往往见于其诗，如"内中数日无呼唤，传得滕王《蛱蝶图》。"滕王元婴，高祖子，新旧《唐书》皆不著其所能，惟《名画录》略言其善画，亦不云其工蛱蝶也。又《画断》云："工于蛱蝶。"及见于建诗尔。或闻今人家亦有得其图者。唐世一艺之善，如公孙大娘舞剑器，曹刚弹琵琶，米嘉荣歌，皆见于唐贤诗句，遂知名于后世。当时山林田亩，潜德隐行君子，不闻于世者多矣，而贱工末艺得所附托，乃垂于不朽，盖其各有幸不幸也。

17. 李白《戏杜甫》云："借问别来太瘦生，总为从前作诗苦。""太瘦生"，唐人语也，至今犹以"生"为语助，如"作么生"、"何似生"之类是也。陶尚书榖尝曰："尖檐帽子卑凡厮，短勒靴儿末厥兵。""末厥"，亦当时语。余天圣、景祐间已闻此句，时去陶公尚未远，人皆莫晓其义。王原叔博学多闻，见称于世，最为多识前言者，亦云不知为何说也。第记之，必有知者耳。

18. 诗人贪求好句，而理有不通，亦语病也。如"袖中谏草朝天去，头上宫花侍宴归"，诚为佳句矣，但进谏必以章疏，无直用稿草之理。唐人有云："姑苏城外①寒山寺，夜半钟声到客船。"说者亦云，句则佳矣，其如三更不是打钟时！如贾岛《哭僧》云："写留行道影，焚却坐禅身。"时谓烧杀活和尚，此尤可笑也。若"步随青山影，坐学白塔骨"，又"独行潭底影，数息树边身"，皆岛诗，何精粗顿异也？

19. 松江新作长桥，制度宏丽，前世所未有。苏子美《新桥对月诗》所谓"云头滟滟开金饼，水面沉沉卧彩虹"者是也。时谓此桥非此句雄伟不能称也。子美兄舜元，字才翁，诗亦遒劲多佳句，而世独罕传。其与子美紫阁寺联句，无愧韩、孟也，恨不得尽见之耳。

20. 晏元献公文章擅天下，尤善为诗，而多称引后进，一时名士往往出其门。圣俞平生所作诗多矣，然公独爱其两联，云："寒鱼犹着底，白鹭已飞前。"又："絮暖鲦鱼繁，豉添莼菜紫。"余尝于圣俞家见公自书手简，再三称赏此二联。余疑而问之，圣俞曰："此非我之极致，岂公偶自得意于其间乎？"乃知自古文士不独知己难得，而知人亦难也。

21. 杨大年与钱、刘数公唱和，自《西昆集》出，时人争效之，诗体

---

① "外"，原作"下"，据《全唐诗》改。

一变。而先生老辈患其多用故事，至于语僻难晓，殊不知自是学者之弊。如子仪《新蝉》云："风来玉宇乌先转，露下金茎鹤未知。"虽用故事，何害为佳句也。又如"峭帆横渡官桥柳，叠鼓惊飞海岸鸥。"其不用故事，又岂不佳乎？盖其雄文博学，笔力有馀，故无施而不可，非如前世号诗人者，区区于风云草木之类，为许洞所困者也。

22. 西洛故都，荒台废沼，遗迹依然，见于诗者多矣。惟钱文僖公一联最为警绝，云："日上故陵烟漠漠，春归空苑水潺潺。"裴晋公绿野堂在午桥南，往时尝属张仆射齐贤家，仆射罢相归洛，日与宾客吟宴于其间，惟郑工部文宝一联最为警绝，云："水暖凫鹥行哺子，溪深桃李卧开花。"人谓不减王维、杜甫也。钱诗好句尤多，而郑句不惟当时人莫及，虽其集中自及此者亦少。

23. 闽人有谢伯初者，字景山，当天圣、景祐之间，以诗知名。余谪夷陵时，景山方为许州法曹，以长韵见寄，颇多佳句，有云："长官衫色江波绿，学士文华蜀锦张。"余答云："参军春思乱如云，白发题诗愁送春。"盖景山诗有"多情未老已白发，野思到春如乱云"之句，故余以此戏之也。景山诗颇多，如"自种黄花添野景，旋移高竹听秋声"，"园林换叶梅初熟，池馆无人燕学飞"之类，皆无愧于唐贤。而仕宦不偶，终以困穷而卒。其诗今已不见于世，其家亦流落不知所在。其寄余诗，逮今三十五年矣，余犹能诵之。盖其人不幸既可哀，其诗沦弃亦可惜，因录于此。诗曰："江流无险似瞿塘，满峡猿声断旅肠。万里可堪人谪宦，经年应合鬓成霜。长官衫色江波绿，学士文华蜀锦张。异域化为儒雅俗，远民争识校雠郎。才如梦得多为累，情似安仁久悼亡。下国难留金马客，新诗传与竹枝娘。典词悬待修青史，谏草当来集皂囊。莫为明时暂迁谪，便将缨足濯沧浪。"

24. 石曼卿自少以诗酒豪放自得，其气貌伟然，诗格奇峭，又工于书，笔画遒劲，体兼颜、柳，为世所珍。余家尝得南唐后主澄心堂纸，曼卿为余以此纸书其《筹笔驿诗》。诗，曼卿平生所自爱者，至今藏之，号为三绝，真余家宝也。曼卿卒后，其故人有见之者，云恍惚如梦中，言我今为鬼仙也，所主芙蓉城，欲呼故人往游，不得，忿然骑一素骡去如飞。其后又云，降于亳州一举子家，又呼举子去，不得，因留诗一篇与之。余亦略记其一联云："莺声不逐春光老，花影长随日脚流。"神仙事怪不可知，其诗颇类曼卿平生语，举子不能道也。

25. 王建《霓裳词》云："弟子部中留一色，听风听水作《霓裳》。"《霓裳曲》今教坊尚能作其声，其舞则废而不传矣。人间又有《望瀛府》《献仙音》二曲，云此其遗声也。《霓裳曲》前世传记论说颇详，不知"听风听水"为何事也？白乐天有《霓裳歌》甚详，亦无"风水"之说。第记之，或有遗亡者尔。

26. 龙图赵学士师民，以醇儒硕学名重当时。为人沉厚端默①，群居终日，似不能言。而于文章之外，诗思尤精，如"麦天晨气润，槐夏午阴清"，前世名流，皆所未到也。又如"晓莺林外千声啭，芳草阶前一尺长"，殆不类其为人矣。

27. 退之笔力，无施不可，而尝以诗为文章末事，故其诗曰："多情怀酒伴，馀事作诗人"也。然其资谈笑，助谐谑，叙人情，状物态，一寓于诗，而曲尽其妙。此在雄文大手，固不足论，而余独爱其工于用韵也。盖其得韵宽，则波澜横溢，泛入傍韵，乍还乍离，出入回合，殆不可拘以常格，如《此日足可惜》之类是也。得韵窄则不复傍出，而因难见巧，愈险愈奇，如《病中赠张十八》之类是也。余尝与圣俞论此，以谓譬如善驭良马者，通衢广陌，纵横驰逐，惟意所之。至于水曲蚁封，疾徐中节，而不少蹉跌，乃天下之至工也。圣俞戏曰："前史言退之为人木强，若宽韵可自足而辄傍出，窄韵难独用而反不出，岂非其拗强而然与？"坐客皆为之笑也。

28. 自科场用赋取人，进士不复留意于诗，故绝无可称者。惟天圣二

---

① 端默：指为人端庄沉稳，不轻言。

年省试《采侯诗》，宋尚书祁最擅场，其句有"色映珊云烂，声迎羽月迟"，尤为京师传诵，当时举子目公为"宋采侯"。

诗话始于宋欧阳修《六一诗话》，词话亦始于宋周密《浩然斋雅谈》。

刘声木《苌楚斋续笔》卷一

审定者：华东师范大学　胡晓明

全书总字数：4264

用字量：976

72

人间词话

《人间词话》，词论专著，近人王国维撰，初刊于清光绪三十四年（1908）。王国维，字静安，号观堂。杰出学者，文论家，1925 年任清华国学研究院教授，1927 年自沉于颐和园昆明湖。

《人间词话》采用传统评点式的词话形式，语言精练，意味隽永，缀以词家名句，本身即是文学佳作。它是第一部将西方美学与中国古典美学融会贯通的文论著作，吸收了康德和叔本华的美学思想，使之与传统美学相融合，提出一套系统的美学观，其核心思想是"境界说"，"词以境界为上"，还进一步提出了写境与造境、有我之境与无我之境、景语与情语、隔与不隔，以及对宇宙人生的"入乎其内"与"出乎其外"等概念，在作家修养、创作方法、写作技巧等方面，都有精辟独到的见解，在当时一新世人耳目，影响甚大，在今天也有重要的参考价值。

高频字

之	词	不	也	人	有	以	其	此	中	而	者	境

1. 词以境界为最上。有境界则自成高格，自有名句。五代、北宋之词所以独绝者在此。

2. 有造境，有写境，此"理想"与"写实"二派之所由分。然二者颇难分别。因大诗人所造之境，必合乎自然，所写之境，亦必邻于理想故也。

3. 有有我之境，有无我之境。"泪眼问花花不语，乱红飞过秋千去"，"可堪孤馆闭春寒，杜鹃声里斜阳暮"，有我之境也。"采菊东篱下，悠然见南山"，"寒波澹澹起，白鸟悠悠下"，无我之境也。有我之境，以我观物，故物皆著我之色彩。无我之境，以物观物，故不知何者为我，何者为物。古人为词，写有我之境者为多，然未始不能写无我之境，此在豪杰之士能自树立耳。

王国维

4. 无我之境，人惟于静中得之。有我之境，于由动之静时得之。故一优美，一宏壮也。

5. 自然中之物，互相关系，互相限制。然其写之于文学及美术中也，必遗其关系限制之处。故虽写实家，亦理想家也。又虽如何虚构之境，其材料必求之于自然，而其构造，亦必从自然之法则。故虽理想家，亦写实家也。

6. 境非独谓景物也。喜怒哀乐,亦人心中之一境界。故能写真景物、真感情者,谓之有境界。否则谓之无境界。

7. "红杏枝头春意闹",着一"闹"字,而境界全出。"云破月来花弄影",着一"弄"字,而境界全出矣。

8. 境界有大小,不以是而分优劣。"细雨鱼儿出,微风燕子斜"何遽不若"落日照大旗,马鸣风萧萧"?"宝帘闲挂小银钩"何遽不若"雾失楼台,月迷津渡"也?

9. 严沧浪《诗话》谓:"盛唐诸公,唯在兴趣。羚羊挂角,无迹可求。故其妙处,透澈玲珑,不可凑泊。如空中之音,相中之色,水中之影,镜中之象,言有尽而意无穷。"余谓北宋以前之词,亦复如是。然沧浪所谓"兴趣",阮亭所谓"神韵",犹不过道其面目;不若鄙人拈出"境界"二字为探其本也。

10. 太白纯以气象胜。"西风残照,汉家陵阙",寥寥八字,遂关千古登临之口。后世唯范文正之《渔家傲》,夏英公之《喜迁莺》,差足继武①,然气象已不逮矣。

11. 张皋文谓飞卿之词"深美闳约",余谓此四字唯冯正中足以当之。刘融斋谓"飞卿精艳绝人",差近之耳。

12. "画屏金鹧鸪",飞卿语也,其词品似之。"弦上黄莺语",端已语也,其词品亦似之。正中词品,若欲于其词句中求之,则"和泪试严妆",殆近之欤?

13. 南唐中主词"菡萏香销翠叶残,西风愁起绿波间",大有众芳芜秽,美人迟暮之感。乃古今独赏其"细雨梦回鸡塞远,小楼吹彻玉笙寒",故知解人正不易得。

14. 温飞卿之词,句秀也;韦端已之词,骨秀也;李重光之词,神

---

① 差足继武:意即勉强和李白媲美。差,稍微。武:足迹。继武:足迹相连。

秀也。

15. 词至李后主而眼界始大，感慨遂深，遂变伶工之词而为士大夫之词。周介存置诸温、韦之下，可谓颠倒黑白矣。"自是人生长恨水长东"，"流水落花春去也，天上人间"，《金荃》《浣花》能有此气象耶？

16. 词人者，不失其赤子之心者也。故生于深宫之中，长于妇人之手，是后主为人君所短处，亦即为词人所长处。

17. 客观之诗人，不可不多阅世，阅世愈深，则材料愈丰富，愈变化，《水浒传》《红楼梦》之作者是也。主观之诗人，不必多阅世，阅世愈浅，则性情愈真，李后主是也。

18. 尼采谓："一切文学，余爱以血书者。"后主之词，真所谓以血书者也。宋道君皇帝《燕山亭》词亦略似之。然道君不过自道身世之戚，后主则俨有释迦、基督担荷人类罪恶之意，其大小固不同矣。

19. 冯正中词虽不失五代风格，而堂庑特大，开北宋一代风气。与中、后二主词皆在《花间》范围之外，宜《花间集》中不登其只字也。

20. 正中词除《鹊踏枝》《菩萨蛮》十数阕最煊赫外，如《醉花间》之"高树鹊衔巢，斜月明寒草"，余谓韦苏州之"流萤渡高阁"，孟襄阳之"疏雨滴梧桐"不能过也。

21. 欧九《浣溪沙》词"绿杨楼外出秋千"，晁补之谓只一"出"字，便后人所不能道。余谓此本于正中《上行杯》词"柳外秋千出画墙"，但欧语尤工耳。

22. 梅圣俞《苏幕遮》词："落尽梨花春事了，满地斜阳，翠色和烟老。"刘融斋谓少游一生似专学此种。余谓冯正中《玉楼春》词："芳菲次第长相续，自是情多无处足，尊前百计得春归，莫为伤春眉黛促。"永叔一生似专学此种。

23. 人知和靖《点绛唇》、圣俞《苏幕遮》、永叔《少年游》三阕为咏春草绝调，不知先有正中"细雨湿流光"五字，皆能摄春草之魂者也。

24. 《诗·蒹葭》一篇最得风人深致。晏同叔之"昨夜西风凋碧树，独上高楼，望尽天涯路"，意颇近之。但一洒落，一悲壮耳。

25. "我瞻四方，蹙蹙靡所骋"，诗人之忧生也。"昨夜西风凋碧树，独上高楼，望尽天涯路"似之。"终日驰车走，不见所问津"，诗人之忧世也。"百草千花寒食路。香车系在谁家树"似之。

26. 古今之成大事业、大学问者，必经过三种之境界。"昨夜西风凋碧树，独上高楼，望尽天涯路"，此第一境也。"衣带渐宽终不悔，为伊消得人憔悴"，此第二境也。"众里寻他千百度，蓦然回首，那人却在，灯火阑珊处"，此第三境也。此等语皆非大词人不能道。然遽以此意解释诸词，恐为晏、欧诸公所不许也。

27. 永叔"人间自是有情痴，此恨不关风与月"，"直须看尽洛城花，始与东风容易别"，于豪放之中有沉著之致，所以尤高。

28. 冯梦华《宋六十一家词选·序例》谓："淮海、小山，古之伤心人也，其淡语皆有味，浅语皆有致。"余谓此唯淮海足以当之。小山矜贵有馀，但可方驾子野、方回，未足抗衡淮海也。

29. 少游词境最凄婉。至"可堪孤馆闭春寒，杜鹃声里斜阳暮"，则变而凄厉矣。东坡赏其后二语，犹为皮相①。

30. "风雨如晦，鸡鸣不已"，"山峻高以蔽日兮，下幽晦以多雨。霰雪纷其无垠兮，云霏霏而承宇"，"树树皆秋色，山山尽落晖"，"可堪孤馆闭春寒，杜鹃声里斜阳暮"，气象皆相似。

31. 昭明太子称陶渊明诗"跌宕昭彰，独超众类。抑扬爽朗，莫之与京"。王无功称薛收赋"韵趣高奇，词义晦远。嵯峨萧瑟，真不可言"。词中惜少此二种气象，前者唯东坡，后者唯白石，略得一二耳。

32. 词之雅郑，在神不在貌。永叔、少游虽作艳语，终有品格。方之美成，便有淑女与倡伎之别。

33. 美成深远之致不及欧、秦。唯言情体物，穷极工巧，故不失为第

---

① 皮相：表面现象，此处作动词，只看到表面现象。

一流之作者。但恨创调之才多，创意之才少耳。

34. 词忌用替代字。美成《解语花》之"桂华流瓦"，境界极妙。惜以"桂华"二字代"月"耳。梦窗以下，则用代字更多。其所以然者，非意不足，则语不妙也。盖意足则不暇代，语妙则不必代。此少游之"小楼连苑"，"绣毂雕鞍"所以为东坡所讥也。

35. 沈伯时《乐府指迷》云："说桃不可直说破桃，须用'红雨'、'刘郎'等字。咏柳不可直说破柳，须用'章台'、'灞岸'等字。"若惟恐人不用代字者。果以是为工，则古今类书具在，又安用词为耶？宜其为《提要》所讥也。

36. 美成《青玉案》词："叶上初阳干宿雨。水面清圆，一一风荷举。"此真能得荷之神理者。觉白石《念奴娇》《惜红衣》二词，犹有隔雾看花之恨。

37. 东坡《水龙吟·咏杨花》，和韵而似原唱。章质夫词，原唱而似和韵。才之不可强也如是！

38. 咏物之词，自以东坡《水龙吟》为最工，邦卿《双双燕》次之。白石《暗香》《疏影》，格调虽高，然无一语道著，视古人"江边一树垂垂发"等句何如耶？

39. 白石写景之作，如"二十四桥仍在，波心荡、冷月无声"，"数峰清苦，商略黄昏雨"，"高树晚蝉，说西风消息"，虽格韵高绝，然如雾里看花，终隔一层。梅溪、梦窗诸家写景之病，皆在一"隔"字。北宋风流，渡江遂绝。抑真有运会存乎其间耶？

40. 问"隔"与"不隔"之别，曰：陶、谢之诗不隔，延年则稍隔矣。东坡之诗不隔，山谷则稍隔矣。"池塘生春草"、"空梁落燕泥"等二句，妙处唯在不隔。词亦如是。即以一人一词论，如欧阳公《少年游·咏春草》上半阕云："阑干十二独凭春，晴碧远连云。千里万里，二月三月，行色苦愁人。"语语都在目前，便是不隔。至云"谢家池上，江淹浦畔"，则隔矣。白石《翠楼吟》："此地，宜有词仙，拥素云黄鹤，与君游戏。玉梯凝望久，叹芳草萋萋千里。"便是不隔。至"酒祓清愁，花消英气"，则隔矣。然南宋词虽不隔处，比之前人，自有浅深厚薄之别。

41. "生年不满百，常怀千岁忧。昼短苦夜长，何不秉烛游？""服食求神仙，多为药所误。不如饮美酒，被服纨与素。"写情如此，方为不隔。"采菊东篱下，悠然见南山。山气日夕佳，飞鸟相与还。""天似穹庐，笼盖四野。天苍苍，野茫茫。风吹草低见牛羊。"写景如此，方为不隔。

42. 古今词人格调之高，无如白石。惜不于意境上用力，故觉无言外之味，弦外之响，终不能与于第一流之作者也。

43. 南宋词人，白石有格而无情，剑南有气而乏韵。其堪与北宋人颉颃①者，唯一幼安耳。近人祖南宋而桃北宋，以南宋之词可学，北宋不可学也。学南宋者，不祖白石，则祖梦窗，以白石、梦窗可学，幼安不可学也。学幼安者率祖其粗犷、滑稽，以其粗犷、滑稽处可学，佳处不可学也。幼安之佳处，在有性情，有境界。即以气象论，亦有"傍素波、干青云"之概，宁后世龌龊小生所可拟耶？

44. 东坡之词旷，稼轩之词豪。无二人之胸襟而学其词，犹东施之效捧心也。

45. 读东坡、稼轩词，须观其雅量高致，有伯夷、柳下惠之风。白石虽似蝉蜕尘埃，然终不免局促辕下。

46. 苏、辛，词中之狂。白石犹不失为狷。若梦窗、梅溪、玉田、草窗、中麓辈，面目不同，同归于乡愿而已。

47. 稼轩中秋饮酒达旦，用《天问》体作《木兰花慢》以送月，曰："可怜今夕月，向何处、去悠悠？是别有人间，那边才见，光景东头。"词人想象，直悟月轮绕地之理，与科学家密合，可谓神悟。

---

① 颉颃（xié háng）：指相抗衡，不相上下。语出《诗·燕燕》："燕燕于飞，颉之颃之。"毛传："飞而上曰颉，飞而下曰颃。"

48. 周介存谓"梅溪词中喜用'偷'字，足以定其品格"。刘融斋谓"周旨荡而史意贪"。此二语令人解颐。

49. 介存谓梦窗词之佳者，如"水光云影，摇荡绿波，抚玩无极，追寻已远"。余览《梦窗甲乙丙丁稿》中，实无足当此者。有之，其"隔江人在雨声中，晚风菰叶生秋怨"二语乎？

50. 梦窗之词，吾得取其词中之一语以评之，曰："映梦窗，凌乱碧。"玉田之词，余得取其词中之一语以评之，曰："玉老田荒。"

51. "明月照积雪"，"大江流日夜"，"中天悬明月"，"黄河落日圆"，此种境界，可谓千古壮观。求之于词，唯纳兰容若塞上之作，如《长相思》之"夜深千帐灯"，《如梦令》之"万帐穹庐人醉，星影摇摇欲坠"差近之。

52. 纳兰容若以自然之眼观物，以自然之舌言情。此由初入中原，未染汉人风气，故能真切如此。北宋以来，一人而已。

53. 陆放翁跋《花间集》，谓："唐季五代，诗愈卑，而倚声者辄简古可爱。能此不能彼，未可以理推也。"《提要》驳之，谓："犹能举七十斤者，举百斤则蹶，举五十斤则运掉自如。"其言甚辨。然谓词必易于诗，余未敢信。善乎陈卧子之言曰："宋人不知诗而强作诗，故终宋之世无诗。然其欢愉愁苦之致，动于中而不能抑者，类发于诗馀，故其所造独工。"五代词之所以独胜，亦以此也。

54. 四言敝而有《楚辞》，《楚辞》敝而有五言，五言敝而有七言，古诗敝而有律绝，律绝敝而有词。盖文体通行既久，染指遂多，自成习套。豪杰之士，亦难于其中自出新意，故遁而作他体，以自解脱。一切文体所以始盛终衰者，皆由于此。故谓文学后不如前，余未敢信。但就一体论，则此说固无以易也。

55. 诗之三百篇、十九首，词之五代、北宋，皆无题也，非无题也，诗词中之意，不能以题尽之也。自《花庵》《草堂》每调立题，并古人无题之词亦为之作题。如观一幅佳山水，而即曰此某山某河，可乎？诗有题而诗亡，词有题而词亡。然中材之士，鲜能知此而自振拔者矣。

56. 大家之作，其言情也必沁人心脾，其写景也必豁人耳目。其辞脱口而出，无矫揉妆束之态。以其所见者真，所知者深也。诗词皆然。持此以衡古今之作者，可无大误矣。

57. 人能于诗词中不为美刺投赠之篇，不使隶事之句，不用粉饰之字，则于此道已过半矣。

58. 以《长恨歌》之壮采，而所隶之事，只"小玉双成"四字，才有余也。梅村歌行，则非隶事不办。白、吴优劣，即于此见。不独作诗为然，填词家亦不可不知也。

59. 近体诗体制，以五七言绝句为最尊，律诗次之，排律最下。盖此体于寄兴言情，两无所当，殆有韵之骈体文耳。词中小令如绝句，长调似律诗，若长调之《百字令》《沁园春》等，则近于排律矣。

60. 诗人对宇宙人生，须入乎其内，又须出乎其外。入乎其内，故能写之。出乎其外，故能观之。入乎其内，故有生气。出乎其外，故有高致。美成能入而不能出。白石以降，于此二事皆未梦见。

61. 诗人必有轻视外物之意，故能以奴仆命风月。又必有重视外物之意，故能与花草共忧乐。

62. "昔为倡家女，今为荡子妇。荡子行不归，空床难独守。""何不策高足，先据要路津？无为久贫贱，轗轲长苦辛。"可谓淫鄙之尤。然无视为淫词、鄙词者，以其真也。五代、北宋之大词人亦然。非无淫词，读之者但觉其亲切动人。非无鄙词，但觉其精力弥满。可知淫词与鄙词之病，非淫与鄙之病，而游词之病也。"岂不尔思，室是远而。"子曰："未之思也，夫何远之有？"恶其游也。

63. "枯藤老树昏鸦。小桥流水人家。古道西风瘦马。夕阳西下。断肠人在天涯。"此元人马东篱《天净沙》小令也。寥寥数语，深得唐人绝句妙境。有元一代词家，皆不能办此也。

64. 白仁甫《秋夜梧桐雨》剧，沉雄悲壮，为元曲冠冕。然所作《天籁词》，粗浅之甚，不足为稼轩奴隶。岂创者易工，而因者难巧欤？抑人各有能有不能也？读者观欧、秦之诗远不如词，足透此中消息。

晚近王静庵《人间词话》陈义绝高，宋词自白石以下，皆致不满。

民国·黄濬《花随人圣庵摭忆》

審定者：中山大学　黄仕忠

全书总字数：36964

用字量：2549

西厢记 73

《西厢记》，全名《崔莺莺待月西厢记》，也称《张君瑞待月西厢记》，元杂剧，五本二十一折，元王实甫撰，刊行于明弘治十一年（1498）。

王实甫，生卒不详，字德信，大都人（今北京）。所作杂剧散曲甚多，今仅存《西厢记》《破窑记》《丽春堂》三种及散曲数套。

《西厢记》是王实甫的代表作，也是元杂剧中最优秀的作品之一，在中国文学史上和中国戏曲史上都占有极重要的地位，是我国古代戏曲发展的高峰之一，诚如周德清所赞，"诸公已矣，后学莫及"。《西厢记》取材于唐元稹传奇小说《莺莺传》，至金代董解元《西厢记诸宫调》集其大成，王实甫则超越众长，以"愿天下有情人终成眷属"为全剧宗旨，重写崔张之恋，思想内涵更趋深刻，具有鲜明的反对封建礼教和反对封建婚姻的主题。

高频字

云	不	人	来	我	儿	一	小	了	红	生	你	是

◇ 第二折·第四本（草桥店梦莺莺杂剧）

〔夫人引俫上云〕这几日窃见莺莺语言恍惚，神思加倍，腰肢体态，比向日不同。莫不做下来了么？〔俫云〕前日晚夕，奶奶睡了，我见姐姐和红娘烧香，半晌不回来，我家去睡了。〔夫人云〕这桩事都在红娘身上。唤红娘来！〔俫唤红科〕〔红云〕哥哥唤我怎么？〔俫云〕奶奶知道你和姐姐去花园里去，如今要打你哩。〔红云〕呀，小姐，你带累我也！小哥哥你先去，我便来也。〔红唤旦科〕〔红云〕姐姐，事发了也。老夫人唤我哩，却怎了？〔旦云〕好姐姐，遮盖咱！〔红云〕娘呵，你做的隐秀者——我道你做下来也！〔旦念〕月圆便有阴云蔽，花发须教急雨催。〔红唱〕

【越调】【斗鹌鹑】则着你夜去明来，倒有个天长地久；不争你握雨携云，常使我提心在口。则合带月披星，谁着你停眠整宿？老夫人心数多，情性伝，使不着我巧语花言，将没做有。

【紫花儿序】老夫人猜那穷酸做了新婚，小姐做了娇妻，"这小贱人做了牵头"。俺小姐这些时春山低翠，秋水凝眸。别样的都休，试把你裙带儿拴，纽门儿扣，比着你旧时肥瘦，出落得精神，别样的风流。

〔旦云〕红娘，你到那里，小心回话者。〔红云〕我到夫人处，必问：这小贱人！

【金蕉叶】我着你但去处行监坐守，谁着你迤逗的胡行乱走？若问着此一节呵如何诉休？你便索与他个知情的犯由。

姐姐，你受责理当，我图甚么来？

【调笑令】你绣帏里效绸缪，倒凤颠鸾百事有。我在窗儿外几曾轻咳嗽，立苍苔将绣鞋儿冰透。今日个嫩皮肤倒将粗棍抽，姐姐呵，俺这通殷勤的着甚来由？

　　姐姐在这里等着，我过去。说过呵，休欢喜；说不过，休烦恼。〔红见夫人科〕〔夫人云〕小贱人，为甚么不跪下！你知罪么？〔红跪云〕红娘不知罪。〔夫人云〕你故自口强哩。若实说呵，饶你；若不实说呵，我直打死你这个贱人！谁着你和小姐花园里去来？〔红云〕不曾去，谁见来？〔夫人云〕欢郎见你去来，尚故自推哩！〔打科〕〔红云〕夫人，休闪了手。且息怒停嗔，听红娘说。

【鬼三台】夜坐时停了针绣，共姐姐闲穷究，说张生哥哥病久，咱两个背着夫人向书房问候。〔夫人云〕问候呵，他说甚么？〔红云〕他说来，道"老夫人事已休，将恩变为仇，着小生半途喜变做忧。"他道："红娘你且先行，教小姐权时落后。"

　　〔夫人云〕他是个女孩儿家，着他落后么？〔红唱〕

【秃厮儿】我则道神针法灸，谁承望燕侣莺俦。他两个经今月馀则是一处宿，何须你一一问缘由？

【圣药王】他每不识忧，不识愁，一双心意两相投。夫人得好休，便好休，这其间何必苦追求？常言道"女大不中留"。

　　〔夫人云〕这端事，都是你个贱人！〔红云〕非是张生、小姐、红娘之罪，乃夫人之过也。〔夫人云〕这贱人倒指下我来，怎么是我之过？〔红云〕信者，人之根本，人而无信，不知其可也。大车无輗，小车无軏，其何以行之哉？当日军围普救，夫人所许退军者，以女妻之。张生非慕小姐颜色，岂肯区区建退军之策？兵退身安，夫人悔却前言，岂得不为失信乎？既然不肯成其事，只合酬之以金帛，令张生舍此而去。却不当留请张生于书院，使怨女旷夫，各相早晚窥视，所以夫人有此一端。目下老夫人若不息其事，一来辱没相国家谱，二来张生日后名重天下，施恩于人，忍令反受其辱哉！使至官司，夫人亦得治家不严之罪。官司若推其详，亦知老夫人背义而忘恩，岂得为贤哉？红娘不敢自专，乞望夫人台鉴：莫若恕其小过，成就大事，掩之以去其污，岂不为长便乎？

【麻郎儿】秀才是文章魁首，姐姐是仕女班头；一个通彻三教九流，一个晓尽描鸾刺绣。

【幺篇】世有、便休、罢手，大恩人怎做敌头？起白马将军故友，斩飞虎叛贼草寇。

【络丝娘】不争和张解元参辰卯酉，便是与崔相国出乖弄丑。到底干连着自己骨肉，夫人索穷究。

〔夫人云〕这小贱人也道得是。我不合养了这个不肖之女。待经官呵，玷辱家门。罢，罢，俺家无犯法之男，再婚之女，与了这厮罢！红娘，唤那贱人来！〔红见旦云〕且喜姐姐，那棍子则是滴溜溜在我身上，吃我直说过了。我也怕不得许多。夫人如今唤你来，待成合亲事。〔旦云〕羞人答答的，怎么见夫人？〔红云〕娘根前有甚么羞！

【小桃红】当日个月明才上柳梢头，却早人约黄昏后。羞得我脑背后将牙儿衬着衫儿袖。猛凝眸，看时节则见鞋底尖儿瘦。一个恣情的不休，一个哑声儿厮耨。呸！那其间可怎生不害半星儿羞？

〔旦见夫人科〕〔夫人云〕莺莺，我怎生抬举你来？今日做这等的勾当！则是我的业障，待怨谁的是！我待经官来，辱没了你父亲，这等事，不是俺相国人家的勾当。罢罢罢，谁似俺养女的不长进！红娘，书房里唤将那禽兽来！〔红唤末科〕〔末云〕小娘子，唤小生做甚么？〔红云〕你的事发了也。如今夫人唤你来，将小姐配与你哩。小姐先招了也，你过去。〔末云〕小生惶恐，如何见老夫人？当初谁在老夫人行说来？〔红云〕休佯小心，过去便了。

【幺篇】既然泄漏怎干休，是我相投首。俺家里陪酒陪茶倒㨾就①，你休愁，何须约定通媒媾？我弃了部署不收，你原来"苗而不秀"。呸！你是个银样镴枪头。

〔末见夫人科〕〔夫人云〕好秀才呵！岂不闻非先王之德行不敢行？我待送你去官司里去来，恐辱没了俺家谱。我如今将莺莺与你为妻，则是俺三辈儿不招白衣女婿，你明日便上朝取应去，我与你养着媳妇。得官呵，来见我；驳落呵，休来见我。〔红云〕张生早则喜也。

【东原乐】相思事，一笔勾，早则展放从前眉儿皱，美爱幽欢恰动头。既能够，张生，你觑兀的般可喜娘庞儿也要人消受。

〔夫人云〕明日收拾行装，安排果酒，请长老一同送张生，到十里长亭去。〔旦念〕寄语西河堤畔柳，安排青眼送行人。〔同夫人下〕〔红唱〕

【收尾】来时节画堂箫鼓鸣春昼，列着一对儿鸾交凤友。那其间才受你说媒红，方吃你谢亲酒。〔并下〕

---

① 㨾就（ruán jiù）：迁就，将就。

△ 第三折·第四本（草桥店梦莺莺杂剧）

〔夫人长老上云〕今日送张生赴京，十里长亭安排下筵席。我和长老先行，不见张生、小姐来到。〔旦末红同上〕〔旦云〕今日送张生上朝取应，早是离人伤感，况值那暮秋天气，好烦恼人也呵！悲欢聚散一杯酒，南北东西万里程。

【正宫】【端正好】碧云天，黄花地，西风紧，北雁南飞。晓来谁染霜林醉？总是离人泪。

【滚绣球】恨相见得迟，怨归去得疾。柳丝长玉骢难系。恨不倩疏林挂住斜晖。马儿迍迍①的行，车儿快快的随，却告了相思回避，破题儿又早别离。听得一声"去也"，松了金钏；遥望见十里长亭，减了玉肌。此恨谁知！

〔红云〕姐姐，今日怎么不打扮？〔旦云〕你那知我的心里呵！

【叨叨令】见安排着车儿、马儿，不由人熬熬煎煎的气；有甚么心情花儿、靥儿，打扮得娇娇滴滴的媚；准备着被儿、枕儿，则索昏昏沉沉的睡；从今后衫儿、袖儿，都揾做重重叠叠的泪。兀的不闷杀人也么哥，兀的不闷杀人也么哥！久已后书儿、信儿，索与我恓恓惶惶的寄。

〔做到〕〔见夫人科〕〔夫人云〕张生和长老坐，小姐这壁坐，红娘将酒来。张生，你向前来，是自家亲眷，不要回避。俺今日将莺莺与你，到京师休辱末了俺孩儿，挣揣一个状元回来者。〔末云〕小生托夫人馀荫，凭着胸中之才，视官如拾芥耳。〔洁云〕夫人主见不差，张生不是落后的人。〔把酒了，坐〕〔旦长吁科〕

【脱布衫】下西风黄叶纷飞，染寒烟衰草萋迷。酒席上斜签着坐的，蹙愁眉死临侵地。

【小梁州】我见他阁泪汪汪不敢垂，恐怕人知；猛然见了把头低，长吁气，推整素罗衣。

【幺篇】虽然久后成佳配，奈时间怎不悲啼。意似痴，心如醉，昨宵

———
① 迍（zhūn）：路难行貌。

73·西厢记　1021

今日，清减了小腰围。

〔夫人云〕小姐把盏者。〔红递酒，旦把盏长吁科云〕请吃酒。

【上小楼】合欢未已，离愁相继。想着俺前暮私情，昨夜成亲，今日别离。我谂知这几日相思滋味，却原来比别离情更增十倍。

【幺篇】年少呵轻远别，情薄呵易弃掷。全不想腿儿相挨，脸儿相偎，手儿相携。你与俺崔相国做女婿，妻荣夫贵，但得一个并头莲，煞强如状元及第。

〔夫人云〕红娘把盏者。〔红把酒科〕〔旦唱〕

【满庭芳】供食太急，须臾对面；顷刻别离。若不是酒席间子母每当回避，有心待与他举案齐眉。虽然是厮守得一时半刻，也合着俺夫妻每共桌而食。眼底空留意，寻思起就里，险化做望夫石。

〔红云〕姐姐不曾吃早饭，饮一口儿汤水。〔旦云〕红娘，甚么汤水咽得下。

【快活三】将来的酒共食，尝着似土和泥；假若便是土和泥，也有些土气息，泥滋味。

【朝天子】暖溶溶玉醅，白泠泠似水。多半是相思泪。眼面前茶饭怕不待要吃，恨塞满愁肠胃。蜗角虚名，蝇头微利，拆鸳鸯在两下里。一个这壁，一个那壁，一递一声长吁气。

〔夫人云〕辆起车儿，俺先回去，小姐随后和红娘来。〔下〕〔末辞洁科〕〔洁云〕此一行别无话儿，贫僧准备买登科录看，做亲的茶饭，少不得贫僧的。先生在意，鞍马上保重者。从今经忏无心礼，专听春雷第一声。〔下〕〔旦唱〕

【四边静】霎时间杯盘狼藉，车儿投东，马儿向西，两意徘徊，落日山横翠。知他今宵宿在那里？有梦也难寻觅。

张生，此一行得官不得官，疾便回来。〔末云〕小生这一去，白夺一个状元。正是：青霄有路终须到，金榜无名誓不归。〔旦云〕君行别无所赠，口占一绝，为君送行：弃掷今何在，当时且自亲。还将旧来意，怜取眼前人。〔末云〕小姐之意差矣，张珙更敢怜谁？谨赓一绝，以剖寸心：人生长远别，孰与最关情？不遇知音者，谁怜长叹人？〔旦唱〕

【耍孩儿】淋漓襟袖啼红泪，比司马青衫更湿。伯劳东去燕西飞，未登程先问归期。虽然眼底人千里，且尽生前酒一杯。未饮心先醉，眼中流血,心里成灰。

【五煞】到京师服水土,趁程途节饮食,顺时自保揣身体。荒村雨露宜眠早,野店风霜要起迟。鞍马秋风里,最难调护,最要扶持。

【四煞】这忧愁诉与谁?相思只自知,老天不管人憔悴。泪添九曲黄河溢,恨压三峰华岳低。到晚来闷把西楼倚,见了些夕阳古道,衰柳长堤。

【三煞】笑吟吟一处来,哭啼啼独自归。归家若到罗帏里,昨宵个绣衾香暖留春住,今夜个翠被生寒有梦知。留恋你别无意,见据鞍上马,阁不住泪眼愁眉。

〔末云〕有甚言语,嘱咐小生咱?〔旦唱〕

【二煞】你休忧文齐福不齐,我则怕你停妻再娶妻。休要一春鱼雁无消息,我这里青鸾有信频须寄,你却休金榜无名誓不归。此一节君须记:若见了那异乡花草,再休似此处栖迟。

〔末云〕再谁似小姐,小生又生此念?〔旦唱〕

【一煞】青山隔送行,疏林不做美,淡烟暮霭相遮蔽。夕阳古道无人语,禾黍秋风听马嘶。我为甚么懒上车儿内?来时甚急,去后何迟!

〔红云〕夫人去好一会,姐姐,咱家去。〔旦唱〕

【收尾】四围山色中,一鞭残照里。遍人间烦恼填胸臆,量这些大小车儿如何载得起?

〔旦红下〕〔末云〕仆童,赶早行一程儿,早寻个宿处。泪随流水急,愁逐野云飞。〔下〕

今王实甫《西厢记》为传奇冠,北人以并司马子长,固可笑!不妨作词曲中思王、太白也。

明·胡应麟《庄岳委谭》卷下

窦娥冤 **74**

审定者：首都师范大学 张燕瑾

全书总字数：12590

用字量：1362

　　《窦娥冤》，全名《感天动地窦娥冤》，四折，元杂剧，刊行于明万历十年（1582），关汉卿的代表作。

　　关汉卿，生卒不详，号已斋叟，元代杰出戏曲家，"生而倜傥，博学能文，滑稽多智，蕴藉风流"。他一生创作了六十五种杂剧，保存下来的有《窦娥冤》《救风尘》《望江亭》《拜月亭》《单刀会》，著作之丰，质量之高，堪属一流，时人称其为"梨园领袖"。

　　《窦娥冤》历来被评为元曲四大悲剧和中国十大悲剧之首。题材源于《汉书·于定国传》、干宝《搜神记》之《东海孝妇》及《太平御览》之邹衍下狱的故事，写窦娥一生的悲惨遭遇，窦娥也成为冤屈的象征与代名词。

高频字

| 我 | 儿 | 云 | 你 | 不 | 婆 | 的 | 是 | 了 | 这 | 他 | 也 |

◇ 第三折

〔外扮监斩官上，云〕下官监斩官是也。今日处决犯人，着做公的把住巷口，休放往来人闲走。〔净扮公人，鼓三通，锣三下科，刽子磨旗、提刀、押正旦带枷上，刽子云〕行动些，行动些，监斩官去法场上多时了。〔正旦唱〕

【正宫·端正好】没来由犯王法，不提防遭刑宪，叫声屈动地惊天。顷刻间游魂先赴森罗殿，怎不将天地也生埋怨。

【滚绣球】有日月朝暮悬，有鬼神掌着生死权。天地也只合把清浊分辨，可怎生糊突了盗跖颜渊：为善的受贫穷更命短，造恶的享富贵又寿延。天地也，做得个怕硬欺软，却元来也这般顺水推船。地也，你不分好歹何为地？天也，你错勘贤愚枉做天！哎，只落得两泪涟涟。

〔刽子云〕快行动些，误了时辰也。〔正旦唱〕

【倘秀才】则被这枷纽的我左侧右偏，人拥的我前合后偃。我窦娥向哥哥行有句言。〔刽子云〕你有什么话说？〔正旦唱〕前街里去心怀恨，后街里去死无冤，休推辞路远。

〔刽子云〕你如今到法场上面，有什么亲眷要见的，可教他过来见你一面也好。〔正旦唱〕

【叨叨令】可怜我孤身只影无亲眷，则落的吞声忍气空嗟怨。〔刽子云〕难道你爷娘家也没的？〔正旦云〕止有个爹爹，十三年前上朝取应去了，至今杳无音信。〔唱〕早已是十年多不睹爹爹面。〔刽子云〕你适才要我往后街里去，是什么主意？〔正旦唱〕怕则怕前街里被我婆婆见。〔刽子云〕你的性命也顾不得，怕他见怎的？〔正旦云〕俺婆婆若见我披枷带锁赴法场餐刀去呵，〔唱〕枉将他气杀也么哥，枉将他气杀也么哥。告哥哥，临危好与人行方便。

〔卜儿哭上科，云〕天那，兀的不是我媳妇儿！〔刽子云〕婆子靠后。〔正旦云〕既是俺婆婆来了，叫他来，待我嘱付他几句话咱。〔刽子云〕那婆子，近前来，你媳妇要嘱付你话哩。〔卜儿云〕孩儿，痛杀我也。〔正旦云〕婆婆，那张驴儿把毒药放在羊肚儿汤里，实指望药死了你，要霸占我为妻。不想婆婆让与他老子吃，倒把他老子药死了。我怕连累婆婆，屈招了药死公公，今日赴法场典刑。婆婆，此后遇着冬时年节，月一十五，有瀽①不了的浆水饭，瀽半碗儿与我吃；烧不了的纸钱，与窦娥烧一陌儿。则是看你死的孩儿面上。〔唱〕

【快活三】念窦娥葫芦提当罪愆，念窦娥身首不完全，念窦娥从前已往干家缘；婆婆也，你只看窦娥少爷无娘面。

【鲍老儿】念窦娥伏侍婆婆这几年，遇时节将碗凉浆奠；你去那受刑法尸骸上烈些纸钱，只当把你亡化的孩儿荐。〔卜儿哭科，云〕孩儿放心，这个老身都记得。天那，兀的不痛杀我也。〔正旦唱〕婆婆也，再也不要啼啼哭哭，烦烦恼恼，怨气冲天。这都是我做窦娥的没时没运，不明不暗，负屈衔冤。

〔刽子做喝科，云〕兀那婆子靠后，时辰到了也。〔正旦跪科〕〔刽子开枷科〕〔正旦云〕窦娥告监斩大人，有一事肯依窦娥，便死而无怨。〔监斩官云〕你有什么事？你说。〔正旦云〕要一领净席，等我窦娥站立，又要丈二白练，挂在旗枪上。若是我窦娥委实冤枉，刀过处头落，一腔热血休半点儿沾在地下，都飞在白练上者。〔监斩官云〕这个就依你，打什么不紧。〔刽子做取席，站科，又取白练挂旗上科〕〔正旦唱〕

【耍孩儿】不是我窦娥罚下这等无头愿，委实的冤情不浅。若没些儿灵圣与世人传，也不见得湛湛青天。我不要半星热血红尘洒，都只在八尺旗枪素练悬。等他四下里皆瞧见，这就是咱苌弘化碧，望帝啼鹃。

〔刽子云〕你还有甚的说话，此时不对监斩大人说，几时说那？〔正旦再跪科，云〕大人，如今是三伏天道，若窦娥委实冤枉，身死之后，天降三尺瑞雪，遮掩了窦娥尸首。〔监斩官云〕这等三伏天道，你便有冲天的怨气，也召不得一片雪来，可不胡说！〔正旦唱〕

【二煞】你道是暑气暄，不是那下雪天；岂不闻飞霜六月因邹衍？若果有一腔怨气喷如火，定要感的六出冰花滚似绵，免着我尸骸现；要什么素车白马，断送出古陌荒阡？

---

① 瀽（jiǎn）：倾倒，泼。

〔正旦再跪科，云〕大人，我窦娥死的委实冤枉，从今以后，着这楚州亢旱三年。〔监斩官云〕打嘴！那有这等说话！〔正旦唱〕

【一煞】你道是天公不可期，人心不可怜，不知皇天也肯从人愿。做什么三年不见甘霖降？也只为东海曾经孝妇冤。如今轮到你山阳县。这都是官吏每无心正法，使百姓有口难言。

〔刽子做磨旗科，云〕怎么这一会儿天色阴了也？〔内做风科，刽子云〕好冷风也！〔正旦唱〕

【煞尾】浮云为我阴，悲风为我旋，三桩儿誓愿明题遍。〔做哭科，云〕婆婆也，直等待雪飞六月，亢旱三年呵，〔唱〕那其间才把你个屈死的冤魂这窦娥显。

〔刽子做开刀，正旦倒科〕〔监斩官惊云〕呀，真个下雪了，有这等异事！〔刽子云〕我也道平日杀人，满地都是鲜血，这个窦娥的血，都飞在那丈二白练上，并无半点落地，委实奇怪。〔监斩官云〕这死罪必有冤枉，早两桩儿应验了，不知亢旱三年的说话，准也不准？且看后来如何。左右，也不必等待雪晴，便与我抬他尸首，还了那蔡婆婆去罢。〔众应科，抬尸下〕

元杂剧中"末"，即今戏文中"生"也。考郑德辉《倩女》、关汉卿《窦娥》，皆以"末"为"生"。

明·胡应麟《庄岳委谭》卷下

审定者：首都师范大学 汪龙麟

全书总字数：70134

用字量：3281

牡丹亭

75

《牡丹亭》，全名《牡丹亭还魂记》，简称《还魂记》，又名《还魂梦》《牡丹亭梦》，明汤显祖著。汤显祖（1550—1616），字义仍，号海若，别号若士，晚年自号茧翁，自署清远道人，江西临川人。

剧本取材于话本小说《杜丽娘慕色还魂记》，共五十五出，写南宋时太守杜宝之女杜丽娘私自游园，在梦中与素不相识的书生柳梦梅幽会，尽男女之欢，醒来幽怀难遣，抑郁而死。杜宝升官离任，葬女于官衙花园。柳梦梅上京赴试时路过此地，在花园内拾得杜丽娘临终前的自画像，观画思人，终于和杜丽娘的阴魂相会。柳梦梅挖墓开棺，杜丽娘起死回生，两人结为夫妇。后柳梦梅考中状元，杜宝拒不承认两人的婚事，最终由皇帝出面解决，全家大团圆。

《牡丹亭》通过杜丽娘和柳梦梅的生死离合，喊出了要求个性解放、爱情自由、婚姻自主的呼声，暴露了封建礼教对人们幸福生活和美好理想的摧残。

高频字

生	不	介	是	了	人	一	旦	的	你	净	儿

△ 惊　梦

【绕池游】〔旦上〕梦回莺啭，乱煞年光遍。人立小庭深院。〔贴〕炷尽沉烟，抛残绣线，恁今春关情似去年？〔乌夜啼〕"〔旦〕晓来望断梅关，宿妆残。〔贴〕你侧着宜春髻子恰凭阑。〔旦〕翦不断，理还乱，闷无端。〔贴〕已分付催花莺燕借春看。"〔旦〕春香，可曾叫人扫除花径？〔贴〕分付了。〔旦〕取镜台衣服来。〔贴取镜台衣服上〕"云髻罢梳还对镜，罗衣欲换更添香。"镜台衣服在此。

【步步娇】〔旦〕袅晴丝吹来闲庭院，摇漾春如线。停半晌、整花钿。没揣菱花，偷人半面，迤逗①的彩云偏。〔行介〕步香闺怎便把全身现！〔贴〕今日穿插的好。

【醉扶归】〔旦〕你道翠生生出落的裙衫儿茜，艳晶晶花簪八宝填，可知我常一生儿爱好是天然。恰三春好处无人见。不提防沉鱼落雁鸟惊喧，则怕的羞花闭月花愁颤。〔贴〕早茶时了，请行。〔行介〕你看："画廊金粉半零星，池馆苍苔一片青。踏草怕泥新绣袜，惜花疼煞小金铃。"〔旦〕不到园林，怎知春色如许！

【皂罗袍】原来姹紫嫣红开遍，似这般都付与断井颓垣。良辰美景奈何天，赏心乐事谁家院！恁般景致，我老爷和奶奶，再不提起。〔合〕朝飞暮卷，云霞翠轩；雨丝风片，烟波画船——锦屏人忒看的这韶光贱！〔贴〕是花都放了，那牡丹还早。

【好姐姐】〔旦〕遍青山啼红了杜鹃，荼蘼外烟丝醉软。春香呵，牡丹虽

---

①　迤逗（yǐ dòu）：挑逗，引诱。

好，他春归怎占的先！〔贴〕成对儿莺燕呵。〔合〕闲凝眄，生生燕语明如翦，呖呖莺歌溜的圆。〔旦〕去罢。〔贴〕这园子委是观之不足也。〔旦〕提他怎的！〔行介〕

【隔尾】观之不足由他缱①，便赏遍了十二亭台是枉然。到不如兴尽回家闲过遣。〔作到介〕〔贴〕"开我西阁门，展我东阁床。瓶插映山紫，炉添沉水香。"小姐，你歇息片时，俺瞧老夫人去也。〔下〕〔旦叹介〕"默地游春转，小试宜春面。"春呵，得和你两留连，春去如何遣？咳，恁般天气，好困人也。春香那里？〔作左右瞧介〕〔又低首沉吟介〕天呵，春色恼人，信有之乎？常观诗词乐府，古之女子，因春感情，遇秋成恨，诚不谬矣。吾今年已二八，未逢折桂之夫。忽慕春情，怎得蟾宫之客？昔日韩夫人得遇于郎，张生偶逢崔氏，曾有《题红记》《崔徽传》二书。此佳人才子，前以密约偷期，后皆成秦晋。〔长叹介〕吾生于宦族，长在名门。年已及笄，不得早成佳配。诚为虚度青春。光阴如过隙耳。〔泪介〕可惜妾身颜色如花，岂料命如一叶乎！

【山坡羊】没乱里春情难遣，蓦地里怀人幽怨。则为俺生小婵娟，拣名门一例、一例里神仙眷。甚良缘，把青春抛的远！俺的睡情谁见？则索因循腼腆。想幽梦谁边，和春光暗流传。迁延，这衷怀那处言！淹煎，泼残生，除问天！身子困乏了，且自隐几而眠。〔睡介〕〔梦生介〕〔生持柳枝上〕"莺逢日暖歌声滑，人遇风情笑口开。一径落花随水入，今朝阮肇到天台。"小生顺路儿跟着杜小姐回来，怎生不见？〔回看介〕呀，小姐，小姐！〔旦作惊起介〕〔相见介〕〔生〕小生那一处不寻访小姐来，却在这里！〔旦作斜视不语介〕〔生〕恰好花园内，折取垂柳半枝。姐姐，你既淹②通

---

① 缱（qiǎn）：紧束，牵住。

② 淹：广博，深入。

书史，可作诗以赏此柳枝乎？〔旦作惊喜，欲言又止介〕〔背想〕这生素昧平生，何因到此？〔生笑介〕小姐，咱爱杀你哩！

【山桃红】则为你如花美眷，似水流年，是答儿闲寻遍。在幽闺自怜。小姐，和你那答儿讲话去。〔旦作含笑不行〕〔生作牵衣介〕〔旦低问〕那边去？〔生〕转过这芍药栏前，紧靠着湖山石边。〔旦低问〕秀才，去怎的？〔生低答〕和你把领扣松，衣带宽。袖梢儿揾着牙儿苫也，则待你忍耐温存一晌眠。〔旦作羞〕〔生前抱〕〔旦推介〕〔合〕是那处曾相见，相看俨然。早难道这好处相逢无一言。〔生强抱旦下〕〔末扮花神束发冠，红衣插花上〕"催花御史惜花天，检点春工又一年。蘸客伤心红雨下，勾人悬梦采云边。"吾乃掌管南安府后花园花神是也。因杜知府小姐丽娘，与柳梦梅秀才，后日有姻缘之分。杜小姐游春感伤，致使柳秀才入梦。咱花神专掌惜玉怜香，竟来保护他。要他云雨十分欢幸也。

【鲍老催】〔末〕单则是混阳蒸变，看他似虫儿般蠢动把风情扇。一般儿娇凝翠绽魂儿颠。这是景上缘，想内成，因中见。呀，淫邪展污了花台殿。咱待拈片落花儿惊醒他。〔向鬼门丢花介〕他梦酣春透了怎留连？拈花闪碎的红如片。秀才才到的半梦儿。梦毕之时，好送杜小姐仍归香阁。吾神去也。〔下〕

【山桃红】〔生、旦携手上〕〔生〕这一霎天留人便，草借花眠。小姐可好？〔旦低头介〕〔生〕则把云鬟点，红松翠偏。小姐休忘了呵，见了你紧相偎，慢厮连。恨不得肉儿般团成片也，逗的个日下胭脂雨上鲜。〔旦〕秀才，你可去啊？〔合〕是那处曾相见，相看俨然，早难道这好处相逢无一言。〔生〕姐姐，你身子乏了，将息，将息。〔送旦依前作睡介〕〔轻拍旦介〕姐姐，俺去了。〔作回顾介〕姐姐，你可十分将息，我再来瞧你那。"行来春色三分雨，睡去巫山一片云。"〔下〕〔旦作惊醒，低叫介〕秀才，秀才，你去了也？〔又作痴睡介〕〔老旦上〕"夫婿坐黄堂，娇娃立绣窗。怪他裙衩上，花鸟绣双双。"孩儿，孩儿，你为甚瞌睡在此？〔旦作醒，叫秀才介〕咳也。〔老旦〕孩儿怎的来？〔旦作惊起介〕奶奶到此！〔老旦〕我儿，何不做些针指？或观玩书史，舒展情怀？因何昼寝于此？〔旦〕孩儿适在花园中闲玩，忽值春暄恼人，故此回房。无可消遣，不觉困倦少息。有失迎接，望母亲恕儿之罪。〔老旦〕孩儿，这后花园中冷静，少去闲行。〔旦〕领母亲严命。〔老旦〕孩儿，学堂看书去。〔旦〕先生不在，且自消停。〔老旦叹介〕女孩儿长成，自有许多情态，且自由他。正是："宛转随儿女，辛勤做老娘。"〔下〕〔旦长叹介〕〔看老旦下介〕哎也，天那，今日杜丽娘有些侥幸也。偶到后花园中，百花开遍，睹景伤情。没兴而回，昼眠香阁。忽见一生，年可弱冠，丰姿俊妍。于园中折得柳丝一枝，笑对奴家说："姐姐既淹通书史，何不将柳枝题赏一篇？"那时待要应他一声，心中自忖，素昧平生，不知名姓，何得轻与交言。正如此想间，只见那生向前说了几句伤心话儿，将奴搂抱去牡丹亭畔，芍药阑边，共成云雨之欢。两情和合，真个是千般爱惜，万种温存。欢毕之时，又送我睡眠，几声"将息"。正待自送那生出门，忽值母亲来到，唤醒将来。我一身冷汗，乃是南柯一梦。忙身参礼母亲，又被母亲絮了许多闲话。奴家口虽无言答应，心内思想梦中之事，何曾放怀。行坐不宁，自觉如有所失。娘呵，你教我学堂看书去，知他看那一种书消闷也。〔作掩泪介〕

【绵搭絮】雨香云片，才到梦儿边。无奈高堂，唤醒纱窗睡不便。泼新鲜冷汗粘煎。闪的俺心悠步嚲①，意软鬌偏。不争多费尽神情，坐起谁忺②？则待去眠。〔贴上〕"晚妆销粉印，春润费香篝。"小姐，薰了被窝睡罢。

【尾声】〔旦〕困春心游赏倦，也不索香薰绣被眠。天呵，有心情那梦儿还去不远。

春望逍遥出画堂，〔张说〕　间梅遮柳不胜芳。〔罗隐〕

可知刘阮逢人处？〔许浑〕　回首东风一断肠。〔韦庄〕

——以上《第十出》

△ 寻　梦

【夜游宫】〔贴上〕腻脸朝云罢盥，倒犀簪斜插双鬌。侍香闺起早，睡意阑珊：衣桁前，妆阁畔，画屏间。伏侍千金小姐，丫鬌一位春香。请过猫儿师父，不许老鼠放光。侥幸《毛诗》感动，小姐吉日时良。拖带春香遣闷，后花园里游芳。谁知小姐瞌睡，恰遇着夫人问当。絮了小姐一会，要与春香一场。春香无言知罪，以后劝止娘行。夫人还是不放，少不得发咒禁当。〔内介〕春香姐，发个甚咒来？〔贴〕敢再跟娘胡撞，教春香即世里不见儿郎。虽然一时抵对，乌鸦管的凤凰？一夜小姐焦躁，起来促水朝妆。由他自言自

---

① 嚲（duǒ）：软弱无力。
② 忺（xiān）：欲，愿，适意。

语，日高花影纱窗。〔内介〕快请小姐早膳。〔贴〕"报道官厨饭熟，且去传递茶汤。"〔下〕

【月儿高】〔旦上〕几曲屏山展，残眉黛深浅。为甚衾儿里不住的柔肠转？这憔悴非关爱月眠迟倦，可为惜花，朝起庭院？"忽忽花间起梦情，女儿心性未分明。无眠一夜灯明灭，分煞梅香唤不醒。"昨日偶尔春游，何人见梦。绸缪顾盼，如遇平生。独坐思量，情殊怅恍。真个可怜人也。〔闷介〕〔贴捧茶食上〕"香饭盛来鹦鹉粒，清茶擎出鹧鸪斑。"小姐早膳哩。〔旦〕咱有甚心情也！

【前腔】梳洗了才匀面，照台儿未收展。睡起无滋味，茶饭怎生咽？〔贴〕夫人分付，早饭要早。〔旦〕你猛说夫人，则待把饥人劝。你说为人在世，怎生叫做吃饭？〔贴〕一日三餐。〔旦〕咳，甚瓯儿气力与擎拳！生生的了前件。你自拿去吃便了。〔贴〕"受用馀杯冷炙，胜如剩粉残膏。"〔下〕〔旦〕春香已去。天呵，昨日所梦，池亭俨然。只图旧梦重来，其奈新愁一段。寻思展转，竟夜无眠。咱待乘此空闲，背却春香，悄向花园寻看。〔悲介〕哎也，似咱这般，正是："梦无彩凤双飞翼，心有灵犀一点通。"〔行介〕一迳行来，喜的园门洞开，守花的都不在。则这残红满地呵！

【懒画眉】最撩人春色是今年。少什么低就高来粉画垣，元来春心无处不飞悬。〔绊介〕哎，睡荼蘼抓住裙衩线，恰便是花似人心好处牵。这一湾流水呵！

【前腔】为甚呵，玉真重溯武陵源？也则为水点花飞在眼前。是天公不费买花钱，则咱人心上有啼红怨。咳，辜负了春三二月天。〔贴上〕吃饭去，不见了小姐，则得一迳寻来。呀，小姐，你在这里！

【不是路】何意婵娟，小立在垂垂花树边。才朝膳，个人无伴怎游园？〔旦〕画廊前，深深蓦见衔泥燕，随步名园是偶然。〔贴〕娘回转，幽闺窨地教人见，那些儿闲串？那些儿闲串？

【前腔】〔旦作恼介〕哎，偶尔来前，道的咱偷闲学少年。〔贴〕咳，不偷闲，偷淡。〔旦〕欺奴善，把护春台都猜做谎桃源。〔贴〕敢胡言，这是夫人命，道春多刺绣宜添线，润逼炉香好腻笺。〔旦〕还说甚来？〔贴〕这荒园堑，怕花妖木客寻常见。去小庭深院，去小庭深院！〔旦〕知道了。你好生答应夫人去，俺随后便来。〔贴〕"闲花傍砌如依主，娇鸟嫌笼会骂人。"〔下〕〔旦〕丫头去了，正好寻梦。

【忒忒令】那一答可是湖山石边，这一答似牡丹亭畔。嵌雕阑芍药芽儿浅，一丝丝垂杨线，一丢丢榆荚钱。线儿春甚金钱吊转！呀，昨日那书生将柳枝要我题咏，强我欢会之时。好不话长！

【嘉庆子】是谁家少俊来近远，敢迤逗这香闺去沁园？话到其间腼腆。他捏这眼，奈烦也天；咱噷[①]这口，待酬言。

【尹令】那书生可意呵，咱不是前生爱眷，又素乏平生半面。则道来生出现，乍便今生梦见。生就个书生，恰恰生生抱咱去眠。那些好不动人春意也。

【品令】他倚太湖石，立着咱玉婵娟。待把俺玉山推倒，便日暖玉生烟。捱过雕阑，转过秋千，掯[②]着裙花展。敢席着地，怕天瞧见。好一会分明，美满幽香不可言。梦到正好时节，甚花片儿吊下来也！

【豆叶黄】他兴心儿紧咽咽，呜着咱香肩。俺可也慢掂掂做意儿周旋。等闲间把一个照人儿昏善，那般形现，那般软绵。忑一片撒花心的红影儿吊将来半天。敢是咱梦魂儿厮缠？咳，寻来寻去，都不见了。牡丹亭，芍药阑，怎生这般凄凉冷落，杳无人迹？好不伤心也！

【玉交枝】〔泪介〕是这等荒凉地面，没多半亭台靠边，好是咱眯睽色眼寻难见。明放着白日青天，猛教人抓不到魂梦前。霎时间有如活现，打方旋再得俄延，呀，是这答儿压黄金钏匾。要再见那书生呵，

【月上海棠】怎赚骗，依稀想像人儿见。那来时荏苒，去也迁延。非远，那雨迹云踪才一转，敢依花傍柳还重现。昨日今朝，眼下心前，阳台一座登时变。再消停一番。〔望介〕呀，无人之处，忽然大梅树一株，梅子磊磊可爱。

【二犯幺令】偏则他暗香清远，伞儿般盖的周全。他趁这，他趁这春三月红绽雨肥天，叶儿青，偏迸着苦仁儿里撒圆。爱杀这昼阴，便再得到罗浮梦边。罢了，这梅树依依可人，我杜丽娘若死后，得葬于此，幸矣。

【江儿水】偶然间心似缱，梅树边。这般花花草草由人恋，生生死死随人愿，便酸酸楚楚无人怨。待打并香魂一片，阴雨梅天，守的个梅根相见。〔倦坐介〕〔贴上〕"佳人拾翠春亭远，侍女添香午院清。"咳，小姐走乏了，梅树下眄。

【川拨棹】你游花院，怎靠着梅树偃？〔旦〕一时间望，一时间望眼连天，

---

① 噷（xīn）：开。

② 掯（kèn）：揿，按。

忽忽地伤心自怜。〔泣介〕〔合〕知怎生情怅然，知怎生泪暗悬？〔贴〕小姐甚意儿？

【前腔】〔旦〕春归人面，整相看无一言，我待要折，我待要折的那柳枝儿问天，我如今悔，我如今悔不与题笺。〔贴〕这一句猜头儿是怎言？〔合前〕〔贴〕去罢。〔旦作行又住介〕

【前腔】为我慢归休，缓留连。〔内鸟啼介〕听，听这不如归春暮天，难道我再，难道我再到这亭园，则挣的个长眠和短眠！〔合前〕〔贴〕到了，和小姐瞧奶奶去。〔旦〕罢了。

【意不尽】软咍咍刚扶到画阑偏，报堂上夫人稳便。咱杜丽娘呵，少不得楼上花枝也则是照独眠。

〔旦〕武陵何处访仙郎？〔释皎然〕　　〔贴〕只怪游人思易忘。〔韦庄〕

〔旦〕从此时时春梦里，〔白居易〕　　〔贴〕一生遗恨系心肠。〔张祜〕

——以上《第十二出》

△ 拾　画

【金珑璁】〔生上〕惊春谁似我？客途中都不问其他。风吹绽蒲桃褐，雨淋殷杏子罗。今日晴和，晒衾单兀自有残云涴。"脉脉梨花春院香，一年愁事费商量。不知柳思能多少？打叠腰肢斗沈郎。"小生卧病梅花观中，喜得陈友知医，调理痊可。则这几日间春怀郁闷，何处忘忧？早是老姑姑到也。

【一落索】〔净上〕无奈女冠何，识的书生破。知他何处梦儿多？每日价欠伸千个。秀才安稳！〔生〕日来病患较些，闷坐不过。偌大梅花观，少甚园亭消遣。〔净〕此后有花园一座，虽然亭榭荒芜，颇有闲花点缀。则留散闷，不许伤心。〔生〕怎的得伤心也！〔净作叹介〕是这般说。你自去游便了。从西廊转画墙而去，百步之外，便是篱门。三里之遥，都为池馆。你尽情玩赏，竟日消停，不索老身陪去也。"名园随客到，幽恨少人知。"〔下〕〔生〕既有后花园，就此迤逦而去。〔行介〕这是西廊下了。〔行介〕好个葱翠的篱门，倒了半架。〔叹介〕〔集唐〕"凭阑仍是玉阑干〔王初〕，四面墙垣不忍看〔张隐〕。想得当时好风月〔韦庄〕，万条烟罩一时乾〔李山甫〕。"〔到介〕呀，偌大一个园子也。

【好事近】则见风月暗消磨，画墙西正南侧左。〔跌介〕苍苔滑擦，倚逗着断垣低垛，因何蝴蝶门儿落合？原来以前游客颇盛，题名在竹林之上。客来过，年月偏多，刻画尽琅玕千个。咳，早则是寒花绕砌，荒草成窠。怪哉，一个梅花观，女冠之流，怎起的这座大园子？好疑惑也。便是这湾流水呵！

【锦缠道】门儿锁，放着这武陵源一座。恁好处教颓堕！断烟中见水阁摧残，画船抛躲，冷秋千尚挂下裙拖。又不是曾经兵火，似这般狼籍呵，敢断肠人远、伤心事多？待不关情么，恰湖山石畔留着你打磨陀。好一座山子哩。〔窥介〕呀，就里一个小匣儿。待把左侧一峰靠着，看是何物？〔作石倒介〕呀，是个檀香匣儿。〔开匣看画介〕呀，一幅观世音喜相。善哉，善哉！待小生捧到书馆，顶礼供养，强如埋在此中。

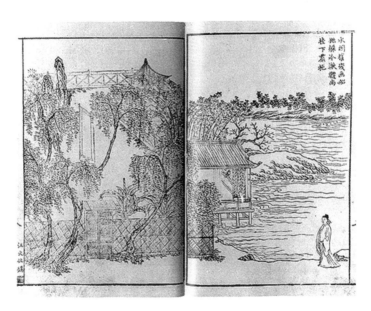

《牡丹亭》版画插图

【千秋岁】〔捧匣回介〕小嵯峨，压的旃檀合，便做了好相观音俏楼阁。片石峰前，那片石峰前，多则是飞来石，三生因果。请将去炉烟上过，头纳地，添灯火，照的他慈悲我。俺这里尽情供养，他于意云何。〔到介〕到了观中，且安置阁儿上，择日展礼。〔净上〕柳相公多早了！

【尾声】〔生〕姑姑，一生为客恨情多，过冷澹园林日午矬。老姑姑，你道不许伤心，你为俺再寻一个定不伤心何处可。

〔生〕僻居虽爱近林泉，〔伍乔〕 〔净〕早是伤春梦雨天。〔韦庄〕

〔生〕何处邈将归画府？〔谭用之〕〔合〕三峰花半碧堂悬。〔钱起〕

——以上《第二十四出》

汤义仍《牡丹亭梦》一出，家传户诵，几令《西厢》减价。奈不谙曲谱，用韵多任意处，乃才情自足不朽也。

明·沈德符《万历野获编》卷二十五

审定者：西南交通大学　罗宁

全书总字数：1140

用字量：540

三字经

76

　　《三字经》，一卷，是中国古代流传最广、影响最大的一种儿童启蒙教材，与《百家姓》《千字文》《千家诗》合称"三百千千"，相传为南宋著名学者王应麟所作。

　　王应麟（1223—1296），字伯厚，号深宁居士，庆元路（今属浙江鄞州区）人，宋理宗淳祐年间进士，官至礼部尚书兼给事中。知识渊博，长于考证，治学宗承吕祖谦，对经史百家、天文地理等都有研究，熟悉掌故制度。

　　《三字经》清初的通行本共三百八十句，结构严谨，文字简练，三字一句，隔句用韵，深入浅出，朗朗上口。内容分为六个部分，每一部分有一个中心，涵盖面极广，涉及教育伦理、日用常识、基本名物、典章制度、历史知识、勤学故事等。

高频字

| 子 | 不 | 有 | 学 | 人 | 而 | 者 | 曰 | 十 | 周 | 至 | 之 | 四 |

人之初　性本善　性相近　习相远　苟不教　性乃迁
教之道　贵以专　昔孟母　择邻处　子不学　断机杼
窦燕山　有义方　教五子　名俱扬　养不教　父之过
教不严　师之惰　子不学　非所宜　幼不学　老何为
玉不琢　不成器　人不学　不知义　为人子　方少时
亲师友　习礼仪　香九龄　能温席　孝于亲　所当执
融四岁　能让梨　弟于长　宜先知　首孝弟　次见闻
知某数　识某文　一而十　十而百　百而千　千而万
三才者　天地人　三光者　日月星　三纲者　君臣义
父子亲　夫妇顺　曰春夏　曰秋冬　此四时　运不穷
曰南北　曰西东　此四方　应乎中　曰水火　木金土
此五行　本乎数　曰仁义　礼智信　此五常　不容紊
稻粱菽　麦黍稷　此六谷　人所食　马牛羊　鸡犬豕
此六畜　人所饲　曰喜怒　曰哀惧　爱恶欲　七情具
匏土革　木石金　与丝竹　乃八音　高曾祖　父而身
身而子　子而孙　自子孙　至玄曾　乃九族　人之伦
父子恩　夫妇从　兄则友　弟则恭　长幼序　友与朋
君则敬　臣则忠　此十义　人所同　凡训蒙　须讲究
详训诂　明句读　为学者　必有初　小学终　至四书
论语者　二十篇　群弟子　记善言　孟子者　七篇止

讲道德	说仁义	作中庸	子思笔	中不偏	庸不易
作大学	乃曾子	自修齐	至平治	孝经通	四书熟
如六经	始可读	诗书易	礼春秋	号六经	当讲求
有连山	有归藏①	有周易	三易详	有典谟	有训诰
有誓命	书之奥	我周公	作周礼	著六官	存治体
大小戴	注礼记	述圣言	礼乐备	曰国风	曰雅颂
号四诗	当讽咏	诗既亡	春秋作	寓褒贬	别善恶
三传者	有公羊	有左氏	有榖梁	经既明	方读子
撮其要	记其事	五子者	有荀扬	文中子	及老庄
经子通	读诸史	考世系	知终始	自羲农	至黄帝
号三皇	居上世	唐有虞	号二帝	相揖逊	称盛世
夏有禹	商有汤	周文武	称三王	夏传子	家天下
四百载	迁夏社	汤伐夏	国号商	六百载	至纣亡
周武王	始诛纣	八百载	最长久	周辙东	王纲坠
逞干戈	尚游说	始春秋	终战国	五霸强	七雄出
嬴秦氏	始兼并	传二世	楚汉争	高祖兴	汉业建
至孝平	王莽篡	光武兴	为东汉	四百年	终于献
魏蜀吴	争汉鼎	号三国	迄两晋	宋齐继	梁陈承
为南朝	都金陵	北元魏	分东西	宇文周	与高齐
迨至隋	一土宇	不再传	失统绪	唐高祖	起义师
除隋乱	创国基	二十传	三百载	梁灭之	国乃改
梁唐晋	及汉周	称五代	皆有由	炎宋兴	受周禅
十八传	南北混	辽与金	皆称帝	元灭金	绝宋世
莅中国	兼戎狄	九十年	国祚废	太祖兴	国大明
号洪武	都金陵	迨成祖	迁燕京	十七世	至崇祯

---

① 归藏（guī cáng）：《连山》《归藏》《周易》合称为《三易》，古代三种《易》书。夏曰《连山》，殷曰《归藏》，周曰《周易》。

权阉肆　寇如林　至李闯　神器焚　清太祖　膺景命①

靖四方　克大定　廿一史　全在兹　载治乱　知兴衰

读史者　考实录　通古今　若亲目　口而诵　心而惟

朝于斯　夕于斯　昔仲尼　师项橐　古圣贤　尚勤学

赵中令　读鲁论　彼既仕　学且勤　披蒲编　削竹简

彼无书　且知勉　头悬梁　锥刺股　彼不教　自勤苦

如囊萤　如映雪　家虽贫　学不辍　如负薪　如挂角

身虽劳　犹苦卓　苏老泉　二十七　始发奋　读书籍

彼既老　犹悔迟　尔小生　宜早思　若梁灏　八十二

对大廷　魁多士　彼既成　众称异　尔小生　宜立志

莹八岁　能咏诗　泌七岁　能赋棋　彼颖悟　人称奇

尔幼学　当效之　蔡文姬　能辨琴　谢道韫　能咏吟

彼女子　且聪敏　尔男子　当自警　唐刘晏　方七岁

举神童　作正字　彼虽幼　身已仕　尔幼学　勉而致

有为者　亦若是　犬守夜　鸡司晨　苟不学　曷为人

蚕吐丝　蜂酿蜜　人不学　不如物　幼而学　壮而行

上致君　下泽民　扬名声　显父母　光于前　裕于后

人遗子　金满籯②　我教子　惟一经　勤有功　戏无益

戒之哉　宜勉力

萧良有《龙文鞭影》，言里中熊氏藏有大板《三字经》，明蜀人梁应升为之图，聊城傅光宅为之序，较旧板多叙元、明统系八句。

清·梁章钜《浪迹续谈》卷七

---

① 膺景命（yīng jǐng mìng）：膺：应承，承当。景命：巨大的指令，即天赐使命。

② 籯（yíng）：箱笼类竹器。

审定者：济南大学　党明德

全书总字数：472

用字量：433

百家姓 **77**

　　《百家姓》是中国古代有关姓氏的蒙学读本，一卷，著者佚名，旧题钱塘老儒所作，成书于北宋初期。

　　《百家姓》将常见的姓氏编成四字韵文，虽乏文理，但编排巧妙，读来顺口，便于记诵，因此流传至今，影响极广。《百家姓》共收录姓氏四百三十八个，其中单姓四百零八个，复姓三十个。中国古代宗族观念很重，了解本宗族的姓氏谱系是加强宗族认同的重要手段，《百家姓》的出现正适应了人们的此种心理需要，这是《百家姓》得以广泛流传的重要原因。

高频字

《百家姓》出《兔园集》，乃宋初钱唐老儒所作。时钱俶据浙，故首赵次钱，孙乃俶妃，李谓南唐主也。次则国之大族。随口叶韵，挂漏实多，识者訾之。然传播至今，童蒙诵习，奉为典册。乃就其所载，粗为笺注；方诸古今《姓苑》《氏族》诸书。其犹射者之嚆矢①也夫！琅琊王相题。

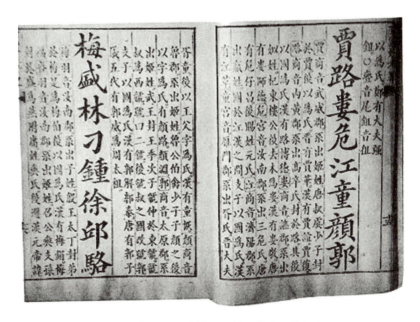

《百家姓考略》　清徐士业刻《徐氏三种》本

---

　　①　嚆矢（xiāo shǐ）：响箭。箭射出后，声音先到，箭后到。比喻发生在先的事物或事物的开端。

赵钱孙李　周吴郑王　冯陈褚卫　蒋沈韩杨

朱秦尤许　何吕施张　孔曹严华　金魏陶姜

戚谢邹喻　柏水窦章　云苏潘葛　奚范彭郎

鲁韦昌马　苗凤花方　俞任袁柳　丰鲍史唐

费廉岑薛　雷贺倪汤　滕殷罗毕　郝邬安常

乐于时傅　皮卞齐康　伍余元卜　顾孟平黄

和穆萧尹　姚邵湛汪　祁毛禹狄　米贝明臧

计伏成戴　谈宋茅庞　熊纪舒屈　项祝董梁

杜阮蓝闵　席季麻强　贾路娄危　江童颜郭

梅盛林刁　钟徐丘骆　高夏蔡田　樊胡凌霍

虞万支柯　昝①管卢莫　经房裘缪　干解②应宗

丁宣贲邓　郁单③杭洪　包诸左石　崔吉钮龚

程嵇邢滑　裴陆荣翁　荀羊于惠　甄麹④家封

芮羿储靳　汲邴糜松　井段富巫　乌焦巴弓

牧隗山谷　车侯宓蓬　全郗班仰　秋仲伊宫

宁仇⑤栾暴　甘钭⑥厉戎　祖武符刘　景詹束龙

叶幸司韶　郜黎蓟薄　印宿白怀　蒲邰从鄂

索咸籍赖　卓蔺屠蒙　池乔阴郁　胥能苍双

闻莘党翟⑦　谭贡劳逄⑧　姬申扶堵　冉宰郦雍

郤璩桑桂　濮牛寿通　边扈燕冀　郏⑨浦尚农

---

① 昝：音 zǎn。

② 解：音 xiè。

③ 单：音 shàn。

④ 麹：音 qū。

⑤ 仇：音 qiú。

⑥ 钭：音 tǒu。

⑦ 翟：音 zhái。

⑧ 逄：音 páng。

⑨ 郏：音 jiá。

温别庄晏　柴瞿阎充　慕连茹习　宦艾鱼容

向古易慎　戈廖庚终　暨居衡步　都耿满弘

匡国文寇　广禄阙东　欧殳^①沃利　蔚越夔隆

师巩厍^②聂　晁勾敖融　冷訾辛阚　那简饶空

曾毋沙乜^③　养鞠须丰　巢关蒯相　查后荆红

游竺权逯　盖益桓公　万俟^④司马　上官欧阳

夏侯诸葛　闻人东方　赫连皇甫　尉迟公羊

澹台^⑤公冶　宗政濮阳　淳于单于^⑥　太叔申屠

公孙仲孙　轩辕令狐^⑦　钟离宇文　长孙慕容

司徒司空　百家姓终

如市井间所印《百家姓》，明清尝详考之，似是两浙钱氏有国时，小民所著。何则？其首云"赵钱孙李"，盖钱氏奉正朔，赵乃本朝国姓，所以钱次之；孙乃忠懿之正妃；又其次，则江南李氏。次句云"周吴郑王"，皆武肃而下后妃，无可疑者。

宋·王明清《玉照新志》卷五

① 殳：音 shū。
② 厍：音 shè。
③ 乜：音 niè。
④ 万俟：音 mò qí。
⑤ 澹台：音 tán tái。
⑥ 单于：音 chán yú。
⑦ 令狐：音 líng hú。

审定者：首都师范大学　叶培贵

全书总字数：1000

用字量：1000

千字文

78

《千字文》，原名《次韵王羲之书千字》，童蒙读物，一卷，南朝梁周兴嗣撰，约成书于梁大同年间。辑录书法家王羲之笔迹不同字一千个，因此而得名。

周兴嗣（？—521），南朝梁陈郡项（今河南沈丘）人，字思纂，在梁武帝时曾任员外散骑侍郎、给事中等职，所撰《皇帝实录》《皇德记》《起居注》等都已失传，唯有这篇《千字文》流传至今。

《千字文》俱为四言韵语，共二百五十句，气势磅礴，含义深刻，行文流畅，条理清晰，几乎找不出牵强硬凑的痕迹，且辞藻华丽，文采飞扬，韵律妥帖，朗朗上口，令人拍案称奇。其内容亦相当丰富，举凡自然、历史、地理、人物、典章、哲学、道德、饮食、居住、稼穑、祭祀等社会生活的方方面面，无不浓缩其中，可谓一部袖珍小百科。

高频字

天地玄黄　　宇宙洪荒　　日月盈昃　　辰宿列张

寒来暑往　　秋收冬藏　　闰馀成岁　　律吕调阳

云腾致雨　　露结为霜　　金生丽水　　玉出昆冈

剑号巨阙　　珠称夜光　　果珍李柰　　菜重芥姜

海咸河淡　　鳞潜羽翔　　龙师火帝　　鸟官人皇

始制文字　　乃服衣裳　　推位让国　　有虞陶唐

吊民伐罪　　周发殷汤　　坐朝问道　　垂拱平章

爱育黎首　　臣伏戎羌　　遐迩一体　　率宾归王

鸣凤在竹　　白驹食场　　化被草木　　赖①及万方

盖此身发　　四大五常　　恭惟鞠养　　岂敢毁伤

女慕贞洁　　男效才良　　知过必改　　得能莫忘

罔谈彼短　　靡恃己长　　信使可覆　　器欲难量

墨悲丝染　　诗赞羔羊　　景行维贤　　克念作圣

德建名立　　形端表正　　空谷传声　　虚堂习听

祸因恶积　　福缘善庆　　尺璧非宝　　寸阴是竞

资父事君　　曰严与敬　　孝当竭力　　忠则尽命

临深履薄　　夙兴温清　　似兰斯馨　　如松之盛

川流不息　　渊澄取映　　容止若思　　言辞安定

---

① 　赖（lài）：赢利，利益。这里指恩惠。

笃初诚美	慎终宜令	荣业所基	籍甚无竟
学优登仕	摄职从政	存以甘棠	去而益咏
乐殊贵贱	礼别尊卑	上和下睦	夫唱妇随
外受傅训	入奉母仪	诸姑伯叔	犹子比儿
孔怀兄弟	同气连枝	交友投分	切磨箴规
仁慈隐恻	造次弗离	节义廉退	颠沛匪亏
性静情逸	心动神疲	守真志满	逐物意移
坚持雅操	好爵自縻	都邑华夏	东西二京
背邙面洛	浮渭据泾	宫殿盘郁	楼观飞惊
图写禽兽	画彩仙灵	丙舍①傍启	甲帐②对楹
肆筵设席	鼓瑟吹笙	升阶纳陛	弁转疑星
右通广内	左达承明	既集坟典③	亦聚群英
杜稿钟隶	漆书壁经	府罗将相	路侠槐卿
户封八县	家给千兵	高冠陪辇	驱毂振缨
世禄侈富	车驾肥轻	策功茂实	勒碑刻铭
磻溪伊尹	佐时阿衡	奄宅曲阜	微旦孰营
桓公匡合	济弱扶倾	绮回汉惠	说感武丁
俊乂密勿	多士寔宁	晋楚更霸	赵魏困横
假途灭虢	践土会盟	何遵约法	韩弊烦刑
起翦颇牧	用军最精	宣威沙漠	驰誉丹青
九州禹迹	百郡秦并	岳宗泰岱	禅主云亭
雁门紫塞	鸡田赤城	昆池碣石	巨野洞庭
旷远绵邈	岩岫杳冥	治本于农	务兹稼穑

---

① 丙舍（bǐng shè）：古代正室中的别室。

② 甲帐（jiǎ zhàng）：汉武帝时对帐幕的称谓，后指皇帝休闲的地方。

③ 坟典（fén diǎn）：即《三坟》《五典》，相传为上古时代的书籍。语出《左传·昭公十二年》。

俶载南亩　　我艺黍稷　　税熟贡新　　劝赏黜陟
孟轲敦素　　史鱼秉直　　庶几中庸　　劳谦谨敕
聆音察理　　鉴貌辨色　　贻厥嘉猷　　勉其祗植
省躬讥诫　　宠增抗极　　殆辱近耻　　林皋幸即
两疏见机　　解组谁逼　　索居闲处　　沉默寂寥
求古寻论　　散虑逍遥　　欣奏累遣　　感谢欢招
渠荷的历①　　园莽抽条　　枇杷晚翠　　梧桐早凋
陈根委翳　　落叶飘摇　　游鹍独运　　凌摩绛霄
耽读玩市　　寓目囊箱　　易𬨎攸畏　　属耳垣墙
具膳餐饭　　适口充肠　　饱饫烹宰　　饥厌糟糠
亲戚故旧　　老少异粮　　妾御绩纺　　侍巾帷房
纨扇圆絜　　银烛炜煌　　昼眠夕寐　　蓝笋象床
弦歌酒宴　　接杯举觞　　矫手顿足　　悦豫且康
嫡后嗣续　　祭祀烝尝　　稽颡再拜　　悚惧恐惶
笺牒简要　　顾答审详　　骸垢想浴　　执热愿凉
驴骡犊特　　骇跃超骧　　诛斩贼盗　　捕获叛亡
布射僚丸　　嵇琴阮啸　　恬笔伦纸　　钧巧任钓
释纷利俗　　竝皆佳妙　　毛施淑姿　　工颦妍笑
年矢每催　　曦晖朗曜　　璇玑悬斡　　晦魄环照
指薪修祜②　　永绥吉劭③　　矩步引领　　俯仰廊庙
束带矜庄　　徘徊瞻眺　　孤陋寡闻　　愚蒙等诮
谓语助者　　焉哉乎也

---

① 的历（dì lì）：的、历都是清晰、分明的意思。同义连用。

② 祜（hù）：福也。

③ 劭（shào）：美好，高尚。

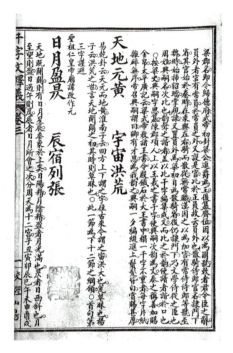

海昌郭臣尧好为俳体诗，所著名《捧腹集》，有《村学诗》云：

一阵乌鸦噪晚风，诸徒齐逞好喉咙。

赵钱孙李周吴郑，天地玄黄宇宙洪。

《千字文》完翻《鉴略》，《百家姓》毕理《神童》。

就中有个超群者，一日三行读《大》《中》。

清·梁绍壬《两般秋雨盦随笔》卷四

审定者：厦门大学　王利民

全书总字数：7940

用字量：1788

千家诗

79

《千家诗》是中国古代最具代表性的一种童蒙诗选读物，最初由南宋诗人刘克庄（1187—1269，字潜夫，号后村，莆田人）纂集唐五代及宋人的有关诗作，编为《分门纂类唐宋时贤千家诗选》，又称《后村千家诗》。全书二十二卷，分为时令、节候、气候、昼夜、百花、竹木、天文、地理、宫室、器用、音乐、禽兽、昆虫、人品共十四类。此书在清朝时被著名学者阮元抄录献给皇帝，作为《四库全书》未收书编入"宛委别藏"。

但刘选部头太大，不便儿童学习，后人便在此基础上编选供儿童启蒙用的《千家诗》，其中影响最大的是署名谢枋得选、王相注的七言《增补重订千家诗》和署名王相选注的《新镌五言千家诗》两种。后来书坊又把这两种五言诗和七言诗选本合刊在一起，总称《千家诗》。

高频字

不	人	花	日	山	春	风	月	一	天	上	秋	无	来	中

春日偶成 宋·程颢

云淡风轻近午天，傍花随柳过前川。
时人不识余心乐，将谓偷闲学少年。

春　日 宋·朱熹

胜日寻芳泗水滨，无边光景一时新。
等闲识得东风面，万紫千红总是春。

春　宵 宋·苏轼

春宵一刻值千金，花有清香月有阴。
歌管楼台声细细，秋千院落夜沉沉。

初春小雨 唐·韩愈

天街小雨润如酥，草色遥看近却无。
最是一年春好处，绝胜烟柳满皇都。

元　日 宋·王安石

爆竹声中一岁除，春风送暖入屠苏。
千门万户曈曈日，总把新桃换旧符。

上元侍宴 宋·苏轼

淡月疏星绕建章，仙风吹下御炉香。
侍臣鹄立通明殿，一朵红云捧玉皇。

立春偶成 宋·苏轼

律回岁晚冰霜少，春到人间草木知。
便觉眼前生意满，东风吹水绿参差。

打球图 宋·晁说之

阊阖千门万户开，三郎沉醉打球回。
九龄已老韩休死，无复明朝谏疏来。

清平调词 唐·李白

云想衣裳花想容，春花拂槛露华浓。
若非群玉山头见，会向瑶台月下逢。

绝 句 唐·杜甫

两个黄鹂鸣翠柳，一行白鹭上青天。
窗含西岭千秋雪，门泊东吴万里船。

清 明 唐·杜牧

清明时节雨纷纷，路上行人欲断魂。
借问酒家何处有，牧童遥指杏花村。

社 日　唐·王驾[1]

鹅湖山下稻粱肥，豚栅鸡栖对掩扉。
桑柘影斜春社散，家家扶得醉人归。

江南春　唐·杜牧

千里莺啼绿映红，水村山郭酒旗风。
南朝四百八十寺，多少楼台烟雨中。

绝 句　宋·僧志南

古木阴中系短篷，杖藜扶我过桥东。
沾衣欲湿杏花雨，吹面不寒杨柳风。

游园不值　宋·叶绍翁

应怜屐齿印苍苔，小扣柴扉久不开。
春色满园关不住，一枝红杏出墙来。

玄都观桃花　唐·刘禹锡

紫陌红尘拂面来，无人不道看花回。
玄都观里桃千树，尽是刘郎去后栽。

再游玄都观　唐·刘禹锡

百亩庭中半是苔，桃花净尽菜花开。
种桃道士归何处？前度刘郎今又来。

---

① 王驾：一作"张演"。

滁州西涧　唐·韦应物

独怜幽草涧边生，上有黄鹂深树鸣。

春潮带雨晚来急，野渡无人舟自横。

蚕妇吟　宋·谢枋得

子规啼彻四更时，起视蚕稠怕叶稀。

不信楼头杨柳月，玉人歌舞未曾归。

晚　春　唐·韩愈

草木知春不久归，百般红紫斗芳菲。

杨花榆荚无才思，惟解漫天作雪飞。

约　客　宋·赵师秀

黄梅时节家家雨，青草池塘处处蛙。

有约不来过夜半，闲敲棋子落灯花。

初夏睡起　宋·杨万里

梅子流酸溅齿牙，芭蕉分绿上窗纱。

日长睡起无情思，闲看儿童捉柳花。

三衢道中　宋·曾几

梅子黄时日日晴，小溪泛尽却山行。

绿阴不减来时路，添得黄鹂四五声。

初夏游张园　宋·戴复古

乳鸭池塘水浅深，熟梅天气半晴阴。

东园载酒西园醉，摘尽枇杷一树金。

四时田园杂兴 宋·范成大

昼出耘田夜绩麻，村庄儿女各当家。
童孙未解供耕织，也傍桑阴学种瓜。

村　晚 宋·雷震

草满池塘水满陂，山衔落日浸寒漪。
牧童归去横牛背，短笛无腔信口吹。

书湖阴先生壁 宋·王安石

茅檐常扫净无苔，花木成蹊手自栽。
一水护田将绿绕，两山排闼送青来。

乌衣巷 唐·刘禹锡

朱雀桥边野草花，乌衣巷口夕阳斜。
旧时王谢堂前燕，飞入寻常百姓家。

送元二使安西 唐·王维

渭城朝雨浥轻尘，客舍青青柳色新。
劝君更尽一杯酒，西出阳关无故人。

七　夕 唐·杜牧

银烛秋光冷画屏，轻罗小扇扑流萤。
天街夜色凉如水，卧看牵牛织女星。

题临安邸　宋·林升

山外青山楼外楼，西湖歌舞几时休。
暖风熏得游人醉，直把杭州作汴州。

晓出净慈寺送林子方　宋·杨万里

毕竟西湖六月中，风光不与四时同。
接天莲叶无穷碧，映日荷花别样红。

饮湖上初晴后雨　宋·苏轼

水光潋滟晴方好，山色空濛雨亦奇。
欲把西湖比西子，淡妆浓抹总相宜。

观书有感 [其一]　宋·朱熹

半亩方塘一鉴开，天光云影共徘徊。
问渠那得清如许？为有源头活水来。

赠刘景文　宋·苏轼

荷尽已无擎雨盖，菊残犹有傲霜枝。
一年好景君须记，最是橙黄橘绿时。

枫桥夜泊　唐·张继

月落乌啼霜满天，江枫渔火对愁眠。
姑苏城外寒山寺，夜半钟声到客船。

雪 梅 [其一]　宋·卢梅坡

梅雪争春未肯降，骚人阁笔费评章。

梅须逊雪三分白，雪却输梅一段香。

泊秦淮 唐·杜牧

烟笼寒水月笼沙，夜泊秦淮近酒家。
商女不知亡国恨，隔江犹唱后庭花。

郊行即事 宋·程颢

芳原绿野恣行时，春入遥山碧四围。
兴逐乱红穿柳巷，困临流水坐苔矶。
莫辞盏酒十分醉，只恐风花一片飞。
况是清明好天气，不妨游衍莫忘归。

秋 千 宋·僧惠洪

画架双裁翠络偏，佳人春戏小楼前。
飘扬血色裙拖地，断送玉容人上天。
花板润沾红杏雨，彩绳斜挂绿杨烟。
下来闲处从容立，疑是蟾宫谪降仙。

长安秋望 唐·赵嘏

云物凄凉拂曙流，汉家宫阙动高秋。
残星几点雁横塞，长笛一声人倚楼。
紫艳半开篱菊静，红衣落尽渚莲愁。
鲈鱼正美不归去，空戴南冠学楚囚。

秋 思 宋·陆游

利欲驱人万火牛，江湖浪迹一沙鸥。
日长似岁闲方觉，事大如天醉亦休。

砧杵敲残深巷月，井梧摇落故园秋。
欲舒老眼无高处，安得元龙百尺楼。

闻　笛　唐·赵嘏

谁家吹笛画楼中，断续声随断续风，
响遏行云横碧落，清和冷月到帘栊。
兴来三弄有桓子，赋就一篇怀马融。
曲罢不知人在否，馀音嘹亮尚飘空。

山园小梅　宋·林逋

众芳摇落独暄妍，占尽风情向小园。
疏影横斜水清浅，暗香浮动月黄昏。
霜禽欲下先偷眼，粉蝶如知合断魂。
幸有微吟可相狎，不须檀板共金尊。

左迁至蓝关示侄孙湘　唐·韩愈

一封朝奏九重天，夕贬潮阳路八千。
本为圣朝除弊政，敢将衰朽惜残年。
云横秦岭家何在？雪拥蓝关马不前。
知汝远来应有意，好收吾骨瘴江边。

春　晓　唐·孟浩然

春眠不觉晓，处处闻啼鸟。
夜来风雨声，花落知多少。

独坐敬亭山　唐·李白

众鸟高飞尽，孤云独去闲。
相看两不厌，只有敬亭山。

登鹳鹊楼　唐·王之涣

白日依山尽，黄河入海流。
欲穷千里目，更上一层楼。

寻隐者不遇　唐·贾岛

松下问童子，言师采药去。
只在此山中，云深不知处。

静夜思　唐·李白

床前明月光，疑是地上霜。
举头望明月，低头思故乡。

行军九日思长安故园　唐·岑参

强欲登高去，无人送酒来。
遥怜故园菊，应傍战场开。

易水送别　唐·骆宾王

此地别燕丹，壮士发冲冠。
昔时人已没，今日水犹寒。

送友人　唐·李白

青山横北郭，白水绕东城。

此地一为别，孤蓬万里征。

浮云游子意，落日故人情。

挥手自兹去，萧萧班马鸣。

次北固山下 唐·王湾

客路青山外，行舟绿水前。

潮平两岸阔，风正一帆悬。

海日生残夜，江春入旧年。

乡书何处达，归雁洛阳边。

送杜少府之任蜀州 唐·王勃

城阙辅三秦，风烟望五津。

与君离别意，同是宦游人。

海内存知己，天涯若比邻。

无为在歧路，儿女共沾巾。

旅夜书怀 唐·杜甫

细草微风岸，危樯独夜舟。

星垂平野阔，月涌大江流。

名岂文章著，官应老病休。

飘飘何所似，天地一沙鸥。

登岳阳楼 唐·杜甫

昔闻洞庭水，今上岳阳楼。

吴楚东南坼，乾坤日夜浮。

亲朋无一字，老病有孤舟。

戎马关山北，凭轩涕泗流。

题破山寺后禅院 唐·常建

清晨入古寺，初日照高林。

曲径通幽处，禅房花木深。

山光悦鸟性，潭影空人心。

万籁此俱寂，惟闻钟磬音。

野 望 唐·王绩

东皋薄暮望，徙倚欲何依？

树树皆秋色，山山惟落晖。

牧人驱犊返，猎马带禽归。

相顾无相识，长歌怀采薇。

秋登宣城谢朓北楼 唐·李白

江城如画里，山晚望晴空。

两水夹明镜，双桥落彩虹。

人烟寒橘柚，秋色老梧桐。

谁念北楼上，临风怀谢公。

内书堂读书，自宣德年间创建。始命大学士陈山教授，后以词臣任之。凡奉旨收入官人，选年十岁上下者二三百人，拨内书堂读书……至书堂之日，每给《内令》一册，《百家姓》《千字文》《孝经》《大学》《中庸》《论语》《孟子》《千家诗》《神童诗》之类，次第给之。

明·刘若愚《酌中志》卷十六

审定者：兰州大学　雷恩海

全书总字数：3812

用字量：921

增广贤文

80

《增广贤文》，训诫类童蒙读物，清康熙年间车万育编选。

车万育（1632—1705），字双亭，号鹤田，湖南邵阳人，清康熙三年（1664）进士，官至兵部给事中，曾任谏官二十馀年，揭发积弊，弹劾贪官，有很高的声望。他还担任过岳麓书院山长，为书院发展做出了重要贡献。

全书以韵文的形式，将格言排列在一起。其中有的辑自雅句，有的采自俗语，有的是圣哲语录，惟其如此，全书也就有文言、俗言、直言、婉言、劝善言、戒勉言、世宦治世言、隐逸出世言，士农工商，无一不备。由于采录广泛，因而纯驳不齐，儒家学说、佛教思想、道教思想的内容在其中均有体现，时而积极进取，时而感慨自伤，大致反映了古人之人生态度和处世原则，涉及为人处世的谚语很有哲理性，耐人寻味，值得借鉴。

该书体现了普通民众对各家理论的理解，兼收并蓄，唯一的目的就是平安富足地生存下去。有些字句非孩童所能理解，对成人所面对的繁杂世事也有启迪之功。

高频字

不	人	有	无	一	如	莫	之	心	事	知	时

昔时贤文，诲汝谆谆。集韵增广，多见多闻。

观今宜鉴古，无古不成今。知己知彼，将心比心。

酒逢知己饮，诗向会人吟。相识满天下，知心能几人。

相逢好似初相识，到老终无怨恨心。

近水知鱼性，近山识鸟音。易涨易退山溪水，易反易复小人心。

运去金成铁，时来铁似金。读书须用意，一字值千金。

逢人且说三分话，未可全抛一片心。有意栽花花不发，无心插柳柳成荫。

画虎画皮难画骨，知人知面不知心。钱财如粪土，仁义值千金。

流水下滩非有意，白云出岫本无心。

当时若不登高望，谁信东流海洋深。

路遥知马力，事久知人心。

两人一般心，有钱堪买金。一人一般心，无钱堪买针。

相见易得好，久住难为人。马行无力皆因瘦，人不风流只为贫。

饶人不是痴汉，痴汉不会饶人。

是亲不是亲，非亲却是亲。美不美，乡中水；亲不亲，故乡人。

莺花犹怕春光老，岂可教人枉度春。

相逢不饮空归去，洞口桃花也笑人。

红粉佳人休使老，风流浪子莫教贫。

在家不会迎宾客，出路方知少主人。

黄金无假，阿魏①无真。客来主不顾，应恐是痴人。

贫居闹市无人识，富在深山有远亲。

谁人背后无人说，那个人前不说人。

有钱道真语，无钱语不真；不信但看筵中酒，杯杯先劝有钱人。

闹里有钱，静处安身。来如风雨，去似微尘。

长江后浪推前浪，世上新人赶旧人。

近水楼台先得月，向阳花木早逢春。

古人不见今时月，今月曾经照古人。

先到为君，后到为臣。莫道君行早，更有早行人。

莫信直中直，须防仁不仁。山中有直树，世上无直人。

自恨枝无叶，莫怨太阳偏。大家都是命，半点不由人。

一年之计在于春，一日之计在于寅，一家之计在于和，一身之计在于勤。

责人之心责己，恕己之心恕人。守口如瓶，防意如城。

宁可负我，切莫负人。再三须重事，第一莫欺心。

虎生犹可近，人熟不堪亲。来说是非②者，便是是非人。

远水难救近火，远亲不如近邻。有茶有酒多兄弟，急难何曾见一人。

人情似纸张张薄，世事如棋局局新。

山中自有千年树，世上难逢百岁人。

力微休重负，言轻莫劝人。无钱休入众，遭难莫寻亲。

平生莫作皱眉事，世上应无切齿人。

士者国之宝，儒为席上珍。若要断酒法，醒眼看醉人。

求人须求英雄汉，济人须济急时无。

渴时一滴如甘露，醉后添杯不如无。

---

① 阿魏（ā wèi）：药名，极其难得，故珍贵。世间阿魏多是假货，很少有真货。
② 是非：事理的对错，后专指口舌之争。

久住令人嫌，贫来亲也疏。酒中不语真君子，财上分明大丈夫。

出家如初，成佛有馀。积金千两，不如明解经书。

养子不教如养驴，养女不教如养猪。

有田不耕仓廪虚，有书不读子孙愚，

仓廪虚兮岁月乏，子孙愚兮礼义疏。

同君一夜话，胜读十年书。人不通今古，马牛如襟裾。

茫茫四海人无数，哪个男儿是丈夫①。

白酒酿成缘好客，黄金散尽为收书。

救人一命，胜造七级浮屠。城门失火，殃及池鱼。

庭前生瑞草，好事不如无。欲求生富贵，须下死工夫。

百年成之不足，一旦坏之有馀。

人心似铁，官法如炉。善化不足，恶化有馀。

水太清则无鱼，人太急则无智。知者减半，省者全无。

在家由父，出嫁从夫。痴人畏妇，贤女敬夫。是非终日有，不听自然无。

宁可正而不足，不可邪而有馀。宁可信其有，不可信其无。

竹篱茅舍风光好，道院僧房总不如。

命里有时终须有，命里无时莫强求。

道院迎仙客，书堂隐相儒。庭栽栖凤竹，池养化龙鱼。

结交须胜己，似我不如无。但看三五日，相见不如无。

人情似水分高下，世事如云任卷舒。会说说都市，不会说屋里。

磨刀恨不利，刀利伤人指；求财恨不多，财多害自己。

知足常足，终身不辱。知止常止，终身不耻。

有福伤财，无福伤己。差之毫厘，失之千里。

若登高必自卑，若涉远必自迩。三思而行，再思可矣。

---

① 丈夫：指有所作为的人。

使口不如自走，求人不如求己。

小时是兄弟，长大各乡里。妒财莫妒食，怨生莫怨死。

人见白头嗔，我见白头喜。多少少年亡，不到白头死。

墙有缝，壁有耳。好事不出门，恶事传千里。

贼是小人，智过君子。君子固穷，小人穷斯滥①矣。

贫穷自在，富贵多忧。不以我为德，反以我为仇。

宁向直中取，不可曲中求。人无远虑，必有近忧。

知我者谓我心忧，不知我者谓我何求。

晴干不肯去，直待雨淋头。成事莫说，覆水难收。

是非只因多开口，烦恼皆因强出头。

忍得一时之气，免得百日之忧。近来学得乌龟法，得缩头时且缩头。

惧法朝朝乐，期公日日忧。人生一世，草生一春。

白发不随老人去，看来又是白头翁。

月到十五光明少，人到中年万事休。

儿孙自有儿孙福，莫为儿孙作马牛。

人生不满百，常怀千岁忧。今朝有酒今朝醉，明日愁来明日忧。

路逢险处难回避，事到头来不自由。药能医假病，酒不解真愁。

人贫不语，水平不流。一家养女百家求，一马不行百马忧。

有花方酌酒，无月不登楼。三杯通大道②，一醉解千愁。

深山毕竟藏猛虎，大海终须纳细流。

惜花须检点，爱月不梳头。大抵选③他肌骨好，不傅红粉也风流。

受恩深处宜先退，得意浓时便可休。

莫待是非来入耳，从前恩爱反为仇。

留得五湖明月在，不愁无处下金钩。

---

① 滥（làn）：指越轨，控制不住，做些出格的事情。

② 通大道：通晓人生的道理。

③ 选：通"算"。

休别有鱼处，莫恋浅滩头。去时终须去，再三留不住。

忍一句，息一怒，饶①一着，退一步。

三十不豪，四十不富，五十将相寻死路。

生不认魂，死不认尸。父母恩深终有别，夫妻义重也分离。

人生似鸟同林宿，大限来时各自飞。

人善被人欺，马善被人骑。人无横财不富，马无夜草不肥。

人恶人怕天不怕，人善人欺天不欺。善恶到头终有报，只争来早与来迟。

黄河尚有澄清日，岂可人无得运时。

得宠思辱，安居虑危。念念有如临敌日，心心常似过桥时。

英雄行险道，富贵似花枝。人情莫道春光好，只怕秋来有冷时。

送君千里，终须一别。但将冷眼看螃蟹，看你横行到几时。

见事莫说，问事不知；闲事莫管，无事早归。

假若染就真红色，也被旁人说是非。

善事可作，恶事莫为。许人一物，千金不移。

龙生龙子，虎生豹儿。龙游浅水遭虾戏，虎落平川被犬欺。

一举首登龙虎榜，十年身到凤凰池②。

十年窗下无人问，一举成名天下知。

酒债寻常行处有，人生七十古来稀。

养儿代老，积谷防饥。鸡豚狗彘之畜，无失其时，数口之家，可以无饥矣。

常将有日思无日，莫把无时当有时。

时来风送滕王阁，运去雷轰荐福碑。

入门休问荣枯事，观看容颜便得知。

---

① 饶：让。
② 凤凰池：原指禁苑中池沼。后指宰相职位。

官清司吏瘦，神灵庙祝肥。息却雷霆之怒，罢却虎狼之威。

饶人算之本，输人算之机。好言难得，恶语易施。

一言既出，驷马难追。道吾好者是吾贼，道吾恶者是吾师。

路逢险处须当避，不是才人莫献诗。

三人同行，必有吾师焉。择其善者而从之，其不善者而改之。

少小不努力，老大徒伤悲。人有善愿，天必佑之。

莫吃卯时酒，昏昏醉到酉。莫骂酉时妻，一夜受孤凄。

种麻得麻，种豆得豆。天网恢恢，疏而不漏。

见客莫向前，做客莫向后。宁添一斗，莫添一口。

螳螂捕蝉，岂知黄雀在后。

不求金玉重重贵，但愿儿孙个个贤。

一日夫妻，百世姻缘。百世修来同船渡，千世修来共枕眠。

杀人一万，自损三千；伤人一语，利如刀割。

枯木逢春犹再发，人无两度再少年。未晚先投宿，鸡鸣早看天。

将相顶头堪走马，公侯肚里好撑船。富人思来年，贫人思眼前。

世上若要人情好，赊去物件莫取钱。死生有命，富贵在天。

击石原有火，不击乃无烟。人学始知道，不学亦徒然。

莫笑他人老，终须还到老。但能依本分，终须无烦恼。

君子爱财，取之有道。贞妇爱色，纳之以礼。

善有善报，恶有恶报；不是不报，日子未到。

人而无信，不知其可也。一人道好，千人传实。

凡事要好，须问三老①。若争小可，便失大道。

年年防饥，夜夜防盗。学者如禾如稻，不学者如蒿如草。

遇饮酒时须饮酒，得高歌处且高歌。

因风吹火，用力不多。不因渔父引，怎得见波涛。

---

① 三老：古代管教化的乡官。这里指有德行、有经验的人。

无求到处人情好，不饮从①他酒价高。

知事少时烦恼少，识人多处是非多。

入山不怕伤人虎，只怕人情两面刀。

强中自有强中手，恶人须用恶人磨。

会使不在家豪富，风流不用着衣多。

光阴似箭，日月如梭。天时不如地利，地利不如人和。

黄金未为贵，安乐值钱多。

世上万般皆下品，思量惟有读书高。

世间好语书说尽，天下名山僧占多。

为善最乐，为恶难逃。羊有跪乳之恩，鸦有反哺之义。

你急他未急，人闲心不闲。隐恶扬善，执其两端。妻贤夫祸少，子孝父心宽。

既坠釜甑，反顾无益；已覆之水，收之实难。

人生知足何时足，人老偷闲且自闲。

处处绿杨堪系马，家家有路通长安。

见者易，学者难。莫将容易得，便作等闲看。

用心计较般般错，退步思量事事难。道路各别，养家一般。

从俭入奢易，从奢入俭难。知音说与知音听，不是知音莫与谈。

点石化为金，人心犹未足。信了肚，卖了无。

他人睨睨②不涉你目，他人碌碌不涉你足。

谁人不爱子孙贤，谁人不爱千钟粟，奈五行不是这般题目。

莫把真心空计较，儿孙自有儿孙富。

---

① 从：听凭、任凭。
② 睨（xiàn）：看。

与人不和，劝人养鹅；与人不睦，劝人架屋。①

但行好事，莫问前程。河狭水急，人急计生。明知山有虎，莫向虎山行。

路不行不到，事不为不成；人不劝不善，钟不打不鸣。

无钱方断酒，临老始看经。点塔七层，不如暗处一灯。

万事劝人休瞒昧，举头三尺有神明。

但存方寸地，留与子孙耕。灭却心头火，剔起佛前灯。

惺惺常不足，蒙蒙作公卿。众星朗朗，不如孤月独明。

兄弟相害，不如友生。合理可作，小利莫争。

牡丹花好空入目，枣花虽小结实成。

欺老莫欺少，欺人心不明。随分耕锄收地利，他时饱暖谢苍天。

得忍且忍，得耐且耐；不忍不耐，小事成大。

相论逞英雄，家计渐渐退。贤妇令夫贵，恶妇令夫败。一人有庆，兆民感赖。

人老心未老，人穷志未穷。人无千日好，花无百日红。

杀人可恕，情理难容。乍富不知新受用，骤贫难改旧家风。

座中客常满，杯中酒不空。屋漏更遭连阴雨，行船又遇顶头风。

笋因落箨方成竹，鱼为奔波始化龙。

记得少年骑竹马，看看又是白头翁。

礼义生于富足，盗贼出于贫穷。天上众星皆拱②北③，世间无水不朝东。

君子安贫，达人知命。忠言逆耳利于行，良药苦口利于病。

---

① "与人不和，劝人养鹅；与人不睦，劝人架屋。"此二句表面为对方谋良策，实则使对方陷入困境，从而达到报复的目的。养鹅：耗食多，产蛋少，不合算；盖房：既费钱财，又费精力。

② 拱：环绕。

③ 北：北极星。

顺天者存，逆天者亡。人为财死，鸟为食亡。

夫妻相合好，琴瑟与笙簧。有儿贫不久，无子富不长。

善必寿考，恶必早亡。爽口食多偏作病，快心事过恐生殃。

富贵定要安本分，贫穷不必枉思量。

画水无风空作浪，绣花虽好不闻香。

贪他一斗米，失却半年粮；争他一脚豚，反失一肘羊。

龙归晚洞云犹湿，麝过春山草亦香。

平生只会量人短，何不回头把自量。

见善如不及，见恶如探汤。人贫志短，马瘦毛长。自家心里急，他人未知忙。

贫无义士将金赠，病有高人说药方。

触来莫与竞，事过心头凉。秋至满山多秀色，春来无处不花香。

凡人不可貌相，海水不可斗量。

清清之水为土所防，济济之士为酒所伤。

蒿草之下，或有兰香；茅茨之屋，或有侯王。

无限朱门生饿殍，几多白屋出公卿。

醉后乾坤大，壶中日月长。万事省先定，浮生空自忙。

千里送毫毛，寄物不可失。一人传虚，百人传实。世事明如镜，前程暗似漆。

良田万顷，日食一升；大厦千间，夜眠八尺。千经万典，孝义为先。

一字入公门，九牛拖不出。衙门八字开，有理无钱莫进来。

富从升合起，贫因不算来。家中无才子，官从何处来。

万事不由人计较，一身都是命安排。急行慢行，前程只有许多路。

人间私语，天闻若雷；暗室亏心，神目如电。

一毫之恶，劝人莫作；一毫之善，与人方便。

亏人是祸，饶人是福。天眼恢恢，报应甚速。

圣贤言语，神钦鬼伏。人各有心，心各有见。

口说不如身逢，耳闻不如目见。

养军千日，用在一朝。国清才子贵，家富小儿骄。

利刀割体痕易合，恶语伤人恨不消。

公道世间惟白发，贵人头上不曾饶。

有钱堪出众，无衣懒出门。为官须作相，及第早争先。

苗从地发，树向枝分。父子合而家不退，兄弟合而家不分。

官有正条，民有私约。闲时不烧香，急时抱佛脚。

幸生太平无事日，恐逢年老不多时。国乱思良将，家贫思贤妻。

池塘积水须防旱，田地深耕足养家。根深不怕风摇动，树正不愁月影斜。

奉劝君子，各宜守己，只此呈示，万无一失。

今俗所诵《增广贤文》，即多取晚唐与元曲，在诗为卑，而在曲为高。

民国·刘咸炘《文学述林·曲论》

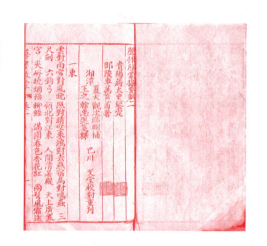

声律启蒙

81

用字量：1972

全书总字数：7008

审定者：香港中文大学　冯胜利

《声律启蒙》，全称《声律启蒙撮要》，又称《训蒙骈句》《笠翁对韵》。童蒙读物，清代车万育编选。

车万育简介见《增广贤文》提要。

《声律启蒙》是专门教导儿童对偶技巧，掌握声韵格律的启蒙读物。全书按韵分编，上卷十五韵属上平声，下卷十五韵属下平声，每韵各有对文三段，每段各有对语十对，从单字对、双字对、三字对、五字对、七字对到十一字对，声韵和协，节奏明快，朗朗上口，美不胜收，较之其他全用三言、四言句式更见韵味。

高频字

对	水	风	春	花	一	山	柳	子	月	三	人	秋

上　卷

△ 一　东

云对雨，雪对风，晚照对晴空。来鸿对去燕，宿鸟对鸣虫。三尺剑，六钧弓，岭北对江东。人间清暑殿，天上广寒宫。两岸晓烟杨柳绿，一园春雨杏花红。两鬓风霜，途次早行之客；一蓑烟雨，溪边晚钓之翁。

沿对革，异对同，白叟对黄童。江风对海雾，牧子对渔翁。颜巷陋，阮途穷，冀北对辽东。池中濯足水，门外打头风。梁帝讲经同泰寺，汉皇置酒未央宫。尘虑萦心，懒抚七弦绿绮；霜华满鬓，羞看百炼青铜。

贫对富，塞对通，野叟对溪童。鬓皤对眉绿，齿皓对唇红。天浩浩，日融融，佩剑对弯弓。半溪流水绿，千树落花红。野渡燕穿杨柳雨，芳池鱼戏芰荷风。女子眉纤，额下现一弯新月；男儿气壮，胸中吐万丈长虹。

△ 二　冬

春对夏，秋对冬，暮鼓对晨钟。观山对玩水，绿竹对苍松。冯妇虎，叶公龙，舞蝶对鸣蛩。衔泥双紫燕，课蜜几黄蜂。春日园中莺恰恰，秋天塞外雁雍雍。秦岭云横，迢递八千远路；巫山雨洗，嵯峨十二危峰。

明对暗，淡对浓，上智对中庸。镜奁对衣笥①，野杵对村春。花灼灼，草蒙茸，九夏对三冬。台高名戏马，斋小号蟠龙。手擘蟹螯从毕卓，身披鹤氅自王恭。五老峰高，秀插云霄如玉笔；三姑石大，响传风雨若金镛。

仁对义，让对恭，禹舜对羲农。雪花对云叶，芍药对芙蓉。陈后主，汉中宗，绣虎对雕龙。柳塘风淡淡，花圃月浓浓。春日正宜朝看蝶，秋风那更夜闻蛩。战士邀功，必借干戈成勇武；逸民适志，须凭诗酒养疏慵。

△ 三 江

楼对阁，户对窗，巨海对长江。蓉裳对蕙帐，玉罄对银釭。青布幔，碧油幢，宝剑对金缸。忠心安社稷，利口覆家邦。世祖中兴延马武，桀王失道杀龙逄。秋雨潇潇，漫烂黄花都满径；春风袅袅，扶疏绿竹正盈窗。

旌对旆，盖对幢，故国对他邦。千山对万水，九泽对三江。山岌岌，水淙淙，鼓振对钟撞。清风生酒舍，皓月照书窗。阵上倒戈辛纣战，道旁系剑子婴降。夏日池塘，出没浴波鸥对对；春风帘幕，往来营垒燕双双。

铢对锊，只对双，华岳对湘江。朝车对禁鼓，宿火对寒缸。青琐闼，碧纱窗，汉社对周邦。笙箫鸣细细，钟鼓响摐摐。主簿栖鸾名有览，治中展骥姓惟庞。苏武牧羊，雪屡餐于北海；庄周活鲋，水必决于西江。

△ 四 支

茶对酒，赋对诗，燕子对莺儿。栽花对种竹，落絮对游丝。四目颉，一只夔，鸲鹆对鹭鸶。半池红菡萏，一架白荼蘼。几阵秋风能应候，一犁春雨甚知时。智伯恩深，国士吞变形之炭；羊公德大，邑人竖堕泪之碑。

---

① 笥（sì）：竹、苇编制的盛衣物的箱子。

行对止，速对迟，舞剑对围棋。花笺对草字，竹简对毛锥。汾水鼎，岷山碑，虎豹对熊罴。花开红锦绣，水漾碧琉璃。去妇因探邻舍枣，出妻为种后园葵。笛韵和谐，仙管恰从云里降；橹声咿轧，渔舟正向雪中移。

戈对甲，鼓对旗，紫燕对黄鹂。梅酸对李苦，青眼对白眉。三弄笛，一围棋，雨打对风吹。海棠春睡早，杨柳昼眠迟。张骏曾为槐树赋，杜陵不作海棠诗。晋士特奇，可比一斑之豹；唐儒博识，堪为五总之龟。

△ 五　微

来对往，密对稀，燕舞对莺飞。风清对月朗，露重对烟微。霜菊瘦，雨梅肥，客路对渔矶。晚霞舒锦绣，朝露缀珠玑。夏暑客思欹石枕，秋寒妇念寄边衣。春水才深，青草岸边渔父去；夕阳半落，绿莎原上牧童归。

宽对猛，是对非，服美对乘肥。珊瑚对玳瑁，锦绣对珠玑。桃灼灼，柳依依，绿暗对红稀。窗前莺并语，帘外燕双飞。汉致太平三尺剑，周臻大定一戎衣。吟成赏月之诗，只愁月堕；斟满送春之酒，惟憾春归。

声对色，饱对饥，虎节对龙旗。杨花对桂叶，白简对朱衣。龙也吷，燕于飞，荡荡对巍巍。春暄资日气，秋冷借霜威。出使振威冯奉世，治民异等尹翁归。燕我弟兄，载咏棣棠韡韡；命伊将帅，为歌杨柳依依。

△ 六　鱼

无对有，实对虚，作赋对观书。绿窗对朱户，宝马对香车。伯乐马，浩然驴，弋雁对求鱼。分金齐鲍叔，奉璧蔺相如。掷地金声孙绰赋，回文锦字窦滔书。未遇殷宗，胥靡困傅岩之筑；既逢周后，太公舍渭水之渔。

终对始，疾对徐，短褐对华裾。六朝对三国，天禄对石渠。千字策，八行书，有若对相如。花残无戏蝶，藻密有潜鱼。落叶舞风高复下，小荷浮水卷还舒。爱见人长，共服宣尼休假盖①；恐彰己吝，谁知阮裕竟焚车。

麟对凤，鳖对鱼，内史对中书。犁锄对耒耜，畎浍对郊墟。犀角带，象牙梳，驷马对安车。青衣能报赦，黄耳解传书。庭畔有人持短剑，门前无客曳长裾。波浪拍船，骇舟人之水宿；峰峦绕舍，乐隐者之山居。

△ 七 虞

金对玉，宝对珠，玉兔对金乌。孤舟对短棹，一雁对双凫。横醉眼，捻吟须，李白对杨朱。秋霜多过雁，夜月有啼乌。日暖园林花易赏，雪寒村舍酒难沽。人处岭南，善探巨象口中齿；客居江右，偶夺骊龙颔下珠。

贤对圣，智对愚，傅粉对施朱。名缰对利锁，挈榼对提壶。鸠哺子，燕调雏，石帐对郇厨。烟轻笼岸柳，风急撼庭梧。鸲眼一方端石砚，龙涎三炷博山炉。曲沼鱼多，可使渔人结网；平田兔少，漫劳耕者守株。

秦对赵，越对吴，钓客对耕夫。箕裘对杖履，杞梓对桑榆。天欲晓，日将晡，狡兔对妖狐。读书甘刺股，煮粥惜焚须。韩信武能平四海，左思文足赋三都。嘉遁幽人，适志竹篱茅舍；胜游公子，玩情柳陌花衢。

△ 八 齐

岩对岫，涧对溪，远岸对危堤。鹤长对凫短，水雁对山鸡。星拱北，月流西，汉露对汤霓。桃林牛已放，虞坂马长嘶。叔侄去官闻广受，弟兄让国有夷齐。三月春浓，芍药丛中蝴蝶舞；五更天晓，海棠枝上子规啼。

云对雨，水对泥，白璧对玄圭。献瓜对投李，禁鼓对征鼙。徐稚榻，鲁班梯，凤翥对鸾栖，有官清似水，无客醉如泥。截发惟闻陶侃母，断机

---

① 假盖：借伞。《孔子家语》："孔子将行，雨而无盖，门人曰：商也有之。孔子曰：商之为人也，甚吝于财。吾闻与人交，推其长者，违其短者，故能久也。"嵇康《与山巨源绝交书》："仲尼不假盖于子夏，护其短也。"

只有乐羊妻。秋望佳人，目送楼头千里雁；早行远客，梦惊枕上五更鸡。

熊对虎，象对犀，霹雳对虹霓。杜鹃对孔雀，桂岭对梅溪。萧史凤，宋宗鸡，远近对高低。水寒鱼不跃，林茂鸟频栖。杨柳和烟彭泽县，桃花流水武陵溪。公子追欢，闲骤玉骢游绮陌；佳人倦绣，闷欹珊枕掩香闺。

△ 九 佳

河对海，汉对淮，赤岸对朱崖。鹭飞对鱼跃，宝钿对金钗。鱼圉圉，鸟喈喈，草履对芒鞋。古贤尝笃厚，时辈喜诙谐。孟训文公谈性善，颜师孔子问心斋。缓抚琴弦，像流莺而并语；斜排筝柱。类过雁之相挨。

丰对俭，等对差，布袄对荆钗。雁行对鱼阵，榆塞对兰崖。挑荠女，采莲娃，菊径对苔阶。诗成六义备，乐奏八音谐。造律吏哀秦法酷，知音人说郑声哇。天欲飞霜，塞上有鸿行已过；云将作雨，庭前多蚁阵先排。

城对市，巷对街，破屋对空阶。桃枝对桂叶，砌蚓对墙蜗。梅可望，橘堪怀，季路对高柴。花藏沽酒市，竹映读书斋。马首不容孤竹扣，车轮终就洛阳埋。朝宰锦衣，贵束乌犀之带；宫人宝髻，宜簪白燕之钗。

△ 十 灰

增对损，闭对开，碧草对苍苔。书签对笔架，两曜对三台。周召虎，宋桓魋，阆苑对蓬莱。薰风生殿阁，皓月照楼台。却马汉文思罢献，吞蝗唐太冀移灾。照耀八荒，赫赫丽天秋日；震惊百里，轰轰出地春雷。

沙对水，火对灰，雨雪对风雷。书淫对传癖，水浒对岩隈。歌旧曲，酿新醅，舞馆对歌台。春棠经雨放，秋菊傲霜开。作酒固难忘曲蘖，调羹必要用盐梅。月满庾楼，据胡床而可玩；花开唐苑，轰羯鼓以奚催。

休对咎，福对灾，象箸对犀杯。宫花对御柳，峻阁对高台。花蓓蕾，草根荄，剔藓对剜苔。雨前庭蚁闹，霜后阵鸿哀。元亮南窗今日傲，孙弘东阁几时开。平展青茵，野外茸茸软草；高张翠幄，庭前郁郁凉槐。

邪对正，假对真，獬豸对麒麟。韩卢对苏雁，陆橘对庄椿。韩五鬼，李三人，北魏对西秦。蝉鸣哀暮夏，莺啭怨残春。野烧焰腾红烁烁，溪流波皱碧粼粼。行无踪，居无庐，颂成酒德；动有时，藏有节，论著钱神。

哀对乐，富对贫，好友对嘉宾。弹冠①对结绶②，白日对青春。金翡翠，玉麒麟，虎爪对龙鳞。柳塘生细浪，花径起香尘。闲爱登山穿谢屐，醉思漉酒脱陶巾。雪冷霜严，倚槛松筠同傲岁；日迟风暖，满园花柳各争春。

香对火，炭对薪，日观对天津。禅心对道眼，野妇对宫嫔。仁无敌，德有邻，万石对千钧。滔滔三峡水，冉冉一溪冰。充国功名当画阁，子张言行贵书绅。笃志诗书，思入圣贤绝域；忘情官爵，羞沾名利纤尘。

家对国，武对文，四辅对三军。九经对三史，菊馥对兰芬。歌北鄙，咏南薰，迩听对遥闻。召公周太保，李广汉将军。闻化蜀民皆草偃，争权晋土已瓜分。巫峡夜深，猿啸苦哀巴地月；衡峰秋早，雁飞高贴楚天云。

敧对正，见对闻，偃武对修文。羊车对鹤驾，朝旭对晚曛。花有艳，竹成文，马燧对羊欣。山中梁宰相，树下汉将军。施帐解围嘉道韫，当垆沽酒叹文君。好景有期，北岭几枝梅似雪；丰年先兆，西郊千顷稼如云。

尧对舜，夏对殷，蔡惠对刘蕡。山明对水秀，五典对三坟。唐李杜，

---

① 弹冠（tán guān）：弹去帽子上的尘土，准备做官。
② 结绶（jié shòu）：佩系印绶。谓出仕为官。

晋机云，事父对忠君。雨晴鸠唤妇，霜冷雁呼群。酒量洪深周仆射，诗才俊逸鲍参军。鸟翼长随，风兮泊众禽长；狐威不假，虎也真百兽尊。

◬ 十三元

幽对显，寂对喧，柳岸对桃源。莺朋对燕友，早暮对寒暄。鱼跃沼，鹤乘轩，醉胆对吟魂。轻尘生范甑，积雪拥袁门。缕缕轻烟芳草渡，*丝丝*微雨杏花村。诣阙王通，献太平十二策；出关老子，著道德五千言。

儿对女，子对孙，药圃对花村。高楼对邃阁，赤豹对玄猿。妃子骑，夫人轩，旷野对平原。匏巴能鼓瑟，伯氏善吹埙。馥馥早梅思驿使，萋萋芳草怨王孙。秋夕月明，苏子黄岗游赤壁；春朝花发，石家金谷启芳园。

歌对舞，德对恩，犬马对鸡豚。龙池对凤沼，雨骤对云屯。刘向阁，李膺门，唳鹤对啼猿。柳摇春白昼，梅弄月黄昏，岁冷松筠皆有节，春喧桃李本无言。噪晚齐蝉，岁岁秋来泣恨；啼宵蜀鸟，年年春去伤魂。

◬ 十四寒

多对少，易对难，虎踞对龙蟠。龙舟对凤辇，白鹤对青鸾。风淅淅，露漙漙①，绣毂对雕鞍。鱼游荷叶沼，鹭立蓼花滩。有酒阮貂奚用解，无鱼冯铗必须弹。丁固梦松，柯叶忽然生腹上；文郎画竹，枝梢倏尔长毫端。

寒对暑，湿对干，鲁隐对齐桓。寒毡对暖席，夜饮对晨餐。叔子带，仲由冠，郏鄏对邯郸。嘉禾忧夏旱，衰柳耐秋寒。杨柳绿遮元亮宅，杏花红映仲尼坛。江水流长，环绕似青罗带；海蟾轮满，澄明如白玉盘。

横对竖，窄对宽，黑子对弹丸。朱帘对画栋，彩槛对雕栏。春既老，

---

① 漙（tuán）：露多貌。

夜将阑，百辟对千官。怀仁称足足，抱义美般般。好马君王曾市骨，食猪处士仅思肝。世仰双仙，元礼舟中携郭泰，人称连璧，夏侯车上并潘安。

▲ 十五删

兴对废，附对攀，露草对霜菅，歌廉对借寇，习孔对希颜。山垒垒，水潺潺，奉璧对探镮，礼由公旦作，诗本仲尼删。驴困客方经灞水，鸡鸣人已出函关。几夜霜飞，已有苍鸿辞北塞；数朝雾暗，岂无玄豹隐南山。

犹对尚，侈对悭，雾鬟对烟鬟。莺啼对鹊噪，独鹤对双鹇。黄牛峡，金马山，结草对衔环。昆山惟玉集，合浦有珠还。阮籍旧能为眼白，老莱新爱着衣斑。栖迟避世人，草衣木食；窈窕倾城女，云鬟花颜。

姚对宋，柳对颜，赏善对惩奸。愁中对梦里，巧慧对痴顽。孔北海，谢东山，使越对征蛮，淫声闻濮上，离曲听阳关。骁将袍披仁贵白，小儿衣着老莱斑。茅舍无人，难却尘埃生榻上；竹亭有客，尚留风月在窗间。

附录 《国学备览》常用 1000 字

序号	字	次数	频率
1	之*	134193	21.5324
2	不	107242	17.2079
3	也	68430	10.9801
4	人	67308	10.8001
5	而	60671	9.7351
6	以	56267	9.0285
7	一	54051	8.6729
8	有	52767	8.4669
9	曰	51836	8.3175
10	其	48547	7.7897
11	子	47529	7.6264
12	为	46180	7.4099
13	了	42739	6.8578
14	者	42122	6.7588
15	道	41677	6.6874
16	是	41338	6.6330
17	来	36733	5.8941
18	大	33303	5.3437
19	王	31463	5.0485
20	于	30566	4.9045
21	我	29822	4.7852
22	下	29552	4.7418

序号	字	次数	频率
23	上	28335	4.5465
24	无	27561	4.4224
25	的	26599	4.2680
26	得	26563	4.2622
27	见	25786	4.1375
28	去	23112	3.7085
29	天	22466	3.6048
30	公	22451	3.6024
31	此	22411	3.5960
32	又	22365	3.5886
33	在	22326	3.5824
34	所	22053	3.5385
35	出	21984	3.5275
36	三	21790	3.4963
37	可	21436	3.4395
38	中	21282	3.4148
39	说	21025	3.3736
40	与	20982	3.3667
41	则	20924	3.3574
42	十	20796	3.3369
43	如	20318	3.2602
44	自	19384	3.1103

序号	字	次数	频率
45	将	19231	3.0857
46	水	19203	3.0812
47	行	19168	3.0756
48	里	19065	3.0591
49	二	19035	3.0543
50	知	18970	3.0439
51	他	18957	3.0418
52	故	18800	3.0166
53	个	18786	3.0143
54	何	18372	2.9479
55	你	18013	2.8903
56	那	17947	2.8797
57	曰	17497	2.8075
58	生	16753	2.6881
59	这	16596	2.6629
60	后	16569	2.6586
61	事	16405	2.6323
62	山	16072	2.5788
63	言	15919	2.5543
64	东	15887	2.5492
65	时	15709	2.5206
66	今	15389	2.4692

序号	字	次数	频率	序号	字	次数	频率	序号	字	次数	频率
67	君	15371	2.4664	94	城	11599	1.8611	121	都	9483	1.5216
68	矣	14846	2.3821	95	西	11499	1.8451	122	亦	9479	1.5209
69	至	14628	2.3471	96	四	11368	1.8240	123	多	9469	1.5193
70	相	14302	2.2948	97	好	11313	1.8152	124	名	9453	1.5168
71	夫	14094	2.2615	98	谓	11226	1.8013	125	非	9442	1.5150
72	太	14009	2.2478	99	必	11149	1.7889	126	听	9431	1.5132
73	家	13923	2.2340	100	文	10890	1.7473	127	百	9419	1.5113
74	马	13643	2.1891	101	兵	10865	1.7433	128	从	9380	1.5051
75	年	13525	2.1702	102	地	10829	1.7376	129	玉	9336	1.4980
76	国	13440	2.1565	103	门	10740	1.7233	130	当	9335	1.4978
77	只	13295	2.1332	104	前	10492	1.6835	131	欲	9331	1.4972
78	使	13175	2.1140	105	问	10460	1.6783	132	用	9243	1.4831
79	然	13122	2.1055	106	头	10414	1.6710	133	方	9177	1.4725
80	小	13012	2.0878	107	两	10243	1.6435	134	未	9163	1.4702
81	军	12893	2.0687	108	北	10239	1.6429	135	齐	9155	1.4689
82	能	12810	2.0554	109	已	10175	1.6326	136	回	9112	1.4621
83	心	12711	2.0395	110	老	10169	1.6317	137	侯	9036	1.4499
84	南	12555	2.0145	111	先	10049	1.6124	138	主	9032	1.4492
85	着	12362	1.9835	112	死	9807	1.5736	139	平	8975	1.4401
86	明	12341	1.9802	113	过	9718	1.5593	140	到	8900	1.4280
87	於	12237	1.9635	114	书	9711	1.5582	141	师	8797	1.4115
88	入	12211	1.9593	115	臣	9657	1.5495	142	身	8704	1.3966
89	乃	12084	1.9389	116	起	9625	1.5444	143	闻	8674	1.3918
90	若	12037	1.9314	117	云	9618	1.5432	144	吾	8589	1.3781
91	便	11987	1.9234	118	长	9610	1.5420	145	成	8539	1.3701
92	五	11932	1.9145	119	皆	9516	1.5269	146	众	8538	1.3699
93	儿	11773	1.8890	120	正	9502	1.5246	147	令	8501	1.3640

序号	字	次数	频率	序号	字	次数	频率	序号	字	次数	频率
148	诸	8409	1.3492	175	德	7200	1.1553	202	和	6507	1.0441
149	阳	8403	1.3483	176	宋	7199	1.1551	203	余	6488	1.0410
150	宝	8240	1.3221	177	月	7179	1.1519	204	内	6466	1.0375
151	秦	8212	1.3176	178	请	7169	1.1503	205	万	6450	1.0349
152	女	8182	1.3128	179	父	7162	1.1492	206	进	6350	1.0189
153	要	8021	1.2870	180	金	7149	1.1471	207	六	6348	1.0185
154	因	8019	1.2867	181	却	7001	1.1233	208	遂	6341	1.0174
155	看	7954	1.2762	182	民	6941	1.1137	209	氏	6305	1.0116
156	笑	7944	1.2746	183	官	6936	1.1129	210	贾	6299	1.0107
157	安	7937	1.2735	184	县	6891	1.1057	211	楚	6277	1.0071
158	面	7919	1.2706	185	武	6884	1.1045	212	敢	6208	0.9961
159	命	7890	1.2660	186	士	6853	1.0996	213	意	6158	0.9881
160	江	7883	1.2648	187	焉	6850	1.0991	214	流	6120	0.9820
161	分	7815	1.2539	188	杀	6833	1.0964	215	么	6106	0.9797
162	就	7731	1.2405	189	平	6771	1.0864	216	声	6074	0.9746
163	等	7639	1.2257	190	汉	6763	1.0851	217	归	6064	0.9730
164	作	7626	1.2236	191	世	6734	1.0805	218	母	6016	0.9653
165	本	7581	1.2164	192	同	6717	1.0778	219	手	5978	0.9592
166	且	7518	1.2063	193	孙	6648	1.0667	220	义	5971	0.9580
167	立	7464	1.1976	194	帝	6596	1.0583	221	神	5951	0.9548
168	处	7412	1.1893	195	周	6593	1.0579	222	复	5882	0.9438
169	数	7362	1.1812	196	气	6583	1.0563	223	法	5864	0.9409
170	取	7350	1.1793	197	张	6551	1.0511	224	把	5848	0.9383
171	高	7337	1.1772	198	还	6549	1.0508	225	走	5793	0.9295
172	即	7308	1.1726	199	风	6547	1.0505	226	叫	5768	0.9255
173	外	7294	1.1703	200	及	6522	1.0465	227	弟	5762	0.9245
174	们	7276	1.1674	201	八	6519	1.0460	228	礼	5647	0.9061

序号	字	次数	频率	序号	字	次数	频率	序号	字	次数	频率
229	虽	5643	0.9054	256	史	5154	0.8270	283	守	4550	0.7300
230	甚	5618	0.9014	257	州	5112	0.8202	284	各	4547	0.7296
231	少	5577	0.8948	258	尽	5097	0.8178	285	几	4546	0.7294
232	往	5576	0.8947	259	对	5073	0.8140	286	信	4499	0.7219
233	干	5573	0.8942	260	口	4996	0.8016	287	拜	4491	0.7206
234	魏	5569	0.8935	261	圣	4996	0.8016	288	花	4490	0.7204
235	物	5558	0.8918	262	七	4982	0.7994	289	古	4478	0.7185
236	石	5538	0.8886	263	亲	4982	0.7994	290	志	4477	0.7183
237	间	5535	0.8881	264	才	4980	0.7990	291	些	4470	0.7172
238	发	5476	0.8786	265	传	4898	0.7859	292	莫	4467	0.7167
239	打	5457	0.8756	266	治	4898	0.7859	293	常	4444	0.7130
240	足	5393	0.8653	267	赵	4892	0.7849	294	战	4437	0.7119
241	白	5377	0.8627	268	定	4891	0.7848	295	胜	4425	0.7100
242	春	5346	0.8578	269	九	4871	0.7815	296	或	4414	0.7082
243	路	5303	0.8509	270	实	4847	0.7777	297	乱	4413	0.7081
244	善	5296	0.8497	271	告	4751	0.7623	298	并	4406	0.7069
245	既	5292	0.8491	272	求	4734	0.7596	299	居	4400	0.7060
246	坐	5290	0.8488	273	受	4706	0.7551	300	开	4381	0.7029
247	会	5282	0.8475	274	食	4678	0.7506	301	再	4366	0.7005
248	李	5269	0.8454	275	乐	4654	0.7467	302	河	4335	0.6955
249	晋	5261	0.8441	276	黄	4648	0.7458	303	通	4318	0.6928
250	难	5255	0.8432	277	卷	4646	0.7454	304	喜	4288	0.6880
251	酒	5234	0.8398	278	夜	4631	0.7430	305	学	4278	0.6864
252	合	5199	0.8342	279	应	4614	0.7403	306	别	4275	0.6859
253	重	5194	0.8334	280	吴	4613	0.7401	307	失	4261	0.6837
254	教	5185	0.8319	281	左	4583	0.7353	308	孔	4260	0.6835
255	经	5174	0.8302	282	朝	4576	0.7342	309	话	4251	0.6821

序号	字	次数	频率	序号	字	次数	频率	序号	字	次数	频率
310	原	4233	0.6792	337	逐	3846	0.6171	364	异	3532	0.5667
311	姐	4231	0.6789	338	病	3844	0.6168	365	深	3517	0.5643
312	引	4230	0.6787	339	始	3814	0.6119	366	妇	3498	0.5612
313	望	4186	0.6716	340	阴	3811	0.6115	367	宫	3498	0.5612
314	耳	4181	0.6708	341	林	3805	0.6105	368	早	3495	0.5608
315	尚	4143	0.6647	342	罢	3803	0.6102	369	龙	3494	0.5606
316	利	4119	0.6609	343	解	3799	0.6095	370	乘	3489	0.5598
317	衣	4106	0.6588	344	语	3799	0.6095	371	贤	3485	0.5591
318	兄	4103	0.6583	345	急	3737	0.5996	372	兮	3448	0.5532
319	伯	4099	0.6577	346	怎	3733	0.5989	373	诗	3442	0.5522
320	关	4080	0.6546	347	做	3724	0.5975	374	犹	3441	0.5521
321	没	4072	0.6533	348	秋	3693	0.5925	375	操	3436	0.5513
322	理	4065	0.6522	349	真	3678	0.5901	376	清	3429	0.5502
323	功	4064	0.6521	350	动	3668	0.5885	377	色	3423	0.5492
324	陈	4051	0.6500	351	更	3661	0.5874	378	服	3420	0.5487
325	吃	4041	0.6484	352	待	3659	0.5871	379	放	3415	0.5479
326	远	4030	0.6466	353	僧	3654	0.5863	380	举	3406	0.5465
327	反	4010	0.6434	354	思	3638	0.5837	381	送	3403	0.5460
328	边	4003	0.6423	355	住	3637	0.5835	382	伐	3388	0.5436
329	娘	4000	0.6418	356	海	3616	0.5802	383	被	3386	0.5433
330	观	3982	0.6389	357	首	3614	0.5798	384	注	3375	0.5415
331	报	3977	0.6381	358	直	3601	0.5778	385	封	3367	0.5402
332	火	3944	0.6328	359	辞	3598	0.5773	386	计	3366	0.5401
333	情	3926	0.6299	360	许	3593	0.5765	387	力	3361	0.5393
334	司	3925	0.6298	361	卒	3575	0.5736	388	罪	3358	0.5388
335	右	3925	0.6298	362	刘	3551	0.5697	389	政	3352	0.5378
336	广	3915	0.6281	363	次	3546	0.5689	390	字	3349	0.5373

序号	字	次数	频率	序号	字	次数	频率	序号	字	次数	频率
391	曹	3324	0.5333	418	降	3133	0.5027	445	视	2911	0.4670
392	半	3315	0.5319	419	梁	3133	0.5027	446	性	2900	0.4653
393	易	3315	0.5319	420	第	3132	0.5025	447	郡	2896	0.4646
394	宗	3302	0.5298	421	但	3107	0.4985	448	岂	2893	0.4642
395	客	3296	0.5288	422	攻	3086	0.4951	449	岁	2891	0.4638
396	夏	3276	0.5256	423	燕	3077	0.4937	450	带	2881	0.4622
397	青	3274	0.5253	424	果	3075	0.4934	451	爱	2876	0.4614
398	恶	3274	0.5253	425	变	3067	0.4921	452	随	2874	0.4611
399	元	3273	0.5251	426	怒	3054	0.4900	453	兴	2870	0.4605
400	哉	3260	0.5230	427	恐	3053	0.4898	454	惊	2869	0.4603
401	哥	3260	0.5230	428	己	3025	0.4853	455	备	2863	0.4593
402	姓	3247	0.5210	429	忽	3015	0.4837	456	空	2863	0.4593
403	近	3231	0.5184	430	郑	3014	0.4836	457	败	2859	0.4587
404	叔	3227	0.5178	431	府	3013	0.4834	458	土	2858	0.4585
405	位	3225	0.5174	432	救	2988	0.4794	459	怪	2815	0.4516
406	汝	3224	0.5173	433	目	2969	0.4764	460	凤	2809	0.4507
407	藏	3219	0.5165	434	止	2967	0.4760	461	似	2809	0.4507
408	车	3216	0.5160	435	唐	2962	0.4752	462	愿	2786	0.4470
409	想	3216	0.5160	436	盖	2955	0.4741	463	拿	2777	0.4455
410	倒	3198	0.5131	437	曾	2940	0.4717	464	固	2764	0.4435
411	称	3188	0.5115	438	终	2938	0.4714	465	领	2760	0.4428
412	韩	3183	0.5107	439	收	2937	0.4712	466	久	2756	0.4422
413	向	3177	0.5097	440	管	2935	0.4709	467	精	2753	0.4417
414	飞	3174	0.5092	441	谁	2928	0.4698	468	忙	2740	0.4396
415	玄	3145	0.5046	442	化	2922	0.4688	469	妖	2718	0.4361
416	连	3144	0.5044	443	木	2920	0.4685	470	初	2712	0.4351
417	光	3135	0.5030	444	贵	2916	0.4678	471	香	2692	0.4319

序号	字	次数	频率	序号	字	次数	频率	序号	字	次数	频率
472	田	2681	0.4301	499	退	2519	0.4041	526	谷	2373	0.3807
473	答	2672	0.4287	500	智	2502	0.4014	527	接	2372	0.3806
474	留	2653	0.4256	501	草	2500	0.4011	528	贼	2369	0.3801
475	鲁	2639	0.4234	502	广	2499	0.4009	529	雨	2365	0.3794
476	由	2639	0.4234	503	孝	2492	0.3998	530	音	2364	0.3793
477	仁	2618	0.4200	504	记	2488	0.3992	531	钱	2363	0.3791
478	谢	2618	0.4200	505	共	2486	0.3989	532	奔	2363	0.3791
479	交	2618	0.4200	506	疑	2486	0.3989	533	舍	2359	0.3785
480	戒	2615	0.4195	507	祖	2486	0.3989	534	良	2354	0.3777
481	新	2594	0.4162	508	皇	2474	0.3969	535	仲	2350	0.3770
482	爷	2593	0.4160	509	越	2466	0.3956	536	陵	2346	0.3764
483	步	2592	0.4159	510	轻	2458	0.3944	537	破	2345	0.3762
484	绝	2582	0.4143	511	红	2453	0.3936	538	修	2341	0.3756
485	房	2578	0.4136	512	饮	2451	0.3932	539	刀	2338	0.3751
486	代	2574	0.4130	513	伏	2433	0.3903	540	彼	2334	0.3745
487	离	2571	0.4125	514	寻	2431	0.3900	541	虎	2330	0.3738
488	强	2571	0.4125	515	商	2426	0.3892	542	卿	2327	0.3733
489	比	2558	0.4104	516	布	2412	0.3870	543	苦	2310	0.3706
490	须	2555	0.4099	517	尝	2410	0.3867	544	凡	2300	0.3690
491	容	2546	0.4085	518	卫	2410	0.3867	545	节	2291	0.3676
492	独	2544	0.4082	519	干	2395	0.3842	546	华	2285	0.3666
493	惟	2540	0.4075	520	什	2394	0.3841	547	伤	2282	0.3661
494	堂	2529	0.4058	521	谋	2386	0.3828	548	迎	2277	0.3653
495	益	2526	0.4053	522	姑	2385	0.3826	549	忠	2273	0.3647
496	害	2525	0.4051	523	室	2383	0.3823	550	体	2272	0.3645
497	执	2524	0.4049	524	庄	2380	0.3818	551	美	2270	0.3642
498	论	2523	0.4048	525	徒	2375	0.3810	552	致	2262	0.3629

序号	字	次数	频率	序号	字	次数	频率	序号	字	次数	频率
553	休	2256	0.3619	580	势	2116	0.3395	607	细	1983	0.3181
554	宜	2254	0.3616	581	寒	2114	0.3392	608	邪	1983	0.3181
555	寨	2252	0.3613	582	郎	2111	0.3387	609	邑	1977	0.3172
556	斗	2230	0.3578	583	甲	2107	0.3380	610	术	1975	0.3169
557	孟	2221	0.3563	584	样	2102	0.3372	611	群	1969	0.3159
558	御	2218	0.3558	585	奶	2100	0.3369	612	俱	1969	0.3159
559	星	2214	0.3552	586	呼	2094	0.3360	613	乡	1965	0.3153
560	游	2213	0.3550	587	眼	2093	0.3358	614	断	1964	0.3151
561	弗	2208	0.3542	588	寡	2092	0.3356	615	置	1961	0.3146
562	顾	2206	0.3539	589	松	2089	0.3351	616	牛	1958	0.3141
563	形	2204	0.3536	590	杨	2085	0.3345	617	差	1956	0.3138
564	奉	2202	0.3533	591	遇	2078	0.3334	618	毕	1953	0.3133
565	满	2198	0.3526	592	制	2074	0.3327	619	献	1949	0.3127
566	章	2198	0.3526	593	朱	2062	0.3308	620	依	1940	0.3112
567	虚	2197	0.3525	594	刻	2054	0.3295	621	赏	1939	0.3111
568	临	2197	0.3525	595	转	2047	0.3284	622	加	1935	0.3104
569	鬼	2190	0.3514	596	仙	2040	0.3273	623	号	1934	0.3103
570	旧	2179	0.3496	597	念	2038	0.3270	624	景	1933	0.3101
571	落	2172	0.3485	598	哭	2021	0.3242	625	极	1931	0.3098
572	议	2161	0.3467	599	点	2011	0.3226	626	敬	1930	0.3096
573	指	2161	0.3467	600	散	2009	0.3223	627	养	1929	0.3095
574	妻	2155	0.3457	601	顺	2003	0.3213	628	争	1929	0.3095
575	列	2155	0.3457	602	昔	1998	0.3205	629	施	1922	0.3084
576	沙	2153	0.3454	603	任	1995	0.3201	630	表	1913	0.3069
577	度	2151	0.3451	604	存	1994	0.3199	631	识	1904	0.3055
578	昭	2150	0.3449	605	保	1993	0.3197	632	袭	1903	0.3053
579	灵	2130	0.3417	606	俗	1986	0.3186	633	树	1898	0.3045

序号	字	次数	频率	序号	字	次数	频率	序号	字	次数	频率
634	觉	1898	0.3045	661	微	1814	0.2910	688	怨	1724	0.2766
635	射	1895	0.3040	662	载	1809	0.2902	689	桓	1723	0.2764
636	息	1895	0.3040	663	威	1808	0.2901	690	赐	1721	0.2761
637	赶	1888	0.3029	664	吕	1808	0.2901	691	佛	1721	0.2761
638	胡	1885	0.3024	665	富	1806	0.2897	692	图	1717	0.2755
639	宾	1881	0.3018	666	投	1802	0.2891	693	设	1716	0.2753
640	宁	1881	0.3018	667	忧	1797	0.2883	694	楼	1710	0.2743
641	台	1881	0.3018	668	银	1779	0.2854	695	丘	1708	0.2740
642	怀	1875	0.3008	669	亭	1774	0.2846	696	属	1708	0.2740
643	类	1873	0.3005	670	船	1774	0.2846	697	升	1705	0.2735
644	全	1865	0.2992	671	惠	1767	0.2835	698	竟	1704	0.2734
645	川	1859	0.2982	672	宣	1767	0.2835	699	徐	1703	0.2732
646	鼓	1857	0.2979	673	尺	1766	0.2833	700	纪	1701	0.2729
647	呢	1855	0.2976	674	肯	1764	0.2830	701	夷	1696	0.2721
648	象	1853	0.2973	675	盛	1760	0.2824	702	提	1695	0.2719
649	尊	1850	0.2968	676	梦	1756	0.2817	703	京	1693	0.2716
650	疾	1849	0.2966	677	适	1754	0.2814	704	弃	1690	0.2711
651	婆	1843	0.2957	678	句	1752	0.2811	705	勿	1688	0.2708
652	灭	1834	0.2942	679	背	1748	0.2804	706	吏	1688	0.2708
653	尉	1832	0.2939	680	侍	1745	0.2800	707	罗	1688	0.2708
654	幸	1827	0.2931	681	鱼	1743	0.2796	708	给	1680	0.2695
655	权	1823	0.2925	682	阵	1742	0.2795	709	快	1678	0.2692
656	约	1820	0.2920	683	济	1741	0.2793	710	骑	1678	0.2692
657	怕	1819	0.2918	684	集	1740	0.2791	711	私	1674	0.2686
658	尔	1817	0.2915	685	丈	1730	0.2775	712	敌	1674	0.2686
659	击	1817	0.2915	686	奏	1729	0.2774	713	登	1673	0.2684
660	荆	1814	0.2910	687	遗	1725	0.2767	714	建	1668	0.2676

序号	字	次数	频率	序号	字	次数	频率	序号	字	次数	频率
715	隐	1661	0.2665	742	斯	1589	0.2549	769	爵	1497	0.2402
716	忘	1660	0.2663	743	汤	1586	0.2544	770	荣	1496	0.2400
717	劳	1660	0.2663	744	召	1585	0.2543	771	厮	1491	0.2392
718	条	1653	0.2652	745	持	1579	0.2533	772	迁	1489	0.2389
719	晚	1642	0.2634	746	某	1578	0.2532	773	丧	1488	0.2387
720	惧	1641	0.2633	747	野	1578	0.2532	774	介	1485	0.2382
721	每	1639	0.2629	748	让	1577	0.2530	775	哀	1484	0.2381
722	般	1634	0.2621	749	庙	1570	0.2519	776	劝	1475	0.2366
723	围	1634	0.2621	750	薛	1545	0.2479	777	末	1472	0.2361
724	积	1633	0.2620	751	祝	1545	0.2479	778	仪	1471	0.2360
725	器	1631	0.2617	752	部	1544	0.2477	779	获	1468	0.2355
726	旦	1623	0.2604	753	肉	1538	0.2467	780	征	1464	0.2349
727	唤	1619	0.2597	754	端	1537	0.2466	781	药	1463	0.2347
728	穷	1619	0.2597	755	免	1535	0.2463	782	假	1462	0.2345
729	横	1616	0.2593	756	曲	1534	0.2461	783	造	1460	0.2342
730	冲	1615	0.2591	757	候	1531	0.2456	784	黑	1457	0.2337
731	厚	1614	0.2589	758	除	1530	0.2455	785	黛	1455	0.2334
732	径	1614	0.2589	759	承	1524	0.2445	786	乌	1450	0.2326
733	延	1610	0.2583	760	业	1524	0.2445	787	结	1446	0.2320
734	遣	1609	0.2581	761	刺	1523	0.2443	788	著	1445	0.2318
735	妹	1609	0.2581	762	达	1522	0.2442	789	期	1437	0.2305
736	福	1601	0.2568	763	殿	1519	0.2437	790	诛	1436	0.2304
737	略	1600	0.2567	764	具	1519	0.2437	791	洞	1436	0.2304
738	推	1598	0.2564	765	负	1513	0.2427	792	刑	1432	0.2297
739	患	1596	0.2560	766	丞	1508	0.2419	793	折	1430	0.2294
740	率	1594	0.2557	767	素	1507	0.2418	794	诚	1430	0.2294
741	恩	1590	0.2551	768	危	1502	0.2410	795	户	1428	0.2291

序号	字	次数	频率	序号	字	次数	频率	序号	字	次数	频率
796	祭	1425	0.2286	823	血	1352	0.2169	850	逆	1280	0.2053
797	申	1423	0.2283	824	溪	1350	0.2166	851	睡	1279	0.2052
798	园	1423	0.2283	825	妾	1349	0.2164	852	奈	1278	0.2050
799	雄	1420	0.2278	826	状	1348	0.2162	853	决	1277	0.2049
800	祸	1413	0.2267	827	净	1346	0.2159	854	毛	1267	0.2033
801	饭	1410	0.2262	828	剑	1338	0.2146	855	屋	1264	0.2028
802	奇	1403	0.2251	829	席	1338	0.2146	856	予	1263	0.2026
803	蔡	1401	0.2248	830	双	1334	0.2140	857	工	1263	0.2026
804	季	1395	0.2238	831	参	1334	0.2140	858	单	1262	0.2024
805	追	1392	0.2233	832	襄	1331	0.2135	859	秀	1262	0.2024
806	旗	1391	0.2231	833	招	1326	0.2127	860	探	1259	0.2020
807	寿	1391	0.2231	834	索	1314	0.2108	861	童	1258	0.2018
808	聚	1386	0.2223	835	戴	1314	0.2108	862	热	1255	0.2013
809	蜀	1384	0.2220	836	郭	1313	0.2106	863	调	1253	0.2010
810	宿	1384	0.2220	837	赤	1308	0.2098	864	蒙	1250	0.2005
811	禁	1380	0.2214	838	骨	1304	0.2092	865	按	1249	0.2004
812	系	1379	0.2212	839	策	1303	0.2090	866	项	1246	0.1999
813	泽	1379	0.2212	840	丫	1303	0.2090	867	营	1246	0.1999
814	历	1378	0.2211	841	泉	1301	0.2087	868	疏	1244	0.1996
815	冬	1376	0.2207	842	孤	1299	0.2084	869	男	1240	0.1989
816	唯	1375	0.2206	843	铁	1298	0.2082	870	钗	1239	0.1988
817	吉	1374	0.2204	844	纵	1295	0.2077	871	枪	1237	0.1984
818	喝	1373	0.2203	845	羊	1294	0.2076	872	葬	1232	0.1976
819	柳	1365	0.2190	846	斩	1294	0.2076	873	奴	1231	0.1975
820	歌	1364	0.2188	847	维	1286	0.2063	874	密	1230	0.1973
821	叹	1361	0.2183	848	暗	1281	0.2055	875	篇	1230	0.1973
822	角	1357	0.2177	849	穿	1280	0.2053	876	改	1227	0.1968

序号	字	次数	频率	序号	字	次数	频率	序号	字	次数	频率
877	池	1225	0.1965	904	羽	1181	0.1895	931	跟	1141	0.1830
878	庶	1220	0.1957	905	况	1181	0.1895	932	茶	1139	0.1827
879	村	1217	0.1952	906	财	1180	0.1893	933	典	1139	0.1827
880	欢	1215	0.1949	907	丹	1180	0.1893	934	克	1138	0.1826
881	犯	1211	0.1943	908	淮	1178	0.1890	935	员	1136	0.1822
882	夺	1209	0.1939	909	陛	1177	0.1888	936	叶	1134	0.1819
883	仆	1208	0.1938	910	谏	1174	0.1883	937	勇	1130	0.1813
884	贫	1206	0.1935	911	特	1170	0.1877	938	市	1129	0.1811
885	专	1204	0.1931	912	耶	1169	0.1875	939	盗	1129	0.1811
886	殷	1202	0.1928	913	照	1168	0.1874	940	雷	1128	0.1809
887	画	1200	0.1925	914	渐	1167	0.1872	941	盟	1128	0.1809
888	恨	1199	0.1923	915	务	1166	0.1870	942	屈	1126	0.1806
889	虞	1199	0.1923	916	暴	1164	0.1867	943	弱	1125	0.1805
890	寺	1196	0.1919	917	雪	1163	0.1866	944	塞	1123	0.1801
891	尸	1195	0.1917	918	菩	1162	0.1864	945	杜	1122	0.1800
892	紫	1195	0.1917	919	苏	1162	0.1864	946	感	1120	0.1797
893	薄	1195	0.1917	920	脱	1160	0.1861	947	珍	1120	0.1797
894	颜	1194	0.1915	921	废	1160	0.1861	948	温	1118	0.1793
895	释	1193	0.1914	922	骂	1160	0.1861	949	坚	1118	0.1793
896	察	1191	0.1911	923	皮	1157	0.1856	950	灯	1111	0.1782
897	甘	1187	0.1904	924	纳	1152	0.1848	951	简	1109	0.1779
898	静	1186	0.1903	925	鸣	1147	0.1840	952	忍	1106	0.1774
899	痛	1186	0.1903	926	扬	1147	0.1840	953	兼	1105	0.1773
900	悟	1185	0.1901	927	墨	1146	0.1838	954	院	1104	0.1771
901	枝	1184	0.1899	928	驾	1146	0.1838	955	捉	1104	0.1771
902	采	1184	0.1899	929	悲	1145	0.1837	956	最	1102	0.1768
903	闲	1183	0.1898	930	旨	1145	0.1837	957	录	1101	0.1766

序号	字	次数	频率	序号	字	次数	频率	序号	字	次数	频率
958	活	1095	0.1757	973	英	1071	0.1718	988	慌	1041	0.1670
959	脚	1094	0.1755	974	移	1070	0.1716	989	贱	1041	0.1670
960	康	1093	0.1753	975	尹	1070	0.1716	990	读	1038	0.1665
961	诏	1093	0.1753	976	友	1066	0.1710	991	舟	1036	0.1662
962	班	1092	0.1752	977	舜	1065	0.1708	992	珠	1036	0.1662
963	博	1092	0.1752	978	烟	1065	0.1708	993	顿	1034	0.1659
964	认	1090	0.1749	979	丑	1064	0.1707	994	弓	1033	0.1657
965	尤	1088	0.1745	980	烦	1059	0.1699	995	写	1032	0.1655
966	钟	1088	0.1745	981	竹	1057	0.1696	996	种	1030	0.1652
967	陆	1088	0.1745	982	厥	1057	0.1696	997	洛	1030	0.1652
968	阶	1084	0.1739	983	卢	1056	0.1694	998	冠	1028	0.1649
969	逮	1083	0.1737	984	件	1047	0.1680	999	偏	1027	0.1647
970	范	1080	0.1732	985	切	1045	0.1676	1000	魔	1025	0.1644
971	妈	1080	0.1732	986	扶	1042	0.1671				
972	量	1074	0.1723	987	湖	1042	0.1671				

红色单字是收入《千字文》中的字。